주역의 연원과 한중 역학의 지평

주역의 연원과 한중 역학의 지평

한중철학회 펴냄

경인문화사

발 간 사

　1992년, 한중철학회韓中哲學會는 한국韓國과 중국中國을 종합적으로 아우르는 동아시아 철학사상 연구모임으로 시작되었습니다. 벌써 이립而立의 나이에 가까운 세월이 흘렀습니다. 초기에 학회를 이끌어 주신, 수강 유명종 선생, 중천 김충렬 선생, 정병련 선생, 이정복 선생 등 학계의 원로들 가운데는 이미 타계他界하신 분들도 계십니다. 하지만, 이충구 선생, 곽신환 선생, 윤용남 선생 등 여러 교수님들은 초기부터 현재까지 적극적으로 참여하고 있습니다.

　무엇보다도, 한중철학회의 자랑스러운 학술활동은 매주 진행되는 강독講讀 모임입니다. '매주 금요일 오후 3시-6시', 30년 가까운 세월을 한결같이 지속해 오고 있습니다. 법정공휴일을 제외하고는 한 주도 거르지 않고, 20-30여 분의 학자들이 모여 학술담론學術談論을 실천하고 있습니다. 어찌 보면, 이러한 학술활동은 특별하게 내세울 일이 아니라, 학자로서는 당연히 일상에서 실천해야 하는 연구모임에 불과할 수도 있습니다. 그러나 한국 학술계의 현실을 간파하고 있는 지성知性이라면, 이런 학술 강독이 그리 만만치 않은 활동임을 직감할 것입니다.

　그래서 우리 한중철학회는 그 만큼의 자긍심自矜心과 자부심自負心을 느낍니다. 강독을 통해 논의를 진행하면 할수록, 학문의 무게가 늘어나고 진지함이 무르익어 갑니다. 그 무게감과 진지함은 학문의 즐거움으로 샘솟듯 재미나게 펼쳐집니다. 이 모두가 학회를 창립한 후, 꾸준히 애정을 쏟으며 학회를 가꾸어온 모든 회원님의 덕분입니다. 특히, 유명종, 배상현, 정병련, 김필수, 곽신환, 이충구, 윤용남, 윤원현, 최영진, 이철승 전임회장님들의 헌신적인 성원과 관심으로 발전을 거듭해 온 결과입니다. 이 자리를 빌려 감사의 큰절을 올립니다. 고맙습니다.

한중철학회는 그 동안 『성리대전性理大全』과 『주역전의대전周易傳義大全』을 집중적으로 강독해 왔습니다. 지난 20여 년에 걸쳐 『성리대전』을 세밀하게 읽고 논의하며 여러 회원들이 학문을 다졌습니다. 그 결과는 윤용남 전임회장님의 주도하에 여러 회원님들께서 참여하여, 2018년 한글로 완역되었습니다. 이는 세계 최초의 번역으로, 참 자랑스러운 일입니다. 9년 전부터는 『주역전의대전』을 치열하게 강독하며, 격물궁리格物窮理하고 있습니다. 강독하며 토의하는 과정은 유교 전통의 강습토론講習討論을 어김없이 구현하며 학문의 깊이를 더합니다.

더불어 강독 자체로만 그치지 않고, 『성리대전』을 강독할 때는 그와 관련한 내용을 중심으로 매년 학술발표회를 지속했습니다. 『주역전의대전』을 강독할 때는 그 강독을 바탕으로 『주역』과 관련한 학술발표회를 꾸준히 개최해 왔습니다. 연 2회의 춘계·추계 학술발표회는 강독에서의 논의를 더욱 풍부하게 만드는 계기가 되었습니다.

본 저술은 지난 수년간 지속해온 한중철학회의 학술발표회 발표 논문을 기초로 편집하였습니다. 아울러 회원 여러분들의 『주역』 관련 발표 논문과 새로 연구한 성과물을 합쳐 한 편의 저술로 꾸며 보았습니다. 책을 편찬하는데 솔선수범해 주신 전임회장님과 적극적으로 참여해 주신 회원님들께 다시 한 번 감사의 말씀을 올립니다. 특히, 『주역』을 해석학과 연관시켜 연구해주신 고故 이정복 교수님, 주역학회의 김연재, 방인, 엄연석, 정병석 전임회장님과 김영우 회장님 등 『주역』 연구의 대가들께서 선뜻 글을 허락해 주셔서 더욱 알찬 『주역』 연구서로 빛날 수 있게 되었습니다. 다시 한 번 고개 숙여 감사드립니다.

이 책은 모두 31편의 논문을 그 특성에 따라 네 부분으로 분류·정돈

되었습니다. 첫째는 『주역』의 연원을 중심으로 인문화와 관련된 내용이고, 둘째는 송대 역학의 상象·수數·리理에 관한 연구 성과입니다. 셋째와 넷째는 한국 역학의 새로운 지평을 다룬 연구 성과와 『주역』 연구의 방법론과 현대적 확장성과 관련된 내용입니다.

여기에 실린 논문들은 연구 지평의 다각화를 보여줍니다. 우리 학계에서 개인이 연구한 『주역』 관련 단행본은 몇 종류가 출간되었지만, 다양한 시선을 담은 『주역』 연구논문집은 거의 15여년 만에 발간되는 것 같습니다. 그 만큼, 최근 한국의 주역학계에서 연구된 성과물로서 상당한 의미가 있다고 생각합니다. 이 책의 여러 논문들이 동양철학 연구자들의 학문 성찰에 생동하는 기운을 불어 넣는 조그마한 계기가 된다면, 유붕자원방래有朋自遠方來의 즐거움을 나눌 수 있을 것 같습니다.

마지막으로 감사드려야 할 분들이 있습니다. 논문 선정과 정돈 과정에서 함께 고심해준 편집위원회입니다. 한중철학회 연구이사이신 이선경 박사님을 비롯한 위원님들은 지난 수개월 동안 자발적으로 참여하여, 수시로 기획·편집 회의를 진행해 주었습니다. 본인의 논문을 직접 제출하기도 하고, 논문 수집과 내용 정돈, 양식 통일, 교정 등 의미 있는 저술을 꾸미는데 다각도로 힘을 모았습니다. 그런 노고가 이렇게 방대한 책이 나오는 밑거름이 되었습니다. 애써 주신데 대해, 정말 고마운 마음을 전합니다.

이 책을 계기로 더욱 발전하고 성숙함을 더하는 한중철학회이기를 소망합니다.

생생지역生生之易! 강독심오講讀深奧! 학술정치學術精緻!

2019. 12
한중철학회 회장 신창호

차 례

∵ 발간사

〈1〉『주역』의 연원, 주역의 인문화

『주역』의 길흉에 대한 해석 _ 곽신환 11

주역과 신도설교 _ 정병석 37

천도의 패러다임에서 본 주역의 성인정신과
그 인문주의적 세계 _ 김연재 68

『주역』에서의 시중지덕에 대한 고찰 _ 이규희 108

〈2〉 송대 역학의 상·수·리

『통서』에 나타난 주돈이 철학의 특징 _ 이철승 137

송대「하도」「낙서」도상의 출현과 그 정립과정 _ 유승상 161

『정몽』「삼양」편에 보이는 장재의 천지관 및
 천체운행 논의의 이해와 그에 대한 왕부지의 해석 _ 서정화 189

『이천역전』의 윤리사상 _ 장승구 223

주희의 심성론을 중심으로 본 복괘 해석의 문제 _ 김광수 248

주자-육상산의 태극 논변 _ 임헌규 276

수학적 인문학 관점으로 본 채침의 상수사상 _ 조희영 305

『역학계몽』에 나타난 주희역학의 특징 _ 이선경 335

〈3〉 한국역학의 새로운 지평

『훈민정음』 제자해에 함유된 송대 상수역과 조선역 _ 조희영   365

『주역언해』 번역의 새로운 지평 _ 이충구   393

『우암역설』 연구 _ 김영우   438

성이심의 『인역』과 스피노자의 감정론 _ 심의용   466

『계몽전의』의 철학적 특징 : 리중심의 역학사상 _ 서근식   494

하빈 신후담의 『주역』해석 _ 김병애   519

『정전』의 '팔즉양생'에 관한 한국역학자들의 견해 _ 최정준   544

정약용 역학의 본령- 역도론, 역리론, 역의론 _ 이난숙   570

〈4〉 주역연구의 방법론과 현대적 확장성

주역의 해석학적 연구 -Husserl 현상학비판 _ 이정복   605

『주역전의대전』의 음주와 독해 _ 이충구   635

체용이론의 체계와 그 운용_ 윤용남   677

호체론의 발전과 그 역학적 의미 _ 최인영   716

동중서의 과학 음양 동태적 상대론 _ 김주창   755

왕수인의 '태극동정'과 공부상의 '동정'문제 해석 _ 김윤경   775

『주역』을 통해 구축한 동서융합 철학의 플랫폼 _ 이종란   804

『주역참동계』의 양생관과 생명교육의 심미학 _ 신창호   838

『주역』 상징체계에 내포된 문화다원론적 함의와

    도덕적 표준 _ 엄연석   864

『주역』에서 보는 인간과 자연의 관계 _ 최영진   895

『주역』과 인공지능 _ 방인   918

〈 1 〉
『주역』의 연원, 주역의 인문화

『주역』의 길흉에 대한 해석[*]

곽신환

『역』의 가장 기본적인 물음이며 주제는 길·흉이다. 이는 행·불행, 득실得·失, 선악善·惡, 또는 기운과 세력의 소장消長으로도 풀이된다. 이처럼 길·흉은 여러 대체 개념이 있다. 64괘 384효는 이 길·흉, 실·득을 인사로써 제시한다. 무엇을 이루며 실패하는가의 문제는 사람에 따라 다르겠지만 포괄적으로는 각자의 뜻[志]이라고 할수 있다. 길흉은 인간의 한계 밖의 영역에 있는 주어진 것이기에[所值] 그저 순응하여 편안히 여길 수밖에 없는 것도 있고, 스스로 지은[自作] 것이기에 자기의 선한 지혜를 최대한 발휘하는 것이 있다. 그런가 하면 천지의 조화造化에 능동적으로 참여하여 돕고 스스로의 행위가 만물의 골간이 되고 대상의 길흉이 되는, 부리는[所使] 차원의 길흉도 있다. 『역』을 배우는 사람들은 단순한 길로 나아가고 흉을 피하는 것이 아니라 천지의 조화造化에 참여하여 돕는 경지까지 나아가야 할 것이다.

1. 서 론

『역』에 대한 수많은 규정이 있다. 관상觀象 완사玩辭 관변觀變 완점玩

---

* 곽신환(숭실대). 이글은 『동서철학연구』 87(2018. 03.)에 수록한 것을 다시 첨삭하고 윤문한 것이다.

占을 대표적인 것으로 꼽기도 한다. 그러나 사람들이 우선적으로 『역』에 대하여 떠올리는 것은 길흉과의 관련이다. 이 논문은 그 길흉을 제한적으로 음미해 보고자 한다. 한자어 길吉은 『설문해자』에서 선善이라 하고 선비의 입에서 왔다고 했으며, 흉凶은 악惡인데, 그 글자의 형상이 땅이 꺼진 곳에 거듭 빠진 것을 나타낸다고 했다.[1]

　괘효사는 모두 길흉을 밝히기 위한 것이다. "상을 살피고 가르침을 개설함으로써 길흉의 실정을 깨닫게 하는 책으로 규정한다.[2] 그밖에도 『역』의 본질에 대하여 또는 주된 취지에 대하여 음양, 회린悔吝, 지래知來, 단의斷疑, 통신명通神明, 정업定業, 개물성무開物成務, 의리, 지시식세知時識勢, 이정利貞, 개과천선改過遷善, 선보과善補過, 혜적길惠迪吉. 무구无咎 등 다양한 규정이 있다. 학자마다 주안점을 두는 것이 다르지만 다른 가운데서도 일치 또는 집중되는 것을 발견할 수 있다. 『역』이 단순히 길흉판단을 얻는 것에 그침을 찬동하지는 않을지라도 그것이 기본적으로 길흉을 다루는 것임을 부정하지는 않는다. 길흉이 실득· 화복· 선악 등으로 연결되어 이해되고 있기에 더욱 그러하다. 『역』을 배우거나 익혀서 얻고자 함은 수업修業 또는 거업居業을 통하여 대업大業 광업廣業을 얻고자 함에 있다. 덕德과 업業이 『역』을 배우는 사람에게 부과되는 양대 과제로도 본다. 「계사전」에서는 "길흉은 대업을 낳는다"고 했고 "변통變通이 일"이며, "이를 들어 세상 사람들에게 시행하는 것이 사업"이라 했다.

　『역』의 음양, 회린悔吝, 무구无咎, 정貞, 감感 등 개념에 대한 연구가

1　許慎, 『說文解字』, "吉 善也. 從 士口", "凶 惡也. 象地穿交陷其中也"
2　丁若鏞, 『與猶堂全書』第一集 第8卷 / 對策 十三經策 庚戌冬內閣 親試, "臣伏念經有十三. 冠冕羣書. 蓋觀象設敎, 以達吉凶之情. 誦詩讀禮, 以徵治亂之跡. 三經之所以載道也...易爲生民之府, 書爲長民之府, 詩爲成民之府, 春秋爲藏民之府."

많음에 비하여 우리 학계에서 길흉에 대한 전문적인 연구는 상대적으로 많지 않다. 상식적으로 알고 있는 것이고 너무 당연시하여 그 개념적 접근에 별로 큰 의미를 두지 않은 탓인지 모르겠다.[3] 이동수는 『역』의 길흉에 대하여 넓게 그리고 깊게 다루었다. 그는 괘효에 나타난 길흉을 위位, 시時 그리고 감응을 주요 요인으로 삼아 분류하고 해석하였다.[4] 김학권은 개별 괘효사에서 사용된 길과 흉의 경우를 들어 배경을 설명하면서 합리적 이유를 추출하면서 괘효사에서 판단된 길흉은 오랜 경험에서 얻은 지혜가 반영되어있으며 옳고 바른 길로 인도하는 것이며, 길흉판단의 가장 기본적인 요건은 주어진 과제가 정당한지, 과제 해결의 적절한 시기인지, 과제를 해결할 만한 충분한 역량과 충분한 인품이 갖추어졌는지, 동료들이나 주위의 협력을 얻어낼 수 있는지의 여부가 그 길흉의 결과에 미치는 요소들이라고 하였다.[5] 임병학은 길흉을 공간적 사유와 시간적 사유로 나누어 분석하고 중정론으로 정리하고 있다.[6]

------

3 의미를 부여할 수 있는 논문으로 이동수, 「주역의 길흉사상 연구」, 대구한의대학교 대학원 박사학위논문 2006. 8); 金學權, 「『주역』의 "吉·凶·悔·吝"에 대한 고찰」, 『汎韓哲學』, 47(2007. 겨울); 조우진 「흉을 어떻게 대처할 것인가: 『역』의 관점에서」, 『汎韓哲學』(2011. 06), 임병학, 「周易에 표상된 吉凶의 哲學的 意味」(『퇴계학과 유교문화』 51권 0호. 2012), 장윤수, 「주역의 다문화적 가치- 陰陽論과 吉凶論을 중심으로」(다문화와 인간 1(2), 2012.12); 馬俊, 「周易中道與吉凶悔吝 : 基於道德形而上學的詮釋路徑」, 『儒敎文化硏究』 국제판 26(2016. 08.) 등이다.

4 이동수「주역의 길흉사상 연구」 대구한의대학교 대학원 박사학위논문, 2006. 08, 60-92쪽 참조.

5 金學權, 「『주역』의 "吉·凶·悔·吝"에 대한 고찰」, 『汎韓哲學』, 47(2007. 겨울). 23-24쪽 이러한 그의 생각은 통상 고대인이 큰 의심을 가질 때 그 해결을 위하여 거치는 과정 즉 『書經』「洪範」에 나오는 절차와 대체로 유사하다.

6 임병학, 「周易에 표상된 吉凶의 哲學的 意味」, 『퇴계학과 유교문화』 51, 2012, 178-190쪽. 그런데 그의 논문에서 길흉의 시간적 요인에 대해서는 그 적절한 내용이 다루어지지 못했다.

필자는 이 논문에서 박윤원[7]의 분류에 따라 길흉을 주어진 것[所値], 지은 것[自作], 부리는 것[所使]으로 구별하여 그 의미를 살피고자 한다.

2. 계사와 길흉

64개의 괘사와 384개의 효사를 가리키는 계사에는 지시적 기능이 있다. 그것들은 주어진 상황에서의 '행동을 명령하거나'[8] 길흉을 판정하여 告하는데, 이는 행위자의 의심을 끊어버리기 위해서이다.[9] 계사는 보여주고 알리고 판단하는데 이는 상으로 그 뜻을 보이지만 말이 없으면 후세 사람들이 이를 모두 알지 못할까 염려하여 말을 괘효에 매어서 일러주고 그 상황을 판정하여 알려주었다. '보여준다'는 것은 사람들이 보게 하는 것이며, '일러준다'는 것은 사람들이 알게 하는 것이며, '결단한다'는 것은 사람들에게 의혹이 없게 하는 것이다.[10]

계사는 여러 형태이고, 또 다양한 내용을 담고 있다. '이유유왕利有

---

7 朴胤源(1734~1799)의 호가 近齋이다. 그는 金元行과 金砥行의 문하이다. 초년시절부터 항상 『尤庵集』을 읽고 학문의 지표로 삼았으며, 宋時烈의 北伐을 논한 「北征論」을 지었다. 양주 석실서원을 찾았으며 「宋子大全」 간행에 章甫有司로 일을 맡다. 金昌協 이래 老論系 洛論으로 金元行, 洪直弼로 이어지는 洛下 山林의 계보를 잇고 있다. 저자의 묘지명에서는 평소 道學과 文章의 일치를 주장하였다고 한다. 문집 『근재집』은 洪直弼과 저자의 조카인 朴宗慶이 맡아 편집 주관 간행하였다. 박윤원은 역학 전문 저술을 남기지 않았다. 그러나 그의 경학에 대한 이해의 깊이는 상당하며 특히 길흉에 대한 분류는 매우 적절 탁월하다는 필자의 판단이 있어 그의 개념을 빌리는 것이다.

8 『周易』 「繫辭下」1, "繫辭焉而命之, 動在其中矣"

9 『周易』 「繫辭上」11, "繫辭焉, 所以告也, 定之以吉凶, 所以斷也"

10 『周易大全』 「繫辭上」11장, 錢氏藻曰, "有其象, 无其辭, 則示人以其意而已, 聖人懼後世不能與知也. 於是, 係之辭以告之, 定其辭以斷之, 曰示則使人有所見, 曰告則使人有所知, 曰斷則使人无所疑" 錢藻(1531~1596)의 자는 自文이다.

攸往' '이견대인利見大人' '이섭대천利涉大川' 같은 경우는 넓은 의미에 吉에 속하는 것이고 여탈복輿脫輻 등은 흉에 속하는 것이다. 몇몇 주요한 점사가 괘효사 그리고 단전에 나타난 회수를 세어보니 아래의 표와 같다.

점사	괘사+효사	괘사	효사
元	27	13	14
亨	47	40	7
利	119	58	61
貞	112	36	76
吉	147	24	123
凶	58	5	53
悔	34	1	33
吝	20	0	20
无不利(无攸利)	13(10)	0(1)	13(9)
利見大人	7	4	3
利涉大川	10	8	2
咎	100	8	92
无咎	93	8	85

「계사전」 등에서 『역』의 대표적 점사를 길흉과 회린이라 하는데 괘사에서는 회와 린이 거의 사용되고 있지 않고 효사에 등장한다. 형亨은 효사보다 괘사에 많이 나타나고, 이利는 그 빈도가 괘효사에 비슷하며, 정貞 길吉 흉凶 회悔 린吝은 압도적으로 효사에 많이 쓰였다. 이 수치는 물론 괘사가 64개이고 효사가 384개라는 점을 감안해야 하고 또 같은 글자이지만 다른 뜻으로 사용되었음도 염두에 두어야 한다. 예를 들면 형亨은 때로는 팽烹을 뜻하기도 한다.[11] 형이 형통이 아니고 '제사용 고기를 삶는다' '제수를 바친다'는 뜻으로 사용된 것이다. 이처럼 점사에

나오는 용어가 그 의미가 다를 수 있다.

길흉에 대한 우리말은 무엇인가? 이희승의 우리말 사전에는 좋은 일과 언짢은 일, 행복과 재앙으로 나와 있다. 황준연이 길흉에 대하여 여러 학자들의 표기한 것을 정리한 일이 있다.[12]

괘효사의 길과 흉에 크고 작음의 차이와 조건이 붙는 경우가 많다. 원길元吉 즉 크게 길하다, 정길貞吉 곧으면 길하다 등이 그것이다. 흉에 도 정흉貞凶이나 정흉征凶[13] 등이 있다. 물론 원이나 정의 의미가 일률 적이지는 않다. 문맥에 따라 다르다는 말이다.

괘사는 그 내용 중 주요한 것이 자연현상 변화, 역사인물사건, 인사 행위의 득실, 길흉판단의 말이다. 길흉판단의 말은 상점象占의 말, 서사 叙事의 말, 점조占兆의 말 세 종류이다.[14] 그 통상의 예는 암시하는 형상 을 들고 혹 비유적 사례를 들고 난 다음 길흉의 판단의 말을 썼다. 우선 서사叙事한 다음 길흉을 판단하고, 먼저 길흉을 판단한 다음 서사하는 경우가 있고, 하나의 서사만을 하고 길흉을 말하지 않은 것, 또는 길흉 만을 말하고 서사를 하지 않는 경우, 혹은 서사와 길흉 판단을 하고 다 시 서사하는 경우, 다시 길흉을 판단한 경우 등 체제가 다르다. 수렵이

---

11 『周易』鼎卦의 괘사는 "鼎, 元吉, 亨"인데 이것의 단전은 "鼎, 象也. 以木巽火, 亨飪 也. 聖人亨以享上帝, 而大亨以養聖賢. 巽而耳目聰明, 柔進而上行, 得中而應乎剛, 是 以元亨."이다

12 황준연, 『實事求是로 읽는 주역』, 서광사, 2009. 2. 서울, 112-113쪽; 高亨, 福祥/禍殃, James Legge; good fortune/ evil, Wilhelm; good fortune/ misfortune, Richard A Kunst; auspicious/omninous, Richard Rutt; auspicious/disastrous, Greg Whinecup; good fortune/misfortune, Edward L. Shaughnessy; auspicious/inauspicious

13 『與猶堂全書』 卷37 周易四箋 卷1 易例比釋 征吉例. 征이란 위가 아래를 伐하는 것 을 뜻하는데 옛날 제후들이 이웃과 접하여 자주 征伐하였다. 이는 나라의 大事로서 반드시 筮決 후 결행하였다. 征을 行 혹은 進으로 풀이하는 것을 정약용은 오류라고 한다.

14 李鏡池, 『周易筮辭续考』

나 여행, 장사, 혼인, 소송, 전쟁, 음식, 제사, 임신, 질병, 농목축업 등의 내용을 말하기도 한다. 서주西周 초기 이전의 역사적 사건의 기록, 예를 들면 '고종이 귀방을 정벌하다[高宗伐鬼方]'[15]이나 '제을이 누이를 시집 보내다[帝乙歸妹]'[16], '나라를 평강하게 하는 제후에게 말을 많이 내리다[康侯用錫馬蕃庶]'[17] 등도 있다.

괘사를 단彖이라고 하는데 이는 재材, 재덕才德을 뜻한다고 한다. 곧 괘의 재재를 이루어 괘의 뜻을 통할하는 것이다. 공영달의 『정의正義』에는 "단彖은 끊는다는 뜻으로 한 괘를 단정하는 것이라고 하였다.[18] 이규경의 소개에 따르면 『거이록居易錄』[19]에 "단은 무소와 같으나 뿔이 작고 길하고 흉함을 알며, 귀는 손바닥처럼 크고, 눈은 항상 웃음을 띠고 있다. 이를 동월東粵에서는 모서茅犀라 하고, 서월西粵에서는 저신猪神이라 하는데 그것을 만나면 길하다"고 했다.[20] 이정조는 『주역집해周易集解』에서 유헌劉獻을 인용하여 "단彖은 단斷이다. 한 괘의 재才를 판단하는 것이다"라고 하였다. 육덕명도 그의 『경전석의經典釋義』에서 "단彖은 단斷이다"라고 하였으며, 왕필은 『주역약례周易略例』「면단明彖」에서 "단이란 무엇인가? 한 괘의 체體를 통론한 것이다. 그 유래하는

---

15 『周易』歸妹, 六五, "帝乙歸妹, 其君之袂, 不如其娣之袂良, 月幾望, 吉." 旣濟, 九三, "高宗伐鬼方, 三年克之, 小人勿用."
16 『周易』泰卦, 六五, "帝乙歸妹, 以祉元吉."
17 『周易』晉卦, "晉, 康侯用錫馬蕃庶, 晝日三接."
18 『周易』「繫辭下」3, "是故易者, 象也, 象也者, 像也. 彖者, 材也, 爻也者, 效天下之動者也. 是故吉凶生而悔吝著也."
19 『居易錄』은 청 王士禎의 저서이다. 그의 자는 阮亭, 또는 貽上이며, 호는 漁洋이다.
20 李圭景, 『五洲衍文長箋散稿』「經史 - 經傳」1 '易經' 易의 괘효단상에 대한 변증설' "명 史應選의 『河洛理數』에는, '茅神은 猛獸의 이름이며 彖은 극히 큰 짐승의 이름인데, 고개를 숙여 한 번 바라보면 그 전체를 다 보므로, 괘의 전체를 통론하는 뜻으로 썼으며, 이빨이 무척 단단하여 물건을 물어뜯을 수 있으므로 괘의 뜻을 결단하는 이름으로 쓴 것이다.'라고 하였다."

바의 주主를 가리킨 것이다"라고 하였다. 한강백은 "단이란 한 괘의 뜻을 총괄한 것이다". 주희는 "단象이란 괘사이고 효爻는 효사이다"라고 했다.[21] 『주역절중周易折中』의 안어按語에서는 "재材는 구옥構屋의 나무이다. 많은 나무를 모아 집을 짓는다"고 하였다.

　은주 교체기에 문왕에게 우환이 있었고, 그것이 그로 하여금 괘를 중첩하여 64괘로 만들었다는 통설이 있다. 문왕의 우환과 연역演易과의 관계에 대한 근거는 어디 있는지 알 수 없다. 괘사를 풀이한 단전에 문왕과 기자箕子 이야기가 있지만[22] 문왕이 『역』을 지었다는 말은 없다. 「설괘전」에서도 "옛날에 성인이 『역』을 지었다"고 했는데 어떤 성인이 지었는지 밝히지 않았다. 사마천의 『사기』 「주본기周本紀」에서 "서백이 대체로 즉위 50년에 유리에 구금되었는데 『역』의 8괘를 64괘로 늘린 것 같다"[23]고 하였는데 서백은 주문왕이다. 사마천은 문왕이 64괘로 늘린 것 같다고 하였지 확정하여 말하지는 않았다. 오늘의 연구가들은 괘효사에는 문왕 이후의 일들이 포함되어 있기에 문왕의 일이라고 할 수는 없다고 주장한다.[24] 괘사가 문왕의 저작이라면 이에 대한 풀이는 단연 문왕의 의중을 풀어내는 것이어야 한다.

---

21 『周易本義』 「繫辭下」 3.
22 『周易』 明夷, "象曰, 明入地中, 明夷, 內文明而外柔順, 以蒙大難, 文王以之. 利艱貞, 晦其明也, 內難而能正其志, 箕子以之."
23 "西伯蓋卽位五十年, 其囚羑里 蓋益易之八卦爲六十四卦." 이 문장에 '蓋'자가 두 번 쓰였으니 이는 사실 여부에 확신을 못한 탓일 것이다.
24 王博, 『易傳通論』, 中國書店, 138쪽.

3 길흉과 실득失得, 그리고 사업事業

앞서 말한 대로 괘 효사에서 말하는 길흉의 포함되는 범위는 매우 넓다. 화복 선악 소장 굴신 등 대입 가능한 내용이 많다. 괘효사가 하나의 공식이라고 하듯 길흉은 하나의 하위虛位의 개념 항이다. 그런데 「계사전」에서는 길흉을 '잃고 얻음의 상'[25] 또는 그저 '얻고 잃음'이라 한다.[26] 실과 득이 괘효사에서 합성되어 실득으로 쓰인 경우는 없다. 실失자도 쓰이지 않았다. 득得이 3차례 쓰였다. 상喪은 3차례 쓰였는데 두 번은 상대개념으로 득得과 함께 사용되었다.[27] 효사에서는 실득이 한 차례 사용되었다.[28] 「계사전」에서 '실득'은 3차례 나온다.

> "是故吉凶者, 失得之象也"(계사상2)
> "彖者, 言乎象者也, 爻者, 言乎變者也. 吉凶者, 言乎其失得也"
> (계사상3)
> "夫易..正言斷辭則備矣...以明失得之報"(계사하6)

「계사전」에서 사용된 실득은 실과 득이 사용된 모든 경우를 포괄하여 정리한 경우이니 일반화의 의미가 있다. 채침蔡沈(1167~1230)은 "하늘과 인간의 관계는 쉽게 말할 수가 없다. 득실의 기미와 감응의 은미한 도리에 대해서는, 도를 아는 자가 아니면 누가 알 수 있겠는가"라고 하였다.[29] 길흉을 실득이라 했을 때 이는 선악이 이루어져 화복이 판가

---

25 『周易』「繫辭上」, "是故 吉凶者, 失得之象也."
26 『周易』「繫辭上」, "吉凶者, 言乎其失得也, 悔吝者, 言乎其小疵也, 无咎者, 善補過也."
27 『周易』坤卦, "坤, 元, 亨, 利牝馬之貞. 君子有攸往, 先迷, 後得主, 利. 西南得朋, 東北喪朋. 安貞吉." 井卦 "井, 改邑不改井, 无喪无得, 往來井井, 汔至亦未 繘井, 羸其瓶, 凶."
28 『周易』晉卦, 六五, "悔亡, 失得勿恤, 往吉, 无不利" 晉卦, 象曰, "失得勿恤, 往有慶也."
29 『書經』「洪範」35장 蔡沈 註, "天人之際, 未易言也. 失得之機, 應感之微, 非知道者,

름 난 경우를 뜻한다.

효사에서 낱글자 득은 24번 실은 7회 상喪은 8회 쓰였다. 단전에서는 득이 24회 실이 5회 상喪이 1회 사용되었다. 득과 실, 득과 상이 함께 쓰인 곳은 곤괘 단전이다.[30]

점사	괘사	효사	단전
失	0	7	5
得	3	24	24
失得	0	1	계사전 3
喪	3	8	1
勝	0	3	0
敗	0	1	0
得失	0	0	0

정이는 하늘의 법칙인 천도를 잘하고 못함에 따라 길흉이 있다고 하였다.[31] 그러나 길흉은 점친 결과의 언어이고 득실은 인사의 용어이다. 점쳐서 길한 것은 사람의 일에서 득이 되고 흉은 사람의 일에서 실이 되는 것이다.[32]

점사는 길흉을 드러내 대업을 낳는다고 한다.[33] 계사전에서 대업은

孰能識之哉."

30 『周易』 坤卦, "彖曰, 至哉坤元, 萬物資生, 乃順承天. 坤厚載物, 德合无疆, 含弘光大, 品物咸亨. 牝馬地類, 行地无疆, 柔順利貞. 君子攸行, 先迷失道, 後順得常. 西南得朋, 乃與類行, 東北喪朋, 乃終有慶. 安貞之吉, 應地无疆."

31 程頤, '乾元用九 乃見天則'에 대한 해설 "用九之道, 天之則也, 天之法則, 謂天道也. 或問, 乾之六爻, 皆聖人之事乎. 曰盡其道者, 聖人也. 得失則吉凶存焉, 豈特乾哉. 諸卦皆然也."

32 吳致箕 「周易經傳增解」, "吉凶悔吝, 以占決言, 得失憂虞, 以人事言也. 占之吉者, 在人事, 則爲得, 凶者, 在人事, 則爲失."

33 『周易』 「繫辭上」11, "是故易有太極, 是生兩儀, 兩儀生四象, 四象生八卦, 八卦定吉凶, 吉凶生大業" 정약용은 '길흉은 실득이다'라고 했을 때 그 실득을 선악이 이루어져

성덕과 나란히 일컬어지고 있다. "성대한 덕과 위대한 업이 지극하다! [盛德大業至矣哉]"가 그것이다. 또 대업과 성덕에 대하여 그 의미를 규정한다. 많이 갖는 것을 대업, 나날이 새로워지는 것을 성덕盛德이라 한 것이다.[34] 여기서의 덕과 업은 건괘 문언에 나오는 덕업과 같은 맥락이다.

또 『역』괘효사에서 '사事'를 말한 것이 적지 않다.[35] '섬기다'의 뜻도 있지만 기획한 일, 해결할 문제 등의 의미로 사용된 곳이 많다. 주의를 기울일 것은 "통변을 사事라 한다[通變之謂事]"이다. 곧 궁窮·변變·통通·구久의 도식에서 궁색窮塞하거나 비색否塞한 경우 변화를 시도하여 왕래하고 소통하게 하는 것을 의미했다는 것이다.

'업業'이 사용된 경우는 건괘 문언 구삼九三의 "진덕수업進德修業" "수사입기성修辭立其誠, 소이거업야所以居業也", 곤괘坤卦 5효 문언의 "발어사업發於事業", 「계사전」상1의 "현인지업賢人之業", 「계사전」상5의 "성덕대업盛德大業" "부유지위대업富有之謂大業", 「계사전」上7의 "광업廣業", 계사상11의 "이정천하지업以定天下之業" "길흉생대업吉凶生大業", 「계사전」상12의 "거이조지천하지민擧而錯之天下之民 위지사업謂之事業", 「계사전」하1의 "공업현호변功業見乎變" 등이 있다. 괘효사에는 업業자가 쓰이지 않았다.

<hr />

화복이 판가름 난 경우라고 했다.

34 『주역』「繫辭上」5, "一陰一陽之謂道. 繼之者善也, 成之者性也. 仁者見之謂之仁, 知者見之謂之知, 百姓日用而不知, 故君子之道鮮矣. 顯諸仁, 藏諸用, 鼓萬物而不與聖人同憂. 盛德大業至矣哉. 富有之謂大業, 日新之謂盛德. 生生之謂易, 成象之謂乾, 效法之謂坤, 極數知來之謂占, 通變之謂事, 陰陽不測之謂神."

35 이 글자가 의미 있게 사용된 부분은 坤卦 六三 "或從王事", 訟卦 初六의 "不永所事", 蠱卦 上九, "不事王侯, 高尙其事", 睽卦 "小事", 損卦 初九 "已事遄往" 益卦 六三, "益之用凶事", 震卦 六五 "有事", 豐卦 "不可大事也" 등이 있다. 「계사상」5 "通變之謂事", 「계사상」8 "幾事" "小人之事也", 「계사상」9 "天下之能事", 「계사상」12 "擧而錯之天下之民 謂之事業", 「계사하」12의 "吉事有祥, 象事知器, 占事知來" 서괘전 "隨人者 必有事" "蠱者 事也" 등이 있다.

주목할 부분은 "들어 세상 사람들에게 행하는 것을 사업이라 한다"이다. 사事에는 길흉이 있고 업業에는 부지런히 애쓰는 것이 있다. 부지런히 애쓴다 함은 '오래도록 하고 게으르지 않는다'는 뜻이다. 크기는 밖이 없을 만큼이어야 하고 부지런히 애씀은 한 때에 그치지 않아야 한다.[36] 이 업業에도 소인의 업이 있고 현인의 업이 있다. 현인의 업은 오래가고 그 규모가 크고 범위가 넓다. 이를 대업 또는 광업이라고 한다. 이것은 마치 세상 모든 것을 갖음과 같은 성격의 일이다. 탁월한 사람은 종일終日 힘써서 일을 한다. 그들은 덕의 향상과 업業을 닦는 것을 양대 과제로 수용한다. 수업을 하는데 있어서 필요한 자세는 수사修辭 입성立誠이라 했다.

'길흉이 대업을 낳는다'의 의미는 통상 괘를 통하여 길흉을 알게 되어야 하고, 길흉을 온전히 알면 이는 괘가 나타내는 뜻을 아는 것이며 괘의 뜻을 안다는 것은 곧 음양오행의 이치를 아는 것이 되니 자연 대업을 낳게 된다.[37] 그 길흉을 제대로 분별하여 알고자 하면 우선 그 괘효의 상과 계사를 살펴야 한다. 일단 거기에 길흉이 드러나 있기 때문이다.[38] 이 때 그가 터득한 것이 보다 널리 많은 사람들에게 공감을 얻으려면 그는 탐색探賾, 색은索隱, 구심鉤深, 치원致遠해야 한다. 탐색이란 세상의 복잡한 이치를 탐구하는 것이요, 색은이란 은미한 것 숨어있는 것을 찾아내야 하는 것이다. 이것은 마치 깊은 곳에 있는 것을 고리로 걸어 올리듯 해야 하고 먼 거리에 있어 잘 보이지 않는 것도 마치 눈

---

36 李瀷, 『易經疾書』「繫辭上」11, "然事則有吉凶, 業則亹亹, 亹亹者, 長久不倦之義, 此承大業說. 大則無外, 亹亹則不止於一時也. 著龜者, 探索賾隱, 鉤致深遠, 能先斷其吉凶, 助成長久之大業, 則宜莫大於此, 睦桲周易稽疑云, 漢紀引此云立象成器, 當考"

37 尹行恁, 『碩齋別稿』 卷8 / 薪湖隨筆 "繫辭傳吉凶生大業者. 八卦設而吉凶分, 知吉凶則知卦義, 知卦義則知陰陽五行之理. 故曰大業生."

38 『周易』「繫辭上」3, "辨吉凶者, 存乎辭"

앞에 있는 것처럼 가져다 놓아야 한다. 그래야만 그 길흉을 확연히 판단할 수 있다.[39] 여기서 우리는 길흉 득실 등이 결국은 인간이 지니고 있는 지志 곧 뜻과 관련되는 것을 알 수 있다.

이학자들은 심성정의지心性情意志를 하나의 길이면서 각각 경계가 있다고 하면서 지志를 의意가 일정한 방향으로 지속성을 갖는 것이라고 하였다. 의는 정情이 대상으로 향하는 것이고 정은 성性이 외물의 자극을 받아 움직여 발현되는 것으로서, 여기에는 통상 일곱 가지 스펙트럼이 있다고 한다. 희로애구애오욕喜怒哀懼愛惡慾이 그것이다. 그러니까 의가 특정 대상으로 향하여 바라는 것이라면 지는 의가 지속적으로 그 대상으로 향하는 것이다. 어느 목표를 향하여 일정기간 지속적으로 마음이 향하고 있는 것이라면 이는 그의 가치관이 반영되는 것이라고 할 수 있다. 정도에 따라서 삶의 목표일 수도 있다. 공자는 학문에 있어서의 지志를 매우 중시하였다. "15세에 학문에 뜻을 두었다".[40] "진실로 인에 뜻을 두었다면 미워하는 것이 없다."[41] "선비가 도에 뜻을 두고서도 남루한 의복이나 거친 음식을 부끄러워한다면 그런 선비와는 더불어 논의할 만하지 않다."[42] 등 많은 사례들이 있다.

『역』의 괘효사에서 지志자가 사용되지 않았지만 십익十翼에서는 모두 67회 나타난다. 「단전」에서 10회, 대상에서 2회, 소상에서 53회, 「계사전」에서 2회이다. 소상에서 많이 사용되었다는 것은 곧 효사를 해석함에 지志자가 많이 사용되었다는 것이요, 효사가 변화 또는 행위를 지

---

39 『周易』「繫辭上」11, "探賾索隱, 鉤深致遠, 以定天下之吉凶…繫辭焉, 所以告也, 定之以吉凶, 所以斷也."
40 『論語』「爲政」, 子曰, "吾十有五而志于學, 三十而立, 四十而不惑, 五十而知天命, 六十而耳順, 七十而從心所欲, 不踰矩."
41 『論語』「公冶長」, 子曰, "苟志於仁矣, 無惡也."
42 『論語』「公冶長」, 子曰, "士志於道, 而恥惡衣惡食者, 未足與議也."

시하는 것이므로 그 마음의 뜻을 지시한 것으로 풀이한 것이라고 할 수 있다. 「계사전」에서 지志는 두 차례 사용되었다. 『역』으로써 깊이 있게 탐구하니 세상 사람의 뜻을 알 수 있게 된다고 했다.[43] '이통천하지지以通天下之志'[44] 줄여 표현하면 '통지通志'이다. 「계사전」은 『역』한 권을 통론한 것이므로 통지通志의 중요성을 짐작할 수 있다.[45]

4. 길흉吉凶의 성격과 대처 방안

사물은 서로 같지 않은데 이런 사물들이 섞임으로써 문채를 나타나지만 그 문채가 잘 어울리지 않는, 정합성이 갖추어지지 못하는 상황이 생기기에 길흉이 생긴다고 한다. 사물이 서로 섞여 문양을 이루지만 그 문양이 부당한 경우에 이를 길과 흉으로 판정하게 된다.[46] 사물이 섞인다는 것은 괘에 있는 강유와 음양의 효가 뒤섞이는 것을 뜻한다.[47] 그런데 주진朱震[48]은 길흉은 이로움으로 말한 경우[有以利言者], 실정이 바뀐경우[有以情遷者], 의와 명이 길에 해당한 경우가 있고 흉에 해당한 경우

---

43 『周易』「繫辭上」10, "夫易, 聖人之所以極深而研幾也. 唯深也, 故能通天下之志, 唯幾也, 故能成天下之務, 唯神也, 故不疾而速, 不行而至."

44 『周易』「繫辭上」11, 天一, 地二, 天三, 地四, 天五, 地六, 天七, 地八, 天九, 地十. 子曰, "夫易何爲者也? 夫易開物成務, 冒天下之道, 如斯而已者也." 是故聖人以通天下之志, 以定天下之業, 以斷天下之疑.

45 '以通天下之志, 以定天下之業, 以斷天下之疑'라고 했으니 『역』의 3대 용도 중의 하나라고 할 수 있다.

46 『周易』「繫辭下」10, "物相雜, 故曰文, 文不當, 故吉凶生焉."

47 『周易』「繫辭下」12, "八卦以象告, 爻彖以情言, 剛柔雜居, 而吉凶可見矣. 變動以利言, 吉凶以情遷, 是故愛惡相攻而吉凶生."

48 朱震(1072~?)이 이렇게 말했다. 그는 북송과 남송 사이의 理學者로 『漢上易傳』을 저술하였다.

가 있으며 형통에 해당한 경우가 있고 비색에 해당한 경우가 있다[有義命當吉當凶 當亨當否者]고 하고, 한결같이 곧고 바름으로 이기려고 하고 그 밖의 다른 것을 돌아보지 않는 경우는 성인이라고 하였다.[49] 박윤원은 선에 복을 내리고 음악淫惡에 화를 주는 길흉도 있고, 모든 남김없이 사물의 골간이 되는 귀신이 주재하는 길흉도 있으며, 자연 세계 속의 굴신屈伸과 소장消長의 수數를 길흉이라고 할 수 있다고 하였다.[50] 그는 「계사전」의 '원시반종 지사생지설原始反終 知死生之說'의 사생死生과 시종始終도 곧 굴신소장屈伸消長이며, 이것도 길흉이라 했다.[51] 또한 길흉에는 주어지는[所値] 것, 스스로 짓는[自作] 것, 그리고 부리는[所使] 것의 세 종류가 있다고 한다.[52] 박윤원의 분류를 좀 더 살펴 본다.

가. 주어진[所値] 길흉과 안완安玩의 대처

주어진 길흉이라 한 것은 일반적으로 말하는 길흉이다. 사람들이 당하게 되는 또는 생활 속에서 만나게 되는 일종의 불합리한, 재앙적 현상이다. 도덕적 합리적 인과관계로 설명할 수 없는 길흉이다. 이런 길흉은 성인에게도 있다. 문왕이 유리羑里에 유폐된 것, 공자가 광匡에서

---

49 『周易大全』, "漢上朱氏曰, 聖人, 所以示人, 吉凶也, 易於吉凶, 有以利言者, 有以情遷者, 有義命當吉當凶 當亨當否者, 一以貞勝而不顧, 非聖人, 不能定之也. 定之者, 所以斷之."

50 朴胤源, 『近齋集』 卷17 書 與房汝良 別紙, "大抵吉凶二字, 所包甚廣, 謂之福善禍淫之吉凶也得. 謂之體物不遺之吉凶也亦得. 統而言之, 則屈伸消長之數也. 屈伸消長之直作吉凶. 雖似不見, 而其實則然."

51 『近齋集』 卷17 書 與房汝良 別紙, "圖說篇末曰, 原始反終, 故知死生之說. 死生非吉凶乎. 死生始終, 卽屈伸消長, 則屈伸消長, 非吉凶乎."

52 朴胤源, 『近齋集』 卷17 與房汝良 別紙, "自作之凶, 初非可言於聖人身上, 而所値之吉凶, 則聖人蓋有不幸而遇凶. ...而愚意則吉凶雖曰所値, 値此吉凶者聖人, 則吉凶便是聖人之吉凶, 與上文文勢, 有何不合乎. 然所謂吉凶, 非但所値之吉凶, 亦有所使之吉凶."

포위된 것이 그 예이다. 나라에 도가 있을 때와 없을 때에 유덕한 선비가 취할 태도가 달라지는데 이 또한 주어진 길흉이라 할 수 있다. 때를 만나고 만나지 못함이 모두 주어진 길흉이 될 것이다.

이를 수목에 비유하여 이해하기도 한다. 성호 이익李瀷(1681~1763)은 수목이 혹 바람에 뽑히고 비에 떠내려가거나 소나 양이 뜯어 먹고 도끼에 찍히는 것은 만난 바의 길흉이라 했다.[53] 풍우나 벌목 방목에 대하여 수목은 스스로 대처할 수 있는 방안이 없다. 그저 당할 따름이다. 그는 또 역사책을 읽고 난 다음에 쓴 글에서 세상사는 대개 10분의 8~9쯤은 천행으로 이루어지는 것이라고 보았다.[54] 그는 세상의 주어진 대세에 의하여 우선적으로 결정되고 행불행은 다음이며, 시비는 마지막이라고 하였다.[55]

점서의 결과로 나타난 것들은 이 주어진 길흉에 해당한다. 점서하여 건괘 초효가 나오면 그 점사는 "잠룡 물용"이다. 주지하듯 현재의 상황이 잠룡의 상황이다. 그러니 나서면 안된다. 여기서 잠룡은 자신의 상

---

53 『星湖僿說』 卷13 / 人事門 定命, "天之定命當扵不攙人意處看. 夫樹木梗柟榛棘各有大小之性. 長扵空山各充所稟之限, 不可移易, 是之謂命. 或風拔雨漂, 牛羊之觸, 斧斤之傷, 是謂所値之吉凶也. 稟與値, 又有輕重分數, 或稟重而値輕, 或稟輕而値重, 輕爲重所勝, 是合二物而斷其命也."

54 司馬遷도 『史記』서문에서 天道에 대한 신뢰를 포기했음을 밝혔다. 그는 사필귀정을 믿을 수 없었던 것이다.

55 李瀷, 『星湖僿說』 卷20 經史門 '讀史料成敗', "天下事, 大抵八九是幸會也. 其史書所見古今成敗利鈍, 固多因時之偶然, 至扵善惡賢不肖之別, 亦未必得其實也. 歷考前史, 旁證諸書, 叅驗而較勘之, 誠未可以專信一書, 而爲已之也. 昔程子讀史到一半, 便掩卷思量料其成敗, 然後却看有不合處, 又更精思其間多有幸, 而成不幸而敗, 盖其不合處固多而合處, 亦未可準信史者, 作扵成敗已之之後, 故随其成與敗, 而粧點就之若固當然者, 且善多諱過惡必棄長, 故愚智之判, 善惡之報, 疑若有可徵殊, 不知當時自有嘉謀不成拙計偶道善中有惡, 惡中有善也, 千載之下, 何從而知其是非之眞耶. 是以攄史料其成敗, 則合處多, 從今目目擊顯見者而思量則八九是不合. 此非但吾智之不明,即幸會之占多也. 非但今事之多戾, 亦史書之難眞也. 余故曰 天下之事, 所値之勢爲上, 幸不幸次之, 是非爲下."

황에 대한 개관적 판단일 수도 있고 때 자체가 아직 오지 않은 것, 여건이 성숙하지 않은 것일 수 있다. 조금 더 기다리라는 말도 될 수 있지만 너의 때는 아니라는 해석도 가능하다. 384효가 모두 주어진 길흉이라 할 수 있다.

주어진, 또는 만난 길흉에 대해서 어떤 태도를 취함이 옳은가? 「계사전」에서는 각각 결과로 주어진 길흉에 대한 태도를 안安하고 완玩하라고 하였다.[56] 주어진 것이므로 편안히 여기고 받아들이라는 것이며 그 뜻을 탐구하고 즐기라는 것이다. 계사의 지시대로 따르는 것이 옳은 태도이다. 위에서 든 예 곧 잠룡의 상황이므로 물용이라 했는데도 굳이 자신의 마음대로 하면 그 허물이 더욱 커진다는 것이다. 하지 말라고 하여 뜻을 꺾는 것이 이미 흉한 것이지만 그럼에도 자신의 마음대로 행하면 그 흉은 더욱 커진다는 것이다.

이런 생각은 『중용』에서도 보인다. 이른바 군자적 처신으로서 '소행素行'으로서의 길을 말하고 있다. 탁월한 사람은 현재의 위치에서 그 마땅한 도리를 행한다. 현재 그에게 부귀 빈천 이적 환난이 주어졌으면 그에 상응하는 마땅한 도리를 행한다. 어떠한 경우라도 그는 스스로 승리하지 못함이 없다. 부귀하다고 해서 아랫사람을 능멸하지 않고 빈천한 처지라 해서 윗사람에게 아부하지 않는다. 오직 자신을 바르게 하고 남을 원망하지 않는다. 결단코 하늘도 사람도 원망하지 않는다. 주어진 현재 상황에서 명命을 기다릴 따름이다. "군자는 가는 데마다 스스로 얻지 못하는 일이 없다[君子無入而不自得焉]"[57]에서의 득得을 길吉로 볼 수 있을 것이다. 그러면 군자는 어떤 상황에서도 길할 수 있다. 그러니

---

56 『周易』「繫辭上」2, "是故君子所居而安者, 易之序也, 所樂而玩者, 爻之辭也."
57 『中庸章句』14장, "君子素其位而行, 不願乎其外. 素富貴, 行乎富貴; 素貧賤, 行乎貧賤; 素夷狄, 行乎夷狄; 素患難, 行乎患難; 君子無入而不自得焉. 在上位不陵下, 在下位不援上, 正己而不求於人則無怨. 上不怨天, 下不尤人."

부귀가 길이 아니고 빈천 환난 이적이 흉이 아니다. 그 처지 그 상황에서 도리를 다하느냐 못하느냐가 길과 흉이 되는 것이다. 또『논어』에서 부귀는 누구나 좋아하는 것이지만 그 도로 얻은 것이 아니면 누리지 않고 빈전은 누구나 다 싫어하는 것이지만 정당하게 주어진 것이 아니라도 구태여 벗어나려고 하지 않는다고 하였다.[58]

나. 스스로 만든[自作] 길흉-순역順逆과 수패修悖

초목은 폭풍 홍수 벌목 방목에 대하여 대책이 없다. 이와 달리 사람은 마음의 생각이 통하고 막힌 바가 있고, 처사하는 데에 잘하고 못하는 차이가 있어 화를 복으로 만들기도 하고 복을 화禍로 만들기도 한다.[59] 혹 바르고 의롭게 처신하여도 화를 당하고 간악 교활한 짓을 하여도 영화를 누리는 일이 있는 것은 그 사람과 세상을 합하여 그 명을 판단한 것이니 명은 일정하게 논할 수가 없다. 이처럼 수목은 시종 그가 품수한 것에 안착할 뿐이지만 사람은 화복을 스스로 얻을 수 있다고 할 수 있다.[60]

그런데 주어지는 길흉도 대처에 따라 변개變改가 되지만 스스로 만드는 길흉이 있다. 사실상『역』에서 강조하고 있는 부분이 바로 이것이고 여기일 것이다. 이는『역』이 과오를 뉘우치는 책, 또는 과오를 고치

---

58 『論語』「里仁」, "子曰, "富與貴, 是人之所欲也, 不以其道得之, 不處也. 貧與賤, 是人之所惡也, 不以其道得之, 不去也."
59 帝辛 때 참새가 큰 새를 낳은 것이 복이 화가 된 것이고, 太戊 때 뽕나무와 닥나무가 하루에 한 아름이 된 것이 화를 복으로 만든 것이라 한다.
60 李瀷,『星湖僿說』卷13, 人事門 定命, "至扵人心, 思有通塞處, 事有臧否, 有詭福為禍者. 帝辛之雀生大鳥是也. 有得禍為福者, 太戊之桑穀大拱是也. 是合身與心而斷其命也. 或守正而被厄, 奸猾而得志. 是合人與世, 而斷其命也. 命其可一之論乎. 惟樹木始終安其天賦禍福, 無有自己求者. 是乃人之所當勉也."

는 책으로 자리매김이 되는 곳이며, 주어지는 길흉이 윤리적 선악의 의지와 만나는 지점이다. 이런 생각은 사실 유학적 역학자들에게는 보편적이다. 조선 유자들에게서도 쉽게 발견된다.

장유張維(1587~1638)는 『역』의 64괘 384효의 내용을 총정리해서 한 마디로 집약할 수 있는 말을 『상서』에서 찾는다면, 그것은 바로 "惠迪吉 從逆凶" 곧 선을 따르면 길하게 되고 패역하면 흉하게 된다"라고 했다.[61] 그는 괘효는 시의時義를 제시한 것인데, 사람의 행동이 그때의 상황에 순응하여 그 의리에 맞게 되면 吉한 결과가 오게 되고, 이와 반대로 하면 흉하게 되는데, 이것은 마치 그 행위의 결과로 주어지는 것이 "형체에 따르는 그림자, 소리에 반응하는 메아리 같다[猶影響]"[62]고 하였다. 따라서 그는 남이 보지도 않고 듣지도 아니하는 곳에서 조차 게으름[惰體] 피우지 않고, 사심[邪思]을 품지 않아야 하며, 하늘과 땅 사이에서 어느 누구도 기만할 수 없으니 신독愼獨하여야 한다고 하면서 다음과 같이 말했다.

> "사람과 짐승의 갈림길[人獸之分]이요,
> 길흉의 분기점[吉凶之幾]인,
> 어두운 저 구석을[屋漏在彼]
> 내 스승 삼으리라[吾以爲師]"[63]

그가 말하는 길흉은 결코 이유 없이 주어지는 선악이 아니고 자신의

---

61 『谿谷漫筆』卷1,「漫筆」, "惠迪吉, 從逆凶."
62 『書經』「大禹謨」에 나오는 말이다. "惠迪吉 從逆凶 猶影響" 惠는 順, 迪은 道와 같다.
63 張維,『谿谷先生集』卷2,「愼獨箴」, "有幽其室 有默其處 人莫聞睹 神其臨汝 警爾惰體 遏爾邪思 濫觴不壅 滔天自是 仰戴圓穹 俯履方輿 謂莫我知 將誰欺乎. 人獸之分, 吉凶之幾, 屋漏在彼, 吾以爲師."

책임으로 귀속되는 것이다. 허목許穆(1595~1682)은 "밝은 자는 기미를 살펴 보이지 않는 것에서 보니, 가득 차면 경계할 줄 알고 편안하면 두려워할 줄 안다. 경계할 줄 알면 기울지 않고 두려워할 줄 알면 위태롭지 않으니, 기우는 것은 엎어지는 것의 전철이고 위태로운 것은 망하는 길이다. 복서라는 것은 경계하고 두려워하는 마음을 간직하여 정도를 지키고 우환을 염려하기 위해 지어진 것이다"[64]라고 하였다. 이현일李玄逸(1627~1704)도 같은 생각을 피력했다. 그는 '주 무왕이 단서로 경계를 받았다[武王丹書受戒]'는 고사를 통하여 길흉의 자작론을 펼친다. 즉 무왕은 왕위에 오르자 태공을 찾아가 도를 물었는데 태공은 서향을 하고 경건히 받으라고 하고는 "경건 나태 의리 사욕[敬怠義欲]에 길흉이 매여 있다[吉凶繫焉]"[65]고 했다.[66] 김낙행金樂行(1708~1766)은 '강건중정強健中正'과 '이정利貞'을 『역』의 요체라고 하였다. 그는 준屯괘의 '경륜經綸', 감坎괘의 '행유상行有尙', 돈遯괘의 '여시행與時行', 규睽괘의 '동이이同而異', 곤困괘의 '이강중以剛中'을 예로 들어 이들 모두가 어려움에 대처하고 우환에 대처하는 하나의 방법이라고 본다. 그는 64괘의 요점은 '이정利貞'에 있다고 주장한다. 그가 해석하는 정貞은 정正이고 고固이다. 바르고 견고하면 이롭지 않음이 없고, 바르고 견고하지 않으면 이로운 일이 없으며, 바르고 견고하면 지나치게 건너 이마까지 빠져도 또한 허물이 되지 않고, 바르고 견고하지 않으면 집을 나가지 않아도

---

64 許穆『記言』卷31「經說」'易統'.
65 『丹書』에 "敬이 怠를 이기는 자는 길하고, 怠가 敬을 이기는 자는 망한다. 義가 欲을 이기는 자는 일이 순조롭고, 욕이 의를 이기는 자는 흉하다."라는 내용이 들어 있었다고 한다. 무왕은 帝位에 오른 뒤 太公에게 『단서』의 이런 내용에 대해서 묻고, 주변의 온갖 기물에 銘을 지어 새겨 경계로 삼았다고 한다. 『心經』『淵鑑類函』卷200 銘
66 李玄逸, 『葛菴集』卷22, 「御屏十六幅贊」 "武王踐阼, 訪道尙父, 曰王齊受, 西向而詔, 敬怠義欲, 吉凶繫焉, 王服行之, 八百卜年."

흉함을 면하지 못한다고 하였다. 그는 『역』을 읽는 사람은 모름지기 이런 뜻으로 읽어야 한다고 하였다.[67]

이규경李圭景(1788~?)은 길흉을 선악과 연결하고 계절의 순환에 배치하여 이해한다.

> "선을 행하면 길한 법이니, 길이란 마음의 편안한 곳이요, 불선을 행하면 흉한 법이니, 흉이란 마음의 편치 못한 곳이다. 길이란 상서롭고 화평한 기운이므로 봄에 속한다. 그러나 길한 뒤에는 반드시 뜻을 멋대로 부리고 감정만을 따라 행하는 일이 있어 부끄러움이 있게 되며, 린吝 역시 봄이 지난 뒤에 여름이 되어 성한 양기는 이미 극도에 이르고 미미한 음기가 싹트는 것과 같다. 흉이란 참혹하고 살벌한 기운이므로 가을에 속한다. 그러나 흉한 뒤에는 반드시 부끄럽고 한스럽게 여기고 깨달음에 있어 허물 고치기를 생각하게 되며, 회悔 역시 가을이 지난 뒤에 겨울이 되어 음의 도가 이미 궁하고 하나의 양기가 회복되는 것과 같다."[68]

또한 그는 허물 고치기를 부끄러워하여 그른 일을 한다면 화를 불러들이는 것이므로, 吝하면 반드시 흉함을 이루게 되는 것이 마치 여름이 지나간 뒤에 가을이 되어 음의 기운이 점점 성하면 반드시 꺾이고 상함을 당하는 것과 같고, 허물을 고쳐 착한 데에 옮기는 것은 복을 구할수 있기 때문에 회悔하면 반드시 길함을 이루게 되는 것이 마치 겨울이 지난 뒤에는 봄이 되어 양의 기운이 점점 자라나면 아름답고 화평한 것을 순조롭게 이루는 것과 같다고 하였다. 이규경은 "나는 무구無咎

---

67 金樂行, 『九思堂集』卷8, 「讀易說」. 구사당은 김낙행의 호, 그는 李栽의 문인이다. 저서로는 『啓蒙質疑』·『蓍法質疑』·『喪服經傳註疏通考』·『講錄刊補攷疑』·『九思堂集』 등이 있다.
68 李圭景, 『五洲衍文長箋散稿』 「經史編」 '易經'.

를 구할 따름이다"라고 하는 사람이 군자라고 한다. 무구를 구하는 사람은 그 길할 수 있는 도를 닦되, 길한 것은 꼭 얻으려는 데에 마음이 없고, 이미 길한 데에 이르더라도 무구하려는 마음에 걱정하고 두려워하여 항상 존재하며, 흉한 것에 이르는 도를 버리되 또한 흉한 것을 꼭 피하려는 데에 뜻이 없고, 불행히 흉하게 되더라도 그 무구하려는 마음에 놀라고 애태워 항상 편안한 사람이다. 세상의 일은 기수氣數가 일정하지 않고 차질이 나며[參差] 인사가 어긋나고 뒤섞여[錯糅] 참으로 어지럽고 고르지 않다. 그러나 떳떳한 도리로써 이김을 삼는다면 그 떳떳이란 것이 이치 밖으로 벗어남이 없다는 것이다. 「계사전」에서 "천하의 움직임은 곧고 바름 그 하나이다"라고 한 이유가 이것이라 한다.[69]

길흉회린을 사계절에 배치하여 이해하는 것은 이진상李震相(1818~1886)에게서도 보인다. 그는 길흉회린을 사상四象에 짝 지워서 길은 태양과 같고, 린吝은 소음과 같으며 회悔는 소양과 같고, 흉은 태음과 같다고 하였다. 인색함은 길로부터 흉으로 가는 상이니, 뉘우침과 길함과 인색함과 흉함은 춘하추동과 같다고 하였다.[70]

주돈이는 『역』의 뜻은 선을 행하는 자를 권면하고 악을 행하는 자를 두려워하게 하는 데 있다고 보아 "군자는 닦기 때문에 길하고, 소인은 어기기 때문에 흉하다[君子修之吉 小人悖之凶]"[71]라고 하였다. 이는 길흉을 『역』의 도와 이치, 곧 천리를 따르느냐 거역하느냐의 결과로 보는 공식을 제공한 대표적인 표현이 되었다.

---

69 李圭景, 『五洲衍文長箋散稿』「經史篇」1 -'易經'.
70 李震相, 『易學管窺』第二章,「吉凶悔吝」, "以吉凶悔吝配四象, 則吉猶太陽, 吝猶少陰, 悔猶少陽, 凶猶太陰. 蓋吉過則吝生, 吝則必凶, 凶過則悔萌, 悔則必吉. 吝之必凶, 猶少陰之積爲太陰也, 悔之必吉, 猶少陽之達于太陽也. 小註下段, 分得未安, 吉過則悔, 非自凶趨吉之義. 旣悔而吝, 與無悔同, 吝如何復吉, 吝乃自吉向凶之象, 悔吉吝凶, 如春夏秋冬."
71 주돈이, 『太極圖說』.

다. 부리는[所使] 길흉과 천지의 조화造化 참찬參贊

길흉은 스스로 짓는 것도 있고 주어진 것도 있지만 부리는 또는 주재하는 길흉도 있다. 부리는[所使] 길흉이란 마치 성인이 윗자리에 있을 때 사람을 벌주거나 상을 주는 것과 같은 것이다. 벼슬은 반드시 덕으로 내리고 형벌은 반드시 죄로써 내리는 것인데, 성인의 이러한 조치는 귀신이 인간의 선행에 경복慶福을 내리고 악행에 앙화殃禍를 내리는 것과 동일한 양상이라고 할 수 있다. 길흉을 오로지 자작自作이나 소치所致로만 말할 수는 없다.[72]

『중용』과 『역』에서는 삼재三才론으로 천과 지의 조화에 참찬하는 인간을 말한다. 『중용』은 지성至誠을 지닌 사람은 앞일을 알고 개입할 수 있다고 한다. 그는 단순히 앞으로 벌어질 길흉을 알고 대처하는 수동적 태도에 머물지 않는다. 그 스스로 귀신처럼 길흉을 좌우할 수 있다. 이른바 부리는[所使] 길흉은 성인이 윗자리에 있을 때 사람에게 벌을 주거나 작위爵位를 내림이 해당될 것이다. 벼슬은 반드시 덕으로 내리고 형벌은 반드시 죄로써 내리는 것이다. 성인의 이러한 조치는 귀신이 선한 자에게 복주고 음악한 자에게 화를 내리는 것과 동일한 이치라고 할 수 있다. 『중용장구』 16장에서 귀신은 남김없이 모든 사물의 골간이 된다고 했다. 그런 귀신이 하는 일을 사람 곧 성인이 할 수도 있다

---

72 朴胤源, 『近齋集』 卷17 與房汝良 別紙, "自作之凶, 初非可言於聖人身上, 而所值之吉凶, 則聖人蓋有不幸而遇凶. 如文王羑里之凶, 夫子圍匡之厄是也. 聖人遭此患難, 而能順而安之, 則此便是與鬼神合處, 然則此吉凶字. 雖謂之所值之吉凶可也. 來意以爲其德其明其序, 皆屬聖人德性, 而獨吉凶以所值言, 則其吉凶之其字, 與上文三其字, 文勢不合云. 而愚意則吉凶雖曰所值, 值此吉凶者聖人, 則吉凶便是聖人之吉凶, 與上文文勢, 有何不合乎. 然所謂吉凶, 非但所值之吉凶, 亦有所使之吉凶, 所使之吉凶, 如聖人在上, 如人爵人是也. 爵必以德, 刑必以罪, 與鬼神之福善禍淫. 同一理也, 則此亦是合其吉凶處. 然則吉凶, 又不可專以所值言也."

는 것이다. 통틀어 말하면 자연 세계 속의 굴신과 소장이 곧장 길흉이
되는데 그런 수를 주재하는 사람이 될 수 있다는 것이다.

『역』의 건괘 5효「문언」의 '귀신과 그 길흉을 합한다[與鬼神合其吉
凶]'가 있다. 이 글의 주인공은 대인이다. 그리고 여기서의 대인은 성인
또는 천민天民과 같은 개념이다. 다시 말하면 성인이고 천민이면서 높
은 지위를 가진 사람을 일컫는 것인데 이런 대인은 귀신과 더불어 그
길흉을 함께 한다고 한 것이다. 원대의 오징吳澄(1249~1333)은 이 부분
을 해설하면서 길하고 흉할 수 있게 되는 것은 천지의 리가 주재하기
때문이라고 했다.[73] 대인이 귀신과 더불어 그 길흉을 함께 한다고 하는
것은 길흉을 아는 것만을 말함이 아니고 귀신이 행하는 길흉에 부합하
는 일을 한다는 것이다. 이는 실제로 만물의 길흉을 만드는 것이라고 할
수 있으며 만물의 주재자의 위상에까지 이르는 것이다. 이는 물론 성인
의 일이지만 성인을 목표로 하는 사람들이 목표로 삼는 그 경지이다.[74]

『역』을 이용하여 하는 일 중에 개물성무開物成務가 들어 있다. 『역』
을 사용하여 세상 사람들의 지志를 알고, 세상 사람들의 업業을 결정하
고, 세상 사람들이 갖고 있는 의심을 끊어버린다. 세상 사람들과 더불
어 그 길흉에 대하여 우환을 갖는 사람, 신과 같아 미래를 알고 지혜로
써 지난 것들을 기억하는 사람, 총명예지聰明叡知를 지니고서 또 신무神

---

73 『周易大全』乾卦 95爻 文言, "臨川吳氏曰, 夫天專言之則道也, 此雖兼地言之, 蓋以其
主宰之理而言, 非指輕清之氣爲天, 重濁之氣爲地也. 日月四時鬼神, 皆天地之氣所爲,
氣之有象而照臨者爲日月, 氣之循序而運行者爲四時, 氣之往來屈伸而生成萬物者爲鬼
神, 命名雖殊, 其實一也. 其所以明, 所以序所以能吉能凶, 皆天地之理主宰之. 天地以
理言, 故曰德. 日月四時鬼神以氣言, 故曰明, 日序, 日吉凶也."
74 朴胤源, 『近齋集』 卷17 書 與房汝良 別紙, "易文言註, 雖無詳釋, 亦有一處可看出者.
小註吳氏說曰, 所以能吉能凶, 天地之理主宰之. 能吉能凶之能字, 非知吉知凶之謂, 而
乃作吉作凶之謂, 則合吉凶之吉凶, 非獨言知吉凶也明矣. 今若只以知吉凶如鬼神爲言,
則鬼神能作吉凶. 豈但知之乎. 故曰或者之說, 非正義也. 愚見如此, 未知如何."

武하되 아무도 죽이지 않는 자가 되기를 원하는 사람은 사물을 창조하고 주어진 역할을 완성할 수 있다.[75] 이런 행위 역시 만물에 대한 길흉을 주재하는 자라 할 수 있다.

사실상 여기서의 이러한 경지의 성인을 목표로 『역』을 공부하는 사람은 많지 않을 것이다. 길흉을 부리는 경지는 학문의 극공極功의 경지이겠으니 이는 성인이라도 다 할 수 없고 알 수 없겠으나 한편 우매한 필부라도 알 수 있고 참여할 수 있는 일이기도 하다.

5. 결 론

가장 기본적인 물음이며 주제인 『역』의 길흉을 살펴보았다. 길흉은 여러 대체 개념이 있다. 포함하는 뜻이 넓고 많다. 대표적인 대체개념은 실득失得이다. 할 수 '있냐' '없냐' 또는 '승리했느냐 실패했느냐'의 의미이다.

무엇을 이루며 실패하는가! 여러 말을 할 수 있겠으니 필지의 간첩에서는 역에서 말하는 것으로는 지志 곧 뜻이라고 할 수 있다.[76] 「계사전」에서 『역』은 성인이 사람의 가장 깊은 내면의 세계를 다 알아내려고 한 것이니 그렇게 함으로써 세상 사람의 뜻을 통달하게 된다고 했

---

75 『周易』「繫辭上」11, "子曰, "夫易何爲者也. 夫易開物成務, 冒天下之道, 如斯而已者也. 是故聖人以通天下之志, 以定天下之業, 以斷天下之疑. 是故著之德圓而神, 卦之德方以知, 六爻之義易以貢. 聖人以此洗心, 退藏於密, 吉凶與民同患, 神以知來, 如以藏往. 其孰能與此哉. 古之聰明叡知, 神武而不殺者夫."

76 역에서 志자가 쓰인 것은 모두 67회인데 단전에서 10회 대상에서 2회 소상에서 53회 「계사전」에서 2회이다. 효사의 해석에 지자가 많이 사용되었음을 알 수 있다. 효사가 변화 또는 행위를 지시하는 것이므로 그 뜻을 풀이한 것이리라.

다.[77] 또 세상 사람의 뜻을 통달하는 방법으로 『역』을 활용한다는 것[以通天下之志]를 말하고 있다.[78] 계사전이 역을 통론한 것이므로 여기서의 규정은 『역』전편에 해당하는 것이라고 할 수 있다. 통지通志는 정업定業, 단의斷疑와 더불어 역의 3대 용도 중의 하나이다. 뜻을 이루는 것, 뜻을 이루지 못하는 것을 길흉이요, 득실이라고 할 수 있는 것이다.

　길흉은 주어져서[所值] 피할 수 없는 것이 있다. 불합리하지만 순응하여 편안히 여길 수밖에 없는 것이다. 자기 의지와 행위의 결과로 주어지는[自作] 질흉이 있다. 적선積善에 여경餘慶이고 적불선積不善에 여앙餘殃의 공식이다. 우리의 현실적 삶에서 작동한다고 어느 정도 믿을 수 있다. 이 경우 자기의 지혜를 최대한 발휘하여 수길修吉로 나아가고 패흉悖凶을 피하여야 한다. 그런데 여기서 나아가 천지의 조화에 능동적으로 참여하여 돕고 스스로의 행위 결과가 하나의 남김도 없이 만물의 골간骨幹이 되고 상대의 길흉이 되는[所使] 차원도 있다. 남에게 상을 주기도 하고 벌을 주기도 하며, 은혜를 베풀어 삶을 창달시키는 일을 할 수도 있다. 성인의 경지라고 하는 이 창조적 길흉은 규모와 수준에 있어서 지극한 경지의 구현도 있고 부부 사이의 비근한 일상적 도리에서도 나타나는 것이다. 그 학문과 수양의 성취와 영향에 광협廣狹과 고저高低가 뚜렷이 차이가 있을 것이지만 남이 한 번에 해내면 나는 백 번이라도 시도하여야 하며, 그 이루어내는 경지는 같다고 하니 차이에 얽매일 필요는 없다고 본다.

---

77 『周易』「繫辭上」10, "夫易, 聖人之所以極深而研幾也. 唯深也, 故能通天下之志, 唯幾也, 故能成天下之務, 唯神也, 故不疾而速, 不行而至."

78 『周易』「繫辭上」11, "天一, 地二, 天三, 地四, 天五, 地六, 天七, 地八, 天九, 地十. 子曰, 夫易何爲者也? 夫易開物成務, 冒天下之道, 如斯而已者也. 是故聖人以通天下之志, 以定天下之業, 以斷天下之疑."

주역周易과 신도설교神道設教*

정병석

이 글은 『주역』 관괘觀卦 「단전彖傳」에 보이는 '신도설교神道設教'의 관점을 통하여 '신도교화神道教化'와 '인도교화人道教化'의 충돌과 조화라는 문제에 대해 이야기하고, 아울러 이 문제를 통하여 『주역』이 현대 사회에서 가지고 있는 의미에 대해 살펴보려는데 핵심이 있다. 유가의 전통적인 관점은 인도교화에 중심이 있지만, 상박죽간上博竹簡 「노방대한魯邦大旱」과 백서 「요要」 등에서는 공자가 만년에 '신도설교神道設教'와 '신도교화神道教化'를 인정하는 경향을 보여준다. 시서예악의 인도교화가 가지는 한계를 공자는 자각하고 신도神道를 인도교화의 보충적 수단으로 이용하려는 것으로 보인다.

1. 시작하는 말

'신도설교神道設教'라는 말은 『주역周易』 관괘觀卦 「단전彖傳」의 "하늘의 신묘한 도를 봄에 사시가 어긋나지 아니하니 성인이 신도로써 가르침을 베푸니 천하가 복종한다."[1]에서 나온 말로 "신도를 통하여 교화

---

* 정병석(영남대). 이 글은 「주역과 神道設教」라는 제목으로 『태동고전연구』 39 (2017. 12)에 게재하였음을 밝혀둔다.

1 『周易』 觀卦 「彖傳」, "盥而不薦, 有孚顒若, 下觀而化也. 觀天之神道, 而四時不忒, 聖人以神道設教而天下服也."

를 행한다"는 의미를 가지고 있다. '신도설교'라는 말이 의미하는 것을 간단하게 정리하여 말하면 시서예악으로 대표되는 인도人道가 아닌, 제사나 점복占卜 등의 신비적인 방식 즉 신도를 통하여 사람들을 교화하는 방식을 가리킨다. '신도설교'라는 이런 교화의 방식은 결코 후대의 위정자들이 백성들을 복종시키기 위해서 만든 통치의 도구가 아니다.

『주역』의 발생적 기원에 해당하는 복서卜筮와 이것에 대한 후대의 철학적 해석의 문제를 고스란히 보여주는 것이 바로 '신도설교'이다. 예를 들면 주자의 "역이복서설교易以卜筮設敎"[2]나 『사고전서四庫全書』「역류서易類舒」에서 말하는 "역즉우어복서易則寓於卜筮" 등의 관점들은 다름 아닌 『주역』의 '신도설교'의 전형적인 해석이라고 할 수 있다. 즉 "『역』은 복서로 가르침을 시행한다." "『역』은 복서卜筮 속에 가르침을 담아두고 있다"는 말은 "신도설교"라는 말의 다른 표현이라고 하여도 무방할 것이다. 이것은 바로 불가지한 신묘한 도리를 이용하여 인류 교화의 체계를 만들어 내는 것을 말한 것으로 보인다.

신도神道가 종교적 혹은 신비적 영역에 속하는 것이라면, 설교設敎는 넓은 의미에서 도덕적, 정치적 영역에 속하는 것으로 볼 수 있다. 신도에 가르침을 개설하거나 연결시킨 이것은 다름 아닌 『역전』의 『주역』에 대한 절묘한 해석의 예라고 할 수 있다. 복서는 신도에 속하고, 가르침은 인도의 영역이다. 즉 신도가 수단이라면, 목적은 설교에 있다. 즉 복서의 귀신에 대한 숭배에서 인문적 이성으로의 발전과 전환을 의미한다. "신도설교"라는 말은 『주역』이 가진 해석학적 가능성을 그대로 보여 줄뿐 아니라, 『주역』 해석의 무한한 확장을 의미하는 것이기도 하다.

---

2 黎靖德編, 『朱子語類』, 권66, 中華書局, 1986, 1627쪽.

본 논문에서 중점적으로 다루려고 하는 문제는 "신도설교"의 해석학적 관점보다는 '신도설교'와 '인도교화'의 충돌과 조화라는 문제에 대한 논의이다. 유가와 공자의 전통적인 관점은 '인도설교' 즉 인도교화에 중심이 있는 것은 매우 분명하다. 그러나 상박죽간上博竹簡「노방대한魯邦大旱」과 백서帛書「요要」등 출토문헌의 발견은 공자가 만년에 '신도설교'와 '신도교화'를 적극적으로 인정하고 있는 경향을 보여준다. 공자는 춘추이래의 귀족적인 예문화를 계승하고 재해석하여 제후들과 제자들을 교화하였다. 그러나 시서예악의 인도교화人道敎化가 가지는 한계를 공자는 자각하고 신도를 인도교화의 보충적 수단으로 이용하려는 것으로 보인다.

본 논문에서는 '신도설교'와 '인도설교人道設敎'의 충돌과 조화라는 문제들에 대해 중점적으로 논의하고, 이를 통하여 공자와 선진 유가들의 신이나 귀신 등에 대한 '존이불론存而不論'의 태도와 맹자와 순자가 강조하는 인도교화와 신도설교에 대한 관점들에 대해 논의하려고 한다. 이들 문제의 분석을 통하여 현대 우리 사회에서 『주역』을 바라보는 사람들의 생각을 신도설교의 관점을 통하여 함께 살펴보려고 한다.

2. 신도설교의 의미와 작용

'신도설교'라는 말에 대한 논의를 진행하기 위해서는 신도라는 함의에 대한 분석이 필요하다. 전통적으로 '신도설교'에 대한 논의에서 가장 많이 다루어 온 것은 '신도'를 어떤 개념으로 보아야 하는가라는 분석이 대부분이다. '설교'는 교화를 베풀거나 혹은 시행한다는 뜻으로 보는 것이 일반적이다. 신도라는 이 개념은 관괘 「단전」에서 가장 먼저

출현한다. 관괘의 괘사는 "관은 손을 씻고 제수를 올리지 않았을 때처럼
하며 마음속에 진실함을 가지고 우러러 볼 것이다."[3]라고 하였다. 「단전」
은 바로 관괘의 卦名과 전체 함의에 대해 다음과 같이 말한다.

> 단전에서 말하기를 크게 보이는 것으로 위에 있어, 순하고 겸손
> 하여, 중정으로서 천하를 보니 관은 손을 씻고 아직 제수를 올리지
> 않았을 때처럼 하면 (백성들이) 마음속에 진실한 믿음을 가지고 우
> 러러 볼 것이며, 아랫사람들이 이를 보고 교화된다는 것이다. 하늘
> 의 神道를 봄에 사시가 어긋나지 아니하니, 성인이 신도로써 가르
> 침을 세워 천하가 복종한다.[4]

중요한 것은 "하늘의 신도를 본다"와 "신도로써 가르침을 세운다."
는 말인데, 무엇이 '신도'인지 파악하는 것이 이해의 관건이 된다. '신
도'에 대한 이해는 크게 두 가지로 나누어진다. 하나는 신도를 신명神明
의 도道로 보는 관점이고, 또 다른 한쪽의 시각은 '신도'를 '자연의 도'
로 해석한다. 전자는 고형高亨을 대표로 하는데 "사람이 신에게 제사를
지내는 이유는 천상에는 신이 있고 신도가 있기 때문이다. 어떻게 하늘
의 신도를 보는가? 사시가 운행하는데 어긋나지 않음을 통해서이다. 그
러므로 말하기를 '하늘의 신도를 봄에 사시가 어긋나지 않는다.'라고
하였다. 성인은 이로써 '신도로서 가르침을 세우고' 사람들이 신을 믿
게 하고, 신이 선함에는 상을 주고 악에는 벌을 줄 수 있음을 믿게 하
며, 신神이 사람의 빈부귀천을 장악할 수 있다고 믿게 하면, 사람들은
감히 예를 벗어나 간사함을 취하거나, 위 사람을 범하거나 난을 일으키

---

3 『周易』 觀卦, "盥而不薦, 有孚顒若."
4 『周易』 觀卦 「彖傳」, "彖曰, 大觀在上, 順而巽, 中正以觀天下, 觀盥而不薦, 有孚顒若.
  下觀而化也. 觀天之神道而四時不忒, 聖人以神道設教而天下服矣."

지 않는다. 그러므로 말하기를 '성인이 신도로서 가르침을 세우면 천하
가 복종한다'라고 하는 것이다."[5]라고 하였다.

또 다른 한쪽의 시각은 '신도'를 '자연의 도'로 해석하는 것이다. 이
것은 황수기黃壽棋, 장선문張善文이 대표적이다. "신도는 '신묘한 자연
규율'을 말하는 것과 같다. 아래의 네 구절 또한 대자연의 신묘한 법칙의
놀라운 모습과 '성인'이 자연규율을 본받아 가르침을 세우는 모습, '우러
러 살펴보는' 도의 매우 깊은 의미를 지극하게 말한 것이다.[6] 대부분은
고형의 관점이 아니면, 황黃, 장張의 설로 귀속되는 것이 현실이다.[7]

　　그러나 위의 두 가지 관점이 '신도'를 전혀 다른 뜻으로 해석하
　　고 있는 것은 아니다. 고형이 주로 신도가 가지고 있는 사회적 기
　　능과 영향이라는 측면에서 말하고 있다면, 후자의 관점은 자연이
　　가진 오묘한 법칙에 대해 말하는 점에서 구별될 뿐이다. 고형 역시
　　"어떻게 하늘의 신도를 보는가? 사시가 운행하는데 어긋나지 않음
　　을 통해서이다."라고 하여 사시 즉 자연의 법칙성이라는 점을 통하
　　여 '신도'를 보는 점에서는 결코 충돌되지 않는다. "천의 신도를 봄
　　에 사시가 어긋나지 않는다."는 관점에서 보면 '신도'는 완전히 자
　　연의 천도天道이며, 신도설교는 자연법칙을 근거로 그것을 창조적
　　으로 해석한 것을 의미하여 후대에서 말하는 종교적 도구주의의
　　의미를 처음부터 가지고 있었던 것은 아니다. 여기에서 중요한 것
　　은 "성인이 신도로써 가르침을 세워 천하가 복종한다"는 성인聖人
　　의 성격과 역할이다.

왜 성인이 신도설교하는가? 성인은 역도易道를 아는 사람으로 "신을

5　高亨, 『周易大傳今』, 齊魯書社, 1979, 214쪽.
6　黃壽棋·張善文, 『周易譯注』, 上海古籍出版社, 1989, 173쪽.
7　陳望衡, 「『周易』"神道"析」, 『周易研究』 2, 1999, 54-55쪽 참조.

궁구하여 변화하는 것을 아는 것이 덕의 성함이다."[8]라는 경계에 도달한 사람이다. 성인은 바로 이런 규율과 법칙을 잘 아는 사람이다. 『역전』의 작자가 여기서 언급한 '신도'는 사물변화의 법칙이고, 이런 법칙은 그 고유의 신묘함으로 인해서 '신神'하여 누구나 쉽게 알 수 있는 것은 아니며 오직 성인만이 이런 법칙을 잘 파악하는 사람이다. 중요한 것은 성인이 이런 '신도'에 설교한다는 점이다. 성인은 이런 '신도설교'를 통하여 신도를 창조적으로 재해석하여 복서지서卜筮之書로서의 『주역』을 성인지서聖人之書로 전환시킨다.

'신도설교'라는 이 말은 관괘觀卦의 특징을 설명하는 것에서 출발하였지만, 후대에 이 문제는 점차 통치자가 백성들을 어떻게 교화시킬 것인가 하는 다분히 정치적, 종교적 도구주의의 관점으로 다루어진다. 즉 '신도설교'는 일반 민중들이 상제나 귀신을 신봉한다는 사실에 근거하여 통치자가 그것을 빌려와 백성들을 교화하고 통치하는 方式으로 간주된다. 신도를 수단으로 삼아 최종적으로는 통치 질서를 견고히 하려는 목적에 사용하는 것이 바로 '신도설교'라는 것이다. 여기에서 '신도설교'는 우민화라는 성격과 거의 동일시되는 처지에 내몰리게 된다. '신도설교'의 의미가 '우민화'라는 말과 동일시되는 것에 머물러 있는 것이 과연 정당한 것인가?

'신도설교'의 특징과 중요성을 단지 우민적 통치라는 측면으로만 제한하는 입장은 그것의 본래면목에 대한 왜곡일 뿐만 아니라, 그것이 가진 다층적인 철학적 의미를 놓쳐버리는 관견일 뿐이다. '신도설교'의 개념은 『주역』이 가지고 있는 본질적 의미와 해석학적 의미를 그대로 보여주고 있다. 선진 시기의 신도설교는 그 목적이 제사·기도나 점복

---

8 『周易』「繫辭」下5, "窮神知化 德之盛也."

등의 방법을 통하여 교화의 효과를 노리는데 있으며, 그 속에는 이성적 요소를 담고 있다. 실제로 효과라는 측면에서 신도설교가 인도교화보다 오히려 더 중요하다고 생각하는 주장들이 출현할 수밖에 없는 것이다. 이런 점은 『논어』에서도 간접적으로 추론할 수 있지만, 최근에 발견된 출토자료에서 공자는 직접적으로 이야기하고 있다.

3. "노이호역老而好易"에 대한 공자孔子와 자공子貢의 대화

마왕퇴馬王堆 한묘漢墓 『백서역전帛書易傳』에는 통행본 『역전易傳』에 없는 새로운 내용들이 보이는데, 「계사繫辭」 외에 「요要」·「이삼자문二三者問」·「역지의易之義」·「무화繆和」·「소력昭力」 등의 문헌들이 포함되어 있다. 이 중에서 우리의 주목을 끄는 가장 흥미로운 자료는 「요要」이다. 여기에는 공자와 『주역周易』의 관계, 『주역』의 유가 경전화 등과 관련되는 내용들이 포함되어 있다. 특히 공자와 자공의 대화 속에서 당시 유가들의 복서 및 제사 등에 대한 관점들이 드러난다.

孔子는 나이가 들어서 『易』을 좋아하여 거처할 때는 자리에 두었고 길을 갈 때면 자루에 두었다. 子貢이 말하기를 "선생님께서 이전에 제자들에게 가르치시기를 '덕행이 없는 자가 신령을 좇아가며 智謀가 없는 자가 복서를 빈번하게 행한다"고 하셨는데 저는 이 말이 매우 옳다고 여겼습니다. 이 말을 가지고 생각해보면 저는 선생님의 이런 모습은 이해하기 어렵습니다. 선생님께서는 어찌 연세가 드시면서 그것을 좋아하십니까?" 孔子께서 말씀하시기를.. "군자의 말은 방정해야 한다. (내가) 『易』을 좋아한다는 것은 이전에 (그대들에게) 말한 것과 마치 배치되는 것처럼 보여 책망을 받지만, 실은 어긋나지 않고 틀리지 않은 것이다. 『周易』의 요체를 자세하게 살펴보면 이전에 말한 것과 위배되지 않음을 알게 될 것이다.[9]

공자는 만년에 "거처할 때는 자리에 두고, 길을 갈 때면 자루에 넣어 둘" 정도로 『주역』을 좋아하였다. 이런 공자의 태도에 대해 자공은 반발하여 의문을 제기한다. 공자가 이전에 제자들에게 가르친 『주역』의 관점과는 배치되기 때문이다. 과거에 공자는 "덕행이 없는 자가 신령을 좇아가며 지모가 없는 자가 복서를 빈번하게 행한다."고 하여 자공을 비롯한 공자의 제자들은 이런 가르침을 믿고 열심히 실천해 왔는데, 공자의 관점이 노년에 이르러 변화되었다는 것이다.

공자는 『주역』을 복서의 책으로 보아 높게 평가하지 않았고, 제자들에게 가르친 내용은 대부분 시서예악이었다. 그러나 만년의 공자가 『역』을 지나치게 좋아하게 되어 이런 스승의 행동이 史와 무巫의 신도神道의 행위에 치중하는 것은 아닌가하는 점에서 자공은 무례할 정도로 공자를 추궁한다. 이런 자공의 반발과 의심은 유학의 역사 혹은 중국철학사 속에서 『주역』이 가지게 될 지위가 무엇인지를 암시하는 매우 중요한 사건이라고 할 수 있다. 이것은 자공 한 사람에게만 해당하는 것이 아니라 공자를 추종하거나 앞세우는 모든 유가들의 반발과 의심이라고 할 수 있다. 이런 의문에 대한 공자의 대답은 어려운 상황을 대충 모면하려는 느낌을 주는 것 같지만, 실은 엄청난 문제의식과 배경을 가진 차원의 해명을 기도하고 있는 것으로 보인다.

---

9 劉彬, 『帛書易傳新釋暨孔子易學思想研究』, 中國社會科學出版社, 北京, 2016, 242-243쪽. "夫子老而好易, 居則在席, 行則在囊. 子贛曰: 夫子它日教此弟子曰, 德行亡者, 神靈之趨, 智謀遠者, 卜筮之繁. 賜以此爲然矣. 以此言取之, 賜緡行之爲也. 夫子何以老而好之乎? 夫子曰 君子言以榘方也. 前羊(逆)而至者, 弗羊(逆)而巧也. 察其要者, 不詭(違)其辭."

자공의 질의에 대해 공자는 우선 자신이 『주역』을 좋아하는 것은 이전에 제자들에게 이야기한 가르침과 근본적으로 다르지 않고, 『주역』이 말하는 요체를 자세하게 살펴보면 내가 이전에 말한 것과 위배되지 않음을 알게 될 것이라고 말한다. 공자의 이 말은 『주역』 속에는 단순히 복서만이 존재하는 것이 아니라, 제자들에게 가르친 교화의 내용과 다르지 않은 내용들이 그 속에 들어있다는 점을 말하고 있다.

> 『상서』는 缺失이 많으나 『주역』은 결실되지 않았고 옛 성인이 남긴 말씀과 도리[遺言]가 들어 있다. 나는 실제로 점을 치는 것을 즐겨하기 보다는 그 卦爻의 말을 좋아한다. 너는 어찌 나의 이런 행동을 잘못했다고 탓하는가? 자공이 말하기를.. "이렇게 된다면 군자는 이미 두 번 잘못을 범하는 것입니다. 저는 선생님께서 평상시의 방법을 따르며, 합당한 방법에 근거하여 일을 행하면 사람은 미혹됨이 없다고 말씀하신 것을 들었습니다. 지금 『역』의 점을 치는 것을 즐거하지 않는다고 하시면서 卦爻辭를 읽는 것을 좋아하시는 것은 사람들과는 다른 것으로 올바르지 않은 것인데 이래도 되겠습니까?"[10]

공자는 새로운 측면에서 『주역』이 가진 가치에 대해 말하고 있다. 우선 공자가 『주역』의 가치에 주목한 것은 괘효사 속에 들어있는 이전 성인들의 가르침과 도리이다. 즉 공자가 만년에 『주역』을 좋아하는 핵심은 괘효사가 포함하고 있는 이치를 음미하고 해석하는데 있다. 중요한 것은 "점을 치는 것은 즐겨하지 않는다"는 공자의 말은 점치는 복서를 완전히 버리라는 의미는 아니다. 물론 이런 공자의 이중적인 태도에

---

10 劉彬, 『帛書易傳新釋暨孔子易學思想硏究』 243-247쪽. "尙書多闕矣, 周易未失也. 且有古之遺言焉. 予非安其用也. 女何尤於此乎? 子贛曰…如是, 則君子已重過矣. 賜聞諸夫子曰, 遜正而行義, 則人不惑矣. 夫子今不安其用而樂其辭, 則是用倚於人也, 而可乎?"

대해 자공은 비판하지만 공자는 복서와 점치는 자의 주체적 판단력과 도덕성의 관계에 대해 이야기하고 마지막으로 '덕의德義'의 단계로까지 끌어 올린다.

『주역』은 강한 자로 하여금 두려움을 알게 하며, 유약한 자로 하여금 적극적으로 행동하도록 해준다. 어리석은 사람의 행동이 망령되게 하지 않고, 남을 속이는 사람은 거짓이 없게 한다.[11]

공자는 『주역』은 자기의 부족함을 바로잡게 해 주며, 극단에 이르지 않게 할 수 있다고 보았다. 여기서 필요한 것은 바로 점치는 사람 주체의 도덕적인 수양 능력이다. 점서의 기초위에서 도덕적인 차원을 연결시켜 전개해 나간다는 말이다.

자공이 말하기를.. "선생님께서도 역시 그 筮占을 믿으십니까?" 공자 대답하기를.. "내가 백번 점을 치면 칠십 번은 맞춘다. 오직 周梁山[12]에서 점칠 때는 그 (빈도가) 많은 것을 따랐을 뿐이다." 공자가 말씀하시기를.. "『역』에서 나는 祝과 卜을 뒤로 한다. 나는 그 德과 義를 볼 뿐이다". 은밀하게 神明의 도움을 구하여 蓍策의 數에 이르고, 시책의 수를 밝혀 덕에 이르러 仁義를 행할 뿐이다. 은밀하게 신명의 도움을 구하고도 수에 이르지 못하면 巫의 筮占이고, 수를 얻어도 덕에 이르지 못하면 이는 史의 서점이다. 사와 무의 점서는 (사람들이) 몰려가는 쪽이기는 하나 문제가 있고, 좋아하기는 하지만 옳은 것은 아니다. 후세의 士가 나(孔丘)를 『역』 때문에 의

---

11 劉彬, 『帛書易傳新釋暨孔子易學思想研究』 248-249쪽. "夫故易剛者使知懼, 柔者使知剛, 愚人爲而不妄, 漸人爲而去詐.
12 공자가 주유열국할 때 지나간 지명을 말함. 周梁山의 해석에 대해서는 劉彬, 『帛書要篇校釋』, 光明日報出版社, 2009, 41-42쪽을 참조 하였음.

심할지 모르지만, 나는 그 덕을 구할 뿐이다. 나와 사·무는 방법은 같지만 그 궁극적인 목표는 다르다. 군자는 덕을 행함으로써 복을 구하기 때문에 제사를 지내도 적게 지냈다. 인의를 행함으로써 길함을 구하기 때문에 복서를 해도 드물게 한다. (이것은) 祝·巫·卜筮를 뒤로 한 것이 아닌가?[13]

공자는 기본적으로 점 자체를 전면적으로 부정한 것은 아니다. 그도 서점筮占을 칠뿐만 아니라 100번을 치면 70번은 맞춘다고 말한다. 그러나 공자가 『주역』에서 주목한 것은 덕의德義이다. 덕의는 덕행德行과 인의仁義의 줄임말로 볼 수 있다.[14] 공자는 『주역』을 보는 관점을 크게 세 부류로 나누고 있다. 점을 통해 신명神明의 뜻을 구하기는 하지만 수數에 이르지 못하는 무巫, 수數는 얻어도 덕德의 단계에는 도달하지 못한 사史와 덕德을 구하는 군자君子로 나누고 있다. 무巫는 바로 무격巫覡의 무巫로 그들은 점치는 것을 통하여 신령과 소통하여 신의神意를 얻는데 최종적인 목적이 있다. 무巫는 복서를 빌려 천의를 밝히고 인간들에게 뜻을 전달하는 shaman이다. 고대에서 무와 사는 크게 구분되지 않았다. 후대에 사史는 무격巫覡에서 분화되어 나온 계층으로 복서와 밀접한 관련을 가지고 있다.[15] 사史는 천문역법을 바탕으로 인간사를 파악하는 사관史官으로 巫에 비해 한 걸음 더 나아가 수數를 파악하는

---

13 劉彬, 『帛書易傳新釋暨孔子易學思想硏究』 248-249쪽. "子贛曰.. 夫子亦信其筮乎? 子曰.. 吾百占而七十當, 唯周梁山之占也, 亦必從其多者而已矣. 子曰.. 易, 我后其祝卜矣, 我觀其德義耳也. 幽贊而達乎數, 明數而達乎德, 又仁守者而行之耳. 贊而不達於數, 則其爲之巫, 數而不達於德, 則其爲之史. 史巫之筮, 鄕之而未也, 好之而非也. 後世之士疑丘者, 或以易乎? 吾求其德而已, 吾與史巫同途而殊歸者也. 君子德行焉求福, 故祭祀而寡也. 仁義焉求吉, 故卜筮而希也. 祝巫卜筮其後乎?"
14 丁四新, 『周易溯源與早期易學考論』, 中國人民大學出版社, 北京, 2017, 83쪽. 德義의 의미에 대해서는 여러 가지 다양한 관점들이 존재한다.
15 徐强, 『帛書易傳解易思想硏究』, 人民出版社, 北京, 2014, 48쪽 참조 바람.

단계에 이른다. 수數는 복서와 역수 등과 관련이 있다. 군자는 여기에서 한 단계 더 나아가 덕에 이른다는 것이다.

중요한 것은 무, 사, 군자의 3단계는 단절적인 관계가 아니라, 중층적으로 연속되면서 확장하고 발전하는 구조에 있다는 점이다. 즉 군자 역시 무巫의 찬贊과 사史의 수數 단계를 거쳐야 하기 때문에 과정과 방법은 같지만 궁극적인 목표가 다를 뿐이라고 말한다. 그러므로 군자 역시 제사도 지내고 점을 치기도 한다. 다만 덕을 행하여 복을 구하기 때문에 제사를 지내지만 적게 지내고, 인의를 행하여 길함을 구하기 때문에 복서를 해도 드물게 한다고 말한다. 공자의 결론은 "『주역』에서 축祝과 복卜을 뒤로 하고 덕德과 의義를 볼 뿐이다." 축祝은 제사 의식을 진행하고 돕는 사람을 말한다.[16] 여기서 말하는 축祝, 무巫, 사史는 대부분 제사와 점치는 활동과 관련 있는 사람들이다.

위에서 이야기한 것들이 바로 『요』편에 보이는 공자와 자공의 대화 내용과 그에 대한 분석들이다. 『요』편에 대해 학계에서 주목한 것은 주로 공자가 복서의 도를 인도의 단계로 끌어 올려 『주역』이 가진 복서적 성격 외에 철학적, 인문적인 성격과 요소를 발견해 연결하고 있다는 해석학적인 관점이다. 더욱 중요한 것은 『요』편에 보이는 공자의 해석은 전형적인 신도설교의 해석 방식에 있다.

4. 공자와 선진유가의 인도교화人道敎化와 『주역』

앞에서 공자가 만년에 지나칠 정도로 『주역』을 애호하게 되자 자공

---

16 『說文解字』, "祭酒贊詞者."

이 강하게 반발하고, 다시 공자가 해명하는 내용에 대해 살펴보았다. 여기에서는 앞에서 상세하게 설명하지 못한 문제들에 대해 논의하려고 한다. 우선『주역』을 보는 공자의 변화된 관점에 대한 자공의 반발이라는 문제이다. 백서「요」편에 등장하는 자공은 어쩌면 자공 한 사람이라기보다는 대부분의 공자 제자들을 대표한다고 할 수 있다. 다만 "子夏나 商瞿 등의 만년 제자들만이 공자에게『주역』을 전수받을 수 있었지만, 자공 등의 제자들은 性과 天道에 속하는『주역』에 대해서는 듣지 못했다고 말한다.[17] 여러 가지 상황으로 볼 때, 백서「요」편은『주역』을 적극적으로 인정하고 존숭하는 유파나 사람들이『주역』과 공자와의 관련성을 강조하기 위한 입장에서 저술한 것으로 추정할 수 있다. 반면 자공은『주역』을 중요하게 보지 않는 입장을 대표하는 것으로 볼 수 있다.

『논어』전편을 통해서도 공자가 제자들에게『주역』에 대해 이야기하는 내용이 거의 보이지 않기 때문에 이 문제에 대한 구체적이고 직접적인 대답은 찾기가 쉽지 않다. 그러나 공자가 평시에 제자들에게『주역』과 관련하여 이야기한 것이 무엇인가에 대해서는 충분히 짐작할 수 있는 내용은 있는 것으로 보인다. 이것은 「술이述而」편의 "오십이학역五十而學易"바로 아래의 구절에 나오는 말에서 그 단서를 찾아볼 수 있다.

> 공자께서 평소에 늘 말씀하시던 것은『詩經』과『書經』및 집례 執禮에 관한 이야기이다. 이것들은 모두 평소에 늘 말씀하셨다.[18]

---

17 劉寶楠,『論語正義』上, 中華書局, 北京, 1998, 184쪽. "孔子五十以學『易』, 惟子夏、 商瞿晚年弟子得傳是學. 夫子之文章謂詩書禮樂也. … 然則子貢言'夫子之言性與天道, 不可得而聞也', 易是也."
18『論語』「述而」 "子所雅言,『詩』·『書』·執禮, 皆雅言也."

공자가 평시에 가르치신 내용은 바로 시서예악이라는 말이다. 그가 제자들에게 평소에 지속적으로 이야기한 내용은 『시경』을 통해 성정을 다스리고, 『서경』을 통해 정사를 말하고, 예를 통해 사람이 지켜야 할 분수에 대해 말하는 것으로[19] 인도교화에 해당한다. 이 구절에 대해 주자는 "사씨謝氏가 말하기를 이 장은 역易을 배운다는 말씀을 이어받아 비슷한 것을 기록한 것이다."[20]라는 사상채謝上蔡의 말을 인용하고 있다. 즉 공자가 "오십이학역五十而學易"이란 말을 느닷없이 언급한 것은 맥락이 없는 산발적인 발언이 아니라, 평소에 강조한 시서예악의 문제와 관련하여 대비적으로 말한 것으로 볼 수 있다. 이런 단서를 주자의 주석 속에서 발견할 수 있다. "정자가 말했다. 공자께서 평소 하신 말씀은 이와 같은 것에 그칠 뿐이었다. 예컨대 성性과 천도天道의 경우에는 들을 수가 없었으니, 묵묵히 스스로 깨우치는데 달려 있다."[21] 바로 「공야장」에서 자공子貢이 말한 것이다.

> 선생님의 文章은 들을 수가 있었으나 선생님께서 性과 天道에 관하여 언급하시는 말씀은 들을 수가 없었다.[22]

공자가 평상시에 제자들에게 강조한 내용은 대부분 일상적인 시서예악의 교화에 대한 것이었지, 성性이나 천도와 같은 심미[23]한 문제들에 대해서는 거의 언급하지 않았다는 말이다. 성과 천도를 함께 말한

---

19 朱熹, 『四書集註』 "雅, 常也. 執, 守也. 詩以理情性, 書以道政事, 禮以謹節文, 皆切於日用之實, 故常言之. 禮獨言執者, 以人所執守而言, 非徒誦說而已也."
20 朱熹, 『四書集註』 "謝氏日此因學易之語而類記之."
21 朱熹, 『四書集註』 "程子曰孔子雅素之言, 止於如此. 若性與天道, 則有不可得而聞者, 要在黙而識之也."
22 『論語』 「公冶長」 ""夫子之文章, 可得而聞也, 夫子之言性與天道, 不可得而聞也."
23 劉寶楠, 『論語正義』 上, 中華書局, 北京, 1998, 184쪽. "深微, 故不可得而聞也."에서 나온 말.

것은 천 혹은 신명과 관련이 있기 때문이다.[24] 공자가 평소에 거의 이야기하지 않았다고 하는 천도天道는 후대의 유가철학에서 말하는 자기 법칙을 가지고 운행하는 천의 이법을 의미하기보다는 자연과 인간사회의 길흉화복에 영향을 주는 것을 가리키는 것으로, 의지를 가진 천天의 의미에 더 가까운 것으로 이해하는 것 역시 가능한 것으로 보인다. 양백준楊伯峻은 고대에서 말하는 천도를 자연과 인간사회의 길흉화복과의 관계를 말하는 것으로 보았다. 여기에서 말하는 천도는 실질적으로 신도라는 말과 다르지 않다. 이는 공자가 귀신이나 사死 등의 문제에 대해 유보적인 관점을 보이는 것[25]과 동일한 맥락을 가지고 있는 것으로 보인다.[26]

후대의 주석에서는 구체적으로 공자가 말하는 '문장文章'을 시서예악으로, 성과 천도를 『주역』을 지칭하는 것으로 나누기도 한다.[27] 공자가 평소에 제자들을 가르친 내용은 시서예악 등의 인도에 속하는 문제이지 신비적인 귀신이나 복서 등과 관련되는 신도에 대해서는 거의 언급하지 않았다는 말이다. 즉 공자는 인간사회의 길흉화복을 묻는 『주역』과 이와 관련되는 주재적, 의지적 천도를 결코 중요하게 여기지 않았음을 예상할 수 있다. 그러나 공자가 성과 천도에 관하여 이야기하지 않아서 듣지 못했다는 자공의 말이 공자가 신이나 귀신의 숭배를 전면적으로 부정하고 배격했다는 의미는 아닌 것으로 보인다. 이른바 '존이불론存而不論'의 관점이다. 공자는 신이나 귀신의 숭배에 대해 전면적으

---

24 康有爲, 『論語注』, 中華書局, 北京, 2012, 62쪽. "性者, 人受天之神明."

25 『論語』「先進」"季路問事鬼神. 子曰, "未能事人, 焉能事鬼?" 曰, "敢問死." 曰, "未知生, 焉知死?"

26 楊伯峻, 『論語譯注』 中華書局香港分局, 홍콩, 1987, 47쪽.

27 劉寶楠, 『論語正義』 上 184쪽. "夫子之文章謂詩書禮樂也. ... 然則子貢言'夫子之言性與天道, 不可得而聞也', 易是也." 또 같은 곳에서 "班氏以易·春秋爲性與天道之書."이라고 하여 『주역』과 『춘추』를 性과 天道를 말하는 책으로 보기도 한다.

로 배격하기 보다는 비교적 합리적인 배격론의 관점을 가지고 있다. 공자는 "백성이 의義에 힘쓰도록 하고, 귀신을 공경하나 멀리한다."[28] "괴력난신怪力亂神을 말하지 않았다."[29]고 하였다. 귀신을 완전히 부정하는 것은 아니지만, 그것의 존재 문제에 대해서는 유보적인 태도를 견지하면서 적극적으로 논의하거나 토론하지 않았다는 말로 볼 수 있다.

춘추시기의 사회경제적 발전과 인식 수준의 고양은 천도 혹은 신도를 인도가 대체하도록 만들었는데 이것이 당시의 중요 경향이었다. 제자백가들 역시 이런 문제들에 관심을 가지고 집중하였다. 특히 공자를 중심으로 하는 유가들은 고대의 귀족문화를 계승하여 이것이 내함內含하고 있는 가치를 시대에 맞게 해석하여 사회와 그 구성원들을 교화하는 수단으로 삼으려 노력하였다. 이런 문화의 교화 방식은 기본적으로 시서예악 등의 지식을 학습하는 것에서부터 시작된다. 시서예악이 담고 있는 지식 대부분은 인도교화와 관련이 있었기 때문에 점복占卜이나 제사 및 무술 등의 신도 방면에 대해서는 중요하게 여기지 않은 것 같다. 이런 관점들은 맹자와 순자에서 더욱 분명하게 나타난다.

『논어』속에서도 공자가『주역』에 대해 이야기하는 부분이 그렇게 많지 않지만, 『맹자』에서는 전혀 찾아볼 수가 없다. 맹자의 주된 작업은 오히려 복서나 귀신 등의 신도와 관련되는 천도의 문제를 성性과 연결시켜 그것을 내재화하는데 초점을 두고 있다. 『맹자』에서 "그(순임금)로 하여금 제사를 주제하게 하니 온갖 신이 그것을 흠향하고, 하늘이 이를 받았다."[30]라고 하여 맹자는 모든 신[百神]을 천天의 아래에 통섭하여 신도에 속하는 문제들을 천天의 관점으로 끌어 올려 해석하고

---

28 『論語』「雍也」 "務民之義, 敬鬼神而遠之."
29 『論語』「述而」 "不語怪力亂神."
30 『孟子』「萬章」 "使之主祭而百神享之, 是天受之."

있다. 맹자의 이런 관점은 언뜻 보기에는 신도를 매우 존숭하는 것으로 보이지만, 실은 귀신의 초월적인 성격을 약화시켜 내재화하여 그것을 마음속에 보존하여 정신화하고 있다.

> 그 마음을 온전히 다하는 자는 그 性을 알고, 그 性을 알면 하늘을 알게 된다. 그 마음을 보존하여 그 性을 기르는 것이 하늘을 섬기는 것이다.[31]

맹자가 그 마음을 보존하여 성性을 기르는 것이 바로 하늘을 섬기는 것이라는 말은 심心·성性·천天의 연속성 속에서 발생하는 자연스러운 결과이다. "진심盡心" "지성知性"이 바로 도덕의 근원인 천天을 실천하는 방법이라는 말이다. 천은 더 이상 신비적인 색채를 가지는 것이 아닌, 내재화된 심의 본체이고 본성이 된다. 심성으로 천을 해석하는 관점에서 신도를 말하는 『주역』의 위치는 더 이상 설 자리를 잃어버리게 되는 것으로 보인다.

순자는 맹자에 비해 신도에 대한 더욱 분명하게 반대한다. 순자는 천도 등 신비주의에 대해서 이성적인 태도를 분명하게 보여주고 있다. 『순자』의 「천론天論」「비상非相」등의 편들은 점복, 신도, 무술 등 각종 신비주의에 대해 엄격한 비판을 전개하고 있다.

> 군자가 중시하는 것은 자기에게 있고, 결코 하늘에 의해서 결정되는 것을 바라지 않는다. 이 때문에 날로 발전한다. 소인은 자신에게 있는 것을 귀중하게 여기는 태도를 버리고, 하늘에 의해서 결정되는 것만을 바라고 있다. 이 때문에 날로 후퇴한다.[32]

---

31 『孟子』「盡心上」"盡其心者知其性也, 知其性則知天矣. 存其心, 養其性, 所以事天也."
32 『荀子』「天論」"君子敬其在己者, 而不慕其在天者, 是以日進也. 小人錯在其在己者,

인간은 자신의 능력이나 역량을 가져야만 스스로 발전하고 진보할 수 있지만, 만약 천天에 의해서 인간이 주재되고 결정된다고 믿는 소인은 이 때문에 날로 퇴보하게 마련이다. "순자는 교육을 받은 군자와 보통의 소인이 다른 점을 군자는 자신의 이성을 사용할 줄 알지만, 소인은 다만 운명과 길흉을 믿는 다는 점에 있다고 보고, 일반 백성들은 여전히 천인감응의 관점에서 헤어나지 못하는 것으로 보고 있다."[33] 순자는 '천인지분天人之分'을 말하여 천인의 신비적 관련성을 철저하게 차단하여 버리고 인간 세계의 치란이나 화복은 사람에게 달린 것이지, 천에 있지 않음을 분명하게 말한다.[34]

이런 관점에서 순자는 초월적인 신을 인간 속에 존재하는 것으로 보고 인도교화의 대상으로 전환시켜 버린다. 신은 다른 곳이 아니라 우리의 마음속에 있다. 순자는 "흙을 쌓아 산을 이루어, 비바람이 일어난다. 물을 모아 연못을 이루며 교룡이 생겨난다. 선을 쌓아 덕을 이루는 신명이 스스로 얻어지며, 성인의 마음이 구비된다."[35]라고 말한다. 직접적으로 『순자荀子』에서 『주역』이나 점에 대해서 이야기하는 가장 유명한 구절은 「대략편大略篇」의 "역을 잘하는 사람은 점을 치지 않는다."[36]이다. 순자의 입장은 『주역』의 성격을 바르게 이해하는 사람이라면 『주역』을 통해 개인의 길흉을 물어보는 무책임한 행동은 하지 말아야 한다는 의미이다. 이것이 바로 '부점不占'의 의미이다.

순자에서 점占은 어떤 의미를 가지고 있는가? "하늘이 가물면 기우

而慕其在天者,是以日退也."
33 秦家懿·孔漢思 著, 『中國宗敎與基督敎』, 北京, 三聯書店, 1990, 第61頁.
34 정병석, 「荀子의 '天生人成'과 尊群體의 정신」 『중국학보』 68권, 한국중국학회, 2013, 313쪽.
35 『荀子』 「勸學」 "積土成山, 風雨興焉, 積水成淵, 蛟龍生焉, 積善成德, 而神明自得, 聖心備焉."
36 "善爲易者不占"

제를 지내고 점을 치고 나서 큰일을 정하는 것은, 무엇을 구하려고 함이 아니라, 꾸미는 것이다. 그래서 군자는 꾸밈으로 여기고, 백성은 신령한 것으로 여긴다. 장식으로 여기면 길하지만 신으로 여기면 흉하다."[37] 군자는 신의 도움을 구하려는 것이 아니라, 일종의 문화적, 정치적인 조치인데도 불구하고 백성들은 이것을 신령을 믿어 호소하는 것으로 여긴다는 것이다. 순자는 점복이 가진 성격을 문식 정도로만 여기고 그것이 가진 실제적인 효용이나 의미를 중요하게 보고 있지 않다.

5. 인도교화人道教化의 부족함과 신도설교神道設教의 보충

앞에서 우리는 공자와 선진유가가 중요하게 생각한 교육 내용은 대부분 시서예악을 중심으로 하는 인문교화에 속하는 내용이었음을 볼 수 있었다. 후대의 맹자와 순자에서도 이런 전통은 분명히 남아있다. 선진시기 유가들의 문헌 속에서 『주역』에 대한 언급을 거의 찾아볼 수 없는 이유는 자공이 말하였던 공자 초기의 『주역』에 대한 관점을 그대로 추종한 결과로 짐작할 수 있다. 이런 인도교화의 전통 속에서 공자가 『주역』의 가치 혹은 복서卜筮 등의 신도를 인정하게 된 배경이 무엇인지를 그의 노년의 실존적 상황 등과 관련하여 이야기하려고 한다.

우선 "노이호역老而好易"의 노년이 가진 의미에 대해 살펴보자. 『논어』에서 공자가 노년에 대해 직접적으로 언급한 부분이 있다. "공자께서 말씀하셨다. 군자에게는 세 가지 경계할 일이 있다. 젊었을 때는 혈기가 아직 안정되지 않았으니 경계할 것이 여색에 있고, 장성하여서는

---

37 『荀子』「天論」 "天旱而雩, 卜筮然後決大事, 非以爲得求也, 以文之也. 故君子以爲文, 而百姓以爲神. 以爲文則吉, 以爲神則凶也."

혈기가 한창 왕성하니 경계할 것은 싸움에 있고, 늙어서는 혈기가 이미 쇠잔하였으니 경계할 것이 이득(물욕)에 있다."[38] 여기에서 말하는 내용은 삶의 각 단계에 있어서 경계할 문제에 대해 이야기하는 구절이다. 老年에 경계해야 할 점을 물욕을 추구하는 것에 있다고 보았고 다른 특별한 이야기는 보이지 않는다.

공자의 노년 혹은 만년에 대한 학자들의 관점은 분분하다. 어떤 학자는 아예 분명하게 공자의 청년시기를 34세 이전으로, 중년은 35-55세로 노년을 55-73세로 보기도 한다. 노년을 인학仁學을 적극적으로 주장하는 시기라고 말한다.[39] 이에 비해 곽기郭沂는 공자의 일생을 세 단계로 나누어 조년에는 예학禮學을 공부하던 시기로, 중년은 인학仁學에 몰두하였고, 만년에 역학易學에 관심을 두고 있었다고 말한다.[40] 이 견해는 공자가 가졌던 철학적 관심의 전환이라는 문제와 잘 부합하는 관점이라고 할 수 있다.

또 공자의 인생 역정을 둘로 나누어 "오십이지천명五十而知天命"을 공자 학문의 전환점으로 보는 경우도 있다. 또 천명을 알게 되는 근거를 "오십이학역五十而學易"에서 찾아[41] '지천명知天命'과 '학역學易'을 인과관계로 설정하기도 한다. 이를 통해 '지천명'을 '학역'의 결과로 보기도 하지만 분명히 비약이 있는 관점으로 보인다. 이 둘 사이에는 어떤 관련이 있을 것이라는 추측은 가능하지만, '학역'이라는 원인에 의해서 '지천명'하는 결과를 낳았다는 구체적인 입장을 찾기는[42] 사실상 어렵다.

---

38 『論語』「季氏」 "孔子曰: 君子有三戒: 少之時, 血氣未定, 戒之在色; 及其壯也, 血氣方剛, 戒之在鬪; 及其老也, 血氣旣衰, 戒之在得."

39 劉蘆華, 「孔子思想演變的特點」, 『社會科學戰線』, 1985年 3期, 62-69쪽 참조.

40 郭沂, 『郭店竹簡與先秦學術思想』, 上海教育出版社, 2001, 554쪽, 563-590쪽 참조.

41 刑文, 「儒學與周易-馬王堆帛書研究的視角」, 『中國社會科學院研究生院學報』 1995年 第2期, 제41쪽 참조.

42 劉彬 著, 『帛書易傳新釋暨孔子易學思想研究』 416쪽 참조.

"오십이지천명五十而知天命"과 "오십이학역五十而學易"의 인과관계나 선후관계를 명확하게 밝히는 것은 현실적으로 쉽지 않다. 그럼에도 불구하고 50이라는 인생의 노년 혹은 후반을 말한다는 점에서 맥락상에서 통하는 점이 있다. "오십이학역"이라는 말은 "나에게 몇 년의 시간을 더 주어 오십에 『주역』을 배운다면 큰 과오가 없을 수 있다."[43]라는 말에서 나왔다. 주자는 당시 공자의 나이가 50이 아니라 70 가까이 되므로, '오십'을 '마치다'라는 의미의 '졸卒'자로 보아야 하고 오십이란 글자는 잘못된 것으로 본다. 그러므로 "나에게 몇 년의 시간을 더해준다면 마침내 『주역』을 배워 큰 과오가 없게 될 것이다."라는 말로 해석하기도 한다.[44] 공자의 "오십이학역五十而學易"이라는 말과 「요」편에서 말하는 "노이호역老而好易"의 관점은 분명히 『주역』에 대한 관점의 전환이라는 점에서 상통하는 점이 있다.

　　『주역』에 대한 관점의 전이는 인도교화의 방식뿐만 아니라 신도설교의 필요성에 대한 인정 혹은 긍정으로 보는 것 역시 가능할 것으로 보인다. 공자가 제사와 복서를 내용으로 하는 신도를 통하여 설교하려는 관점 전환이 의미하는 것은 우선 공자가 처해 있는 실존적 조건들의 불여의함과 관련이 있는 것으로 보인다. 우선 생각할 수 있는 문제는 인과 예를 중심으로 하는 시서예악의 인도적 교화를 통한 주유천하周遊天下의 정치적 개혁이 실패하였다는 사실이다. 자로의 입을 통해서 나온 "도가 행해지지 않는 줄이야 이미 알고 있었지만",[45] 그렇다고 무도한 세상을 외면할 수 없었던 공자였다. 공자의 부질없는 현실 참여를 비판하는 은자들의 비판에 실의로 가득 찬 얼굴로 "새나 짐승과 함께

---

43 『論語』「述而」 "子曰, "加我數年, 五十以學『易』, 可以無大過矣."
44 朱熹, 『四書集註』 "五十作卒, … 蓋是時, 孔子年已幾七十矣, 五十字誤無疑也."
45 『論語』「微子」 "道之不行, 已知之矣."

살 수 없을진대 내가 이 백성들과 함께하지 않고 누구와 함께하겠는가? 천하에 도가 있다면 나는 세상을 바로잡는 일에 참여하지 않을 것이다."[46]라는 분명한 각오를 밝혔던 공자였다. 이런 노력에도 불구하고 공자는 도덕적, 인도적 개혁을 통한 정치개혁과 사회교화의 실패를 인정하지 않을 수 없었다.

이런 상황에서 공자는 만년에 천과 신도에 대한 생각을 바꾸기 시작한 것 같다. 우선 그는 자신을 새로운 출발점에 서게 만들어야 했다. 공자는 더 이상 정치적 개혁가가 아니라, 문헌을 정리하는 학자로서의 새로운 삶을 시작한다. 그가 13년의 간의 주유천하를 통한 실패의 경험과 사랑하는 자식과 제자를 앞서 보낸 회한과 상실감은 그가 이전에 가졌던 천天과 인人에 대한 새로운 시각을 가지게 만들었다. 노년의 공자가 『춘추春秋』와 『주역周易』에 빠져 있었다는 사실은 어떤 하나의 중요한 사실을 내포하고 있다. 공자는 『춘추』와 『주역』이 가진 교화적 기능에 주목하기 시작한 것으로 보인다. 시서예악으로는 교화가 불가능한 인간 집단들이 분명히 존재하고 있음을 공자는 인정하고 있는 것으로 보인다. 왜냐하면 그가 온 힘을 다해 교화하려고 하였던 인간 군상들 중에는 시서예악의 인도적 교화가 전혀 효과를 발휘하지 못한 대상이 있었기 때문이다.

『춘추』를 기술한 이유는 이욕利慾만을 추구하여 시서예악의 교화를 무시하는 당시의 패악한 통치자들을 교화 대상으로 삼고 있다. 이 책을 통하여 현실을 바로 잡고 의를 해치는 행위를 폄척하여 후세의 왕王들에게 모범이 될 만한 일들을 보여주려는데 목적이 있다. 이에 비해 『주역』은 복서와 무술의 신비적이고 초인적인 힘을 믿고 있는 하층의 일

---

46 『論語』「微子」 "夫子憮然曰: 鳥獸不可與同群, 吾非斯人之徒與而誰與? 天下有道, 丘不與易也."

반 서민들을 대상으로 하고 있다. 서민들에게 깊이 있는 철학적 이치에 대해서는 쉽게 이해시키지 못하지만 귀신에 대한 두려움을 믿게 하는 것은 어렵지 않다.

또한 통치 계층이나 하층 민중을 막론하고 인간 사회에는 천명天命을 경외하지 않고, 대인大人을 경외하지 않으며, 성인의 말을 경외하지 않는 소인小人들이 존재한다.[47] 이런 사람들일수록 인도교화는 무시하지만 무술이나 신비적인 신의 위력에 대해서는 두려워하는 경향이 있다. 여기에서 공자는 인도교화 이외의 신도를 통한 교화 방식이 가진 효과에 대해 주의를 기울이는 것으로 보인다. 특히 정의와 도덕적 양심에 대한 믿음이 사라진 '도가 행해지지 않는 시대'에 묵자처럼 민중들은 확실한 신상필벌信賞必罰을 행하는 초월적 존재로서의 신을 요청하기 마련이다. 실제로 복서와 무술의 신비적인 역량을 더욱 믿고 있는 일반 서민들에게 인도적인 교화는 결코 효과적이지 못하다는 것이 공자가 노년에 분명하게 가지고 있었던 문제의식 중의 하나이고 회한이었던 것으로 보인다.

공자가 노년에 가지고 있었던 이 문제는 또한 유가들이 반드시 해결하여야 하는 이론적 난제와 연결되어 있다. 그것은 바로 복서와 제사에 대한 문제로 유가들은 어떤 방식에서든 이 난제를 새롭게 해석해야 할 필요성이 있었다. 왜냐하면 유儒 집단은 본래 제례祭禮와 상례喪禮 의식을 집전하는 것을 직업으로 삼아 생계를 유지하는 집단이었고, 제례와 의식에서 복서 또한 빠질 수 없는 절차 중의 하나였기 때문이다. 이들

---

47 『論語』「季氏」 "공자께서 말씀하셨다. 군자에게 두려워하는 것이 세 가지 있으니 천명을 두려워하고 대인을 두려워하고 성인의 말씀을 두려워한다. 소인은 천명을 몰라서 이를 두려워하지 않고 대인을 함부로 대하며 성인의 말씀을 업신여긴다.(孔子曰: "君子有三畏: 畏天命, 畏大人, 畏聖人之言. 小人不知天命而不畏也, 狎大人, 侮聖人之言")"

문제에 대해서 공자나 유가들은 매우 유보적이고 애매한 태도를 취하고 있다는 사실은 앞에서 이야기하였다. 이런 유가들에 대해 직접적으로 비판하는 사람들이 바로 묵가이다. 유가는 제사를 강조하면서도 귀신의 존재를 직접적으로 인정하지 않는 것은 논리적으로 모순임을 비판한다. 구체적으로 묵가는 귀신이 없다고 하면서 제사지내는 예를 배워야 한다는 것은 손님이 없으면서도 손님의 예를 배우고, 고기가 없는데 고기 잡는 그물을 마련하는 것과 같다고 비판한다.[48] 묵가를 중심으로 하는 제자들의 비판에 대해 공자는 신도설교의 필요성에 대해 어느 정도 반응하였던 것으로 보인다. 이런 공자의 변화된 관점을 직접적으로 보여주는 것이 바로 상박죽간上博 竹簡 「노방대한魯邦大旱」이다.

> 魯나라에 크게 가뭄이 들었다. 노나라 哀公이 공자에게 "그대는 노나라에 가뭄을 다스리는 어떤 방법을 말씀해주시지 않으시겠습니까?"하고 물었다. 공자가 말하기를 "노나라에 크게 가뭄이 든 것은 刑과 德을 잃어버린 원인 때문이 아닙니까?" 庶民들은 說祭[49]로 귀신만을 섬길 줄 알지, 刑과 德을 바르게 하는 정치는 모릅니다. 당신은 옥과 비단 등 재물을 아끼지 않고 산천에 제사에 지내야합니다. 아울러 刑과 德을 바로잡아야 하고…… 공자가 밖으로 나와 자공을 만나서 "賜야 너는 항간에서 나의 대답이 잘못되었다고 하는 것을 들은 적이 있느냐?" 하고 물었다. 子貢이 대답하기를 "없습니다. 우리 스승님은 천명을 중시하지 않으십니까? 刑과 德을 바로 잡아 하늘을 섬기는 것은 올바른 일입니다. 그러나 옥, 비단 등 재물을 아끼지 않고 山川에 제사를 지내는 것은 올바른 일이 아

---

48 『墨子』「公孟」 "公孟子曰. 無鬼神. 又曰. 君子必學祭祀. 子墨子曰. 執無鬼而學祭禮. 是猶無客而學客禮也. 是猶無魚而爲魚罟也."
49 '說'은 고대의 祈雨祭의 명칭이다. 이 관점은 陳嘉凌 撰寫, 「魯邦大旱譯釋」, 季旭昇 主編, 『上海博物館藏戰國楚竹書(二)讀本』, 臺北, 萬卷樓圖書, 2003, 45쪽.

님니다.[50]

「노방대한」은 노나라 애공哀公 15년에 발생한 큰 가뭄을 배경으로 하여 노나라 애공이 가뭄을 극복하기 위한 방법에 대해 공자에게 자문하고 대답하는 내용이다. 공자의 대답은 형刑과 덕德을 바르게 하는 것도 중요하지만, 옥과 비단 등 재물을 아낌없이 사용하여 산천에 제사에 지내야 할 것을 말한다.[51] 왜냐하면 보통의 서민들은 귀신섬기는 것은 알지만 형刑과 덕을 바르게 하는 정치는 모른다고 말한다. 이런 대답을 한 후 자공을 만나 공자는 자신이 애공에게 한 대답이 어떤가에 대해서 물었다. 이에 대해 자공은 형刑과 덕德을 바로 잡아 하늘을 섬기는 것은 올바른 일이지만, 옥, 비단 등 재물을 아끼지 않고 제사를 지내는 것은 올바른 일이 아니라고 말한다.

「노방대한」과 백서 주역 「요」편에 보이는 공자와 자공의 모습은 여러 장면에서 겹치고 있다. 공자와 자공의 대화 역시 방향과 내용에서 거의 비슷하다. 모두 신도설교와 인도설교의 충돌이다. 다른 것은 「노

---

50 「魯邦大旱」 "魯邦大旱, 哀公謂孔, 子不爲我圖之. 孔答曰, 邦大旱, 毋乃失諸與德乎? … 庶民知說之事鬼也, 不知刑與德, 女毋愛圭璧幣帛於山川. … 出遇子贛曰:"賜, 爾聞巷路之言, 毋乃胃丘之非與)？" 子贛曰:"否. (吾)子女重命其與(歟)？女(若)天(夫)政(正)刑與惠德, 以事上天, 此是才(哉)! 女(若)天(夫)毋(愛)圭璧幣帛於山川, 毋乃不可."

51 위의 해석은 주로 李學勤(「上博楚簡〈魯邦大旱〉解義」, 『孔子研究』 2004年 第1期)의 관점에 따라 해석한 것이다. 현재 이 구절에 대한 해석은 대부분 이학근의 관점을 따르는 것이 일반적이다. 이런 관점을 가진 학자로는 劉樂賢《讀上博簡〈民之父母〉等三篇箚記》("簡帛研究"網站, 2003年 1月, http://www.jianbo.org/Wssf/2003/liulexian01.htm), 廖名春, 『試論楚簡〈魯邦大旱〉篇的內容與思想』(『孔子研究』 2004年 第1期, 林志鵬, 『「魯邦大旱」詮』(『上博館藏戰國楚竹書研究續編』)等。 그러나 이와 전혀 다른 정반대의 해석을 하는 경우도 있다. 예를 들면 馬承源主編, 『上海博物館藏戰國楚竹書(二)』에는 "庶民知說之事, 畏也, 不知刑與德, 如(女)毋蔓(瘞)圭璧幣帛於山川."이라고 되어 있다. 여기에서 '女毋愛圭璧幣帛於山川'와 '如(女)毋蔓(瘞: 대지에 지내는 제사 명칭)圭璧幣帛於山川'은 정반대되는 말이 된다.

방대한」에 보이는 공자의 모습은 보다 적극적이고 분명하다는 것이다. 「요」편에서는 공자가 『주역』이 가진 복서적 성격 외에 철학적, 인문적인 성격과 요소를 발견하여 재해석하는 관점이라면, 「노방대한」은 서민의 입장을 고려하여 기우제를 성대하게 지낼 것을 적극적으로 권하고 있다. 실제로 유가는 조상숭배에 대해서는 중요하게 보았지만, 제천祭天에 대해서는 관심이 적었다. 여기에서 공자의 관점은 분명히 변하고 있다. 서민의 생각을 대변한 전형적인 신도설교의 해석 방식을 보여주고 있는 것으로 보인다.

6. 맺음말: 『주역』과 한국 현대 사회

오늘날 많은 사람들이 『주역』 공부에 환호하고 있다는 사실은 『주역』을 연구하는 사람 입장에서는 한 편으로는 반가운 일이기도 하지만, 다른 한 편으로는 무척 씁쓸한 느낌을 가지지 않을 수 없게 만든다. 이렇게 되는 이유는 무엇보다도 『주역』을 한 권의 점서로 보고 있다는 것에서 출발하고 있다. 물론 『주역』을 점치는 책으로 보는 관점이 틀렸다는 것은 아니다. 발생적 기원이라는 측면에서 보면 『주역』은 분명히 점치는 책이다. 『주역』은 후대의 해석을 통하여 점차 철학적인 성격을 적극적으로 부가하면서 유가의 경전으로 편입된다. 『주역』이 경전화되어 가는 과정에서 발생하는 갈등과 새로운 해석의 부여 등의 문제들은 위에서 살펴보았다. 공자와 자공 사이의 두 번의 대화는 어쩌면 오늘날의 우리 사회의 모습과 상당 부분 오버랩 된다. 구체적으로 말하면, 첨단의 디지털 시대에 2천년도 더 이전의 사람들이 신봉하였던 점복에 여전히 관심을 보이고 의지하려는 것을 어떻게 설명하여야 하는가?

최첨단의 시기에서도 사람들이 점이나 신비적인 것들에 의존하려는 것은 인지 능력이나 합리성에 문제가 있어서 그런 것은 아니다. 인간은 기본적으로 불안감과 두려움을 가진 감성적 존재이기 때문이다. "사람들은 이중의 고통을 감내해야만 한다. 그 중 하나는 장래에 어떤 일이 발생할 것을 안다는(일종의 불안감) 것이고 다른 하나는 또한 스스로가 그 일을 조종할 수 없다는 것을 두려워하는 것이다. 점복은 이런 고통들을 제거하는 역할을 한다."[52] 개인이 불가피하게 가질 수밖에 없는 위험한 결단과 선택의 결정권을 점에게 양도하고 점이 사태의 발전에 책임을 가지도록 만들어 심리적 안정감을 가지려는 것이다. 판단하기 어려운 중대한 판단을 내릴 경우 사람들은 대부분 개인적인 선택이나 결단이 가지고 올 위험과 책임을 회피하고 싶어 하는 것이 일반적인 심리 상태이기 때문이다.[53]

『주역』이 가진 철학적 세계에 대해 아무리 열심히 이야기하여도 사람들은 대부분 그것이 가지고 있는 占의 예측적 기능에 관심이 기울어져 있는 것이 사실이다. 이런 현상은 일반 대중들의 무지와 편견으로 인한 것은 아니다. 이것은 실존적 관심의 문제이지 그가 가진 지적 수준이나 가치관이 초래한 현상은 아니다. 『주역』이란 책이 2000년 이상 사람들의 관심과 애호를 지속적으로 받을 수 있었던 것은 그것에 담긴 철학적 가치보다는 『주역』을 통해 삶의 안위와 우환을 이야기하고 호소할 수 있는 매개의 역할을 담당하고 있는 점에 있다. 이것을 다른 말로 하자면 사람들이 가지고 있는 관심은 종신지우終身之憂가 아니라 일조지환一朝之患[54]에 있다는 것이다.

---

52 William Lessa and Evon Vogt, ed., Reader in Comparative Religion: An Anthropological Approach, New York: Harper & Row, 1965, p. 299.
53 정병석, 「周易의 源流와 龜卜: 龜卜에 나타난 宇宙觀과 兆象의 解釋 문제를 중심으로」, 『동양철학연구』 31. 동양철학연구회, 2002, 175-176쪽.

『주역』을 보통 우환의 책이라고 말한다.[55] 「계사繫辭」에서 말하는 우환을 유가들은 전통적으로 개인이 小我에 집착한 나머지 근시안적인 이익에 관심을 가지는 일조지환一朝之患이 아닌 인간 본성의 참된 실현과 세계 내에서의 책임에 대한 자각과 반성이 수반되는 종신지우終身之憂로 규정하여 온 것이 사실이다. 일반 사람들이 『주역』을 대할 때 과연 이런 심오하고 거창한 문제들에 관심을 가지는 것일까? 그들이 참으로 걱정하고 근심하는 우환의 내용들은 그들의 눈앞에 놓인 현실의 어려움과 고통 및 모순들이다. 이는 종신지우의 내용이 그릇되거나 부당해서 외면하는 것이 아니라, 그들을 억누르는 현실의 어려움과 상황들이 만들어 낸 현실적 절박성 때문이다.

만약 자신의 위치가 안정되고 삶이 풍요롭다면 『주역』의 점서 체계는 그렇게 열렬한 환영을 받지 못했을 가능성이 크다. 다만 호사가들의 시간을 그럭저럭 메워 주는 역할만 했을 가능성이 크다. 이것은 마치 공자가 삶이 힘들 때 천天을 이야기하는 경우와 비슷하다. 공자 역시 천을 언급하는 경우는 대부분 그가 힘들고 어려울 때였다. "하늘에 죄를 지으면 빌 곳이 없다."[56] "하늘을 원망치 않고, 사람을 탓하지 않으며, 아래에서 배워 위에 이르나니, 나를 아는 사람은 하늘일 것이다."[57] 하늘은 인도人道의 최종 근거로서, 오직 인생이 실의에 빠질 때만 나타

---

54 『孟子』 「離婁」 "스스로를 반성하여 진실하였는데도 그의 거스르는 행동이 이와 같다면, 군자는 '이 사람은 또한 함부로 행동하는 사람일 뿐이다.'라고 한다. 이와 같다면 금수와 무엇을 가리겠는가? 금수에 대해서 또한 무엇을 꾸짖겠는가? 그러므로 군자는 평생토록 해야 하는 걱정은 갖고 있지만, 하루아침의 걱정거리는 없다."(自反而忠矣, 其橫逆由是也, 君子曰, '此亦妄人也已矣.' 如此則與禽獸奚擇哉? 於禽獸又何難焉? 是故君子有終身之憂, 無一朝之患也.")
55 『주역』 「계사전」 "주역을 지은 자는 우환이 있었나 보다!(作易者 其有憂患乎!)"
56 『論語』 「八佾」 "獲罪於天, 無所禱也."
57 『論語』 「憲問」 "不怨天, 不尤人; 下學而上達, 知我者其天乎."

난다. 삶이 순조로울 때에는 공자 역시 天에 관심을 두지 않으며, 천에 대하여 "존이불론存而不論"의 유보적 태도를 보여준다.

문제는 어느 시대, 어느 경우에도 세상은 사람들을 한 번도 완전하게 만족시켜 주지 못하였을 뿐만 아니라, 착한 이에게는 상과 복을 주고, 나쁜 자에게는 벌과 화를 분명하게 해주는 그런 믿음을 충족시켜준 적이 없었다. 이런 현실은 아직 오지 않은 미래에 자꾸만 기대고 의지할 수밖에 없게 만든다. 이런 심각한 덕복의 불일치를 수신이라는 인도교화의 방식을 통해서는 결코 해소할 수 없었다. 수신이라는 인도교화의 목표는 모든 사람이 전부 실현할 수 있는 것은 아니며, 공자의 제자들조차도 "극기克己"하고 심지어 "살신殺身"하여도 성취하기 어려운 것임을 토로하고, 이런 고난도의 경지에 도달하기가 쉽지 않음에 대해 회의하였다.

『주역』의 도덕 형이상학 체계나 상징체계 등의 철학적 이론과 논의들이 일반인들의 관심을 끄는 중요 내용이 될 수 없고, 자율적 도덕의 체계가 모든 사람들을 남김없이 효과적으로 교화시키기 어렵다는 공자의 반성과 회한은 현재도 여전히 유효한 것으로 보인다. 즉 현실의 사람들은 도덕적 이론보다는 복서나 무술巫術과 관련되는 신도에 의해 받는 영향이 훨씬 강하다는 것을 인정하여야만 할 것으로 보인다. 다시 말하면 천인지도, 도덕 형이상학의 문제들을 통하여 사람들을 올바른 삶으로 인도하고 교화시키는 데에는 한계가 있음을 자각한 것이라고 할 수 있다. 특히 공정과 도덕적 양심이 효과를 발하지 못하는 '도가 행해지지 않는 시대'에 민중들은 어떤 것의 제약도 받지 않고 공평한 신상필벌을 강력하게 행사해 주는 정의로운 신이 존재해 주기를 염원하기 마련이다. 여기에서 인도적 교화의 일방적 주입만으로는 결코 만족을 주지 못한다.

여기에서 인도교화가 아닌 신도설교를 말하는 것은 『주역』을 점치는 책으로만 보고 인도적인 내용을 버리자는 이야기는 아니다. 신도설교는 여전히 인도교화를 보충하는 역할에 핵심이 있는 것으로 보는 것이 차라리 합리적으로 보인다. 관괘觀卦 괘사가 말하는 "손을 씻고 희생물을 올리지 않았을 때처럼 하면, 진실함을 가지고 우러러 본다."[58] 관괘觀卦에서 말하는 '신도설교'의 핵심은 유부有孚에 있다. 공영달孔穎達은 "하늘이 이미 말하지 않으면서 행하고, 하지 않으면서 이루는데, 성인은 하늘의 신도를 본받는다. …… 언어와 교계敎戒를 빌리지 않아도, 위엄과 형벌로 핍박하지 않아도, 아래에 있는 자가 자연히 보고 감화되고 복종한다. 그러므로 '천하가 복종한다'라고 한다."[59]고 하였다. 이것이 바로 신도설교의 본래 의미이다. 즉 신도설교가 노리는 것은 어떤 압박이나 강권이 아니라 스스로의 감화와 진실한 태도를 가지는 것에 있다. 유부有孚는 일조지환一朝之患을 더 중요하게 보는 보통 사람들에게도 여전히 유효하다. 왜냐하면 우환의 초보적인 표현은 '임사이구臨事而懼'의 성실한 책임감에서 나오고, 여기에서 '계신공구戒愼恐懼'하는 태도가 나타나기 때문이다. 이것이 바로 유부有孚의 현실적 표현이고 신도설교가 노리고 있는 핵심이다.

우리 사회가 점에 대해 지나치게 관대하여 그것을 일상 속의 한 부분으로 만들었다는 점에서 우리나라가 점술공화국이라고 비판받는 상황은 우리의 현재를 분명히 반영하고 있다. 기본적으로는 사회, 정치나 경제적인 측면의 불안함과 모순이 그렇게 만드는 것으로 보아야 한다. 물론 이에 대해 자신에 대한 성찰이 부족하고 집단적 사고에 젖어있다

---

58 「觀卦」 "盥而不薦, 有孚顒若."
59 『周易正義』 「觀卦」 "旣不言而行 不爲而成 聖人法則天之神道 ……不假言語敎戒, 不須威刑恐逼, 在下自然觀化服從, 故云 '天下服矣'."

는 비판을 할 수도 있다. 실제 자기반성이나 내면에 대한 인식이 강해지면 점을 칠 필요는 줄어든다. 최근의 금 수저 흙 수저 등의 문제는 바로 자신의 힘이 아닌 다른 제3의 요인에 의해서 삶이 결정된다는 의식에서 나온 것이다. 여기에서 사람들은 더욱 점에 기대고 팔자 탓으로 돌리게 될 가능성이 크다.

이런 상황에서 『주역』이 가진 신도설교의 작용은 중요하다. 『주역』은 다른 점술과는 달리 다층적이다. 그것은 보는 사람에 따라서 각도와 가치가 다르기 때문이다. 『주역』이 가진 신도설교의 중요한 기능과 효용성을 송두리째 해체해 버리는 것 역시 문제지만 지나치게 무조건적인 기대와 염원을 맡기는 것은 더 큰 문제이다. 『주역』은 풍성한 제사와 점을 행하는 자에게 은총적인 기적과 복음을 무조건 주는 것은 아니다. 먼저 "악惡을 막고 선善을 높여서 하늘의 아름다운 명을 따라야"[60] 많은 것을 가질 수 있기[大有] 때문이다. 이는 마치 "기도란 잘못을 후회하고 선에 나갈 것을 다짐하여서 신의 도움을 비는 것이다."[61]라는 말과 동일한 의미를 가지고 있다. 즉 천과 신령에 의한 가호를 비는 신도의 활동을 배척하지 않으면서도 인도의 바탕을 훼손하고 있지 않다.

---

60 『周易』 大有卦 「象傳」, "火在天上, 大有, 君子以遏惡揚善, 順天休命"에서 나온 말
61 朱子, 『四書集註』 "禱者, 悔過遷善, 以祈神之佑也."

천도天道의 패러다임에서 본 주역周易의 성인정신聖人精神과 그 인문주의적 세계*

김연재

『주역』의 성인정신聖人精神에는 천체의 운행질서에 입각하여 인간사회의 체제를 운영하는 삶의 방식이 반영되어 있다. 그것은 천도天道의 시간적 추이, 지도地道의 사물의 법칙 및 인도人道의 덕성과 같은 일반적 법칙으로 확충되면서 인간과 사회의 본질적 문제 즉 도덕적 강령까지도 담게 되었다. '성인정신'에는 천도의 패러다임 속에서 대상세계에 대한 올바른 인식과 그에 입각하여 인간의 세계에 인문주의적 가치를 확립했다는 내용이 반영된다.

1. 이끄는 글 - 문제의식과 발상

동아시아 지역의 한자문화권에서 인간의 문화와 그 가치의 문제를 논할 때 일반적으로 '천인합일天人合一'의 명제를 대전제로 한다. 그것은 춘추전국시대를 기점으로 삼아 송대宋代에 확고히 사상과 문화의 보편적 이념으로서 자리잡는다. 그 이념의 역사적 흐름에서는 춘추전국

---

* 김연재(공주대). 이 글은 「天道의 패러다임에서 본 周易의 聖人精神과 그 人文主義的 세계」라는 제목으로『중국학보』71(2015.02.)에 게재되었던 논문을 수정 보완한 것이다.

시대가 중요한 기점이 된다. 그 시대는 '문명의 도약'이라고 말할 정도로 역사상 한 획을 긋는 전환기였다.

당시에 천문, 지리 등에 대한 새로운 인식과 지식의 축적에 따라 사회와 문화 전반에 걸쳐 대변화가 일어났다. 특히 천문학과 그와 관련한 역법曆法이 발달하면서 천문天文과 인문人文의 관계가 새롭게 정립되면서 세계관이 바뀌었다. 천문에 입각하여 인문의 영역을 개척하는 지평이 열리게 되었다. 천인합일의 차원에서 보면, 여기에는 우주관과 인간관 및 이들이 마주하는 고답적 세계가 있다. 인간은 우주의 시공간성 속에서 생명정신의 흐름을 파악하였고 생활의 시공간성 속에서 성인정신의 역량을 체득하였다. 우주의 생명정신이 자연계의 연결망 속에서 생명의 이치를 어떻게 합당하게 인식할 것인가 하는 문제와 관련된다면,[1] 생활의 성인정신은 인간의 존재의식 속에서 도덕의 가치를 어떻게 정당하게 고양시킬 것인가 하는 문제와 관련된다. 그러므로 생명정신과 성인정신의 관계는 자연의 질서와 사회의 질서의 관계, 즉 천도의 운행의 질서에 입각하여 인도의 규범적 가치를 찾는 내용의 중요한 관건이 된다. 이는 자연과학과 자연철학의 관계에 기초한 것이다.

이러한 인문주의적 성향이 강한 인간은 성인聖人 혹은 군자君子 혹은 대인大人이라고 불린다.[2] 이 명칭들은 성품이나 인격의 내면적 성격을 지니며 이를 기반으로 하여 세상을 다스리는 통치의 역량과 관련된다. 특히 이들을 대변하는 성인은 스스로 문화를 창달하고 주도하며 계도하는 표본적인 인물로 설정된다. 이러한 취지에서 인간이 자신의 삶

---

1 김연재, 「주역의 生態易學과 그 생명의식」, 『아태연구』 18, 경희대 국제지역연구원, 2011, 25-26쪽.
2 유가의 사상에서 聖人, 君子, 大人은 모두 인간의 덕성과 관련되는데 대체로 동일한 의미로 쓰이기도 하지만 차이점도 있다. 聖人은 賢人보다 상위 개념으로, 君子는 臣下와 대비되는 인물로, 大人은 小人과 대조되는 인물로 쓰인다.

을 꾸려가면서 문화의 질을 고양시키는 인문주의적 사조의 한 측면을 '성인정신聖人精神'이라고 부를 수 있다. '성인정신'은 창신성創新性, 개척성開拓性, 주도성主導性, 계도성啓導性 등의 주체의식을 바탕으로 하여 수기치인修己治人의 강령을 구현하는 유가의 정신성의 표본인 것이다.

이러한 점에서 인간은 자신의 삶을 영위하면서 지역적으로나 역사적으로 고유한 문화의 원형archetype을 형성하고 그에 따라 독특한 정신적 기질ethos을 발휘할 수 있었다. 당시에 인간은 자신에 대한 각성, 즉 주체의식을 기반으로 하여 사상과 문화의 정체성正體性을 확립함으로써 결과적으로 문화 전반에 걸쳐 인문주의적 성향을 드러내게 되었다.

이러한 '성인정신'을 이해하는 관건 중의 하나가 바로 천도관天道觀이다. 천도관은 천체의 운행의 질서에 대한 인간의 의식이 인간사회의 가치론적 강령에 어떻게 영향을 끼쳤는가 하는 문제를 이해하는 실마리가 된다. 천도관이라는 패러다임의 전환이라는 취지에 맞게 주목할 만한 점은 天道의 개념과 범주에 반영된 수리적數理的 인식이다. 춘추전국시대가 이른바 '문명의 도약'이라는 전환기라면[3] 이 시기에 역법曆法의 본령은 바로 이러한 전환기의 특징을 단적으로 반영한다. 역법은 천체가 운행되는 방식과 과정을 1년, 사계절, 24절기의 변화로 계산한 것이다. 그것은 태양과 달과 같은 행성의 순환에 따른 시간과 기온의 변

---

3 최근에 철학, 종교 및 문화에서 주목받는 견해는 야스퍼스Karl Jaspers의 '축의 시대 Axial Period'이다. 그것은 인간역사의 중심을 기원전 500년 전후, 즉 기원전 800년에서 200년까지를 역사적 분기선으로 본다. 특히 서양, 중국, 인도의 문화권에 거의 동시에 일종의 '문명의 도약'이라고 할 수 있는 이성과 정신의 시대가 도래했다는 것이다. 이는 역사의 무대에 철학이 전면적으로 등장하기 시작했음을 함축한다. 이 견해는 동서양을 막론하고 기원전 500년 전후에 모종의 사상적 전환, 즉 철학, 과학, 종교 등의 영역에서 극복과 초월의 시점에 중요한 의미를 부여한 것이다. 이는 동양과 서양을 막론하고 인간의 정신사의 맥락에서 신비주의적 세계관으로부터 이성주의적 세계관으로 전환되는 중요한 계기와 과정이 얼마나 중요한지를 잘 시사하고 있다.

화 및 그 주기적 관계를 이론적으로 설정한 것이다. 이는 유목사회 뿐만 아니라 농경사회를 이끄는 원칙과 지침이 되었다.

천도는 원래 천체의 운행과 그 질서의 법칙을 가리킨다. 천체운행의 질서를 인간의 삶 속에 수용하는 과정은 자연의 법칙과 그에 대한 인간의 신념을 반영한다.[4] 천도는 자연계의 규칙성과 필연성을 규정하는 법칙에 적용되면서 천天과 인人의 관계에 관한 일반적 법칙으로 활용됨으로써 심지어 천天을 대신하여 도道를 행한다는 인문人文의 명분론적 의미까지도 지니게 되었다. 이러한 법칙을 모색하는 과정에서 인간은 자신의 길흉화복에 모종의 정해진 수數, 즉 명수命數가 있다고 생각하고 인간의 이해득실의 문제를 찾아내려하였다. 이러한 법칙은 점성술占星術 등의 점복占卜과 같은 수술數術로 정형화됨으로써 종교적인 무술巫術 혹은 신비적인 법술法術에서 어느 정도 벗어날 수 있었다.

천도관을 반영한 중요한 문헌들 중의 하나가 『주역』이다. 우리가 『주역』을 바라보는 시각 중에는 기본적으로 그것이 점술서인지 아니면 철학서인지에 관한 의문이 있다. 『주역』은 점술서에서 유래했지만 그것에 대한 철리적哲理的 해석을 통해 철학적 성격을 담지하게 되었다. 『역경』으로부터 「역전」에 이르는 일련의 해석적 과정이 이를 입증한다. 그러므로 본고에서는 「역전」이 형성된 시대로 평가되는 춘추전국시대의 특수성에 주목한다. 그 특수성은 패러다임의 전환의 맥락에서 접근될 수 있으며, 특히 인간의 존재와 의미에 대한 각성과 그 가치론적 지평과 관련된다.

이러한 취지에서 본고에서는 「역전」에 드러난 '성인정신'과 그 속에 담긴 인간의 문화적 성격을 천도의 관점에서 접근할 것이다. 성인은

---

4 김연재, 「漢代 卦氣論의 易學的 성격과 그 세계관 - 科學的 信念의 본령을 중심으로」, 『유교사상문화연구』 58, 성균관대 유교문화연구소, 2014, 241-244쪽.

자각적 주체성이 강한 대표적 인간으로 묘사된다. 그는 천체의 운행과 그 질서[천도天道]를 인식하고 이에 입각하여 인간사회의 체제[인도人道]를 계도하거나 지도할 수 있는 이상적인 인물이다. 그러므로 성인정신이란 대자연 속에서 주체적 자각을 지니면서 자신의 삶을 선구적으로 살아가는 대표적인 인간상의 핵심적 관념을 가리킨다. 성인정신의 성격과 그 강령은 당시에 천체의 운행의 질서에 대한 인간의 의식이 인간사회의 가치론적 강령으로 수용되는 과정과 맞물려있다. 성인정신에는 천도의 질서에 대한 올바른 인식과 그에 입각하여 인간의 세계에 인문주의적 가치를 추구했던 취지가 반영되어 있다.

2. 천도天道의 개념과 인식의 변화

하대夏代와 상대商代에는 종교적 세계관과 천문학적 지식이 일정한 수준으로 진전됨에 따라 일식日食, 월식月食 등의 천상天象을 관측하고 물후物候를 계측하였으며 따라서 천체가 운행되는 법칙을 이해하게 되었다. 당시에 상상, 수數, 형形, 유類, 방위, 시간 등의 관념들이 형성되었으며 후대에 이른바 천도天道의 관념이 형성될 수 있는 토양이 마련되었다. 특히 명命, 덕德, 상상, 수數 등의 용어들도 체계적이지 않지만 단편적으로나마 기본적인 개념들이 싹트기 시작함으로써 후대에 천명天命, 천인감응天人感應, 도덕道德 등과 같은 관념들의 단초가 되었다.[5]

상대商代에서 주대周代로 바뀌면서 농업사회로 발전하면서 농업생산력은 천시天時를 얼마나 파악할 수 있는가 하는 문제가 중요했다. 천시

---

5 吾淳, 『中國哲學的起源』, 350-365쪽.

에 대한 관심 때문에 천문학이 발달하고 역법曆法도 만들어졌다. 특히 대자연의 구체적인 현상들, 즉 천지天地, 사시四時, 일월성신日月星辰 등의 자연현상들에 주목하고 그 자체에 일정한 법칙이나 규칙을 모색하였다.

서주시대부터 천체의 운행과 그 양상을 인식하는 데에 자연과학의 성격을 지닌 새로운 변화가 생겨났으며 이에 따라 인간의 의식에도 새로운 관념이 생겨났다. 천상天象에 대한 장기간의 관찰과 경험을 통해 천天[6] 혹은 천명天命 개념이 등장하면서 상제上帝 개념과 혼용되었다. 이는 종교적 혹은 신비적 성격에서 어느 정도 벗어나 자연철학적 성격을 지닌다. 춘추시대에 들어와 천상에 관한 관찰, 경험 등의 자연계의 지식에는 천수天數 혹은 명수命數와 같은 규정성을 지닌 천명관天命觀이 스며들었다. 이 시대의 천명관은 서주시대에 형성된 초기의 천명관과 달랐다. 서주시대에는 길흉화복의 현실적 문제에 천명의 일정한 원칙이 작용한다는 관념이 없었으므로 천天의 상벌은 경우마다 인간 자신의 행위에서 나오는 것이었다. 춘추시대에 들어와 천명에는 모종의 불변적인 것, 이른바 명수命數가 있다고 생각하였다. 특히 천명의 성격은 『좌전』에서 말한 "하늘의 일은 항상 형상으로 드러난다[天事恒象]," 『국어』에서 말한 "하늘의 일은 반드시 형상으로 드러난다[天事必象]" 등과 같은 방식으로 표현되었다.

다른 한편, 춘추전국시대 이전의 세계관에서는 항성恒星을 관측함으로써 천체가 운행되는 궤도의 정상적인 움직임이나 상태에 주목하고 그에 따른 사시四時 등의 합당한 절기節氣나 절후節候를 파악하고 그와 관련한 자연계의 천문학적 원리나 수리적數理的 원칙을 모색하는 것이

---

6 천은 皇天, 昊天, 天鬼, 天上帝, 皇帝 등으로 혼용되기도 한다. 특히 천과 상제의 관계에 관해 「先秦天道觀之進展」(『靑銅時代』, 人民, 1954)에서 郭沫若은 은나라의 卜辭에서 최고의 神을 帝 혹은 上帝라고 불렀다는 점에서 天 개념이 은나라와 주나라 사이에 생겨났을 것으로 추정한다. 吾淳, 앞의 책, 262쪽

중요했다. 반면에 춘추전국시대의 세계관에서는 그 궤도상에서 정상적인 움직임이나 상태보다는 유성, 혜성 등과 관련한 비정상적 움직임이나 상태에 더 주목하고 특이한 기상현상이나 기괴한 자연현상을 찾아내고 그와 관련한 자연계의 천문학적 원리나 수리적 원칙을 찾는 것이 중요했다.

그러므로 천명의 명분도 자연계의 수리적 원칙을 추론하여 세웠으며 이를 통해 인간사회의 문제, 특히 지배층이나 왕권의 통치의 정당성을 부여받았다. 더군다나 천명은 특이한 기상현상이나 기괴한 자연현상으로 나타난다고 생각하였다. 이러한 현상에 대한 인식 때문에 그것은 단순히 길흉화복과 같은 우연적 성격을 넘어서 천명의 절대적 권위나 주도권과 같은 관념적인 신념으로 확충될 수 있었으며 선악善惡의 도덕의식도 여기에서 시작된 것이라고 말할 수 있다.

천명과 달리 천도는 처음에 천체의 운행과 그 질서의 법칙을 표현한 말이었다. 서주시대부터 그것은 천天과 인人의 관계를 전제로 하여 자연의 법칙의 시간적 추이가 반영되었다. 그것은 '하늘의 때[天時]'와 '땅의 적합함[地宜]'의 자각의식과 농경사회의 삶과 밀접하게 관련되었다. 하늘의 알맞은 때는 기상氣象 혹은 물후物候 혹은 천상天象과 관련한 사계절의 시간적 추이의 과정과 관련이 있는 반면에, 땅의 적합함은 거주와 경작의 지형이나 토양과 관련한 동식물이 생장하는 공간적 확장과 관련이 있다.

'하늘의 때'는 시령時令, 시절時節, 농시農時를 가리킨다. 그것은 춘추시대부터 농업 경작의 시기, 생산력 등과 밀접하게 관련되므로 이 시기를 준수하도록 계도하거나 교화하는 것이 생활의 필수적 조건이었다. 시령, 시절 등은 바로 사마천司馬遷이 말한 '천도天道의 대경大經'으로 표현된다. 그는 다음과 같이 말한다.

음양, 사계절, 여덟 가지 방위, 12법도, 24절기 각각에 교화가 있다. 그것을 따르는 사람은 번창할 것이고, 그것을 거스르는 사람은 죽지 않으면 망할 것이다. 반드시 그렇게 하지 않았으므로 사람을 속박시켜 두려움을 많게 했다고 말한다. 봄에 생겨나고 여름에 성장하고 가을에 수확하고 겨울에 저장하는 것, 이는 천도의 대경이다.[7]

음양, 사계절, 24절기 등을 내용으로 하는 천도는 천체의 운행질서의 시간적 흐름의 현상에 대한 인간 인식의 산물이다. 당시에 일월성신日月星辰의 천상天象을 관찰하고 그 속에서 운행의 질서와 그 법칙, 즉 천문天文의 이치를 파악하여 백성들에게 알려주었다. 이러한 '천도天道의 대경大經'과 같은 질서의식의 관념은 농업사회에서 공간적 영역을 확보하기 위한 시간적 추이의 중요한 원리를 제공하였다. 이러한 관념에는 삶의 경험이나 교훈을 통해 인간사회를 계도하거나 교화할 수 있다는 내용이 담겨있는 것이다. 그러므로 천도는 처음에는 절기節氣나 시령時令과 같은 자연현상과 그 법칙이었으나 점차로 농사의 활동 및 사회와 국가의 생활과 관련하여 중시되면서 인간 삶의 절대적 규준이 되었다.

천도관은 대개 춘추시대의 초기에 생겨났으나 권선징악勸善懲惡과 같은 인간사회의 문제의식과 결부되면서 당시의 시대정신을 반영하였다. 그것은 인간이 본받는 원칙이자 인간사회의 규준이 된다. 『상서』의 「탕고」편에서 "천도는 선에 복을 주고 음탕함에 재난을 주니 하나라에 재앙을 내려서 모든 죄를 환히 밝혔다"[8]라고 말한다. 여기에서 천도는 천체의 운행과 질서를 넘어서 인간 행위의 합당성 혹은 정당성을 부여

---

7 司馬遷, 『史記』 「太史公自序」, "夫陰陽四時八位十二度二十四節各有敎令, 順之者昌, 逆之者不死則亡. 未必然也, 故曰, 使人拘而多畏. 夫春生夏長秋收冬藏, 此天道之大經也."
8 『尚書』 「湯誥」, "天道福善禍淫, 降災於夏, 以彰厥罪."

하는 근거로 이해될 수 있는 것이다.

또한 춘추시대 말기에 범려范蠡는 월越나라 왕인 구천勾踐에게 실력을 쌓아 오吳나라를 정벌할 준비를 착실히 할 것을 충고하면서 다음과 같이 말한다.

> 천도는 밝게 드러나니 해와 달은 이것을 일정한 원칙으로 삼는다. 밝은 것은 이것으로써 법을 삼고 음미한 것은 이것이 행한 것이다. 양이 끝에 이르러 음이 되고 음이 끝에 이르러 양이 된다. 해는 감춰졌다가 되돌아오고 달은 가득 찼다가 기울게 된다.[9]

천도는 일월성신의 자연법칙과 그 변화의 합당한 질서를 가리킨다. 그 합당한 질서는 밝음과 어두움과 같은 자연계의 현상으로 나타나며, 음과 양의 두 가지 기가 "줄어들었다가 늘어나고 가득 차다가 텅 비우는[消息盈虛]" 일련의 순환적 과정을 진행한다. 이러한 자연계의 섭리는 모든 존재의 생성과 변화의 법칙이 된다. 여기에서 인격신과 같은 절대적 권위를 지닌 존재자와 그가 하달하는 천명은 더 이상 찾아보기 어렵다. 당시에 자연계에 대한 인간의 인식에서 종교성이나 신비성은 점차 배제되고 실제적으로 관찰하고 관측하는 객관적 사고가 가능했다. 따라서 천도관은 인간이 세계의 객관적 법칙성과 필연적 관계성을 모색하는 내용과 관련이 있다. 이러한 취지에서 범려는 다음과 같이 말한다.

> 천도는 가득 차지만 넘치지 않고 왕성하지만 교만하지 않고 애쓰지만 그 공적을 과시하지 않는다. 성인은 때에 따라 행하는데 이는 때를 지킨다고 말한다. 하늘의 때는 조작하지 않으니 사람의 대

---

9 『國語』「越語下」, "天道皇皇, 日月以爲常. 明者以爲法, 微者則是行. 陽至而陰, 陰至而陽. 日困而還, 月盈而匡."

상이 되지 않는다.[10]

이 단락에서는 천도의 객관적 법칙에 따라 인도人道에도 규범적 질서가 있음을 강조한 것이다. 하늘의 때는 자연계의 운행과 그 질서의 체계를 가리킨다. 그것은 인간, 특히 성인이 행위하는 데에 준수해야 할 대원칙이다. 천도에 대한 인간의 인식에서 모든 존재를 주재하는 절대적 권위성이 점차 희석됨에 따라 천도는 종교적 혹은 신비적 自然神의 주재자와도 완전히 다른 대상으로 변질된다. 그것은 자유의지를 발휘할 수 있는 인격적인 존재를 지닌 것도 아니며 모종의 원칙이나 원리가 없는 변덕스러운 천신天神을 지닌 것도 아니다. 이러한 점에서 당시의 세계관은 천상天象의 항상성과 그 변화의 방식과 관련된 천도관天道觀으로서 심지어 인간의 행위의 정당성까지도 객관적으로 담보하는 취지가 담겨있다. 그러므로 풍괘豐卦 「단전」에서는 다음과 같이 말한다.

해가 가운데에 이르면 기울어지며 달이 가득 차면 이지러지며 하늘과 땅이 가득 찼다가 텅 비우며(盈虛) 때에 맞게 줄어들었다가 커지는데(消息), 하물며 사람에 있어서야? 하물며 귀신에 있어서야?"[11]

여기에서는 천체의 운행질서는 음과 양이 변화하는 방식으로서, "가득 차다가 텅 비우며(盈虛) 때에 맞게 줄어들다가 커지는(消息)" 일련의 과정을 가리킨다. 이러한 천도의 방식은 해와 달, 하늘과 땅 및 인간뿐만 아니라 심지어 귀신과 같은 무형적 혹은 비가시적인 것조차도 예외 없이 적용된다. 이는 천체운행의 질서에 대해 비교적 사실적, 객관적

---

10 『國語』「越語下」, "'天道盈而不溢, 盛而不驕, 勞而不矜其功. 夫聖人隨時以行, 是謂守時. 天時不作, 弗爲人客."
11 『周易』豐卦 「彖傳」, "日中則昃, 月盈則食, 天地盈虛, 與時消息, 而况於人乎? 况於鬼神乎?"

시각을 반영하고 있다. 이것은 바로 이른바 영허소식설盈虛消息說이라고 하는 것인데, 천도의 원리의 중요성과 의의를 피력한 것이다.[12] 절괘節卦 「단전」에서는 다음과 같이 말한다.

> 하늘과 땅이 절도가 있어서 사시가 이루어지고 절도가 있어 법도를 만드니 재산을 상하지 않으며 백성을 해롭게 하지 않는다.[13]

천도의 원리는 자연계뿐만 아니라 인간의 삶 전반에도 일정한 원칙과 심지어 생활의 법률이나 제도에도 적용될 수 있다. 인간의 삶의 방식에도 천도의 원리가 그대로 적용되거나 활용되는 것이다. 심지어 성인이나 군자의 세계관이나 삶의 방식 그 자체도 이 원리에 근거하고 입각해야 하는 것이다. 이러한 의미에서 「단전」에서는 박괘剝卦를 해석하여 "군자가 줄어들었다가 커지고 가득 찼다가 텅 비우는 것을 숭상함은 하늘의 운행이다"[14]라고 말하는 것이다.

천도관은 천문과 인문의 관계 속에서 상정되었지만, '절지천통絕地天通'[15]의 신화에서 시사한 내용처럼[16] 이들을 구분하고 천문에 입각하

---

12 朱伯崑, 『易學哲學史』 1권, 31-37쪽

13 『周易』 節卦 「彖傳」, "天地節而四時成, 節以制度, 不傷財不害民."

14 『周易』 剝卦 「彖傳」, "君子尙消息盈虛, 天行也."

15 이른바 '절지천통'이란 巫人이 하늘과 땅과 소통하는 것을 금지한다는 뜻이다. 그것은 전욱(顓頊)의 시대에 발생했던 일종의 종교개혁의 성격을 지닌 신화이다. 무인은 인간의 세속적 세계에 나타난 神의 化身으로 생각되었고, 따라서 신의 세계와 인간의 세계를 연결하는 일종의 통로의 역할을 했다고 할 수 있다. 이러한 무인의 역할이 종지부를 찍었음을 상징적으로 나타내는 사건이 바로 '절지천통'의 신화이다. 이 신화는 정치적으로 볼 때 당시에 전욱의 씨족과 다른 씨족들과의 투쟁을 반영한 것이다. (『尙書』의 「呂刑」편, 『國語』의 「楚語下」편, 『山海經』의 「大荒西經」편 등을 참조할 것)이러한 종교적 투쟁은 구려(九黎)의 이후에 이른바 삼묘의 씨족이 덕을 어지럽히는(三苗亂德) 상황이 대표적인 것인데, 요임금 시대에 이러한 투쟁이 끝났다. 陶磊, 『從巫術到數術: 上古信仰的歷史嬗變』, 23쪽.

여 인문이 발휘되어야 한다는 시각이 투영되어 있다. 특히 천체의 운행의 질서로서의 천도 개념은 춘추시대는 자연계의 현상들과 그에 따른 인간의 삶에 활용되면서 인간사회의 원칙이나 규준으로 확충되었다. 그러므로 천도관에는 인간사회의 보편적 법칙, 특히 도덕적 혹은 윤리적 강령까지도 담게 되었다. 이는 당시에 시대정신의 틀, 즉 패러다임이 바뀌었음을 시사한다. 그러므로 초기의 천명관天命觀에서 천도관에로의 전환은 인간사회가 종교적 의식 혹은 신비주의적 색채를 어느 정도 벗어나 이성적으로 발전하는 인간 노력의 결실이라고 말할 수 있다.

3. 천도관天道觀과 상수象數의 원리

상대와 주대에서 무술巫術과 수술數術의 관계를 파악하는 것이 시대정신 혹은 패러다임의 전환에 관한 중요한 실마리를 제공한다.[17] 수술은 점복占卜의 방식으로써 신명의 뜻을 예측하려는 것인데[18] 인간의 명운命運에 속하는 길흉화복의 세속적인 문제를 예측하고 판단하는 것이다. 점복의 방식에서는 신명神明의 세계를 하늘과 땅의 시공간적 구조에 투영하여 사계절, 위치 혹은 방위, 자연현상들의 요소들의 배열과 조합 속에 담긴 상象이나 수數의 형태를 추론하는 것이다. 무술에서 신령의 뜻이 일정한 규칙이나 원칙에 입각하기보다는 그때그때의 암시를

---

16 李零, 『中國方術正考』, 8-24쪽.
17 무술과 수술은 모두 모종의 초자연적 역량, 즉 神靈 혹은 神明이 인간의 모든 것을 지배하고 있을 것이라는 믿음에서 나온 것이다. 시기적으로는 수술이 처음에는 무술에 속했다가 후대로 내려오면서 점차 분화되어 발전되면서 나름대로 일정한 체계를 이루었다.
18 宋會群, 『中國術數文化史』, 47-49쪽.

통해 인간에게 하달되는 것이라면, 수술에서 신명의 뜻은 일정한 규칙이나 원칙, 즉 자연의 數理的 법칙이나 형상적 원칙을 통해 인간에게 하달되었다. 이러한 점에서 수술이 무술보다는 합리적이고도 타당한 성격이 비교적 강했다고 말할 수 있다. 이는 무술에 반영되었던 귀신이나 신령의 개념은 약화되고 상과 수의 논리성이나 추리성이 중시되었기 때문이다.

당시의 세계관에서 인간의 존재와 가치를 천도와 연관시켰다는 점은 인간의 삶에 새로운 의미와 의의를 부여할 수 있는 계기가 되었다. 인간은 하늘과 땅의 구조 혹은 구도 속에서 만물이 화육하는 실재 reality의 과정 속에 자신들의 삶과 방향을 설정하게 되었다. 「계사전」에서는 다음과 같이 말한다.

> 우러러서는 하늘의 문양[天文]을 쳐다보고, 아래로는 땅의 이치 [地理]를 살피므로 어둡고 밝음의 연고를 안다. 처음을 본원으로 하고 마침으로 되돌아가므로 삶과 죽음의 설을 안다. 정교한 기[精氣] 가 사물이 되고 떠도는 혼[游魂]이 변하게 되므로 귀신의 정황을 안다.[19]

이 단락에서는 시초점蓍草占의 원리 속에 담긴 세상의 이치를 설명한다. 여기에는 천문과 지리로 대변되는, 세상 속에 진행되는 존재와 그 변화의 양상들에 대한 인간의 통찰력의 결과들이 담겨있다. 예를 들어 어둠과 밝음의 원인, 삶과 죽음의 방식, 귀신의 실제 등과 같은 보다 근본적인 문제들도 이에 해당된다. 인간은 하늘과 땅의 틀 속에서 자연계의 운행과 그 질서, 이른바 천도를 포괄적으로 이해하고 그 속에

---

19 『周易』「繫辭」上4, "仰以觀於天文, 俯以察於地理, 是故知幽明之故. 原始反終, 故知 死生之說. 精氣爲物, 遊魂爲變, 是故知鬼神之情狀."

서 세상의 근본적인 문제들도 파악했던 것이다.

산술적이고도 추론적인 시초점의 과정은 신령神靈의 뜻을 파악하고 받아들이기 위해 직관적 영감에만 의존했던 무술과는 달랐다. 시초점은 신명의 뜻을 밝히고 이를 바탕으로 하여 인간의 삶을 보다 적극적으로 개척하려는 취지가 담겨있다. 결과적으로 이는 인간의 세계가 신의 세계와의 절대적인 의존적 관계를 어느 정도 벗어나는 방향으로 나아갔다. 이러한 측면은 『역전』에서 『역경』의 시초법蓍草法을 설명하는 데에서도 알 수 있다. 「설괘전」에서는 효의 변화에 따라 괘를 설정하여 그 속에 괘상卦象을 보고 이를 괘효사卦爻辭와 연결시킨다.

> 옛날에 성인이 『역경』을 만드는 데에 그윽이 보이지 않게 신명을 도와 시초를 내고, 하늘은 셋으로 땅은 둘로 하여 수에 의지한다. 음과 양을 관찰하여 괘를 세우고 강과 유를 발휘하여 효를 생기게 한다.[20]

시초를 셈하는 과정에서 수의 변화를 터득하고 수의 변화를 근거로 하여 괘의 형상을 설정하며 괘의 형상 속에서 효의 움직임을 연역해낸다. 이러한 수의 변화에 입각하여 상황을 인식하는 것이 무술과 다른 점이다. 인간은 세계 속에서 인간을 포함한 사물들의 존재 양상과 그 속에서 일어나는 변화의 현상들을 관찰하고 이를 통해 인간과 세계와의 일정한 관계, 즉 수의 원리나 형상의 법칙을 발견하고 이에 따라 세상의 흐름을 파악한다. 그러므로 인간이 사물을 인식하는 데에 상象과 수數의 개념이나 관념은 사물의 법칙과 그 과정의 방식 및 양적인 속성

---

20 『周易』「說卦」1, "昔者聖人之作易也. 幽贊於神明而生蓍, 參天兩地而倚數, 觀於陰陽而立卦, 發揮於剛柔而生爻."

으로 이해되었고, 더 나아가 만물의 생성과 변화를 관계지우는 시공간적 구조와 밀접한 연관이 있다고 보았다. 그러므로 상과 수의 개념과 그 연역적 방식은 사물의 규칙이나 법칙, 더 나아가 세계의 본원이나 변화의 과정에 대한 인간의 인식에 중요한 논리를 제공하였다.

「역전」에서는 『역경』을 해설하는 과정을 괘효상에 관한 상징체계와 그 운영의 원리로써 설명한다. 특히 점서법의 과정에서 제시된 상이나 수의 속성들과 그들의 표상적 관계를 이해하고 이들을 통해 궁극적으로 우주나 세계의 객관적 질서나 원칙을 연역해내고자 하였다. 「계사전」에서는 다음과 같이 말한다.

> 끼어들고 늘어서서 변하여 그 수를 서로 엮어놓는다. 그 변함을 통하여 마침내 하늘과 땅의 문양을 이룬다. 그 수를 다하여 마침내 천하의 상을 정한다. 천하의 지극한 변함이 아니면 그 누가 여기에 참여할 수 있겠는가?[21]

시초를 셈하는 과정이란 수의 변화에 따라 괘의 형상을 도출하는 것이다. 일정하게 운용되는 수의 변화는 만사만물의 성질이나 속성으로서 "그 변함을 통하여 마침내 하늘과 땅의 문양을 이룬다." 그것은 자연현상이 지닌 일정한 방식으로서, "그 수를 다하여 마침내 천하의 상象을 정한다." 수와 상은 인간이 세계를 인식하는 데에 객관적인 원칙을 확보하는 일종의 방편이다. 하늘과 땅의 구조는 인간이 자연현상들을 인식하는 기본적 틀로서, 그 틀의 법칙이나 원칙은 바로 수와 상과 같은 양적인 척도로 나타낸다. 여기에서 상과 수의 변화를 터득하는 것

---

21 『周易』「繫辭」上10, "參伍以變, 錯綜其數. 通其變, 遂成天地之文. 極其數, 遂定天下之象. 非天下之至變, 其孰能與於此?"

은 세계를 비교적 합리적이고 객관적으로 이해하는 단초가 된다. 그러므로 「계사전」에서는 다음과 같이 말한다.

성인은 천하의 잡란한 것을 보고서 그 모습에서 모방하며 그 사물의 적합함을 본뜬다. 그러므로 그것을 일러 상이라고 말한다.[22]

상은 자연의 형체나 양상과 밀접한 관련이 있지만 그 형체나 양상 자체는 아니다. 그것은 무엇보다도 하늘과 땅의 형상을 본뜬 것이다. 왜냐하면 "상을 본뜨는 데에 하늘과 땅보다 더 큰 것은 없다"[23]는 것이기 때문이다. 구체적으로 보자면, 상은 하늘과 땅에 있는 만사만물의 현상들을 관찰하고 그 속에서 존재와 변화를 특징적으로 상징화한 것이다.[24] 그러므로 '사물의 적합함'은 만사만물의 존재와 그 변화의 양상에 특징적으로 합당한 방식과 원리가 있음을 함축하고 있다. 그것은 수數의 방식과 상象의 원리로 구성되는 일련의 체계를 지닌다. 그러므로 「계사전」에서 다음과 같이 말한다.

그래서 팔괘를 처음 만들어서 하늘과 땅의 신명의 덕을 통하였으며 온갖 사물들의 실정을 분류하였다.[25]

팔괘는 인간이 세계를 인식하는 중요한 수단이다. 그것은 천체의 운행방식, 즉 정기精氣와 유혼游魂의 양상을 수의 방식으로 드러낸 산물이다. 성인은 팔괘에 담긴 상과 수의 형식을 통해 하늘과 땅의 변화를 이

22 『周易』「繫辭」上8, 12, "聖人有以見天下之賾, 而擬諸其形容, 象其物宜, 是故謂之象."
23 『周易』「繫辭」上11, "法象莫大乎天地."
24 陳美東, 『中國古代天文學思想』, 419-422쪽.
25 『周易』「繫辭」下2, "於是始作八卦, 以通神明之德, 以類萬物之情."

해하고 만사만물의 실정을 파악할 줄 안다. 이러한 팔괘를 통해 세계를 인식하는 성인은 합리적인 인간이다. 팔괘에 담긴 상이나 수와 같은 수량적 혹은 표상적 속성이 만사만물의 존재의 방식을 드러내는 개념적 원리로 작동한다. 따라서 수와 상은 인간이 세계의 객관적인 원칙, 즉 천도를 확보하는 가치중립적인 성격을 지닌다.

상과 수로써 모종의 방법이나 원칙을 찾으려는 시도는 천도의 세계에 관한 모종의 통일적 원리를 파악할 수 있는 단서를 모색하려는 것이다. 세계의 통일적 원리에 대한 탐구와 모색은 인간의 명운命運과 그것이 귀결되는 삶의 진정한 목표의 추구와 밀접하게 관련이 있게 마련이다. 특히 수는 상의 배후에 있는 것으로서, 만사만물의 존재의 형식을 알 수 있는 계량의 방식이다. 여기에서 수는 사물의 본질이 아닌 형식의 신비적 성격을 지닌다. 그럼에도 불구하고 그것은 모든 존재를 규정하는 형식이 되었으며 그 연역적 방식을 통해 세계의 구조나 구도를 도식화할 수 있었다.

예를 들어, "한번 음이 되면 한번 양이 되는 것을 일러 도라고 한다[一陰一陽之謂道]"는 관념은 항성의 주기적이고 순환적 경로와 관련되고 일월성신의 천체운행과 그 질서에 대한 인간의 인식을 담고 있다. 그것은 경험적 세계에 대한 인간의 인식에서 사물의 법칙과 그 과정을 이해하는 방식이다. 수의 연역을 통해 특히 수의 형식은 인간의 덕행에 따라 임의대로 상벌을 주는, 일관되지 않은 변덕스러운 상제上帝의 존재와 활동에 대해 보다 명확한 연역의 방식이 되었다. 그러므로 천문의 원리에 입각하여 인문의 방식을 설명하는 데에 상과 수의 개념이 보다 구체적으로 활용되었다. 이는 천문학과 같은 자연과학의 영역을 넘어서 주체적 신념이나 믿음과 같은 자연철학의 영역으로 들어감으로써 인간의 삶과 사회의 현상을 이해하고 파악하는 데에 활용되었다. 인간은 자신의 삶과 대상세계와의 모종의 연관성 속에서 현실적 문제를 극복하려는 과정에서 스스로 모종의 자각의식을 갖게 되었다. 인간은 세계에 대한 인식의 문제를 외부의 세계, 그것이 신령의 세계이든가 혹은 신명의 세계이든지 간에 그것에 일방적으로 의존이나 의탁에서 벗어나 자신의 의지에 따라 세계를 올바로 인식하고 대처하면서 스스로의 삶을 주체적으로 자각적으로 영위하는 방향으로 나아갔다.

이러한 전환과 관련하여 당시의 국가적 혹은 사회적 원인을 살펴보자면, 상나라에서 주나라로 전환되는 난세 속에 권선징악의 건전한 국가체제가 제대로 작동할 수 없는 상황이었다. 이러한 현실적 상황을 반영하여 천신의 세계와 인간의 세계를 분리하면서 세계에 대한 인간의 인식도 달라졌다. 천체운행의 질서에 대한 지식이 축적되고 그것을 인간의 삶에 수용하고 적용하면서 인간의 세계는 어느 정도 신령 혹은 신명의 세계와 달리 나름대로의 고유한 영역을 확보하게 되었다. 이는 무술巫術의 영향력에서 벗어나고 수술數術이 발달하는 과정과 어느 정도 맞물리게 되었다.

무술에서 신령의 세계에 속했던 천신 혹은 귀신에 대해 유가에서는 현실적인 입장에서 회의적인 태도를 취했지만 그렇다고 구체적인 현실에서 문제를 해결할만한 묘안을 찾아내지 못했다. 현실적인 문제에 대한 구체적인 내용이 제시되어 있지 않았다. 인간의 세계와 그 속에서의 질서를 합리적으로 설명하거나 인간의 사회적 행위나 처신에 대한 원칙을 세울만한 근거가 없었다. 그들은 단지 공자의 말[26]처럼 전통적인

---

26 예를 들어, 『논어』에는 다음과 같은 대화가 있다. "계로가 귀신을 섬기는 것을 묻자, 공자는 '아직 인간을 섬기지 못하는데 어찌 귀신을 섬길 수 있겠는가?'라고 말한다. 계로가 '감히 죽음에 관해 묻겠습니다'라고 말하자, 공자는 '아직 삶을 알지 목하는데에 어찌 죽음을 알 수 있겠는가?'라고 말한다『論語』「先進」, "季路問事鬼神. 子曰, 未能事人, 焉能事鬼? 曰, 敢問死. 曰, 未知生, 焉知死?"]

방식에 의거해서만 현실적 상황에 답해야 했다. 그 전통적인 방식에는 바로 덕성의 문제가 중요했다. 백서본帛書本『주역』「요」편에서도 공자의 말을 인용하여 다음과 같이 말한다.

> 역에서 나는 그 기원하여 점치는 것을 따르는데 나는 그 덕의 취지를 살필 뿐이다. 그윽하게 도와서 수에 통달하고 수를 밝히어 덕에 통달하는 것이니, 인을 지닌 사람이어야 그 취지가 행해질 뿐이다. 도와주지만 수에 통달하지 못하면 그는 무인巫人이 된다. 수에 밝지만 덕에 통달하지 못하면 그는 사관史官이 된다.[27]

공자의 말은 점술의 본령이 어디에 있는지를 단적으로 잘 설명한다. 그러나 공자는 자신이 괘상을 보는 것이 길흉의 문제를 알아내거나 수의 연역적 원리를 밝히는 것이 아니었다. 그는 점괘를 보는 것이 자신의 덕성의 취지에 맞는 것인지를 알려는 것이다. 문왕이 천신의 의지를 파악할 수 있었던 것은 자신의 덕을 확신했기 때문에 가능한 것이다. 그러므로 공자는 점술의 참다운 본질은 인간 자신, 특히 인仁의 덕성에 있음을 강조한 것이다.

주대의 초기에 천天 개념은 일종의 윤리적 식별의 능력을 지닌 인격신人格神으로서의 '도덕적 천天'으로 바뀌게 되었다. 천신은 시비, 선악 등의 올바르고 정당한 행위를 명확히 분별할 줄 아는 능력을 지닌 것으로 여겼다. 특히 이러한 천신의 능력에 내면적 덕성, 즉 명덕明德이 있음을 중시하여 그것에 특별한 의미를 부여하였다. 이제 천신은 이전처럼 인간의 세계에 대한 구속력을 지녔지만 더 이상 일정한 법칙이나 원칙이 없는 변덕스러운 자연의 신이 아니었다. 그러므로 인간의 세계

---

27 『帛書周易』「要」, "易, 我後其祝卜矣, 我觀其德義耳也. 幽贊而達乎數, 明數而達乎德, 有仁[守]者而義行之耳. 贊而不達乎數, 則其爲之巫. 數而不達乎德, 則其爲之史."

에서도 이러한 덕성의 기준에 따라 천신이 내려주는 상이나 벌이 달라진다고 생각하게 되었다. 이 도덕적 천은 인간세계에 대한 가치의 평가를 할 수 있는 능력을 지니며 올바른 덕성을 지닌 인간만을 보호하고 이들에게 권선징악의 조치를 취할 수 있는 것으로 생각하게 되었다.

또한 인간의 세계에서도 인간의 덕성이 중요한 의미를 지니게 되었다. 왕권이 하늘의 세계와 소통할 수 있는 바탕에는 특히 군주의 내면, 즉 덕성이 중요하였다. 군주는 백성을 잘 다스리는 데에는 자신의 덕성이 있어야 하며 그렇게 해야 국가를 통치하는 데에 신명神明의 도움을 받을 수 있다고 보았다. 왜냐하면 군주에게는 천신天神과 소통하는 접신接神의 능력보다 정치력을 발휘할 수 있는 자신의 덕성 혹은 덕행이 더욱 중요하였기 때문이다. 당시에 신봉했던 무술에서 천신天神은 일종의 자연신으로서 백성들을 계시하거나 계도하는 데에 일정한 법칙이나 원칙이 없었기 때문에 종종 인간의 세계를 혼란스럽게 하였다. 군주의 통치에는 천신의 취지나 의지를 어떻게 시의적절하게 파악하는가 하는 문제가 관건이 되었다. 그러므로 자연스레 인간의 덕행에 주목하고 그 중요성과 의의를 깨달았다. 인간의 구체적 행위에서 덕성이 있으면 길한 결과를 얻고 덕성이 없으면 흉한 결과를 얻는 것이다. 이는 인간의 삶의 본질적 문제를 덕성의 기준에서 찾은 것이라고 볼 수 있다. 예를 들어 공자가 말년에 『주역』을 좋아하게 된 것은 괘상의 논리적 추론과 그것을 현실세계에 적용하는 과정에서 인간의 주체적 자각, 즉 덕성이 중요하다는 점을 터득했기 때문이다. 이러한 역사적 과정은 무술의 시대가 마감되고 수술의 시대가 본격적으로 열리는 과정과 밀접하게 관련되며 더 나아가 주례周禮의 체제가 성립되는 과정과도 밀접하게 관련된다고 말할 수 있다.

4. 성인정신聖人精神과 인문주의적人文主義的 강령

인간의 덕성을 중시하는 경향은 인간관人間觀에 대한 중대한 변화를 가져왔다. 이제 인간은 신령의 의지만을 따르는 사람이 아니다. 그는 자신의 삶 속에서 스스로 주체의식을 지니고 적극적으로 삶을 영위할 줄 아는 사람으로 바뀌었다. 괘효상에 담긴 천수天數와 그 원리를 통해 대상세계의 변화를 올바로 파악하여 인간의 올바른 삶에 대처하는 데에 내면적 덕을 잘 발휘할 수 있는 지혜를 지닌 사람이 바로 가장 합리적인 인간상이 되었다. 그렇지 않으면 인간은 단순히 신령에만 의지하는 무인巫人이 되거나 상수象數의 연역적 원리를 파악하는 데에 만족하는 사관史官으로 전락하고 만다. 점서의 주체는 과거처럼 더 이상 천신天神의 권위에 의존하거나 길흉을 파악하는 능력을 지닌 무인도 아니며 또한 더 이상 점서의 방법과 원칙을 관리하는 사관도 아니었던 것이다.

이제 인간은 자신의 의지나 덕성의 의거하여 대상세계의 현실이나 변화에 보다 적극적으로 대처해가는 만물 중에서 빼어난 영장靈長이 된 것이다. 이러한 주체의식을 지닌 사람은 인간의 세계에서 가장 이상적인 인간상人間像으로서, 그를 추종하여 성인聖人[28] 혹은 군자君子 혹은

---

28 聖人의 聖 개념에 대해『설문해자』에서는 "성은 통하다는 말이다. 귀를 따라 소리를 듣는다[許愼,『說文解字』: 聖, 通也. 從耳呈聲]. 여기에서 성의 뜻은 외부와 소통하여 먼저 아는 것이다. 그러므로 성 개념은 어떤 일에 정통하거나 터득한다는 내용을 담고 있다. (段玉裁,『說文解字注』, 593쪽). 이러한 내용을『백호통』에서는 다음과 같이 포괄적으로 서술한다. "성이란 통함, 도, 소리이다. 도는 통하지 않은 곳이 없고 밝음은 비추지 않은 곳이 없다. 소리를 듣고서 실정을 아는 것은 그 덕을 하늘과 땅과 화합하고 그 밝음을 일월과 화합하고 그 질서를 사계절과 화합하고 그 길흉을 귀신과 화합한다[『白虎通』: 聖者通也, 道也, 聲也, 道無所不通,. 明無所不照. 聞聲知情, 與天地合德, 日月合明, 四時合序, 鬼神合吉凶]." 이러한 성 개념에 따르면, 성인은 세상의 일이나 상황에 귀를 기울여 세상과의 교류 혹은 소통을 통할 줄 아는 사람이라고 말할 수 있다.

대인大人이라고 부르는 것이다. 특히 성인聖人은 인간관의 대표적인 표상이 되었다. 그는 우주 혹은 세계를 보는 안목, 즉 패러다임이 새롭게 바뀌고 이러한 패러다임의 변화 속에서 인간이 어떻게 삶을 영위할 수 있는지를 터득한 사람이다. 여기에서 '성인정신聖人精神'이 중요한 의미를 지닌다. 그것은 바로 인간의 지혜로움의 대명사가 되었다.

「역전」에서『역경』을 해석하는 특징 중의 하나는 인문주의적 사고와 그 사회적 실현 혹은 성취를 중시한 것이다. 여기에서는 성인의 사회적 지위와 역할이 중요하다. 성인은 인간의 문명과 사회문화의 제도를 창달하는 임무를 지니고 이 임무를 수행하는 사람으로 묘사된다. 이러한 내용은 기본적으로 인간의 문명과 문화를 성인이 주도하고 계도한다는 역사의 발전적 시각인 역사관, 즉 이른바 성인사관聖人史觀에 기본한다. 복희伏羲, 신농神農 등을 포함한 성인은 공동체의식의 정신적 상징을 대변한다. 성인은 관념적인 의미의 초월적인 존재가 아니라 현실세계 속에서 인간의 수요를 충족시킬 수 있는 인문주의적 임무와 업적을 감당할 수 있는 진정한 인간의 모습인 것이다. 이는 자아와 타자의 관계에서 자아의 극복과 타자의 수용과 같은 사회적 관계의 결과물이다. 이러한 인문정신은 덕행과 그에 따른 업적을 중시하는 것으로서 유가에서 중시하는 이른바 "수기치인修己治人"의 방식이다.『논어』의 「위령공」편에서는 다음과 같이 말한다.

인간이 도道를 넓힐 수 있지 도가 인간을 넓힐 수 없다.[29]

"인간이 도道를 넓힐 수 있다"는 관점에서 인간의 주체의식이 중요하며, 이것이 그 덕성의 발현에 달려있음을 시사한다. 이러한 인식에서

29『論語』「衛靈公」, "人能弘道, 非道弘人."

인간의 태도는 어떠한가? 「계사전」에서는 다음과 같이 말한다.

> 인仁에서 드러나며 쓰임에서 감추어져 만물을 고무시키지만 성인과 함께 근심하지 않는다.[30]

천도天道는 만사만물의 생성과 변화와 같은 객관적인 운행을 진행하며 성인이 이것에 입각하여 세상을 계도하려는 우환憂患의 주관적 의식을 지닌다. 여기에는 천도의 원리에 관한 인식과 그에 따른 인간의 신념의 단면을 잘 반영하고 있다. 「역전」에서는 『역경』에 반영된 인간의 인식적 틀을 우주 혹은 세계의 변화 전반에 대해 인간이 포괄적으로 인식한 성과라고 보고 있다. 그러므로 「계사전」에서는 다음과 같이 말한다.

> 사물을 갖추어 활용을 다하고 도구를 세워 천하의 이로움으로 삼는 것은 성인보다 큰 것이 없다. …… 그러므로 하늘이 신령한 물건을 낳았으니 성인이 그것을 법칙으로 삼으며, 하늘과 땅이 변화하니 성인이 그것을 본받으며, 하늘이 상을 드리워 길흉을 나타내니 성인 그것을 본뜨며, 황하에서 (용마龍馬의 등에 새겨진) 그림이 나오고 낙수에서 (거북의 등에 새겨진) 글이 나오니 성인이 그것을 법칙으로 삼는다.[31]

여기에서 성인은 하늘과 땅의 변화의 법칙과 그 질서에 입각하여 삶의 문제를 해결할 수 있다는 내용을 담고 있다. 특히 천도는 성인에게

---

30 『周易』「繫辭」上5, '顯諸仁, 藏諸用, 鼓万物而不與聖人同憂.'
31 『周易』「繫辭」上11, "備物致用, 立成器以為天下利, 莫大乎聖人, …… 是故天生神物, 聖人則之, 天地變化, 聖人效之, 天垂象, 見吉凶, 聖人象之, 河出圖, 洛出書, 聖人則之."

바로 인간의 존재론적 의미와 가치를 설정하는 객관적 규준이자 원칙이 된다. 시초점은 괘상에 인간의 의식을 투영하여 얻은 이미지를 괘효사의 내용에 의거하여 풀이하고 이를 인간의 일을 예측하고 판단하는 데에 활용한 것이다. 특히 괘효사가 인간의 삶에서 올바르게 판단하고 시의적절하게 실천하는 내용을 담고 있다는 점에서 현실세계에 대한 인간의 자각, 즉 주체의식이 중요한데 그 원천이 바로 덕성인 것이다. 건괘乾卦 「문언전」에서는 상구효의 효사를 해석하면서 다음과 같이 말하였다.

> 높다는 말은 나아감만을 알고 물러남을 이해하지 못하고, 보존될 것만을 알고 멸망할 것을 이해하지 못하며, 얻을 것만을 알고 잃어버릴 것을 이해하지 못하는 것이다. 오직 성인뿐이었던가? 진퇴와 존망을 모두 이해하여 정도를 잃지 않는 이는 오직 성인뿐이었던가?[32]

높은 용으로 비유되는 상구효에 상징적으로 담긴 인간사의 후회의 내용은 성인만이 터득할 수 있다. 그는 상황 혹은 사태에서 벌어지는 진퇴 혹은 존망의 두 가지 갈래를 모두 이해하고 적절하게 처신하는 중도中道를 실천할 수 있는 인물이다. 이러한 성인의 처신에는 무엇보다도 겸허한 태도가 중요하다. 「단전」에서는 겸괘謙卦를 해석하면서 다음과 같이 말한다.

> 겸謙은 형통하다. 천도天道는 아래로 제도하여 광명하고 지도地道는 낮은데 있지만 위로 시행된다. 천도는 가득 찬 것에서 덜어내

---

32 『周易』乾卦 「文言傳」, "亢之爲言也, 知進而不知退, 知存而不知亡, 知得而不知喪. 其唯聖人乎? 知進退存亡而不失其正者, 其唯聖人乎?"

어 겸허한 것에 더해주고, 지도는 가득 찬 것을 변화시켜 겸허한 것으로 흘러들며, 귀신은 가득 찬 것을 해치고 겸허한 것에 복을 내리고, 인도人道는 가득 찬 것을 싫어하고 겸손한 것을 좋아한다. 겸허함은 존귀함을 광대하게 하고 비천함도 넘을 수 없도록 하는 것이므로 군자의 끝마침이다.[33]

해와 달의 순환적 과정, 즉 해가 하늘 가운데 떠오르다가는 서쪽으로 기울어져 없어지고 달이 가득 찼다가는 이지러져 없어진다. 이것이 천도天道의 겸손함이다. 대지는 높은 언덕의 지세를 변화시키고 물과 토양을 계곡에 퍼뜨려서 기름지게 한다. 이것이 지도地道의 겸손함이다. 귀신은 교만하게 으스대는 사람에게는 재앙을 내리고 겸손하게 사양하는 사람에게는 복을 내린다. 이것이 귀신의 겸손함이다. 사람들은 교만한 사람을 싫어하고 겸허한 사람을 좋아한다. 이것이 인도人道의 겸손함이다. 이 단락에서는 인간의 겸허한 덕조차도 천天, 지地, 인人의 관계에 따른 보편적 원리에 기반하고 있음을 강조한 것이다. 이는 천도의 원리에 입각하여 인간사회의 체제, 즉 인도를 운영하려는 취지를 부각시킨 것이다. 더 나아가 「단전」에서는 항괘恒卦의 성격을 풀이하여 다음과 같이 말한다.

하늘과 땅의 도는 항상되게 지속되어 그치지 않는다. "나아가는 것이 이롭다"는 말은 마치면 다시 시작하는 것이다. 해와 달은 하늘을 얻어 지속적으로 비출 수 있고 사계절이 변화하여 지속적으로 이루어낸다. 성인은 그 도를 지속하여 천하가 교화되고 이루어진다. 그 항상된 것을 살펴서 하늘과 땅에 있는 만물의 실정을 볼

---

33 『周易』謙卦「彖傳」, "謙, 亨. 天道下濟而光明, 地道卑而上行. 天道虧盈而益謙, 地道 變盈而流謙, 鬼神害盈而福謙, 人道惡盈而好謙. 謙, 尊而光, 卑而不可踰, 君子之終也."

수 있도다!34

해와 달은 천체가 운행되는 구현체이고 그 운행의 방식은 사계절의 변화이며 그에 따라 만사만물이 지속적으로 생성하고 변화한다고 생각하는 것이다. 여기에서 천체의 운행과 그 질서의 흐름 속에서 세상의 교화가 가능하다는 점을 언급한 것이다. 이 두 가지 내용을 함축적으로 담고 있는 것이 '하늘과 땅의 도道'라는 말이다. 해와 달이 오래도록 비출 수 있는 까닭은 천체운행의 법칙을 구현하고 있기 때문이며, 사계절의 변화가 오래도록 만물을 완성할 수 있는 까닭은 추위와 더위가 번갈아 오는 것이 영원히 중단되지 않기 때문이다. 이러한 천도天道의 규준이나 원칙에 입각하여 살아가는 존재로서의 인간, 특히 성인은 천도에 대한 올바른 인식을 지니고 지속적인 확고한 신념을 지녀야 비로소 세상의 교화나 계도를 실천하고 세상의 실상을 파악할 수 있는 것이다. 이러한 의미에서 「단전」에서는 "천문을 관찰하여 때의 변화를 살피고 인문을 관찰하여 천하를 교화한다"35고 말한다. 강과 유가 교차하는 자연현상, 즉 일월성신의 변화가 천문이고 이러한 변화가 인간에 적용되는 것이 인문이다. 그러므로 천문이 시기의 변화에 따른 것이라면 인문은 세상의 교화나 계도를 수행하는 것이다. 이러한 맥락에서 관괘「단전」에서는 괘사를 해석하여 다음과 같이 말한다.

"관은 손은 씻으나 제수를 올리지 않으니 믿음이 있어 우러러 본다"라는 말은 아래로 살펴서 교화하는 것이다. 하늘의 신묘한 도를 살피고 사시가 어긋나지 있으니 성인이 이로써 신묘한 도로써

---

34 『周易』恒卦「彖傳」, "天地之道, 恒久而不已也. 利有攸往, 終則有始也. 日月得天而能久照, 四時變化而能久成. 聖人久於其道而天下化成. 觀其所恒, 而天地萬物之情可見矣!"
35 『周易』賁卦「彖傳」, "觀乎天文, 以察時變, 觀乎人文, 以化成天下."

가르침을 베푸니 천하가 굴복한다.[36]

군자가 제사의식에서 단순히 손을 씻는 과정만보더라도 그의 성심성의의 진정한 마음이 백성들에게 전달될 수 있다. 군자의 언행은 그의 통치에 교화의 효과가 있을 수 있다. 「단전」에서는 이것에 일종의 교화의 효과가 있다고 보고 이를 설명한다. 군자는 천도의 방식, 즉 음양의 변화무쌍한 원리를 관찰하고 그에 따라 춘하추동의 네 계절의 운행방식을 이해하면, 이를 권선징악, 빈부귀천 등의 문제에 관한 교화의 원칙으로 삼아 개인의 간사함, 사회의 문란함 등으로 오염될 수 있는 국가의 기강을 바로 잡을 수 있어 결국에 세상을 올바로 통치할 수 있는 것이다. 성인은 신앙의 대상으로서의 신도神道가 아니라 인간의 삶의 본질로서의 천도를 추구하는 것이다. 그러므로 제사는 단순히 하늘과의 소통의 수단만이 아니라 사회의 질서를 유지하고 백성을 교화하고 세상을 계도하는 적극적인 대의명분의 성격을 지닌다. 이른바 '신도설교神道說敎'[37]의 취지가 여기에 있다. 그것은 온전한 인간성을 지닌 성인이 천인의 관계에 관한 신도神道의 소통을 통해 세상의 교화를 수행하고 천하의 통치적 질서와 같은 삶의 가치를 실현한다는 인간사회의 규범적 강령을 단적으로 표현한 것이다. 서주시대의 세계관에 자리잡고 있던 신도神道의 신앙적 성격을 극복하고 춘추전국시대에 등장한 합리적 세계관, 즉 천도天道의 현실적 원리를 지향하는 것이다. 그러므로

---

36 『周易』 觀卦「彖傳」, "觀盥而不薦, 有孚顒若, 下觀而化也. 觀天之神道, 而四時不忒, 聖人以神道說敎, 而天下服矣."
37 "신묘한 도"라는 말에서 신묘함이란 종교성이나 신비성을 가리킨 것이 아니라 음과 양의 상관성처럼 예측하기 어려운 천체의 운행의 질서를 가리킨다. 예를 들어, "음과 양이 예측되지 않는 것을 일러 신묘함이라고 말한다.[『周易』, 「繫辭」上5, "陰陽不測之謂神]."고 말한다.

관괘觀卦 「단전」은 예괘豫卦를 풀이하여 다음과 같이 말한다.

> 하늘과 땅이 순응함으로 움직이기 때문에 해와 달의 운행이 잘못
> 되지 않고 사계절이 어긋나지 않는다. 성인이 순응함으로써 움직이
> 면 형벌이 분명해져 백성들이 복종한다. 예의 때는 의미가 크도다![38]

하늘과 땅이 그 법칙에 의거하여 변동하고, 해와 달의 운전에는 어긋남이 없으며, 사계절의 변화에는 착오가 발생하지 않는다고 말한다. 또한 성인은 그 도에 따라 행동하여, 벌해야 할 것은 벌하는데 형벌이 합당하면 백성들이 믿고 복종한다.

성인은 상제上帝와 같은 초월적인 신적인 능력을 지닌 존재가 결코 아니다. 성인은 일반사람들과 같은 인간이면서 그들과 차별되는 능력을 지닌 인물이다. 그렇다고 성인이 국가나 사회의 어려운 현실에 처했을 때 갑자기 나타나 순식간에 이를 구제하는 영웅과 같은 존재는 아니다. 성인과 영웅은 모두 사회공동체적 의식의 발산이나 사회심리적社會心理的 요인의 결집에서 등장하는 인물이라고 말할 수 있다. 영웅은 특정의 시대에 특정의 지역에 공동체의 의식이 한 순간에 집중적으로 수렴되어 사회심리적으로 분출되는 과정에서 등장하는 특출난 인물인 반면에, 성인은 꾸준히 사회적 합의라든가 국가적 결집이 지속적으로 요구되는 과정에서 등장하는 이상적 인물이다. 영웅이 시대적 정신 혹은 지역적 염원에 바탕을 둔 단기적으로 분출된 감성의 산물이라면, 성인은 마찬가지로 시대적 정신 혹은 지역적 염원에 바탕을 두고 있지만 장기적으로 이성의 산물이라고 말할 수 있다. 그것의 사회심리적 근거

---

38 『周易』豫卦「彖傳」, "天地以順動, 故日月不過而四時不忒. 聖人以順動, 則刑罰淸而民服. 豫之時, 義大矣哉!"

는 현실이 가지고 있는 고통과 위기의식에서 나온 것이다. 성인에 대한 요청이나 그에 대한 추종은 대상세계에 대한 올바른 인식과 그에 입각하여 인간의 세계를 합리적으로 확립하고 그것에 새로운 가치를 부여했다는 사실을 시사하는 것이다.

이러한 보편성의 원칙을 간파할 줄 아는 인간이 「역전」에서 추구하는 이상적인 인간의 모습이다. 이러한 성인상聖人像을 「단전」에서 박괘剝卦를 해석하여 다음과 같이 단언한다.

군자가 줄어들면 부풀고 차면 비우는 것을 숭상하는 것이 하늘의 운행이다.[39]

이는 군자라면 마땅히 천도에 따라야 하는 당위성을 제시한 것인데, 그 논지는 천도와 인도와의 합치 혹은 일치를 강조하는 것에 있다. 그러므로 인간의 삶은 천체가 운행되는 법칙에 따라 진행되고, 인간은 이 법칙에 따라 그리고 그것을 근거로 하여 삶을 영위하고 체험하는 것이다.

여기에서 인간이 나아가야 할 방향, 즉 인도의 이정표를 담고 있다. 진정한 인간으로서의 군자는 현실적 세계에서 진행되는 자연의 영허소식盈虛消息의 방식, 즉 음과 양 혹은 강과 유가 순환하는 방식을 파악해야 하며 더욱 중요하게도 마땅히 천도의 순환적 과정에 따라야 한다. 이러한 시각은 인간의 의식 속에 천도관이 일종의 신념으로 자리잡은 결과이다. 이는 바로 천도의 원리에 대한 인간의 신념의 확고함과 그 중요성을 단적으로 잘 반영한 것이다.

「역전」의 세계관에서는 천도의 객관적 원리가 인간의 삶과 사회에 적용되어 인도의 보편적인 가치로 구현되었음을 함축한다. 「단전」에서

---

39 『周易』 剝卦 「彖傳」, "君子尙消息盈虛, 天行也."

는 함괘咸卦의 내용을 해석하면서 다음과 같이 말한다.

> 하늘과 땅이 감응하니 만물이 생성된다. 성인이 인심을 감응하
> 니 세상이 평화롭다. 그 감응한 바를 관찰하니 하늘, 땅 및 만물의
> 실정이 드러날 수 있다.[40]

여기에서 '감응'은 인간이 우주와 교감하는 방식이다. 특히 성인은
이 '감응'의 지각을 통해 인간은 물론이고 하늘과 땅 및 만물의 구조적
틀 즉 '실정'을 통찰하여 우주 속에서 생성과 변화를 스스로 인식할 수
있다. 『주역』에서 모든 존재는 우주의 운행법칙에 따라 진행되며, 특히
인간은 '감응'의 체험을 통해 그 법칙을 터득하고 이를 근거로 하여 삶
을 영위할 줄 알아야 한다고 주장하는 것이다.

이와 같은 성인의 참모습은 「역전」에서 강조하는 이상적 인격체의
진정한 모습이다. 그것을 「문언전」에서는 건괘乾卦의 해석을 통해 보다
포괄적으로 언급한다.

> 대인이란 그의 덕이 하늘과 땅과 화합하며, 그의 밝음이 해와 달
> 과 화합하며, 그의 순서가 네 계절과 화합하며, 그의 길흉이 귀신과
> 화합한다. 하늘보다 앞서도 하늘에 위배되지 않으며, 하늘보다 뒤
> 에 있어도 하늘의 때를 받든다.[41]

여기에서 대인 혹은 성인은 단순히 생명을 가진 만사만물 중의 하나
에 속한 것만이 아니라, 더욱 중요하게는 우주의 변화의 방식과 합일할

---

40 『周易』咸卦「彖傳」, "天地感而萬物化生, 聖人感人心而天下和平. 觀其所感, 而天地
萬物之情可見矣."
41 『周易』乾卦「文言傳」, "夫大人者, 與天地合其德, 與日月合其明, 與四時合其序, 與鬼
神合其吉凶. 先天而天弗違, 后天而奉天時."

수 있는 존재로까지 이해되고 있다는 것이다. 이 근거는 바로 그가 세상을 올바로 인식할 수 있는 존재로서, 세상을 화합적으로 계도하거나 교화할 줄 아는 완전한 인격체를 지니고 있기 때문이다. 하늘과 땅이 화합하는 크나큰 원리 즉 '도' 속에 인간은 자신의 삶을 영위해나가는 것이다. 그러므로 유가의 도의道義는 천도의 흐름에 맞추어 백성의 뜻을 따르는 것이라는 내용과 일치하는 것이다. 「단전」에서도 동인괘同人卦를 해석하면서 이러한 내용을 함축적으로 제시하고 있다.

> 문채가 밝음으로써 강건하고 중정하여 감응하니 군자가 올바르다. 오직 군자만이 천하의 뜻과 통할 수 있는 것이다.[42]

'군자가 바르다'함은 그 의리적義理的 해석에 따르면 '중정'의 덕에 도달한 경지를 가리킨다. 그러므로 군자는 '중정'의 덕에 도달한 후에야 비로소 '천하의 뜻'과 상통할 수 있다. 이것은 바로 '중정'을 군자가 도덕수양을 하는 데에 지켜야 할 원칙으로 해석하고 있음을 보여주는 것이다. 이러한 의미에서 「계사전」에서는 다음과 같이 말한다.

> 그러므로 성인은 이로써 천하의 뜻과 통하고 천하의 사업을 확정하여 천하의 의심을 해결해 낼 줄 안다.[43]

성인은 하늘과 땅이 만물을 양육하는 작용을 본받아 모든 백성들을 양육하고, 또 하늘과 땅이 교감하여 만물을 기르는 특성을 보고 배워 인심을 감화시키고 나라를 다스려 나간다는 말을 하고 있다. 성인이 가

---

42 『周易』 同人卦 「彖傳」, "文明以健, 中正而應, 君子正也. 唯君子爲能通天下之志."
43 『周易』 「繫辭」 上11, "聖人以通天下之志, 以定天下之業, 以斷天下之疑."

지고 있는 가장 큰 특성은 하늘과 땅을 이해하고 또한 이러한 이해에 근거하여 백성들을 양육하고 감화시키는데 응용할 줄 아는 능력을 가지고 있다는 점이다.[44]

인간사회의 측면에서 보자면, 역대로 황제, 요임금, 순임금과 같은 통치자는 천도의 원리에 입각하여 사회와 정치를 개혁하고 안정을 이루었다.

> 신농씨가 죽고 황제, 요임금, 순임금이 차례로 통치했다. 그들은 그 변화에 통달하여 백성들로 하여금 게으르게 하지 않았으며, 신명神明으로써 교화하여 백성들로 하여금 올바르게 처신토록 했다.[45]

통치자는 세상이 변화하는 원리나 방식을 이해하고 여기에서 쌓은 내면적인 신명스러운 덕성 혹은 인격을 갖춤으로써 백성들의 요구를 충족시키고 교화하여 태평성대를 지속할 수 있었다. 통치는 백성을 위한 정치, 즉 민본정치에 기반을 둔다. 통치자는 개혁이나 혁신의 원칙을 통해 백성의 생활에 안정과 행복을 가져다주어야 한다. 또한 인간의 문명과 예절에는 그 분수가 있다는 현상을 관찰하면, 세상을 교화하여 사람들마다 고상한 도덕적 품질을 갖출 수 있게 한다. '하늘의 문양을 본다'는 말은 하늘을 본받는다는 것이고, '인간의 문양을 본다'는 말은 인간에게서 비롯된다는 것이다.

---

44 「계사전」에 등장하는 복희, 신농, 황제, 요, 순 등의 다섯 명의 성인들은 각기 팔괘의 형상, 농기구나 시장, 배, 우마차, 의복, 절구, 활, 집, 관 등을 발명하고 제작했음을 말하고 있다. 성인들은 인간사회에서 기물과 같은 새로운 발명은 물론이고 문물과 같은 관념적인 제도도 만들어 문명을 발전시키는 데에 주도적인 역할을 하고 있다.

45 『周易』「繫辭」下2, "神農氏沒, 黃帝堯舜氏作, 通其變 使民不倦, 神而化之 使民宜之."

하늘과 땅이 지위를 세우고 성인이 능력을 이루니, 사람이 도모하고 귀신이 도모하여 백성이 더불어 능력을 발휘한다.[46]

하늘과 땅은 세상의 제자리를 설정하고 성인은 인간을 지도하니 사람, 심지어 귀신조차도 이에 맞게 진행되므로 인간의 모든 일이 능력껏 발휘되는 것이다.

선진시대의 유가에서 인문주의적 특징은 문화의 전통적 전승과 수용에 있다. 여기에는 백성을 계도하는 데에 문화의 전달자와 문화의 창달자의 구별이 있다. 문화의 전달자는 백성의 교화에 초점을 맞춘다면 문화의 창달자는 백성의 감화에 초점을 맞춘다. 「역전」의 성인은 이 두 가지를 다 할 줄 아는 능력을 지닌 사람으로 묘사되고 있다.

「역전」에서 성인은 인간의 능력을 벗어난, 예를 들어 신기한 재주나 초월적 능력을 지닌 일종의 신비에 싸인 인물이 아니다. 복희, 문왕 등으로 대변되는 성인은 초인적超人的 혹은 제왕적帝王的 권위를 지니는 것이 아니라 실제적으로 이성적이고도 합리적인 사고력을 지닌 인물이다. 그는 세계의 변화를 조망하고 이를 창조적으로 소통할 수 있는 통로를 지닌 인간이다.[47] 여기에는 성인은 세계를 이해하면서도 다른 한편으로는 세계를 개척하는 주체적인 창조성의 지평을 제시하는 것이다. 인간이 세계의 변화를 조망하고 세계와의 교감을 통해 창조적으로 소통할 수 있는 것이다. 하늘과 땅의 관계망에서 만사만물의 양상과 그 변화의 현상들을 관찰하고 그 속에서 자신의 진정한 모습을 찾아보고

---

46 『周易』「繫辭」下12, "天地設位, 聖人成能, 人謀鬼謀, 百姓與能."
47 『주역』의 특징을 언급하는 데에 성인의 네 가지 도가 중요한데 그 중에서 문물의 제도나 도구의 발명, 즉 "기구를 제작하는 사람은 그 형상을 숭상한다"는 내용도 포함된다. [『周易』「繫辭」上10, "易有聖人之道四焉, 以言者尚其辭, 以動者尚其變, 以制器者尚其象, 以卜筮者尚其占"].

삶에서 그것을 실천하는 일종의 자아실현을 하게 되는 것이다. 그는 자연현상을 관찰하고 그 속에서 소통의 방식을 찾아냄으로써 삶의 질을 고양하는 이정표를 제시하는 것이다. 이것이 인문주의적 성인정신의 소재이자 문화적 리더십의 표상이라고 할 수 있다.

'성인정신'의 윤리도덕적 성격은 '도의道義의 관문'으로 표현된다.「계사전」에서는 다음과 같이 말한다.

> 무릇 역은 성인이 덕을 숭상하여 사업을 넓힌 바이다. 지식이 숭상되고 예의가 비천하니 숭상함은 하늘을 따르고 비천함은 땅을 본받는다. 하늘과 땅이 위치를 세우고 그 속에 역이 진행되니 본성을 이루는 것이 계속 존속하니 도의의 관문이 된다.[48]

하늘이 높고 땅이 낮은 것과 같은 자연계의 순리처럼, 성인이 '덕을 숭상하여 사업을 넓힌 바[崇德廣業]'는 궁극적으로 인도人道의 구현이다. '도의의 관문'은 바로 인도가 실현되는 궁극적 목표라고 할 수 있다. 당시에 세속적 왕권이 강화되어 예악의 제도가 중시되면서 제사의 본질이 신과 소통하는 과정에서 천수天數나 명수命數를 파악하는 것인지 아니면 그 예절에 있는 것인지의 여부를 놓고 논란의 여지가 있었다. 제사에서 예절은 그 취지를 존중하는 데에 있다. 만약 천수나 명수에 치중한다면 그 취지를 제대로 아는 것이 아니다. 국가와 같은 천하를 다스리는 대업은 바로 예절의 취지에 올바르게 따라야 하는 것이다.

이른바 '도의의 관문'은 유가의 인문주의적 정신의 발현이라고 말할 수 있다. 그것에 반영된 인문주의적 가치는 후대에 유가의 최종목표인

---

48 『周易』「繫辭」上7, "夫易, 聖人所以崇德而廣業也. 知崇禮卑, 崇效天, 卑法地. 天地設位, 而易行乎其中矣. 成性存存, 道義之門."

'천인합일天人合一'의 보편적 이념을 위한 중요한 실마리를 제공했다고 말할 수 있다. 그것은 일련의 자아실현의 과정으로서, 인간이 '진덕수업進德修業'이라는 내면적 수양의 단계를 거쳐서 '숭덕광업崇德廣業'이라는 내면과 외면이 합일 혹은 일체가 되는 경지에 이르러야 비로소 '성덕대업盛德大業'의 궁극적 천명天命의 지평 혹은 천도를 완성하게 되는 것이다. 이러한 의미에서 「대상전」에서는 대유괘大有卦를 해석하여 "군자는 이로써 악함을 막아버리고 선함을 고양하여 하늘의 아름다운 명을 따른다"[49]라고 말한다. 여기에서는 군자 혹은 성인에게 개과천선改過遷善할 것을 요구하는 것인데, 천도와 합일하거나 천도를 구현한다는 의미에서 인간 내부적인 통일 혹은 조화의 경지가 인격수양의 완성적 차원으로 이해될 수 있다. 이는 인문정신의 자각의식이 어떻게 윤리의식으로 고양되는지를 단적으로 잘 보여준다.[50]

　　서주시대 이후에 천문과 인문의 관계는 이처럼 세속화의 과정에서 그 양자 사이에 존재했던 모순과 괴리는 어느 정도 해소되었으며 예악禮樂의 과정을 거치면서 인간의 윤리적 문제로 고양되었다. 이제는 더 이상 조상의 숭배나 선왕에 대한 제사에만 의존하여 하늘의 뜻을 알 필요가 없었다. 군주가 덕행으로써 정치를 해야 천명天命을 보존할 수 있으며, 이것이 국가를 통치하는 데에 권력의 정통성이나 대의명분, 즉 천도天道의 정도正道와 정의正義를 입증하는 결과가 되는 것이다. 여기에서 비로소 천도관에 근거하는 윤리의 문제가 중시되었다. 이러한 천도관은 당시에 사회조직과 그 관계가 조상의 숭배가 밀접하게 연결되어 있기 때문이다. 여기에는 또한 은나라와 주나라 사이에 종교적 변

---

49 『周易』大有卦「大象傳」, "君子以遏惡揚善, 順天休命."
50 김연재, 「全一論的 思惟에서 본 『易傳』의 세계관과 人間學的 地形圖 - 윤리학적 본령과 그 동아시아적 가치를 중심으로」, 『인문연구』53, 영남대 출판부, 2007, 374-377쪽.

혁, 즉 자연적 종교에서 윤리적 종교로의 전환을 반영한 것이라고 볼 수 있다.[51]

특히 서주시대에 예악의 문화가 발달하면서 주공周公이 예禮를 제정했다는 사실은 세속적 왕권과 종교적 무술이 완전히 통합되었음을 시사한다. 이른바 '주례周禮', 특히 종법宗法제도의 체계가 성립되었다는 것은 세속적 권력이 천신天神의 권력을 압도하면서 그들 사이에 장기간의 투쟁은 종지부를 찍게 되고 왕권의 체제에 의한 정교일치政敎一致가 되었음을 시사하는 것이다.

그러나 춘추전국시대에 들어와 '예붕악괴禮崩樂壞'의 상황이 벌어지면서 윤리성의 문제가 시대적 과제로 중시되었다. 이 과제를 제시하고 해답을 찾고자 했던 대표적 인물이 바로 공자이다. 공자는 '극기복례克己復禮'의 원칙을 통해 현실사회 속에서 질서와 이상적인 사회상을 그려내는 것을 사명으로 삼았다. 『논어』의 「학이」편에서는 "예의 활용에서는 조화를 귀한 것으로 삼는다"[52]고 말한다. 예는 본질적으로 하늘과 땅에 있는 자연의 질서에 기본하고 인륜의 질서는 이러한 자연의 질서의 일부분이 된다. 그러므로 인간이 사회적 혹은 국가적 안정과 평화를 이루려면 그 전제조건은 반드시 자연적 질서를 존중하거나 유지하는 것이다. 공자는 '예복악흥禮復樂興'을 도모하여 사회적 제도와 도덕적 규범을 항상 조화를 이루고자 했다.

---

51 陳來,『古代宗敎與倫理 - 儒家思想的根源』, 161-168쪽.
52 『論語』「學而」, "禮之用, 和爲貴."

5. 나가는 글 - 문제의 귀결과 마무리

천도관天道觀에는 천체의 운행질서[天道]에 입각하여 인간사회의 체제[人道]를 운영하려는 취지가 반영되어 있다. 여기에는 당시에 세계관이 어떻게 형성되었는가 하는 문제에 단서를 제공한다. 그것은 자연과학의 영역을 넘어서 자연철학의 영역으로 들어가는 전환적 성격을 지닌다. 그것은 '천명은 일정하지 않다'는 취지에서 정명론定命論이나 숙명론宿命論을 극복하고 인간의 주관적 의지를 담은 도덕적 성격을 반영한다. 즉 우주의 구도나 구조적 법칙은 인간의 존재와 행위의 규준으로서 인간사회의 강령으로 고양되었던 것이다. 그러므로 천도는 일종의 패러다임으로서 당시에 세계관의 전환을 반영한다. 그것은 춘추시대의 말기에 이르면 인간의 사고에 모종의 가치론적 범주로 확고히 자리잡게 된다. 천도의 패러다임은 인간의 발전사관發展史觀, 특히 왕조의 성립과 함께 특히 정치적 통일, 사회의 발전, 사유방식의 고양 등과 밀접하게 관련된다. 이러한 점에서 천도관은 '문명의 도약'의 역사적 과정의 흐름 속에서 이해될 수 있다.

세계의 구도에서 상이나 수로써 모종의 방법이나 원칙을 찾으려는 시도는 중요한 의미를 지닌다. 특히 수는 상의 배후에 있는 것으로서, 만사만물의 존재의 형식을 알 수 있는 계량의 방식이다. 우주 혹은 세계가 운행되는 고유한 질서를 수의 형식으로 표시할 수 있다고 본다. 그것은 경험적 세계에 대한 인간의 인식에서 사물의 법칙과 그 과정을 이해하는 방식이다. 수의 연역을 통해, 특히 수의 형식은 인간의 덕행에 따라 임의대로 상벌을 주는, 일관되지 않는 변덕스러운 신의 존재와 활동에 대해 보다 명확한 연역의 방식을 제공하였다. 여기에서 수는 그 신비적 성격에도 불구하고 모든 존재를 규정하는 형식이 되었으며 그 연역적 방식을 통해 세계의 구도를 도식화할 수 있었으며 수술도 이것을 단초로 하여 발전되었다.

이러한 시도는 세계의 통일적 원리를 파악할 수 있는 일종의 단서를 모색하려는 것이다. 세계의 통일적 원리에 대한 탐구와 모색은 인간의 명운命運과 그것이 귀결되는 삶의 진정한 목표의 추구와 밀접하게 관련되게 마련이다. 천체의 운행과 질서로서의 천도는 자연계의 사물의 관계와 운동의 법칙으로 확장된다. 이러한 법칙은 인간이 본받는 원칙이자 인간사회의 강령이 된다. 그러므로 천도관은 천도天道의 시간적 추이, 지도地道의 사물의 법칙 및 인도人道의 덕성과 같은 일반적 법칙으로 확충되면서 더 나아가 인도와 연관되어 인간과 사회의 본질적 문제 즉 도덕적 강령까지도 담게 되었다. 이것은 천과 인의 관계 혹은 신과 인人의 관계와 직결되는 것이며 후대에 천인합일의 패러다임이 되었다. 이러한 패러다임에 따르면, 천도와 인도가 소통하고 조화롭게 통합될 수 있는 공통의 덕성[天人合德]을 인식하고 그 속에서 인간은 자신의 삶에서 부딪치는 상황이나 사태를 파악하고 해결하는 계기를 모색해야 한다는 것이다. 그러므로 '성인정신聖人精神'의 지혜는 인간의 삶과 사회에 적용되면서 인도의 인문주의적 가치로 구현되었던 것이다.

수술數術이 인간의 삶에 대한 모종의 비결을 터득하는 것이라면, 그 비결은 바로 인간의 주체적 행위의 방식이다. 주체적 행위의 방식은 바로 예측과 판단의 방법이다. 즉 특정의 상황에 대해 기본적 정보를 바탕으로 하여 올바른 예측과 정확한 판단을 하는 것이다. 그것은 외부세계의 사물과의 관계 속에서 인간이 나아갈 방향과 그 가치에 대한 이성적이고도 합리적인 결정과 선택이다. 만일 인간의 행위가 이미 정해진 목표에 도달해야 하는 것이라면 여기에는 예측과 판단 두 가지가 모두 갖추어져야 한다. 즉 예측이 정확한 판단을 하기 위한 사전작업이라면,

판단은 올바른 예측에 수반되는 당연한 결과인 것이다. 예측과 판단은 특정의 목표를 실현하기 위해 서로 보완적 관계를 지닌다. 그것은 상황에 따른 서로 유사한 지식정보의 체계를 세우고 사물이 변화하고 발전할 수 있는 방향성을 제공하며 사회현실의 불확실성에 따른 인간의 주체적 태도를 요구하며, 따라서 사태의 변화에 적극적으로 참여하여 인간과 사회의 발전적 목표를 달성할 것을 계도하려는 것이다.

이러한 성인의 인간상을 현대적으로 해석하자면, 인간과 인간의 관계를 전제로 하여 도덕성과 그에 따른 책임감과 의무감을 동시에 요구한다. 인간의 관계에서 어떠한 경우에도 유동적인 상황을 올바로 인식하고 그에 따라 예측이나 판단의 기준을 적용하여 이를 실행에 옮기는 과정이 필요하다. 여기에는 인간이면 누구나 지니고 있는 능력 중의 하나인 사회성을 발휘할 수 있는 역량을 필요로 한다. 이것이 현대사회에서도 요구하는 지도력[리더십]이다. 그러나 지도력은 현실적으로 누구나 쉽게 발휘할 수 없다. 그러므로 지도력을 발휘할 수 있는 인간을 특별히 성인이나 군자라고 부르는 까닭이 여기에 있다.

개인과 사회생활에서 상황의 변수라는 시각에서 '성인정신'의 지도력이 어떻게 인간다움의 윤리의식을 고양하는가 하는 점을 시사하고 있다. 지도력은 개인과 사회생활과의 관계를 설정하는 일련의 활동으로서 공동체의 조직, 즉 지도자, 그 구성원 및 그를 둘러싼 상황 등의 요인들과의 관계가 고려된다. 여기에는 개인 활동의 영역뿐만 아니라 사회적 적응력도 포함된다. 이러한 지도력은 집단이나 조직에서 공동의 목표를 달성하기 위해 개인이 다른 구성원들에게 영향을 미치는 일련의 활동의 과정과 밀접한 관련이 있다. 이러한 활동의 과정은 일종의 사회화의 과정으로서 훈련이나 교육 및 인간관계를 통해 얻어지는 인간능력의 일종의 배양이라고 할 수 있다. 이러한 의미에서 지도력은 특정의 개인에게만 해당되는 것이 아니라 집단이나 조직의 구성원이면 누구나 해당되는 것이다. 그것은 특정의 지도자의 능력과 같은 특수성뿐만 아니라 각각 개인의 구성원들의 능력과 같은 개별성도 지니는 것이다. 그러므로 지도력은 개인의 능력이 조직이나 집단에 적용된 사회적 역량이라고도 할 수 있다. 이러한 지도력은 바로「역전」의 성인정신에서도 찾아볼 수 있다.

점서의 예측과 판단에 관한「역전」의 해석에는 인간의 본질, 인간관계의 윤리적 강령 등과 같은 일련의 자아실현의 논점들이 반영되어 있다. 이는 단순히 점서의 기능적 측면을 넘어서 인간 삶의 총체적인 경험을 담은 지혜의 결실이다.「역전」에서는 인간이 현실적이고 복잡한 삶의 실타래에서 해결의 실마리를 찾는 과정에서 자신의 주체성, 개척성 및 창조성을 발휘해야 함을 계도하고 교화한다. 특히 성인은 자신의 지속적 발전과 안녕을 위해 끊임없이 적극적으로 자아계발과 자아계도를 실현하는 대표적인 인물이다. 그러므로「역전」의 '성인정신'에서 성인은 인간의 위대성에 초점을 맞춘 영웅이기보다는 문화의 창달자이자 전달자의 성격이 강하다. 이는 주술의 신비주의적 성격이나 비이성적 사고를 극복하고 인간의 문명이나 문화에 기반이 되는 새로운 사고 혹은 패러다임이 등장했음을 시사하고 있다. 따라서 '성인정신'의 지혜는 인간의 주체적 삶을 내용으로 하는 인문주의적 본령을 이해할 수 있는 토대가 되며 후대에 확립된 일종의 자아실현의 이정표, 즉 천도天道의 원리에 입각한 인도人道의 실현이라는 강령의 단초가 되는 것이다.

『주역』에서의 시중지덕時中之德에 대한 고찰*
- 간괘艮卦를 중심으로 -

『주역』의 64괘 384효를 통해 장차 직면하게 될 변화에 대처하는 '시중時中'의 실천적 의미를 지시하는데, 시중이 곧 그 괘가 지닌 덕이라 할 수 있다. 특히 이 시중의 의미를 함축적으로 표현하고 있는 것은 간괘艮卦라고 할 수 있다. 간괘의 괘사 중 '간기배艮其背'에서 시중의 핵심적 의미를 찾을 수 있으며, 여섯 효 중에서는 상효가 여기에 부합한다.

1. 머리말

인간의 삶은 끊임없는 변화의 선상에 놓여 있기에 우리는 순간순간 맞게 되는 상황에 따라 선택의 기로에 처하게 된다. 그러므로 변화의 기미를 알고 상황에 알맞게 행동하는 것은 더할 나위 없이 필요한 삶의 지혜가 된다. 이와 관련하여 『주역』은 '변變'을 핵심 개념으로 삼아 장차 직면하게 될 변화에 대처하는 방안을 제시하여 길흉을 결단할 수 있도록 하고 있는데, 이를 올바르게 사용한다면 자신이 처한 상황에 알

---

* 이규희(한국외국어대). 이 글은 「『周易』에서의 時中之德에 대한 고찰」라는 제목으로 『민족문화』 51(2018)에 게재하였음을 밝혀둔다.

맞은 덕을 기르고 밝혀 부단한 자기 성찰로 수신을 할 수 있게 된다.

또한 도덕적으로 피폐한 현대 사회를 건강하게 복원시킬 대안으로서 『주역』의 실용적 가치는 오늘날 새삼 절실히 요구된다고 볼 수 있다. 이는 주자가 "위태로워하고 두려워하므로 평안함을 얻고, 태만하고 함부로 하면 반드시 기울어지고 전복되니, 이것이 역의 도이다.[1]"라고 하여 『주역』의 존재 이유를 설명하였듯이 사람들로 하여금 유비무환의[2] 자세로 항상 삼가면 어려움을 극복할 수 있다는 메시지는 지금도 유효하며 더욱 필요한 시대인 것이다.[3]

변화의 상황에 올바르게 처신한다는 것은 유가 철학의 '시중時中'과 연관된다. 예를 들어 맹자는 공자에 대해 "벼슬할 만하면 벼슬하고 그만둘 만하면 그만두며, 오래 머물 만하면 오래 머물고 빨리 떠날 만하면 빨리 떠나는 분은 공자다.[4]"라고 표명하여 '성인 중의 시중한 자'로 칭송한 바 있다. '시중'은 『중용』에서 최고의 가치로 다루어졌으며, 『중용』과 『주역』은 서로 표리가 되는 책이라 불리는 만큼 『주역』의 가장 주요한 특징 역시 사람들이 상황에 알맞게[時中] 대처할 수 있도록 하는 방안을 64괘 384효를 통해 제시하고 있다는 점에 있다.

『주역』은 자연과 인문 현상을 포괄하는 모든 변화의 법칙을 음양이라는 추상적 부호와 괘효사라는 문장을 통하여 상징적으로 드러낸 저술이다.[5] 『역』은 천도와 인사를 결부시켜 천도로부터 인사를 설명하는

---

1 『本義』「繫辭」下11, "危懼故, 得平安, 慢易則必傾覆, 易之道也." 『本義』는 『程傳』과 함께 『周易大全』 속의 내용으로 이하 동일하게 적용함.

2 『書經』「說命中」第8章, "惟事事, 乃其有備, 有備無患." ; 『詩經』「豳風」〈鴟鴞〉, "迨天之未陰雨, 徹彼桑土, 綢繆牖戶, 今女下民, 或侮予."

3 이규희, 「周易의 道德實踐 原理와 方法에 관한 研究」, 성균관대학교대학원 박사학위논문, 2016, 75쪽.

4 『孟子』「公孫丑」上, "可以仕則仕, 可以止則止, 可以久則久, 可以速則速, 孔子也."

5 엄연석, 「周易의 상징체계와 程頤《易傳》의 의리역학」, 『泰東古典研究』 2, 태동고전

데 64괘와 384효는 한편으로는 음양의 소장消長에 따른 자연의 변화를 드러내고, 또 다른 한편으로는 인간의 다양한 상황을 나타내고 있다. 그리하여 『주역』에서 말하는 변화의 도리를 안다고 함은 천지만물에 깃든 소식영허消息盈虛의 이치와 진퇴어묵進退語默의 기미를 밝게 알아 '시중'을 잃지 않는 것이며, 신묘한 이치를 궁구하여 조화의 법칙을 아는 것은 덕의 성대함과 관계된다.[6] 곧 『주역』에서 의미하는 도덕실천, 즉 덕행은 변화하는 상황에 알맞게 대처하는 '시중'의 도를 실천하는 것으로, 이로써 개인적으로나 사회적으로 조화로운 삶을 살아갈 수 있는 것이다.

『주역』에서의 '시중' 문제와 관련된 연구 성과들은 대체로 다음과 같다. 『주역』의 '시중'에 관한 연구는 크게 두 부류로 구분되는데 하나는 도덕 윤리적인 면이고, 다른 하나는[7] 기타 한의학이나 명리학 등과 연계된 것이다. 도덕 윤리로서의 '시중'에 대하여 국내논문을 검토한 결과, 이상호는 주역의 괘사와 효사의 지시에 따라서 욕심을 억제하고 양심을 확충하여 당면한 문제를 지혜롭게 헤쳐갈 수 있다고 주장하며[8], 이선경은 『중용』에서나 『주역』에서 '시중'은 모두 지극히 덕이 있는

학회, 2005, 242쪽 ; 이규희, 「周易의 道德實踐 原理와 方法에 관한 硏究」, 앞의 논문, 2쪽.

6 『周易』「繫辭」下5, "窮神知化, 德之盛也."

7 이 관점에는 易學과 醫學의 道가 같다고 하는 醫易同道 사상에 입각하여, 시중을 생명현상의 至極인 의학의 치료 원리라고 주장하는 이난숙의 「『周易』時中의 醫易學的 고찰」(『인문과학연구』 31, 강원대학교 인문과학연구소, 2011, 269-292쪽)과 명리학을 술수가 아닌, '시중'이라는 개념을 도입하여 학문의 영역으로 설명한 심귀득의 「『주역』과 命理學의 상관성에 관한 연구—시중론時中論 중심으로」(『동양문화연구』 21, 영산대학교 동양문화연구원, 2015, 129-160쪽)과 '시중'을 시의적절함이라는 뜻으로 해석하여 유가와 법가를 해석한 김도일의 「儒家의 時中과 法家의 時勢」(『중국학보』 80, 한국중국학회, 2017, 347-362쪽)의 연구가 있다.

8 이상호, 「『周易』에서의 時中의 題問」, 『동양철학연구』 39, 동양철학연구회, 2004, 343-378쪽.

자로서 인간의 행위 속에서 완성된다고 하였고,[9] 이근용은 「단전」에서의 때의 중요성이 강조된 12괘의 괘사와 효사 내용에서 복잡한 네트워크 사회에 어떤 실천적 지혜를 제공하는지 논하고 있으며,[10] 이현지는 현대사회의 국가·민족·종교 등의 심각한 문제점을 '시중'이라는 실천적 개념을 통하여 규·송·건·해괘 등의 괘의 이치로 욕망과 모순을 해결하려고 하였고[11], 김연재는 중도와 도의道義를 '시중'의 원칙과 연계시켜 내면적 덕성을 함양하고 개인의 욕구와 사회의 이념을 합치함으로써 공동체적 가치를 지향해야함을 주장하였으며,[12] 이난숙은 주돈이의 『통서通書』에 포함된 천관天觀·인관人觀·시중관時中觀을 고찰하여 그의 '천인합덕天人合德 해석에 담긴 의미와 특징'을 도가적 도덕윤리관으로 설명하고 있다.[13] 중국논문은 대체적으로 '시중'을 경제·정치·교육과 연관시키고 있다.[14] 여러 괘의 각각의 특징을 개인이나 집단의 욕망과 모순 및 그에 따른 도덕적인 실천이라는 면에서의 시중과 연계하고 있는 위의 논문들과 달리, 본고에서는 전반적인 검토와 함께 『주

---

9 이선경, 「선진유가(先秦儒家)에 있어서 시중(時中)의 문제: 공(孔)·맹(孟) 시중(時中) 사상의 역용론적(易庸論的) 접근」, 『東洋哲學研究』 55, 동양철학연구회, 2008.

10 이근용, 「『周易』의 時中 사상이 현대 네트워크 사회에 갖는 함의」, 『동양고전연구』 37, 동양고전학회, 2009, 547-576쪽.

11 이현지, 「『周易』 時中思想의 脫現代的 含意」, 『유학연구』 27, 충남대학교 유학연구소, 2012, 281-303쪽.

12 김연재, 「『주역』의 變通的 時中觀과 인간경영의 지혜」, 『대동철학』 77, 대동철학회, 2016, 227-255쪽.

13 이난숙, 「周敦頤 철학의 天人合德 해석과 時中사상」, 『퇴계학논총』 29, 퇴계학부산 연구원, 2017, 63-92쪽.

14 程建功, 「『周易』與儒家"時中"觀的淵源」, 『甘肅社會科學』, 2005年 ; 張勇, 「經學 "時中" 思想與西漢帝國的經濟政策」, 『延安大學學報(社會科學版)』, 2012年 ; 姜海軍, 「『周易程氏傳』對 "位" 與 "時中"的詮釋－從易學·理學與政治思想相結合的角度看」, 『周易研究』, 2013年 ; 李群·于洪波, 「『周易』的 "時中" 觀及其教育鏡鑒」, 『當代教育科學』, 2016年.

역』 전체를 꿰뚫는 '시중'의 개념이 어느 괘에 함축적으로 드러나는지를 다룰 것이다.

2. 『주역』의 도와 '시중'

『주역』의 세계관은 변화하는 변역의 도를 기반으로 하고 있다. 이러한 관점은 「계사전」 상에서 "낳고 낳음을 역이라 이른다[生生之謂易]"고 하여 그 생성하는 변화가 무궁함을 '역'으로 이해한 것이라든지, "한 번 음이 되고, 한 번 양이 되는 것을 도라고 한다[一陰一陽之謂道]"고 지적한 데서도 잘 표명되고 있는데 이렇게 음양이 서로 갈마들면서 무수한 변화를 이루어내는 것을 「계사전」 하에서는 다음과 같이 감응의 이치로 설명하고 있다.

> 해가 가면 달이 오고, 달이 가면 해가 온다. 해와 달이 서로 바뀌어 밝음이 생겨난다. 추위가 가면 더위가 오고, 더위가 가면 추위가 온다. 추위와 더위가 서로 바뀌어 한 해가 이루어진다. 가는 것은 굽힘이고, 오는 것은 펴짐이다. 굽히고 펴는 것이 서로 감응하여 이로움이 생긴다.[15]

해와 달이나 추위와 더위가 서로 교역交易하는 이치는 시작도 끝도 없이 부단하게 변동할 뿐인데, 이에 대해 고괘蠱卦에서는 "마치면 시작함이 있는 것이니 이것이 천도의 운행이다."[16]라 하였다. 또한 천도는

---

15 『周易』「繫辭」下5, "日往則月來, 月往則日來. 日月相推而明生焉, 寒往則暑來, 暑往則寒來. 寒暑相推而歲成焉. 往者, 屈也, 來者, 信(伸)也. 屈信相感而利生焉."
16 『周易』「蠱卦」〈彖傳〉, "終則有始, 天行也."

쉼 없이 움직이며 만물을 낳고 낳는 것을 그치지 않는데 이를 『중용』에서는 '지극히 성실하여 그침이 없음[至誠無息]'으로 일컫기도 한다. 그리하여 음양의 소멸과 생장을 통해 자연의 질서와 조화를 관통하며 거듭되는 변역의 도는 쉼 없이 순환하는 가운데 변하지 않는 이법 질서를 끊임없이 실현하게 된다. 나아가 이러한 천도의 이치는 역의 천인합일적 구조에 따라 인사의 이치로 연결되는데 천도를 관통하는 변역의 도가 인도에도 관통되고 있음을 보여주고 있으며, 풍괘豐卦에서는 "해가 중천이면 기울게 되고 달이 차면 이지러지니 천지의 차고 비는 것도 때와 더불어 생성되고 소멸되는데 하물며 사람에 있어서랴!"[17]라는 내용으로 지적하기도 하였다. 즉 천도를 이어받은 인사의 이치 역시 생성과 소멸의 순환 과정 속에 놓여 있는 것이다.

한편, 정자는 "'역'은 변하여 바뀌는 것이니, 때를 따라 변하여 바뀜으로써 도를 따르는 것이다"[18]라고 하였으며, 주자는 "음양이 번갈아 운행함은 기이고, 그 이치는 도이다"라고 하면서 변화하는 가운데 위태로워하고 두려워하는 마음으로 이를 대처하면 평안함을 얻게 되고, 태만하고 함부로 이를 대하면 반드시 실패할 것이라고 말함으로써 역의 도에 잘 대처할 것을 강조한 바 있다.[19] 그런데 이때의 '도'라는 것은 관괘觀卦에서 "나의 생을 관찰하여 진퇴하니, 도를 잃지 않는다."[20]고 한 것이나 이에 대해 정자가 "자신의 생을 관찰하고 진퇴하여 마땅함을 따르기 때문에 도를 잃음에 이르지 않는 것이다."[21]라고 풀이한 것에

---

17 『周易』「豐卦」〈彖傳〉, "日中則昃, 月盈則食. 天地盈虛, 與時消息, 而況於人乎."
18 『伊川易傳』序, "易, 變易也, 隨時變易以從道也."
19 『本義』「繫辭」下11, "陰陽迭運者, 氣也, 其理, 則所謂道……危懼故, 得平安, 慢易則 必傾覆, 易之道也." ; 이규희, 「周易의 道의 實踐方法에 관한 연구」, 『東洋古典研究』 57, 東洋古典究會, 2014, 256쪽.
20 『周易』「觀卦」, 六三〈象傳〉, "象曰, 觀我生進退, 未失道也."
21 『程傳』「觀卦」六三〈象傳〉, "觀己之生而進退 以順乎宜 故未至於失道也." ; 이규희,

서 보듯이 당면한 상황에 따라 알맞게 처신하는 시중의 도를 말하는 것이다.

그럼 『주역』에서 중도中道란 무엇인가를 알아보자. 64괘 가운데에는 길흉이 섞여 있는데 괘 자체가 길하거나 흉한 괘도 있다. 그러나 괘 자체가 흉하더라도 그 효사를 검토해 보면, 가운데[中]에 속하는 효에는 '길하다든가 뉘우침이 없다[悔亡]든가 허물이 없다[无咎]'는 말이 많다. 누구든 이와 같은 결과를 얻고자 한다면 어떠한 경우에 있어서라도 중도를 이행해야 한다.[22]

『주역』의 가장 주요한 특징은 사람들에게 그 상황에 알맞게[時中] 처신할 수 있도록 하는 방안을 64괘 384효를 통해 제시하고 있다는 점이다. 64괘가 64가지 변화의 상황을 나타내는 것이라면, 각각의 효는 그 괘에서 일어날 수 있는 다채로운 변화를 표현하게 된다. 다시 말하면 『주역』에서는 음과 양의 '변역'에 따른 모든 상황을 64괘 384효라는 '상象'을 통해 드러내어 사람들에게 장차 직면하게 될 변화에 대처하는 방안 즉 길함을 따르고 흉함을 피하도록 하는 해법을 제시하고 있는 것이다. 따라서 『주역』의 도를 체현하는 데 단연 핵심이 되는 개념이 바로 '시중'인 것이다.

'시중'은 '시중지도時中之道'로 표현되기도 한다. 『주역』은 이 '시중지도'를 실천함으로써 길吉에 나아가면서 화禍에는 이르지 않도록 이끌어준다고 했는데, 이때의 '시時'에 대해서 위나라 왕필은 "무릇 괘라는 것은 '시時'이다. 효라는 것은 시의 변화를 맞는 것이다"라고 하면서 소주疏註에 "괘란 일시一時의 큰 뜻을 총괄하는 것이고, 효란 시중의 변통을 맞는 것이다."[23]라고 하였다. 여기서 왕필이 말한 '시'가 어떠한 상황

<hr />

「주역의 도덕실천 원리와 방법에 관한 연구」, 앞의 논문, 98쪽.
22 같은 논문, 72쪽.

이라 한다면, 각 효는 그 상황이 각기 변화를 맞는 것을 뜻한다. 『주역』에서 '시'의 중요성은 정자 역시 지적한 바 있는데, 정자의 경우는 괘를 사事로 보고 효를 사事의 시로 보았으며 시에 따라 의義를 취한 것이 『주역』이라고 하면서 시와 의의 경중을 알아야 『역』을 논할 수 있다고 했다.[24] 그런 즉 '시중'은 처한 상황[時勢]을 잘 알아 이에 마땅한 바를 조처하는 '때에 마땅하게 처신함[時措之宜]'인 셈인데 그 마땅함[宜]이 곧 시에 따라 '의'를 취한 것이 된다.[25] 그래서 이 '의'는 "상황[時]에 따라 조처함을 마땅하게 하는 것이니 이른바 권權이라는 것이다."[26]라고 풀이되기도 하는데, 여기서의 '권'은 일의 경중을 헤아려 중을 잡는 저울질에 해당한다. 이에 대한 이해를 돕기 위해, 임진왜란 당시 왜국과의 회의를 주장하는 과정에서 나온 조선 성리학자 성혼成渾(1535~1598)의 말을 들어보자. 이는 본격적인 시중론이라기보다는 주역의 시중론을 실제에 적용한 것으로 볼 수 있기에 참고할 만하다.

> 옛 사람의 말에 "경도經道는 정해진 권도權道이고 권도는 아직 정해지지 않은 경도이다."라 하였습니다. '권權'이란 저울과 저울추인데 때에 따라 경중에 맞추어 이리저리 앞으로 당겼다가 뒤로 물리기도 하여 일찍이 한 가지에 고착되지 아니하도록 똑같이 고르게 하는 것이니, 곧 이른바 "시중의 중이며, 중은 정해진 체가 없어서 때에 따라 존재한다."는 것이 이것입니다.[27]

---

23 王弼, 『周易註』 卷10, '明卦適變通爻', "夫卦者時也. 爻者適時之變者也. 卦者統一時之大義, 爻者適時中之通變."
24 廖名春·康學偉·梁韋弦 공저, 『周易哲學史』, 심경호 옮김, 예문서원, 1995, 470쪽.
25 『二程遺書』 卷18, "時措之宜, 言隨時之義." ; 『周易』 「隨卦」 〈彖傳〉, "隨時之義, 大矣哉." ; 『程傳』 「隨卦」 〈彖傳〉, "君子之道隨時而動, 從宜適變."
26 『近思錄集解』 卷3, '致知', "權之爲言, 秤錘之義也, 何物爲權, 義也, 時也. 只是說得到義, 義以上更難說, 在人自看如何. 義者, 所以處時措之宜, 所謂權也. 義以上, 則聖人之妙用, 未易以言盡也."

이처럼 상황의 경중을 헤아려 중에 맞게 하는 권도의 적절한 예로서는 맹자의 말을 들 수 있으니, "남녀 사이에 서로 직접 물건을 주고받지 않는 것은 예이고, 형수가 물에 빠졌으면 손으로 잡아 구원해 주는 것은 권도이다."라고 한 바 있다. 이에 대해 주자는 "권은 저울이니, 물건의 경중을 다는데 오가면서 중을 취하는 것이다. 저울질하여 중을 얻으면 이것이 예이다"라고 하였다.[28] 또한 혹자가 중이 때에 따라 조처함을 마땅하게 하는 것인지의 여부를 묻자 주자는 "의로써 권을 행해야만 중을 얻는다. 의는 저울과 같고, 권은 저울질하는 것이요, 중은 물건이 균형을 얻은 지점이다"[29]라고도 하였다. 그렇다면, 의는 중을 취함에 있어 지어지선止於至善이 되도록 하는 바른 척도[正道] 내지는 기준이 되는 것이며, 의라는 척도로 저울질을 통해 균형점[中]을 알아 이를 실천하는 것은 사람의 몫이라 할 수 있다.

따라서 『주역』에서 다루는 '시중'은 천도에 따라 인도가 나아가야 할 도의道義의 문이 되는 셈인데 이는 사람의 심법으로 달성되는 길이라고 할 수 있다. 이에 대해서는 청나라 고증학자 혜동惠棟(1697~1758)은 다음과 같이 지적하였다.

『역』의 도는 심오하다! 한마디로 말하면 '시중'이다.……자사가 지은『중용』은 공자의 뜻을 계승하여 "군자다우면서 시중을 추구한다"고 했고, 맹자도 "공자는 시중의 성인이다"고 했다. '집중執

---

27 成渾, 『牛溪集』卷5, 「與或人論奏本事別紙 甲午」, "古人言, 經是一定之權, 權是未定之經. 權者稱錘也, 隨時輕重, 游移前却, 未嘗執一而使一於平者, 即所謂時中之中, 中無定體, 隨時而在者是也." 해석은 고전번역원 자료를 인용함.
28 『孟子』「離婁」上, "男女授受不親, 禮也. 嫂溺援之以手, 權也."; 『孟子集注』「離婁」上, "權, 稱錘也, 稱物輕重而往來以取中者也. 權而得中, 是乃禮也."
29 『朱子語類』卷37, "問, 權便是義否? 曰, 權是用那義底. 問, 中便是時措之宜否? 曰, 以義權之, 而後得中. 義似稱, 權是將這稱去稱量, 中是物得其平處."

中'의 가르침은 중천中天(요순시대)에서 비롯되었고, '시중'의 의미는 공자에 의해 밝혀졌는데 바로 요순 이래로 전승된 심법이었다. 「풍괘豊卦·단전」에 "천지간에 차고 비는 현상은 시時에 따라 쇠하고 성한다"고 했고, 박괘剝卦에 "군자가 사물의 영고성쇠榮枯盛衰 현상을 중시하는 것은 그것이 천도이기 때문이다"고 했다. 「문언전」에 "진퇴와 존망을 인식하고 그 바른 상태를 잃지 않을 사람은 오직 성인이리라!"고 했는데 이 모두가 '시중'의 의미이다.[30]

요컨대, '시중'의 의미는 음과 양이 순환하는 변역의 도에 근거하여 이 '상황에 따라 변통함[隨時變通]'의 과정을 어떻게 대처해나가는가 하는 인간의 심법의 문제로 심화되어 다루어지고 있으며, 바로 이 지점에서 '중'은 최고의 가치척도로서 상황의 적절성을 헤아릴 수 있는 마음의 바탕으로 이해되기도 하였다. 또 『중용』에서는 희로애락 등의 감정이 아직 드러나기 이전의 마음의 본바탕을 '중'으로 언급하였다. 여기에서 '中'은 인간의 마음속에 있는 '덕'이라는 의미를 가지게 되는데[31] 이에 대해서는 다음 장에서 보다 자세히 다루겠다.

---

30 惠棟, 『易漢學』 卷7, 「易尙時中說」, "易道深矣. 一言以蔽之曰時中.……子思作中庸, 述孔子之意而曰君子而時中, 孟子亦曰孔子聖之時. 夫執中之訓, 肇于中天, 時中之義, 明于孔子, 乃堯舜以來相傳之心法也. 其在豐象曰天地盈虛與時消息, 在剝曰君子尙消息盈虛天行也. 文言曰知進退存亡而不失其正者其惟聖人乎. 皆時中之義也." 해석은 풍우란, 『中國哲學史』 상, 까치글방, 2009, 620쪽에서 인용함.
31 엄연석, 「程頤『易傳』의 中正개념과 가치판단: 二五位 괘효사 해석을 중심으로」, 『철학사상』 제12집, 서울대학교 철학사상연구소, 2001, 304쪽.

3. 『주역』의 '시중지도'와 '덕'

고정되어 불변하는 이치는 없으며 변화무쌍한 이치의 현현玄玄을 들추어내고 있는 『주역』의 궁극적 목표는 천도를 본받아 인도를 실현시키는 데 있다. 시중과 관련하여 정자는 "벼슬할 만하면 벼슬하고 그만둘 만하면 그만두며, 오래 머무를 만하면 오래 머무르고 빨리 떠날 만하면 빨리 떠나는 이것이 모두 '시'이다. 일찍이 '중'과 합치되지 않음이 없기 때문에 (중용에서) 군자로서 상황에 따라 중에 알맞아야 한다고 말한 것이다."[32]라고 하였다. 이때의 '중'은 '중도'를 뜻하는 것이며, 정자는 이를 『중용』의 '군자이시중君子而時中'과 연관시켜 설명하였다. 이를 다시 풀이하면 군자는 중용의 도리를 마음으로 얻음으로 그 상황에 따라 중에 알맞을 수 있는 것이며, 이는 도에 적절히 대처할 능력이라 할 덕과 관련되는 사항이기도 하다.

그런데 유가 철학에서 '중'과 '덕' 및 '성性'은 천지만물의 근거 또는 근원인 천으로부터 부여받은 것으로 곧 천명인 것이다. 『중용』에서는 "하늘이 명한 것을 성이라 하고, 성을 따름을 도라 하며, 도를 닦는 것을 교라고 한다."[33]고 하였다. 즉 인간은 천명을 받고 태어나서 본성을 가지게 되는데 그 본성이 바로 도덕실천의 근거가 되는 것이다. 그리고 본성과 덕은 원래 두 가지 물건이 아니라고 지적되곤 했던 이유도 '하늘의 밝은 명[天之明命]'을 성이면서 인간의 명덕으로 보았기 때문이다.[34] 그리하여 『대학』의 "「강고」편에서는 '덕을 밝힐 수 있다.'하였고,

---

32 『二程遺書』卷25, "可以仕則仕, 可以止則止, 可以久則久, 可以速則速, 此皆時也, 未嘗不合中, 故曰, 君子而時中."

33 『中庸』一章, "天命之謂性, 率性之謂道, 修道之謂敎."

34 安鼎福, 『順菴集』卷11, 「經書疑義 條例不多, 諸經合附」, '大學', "大學之德, 猶中庸之性. 受於天爲性, 得於天爲德, 則性與德, 原非二物. 明者, 贊美之辭. 如孟子之稱性爲

「태갑」편에서는 '이 하늘의 밝은 명[明命]을 살펴본다.' 하였으며, 「제전」편에서는 '큰 덕을 밝힐 수 있다.'" 하였던 것이다.[35] 이에 주자는 "하늘의 밝은 명은 하늘이 나에게 부여한 것이고 내가 덕으로 삼은 것이니, 항상 눈을 거기에 두면 어느 때이고 밝지 않음이 없을 것이다."[36]라고 하여 모두 스스로 자기의 덕을 밝히는 뜻이라고 지적한 바 있다.

더욱이 『좌전』 「노성공」 13년 기록에 "내 듣건대, 백성은 천지의 중中을 받아 태어나니 이른바 명命이다"라 한 것에 대해 주자는 "'중'은 이 마음이 한 면으로 치우치지도 않고 기울지도 않는 리이다. 백성은 천지에서 이 리를 품부 받아 태어난 자이다."라고 설명하기도 하였다.[37] 그런가 하면 조선 성리학자 중 '중'을 인도의 극치라고 피력한 성재省齋 유중교柳重教(1832~1893)가 "사람은 천지의 중을 받아 태어나서 중을 쓰는 것으로 덕을 삼는다."라고 하면서 "덕이라는 말은 얻음[得]이다. 경전에서 덕을 말함은 '하늘에서 얻은 것'으로 말하기도 하고 '행하여 얻음이 있는 것'으로 말하기도 한다. 요컨대 모두 도道가 마음에서 얻어진 것이다."[38]라고 한 것 역시 동일한 이해의 지평을 보여주는 것이라 할 수 있다.

따라서 '중행中行'과 '중도中道'라는 개념은 '중용의 도리를 실천하

善也. 譬之人, 人有名有字, 性猶名, 明德猶字, 下文明德傳曰, 顧諟天之明命, 天之明命, 非性而爲我之明德乎."
35 『大學』 「傳」 一章, "康誥曰克明德, 太甲曰顧諟天之明命, 帝典曰克明峻德, 皆自明也."
36 『大學章句』 「傳」 一章, "天之明命, 卽天之所以與我, 而我之所以爲德者也, 常目在之, 則無時不明矣. … 皆言自明己德之意."
37 『左傳』 「魯成公」 13年, "劉子曰, 吾聞之, 民受天地之中以生, 所謂命也." ; 같은 책, 附注, "朱曰, 中者, 此心不偏不倚之理. 民稟受於天地, 以有生者也."
38 柳重教, 『省齋集』 卷29, 「三書衍義」, "天位乎上, 以覆下爲德, 地位乎下, 以載上爲德, 人受天地之中以生, 以用中爲德." ; 같은 책, 卷33 「心與明德形而上下說」 '論明德當屬形而上', "德之爲言得也. 經傳言德, 有以所得乎天言之者, 有以行而有得言之者. 要之皆道之得於心者也." 해석은 고전번역원 자료를 인용함.

는 사람'이라는 의미로 사용되었다. 곧 공자는 중용의 의미를 가진 '중도'나 '중행' 자체를 실천하는 사람의 의미로 본 것이다. 이와 아울러 『논어』나 『맹자』에는 '중을 잡는다[執中]'는 개념이 제시된다. 이때 '중'이라는 개념은 과불급이 없이 '상황에 적절함'이라는 의미를 가진 다고 하겠다. 따라서 이때 '중'의 의미 속에는 상황을 헤아리는 최고의 기준이라는 의미가 있다.[39] 이러한 의미를 계승하여 정자는 '중'을 천하 의 바른 도리라고 언급하였으며, 주자는 '치우치거나 기욺이 없는 것' 으로 규정하였다. 여기에서 중 개념은 유학 일반에서 볼 때 인간의 내 면적인 덕성의 어떤 상태이며, 동시에 그것은 구체적인 상황에서 적절 한 실천을 가능케 하는 최고의 척도의 의미를 가진다고 하겠다.[40]

다시 말해, '중'은 인간의 마음속에 있는 덕이며, 이 덕을 밝힘이 곧 시중의 '중'을 펴는 것으로 이해되었음은 류중교의 다음 글에서 다시 확인할 수 있다.

> 총괄해서 말하자면 오덕이 각각 주로 하는 것이 있다 하더라도 요컨대 그 극치는 '중'일 뿐이다. 이른바 '중'이란 무엇인가? 이 마음의 체가 바야흐로 고요하여 움직이지 않을 때는 치우치지도 않고 기울지도 않고 직상직하直上直下하여 다섯 가지의 덕이 여기에 모이므로 '중'이라고 한다. '중'이란 천하의 큰 근본이다. '중'으로 써 만사에 대응하면 어디에 있든 간에 과불급도 없이 무엇이나 다

---

39 『論語』「子路」, "子曰, 不得中行, 而與之, 必也狂狷乎. 狂者進取, 狷者有所不爲也." 注에는 '行은 道也라' 하여 중행을 중도라고 풀이하였다. ; 『論語』「堯曰」, "堯曰, 咨爾舜, 天之曆數在爾躬. 允執厥中, 四海困窮, 天祿永終." ; 『孟子』「離婁」下, "湯執 中, 立賢無方." 이 내용은 엄연석, 앞의 논문(2001), 303쪽에서 참고함.

40 『中庸』第一章, "中者, 不偏不倚無過不及之名, 庸, 平常也." ; 같은 책, 注, "子程子曰, 不偏之謂中, 不易之謂庸. 中者, 天下之正道, 庸者, 天下之定理." ; 『中庸』第一章, "喜 怒哀樂之未發, 謂之中, 發而皆中節, 謂之和." ; 같은 책, 注, "其未發, 則性也, 無所偏 倚故, 謂之中." 이 내용은 엄연석, 위의 논문, 305쪽에서 참고함.

마땅하게 되며 오덕의 운영이 각각 그 지선함에 이르니 이것이 이른바 시중의 중이며 천하에 두루 통하는 도이다.[41]

이처럼 시중의 '중'을 실천하여 그 지선함에 이를 수 있는 것은 마음의 '중'이 있기 때문인데, 유중교를 포함한 조선의 성리학자들은 이를 미발의 '중'과 연관시켜서 이해하고 있었다. 물론 이 논의는 자사이래 주자에 의해 이미 언급된 것이었다. 혹자가 '중용'이라고 제목을 붙인 의미가 무엇인가에 대한 물음에 주자는 그 이유를 "본래는 시중의 중에서 따온 것이다. 그러나 능히 시중할 수 있는 것은 대개 미발의 중이 있기 때문이다. 이 때문에 먼저 미발지중을 열어 설명한 연후에 군자의 시중을 설명하였다."[42]라고 한 바 있다. 그래서 주자는 정자가 말한 '재중在中'의 의미를 "중에 있다는 것은 아직 움직이지 않은 때의 꼭 알맞은 곳이고, 시중이란 이미 움직이고 난 뒤에 꼭 알맞은 곳이다."[43]라고 표명한 것인데 이는 곧 천하의 대본大本이 되는 중中과 달도達道가 되는 화和라는 논의와 맞물리게 된다.[44]

요컨대, 이러한 논의를 기반으로 『주역』을 연결시켜 본다면 『주역』을 만든 본의는 기가 사라지고 불어나며 가득차고 비게 됨[消息盈虛]의

---

41 柳重教, 『省齋集』 卷29, 「河圖洛書說」, "總而言之, 則五德雖各有攸主, 而要其極致, 中焉而已矣. 所謂中者何也? 此心之體, 方其寂然不動也, 不偏不倚, 直上直下, 而五者之德, 於此乎會極, 故曰中. 中也者, 天下之大本也. 以此而酬應萬事, 則隨其所在, 無過不及, 四亭八當, 而五德之用, 各極其至善, 是則所謂時中之中, 而天下之達道也." 해석은 고전번역원 자료를 인용함.

42 『朱子語類』 卷62, '中庸', "先生曰, 他所以名篇者, 本是取時中之中. 然所以能時中者, 蓋有那未發之中在. 所以先開說未發之中, 然後又說君子之時中."

43 같은 책, "在中者, 未動時恰好處; 時中者, 已動時恰好處."

44 『中庸』 第一章, "喜怒哀樂之未發, 謂之中, 發而皆中節, 謂之和. 中也者, 天下之大本也, 和也者, 天下之達道." ; 李珥, 『栗谷全書』 卷9, 「答成浩原」, "達道, 是時中之道也, 行達道, 是時中之行也. 君子之能行達道者, 未有不能立大本者也."

이치와 사람이 나아가거나 물러날 때와 말할 때와 침묵할 때[進退語默]의 기미를 밝게 알아 시중의 도를 잃지 않도록 하는 것에 있으며, 시중의 도의 완성은 천지의 '중'을 품부받은 사람에게 달려 있는 것으로 그 '중'을 실천하는 덕행에 달려 있는 것이라 할 수 있다.

4. 괘상 및 간괘艮卦에서의 '시중'

『주역』이 다른 책들과 구별되는 가장 큰 특징은, '--'과 '—'을 운용한 384개의 효와 64괘의 괘로 구성되어 있는 괘효상의 부호체계와 괘효의 아래에 붙어있는 괘효사 및 초·상이나 구·육 등으로 구성된 효제爻題 등의 독특한 상징체계의 결합방식에서 찾을 수 있다.[45] 이와 관련해서 「계사전」에서는 "성인이 상을 세워 뜻을 다하였다[立象以盡意]."고 하였고, "역이란 것은 상이다[易者, 象也]."라고 하여 그 특징을 잘 드러내고 있다. 즉 「계사전」에서는 '상'이란 개념을 통해 주역이란 책 전체를 개괄해내고 있는 것이다. 그리고 이때의 '상'은 언어적 차원으로 전달하기 어려운, 보다 은미한 뜻[意]을 '상'을 본떠서 전달하는 것이기에,[46] 「계사전」에서는 "역은 상이며, 상은 형상이다[易者, 象也. 象也者, 像也]."라고 한 것이다.

당대 공영달孔穎達(574~648)은 이것이 괘상과 관련됨을 다음과 같이 설명하였다.

---

45 정병석, 「『周易』과 『易象』-『周易』의 象 思惟와 取象의 철학적 解釋을 중심으로-」, 『유교사상문화연구』 32, 한국유교학회, 2008, 253쪽.
46 『伊川易傳』 序, "至微者, 理也, 至著者, 象也, 體用一源."

무릇 역이란 것은 상이니, 물상으로 인사를 밝히는 것은 『시경』
의 비유와 같다. 혹은 천지음양의 상을 취해서 의를 밝힌 것은 건
괘의 잠룡·현룡이나 곤괘의 이상견빙履霜堅氷·용전龍戰과 같은 부
류가 이것이다. 혹은 만물의 잡다한 상을 취해 의를 밝힌 것은 둔
괘 육삼의 '즉록무우卽鹿無虞', 육사의 '승마반여乘馬班如'와 같은
부류가 이것이니, 이와 같은 유형은 역 중에 많다.[47]

　　말하자면 『주역』의 괘는 기본적으로 천지로부터 조수에 이르는 사
물을 본뜨는 방식으로 만들어졌으며 상을 통해 의를 밝히게 된다는 것
이다.[48] 그러므로 『주역』은 '상'이라는 '상징성'을 내포하고 있으며, 이
상징성은 곧 비유를 통해 인사를 밝히는 데 이바지하고 있다. 예를 들
어 곤괘의 상육에서 '용전龍戰'의 경우, "용이 들에서 싸우니, 그 피가
검고 누렇다"라 한 것은 전쟁에서 쌍방이 모두 패하고 상함을 비유한
것인데 이에 대해 주자는 "음의 성함이 지극하여 양과 다툼에 이르면
둘 다 패하고 상하니 그 상이 이와 같다. 점치는 자가 이와 같으면 그
흉함을 알 수 있다"[49]고 했다.

　　이처럼 『주역』의 '상'은 비유라는 방식을 통해 괘상과 괘효가 내포

---

47 孔穎達, 『周易正義』卷1, 「坤卦」初六, "凡易者, 象也, 以物象而明人事, 若詩之比喩也.
　　或取天地陰陽之象以明義者, 若乾之潛龍見龍, 坤之履霜堅冰龍戰之屬, 是也. 或取萬物
　　雜象以明義者, 若屯之六三卽鹿无虞, 六四乘馬班如之屬, 是也, 如此之類, 易中多矣."
48 『周易』「繫辭」下2, "古者, 包犧氏之王天下也, 仰則觀象於天, 俯則觀法於地, 觀鳥獸
　　之文, 與天地之宜, 近取諸身, 遠取諸物, 於是, 始作八卦, 以通神明之德, 以類萬物之
　　情." 팔괘는 천지만물의 형상을 상징적으로 나타낸 것인데 乾(☰)은 하늘을 상징하
　　고, 兌(☱)는 못을, 離(☲)는 불을, 震(☳)은 우레를, 巽(☴)은 바람을, 坎(☵)은 물을,
　　艮(☶)은 산을, 坤(☷)은 땅을 상징한다. 뿐만 아니라 팔괘는 자연, 만물의 존재 등
　　다양한 현상들을 통괄하는 것이라고 이해할 수 있다. 이에 대한 자세한 내용은 졸
　　고, 「주역의 도덕실천 원리와 방법에 관한 연구」, 앞의 논문 50쪽을 참조할 것.
49 『周易』「坤卦」上六, "龍戰于野, 其血玄黃. ; 『本義』「坤卦」上六, "陰盛之極, 至與
　　陽爭, 兩敗俱傷, 其象如此. 占者如是, 其凶可知."

하고 있는 '의意'를 드러내는 것이 주목적이다. 이때의 '의'라는 것은 음양의 '변역'에 따른 모든 나타날 수 있는 상황을 64괘 384효라는 '상' 을 통해 드러내어 사람들에게 장차 직면하게 될 변화에 대처하는 '시중'의 실천적 의미와 불가분의 관계가 있다고 볼 수 있다.

한편 '상'이 내포하고 있는 실천적 '의미[意]'에 대해서는 정병석을 비롯한 선행 연구자들이 이미 주목하였다. 예를 들어 건괘의 「상전」에 "천의 움직임은 항상 군건하니 군자는 이를 본받아 끊임없이 노력한 다."는 설명이 있는데, 여기에서의 "천의 움직임은 항상 군건하니"라는 관점에 대해 정병석은 모종삼牟宗三의 견해를 빌어 "'하늘의 운행이 군건하니, 군자는 그것을 본받아서 스스로 힘쓰고 쉼이 없어야 한다'는 구절은 상징적 어구로 바로 우리들의 일상생활에서 말하는 것"이라고 한다. 이것은 사람들의 실천적 생활 속에서 증명될 수 있는 것으로 '상' 은 바로 실천에 속하는 것이라고 말한 바 있다.[50]

이에 따라 『주역』에서 제시하는 '상'을 통한 실천적 '의미[意]'라는 지점이 향하는 바를 『주역』의 핵심적 가치인 '시중'과 연관시켜 다루 어본다면, 이는 괘상에서 드러내는 여러 가지 상황에 대해 시중의 도를 얻은 '덕'의 실천과 이어지게 된다. 즉 64괘에 담긴 변화의 도를 그 상 을 통해 그 덕행의 신묘함을 이어받아 신명의 조화를 돕게 되는 것은 그 사람에게 달려 있으며 그 덕행에 달려있는 것이다. 이러한 『주역』의 거대한 구상은 「계사전」 상 제12장에 고스란히 집결되어 나타난다.

> 그러므로 성인이 천하의 오묘한 이치를 보고 그 형용함을 모의
> 模擬하고 그 사물의 마땅함을 본떴다. 그러므로 '상'이라 이른다.

---

50 정병석, 「『주역』 상(象)의 실천적 성격- 牟宗三의 관점을 중심으로」, 『哲學論叢』 70, 새한철학회, 2012, 122쪽.

성인은 천하의 움직임을 보아 그 회통하는 것을 관찰하여 그 법과 예를 행하며, 말씀을 달아 그 길흉을 결단한 것이다. 이 때문에 효라 이른다. 천하의 오묘한 이치를 지극히 한 것이 '괘상'에 있고 천하의 움직임을 고무하는 것은 '효사'에 있으며, 변화해서 마름질함은 '변'에 있고 미루어 행함은 '통'에 있으며, 신묘하게 하여 밝힘은 사람에 있고, 묵묵히 이루며 말하지 않아도 믿음은 덕행에 있다.[51]

위의 설명에서는, 역의 오묘한 이치가 작용한 모든 변화의 기미를 상으로써 드러내는 주역의 실천적 의미는 결국 변역의 신묘한 이치를 밝혀내는 사람의 성취로 달성되는 것으로, 바로 덕행에 달려 있음을 드러내고 있다. 그리고『주역』에서 제시된 덕은 괘의 상징적 의미와 연결되어 있는데『주역』의 64괘는 곧 역도의 작용으로 이끌어진 모든 변화하는 현상들을 축약하여 64가지의 유형으로 분류한 것이며, 그 유형에 따라 각각 사람이 천지자연의 도를 본받아 행하면 만물을 낳고 기르는 천지의 마음과 하나가 될 수 있는 것이다. 특히「대상전」은 자연의 상에서 이치를 본 받아 상황을 설명하고 이에 대한 가장 적절한 대처방안을 '시중'의 원리로 제시하는데 이 시중이 곧 그 괘가 지닌 덕이라 할 수 있다.[52] 이 덕은 지선에 머물러 있는 까닭에 흉을 피하고 길로 나아갈 수 있는 해법이 될 수 있는 것이다.

중도를 지켜서 시중을 찾도록 하고 있는 대표적인 괘들을 요약하면, 의롭게 하여 정도와 순리를 지키며 의로움과 군건함을 잃지 말라는 내

---

51 『周易』「繫辭」上12, "是故, 夫象, 聖人有以見天下之蹟而擬諸其形容, 象其物宜, 是故謂之象. 聖人有以見天下之動, 而觀其會通, 以行其典禮, 繫辭焉以斷其吉凶, 是故謂之爻. 極天下之蹟者存乎卦. 鼓天下之動者存乎辭, 化而裁之存乎變, 推而行之存乎通, 神而明之, 存乎其人. 黙而成之, 不言而信, 存乎德行."
52 王夫之, 『周易內傳』「賁卦」〈象傳〉解說, "大象皆取法卦德之美"(이규희,「周易의 道德實踐 原理와 方法에 관한 研究」, 앞의 논문, 139쪽에서 재인용).

용의 여旅·구姤·예像·수隨·돈遯괘가 있고, 사심 없이 바르게 행해야 하고 검약 근신하며 어려운 국면을 풀어나가라는 이頤·대과大過·해解·혁革괘가 있으며, 소통의 어려움을 겪을 때 교만과 독선을 버리고 자신을 돌이켜서 덕을 닦아 솔선해서 풀어나가라는 감坎·건蹇·규睽괘 등이 있다.[53]

이제 「대상전」의 문장 구조와 사유 방식에 따라 몇 개의 괘를 간단하게 언급한 뒤, 시중이라는 핵심적인 의미를 한 괘에 담고 있는 간괘를 살펴보겠다.

『주역』 상편의 머리가 되는 건괘와 곤괘는 천지의 도이고 음양의 근본이 되는데, 건괘의 경우는 하늘을 상징하며 「대상전」에서는 "하늘의 운행은 굳셈이니 그 굳셈을 본받아 군자는 스스로 힘써 쉬지 않는다."고 하였다. 이는 군자가 반드시 행해야 할 덕을 말한 것으로 도덕 실천의 측면에서는 하늘의 운행 원리인 원형이정을 본받아 군자는 인의예지의 사덕을 끊임없이 수양해야 함을 강조하고 있다. 이것은 인간관계를 비롯한 인간의 도덕 실천에 근원이 되는 덕을 내면화하는 기본 자세가 될 것이다.

땅을 상징하는 곤괘에 대해 「대상전」에서는 "땅의 형세가 곤이니, 군자가 이를 본받아 후한 덕으로 만물을 실어준다."[54]고 하였다. 정자는 「대상전」을 풀이하며 "땅은 두텁고 지형은 순하게 기울어져 있다. 따라서 순하고 두터운 상을 취해서 지세가 곤이라고 말한 것이다. 군자가 곤의 두터운 상을 살펴서 깊고 두터운 덕으로써 만물을 실어준다."[55]고 하여 군자가 땅의 두터우면서도 기울어진 상象을 본받아 유순하면서도

---

53 이근용, 「『周易』의 時中 사상이 현대 네트워크 사회에 갖는 함의」, 앞의 논문, 548쪽.
54 『周易』 「坤卦」 〈象傳〉, "象曰, 地勢坤, 君子以, 厚德載物."
55 『程傳』 「坤卦」 〈象傳〉, "地厚而其勢順傾, 故取其順厚之象而云地勢坤也. 君子觀坤厚之象, 以深厚之德, 容載庶物."

후한 덕으로 만인을 포용해야 함을 지적하고 있다. 건괘가 강건함으로 끊임없이 수양해야 함이 그 덕이라면, 곤괘는 유순함으로 만물을 길러 내는 것이 곤괘가 지닌 덕의 실천 내용이라 할 수 있는 것이다.

형통하는 도를 품고 있어 광명성대하게 나아갈 상황을 설명한 것으로 진괘晉卦가 있다. 이에 대해 「대상전」에서는 "밝음이 땅 위에 나오는 것이 진晉이니, 군자가 이를 본받아 스스로 밝은 덕을 밝힌다."[56]고 하였다. 또한 정자는 "『좌전』에 이르기를 '덕을 밝힘과 잘못을 막음은 그 법도를 밝히는 것이다.'고 하였으니, 군자는 밝음이 땅 위로 나와 더욱 광명성대한 상을 관찰함으로써 스스로 밝은 덕을 밝힌다.……밝은 덕을 밝힌다는 것은 자신에게 달려있기 때문에 스스로 밝힌다고 한 것이다."[57]고 하여 천하에 밝은 덕을 밝히는 것이 자신을 밝힘에서 비롯됨을 설명하였다. 진괘는 땅위에 불이 있어 밝음이 땅 위로 올라오는 상인데 이를 통해 지혜의 밝음이 드러나는 것으로 연결시켜 그것이 바로 내면의 명덕에서 비롯된다고 하고 있다.

이와는 달리, 곤경에 처한 상황에서 덕을 유지해야 함을 지시하는 괘도 있다. 어긋남을 상징하는 규괘睽卦 다음에 오는 건괘蹇卦는 어긋남 뒤에 닥치는 어려움을 상징한다. 「대상전」에서는 "산 위에 물이 있음이 건蹇이니, 군자가 이를 본받아 자기 몸에 돌이켜 덕을 닦는다."[58]고 하였다. 이에 대해 정자는 "'산이 높이 막혀있는데 위에 다시 물이 있으니, 감坎의 물은 험하고 빠짐[險陷]의 상이 되어 위와 아래가 험하고 막혔으므로 건蹇이 된 것이다. 군자가 막히고 어려운[蹇難] 상을 보고서

---

56 『周易』「晉卦」〈象傳〉, "象曰 明出地上, 晉, 君子以, 自昭明德."
57 『程傳』「晉卦」〈象傳〉, "傳曰, 昭德塞違, 昭其度也. 君子觀明出地上而益明盛之象, 而以自昭其明德. … 明明德, 在己, 故云自昭."
58 『周易』「蹇卦」〈象傳〉, "象曰, 山上有水蹇, 君子以, 反身修德."

자기 몸에 돌이켜 덕을 닦으니, 군자가 어려움과 막히는 상황을 만나면 반드시 자기 몸에서 돌이켜 구하여 더욱 스스로 닦는다.'고 하였다. 또 맹자는 '행하고도 얻지 못하면 모두 자기 몸에서 돌이켜 구하라.' 하였다. 따라서 어려움을 만나면 반드시 스스로 자기 몸을 살펴보아 어떤 잘못이 있어 이렇게 되었는지를 생각한다면, 이는 몸에 돌이킴이요, 잘하지 못한 것이 있으면 고치고 마음에 거리낌이 없어도 더욱 힘써야하니 이것이 바로 덕을 닦는 것이다. 군자는 덕을 닦고 때를 기다릴 뿐이다."[59]라고 하여 막히고 어려운 상황에서는 오히려 자신을 돌아보고 덕을 닦아야 한다[反身修德]며 대처하는 방법을 「대상전」에서 제시하고 있는데 이렇게 행하는 것이 바로 시중이라고 할 수 있다.

이제 시중에 대해 가장 적절한 대처방안을 품고 있는 간괘를 살펴보겠다. 정병석은 "상하괘가 서로 같은 순괘純卦, 예컨대 진괘震卦·손괘巽卦·이괘離卦·감괘坎卦 등은 모두 원·형·이·정을 완비하고 있거나 네가지 덕성 중의 어떤 것을 가지고 있다. 하지만 오직 간괘만이 전혀 가지고 있지 않고 오직 '무구無咎'만을 말하고 있다. 그 이유는 마음이 외부의 유혹에 흔들리지 않는 지선의 단계에 도달하였기 때문이다."[60]라며 다른 순괘와는 달리 '그친다'는 뜻을 가진 간괘만 유독 다른 의미를 가지고 있음을 말하고 있다.

간괘의 상은 '그친다'는 뜻인 바, 「단전」·「설괘전」·「서괘전」에서 모두 '그치다'로 표현하고 있다. 『주역정의』에서는 "간은 그친다는 것으로 정지의 뜻이다. 이것은 산의 괘를 상징하며 간艮으로 이름을 삼으

---

59 『程傳』「蹇卦」〈象傳〉, "山之峻阻, 上復有水, 坎水爲險陷之象, 上下險阻, 故爲蹇也. 君子觀蹇難之象, 而以反身修德, 君子之遇艱阻, 必反求諸己而益自修. 孟子曰, 行有不得者, 皆反求諸己, 故遇艱蹇, 必自省於身, 有失而致之乎, 是反身也, 有所未善則改之, 无歉於心則加勉, 乃自修其德也. 君子, 修德以俟時而已."
60 정병석, 『주역』 하권, 을유문화사, 2011, 319쪽.

니, 사람에게 적용시키면 사물에 대한 정을 그치게 하여 그 동하는 욕망을 막기 때문에 지止라고 한다."[61]라고 하였다. 이 '그친다'는 뜻에 대하여 정병석은 "단순히 움직이지 않는 것을 지止라고 생각해서는 안 된다. '지止'에는 행동의 의미가 또한 포함되어 있다. 이 점은 보통 사람들이 쉽게 깨닫지 못하기 때문에 「단전」의 저자는 특별히 이 부분에 대해 설명하고 있다. 그침에 그치는 것도 지이고, 행함에 그치는 것도 지이다.……조건을 충분히 살펴볼 것을 강조하여 적당한 경우에 반드시 그쳐야 하는데, 그것이 바로 괘사의 '그 등에 그치면[艮其背]'[62]이라는 말이다. 등은 인간의 신체 중 가장 움직이기 어려운 부분으로 내심의 고요함을 비유하므로 '인간의 사욕을 억제함을 말하는 것'이다. 이 고요함은 앞에서 인용한 유중교의 말에서도 확인할 수 있다. 또한 위의 경우는 공간상의 경우뿐만 아니라 시간상의 경우에 있어서도 역시 적용된다. '그칠 때는 그치고[時止則止]'라는 말은 바로 그침에 그치는 지를 말하고, '행할 때는 행하여[時行則行]'라는 말은 행하는 것에 그치는 (즉 전념하여 머무는) 지이다. 여기에서 시간은 결정적 요소로 작용한다."[63]라고 시중을 적절히 설명하고 있다.

　「대상전」에서는 "산이 거듭됨이 간이니, 군자가 이를 본받아 생각함이 그 지위를 벗어나지 않는다."[64]고 하였으며, 「단전」에서는 "간은 그침이니, 때에 따라 멈춰야 할 때 멈추고 움직여야 할 때 움직인다면 동과 정이 때를 잃지 않으니 그 도가 광명하다."[65]고 하였는데, 이에 대

61 孔穎達, 『周易正義』「艮卦」, "艮止也, 靜止之義. 此是兼山之卦, 其以艮爲名, 施之於人, 則是止物之情, 防其動欲, 故謂之止."
62 『周易』「艮卦」, "艮其背, 不獲其身, 行其庭, 不見其人, 无咎."
63 정병석, 『주역』하권, 318-319쪽.
64 『周易』「艮卦」〈象傳〉, "象曰, 兼山, 艮, 君子以, 思不出其位."
65 『周易』「艮卦」〈彖傳〉, "彖曰, 艮, 止也. 時止則止, 時行則行, 動靜不失其時, 其道光明."

해 "단사에서 하나의 '행行'자를 말하고 하나의 동'動'자을 말한 것은 하나의 '時'자를 중시했기 때문"이라는 해석이 있다.[66]

또한 정자는「단전」을 주석하면서 "행·지·동·정을 시의에 맞게 하지 않는 것은 잘못이다. 그 시의를 잃지 아니함은 이치에 따라 의에 합하는 것이니,……군자는 시의를 귀하게 여긴다"[67]고 하였다. 정자는 다시「어록」에서 "일부 화엄경을 보는 것이 하나의 간괘를 보는 것만 못하다[看一部華嚴經, 不如看一艮卦]."고 하여 간괘를 높이 평가한 것은 다름이 아니라 간괘가『주역』의 깊은 뜻을 함축적으로 내포하고 있기 때문이다. 이 깊은 뜻이란 바로 호병문이 "시라는 한 글자는 역 384효의 요체이니 마땅히 알아야 한다."(『논어집주대전』)고 한 바와 같이 '시중사상'이라고 할 수 있기 때문이다. 이는『주역』사상의 도덕실천을 꿰뚫는 요체라고 할 수 있다.

간괘가 모든 괘 중에서 시중을 대표할 만하다고 했지만 그 요체 중에서도 핵심은 어디에 있을까? 위에서 언급한 '등에서 그친다'는 의미를 해석한 간괘 단전의 "그 그칠 곳에 그친다는 것은 그쳐야할 그 자리에 멈추는 것이다[艮其止, 止其所也]."를 들 수 있다. 즉 사욕을 버린 상태에서 그쳐야할 그 자리에서 멈추라는 적확한 조건을 제시하고 있기 때문이다. 그럼 여섯 효 중에서는 어디에 위치하고 있는지 살펴보자.

초육은 발꿈치에 멈춤이다. 허물이 없으나 오래도록 정도를 지킴이 이롭다. 육이는 장딴지에 멈추니 구원하지 못하고 따른다. 그리하여 마음이 불쾌하도다. 구삼은 한계에 멈춤이다. 등뼈를 벌려

---

66 『慈恩本 易經來註圖解』, 高雄復文圖書出版社, 1998, 1034쪽, "孔子知文王以卦綜成卦辭, 所以彖辭說一行字, 說一動字, 重一時字."
67 『程傳』「艮卦」〈彖傳〉, "行止動靜, 不以時則妄也. 不失其時, 則順理而合義, …… 君子所貴乎時."

놓음이니, 위태로움이 마음을 태우도다. 육사는 몸에 멈춤이니, 허물이 없다. 육오는 그 볼에 그친다. 그 말이 질서가 있으니 뉘우침이 없어지리라. 상구는 멈춤에 독실함이니 길하다.[68]

초육은 발꿈치에서 그치면 허물은 없지만 오랫동안 바르게 유지하기 어려움을 말하지만, 육사는 몸에서 그치니 허물이 없다고 하여 시중의 의미에 가까워 보인다. 그러나 몸은 등과 상대적이어서 '앞'과 '움직임'을 상징하기도 하므로[69] 역시 올바른 시중으로 보기에는 한계가 있다. 육오도 말에 질서가 있어야 한다는 조건이 있다. 그러나 상구는 독실하게 멈추려는 생각만을 가지고 있으니 위에서 언급한 '간기배艮其背'와 상통함을 알 수 있다. 즉 5효까지는 행동이나 말에서 그치는 것을 언급하여 완전한 시중으로 여기지 않았으나, 상구에 이르러서야 비로소 적확한 의미의 시중을 실천할 수 있음을 설명하고 있다.

이는 앞서 언급한 "무릇 괘라는 것은 '시'이고, 효라는 것은 시의 변화를 맞는 것이다. ……괘란 일시의 큰 뜻을 총괄하는 것이고, 효란 시중의 변통을 맞는 것이다."라는 왕필의 해석과도 부합함을 알 수 있다. 다시 말해, 적절하게 그쳐야 할 시를 간괘에서 함축적으로 드러내었다면 간괘의 각 효는 그 시의 변화 즉 시중의 변통을 설명해주고 있는 것이다. 여섯 효 중에서도 상효만이 독실하게 멈춤을 언급하여 간괘를 다시 함축하고 있는 것이다.

---

68 『周易』「艮卦」爻辭, "初六, 艮其趾. 无咎, 利永貞. 六二, 艮其腓, 不拯其隨, 其心不快. 九三, 艮其限. 列其夤, 厲薰心. 六四, 艮其身, 无咎. 六五, 艮其輔. 言有序, 悔亡. 上九, 敦艮, 吉." 번역은 성백효 역, 『周易傳義』 上下, 전통문화연구회, 1998을 참조.
69 정병석, 『주역』 하권, 318쪽.

5. 맺음말

음양의 소멸과 생장을 통해 자연의 질서와 조화를 관통하며 거듭되는 변역의 도는 쉼 없이 순환하는 가운데 변하지 않는[不易] 이법 질서를 끊임없이 실현하게 된다. 이러한 거대한 우주 순환의 만상이 『주역』이라는 책 속에 고스란히 담겨 있는데 그것이 곧 64괘 384효이다. 『주역』의 세계관은 자연과 인간의 통일성을 기반으로 하는 것으로, 인간은 변화하는 자연의 상象을 통해 변하지 않는 이치를 탐구하며 이를 자신의 실생활에서 체현함으로써 신묘한 조화에 동참하게 된다. 즉 『주역』에서는 도덕실천의 근거가 되는 천을 주축으로 천명-인성의 일원론적 세계관을 형성하게 되고, 이는 곧 천덕이 우리의 본성[性]에 내재하게 되는 준거가 되는 것이다.

그런데 『주역』의 상은 비유라는 방식을 통해 괘상과 괘효가 내포하고 있는 의미[意]를 드러내게 되며, 이때의 '의意'라는 것은 음양의 '변역'에 따라 무수히 변화하는 상황을 64괘 384효라는 '상'을 통해 드러내어 사람들에게 장차 직면하게 될 변화에 대처하는 '시중'의 실천적 의미로 지시된다. 그리하여 인간은 이러한 괘덕을 본받아 각기 다른 상황에 마땅한 도리를 실천하게 되니, 그 상황에 맞는 '중'을 펴는 것이 곧 그 덕을 밝히는 것이다. 그리고 이 덕은 지선에 머물러 있는 까닭에 흉을 피하고 길에 나아갈 수 있는 해법이 될 수 있는 것이다.

정자는 "시에 따라 의義를 취한 것이 『주역』이라고 하면서 시와 의의 경중을 알아야 역을 논할 수 있다"고 하여 시중은 의로써 행해야 함을 말하였으며, 주자는 "'중'은 이 마음이 한쪽으로 치우치지도 않고 기울지도 않는 리이다."고 하였고 또 "권은 저울이니, 물건의 경중을 잴 때 오가면서 중을 취하는 것이다. 저울질하여 중을 얻으면 이것이 예이다"라고 하면서 "의로써 권을 행해야만 중을 얻는다."고 하여 시중을 얻을 수 있는 방법을 제시하고 있다. 정자와 주자의 설명에 따르면 시중을 의와 예에까지 연결시키고 있는 만큼 매우 중요하며 실천하기 쉽지 않음을 알 수 있다.

간괘가 시중의 의미에 가장 부합한다고 한 것은, 간괘의 '그치다[止]'라는 뜻에는 행동의 의미가 또한 포함되어 있기 때문이다. 그침에 그치는 것도 지이고, 행함에 그치는 즉 전념함에 머무는 것도 지이기 때문이다. 또 '등에서 그친다[艮其背]'는 괘사를 단전에서 "그 그칠 곳에 그친다는 것은 그쳐야 할 그 자리에 멈추는 것이다[艮其止, 止其所也]."라고 해석하여, 마음대로 움직일 수 없는 등처럼 사욕을 버린 상태에서 그쳐야할 그 자리에서 멈추어야 한다는 적확한 조건을 제시하고 있다. 여섯 효 중에서는 상구에 이르러야 비로소 독실하게 그친다고 하였으니 '간기배艮其背'에 부합함을 알 수 있다. 이 외에도 간괘의 중요성은 "일부 화엄경을 보는 것이 하나의 간괘를 보는 것만 못하다"고 높이 평가한 정자의 어록에서도 확인할 수 있다.

호병문은 "시라는 한 글자는 역 384효의 요체이니 마땅히 알아야 한다."고 하여 시중사상을 압축하였으며, 『황극경세』에는 "비록 덕을 행하더라도 때를 어기면 그 또한 흉이 된다"며[70] 덕과 시의 관계에서 시의 중요성을 강조한 바, 이는 『주역』 사상의 도덕실천을 꿰뚫는 요체라고 할 수 있다. 자기실현뿐만 아니라 도덕실천이라는 면에서의 '시중'은 『주역』에서 제시하는 스스로의 덕의 발현을 통해 현실화된다고 볼 수 있다. 특히 간괘에서 설명하고 있는 '시중'의 의미는 강조해도 지나치지 않을 것이다.

---

70 邵康節, 『皇極經世書』 「觀物外篇 上」, "雖行乎德, 若違于時, 亦或凶矣."

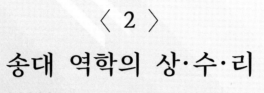

〈 2 〉

송대 역학의 상·수·리

『통서』에 나타난 주돈이 철학의 특징*

이철승

이 글은 『주역』과 『중용』의 영향을 받은 주돈이의 『통서』에 나타난 성誠
관의 논리 구조를 통해 주돈이 철학의 특징과 의의를 밝히는 것이다. 주
돈이는 하늘의 길[天道]과 사람의 길[人道]을 유기적으로 결합한 초기 유
가사상의 재정립을 통해 송대의 시대정신에 부합하는 새로운 유가철학
을 건립하고자 하였다. 이는 그가 역동적인 기氣로서의 태극太極과 음양
과 오행과 성誠의 논리 구조에 대한 체계적인 이론 정립을 통해 이상적
인 인간상을 구현하고자 하는 것이다. 이러한 그의 관점은 도교와 불교
의 사상과 구별되는 신유학의 토대가 되고 있다.

1. 들어가는 말

『통서通書』는 주돈이周惇頤(1017~1073)의 저작이다. 이 책에는 『태
극도설太極圖說』과 함께 주돈이의 중심 사상이 담겨 있다. 지금까지 학
계에서는 주돈이의 철학사상과 관련하여 『태극도설』에 대한 연구가 대
부분이었고, 『통서』에 대한 연구는 적은 편이다.[1]

---

* 이철승(조선대), 이 글은 「『통서』에 나타난 '誠'관의 논리 구조와 의의」라는 제목으
로 『철학』 115 (한국철학회, 2013.05)에 게재되었음을 밝혀둔다.
1 주돈이의 철학사상과 관련하여 한국에서 수행된 대표적인 선행 연구는 다음과 같
다. 권정안(「濂溪 주돈이의 천인론적 세계관」, 『공자학』 1, 1995)과 방현주(「濂溪

이미 알려져 있듯이 주돈이는 『태극도』와 『태극도설』을 통해 그의 우주론과 인간의 역할을 간략하게 정리하고 있다. 그러나 이후의 학자들은 『태극도설』의 내용 가운데 첫 구절인 '무극無極'과 '태극太極'의 개념 및 그 관계에 대해 다양한 관점을 드러냈다. 특히 이 '무극'에 대

수양론의 이론 근거와 그 전개」, 『공자학』11, 2004)는 주희의 理 중심적 관점에서 주돈이의 철학을 해석하였고, 주광호(「주돈이 〈태극도설〉의 존재론적 가치론적 함의」, 『한국철학논집』20, 2007)와 소현성(「주돈이 사상의 이해를 위한 몇 가지 단서 -주돈이의 個性과 三教融合的 사상 경향을 중심으로-」, 『동양철학연구』54, 2008. 「주희의 『통서해』 연구-『통서』에서 『통서해』로-」, 『동양철학연구』64, 2010)은 주돈이의 관점과 주희의 관점 사이에 차이가 있음을 지적하고, 주희의 프리즘으로 주돈이의 사상을 연구하는 태도를 경계했다. 특히 소현성은 「주희의 『통서해』 연구-『통서』에서 『통서해』로-」(『동양철학연구』64, 2010)에서 주희가 주돈이의 철학사상을 적지 않게 곡해한 것으로 평가하며, 그 근거를 상세하게 제시하고 있다. 또한 김병환(「周惇이의 삶과 사상에 미친 佛教와 道家, 道教 영향 연구」, 『중국학보』60, 2009)은 주돈이 철학에 대한 기존의 연구가 『태극도설』에 치우친 경향이 있음을 지적하고, 주돈이 철학의 전모를 파악하기 위해 『통서』와 여러 詩를 체계적으로 연구해야 할 필요성이 있음을 역설했다. 한편 안재호(「周敦頤 思想 批判 -주요 개념을 중심으로-」, 『철학탐구』28, 2010)는 주돈이의 사상이 '도학의 창시자'나 '송명리학의 시조'라는 평가는 가능하지만, 마음[心]에 대한 이해에서 孔孟으로 상징되는 '적통유학'에 정통하지 못한 것으로 평가한다. 그러나 연재흠(「周敦頤 哲學에 있어 마음의 의미」, 『범한철학』55, 2009)은 마음에 관한 주돈이의 이론이 맹자의 기본 정신을 계승한 것으로 평가한다.

한편 張岱年은 『〈太極圖說通書義解〉序』(『張岱年全集』卷8, 河北人民出版社, 1996, 132쪽)에서 주희가 '太極'을 '一理'로 해석하는 것에 대해 주돈이의 뜻에 부합하지 않는 것으로 생각하고, 『張岱年全集』卷8(河北人民出版社, 1996, 414쪽)에서 『통서』의 誠을 인생의 최고 원칙으로서 天道와 人性의 두 의미를 포함하는 것으로 이해한다. 또한 北京大學哲學係中國哲學史教研實에서 편찬한 『中國哲學史』下(中華書局出版, 1980, 51쪽)에서는 『통서』의 '太極'을 나누어지지 않은 혼돈 상태의 '元氣'로 보고 있다. 이것은 '太極'을 '理'로 여기는 주희의 관점과 다르다. 陳來 역시 『宋明理學史』(遼寧教育出版社, 1991, 49-50쪽)에서 『통서』의 '太極'을 '理'가 아니라 '元氣'로 해석한다. 그리고 夏甄陶는 『中國認識論思想史稿』下卷(中國人民大學出版社, 1996, 17쪽)에서 주돈이 철학사상의 요점은 봉건 도덕의 기준에 따른 도덕 주체를 건립한 것으로 평가하고, 候外廬·邱漢生·張豈之 등은 『宋明理學史』上卷(人民出版社, 1984, 76쪽)에서 주돈이의 性論과 道德論과 教育論은 모두 '誠' 사상이 관통하고 있는 것으로 파악한다.

해 도가의 영향을 받았거나 불필요한 개념으로 생각하는 사람들과 '태극太極'과 동격으로 여기며 형이상학적인 원리 개념으로 여기는 학자들 사이의 논쟁이 치열하다. 이 논쟁은 송대의 주희朱熹(1130~1200)와 육구소陸九韶·육구연陸九淵(1139~1192) 형제 사이에 전개된 서신 논쟁[2]을 필두로 하여, 이후 중국과 한국의 수많은 학자들에게 영향을 미쳤다.[3] 현재에도 이 부분에 대한 학자들의 견해는 다양하다.[4]

이 때문에 일부의 연구자들은 이것을 제대로 이해하기 위해『태극도설』뿐만 아니라,『통서』를 깊게 연구해야 할 것으로 생각한다. 왜냐하면 그들은『통서』와『태극도설』을 전혀 다른 논리 체계로 구성되어 있는 책이 아니라, 사상적으로 매우 긴밀하게 관계하고 있는 것으로 생각하기 때문이다.

그러나『통서』에 대한 학계의 연구는 미약한 편이다. 특히『통서』의 전체 내용을 일관되게 꿰뚫고 있는 '성誠'관의 논리 구조에 대해 체계적이면서도 심도 있게 탐구한 연구 성과는 매우 적은 편이다.

본 연구는 이러한 학계의 현실을 목도하면서『통서』의 핵심 사상이라고 할 수 있는 '성誠'관을 심층적으로 탐구하여, 주돈이 철학의 실상을 밝히는 면에 기여하려는 의도에서 기획되었다. 곧 많은 학자들로부터 송대 신유학의 비조로 추앙받는 주돈이 철학의 핵심 이론 가운데 하나인 '성誠'관에 대한 바른 이해는 주돈이 철학의 정체성을 재조명하

---

2 이에 관해서는 주희가 짓고, 곽신환·윤원현·추기연 등이 옮긴『태극해의』(소명출판, 2009, 369-451쪽)에 상세하게 기술되어 있다. 특히『태극도설』의 첫 구절에 대해, '無極而太極'이라고 생각하는 주희와 '自無極而爲太極'이라고 생각하는 육구연의 관점 차이가 이후의 학자들에게 많은 영향을 미쳤다.
3 이에 관해서도 곽신환·윤원현·추기연 등이 옮긴『태극해의』(소명출판, 2009)의 부록1,2 및 해제에 상세하게 소개되어 있다.
4 이 부분은 주광호의「주돈이〈태극도설〉의 존재론적 가치론적 함의」(『한국철학논집』20, 2007)에 자세하게 기술되어 있다.

는 면에 기여할 수 있다.

따라서 이 글은 이러한 목적을 달성하기 위해 『통서』에 나타난 '성誠'
의 논리 근거와 구조를 체계적으로 규명하여 그 의의를 밝히고자 한다.

2. 성誠의 개념과 논리 근거

유가철학에서 거짓이 없이 실제로 있는 참된 이치이며 하늘의 길을
상징하는 성誠은 주돈이의 사상 체계에 깊게 반영된다. 특히 주돈이는
참된 이치를 의미하는 『주역』의 건도乾道관과 『중용』의 성誠론을 적극
적으로 수용하여 자신의 논리를 구성한다.

1) 성誠의 개념과 의미

『통서』는 "성誠은 성인聖人의 본령이다."[5]라는 문장으로 시작한다.
주돈이는 이 성誠 개념을 통해 『통서』의 사상 체계를 정립한다. 그런데
주돈이가 중시하는 이 성誠 개념은 초기 유가 경전에 자주 등장한다.
"성誠은 하늘의 길이고, 성誠을 생각하는 것은 사람의 길이다."[6]고 지적
하는 『맹자』, "그 마음을 바르게 하고자 하는 사람은 먼저 그 뜻을 성誠
해야 한다."[7]고 말하는 『대학』, "성誠은 하늘의 길이고, 성誠하는 것은
사람의 길이다."[8]고 지적하는 『중용』, "성誠은 하늘의 지극한 길이다."[9]

---

5 『通書』「誠上」, "誠者, 聖人之本."
6 『孟子』「離婁上」, "誠者, 天之道也, 思誠者, 人之道也."
7 『大學』1章, "欲正其心者, 先誠其意"
8 『中庸』20章, "誠者, 天之道也, 誠之者, 人之道也."
9 『孔子家語』「哀公問政」, "誠者,天之至道也."

고 말하는『공자가어』, "군자가 마음을 기르는 것은 성誠에서보다 좋은 것이 없고, 성誠을 이루면 다른 일이 없다."[10]고 주장하는『순자』등이 대표적이다.

이 개념은『설문해자』에도 나타난다.『설문해자』에서는 성誠을 "진실함이다. 말에서 소리를 이룬다."[11]고 지적한다. 이것은 사람이 말을 할 때에 그 말이 진실하지 않으면 다른 사람이 그 말을 신뢰하지 않지만, 그 말이 진실하면 다른 사람이 그 말을 믿는 경우를 상정한다.

성誠 개념의 이러한 특징 때문에 주희는『중용집주』에서 "성誠은 진실하고 망령스러움이 없는 것을 말하며, 천리의 본연이다."[12]고 하고, 왕부지王夫之(1619~1692)는 "성誠은 실제로 있는 것이니, 앞에서 시작하는 것이 있고 뒤에서 끝나는 것이 있다. 실제로 있는 것은 세상 사람들이 보편적으로 공유한다."[13]고 했다.

곧 성誠 개념은 학자들에 따라 약간씩 차이가 있지만, 대체로 전통의 유가철학에서 '실제로 있는 것'으로 '참된 이치'나 '하늘의 길'과 같이 최고류의 철학적 범주로 사용된다.

주돈이는 초기 유가 경전에 나타나는 성誠 개념을 '참된 이치'이며 '하늘의 길'이라는 의미로 이해하고, 자신의 사상 체계를 확립하는 면에 핵심 범주로 사용한다. 특히 그는『중용』의 "성誠은 힘쓰지 않아도 들어맞고 생각하지 않아도 얻어서 자연히 도에 맞으니 성인이다."[14]고 하는 내용과『주역』의 "크도다! 건원이여. 만물이 그것을 바탕으로 하여

---

10 『荀子』「不苟」, "君子養心莫善於誠, 致誠則無它事矣."
11 許慎 撰, 段玉裁 注, 『說文解字注』, "信也. 从言成聲." 天工書局印行, 中華民國 76年, 92쪽
12 『中庸集注』20章, "誠者, 眞實無妄之謂, 天理之本然也."
13 『尙書引義』卷3,「說命上」, "夫誠者實有者也, 前有所始·後有所終也. 實有者, 天下之公有也."『船山全書』編輯委員會編校, 嶽麓書社, 1996, 307쪽.
14 『中庸』20章, "誠者不勉而中, 不思而得, 從容中道, 聖人也."

시작하였다."[15]고 하는 내용을 결합하여 자신의 독창적인 성誠관의 이론 틀을 구축한다.

2) 성誠의 논리 근거

유학儒學의 이상적인 인간상은 성인聖人이다. 주돈이는 『통서』에서 성誠을 성인과 긴밀하게 관련시킨다. 그는 성誠을 실현하는 것이 성인 聖人의 중요한 역할이라고 생각한다. 그런데 그는 이 성誠의 궁극적인 기원을 인간에게서 찾지 않고 하늘의 질서 체계에서 찾는다.

그는 "'크도다! 건원이여. 만물이 그것을 바탕으로 하여 시작하였 다.'는 것은 성의 근원이다."[16]고 지적하여, 하늘을 외부적인 요인이 아 니라 그 자체의 내적인 원인에 의해 만물의 시작이 되는 대상으로 파악 한다.

이것은 그가 전통적으로 유학에서 중시하는 『주역』의 하늘 사상을 적극적으로 수용하는 것이다. 특히 그는 움직임 성향의 양陽으로 구성 된 '건원乾元'을 만물을 생성하게 하는 원인으로 생각하여 성誠의 근거 로 상정한다. 곧 그는 성誠의 근원을 멈춤이나 죽음의 논리가 아니라 중단 없이 지속적으로 이어지는 생生의 논리로 여긴다. 그가 "하늘은 양陽으로 만물을 생겨나게 한다."[17]고 지적한 것은 그의 이러한 관점을 잘 반영하고 있다.

그는 또한 "'건도가 변화하여 각기 성性과 명命을 바르게 한다.'[18]고 했 으니, 성誠이 여기에서 정립된다."[19]고 하여, 하늘의 길이 구체적인 사물

---

15 『周易』 乾卦, 「彖傳」, "大哉, 乾元, 萬物資始."
16 『通書』 「誠」上, "大哉, 乾元. 萬物資始, 誠之源也."
17 『通書』 「順化」, "天以陽生萬物."
18 『周易』 乾卦, 「彖傳」.

속에서 제대로 실현되는 상황을 성誠이 정립되는 모습이라고 생각한다.

이것은 하늘의 운행에 의해 형성된 만물이 각자에게 부여된 고유한 특성을 어긋나지 않게 그대로 발현하는 상태를 성誠이 정립되는 모습으로 상정하는 것이다. 곧 성誠의 정립이란 이 세상에 존재하는 수많은 사물들이 하늘로부터 부여받은 아이덴티티를 상실하지 않고 유지하는 것을 의미한다. 따라서 이것은 "하늘이 음陰으로 만물을 이룬다."[20]고 하는 상태를 의미한다.

이러한 그의 관점은 하늘의 운행 질서를 조금의 결함이 없는 완정完整한 것으로 여기는 공자와 맹자를 중심으로 하는 선진 유가의 하늘 사상을 계승하고 있는 것이다.

곧 하늘의 길과 깊게 관련되는 명命과 성性에 대한 그의 관점은 전통적인 유학자들이 말하는 내용과 크게 다르지 않다. 일찍이 『중용』에서는 "하늘이 명한 것을 성性이라고 한다."[21]고 지적하고 있고, 주돈이의 제자인 정이程頤(1033~1107)는 "하늘이 부여한 것은 명命이 되고 만물이 받은 것은 성性이 된다."[22]고 지적한다.

주돈이는 이 명命에 대해 "두 기[陰陽]와 오행[水花木金土]은 만물을 변화시키고 생겨나게 한다. 오행의 다름은 두 기의 실제를 근본으로 하고, 두 기의 근본은 하나이니, 이것은 만 가지가 하나가 되는 것이다. 하나의 실제가 만 가지로 나누어지니, 만과 하나가 각기 바르게 되어 작음과 큼이 정해진다."[23]고 지적하고, 성性에 대해 "굳센 선[剛善]과 굳

---

19 『通書』「誠」上, "'乾道變化, 各正性命.' 誠斯立焉."
20 『通書』「順化」, "(天)以陰成萬物."
21 『中庸』 1章, "天命之謂性"
22 『伊川易傳』 卷1,「周易上經」, "天所賦爲命, 物所受爲性."
23 『通書』「理·性·命」, "二氣五行, 化生萬物. 五殊二實, 二本則一, 是萬爲一. 一實萬分, 萬一各正, 小大有定."

센 악[剛惡]이 있고, 부드러움[柔] 또한 그와 같으니, 중中에서 머무른
다."[24]고 지적한다.

이는 그가 하늘의 길인 '음과 양'[25] 및 땅의 길인 '굳셈과 부드러
움'[26]의 조화로운 사귐에 의해 온갖 만물이 생성될 뿐만 아니라, 온갖
만물들 역시 하늘이 부여한 성품을 잘 발현할 수 있음을 지적하는 것이
다. 이것이 땅의 길을 포함하는 하늘의 길[27]로 상징되는 성誠의 본질적
특성이다.

이러한 논리 근거 위에 그는 성誠의 특징을 구체화한다. 그는 기본
적으로 성誠을 사실의 측면뿐만 아니라, 가치의 측면에서도 최고류의
개념으로 여겨 "순수하고 지극히 선한 것이다."[28]고 지적한다.

이 또한 그가 『주역』의 논리를 전폭적으로 수용한 것이다. 그는 "그
러므로 '한 번은 음이 되고 한 번은 양이 되는 것을 도라고 하니, 이어
가는 것이 선이고, 이룬 것은 성性이다.'[29]고 말한다."[30]고 지적한다.

곧 그는 우주를 음陰과 양陽의 대대對待과 유행으로 설명하는 『주역』
의 논리를 수용하여, '이어 가는 것'을 과정으로서의 '양'의 역할로 보
고, 이룬 것을 결실로서의 '음'의 역할로 본다. 이 때 그는 이어가는 과

---

24 『通書』「理·性·命」, "剛善剛惡, 柔亦如之, 中焉止矣."
25 『周易』「說卦傳」, "立天之道曰陰與陽." 참조.
26 『周易』「說卦傳」, "立地之道曰柔與剛." 참조.
27 '하늘의 길'이란 구체적으로 '땅의 길'과 구분되는 개념이지만, 여기에서는 '땅의
   길'을 포함하여 사용하고자 한다. 왜냐하면 일반적으로 유학에서 '天道'나 '天人合
   一'을 말할 경우에 '하늘의 길'이란 우주의 운행 원리를 상징적으로 표현하는 개념
   으로서 그 안에 이미 '地道'나 '地'의 의미를 포함하는 전통을 수용하기 때문이다.
   따라서 본 논문에서는 구체적으로 '땅'이나 '땅의 길'이라는 설명이 필요할 경우에
   '땅'과 땅의 길이라는 개념을 사용하지만, 우주의 운행 원리를 의미하는 경우에 '하
   늘의 길'이라는 개념으로 통일하고자 한다.
28 『通書』「誠」上, "純粹至善者也."
29 『周易』「繫辭傳」上.
30 『通書』「誠」上, "故曰'一陰一陽之謂道, 繼之者善也, 成之者性也.'"

정을 '선善'으로 여기고, 이룸의 상태를 '성性'으로 여긴다.

이에 대해 주희는 다음과 같이 지적한다. "하루로 말하면 낮은 양이고 밤은 음이다. 한 달로 말하면 보름 전은 양이 되고 보름 후는 음이된다. 한 해로 말하면 봄과 여름은 양이 되고, 가을과 겨울은 음이 된다. 예로부터 지금에 이르기까지 이와 같이 흘러온 것은 다만 이 음양일 뿐이다. 이것은 누가 그렇게 하게 하는가? 바로 도이다. 이 구절부터아래로 또 둘로 나누어지는데, 이 기가 움직여 사람이 되고 사물이 되는 것은 혼연히 하나의 도리일 뿐이다. 그러므로 사람이 아직 생겨나기전에 이 리理이 본래 선하기 때문에 '이어가는 것이 선이다.'라고 하니,이것은 양에 속한다. 기질氣質이 이미 정해져 사람이 되고 사물이 되기때문에 '이룬 것은 성이다.'고 하니, 이것은 음에 속한다."[31] 또한 주희는 "계繼과 성成은 기氣에 속하고, 선善과 성性은 리理에 속하며, 성性은이미 리理과 기氣을 겸하고, 선善은 오로지 리理을 가리킨다."[32]고 지적한다.

그런데 주희의 이러한 관점은 주돈이의 관점과 일치하는 부분도 있고 일치하지 않는 부분도 있다. 유행의 측면에서 역동적인 면을 양으로여겨 이어가는 과정을 양에 속하는 것으로 보고, 고요한 측면을 음으로여겨 이룬 것을 음으로 여긴 점은 주돈이의 관점과 다르지 않다. 그러나 이러한 내용을 리理=太極와 기氣=陰陽로 구분하고, 리理을 기氣을 초월하는 개념으로 여기며 리理 중심적 사고[33]로 주돈이의 논리를 해석하

---

31 『朱子語類』卷74, 113條目. "以一日言之, 則晝陽而夜陰, 以一月言之, 則望前爲陽, 望後爲陰, 以一歲言之, 則春夏爲陽, 秋冬爲陰. 從古至今, 恁地滾將去, 只是箇陰陽, 是孰使之然哉, 乃道也. 從此句下, 又分兩脚. 此氣之動爲人物, 渾是一箇道理. 故人未生以前, 此理本善, 所以謂繼之者善, 此則屬陽, 氣質旣定, 爲人爲物, 所以謂成之者性, 此則屬陰."
32 『朱子語類』卷94, 128條目, "繼成屬氣, 善性屬理, 性已兼理氣, 善則專指理."
33 朱熹, 『通書解』「誠上」, "기는 형이하학적인 것이다. 한 번은 음이 되고 한 번은

는 것은 주돈이의 관점과 차이가 있다. 왜냐하면 주돈이는 주희처럼 리와 기를 명확하게 구분한 후 리 중심적 사고로 우주의 운행 질서를 해석하지 않고, 하늘의 길을 반영하는 음양과 오행과 태극을 동일한 철학적 범주인 기氣으 생각하기 때문이다.[34]

이와 같이 우주를 '끊임없이 생겨나고 생겨나는 것'으로 여기는 주돈이는 과정으로서의 양과 결실로서의 음을 성誠의 통함[通]과 돌아옴[復]의 논리로 설명한다. 그가 "원元과 형亨은 성誠의 통함이고,[35] 이利과 정貞은 성誠의 돌아옴이다."[36]고 지적한 내용이 이에 해당한다. 이것은 그가 전통 유학에서 생명이 시작하는 봄과 생명이 왕성하게 활동하는 여름을 각각 상징하는 원과 형을 誠의 통함으로 여기고, 추수하고 저장하는 가을과 겨울을 각각 상징하는 이利과 정貞을 성誠의 돌아옴으로 여기는 것이다.

양이 되게 하는 것이 리이며 형이상학적인 것이다. 도는 바로 리를 말한다[氣也, 形而下者也. 所以一陰一陽者, 理也, 形而上者也. 道即理之謂也.]"와 『朱子語類』卷94, 128條目, "리는 태극에서 받고, 기는 음양과 오행에서 받는다[理受於太極, 氣受於陰陽·五行.]"와 『朱子語類』卷1, 5條目, "이 리가 있은 다음에 이 기가 있다[有是理後生是氣.]"와 『朱子語類』卷1, 9條目, "이 리가 있으면 바로 이 기가 있으나, 리가 근본이다[有是理便有是氣, 但理是本.]"와 『朱子語類』卷1, 10條目, "리는 형이상학적인 것이고, 기는 형이하학적인 것이다. 형이상하로부터 말하면 어떻게 앞과 뒤가 없겠는가? 리는 형체가 없고, 기는 바로 거칠며 찌끼가 있다[理形而上者, 氣形而下者. 自形而上下言, 豈無先後? 理無形, 氣便粗, 有渣滓.]" 등 참조. 그러나 주돈이에게서 氣는 형이하학적인 器만을 가리키는 것이 아니다. 주돈이에게서 氣는 有形 것과 無形의 것을 아우른다. 따라서 『통서』에 나타나는 '태극' 역시 주희처럼 '氣'를 초월하는 선험적인 '理'로 볼 것이 아니라, 미분화되어 혼돈 상태를 유지하는 무형의 '氣'로 보는 것이 자연스럽다.

34 『太極圖說』, "오행은 하나의 음양이고, 음양은 하나의 태극이다[五行一陰陽也, 陰陽一太極也.]"와 『通書』「誠上」, "오행은 음양이고, 음양은 태극이다[五行陰陽, 陰陽太極.]" 참조.
35 여기에서 '통함'이라는 것은 막힌 것을 뚫는다는 의미가 아니라, 본래 갖추어져 있는 誠이 거침없이 뻗쳐나간다는 의미이다.
36 『通書』「誠」上, "元·亨, 誠之通, 利·貞, 誠之復."

곧 『주역』의 논리에서 "원은 시작이고, 형은 통함이며, 이는 이룸이고, 정은 바름이니, 하늘의 네 덕이다. 통함은 막 나와서 사물에 부여함이니, 선의 이어감이다. 돌아옴은 각기 얻어서 자기에게 저장함이니, 성의 이룸이다."[37] 이는 결국 "원·형·이·정'은 끊어진 곳이 없으니, 정貞이 다하면 또 원元이다. 오늘의 자시子時 이전은 바로 어제의 해시亥時이다."[38]고 지적하는 내용을 주돈이가 성誠의 통함과 돌아옴의 논리로 해석하는 것이다.

우주의 운행과 그 질서 체계를 상세하게 설명한 『주역』의 영향을 강하게 받아 자신의 우주론을 정립하고자 했기에 주돈이는 "크도다! 역

---

37 朱熹, 『通書解』 「誠」上, "元, 始; 亨, 通; 利, 遂; 貞, 正; 乾之四德也. 通者, 方出而賦於物, 善之繼也. 復者, 各得而藏於己, 性之成也." '元·亨·利·貞'에 대한 이러한 관점은 남송의 陳淳(1159~1223)과 원대의 吳澄(1249~1333)에게도 전승된다. 『北溪字義』卷上, 「命」, "만약 조화의 측면에서 논한다면 천명의 큰 조목은 단지 원·형·이·정일뿐이다. 이 넷은 기의 측면에서 논해도 되고, 리의 측면에서 논해도 된다. 기의 측면에서 논하면 만물이 처음 생겨나는 것이 원이 되고, 때는 봄이 된다. 만물이 발달하는 것이 형이 되고, 때는 여름이 된다. 만물이 이루어진 것이 이가 되고, 때는 가을이 된다. 만물이 수렴되어 저장되는 것이 정이 되고, 때는 겨울이 된다. 貞은 바르면서 견고함이다. 그 生意가 이미 정해진 것으로부터 말했기 때문에 바름이라고 하고, 그 수렴하여 저장하는 것으로부터 말했기 때문에 견고함이라고 한다. 리의 측면에서 논하면 원은 生理의 시작이고, 형은 생리의 통함이며, 이는 생리의 이룸이고, 정은 생리의 견고함이다.[若就造化上論, 則天命之大目只是元·亨·利·貞. 此四者就氣上論也得, 就理上論也得. 就氣上論, 則物之初生處爲元, 於時爲春. 物之發達處爲亨, 於時爲夏. 物之成遂處爲利, 於時爲秋. 物之斂藏處爲貞, 於時爲冬. 貞者, 正而固也. 自其生意之已定而言, 故謂之正, 自其斂藏者而言, 故謂之固. 就理上論, 則元者生理之始, 亨者生理之通, 利者生理之遂, 貞者生理之固.]" 『吳文正集』卷2, 「三, 答王參政儀伯問」, "'원·형은 성의 통함이다.'라는 것은 봄에 생겨나고 여름에 자라는 때에 양이 움직이는 것이다. 여기에서 태극의 用을 본다. '이·정은 성의 돌아옴이다.'라는 것은 가을에 거두고 겨울에 저장하는 때에 음이 고요한 것이다. 여기에서 태극의 體를 본다. 이것이 조화의 體·用과 움직임·고요함이다[元·亨誠之通'者, 春生夏長之時, 陽之動也. 於此而見太極之用焉. '利·貞誠之復'者, 秋收冬藏之時, 陰之靜也. 於此而見太極之體焉. 此造化之體用動靜也.]"
38 『朱子語類』卷68, 33條目. "元·亨·利·貞'無間斷處, 貞了又元. 今日子時前, 便是昨日亥時."

이여. 성과 명의 근원이로다."[39]고 지적했던 것이다.

결국 주돈이는 성誠으로 일관하는 『주역』의 하늘 사상을 통해 우주론을 정립하고, 이 우주론을 인간의 바람직한 삶의 가치 근거로 상정한다. 다음 장에서 이 부분을 집중적으로 조명하고자 한다.

3. 성誠의 논리 구조와 인격 완성

『통서』에 나타난 주돈이의 성誠은 존재와 당위를 긴밀하게 연결하는 초기 유가철학의 영향을 받는다. 주돈이는 『주역』과 『중용』의 하늘 사상과 인간론을 적극적으로 수용하여 자신의 우주론뿐만 아니라, 가치론을 정립한다. 그는 이 과정에 도가의 영향을 받기도 하지만, 주된 흐름은 하늘의 길과 사람의 길을 유기적으로 결합하는 초기 유가사상을 주체적으로 정리한 것이라고 할 수 있다. 이러한 그의 시각은 정이와 주희 계열의 선험적인 리理 중심의 관점과도 차이가 있다. 특히 그는 성誠과 신묘함과 낌새[幾]를 하나의 논리 구조로 파악한다. 이와 같이 성誠에 관한 주돈이의 논리 구조는 하늘에서 받은 순수한 성性을 구체적인 삶에서 제대로 구현하여 사람의 길을 완성하려는 이론 틀이라고 할 수 있다.

1) 성誠과 낌새

주돈이는 하늘의 길이며 참된 이치인 성誠이 인간의 사회에서 실현

---

39 『通書』「誠」上, "大哉, 易也. 性命之源乎."

될 수 있을 것으로 생각한다. 그에 의하면 이 성誠은 인간에게 인의예지신仁義禮智信의 도덕적 근거로 작용한다.[40] 곧 성誠이 아니면 오상五常을 비롯한 모든 행위의 근거가 사라지므로『중용』에서는 "성誠이 아니면 만물도 없다."[41]고 했고, 주돈이는 "오상과 모든 행위는 성誠이 아니면 그릇되니, 사특하고 어둡고 막힌다."[42]고 했다.

이것은 그가 원형이정元亨利貞으로 상징되는 하늘의 길이 인간의 내부에서 자각적으로 본받아 형성된 인의예지仁義禮智의 성性으로 전화되어 사람이 갖추어야 할 가치 규범으로 여기는 공맹孔孟을 중심으로 하는 초기 유가의 관점을 수용하는 것이다.

그에 의하면 이 성誠은 인위적인 작용이 없을 뿐만 아니라, 일삼음도 없다.[43] 왜냐하면 성誠은 하늘의 길이며 참된 이치로서 저절로 그러하기 때문이다. 이것은 한편으로 "길은 항상 인위적으로 하지 않음이 없어도 이루어지지 않음이 없다."[44]고 지적하는 노자의 영향을 받은 것이기도 하지만, 다른 한편으로는 "인위적으로 하지 않고도 다스린 자는 순임금이시구나!"[45]고 말하는 공자 및 "성誠은 힘쓰지 않아도 들어맞고 생각하지 않아도 얻는다."고 하는『중용제20장』의 영향을 받은 것이기도 하다.

그런데 이 성誠으로서의 성性은 마음속에서 발현될 때도 있고, 발현

---

40 『通書』「誠・幾・德」, "誠은 五常의 근본이고, 모든 행위의 근원이다[誠, 五常之本, 百行之源也.]"와 『通書』「誠・幾・德」, "덕에서 愛를 仁라고 하고, 宜를 義라고 하며, 理를 禮라고 하고, 通을 智라고 하며, 守를 信이라고 한다[德, 愛曰仁, 宜曰義, 理曰禮,通曰智,守曰信.]" 참조
41 『中庸』 25章, "不誠無物."
42 『通書』「誠」下, "五常百行, 非誠, 非也, 邪暗塞也."
43 『通書』「誠・幾・德」, "誠, 無爲."와 『通書』「誠下」, "故誠則無事矣." 참조
44 『道德經』 37章, "道常無爲而無不爲"
45 『論語』「衛靈公」, "無爲而治者, 其舜也與!"

되지 않을 때도 있다. 이 때문에 발현되지 않을 때에는 고요하고, 발현될 때에는 움직인다. 이것은 마치 고요할 때에는 없는 것처럼 보이고 움직일 때에는 있는 것처럼 보이지만[46], 실제적으로 이것은 고요할 때와 움직일 때를 막론하고 있다. 그리고 발현되더라도 선한 방향으로 드러나기도 하고, 선하지 않은 방향으로 드러나기도 한다.

이 때문에 주돈이는 이 성性이 드러나려고 하는 낌새를 파악하는 것의 중요성을 강조한다. 곧 그는 인간의 마음속에서 이 성性이 어떤 방향으로 발현되는지에 따라 그 삶의 방향에 영향을 끼치므로, 그 성性이 선한 쪽으로 드러나려고 하거나 선하지 않은 쪽으로 드러나고자 하는 낌새를 잘 파악해야 할 것으로 생각한다. 그가 "낌새는 선과 악의 갈림이다."[47]고 한 것은 이러한 그의 관점을 잘 대변해준다.

주돈이는 "'고요하여 움직이지 않는'[48] 것은 성誠이고, '감感하여 마침내 통하는'[49] 것은 신묘함이며, 움직였으나 아직 드러나지 않아 있음과 없음 사이에 있는 것이 낌새이다."[50]고 지적하여, 성誠의 논리를 신

---

46 『通書』「誠」下, "靜無而動有." 참조.
47 『通書』「誠·幾·德」, "幾, 善惡."
48 『周易』「繫辭傳」上.
49 『周易』「繫辭傳」上.
50 『通書』「聖」, "寂然不動者, 誠也; 感而遂通者, 神也; 動而未形, 有無之間者, 幾也." 주돈이가 성과 신묘함과 낌새를 하나의 논리 구조로 파악하는 근거의 역할을 하는 『周易』「繫辭上」10章의 내용은 다음과 같다. "셋과 다섯으로 변하고, 그 수를 섞어 종합하며, 그 변화에 통하여 마침내 세상의 무늬를 이루고, 그 수를 지극히 하여 마침내 세상의 象을 정한다. 세상의 지극한 변화가 아니면 그 누가 여기에 참여할 수 있겠는가? 역은 생각함도 없고, 작위함도 없다. 고요하여 움직이지 않고, 感하여 마침내 세상의 까닭(혹은 일)에 통한다. 세상의 지극한 신묘함이 아니라면 그 누가 여기에 참여할 수 있겠는가? 역은 성인이 깊은 것을 지극히 하고, 낌새를 연구하는 것이다. 오직 깊기 때문에 세상의 뜻에 통할 수 있고, 오직 낌새이기 때문에 세상의 업무를 이루며, 오직 신묘하기 때문에 서두르지 않아도 빠르고 가지 않아도 이른다 [參伍以變, 錯綜其數, 通其變, 遂成天下之文; 極其數, 遂定天下之象. 非天下之至變, 其孰能與於此. 易无思也, 无爲也, 寂然不動, 感而遂通天下之故. 非天下之至神, 其孰

묘함과 낌새의 논리로 확장한다. 이것은 그가 성誠의 밝음과 신묘함의 오묘함과 낌새의 그윽함을 각각 단절된 영역으로 설정하는 것이 아니라, 긴밀하게 관계하는 논리 구조로 설정하는 것이다. 이에 대해 그는 "성誠은 정밀하기 때문에 밝고, 신묘함은 감응하기 때문에 오묘하며, 낌새는 은미하기 때문에 그윽하다."[51]고 지적하여 이들의 관계를 구체화시킨다.

그는 아무리 좋은 성誠으로서의 성性을 우리가 간직하고 있더라도, 그것이 발현되려는 찰나의 낌새를 바로 알지 못하면 우리의 삶은 문제가 발생하는 것으로 생각한다. 따라서 그는 "역에서 '군자는 낌새를 보고 떠나지, 온 종일 기다리지 않는다.'[52]고 말했다."[53]고 했을 뿐만 아니라, "또 '낌새를 아는 것은 신묘함이로다!'[54]고 말했다."[55]고 지적한다.

결국 그에 의하면 우리에게 갖추어진 성誠으로서의 성性이 발현될 찰나의 낌새를 제대로 파악해야 이상적 인간상이라고 할 수 있는 성인이 될 수 있다.

2) 성誠의 실현과 이상적 인간

주돈이는 성誠의 실현을 우리가 추구하는 이상적 인간상으로 생각한다. 그는 이 성誠을 완벽하게 실현할 수 있는 사람으로 성인聖人을

能與於此. 夫易, 聖人之所以極深而研幾也. 唯深也, 故能通天下之志, 唯幾也, 故能成天下之務, 唯神也, 故不疾而速, 不行而至.]" 이러한 내용은『中庸』第24章, "지극한 성은 신묘함과 같다[至誠如神.]"는 내용과도 긴밀하게 연결된다.

51 『通書』「聖」, "誠精故明; 神應故妙; 幾微故幽."
52 『周易』「繫辭下」.
53 『通書』「思」, "易曰, 君子見幾而作, 不俟終日."
54 『周易』「繫辭傳」下.
55 『通書』「思」, "又曰, '知幾其神乎！'"

상정한다. 그에 의하면 보통 사람들은 이 성誠을 완벽하게 실현하는데 한계가 있다. 오직 성인만이 이 성誠을 실현할 수 있다. 그가 "성聖은 성誠일 뿐이다."[56]고 말한 것은 이러한 의미를 함축하는데, 이것은 "오직 세상에 지극한 성誠"[57]이라는 『중용』의 내용을 흡수한 것이다.

또한 주돈이는 "성性대로 하고 편안하게 하는 것을 성聖이라고 한다."[58]고 지적한다. 이것은 하늘로부터 받은 순수한 성性을 조금의 흠결이 없이 온전하게 구현하는 상태를 의미하는 것으로, '성聖을 커서 화化하는 것'[59]으로 여기는 『맹자』의 내용을 적극적으로 수용하는 것이다. 곧 그는 "성誠하고 신묘하며 낌새를 아는 사람을 성인이라고 한다."[60]고 지적하여, 성인에 대해 우주의 운행 원리를 제대로 파악하고 하늘이 준 품성이 드러나려는 찰나의 낌새를 잘 알아 하늘의 이치를 온전하게 실현하는 사람으로 여긴다.

그에 의하면 이러한 이치가 사람에게는 인仁과 의義와 중中과 정正이다.[61] 그는 이것을 지키고 행하며 확충할 때 귀하고 이로우며 하늘과

---

56 『通書』「誠」下, "聖, 誠而已矣."
57 『中庸』22章, "唯天下至誠"
58 『通書』「誠·幾·德」, "性焉安焉之謂聖."
59 『孟子』「盡心」下, "따를만한 것을 善이라고 하고, 선을 자기에게 갖추고 있는 것을 信이라고 하며, 참됨을 채우는 것을 美라고 하고, 참됨을 채워서 빛나는 것을 大라고 하며, 커서 化하는 것을 聖이라고 하고, 성스러워 알 수 없는 것을 神이라고 한다[可欲之謂善, 有諸己之謂信, 充實之謂美, 充實而有光輝之謂大, 大而化之之謂聖, 聖而不可知之之謂神.]" 그런데 맹자의 이 글에 대해 주희는 다음과 같이 주석하였다. "'어울림과 순함이 마음속에 쌓여 덕과 재능이 밖으로 드러나서,' 아름다움이 그 속에 있으면서 4지(두 손과 두 발)로 나타나고 사업으로 발현되면 덕업이 지극히 성대하여 더할 만한 것이 없게 된다. 대인이면서 化할 수 있어서 그 큰 것으로 하여금 망연히 다시는 볼 만한 흔적이 없게 한다면 생각하지 않고 힘쓰지 않아도 자연스럽게 도에 맞으니, 인력으로 할 수 있는 것이 아니다[和順積中, 而英華發外,' 美在其中而暢於四支, 發於事業, 則德業至盛而不可加矣. 大而能化, 使其大者, 泯然無復可見之迹, 則不思不勉, 從容中道, 而非人力之所能爲矣.]" 참조.
60 『通書』「誠·幾·德」, "誠·神·幾曰聖人."

짝할 수 있는 것으로 생각한다.[62] 그에 의하면 이러한 도덕적인 가치를
실현하지 않는 것은 다 사특함이고, 사특하게 움직이면 욕되며, 욕됨이
심하면 해롭다.[63]

이것은 그가 하늘에서 받은 순수한 품성이 항상 선한 방향으로만 드
러나는 것이 아님을 말한다. 곧 그에 의하면 인간의 마음속에 갖추어진
성性은 막 발현하는 찰나의 상황에 영향을 받아 의로움과 곧음과 단호
함과 엄숙함과 굳셈과 확고함을 의미하는 군셈 선[剛善], 사랑함과 순함
과 공손함을 의미하는 부드러운 선[柔善], 사나움과 편협함과 억셈을 의
미하는 군센 악[剛惡], 나약함과 단호하지 못함과 사특함과 아첨을 의미
하는 부드러운 악[柔惡], 중中 등으로 나타난다.[64]

이 때문에 그는 선한 사회를 이루기 위해 끊임없이 노력해야 할 것
으로 생각한다. 그가 "군자는 '군세고 군세게 하여'[65] 성誠하기를 쉬지
않으나, 반드시 '성냄을 징계하고 욕심을 막으며'[66], '선을 옮기고 허물
을 고친'[67] 뒤에 이르게 된다."[68]고 지적한 것, "세상을 다스리는데 근본
이 있으니, 몸을 말한다. 세상을 다스리는데 법칙이 있으니, 집안을 말
한다. 근본은 반드시 단정해야 한다. 근본을 단정하게 하는 것은 마음

---

61 『通書』「道」, "聖人之道, 仁義中正而已矣." 참조.

62 『通書』「道」, "守之貴. 行之利. 廓之配天地." 참조.

63 『通書』「道」, "匪仁,匪義,匪禮,匪智,匪信,悉邪矣. 邪動, 辱也. 甚焉,害也." 참조.

64 『通書』「師」, "性者, 剛柔善惡中而已矣." 및 "剛善, 爲義, 爲直, 爲斷, 爲嚴毅, 爲幹固.
惡, 爲猛, 爲隘, 爲彊梁. 柔善, 爲慈, 爲順, 爲巽. 惡, 爲懦弱, 爲無斷, 爲邪佞." 참조.

65 『周易』乾卦 九三, "군자는 종일토록 군세고 군세게 하여 저녁에 두려울 것 같으면
위태로움은 있으나 허물은 없다[君子終日乾乾, 夕惕若, 厲无咎.]"

66 『周易』損卦, "상에 말하기를 '산 아래에 있는 것이 손이니, 군자는 이를 본받아
성냄을 징계하고 욕심을 막는다[象曰'山下有澤, 損, 君子以懲忿窒欲.]"

67 『周易』益卦, "상에 말하기를 '바람과 우레가 익괘이니, 군자는 이를 본받아 선을
보면 옮기고, 허물이 있으면 고친다[象曰'風雷, 益, 君子以見善則遷, 有過則改.]"

68 『通書』「乾·損·益動」, "君子乾乾不息於誠, 然必懲忿窒慾, 遷善改過而後至."

을 성誠하게 하는 것일 뿐이다.……마음을 성誠하게 한다는 것은 선하지 않은 움직임을 뒤집는 것일 뿐이다. 선하지 않은 움직임은 망령스러움이다. 망령스러움을 뒤집으면 망령스러움이 없게 된다. 망령스러움이 없어지면 성誠하게 된다."[69]고 지적한 것 등은 그의 이러한 시각을 드러내주는 것이다.

곧 그는 방심할 때 나타나는 사특한 욕심을 막고 세상의 평화를 유지하기 위해 성誠하는 자세가 반드시 필요함을 제기한다. 그는 "지극히 성誠하면 움직인다. 움직이면 변한다. 변하면 화化한다."[70]고 지적한 하여, 『통서』의 사상 체계가 성誠관으로 일관하고 있음을 드러내준다.

그런데 그는 이상적 인간상인 성인을 배워서 아는 사람이 아니라 태어나면서부터 아는 사람으로 평가하는 초기 유학자들의 견해와 달리, 배워서 이를 수 있는 대상으로 생각한다. "'성聖은 배울 수 있습니까?' 대답했다. '그렇다.' 물었다. '요점이 있습니까?' 대답했다. '있다.' '듣기를 청합니다.' 대답했다. '하나가 중요하다. 하나란 욕심이 없는 것이다. 욕심이 없으면 고요할 때 비어 있고, 움직일 때 곧아진다. 고요할 때 비어 있으면 밝고, 밝으면 통한다. 움직일 때 곧으면 공의롭고, 공의로우면 두루 미친다. 밝음과 통함과 공의로움과 두루 미침은 성聖에 가깝다.'"[71] 이것은 그가 선험적인 원리를 절대불변의 기준으로 하여 인간의 역할을 규정하는 태도를 지양하고, 누구든지 사사로운 욕심을 제거하여 공의로운 삶을 향유한다면 이상적인 인간의 모습에 가까울 수 있다

---

69 『通書』「家人·暌·復·无妄」, "治天下有本, 身之謂也. 治天下有則, 家之謂也. 本必端. 端本, 誠心而已矣.……誠心, 復其不善之動而已矣. 不善之動, 妄也. 妄復則无妄矣. 无妄則誠矣."
70 『通書』「擬議」, "至誠則動. 動則變. 變則化."
71 『通書』「聖學」, "聖可學乎, 曰可. 曰有要乎. 曰有. 請聞焉. 曰一爲要, 一者無欲也. 無欲則靜虛動直. 靜虛則明, 明則通. 動直則公, 公則溥. 明通公溥, 庶矣乎."

고 말하는 것이다.

이러한 관점에 입각했기 때문에 그는 '안빈낙도安貧樂道'를 추구했던 안연顔淵의 삶과 직면한 어려운 문제들을 극복하기 위해 현실 정치에 직접 참여한 이윤伊尹의 삶을 존숭하였다.[72] 주돈이에 의하면 어떤 사람이 노력을 하여 이윤과 안연의 경지를 넘어선다면 그 사람 역시 성인이다.

곧 주돈이는 누구든지 성誠을 구체적인 현실 사회에 실현하는 사람이 있다면 그 사람을 이상적인 인간상인 성인聖人으로 여긴다. 주돈이에 의하면 이러한 성인의 경지는 무슨 일이든지 때에 맞게 하는 '시중時中'의 상태이다.[73] 그는 "오직 중은 어울림이고, 절도에 맞음이며, 세상의 달도達道[통용되는 도리]이니, 성인의 일이다."[74]고 지적하여, 절도에 맞는 삶이야말로 인간이 추구하는 가장 이상적인 모습이라고 생각한다. 그런데 이 때의 중中은 '기뻐함과 성냄과 슬퍼함과 즐거워함이 아직 발현하지 않은 것을 중中'[75]으로 여기는 『중용』의 중中과 구별된

---

72 『通書』「志學」, "伊尹과 안연은 큰 현인이다. 이윤은 그 임금이 요임금이나 순임금처럼 되지 못한 것을 부끄러워하였고, 한 사내라도 제 자리를 얻지 못한 것을 시장에서 매를 맞는 것과 같이 여겼다. 안연은 성냄을 옮기지 않고, 같은 잘못을 다시 저지르지 않았으며, 세 달 동안 仁을 떠나지 않았다. 이윤이 뜻한 것을 뜻으로 삼고, 顔淵이 배운 것을 배운다. (이윤과 안연의 경지를) 넘어서면 성인이고, 미치면 현인이다. 미치지 못하더라도 또한 좋은 명성을 잃지는 않을 것이다[伊尹, 顔淵, 大賢也. 伊尹恥其君不爲堯·舜, 一夫不得其所, 若撻于市. 顔淵不遷怒, 不貳過, 三月不違仁. 志伊尹之所志, 學顔子之所學.]" 및 『通書』「顔淵」, "그 큼을 보면 마음이 편안해지고, 마음이 편안해지면 만족하지 않음이 없으며, 만족하지 않음이 없으면 부유함·귀함·가난함·천함에 처하는 것이 동일해진다. 처함이 동일해지면 크게 변화하여 (성인과) 나란할 수 있다. 그러므로 안자는 亞聖이다[見其大則心泰, 心泰則無不足. 無不足, 則富貴貧賤處之一也. 處之一, 則能化而齊. 故顔子亞聖. 過則聖; 及則賢. 不及則亦不失於令名.]" 참조.

73 『通書』「蒙·艮」, "오직 때에 맞도록 할 것이로다![其惟時中乎!]"

74 『通書』「師」, "惟中也者, 和也, 中節也, 天下之達道也, 聖人之事也."

75 『中庸』第1章, "喜怒哀樂之未發, 謂之中, 發而皆中節, 謂之和. 中也者, 天下之大本也,

다. 이 때의 중中은 오히려 『중용』에서 말하는 어울림[和]에 해당한다고 할 수 있다. 이것은 그가 중中을 적막의 상태로 묶어두는 것이 아니라, 역동적으로 변화하는 구체적인 현실에서 절실하게 필요한 덕목으로 생각하는 것이다.

이처럼 주돈이는 최고류의 개념인 성誠을 고요한 적막의 동산에 안치하여 관조의 대상으로 삼지 않고, 구체적인 역사의 발전에 적극적으로 활용하는 대상으로 삼았다. 주돈이는 성誠을 역사에서 바르게 실현한 사람을 공자라고 생각한다.[76]

결국 주돈이에게 성誠의 실현이란 매우 공의로운 하늘의 길을 본받은 인간이 구체적인 역사의 현장에서 지극히 공의로운 일을 하는 것이다. 이것이 바로 성인의 길이며, 이상적 인간상의 참 모습이다.[77]

이것은 『통서』에 일관되게 흐르는 주돈이의 성誠관이 비록 유가 이외의 사상으로부터 부분적인 영향을 받았을지라도, 사상의 주된 흐름은 현실의 문제를 해결하기 위해 구축된 공자와 맹자를 중심으로 하는 초기 유가철학의 영향을 강하게 받았음을 의미한다. 이것은 또한 리理과 기氣 및 체體과 용用 등의 범주를 활용하여 리理 중심적 관점으로

和也者, 天下之達道也." 참조.

76 『通書』「孔子」上, "『춘추』는 왕도를 바르게 하고, 큰 법도를 밝힌 것으로 공자가 후세의 왕을 위해 편수하였다. 이전에 죽었지만 나라를 어지럽힌 신하와 부모를 해친 자식을 (『춘추』에서) 벌준 것이 뒤에 사는 자들을 두렵게 한 것이다. 영원히 공자에게 왕으로 제사를 지내고, 끝없이 그 덕과 공로를 갚는 것은 마땅하다[春秋正王道, 明大法也; 孔子爲後世王者而修也. 亂臣賊子誅死者於前, 所以懼生者於後也. 宜乎萬世無窮王祀夫子, 報德報功之無盡焉.]" 및 『通書』「孔子上」, "도의 높음과 덕의 두터움, 교화의 끝이 없음이 참으로 천지와 더불어 셋이 되어 4계절의 운행과 같은 것은 오직 공자일 뿐이다[道德高厚, 敎化無窮, 實與天地參而四時同, 其惟孔子乎.]" 참조.

77 『通書』「公」, "성인의 도는 지극히 공의로울 뿐이다. 어떤 사람이 말했다. "무슨 말입니까?" 대답했다. "천지는 지극히 공의로울 뿐이다[聖人之道, 至公而已矣. 或曰何謂也. 曰天地至公而已矣.]" 참조.

주돈이의 철학사상을 해석하는 정주程朱계열의 관점과도 차이를 보인다.

『통서』에 나타나는 성誠관에 의하면 주돈이의 철학사상은 하늘의 길과 사람의 길을 유기적으로 결합하는 공맹을 중심으로 하는 초기 유가철학의 내용을 선택적으로 흡수하고 재구성하여 이상적인 세계관을 구축하는 것이라고 할 수 있다.

따라서 이것은 주돈이의 철학사상에 대해, 도가나 불교 등의 영향을 과도하게 평가하는 일부의 연구나, 리 중심적 시각으로 바라보는 정주계열의 관점을 과도하게 반영하는 일부의 연구가 반드시 정확한 것만은 아니라는 사실을 드러내준다.

4. 맺는 말

『통서』는 『태극도설』과 함께 주돈이의 철학이 담겨있는 중요한 저서이다. 지금까지 학계에서는 『태극도설』에 대한 연구가 풍성한 것과 달리, 『통서』에 대해 전문적으로 연구한 성과가 많지 않다. 특히 『통서』의 전체 내용을 일관되게 뚫고 있는 '성誠'관의 논리 구조에 대한 연구는 미약한 편이다.

참된 이치이며 하늘의 길을 의미하는 『통서』의 성誠은 원형이정元亨利貞으로 대표되는 하늘의 길과 인의예지仁義禮智으 대표되는 사람의 길을 유기적으로 결합한 공자와 맹자를 중심으로 하는 초기 유가사상의 영향을 받는다.

주돈이는 이 성誠을 우주론과 가치론의 측면에서 규명한 후, 바람직한 인간의 모습을 상정한다. 이를 위해 그는 『주역』과 『중용』을 비롯하여, 『논어』, 『대학』, 『맹자』, 『춘추좌전』 등에 배태된 이와 관련된 사상을 풍부하게 흡수하여 자신의 이론으로 재구성한다.

그에 의하면 『주역』의 '건원乾元'은 양陽으로 만물을 생성하게 하는 것이므로 성誠의 근원이고, '각정성명各正性命'은 건도乾道이 변화하여 음陰으로 만물을 이루는 것이므로 성誠의 정립이다. 그는 또 생명이 시작하는 봄과 생명이 왕성하게 활동하는 여름을 각각 상징하는 원元과 형亨을 성誠의 통함으로 여기고, 추수하고 저장하는 가을과 겨울을 각각 상징하는 이利과 정貞을 성誠의 돌아옴으로 파악한다. 이것은 그가 원형이정元亨利貞으로 대표되는 하늘의 길에 관한 『주역』의 논리를 성誠의 논리 근거로 설정하는 것이다.

그리고 그는 음양의 두 기氣과 오행을 만물을 변화시켜 생겨나게 하는 것임과 아울러, 태극太極을 음양과 오행의 근본으로 여긴다. 그에 의하면 형이하학적인 많은 것들은 무형無形의 태극이 되고, 하나의 태극은 형이하학적인 많은 것들로 나누어지므로 많은 것들과 하나가 각각 바르게 되어 작음과 큼이 정해진다. 그런데 이 태극은 주희가 말하는 것과 같이 기氣을 초월하는 선험적인 리理가 아니다. 주돈이에게 태극은 미분화되어 혼돈 상태인 무형無形의 기氣이다.

주돈이는 또 하늘의 길이며 참된 이치인 성誠이 인간의 사회에서 실현될 수 있을 것으로 생각한다. 그에 의하면 이 성誠이 인간에게 적용될 때에는 인의예지仁義禮智로 상징되는 도덕적 근거로서의 성性이다. 이것은 그가 공맹孔孟을 중심으로 하는 초기 유가의 관점을 수용하는 것이다.

그런데 그는 이 성誠으로서의 성性이 마음속에서 발현될 때도 있고 발현되지 않을 때도 있으며, 발현되더라도 선善한 방향으로 드러날지 아니면 악惡한 방향으로 드러날지 모르기 때문에 드러나려고 할 찰나의 낌새[幾]를 잘 파악해야 할 것으로 생각한다. 이것은 그가 『주역』

「계사」의 논리를 수용하여, 밝은 성誠과 오묘한 신묘함과 그윽한 낌새[幾]를 하나의 논리 구조로 파악하는 것이다. 낌새를 선과 악의 갈림으로 보는 그는 낌새를 아는 것을 신묘함으로 여긴다. 그에 의하면 우리에게 갖추어진 성誠으로서의 성性이 발현될 찰나의 낌새를 제대로 파악해야 이상적 인간상이라고 할 수 있는 성인聖人이 될 수 있다.

'성聖은 성誠'이라고 말하는 주돈이의 성인관은 『중용』, 『맹자』, 『주역』, 『논어』 등의 영향을 많이 받는다. 그러나 태어나면서부터 아는 사람을 성인이라고 생각하는 초기 유학자들과 달리, 주돈이는 누구든지 배우고 노력하여 성誠을 완벽하게 실현한다면 그 사람이 바로 성인이라고 생각한다.

그러나 주돈이는 하늘에서 받은 순수한 품성이 항상 선한 방향으로만 드러나는 것이 아님을 지적한다. 그에 의하면 인간의 마음속에 갖추어신 성性은 막 발현하는 찰나의 상황에 영향을 받아 굳센 선[剛善], 부드러운 선[柔善], 굳센 악[剛惡], 부드러운 악[柔惡], 중中 등으로 나타난다. 이 때문에 그는 방심할 때 나타나는 사특한 욕심을 막고 세상의 평화가 유지되는 선한 사회를 이루기 위해 끊임없이 노력해야 할 것으로 생각한다.

주돈이에 의하면 이러한 성인의 경지는 무슨 일이든지 때에 맞게 하는 '시중時中'의 상태이다. 이것은 그가 절도에 맞는 삶이야말로 인간이 추구하는 가장 이상적인 모습이라고 생각하는 것이다. 그런데 이 때의 중中은 '미발未發'의 상태를 중中으로 여기는 『중용』의 중中과 구별된다. 이 때의 중中은 오히려 『중용』에서 말하는 어울림[和]에 해당한다고 할 수 있다. 이것은 그가 중中을 적막의 상태가 아니라, 역동적으로 변화하는 구체적인 현실에서 절실하게 필요한 덕목으로 하는 것이다.

결국 주돈이에게 성誠의 실현이란 매우 공의로운 하늘의 길을 본받은 인간이 구체적인 역사의 현장에서 지극히 공의로운 일을 하는 것이다. 이것이 바로 성인의 길이며, 이상적 인간의 참 모습이다.

이것은 『통서』에 일관되게 흐르는 주돈이의 성誠관이 비록 유가 이외의 사상으로부터 부분적인 영향을 받았을지라도, 사상의 주된 흐름은 현실의 문제를 해결하기 위해 구축된 공자와 맹자를 중심으로 하는 초기 유가철학의 영향을 강하게 받았음을 의미한다. 이것은 또한 리理와 기氣 및 체體와 용用 등의 범주를 활용하여 리理 중심적 관점으로 주돈이의 철학사상을 해석하는 정주程朱계열의 관점과도 차이를 보인다.

『통서』에 나타나는 성誠관에 의하면 주돈이의 철학사상은 하늘의 길과 사람의 길을 유기적으로 결합하는 공맹을 중심으로 하는 초기 유가철학의 내용을 선택적으로 흡수하고 재구성하여 이상적인 세계관을 구축하는 것이라고 할 수 있다.

따라서 이것은 주돈이의 철학사상에 대해, 도가나 불교 등의 영향을 과도하게 평가하는 일부의 연구나, 리理 중심적 시각으로 바라보는 정주계열의 관점을 과도하게 반영하는 일부의 연구에 반성적으로 검토할 점이 있음을 말해준다.

송대宋代 「하도」「낙서」 도상의 출현과 그 정립과정*

유승상

「하도河圖」「낙서洛書」에 관한 문자 상의 기록은 이미 선진先秦문헌에서부터 나타나고 있으며, 후대의 주설注說과 사서史書, 위서緯書 등에서도 그 사상이 끊임없이 언급되고 있다. 북송중기 유목劉牧의 「역수구은도易數鉤隱圖」에서 최초로 그 도상圖象이 제시된 후 역학易學의 발전사상 상수학象數學의 근거로서 후세에 끼친 영향은 지대하였다. 그러나 그 도상이 송대에 처음 출현함으로 인해 그 연원과 명실상부 등 진위에 대하여 후세의 변설은 분분하였으며, 특히 그 도상도 "하락구·십지쟁河洛九·十之爭" 등 여러 곡절을 겪으면서 정립되었다. 본 논문은 송대에 출현이후 제기된 문제, 즉 「하도」「낙서」에 대한 전수계통, 사상연원, 도상정립 등의 문제에 대해 체계적으로 정리, 분석해 보고자 하는 것이다. 현재 우리 학계에 「하도」「낙서」의 도상의 정립에 관하여 전문적으로 탐토한 논문은 보기 어려우며, 「하도」「낙서」의 사상 및 기타 역학사상을 다루는 논문에서 부분적 언급이 있을 뿐이다.

---

* 유승상(서강대). 본 논문은 2013년 11월 본 학회 학술회의에서 발표한 것으로 다시 수정 보완하여 [中國人文科學] 제72집(2019.08)에 게재하였다.
** 본 논문은 이전 중문으로 발표한 「宋代三種易圖學之淵源析疑」(『追尋中華古代文明的踪迹』, 中國復旦大學出版社, 2002년)의 「하도」「낙서」 전수계통 부분을 기초하여 작성한 것이다. 그러나 중문논문은 전문적으로 삼종 역도의 전수연원에 관한 것으로 특히 「태극도」 부분을 중점적으로 논술한 것이다. 반면 본 논문은 「하도」「낙서」만을 전문적으로 탐토한 것으로, 그 전수계통 방면에도 보완하고 더욱 나아가 그 사상적 원류와 도상의 정립과정까지 종합적이며 계통적으로 고찰해 보고자 하는 것이다.

1. 「하도」「낙서」의 연원에 대한 변론

(1) 주진의 진단유래설陳摶由來說에 대한 고찰

북송시기에는 「하도」「낙서」와 더불어 「선천도先天圖」, 「태극도太極圖」도 출현하여 신학풍인 이학의 발흥에 지대한 영향을 끼쳤다. 이 3종 역도易圖의 연원에 대해서 남송 초기 주진朱震(1072~1138)이 처음으로 '진단유래설陳摶由來說', 즉 삼종 모두 당말송초의 저명한 은자인 진단陳摶(871[?]~ 989)으로부터 전래한 것이라고 주장하였다. 이 설이 후대에 끼친 영향은 막대하였으나, 주진의 설은 각 역도의 전수계통이 역사적 사실과 배치되는 점도 있고 문헌상 행적이 불분명한 인물이 적지 않아, 지금까지도 그 진위여부에 대한 시비가 끊이지 않고 있다. 주진의 설은 「진주역표進周易表」에 아래와 같이 기재되어 있다.[1]

> 복상의 진단이 「선천도」를 종방에게 전하였고, 방은 목수에게 전하였으며, 수는 이지재에게 전하였고, 지재는 소옹에게 전하였다. 방은 「하도」「낙서」를 이개에게 전하였고, 개는 허견에게 전하였으며, 견은 범악창에게 전하였으며, 악창은 유목에게 전하였다. 수는 「태극도」를 주돈이에게 전하였고, 돈이는 정이와 정호에게 전하였다.[2]

이 가운데 「하도」「낙서」의 전수계통은 3종 역도 가운데 가장 논술이

---

1 「진주역표」는 남송 소흥오년(1135)에 고종이 주진에게 저작을 올리라는 명을 내리자, 주진이 『주역집전』구권, 『주역도』삼권, 『주역총설』일권(후세에 합하여 『한상역전』십삼권이라 함)을 올리면서 진정한 표이다.

2 『漢上易傳』「進周易表」, "漢上陳摶以「先天圖」傳種放, 放傳穆修, 修傳李之才, 之才傳邵雍. 放以「河圖洛書」傳李溉, 溉傳許堅, 堅傳范諤昌, 諤昌傳劉牧. 修以「太極圖」傳周敦頤, 敦頤傳程頤・程顥."(『通志堂經解』本, 中國江蘇, 江蘇廣陵古籍刻印社, 1993년.)

복잡하고 진위 분별이 어려운 안건이다. 주진이 제시한 「하도」「낙서」의 전수계통은 북송 말기에 이미 다른 명칭으로 언급된 적이 있다. 소강절邵康節의 아들 소백온邵伯溫(1057~1134)의 『역학변혹易學辨惑』과 소백온의 요청에 따라 작성한 조열지晁說之(1059~1129)의 「전역당기傳易堂記」에서 소강절의 「선천도」의 연원을 기술할 때 아울러 진도남의 다른 전수계통을 언급하면서 제시한 것이다.

> 소백온 『역학변혹』: "단의 자는 도남이고 박주 진원인이다.……
> 명일(종방의 자)이 또한 그 상학을 전하였는데, 명일이
> 려강의 허견에게 전하였고, 견은 범악[창]에게 전하였다.
> 이로부터 한 지류가 남방으로 전해졌는데, 세상에서는
> 단지 신선술을 배우고 사람들의 풍감(상술)을 잘 본다고
> 여길 뿐이니, 도남을 아는 자들이 아니다. 홀로 선군(소
> 강절)만이 상세히 알고 있었다.[3]

> 조열지 「전역당기」: "송대에 이르러 화산의 희이선생 진단 도
> 남이 역을 종남의 종징군 방명일에게 전수하였다.……
> 여강의 범악창은 또 역을 종징군에게 전수받았고, 악창
> 은 팽성의 유목에게 전수하였다.[4]

이를 보면, 주진이 제시한 「하도」「낙서」의 전수계통을 소백온은 '상학象學'이라 칭하였고, 조열지는 단지 '역易'이라 칭하면서 그 전수

---

3 『易學辨惑』, "搏字圖南, 亳州眞源人.……明逸亦傳其象學, 明逸授廬江許堅, 堅授范諤
[昌]. 由此一枝傳于南方也, 世但以爲學神仙術·善人倫風鑒而已, 非知圖南者也. 獨先
君知之爲詳."(『四庫全書』本)
4 『景迂生集』卷十六,「傳易堂記」, "至有宋華山希夷先生陳搏圖南以易授終南種徵君放明
逸, ……有廬江范諤昌者亦受易于種徵君, 諤昌授彭城劉牧."(『四庫全書』本)

과정도 소백온과 다르게 제시하고 있는 것을 알 수 있다.

주진 이후 남송시기에 나타난 서목에서는 그 전수과정 중의 인물인 범악창 본인의 설을 기재하고 있다. 조공무晁公武의 『군재독서지郡齋讀書志』(1151년 완성)에서는 "『증추간』 일권, 이는 천희(진종 연호, 1017~1021) 중에 비릉종사인 건계의 범악창이 찬한 것이다. …스스로 이르기를 그 학문은 분포의 이처약과 여산의 허건에서 나왔다고 하였다."[5]라고 기술하고 있으며, 진진손陳振孫(약1186~1262)의 『직재서록해제直齋書錄解題』에서는 "『역중추간』이권, 비릉종사인 건계의 범악창이 찬한 것으로 천희 연간의 인물이다. ……서문에서 또 말하기를 분포의 이처약에게서 얻었으며, 이는 허건에게서 얻었다고 하였다."[6]라고 기재되어 있다.

이상 제설에 나타난 전수계통을 표로 대조하여 보면 다음과 같다.

范諤昌	許 堅－李處約－范諤昌	『易證墜簡』
邵伯溫	陳 摶－種 放－許 堅－范諤昌	『易學辨惑』
晁說之	陳 摶－種 放－范諤昌－劉 牧	「傳易堂記」
朱 震	陳 摶－種 放－李 溉－許 堅－范諤昌－劉 牧	「進周易表」

범악창은 본인의 학문연원에서 진단과 종방을 제시하지 않았으나, 소백온이 처음으로 진단과 종방을 추가하고 이처약은 언급하지 않았다. 조열지는 허건과 이처약을 거론하지 않고 유목을 포함시켰으며, 주진은 여러 설을 통합하여 또 다른 설을 세우고 아울러 이 전수계통을

---

5 『郡齋讀書志』卷一上, "『證墜簡』一卷, 右皇朝天喜中毗陵從事建溪范諤昌撰.……自謂其學出于盆浦李處約·廬山許堅."
6 『直齋書錄解題』卷一, "『易證墜簡』二卷,毗陵從事建溪范諤昌撰, 天禧中人.……(序)又言得于盆浦李處約, 李得于許堅."

「하도」「낙서」의 연원으로 귀결시켰다.

남송대의 서목에서는 단지 범악창의 역학연원으로만 기술하였는데, 소백온은 이 전수계통을 '상학'이라 칭하며 진도남을 알지 못한다고 비평하고 오로지 부친 소강절만이 상세하게 알고 있다고 주장하고 있다. 조열지 또한 단지 '역'이라 칭하였는데, 주진이 최초로 이 전수계통을 '하도낙서'로 명명한 것은 아마도 조열지가 처음으로 유목을 끌어들인 것을 근거로 삼은 것이 아닌가 한다.

범악창의 설에 대한 진위는 문헌의 한계로 말미암아 증명하기가 어렵다. 다만 『역세진선체도통감歷世眞仙體道通鑑』에 허견의 사망연도에 대해 "진종 경덕 말(1007)에 금릉에서 돌아갔다[眞宗景德末, 卒于金陵]"이라고 기재되어 있는데,[7] 이로 보면 허견의 활동시기는 진단, 종방 두 사람과 동시대로 종방(955~1015) 보다 앞 설 가능성이 높다. 따라서 소백온이 언급한 '허견이 종방을 따라 공부하였다'는 주장에 대해서 회의를 하지 않을 수 없다. 주진의 설을 보면, 소강절의 설에서는 허견-범악창의 관계만 취하고, 조열지에서는 범악창-유목의 관계만 취하고서, 또 종방과 허견의 사이에 이개를 미봉한 것을 알 수 있다. 주진의 『한상역전』에는 이개의 「괘기도卦氣圖」가 기록되어 있는데, 이개가 바로 범악창이 언급한 이처약인지 알 수 없다. 만약 동일인이라면 범설范說의 "허-이" 관계를 "이-허" 관계로 전도시킨 것이 된다. 주진의 설이 다른 여러 설에 비해 더욱 장황하고 논거가 부실함을 알 수 있다.

---

7 元趙道一 『歷世眞仙體道通鑑』卷四十六, "許堅,字介石, 廬江人也.……宋太祖乾德中 其文集頗行于世;……眞宗景德末卒于金陵."(『正統道藏』本)

(2) 유목의 『역수구은도』내용 고찰

「하도」「낙서」의 연원문제에 대해서는 먼저 유목 본인의 주장을 상고해 볼 필요가 있다. 유목은 "지금 「하도」가 전대에서 전해지고 있는데, 그 수는 1에서 9까지로, 사상과 팔괘의 의義를 포괄하고 오행의 수數를 겸하고 있으며, 「낙서」는 오직 오행 생성의 수이다."[8]라고 하며 단지 「하도」가 전대에서 전해지고 있다고 주장할 뿐, 이 책 어디에서도 그 전수계통에 대해서는 한 마디도 언급이 없다. 더구나 유목은 이 책의 서문에서 이 책의 도식이 본인의 창작인 것처럼 기술하고 있다.

대저 여러 주소注疏를 살피건대 경의 뜻을 분석함에는 정연함을 다하였으나, 천지착종지수에 대한 해석에 대해서는 말은 오직 간략하여 『계사』와 더불어 합하지 않으니 학자들이 그 뜻을 깨우치기 어렵다. 이제 천지의 기우와 지수를 가려 뽑아 태극생양의 이하에서 「복」괘에 이르기까지 무릇 55위位를 점을 찍어 도圖로 만들고, 도에 따라 아래에 각각 그 뜻을 해설하여 보는 자들이 쉽게 깨우치도록 바랄 뿐이다. 대저 역도는 깊고 아득하여 비록 옛 현인이라도 그 깊은 뜻을 보기 어렵다. 나는 보잘 것 없는 사람으로 조술하니 진실로 광간됨을 부끄럽게 여기나, 그러나 상象에는 정위定位가 있고 변變에는 정수定數가 있으니 망령되게 함부로 천착하지 않았다. 군자들이 진실로 깊게 살펴주기를 바란다.[9]

---

8 『易數鉤隱圖』卷下「龍圖龜書論上」, "今河圖相傳於前代, 其數自一至九, 包四象八卦之義,而兼五行之數, 洛書則惟五行生成之數也."(『通志堂經解』本, 中國江蘇, 江蘇廣陵古籍刻印社, 1993년.)

9 「易數鉤隱圖序」, "詳夫注疏之家, 至于分經析義, 妙盡精硏, 及乎解釋天地錯綜之數, 則語惟簡略, 與繫辭不偶, 所以學者難曉其義也. 今採摭天地奇偶之數, 自太極生兩儀而下至于復卦, 凡五十五位, 點之成圖, 於逐圖下各釋其義, 庶覽之者易曉耳. 夫易道淵邈, 雖往哲難窺於至賾. 牧也, 蕞生祖述, 誠媿其狂簡, 然則象有定位, 變有定數, 不能妄

이렇게 한 사람의 견해가 본문과 서문의 기록에서 '전래' 혹 '창작'으로 상호 모순이 드러나고 있다. 지금『역수구은도』의 내용을 살펴보면 상권에서부터 많은 도식이 제시되고 있으나, 하권에서만「하도」,「낙서」의 도식이 나오고 오로지 이에 대한 설명으로 구성되어 있다. 반면 상권에서는「하도」와「낙서」를 '역외지물'로 여기고 오히려 중시하지 않는다.

이러한『역수구은도』내용의 모순성에 대해, 현재 중국의 역학전문가인 곽욱郭彧의「『易數鈞隱圖』作者等問題辨」(中國山東,『周易硏究』, 2003年 02期)과「北宋兩劉牧再考」(中國山東,『周易硏究』, 2006年05期) 두 편의 논문에서 상세하게 논증하고 있음을 볼 수 있다. 그 주요 논지를 거론하여 보면,

첫째,『역수구은도』는 처음에는 1권본이었으나 나중에 2권본과 3권본으로 전해졌으며 제1권만이 유목 본인의 저작이다. 유목의 제자 황려헌黃黎獻 역시『속구은도續鈞隱圖』1권을 지었는데, 경력초慶曆初(1041)에 황려헌의 제자 오비吳秘가『역수구은도』등을 조정에 바칠 때 유목의 본래 저술과 황려헌의 속저를 합하여 하나의 책으로 묶었을 가능성이 크다.[10]

둘째,『역수구은도』권1(유목 본인 저작)에서는「계사전」의 '역유태극易有太極, 태극생양의太極生兩儀'의 사상을 도식으로 천술하였는데, 이는 서문에서 밝힌 '형유상생形由象生,상유수설象由數設'에 부합한다. 특히「하도」와「낙서」를 유목은 "성인이『역』외에 달리 공이 있는 것으로 결코 역내지물이 아니다."[11]라고 부정한 반면, 제3권(타인 저작)에서

爲之穿鑿耳. 博雅君子誠爲詳焉."
10 본고에서 인용한 판본은 三卷本인『通志堂經解』本으로 卷上, 卷中, 卷下로 구성되어 있다.

는 오히려 「하도」와 「낙서」에 관한 도圖와 도설을 천명하고 있어서 상호 모순이 된다. 따라서 유목과 「하도」「낙서」는 무관하다.

셋째, 북송시대 유목은 같은 이름을 지닌 다른 두 사람으로『역수구은도』작자에 대한 종래의 기록 또한 두 사람을 혼재하여 의문을 남기고 있다.[12] 한 명은 자字가 장민長民으로 태상박사太常博士를 역임한 팽성유목彭城劉牧이며, 다른 한 명은 자字가 선지先之로 둔전랑중屯田郎中을 역임한 삼구유목三衢劉牧이다. 『역수구은도』의 작자는 도장본道藏本을 비롯한 여러 문헌에서 삼구유목의 작으로 널리 소개하고 있으나, 왕안석王安石이 지은 삼구유목의 묘지명에는 단지 "『춘추』를 손복孫復(992-1057)에게 배웠다." 라고만 기술되어 있고 그 역학에 관해서는 한마디의 언급도 없다. 그런데 삼구 유목의 작으로 전해지는 것은 양송사이의 삼구유목의 종손從孫 유민사劉敏士가『역수구은도』를 3권본으로 중각하고 아울러 그 백조伯祖인 '삼구유목찬'으로 명기한데서 유래한 것이다. 따라서『역수구은도』의 작자는『중흥관각서목中興館閣書目』등에서 언급한 팽성 유목이다.[13]

넷째, 삼구 유목(1011-1064)은 인종경우원년仁宗景祐元年(1034)에 진

---

11 『易數鈎隱圖』卷一(卷上),「兩儀生四象第九」, "經曰'兩儀生四象'…… 何氏謂'天生神物,聖人則之, 一也. 天地變化, 聖人效之, 二也. 天垂象, 見吉凶, (聖人象之)三也. 河出圖, 洛出書, 聖人則之, 四也.' 今謂此四事, 聖人『易』外別有其功, 非專『易』內之物."

12 陳振孫『直齋書錄解題』, "『易數鈎隱圖』二卷, 太常博士劉牧長民撰, 黃黎獻爲之序. 又有三衢劉敏士刻于浙右庚司者, 有歐陽公(歐陽脩)序, 文淺俚, 決非公作. 其書三卷, 與前本大同小異. 按, 敏士序稱伯祖屯田郎中, 臨川先生(王安石)志其墓. 今觀志文所述, 但言學『春秋』于孫復而已. 當慶曆時, 其學盛行, 不應略無一語及之, 且黎獻之序稱字長民, 而志稱先之, 其果一人耶, 抑二人耶?" 淸代의『通志堂經解』本에는 序에서 "三衢劉牧撰"으로 표기하고 目錄에서는 "宋劉長民著"라고 표기하여 두 사람을 혼용하고 있다.

13 『中興館閣書目』, "'易數鈎隱圖一卷', '本朝太常博士劉牧撰', '牧字長民, 彭城人, 仁宗時言數者皆宗之.'(馮椅『厚齋易學·附錄二』)" 俞琰『讀易擧要』記, "太常博士劉牧長民撰『新註周易』十一卷·『卦德統論』一卷·『易數鈎隱圖』二卷, 黃黎獻爲之序."

168 〈2〉 송대 역학의 상·수·리

사에 급제하였으나, 팽성 유목은 진단 사후 17년이 되는 진종경덕이년 眞宗景德二年(1005)에 벼슬길에 나아갔다. 따라서 팽성 유목은 그 활동 시기가 진단과도 가깝고, 『직재서록해제』에서 천희(1017-1021)연간의 인물이라고 한 범악창과는 동시대의 선배라고 볼 수 있다. 이로 보면 후 배인 범악창이 팽성 유목에게 전수한다는 것은 모순이며, 범악창의 역학 도 「하도」「낙서」와 무관하며 아울러 팽성 유목도 근본적으로 「하도」「낙 서」의 전승에 존재하지 않는다는 것을 알 수 있다.

이와 같이 곽설郭說은 『역수구은도』의 내용 중 상호 모순성을 지적 하고 아울러 판본과 작자 문제까지 섭렵하면서, 유목과 「하도」「낙서」 의 무관함을 주장하고 있다. 비록 통행본 『역수구은도』가 유목과 그 제 자 황려헌의 통합본이라고 주장하는 점은 세밀한 고찰이 필요한 문제 이나, 곽설은 「하도」「낙서」의 연원과 진위에 대한 연구에 있어 새로운 방향을 모색하고 일련의 성과를 제공하고 있다. 아울러 이를 통해 보면 주진의 설에 나타난 「하도」「낙서」를 유목과 연계한 전수과정이 더욱 모 순됨을 알 수 있다.

이상을 종합하여 보면, 역학사상 처음으로 「하도」「낙서」의 도상을 제시한 『역수구은도』에서 언급하지 않은 연원에 대해, 오히려 후대에 서 그 전수계통을 제시하면서 각 설들의 주장이 상충되고 있음을 알 수 있다. 조열지의 「전역당기」는 본래 소백온의 요청에 의해 작성한 것 인데도, 「하도」「낙서」 연원을 소백온과 다르게 기술하고 있다.[14] 특히 소강절과 조열지 두 사람이 「하도」「낙서」와 「선천도」의 연원을 모두 진단에게 귀결시켰는데, 주진은 더욱 나아가 앞 사람들이 전혀 언급 하 지 않았던 「태극도」의 연원을 제시하고 아울러 그 전수계통에 진단을

---

[14] 「傳易堂記」, "康節先生之子伯溫以說之服勤康節之學, 俾爲之記, 不得辭."

부회시켰다. 이는 주진이 진단으로부터 처음 출현한 3종 역도가 중간에 분파로 유전되다가 다시 자신에 의해 일괄 귀결되는, 즉 본인이 당대 역도학易圖學의 집대성자라고 표명하기 위한 것임을 말해 준다. 따라서 송인들이 주장한 3종 역도의 '진단유래설'은 많은 모순을 내포하고 있으며, 특히 「하도」「낙서」에 대한 전수계통은 후대의 기록일수록 역사인물의 선후가 전도되는 등 더욱 복잡하여 그 진위판명이 매우 난해한 안건이다.

2. 「하도」「낙서」의 사상적 원류

「하도」「낙서」에 관한 문자 상의 기록은 이미 선진문헌에서부터 나타나고 있으나, 특기할만한 것은 「하도」와 「낙서」를 언급한 곳에서는 그 내용을 알 수 있는 설명이 전혀 없고, 오히려 「월령月令」이나 '태일구궁법太一九宮法'에서 그 사상적 내용을 볼 수 있다. 아래에 송대 이전 주요 문헌의 기록을 살펴보고 그 사상적 원류를 간략히 고찰해 보고자 한다.

(1) 진·한 이전의 기록

선진시기의 문헌에는 「하도」와 「낙서」가 극히 간략하게 상서지물祥瑞之物인 정도로만 나타나며, 그 형상과 용도 등에 대한 개략적인 기록도 볼 수 없다.

(2) 한·당 문헌의 기록

이 시기의 기록은 「하도」와 「낙서」의 출현 시기에 대해 언급하고
있으며, 주로 '하룡도河龍圖-낙구서洛龜書', '복희하도伏羲河圖-대우大禹
洛書'로 정형화 되어 감을 볼 수 있다. 또한 본원과 파생의 관계로 '하
도팔괘-낙서구주'의 인식이 확립되었으나 「하도」에서 팔괘, 「낙서」에
서 구주가 파생되는 구체적 설명은 없다.

(漢)『淮南子』「俶眞訓」	洛出丹書, 河出綠圖.
(漢) 揚雄 「核靈賦」	大易之始, 河序龍馬, 洛貢龜書.
(漢)『漢書』「五行志」	劉歆以爲虙羲氏繼天而王, 受河圖, 則而畫之, 八卦是也. 禹治洪水, 賜雒書, 法而陳之, 洪範是也.
(漢)鄭玄『周易繫辭注』	春秋緯云, 河以通乾出天苞, 洛以流坤吐地符. 河龍圖發, 洛龜書感. 「河圖」有九篇, 「洛書」有六篇.
(西晋) 左思 「魏都賦」	河洛開奧, 符命用出. 翩翩黃鳥, 銜書來訊
(東晋)托孔安國『尙書傳』「洪範」	天與禹洛出書, 神龜負文而出, 列于背, 有數至于九. 禹遂因而第之, 以成九類, 常道所以次敍.
(南朝)劉勰『文心雕龍』	人文之元, 肇自太極, 幽讚神明, 易象惟先. 庖犧畫其始, 仲尼翼其終. 而乾坤兩位, 獨制文言. 言之文也, 天地之心哉! 若乃河圖孕乎八卦, 洛書韞乎九疇.(原道)
(唐)孔穎達『尙書正義』	易繫辭云, 河出圖,洛出書,聖人則之. 九類各有文字,即是書也. 而云天乃錫禹, 知此天與禹者即是洛書也.

(3) 「하도」의 사상적 원류

이상에서 송대 이전 「하도」「낙서」를 언급한 기록을 살펴보았으나
그 형상을 유추할 수 있는 내용은 찾아보기 어렵다. 송대에 이르러 비

로소 그 도상이 출현하는데, 그 사상적 원류는 「하도」「낙서」의 언급이
전혀 없는 『예기』「월령」 등의 기록에서 찾아볼 수 있다.

　「월령」의 내용을 살펴보면, 그 서술이 현재 통행되는「하도」의 격식
과 일치하는 것을 볼 수 있다.

孟春之月	其日甲乙	其數八	立春	盛德在木	迎春於東郊
孟夏之月	其日丙丁	其數七	立夏	盛德在火	迎夏於南郊
中央土:(季夏)	其日戊己	其數五		(盛德在土)	
孟秋之月	其日庚辛	其數九	立秋	盛德在金	迎秋於西郊
孟冬之月	其日壬癸	其數六	立冬	盛德在水	迎冬於北郊

　「월령」은 춘하추동(사시), 동서남북(사방), 수화목금토(오행), 그리
고 십간과 「하도」의 생수 五 및 성수에 해당하는 수(六·七·八·九)를 서
로 연계시키며 체계적이며 일관성 있게 서술하고 있음을 알 수 있다.
그 방위와 수의 배열 등 상호 연계방식에서 「하도」의 포국과 그대로
합치되는 것이다. 따라서 「월령」은 「하도」의 사상을 연구하는데 매우
중요한 가치를 지니고 있다.

　전한 말기의 양웅揚雄(B.C.53-A.D.18) 또한 「월령」의 사상을 그대로
이어받고 있다. 『태현경太玄經』「현수玄數」에서 "三八爲木, 爲東方, 爲春,
日甲乙, … 四九爲金, 爲西方, 爲秋, 日庚辛, … 二七爲火, 爲南方, 爲夏, 日丙
丁, … 一六爲水, 爲北方, 爲冬, 日壬癸, … 五五爲土, 爲中央, 爲四維, 日戊己
… ."이라 하며 「월령」의 사상을 재현하고 있다. 특히 『태현경』「현도玄
圖」에서 "一與六共宗, 二與七共朋, 三與八成友, 四與九同道, 五與五相守."라고
하였는데, 이는 「하도」의 도식과 완전히 합치되는 사상이다.[15]

---

15 『太玄經』, 표제 『太玄集注』, 中國北京, 中華書局, 1998년.

후한 말기의 정현鄭玄(127-200) 역시 『주역』「계사」의 주에서 '대연지수大衍之數'를 해석하면서 비교적 상세한 서술을 하고 있는데, 이를 근거하면 「하도」의 도상을 그대로 유추해 낼 수 있다.

> 천1이 북지에서 수를 생하니 2가 남에서 화를 생하고, 천3이 동지에서 목을 생하니 4가 서에서 금을 생하고, 천5는 중에서 토를 생한다. 양이 우가 없고 음이 배가 없으면 서로 이루어주지 못한다. 지6이 북에서 수를 이루어 천1과 어울리고, 천7이 남에서 화를 이루어 지2와 어울리고, 지8이 동에서 목을 이루어 천3과 어울리고, 천9가 서에서 금을 이루어 지4와 어울리고, 지10은 중에서 토를 이루어 천5와 어울린다.[16]
> 지6은 천1의 필이 되며, 천7은 지2의 우가 되며, 지8은 천3의 필이 되며, 천9는 지4의 우가 되며, 지10은 천5의 필이 된다.[17]
> 사상이란 6이 북방에서 넓게 깔려 수를 상징하고, 8이 동방에서 넓게 깔려 목을 상징하고, 9가 서방에서 넓게 깔려 금을 상징하고, 7이 남방에서 넓게 깔려 화를 상징하는 것이다.[18]

이렇게 한대의 문헌에 비록 직접 '하도'라고 언급은 하지 않았지만 이미 그 도상을 유추해 낼 수 있도록 체계적이며 일관성 있게 서술되어 있다. 따라서 현재 통행되는 「하도」에 내포된 사상의 원류 또한 유구한 것임을 알 수 있다.

---

16 『周易鄭康成注』, "天一生水於北地, 二生火於南, 天三生木於東地, 四生金於西, 天五生土於中. 陽無耦, 陰無配, 未得相成. 地六成水於北與天一并, 天七成火於南與地二并, 地八成木於東與天三并, 天九成金於西與地四并, 地十成土於中與天五并也."(『四庫全書』本)
17 "地六爲天一匹也, 天七爲地二耦也, 地八爲天三匹也, 天九爲地四耦也, 地十爲天五匹也."(앞의 책)
18 "四象, 布六於北方以象水, 布八於東方以象木, 布九於西方以象金, 布七於南方以象火."(앞의 책)

(4) 「낙서」의 사상적 원류

「낙서」 역시 「하도」와 같이 한대의 기록에서 그 사상적 원류를 볼 수 있다. 『대대례기人戴禮記』 「명당明堂」의 "明堂者, 古有之也. 凡九室, …… 二九四七五三六一八."이란 서술은 「낙서」의 전형적인 원류라고 할 수 있다.[19] 그 배열한 숫자의 순서 즉 '二九四'는 「낙서」의 상위 세 숫자, '七五三'은 중위의 세 숫자, '六一八'은 하위의 세 숫자로 「낙서」의 배열과 완전히 일치하고 있기 때문이다. 또 『역위건착도易緯乾鑿度』의 기록은 태일太一이 구궁九宮을 운행하는 법을 들어 이를 더욱 상세하게 설명하고 있다.[20]

> 양이 동하면 나아가고 음이 동하면 물러난다. 고로 양은 7, 음은 8로 단을 삼는다. 『역』은 한 번 음되고 한 번 양되어서 합하여 15가 되며 그 나아가는 것을 도라 이른다. 양이 변하면 7에서 9로 되고, 음이 변하면 8에서 6으로 되니 또한 15에 합한다. 곧 단변지수彖變之數가 만약 일양이 동하여 나아가서 7이 변하여 9가 되면 그 기가 불어나는 것을 상징하며, 음이 동하여 물러나서 8이 변하여 6이 되면 그 기가 사그러지는 것을 상징한다. 고로 태일이 그 수를 취하여 구궁을 운행하면 사정과 사유가 모두 15에 합하는 것이다.[21]

---

19 명당은 고대 제왕들이 정교를 펴는 곳을 말한다. 조회를 비롯 제사·경상慶賞·선사選士·양로·교학 등의 행사를 모두 이곳에서 거행하였다. 따라서 맹자는 명당이 왕자의 당이라고 중요시하며(夫明堂者, 王者之堂也. 『孟子』「梁惠王下」), 제선왕에게 명당을 허물지 말 것을 권하고 있다.

20 『黃帝內經』「靈樞」의 "九宮八風篇" 역시 태일의 구궁 운행에 관해 묘사하고 있다. 「九宮八風第七十七」: "太一常以冬至之日, 居葉蟄之宮四十六日, 明日居天留四十六日, 明日居倉門四十六日, 明日居陰洛四十五日, 明日居天宮四十六日, 明日居玄委四十六日, 明日居倉果四十六日, 明日居新洛四十五日, 明日復居葉蟄之宮, 日冬至矣. 太一日遊, 以冬至之日, 居葉蟄之宮, 數所在日, 從一處至九日, 復返於一. 常如是無已, 終而復始."

이를 보면, "역의 일음일양이 합하여 15가 되는 것을 '도道'라 이른다."라 하여 양7(소양)과 음8(소음)의 합과 양9(태양)와 음6(태음)의 합이 각각 '15'가 되는 것과, "태일이 그 수를 취하여 구궁을 운행하면 사정과 사유가 모두 15에 합하는 것이다."라 하여 역시 사정四正(네 곳의 정방향)과 사유四維(네 곳의 측방향)의 합이 '15'가 되는 것을 강조하고 있다. 이는 바로 「낙서」의 포국을 그대로 설명하고 있는 것이다. 따라서 『역위건착도』「사고전서제요」에서 "태을구궁에 이르러 사정사유가 모두 15에 근본 한다는 설은 바로 송유의 '9를 머리에 이고 1을 밟고 있는 도식[戴九履一之圖; 낙서]'가 나오게 된 바이다. 주자가 이를 취하여 『주역본의周易本義』의 도설에서 열거하였다."[22]라고 하면서, 『역위건착도』의 이 부분이 「낙서」의 유래가 됨을 특히 강조하고 있다.

이상에서 살펴본 바와 같이 「하도」「낙서」의 언급이 전혀 없는 한대의 기록에서 이미 그 사상적 원류를 충분히 찾아볼 수 있다. 이에 근거하면 곧바로 도상를 유추해 낼 수 있을 만큼 명확히 묘사되어 있으나, 송대에 이르기까지 그 어떠한 도상도 전해지지 않는 것 또한 특기할 만한 일이다.

---

21 『易緯乾鑿度』卷下, "陽動而進, 陰動而退. 故陽以七, 陰以八爲象. 易一陰一陽, 合而爲十五, 之謂道. 陽變七之九, 陰變八之六, 亦合於十五. 則象變之數若一陽動而進, 變七之九象其氣之息也. 陰動而退, 變八之六象其氣之消也. 故太一取其數以行九宮, 四正四維, 皆合於十五."(臺灣, 老古文化事業股份有限公司影印, 1992년.)
22 "至於太乙九宮, 四正四維, 皆本於十五之說, 乃宋儒戴九履一之圖所由出. 朱子取之, 列於『本義』圖說."

3. 「하도」「낙서」도상의 전변

위에서 살펴보았듯이 '하도'와 '낙서'의 명칭을 거론하며 직접 그 내용을 시술한 송내 이전의 기록은 없었다. 따라서 송대에 처음으로 '하도'와 '낙서'라고 명명한 도상이 출현하자 그 명실상부에 대한 진위문제 즉 '하락구·십지쟁河洛九·十之爭'이 제기되었는데, 이는 필연적으로 내재된 문제라고 볼 수 있다.

(1) 河洛九·十之爭

『역수구은도』권하에 실린 "하도제사십구河圖第四十九·하도천지수제오십河圖天地數第五十·하도사상제오십일河圖四象第五十一·하도팔괘제오십이河圖八卦第五十二·낙서오행생수제오십삼洛書五行生數第五十三·낙서오행성수제오십사洛書五行成數第五十四"의 6폭이 '하도'와 '낙서'의 명칭과 함께 도상을 제시한 최초의 기록이다.[23] 다만 여기에서는 「하도」 9수, 「낙서」 10수로 작성되어 있으며, 주진의 『한상역전』에서도 이를 답습하고 있다.

그러나 남송대에 이르러 이 '하구락십河九洛十'의 도圖와 서書는 주자에 의해 비평을 받은 후 점점 그 역사적 지위를 상실하였다. 주자의 설은 『역학계몽易學啓蒙』에 상세히 실려 있는데 문인인 서산西山 채원정蔡元定(1135-1198)의 설을 많이 취하였다. 명초에 편찬한 『주역전의대전周易傳義大全』의 책 머리에 실린 "역본의도易本義圖"는 이를 바탕으로 작

---

23 역대로 『역수구은도』의 작자는 유목으로 전해져왔으나, 앞에서 언급한 곽욱의 논문에서는 제1권만이 팽성유목의 저작이며 나머지는 그의 제자 황려헌의 작으로 보고 있다.

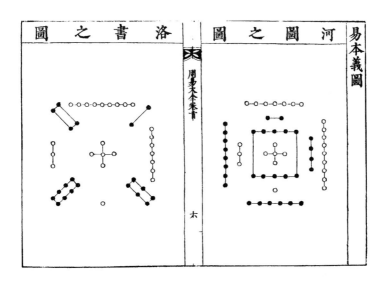

성된 것이다.

주자朱子는 『역학계몽』에서 공안국孔安國, 유흠劉歆, 관랑關朗, 소강절邵康節 등 네 사람의 설을 증거로 거론하며 『역수구은도』의 '하구락십河九洛十'설을 비판하고 '하십락구河十洛九'설을 주장하고 있다. 주자의 견해는 이학전성시대에 금과옥조처럼 받들어졌으나, 청대에 이르러 고증학의 대두와 함께 일부 학자들에 의해 회의의 대상이 되기 시작하였다.

1) 공안국설

하도는 복희씨가 천하에 왕 노릇할 적에 용마가 황하에서 나오자 마침내 그 무늬를 본받아 팔괘를 그었고, 낙서는 우가 홍수를 다스릴 적에 신령한 거북이 무늬를 지고 나왔는데 등에 나열되어 있는 수가 9까지 있으므로 우禹가 마침내 이것으로 인해 차례로 나열하여 구류(구주)를 이루었다.[24]

공안국의 설은 『고문상서』주에 나오는데, 『고문상서』는 청대에 이르러 동진 때에 등장한 위작으로 판명되어 '위공전僞孔傳'이라고도 불린다. 본래 「하도」부분은 공안국 주注의 「고명顧命」, 「낙서」부분은 「홍범洪範」에 보이는 내용이다. 그러나 「고명」의 주注에는 "하도는 팔괘이다. 복희가 천하에 왕 노릇할 적에 용마가 황하에서 나오자 마침내 그 무늬를 본받아 팔괘를 그어서 하도라고 불렀다."[25]하였는데, 주자는 여기에서 '하도 즉 팔괘'라는 뜻을 취하지 않고 '용마의 무늬를 보고 팔괘를 그었다'는 것만 취하였다. 이는 그 용마의 무늬가 바로 「하도」임을 밝히고자 하는 것이었다.

2) 유흠설

> 복희씨가 하늘을 이어 왕 노릇하여 하도를 받아 획을 그었으니 팔괘가 이것이며, 우가 홍수를 다스릴 적에 (하늘이) 낙서를 내려주므로 이것을 본받아 법을 펴니 구주가 이것이다. 하도와 낙서는 서로 경위經緯가 되고, 팔괘와 구장(구주)은 서로 표리가 된다.[26]

유흠의 설은 『한서』「오행지」에 인용되어 있는데, "「하도」에서 팔괘가 그어지고 「낙서」에서 구주가 파생되었다."는 주장은 하도와 팔괘, 낙서와 구주의 상관관계를 최초로 규정한 것이라고 할 수 있다. 후에 이 견해는 「하도」「낙서」의 발생과 상호 관계에 있어 가장 전형적인 통설이 되었다. 주자가 이 설을 취함은 「낙서」에서 구주가 파생되었다는

---

24 "(劉氏曰)伏羲氏繼天而王, 受河圖而畫之, 八卦是也. 禹治洪水, 賜洛書, 法而陳之, 九疇是也. 河圖洛書相爲經緯, 八卦九章相爲表裏."
25 "河圖, 八卦. 伏犧王天下, 龍馬出河, 遂則其文以畫八卦, 謂之河圖."
26 "(劉氏曰)伏羲氏繼天而王, 受河圖而畫之, 八卦是也. 禹治洪水, 賜洛書, 法而陳之, 九疇是也. 河圖洛書相爲經緯, 八卦九章相爲表裏."

점으로 인하여 구수와 「낙서」가 저절로 연계되기 때문이다.

3) 관랑설

하도의 무늬는 7은 앞에 6은 뒤에 있으며, 8은 왼쪽에 9는 오른쪽에 있으며, 낙서의 무늬는 9는 앞에 1은 뒤에 있으며, 3은 왼쪽에 7은 오른쪽에 있으며, 4는 앞쪽 왼편에 2는 앞쪽 오른편에 있으며, 8은 뒤쪽 왼편에 육은 뒤쪽 오른편에 있다.[27]

관랑은 자字가 자명子明이며 북위北魏 효문제孝文帝(재위 471-499) 때의 은자로『역』에 정통한 인물이라고 전해진다. 이 설에 의하면 '하십락구'에 대한 명실상부한 송대 이전의 기록이 존재한다고 할 수 있다. 그러나『관자명역전』은 위서로 판명된 책이다. 이에 관하여 청대의 호위胡渭(1633-1714)는『역도명변易圖明辨』에서 상세한 고증을 하면서 다음과 같은 변론을 하고 있다.

"송대 인종조에 유목이『역수구은』을 지어 구궁으로 「하도」를 삼고 5가 합치된 것을 「낙서」로 삼았는데 그 학문이 세상에 성행하였다. 같은 시대에 완일阮逸이란 자가 있었는데 은근히 그것을 배척하고자 하여『관자명역전』을 지어서 서로 그 명칭을 바꿨다. 계통(채원정)이 살피지 못하고서 참된 고서라고 여기고 마침내 이를 인용하여 '도십서구'의 증거로 삼았다. 계통은 논할 바가 없으나, 유독 괴이한 것은 주자가 평소에 '용도龍圖(진단의 저작으로 유전됨)'를 가서假書로 여기고 또『후산총담後山叢談』에 의거하여 '관역'이 완일의 조작이라고 깊게 믿었거늘, 여기에서는 계통의 설을 곡종曲從함은 무엇 때문인가?"[28]

---

27 "(關氏曰)河圖之文, 七前六後, 八左九右, 洛書之文, 九前一後, 三左七右, 四前左二前右, 八後左六後右."

이를 보면 『관자명역전』은 완일이 유목의 『역수구은도』의 '하락설'을 배척하기 위해 위작하였다는 것인데, 호위는 이에 대한 출처를 명시하지 않고 있어 또 다른 의문이 든다. 그러나 주자가 평소에 『관자명역전』이 위작이라고 여기고 있었다는 것은 『주자어류』에도 기재되어 있다.[29] 『역학계몽』은 주자 57세 때에 완성된 것이며, 『어류』의 기록은 그 이전 54-6세의 일이다. 따라서 주자가 『역학계몽』에서 『관자명역전』의 설을 인용한 점은 혹 위서라도 그 속에 나타난 사상 자체는 부인할 수 없으므로 그 점을 취하고자 한 것이 아닌가한다.

4) 소강절설

> 둥근 것은 성星이니 역기曆紀의 수가 여기에서 비롯된 것이로구나! 네모난 것은 토土이니 주州를 구획하여 정지井地(정전井田)로 나누는 법이 이것을 따랐으리라! 대개 둥근 것은 하도의 수이고 네모난 것은 낙서의 무늬이다. 그러므로 복희와 문왕이 이것을 따라 역을 만들고 우왕과 기자가 이것을 펴서 홍범을 지으셨다.[30]

주자가 소강절의 이 설을 인용한 것은 "하도는 원형이며, 낙서는 방형이다."라는 관점을 취하고자 해서이다. 즉 주자는 10수인 「하도」는 사각이 비어있어 원형을 이루고 9수인 「낙서」는 사각에 무늬가 있어

---

28 『易圖明辨』卷五「啓蒙圖書」, "宋仁宗朝劉牧著易數鉤隱, 以九宮爲河圖, 五合爲洛書, 其學盛行於世. 同時有阮逸者, 陰欲排之, 乃撰關子明易傳, 而兩易其名. 季通不察, 以爲眞古書也, 逐引爲圖十書九之證. 季通無論已, 獨怪朱子素斥龍圖爲假書, 又據後山叢談, 深信關易爲阮逸所造, 而於此則曲從季通之說, 何也."(中國四川, 巴蜀書社, 1991年.)

29 『朱子語類』卷六十七: "浩問: '李壽翁最好麻衣易, 與關子明易如何?' 先生笑曰: '偶然兩書皆是僞書. 關子明易是阮逸作, 陳無己集中說得分明. 麻衣易乃是南康戴主簿作.' 浩(57세)" 『朱子語類』卷一三八: "七書所載唐太宗李衛公問答, 乃阮逸僞書. 逸, 建陽人. 文中子玄經, 關子明易, 皆逸所作. 揚(54-6세)"

30 "(邵子曰)圓者星也, 曆紀之數, 其肇於此乎. 方者土也, 畫州井地之法, 其放於此乎. 蓋圓者河圖之數, 方者낙서之文. 故羲文因之而造易, 禹箕敍之而作範也."

방형을 이루는 것으로 여기고, 소강절의 관점을 '하십락구'설의 증거로 삼고자 한 것이다.[31]

이에 대해 호위는 "소강절이 도圖와 서書에 대해서 방方과 원圓으로만 말하고 9와 10을 말하지 않았는데, 채원정이 원성圓星으로 10과 도圖로 삼고 방토方土로 9와 서書로 여기자 주자가 이를 따르고 이르기를 '하도에는 사우四隅가 없으니 낙서에 비해 둥글다.'라고 하였다."[32]라고 하면서 상세하게 논증을 하고 있다.

이와 같이 주자가 『역학계몽』에서 '하십락구'설의 증거로 삼고자 제시한 네 가지 설은 후대에 명확한 증거가 없음으로 인해 회의의 대상이 되었다. 주자 또한 이 문제를 깊게 인식하고 있었다. 주자는 이에 대해 "『계몽』은 본래 배우는 자들이 「대전大傳」에서 말하는 괘획卦畫과 시수蓍數를 탐구하는 데에 지나치게 허황된 소리를 하지 않게 하고자 한 것이었다. 그러나 지금 보면 「하도」와 「낙서」를 논한 부분에서 또한 군더더기 말이 있음을 면하기 어렵다.[33]"라고 토로한 적이 있다.

그러나 만년에 『대대례』「명당」을 읽고 다시 『계몽』의 설을 견지하게 되었다. 이에 주장하기를 "세상에서 전하기를 1에서 9수까지 있는 것을 「하도」라 하고, 1에서 10수까지 있는 것을 「낙서」라 한다. 고대를 상고해 보면 바로 반대로 된 것을 알 수 있으니, 내가 『계몽』에서 상세히 변론하였다. 『대대례』 책을 읽다가 또 한 증거를 얻었는데, 그 「명당편」에 '이구사칠오삼륙일팔二九四七五三六一八'이란 말이 있고, 정씨鄭氏 주注에 이르기를 '구문龜文을 본받은 것이다'라고 하였다. 그런즉

---

31 『朱子語類』卷六十五: "圓者, 星也. 圓者, 河圖之數, 言無那四角底, 其形便圓. 淵(64세)"
32 『易圖明辨』卷五「啓蒙圖書」, "邵子之於圖書, 言方圓而不言九十, 蔡季通以圓星爲十爲圖, 方土爲九爲書, 而朱子從之, 謂河圖無四隅, 比洛書便圓."
33 『朱子大全』卷六十「答劉君房」, "啓蒙本欲學者且就大傳所言卦畫蓍數推尋, 不須過爲浮說. 而自今觀之, 如論河圖洛書, 亦未免有剩語."

한대 사람들도 진실로 9수로 되어 있는 것을 「낙서」라고 여긴 것이다.[34]"라 하였다. 이 글은 그가 세상을 떠나기 3년 전의 기록이니 만년의 정론이라 할 수 있다. 이는 주자가 평소 "하십락구"의 주장에 대해 얼마나 많은 고심을 하고 있었는지를 반증해 주는 것이다.[35]

호위는 『역학계몽』의 '하십락구'설에 대해 부정적 입장에서 다음과 같은 총평을 한다. 그는 "채원정이 도圖와 서書를 뒤바꾸고 공안국·유흠·관랑·소강절의 설을 끌어 자기 설의 증거로 삼았다. 기실 오직 공안국만이 「낙서」를 9수로 여겼고, 관랑의 도서圖書는 반대로 보면 다 같은 것이다. 유흠은 그 수를 말하지 않았고, 소강절 또한 단지 9를 서書로만 여기고 10을 도圖라고 여긴 적이 없다. 『본의』에 비록 이 도식이 실렸으나 결코 천하 사람들의 마음을 흔쾌히 복종시키지는 못하였다. 고로 여조겸呂祖謙이 주자와 친한 벗이지만 유목의 용도지학龍圖之學을 믿었고, 위료옹魏了翁이 주자를 사숙하였으나 또한 '9를 머리에 이고 1을 밟은 것[戴九履一者]'를 「하도」로 여겼다. 주원승朱元昇, 갈동수葛同叟, 이간李簡, 호일중胡一中 같은 사람들은 모두 주자보다 뒤에 살았으나 『계몽』을 따르지 않았다. 송말원초에 朱學주학이 성행하여 비로소

---

34 『朱子大全』卷八十四 「書河圖洛書後」, "世傳一至九數者爲河圖, 一至十數者爲洛書. 考之于古, 正是反而置之, 予于啓蒙辨之詳矣. 讀大戴禮書又得一證, 其明堂篇有二九四七五三六一八之語, 而鄭氏注云法龜文也, 然則漢人固以此九數者爲洛書矣."

35 이에 대해 호위는 정현이 일찍이 『대대례』에 대한 주를 가한 적이 없다고 반론을 제기하고 있다. "『대대례』「명당편」주에 이르기를 '구실九室을 쓰는데 구문龜文을 본받은 것이라 하니, 고로 이 수를 취하여 그 제도를 밝히는 것이다.'라고 하였는데, 주자는 정씨의 말이라고 여겼다. 여요余姚 황선생黃先生이 이르기를 '정현은 『소대례』에 주를 하였고 일찌기 『대대례』에 주를 한 적이 없다. 「예문지」에서 상고할 수 있으며, 지금 전하는 것은 후인들이 가탁한 것으로 매우 소략하여 정씨에게서 나오지 않은 것을 밝게 알 수 있다.-大戴禮明堂篇注云, 記用九室, 謂法龜文, 故取此數以明其制也. 朱子以爲鄭氏語, 余姚黃先生云, 鄭玄注小戴禮, 未嘗注大戴禮, 在藝文志可考. 今之所傳, 亦後人假託爲之也, 甚疎略, 不出於鄭氏明矣. 『易圖明辨』卷五 「啓蒙圖書」'"

『계몽』을 따르는 자가 있었으나 학경郝經, 유인劉因, 뢰사제,雷思齊는 오히려 그르다고 여겼다. 명의 중엽에 이르러 선비들이『정전』을 버리고 오로지『본의』만을 존숭하게 되자, 천하가 오직 그 책머리에 도서圖書가 수록되어 있다는 것만 알고 다시는 그 내력에 대해서 묻지 않게 되었다."[36]라고 말하면서, '하십락구'설의 후대 영향력을 밝히며 그에 대한 강한 부정을 하고 있다.

(2) 주문朱門의 '하십락구'설 제창의 주요 원인

『역수구은도』에서 '하구락십'의 도상이 제시된 후, 주자와 채원정이 이를 부정하고 '하십락구'설을 제창하면서, 후대에 두 파 사이에 시비논쟁이 진행되었다. 그 논쟁의 중점은 고대 문헌에서 확증할만한 근거 자료를 찾는 것이다 보니, 상대방에 대한 공격도 전거부족典據不足에 집중되어 있다.

위에서 고찰하였듯이 '하도'와 '낙서'를 언급한 고대문헌에는 그 형상이나 내용에 대한 설명이 없고,「월령」이나「명당」등은 후대의 도상을 가지고 역으로 추적하여 그 사상적 원류로 보는 것이었다. 따라서 명칭과 사상적 원류 사이에는 '명실부상합名實不相合'이라는 근원적인 문제가 내포되어 있는 것이다. 이런 까닭으로 '하구락십'설이나 '하십락구'설은 보는 견지에 따라 양시양비兩是兩非가 될 수밖에 없다. 이렇

---

36 『易圖明辨』卷五「啓蒙圖書」, "西山兩易圖書, 援孔·劉·關·邵, 以證已之說. 其實唯孔安國以洛書爲九數, 而關朗之圖書與所反悉同. 劉不言其數, 邵亦但以九爲書, 而未嘗以十爲圖也. 本義雖列此二圖, 終不能厭服天下之心. 故呂伯恭與朱子友善, 而信劉牧龍圖之學, 魏華父私淑朱子, 亦以戴九履一者爲河圖. 他如朱元昇·葛同叟·李簡·胡一中, 皆生於朱子之後, 而不從啓蒙. 宋末元初, 朱學盛行, 始有從啓蒙者, 而郝經·劉因·雷思齊猶以爲非, 逮明之中葉, 士子舍程傳, 而專宗本義, 天下於是惟知有卷首之圖書, 而不復問其所從來矣."

게 근본적으로 해결 불가능한 하락논쟁에서 주자의 문파는 자신들이 제시한 전거가 미약함에도 불구하고, 어째서 '하십락구'설을 강력하게 견지해야 했는지를 세밀하게 고찰해 볼 필요가 있다.

이 문제는 바로 하락논쟁의 발단을 제공한 채원정의 주장을 통해 어느 정도 그 해결점을 찾을 수 있다. 그의 해당 견해는 『주역전의대전』에 실려 있는데, 우선 그 전문을 수록하고 그 내용을 살펴보고자 한다.[37]

고금에 전해오는 기록에는 공안국과 유향부자[유향과 유흠]와 반고班固는 모두 "「하도」는 복희에게 주었고 「낙서」는 우에게 주었다."하였고, 관자명과 소강절은 모두 10을 「하도」라 하고 9를 「낙서」라고 여겼다. 대개 「대전大傳」에 이미 천지오십유오지수天地五十有五之數를 나열하였고, 「홍범」에 또 하늘이 우에게 「홍범구주洪範九疇」를 내렸다는 것을 분명히 말하였으니, 구궁지수九宮之數는 9를 위에 이고 1을 아래에 밟으며, 3은 왼쪽 7은 오른쪽에 있으며, 이와는 4는 어깨가 되고, 6과 8은 발이 되니 바로 거북 등의 형상인 것이다. 오직 유목의 의견이 9를 「하도」로 하고 10을 「낙서」로 여기며 희이希夷(진단陳摶)에게 나온 것이라 가탁하여 말하니, 이미 선유의 구설과 합하지 아니한데 또 대전을 인용하여 두 가지가 모두 복희의 시대에 나왔다고 하니 그 도서圖書를 바꾼 것이 결코 분명한 증거가 없다. 단지 복희가 도圖와 서書를 함께 취하였다고 말한 것은 (원래) 『역』과 「홍범」의 수가 진실로 서로 표리가 되는 것이니 의심스러운 것이다. 기실 천지의 이치는 하나일 따름이니

---

37 이 글은 본래 『역학계몽』에서 "蔡元定曰"이라 하여 주문注文에 있는 기록인데, 『주역전의대전』에서는 "西山蔡氏曰"로 본문에 표출되어 있다. 호위는 『역학계몽』은 채원정이 주자를 대신해 기고起藁한 것이므로 자신의 설을 감히 정문에 배열시키지 못하였으나 주자의 河圖洛書之象數는 실상 채씨가 정하였다고 주장한다.("右見『易學啓蒙』注, 季通爲朱子起藁, 故不敢列己說爲正文, 然朱子河圖洛書之象數, 實由季通而定."「啓蒙圖書」)

비록 시대는 고금선후로 같지 아니하나 그 이치는 두 가지가 될 수 없는 것이다. 그러므로 복희는 단지 「하도」만 의거하여 『역』을 지었으나 반드시 「낙서」를 미리 보지 않았더라도 이미 서로 합치되는 것이요, 대우가 단지 「낙서」만 의거하여 「홍범」을 지었으나 또한 반드시 「하도」를 추고해 보지 않더라도 이미 은연중에 부합하는 것이다. 그러한 까닭은 무엇 때문인가? 진실로 이 이치 밖에 또 다른 이치가 없기 때문인 것이다.

그러나 이와 같을 뿐만 아니라, 율려律呂에 5성五聲과 12률十二律이 있는데 그 상승지수相乘之數는 60에 이르고, 일명日名에 10간十幹과 12지十二支가 있는데 그 상승지수 또한 60에 이르니, 이 두 가지는 모두 『역』의 뒤에 나왔고 그 기수起數하는 것도 각각 다르나 『역』의 음양의 책수策數와 노소老少로 서로 배합되어 모두 60이 되는 것과 부절을 합한 것처럼 같지 않음이 없다. 그 아래로 운기運氣, 참동參同, 태일太一 등에 이르러서는 비록 말할 것이 못되나 또한 서로 통하지 않음이 없으니 대개 자연의 이치인 것이다. 가령 지금 세상에 다시 「하도」와 「낙서」가 나오더라도 그 수가 또한 반드시 서로 부합될 것이니, 복희가 오늘날에 그것을 취하여 『역』을 지었다고 이를 수 있겠는가? 「대전」에 이른바 '하출도河出圖, 낙출서洛出書, 성인칙지聖人則之'라고 한 것은 또한 성인이 『역』을 짓고 「홍범」을 지은 것의 근원이 모두 하늘에서 나왔다는 뜻을 범연히 말한 것이다. 예컨대 "이로써 복서卜筮하는 자는 그 점을 숭상한다."는 것과 "시초와 거북점보다 더 큰 것이 없다."고 말한 것과 같은 류이니, 『역』의 책에 어찌 거북과 거북점을 치는 법이 있겠는가? 또한 그 이치가 두 가지가 없음을 말한 것일 뿐이다.[38]

---

38 (西山蔡氏曰) 古今傳記, 自孔安國·劉向父子·班固皆以爲「河圖」授羲, 「洛書」錫禹 關子明·邵康節皆以爲十爲「河圖」, 九爲「洛書」, 蓋大傳旣陳天地五十有五之數, 洪範又明言天乃錫禹洪範九疇, 而九宮之數, 戴九履一, 左三右七, 二四爲肩, 六八爲足, 正龜背之象也. 唯劉牧意見, 以九爲「河圖」, 十爲洛書, 託言出於希夷, 旣與先儒舊說不合, 又引大傳, 以爲二者皆出於伏羲之世, 其易置圖書, 竝无明驗. 但謂伏羲兼取圖書, 則易範之數誠相表裏, 爲可疑耳. 其實天地之理 一而已矣, 雖時有古今先後之不同, 而

이 글은 크게 두 단락으로 전반부는 유목의 설에 대한 비판이며, 후반부는 자신의 견해에 대한 주장이다. 유목의 설에 대한 비판에 있어 앞부분은 고인의 설과 부합하지 않는다는 문헌적 비판이며, 뒷부분은 「하도」와 「낙서」가 서로 표리가 되는 하나의 이치라는 이론적 비판을 가하고 있다. 또 후반부는 위로는 율려와 간지에서 아래로는 운기, 참동, 태일 에 이르기까지 역리의 관통에 대하여 주장하고 있다.

즉 이 글의 주된 관점은 이치일관理致一貫에 두고 있으며 아울러 이치는 시대를 초월함을 강조하고 있다. 이 점은 바로 이일분수理一分殊의 이론모식으로 사상을 개진하고 있는 것으로, 바로 「하도」「낙서」이전에 역리가 만사, 만물에 관통하고 있음을 강조하고 이 역리를 채원정은 '자연지리自然之理'라고 하는 것을 볼 수 있다.

바로 이 자연지리를 체현하는 과정에서 주자 문파는 '하구락십'를 비판하고 '하십락구'를 주장하는 것으로 볼 수 있다. 물론 유목의 이론 역시 이 자연지리를 체현하는 것이지만, 리에 대한 인식과 체현 과정에서 양자 간의 차이가 드러나는 것이다. '하십락구'는 '낙서-구주'의 관계가 되어 자연스레 「낙서」는 9수로 연상되는데 '하구락십'에서는 이 상식적 인식에 모순이 드러나는 것이다. 또한 「하도」와 「낙서」가 복희 때에 함께 나왔다는 설에 대해 본래 둘은 서로 표리가 되는 것이기에

其理則不容有二也. 故伏羲但據「河圖」以作易, 則不必預見「洛書」, 而已逆與之合矣, 大禹但據「洛書」以作範, 則亦不必追考「河圖」, 而已暗與之符矣. 其所以然者何哉, 誠以此理之外, 无復他理故也. 然不特此耳, 律呂有五聲十二律, 而其相乘之數究於六十, 日名有十幹十二支, 而其相乘之數亦究於六十, 二者皆出於易之後, 其起數又各不同, 然與易之陰陽策數老少, 自相配合, 皆爲六十者, 无不若合符契也. 下至運氣・參同・太一之屬, 雖不足道, 然亦无不相通, 蓋自然之理也. 假令今世復有圖書者出, 其數亦必相符, 可謂伏羲有取於今日而作易乎, 大傳所謂河出圖, 洛出書, 聖人則之者, 亦汎言里人作易作範, 其原皆出於天之意. 如言以卜筮者尙其占, 與莫大乎蓍龜之類, 易之書豈有龜與卜之法乎, 亦言其理無二而已爾.

다른 시대에 각각 출현하였더라도 하나의 이치로 상통되는 것이라 주장하며, 이를 통하여 시대를 초월하는 이치일관을 더욱 강조하고 있다.

이로 보건대, 주자 문파는 '고문헌과 부합하지 않는다는 점', '낙서-구주관계의 상식적 인식에 대한 논리적 모순'을 들어 '하구락십'설을 비판하고, 이를 바탕으로 「하도」와 「낙서」는 시대를 초월하는 자연지리이며 이치일관으로 서로 상통하는 것을 강조하고 있음을 알 수 있다.

종합해 보면, 송대에 「하도」「낙서」의 출현은 천인합일天人合一을 체현하는 즉 천도와 인도를 관통하려는 이론모식으로 등장한 것이며, 단지 고대 정신적 유산의 재현이 아닌 것을 알 수 있다. 따라서 주자 문파의 입장에서는 '하십락구'의 모식이 비록 전거확립에 다소 결핍성을 내포하고 있지만, 그들의 성리 사상과 이론을 개진하는데 있어 매우 적합하였기 때문에 그러한 입장을 강력히 견지한 것이라고 볼 수 있다.

4. 「하도」「낙서」도상 출현의 의의

송대에 「하도」「낙서」의 출현은 '역도학易圖學'이라는 새로운 학문 분야와 '상수학象數學'이라는 새로운 학풍을 흥기시키며 그 영향이 오늘날까지도 지대하게 미치고 있다. 그러나 그 연원 방면에서는 후인들이 권위를 신장시키려고 가탁하는 경우가 심하여 그 본연의 가치에 오점을 남기고 있다. 주진이 그 대표적인 경우로 3종 역도의 '진단유래설'을 주장하여 그 영향 역시 아직까지도 남아 있다. 특기할만한 것은 고대의 문헌에서 「하도」「낙서」에 대한 언급이 있는 곳과 사상적 원류를 볼 수 있는 곳에서 전혀 상관성을 찾을 수 없는 점이다. 이 점이 바로 그 진위시비를 더욱 가중시키는 근본적인 원인이 되었다. 『역수구은도』

의 유행은 바로 '역도학'과 '상수학'을 흥기시키는 초석이 되었으나, 그 연원과 작자 문제는 지금까지 논쟁의 대상이며, 특히 이 책에서 제시한 '하구락십' 도상은 『역학계몽』의 '하십락구'도상이 출현 후 '하락논쟁'의 대상이 되었다. 결국 '하십락구' 도상은 그 후 이학전성시대가 도래하면서 「하도」 「낙서」의 정종正宗으로 공인되었다. 따라서 송대의 이학은 유래없는 역사적 영향을 끼쳤으나 그 가운데는 이러한 신 학풍의 역학이 핵심을 이루고 있는 것이다. 역학발전사상 송대의 특징은 '역학의 哲理化철리화'라고 할 수 있다. 그 도상학의 발전 역시 도상으로 역리를 발휘하고자 한 것으로, 팔괘와 64괘의 방위배열에서 천지지수天地之數·대연지수大衍之數·하락지수河洛之數에 이르기까지 일관되게 역리로 드러내는 것이었다. 특히 송역宋易의 단서는 멀리 거슬러 가지만 「하도」 「낙서」로 파생되는 도서학은 송인들의 창조라고 해도 과언이 아니다. 이러한 송역의 영향 하에 후대의 역학은 급속히 팽창하였으며, 현재는 최첨단 과학과 역학을 결합시키는 연구가 진행되고 있다.

『정몽』「삼양」편에 보이는 장재의 천지관 및 천체운행 논의의 이해와 그에 대한 왕부지의 해석*
- 천체력 기년원리 궁구 과정의 첫 번째 발걸음【2/3】 -

서정화

한대를 전후하여 만들어진 '천체력에서의 간지 기년 원리'에 대한 지금까지의 선행연구는 거의 없다. 이 분야에 대한 단초를 찾아보고자, 본 논의에서는 천도에 대한 논의가 펼쳐진 장재의 천지관과 천체운행에 대한 핵심적 논의를 일별하여 보았다. 그에 대한 설명서로서 왕부지의『장자정몽주』도 함께 살펴보았다.『정몽』「삼양」편에 보이는 천지의 구조 및 천체운행 논의를 통해 장재가 주장하고자 한 핵심은, 바로 '일월오성이 천天에 비해 비록 그 속도는 다소 늦더라도 천체가 가는 길[天道]을 순종하듯 잘 따라감'이었다. 논의 과정에서 장재가 지전설을 주장한 것이라는 왕부지의 착해錯解가 있었음을 확인하였다.

1. 시작하는 말

'천天이 성性으로써 한 것은 천도를 통해서 모두 다 통찰할 수 있다. 그러므로 각자의 개별적으로 품부 받은 기氣가 혼매한지 명철한지를

---

* 서정화(동방문화대학원대). 이 글은『유학연구』47(2019. 05.)에 동일한 제목으로 게재하였음을 밝혀둔다.

가지고, 천이 인간에게 부여한 그 본연의 성을 가리지는 못한다. 천이 명命으로써 한 것은 인간에게 부여된 그 성을 통해서 모두 다 통찰할 수 있다. 그러므로 어쩌다 우연히 만난 요행이나 불행으로, 천이 인간에게 부여한 명을 없앨 수는 없다.' 장재(1020~1077) 말의 요지이다.[1] 말하자면 다음과 같다. 개개인의 타고난 우열이나 행·불행에 상관없이, 쉼 없이 강건한 천의 운행인 '천도'를 통해서, 바로 천이 부여한 그 절대적으로 선한 본연의 '성'이 인간에게 내재하고 있음을 알 수 있다. 더 나아가, 바로 그 성이 있음을 통해서 인간에게 부여된 '천명'이 무엇인지를 통찰하여 알 수 있다는 말이다. 자연 상에서의 천의 운행과 인간 본연의 성을 서로 결부시키고, 초월적이고도 절대적인 가치로서 승화시켜서 바라보는 횡거의 이와 같은 주장은, 이후 송명 리학 천도관의 시발점이 되었다고 한다.[2]

---

1 『正蒙』「誠明」, "天所性者通極於道, 氣之昏明不足以蔽之, 天所命者通極於性, 遇之吉凶不足以戕之. 不免乎蔽之戕之者, 未之學也. 性通乎氣之外, 命行乎氣之內. 氣無內外, 假有形而言爾. 故思知人不可不知天, 盡其性然後能至於命. 知性知天, 則陰陽鬼神皆吾分內爾."
『정몽』을 통해 역설하였던 '蒙함을 바로잡는' 길이 무엇인지가 일별되는 대목이다. 장재가 주된 관심사로 탐구하고자 한 것이 이처럼 인간의 문제에 대한 해명이었기는 하지만(박경환, 「張載의 氣論的 인성론에 관한 연구 - 天地之性과 氣質之性 개념의 분석을 중심으로」, 『중국철학』 8, 중국철학회, 2001, 148쪽) 그와 같은 '본원적 자아에 대한 깊은 통찰과 자각'의 당위성은 바로 그가 지닌 우주론적 세계관을 통해 접근되고 있다. 그것은, 천체운행이라는 가시적인 자연현상과 결부시킨 우주[天]의 형태적 구조 및 그 소재에 대한 장재 나름의 확신적 관념을 기본적인 사유 기반으로 전제한 것이다. 도입부에 해당하는 「태화」 및 「삼양」편에서 서술된 횡거의 우주론적 관점과 천체에 대한 탐구는 인성론을 펼치기 위한 서론일 뿐이지만, '인간의 正蒙'에 대한 토대라는 점에서 그 자체의 충분한 중요성이 있다고 할 만하다. 본 논문에서는, 장재 우주론 중에서 그 일부인 '천체운행에 대한 관념' 부분으로 한정하여 논할 것이며, 『정몽』의 핵심적인 논설인 천도와 순선한 도덕성의 유비추리적 이해 및 수양론 등에 대한 접근까지 이루어지지는 않음을 먼저 밝힌다.
2 양승무는, 성리학자들이 공통적으로 인식하고 있었던 '천도성명 상호관통' 명제의 이론 정립을 장재 『정몽』으로부터 찾고 있다.(梁承武, 「張橫渠 『正蒙』의 天道論 연

진·한대를 전후하여 진행된 천도 관련 논의는, 이처럼 장재 이후에 더욱 심오하게 철학적·형이상학적으로 도덕관념화되는 양상을 보이는 데, 성리학에서 천도 사상이 중요한 위치를 차지하게 된 이상, 천의 운행 길인 천도에 대한 수많은 논의가 있게 됨은 자연스러운 수순이었을 것이다.

후한대 이래로 정착되어 쓰이기 시작하였던 전통 책력에서의 연월일시 간지 기호는, 『황제내경』으로 대표되는 고대의 전통의술 분야는 물론, 점술·명리 등의 각종 의사과학적擬似科學的 술수 분야에서의 길흉화복 예단 지표였다. 그리고 그 간지 책력에서의 지지 부분만큼은, 연[歲]의 경우 목성의 주천 운행에 의해, 월月: month의 경우는 태양의 운행에 의해, 그리고 시의 경우 지구의 자전[3]에 의해, 시시각각의 시간적 상황을 기호로써 나타낸 것이다.[4] 태양과 목성의 운행일지가 동시에 기준이 된다는 점에서, 이 간지 책력은 천체력이기도 하다.

태양의 운행과 지구의 자전은 양력으로 만 1년과 하루 24시간을 나타내기 때문에 책력으로서의 명과 실이 상통하지만, 목성의 운행에 의해 세명歲名이 정해졌던 처음의 책력법에 있어서는, 해가 거듭될수록 점점 더 틀어지는 속성이 있다.[5] 천체력의 기년 원리에 대한 고찰의 필

구」, 『유교사상연구』 21, 한국유교학회, 2004.)

3 지구의 자전에 의한 '만 하루'는 先人들에게 있어서 "天行一周而一度[天의 운행은 (하루에) 한 바퀴를 돌고 1도를 (더) 간다.]"라는 표현으로 서술된다. 24시간이 흐르는 동안 태양이 서에서 동으로 1도를 이동했기 때문에 이와 같은 표현이 있는 것이다.

4 이렇듯 간지 책력에서 지지의 구성은 알 수 있지만, 천간 기호가 형성된 합리적인 원리는 아직 밝혀진 바 없다. 이것은 천체력 기년원리 궁구 과정에서 가장 어려운 숙제가 될 듯하다.

5 이에 대한 논의는, 지난 동양고전학회 2018년 하계학술대회(8월 24일/동양고전학회, 한서대학교 동양고전연구소 공동 주최)에서, 「秦漢代 전후의 天體曆 紀年 원리 고찰의 필요성」이라는 논제로 발표 및 토의된 바 있다.

요성은 바로 그에 따라 제기된 것이다. 다시 말해 그것은, 사실상 현재의 간지 연명[歲名]이 이미 특정의 규칙성을 벗어난 상대임이 논증된 상황에서, 이 우연성에 입각한 연의 간지 부호를 가지고 수백 년, 나아가 수천 년 전에 형성된 이론에 대입시켜서 길흉화복을 예단하는 것이, 과연 어느 정도의 유용성을 담보할 수 있는지에 대한 회의로부터 시작된 것이다.[6]

이후의 연구에서 가야할 길은, 우선은 고대 천체력으로 기년한 그 원리를 확인하고 분석할 수 있는 일말의 실마리를 탐색하는 과정이 될 것이다. 그러나 선행연구를 거의 찾을 수 없다는 점에서 그것의 단초를 찾는 것은 그리 녹록해 보이지 않는다.

'천체력 기년원리 궁구 과정의 첫 번째 발걸음'이라고 한 본 글의 부제가 말해주듯, 이번의 고찰에서 가고자 하는 방향은 선인들의 천지관 및 천체운행의 여러 논의들에 대한 심찰審察이다. 일단, 비록 관련성이 적어 보이더라도 천체운행을 논한 기록들 속에서 무엇인가를 찾을 수 있기를 바라는 희망을 품어보며, 본 글에서는 천도에 대한 논의가 펼쳐진 성리학에서의 특히 장재의 그것을 중심으로 일별해 보고자 한다. 장재는『정몽』「삼양」편 앞부분에서 천지의 구조와 천체 및 그 운행에 대해 추상적이기는 하지만 비교적 상세하게 다루고 있다. 장재의 그것을 보다 명확히 이해할 수 있는 방편으로서 왕부지(1619~1692)의 『장자정몽주』를 함께 살펴볼 것이다.[7]

한편, 본 글에서의 모든 원문 자료들에 대한 분석에서 해석상의 착오를 최소화하기 위해 한문 용어를 가급적 그대로 사용하고 직역에 충

---

6 서정화,「漢代 이전에 형성된 天體曆 紀年 원리 고찰의 필요성에 대한 小論」,『동양고전연구』72, 동양고전학회, 2018.
7 본 글은 '고대 중국에서 형성된 天體紀年曆에 대한 근원적 원리 고찰'을 위한 첫 번째 발걸음이라는 작은 시작으로서의 의미가 있다.

실하고자 한다. 아울러 보다 명확한 의미 전달을 위해 필요하다고 생각
되는 부분에는 소괄호'( )'로 보충 의역 처리를 한다.

2. 삼양의 정의

『정몽』「삼양」편에서는 천과 지의 구조 및 천체운행에 대한 장재의
관념을 엿볼 수 있다. 그런데 이 편명에서 말하는 삼양參兩이란 정확히
무엇을 의미하는 것일까? 본격적인 논의를 진행하기에 앞서 우선 그것
을 확인해 볼 필요가 있어 보인다. 아래는 삼양의 정의를 확인할 수 있
는 장재의 글이다. '삼參'과 '양兩'을 따로 구분하여 논하고 있다.

> 지地가 양兩으로써 한 방법은, 강유와 남녀를 분류하여 그것을
> 드러내었으니 법法인 것이다. 천天이 삼參으로써 한 방법은, 태극
> 을 하나로써 하고 의儀: 兩儀를 양으로써 하여 그것을 상象으로 표
> 현하였으니, 성性인 것이다. 하나의 물物 (즉, 태극)에 두 체體 (즉,
> 양의)는 기氣인 것이다. (태극을) 하나로써 하였기 때문에 신묘[神]
> 하고, (양의를) 양으로써 하였기 때문에 변화[化]하였다. 이것이 천
> 이 삼參으로써 한 방법이다.[8]

즉, 지地를 대변하는 양은 강유·남녀 그리고 한서寒暑·한수旱水·산
고수저山高水低 등등과 같은 상대적 관계로 나뉠 수 있는 지상에서의
자연법칙[法]을 말하는 것이고, 천天을 대변하는 삼은 신묘함[神]의 영
역인 태극과 만물 변화[化]의 영역인 양의를 모두 아우르는 것이다. 천

---

8 『正蒙』「參兩」, "地所以兩, 分剛柔男女而效之, 法也. 天所以參, 一太極兩儀而象之,
　性也. 一物兩體, 氣也. 一故神, 兩故化. 此天之所以參也."

에 대해 횡거는 이처럼 하나의 태극과 둘의 양의를 아울러 삼이라 표현하고 있는데, 황종원의 논의를 통해 보나 명료하게 설명한다면 다음과 같다. 즉, 장재에게 있어서 천인 태허는 "아직 음과 양의 두 기운으로 분화되지 않은 혼연한 기운"으로, 앞으로 그 '음과 양으로 분화될' '잠재적인 양체'를 자신 안에 지니고 있으며, 따라서 태허는 "하나이면서 동시에 둘"인 것이 된다.[9]

결국 삼이란, 셋이라는 수량을 말하는 것이 아니라, (지와 같은, 구체적인 형성화가 이루어진 양으로써 하는 단계, 그 이전,) '양의화兩儀化의 가능성'과 '그것을 내포하고 있는 일태극'을 아울러 말하는 것이다. 이는 즉, '온갖 만물로 승화될 수 있는 그 가능성 상태' 정도로 이해된다.

다음 장에서는 「삼양」편에 수록된 천지와 천체에 관한 장재의 논의를 고찰하고, 그것의 이해를 위한 보충 자료로서 왕부지의 설명을 아울러 살펴보겠다.

3. 「삼양」편에서의 천지 논의와 왕부지의 주해

천체운행에 대한 이해를 돕기 위해, 그 운행 방향 표현에 대한 개략적인 정의는 이렇다. 고전 원문에서 흔히 접할 수 있는 '천도좌선天(道)左旋, 일월우행日月右行'이란 표현에서,[10] 좌선의 의미는 '좌측「에서」 선

---

9 황종원, 「張載의 太虛와 氣개념에 대한 고찰」, 『동서철학연구』 23, 한국동서철학회, 2002, 215쪽.
10 『白虎通德論』「三正」, "天道左旋, … 日月右行.";『論衡』「說日」, "天左行, 日月右行.";『朱子語類』卷2,「理氣 下」〈天地 下〉, "間, '天道左旋, 自西而東. 日月右行, 則如何.'[陳淳(陳安卿, 北溪陳氏)]";〈天地 下〉, "間, '經星左旋, 緯星與日月右旋, 是否.'

회한다'이며, 마찬가지로 우행은 '우측「에서」 간다'가 된다. 아울러 이 좌와 우는 단순히 기준자의 좌측·우측을 말하는 것이 아니라, 남면한 상태에서의 방향을 말하는 것이다. 즉, 좌는 동쪽을, 그리고 우는 서쪽 을 가리킨다. 따라서 좌선은 '좌(=동)에서 선회함'이니, 천체의 선회 그 자체와 동일 방향 회전이 되며, 우선 내지 우행은 '우(=서)에서 선회함' 이니, 역천방향 진행이 된다.[11]

1) 일월오성과 천지와의 관계

아래는 천지의 구조와 천체운행에 대해 논하고 있는 장재의 글 원문 과 필자가 정리한 해석문이다. 두 문장의 상호 비교를 위해 인용문에서 병렬한다.

▪ 『正蒙』「參兩」편 원문〈A〉:

地, 純陰凝聚於中, 天, 浮陽運旋於外. 此天地之常體也. 恒星, 不動, 純繫乎天, 與浮陽運旋而不窮者也. 日月五星, 逆天而行, 幷包乎地者也. 地在氣中, 雖順天左 旋, 其所繫辰象, 隨之稍遲, 則反移徙而右爾. 間有緩速不齊者, 七政之性殊也. 月 陰精, 反乎陽者也, 故其右行最速. 日爲陽精, 然其質本陰, 故其右行雖緩, 亦不純 繫乎天, 如恒星不動. 金水附日, 前後進退而行者, 其理精深存乎物感, 可知矣. 鎭 星地類, 然根本五行. 雖其行最緩, 亦不純繫乎地也. 火者亦陰質爲陽莘焉, 然其氣

[沈僩(沈杜仲·莊仲)]"; 王應麟(宋), 『六經天文編』 卷上, 「天道/易」 〈八卦納甲〉, "趙氏 曰, '天道左旋, 日月右轉. 兩曜行天若….'"; 卷下, 「天道/春秋」 〈北陸西陸〉, "呂氏曰, 天道左旋, 日月右行."; 趙友欽(元), 『革象新書』 卷1, 「天周歲終」, "舊云, '天道左旋, 日 月右轉'"; 朱載堉(明), 『律曆融通』 卷4, 「黃鍾曆議 下」 〈交道〉, "天左旋, 日月右轉. 其 所行…."; 毛奇齡(淸), 『尙書廣聽錄』 卷1, "天文家皆言, '天左旋, 日月右轉.'"

11 서정화, 「古典에 보이는 천체운행 담론 분석을 통한 日月五星의 順天·逆天 표현 일 고찰 - 天體曆 紀年原理 궁구 과정의 첫 번째 발걸음[1/3]」, 『동양고전연구』 74, 동 양고전학회, 2019.

比日而微, 故其遲倍日. 惟木乃歲一盛衰, 故歲歷一辰, 辰者日月一交之次, 有歲之
象也.

▪ 해석〈A〉:

지地는 순전한 음기[純陰]가 중심으로 응결되어 모인 것이고, 천天은 떠다니는 양기[浮陽]가 바깥쪽에서 운행하며 도는 것이다. 이것은 천과 지의 통상적인 본체이다. 항성은 움직이지 않으면서 천에게 순전히 매달려[純繫] 있는데, (천天의) 떠다니는 양기와 더불어 운행하며 돌면서 무궁한 것들이다. 일월오성이 천을 거슬러서 가는 것은 지에 모두 휘감겨[包] 있기 때문이다. 지는 기氣[12] 속에 있는데, ('그 지의 기가') 비록 순천順天하여 좌선左旋하지만, 그것('지기')이 (일월오성이 지나다니는 별자리의 상象인) 신상辰象을 매달고[繫] 있는 바가 이것('천')을 좇아감이 조금씩 더딘 것이니, 즉 옮겨짐이 기울어져서 (역천방향 선회인) 우선右旋되었을 뿐이다. 그중에 완·속이 가지런하지 않은 경우들이 있으니, 칠정[七曜: 日·月·五星]의 성성性들이 다르기 때문이다. 월月: the Moon은 음정陰精이라 양과는 반대되는 것이다. 그러므로 그것이 우행右行: 逆天하는 속도는 가장 빠르다. 일日: the Sun은 양정陽精이라기는 하지만 그것의 본질은 음이기 때문에, 그 우행이 비록 느리기는 해도 순전히 천에게 매달려 있지는 못하니, 항성처럼은 이동하지 못한다. 금성과 수성이 일에 붙어서 (일을) 앞서거니 뒤서거니 전진하고 후퇴하며 운행하는 것은,[13]

---

12 여기서의 '氣'와, 떠다니는 陽氣 즉 浮陽으로서의 天은 반드시 서로 구분해서 보아야 한다. 전자의 氣는 地의 氣 즉, 地氣를 말함이다. 장재의 논의에서 이것은 陽氣로만 이루어진 天과 陰氣로 고체화된 地 사이에 분포되어 있는 것들이다.

13 금성과 수성 역시 다른 행성들과 똑같이 태양의 둘레를 공전하는 존재들이지만, 그것들은 內行星들이기 때문에 지구에서 보았을 때 태양 주변에서 365일 동안 태양과 함께 땅을 一周하는 것처럼 보이게 된다. 天體와 七曜가 땅을 중심으로 회전한다는 입장에 있었던 오랜 세월동안의 선인들은, 당연하게도 그 두 행성의 공전 운행 기간이 태양의 1周天 기간보다 훨씬 짧다는 것을 상상도 할 수 없었을 것이다.(※ 참고로, 금성과 수성의 공전 주기는 각각 약 225일과 약 88일 간이다.)

그 이치의 정심精深함이 사물의 감응함에 존치되어 있음을 알 수 있을 것이다. 진성鎭星: 토성은 지와 동류이지만 오행(의 속성)을 근본으로 한다. 비록 그것의 (역천하는) 운행이 가장 느리기는 해도, 역시 지에 순전히 매달려 있지는 않는 것이다. 화성이라는 것도 음질이면서 양陽이 거기(음질)에 췌집되어 있지만, 그것의 기氣: 양기가 일과 비교해서 미미하기 때문에 그 (역천하는 운행의) 더딘 속도가 일에 갑절이다.[14] 오직 목성(의 주천周天 운행)이라야 한 해[歲]가 (봄·여름의) 성함과 (가을·겨울의) 쇠함을 한결같이 하게 된다. 그러므로, 한 해에 1신辰씩 지나가는데, 신이라는 것은 일·월이 (약 한 달에) 한 번씩 교차하는 자리이니, 세歲의 상象을 지닌 것이다.

위의 글을 면밀히 분석하여 정리하면 다음과 같다.

㉮ 지는 순음이 응결되어 단단하게 덩어리진 것이다. 천은 가볍게 떠다니는 양기[浮陽]로 이루어진 것이고, 동시에 일정한 속도의 좌선左旋운행을 한다. 한편, 여기에서 지의 운동성에 대해서는 따로 논하지 않았는데, 이는 적어도 회전운동에 있어서 지의 부동성을 전제한 것이다.

㉯ '항성'은 천에 '순전히 매달려'[純繫] 있다. 따라서 항성은 천과 완전히 동일한 속도로 좌선하게 되며 그것들의 개별적 운동성은 존재하지 않는다.

㉰ '일월오성'은 천에 매달린[繫] 상태가 아니라, 지에 휘감겨[包] 있는 상태이다. 그러므로 원래 그것들은 우선도 좌선도 하지 않는

---

14 태양이 逆天일주(公轉)하는 기간인 약 365일에 대해, 화성의 공전 주기는 약 687일로, 그 역천 운행이 日보다 대략 두 배 정도 느리다. 따라서 화성의 운행을 역천 운행으로 기준하면 당연히 日보다 두 배 더딘 속도가 된다. 반면에 순천 운행을 기준해서 표현하게 되면 화성이 日보다 더 빠른 존재가 된다.

지와 똑같이 정지되어 있는 (즉, 선전旋轉 운동이 없는 상태의)
것들이'었'다.

㉣-1) 지에는 그것을 둘러싸고 있는 '기氣: 地氣'가 있는데, 그것의
순천하는 속성 때문에 기본적으로는 천과 동일한 속도로 좌선한
다. 여기서 좌선한다는 것은 지가 아니라 지기[15]이다. 지와 지기
는 하나가 다른 하나 속에 있을 뿐, 서로에게 매달려[繫] 있지도,
또 휘감겨[包] 있지도 않은 상태이기 때문에, 선회운동에 있어서
서로에게 영향을 주지도 받지도 않는다. 위 글에서 지기의 성분
에 대해 따로 언급하지 않았지만, 지의 순음과 천의 양기인 부양
浮陽 사이에 있는 것이니, 지기는 음기와 양기가 뒤섞여 혼합된
상태를 상정한 것이라고 판단한다.

㉣-2) 그런데, 일월오성이 지나다니는 자리의 상이라고 하는 '신상辰
象'을 매달고[繫] 있는 지기 부분만큼은 순천하여 좌선하는 속도
가 천을 완벽히 따라잡지 못하고 다소 더딘데, 그 이유는 다음과
같다. 순천 회전하지 않는 부동의 지에 일월오성이 휘감겨 있기
때문에, 그것들의 전용도로라 할 수 있는 신상이 매달려 있는 부
분의 지기는 다른 부분의 지기에 비해서 좌선 속도가 느려진 것
이다.

㉣-3) 일월오성의 소속 처는 (항성을 매단) 천도 아닐 뿐더러, (일명
'일원오성의 전용 도로'[辰象]를 매단) 지기도 아닌, 바로 지이다.

㉣-4) 일월오성이 순천 좌선하는 지기에 이끌려 좌선을 하고는 있지
만, 그것들이 천의 좌선 속도를 따라잡지 못하는 현상을 '일월오

---

15 필자는 '地의 氣'를 天의 浮陽한 陽氣와 구별하여 표현하는 수단으로 '(地)氣'라고
명명하여 서술하였는데, 장재의 그 뒤에 이어지는 문장에서는 이것을 '地氣'라고 분
명히 명시함을 볼 수 있다.

성이 천을 거슬러서 운행한다.'는 것으로 표출되었다.

그런데 사실상, 역행은 아니더라도 일월오성의 속성은 '순천이 아님'은 분명하다. 즉, 순천운행하는 것은 지기일 뿐이고 지와 일월오성은 그 움직임에 있어서 순천하는 존재가 아니다. 다만, 일월오성은 지와 천의 중간에서 천을 따르고자 하는 '지기에 이끌려' 저마다의 속성에 따른 각기 다른 속도로 끌려 다니는 것일 뿐이다. 이를 통해 장재는 기를 매개로 해서 일월오성 역시 순천 좌선 하는 존재들이라고 말하고 싶었던 것이다.

㉤ 일월오성 각각은 저마다 지기에 끌려 다니는 속도의 차이가 있다. 그 차이가 발생하는 이유는 다음과 같다.

㉤-1) 월月: the Moon의 역천 우행 속도가 가장 빠르다는 말은, 반대로 그것의 순천 속도가 가장 느린 것이다. 월이 그렇게 된 이유는 그것이 음정陰精이기 때문이라고 장재는 생각하였다. 즉, '순음이 응결되어 모인' 지와 그 속성이 가장 유사하기 때문에, (순천하여 좌선함과는 반대로) 지의 부동성 쪽으로 향하려는 속성이 강하게 작용한 것이다.

㉤-2) 일日: the Sun은 비록 본질이 음이기는 해도 양정陽精이기 때문에, 지의 부동성 쪽으로 향하려는 그 우행으로의 역행 속도가 월보다는 느리다.

㉤-3) 금성과 수성이 일의 지근에서 운행하고 있는 것에 대해 사물의 감응[物感]이라고 하였다. 이는 장재가, 오행 중 음陰성이 강한 금金과 수水가 양정인 일의 가까이에서 운행하는 것을, 음이 양에 감응하여 가까이 하는 것으로 판단한 듯하다.

㉤-4) 토성은 지와 동류인데, '특이하게도' 지의 부동성 쪽으로 향하려는 역천의 속도가 가장 느리다.

㉺-5) 화성의 경우는 그 양기가 일보다 훨씬 적지만, 그 좌행 순천 속도는 일에 갑절이다. 즉, 지의 부동성 쪽으로 항하려는 역천의 속도가 일보다 두 배 느리다.

㉺-7) 목성의 12년 걸리는 역천 일주 운행 기간은, '봄·여름의 만물이 무성해 감'과 '가을·겨울의 만물이 쇠락해 감'이라는 제때 맞는 각각의 절기들을 매 해의 책력 상에서 일정하게 해주는 역법 적曆的 기준 역할을 해준다.

위의 '㉮'부터 '㉺-7)'까지 정리한 것에서 볼 수 있듯, 장재는 지의 회전운동을 전혀 언급하지 않았다. 필자가 군이 이것을 지적하고자 하는 이유는 다음과 같다. 바로 "일월오성이 천을 거슬러서 가는 것은 지에 모두 휘감겨[包] 있기 때문이다."[16]라는 장재의 주장에 대해 논하고 있는 왕부지의 부가설명 때문이다. 그는 『장자정몽주』에서 다음과 같이 말하고 있다.

〈a′〉
'(일월오성이) 지에 모두 휘감겨[包] 있음'은, (일월오성이) 지의 밖에 처해 있으면서 (지에 휘감김으로써) '지와 더불어' 체體가 되면서 '동전同轉'함을 말한 것이다. 경성經星을 천에 부속시키고, 칠정七政: 일월오성을 지에 부속시킨 것은, 장재의 창의적인 설이다.[17]

이 글에서 왕부지는 일월오성이 지와 함께 동전同轉하는 '지의 회전

---

16 "日月五星, 逆天而行, 并包乎地者也."
17 『張子正蒙注』 卷1, 「參兩篇」, "并包乎地, 言, 居地之外, 與地爲體而同轉. 以經星屬天, 以七政屬地, 乃張子之剏說."

운동'을 말하고 있는데, 사실상 이는 장재 시대의 천체운행 관념에 있어서 어떠한 상황을 상정하여 말하고 있는 것인지 언뜻 이해하기가 쉽지 않았다. 일단, 지의 회전운동을 말하면서 천과 지의 동일 방향 회전을 상정할 수는 없을 터인데, 왕부지가 지의 좌선 혹은 우선 운동 중 어떤 것으로 생각하였는지는 그의 다음 글에서 다시 살펴보겠다.

다만 위 장재 글에 대한 왕부지의 독특한 관법을 가지고, 원저자인 장재가 동양인으로서는 상당히 독창적인 '지구의 자전'을 주장한 것이라고 보아서는 안 된다. 이러한 주석이 나오게 된 것은, 왕부지가 당시 이미 중국에 전해진 서구의 우주관을 접하였고,[18] 그에 대한 선입견을 가지고 장재의 글을 해석하였다고 추정하는 것이 보다 납득할 수 있는 말이 된다.[19] 지구의 자전설은, 일단 지가 구형[球]임을 전제하고, 아울

---

18 왕부지(1619~1692)가 활동했던 시기는 중국에 서양의 천동설을 소개한 마테오 리치(Matteo Ricci, 1552~1610) 이후의 기간이었다. 물론 리치가 포교용으로 들고 왔던 천동설에는 지구의 자전운동 이론이 있을 여지는 없지만 적어도 땅의 구형설인 地球說은 포함되어 있었고, 또 계속해서 꾸준히 서양 천문 지식이 西勢東漸의 기류를 타고 밀려들고 있었던 중국에서, 코페르니쿠스(1473~1543) 이후의 급속히 발전하는 천문학의 갱신된 이론들을 어느 정도의 시차를 두고 접하고 있었을 가능성은 농후하다.

19 왕부지의 해석은 자칫 지구의 자전설[地轉說]을 염두에 두고 말하는 것처럼 보이기 때문에, 장재의 천론에서 지전설의 주장이 포함되어 있다는 오인을 불러올 수 있다. 이러한 오인의 가능성은 이미 은석민의 논의에서도 발견되는 것이다.(殷哲玟, 「『黃帝內經』과 宣夜說의 관계에 대한 연구」, 『대한한의학원전학회지』 22-1, 대한한의학원전학회, 2009, 19-20쪽) 은석민은 또 石雲里를 인용하면서 地의 자전운동 주장이 이미 한대 이전부터 있어왔다는 논의까지 펼치고 있다. 그 주장의 근거로 『백호통의』와 몇몇 緯書 등의 기록들을 예시로 들고 있는데, 비교적 쉽게 접할 수 있는 문헌에서 그와 같은 논의의 흔적을 살펴보겠다.
　『백호통의』 「天地」편에는 "天道所以左旋, 地道右周何. 以爲天地動而不別, 行而不離. 所以左旋·右周者, 猶君臣·陰陽相對之義."라는 글이 보인다. 이는 天과 地가 君·臣이나 陰·陽 등과 같이 서로 상대적 관계라는 점을 논변하기 위해 서술한 것일 뿐, 지의 자전을 주장하고 있는 것이 결코 아니다. 거기서 말하고 있는 '天道의 左旋'은, 日·月을 포함한 하늘의 온갖 별들이 東에서 西로 운행하는 현상을 가지고 말한 것이고, '地道의 右周'는, 江水와 河水 그리고 淮水와 같은 地의 大水들이 西에

러 천동설을 철회한 지동설의 입장에 있을 때에만 가능한 이론이 되기 때문이다.

어찌 되었든 장재 본인이 주장한 '일월오성을 매달아서 그것들을 회전하게 하는 동력'은, 왕부지가 생각한 것과 같은 지가 아니라, 바로 지와 천 사이에서 순천 좌선하고 있는 '지기'이다. 계속해서 왕부지의 해석이다.

〈a″〉

'별자리의 상[辰象]을 매단 것'은 일월오성을 일컫는 것이다. 칠정이 천을 좇아가면서 좌선함은, 더딘 것 때문으로 해서 우전右轉되는 것으로 보인다. 장자는 책력전문가[曆家]의 설을 완전히 깨뜨렸는데, 어느 쪽이 옳은지 아직 탐문하지는 않았다. 그런데, '지 역시 움직이면서[動] 순천하여 선회함'을 말한 것에는, 지가 선회하지 않음이 명백하여 쉽게 보이는데, (그 견해를 수용하기에) 살짝 편치 않는 바이다.[20]

여기서 볼 수 있듯, 왕부지는 '장재가 지의 자전운동을 주장하였다.'라고 이해한 것은 분명해 보인다. 아울러 그는 신상을 매달고 있는 것을 일월오성이라고 해석하였다. 이미 앞에서 논하였듯이 장재의 원 글을 상세히 검토해 보면, 신상을 매달아 이동하고 있는 것은 바로 순천

서 東으로 흘러나가는 현상을 가지고 말한 것이다. 그리고 당연히 이 "地道右周"는 중화문화권을 온 세상의 중심으로 알고 살았던 그 시대 속에서 그곳 지형적 특성으로 인해 형성된 관념일 뿐, 한반도는 물론 각 문명권들마다의 보편성을 지닐 수는 없는 것이다.

　왕부지의 지전설적 해석 오류는 이후의 설명(『注』)에서도 계속된다.

20 『張子正蒙注』卷1,「參兩篇」, "所繫辰象, 謂日月五星也. 七政隨天左旋, 以遲而見爲右轉. 張子盡破曆家之說, 未問孰是. 而謂地亦動而順天以旋, 則地之不旋, 明白易見, 竊所未安."

좌선하는 지기이지 칠요가 아님을 알 수 있다.[21]

다음은 장재 글의 계속 이어지는 문장이다.

■ 『正蒙』「參兩」편 원문〈B〉:

凡圜轉之物, 動必有機. 旣謂之機, 則動非自外也. 古今謂 "天左旋.", 此直至粗
之論爾, 不考日月出沒·恒星昏曉之變. 愚謂在天而運者, 惟七曜而已. 恒星所以爲
晝夜者, 直以 '地氣乘機', 左旋於中, 故使恒星河漢因北爲南, 日月因天隱見. 太
虛無體, 則無以驗其遷動於外也. 天左旋, 處其中者順之, 少遲則反右矣.

■ 해석〈B〉:

대체로 보아, 둥글게 회전하는[圜轉] 물체는 (그 회전하는) 움직
임[動]에 반드시 기틀[機]이 있다. 그것을 기틀이라고 생각했던
것은, (회전하는) 움직임은 먼 외부로부터 말미암는 것이 아니기
때문이다. 고금에 "천은 좌선한다."고 하였는데, 이 말은 다만
아주 개략적인 언급일 뿐이고, (하루 동안의) 일·월의 출몰과 (1
년 동안의) 항성의 혼시昏時·효시曉時의 변화를 맞추진 못하였
다. 나의 생각에, 천에 있으면서 옮겨지는['運'] 것들은 칠요 뿐

---

21 실상 장재의 글 원문에서 "其所繫辰象"의 주체가 '地'인지 '(地)氣'인지 그 주어를
명확하게 지명하여 서술하고 있지 않기 때문에, 그에 대한 혼선이 있을 수는 있다.
「삼양」편 원문 "日月五星, 逆天而行, 幷包乎地者也. 地在氣中, 雖順天左旋, 其所繫辰
象, 隨之稍遲, 則反移徒而右爾."라는 기록의 이 부분은 꼼꼼히 생각하면서 보지 않
으면 오인하기 쉬운 문장이다. 地를 包하고 있는 것은 七曜(七政, 일월오성)이고, 그
칠요의 전용도로인 辰象을 繫한 채로 天을 좇아가고 있는 것은 地일 수가 없다. 신
상이라는 전용도로에 있는 칠요를 회전하게 하는 동력 인자는, 장재가 비록 그것을
地인지 氣인지 콕 집어 언급하진 않았지만, 바로 地 위에 있으면서 더 위에 있는
天을 따라가고 있는 (地)氣를 지목한 것임을, 문장의 논리적인 분석을 통해 충분히
이해할 수 있는 것이다.
위의 경우와 같이 단어나 구를 생략한 형태는 한문고전 문장의 특징 중 하나이기
도 하지만, 천문과 같은 비교적 난해한 논의에서 이루어지는 글의 생략이나 혹은 대명
사 처리는 문장의 완전한 이해에 어려운 점을 가중시키는 주요 변수로 작용하기도
한다.

이다. (천에게 순전히 매달려 있는) 항성이 (어떤 시기에 떴을 때는) 낮이 되고 (그 똑같은 항성이 또 어떤 시기에 떴을 때는) 밤이 되는 (즉, 1년 동안의 항성의 혼시·효시의 변화) 이유는, 바로 '지기가 (천이 좌선하는 움직임의 원동력인) 기틀을 올라타' (천과 지의) 중간 부분에서 좌선하기 때문이다. 그러므로 설령 (일월오성 등의 칠요를 제외한 모든 별들인) 항성·은하가 (북극성이 있는) 북쪽(의 성星)을 시작[囷]으로 해서 남쪽(의 성)에까지 되어 있어도, (원래는 지에 휘감겨[包] 있었던, 그래서 회전운동을 할 수 없었던) 일·월은 (항성 때문도, 은하수 때문도 아닌,) '천'으로 말미암아 (회전되어) 은현한다. 태허太虛는 형체[體]가 없으니, 그것이 외부에서 '옮겨가며 움직이는 것'[遷動]을[22] 증험할 방법은 없다. 천은 좌선하고, 그 사이에 처해 있는 (지기나 칠요와 같은) 것들은 천을 따르는데, 조금 더딘 것은 (역천 방향 선회인) 우선으로 기울 것이다.

위 해석〈B〉 인용문 중간 부분인 "지기가 기틀을 올라타[地氣乘機]" 부분에서의 지기가 올라탄 기틀[機]이란, '천이 좌선운행하는 천연의 동

---

22 '遷動하는 太虛'란 바로 天을 말하는 것이다.

장재의 태허 관련 글에 의하면 다음과 같은 논의가 가능하다. 즉, 태허는 반드시 도처에 충만한 기로 이루어져 있는데, 그 기가 모여서 응결되어 형태를 갖추게 된 것이 地를 포함한 만물인 것이다. 그 만물은 언젠가 반드시 흩어지게 되어 있는데, 그렇게 된 상태를 태허라고 한다. '태허는' 눈에 보이는 형체는 없지만, 바로 '기의 본체'이다. 기화가 道의 또 다른 이름인 것처럼, '태허라는 말은 天의 또 다른 이름'이다.(『正蒙』「太和」, "太虛無形, 氣之本體. … 太虛不能無氣, 氣不能不聚而爲萬物, 萬物不能不散而爲太虛. … 氣之聚散於太虛, 猶冰凝釋於水, 知太虛卽氣, 則無無. … '由太虛, 有天之名'. 由氣化, 有道之名. 合虛與氣, 有性之名. 合性與知覺, 有心之名.") 온갖 만물이 기로 흩어져 있는 상태를 태허라고 한다면, 이는 당연히 地와 너와 나를 구성했'었'던 모든 성분까지 아우른 것이 된다. 태허가 그것이라면, 질서의 생성 전이든, 질서의 종료 후이든, 우주 만물의 혼륜 그 자체이다. 혼륜 상태의 天도 있고, 천지로 분리된 질서 상태의 天도 있으니, 天의 얼굴은 참으로 다양하다. 이 또한 天이 參天인 이유일 것이다.

력'을 말하는 것으로 보인다. 이미 앞에서 논하였던 '지기의 순천 성향으로 인해 「천을 좋아서」 좌선함'이라는 글을, 바로 여기 부분에서 '지기가 「기를을 올라타서」 그 기를의 동력으로 좌선하는 것'으로 보충 설명하고 있는 것이다.

특정 항성이 절후 변화에 따라 낮에 뜨기도 밤에 뜨기도 함을 설명하는 부분에서는, 장재가 28수와 같은 황도대 항성과 태양이 하루 1도씩 벌어지는 현상의 이유에 대해 상당히 관념적인 방식으로 이해하고 있음을 볼 수 있다. 칠요의 전용도로로서의 신상을 매단 지기의 순천 좌선 속도가 천보다 다소 더딜 수밖에 없는 것은, 그 신상에 있는 칠요 자체가 부동의 지에 휘감겨[包] 있는 상태이기 때문이다. 지의 부동의 힘과 천의 회전운동의 힘이 서로 혼합되고 상쇄되어, 일의 경우는 하루에 1도 만큼의 천을 따라잡지 못하는 현상이 발생한 것이다. 이는 부동의 지에 휘감겨 있었던 일이 지처럼 부동하지 않고 천을 따라 회전운동을 하여 밤낮이 만들어지게 된 배경과, 또 일의 좌선 속도가 천보다 더디게 된 까닭으로 1년간의 시기에 따라 동일한 항성이 낮의 별이 되기도 밤의 별이 되기도 하는 이유를 설명한 것이다.

해석〈B〉 인용문의 중간 아래 부분인, "항성·은하가 (북극성이 있는) 북쪽(의 성星)을 시작[囷]으로 해서 남쪽(의 성)에까지 되어 있어도"의 문장은 다소 어색한 표현이기는 하지만, '항성과 은하수들이 북극을 근원으로 하여 산포되어 「남쪽 하늘」에까지 천 전체에 꽉 차 있어도,'의 뜻으로 이해된다.[23] 그리고 여기서의 '남쪽 하늘'이란 북극성을 기준하

---

23 위의 문장을 상술하여 부언하면 다음과 같다. 우선, 밤하늘에 별들이 산포된 모습은 마치 꼭지로부터 시작해서 땅바닥 아래까지 넓고 깊게 늘어져 펼쳐진 우산 형태로 비유될 수 있다. 지상의 우리가 올려다 볼 수 있는 그 우산의 안감에는 산발적인 별 문양이 한가득 빼곡히 박혀 있는데, 우산 꼭지 부분의 별이 북극성이다. 그 꼭지는 정수리 위쪽으로 똑바로 있는 것이 아니라 북쪽으로 기울어진 상태이다. 바로

여 그 남쪽으로서, 땅위에 있는 우리 자신의 시각으로 다시 표현한다면, 우리 눈에 펼쳐진 남쪽의 하늘은 물론 동쪽 하늘과 서쪽 하늘 그리고 지구 반대편 부분까지를 아우른 것이다. 여기서 장재가 굳이 남극성과 남극성 주변의 항은권 별들까지를 언급하지 않은 것은, 실제 그것들은 육안으로 감지되는 것이 아니기 때문이다.

계속해서, "일·월은 '천'으로 말미암아 은현한다."의 문장은, 일·월의 뜨고 지는 현상이 천의 회전운동 때문이라는 것인데, 이는 칠요의 회전운동이 그것의 전용도로인 신상을 매달고 좌선하는 지기 때문이라는 앞 문장에서의 설명과 자못 모순되는 것처럼 보일 수 있다. 장재의 설명을 정리하면 다음과 같다. '일·월을 포함한 칠요의 운運 현상'의 직접 요인은 신상을 매단 채로 순천 좌선하고 있는 지기 때문인 것이고, 비록 그렇기는 해도 보다 근원적으로는, 바로 그 지기를 좌선하도록 이끌어 주는 천이라는 소위 '기틀' 때문인 것이다.

위의 글에 대해서도 왕부지는 계속해서 장재가 지 자체의 회전운동을 논한다고 여기고 있다. 게다가 칠요가 지와 함께 움직인다고 해석하였다. 그러면서 장재의 이와 같은 주장은 이치상 수용하기 어려운 이론이라는 입장을 보이고 있다. 아래는 왕부지의 해석이다.

〈b〉
(장재가) "대체로 보아 … 맞추진 못하였다."라고 한 이 말은, 바로 천체는 부동하고 지는 스스로 안쪽에서 둥글게 회전하여 그 어긋남을 보게 됨을 말한 것인데, 이치상으로 아직 (받아들이기) 편치 않다. "나의 생각에, 천에 있으면서 옮겨지는['運'] 것들은 칠요 뿐이다."라고 한 것은 즉, (칠요가) '지'에 매달려[繫] 있지

이 '성스러운 북극성인 하나의 점을 근원[囚]으로 해서' 온 밤하늘의 별들이 산포된 상황을 장재의 천체 관념에 따라 묘사하고 있는 것이다.

천에 매달려 있지 않음을 말한 것이다. '지'에 매달려 있기 때문에 '지'와 더불어서 함께 움직이고, 더디거나 늦는 것은 다만 그것들 (각각의) 특성으로 기인할 뿐이다. "항성이 낮이 되고 밤이 되는 이유는, 바로 지기가 기틀[機]을 올라타 중간 부분에서 '좌'선하기 때문이다. … 은현한다."라고 한 말에서의 '좌'는 '우右'가 되어야 하는데, 지기가 (역천운행 방향인 '우'선으로) 둥글게 회전함을 이른다. 역가歷家들의 사유설四游說과는 차이가 있다.[24]

장재가 "천에 있으면서 옮겨지는[運] 것들은 칠요 뿐이다."라고 한 것은 칠요만 움직이고 천체는 움직이지 않는다는 뜻이 아니라, 천체를 기준 좌표로 하였을 때 위치가 변하는 것이 칠요라고 한 것이다. 그는 이미 앞에서 '천 좌선'이라는 기본 원칙을 논한 바 있고, "항성 부동 순계호천恒星不動純繫乎天."이라고도 하였는데, 이는 부동의 주체가 천이 아니라 항성임을 말한 것이다. 다시 말해, 비록 똑같은 별이라도 항성은 행성과 같은 개별적 운동성이 없음을 지적하여 말한 것이다. 게다가 그는 태허의 천동遷動을 증험할 방법이 없다고 하였을 뿐, 천의 천동을 부정한 것이 아니다. 그가 말한 "재천이운자在天而'運'者"는 천의 불변의 좌선 진리에서 그것과 똑같이 움직이지 못하고, '그 속도와 다르게 옮겨지는[運] 것들인 칠요'의 특성을 말하고자 한 것이다.

이에 대해 왕부지는, 천체는 움직이지 않고 칠요만 움직이는데, 그 움직임의 이유는 칠요가 '지'에 매달려[繫] 있기 때문이고, 좌선이 아닌 '우선 방향으로 둥글게 회전하는' '지기'로 인해 그것들이 '지'와 더불어서 함께 움직이게 된 것이라고 설명한다. 그는 장재가 설명한 지-지

---

24 『張子正蒙注』卷1,「參兩篇」,"'凡圜轉之物, … 不考日月出沒·恒星昏曉之變.' 此直謂天體不動, 地自內圜轉而見其差, 於理未安. '愚謂在天而運者, 惟七曜而已.' 即所謂繫乎地而不繫乎天也. 繫乎地, 故與地偕動, 遲緩但因其性爾. '恒星所以爲晝夜者, … 日月因天隱見.' 左當作右, 謂地氣圜轉. 與曆家四游之說異."

기-천 순서의 층위에 대해, 중간의 지기를 지와 동일체로 오해한 듯하다. 이처럼 지가 회전운동을 한다고 해석한 것은, 왕부지가 장재의 "지기 승기 좌선어중.地氣乘機‘左’旋於中."이라는 말에 있는 ‘좌’자를 ‘우右’자의 오기誤記라고 확신한 점에서 더욱 명료해 진다. 천의 부동과 지의 회전운동을 전제한다면, 당연히 지의 회전 방향이 우선右旋이 되어야 우리 눈에 실제로 목격되는 천의 좌선 현상을 설명할 수 있었을 것이다.

2) 지의 승강하는 유遊 운동

고대 이래 지의 운동성이 전혀 제기되지 않았던 것은 아니다. 위 왕부지의 글 끝 부분에서, 그는 장재가 주장하였다고 생각한 지의 회전운동설이 ‘지의 사유설四游說’과는 좀 다르다는 점을 부각시키고 있다. 그렇게 생각한 이유는, ‘장재가 사유설에 착안해서 지의 운동설을 변용하여 말한 것’은 아니었을지를 유추하였기 때문이다. 사유설이란, 춘하추동 절기 변화에 따라 태양의 고도가 달라지는 이유를 고대인의 눈으로 설명한 것으로, 이른바 지가 유遊하는 위치가 계절마다 변한다고 보는 이론이다. 그 이론에 의하면, 해가 ‘낮게 뜨고’ ‘추운’ 겨울에는 지가 ‘상’·‘북(태양과 멀리)’ 방향으로 밀려올라간 때문이고, 해가 ‘높게 뜨고’ ‘더운’ 여름에는 지가 ‘하’·‘남(태양 가까이)’ 방향으로 밀려 내려온 때문이 된다.[25] 장재 역시 이와 유사한 논의를 이어간다.

---

25 地의 四遊說을 설명하는 몇몇 자료들은 아래와 같다. 세 번째 자료인 『고미서』에는 天鏡의 四遊之極인 四表도 함께 논하고 있다.
『唐開元占經』 卷4, 「地占/地名體」, "考靈曜曰, ‘地有四游. 冬至地上北, 而南三萬里矣. 恒動而不止, 而人不知. 譬如人在大舟行, 而人不覺也.’"; 李昉(宋) 等, 『太平御覽』 卷36, 「地部 1/地 上」, "尙書考靈曜曰, ‘地有四遊. 冬至地上北, 而西三萬里. 夏至地下南, 而東復三萬里. 春秋則其中矣. 地恒動不止, 人不知, 譬如人在大舟中閉牖而坐, 舟行不覺也.’"; 孫瑴(明), 『古微書』 卷1, 「尙書緯/尙書考靈曜」, "(四遊之極·四表)春則星辰西

■ 『正蒙』「參兩」편 원문〈C〉:

地有升降, 日有修短. 地雖凝聚不散之物, 然二氣升降其間, 相從而不已也. 陽日
上, 地日降而下者, 虛也. 陽日降, 地日進而上者, 盈也. 此一歲寒暑之候也.

■ 해석〈C〉:

지는 상승함과 하강함이 있고, 일日은 길어짐과 짧아짐이 있다.
지가 비록 응취되어 흩어지지 않는 물체이기는 해도, 두 기가 그
사이를 상승·하강하니 (그 두 기가) 서로를 따라가면서 그치지
않는다. 양陽: 양기가 나날이 올라감에 지가 나날이 하강하는 것
은 허虛인 때문이다. 양이 나날이 내려감에 지가 나날이 상진上
進하는 것은 영盈인 때문이다. 이것이 1년 한서寒暑의 기후이다.

　"지유승강'地'有升降"으로 시작하는 위의 문장은 장재가 사유설에 입
각하여 말하고 있지만, 한대 기론과의 접목도 꾀한 것이다. 왕충(27~97?)
의 『논형』에서 이것과 일부 유사한 논의를 찾아볼 수 있다. "괘卦에는
음양이 있다. '기는 상승함과 하강함이 있는데'[氣有升降], 양이 상승하
면 따뜻해지고 음이 상승하면 추워진다."[26]

　장재는 '고체 덩어리인 지의 상·하 운동'을 '기와의 관계' 속에서 설
명하고자 한 것이다. 앞서 논하였듯 고대인의 사유설에서는, 지의 하강
이 태양의 고도가 높아지는 것으로서 여름을 나타내고, 그리고 지의 상
승이 그와 반대인 겨울의 상태를 나타내고 있어서, 한서의 원인을 지
자체의 승강으로만 생각하였다. 그에 반해 『논형』에서의 그것은 한서
의 원인에서 지의 운동성은 전혀 염두에 두지 않고, 양기와 음기의 상

遊, 夏則星辰北遊, 秋則星辰東遊, 冬則星辰南遊. 地有四遊, 冬至地遊北, 而西三萬里,
夏至地遊南, 而東三萬里. 春秋二分其中矣. 地常動不止, 譬如人在舟中閉牖而坐, 舟行而
人不覺." ….(※ 『당개원점경』의 "冬至地上北, 而'南'三萬里矣."에서의 '南'자가 『태
평어람』과 『고미서』에서는 '西'로 표기되어 있는데, 이치상 南'이 맞아 보인다.)
26 『論衡』「寒溫」, "卦有陰陽. '氣有升降', 陽升則溫, 陰升則寒."

승 작용으로서만 설명하였다. 이처럼 사유설과 『논형』에서의 주장에서 본질적으로 그 둘 사이의 유사점은 전혀 찾을 수 없다. 그런데 장재는 그 두 가지 설을 모두 받아들여서, 한서를 결정 짓는 '지의 상승·하강 운동'(사유설)과 '기의 상승·하강 운동'(『논형』)을 상호 혼합하여 인과관계로 결부시켰다. 사유설에서의 지의 하강과 『논형』에서의 양기의 상승을 서로 인과관계로서 결부시킨 것이 그 일례이다. 다만 장재는 지의 하강은 허虛이고 지의 상승은 영盈이라고 말하였을 뿐, 그 허와 영어떤 것이 각각 한寒이고 서暑인지 명확하게 표현하지는 않았다. 만일 그가 '지의 하강인 허'를 동지라고 생각하여 한으로 보았다면 이는 사유설에서의 관점과는 반대가 되는 것이다.

이와 같이, 장재가 사실상 허虛, 즉 지의 하강를 한寒이 아닌 사유설의 관점과 동일한 서暑로 확정 짓는 식의 표현을 하지 않았음에도, 이광지(1642~1718)가 위 『정몽』의 문장에서 장재가 그와 같이 생각한 것이라고 판단하여 비판한 이유는,[27] 바로 장재가 '사유설에서의 서暑를 의미하는 지의 하강'과 '허虛'를 결부시켰기 때문이다.

실상, 위 『논형』에서 '기유승강氣有升降'을 말하고 있는 문장에서의 첫 구절이 "괘에는 음양이 있다."[卦有陰陽]인 것이 어느 정도 시사해 주듯, 한대 이전의 문헌 가운데 '음양의 승강' 언급은 『경씨역전』(경방(B.C.77~ B.C.37))의 기록들이 대부분을 차지한다.[28] 그런데 채옹(133~

---

27 『注解正蒙』 卷上, 「參兩篇第二」, "'地有升降 … 此一歲寒暑之候也.' … 豈有, '陽日上地日降而下'爲虛而反暑. '陽日降地日進而上'爲盈而反寒者乎? 張子之意, 蓋謂一歲所以有寒暑者, 一, 由於地氣之升降, 一, 由於日暑之脩短. 所以然者, 地雖凝聚成形, 而二氣升降乎其中, 豪無止息故也. 當其寒也, 天氣上騰·地氣下降, 是以爲虛也. 當其暑也, 天氣下降·地氣上騰, 是以爲盈也."

28 『京氏易傳』 「　否」, "五星從位起歲星 柳宿從位降乙卯. 氣分氣候三十六, '陰陽升降', 陽道消鑠, 陰氣凝結, 君臣·父子各不迫及."; 「　豫」, "'陰陽升降', 分數二十八, 極大小之數, 以定吉凶之道."(※ 『경씨역전』의 '음양승강' 기록은 이 2건 외에도 전체 18개

192)은 '천문 역수 및 여타 제도 수립의 이론적 배경으로 삼을 수 있는 이 음양승강설이 『서경』의 기록인 듯하다.'고 보았다.[29] 강왕康王(제3대, ?~B.C.1057)의 명으로 작성되었다고 하는 「필명畢命」편에는, "도道는, 상승으로써 하는 도와 하강으로써 하는 도가 있는데,[道有升降] 정치는 속俗을 말미암아서 변혁한다."라는 기록이 있다.[30] 『정몽』의 "지유승강" 혹은 『논형』의 "기유승강"과 「필명」편의 "도유승강"이, 문맥과 내용 면에서 유사 구조를 보이지만 그 본연의 의미가 상통하는 것은 아니다. 다시, 『서경』에서의 '음양' 기록을 검색해 보면, 성왕成王(제2대, ?~?)에 의해 지어졌다고 하는 「주관周官」편에서 그것을 볼 수 있다. "방국邦國을 경륜하는 것에 대한 도를 논하자면, 음양을 조화로이 이치대로 다듬음[燮理陰陽]이다."라는 글이다.[31] 이 역시 『논형』의 "기유승강"이나 『정몽』에서의 '양기의 상강上降' 논의와 상통함이 보이지 않는다.

채옹이 음양승강설의 원전을 『서경』으로 추정하기는 하였지만, 경방의 주역 전傳을 비롯한 왕충이나 채옹의 글에서 본 그것과 『서경』에서의 그것은, 그 본질적인 면에서는 서로 관련성이 적어 보인다. 오히려 「필명」편의 "도유승강"은 융통성 있는 정치 수완이나 완벽한 정치력을 위한 권언에 더 가까워 보이고,[32] 「주관」편의 "섭리음양"은 '적격

패의 설명에서 다수 등장한다.)

29 『蔡中郎集』「月令問答」, "竊誠思之, 書有'陰陽升降', 天文曆數事物制度, 可假以爲本, 敦辭託說, 審求曆象."

30 『尙書』「周書/畢命」, "王若曰, … 惟周公左右先王, … 旣歷三紀, 世變風移, 四方無虞, 予一人以寧. 「道有升降, 政由俗革.」 不臧厥臧, 民罔攸勸.'"

31 『尙書』「周書/周官」, "立太師・太傅・太保, 茲惟三公. '論道經邦, 燮理陰陽.' 官不必備, 惟其人."

32 孔安國(漢)・孔穎達(唐), 『尙書註疏』 卷18, 「周書/畢命」, "道有升降, 政由俗革.[傳—天道有上下交接之義, 政教有用俗改更之理.]"; 蘇軾(宋), 『書傳』 卷18, 「周書/畢命第26」, "道有升降, 政由俗革.[子思子曰, '昔吾先君子, 道降則從而降, 道汚則從而汚, 伋則安能惟聖人爲能? 與道升降, 因俗立政也.']"

의 임관'[惟其人]으로 인해 얻게 되는 공적인 유익함에 대한 묘사로 이해된다.[33]

한편, 왕부지는 다음과 같은 설명을 하고 있다.

〈c′〉

(장재의) "양(양기)이 나날이 올라감에 지가 나날이 하강하는 것은 허虛인 때문이다. 양이 나날이 내려감에 지가 나날이 상진上進하는 것은 영盈인 때문이다."의 글은, 다음을 말한 것이다. 동지 이후에는 '지地가 날마다 점점 내려가니', 일日과의 거리가 점점 멀어져서 '낮이 길어지며', 하지 이후에는 '지가 날마다 점점 높아지니', 일과의 거리가 점점 가까워져서 '낮이 짧아진다.' (장재의 이 말은) '일日이 남북2륙(남북의 두 땅)을 다닌다는 설'과는 다르다[異].

〈c″〉

허는 천과 지의 사이가 텅 비어 훤히 트였음을 말하고, 영은 천과 지가 서로 가까워져서 기가 (밀도 높이) 한껏 채워져 가득함을 말한다. (장재의) "이것이 1년 한서의 기후이다."의 글은, '지가 높아져서' 일日과 가까워지면 '더워지고', '지가 내려가서' 일과 멀어지면 '추워짐'을 말하니, '남북2륙(남북의 두 땅)이 멀어지고 가까워진다는 설'을 쓰지 않았다.[34]

───────

33 『尙書註疏』 卷17,「周書/周官」, "立太師… 燮理陰陽 … 惟其人.[傳一此惟三公之任, 佐王論道, 以經緯國事, 和理陰陽, 言有德乃堪之.]"(※ 한편 채침(1167~1230)은 이 글에 대해 "陰陽以氣言. 道者陰陽之理, 恒而不變者也, 易(繫辭上)曰'一陰一陽之謂道', 是也."(『書經集傳』 卷6)라고 설명하였다. 필자는 그와 같은 관념적 해석보다는, 공안국의 傳(주석)과 같이, 현실적이고도 효율적인 통치 논의에 입각하여 바라보는 것이 보다 부합된 의미 전달이 될 것이라 판단한다.)

34 『張子正蒙注』 卷1,「參兩篇」, "'陽日上, … 盈也.' 謂, '冬至以後, 地日漸下, 去日漸遠而晝長. 夏至以後, 地日漸高, 去日漸近而晝短.' 與日行南北二陸之說異. 虛, 謂天地之間空曠. 盈, 謂天地相近而氣充滿. '此一歲寒暑之候也.' 謂'地高近日則暑, 地下遠日則

우선, 위 첫 번째 단락인 〈c´〉에서 왕부지가 묘사한 "일日이 남북2류(남북의 두 땅)을 다닌다는 설"은 이미 앞의 각주에서 언급된 바 있는 내용이다. 『고미서』(손각(명말))의 "여름이 되면 성신이 북쪽으로 유遊하며, … 겨울이 되면 성신이 남쪽으로 유한다.[夏則星辰北遊 … 冬則星辰南遊.]"가 그것이다. 여기서의 성신이란 '일월성신'의 그 성신이다. 일·월처럼 황도대 라인 내지 그 주변부에 있는(28수) 그것들은, 낮을 기준으로, 여름이 되면 봄·가을 때보다 상대적으로 (천정에 가까운) '북쪽'으로 올라가 있게 되고, 겨울이 되면 반대로 '남쪽' 지평선에 더 가깝게 되는, 그러한 상황을 묘사하고 있는 것이다. 그리고 이것(일월과 성신)은 지의 사유설에서 말하고 있는 동지와 하지 때의 '지地'의 이동 위치와는 상대적으로 정반대가 된다. 하짓날을 예로 들면, 일월성신이 천정에 가까운 북쪽에서 유遊를 하게 되는데, 이것은 동시에 지地가 남쪽으로 내려와 유遊한다는 말이기도 한다.

〈c´〉와 그 다음 단락인 〈c″〉 글의 내용이 서로 어긋나 있음을 볼 수 있는데, 그것은 글의 논리적 전개에서 문제가 아닐 수 없다. 앞의 〈c´〉 단락에서는 '지가 높아져 감'을 '낮이 짧아져 감'으로 해석해서 겨울로 가는 상황을 이끌어 내었는데 반해, 다음의 〈c″〉 단락에서는 반대로 '지가 높아짐'을 '더운 여름'의 상황으로 해석하고 있다. 이는 왕부지가 장재의 글 한 가지를 가지고 서로 상반된 해석을 동시에 하고 있는 것이다. 아울러 그는 첫 번째 단락에서 '남북이류'이라는 표현을 일日의 이동 위치를 표현하는 용도로 사용하고서는, 두 번째 단락에서는 그것을 지의 이동 위치를 표현하는 것으로 쓰고 있다. 선인들이 상상했던 '한서에 따른 지와 태양과의 거리 및 위치 변화'는, 당연히 순간

寒.' 不用南北二陸遠近之說"

이동이 아닌 점진적인 움직임이다. 그것을 춘하추동이라는 이분·이지 네 단위로 말한 것이 '사유'인 것이고, 왕부지가 표현한 '남북이륙'은 동지와 하지의 두 단위만을 기준해서 표현한 것이다. 어찌되었든, 이 두 번째 단락의 지의 상승·하강과 한서와의 관계는 사유설과 반대가 되는 것이고, 그렇기 때문에 끝부분에 "남북의 두 땅이 멀어지고 가까워진다는 설을 쓰지 않았다."라고 해설한 것이다. 이 경우는 주석으로서 그리 심각한 문제라고 볼 필요는 없겠지만,[35] 지의 상승과 하강을 말하고 있는 동일한 문장에서 각각 여름도 겨울도 모두 해당되는 형태의 설명은, 가뜩이나 어려운 장재의「삼양」편 글을 이해하는데 오히려 한동안 고충을 안겨주었다.

　주석이란 그 원저자의 글을 보다 쉽게 이해하고자 보는 참고서 내지 세부설명서라 할 수 있다. 그런데 위의 글뿐만이 아니라 지금까지의 천지관과 천체운행 논의에 있어서 장재의 원문에 대한 왕부지의 주석이 과연 제 역할을 충실히 이행한 것이라 자신할 수 있는지 묻고 싶다. 처음 필자가 의도하였던 것은, 이처럼 왕부지가 부가한 해석을 비판하고자 시작한 것은 결코 아니다.『장자정몽주』를 처음 접하였을 때 오히려

---

35 엄밀히 말해, 왕부지가 두 번째 단락〈c″〉문장에서 '南北二陸'의 표현을 쓴 것은, 적절한 사용 예시라 보기 어렵다. 그 이유는 다음과 같다. '남북이륙'이라는 다소 생소해 보이는 이 표현은 이규경이 명말 方以智(1611~1671)의『物理小識』권1「曆類」편을 인용한 글에서도 찾아볼 수 있다. 거기에 있는 "(태양이 위치하게 된 지점이) 황도와 적도의 교차점은 춘분과 추분이 되고, '남북이륙'의 가장 끝부분은 동지와 하지가 된다."의 문장을 통해, 남북이륙의 명확한 의미와 그 말을 사용하는 예시를 확인할 수 있다.(李圭景,『五洲衍文長箋散稿』「天地篇/天文類」〈曆象〉, "赤道正絡天腰, 以子午爲極. 黃道斜絡, 以亥巳爲極. '黃赤二道之交, 爲春秋分.「南北二陸」之盡, 爲冬夏至.'"(※ 자료출처 : 한국고전종합DB)) 즉, 南北二陸이란, 태양의 위도 상 위치에서 동지의 최남단과 하지의 최북단을 일컫는 말이다. 따라서 이것은 地의 四遊處에서가 아닌, 天鏡의 四表[四遊之極]에서 쓸 수 있는 표현이다. 바로 그렇기 때문에〈c″〉문장의 "남북의 두 땅[南北二陸]이 멀어지고 가까워진다."는 부분이 非文이 되어버린 것이다.

횡거의 원문을 제대로 이해할 수 있는 지름길이 될 것이라 믿어 의심치 않았었다.

이번의 고찰을 통해서 필자는 천지의 구조와 천체운행에 대한 장재의 거대한 사상적 틀을 이해할 수 있게 되었고, 거기에 더해서, 『장자 정몽주』에서의 적어도 이 부분에 대한 주석이 자칫 후학들에게 오해의 소지를 줄 수 있다는 것을 확인하였다는 점이 작은 소득이라면 소득이라 생각한다.

4. 맺음말: 유가의 천도, 장재까지

지금까지 『정몽』에 기록되어 있는 천지구조 및 천체운행 논의에 대한 그 원문과 필자가 정리한 해석문을 통해, 장재의 천체운행 관념의 본말을 면밀히 살펴보았다.

공자는 생전에 천도에 대한 언급을 하지 않았다.[36] 도道를 말하였을 뿐인데, 그것이 동사로서 언급된 경우는 '인도하다[導]'의 의미였고,[37] 명사인 경우는 '방법·방식'[38] 내지는 '정석대로 잘 걸어온 길' 혹은 '올바름으로 걸어가고 있거나 걸어가야 할 길'[39] 정도로 쓰였다. 『논어』에

---

36 『論語』「公冶長」, "子貢曰, '夫子之文章, 可得而聞也, 夫子之言性與天道, 不可得而聞也.'"
37 『論語』「學而」, "道千乘之國. 敬事而信, 節用而愛人, 使民以時."; 「爲政」, "道之以政, 齊之以刑, 民免而無恥. 道之以德, 齊之以禮, 有恥且格."; 「顏淵」, "友…, 忠告而善道之, 不可則止, 無自辱焉."
38 『論語』「八佾」, "射不主皮, 爲力不同科, 古之道也."; 「公冶長」, "有君子之道四焉. 其行己也恭, 其事上也敬, 其養民也惠, 其使民也義."
39 『論語』「學而」, "三年無改於父之道, 可謂孝矣."; 「里仁」, "富與貴是人之所欲也, 不以其道得之, 不處也. 貧與賤是人之所惡也, 不以其道得之, 不去也."; "朝聞道, 夕死可矣."; 「雍也」, "誰能出不由戶. 何莫由斯道也."; 「泰伯」, "天下有道則見, 無道則隱. 邦有道, 貧且賤焉, 恥也. 邦無道, 富且貴焉, 恥也."; 「先進」, "所謂大臣者, 以道事君, 不

서 언급된 도는 후자의 경우가 가장 많다.

공자가 도를 강조하면서 설파한 수많은 말들과 또 그것을 통해 이루고자 한 최종 목적은 사실상 '문文'이었다.[40] 그리고 그것은, 폭력성과 야만[野]으로부터 완전히 탈피한, 그리고 또 지나친 외형적 형식에도 치우치지 않은,[41] 인간이 이룩할 수 있는 최선적인 문화와 도덕으로의 승화이다. 즉, 성숙된 화합을 통해 사회적 불균不均을 해소하고 개인의 빈貧을 극복하는, 그 외형적 문과 내면의 덕이 이루어진 이후에야 사회적 안정을 도모할 수 있다고 말하는 것이다.[42] 따라서 도는 그것들을 위한 과정의 길이고, 그 긴 과정의 끝에는 이른바 '사문斯文'의 완전한 이룸이 있는 것이다.[43] '이 문'을 천하에 적용하는 주체는 원칙적으로 천자인 왕이다. 그러나 '명과 실이 상부한 성인聖人으로부터 다시 성인으로'의 가장 이상적인 정권교체 방식인 선양 제도가 사라진 그때에 문을 이룰 수 있는 힘의 원천은, 비록 왕(성인)이 아니어도 성聖의 자질과 능력까지 두루 갖춘 현능한 보좌관[賢人]인 것이며, 바로 그가 이윤이고 부열이며 공자의 귀감인 주공인 것이다.[44]

이렇듯 공자의 관념 속에 있는 도는 단지 사문으로 가는 최선의 길

可則止.";「子路」, "君子易事而難說也. 說之不以道, 不說也. … 小人難事而易說也. 說之雖不以道, 說也.";「憲問」, "道之將行也與. 命也. 道之將廢也與. 命也.";「衛靈公」, "直哉, 史魚. 邦有道, 如矢, 邦無道, 如矢. … 君子謀道不謀食. 耕也, 餒在其中矣. 學也, 祿在其中矣. 君子憂道不憂貧. … 道不同, 不相爲謀.";「季氏」, "天下有道, 則禮樂征伐自天子出, 天下無道, 則禮樂征伐自諸侯出.";「微子」, "天下有道, 丘不與易也."

40 『論語』「子罕」, "子畏於匡, 曰, '文王旣沒, 文不在茲乎. 天之將喪斯文也, 後死者不得與於斯文也. 天之未喪斯文也, 匡人其如予何.'";「泰伯」, "子曰, '大哉, 堯之爲君也. 巍巍乎. 唯天爲大, 唯堯則之. 蕩蕩乎. 民無能名焉. 巍巍乎. 其有成功也. 煥乎. 其有文章.'"

41 『論語』「雍也」, "子曰, '質勝文則野, 文勝質則史, 文質彬彬, 然後君子.'"

42 『論語』「季氏」, "丘也, 聞'有國有家者, 不患寡而患不均, 不患貧而患不安.' 蓋均無貧, 和無寡, 安無傾. 夫如是, 故遠人不服, 則修文德以來之. 旣來之, 則安之."

43 『論語』「八佾」, "周監於二代, 郁郁乎文哉. 吾從周."

44 『論語』「述而」, "子曰, '甚矣, 吾衰也! 久矣, 吾不復夢見周公.'"

을 말하는 것이었는데, 그것이 후대로 가면 공자가 천도에 대해 천착했던 것으로 논의된다. 공자 사후 수백 년 후에 편집된『예기』의「애공문」에는, 공자가 애공에게 '군자는 천도와 같은 덕목을 중요하게 지니고 있어야 한다.'는 가르침을 주는 것을 볼 수 있다. 그리고 여기서 말한 천도는 말 그대로 '천체의 운행 길'을 말하는 것으로, 일·월의 순천운행을 포함해서 언급하고 있다.[45]

이 천도를 '자연의 섭리적 이치' 정도에 비유한 경우도 있다. 전한대 말 유향(B.C.77~B.C.6)의 저서『설원』「군도君道」편의 글로, 역시 군주의 덕목에 관한 것이다. 유향은 이 글에서 천도를 '하늘로부터 부여된 현철한 군주로서 반드시 걸어가야 할 길'의 의미로 논하고 있다.[46] 그는 이어지는「신술臣術」편에서도 천도를 언급하였다. 그런데 거기서의 그것은 '하늘로부터 부여된 (군주를 직접 보필하는 삼공三公으로서) 걸어가야 할 길'의 의미라고 하기 보다는, 오히려 '천체의 운행 길'로 이해된다. 삼공은, 그 천체의 운행 길[天道]을 통찰하는 능력을 갖춤으로서, 그가 하달하는 명령은 음양이 조화롭게 되는 일이고, 책력 상에서의 사계절을 똑바로 세움으로써, 절기에 따른 풍우의 예상 시기에 맞게 농업의 일을 잘 조절하고 대비하여, 그것으로 국가와 백성들의 풍요로움에 이바지하는 인물로 묘사된다. 같은 글에서 그는 삼공의 '천도[道]'에 상대해서, 구경九卿의 '덕德'과 대부의 '인仁'과 사士의 '의義'로 상호 결부시켜 논하고 있다. 이렇게 삼공·구경·대부·사 각각 짝으로서 결부된

---

45 『禮記』「哀公問」, "公曰, '敢問君子何貴乎天道也.' 孔子對曰, '貴其「不已」. 如日月東西相從而不已也, 是天道也. 不閉其久, 是天道也. 無爲而物成, 是天道也. 已成而明, 是天道也.'"

46 『說苑』「君道」, "楚昭王有疾, 卜之曰, '河爲祟.' 大夫請用三牲焉, 王曰, '止. 古者先王割地制土, 祭不過望. 江·漢·睢·漳, 楚之望也, 禍福之至, 不是過也. 不穀雖不德, 河非所獲罪也.' 遂不祭焉. 仲尼聞之曰, '(楚)昭王可謂知天道矣, 其不失國, 宜哉.'"

도·덕·인·의道德仁義 네 가지 덕목은 공자의 그것과는 상당한 거리가 있어 보인다. 유향은 삼공의 일은 항상 도에 달려 있고, 구경의 일은 항상 덕에 달려 있으며, 대부의 일은 항상 인에 달려 있고, 일반 하급관료의 일은 항상 의에 달려있다고 하여, '도〉덕〉인〉의'라는 네 가지 덕목의 상하 순차를 매기고 있다.[47]

공자가 현실적으로 가장 강조하고 중요시하였던 것은 오직 인이었다. 의는 그 부수적인 덕목이었다. 그리고 도는, 사문을 통해 도달해야 하는 내면적·본질적인 귀착점으로서 인간에 대한 인의 실천으로 가는 '가장 적절하고 올바른 길'인 것이고, 아울러 덕은, 그 도의 세분화된

---

47 『說苑』「臣術」, "湯問伊尹曰, '三公九卿大夫列士, 其相去何如?' 伊尹對曰, '三公者, 知通於大道, 應變而不窮, 辯於萬物之情, 通於天道者也. 其言足以調陰陽, 正四時, 節風雨, 如是者擧以爲三公. 故三公之事, 常在於道也. 九卿者, 不失四時, 通於溝渠, 修隄防, 樹五穀, 通於地理者也. 能通不能通, 能利不能利, 如此者擧以爲九卿. 故九卿之事, 常在於德也. 大夫者, 出入與民同眾, 取去與民同利, 通於人事, 行猶擧繩, 不傷於言, 言之於世, 不害於身, 通於關梁, 實於府庫, 如是者擧以爲大夫. 故大夫之事, 常在於仁也. 列士者, 知義而不失其心, 事功而不獨專其賞, 忠政強諫而無有姦詐, 去私立公而言有法度, 如是者擧以爲列士, 故列士之事, 常在於義也. 故道德仁義定而天下正. 凡此四者明, 王臣而不臣.'"
여기에서 유향이 伊尹을 인용하여 말하고 있는 네 가지 덕목에 대한 정의는 다음과 같다. 道는, 天道 즉 천체운행에 대한 통찰력을 말함이다. 따라서 이것은 三公이 지녀야 하는 덕목이다. 德은, 물길의 흐름을 잡고 오곡을 잘 키워내는 땅의 이치에 대한 통찰력을 말함이다. 따라서 이는 九卿의 덕목에 해당한다. 仁은, 전국 각지에서 수거하는 부세들의 원활한 취집의 직무를 잘 수행할 수 있도록, 사람과 사람 사이에서 지니는 人和의 능력을 말함이며, 따라서 이는 중간 관리인 大夫의 필수 덕목이다. 義는, 使民과 같은 현장에서의 직접적인 對民의 일에 종사하는 실무자들로서, 욕심이나 분노 등의 私心을 결코 개입시키지 않고 오로지 公心으로만 직무에 임하는 자세를 유지해야 하는 하급관료의 덕목이다.
한편, 이「臣術」편에서 묘사하고 있는 公·卿·大夫·士의 직무나 자세에 대한 언급은 이 글을 쓰고 있는 유향의 시기에 적용되는 것일 뿐, 商湯의 시대는 물론, 周代 이전의 개념은 결코 아니다. 유향은 이 네 가지 계급을 모두 관료의 범주에서 논하고 있지만, 주대에 있어서 그들은, 同姓의 상위 계급의 신하 역할을 한 경우가 있었긴 하지만, 기본적으로 士를 제외한 그들은 크고 작은 땅을 다스리고 경영하는 세습 통치자들이었다.

실천 방법이었다. 이처럼 공자에게 도와 인은, 유향의 설과 같이 상위 덕목 하위덕목으로 구분하여 나누어지는 것이 아니었다. 공자가 비록 천도 즉 천체운행과 관련한 자신의 도를 설파하지 않았지만, 후대로 갈수록 유가의 논의에서 '사문으로 가는 길[道]'을 '불변의 항상성을 유지하는 천도天道'와 비유해서 논한 것은, 철학적 깊이의 심오함이라 할 만하다.

실상 한대에는 천문에 대한 전문지식을 갖추고 있는 이들을 일명 유자儒者라고 불렀을 정도로 유학자들의 천문학적 소양이 높은 편이었던 모양이다. 물론 왕충이 그 유자와 왕충 자신을 다른 부류로서 구분하여 말하고 있기 때문에,(『논형』) 당시의 유자라는 표현은 후대의 일반적인 그것과 조금은 다르게 쓰인 듯하나. 어쨌든 소위 그 유자들의 학설은 단순히 관념적·사변적인 이론에 머무르지 않았고 실제의 천문관측 실험이 뒤따랐다. 유향과 유흠이 그러하였고, 사마천 역시 그러하였다. 아울러 당시의 사조가 그러하였듯, 이들은 점성학적 지식도 함께 갖추고 있었다.

장재의 주안점은 '천체가 가는 길[天道]을 일월오성이 순종하듯 잘 따라감'을 역설하고자 하였고, 그의 후인들 역시 그것을 입증하고자 많은 지면을 할애한 것으로 보인다. 장재나 주희가 혼천설을 주장하였다고 한다든지 개천설의 입장에 있었다고 하는 것은 사실상 그리 중요해 보이지도, 또 명확하게 가를 수 있도록 해당 분야의 학술적 판단을 가지고 긴밀한 논의가 이루어진 것도 아니다. 그들에게 보이는 변치 않는 입장은 ·「일·월」이 절대적으로 「순천」 좌선 한다.'는 데에 있었다. 일·월조차도 순천하는, 무결점의 그 완전한 천의 도를 가지고, 절대 선에 비견되는 인간 본연의 성에 귀착시킨 것은,[48] 역설적이게도 바로 그 비유로 인해 어쩌면 '성즉천리性即天理'의 유효 기간이 형성될 수밖에 없었던 것은 아니었을까하는 생각을 하게 된다.[49] 근세에 들어 서양 천문학의 유입을 맞닥뜨림에, 성리학자들이 천체운행에 대한 과학적 논의들에 상당한 당혹감에 빠진 경우들이 있었을 것은 분명해 보인다. 그리고 그것은 왕부지의 착해錯解 속에서도 드러나는 것이다.

장재에게 있어서 우주에 천도[道]라는 것이 형성되기까지의 과정은 태허太虛와 기화氣化의 형성 이후의 일이다. 장재는, 기의 취산으로 이루어지는 만물('취聚')과 태허('산散')로의 상호 끊임없는 변화로서, 크게 보아서 기의 취와 기의 화, 또 다시 기의 취 등등의 끊임없는 과정에 의한 '영원히 지속되는 양극단의 변화완성들'을 '기화' 즉 '기의 변화'라고 표현하였다.[50] 따라서 "유태허 유천지명由太虛有天之名, 유기화 유도지명由氣化有'道'之名."에서의 '도道'는, '영원히 지속되는 기허[太虛]와 기화 양극단의 변화완성들'이라고 하는 우주의 무궁한 변화에서의 그 '과정'을 말하고, 시간의 영원성을 전제한다.[51] 우주적인 시공간으로 논

---

48 『성리대전서』 권5에 편집된 「정몽」 서문의 첫 문장인 范育의 글에서 다음과 같은 설명을 볼 수 있다. "張夫子之爲此書也, … 天之所以運, 地之所以載, 日月之所以明, 鬼神之所以幽, 風雲之所以變, 江河之所以流, 物理以辨, 人倫以正."

49 우리나라의 경우 홍대용이나 최한기 등과 같이 선구적 입장에서 서구과학에 대한 적극적 수용 태도를 보인 지식인들은 공통적으로, 성리학의 심성론 우주론 등에서의 사변론적 성향과, 그에 따른 실증적·과학적 학문 태도의 부재에 대한 회의와 비판적인 모습을 보여주고 있다.(김인규, 「조선후기 實學派의 自然觀 형성에 끼친 漢譯西學書의 영향 -『空際格致』와 『談天』을 중심으로」, 『한국사상과 문화』 24, 한국사상문화학회, 2004, 265-282쪽)

50 牟榮煥, 「장재(張載)와 안원(顔元)을 통해 본 유가 인성론(人性論)의 전개에 관한 연구」, 성균관대학교 박사학위논문, 2010, 104쪽.

51 「태화」편 '由太虛'부터 '有心之名'까지의 글 전체(由太虛有天之名, 由氣化有道之名, 合虛與氣有性之名, 合性與知覺有心之名.)는, 우주와 만물 존재의 시간적 서사라고 판단한다. 시간적인 선후 관계로서의 표현임과 동시에, 태허 상태의 대우주로부터 만물 개별의 소우주로, 거시 세계에서 미시 세계 단계로의 표현으로도 이해된다. '(앞으로 天이라고 불리어질) 혼연한 상태의 太虛가 언제부터인가 존재하고 있었다. 그리고 어느 순간 그 태허를 형성하고 있는 기에 변화[氣化]가 생기면서 하늘의 규

한다면, 기화는 찰나의 순간을, 도는 각각의 찰나들을 연결하는 영겁의 시간을, 그리고 태허나 천은 그 기화와 기허가 이루어지고 있는 공간적인 의미라고 논할 수 있다.[52]

'우주 자연에서의 천체운행 길' '자연의 섭리적 이치' '하늘이 부여한 통치자로서의 가야할 길' 등등으로 이해되어 온 유교의 천도 관념은, 공자의 본원 유교를 넘어서 그 이후로부터 쉼 없이 달려온 유학이 장재와 만났을 때에도 여전히 그 속에 있어 왔다. 그리고 장재는「태화」편에서의 천天→도道→성性→심心의 순차적인 전개 과정에서 볼 수 있듯, 광활한 우주 대자연으로부터 개개의 인간으로 상찰詳察의 포커스를 집중시켜 갔다. 장재 이래로 천도 사상이 더더욱 철학적 심오함을 갖추게 되었다는 것, 재론할 필요도 없는 그와 같은 평가를 필자는 장재의 중대한 업적이라 생각하지 않는다. 본고에서 궁구한 것을 가지고 그의 철학적인 의의를 논하는 것은 자칫 장님이 코끼리를 말하는 격이 될지 심히 우려되지만, 지극히 미미한 부분의 성찰을 가지고 나름의 의미를

칙적인 움직임이 드러나게 되는데, 그것이 天의 길[道]이다. 우선, 氣의 응결이 생기면서 地라고 불리는 것이 만들어지고, 그 속의 존재로부터 태허는 天이라는 상대적인 이름으로도 불리게 된다. 氣의 변화는 천체도 만들었다. 즉, 氣의 精이라고 하는 항성·은하 및 행성들이 기화로 말미암아 형성되고, 그것들의 빛으로 말미암아 천체를 따라 운행함이 가시화 되니, 그것이 바로 天이 가는 道를 다소나마 볼 수 있게 해 주는 것이다. 이와 같은 과정들을 거친 이후에 天의 性을 지닌 인간이 있게 되는데, 이 性은 인류 보편의 성인 것이고, 성의 생성 이후에, 각자 살아가면서 인지하고 깨달은 것들에 의해 각기 다른 개별적인 心이 있게 된다.' 張子 자신의, 장대하면서도 장구한 우주 섭리에 대한 철학적 성찰이라 말하지 않을 수 없다.

52 윤회를 끊어내야 하는 극복의 대상으로 보고 있는 불교와는 다르게 '음양의 끊임없는 취산인 氣化 氣虛 과정' 그 자체에 대한 부정의 시각을 장재에게서는 찾을 수 없다. 장재에게 있어 그것은 긍정·부정의 대상이 아니며, "不得已而然"이라고 하는 태허→만물⇒태허 순환의 '저절로 그러함'[自然] 그 자체이다.(『正蒙』「太和」, "太虛不能無氣, 氣不能不聚而爲萬物, 萬物不能不散而爲太虛, 循是出入, 是皆 '不得已而然'也. … 彼語寂滅者往而不反, 徇生執有者物而不化, 二者雖有間矣, 以言乎失道則均焉. 聚亦吾體, 散亦吾體, 知死之不亡者, 可與言性矣.")

찾는다면 다음과 같이 말할 수 있을 듯하다. 1인 내지는 일인지하 만인
지상을 위한 통치 철학으로서의 천도 관념을, 만인의 평등성이 내재된
'모든 인간'을 위한 그것으로 승화시킨 것, 장재의 위대성은 바로 여기
에 있다고 말하고 싶다.

『이천역전伊川易傳』의 윤리사상*

장승구

이천伊川 정이程頤는 주역이 가지고 있는 신비적 측면을 제거하고 합리적인 리理의 철학에 의해 재해석하였다. 이천에 의해 주역은 사대부의 도덕철학서로 전환된다. 사대부 계급의 윤리관과 세계관을 역학을 통해 정당화하고자 하였다. 이천에 따르면 리理를 지키고 따르는 것이 선善이고 결과적으로도 길吉하며, 리理에 역행하는 행동은 설사 일시적으로 좋은 결과가 있다고 하더라도 그것은 악惡이고 대체로 종국에 가서는 흉할 수밖에 없다. 『이천역전伊川易傳』의 인간상은 자연이 주는 도덕적 의미를 반성하여 삶을 언제나 성誠의 정신과 경敬의 태도로 순리順理에 맞게 살아감으로써 공동체와 조화를 이루고 자연과 균형을 이루기를 지향한다.

1. 들어가는 말

왕필은 상수역학을 부정하고 역학을 의리학적으로 해석하였지만, 이천은 왕필의 도가적 이념을 비판하고 사대부 중심의 관점에서 유가적 의리역학을 정립하고자 하였다. 이천은 주역이 가지고 있는 신비적 측면을 제거하고 합리적인 리理의 철학에 의해 재해석하였다. 이천에 의해 주역은 사대부의 도덕철학서로 전환된다. 사대부 계급의 윤리관

* 장승구(세명대), 이글은 『周易硏究』5(한국주역학회, 2000)에 실렸음을 밝혀둔다.

과 세계관을 역학을 통해 정당화하고자한 것이다. 주역의 64괘는 사事로서 그러한 사는 어떤 리理를 상징하고 있다고 인식한다.[1] 그리고 효爻는 사事의 시時에 따른 상황적 변화를 나타내는 것으로서 본다. 이천은 그의 역전을 통해 64괘 384효에 내재하는 도道[리理]와 그것의 상황적 구체화를 해석하고자 하였다. 이러한 해석의 과정에서 이천은 역의 텍스트를 빌어서 자신의 철학과 가치관을 창조적으로 개진하였다. 우리는 이 글에서 『이천역전伊川易傳』에 나타난 사대부 중심의 이학적 윤리사상이 어떠한 구조와 특성으로 되어있는지를 고찰하고자 한다.

본론에 앞서 이천 역학의 철학적 기초부터 고찰해 보기로 한다. 현상과 본체의 관계는 이천伊川 정이程頤(1033-1107)의 철학에서 중심적 위치를 차지한다. 이천은 드러난 현상을 존재의 전체로 보거나, 아니면 참된 존재는 현상을 떠나서 현상과 무관하게 존재한다는 극단적 입장을 배격한다. 숨겨진 이치로서의 체體와 드러난 상象으로서의 용用 사이에는 이원적으로 단절되어 있는 것이 아니다. 상으로 드러난 현상은 그 속에 깊은 이치를 품고 있다. 또한 체로서의 이치는 현상의 작용을 통해 자신의 존재를 드러내고 있다. 이천의 "체용일원體用一源, 현미무간顯微無間" 명제에 따르면, 현상을 떠나서 진리를 찾는 것은 무의미하다. 그러나 동시에 현상을 곧 진리 자체로 오인해서도 안 된다. 현상과 본체가 분리될 수 없다고 하여 그것이 곧 동등한 위상과 가치를 뜻하는 것은 아니다. 이천에 있어서 본체의 리理는 그 자체로서 영원히 객관적으로 존재한다. 현상은 그러한 본체의 리理를 구현하기 위해 존재한다. 현상이 없다고 해서 본체의 리理 자체가 없다고 해서는 안 된다. 본체는 현상에 대해 존재론적으로 우선하는 것이다.[2] 또한 현상은 본체의

---

1 예를 들면 乾坤괘는 天地之道, 屯괘는 萬物始生之道, 蒙괘는 物生發蒙之道, 需卦는 飮食之道, 訟괘는 爭訟之道와 관련된 理를 함축하고 있다는 것이다.

가치를 구현하기 위해 존재하는 한 본체의 리理는 가치론적으로도 우선한다. 형이상자形而上者와 형이하자形而下者는 개념적으로 구별되지 않으면 안 된다. 도道(또는 리理)는 형이상자形而上者이고, 기器(또는 기氣)는 형이하자形而下者이다. 음양陰陽과 동정動靜은 기氣이고, 한번 양하고 한번 음하는 원리가 리理이다. 이천은 리理와 기氣, 리理와 사事[상象]의 관계에서 이것은 서로 분리될 수 없음에도 불구하고, 우선권은 이에 있다고 보는 리理의 철학에 기초하여 역학사상을 비롯한 모든 사상을 전개하였다.

인간과 동물을 포함한 천지의 만물은 모두 리理를 구현하는 것이다. 만물은 기에 있어서의 차이에도 불구하고 하나의 보편적 원리 하에 존재하면서, 보편적 이의 구현에 참여하고 있는 것이다. 즉 만물은 본체상의 하나의 이치를 구현하면서도 현상적으로는 기질에 따른 고유한 특수성의 차이를 보여주고 있다. 천하 사람의 마음도 현상적으로는 만 가지로 다르지만 본체적 관점에서 보면 그 이치는 하나의 보편적 구조를 지니고 있다. 이천의 철학에 있어서 인간은 하늘로부터 타고난 보편적 리理를 충분히 발휘하는 것이 지상의 과제이다. 그러기 위해서는 만물의 현상적 다양성을 관통하는 보편적 원리에 대한 명확한 인식에 도달해야 한다. 그리고 타고난 하늘의 이치를 올바르게 보존하고 알맞게 구현하기 위해서는 늘 몸과 마음을 경건한 태도로 유지하지 않으면 안 된다.

---

2 朱伯崑, 『易學哲學史』第二卷, 北京: 華夏出版社, 1995, 219-220쪽 참조.

2. 이천역전伊川易傳에서 자연현상과 인간규범

주역은 자연현상의 법칙을 빌어서 인간 삶의 당위적 길을 제시하고 있다. 이천역전도 이러한 주역의 근본원리에서 벗어나지는 않는다. 주역에서 자연현상과 인간규범의 관계를 논할 때 자연현상이 의미하는 바는 크게 보면 세 차원으로 구분할 수 있다. 첫째로는 자연의 일반법칙의 의미이다. 자연은 부단히 변화하지만 그러한 변화하는 현상의 이면에는 일정한 법칙이 존재한다. 양이 성장하여 극에 달하면 다시 음이 자라고, 또 음이 극에 달하면 다시 그 속에 양이 자라기 시작하여 "물리극이필반物理極而必反"의 원리에 따라 음양陰陽의 소식消息이 일정한 패턴을 형성하게 된다. 자연의 변화법칙은 천지 사이에 살아가는 모든 만물들에게 함께 적용된다. 인간 역시 예외가 아니다. 인간은 대자연의 법칙을 모범으로 하여 그것에 순응하면서 살아가는 것이 가장 바람직하다. 따라서 바람직한 삶의 규범을 인식하기 위해서는 먼저 천지만물의 자연법칙에 대한 이해가 선행되어야 한다.

두 번째는 팔괘가 상징하는 여덟 가지 대표적 자연물이다. 주역에서 자연은 하늘과 땅, 우뢰와 바람, 물과 불, 산과 못 등 팔괘에 의해 상징되는 8가지 범주로 대표된다. 이러한 자연의 상징물의 상호 관계는 인간에게 어떤 인간적 의미를 연상하게 만든다.

예컨대 풍지관괘風地觀卦의 상괘上卦는 바람을 뜻하는 손巽이 하괘下卦는 땅을 의미하는 곤坤으로 구성되어 있는데, 이 괘는 바람이 땅위에 불어 그것이 만물에 미치는 것을 나타낸다. 즉 바람이 땅위로 부는 자연현상은 편력하며 두루 관람하는 상을 상징한다. 선왕은 이러한 상을 보고 체득하여 사방을 둘러보는 예(성방지례省方之禮)를 행하여 백성의 풍속을 살피고 정교政敎를 베풀어야 한다는 것이다.[3]

세 번째는 만물의 갖가지 다양한 양태 또는 이미지와 관련된 자연이다. 예컨대 대축괘大畜卦 육오효六五爻에 나오는 '분시지아豶豕之牙'(거세한 돼지의 어금니) 중부괘中孚卦 구이효九二爻의 '명학鳴鶴'(우는 학), 해괘解卦 구이효九二爻의 '전획삼호田獲三狐'(사냥에서 세 마리 여우를 잡는다)의 호狐(여우) 등이 그것이다. '거세한 돼지의 어금니'는 저돌적 돼지를 거세시킴으로써 그 사나운 어금니에 대한 공포를 덜어내듯이 인간 사회에서 악을 다스리는 방법을 생각하게 한다. '우는 학'에서 어미 학이 울고 새끼 학이 화답하는 것은, 진심으로 원할 때 서로 통할 수 있다는 '지성감통至誠感通'의 원리를 암시한다. '전획삼호田獲三狐'의 '여우'는 사미邪媚한 짐승으로서 소인을 상징하며 소인은 제거되어야 한나는 의미를 연상시킨다.

이상에서 보듯이 역전에서 자연의 의미가 여러 가지 뜻으로 사용되지만, 천지지도天地之道에서 가장 근본적인 원리는 음양의 이론이다. 음양은 '소식영허消息盈虛'의 원리에 의해 운동한다. 하늘은 양의 상징으로서 건健을 본질로 한다. 땅은 음의 상징으로서 순順을 본질로 한다. 음은 양에 순順해야 한다. 천지의 본질에 대한 이러한 음양론적 인식은 인도의 규범으로서 대단히 중요한 의미를 지닌다. 음양은 다중 의미체(polysemy)로서 하늘/땅, 남성/여성, 임금/신하, 군자/소인, 천리天理/인욕人慾, 선/악 등을 상징한다. 따라서 여성은 남성에 대해, 신하는 임금에 대해, 어린이는 어른에 대해, 소인은 군자에 대해 순종하지 않으면 안된다는 규범이 자연의 이법으로서 정당화된다.

이천에 따르면 천지에 합치하는 자가 곧 성인이고, 천지란 도道에 다름 아니며 따라서 성인은 곧 도에 합치하는 존재이다.[4] 그러나 천도

---

3 『伊川易傳』, 觀卦 大象辭傳, "風行地上, 周及兼物, 爲由歷周覽之象. 故先于體之, 爲省方之禮, 以觀民俗, 而設政敎也." 참조.

天道와 인도人道가 전적으로 같다고 보는 것은 물론 아니다. 자연은 일정한 법칙적 순환의 필연성을 벗어날 수가 없지만, 인간은 수양과 노력을 통해 성성盛을 지속하고 쇠쇠衰를 유보하는 것이 가능하기 때문이다. "음양의 기로 말하면 소장消長함은 순환하여 바꿀 수가 없다. 그러나 인사人事로 말하면 양은 군자이고 음은 소인으로서 성인은 바야흐로 군자의 도가 상승할 때도 너무 극하면 흉한 이치가 있다는 것을 알고 대비하여 항상 만극滿極에 이르지 않도록 하면 흉함이 없다"[5]고 경계하였다.

이천역전에서 자연은 몰가치적인 기계적 도구적 자연이 아니라, 지성至誠의 리理를 본질로 하는 유기적 생명의 자연이다. 유기적 생명의 자연은 만물을 화육하고, 무궁하도록 생명을 낳고 낳아 생명이 각각 자기의 타고난 본성을 바르게 구현해 가는 창조적 가치적 자연이다. 이천역전에서 자연에 대한 관심은 그 자체로 객관적이기보다는 삶의 지혜와 관련하여 실천적 의미를 지닌다.

3. 수시순리隨時順理의 윤리학

(천天)리理를 근본원리로 하는 이천의 철학에서, 리理는 존재의 법칙이면서 동시에 당위의 규범으로서 절대적으로 준수되지 않으면 안 된다. 실천적 관점에서 보면, 리理는 주관적 정념이나 이해관계나 상황논

---

4 『伊川易傳』, 乾卦 文言傳, "大人與天地日月四時鬼神合者, 合乎道也. 天地者道也, 鬼神者造化之跡也. 聖人先於天而天同之, 後於天而能順天者, 合於道而已. 合於道, 則人與鬼神豈能違也." 참조.

5 『伊川易傳』, 臨卦 彖辭傳, "在陰陽之氣言之, 則消長如循環不可易也. 以人事言之, 則陽爲君子陰爲小人, 方君子道長之時, 聖人爲之誠, 使知極則有凶之理而虞備之, 常不至於滿極, 則无凶也."

리에 따라 좌우될 수 없는 신성하고 절대적인 이념 또는 규범으로 이해된다. 이천에 따르면 이러한 리理를 지키고 따르는 것이 선善이고 결과적으로도 길吉하며, 리理에 역행하는 행동은 설사 일시적으로 좋은 결과가 있다고 하더라도 그것은 악惡이고 대체로 종국에 가서는 흉할 수밖에 없다. 주역의 길흉은 리理에 따르느냐 그렇지 않느냐에 따라 결정된다고 본다. 즉 어떤 상황에서도 리理에 따라 삼가면서 살면 길하고 아무리 유리한 상황에서도 리理를 어기고 사욕에 따라 행동하면 결국에는 불리하고 흉할 수밖에 없다는 것이다. 길흉吉凶과 리불리利不利는 순리順理와 역리逆理의 결과에 다름 아니다.

> "(지나친 것을) 덜어 리理를 따르면 크게 선善하고 길하다."[6]
> "즐거움(豫)으로 따라 움직이면 천지도 어기지 못하는데 하물며 제후를 세우고 군사를 움직이는 일에 어찌 따르지 않음이 있겠는가? 천지의 도와 만물의 리理는 오로지 지극한 따름(至順)일 뿐이다. 대인이 하늘에 앞서거나 뒷서거나 간에 모두 어기지 않는 것은 또한 오직 리理에 따르기(順理) 때문이다."[7]
> "천지가 베푸는 이익이 무궁한 것은 오직 리理 때문이다. 성인이 천하를 이익 되게 하는 도道는, 때에 응해서 리理에 따라(應時順理) 천지와 합하고 사시와 함께 가는 것이다."[8]

리理를 윤리적으로 보면 각자가 자신이 처한 위치에 따라 실천해야 할 규범의 의미를 지닌다. 예컨대 어버이는 자慈, 자식은 효孝, 임금은

---

6 『伊川易傳』, 損卦 卦辭傳, "損而順理則大善而吉."
7 『伊川易傳』, 豫卦 彖辭傳, "以豫順而動, 則天地如之而弗違, 況建侯行師, 豈有不順乎? 天地之道萬物之理, 唯至順而已. 大人所以先天後天而不違者, 亦順乎理而已."
8 『伊川易傳』, 益卦 彖辭傳, "天地之益無窮者理而已矣. 聖人利益天下之道, 應時順理, 與天地合, 與時偕行也."

인仁, 신하는 경敬을 실천해야 한다. 이 경우 자신의 위치에 따른 규범을 바르게 지키는 것이 곧 순리順理이다. 인간을 포함한 만물은 각기 자신에게 부여된 존재의 이법을 잘 지키는 것이 존재 의미를 구현하는 것이고, 그것이 편안한 길이기도 하다.

> "무릇 물物이 있으면 반드시 법칙이 있다. 어버이는 자慈에 머무르고, 자식은 효孝에 머무르고, 임금은 인仁에 머무르고 신하는 경敬에 머무르니 만물과 모든 일이 각기 자기 자리를 갖지 않음이 없다. 자기 자리를 얻으면 편안하고 잃으면 어그러진다. 성인이 천하를 순조롭게 다스리는 까닭은 만물을 위해 법칙을 만들어서가 아니고, 오직 각기 자기 자리에 머무르게 할 뿐이다."[9]

사회적 맥락에서 리理의 실체는 예禮를 떠나지 않는다. 그러므로 예에 맞지 않으면 리理가 아니다. 이천은 "리履는 예禮이다."라고 하여 리履괘를 통해 예의 의미를 설명한다. 리履괘는 '천상택하天上澤下'의 형상을 하고 있는데, 이것은 하늘은 위에 있고 못은 아래에 있는 모양을 취한 것으로서, 위아래의 나눔과 높고 낮음의 뜻을 상징한다. 이천은 상하지분上下之分과 존비지의尊卑之義는 리理의 당연當然이고 예의 근본이라고 한다. 아래의 것이 위의 것을 따르고 음이 양을 받드는 것이 천하의 지극한 이치라고 한다. 따라서 상하를 잘 변별하여 각자 분수에 합당하게 살게 함으로써 백성의 심지를 안정시켜야 한다고 본다.[10] 이천은 사회적으로 상하의 신분과 남녀 간의 질서를 수직적 위계의 관점

---

9 『伊川易傳』, 艮卦 象辭傳, "夫有物必有則, 父止於慈, 子止於孝, 君止於仁, 臣止於敬, 萬物庶事, 莫不各有其所. 得其所則安, 失其所則悖, 聖人所以能使天下順治, 非能爲物作則也. 唯止之各於其所而已."
10 『伊川易傳』, 履卦에 대한 해석 참조.

에서 규정하고 그것이 리理의 자연스러움인 것으로 인식한다. 그리고 군자에 있어서 크고 장대함은 외형적이거나 육체적인 것이 아니라, 정신적으로 자신의 욕망을 자율적으로 규제하고 예로 돌아가는 것이라고 보아 예의 실천을 군자다움의 징표로 이해한다.[11]

리理는 상황적 맥락에서 보면, 중정中正과 밀접한 관련성을 지닌다. 순리대로 행동하는 것은 리理의 규범을 상황에 알맞게 실천하는 것으로서, 중정中正의 도道를 따르는 것과 크게 다르지 않다. 중정中正이란 알맞고 바른 자리를 뜻한다. 여섯 위位 가운데 양수인 1·3·5위는 양의 자리이므로 양이 그 자리에 있어야 바른 자리이고, 2·4·6위는 음의 자리이므로 음이 그 자리에 있어야 바른 것이다. 또한 2위와 5위는 알맞은 가운데 자리 즉 중中이다. 중정이 가장 좋고, 중이면서 정이 아니거나 정이면서 중이 아닌 것은 그 다음이고, 중도 정도 아닌 것은 대체로 나쁘다. 이천은 중中이 정正보다 더 중요하다고 하면시, 중이면 정에 어긋나지 않지만 정이 반드시 중은 아니라고 한다. '천하지리天下之理, 막선어중莫善於中'이라 하여 이천은 중을 최고의 가치로 인식한다.[12]

중정의 윤리학이 의미하는 바는 사람은 자신에게 알맞고 올바른 자리에 있어야 한다는 것이다. 아무리 좋은 자리라고 하더라도 그것이 자신의 능력과 적성과 처지에 부합해야 길하지 그렇지 못하면 오히려 흉할 수도 있다. 행복이란 사회구조 속에서 자신의 덕과 능력에 알맞은 자리에서 그것에 알맞은 행동을 통해서 얻어질 수 있다. 중정의 도는 때로 현실에 쓰이지 않을 때가 있지만 언젠가는 실현된다.[13] 중정의 도

---

11 『伊川易傳』, 大壯卦 大象辭傳, "君子之大壯者, 莫若克己復禮."
12 『伊川易傳』, 震卦 六五爻辭傳, "諸卦二五, 雖不當位, 多以中爲美, 三四, 雖當位, 或以不中爲過, 中常重於正也. 蓋中則不違於正, 正不必中也. 天下之理莫善於中, 於六二六五可見." 참조.
13 『伊川易傳』, 旣濟卦 六二爻象辭傳, "中正之道, 雖无爲時所用, 然无終不行之理." 참조.

는 베풀어서 나쁜 것이 없고, 반대로 그것을 지키지 않으면 좋을 수가 없는 것이다.[14] 이천은, 자신의 자리가 중정에 맞지 않으면 나아가거나 물러서거나 모두 후회가 있을 뿐이라고 하고, 그 해결책은 오직 자기 몸을 바르게 하는(정신正身) 방법뿐이라고 한다.

> "육삼六三은 음이 양의 자리에 거하니 중中도 아니고 정正도 아닌 사람이다. 중정中正하지 못하면서 즐거움에 처하면 움직임마다 모두 후회가 있다. 우盱는 위를 보는 것이다. 위로 구사九四를 바라보면 그것은 중정하지 못하므로 구사九四가 취하는 바가 못 된다. 그러므로 후회가 있다. 구사九四는 예豫괘의 주효로서 육삼六三과 매우 가까우나 더디어서 앞으로 가지 않으면 버림을 받을 것이니 역시 후회가 있다. 대개 처신하는 것이 바르지 못하면 나아가나 물러서나 모두 후회와 인색함이 있을 것이니 어떻게 해야 하겠는가? 몸을 바르게(정신正身) 할뿐이다. 군자가 처신함에 도가 있으니 예로 마음을 절제한다. 비록 즐거움(예豫)의 때에 처하더라도 중정을 잃지 않으므로 후회가 없다."[15]

때에 따라서는 지나치게 행동하는 것이 도리어 중中이 되는 경우도 있을 수 있다 "마땅히 지나쳐야 할 경우에는 지나치게 하는 것이 옳다. 지나치는 것이 마땅하지 않은데 지나치는 것이 지나치는 것이다."[16] "마땅히 지나쳐야 할 때에 지나치는 것은 지나친 것이 아니라 때에 알맞음이고 이른바 바름이다."[17] 중中을 올바르게 이해하기 위에서는 시

---

14 『伊川易傳』, 訟卦 九五爻象辭傳, "中正之道, 何施而不元吉." 참조.
15 『伊川易傳』, 豫卦 六三爻傳, "六三, 陰而居陽, 不中不正之人也. 以不中正而處豫, 動皆有悔. 盱, 上視也. 上瞻望於四, 則以不中正不爲四所取, 故有悔也. 四, 豫之主, 與之切近, 苟遲遲而不前則見棄絕, 亦有悔也. 蓋處身不正, 進退皆有悔吝, 當如之何, 在正身而已. 君子處己有道, 以禮制心, 雖處豫時, 不失中正, 故無悔也."
16 『伊川易傳』, 小過卦 大象辭傳, "當過而過, 乃其宜也. 不當過而過, 則過矣."

간[時]과 공간[位]을 정확히 파악하지 않으면 안 된다. 실제에 있어서 중中은 시공時空의 상황에 따라 상대적이기 때문이다. 천지와 인간이 항상적으로 언제나 지키지 않으면 안 되는 불변의 원리가 리理이다. 그러나 리理의 항구성이 시時의 변동과 모순되는 것은 아니다. 움직이지 않고 능히 한결같을 수는 없기 때문이다. 움직여서 끝나면 다시 시작으로 되돌아오는 까닭에 항상을 유지하고 궁하지 않을 수 있다.[18] 항恒이란 일정한 것을 일컫는 것이 아니다. 일정하면 항상할 수가 없다. 오직 수시변역隨時變易이 상도常道이다.[19] 이천역전에서도 수시변역隨時變易은 핵심사상이다. 본체의 불변적 이념을 어떻게 실현하느냐 하는 문제에 있어서 변화하는 현실의 상황을 고려하지 않으면 안 된다. 항구적 원리는 상황의 변화를 따라 알맞게 실천되어야 중中을 얻었다고 할 수 있기 때문이다. 괘卦는 사事를 뜻하고 효爻는 사事의 시간적 변화를 상징한다. 이천은 역易이란 수시변역隨時變易을 통해 도道, 즉 리理를 실현하고 실천하는 것이라고 규정한다. 리理에 따르되 반드시 때에 맞추어 실천해야 하기 때문에, 수시隨時와 순리順理는 실천에 있어서 결코 서로 분리될 수 없는 명제이다.

수시隨時의 윤리학에 따르면 우리는 행위 시에 시간의 특수성과 상황의 역동성을 깊이 고려해야 한다. 마치 계절의 변화에 맞추어 추우면 두꺼운 옷을 입고 더우면 얇은 옷으로 바꿔 입는 것처럼, 우리는 자신이 나아가거나 물러가야 하는 때인지 아니면 그냥 머물러야 하는 때인지, 활동을 해야 하는지 아니면 조용히 기다리며 힘을 길러야 하는지, 말해야 하는지 침묵해야 하는 것인지, 보태야 하는 것인지 덜어야 하는

---

17 『伊川易傳』, 小過卦 彖辭傳, "時當過而過, 乃非過也, 時之宜也, 乃所謂正也."
18 『伊川易傳』, 恒卦 彖辭傳, "天下之理, 未有不動而能恒者也. 動則終而復始, 所以恒而不窮."
19 『伊川易傳』, 恒卦 彖辭傳, "恒, 非一定之謂也, 一定則不能恒矣. 唯隨時變易, 乃常道也."

것인지, 채워야 하는지 비워야 하는지, 일해야 하는지 쉬어야 하는지, 정치적으로 개혁을 해야 하는지 아니면 수성守成을 해야 하는 것인지 때를 정확하게 파악하고 그러한 때의 역동적 변화에 맞추어서 리理를 시간 속에 알맞게 구현하지 않으면 안 된다. 보편적 원리로서의 리理는 실존의 특수한 상황과 역사의 구체적 장 속에서 다양한 방식으로 구현되는 것이지 결코 초시간적으로 획일적 형식을 고집하는 것은 아니기 때문이다.

> "혹 뛰기도 하고 혹 그대로 거처하기도 하여서 위 아래로 일정하게 고정되어 있지 않다. 혹은 나아가고 혹은 물러나는 것이 마땅함을 따라 거취를 선택한다. 바르지 못하게 굽히거나 속한 무리를 떠나는 것이 아니라 덕으로 나아가고 업을 닦아 때에 맞추려고 할 뿐이다. 때에 따라 가고 때에 따라 멈추니 한결같이 일정할 수 없다. … 군자가 때를 따름은 마치 그림자가 모양을 따르는 것과 같다. 떨어질 수 있으면 도道가 아니다."[20]
>
> "간艮은 머무름이다. 머무름의 도는 오직 때에 따른다. 행동하고 멈추고 움직이고 고요함이 때에 맞지 않으면 망령되다. 때를 잃지 않으면 순리順理이고 의義에 합치된다. 물에 있어서는 리理가 되고 일에 처해서는 의義가 되며 움직임과 고요함이 의리義理에 맞아서 알맞은 때를 잃지 않으니 이것이 도의 광명이다. 군자는 때를 귀히 여기니, 공자가 갈 때는 가고 머무를 때는 머무르며 오래 있을 때는 오래 있고 빨리 갈 때는 빨리 갔다는 것이 바로 이것이다."[21]

---

20 『伊川易傳』, 乾卦 文言傳, "或躍或處, 上下无常, 或進或退, 去就從宜. 非爲邪枉, 非離羣類, 進德修業, 欲及時耳. 時行時止, 不可恒也 …… 君子之順時, 猶影之隨形, 可離非道也."
21 『伊川易傳』, 艮卦 彖辭傳, "艮爲止, 止之道, 唯其時, 行止動靜, 不以時則妄也. 不失其時, 則順理而合義, 在物爲理, 處物爲義, 動靜合義理, 不失其時也, 乃其道之光明也. 君子所貴乎時, 仲尼行止久速是也."

4. 성경誠敬의 수양론

자연의 보편적 원리를 발견하고 그것을 시간적 변화 속에 알맞게 실천하기 위해서는 성경誠敬과 궁리窮理에 의한 수양이 요구된다. 수양에 있어서는 무엇보다도 욕심이 마음을 어지럽히지 않도록 해야 한다. 외물에 접하게 되면 마음이 동하게 되므로 가능한 (불필요하게) 외물外物과 접하지 않아서 내욕內欲이 싹트지 않도록 해야 한다. 그래서 욕심이 조금도 없는 망아忘我 또는 무아无我의 상태에 이르러야 우리는 자신의 주어진 분수에 편안히 거할 수 있다.[22] 이천은 인욕 또는 작위적 의지를 철저하게 부정하고 오직 자연스럽게 천리에 따라서만 살 것을 강조한다. 인욕은 철저하게 제거하고 천리를 완전히 회복해야 한다고 보고 손괘損卦의 손損을 인욕을 덜어낸다는 뜻으로 이천은 해석한다. "선왕이 근본을 장악하는 것은 천리天理이고, 뒷사람이 말단에 흐르는 것은 인욕人欲이다. 손損의 뜻은 인욕人欲을 덜어내고 천리天理를 회복하는 것일 뿐이다."[23]

인욕을 제거하고 천리를 회복하기 위해서는 경敬에 의해 엄숙하고 경건한 태도를 취해야 하고, 경에 철저할 때 우리는 지극한 성誠에 도달하여 모든 것을 정리正理에 맞게 실천할 수 있다. 이천은 관괘觀卦 괘사卦辭를 경敬과 관련시켜 해석한다. 그래서 거상자居上者는 표의表儀를 바르게 하여 하민下民이 보는 것을 대해야 한다고 본다. 마땅히 장엄莊嚴하기를 제사 지내는 처음에 술을 땅에 뿌려 강신할 때와 같이 정성을 다하고, 이미 제물을 올린 뒤에 성의가 다소 풀리는 것 같은 일이 없도

---

22 『伊川易傳』, 艮卦 卦辭傳 참조.
23 『伊川易傳』, 損卦 卦辭傳, "先王制其本者天理也, 後人流於末者人欲也. 損之義, 損人欲, 以復天理而已."

록 해야 한다고 한다. 그러면 천하의 사람이 정성을 다하여 우러러 바라본다는 것이다.

물론 경의 근엄함이 인정人情을 상하게 할 수도 없지 않지만, 그러나 그 반대의 부작용 즉 희희낙락하여 법도가 무너지는 것과 비교하면 문제가 되지 않는다.

> "대개 근엄함이 지나치면 비록 인정에는 상함이 없을 수 없다. 그러나 법도가 서고 윤리가 바로잡히어 은혜와 의리가 있게 된다. 만약 희희낙락하여 절도가 없으면 법도가 없어지게 되고 윤리가 어지럽게 될 것이니 어찌 능히 집을 보존할 수 있겠는가? 희희낙락함이 심하면 집이 망하는 흉함에 이르게 될 것임에도 다만 '인색하다'고만 한 것은, 인색함이 심하면 흉한데 이르기 때문에 곧장 흉하다고 말하지 않은 것이다."[24]

경에 의해 성에 도달한다. 자연은 성誠 자체라고 할 수 있으나, 인간은 인욕으로 흘러서 거짓되기 쉽다. 그러므로 이천에 따르면 인간은 경에 의해 사욕을 버리고 무슨 일이든지 지성至誠을 다해 성의誠意로써 수행하면 되지 않는 것이 없다. 이천역전은 일관되게 윤리적 실천의 주관적 조건으로서 성誠을 강조한다. "대개 성誠으로 물을 대하면 능히 움직일 수 없는 것이 없으니, 성으로 수신하면 몸이 바르게 되고, 성으로 일을 다스리면 일이 올바른 이치를 얻고, 성으로 사람들에게 임하면 사람들이 감화되어 행하여 뜻을 얻지 못하는 것이 없다."[25]

---

24 『伊川易傳』, 家人卦 九三爻傳, "蓋嚴謹之過, 雖於人情, 不能无傷. 然苟法度立, 倫理正, 乃恩義之所存也. 若嘻嘻无度, 乃法度之所巾廢, 倫理之所由亂, 安能保其家乎? 嘻嘻之甚, 則致敗家之凶, 但云吝者, 可吝之甚, 則至於凶, 故未遽言凶也."
25 『伊川易傳』, 无妄卦 初九象辭傳, "蓋誠之於物, 无不能動, 以之修身則身正, 以之治事則事得其理, 以之臨人則人感而化, 无所往而不得其志也."

5. 사대부 사회 권력 엘리트의 윤리규범

군주와 신하는 사대부 사회의 권력 엘리트로서 이들의 윤리와 의식은 일반 백성들의 생활에 지대한 영향을 미친다. 군주는 천하를 다스리는 정치의 중심이다. 군주가 어떠한 정치적 도덕적 의식을 갖느냐 하는 것은 역사에 결정적 영향을 주기 때문에 군주는 철저한 도덕적 각성과 확고한 정치철학을 지니지 않으면 안 된다. 신하 역시 군주를 도와 치국평천하의 도道를 실현하는 주체로서 군주와의 관계에서 올바른 위상과 윤리의식을 지니지 않으면 안 된다. 이천은 그의 역전易傳에서 오효의 대부분을 군주의 행동규범과 관련시키고, 오효의 아래에 있는 사효와 하괘의 이효 또는 삼효 등을 신하의 행동규범과 관련시켜 해석하는 경우가 많다. 이것은 송대宋代 사대부 사회의 정신적 지도자인 이천伊川이 주역의 해석을 통해 사대부 사회 지도층의 윤리의식을 정립하고 정치철학을 기초 지우려고 한 의도를 지니고 있었기 때문일 것이다.

우선 군주의 행동양식과 관련된 규범부터 살펴보자. 군주는 사적 감정에 따라 특정한 사람을 편애해서는 안 되고, 마땅히 천하와 더불어 크게 같이하는 공평무사한 공공심公共心을 발휘해야 한다.[26] 군주가 만사를 리理에 맞게 다스리려면 스스로도 격물치지의 공부와 수양의 노력을 하여야 하겠지만, 무엇보다 중요한 것은 리理를 깊이 연구 체득하고 자기 수양을 온전히 완성한 훌륭한 인재를 발굴하여 예를 다해 모셔야 한다. 임臨괘 육오효六五爻에 대한 해석을 보면, 군주는 구구하게 만사를 직접 자임하는 것이 아니라, 천하의 훌륭한 인재를 뽑아서 천하의

---

26 『伊川易傳』, 同人卦 九五爻辭傳, "九五, 君位而爻不取人君同人之義者, 蓋五專以私暱, 應於二而, 失其中正之德, 人君當與天下大同, 而獨私一人非君道也. 又先隔則號眺, 後遇則笑, 是私暱之情, 非大同之體也. 二之在下, 尙以同於宗爲吝, 況人君乎?" 참조.

총명한 자에게 정사를 맡겨야 한다. 직접 앎을 자임하지 않는 것이 앎의 큰 것이라고 한다. 이천은 정치에서 군주는 대강만 잡을 뿐이지 직접 수고롭게 일을 구체적으로 챙겨서는 안 된다는 군신의 역할분담을 논하고 있다.[27] 이것은 무위이치無爲而治와 유사한 논리로서 군권을 제한하고 의식 있는 사대부의 역할을 강화시키려는 뜻으로 이해할 수 있다.

군주는 자신의 자질이 강양剛陽한지 아니면 음유陰柔한지를 스스로 판단하여 자질에 알맞은 정치를 해야 한다. 새로운 제도를 창시하고 구조를 새롭게 하는 힘든 일은 강명剛明한 재질을 갖춘 군주가 아니면 안 된다. 유약한 자질을 가진 사람은 강하고 어진 신하를 등용하여 선대의 구업을 잘 계승하여 명예를 지키는 것에 만족해야지, 자신의 능력을 넘어서는 큰일을 도모하는 것은 바람직하지 못하다고 이천은 판단한다.[28]

군주의 언행은 천하에 지대한 영향을 미친다. 따라서 군주의 일심一心은 천하의 큰 근본으로서 중시된다. 천하가 잘 다스려지는가 어지러운가, 풍속이 아름다운가 그렇지 못한가 하는 것이 모두 군주의 일신에 달려 있는 것이다. 그러므로 이천에 따르면 군주는 천하의 풍속을 관찰하여 그것이 군자의 도인지 그렇지 않은지를 보고서 자신이 정치를 잘했는지 못했는지를 평가한다.[29]

---

27 『伊川易傳』, 臨卦 六五爻辭傳, "五以柔中順體, 居尊位而下應於二, 剛中之臣, 是能倚任於二, 不勞而治, 以知臨下者也. 夫以一人之身, 臨乎天下之廣, 若區區自任, 豈能周於萬事? 故自任其知者, 適足爲不知, 唯能取天下之善, 任天下之聰明則无所不周, 是不自任其知則其知大矣. 五順應於九二剛中之賢, 任之以臨下, 乃己之明知臨天下, 大君之所宜也. 其吉可知." 참조.

28 『伊川易傳』, 蠱卦 六五爻辭傳, "雖能下應剛陽之賢而倚任之, 然己實陰柔, 故不能爲創始開基之事, 承其舊業則可矣, 故爲幹父之蠱. 夫創業垂統之事, 非剛明之才則不能, 繼世之君, 雖柔弱之資, 苟能任剛賢, 則可以爲善繼而成令譽也. 太甲成王, 皆以臣而用譽者也." 참조.

29 『伊川易傳』, 觀卦 九五爻辭傳, "九五, 居人君之位, 時之治亂, 俗之美惡, 係乎己而已. 觀己之生, 若天下之俗, 皆君子矣, 則是己之所爲政化善也, 乃无咎矣. 若天下之俗, 未

군주는 최고 권력을 장악하고서도 겸손하고 부드러운 덕을 지녀야 하겠지만, 군주가 부드럽고 겸손하기만 해서는 올바른 군도라고 할 수 없다. 겸유謙柔의 덕에다 위무威武의 권위를 서로 조화시켜야 비로소 천하를 회유하여 복속시킬 수 있다. 만일 유순한 도만 쓰게 되면 능멸하고 업신여김이 생기기 때문이다. 한편으로는 유화柔和로 아랫사람을 대하여 뭇 사람의 뜻이 기꺼이 따르게 하고, 다른 한편으로는 위엄을 보여 외경하게 하여 어느 한쪽으로 치우치지 않도록 해야 한다고 이천은 주장한다.

"인군이 되고서 겸순謙順의 덕을 지키면 천하의 민심이 귀의한다. 그러나 군도는 겸손하고 부드러운 덕만을 오로지 숭상해서는 안 된다. 반드시 위무威武를 기다려 서로 조화를 이룬 다음에야 천하를 감싸 복종시킬 수 있다. 그러므로 처들어가 정벌하는 것이 유리하다. 위덕威德이 나란히 빛난 다음에야 군도의 마땅함을 다하여 이롭지 않음이 없다. 대개 육오六五의 겸손하고 부드러운 덕이 지나침을 막는 것이 마땅하므로 이러한 뜻을 발하였다."[30]

"유순柔順만을 오로지 숭상하면 업신여김과 태만함이 발생한다. 그러므로 반드시 위엄 있게 해야 길하다. 위여威如란 위엄이 있는 것을 이른다. 유화柔和와 믿음으로 아랫사람을 대하면 뭇 사람의 뜻이 즐겨 좇는다. 그리고 동시에 위엄으로써 (군주를) 외경하게 하여 잘 대처하니 길할 것을 알 수 있다."[31]

合君子之道, 則是己之所爲政治未善, 不能免於咎也." 참조.
30 『伊川易傳』, 謙卦 六五爻辭傳, "爲人君而持謙順, 天下所歸心也. 然君道, 不可專尚謙柔, 必須威武相濟然後, 能懷服天下, 故利用行侵伐也. 威德並著然後, 盡君道之宜, 而无所不利也. 蓋五之謙柔, 當防於過, 故發此義."
31 『伊川易傳』, 大有卦 六五爻辭傳, "若專尚柔順, 則陵慢生矣. 故必威如, 則吉. 威如, 有威嚴之謂也. 旣以柔和孚信, 接於下, 衆志說從. 又有威嚴使之有畏, 善處有者也, 吉可知矣."

군주는 정치에 있어서 일차적으로 정교政教를 닦아 백성들이 생업에 힘쓰며 염치를 알게 해야지 위엄과 형벌을 숭상해서는 안 된다. 돼지는 사납고 조급한 동물이고 특히 그 어금니가 사납고 예리하다. 그 어금니를 힘으로 제지하려 들면 수고만 할 따름이고 성과는 없다. 그러나 거세를 시키면 어금니를 그대로 두어도 사납고 조급함이 스스로 그치게 된다. 마찬가지로 천하의 백성들에게 사욕과 악이 없을 수 없지만, 그것을 힘으로만 제재하려고 하면 아무리 법이 세밀하고 형이 엄해도 감당할 수 없다. 문제의 본질을 직시하고 발본색원의 대책을 구상해야 한다. 즉 백성들이 교육을 통해 양심이 깨이고 생업을 통해 삶을 잘 살 수 있도록 해주면 설사 상을 주어도 남의 것을 훔치지는 않을 것이다. 그러므로 형벌을 엄히 하기보다는 정교政教를 닦는 것이 더 중요하다는 입장을 이천은 제시한다.[32] 이 점에서 보면 이천은 인간성에 대해 기본적으로 낙관적이며, 정치적 이상주의를 지향하고 있음을 알 수 있다.

이천에 따르면 군주가 훌륭한 정치를 하기 위해서는 사회 현상의 원인을 올바르게 인식하고, 어떤 현상이나 정책이 초래할 결과를 정확히 추리할 수 있어야 한다. 사태의 원인을 바르게 진단해야만 사태를 치유할 방법을 인식할 수 있고, 장차의 결과를 정확히 판단해야만 대비책을 마련할 수 있다. 그리고 사태 치유의 방법을 잘 인식해야만 폐단을 개혁할 수 있고, 대비책을 잘 세워야 좋은 결과가 오래 갈 수 있기 때문이다.[33]

다음으로는 이천역전에서 사대부의 행위양식과 관련된 규범을 고찰

---

32 『伊川易傳』, 大畜卦 六五爻에 대한 해석(傳) 참조.
33 『伊川易傳』, 蠱卦 卦辭傳, "治蠱之道, 當思慮其先後三日, 蓋推原先後, 爲救弊可久之道, 先甲謂先於此究其所以然也. 後甲謂後於此, 慮其將然也. 一日二日至三日, 言慮之深推之遠也. 究其所以然則知救之之道, 慮其將然則知備之之方. 善救則前弊可革, 善備則後利可久. 此古之聖王, 所以新天下而垂世也. 後之治蠱者, 不明聖人先甲後甲之誠, 慮淺而事近, 故勞於救世而亂不革, 功未及成而弊已生矣." 참조.

해 보자. 군자 또는 사대부가 덕을 기르고 학문을 닦는 것은 천하에 도를 펴서 온 백성들과 도를 함께 누리기 위함이다. 사대부에게 현실의 정치세계는 도道를 실현하는 장場이다. 따라서 정치참여는 적극 긍정된다. 그러나 현상세계가 곧 본체의 진리 그 자체와 동일시 될 수는 없는 것과 같은 논리로, 현실 정치세계가 곧 도의 실현 그 자체는 아니며, 정치참여가 도의 이념을 실현하는 유일한 방법은 아니다. 때로는 홀로 도를 지키고 실천하며 살아야 할 경우도 많이 있다. 예컨대 도와 덕을 안고서도 때를 만나지 못해서 고결하게 스스로를 지키는 사람, 지족지도止足之道를 알고서 물러나 스스로를 보존하는 사람, 능력과 분수를 헤아려 남이 알아주기를 구하지 않는 자, 맑은 절개로 스스로를 지켜서 천하의 일을 대단치 않게 여기고 홀로 자기 몸을 깨끗이 하는 사람 등 다양한 경우의 차이가 있으나, 이들은 모두 한결같이 스스로 자기의 일을 고상히 하는 자라고 이천은 말한다.[34]

그러나 정상적 상황이라면 사대부가 학문을 닦고 자신을 수양하는 것은 궁극적으로 겸선천하謙善天下에 뜻이 있으므로 정치참여를 통해 도를 사회적으로 실현하는데 기여해야 한다. 재능을 안고 스스로를 지키는 것은 밝은 임금을 만나지 못해서 그 도를 쓸 수가 없어서 부득이한 것이다. 이천은 재능을 안고 벼슬에 나아가지 않는 것이 결코 군자의 본뜻은 아니라고 말한다.[35]

사대부가 정치참여를 통해 신하로서 군주를 보필하면서 가장 경계

---

34 『伊川易傳』, 蠱卦 上九爻辭傳, "不屈道以徇時, 旣不得施設於天下, 則自善其身, 尊高敦尚其事, 守其志節而已. 士之自高尚, 亦非一道. 有懷抱道德, 不偶於時而高潔自守者. 有知止足之道, 退而自保者. 有量能度分, 安於不求知者. 有淸介自守, 不屑天下之事, 獨潔其身者. 所處雖有得失小大之殊, 皆自高尚其事者也. 象所謂志可則者, 進退合道者也." 참조.

35 『伊川易傳』, 觀卦 六四爻辭傳, "君子懷負才業, 志在乎兼善天下, 然有卷懷自守者, 蓋時无明君, 莫能用其道, 不得已也. 豈君子之志哉?" 참조.

해야 할 일은, 능력 있는 신하가 최고위직에 있으면서 천하의 민심이 군주가 아닌 신하에게로 기울어지는 것이다. 신하의 도는 모든 은혜와 위엄이 군주로부터 나오도록 해야지 그것이 마치 신하에게서 나오는 것처럼 보이게 되면 의심을 받고 위태롭게 되기 쉬운 것이다. 오직 속으로부터 믿음과 정성을 쌓고 행동이 도에 합치되어 명철하게 처신할 때에만 의심을 면할 수 있다. 이런 좋은 예로서 이천은 이윤伊尹과 주공周公과 공명孔明을 들고 있다.[36]

신하의 도는 주공周公이 모범을 잘 보여준 바와 같이 공로를 세우고 서도 한결같이 겸손해야 한다. 사람이란 누구나 높은 자리에 있고 더구나 공로를 세우게 되면 교만해지기 쉽다. 그러나 그렇게 되면 군주의 의혹과 주위의 비난을 사게 된다. 오직 군자만이 어떤 경우에나 자만하지 않고 겸유의 덕을 자연스럽게 실천할 수 있다.[37] 따라서 훌륭한 사대부가 되기 위해서는 온전한 인격의 수양이 먼저 이루어지지 않으면 안 된다.

지배 엘리트에는 군자의 도를 따르는 그룹과 소인의 도를 따르는 그

---

36 『伊川易傳』, 隨卦 九四爻辭傳, "九四, 以陽剛之才, 處臣位之極, 若於隨, 有獲則雖正亦凶, 有獲謂得天下之心, 隨於己. 爲臣之道, 當使恩威, 一出於上, 衆心皆隨於君, 若人心從己, 危疑之道也. 故凶. 居此地者奈何? 唯孚誠積於中, 動爲合於道, 以明哲處之則又何咎. 古之人有行之者, 伊尹周公孔明是也. 皆德及於民而民隨之, 其得民之隨, 所以成其君之功, 致其國之安. 其至誠存乎中是有孚也. 其所施爲无不中道, 在道也, 唯其明哲, 故能如是. 以明也復何過咎之有, 是以下信而上不疑, 位極而无逼上之嫌, 勢重而无專强之過, 非聖人大賢則不能也." 참조.

37 『伊川易傳』, 謙卦 九三爻辭傳, "九三, 以陽剛之德而居下體, 爲衆陰所宗履, 得其位爲下之上, 是上爲君所任, 下爲衆所從, 有功勞而持謙德者也. 故曰勞謙, 古之人有當之者, 周公是也. 身當天下之大任, 上奉幼弱之主, 謙恭自牧, 夔夔如畏然, 可謂有勞而能謙矣. 旣能勞謙, 又須君子行之, 有終則吉, 夫樂高喜勝, 人之常情, 平時能謙, 固已鮮矣. 況有功勞可尊乎, 雖使知謙之善, 勉而爲之, 若矜負之心不忘, 則不能常久, 欲其有終不可得也. 唯君子安履謙順, 乃其常行, 故久而不變, 乃所謂有終, 有終則吉也. 九三, 以剛居正能終者也, 此爻之德最盛, 故象辭特重." 참조.

룸이 있다. 군자와 소인의 도는 서로 모순관계일 수밖에 없다. 이천은 음양소장陰陽消長의 이치를 선악의 윤리적 관점에서 군자와 소인의 역학관계로 해석한다. 즉 복復괘는 "군자의 도가 쇠퇴함이 극에 다다라 다시 성장하는 것이다."로, 태泰괘는 "군자는 안에 있고 소인은 밖에 있으니, 이는 군자의 도가 성장하고 소인의 도는 쇠퇴하는 것으로서 태평한 까닭이 된다."로, 쾌夬괘는 "군자의 도는 성장하고, 소인은 소멸하여 장차 끝장나려는 때이다."로, 구姤괘는 "군자와 소인은 도가 다른데 소인이 비록 힘이 미약한 때라도 군자를 해치려는 마음이 없는 적이 없다. (소인의 힘이) 미약할 때 미리 막으면 해칠 수가 없다."로, 둔遯괘는 "소인이 점차 왕성해지고 군자는 물러나 피한다."로, 비否괘는 "소인의 도가 자라고 군자의 도가 소멸하는 상이다."로, 박剝괘는 "뭇 소인들이 군자를 벗겨서 없애려 하므로 군자는 갈 곳이 있으면 이롭지 않다. 오직 마땅히 들어가는 뜻으로 숨어서 때에 따라 움직이며 소인의 해를 면한다."로 해석한다.

요컨대 군자의 당은 소인의 당과의 싸움에서 늘 때를 보아서 비록 작은 수의 소인이라고 하더라도 그들이 세를 형성하지 못하도록 조기에 막아야 하고, 설사 군자의 당이 우세하더라도 소인의 반격을 경계하지 않으면 안 된다. 그리고 때로는 세가 불리하면 물러나 다음의 기회를 기다려야 하고, 또 공세를 취할 때가 무르익으면 공개적으로 소인을 물리치고 진정한 개혁을 성사시켜야 한다. 참다운 사대부 계층은 천리天理를 수호하는 군자당으로서 현실의 상황에 따라 수시변역하면서 천리의 이념을 실현하기 위해 굳게 분투해야 한다. 사대부는 천리天理의 정치적 사회적 실천을 책임으로 자임하는 한에서 그 존재 의미가 있는 것이다.

군주이건 신하이건 또는 정치에 참여했건 은퇴했건 간에 사대부 사회의 엘리트가 국가공동체에서 올바른 정치를 하기 위해서는 먼저 자기 가정을 잘 다스려야 함은 말할 나위도 없다. 유가윤리에서 가정을 잘 다스리는 것은 이상적 국가정치의 모델이고, 근본이다. 이천은 사대부가 가정을 잘 다스리기 위해서는 인정人情에 사로잡혀 치우치지 않고, 엄격한 법도法度로서 가정 내에서 부자와 부부, 형제와 장유 사이에 예법의 질서가 확립되도록 해야 한다고 주장한다.[38] 그리고 부모가 중심이 되어 위엄과 법도를 유지해야 한다고 하여 가장家長 내외內外의 공동 책임을 강조한다. 또한 가장이 가정을 이끄는 것은 단순히 외적으로 순종을 강제하는 것이 아니라, 마음으로부터의 자발적인 동의와 진실한 화합이 이루어져 상호 참된 사랑에 의해 뒷받침 되도록 해야 한다. 그러기 위해서 치가지도治家之道는 궁극적으로 스스로를 엄하게 다스리고 매사에 지성至誠을 다하는 '정신正身'의 '수기지도修己之道'로 귀결된다. 이천역전의 윤리학에서는 성경誠敬의 수양론이 수신修身과 제가齊家, 치국治國과 평천하平天下를 실현하는 근본으로 철두철미하게 강조된다.

6. 맺음말

이천역전伊川易傳은 의리적 관점에서 『주역周易』의 모든 경문經文 내용에 윤리적 철학적 의미를 부여한 나머지 텍스트 원문의 뜻을 주관적으로 해석한 경우가 많은 것이 사실이다. 이점은 다산茶山에 의해서도 비판된 적이 있다. 이천은 주역의 의미를 실증적으로 해석하고자 한

---

38 이하 이천의 가정윤리에 대한 내용은 『伊川易傳』의 家人卦에 대한 해석을 주로 참고

것이 아니라, 유가적 의리에 입각해서 새롭게 보려고 하는 입장에서 출발하였으므로 애초에 실증적 해석과는 거리가 있을 수 있다. 비록 이천이 유가적 의리를 해석의 이념적 기초로 받아들였지만 도가윤리의 영향도 나타난다. 예컨대 '무아无我' 또는 '망아忘我'와 '불거기공不居其功'을 강조한 것을 그 예로 들 수 있다.[39]

오늘날의 관점에서 보면 이천역전의 윤리사상 가운데는 받아들이기 어려운 점이 많다. 특히 여성이 남성에 순종해야 하는 것을 자연의 이치로 보는 것은 남녀평등을 지향하는 현대에는 받아들이기 어렵다. 또한 신분에 따른 위계질서를 인정하고, 민民을 수동적으로 보아 군주와 사대부의 지도에 따라야만 하는 것으로 본다든지, 군君이라는 절대적 권위를 중심으로 사회를 보는 시각 등은 민주주의 시대의 관념과 조화될 수 없는 것이다. 이러한 점들은 이천역학의 시대적 한계를 여실히 보여 주는 것이다. 그리고 수시隨時의 윤리학이 잘못 해석되면 사대부의 기회주의적 처신을 합리화하는 논리로 악용될 수도 있다. 난세를 개척하려는 적극적 행동보다는 난세에는 은거하여 일신의 안일을 도모하고, 평시에는 도를 편다는 미명하에 정치에 참여하여 권력을 유지하고 확대하기 위해 수단을 불문하는 고도의 처세술로 이용될 수 있는 가능성을 배제할 수 없다. 순리順理의 윤리학 역시 청대清代에 대진戴震이 날카롭게 지적 했듯이 현실적으로 윗사람이 아래 사람을 지배하고 통제하는 이데올로기로 작용할 가능성이 없지 않다. 그래서 법 때문에 사람이 죽음을 당하면 동정이라도 받지만, 리理의 이름으로 죽음을 당하면 동정조차 받을 곳이 없게 되는 사회적 모순을 가져 오기도 하였다.

그럼에도 불구하고 사대부에게 높은 도덕적 정치적 책임을 요구하

---

39 '无我'忘我'는 艮卦 卦辭에 대한 伊川易傳의 해석을, '不居其功'은 坤卦 文言과 損卦 初九爻辭에 대한 해석을 참조.

는 이천역전의 윤리사상은 송대로서는 합리적인 내용이 많다. 특히 본래 복서卜筮를 위해 만들어져 신비적 성격을 많이 지니고 있는 주역을 철저하게 합리적으로 해석하여 삶의 실천적 지혜로 발전시키고자 한 노력은 높이 평가할 만하다. 낡은 고전의 푸대에 새로운 시대정신을 불어넣은 이천의 철학방법은 오늘날 동양학을 공부하는 후학에게 방법론적으로 시사하는 바가 적지 않다.

현대사회에서 인간이 자신의 좁은 당장의 이익을 위해 자연을 파괴하고 유전자마저 조작하려고 하는, 그래서 인간 자신의 생명마저 위협당하게 된 현실에서 이천역전은 우리에게 많은 교훈을 준다. 이천역학에서 자연은 한갓 기계적 법칙에 따라 작용하는 도구가 아니라, 지성至誠의 이치에 따라 생명을 생성하고 기르면서 만물이 조화로운 순환을 유지하고 있는 자족적 생명적 자연이다. 그리고 이천역전의 인간상은 그러한 자연이 주는 도덕적 의미를 반성하여 삶을 언제나 성誠의 정신과 경敬의 태도로 순리順理에 맞게 살아감으로써 공동체와 조화를 이루고 자연과 균형을 이루기를 지향한다.

자연은 어떠한 것도 일방적 방향으로 성장하거나 진보할 수만은 없고, 왕래굴신往來屈伸과 소식영허消息盈虛의 법칙을 벗어날 수 없음을 보여준다. 인간의 문명이나 사회의 발전과정도 예외가 될 수는 없다. 그러나 사람들은 한편에서는 마치 모든 것이 무한히 진보하는 것처럼 낙관주의樂觀主義로 들떠있거나, 다른 한편에서는 절망과 허무에 사로잡혀 깊은 비관주의悲觀主義에 빠져 드는 경우가 적지 않다.

이천역伊川易의 윤리는 막연한 절망도 근거 없는 낙관도 아니다. 즐거움 속에서는 어려움을 대비하고 삼가며, 고난 속에서도 희망의 빛을 결코 포기하지 않고 시時의 흐름에 맞추어 오직 순리順理에 따른 경건한 실천을 추구한다. 인간은 자연에 대한 철학적 반성과 주체적 실천을 통해 존재의 대질서와 조화를 이루는 가운데 자아를 새롭게 생성해 가는 창조적 주체가 될 수 있음을 이천역전은 시사하고 있다.

주희의 심성론을 중심으로 본
복괘復卦 해석의 문제*

김광수

이 글은 주희의 심성론에서 복괘가 미발의 괘상이라는 설명에 대한 연구이다. 주희는 미발설을 복괘로 설명한다. 여러 연구자들은 복괘의 '사려미맹 지각불매'는 과연 미발설을 설명하기에 충분한지에 대해 의문을 제기하며, '사려미맹'은 미발설을 설명하기에 적당하지만 '지각불매'는 그렇지 않다고 본다. 주희는 '지각불매'를 심의 상태로 말하며, 심통성정의 구도에서 '사려미맹 지각불매'는 미발설을 충분히 설명하고 있다.

1. 들어가는 말

주희는 미발未發을 '사려가 아직 싹트지 않았으나 지각이 어둡지 않은 상태[思慮未萌 知覺不昧]'로 규정했고 이것을 복괘復卦로 설명했다. 복괘는 주희가 미발을 설명할 때 거론하는 괘이다. 복괘 해석의 문제는 미발의 설명과 함께 성리학에서 중요한 논쟁이 되고 있다. 문제는 미발의 괘상으로 복괘가 알맞은가 하는 것과 미발의 설명으로 '사려미맹이나 지각불매하다'가 적절한가 하는 것이다. '미발'에 대한 다양한 이해

---

* 김광수(한국외대), 이 글은 「주희의 심성론을 중심으로 본 복괘(復卦) 해석의 문제」라는 제목으로 『한국철학논집』제52집(2017.02.)에 게재하였음을 밝혀둔다.

는 '지각불매'와 관련하여 다양한 용어로 표현되고 있다. 복괘를 통해서 미발 문제를 다룬 선행 연구자로 이봉규, 한자경, 문석윤, 주광호, 최천식을 들 수 있다.

이봉규는 17세기 기호학파의 미발론을 정리하면서 "사려 작용이 일체 일어나지 않는다는 것을 지각활동이 일어나지 않는 것으로 이해하는 입장에서 볼 때 미발 상태는 지각이 발생하기 이전이 되며 그 상태를 지각의 차원에서 논할 수 없게 된다"라는 말로 논의를 전개한다.[1] 문석윤은 퇴계의 미발설을 논하면서 미발未發·이발已發과 곤괘坤卦·복괘復卦의 대응 문제를 비교적 상세히 다루었다. 문석윤에 의하면, "주희는 미발 상태를 형용하면서 '어떠한 의식도 발생하기 이전의 상태'와 그럼에도 '지각이 어둡지 않다'고 하는 두 가지 외견상 상반된 주장을 폈으며 사려미맹은 곤괘와 지각불매는 복괘와 관련하여 형상화를 시도했다"라고 말한다.[2] 한자경은 곤괘와 복괘에 대한 해명을 통해 주희가 말하는 미발의 의미를 밝히고자 시도했다. "마음이 발하지 않은 미발 상태에서 그럼에도 불구하고 마음이 지각하게 되는 것은 과연 무엇인가? 미발이란 마음의 움직임, 마음의 발發이 없는 상태, 지정至靜의 상태이다"라는 말로 논의를 열고, 미발을 곤괘로 보는 해석과 복괘로 보는 해석 중에서 어느 것이 맞는 것이냐는 문제를 제기한 뒤, 곤괘로 보는 해석이 옳다는 결론을 도출했다.[3]

주광호는 미발시 괘상 배속의 문제를 논의하면서 이봉규의 주장에 대해 반론을 제기한다. 주희는 말년에 미발을 복괘에서 곤괘로 바꾼 것

---

1 이봉규, 「성리학에서 미발의 철학적 문제와 17세기 기호학파의 견해」, 『韓國思想史學』 第13輯, 한국사상사학회, 1999.

2 문석윤, 「퇴계의 미발론」, 『退溪學報』 第114輯, 퇴계학연구원, 2003.

3 한자경, 「주희 철학에서 未發時 知覺의 의미」, 『철학사상』 21호, 서울대학교철학사상연구소, 2005.

이 아니라 말년에도 여전히 복괘로 미발을 설명한다고 주장한다. 즉 '지각불매'를 표상하기 위해 주희는 언제나 복괘를 쓴다는 것이다. 그러나 그는 '사려미맹 지각불매'라는 미발의 포괄적인 모습을 형용하기에는 곤괘가 더 적절해 보인다고 말하고 있다. 그의 논의는 '지각불매'와 '사려미맹 지각불매'를 구분하여 괘상 배속의 문제를 정리하려는 시도이다.[4] 최천식은 복괘의 괘상을 미발에서 이발로 나아가는 과정으로 설명하면서, 사려미맹과 지각불매가 복괘의 설명으로 적절함을 주장했다. "복괘를 '초효가 양이고 나머지 효가 음인 괘'로 이해하고 있는데, 이렇게 오해하면 논거로 제시하는 문장의 해석과 그로부터 도출하는 결론에서 많은 오류를 범할 수밖에 없다."고 말한다. 그는 복괘를 초효가 '음인 상태에서 점차 양으로 변하는 과정'을 나타낸 것으로 본다. 소식괘消息卦의 이해를 기반으로 복괘를 해석해야 미발을 설명할 수 있다는 것이다.[5]

주자의 미발설은 『중용혹문』을 저작하던 시기에, 미발에 해당하는 괘상卦象을 바꾼 것과 연관하여 변화한다고 해석된다. 이 변화는 미발시 '지각불매'의 문제를 어떻게 해결할 것인지에 대한 주자의 태도가 변했거나 혹은 확정되지 못했기 때문이라고 평가된다. 이러한 입장은 17세기 기호학파 내에서 김극형金克亨, 권시權諰, 한원진韓元震, 송시열宋時烈 등의 학인들의 주장에서도 발견되는데, 그들은 미발설이 중화신설 이후에도 『중용혹문』을 저작하던 말기에 다시 변화를 일으켰으며, 미발에 해당하는 괘상卦象을 바꾼 것에서 주자의 변화된 태도를 읽을 수 있다고 한다. 주자의 미발시 괘상 배속에 대한 17세기 기호학파의

---

4 주광호, 「주자와 우암의 미발설 비교 연구」, 철학연구 제 43집, 고려대학교 철학연구소, 2011.
5 최천식, 「주희의 복괘설」, 『철학연구』 제94집, 고려대학교 철학연구소, 2011.

이러한 이해는 현대의 연구자들에게 중요한 영향을 끼쳐, 드디어는 주자의 미발시 괘상 배속이 전기와 후기에 걸쳐 일관되지 못하며 이는 주자가 미발시 의식의 문제를 끝내 해결하지 못한 것이라고 이해하게 만드는 것 같다.[6]

미발시 '사려미맹 지각불매'와 관련된 문제는 복괘의 해석의 문제와 연관되어 있다. 논의의 전개를 위하여 1장에서는 주희의 심성론의 변화를 살펴볼 것이다. 주희의 심성론은 성체심용설性體心用說에서 심통성정설心統性情說로 변한다. 두 이론에서 심心의 지위 변화는 미발과 복괘復卦의 해석에 중요한 요소로 작용한다. 2장에서는 복괘의 해석에서 미발의 설명인 '사려미맹, 지각불매'가 어떻게 이해되는가 살필 것이다. '사려미맹, 지각불매'의 논의는 사려의 유무와 미발의 관계를 먼저 다루고 '지각'도 사려의 논의처럼 전개되지 않음을 보일 것이다. 이를 통해 복괘로 미발을 설명하는 것이 적절한가를 논의할 것이다. 3장에서는 복괘에 대한 해석으로 '일양一陽이 동動한다는 것'이 미발과 어떤 관련이 있는지 논할 것이다. 이러한 논의를 통해 미발과 복괘 해석의 관계를 살피고, 왜 주희가 복괘로 미발을 설명하려 했는지 밝힐 것이다.

2. 주희의 심성론의 변화

『중용』의 "희노애락喜怒哀樂이 발하지 않은 것을 중中이라고 하고, 발하여 절도에 맞은 것을 화和라고 한다"[7]라는 글에서 알 수 있듯이 미

---

6 주광호, 「주자와 우암의 미발설 비교 연구」, 5-6쪽 참조.
7 『中庸』, "喜怒哀樂未發, 謂之中; 發而皆中節, 謂之和."

발이발의 문제는 '중화中和의 문제'라고도 한다. 『중용』의 이 구절은 '미발'이라는 개념의 경전적 근거로 중시되었다. 주희의 '중화中和'에 대한 사상은 40세를 전후로 '중화구설中和舊說'과 '중화신설中和新說'로 나뉘어 불린다. 중화구설은 성체심용설性體心用說로 주장하는 것이며, 중화신설은 심통성정설心統性情說을 주장하는 것이다. 중화설과 관련하여 일어난 이 변화는 주희의 미발을 이해하는 데 중요하다. 주희 심성론은 이러한 변화를 통해 정립된다. 복괘 해석의 문제는 심통성정설을 중심으로 다루어지기 때문에 심성론의 변화를 살피는 것이 논의 전개에 필요하다.

1) 성체심용설의 마음과 미발

성체심용설性體心用說이란 성性과 심心의 관계가 체용體用의 관계라는 것이다. 성체심용설은 도남학道南學파와 호상학湖湘學파의 영향을 받은 주희의 중화구설에서 주장하는 것이다. 도남학은 미발未發에서 여물동체與物同體의 느낌을 체험하는 것을 중시하는 양시楊時(龜山, 1053-1135)를 계승하였고, 호상학은 '이발已發'의 지각을 중시하는 사량좌謝良佐(上蔡, 1050-1103)를 계승하였다. 도남학파의 종지는 '고요한 가운데 미발을 체험하는 것'이다. 미발을 체험한다는 것은 체험자가 일체의 사유와 감정을 초월함으로써 특별한 심리 상태를 체험하는 것을 말한다. 그 기본 방법은 생각과 감정을 최대한 고요하게 하여 심리적 직관 상태에 이르게 하고, 수양 가운데 주의력을 완전히 내면으로 집중함으로써 외부 세계와 융합하여 혼연 일체가 되는 경지를 돌연 획득하게 된다. 따라서 도남의 종지는 직관주의적이다.[8] 다시 말해, '미발의 체험'을 수양 종지로 삼아 희노애락이 발하기 전의 내심 상태를 체험하는 것을 강조하였다. 주희는 체험으로 미발을 파악할 수 있는가 하는 문제를 다루면서 도남학파의 종지 대신에 정이程頤의 양관설養觀說을 따르게 된다.

> "정자가 말하기를 '미발일 때에 존양하는 것이 가하다'라고 하였고, 또 '잘 보는 자는 도리어 이발의 때를 본다'라고 하였는데, 어떻습니까?" 말했다. "이는 경敬으로써 동과 정의 때를 관통하는 것에 대해 말한 것이다."[9]

'미발의 기상을 체인'하는 것을 미발시의 공부로 강조하는 것과 정이가 "잘 보는 자는 도리어 이발의 때를 본다"라며 이발 공부를 강조한 것과 일치하지 않는다. 또 호상학湖湘學파의 경우는 선찰식先察識[단서를 살펴 읽]을 주로 하였는데, 찰식은 이미 이발에 속한 것이므로 정이가 강조한 "미발의 때에 존양存養한다"라는 것과 어울리지 않는다. 주희는 이러한 생각을 통해 「중화구설서中和舊說序」에서 다음과 같이 말한다.

> 하루는 탄식하며 말하였다. '사람은 아이 때부터 늙어 죽을 때까지 어묵동정語黙動靜이 비록 다르지만, 그 대체大體는 이발已發 아닌 것이 없으며, 미발未發은 아직 발하지 않은 것일 뿐이다.' 이로부터 다시 의심이 없게 되고, 중용의 뜻도 과연 여기서 벗어나지 않는다고 생각하게 되었다.[10]

---

8 진래, 『주희의 철학』, 이종란 외 옮김, 예문서원, 2002, 146~148쪽 참조.

9 『朱熹集』 卷67, 「程子養觀說」: "程子曰: '存養於未發之前則可.' 又曰: '善觀者却於已發之際觀之' 何也." 曰: "此持敬之功貫通乎動靜之際者也." 이하 인용하는 『朱熹集』은 중국 四川의 四川教育出版社 판본이다.

10 『朱熹集』, 卷75, 「中和舊說序」, "一日喟然嘆曰: 人自嬰兒以至老死, 雖語黙動靜之不

이러한 생각은 장식과의 만남을 통해 호상학파의 영향으로 성체심
용설性體心用說로 전개된다. 주희의 생각은 장식과의 편지에 드러나 있
다. 장식에게 답한 네 통의 편지가 주희의 중화구설을 살피는 중요한
근기이다. 이때 주희의 나이는 37세였다.[11] 주희가 편지에서 제기한 것
은 사람은 어려서부터 죽을 때까지 어묵동정을 막론하고 마음의 작용
이 멈추지 않는다는 것이다. 그러므로 현실적으로 존재하는 어떤 한 사
람을 상정해 보더라도 어느 때를 막론하고 "마음이 유행하지 않음이
없다." 이른바 마음이 유행한다는 것은 마음의 간단없는 작용 과정을
지적한 것인데, 주희의 견해에서 보면 사람이 생존해 있다면 마음의 작
용 또한 결코 멈추지 않는다는 것이다. 잠을 잘 때나 혹은 생각하는 바
가 없을 때에도 지각이 없지 않아 여전히 마음은 유행한다. 주희는 살
아 있는 사람은 마음이 그 작용을 멈추지 않으므로 어떤 때든 적연부동
한 상태에 있지 않으며, 사물에 응한 모든 마음이 이발 상태에 있다고
보았다. 이러한 주희의 입장은 「이발미발설」에서 살펴볼 수 있다.

> 『중용』의 미발이발의 의미에 대해서는, 이전에 마음이 유행하는
> 본체라고 생각했다. 또 정자의 '심心이라고 할 때는 언제나 이발己
> 發을 가리킨다.'라고 말씀하신 적이 있었기 때문에 심心이 '이발己
> 發'이고 성性이 '미발未發의 중中'이라 하고 흡족해하였다.[12]

同, 然其大體莫非已發, 特其未發者爲未嘗發爾. 自此不復有疑, 以爲中庸之旨果不外乎
此矣."

11 중화구설이 이루어진 시기는 왕무횡의 『주자연보』와 하흔의 『술주질의』에 의하면
37세로, 전목의 『주자신학안』에 의하면 39세로, 진래는 40세로 보고 있다. 『주희의
철학』, 160~167쪽 참조.

12 『朱熹集』, 卷67, 「已發未發說」, "中庸未發已發之義, 前此認得此心流行之體, 又因程
子凡言心者皆指已發之云, 遂目心爲已發而以性爲未發之中, 自以爲安矣."

음이 이발已發 상태에 처해 있는 이상 마음은 미발未發이 되지 못한다. 미발은 당연히 성性을 가리키는 데, 성이 있기에 비로소 적연부동의 미발 상태가 긍정될 수 있는 것이다. 그러므로 주희는 미발과 이발을 마음이 유행하는 과정에서의 독립된 다른 단계로 보는 것에 반대한다. 성정性情의 구도에서 보면 마음은 이발인 정의 자리에 놓여야 한다. 그는 미발이발이란 사물이 발하기 전과 후로 구별되는 것이 아니라 미발은 본체를 가리키고 이발은 작용을 가리킨다고 하여, 미발의 본체는 시종일관 감추어져 있으며 드러나 있는 다른 사물을 통하여 표현된다고 하였다.[13]

심성론에서 보면 중화구설의 이른바 '성은 미발이요 심은 이발'이라는 사상은 실질적으로 '성은 체요 심은 용'이라는 관점을 가리킨다. 여기서 분명히 밝히고 가야 할 것은 중화구설에서 주희는 미발과 이발의 관계를 체용의 관계로 간주하여 심성론을 전개한다는 것이다. 이는 『중용』의 저자가 정情의 감응 작용 전후를 미발과 이발로 말한 뜻과는 다르다. 중화구설에서 보이는 주희의 입장은 실천적 체인 공부를 통해 심성론을 전개해 나아가고 있다는 것이다.

2) 심통성정설의 마음과 미발

주희는 중화신설을 통해 새로운 노선을 취하게 되었다. 즉 미발이발을 탐구함으로써 심성정心性情의 이론 체계를 이루고, 미발 공부에 의해 신비체험을 획득한 것이 아니라, 미발 공부 자체가 심신의 주체 수양이 되도록 한 것이다. 주희는 '함양涵養으로써 학문에 나아가고 경敬

---

13 진래, 『주희의 철학』, 155~157쪽 참조.

으로써 앎에 이른다'는 학문 종지를 세워 중화구설의 성체심용설에서 벗어나 새로운 마음의 개념을 제시한다. 주희는 미발을 성으로 규정한 것은 문제가 되지 않지만 이발을 심心으로 규정한 것은 옳지 않다고 생각하였다. 미발의 성은 이발의 정에 대응시켜야 하고 심心은 다른 차원에서 설명되어야 한다는 것이다. 이러한 논의를 통해 주희에게 있어서 마음은 더 이상 이발에 국한되지 않는다. 주희는 미발은 본성, 이발은 감정 그리고 이 둘을 겸해서 주재하는 기능을 마음이라고 정의한다. 주희는 「인설仁說」에서 미발이발을 체용體用의 관계로 설명하며 심心을 체용의 한 면에 국한된 것으로 보지 않는다.

> 천지지심을 논할 경우 '건원乾元·곤원坤元'이라고만 하면 사덕의 체용體用을 굳이 다 헤아리지 않더라도 충분하고, 인심人心의 묘妙를 논할 경우 '인仁은 인심이다'라고만 하면 사덕의 체용을 또한 두루 열거하지 않아도 모두 갖춘 것이 된다. 인仁이라는 것은 바로 천지생물지심天地生物之心이 만물 속에 내재한 것이니, 정情이 미발未發일 때 이 체體가 이미 갖추어져 있고 정情이 이미 발發하였을 때 그 용用이 끊임없이 생성된다.[14]

주희는 성정의 미발이발 및 심과의 관계에 대해서 성은 아직 발하지 않은 것으로서 정의 고요한 상태이고, 정情은 이미 발한 것으로서 작용이 있어서 움직이는 상태이며, 심은 이러한 움직임과 고요함 사이에서 끊임없이 미발이발을 관통한다고 여겼다. 이러한 중화신설의 내용은 장식에게 보낸 편지에 나타나 있다.

---

14 『朱熹集』, 卷67, 「仁說」, "故論天地之心者, 則曰乾元坤元, 則四德之體用, 不待悉數而足, 論人心之妙者, 則曰仁人心也, 則四德之體用, 亦不待遍舉而該. 蓋仁之爲道, 乃天地生物之心, 卽物而在, 情之未發, 而此體已具, 情之旣發, 而其用不窮."

고요할 때에 사물이 이르지 않고 사려가 싹트지 않지만 하나의 본성은 혼연하고 도의는 온전히 구비되었으니, 그 이른바 중中은 바로 심心이 체體가 되어 적연부동 하는 것이다. 움직임에 미쳐 사물이 번갈아 이르고 사려가 싹 트면 칠정七情이 번갈아 작용하여 각각 주된 바가 있으니, 그 이른바 화和는 바로 심心이 용用이 되어 감이수통 하는 것이다.[15]

사려가 싹트지 않은 것은 마음이 고요하고 움직이지 않는 단계나 상태로 규정하면, 사려가 이미 싹튼 것은 마음이 유행하여 느끼어 통함을 이룬 단계나 상태로 규정되니, 전자는 미발이고 후자는 이발이 된다. 이 말에 따르면 중은 다만 심의 미발 상태를 드러내는 것일 뿐이지 결코 성이 아니다. 주희에게 있어서 마음의 유행이란 마음의 작용이 쉼 없는 과정을 가리킨다. 여기서 마음이란 전체나 총체를 가리키는데, "심이란 미발과 이발의 사이를 관통하고 있는 것이다."[16] 주희는 생각하는 바가 없을 때라도 귀에 들음이 있고 눈에 봄이 있다면 지각이 어둡지 않으므로 여전히 심체가 유행하는 것이라고 보았다. 사려가 싹트는 것에 상대해서 말할 때 고요한 상태에 속하는 것이므로 '고요하여 움직이지 않는다[寂然不動]'고 한 것이다. 또한 주체와 객체의 상호 작용 후에 사려와 생각이 생기면 전반적으로 보아 움직이는 상태에 속하므로 '느끼어 통함을 이룬다[感而遂通]'고 한 것이다.

중화신설에서의 미발이발에는 두 가지 의미가 있는데, 하나는 사려의 미발이발이고 다른 하나는 성정의 미발이발이다. 이 둘은 결코 같은

---

15 『朱熹集』, 卷32, 「答張敬夫」. "方其靜也, 事物未至, 思慮未萌, 而一性渾然, 道義全具, 其所謂中, 是乃心之所以爲體而寂然不動者也. 及其動也, 事物交至 思慮萌焉, 則七情迭用, 各有攸主, 其所謂和, 是乃心之所以爲用, 感而遂通者也."

16 『朱熹集』, 卷43, 「答林擇之」6, "心則貫通乎已發未發之間"

것이 아니다. 많은 학자들이 '심의 미발이 성이고 심의 이발이 정'이라고 주희 철학을 이해하고 있는데, 엄격하게 말하면 그렇지 않다. 미발은 사려가 생기지 않은 상태를 가리키고 이발은 사려가 싹튼 상태를 가리킨다. '사려가 싹트지 않은 상태의 심'은 미발이지만 바로 성이라 할 수 없고, '사려가 싹튼 상태의 심'은 이발이지만 바로 정이라 할 수 없다. 다만, 사려가 싹트지 않은 상태의 심을 미발시의 심이라 할 수 있으나 '심의 미발'이라 할 수 없다. 즉 성이 발하지 않아 정이라 할 수 없을 때나, 성이 발하여 정이라 할 때에도 심은 여전히 있다. 성이 미발일 때에 심이 없다고 말할 수는 없으니, 성은 여전히 심 가운데 갖추어져 있는 것이다. 이발시의 심은 정을 제어할 수 있으므로 결코 정과 같다고 말할 수 없다. 만약 사려가 발생하지 않았을 때를 성이라 하며 심은 없다고 하고 사려가 발생했을 때를 정이라 하며 심이 있다고 한다면 심은 미발이발을 관통해서 성립될 수 없다.

사려의 미발이발은 정의 미발이발과 동일한 차원의 개념으로 쓰인 것이 아니다. 사려의 미발이발은 선후의 관계로 볼 수 있으나 정의 미발이발은 시간의 선후의 관계가 아니라 체용의 관계이다. 이 둘은 실제로 과정상에서도 구별될 뿐만 아니라 단계도 서로 다르다. 미발과 이발 양 측면의 의미가 뒤섞이고 사려의 미발을 성으로 잘못 이해하게 된 원인은 첫째, 심의 개념을 엄밀하게 규정하지 않고 사용한 데 있다. 둘째, '사려는 곧 이발'이라고 한 정이의 사상을 구현하기 위해 주희가 정의 미발을 성이라고 하지 않고 사려가 싹트지 않을 때에는 하나의 혼연한 성으로 있다고 말하였다는 점이다. 이 때문에 사람들은 주희가 심의 미발이 곧 성이라고 말한 것으로 잘못 이해하게 된 것이다.[17] 심의

---

17 진래, 『주희의 철학』, 183~184쪽 참조.

미발은 개념상으로 성립될 수 없다. 심은 사려와 성정의 미발이발을 관통하고 있다.

주희의 심성론은 '심성정心性情'에 관한 이론이다. 성정에 관한 논의는 비교적 자세하지만 인식적 개념으로 보이는 '사려思慮'와 '지각知覺'에 관해서는 상대적으로 자세하지 않다. 이 점에서 중요한 문제가 발생한다. "성이 발하여 정이 되고 정은 성에 뿌리를 두고 있다"라는 이론에서 '사려'와 '지각'을 어떻게 처리할 것인가의 문제이다. 주희에게 있어서는 '사려'가 미발이발의 기준이 되지만, '지각'은 미발이발의 기준이 되지 않는다. 주희는 '지각'을 미발이발과 관련해 말하지 않고 심과 관련지어 말한다. 주희의 심에 대한 생각은 성체심용설을 다루는 것에서 보이듯이 중화구설과 신설에서 차이를 보인다. 그리고 중화신설에서 '지각'은 심을 설명하는 것에서 언급된다.

> 대개 심心에 지知와 이목耳目에 보이고 들림[見聞]이 있음은 하나의 시절이며 비록 미발이어도 없던 적이 없다. 심에 사고[思]와 이목에 보고 들음[視聽]이 있음은 하나의 시절로 조금이라도 이것이 있으면 미발이 될 수 없다.[18]

주희 철학에서 심은 '지각'을 의미한다. 주희가 말한 '지각'은 사람이 날 때부터 가지고 있는 능지능각能知能覺이며 허령지각虛靈知覺이다. 주희는 "지각이 있음을 심이라 한다."[19] 지각은 심에 대한 표현이지 이발 때의 심의 작용을 말하는 것이 아니다. "성性은 단지 이 리理이고 정情은 그 리理가 나와서 작용하는 곳이며 심의 지각은 이 리理를 갖추

---

18 『朱熹集』, 卷48, 「答呂子約」, "蓋心之有知與耳之有聞目之有見, 爲一等時節, 雖未發而未嘗無. 心之有思乃與耳之有聽目之有視, 爲一等時節, 一有此則不得爲未發."
19 『朱子語類』, 卷14, "有知覺謂之心"

고서 이 정情을 행하는 것이다"[20]라고 하였다.

　　성은 미동未動이고 정은 이동已動이며 심은 이동已動과 미동未動을 포괄한다. 심의 미동未動은 성이고 이동已動은 정이다. 이것이 이른바 심통성정心統性情이다.[21]

　　심은 주재하는 것이며, 심이 성정을 통한다고 할 때 통은 겸한다는 뜻과 같다.[22] 심이 성정을 겸한다는 것은 심이 성정을 포괄하고 있다는 뜻이다. 즉 심이 성정의 총체를 포괄하고 있다는 뜻이다. 여기서 성은 심의 체體가 되고 정은 심의 용用이 된다. 따라서 심은 체용의 총체를 포괄하고 성정은 이 총체인 심의 각기 다른 측면이라고 말할 수 있다.

　　"심이 성정을 주재하니 리 역시 밝다.……미발이지만 지각이 어둡지 않은 것은 심이 성을 주재하기 때문이 아니겠는가? 이발이지만 품절이 차이가 나지 않은 것은 심이 정을 주재하기 때문이 아니겠는가?"[23]

생각이 싹트지 않은 상태란 심이 미발한 때인데, 이때 주재하는 바가 있어서 이 심을 분발시켜 깨어 있게 해야 한다는 것이다. 그러나 이러한 상태를 사려라고 할 수는 없으며, 단지 심으로 하여금 고요하고

───────

20 『朱熹集』, 卷55, 「答潘謙之」1, "性只是理, 情是流出運用處, 心之知覺卽所以具此理而行此情者也."
21 『朱子語類』, 卷5, "性是未動, 情是已動, 心包得已動未動. 蓋心之未動則爲性, 已動則爲情, 所謂 '心統性情' 也."
22 『朱子語類』 98:39, "統, 猶兼也.", 98:42, "統是主宰, 如統百萬軍."
23 『朱熹集』, 卷42, 「答胡廣仲」5, "心主性情, 理亦曉然. …… 未發而知覺不昧者, 豈非心之主乎性者乎, 已發而品節不差者, 豈非心之主乎情者乎."

맑게 하여 혼란하지 않게 하고 주의력을 집중하게 하여 흩어짐이 없는 상태를 유지하게 하는 것이다. 이것이 이른바 미발시의 주경함양으로서 중의 상태를 보전하는 것이다.[24]

주희의 미발이발설의 변화에 관해 논할 때 몇 가지 주의해야 할 것이 있다. 『중용』 본래의 뜻이 '미발은 성이요 이발은 정'이라는 것을 주희가 명확히 하고 있다. 그런데 미발이 성이라는 것이 이발에 성이 없다는 것을 의미하는 것은 아니다. 이 말은 정이 아직 발하지 않았을 때에는 단지 성이고 이미 발하면 성이 정 가운데 행해진다는 뜻이지, 성이 정의 미발에만 존재한다는 뜻은 아니다. 또한 미발시에 심이 없다는 뜻도 아니다. 그리고 정의 미발이라고 해서 성이 정과 독립해서 존재하는 것이 아니라, 여전히 정은 미발일 때도 심에 갖추어져 있다.

미발이발설은 주희 학문 방법의 기초 이론으로서 그의 사상 형성과 발전에서 중요한 지위를 차지한다. 그것의 의의는 성체심용설로 말미암아 심통성정설을 이끌어 내는 데 있고, 미발을 긍정함으로써 주경함양主敬涵養을 확립하는 데 있다. 중화구설은 심을 이발로, 성을 미발로 본 것인데, 이러한 성체심용性體心用의 관점은 주희가 표명했던 심에 대한 견해들과 모순되기도 하였지만 그 모순을 통해 나타난 발전 방향은 의의가 있다. 주희는 중화신설에서 심이 미발이발을 관통하고 있다는 사상을 표명하며 주경궁리의 학문을 위한 방법론을 제시하였다. 성체심용설에서 발전하여 심통성정설이 되었는데 마침내 주희 심성론의 기본이 완성된 것이다. 이러한 이론의 확립을 통해 미발함양의 수양론을 제시하게 되었다.

---

24 진래는 심의 미발과 이발을 말하면서, 성정의 미발이발과 같지 않다고 하였다. 또한 주희는 성에 대한 심의 작용으로 '주主', '통通', '재宰'를 말하고 있다. 진래의 주장처럼 심의 미발이 과연 가능한가 하는 의문이 든다. 만약 미발을 성정으로 구분하고 미발 때의 심의 작용이라 해야 할 것이다.(진래, 『주희의 철학』, 277쪽, 참조.)

이러한 중화설의 변화는 주희의 미발설을 다양하게 해석할 수 있도록 하였다. 복괘에 제시된 '사려미맹 지각불매'의 해석은 미발설의 이해에 따라 때로는 서로 상이하게 전개되기도 한다. 다음 장에서는 두 가지 논쟁이 될 수 있는 문제를 중심으로 다소 복잡해 보이는 미발설과 복괘 해석의 문제를 다룰 것이다. 하나는 '사려미맹'과 '지각불매'가 상호모순을 일으키는가 그렇지 않은가의 문제이고, 다른 하나는 미발을 설명하는 괘로 복괘가 적절한가 하는 문제이다.

3. '사려미맹 지각불매' 해석의 문제

1) 미발과 사려미맹

주자의 미발과 관련하여 현대의 연구자들 사이에 제기되는 의문점은 "미발과 의식은 어떤 관계인가?"하는 문제이다. 이러한 문제는 주희가 미발에 대해 규정한 '사려미맹'과 '지각불매'라는 두 개념이 어떤 관계에 놓여 있는가 하는 점에서 발생한다. 어떤 연구자는 '사려'와 '지각'을 동일한 의식 차원의 개념으로 이해하고서, '사려미맹'과 '지각불매'가 서로 논리적으로 충돌한다고 생각한다.[25] 또 어떤 연구자들은 '지각'을 '주재主宰'의 개념으로 이해하면서도, 그러한 주재에는 일정 정도의 의식이 필요하기 때문에 여전히 '사려미맹'과 '지각불매'는 충돌한다고 생각한다.[26]

이와는 다르게 미발의 개념을 다시 규정함으로써 문제를 해결하려

---

25 문석윤, 「退溪의 '未發'論」.
26 이봉규, 「성리학에서 미발의 철학적 문제와 17세기 기호학파의 견해」.

는 시도가 있다. 어떤 연구자는 퇴계의 미발설을 분석하면서 "사려미맹은 '결과나 대상에 대한 조작적이고 작위적인 사유의 간섭이 없는 상태'이고, 지각불매는 '주체의 깨어 있는 주재함과 긴장감만 있는 상태'"로서 "이발과 미발은 의식의 유무가 아닌 주체와 대상의 관계에 대한 담론"이라고 규정한다.[27]

주희는 미발을 '사려가 싹트지 않았으나 지각이 어둡지 않은' 상태로 설명하였다. 만약 '사려'와 '지각'을 동일한 의식 차원의 개념으로 이해한다면, '사려미맹'과 '지각불매'가 서로 논리적으로 충돌한다고 생각할 수 있다. 두 개념이 논리적으로 충돌한다고 생각하는 주요한 원인 중 하나는, 미발에 대한 이해에서 기인한다.

앞 장에서 살펴보았듯이, 심통성정설의 입장에서 보면 지각은 사려와 같이 논의되지 않는다. 지각은 심을 표현하는 것이고 사려는 심의 활동이기 때문이다. 현대의 연구자들은 '사려가 싹트시 않은 상태'와 '지각이 어둡지 않은 상태'를 하나의 의식 차원에서 양립할 수 없는 것으로 생각하기도 한다. 이러한 입장에서 보면, '사려미맹'과 '지각불매'는 서로 조화될 수 없는 상반된 개념이 된다. 간단히 말해 '지각불매'는 '지각이 있음'이고 '지각이 있는 상태'는 '사려가 싹트지 않은 상태'와 양립할 수 없다는 것이다.

'사려미맹'이 일체의 사고활동이 일어나기 이전 상태라고 한다면 '의식의 반성적 활동'이 일어나기 이전의 상태라는 의미를 지닌다. 그렇다면 의식의 반성적 활동이 없는 상태가 어떻게 공부의 한 과정에 반영될 수 있는가 하는 문제가 발생한다. 주희는 사려가 일어나기 이전이기 때문에 미발 상태에서 사려가 발생하지 않는다는 점을 인정하면

---

27 주광호, 「退溪의 미발설과 居敬의 수양론」, 『철학연구』 제40집, 고려대학교 철학연구소, 2010, 33쪽 참조.

서도, 한편으로 심에 내재된 성을 주재하는 기능으로 지각이 작용하고 있다고 보며, 그것을 '지각불매'의 상태라고 기술한다. 주희는 함양 공부의 내용이 바로 이 미발 상태에서 마음이 주재하는 기능을 견지하는 공부로 인식하고 그 구체적인 내용을 '삼가하고 경계하는[戒愼恐懼]' 것으로 말하고 있다. 계신공구 하는 것은 사려로 보지 않아야 미발의 설명인 '사려미맹'과 일관될 수 있다. 그렇다면 계신공구 하는 것은 '지각불매'와 어떤 관계인가?

계신공구가 지각불매일 수 있다면 이것은 미발에 대한 또 하나의 설명이 될 수 있다. 그런데 미발 상태에서도 작용하고 있는 이 '주재主宰'라는 마음의 기능을 지각 개념과 결부시켜 설명할 때 문제가 생긴다. 왜냐하면 일체의 사려활동이 일어나기 이전으로서 정靜의 상태라는 정이程頤의 규정은 지각활동이 발생하기 이전이라는 의미로 해석될 수 있기 때문이다. 계신공구는 주재하는 심의 기능만으로 설명할 수 없으며 또한 지각활동이 전혀 없다는 개념으로도 설명할 수 없다. '어둡지 않다[不昧]'는 표현은 구체적으로 대상을 지각하는 심리적 활동이 일어나지 않지만, 지각할 수 있는 의식 자체가 여전히 꺼지지 않았다는 의미로 이해할 수 있다.

주희는 실제로 그 두 측면을 보다 명확히 드러내기 위해서 역의 괘상과 결부시켜 설명한다. 어떤 학자는 사려가 아직 일어나지 않은 측면은 바로 음陰과 정靜의 상태를 상징하는 곤에 해당한다고 본다. 반면에 지각이 어둡지 않다고 하는 측면은 음陰 가운데 양陽이 활동을 시작하는 것을 상징하는 복괘復卦에 해당한다고 설명한다.[28]

주희는 '사려가 싹트지 않은 상태에서도 지각이 어둡지 않음', 즉

---

28 주광호, 「주자와 우암의 미발설 비교 연구」, 18-28 쪽 참조.

'사려미맹 지각불매'를 표상하기 위해서 언제나 복괘復卦를 쓴다. 그러나 '사려미맹 지각불매'가 미발을 형용하는 것이라면 미발은 곤괘로 설명하는 것이 더 적절해 보인다. 하지만 주희는 곤괘를 들어 설명할 때는 '사려미맹 지각불매'라는 개념을 사용하지 않는다. 여기서 문제가 발생한다. 미발을 '사려미맹'으로 설명하는 것은 가능하지만 '지각불매'를 미발로 볼 수 있는가? 또 '사려미맹'이 미발의 설명이라면 복괘보다는 곤괘가 적합하지 않는가? 이때 '지각불매'를 미발로 보는 것이 타당한가? 이러한 문제들이 괘상배속의 문제를 발생시킨다.

괘상배속의 문제는, 미발시 의식의 유무에 대한 주자의 태도를 정합적이지 못한 것으로 이해할 수 있는 주요한 논거로 받아들여지고 있다. 그래서 결국 주자의 미발에 대한 '사려미맹'과 '지각불매'를 복잡한 구도에서 이해하도록 만든다. 주자의 미발시 괘상배속에 대한 문제는, 정이程頤의 '이미 생각했으면 이발이다'라는 언급에서 시작된다.

> 어떤 이가 말했다. "희노애락이 발하기 전에 중을 구하는 것이 가합니까?" 말했다. "불가하다. 희노애락이 발하기 전에 구할 것을 생각했다면, 이는 이미 생각한 것이다. 이미 생각했다면 이발이다. 생각과 희노애락은 마찬가지다. 이미 발했다면 화라고 해야 하지 중이라고 말할 수는 없다."[29]

'생각[思]했다면 이발이다'는 정이의 언급에서 '사려미맹'이 미발임을 알 수 있다. 정이의 기준은 생각을 했다면 미발이 아니라 이발이라는 것이다. 앞에서 살펴본 주희의 심성론에서 '미발'은 성정과 관련되

---

29 「二程遺書」, 卷18, 『二程全書』, 中和書局, "或曰喜怒哀樂未發之前求中, 可否? 曰不可. 旣思於喜怒哀樂未發之前求之, 又却是思也. 旣思卽是已發. 思與喜怒哀樂一般. 纔發便謂之和, 不可謂之中也."

어 다루어진다. 성정에 관련된 미발이발 개념의 구분이 체용의 관계란 것은 이미 언급하였다. 그렇다면 사려에 관하여 같은 미발이발의 구분이 가능한가 하는 문제가 발생한다. 대부분의 학자들은 사려를 정情과 같이 다루고 있다. 사고와 감정이 드러났다면 그것은 이발이 된다. 사고와 감정을 같이 논하는 것에 다소 무리가 있지만 지금의 논의에서는 큰 무리가 없다.[30] '아직 사려가 싹트지 않은 상태'를 미발로 보는 것은 가능해 보인다. 그러나 '지각불매'를 미발로 볼 수 있는가?

2) 미발과 지각불매

지각에 관한 논의는 사려의 논의만큼 단순하지 않다. 복괘에서 미발을 표현하는 것으로 '지각불매'는 지각이 사려와 같이 다루어질 수 없기 때문이다. '지각불매'는 지각이 아직 싹트지 않았거나 지각이 없다는 것처럼 부정적인 의미로 사용되지 않았기 때문이다. 오히려 '지각이 있는가? 혹은 없는가?'라고 거칠게 묻는다면 '지각이 있다'고 대답해야 할 것이다. 그래서 현대의 학자들은 미발시 의식의 유무有無에 관한 문제로 설정하여 논의를 진행하기도 한다. 주희는 중화신설에서 '사려미맹 지각불매'를 동정動靜으로 말하고 있다.

> 간직할 때는 사려가 아직 싹트지 않았지만 지각은 어둡지 않다. 이는 정 가운데 동이니, 복에서 천지의 마음을 볼 수 있는 이유이다.[31]

---

30 성性과 사思의 관계를 성정의 관계처럼 바로 체용의 관계로 이해하는 것은 다소 무리가 따른다. '생각을 심통성정의 구도에서 어떻게 이해할 수 있는가'하는 문제는 쉽게 답해질 수 없다.

31 『朱熹集』 卷32, 「答張欽夫」49, "方其存也, 思慮未萌而知覺不昧, 是則靜中之動, 復之所以見天地之心也."

주희의 이러한 설명은 복괘를 설명하는 것으로 무리가 없어 보인다. 그러나 '정중동靜中動'의 구조에서 '사려미맹'과 '지각불매'를 이해하려면, '사려미맹'은 정으로 '지각불매'는 동으로 보아 '사려미맹'과 '지각불매'를 합하여 정중동으로 보아야 한다. 복괘의 '일양이 동한 것'을 '지각불매'로 이해한다면, '지각불매'는 이발로 보아야 할 것이다. 이러한 견해는 주희가 말년에 저술한 『중용혹문』에서 살펴볼 수 있다. 주희는 '일양이 동한 것'을 지각과 관련하여 논하고 있다.

　　미발의 때에는 다만 희노애락과 같은 감정의 치우침이 없을 뿐이다. 눈에 보이는 것이 있고 귀에 들리는 것이 있으면 더욱 정밀하고 밝게 해야 할 것이니 어지럽게 해서는 안 된다. 어찌 마음이 있지 않아 귀도 들리지 않고 눈도 보이지 않는 그런 상태가 될 수 있겠는가? 정靜의 때에도 지각이 있다고 말한다. 하지만 어찌 정靜의 때를 말하면서 복괘에서 천지의 마음을 볼 수 있다는 구절을 인용해 말할 수 있는가? 그렇게는 이해될 수 없다. 지극히 고요한[至靜] 때에는 다만 지각할 수 있는 능력만 있지 아직 지각의 대상은 없다고 해야 한다. 때문에 '정 속에 뭔가 있다'고 말하는 것은 가하지만, '생각하면 곧 이발이다'라는 말로 견주어서는 안 된다. 그것을 '곤괘로서 순음이지만 그 속에도 양이 없을 수는 없는 것에 해당한다'라고 말할 수는 있지만, '복괘의 일양이 이미 움직인 것'으로 견주어서는 안 된다.[32]

주희는 미발의 때와 정靜의 때 그리고 지정至靜의 때를 구분하여 말한다. 지극히 고요한[至靜] 때는 곤괘로서 순음이다. 그러나 지정의 때

---

[32] 『中庸或問』, 『四書或問』, 上海古籍出版社, 安徽教育出版社, 2001, "蓋未發之時, 但爲未有喜怒哀樂之偏耳, 若其目之有見, 耳之有聞, 則當愈益精明而不可亂, 豈若心不在焉, 而遂廢耳目之用哉! 其言靜時旣有知覺, 豈可言靜而引復以見天地之心爲說, 亦不可曉. 蓋當至靜之時, 但有能知覺者, 而未有所知覺也. 故以爲靜中有物則可, 而便以纔思卽是已發爲比則未可; 以爲坤卦純陰而不爲無陽則可, 而便以復之一陽已動爲比則未可也"

에도 양이 없을 수 없다. 양은 괘에 드러나지 않지만 여전히 있는 것이다. 이러한 표현은 심통성정설의 심의 지위를 염두에 둔 것으로 볼 수 있다. 곤괘에서 양이 드러나지는 않지만 없다고 할 수 없는 것처럼 미발이발의 때에 심은 언제나 주재하고 있다는 것이다. 여기서 주목할 것은 미발의 때를 곤괘로 보고 있다는 것이다. 그리고 미발의 때에도 지각이 있다는 것이다. 그러므로 '지각불매'는 곤괘에도 해당되는 말로 볼 수 있다. 주희는 다른 글에서도 같은 설명방식을 취한다.

> 지극히 고요한 때에는 다만 지각할 수 있지만[能知覺]만 지각한 것은 없다. 이것은 『주역』의 괘상 중에서 순음으로서의 곤괘이지만 그 속에도 양이 없지 않은 상象이다. 하지만 복괘를 논한다면 반드시 지각한 것이 있다고 해야 한다. 때문에 합하여 하나로 설명할 수 없다. 때문에 소옹 역시 '하나의 양이 처음 움직일 때 모든 것들이 아직 생겨나지 않았다'라고 말한 것이다. 이것은 지극히 은미하고 지극히 오묘하여, 마음을 비우고 차분히 생각해야[虛心靜慮] 알 수 있을 것이다.[33]

여기서 사용하는 '능지각能知覺'은 마음의 기능으로 볼 수 있다. 그러나 대상이 없어 지각이 일어나지는 않는다. 다시 말해 무엇을 보거나 듣지는 않는다. 다만 볼 수 있고 들을 수 있을 뿐이다. 『중용혹문』에서와 같이 지극히 고요한 때[至靜之時]를 곤괘로 말하고 있다. 미발에 대한 직접적인 언급은 없지만 지각에 대한 설명으로 미루어 생각하면, 지극히 고요한 때는 미발의 때이다. 그렇다고 해서 복괘를 바로 이발로

---

33 『朱熹集』, 卷48, 「答呂子約」38, "至靜之時, 但有能知能覺者而無所知所覺之事, 此於易卦爲純坤不爲無陽之象. 若論復卦, 則須以有所知覺者當之, 不得合爲一說矣. 故康節亦云'一陽初動處, 萬物未生時', 此至微至妙處, 須虛心靜慮方始見得."

볼 수는 없다. 복괘의 '정중지동靜中之動'의 때도 미발로 볼 가능성은
여전히 있다. 복괘가 비록 지각한 것이 있다는 것은 곤괘와 비교하면
차이가 있으나 미발의 때로 볼 수 있는 가능성은 있다. '지각불매'가
곤괘와 복괘에 여전히 적용될 가능성은 남아 있다. 지극히 고요할 때도
지각이 있다면, 미발의 때에도 지각은 여전히 있다고 해야 한다.

4. 주희의 복괘 해석의 문제

주희는 복괘로 '사려미맹 지각불매'를 말하면서 '정중동靜中動'으로
설명하였다. '사려미맹 지각불매'는 미발을 논하면서 사용되는데, 이때
복괘의 의미는 '일양이 생겨나는 것'으로 볼 수 있다. 여기서 복괘는
소식괘消息卦[34] 중의 하나의 괘로 11월을 상징한다. 한 달에 두 절기가
배속되어 1년은 24절기가 된다.[35] 복괘는 자子달이며 음력 11월이고 양
력 12월에 해당하며, 대설大雪·동지冬至 두 절기를 포함한다. 정이에 의
하면, "10월에 음陰의 성함이 최고조에 이르고 동지가 되면 일양一陽이
다시 땅 속에서 생기므로 복復이라 한다."[36]

---

34 일 년 열두 달을 주기로 음양이 줄고 느는 것을 나타낸 것이 消息卦이다. 消는 陽이
줄어가는 것을, 息은 양이 자라나는 것을 의미한다. 소식괘는 卦 하나가 한 달을
나타내고 이것을 子(11月)-丑(12月)-寅(1月)-卯(2月)-辰(3月)-巳(4月)-午(5月)-未(6月)-
申(7月)-酉(8月)-戌(9月)-亥(10月)에 맞게 배열하면 復은 11월, 臨은 12월, 泰는 1월,
大壯은 2월, 夬는 3월, 乾은 4월, 姤는 5월, 遯은 6월, 否는 7월, 觀은 8월, 剝은 9월,
坤은 10월이 된다. 복괘에서 건괘까지 復-臨-泰-大壯-夬-乾 6괘를 息卦라 하며 양이
자라나는 시기이고, 구괘에서 곤괘까지 姤-遯-否-觀-剝-坤 6괘를 消卦라 하며 양이
줄어드는 시기이다.
35 24절기란, 15일마다 절기가 바뀌어서 1달에 2절기, 1년에 24절기를 이루는 것으로,
봄의 立春·雨水·驚蟄·春分·清明·穀雨, 여름의 立夏·小滿·芒種·夏至·小暑·大暑, 가
을의 立秋·處暑·白露·秋分·寒露·霜降, 겨울의 立冬·小雪·大雪·冬至·小寒·大寒이다.

복괘는 기간으로 말하면 대설에서 시작하여 소한小寒 전까지 30일간을 말한다. 다시 말해 복괘에 해당하는 기간은 대설에서 동지까지 15일과 동지에서 소한까지 15일로 나누어 볼 수 있다. 동지를 기준으로 앞의 15일은 양이 줄어드는 시기이고 뒤의 15일은 양이 자라나는 시기이다. 이러한 상반되어 보이는 두 변화를 복괘 하나로 설명하려면, 복괘는 양이 줄어들면서 동시에 양이 자라난다고 해야 할 것이다. 그러나 주희는 동지를 기준으로 양이 자란다고 생각하지 않았다. 주희는 복괘에서 일양이 완성되고 두 번째 양이 생겨나는 것으로 보고 있다. 여기서 알 수 있듯이 '일양一陽'의 발생유무는 복괘를 중심으로 하는 미발 이발의 관계로 해석하기 어려워 보인다. 다시 말해 양이 다시 자라기 이전을 미발로 양이 자라는 것을 이발로 말할 수 없다.

> 동지 때 초효初爻가 완전한 양이 되고 이때부터 다시 제2효가 점차 양으로 변화해서 한 달이 지나면 임괘가 된다. 곤괘 때 초효의 양이 이미 생겨나 있다.[37]

> 자월子月의 중간인 동지冬至가 되면 초효의 양이 완성되고 이때부터 제2효의 양이 생겨난다.[38]

주희는 복괘에서 이미 일양이 생겨난 것으로 말한다. 이러한 복괘에 대한 해석은 미발의 상으로 복괘가 적절하지 못하다는 논거가 될 수도 있다. 그러나 복괘가 여전히 미발의 상으로 적절하며 '일양이 생긴 것'

---

36 『伊川易傳』, 復卦 序義, "歲十月, 陰盛既極, 冬至則一陽復生於地中, 故爲復也."
37 『朱子語類』71:30, "冬至方是結算那一陽, 冬至以後, 又漸生成二陽, 過一月, 卻成臨卦. 坤卦之下, 初陽已生矣."
38 『朱子語類』71:31, "'正是及子之半, 方成一陽; 子之半後, 第二陽方生."

과 미발의 관계를 새롭게 정립할 수도 있다. 이러한 입장은 정이程頤의 복괘 해석과는 차이를 보인다. 주희는 절기를 중심으로 양이 생겨나는 이치를 다음과 같이 설명한다.

> 양이 갑자기 생겨나는 이치는 없다. 동지 한 달 전, 10월의 중간 절기인 소설 때 양이 이미 30분의 1이 생겨나고 동지 2~3일 전에는 30분의 27, 28이 생겨나며 동지에 이르러 비로소 완전한 양이 되는 것이지 어제는 전혀 없다가 오늘 하루 동안 갑자기 회복되는 것이 아니다.[39]

주희에 따르면, 소식괘 중 하나인 복괘는 양이 다시 생겨나는 처음의 괘가 아니다. 오히려 곤괘에 해당하는 소설 때 양이 이미 생겨나서 동지 때 일양이 완성된다. 이런 주장을 따르면 일양의 회복으로 미발이 발을 논할 수는 없다. 일양이 생겨나는 것을 기준으로 미발과 이발을 말한다면 미발이라고 말할 수 있는 괘는 소식괘에서 없다. 곤괘와 복괘의 차이를 일양의 발생으로 보려는 입장에서는 주희가 미발을 왜 복괘를 들어 설명하려고 했는지 이해하기 힘들 것이다. 주희는 끊임이 없는 양의 소식消息을 통해 심을 말하려 한다.

> 10월에 양기가 줄어들고 관문을 닫는 때는 줄어듦이 다한다. 천지가 만물을 낳는 마음은 진정 어느 한 순간도 그친 적이 없지만 알아챌 수 있는 단서가 없을 뿐이다. 양 하나가 동하면 만물을 낳는 뜻이 비로소 드러나고 그때서야 비로소 단서를 볼 수 있다. 사

---

39 『朱子語類』 71:37, "陽無驟生之理. 如冬至前一月中氣是小雪, 陽已生三十分之一分, 到得冬至前幾日, 須已生到二十七八分, 到是日方始成一畫. 不是昨日全無, 今日一旦便都復了."

람이 말하고 움직이는 단서가 이때 일어나고 이때 비로소 천지의 마음을 볼 수 있다.[40]

곤괘를 해석하면서, 주희는 천지가 만물을 낳는 마음은 진정 어느 한 순간도 그친 적이 없다고 본다. 달리 말하면 양이 한 순간도 없는 적이 없는 것과 마찬가지이다. 복괘에서 미발을 말할 때, '일양一陽'에 관해 말하는 것이 아니다. 오히려 '일양'은 심통성정설에서 마음을 가리키는 것으로 보는 것이 타당하다.

주희의 심통성정설을 중심으로 복괘를 해석할 때, '일양'은 심心으로 이해될 수 있다. 심은 주재하는 것이며, 성정을 겸한다. 심이 성정을 겸한다는 것은 심이 성정을 포괄하고 있다는 뜻이다. 즉 심이 성정을 포괄하고 있다. 여기서 성은 심의 체體가 되고 정은 심의 용用이 된다. 따라서 심은 체용의 총체를 포괄하고 성정은 이 총체인 심의 각기 다른 측면이라고 말할 수 있다. 이러한 심은 천지의 심에서 비롯된 것이다. 사람은 천지의 마음을 얻어 그 마음으로 성정을 주재하게 된다. "천지는 만물을 생성시키는 것을 마음으로 삼는다. 그로부터 생성된 '사람을 비롯한 만물'은 또 각자 이 천지의 마음을 얻어서 그것을 자신의 마음으로 삼은 존재들이다."[41] 마음은 미발이발에 따라 생겼다 사라지는 것이 아니라, 미발의 때에도 이발의 때에도 끊어짐이 없이 있는 것이다. 주희의 복괘 해석은 심통성정설에 기반하고 있다.

---

40 『朱子語類』 71:51, "十月陽氣收斂, 一時關閉得盡. 天地生物之心, 固未嘗息, 但無端倪可見. 惟一陽動, 則生意始發露出, 乃始可見端緒也. 言動之頭緒, 於此處起, 於此處方見得天地之心也."

41 『朱熹集』, 卷67, 「仁說」, "天地以生物爲心者也, 而人物之生, 又各得夫天地之心, 以爲心者也."

원형이정元亨利貞은 성이요, 생장수장生長收藏은 정이다. 원으로 낳고 형으로 자라며 이로 거두고 정으로 저장하는 것은 심이다. 인의예지仁義禮智는 성이다. 측은·수오·사양·시비는 정이다. 인으로써 사랑하고 의로써 미워하고 예로써 사양하고 지로써 아는 것은 심이다. 성이란 심의 이치이고, 정이란 심의 작용이며, 심이란 성정의 주主다. 정자께서 "그 체를 일러 역이라 하고 그 리를 일러 도라고 하며 그 용을 일러 심이라고 한다"고 하셨으니 바로 이것을 말씀하신 것이다.[42]

'원형이정'과 '생장수장'은 성과 정의 관계이며 성이 발하여 정으로 드러나는 것은 심의 작용이다. 마찬가지고 '인의예지'와 '측은·수오·사양·시비'도 성정의 관계이다. 심은 성정의 주재主宰로 심의 이치인 성이 드러나면 정이 된다. 심은 천지지심과 다르지 않으며, '생장수장'하는 천지의 변화를 통해 드러난다. 소식괘는 '생장수장'의 변화를 보여주며, 그중에서 복괘는 천지지심의 단서를 볼 수 있는 괘이다. 일양이동해서 천지지심의 단서를 볼 수 있지만 아직 아무것도 싹트지 않은 상태가 복괘이다. 아무것도 싹트지 않는 상태를 '사려미맹'으로 말하고, 천지지심의 단서를 볼 수 있는 것을 '지각불매'로 말한다면, 미발의 상을 복괘로 취하는 것이 가능해 보인다.

---

42 『朱熹集』, 卷67, "元亨利貞, 性也. 生長收藏 情也. 以元生以亨長以利收以貞藏者, 心也. 仁義禮智, 性也. 惻隱羞惡辭讓是非, 情也. 以仁愛以義惡以禮讓以智知者, 心也. 性者心之理也, 情者心之用也, 心者性情之主也. 程子曰, 其體則謂之易, 其理則謂之道, 其用則謂之神, 正謂此也."

5. 맺는 말

'미발의 괘상으로 복괘가 알맞은가?'라는 문제를 중심으로 주희의 미빌설을 살펴보았다. 주희의 미발설은 두 시기로 나뉘어 평가되는데, 도남학과 호상학의 영향을 받은 중화구설의 시기와 「이발미발설」을 쓴 후인 중화신설의 시기이다. 중화구설 시기는 성체심용설을 바탕으로 미발설을 전개하고 중화신설 시기는 심통성정설을 바탕으로 미발설을 전개한다. 두 시기 사이에 심의 지위는 이발에서 미발이발을 관통하는 것으로 바뀌며, 그 역할도 '성이 발한 것'에서 '성정을 주재하는 것'으로 달라진다. 이러한 변화는 미발에 대한 설명인 '사려미맹 지각불매'의 해석에 영향을 미친다.

주희는 미발설을 복괘로 설명한다. 복괘의 '사려미맹 지각불매'는 과연 미발설을 설명하기에 충분한가? 여러 학자들은 '사려미맹'은 미발설을 설명하기에 적당하지만 '지각불매'는 그렇지 않다고 본다. 주희는 '사려'를 성정의 관계에서 정처럼 말하지만 '지각불매'는 심과 연관지어 설명한다. 주희는 '지각불매'를 심의 상태로 말한다. 그러므로 지극히 고요할 때[至靜之時]에도 '지각불매'하다고 말한다. 지극히 고요할 때는 미발의 때이고 이러한 미발의 때에도 지각은 어둡지 않다.

'지각'의 유무有無가 주희의 설명에서는 미발이발을 나누는 기준이 되지 않는다. 오히려 미발이발을 관통한다고 보아야 할 것이다. 이러한 주장은 주희의 복괘에 대한 관점을 이해하면 설득력을 가진다. 주희는 복괘를 '양陽'이 생겨나는 것으로 보지 않는다. 정이는 복괘에서 양陽이 생겨나는 것으로 보는 반면에 주희는 곤괘에서 양陽이 생겨나는 것으로 본다. 즉 곤괘의 중간 절기인 소설에 양이 생겨나 복괘 중간 절기인 동지에 하나의 양陽이 완전해진다.

이러한 관점에서 보면, 하나의 양陽이 생겨나는 것을 기준으로 주희의 미발설을 설명할 수 없다. 주희의 설명에서는 양陽을 사라나 감정이 아니라 '성정을 통괄하는 심心'으로 보아야 한다. 주희는 '복괘에서 천지지심의 단서를 본다'고 하였는데, 그는 '양이 다시 회복했지만 만물이 아직 생겨나지 않은' 것으로 복괘를 파악한다. 만물이 생겨나기 이전이나 천지가 만물을 낳는 마음의 단서를 복괘에서 볼 수 있다는 것이다. 만약 주희의 설명을 받아들인다면, 복괘는 미발설을 설명하기에 충분해 보인다. 주희의 복괘 해석에서 '사려미맹 지각불매'는 미발설을 설명한다고 보아야 할 것이다.

주자-육상산의 태극 논변*

임헌규

이 글은 주자朱子와 상산象山 형제간의 태극논변의 전개과정과 그 쟁점을 살펴보고, 거기서 논의된 궁극 존재인 '태극太極' 개념을 확인하고, '태극을' 현대 철학적 관점에서 평가하는 것을 목표로 한다. 여기서는 1)「태극도설太極圖說」의 '무극이태극無極而太極'이란 어구에서 '무극無極'이란 말이 왜 필요한가, 2) '극極'이란 글자를 어떻게 새길 것인가, 3) 음양陰陽은 형이상자인가 형이하자인가 하는 문제 등에 중점을 두고 살펴보면서, 주자의 형이상학이 과학주의적 물리일원론이 아니며, 나아가 태극은 초월계에 존재하는 또 다른 어떤 실재가 아니라는 점에서 서구의 전통 형이상학의 과제와 구별되는 제3의 입장으로 현대 새로운 형이상학 정립의 가능성을 열어주었다고 할 수 있다.

1. 서 론

"형이상학이란 무엇인가?"하는 질문은 "철학이란 무엇인가?"하는 질문만큼 오랜 역사와 긴밀한 연관성이 있어왔다. 말하자면 철학의 역사는 곧 형이상학의 역사라고 할 수 있으며, 철학과 형이상학의 역사는

---

* 임헌규(강남대). 이 글은『한국철학논집』(2005. 9)에「주륙태극논변과 형이상학」으로 발표한 것을 수정·보완하였다.

곧 그 정체해명의 역사라고 해도 무리는 아니다.[1] 동양의『주역』「계사
전」의 "형상을 넘어서는 것을 일러 도道라고 한다."고 말한 구절이 형
이상학에 대한 동양적 정의를 대표한다면, 서양의 고전적인 언명은 아
리스토텔레스의『형이상학』에 나오는 다음 구절이다.

> 자연에 의해 형성된 것과 구별되는 다른 어떠한 실체들이 존재
> 하지 않는다면 자연학은 제일학문일 수 있다. 그러나 부동不動의
> 실체가 있다면, 이는 선천적일 것이며, 부동의 실체에 관한 학문은
> 제일철학일 수 있으며, 그리고 이런 방식으로 그것이 '먼저'라는
> 사실에서 보편적일 수 있다. 그리고 존재자로서 존재자, 즉 존재란
> 무엇이며 그리고 존재자로서 존재자에 귀속하는 것이 무엇인지를
> 탐구하는 것이 이 학문의 관심사일 수 있다.[2]

아리스토텔레스의 이러한 진술과 구분은 플라톤의 '영원불변의 이
데아'에 대한 변증법과 '가변적인 사물·인간·물리세계'의 구분으로 소
급되면서,[3] 존재자를 그 통일적인 전체성에서 묻는 형이상학을 성립하
게 하였으며, 그것은 최고의 존재자를 묻는 신학 또는 신론이 될 수밖
에 없었다. 즉 형이상학은 존재론이자 신론(Onto-teologie)의 외양을 하
고 그리스 및 특히 중세에 나타났다. 이러한 고전적인 형이상학은 근
세를 열었던 데카르트에게 그대로 계승되어 나타났다. 그는 철학(학문)
을 한 그루의 나무에 비유하면서 "형이상학을 그 뿌리에, 형이하학 즉
물리학은 둥지"[4]에 비유했다. 그러나 이러한 형이상학은 그 이후 전개된

---

1 신오현, "철학과 형이상학",『철학의 철학』, 문학과 지성, 1988, 162면 참조.
2 Aristotle, *Metaphysics*, E, 1, 1026a15-16; Z, 11, 1037a14-16.
3 이 점은 특히 이데아를 표본으로 하여 Demiurge가 어떻게 세계를 창조했는지를 기
  술한 플라톤의『티마이오스』에 잘 나타나 있다.
4 "이리하여 철학 전체는 한 그루의 나무에 비유될 수 있으니 그 뿌리는 형이상학이

인식론에 자리를 내주고, 급기야 칸트의 절충된 언명이 나타나게 된다.

　　오성은 … 대상을 우리에게 부여할 수 있는 감성의 한계를 초월
할 수 없다; 그리고 주제넘게도 체계적인 원리적 형식으로 사물 일
반에 대한 선천적인 종합적 인식을 제공한다고 주장하는 '존재론'
이라고 하는 오만에 가득한 이름은, 그러므로 단순히 순수 오성의
분석이라는 가장 온건한 제목에 자리를 내주어야 한다.(『순수이성
비판』, B 303-4)

　　요컨대 칸트는 형이상학을 선험 철학으로 변형했다. 그런데 "선험
철학은 대상 일반에 관계하는 개념과 원칙의 체계에서 오성과 이성만
을 다룰뿐, 주어질 수 있는 대상을 설명(Ontologia : 존재에 논리·이치·
질서를 제공)하지는 않는다."(B. 873) 그리하여 마침내 칸트는 만학의
왕으로서의 형이상학의 폐위를 선언했다. 이러한 상황은 현대 철학에
서도 그대로 투영되어 나타났다.

　　'실재에 대한 체계적 인식'으로서 학문이 '현상적 실재에 대한 대상
적 인식'을 추구하는 과학과 정립된 20세기는 과학의 시대였고, 따라서
형이상학의 위기 시대였다. 이러한 위기를 감지하면서 20세기 철학은
'사변적 형이상학의 늪'과 '실증적 형이하학의 암초' 사이에서 제3의
길을 모색했다. 현상학적 운동, 사회 비판이론, 그리고 언어 분석철학
등은 그 결과였다. 18세기의 칸트가 『순수이성비판』 서두에서 형이상
학을 "인간 이성이 그 본성상 거부할 수도 없고 그 능력상 대답할 수도
없는" 문제(A, viii), 따라서 독단론과 회의주의의 전제가 지배해온 "분

고, 둥치는 물리학이며, 이 둥치에서 뻗어 나온 가지들은 여타 학문 전체이다." R.
Descartes, The Philosophical Works of Descartes, trans. E. S. Haldane & G.R.T. Ross,
Cambridge Univ Press, 1979, p. 211.

쟁이 그치지 않는 싸움터"(A, vii)로 묘사하고, 그 폐위를 선언한 100여 년이 지난 다음, 현대 과학(특히 실험 심리학)의 성과를 목도한 현상학자 에드문드 후설은 바로 거기서 인간의 위기를 감지하고 플라톤-아리스토텔레스가 제창한 전통의 제일철학을 선험 현상학의 이념으로 복구하여 모든 학문의 토대학으로 재정립했다. 그리고 그의 제자 하이데거는 사변적 형이상학의 극복으로서 진정한 형이상학으로서 '존재-사유'를 제시하며 새로운 철학을 정립하려고 기도했다. 사회 비판이론가들은 헤겔-맑스의 이념을 수용하여 철학과 사회과학의 통합을 시도하면서 전통적인 이성·합리성·진리성의 개념을 그 역사성과 공동체성을 감안하여 한층 포괄적이고 현실적인 합리성을 구성하여 통일학으로서 철학의 정립을 시도했다. 그리고 언어 분석철학자들은 사변적 형이상학과 과학적 형이하학의 사이길을 모색하면서 언어·논리·개념의 분석(의미의 명료화)을 철학의 임무로 삼았다. 그런데 바로 이러한 철학의 정체성 확립을 모색하던 20세기 말에 이르러서는 급기야 이른바 '포스트모더니즘'이 등장하여 전기의 현상학·사회철학·분석철학을 해체하면서 전통적인 철학 이념의 폐기나 철학 체계의 해체를 극단적으로 추구하면서, 그 대국적 종말을 선언하고 있는 현실이다. 이러한 현실에서 우리는 20세기에서 형이상학 및 철학에 대한 세 가지 입장을 구분할 수 있는데, 1) 형이상학의 비판으로서 철학, 2) 형이상학을 부정하며 의미의 명료화에 기여하는 활동으로서 철학, 그리고 3) 전래 형이상학을 극복으로서의 철학 등이 그것이다. 그런데 이 가운데 3)의 입장만이 전통 형이상학과는 완전히 다른 의미에서 건설적인 의미에서 형이상학에 대한 긍정적인 의견을 개진하고 있는데, 그 대표자는 하이데거(M. Heidegger)이다. 그렇다면 우리는 동양의 전통 형이상학 가운데 현대 철학적인 맥락에서 의미 있는 무엇을 개진하려고 한다면, 1) 현대 철학이 부정하는 재래의 서구 형이상학과 전혀 다른 의미의 형이상학을 제시하거나, 2) 하이데거와 같은 방식의 형이상학을 제안하면서 이 입장을 심화시킨 무엇을 보여주어야 한다고 할 수 있다. 이 글의 문제의식은 바로 여기에 있다. 우리는 동양 유가 형이상학의 관건은 '태극太極'에 있으며, 이 태극에 대한 이해는 송대宋代 주자朱子와 상산象山 형제간에 이루어졌던 이른바 「주륙논변朱陸論辨」이 그 정점에 있다고 생각한다. 따라서 여기서 우리는 그 개요를 살펴봄으로써 동양 성리학적 형이상학의 전형을 제시하고, 그 논변을 비정하면서 현대 형이상학이 처한 상황과 결부시켜 그 의의를 평가해 보고자 한다.

2. 주자와 육상산 이전의 태극론

통상적으로 유학은 선진 실천유학, 한당 훈고학, 송대 성리학, 명대 양명학 등으로 전개되어 왔다고 한다. 이러한 일반적인 분류는 일견 그 근거를 지닌 분류로서 우리에게 그 당시에 전개된 유학의 특성을 알 수 있게 해주는 편리함을 제공해 준다. 그러나 이러한 패러다임에 의한 분류는, 우리가 반드시 니체의 퍼스펙티비즘perspectivism에 대한 비판과 데리다의 구성주의에 대한 비판을 원용할 필요도 없이, 역으로 실상을 은폐하는 이념의 옷이 되기도 한다. 예를 들면 우리가 선진 실천유학이라고 했을 때, 이 말의 의미는 선진 시대의 유학은 이론에 대한 탐구보다 실천을 강조한 성격을 지니고 있었다는 것이다. 그리고 그 근거로 우리는 『논어論語』의 다음과 같은 구절을 들 수 있다.

공자께서 말씀하셨다. "제자가 들어가서는 효孝하고 나와서는 제弟하며 삼가고 믿음이 있으며, 널리 사람들을 사랑하면서 어진 이를 가까이 하되 행하고 여력이 있으면 학문을 한다."[5]

자공이 말했다. "공자께서 성性과 천도天道를 말씀하시는 것은 알아들을 수 없었다."[6]

그러나 우리는 『논어』의 다른 구절에서 학學을 중시하는 공자의 수많은 언명을 볼 수 있다. 아니 그 자신이 스스로를 학을 좋아하는 사람일 따름이라고 말하고 있다.

공자께서 말씀하셨다. "10호쯤 되는 읍에도 반드시 나처럼 충신忠信하는 사람이 있겠지만, 나처럼 학을 좋아하는 사람은 없을 것이다."[7]

나아가 우리는 『맹자』의 「진심장」과 『중용』 등에서 형이상학적 이론탐구를 살펴볼 수 있다. 위진 및 한당 유학에서도 단지 훈고학적인 것만을 볼 수 있는 것은 아니다. 당시에 제기된 수많은 주소註疏에서 단순한 훈고학 이상의 형이상학적 논의를 볼 수 있다. 그런데 송대 이전의 중국 지성계의 상황을 고찰할 때, 당시 유학의 형이상학은 불교의 유식 및 화엄학파, 그리고 도가에 비해 상대적으로 열악하였다고 하겠다. 한대 한유韓愈와 함께 송대 성리학의 선구자적인 역할을 하였다고 인정되는 이고李翺는 "성性과 명命에 대한 책은 아직 남아 있지만 배우는 사람이 해명할 줄 모른 까닭에 모두 장자, 열자, 노자, 불가가 빠져든다. 모르는 이들은 공자의 무리들이 성명의 도를 궁구하지 못한다고

---

5 『論語』, 學而; 子曰 弟子入則孝 出則弟 謹而信 汎愛衆 而親仁 行有餘力 則以學文.
6 『論語』, 公冶長; 子貢曰 … 夫子之言性與天道 不可得而聞之也.
7 『論語』公冶長; 子曰 十室之邑 必有忠信如丘者焉 不如丘之好學也.

말한다.[8]"고 말하여 당시 상황을 적절하게 묘사하고 있다. 이렇게 한말 및 송대 유가들은 도가 및 열자, 그리고 불가의 형이상학에 대항할 유가의 체계정립을 절실히 요구하고 있었다. 이러한 학적 요구와 당시 송왕조의 문치文治에 힘입어 새로운 유학 체계를 건립한 것이 송대 성리학性理學(리학理學, 신유학新儒學)이다. 즉 고전 유학을 태극 및 이기론理氣論에 의해 재해석함으로써 우주론을 정립하고, 이를 바탕으로 인간 심성을 구명한 체계가 바로 송대 성리학이다. 주지하듯이 성리학적 태극론에서 가장 중요한 문헌은 당연히 주돈이의 「태극도설太極圖說」이다. 주자와 그를 추존한 유학자들에 의해 도술의 연원처淵源處로 추숭된 「태극도설」은 주지하듯이 『주역』「계사전」의 "역유태극易有太極 시생양의是生兩儀 양의생사상兩儀生四象 사상생팔괘四象生八卦 팔괘정길흉八卦定吉凶 길흉생대업吉凶生大業"이라는 구절을 당시 유행하던 음양오행설로 재해석한 것이었다. 「태극도설」에 대해서 지금까지 그 작자가 진정 주돈이인가?, 주돈이가 지었다면 그것이 주자의 주장대로 순수 창작인가, 아니면 상산象山 형제 등이 주장하듯이 도가와 불가의 영향을 받았는가, 등등에 대한 논란의 여지가 남아 있다. 그러나 그것이 불가나 도가의 영향을 받았다고 할지라도 송대 성리학적 이론 체계의 단서(도술의 연원이자 대두뇌처大頭腦處)를 제공했다는 점은 그 누구도 부인하지 않을 것이다. 「태극도설」 중에서 특히 존재-생성론과 연관되는 부분은 다음의 113자이다.

無極而太極 太極動而生陽 動極而靜 靜而生陰 靜極復動 一動一靜 互爲其根 分陰分陽 兩儀立焉 陽變陰合而生水火金木土 五氣順布 四時行焉 五行一陰陽也 陰陽一太極也

---

8 李翶, 「復性書」上, 『李文公集』卷2. 性命之書 雖存 學者莫能明 是故 皆入於莊列老釋 不知者 謂夫子之徒 不足以窮性命之道.

太極本無極 五行之生也 各一其性 無極之眞 二五之精 妙合而凝 乾道成男 坤道成女
二氣交感 化生萬物 萬物生生而變化無窮焉

　여기서 우리가 볼 수 있는 체계는 무극=태극에서 음양, 오행, 만물
로 이어지는 존재의 횡적 전개와 종적 만물의 화생이다. 이는『주역』에
서 태극으로부터 양의 => 사상 => 팔괘 => 만물로 전개되는 것과 용어
는 달리하지만, 일견 체계상의 큰 차이는 없다고도 하겠다. 어쨌든 여
기서 가장 큰 주안점은 당연히 '태극'이란 용어를 어떻게 해석해야 하
는가 하는 점이다. 주지하듯이 태극 개념은 송대 이전에는 주로 (원元)
기氣로 해석되었다.『십삼경주소』에서 한백韓伯(진대晉代의 학자로 자
字는 강백康伯)과 공영달孔穎達(당대唐代의 학자)은 각각 다음과 같이 해
석했다.

　　대저 유有는 반드시 무無에서 비롯된다. 그러므로 태극이 양의
　　를 낳는다. 태극이란 무엇이라 칭할 수 없는 것을 칭하므로 어떻게
　　명명할 수 없다.[9]

　　태극은 천지가 아직 나뉘기 전에 원기가 섞여 있는 것으로 하나
　　이니 곧 태초이며 태일이다. 그러므로 노자가 말하기를 도가 하나
　　를 낳는다고 했으니 곧 태극이다. … 그러므로 태극이 양의를 낳음
　　은 곧 노자가 말한 하나가 둘을 낳는다는 것이다.[10]

　이러한 구절들에서 우리는 진한 대의 주석가들은『주역』의 태극을
노자와 결부하여 해석하면서 태초의 원기元氣라고 정의하고 있음을 볼

---

9 『周易正義』,「繫辭11」, 夫有必始於無 故太極生兩儀也 太極者無稱之稱 不可得而名.
10 『周易正義』, 같은 곳; 太極謂天地未分之前元氣混 而爲一卽是太初太一也… 故太極生
　兩儀 卽老子云一生二也.

수 있다. 따라서 여기서 우리는 송대의 정이와 주자가 중시한 태극太極 (리理)과 기氣(기器)의 형이상하의 구분이나, 유학과 노장학과의 구별이 아직 뚜렷이 제시되지 않고 있음을 확인할 수 있다. 이러한 해석은 북송 오지五子 중의 한 사람이었던 장재張載에게는 (유학과 노장의 구별은 나타나지만) 여전히 그대로 계승되었다. 즉 장재는 주돈이의 '무극이태극無極而太極'이라는 구절을 '태허太虛'라는 낱말로 대치하면서 태허는 기氣이고, 기氣의 취산聚散에 의해 만물이 생성·운행됨을 설명했다. 그렇다면 『주역』「계사전」의 형이상과 형이하의 구별은 어떻게 되는 것인가? 장재는 이를 다음과 같은 말한다.

> 무형에서 운행하는 것을 일러 도라고 하므로... 형이상자는 무형체이므로 형이상자를 도라고 한다. 형이하자는 형체가 있으므로 형이하자를 기器라고 말한다.[11]
> 한 번 음하고 한 번 양하는 것은 형기에 얽매이지 않기에 도道라 한다.[12]

이렇게 장재는 『주역』「계사전」의 "한 번 음하고 한 번 양하는 것을 도라고 한다"라는 구절로 "형이상자위지도形而上者謂之道, 형이하자위지기形而下者謂之器"라는 언명을 해석하고 있다. 즉 그는 기氣를 일물양체一物兩體, 곧 하나로 보면 원기 혹은 태허이지만 둘로 보면 음양이기陰陽二氣라고 할 수 있기에 형상을 넘어서는 도라고 하고, 만물(기)은 형체를 지니고 있는 것이므로 형이하자라고 규정하였다. 그런데 바로 이 점에서 정이와 주자는 장재의 형이상과 형이하의 구분이 명확하지

---

11 張載, 『橫渠易說』, 「繫辭上」. 運於無形之謂道 形而下者... 形而上者 是無形體者 故形而上者謂之道 形而下者 是有形體者 故形而下者謂之器.
12 張載, 앞의 책 ; 一陰一陽不可以形器拘 故謂之道.

않음을 간취한다. 즉 음양이란 어떻게든 존재하는 것이기에 형체를 지닌 형이하자라는 것이 정이와 주자의 주장이다. 요컨대 장재는 도道와 기氣, 형이상과 형이하를 기氣로 통일하여 제시하였다. 그렇다면 그에게서 무형의 형이상자와 유형의 형이하자는 어떻게 구분되는 것일까? 장재에 따르면, 태허의 원기는 아직 취산이 일어나지 않는 상태를 말하기 때문에 형체가 없으므로 형이상자라고 말한다. 그러나 만물은 기가 취산하여 형체를 이룬 것이므로 형이하자라고 말한다. 그렇다면 장재의 이 언명이 진정 형이상과 형이하의 구분에 대한 필요충분한 해결책이 될 수 있는 것일까? 형이상자가 형상을 넘어선다는 것은 개념에 따른 분석적 진리이다. 그런데 정이와 주자는 형이상자가 형상을 넘어선다는 주장은 형이상자에 대한 단순한 필요조건을 말한 것이지 충분조건은 되지 못한다고 주장한다. 즉 형이상자, 즉 도는 단순히 기가 아직 취신하지 않았기 때문에 형체가 없는 것이 아니라, 기의 차원을 넘어서면서, 기가 한번 음하고 한번 양하는 근거(所以一陰一陽者)가 되기 때문에 형이상이라고 한다고 주장한다. 좀 더 소상하게 말하면, 우선 정이는 음양은 기로서 형체가 있는 형이하자이며, 음양의 근거(所以陰陽者)가 곧 도道(리理)라고 말하면서 장재의 기의 체계를 비판함으로써 주자에게 심대한 영향을 끼쳤다. 그러나 그는 아직 태극에 대한 명확한 해명은 하지 않았었다. 그런데 주자는 정이가 설정한 형이상과 형이하의 명확한 개념적 분계를 토대로 하면서, 도(리)를 태극으로 확인하면서 「태극도설」을 전면적으로 재해석하여 성리학적 형이상학의 토대를 굳건히 정립하였다고 하겠다.

3. 주자-상산 논변의 전개

주지하듯이 주자는 육사산陸梭山-상산象山 형제와 이른바 「아호사논쟁鵝湖寺論爭」을 위시하여 수차례의 왕복 서신을 통해 자신의 태극론을 개진한 바가 있다. 이점을 감안해서 우리는 주자의 의도를 분명히 하기 위하여, 이들과의 논쟁을 통해 개진되었던 태극론을 살펴보고자 한다. 먼저 주안점이 되었던 것은 사산梭山은 '무극이태극'이란 구절에 대해 다음과 같이 질문한 것이다.

> 「태극도설」은 『통서』와 그 글의 성격이 같지 않다. 아마도 주염계의 소작이 아니거나 혹 학문이 아직 완성되지 못했을 때의 글일 것이다. ... 『통서』에서는 ... 오행은 음양이고 음양은 태극이라고 하면서 무극이라는 글자를 더하지 않았다. ... 『통서』를 지을 때에 무극을 말하지 않음은 아마도 무극에 대한 주장이 잘못된 것인 줄 알았기 때문일 것이다.[13]

여기서 볼 수 있듯이 사산은 「태극도설」이 주염계의 저작이 아니거나, 학문이 완성되지 않았을 때의 글일 것이라고 주장한다. 그 근거로 그는 「태극도설」과 같은 형식을 지니는 『통서』에서는 단지 태극만을 말했지 무극이라는 말을 사용하지 않았고, 게다가 『통서』의 어떤 구절에서도 무극이란 낱말이 등장하지 않는다는 것이다. 한 마디로 주염계의 체계에서 '무극'이란 말은 전혀 필요 없는 군더더기에 불과할 뿐만 아니라, 이 낱말이 있음으로 인해서 오히려 불필요한 오해를 불러일으

---

13 『象山集』卷12,「與朱晦庵」. 太極圖說 與通書不類 疑非周子所謂 不然則或是其學未成時小作... 蓋通書... 言五行陰陽 陰陽太極 亦無無極之文 假今太極圖說 ... 則作通書時 不言無極 蓋已知其說之非矣.

킨다는 것이다. 이에 대해 주자는 '무극'이란 낱말은 주염계의 형이상학의 체계에서 필수 불가결한 것으로 역설한다.

　　무극을 말하지 않으면 태극이 하나의 사물과 같아져서 온갖 변화의 뿌리가 되지 못하고, 태극을 말하지 않으면 무극은 공적空寂에 빠져서 온갖 변화의 뿌리가 될 수 없다. '무극이태극'이란 이 한 구절은 이러한 의미로 살펴보아야만 그 말하는 바가 정밀하여 미묘하기가 끝이 없이 될 수 있다.[14]

　　태극의 설은 주염계의 뜻이, 학자들이 태극을 별개의 한 물건으로 오인할까봐 염려하여 '무극' 두 글자를 붙여서 밝힌 것이라고 생각한다. 이것은 선현이 주장한 원래의 뜻을 미루어 생각해 볼 때, 꺼려하지 않고 그렇게 한 것이니 거기에는 깊은 뜻이 있다. … 무극을 붙여 놓으면 허무하고 고원함을 좋아하는 폐단이 생긴다고 하였는데, 그렇다면 오형의 태극이란 형기가 있는 것인가, 아니면 없는 것인가? 만일 형체는 없고 단지 리理만이 있는 것이라고 한다면 무극은 곧 형상이 없음(無形)이요 태극은 곧 이치가 있음(유리有理)임이 분명한데, 어찌 허무하고 고원함을 좋아함이 될 수 있겠는가?[15]

　　즉 무극을 말하지 않으면 태극은 형이하의 기器와 같은 것으로 오인되어 온갖 변화의 뿌리가 되지 못한다. 예컨대 만일 우리가 만유의 근

---

14 『朱憙集』, 卷36, 「答陸子美」. 不言無極 則太極同於一物 而不足爲萬化之根 不言太極 則無極淪於空寂 而不能爲萬化之根 只此一句 便見其下語精密 微妙無窮.
15 『朱憙集』, 같은 곳 ; 且如太極之說 喜謂 周先生之意 恐學者錯認 太極別爲一物 故著 無極二字 以明之 是推原前賢立言之本意 所以不厭重複 蓋有深指… 又謂 著無極者 便 有虛無好高之弊 則未知尊兄所謂太極 是有形器之物耶 無無形之物耶 若果無形 而但 有理 則無極 卽是無形 太極卽是有理 明矣 又安得爲虛無而好高乎.

거를 어떤 유有라고 가정한다면, 그 유의 근거를 무한히 다시 물어야 하고, 이렇게 한다면 무한 연쇄에 빠지고 만다. 이렇게 만물의 근원자, 존재의 궁극은 만물 가운데 어떤 하나의 사물일 수는 없기 때문에, 만물과는 차원을 달리한다는 측면에서 무극이라고 말하지 않을 수 없다. 그리고 또 단지 무극이라 한다면, 공적한 것으로 오인되어 온갖 만물을 낳는 근원자가 될 수 없기에 태극이라고 말한다는 것이다. 요약하면 '무극이태극'이란 말은 궁극 존재(형이상자)의 초월성(무형)과 내재성(유리有理)을 동시에 나타내 주는 정밀하고도 미묘한 이치를 표현해주는 말이지, 허무하거나 고원한 것을 좋아한 언사가 아니라고 하는 것이 주자의 해석이다. 이러한 주자의 말에 대해 이번에는 사산梭山의 아우 상산은 다음과 같이 응수한다.

대저 태극이라는 것은 실로 리理가 있는 것으로 … 온갖 변화의 근본이 되는 것은 스스로 정한 바이다. 그것이 모든 변화의 근본이 되는 것과 되지 못하는 것, 될 수 있는 것과 될 수 없는 것이 어찌 사람이 말하거나 말하지 않는 것에 달려 있겠는가?[16]

상산의 이 말은 앞서 주자가 태극을 무극이라고 하지 않으면 안 된다고 표현한 것을 겨냥한 말이다. 즉 주자가 태극을 무극이라 하지 않으면 하나의 사물과 같은 차원의 것으로 오해된다고 주장한 데에 대하여, 상산은 태극이 근원자인 것은 본래 정한 이치가 그런 것이지 언어적 명칭에 의해 좌우될 것이 아니라는 것이다. 다시 말하면 상산은 언어적 명칭에 집착하는 주자가 태극을 올바로 체득하지 못했다고 말한

---

16 『象山集』, 같은 곳; 夫太極者 實有是理… 其爲萬化根本 固自素定 其足不足 能不能 豈以人言不言之故邪.

다. 존재의 궁극을 지칭하는 태극이란 말은 그 자체로 온전한 것이기 때문에 그 앞에 무극이란 글자를 더할 필요가 없고, 그 아래에 진체眞體란 글자를 덧붙일 필요가 없다. 만일 존재의 궁극을 지칭하는 태극 위에 무극이란 글자를 더하면 이는 상床위에 상床을 더한 것이고, 아래에 진체란 글자를 더하면 이는 집 밑에 집을 세우는 꼴이 되고 만다. 그래서 그는 진정이 태극이 방소와 형상이 없다는 것을 말하려고 한다면, 마땅히 「계사전」의 언명처럼 "상천上天의 일은 소리도 냄새도 없다"고 하면 되는 것이지, 어찌 무극이란 말을 더할 필요가 있는가? 라고 반문한다. 요컨대 상산은 '무無'자를 '태극'위에 얹어 놓은 것은 바로 도를 무無 혹은 무명無名이라고 지칭한 노자老子의 학문이지, 유가儒家의 학문은 아니라고 말한다. 그러면서 그는 여기서 중요한 '극極'자를 다음과 같이 해석한다.

> 오五가 구주九疇에서 중中에 해당함을 일러 황극皇極이라고 하였으니, 이는 '극極'자가 '중中'의 개념으로 명명된 것이 아닌가? 인간은 천지의 '중기中氣'를 타고 태어났으니, 『시경』에서는 우리 백성을 자립하게 한 것은 이爾(천지)의 극極이 아님이 없다고 하였으니, 이것도 극極자가 중中의 개념으로 명명된 것이 아닌가? ... 『중용』에 중中은 천하의 대본大本이요 화和는 천하의 달도達道이며 중화를 이루면 천지가 자리 잡고 만물이 길러진다고 하였으니, 이 이치는 지극한 것이다. 이 밖에 어찌 다시 또 다른 태극이 있겠는가? ... 만약 귀하(주자)께서 음양을 형기形器라 하여 도가 될 수 없다고 한다면, 이 말의 의미는 잘 알 수 없다. 역易의 도는 한 번 음하고 한 번 양하는 것일 따름이다.[17]

---

17 『象山集』, 같은 곳; 五居九疇之中而曰 皇極 豈非以其中而命之乎 民愛天地之中以生 而詩言 立我烝民 莫非爾極 其非以其中而命之乎... 中庸曰 中也者 天下之大本也 和也 者 天下之達道也 致中和 天地位焉 萬物育焉 此理至矣 外此 豈更復有太極哉... 至如

즉 상산은 태극의 극자를 구주에서 중에 해당되는 오五가 '황극'이라고 명명된 것으로 보아 '극'자는 중中으로 해석되어야 한다고 주장한다. 이는 『중용』의 중中과 화和, 곧 희노애락喜怒哀樂이 아직 발하지 않은 상태의 중中과 발하여 모두가 중절中節한 상태인 화和라고 말한 것으로 증명된다고 말하면서, 태극은 이러한 중화를 벗어나지 않는다는 것이다. 그리고 또 『주역』의 "일음일양지위도一陰一陽之謂道"를 문자 그대로 해석하여, 음양이 바로 형상을 넘어서는 근원자(형이상자)로서 도라고 말한다.

이에 대해 주자는 "복희伏犧가 역易을 만듦에 한 획으로부터 시작했고, 문왕文王이 역을 연역함에 건원乾元으로 시작했으나 태극을 말하지 않았지만 공자가 태극을 말했으며, 공자가 역을 편찬함에 태극에서 시작했으나 무극을 말하지 않았기에 주돈이가 말했다"고 주장하면서, '무극'이란 언명을 사용한 주돈이의 공적을 형이상학의 건립에 있어 복희, 문왕, 공자의 업적에 비견된다고 주장한다.

> 만일 '무극'이란 두 글자를 논할 것 같으면 주돈이가 도체를 밝게 보아 ... 다른 사람들이 감히 말할 수 없었던 도리를 말하였다. 뒤의 학자들로 하여금 태극의 미묘함이 유有나 무無에 속하지 않고, 방소方所에 떨어지지 않음을 알게 하니 만약 (이 이치를) 다 파악할 수 있다면 곧 노인(주돈이)이 얻은 것이 맹자 이래로 전해지지 않던 비밀을 얻은 것이며, 단지 집 밑에 집을 놓거나 상 위에 상을 겹쳐 놓은 일만이 아님을 알게 될 것이다.[18]

直以陰陽 爲形器 而不得爲道 此尤不敢聞命 易之爲道一陰一陽而已.

18 『朱熹集』같은 곳; 若論無極二字 乃是周子灼見道體... 說出人不敢說底道理 今後之學者 曉然見得太極之妙 不屬有無 不落方體 若於此看得破 方見得此老 眞得千聖以來不傳之妙 非但 架屋下之屋 疊牀上之牀而已也.

그리고 주자는『주역』「계사전」의 '태극'을 다시 한 번 설명하고, 태극이란 양의, 사상, 팔괘의 리理에 즉해서 이 세 가지 앞에 갖추어져 있으면서도 그 안에 감추어져 있는 것이라고 말한다. 즉「계사전」에서 공자는 지극至極하여 명명할 수 없고, 더할 무엇이 없기 때문에 태극이라고 말했다고 주장하면서, 상산이 극極을 중中으로 해석한 것을 비판한다.

처음부터 (극極을) 중中의 의미로 명명한 것은 아니다. 북극의 극, 옥극의 극, 민극의 극과 같은 것에 대하여 선비들 중에서는 혹 중中으로 해석하는 사람도 있으나, 대개 사물의 극이기 때문에 항상 사물의 중中에 있는 것이지, 극極자 자체를 중中으로 해석하는 것은 잘못이다. 극極이란 지극至極이니 모습이 있는 것으로 말하면 곧 사방팔면이 모두 모여서 온다. 이것이 (모습을) 만들어내면 더 이상 갈 곳이 없다. 이것으로 미루어 나가면 사방팔면이 모두 향하여 나가거나 배반하는 것이 없고 일체가 정지하여 있기 때문에 극極이라 할 뿐이다. 후인들이 그 중中에 기거하면서 능히 사방으로 응하기 때문에 그 있는 곳을 가리켜 중中으로 말한 것이지, 그 뜻을 중中으로 새겨서는 안 된다. 태극에 이르면 또한 형상과 방서로 말할 수 없으니, 단지 이러한 이치의 지극한 것을 일러 극이라 말한다.[19]

즉 주자는 태극이란 궁극·지극한 것으로 성인(공자)이 무엇으로 명명할 수 없기 때문에 억지로 태극이라고 명명하였다고 주장한다. 즉 극

---

19 『朱熹集』, 같은 곳; 初 不以其中而命之也 至如北極之極 屋極之極 皇極之極 民極之極 諸儒 雖有解爲中者 蓋以此物之極 常在此物之中 非指極字 而訓之以中也 極字 至極 而已 以有形言之 則其四方八面 合輳將來 到此築底 更無去處 從此抽出 四方八面 都 無向背 一切停均 故 謂之極耳 後人 以其居中 而能應四外 故 指其處 而以中言之 非 以其義 爲可訓中也 至於太極 則又初 無形象 方所之可言 但 以此理至極 而謂之極耳.

은 궁극 혹은 지극이란 뜻으로, 항상 물의 중앙에서 사방을 바라보며 올바름을 취하는 것이기 때문에 표준이라 하며, 곧바로 '중中'이라고 하는 것은 옳지 않다.[20] 그리고 또 그는 상산이 음양을 형이상자라고 해석한 데에 대하여 다음과 같이 비판한다.

대전(계사전)에서 말하기를 형이상자를 도라고 말하고 또한 한 번 음하고 한 번 양하는 것을 도라고 하였는데, 이것이 어찌 음양을 형이상자라고 하는 것이겠는가? 한 번 음하고 한 번 양하는 (자체는) 형기에 속하나, 한 번 음하고 한 번 양하는 까닭은 도체가 시킨 것임을 알아야 한다. 그러므로 도체의 지극함을 말하여 곧 태극이라고 하고 태극의 유행을 도라고 말한다. 비록 두 가지 이름이 있으나 그 시초는 양체兩體가 없다. 주돈이가 무극이라고 말한 것은 바로 방소와 형상이 없다는 의미다. 사물이 존재하기 전에도 있고, 사물이 존재한 후에도 있다. 음양 밖에 있다고 생각하면 음양 가운데도 운행하며, 전체를 통관하면서 없는 데가 없으니 본래 소리·냄새·그림자·울림으로써 말할 수 없다. 이제 무극이 그렇지 않다고 심하게 비방하니, 그런 즉 이것은 바로 태극이 형상이 있고 방소가 있는 것으로 삼는 것이다. 바로 음양을 형이상이라고 말하는 것은 도道와 기器의 분별에 어두운 것이다.[21]

---

20 주자의 성리학을 요약했다고 하는 陳淳의 『性理字義』「皇極」조의 다음 구절은 이를 잘 대변해 준다. "서경에 이른바 皇極이란 말이 있는데 皇이란 君을 가리킨다. 極이란 君의 一身이 천하의 지극한 표준이 되기 때문이다. 孔安國이 皇極을 大中이라 해석했는데, 이는 완전히 잘못된 것이다. 皇極의 원래 의미는 君이 천하의 한 가운데에 서서 자신의 몸을 바르게 가져서 사방 백성 및 관료들의 표준이 된다는 것이다. ...『周禮』에 이른바 (君을) 民極으로 삼는다는 말이 있는데, 바로 이런 의미이다." 書所謂皇極 皇者 極也 極者 以一身爲天下至極之標準也 孔安國 訓作大中 全失了字義 人君中天下而立 則正身以爲四方之標準 故謂之皇極...周禮所謂以爲民極 正是此意.

21 『朱熹集』, 같은 곳; 至於大傳 旣曰 形而上者謂之道矣 而又曰 一陰一陽之謂道 此豈眞以陰陽爲形而上者哉 正所以見一陰一陽 雖屬形器 然 其所以一陰一陽者 是乃道體之

주자는 여기서도 시종일관 형이상자와 형이하자의 차이에 근거하여, 음양은 어디까지나 형기를 가지는 기氣이며, 한 번 음하고 한 번 양하게 시키는 사역자는 형기를 초월하는 형이상자로서 태극이라고 말한다. 그리고 또 태극은 방소·형체가 없기에 무극이라 하며, 무극이기 때문에 만물에 적용되는 소리·냄새·그림자·울림과 같은 범주로 형언할 수 없다. 태극은 바로 이러하기 때문에 형기를 가지는 형이하자를 초월하면서도 거기에 내재하는 리일 수 있는 것이다. 나아가 바로 이점에서 또한 형기가 있는 음양을 형이상자라고 주장하는 것은 형이상자를 도라고 하고, 형이하자를 기器라고 한 「계사전」의 도와 기의 준별에 밝지 못한 것이라 할 수 있다. 그리고 태극이 형상과 방소가 없다는 점에서 무극이라는 자신의 주장을 노자의 학이라는 상산의 주장에 대해서, 주자는 주돈이가 말한 무극의 '무'는 만물을 생성하는 리理이기 때문에 공허 단멸한 것이 아니라고 주장한다. 즉 주자가 보기에 노자는 "무극으로 되돌아간다(복귀어무극復歸於無極)"고 말했으니 노자의 '무극'이란 '무궁'이란 뜻으로 유와 무를 둘로 나누는 관점이다. 그런데 주돈이가 유·무를 말한 것은 유와 무를 하나로 하는 것이다. 이런 점에서 주염계의 유무는 노자의 학과 완전히 상반된다. 이렇게 사산·상산 형제와 주자가 수차례의 서신 교환을 통해 벌였던 태극논쟁은 결국 합의를 보지 못하고 끝이 난다. 이제 우리는 이들이 주장한 논지를 좀 더 체계적으로 정리하여 평가하고, 그 현대적 의미를 살펴보겠다.

所爲也 故 語道體之至極 則謂之太極 於太極之流行 則謂之道 雖有二名 初無兩體 周子所以謂之無極正以其無方所 無形狀 以爲在無物之前 而未嘗不立於有物之後 以爲在陰陽之外 而未嘗不行乎陰陽之中 以爲通貫全體無乎不在 則又初無聲臭影響之可言也 今乃深詆無極之不然 則是直以太極爲有形狀 有方所矣 直以陰陽爲形而上者 則又昧於道器之分矣.

4. 논변의 쟁점과 형이상학

지금까지 살펴본 주류의 태극논변을 정리하면 결국 다음과 같은 세 가지 논점, 즉 1)「태극도설」의 '무극이태극'이란 어구에서 '무극'이라는 말이 진정 필요한가, 2) '태극'에서 '극'이란 글자를 어떻게 새길 것인가, 3) 음양은 형이상자인가 아니면 형이하자인가 하는 문제로 귀결된다.

먼저, '무극이태극'이란 구절에서 '무극'이란 말에 대한 견해부터 다시 정리해 보자. 사산과 상산 형제는 태극이란 낱말 자체에 온갖 변화의 리理가 됨이 다 포함되어 있는데 그 위에 무극을 더함은 상牀 위에 상牀을 더한 꼴이 되고 말며, 따라서 노자학으로 귀결된다고 주장했다. 그리고 무극이란 말은 주염계의 완숙기의 저작인 『통서』에는 없다는 점에서 무극이라는 낱말이 필요 없다는 것이 방증된다고 했다. 이에 대해 주자는 태극 이외에 또 다시 '무극'이란 것이 별개로 존재하는 것은 아니지만, 태극의 무성·무취한 측면을 나타내기 위해 무극이란 말이 반드시 필요하다고 주장했다. 즉 무극을 말하지 않으면 태극은 형기를 지니는 하나의 사물로 오해되어 온갖 변화의 뿌리가 될 수 없으며, 태극을 말하지 않으면 무극은 공적空寂에 빠져 온갖 변화의 뿌리가 될 수 없다. 바로 이런 사태를 나타내기 위해서 주염계는 '무극이태극'이라고 절묘하게 표현을 했다는 것이다. 요컨대 주자에 의하면, 무극과 태극은 동일존재이자 동시존재이다. 따라서 '무극이태극'에서 '이而'자는 가볍다. 그것은 차원의 단계가 없이 무와 유를 통일해주는 언사이다. 바로 이점에서 주돈이는 무극을 말함으로 복희, 문왕, 그리고 공자와 일이관지하는 성문의 획기적인 공로를 세웠다. 게다가 주돈이의 '무극이태극'이란 언사는 노자의 영향이 아니라, 노자의 무와는 정반대 되는 것으로 유무의 양단을 벗어나서 양자를 통일해주는 절묘한 표현이라고 주장하였다.

다음으로 '극極'자를 어떻게 새길 것인가 하는 문제에 대한 양자의 입장을 다시 정리해 보자. 상산은『시경』에서 '황극'이라고 했을 때의 '극'이 '중中'이라는 의미로 쓰였다는 점을 주시한다. 그래서 그는『중용』의 "희노애락이 아직 발하지 않는 것을 중이라고 한다" 및 "중이라고 하는 것은 천하의 대본이다"고 하는 구절을 들면서 '태극'의 '극'이란 바로 이러한 '중'이란 뜻으로 새겨야 한다고 주장하였다. 이렇게 상산처럼 '무극'에서 '극'자를 '중'자로 해석하여 대치하면, 무극無極은 '무중無中'이란 말이 되기 때문에 무극이란 말 자체가 성립할 수 없다. 이렇게 극極을 중中으로 새기면 음양오행의 중정中正함 그 자체가 바로 극極이 된다. 따라서 태극의 초월성은 부정되고, 태극은 음양오행에 즉해서 존재하는 것이 된다. 이에 대해 주자는 태극은 온갖 변화의 시노리이자 만물의 뿌리로서 궁극·지극하여 명명할 수 없기에 태극이라고 했다고 주장했다. 즉 그는 '태극'의 '극'자를 '궁극'이자 '지극'으로 풀이하면서, 형상 있는 모든 것들을 만들어 내는 궁극적인 지점이자 그것들이 합주合輳하는 것이라고 주장한다. 따라서 그것은 지극한 표준이라는 의미로 새겨야 하지, 곧바로 중中으로 새길 수는 없다고 말하였다.

셋째, 음양을 어떻게 볼 것인가 하는 점을 두고 논쟁한 것을 정리해 보자. 상산은『주역』「계사전」의 "일음일양지위도一陰一陽之謂道"라는 구절을 들면서 한 번 음하고 한 번 양하는 그 자체가 도이기에 음양이 곧바로 형이상자라고 말한다. 즉 그는 태극이 곧 음양이고 음양이 곧 태극이라는 입장을 취하면서 장재처럼 일물양체一物兩體라는 입장을 견지한다. 이에 대해 주자는 형이상과 형이하를 명확히 구분한 「계사전」의 "형이상자위지도形而上者謂之道, 형이하자위지기形而下者謂之器"라는 구절을 원용하여, 한 번 음하고 한 번 양하는 것 자체는 형기를 지니는 형이하자이며, 한 번 음하고 한 번 양하게 시키는 자가 바로 형이상자로서 곧 도체라고 주장하였다. 따라서 주자에 따르면, 태극이란 본연의 묘이고 음양이란 태극이 타는 바의 기틀이다. 그리고 또 문제가 된 저 "일음일양지위도—陰—陽之謂道"는 본체의 유행을 말한 것일 따름이다. 따라서 음양을 형이상자라고 하는 주장은 도道와 기器의 구별에 어두운 것이라는 것이 주자의 주장이다.

이제 이 두 사람의 논변을 평가해 보자. 지금까지의 일반적인 논의로는 상산 형제의 논의가 주돈이의 「태극도설」의 본의에 적합하다고 한다. 즉 「태극도설」은 그 체계가 무극=태극에서 음양·오행·만물로 횡적으로 발생하고, 다시 종적으로 화생하는 방식으로 이루어져 있듯이 일원론적인 상산의 해석이 그 자체로 볼 때 고증적인 의미에서 더 타당하다는 것이다. 그리고 주자는 태극을 리로 보는 그의 이원론의 입장에서 「태극도설」을 억지(?)로 해석했으나, 후대에 영향력의 면에서 우세했다는 것이다. 그런데 우리가 보기에는 반드시 그렇지 않다고 생각한다.

먼저, 상산 형제는 '무극이태극'에서 무극을 필요 없는 것이라고 했는데, 이러한 주장이 과연 문제의 「태극도설」의 본의에 부합하는가 하는 점이다. 그들의 주장대로 주돈이의 후기 저작인 『통서』에 무극無極이란 글자가 나타나지 않는다고 하더라도, 『통서』에서도 '신神'과 '물物'을 분명히 구별하면서 주자처럼 이원론적으로 해석할 수 있는 충분한 근거가 있다.[22] 그리고 또 만일 '무극이태극'에서 '무극'이 군더더기에 불과하다면, 뒤에 나오는 '태극본무극太極本無極'이란 구절을 어떻게 해석해야 할까? 이는 '무극이태극'을 재차 언명한 것은 아닌가? 게다가

---

22 『通書』動靜. 動而無靜 動而無動 物也. 動而無動 靜而無靜 神也. 動而無動 靜而無動 非不動不靜也. 物則不通 神妙萬物.

더 결정적으로 뒤의 "무극지진無極之眞, 이오지정二五之精, 묘합이응妙合而凝, 건도성남乾道成男 …"에서 '이오지정二五之精'은 분명 음양오행을 말한다. 그러면 '무극지진無極之眞'은 주자처럼 음양과 차원을 달리하는 것(리理)이 아니면, 그 무엇이라고 할 수 있을까? 이 구절은 분명 주염계가 비록 리라고 말하지는 않았다고 할지라도, 음양오행과는 다른 차원의 그 무엇을 분명히 상정하고 있다는 명확한 전거가 된다고 하겠다.

다음으로 '극極'자를 상산처럼 '중中'으로 새길 것인가, 아니면 주자처럼 '궁극窮極'이자 '지극至極'으로 새길 것인가 하는 문제이다. 사실 이 문제는 우리가 구명하기에는 상당한 난제가 도사리고 있다. 그러나 우리는 여기에 대한 암시를 받을 수 있는 것이 있다.『설문해자』에 의하면, '극極은 동야棟也', '동棟은 극야極也'라고 하여 서로 환치될 수 있다고 한다. 단옥재의 주석에 의하면, "동棟은 5개의 시렁(가架)으로 된 집의 정중正中에 있는 마룻대로서 집의 가장 높은 곳으로 '지고至高'와 '정중正中'의 의미를 동시에 내포하고 있다. 따라서 상산이 극極을 중中으로 해석한 것과 주자가 지극至極으로서 표준이 된다고 해석한 것은 강조점으로 차이라고 해석할 수도 있다. 즉 상산처럼 중中으로 해석하면 태극은 음양에 즉하여 중정한 것이 되므로 리理로서의 태극의 내재성이 확보된다. 그리고 주자처럼 '궁극'이자 '지극'으로 해석하면 온갖 변화의 지도리이자, 만물의 근원으로서 태극의 궁극성과 초월성이 강조된다. 그런데 주자 역시 극자가 중자로 해석될 수 있다고 하는 점을 어느 정도 인정하고는 있는 듯하다. 즉 그는 단지 곧바로 중이라고 새기면 안 된다고 말할 따름이다.

마지막으로 음양이 형이상자인가 형이하자인가 하는 문제이다. 현상을 초월한 도의 초월성을 철저히 부정하고자 하는 상산은 태극은 곧 음양이고 음양은 곧 태극으로서 일물양체이며, 이는 아직 취산聚散이 일어나 발생한 형상을 지닌 만물이 아니기에 음양은 형이상자이다. 그러나 태극을 리라고 해석하면서, 그것을 기의 두 측면인 음양과 차원이 다르다고 하면서 초월성을 강조한 주자에게 음양은 당연히 형기를 지닌 형이하사가 된다. 따라서 이 역시 강조점의 차이라고 해석할 수도 있겠다. 그렇다면 우리는 이들의 논변은 왜 합의점에 도달하지 못한 것일까? 그것은 다음과 같은 이유에 기인한다고 생각된다. 즉 이들의 논쟁은 형식상으로는 「태극도설」을 해석하는 서지학적인 양상을 지니고 있으나, 기실은 자신들의 철학적인 체계를 가지고 담론하면서 「태극도설」을 끌어들인 데에 기인한다고 생각된다. 요컨대 철학의 목표는 그림자의 세계인 동굴을 탈출하여 진상인 광명 세계를 보는 것(플라톤), 분별지가 아니라 절대적인 영원의 상하에서 보는 것(스피노자, 헤겔), 달을 보는 것(불가), 혹은 자신의 날개로 나는 것(주자) 등으로 묘사되어 왔다. 그러면 그 목표에 도달하도록 배우고 묻는 철학적 담론은 어떤 때에는 이런 방식으로, 또 어떤 때에는 저런 방식으로 다양하게 표현될 수 있다. 그것은 경험 과학적인 의미 있는 명제가 아니기에, 진위를 단언할 수는 없지만, 존재의 진상을 보게 해주는 사다리 구실을 하는 공효는 있어야 한다. 이 두 사람의 논쟁도 서지학적인 의미에서 누가 「태극도설」을 올바로 해석하고 있는가 하는 문제가 아니라, 어느 쪽이 존재의 궁극인 도체를 분명히 인식하도록 우리를 이끌고 있는가 하는 점에서 접근해야 할 것으로 보인다.

그런데 여기서 우리가 주목할 것은 주륙논변에서 주자가 한사코 확보하고자 궁극 존재인 태극의 초월성이다. 바로 이 때문에 주자는 1) 태극이란 말 이외에 무극이란 말이 반드시 필요하며, 2) 극極자는 단순히 중정中正으로 해석될 수 없고, 궁극이자 지극이란 의미를 지니며, 3) 음양은 형이상자가 아니라 형이하자라고 말했던 것이다. 바로 이러한 초월성의 확보여부에 형이상학의 존폐여부가 달려있다고 하겠다. 현대 주도적인 과학적 물리일원론은 초월적 형이상자를 부정하고, 형이상학의 폐기로 나아갔다. 그러나 이러한 과학적 물리일원론의 시대에 형이상학의 가능성을 진단하고, 진정한 형이상학의 복원을 주장하는 억척스런 파수꾼이 있으니 바로 하이데거(M. Heidegger)이다. 우리는 주자가 태극논쟁을 통해 확보하려고 한 태극의 초월성은 현대 철학적으로 보면 하이데거적이며, 바로 이 길에 의해서만 진정한 형이상학이 부활할 수 있다고 생각한다. 여기서 간단히 그 이유를 살펴보기로 하자.

서언에서 우리는 칸트가 분쟁이 끊이지 않는 만학의 왕으로서의 형이상학의 폐위를 선언하였고, 150년 후 현대의 형이상학자 하이데거는 형이상학의 복원을 주장했다고 지적했다. 그렇다면 그 사이에 어떤 일이 일어났고 왜 하이데거는 이런 주장을 하게 되었는가? 그런데 칸트가 폐위한 형이상학은 우리의 감각적 지각을 넘어서는 초월적 존재에 대한 체계적 인식으로서의 형이상학을 말한다. 그는 이러한 인식이란 인간 이성의 능력으로는 불가능하며 다만 실천이성의 차원에서 요청될 뿐이라고 말한다. 그러나 그 이후 주도적인 현대 철학은 이러한 요청마저도 부정하였다. 즉 현대에서 흄(D. Hume)을 계승했던 영미철학자들은 '형이상학의 비판'으로서 철학을 내세우며 실재에 대한 체계적인 인식은 오직 형이하학, 즉 물리적 실재를 탐구하는 과학에 의해서만 가능하다고 주장했다. 그렇다면 하이데거는 무슨 연유에서 형이상학의 복원을 주장하였는가? 그런데 하이데거가 복원을 시도한 형이상학은 초월적 존재에 대한 체계적 인식으로서의 전통적 형이상학이 아니다.

'형이상학'이란 표현은 내용상 '초감각적인 것의 인식'으로서 받아들여졌다. '형이상학'이라는 표제는 이런 의미로 전통 속에 보존되어왔으며, 따라서 우리는 바로 이런 의미로 이 표제를 수용할 수는 없다. 오히려 이와 반대로 … 그(형이상학) 표제에다가 비로소 그 의미를 고쳐 마련해주어야 할 과제가 우리에게 생겨난다. (형이상학을) … 근원적으로 해석함으로써 '형이상학'이라는 표현을 정당화시켜야 한다.[23]

이렇게 하이데거는 '형이상학'이란 전통 속에 안존해 온 형이상학을 폐기하고 근원적으로 재해석함으로써 진정한 형이상학의 복원을 시도하는바 그는 이를 '현상학적 존재론' 혹은 나아가 '존재-사유'라고 지칭한다. 즉 후설의 영향을 받았던 전기 하이데거는 "현상학"을 '현상'의 '논리'로 해석하였다. 그런데 그는 여기서 '현상'이란 말을 그리스적 어원으로 풀이하여 '개시하는 것'(das Offenbare) 혹은 '자기 자신을 나타내는 것'으로 해석한다. 그리고 '논리'(logos)를 '자기 자신으로부터 보이게 하는 것'(sehen- lassen-von-dem-selbst-her)으로 풀이하였다. 그렇다면 "현상학"이란 "스스로 나타나는 것을, 그 자신으로부터 스스로 나타나는 대로, 그 자신으로부터 보이게 하는 것"을 의미한다.[24] 그리고 그는 '스스로 자기편으로부터 자기 자신을 자기 자신에게 드러내 보이는' 현상은 그리스 철학에서 '존재'라고 말한다. 요컨대 현상학이 드러내고자 하는 것은 '존재 자체'이며, 존재 자체를 탐구하는 것이 '존재론'(ontology), 즉 "내용적으로 보면 현상학은 존재자의 존재에 관한 학문, 존재론이다."[25] 그런데 모든 존재자들 가운데 오직 '인간'이라는 존재자만이 그의 '존재 중에 이 존재 자체'를 이해하고 있기(혹은 존재가

---

23 M. Heidegger, *Der Satz vom Grund*, Neske, 1952. S. 89.
24 M. Heidegger, *Sein und Zeit*, Max Niemeyer, 1963, SS. 27-39. (앞으로 이 책은 S. u. Z로 약칭함))
25 S. *u. Z*, S. 37.

인간에게 개시되어 있기) 때문에, 존재론은 '인간 존재론'의 형식으로 출발하는 것이 자연스런 절차이다. 그런데 하이데거는 '인간'이란 개념 자체가 너무 애매모호할 뿐만 아니라, 인간의 존재자적인 측면이 부각되어 오히려 존재를 해명하는 데에 걸림돌이 되기 때문에, 인간의 존재로부터 존재를 해명하는 시도를 후기에 와서 포기한다. 이른바 존재 자체에로의 '전회'(Kehre)를 단행하여 'Dasein'을 'Da-sein'으로 'Existenz'를 'Ez-istenz'로 고쳐 쓰면서, '인간 존재론'의 잔재를 일소하고, 마침내 '기초 존재론' 또는 '현상학' 등의 개념을 포기한다.

요컨대 하이데거는 두 가지 태도(방식)를 구별하였다. 그 하나는 '존재자적'(ontisch)으로 보는 방식이다. '존재자적'인 방식에서는 사물을 표상적으로 파악하는 방식, 즉 "존재자를 그 자체에 즉하여 그 존재자가 있는 대로 묻는 물음"[26]이다. 이 방식에서는 존재는 망각되고 존재자만이 표상되고 대상화된다. 이와 구별되는 존재론적(ontologisch : 존재 on를 드러낼 목적telos) 방식에서는 일체의 주·객 분리의 도식을 넘어서 대상·존재자에 대해서 단적으로 초월인 '존재 자체'를 문제시한다. 즉 존재자를 인식하는 '표상적 사유'를 떠나, 이런 표상적 사유와의 차이를 염두에 두면서 존재자적 표상의 근거(Grund)에로 돌아가 존재 자체의 사유를 수행하는 입장을 말한다. 그런데 여기서 우리가 이렇게 하이데거의 형이상학론을 제시하는 것은 앞서 말했듯이, 그가 복원하고자 한 형이상학의 이념은 주자의 그것과 너무나도 일치한다는 것이다.

하이데거는 초월적 실재를 인식한다고 하는 '전통적 형이상학으로 상향'하거나 혹은 형이상학의 원리적 불가능성을 주장하면서 오직 현상적 실재만을 우리가 인식할 수 있다고 하면서 '형이하학으로 하강'

---

26 M. Heidegger, *Die Grundbegriffe der Metaphysik*, Vittorio Klostermann, 1983, S. 523.

(물리주의 일원론)하는 입장을 지양하고 제3의 중도의 길 즉 '내재적 초월'이자 '초월적 내재'[27]인 "존재(Sein)의 복명"을 그의 형이상학의 과제로 삼았다. 그런데 우리는 형상을 지닌 무엇(기)이 아니지만(무극), 그렇나고 공무도 아닌, 유·무의 양단을 벗어나는 말하자면 초월적 내재이자 내재적 초월로서의 태극(理)을 추구한 주자의 형이상학은 현대적인 맥락에서 보면 하이데거적인 입장이라고 말할 수 있다고 생각한다. 왜냐하면 주자의 형이상학은 형상을 지닌 형이하적인 것과 다른 차원의 태극(리)을 논의한다는 점에서 과학주의적 물리일원론이 아니며, 게다가 태극은 초월계에 존재하는 또 다른 어떤 실재가 아니라는 점에서 전통 형이상학의 과제와 구별되는 제3의 입장으로 해석될 수 있기 때문이다. 바로 이 점에서 우리는 주자가 추구한 형이상학이 현대적으로 보면 하이데거적인 길과 같다고 판단하며, 바로 이렇게 보았을 때 그 정당한 현대 철학적 평가가 내려질 수 있다고 생각한다. 그렇다면 형이상학의 주제는 어떠한가? 하이데거 형이상학이 복명하는 주제인 '존재'는 주자의 태극과 선험적 의미론의 관점에서 볼 때 동일한 메타포를 지닌다고 판단된다. 우선 하이데거가 드러내려고 하는 존재는 존재자가 아니다. 존재자는 시·공간 내에서 인과법칙에 따라 생성·소멸하는 어떤 것이지만, 존재는 이런 어떤 것이 아니다. 바로 이 점에서 존재는 '단적인 초월'이라고 불러야 한다. 그래서 하이데거는 "존재는 존재할 수 없다. 존재가 존재한다면, 그것은 더 이상 존재가 아니라, 하나의 존재자이다."[28]고 말한다. 바로 이점에서 하이데거는 "일체가 있다"(Es ist)로부터 결별을 선언한다.[29] 이렇게 하이데거는 존재와 존재자의 존

---

27 "'존재는 존재자 없이 본재west하지 않으며, 어떤 존재자도 존재 없이 존재한 적도 없다." M. Heidegger, *Was ist Metaphysik*, Vittorio Klostermann, 1955, S. 46.
28 M. Heidegger, *Kants Theses uber das Sein*, Vittrio Klostermann, 1963, S. 35.

재론적인 차이, 결정적인 차이를 언표하기 위하여 "Es gibt"라는 표현을 사용하는데, 여기서 'Es'가 바로 '존재'를 지시한다.[30] 그리고 그는 동사형을 가진 경우에는 명사를 주어로 하고 동형의 동사를 술어를 사용함으로써 존재를 나타내기도 한다.[31] 그런데 그는 존재와 존재자는 이렇게 존재론적으로 구별되지만, "존재자가 존재한다"는 사태 이외에 또다시 "존재가 존재한다"는 또 다른 사태가 존립하지 않는다고 말한다. 즉이는 "나무가 존재한다"는 사태 이외에 또다시 "나무의 존재가 존재한다"는 사태가 있을 수 없는 것으로 비유할 수 있다. 따라서 "존재는 언제 어디서나 존재의 존재자(Seiendes des Seins)"를 의미한다. 따라서 존재와 존재자의 존재론적 구별이란 결국, "'존재자의 존재'(das Sein des Seienden) 또는 '존재 중의 존재자'(Seiendes im Sein)의 구별이라고 할수 있다. 환언하면 하이데거는 형이상학의 주제인 존재를 언표하기 위하여, 1) 형상을 지니는 존재자가 아니라는 점에서 부정적인 언사로 단적인 초월, 즉 차라리 무라고 표현할 수 있지만, 2) 그러나 공무가 아니라 긍정적으로 표현하면 만물의 근거 혹은 기반(Grund)이며, 3) 나아가 존재자를 떠나 별개로 존재하는 또 하나의 사물은 아니라는 점에서 '존재자의 존재', '존재자 가운데 존재'라는 표현을 사용하였다. 그런데 주자 또한 태극(리)을 1) 무형무위한 기와 분명하게 구별되면서, 2) 만물의 근거이지만, 3) 형상을 지닌 기를 떠나 별개로 존재하는 일물이 아니라고 했다. 바로 이러한 점에서 선험적 의미론의 관점에서 보았을 때 우리는 하이데거와 주자가 동일한 형이상학적 주제를 설정했다고 생각한다. 그러나 상산 형제가 1) 옥상 옥으로서 무극이란 말이 불필요하며,

---

29 앞의 책, S. 154.
30 S. u. Z. SS. 72, 212, 230, 316 참조.
31 M. Heidegger, *Vom Wesen der Wahrheit*, Vittorio Klostermann, SS. 15, 19.

2) 극은 중정의 의미이며, 3) 음양이 곧 형이상자라고 주장한 것은 현대 하이데거의 관점에서 보았을 때, 형이상자의 초월성을 확보하지 못한다. 즉 이들이 제시한 태극太極은 형이하자와의 '단적인 차이'를 확보하지 못하기 때문에 비록 공적에는 빠지지 않지만, 결국에는 형이상학을 형이하학으로 해소시킬 가능성이 다분히 내포되어 있으며, 따라서 형이상학의 정체성 정립에 실패할 운명에 놓여 있다고 하겠다.

수학적 인문학 관점으로 본 채침의
상수사상象數思想[*]
―채침蔡沈의 『홍범황극내편』을 중심으로―

조희영

수數는 만물에 필수적인 존재이다. 수를 통해 인간을 이해하고 수학을 통해 인문학을 만날 수 있다. 수학과 소통된 인문학 가운데 채침이 지은 『홍범황극내편洪範皇極內篇』은 상수역학의 영역에서 만난 독립물표적獨立物表的 수인문학數人文學이다. 채침은 수가 만물의 근원이라는 입장에서 「낙서」와 범수9를 통해 상수사상을 전개한다. 그는 수와 예악괴 윤리가 상통하고, 수로 성명의 이치를 알 수 있다고 하며 나아가 수가 천지자연을 이해하고 만물의 존립근거를 인식할 수 있는 열쇠라고 생각하여 81수와 6561수로 변화에 대응한다.

1. 이끄는 글―수학적 인문학에 대하여

수數는 산수算數의 수단[計量]이며 신神과 소통하는 통로[通神]이자 사물의 이치를 밝히는[述理:明理] 기능을 가진 것으로 알려져 있다.[1] 사

---

* 조희영(건양대). 이 글은 「數學的 人文學 관점으로 본 蔡沈의 象數思想―채침의 『洪範皇極內篇』을 중심으로―」라는 제목으로 『대동문화연구』 96(2016. 12)에 게재하였음을 밝혀 둔다.

람이 태어날 때 연월일시가 주어지듯 우리는 수와 함께 삶을 시작하고 생을 마감한다. 수는 타인과 조직, 사회나 국가의 비교평가, 사물의 극대와 극소의 표현도 가능케 한다. 각론적으로 보면 각종 경제행위, 예체능, 과학 등도 수로 측정하여 행동, 평가하고 수정하여 길을 찾는다. 이는 수가 지닌 '계량計量'의 기능이다. 이 '계량'의 기능이 '상대적 관계성'의 지표로 작용하여 사회가 유지된다. 이를 보더라도 수는 인간 생존을 위해 필수적인 존재임을 알 수 있다. 어떤 의미에서 인간 탐구에는 수가 통로 역할을 하고, 인간학은 수학과 직통함을 알 수 있다. 인간학이 무엇인가? 인문학의 다른 말이 아닌가. 즉 인문학은 수학과 통한다는 말이다.[2] 인문학은 인문에 관한 학문으로 '융복합 학문'[3]이라 하니 수학과 융합한 인문학을 '수학적 인문학'[4]이라 할 수 있다. 본 글에서 말하는 '수학적 인문학'의 내용은 수학 특히 역수易數를 통해 인문적 요소들[예악과 윤리, 제도와 문물 등]이 해명되는 본론 2-3장에서 확인될 것이다.

---

1 장기성, 『象數易學』, 북경: 중국서점, 2007, 53쪽. 김용운·김용국, 『한국수학사』, 살림, 2009, 42쪽.

2 이광연은 "오늘날 우리가 배우고 연구하는 모든 분야가 전부 인문학을 바탕으로 하고 있다. …… 수학은 명백히 인문학의 일부"라면서 피타고라스학파를 예로 들어 "피타고라스학파에게 수학은 인간의 사상과 문화를 대상으로 하는 모든 학문의 기초였고, 수학은 인문학 그 자체였다."라고 한다. 이광연(한서대 수학과), 「수학의 뿌리는 인문학이다」, Science Times誌(2014, 7,19)기고문.

3 인문과 인문학의 정의에 대해 「인문학 및 인문정신문화의 진흥에 관한 법률(2016, 2)」에서 "인문이란 인간과 인간의 근원문제 및 인간의 사상과 문화를 말하고, 인문학이란 인문에 관하여 탐구하는 학문으로서 언어학,문학,역사학,철학,종교학 등의 학문과 직관,체험,표현,이해,해석 등 인문학적 방법론을 수용하는 제반 학문 및 이에 기반을 둔 융복합 학문 등 관련 학문분야를 말한다."라 했다.

4 '수학적 인문학'이란 인문학(뿌리)에서 수학(줄기)가 나왔다는 입장에서, 줄기에서 뿌리로 즉 수학을 통해 인문학을 모색한다는 뜻으로 본 글에서 채택한 개념이다. 역학에서 수학과 인문학이 융합·공존한 분야가 상수학이고 그 예를 소강절이나 채침 등의 책에서 확인할 수 있다.

'수학적 인문학'은 그 이론이 펼쳐지는 무대가 있다. 즉 의학이나 물리, 건축, 예술, 율력, 자연과학, 역학易學 등을 들 수 있다. 여기서는 역학 특히 상수역학象數易學이란 광장에서 전개되는 수학적 인문학에 초점을 맞춘다. 이를 본 글에서 '역학을 통한 수학적 인문학'(이하 '수인문학'이라 함)이라 한다. 흔히 수학은 자연과학으로 인문학과 구분한다. 자연과학은 객관적 사실을 실험이나 증명을 통해 입증하지만 인문학은 어떤 사실을 논리적인 이론 전개로 입증한다. '입증'의 형태가 다르지만 주장을 뒷받침하는 논리 전개는 비슷하다. 다만 객관성의 정도 차이뿐이다. '수인문학'은 입증을 위해 '술리'의 기능을 이용하여 객관성을 담보한다.

수가 지닌 속성과 기능에 대해 고대 동서양의 철학자들이 주목했다. 대표적으로 서양에서는 피타고라스[5]이고 동아시아에서는 『주역』(이하 '역'이라 함)의 저자이다. 작역자作易者는 '통신通神'의 기능을 기반으로 시초점을 만들었고 '술리'의 기능을 기반으로 수인문학의 단초를 열었다. 그는 수인문학에 대해 직접 말하지 않고 복선과 함의를 경전에 깔아 놓았다. 그 단서는 역易에 언급된 수와 역의 연원인 「하도낙서」에서 찾을 수 있고 「선천도」 등도 중요한 기제이다. 왜냐하면 이런 그림[象]의 수[河洛數 등]를 가지고 역의 이치를 밝힐 수 있고, 역이 언급하는 수[易數]를 가지고 인간사 이치를 해명할 수 있기 때문이다. 따라서 수인문학은 하락수와 역수 등에서 그 실마리를 잡을 수 있다.

『역경易經』은 점서占書이지만 「역전」의 주석으로 철학서로 거듭났고 학자들의 해석으로 역학易學이 이루어졌다.[6] 역학에서 볼 수 있는 인

---

5 피타고라스(Pythagoras, 기원전 580-500)는 '수가 세계 모든 것을 설명할 수 있는 기본 원리'라 생각했다. 스털링 P. 램프레히트 저, 김태길 외 2인 역, 『서양철학사』, 을유문화사, 2009, 28쪽.
6 역학의 분류는 전통적으로 義理學과 象數學으로 대별된다. 주백곤은 송대 들어 상

문학적 맥락은 셋이다. 하나는 역문易文를 통한 철학적인 것이고 또 하나는 역수易數를 통한 수인문학적인 것이고 나머지는 역상易象을 통한 상학적象學的인 것[象徵哲學]이다. 전자는 의리학의 영역이고 후자 둘은 상수학의 영역인데 수인문학은 상수학 중 송대에 흥기한 수학파와 도서학파의 분야이다. 수학파는 도서에 나타난 수에서 착안한 점이 많기에 도서학파와 서로 겹친다. 수학파는 역의 기우수奇偶數[易數]를 리理를 담은 수[理數]⁷로 보고 또 리와 수를 일체로 보기 때문에 '리수학파'라고 부를 수 있다. 의리와 상수의 차이는 탐색하는 소재가 글이냐 상이냐 수이냐 하는 데 있고, 같은 점은 역리 즉 '리理'를 탐구하는 점이다. '리'는 무엇인가? 인간을 둘러싼 천지자연의 존립과 유행변화의 원리와 이치를 말한다. 따라서 역학은 그 자체가 인간학이자 인문학이라 할 수 있고, 역에 내재된 수학[易數學]이 인문학이 될 수 있음을 알 수 있다.

수인문학은 간학적間學的인 성질을 갖고 있어서 학문을 전후좌우로 연결시켜 새로운 지평을 열어나간다. 이런 점을 리수론자들이 일찍 간파했다. 먼저 소강절邵康節(1011-1077)을 보면, 그는 『황극경세서』로 선천역의 문호를 열었고 「선천도」를 통해 "선천학은 심법"이란 도덕적

수학에서 象學과 氣學 및 數學으로 나뉘었고 수학파로는 소강절, 유목, 장행성, 채원정, 채침을 든다. 또 송대에는 상수학의 일부인 도서로 역리를 푸는 圖書學도 흥기하였고, 本體論的으로는 理本論, 數本論, 氣本論 등이 있다고 한다. 주백곤, 『易學哲學史』 2권, 北京: 곤륜출판사, 2005, 10-14, 127쪽.

7 '리수'에 대해서는, 고회민 저, 곽신환 옮김, 『소강절의 선천역학』, 예문서원, 2011, 350쪽. 장기성 앞의 책, 225-228쪽. 조희영, 「『주역』에 내재된 理數의 함의」, 『韓國思想과 文化』 77, 한국사상문화학회, 2015, 308-310쪽 참조. 김용운은 조선 수학에서 리수는 '예언에 의한 질서[占數術]'이며 이는 형이상학적 易數에 집착한 때문으로 조선 사대부 전통수학이라 한다. 그는 조선 수학은 算術[算學]과 占數術[數學, 理數]로 나뉘고 전자는 中人, 후자는 사대부의 영역이라 하고, 조선 사대부들은 '易數=理數=數學=占數術'의 관점을 가졌다고 한다. 김용운·김용국, 앞의 책 43, 234, 255쪽.

슬로건과 관물론을 제시했다. 그는 만물을 체용수體用數로 범위 짓고, 사부법四府法으로 사물을 분류하고, 성음창화聲音唱和로 음운론音韻論을 논하고, 원회운세元會運世로 천지시종天地始終의 역사를 재단했다. 그의 선천64괘 수적 배열이 라이프니츠의 이진법二進法을 잉태시켰다. 여기서 수인문학이 국어학·음운학 및 역사학·윤리학·수학에 연결될 수 있음을 알 수 있다.[8] 뒤이어 채원정蔡元定(1135-1198)은 주희朱熹(1130-1200)와 함께 『역학계몽』에서 하락론과 선천역을 분석하고 또 『율려신서』를 지어 역수로 율려론과 음악 및 도량형을 논하여 수인문학이 율려와 음악과 도량형이 회통할 수 있음을 보여주었다.[9] 그의 아들 채침蔡沈(1167-1230)은 『홍범황극내편』에서 인문적 입장에서 수근본론數根本論을 주장하여 수인문학의 전형을 제시하였다. 이 책 모두 조선 세종원년(1419) 중국서 들어온 『성리대전』에 수록되어 조선유학자들의 필독서였지만 난독서였다. 그 중 채침의 책은 조선유학자에 영향은 미쳤으나 앞 책에 비해 남긴 족적이 크지 않다.[10] 현재 그에 대한 국내 연구도 미흡하다.[11] 인문학 진흥 측면이나 역학 발전 측면을 보더라도 채침 사

---

8 소강절에서 수인문학의 초석이 세워졌다고 볼 수 있다. 소강절 역학에 대해서는 조희영, 「소강절 易數論은 어떻게 구성되었나?」, 『철학논총』 81, 새한철학회, 2015, 260-280쪽 참조.

9 채원정의 율려론은 조희영, 「송대 역학과 율도량형의 맞물림」, 『철학논집』 44, 서강대철학연구소, 2016, 351-380쪽 참조.

10 『황극경세서』는 훈민정음 제정과 조선의 역사서 집필에 기여했고, 『역학계몽』은 조선 도서상수학의 교본이 되었으며, 『율려신서』는 『악학궤범』의 모태가 된데 비해 채침의 책은 그런 뚜렷한 족적이 없다는 말이다. 그러나 조선시대 역학서에는 거의 채침 책이 거론되고 있다. 그 이유는 이 책이 『性理大全』에 수록된 性理書라는 점과 소강절과 채원정의 계보를 이은 상수학의 완결판으로 보기 때문일 것이다. 이를 연구한 학자로 기대승, 장현광, 송시열, 이순, 신최, 최석정, 서명응, 이항로, 박세채, 이규경, 李元龜 등이 있다. 박세채는 『範學全編』에서 補解를 달았고, 장현광은 『역학도설』에, 최석정은 『九數略』에, 서명응은 『선천사연』에 자신의 역수론과 더불어 논하고 있다.

상을 자세히 분석할 필요가 있다. 또한 본 연구가 조선시대 수인문학 연구의 기초자료가 될 수 있으니 시대적·학문적 필요성도 있다고 본다. 이런 의도 하에 본 글은 『성리대전』 3권[학민문화사, 1597-1760쪽]에 실린 채침의 『홍범황극내편』에 나타난 수인문학의 정수를 추출하여 역학분야에 생소한 역수易數와 인문학을 잇는 징검다리를 제공하고자 한다. 그의 학문사상은 학계에 잘 알려지지 않았기에 채침 상수사상의 핵심을 제시하는 것으로 2장을 시작한다.

2. 채침蔡沈 상수사상象數思想의 핵심

『홍범황극내편』 분량은 글이 50쪽, 도설圖說과 점법占法이 100쪽이며, 편제를 보면 크게 「홍범황극내편1」과 「홍범황극내편2」로 나뉜다. 「내편1」은 서문과 「홍범황극도」및 「내편」 상중하 세 부분으로 되어 있고, 「내편2」는 점占과 기타 도설로 되어 있다. 내용을 보면 네 부분으로 구성되어 있다. 첫째, 도서 부분이다. 책의 첫머리에 「낙서」를 필두로 「99원수도圓數圖」, 「99방수도方數圖」, 「99행수도行數圖」, 「99적수도積數圖」가 있으니 그의 사상을 그림으로 요약한 것이다. 둘째, 상수론이다. 그는 수근본론 입장에서 그의 상수사상을 펼치면서 자신의 그림에 대해 설명한다. 셋째, 하락론河洛論이다. 그는 「낙서」에 주목하여 사부師父인 주희·채원정(이하 '주·채'라 함)과 좀 다른 하락론을 주

---

11 학술논문 한 편이다. 김연재, 「『洪範皇極內篇』에 나타난 채침의 수본론과 그 세계관」, 『유교사상연구』 42, 한국유교학회, 2010, 35-80쪽. 이 논문은 南宋時代의 세계관과 역학체계의 상관성, 채침의 수본론과 상수역학의 성격, 하락학과 관련하여 수학과의 연장선상에서 채침의 理數觀이 어떻게 독자 영역을 확보할 수 있었는가를 밝히는데 중점을 둔다고 했다. 논문, 40쪽 참조.

장한다. 이상이 「내편1」 부분이다. 넷째, 「내편2」에 있는 점법과 오행도五行圖와 역상지도易象之圖, 범수지도範數之圖 등이다. 그는 『주역』, 『서경』, 『주례』, 『중용』, 『장자』 등의 여러 경전과 북송오자 및 주·채 등의 이론을 적절히 인용하여 자신의 이론을 탄탄하게 세워나간다.

1) 상수사상의 두 축-역상易象과 범수範數에 대한 관점

채침은 자신의 상수사상의 핵심을 이 책 서문에서 아래와 같이 밝힌다.

> 천지의 사업을 체현한 것은 역易의 상象이고 천지의 사업을 기록한 것은 홍범洪範의 수數이다. …… 역易은 네 성인을 거쳐 상이 이미 드러났고, 홍범은 우임금에 내려졌으나 수는 전해지지 않았다. 후대 작자들이 상과 수의 근원에 어둡고 변통의 오묘함에 통하지 못해 혹 상을 수로 여기거나 반대로 수를 상으로 의심했다. 『동극』은 「낙서」를, 『잠허』는 「하도」를 이용한 무작無作은 아니지만 견강부회하여 자연의 수는 더욱 어둠 속에 빠졌다.[12]

그는 역易에 상象을, 홍범에 수數를 배분하는 한편 역의 상은 천지사업을 체현한 것으로, 홍범의 수는 그것을 기록한 것이라고 구분 정의한다. 역은 '복희伏羲-문왕文王-주공周公-공자孔子' 네 성인을 통해 상으로 모두 나타났고 홍범은 우임금에게 주어졌으나 수는 전해지지 않았다고 했다. 후인들이 상과 수의 근원과 실질을 몰라서 상과 수를 혼동하거나 견강부회하여 자연의 수는 더욱 미궁에 빠졌다고 말한다. 여기서 말하

---

12 책 1597쪽, "體天地之撰者, 易之象. 紀天地之撰者, 範之數 …… 易更四聖而象已著, 範錫神禹, 而數不傳. 後之作者昧象數之原, 窒變通之妙, 或即象而為數, 或反數而擬象. 洞極用書, 潛虛用圖, 非無作也, 而牽合附會, 自然之數益晦蝕焉."

는 '수'는 홍범구주洪範九疇[13]의 수로 1-9이다. 그는 수 가운데 '9'를 수의 궁극으로 보는 동시에 변화의 기틀로 본다. 9수는 무엇인가? 바로 「낙서」의 수이다. 그래서 그는 부친인 채원정이 말한 "「낙서」는 수의 근원이다[洛書者, 數之原也]"를 인용하여 수의 연원을 밝히고 있다. 이처럼 채침의 사상에는 부친의 수론을 근저로 하여 홍범수와 「낙서」가 중심으로 자리했음을 알 수 있다. 그리고 이 홍범수를 「하도」에서 나온 『주역』만큼 세상에 밝히는 것이 자신의 임무라고 생각했다.[14] 여기서 채침이 왜 홍범으로 수를 말하려 하고 「낙서」를 통하여 9수를 말하려는지 이해할 수 있다. 채침은 (역)상과 (범)수는 존립 기반이 다르고 유행의 패러다임이 다르다고 계속해서 말한다.

> 수는 1에서 시작하고 상은 2에서 이루어진다. 1은 기수(홀)이고 2는 우수(짝)이다. 기수는 수가 나아가는 것이고 우수는 상이 세워지는 것이다. 그러므로 2×2는 4, 2×4는 8이니 8은 8괘의 상이다. 1×3은 3이고 3×3은 9이니 9는 홍범구주의 수이다. 이로 말미암아 8을 제곱하면 64이고 64를 제곱하면 4096으로 상이 갖추어진다. 9에 9를 곱하면 81이고 81을 제곱하면 6561로 수가 두루 구비된다.[15]

---

13 홍범구주는 「낙서」를 본뜬 천지의 9가지 큰 법으로 도서학파에서는 이해한다. 즉 홍범은 大法을 말하고, 구주는 9개條를 말하는 것이니 홍범구주는 9개의 천지의 큰 법이라는 뜻이다. 夏나라 禹王이 홍수를 다스릴 때 하늘에서 받은 「洛書」를 본떠 만들었다고 한다. 주나라 武王이 箕子에게 선정의 방안을 물었을 때 기자가 이 홍범구주로써 교시하였다고 한다. 『서경』 周書 홍범편에 수록되어 있다. 9조목은 五行·五事·八政·五紀·皇極·三德·稽疑·庶徵·五福(六極포함)이다.

14 『宋元學案』 「蔡元定傳」에 따르면, 채원정이 1198년 사망할 즈음 장남(채연. 호 節齋)에게는 易學, 둘째(채항. 호 復齋. 나중에 外家에 入養, '知方'이라고 改名)는 『春秋』, 막내 채침에게는 洪範皇極數를 완성할 것을 유언했다고 한다. 洪範皇極數에 대해서 채원정이 공부한 자료가 있었는데 저술로 내지 않아 채침에게 명했다는 것이다. 이런 내용은 『율려신서』 서두에 있는 西山眞氏(陳德秀, 1178-1235)의 언급에서도 확인할 수 있다.

수는 1[홀,奇]에서 시작하고 역상은 2[짝,偶]에서 이루어지니 출발점이 다르다. 또 유행하는 패러다임도 수는 9를 중심에 두고 홀의 연속인 1-3-9-81-6561로 진행하고, 상은 8를 중심에 두고 짝의 연속인 2-4-8-64-4096으로 나간다. 동정動靜으로 말하면 기수奇數는 동動이고 우수偶數는 정靜이라 할 수 있다. 그는 변화의 축은 기수에 있다고 보는 것이다. 이 부분을 하락河洛의 관점으로 보면, 「하도」의 수는 1-10 짝으로 이루어져 8괘-64괘 짝수로 이루어진 역상易象이 되었고, 「낙서」의 수 1-9는 홀로 이루어져 1-3-9-81수의 구주의 범수가 되었다고 할 수 있다. 이처럼 그는 수를 주로 말하지만 상象 또한 역의 양대 요소이므로 소홀히 다루지 않는다. 상과 수에 대해 다음과 같이 적절하게 관계를 설정한다.

> 수로 셈하는 것이 상과 더불어 용도가 다른듯하지만 근본은 하나이고 길이 다른듯하지만 돌아갈 곳은 같다. 수에 밝지 않으면 상을 말하기 부족하고 상에 밝지 않으면 더불어 수를 말하기 부족하다. 상과 수 둘은 서로 있어야 되지 서로 없으면 안 된다[16]

수와 상이 쓰임이 다른듯하지만 근본이 같고 회귀처도 같다는 말은 상과 수 모두 역易의 균등한 구성요소이자 하락河洛은 근본이 하나라는 뜻이다. 수나 상 가운데 하나만 있으면 역은 무너지고 하락은 깨어진다. 그래서 둘이 함께 있어야지 하나라도 없으면 안 된다고 말한다. 상과 수 모두에 밝아야 막힘이 없다고 하는데 이는 상수학의 기본에 충실

---

15 책 1597쪽, "數者始於一, 象者成於二. 一者奇, 二者偶也. 奇者數之所以行, 偶者象之所以立, 故二而四, 四而八, 八者八卦之象也. 一而三, 三而九. 九者九疇之數也. 由是重之八而六十四, 六十四而四千九十六, 而象備矣. 九而八十一, 八十一而六千五百六十一, 而數周矣."

16 책 1598쪽, "數之與象, 若異用也, 而本則一. 若殊途也, 而歸則同. 不明乎數, 不足以語象, 不明乎象, 不足與語數. 二者可以相有, 不可以相無也."

해야 한다는 의미이다. 그는 또 주렴계가 말한 '일실만분一實萬分'과 정이천이 말한 '충막무짐沖漠無朕, 만상구의萬象具矣'를 인용하여 주희의 '리일분수理一分殊' 입장에서 수와 주疇에 대해 말하기도 한다.[17]

2) 수근본사상과 수와 리理의 동처성同處性.

수가 만물의 근본적인 존재라고 다음과 같이 말한다.

> 천지가 시작된 것도 수 때문이고, 사람이 생겨난 것도 수 때문이며, 만사 득실도 역시 수에 있다. …… 수는 깊은 어둠에서 시작하여 형체 없이 묘하고 체도 아니고 용도 아니며 동도 아니고 정도 아니다.[18]

그는 천지인의 탄생은 수에서 비롯되었다고 하고 체용, 동정이 아닌 깊은 어둠의 상태에서 수가 시작되었다고 말한다. 여기서 말하는 '깊은 어둠의 상태[冥冥]'란 태초의 아득한 상태 즉 '태극'의 상태다. 이를 숫자로 환원하면 1이니 1이 태초에 있었다는 말이다. 그는 이런 태초의 상태를 태극이라 말하지 않고 굳이 수가 시작하였다고 말한다. 여기에는 두 가지 함의가 있다. 하나는 수의 근본적 시원성을 주장하려는 것이다. 또 하나는 '태극'이란 개념을 사용하지 않으려 한다. 왜? 태극은 이미 알고 있는 역의 개념이기 때문이다. 그는 수를 말하려 하지 역을 말하려 하지 않는다. 그 이유는 앞에서 보았듯 역에 대해서는 네 성인

---

17 책 1615-1616쪽, "沖漠無朕, 萬象具矣. …… 一實萬分, 萬復一矣. 混兮闢兮, 其無窮矣. 是故數者, 計乎此者也, 疇者, 等乎此者也."
18 책 1598쪽, "天地之所以肇者, 數也. 人物之所以生者, 數也. 萬事之所以失得者, 亦數也. …… 數始冥冥, 妙於無形, 非體非用, 非靜非動."

을 거쳐 다 들어나 더 할 말이 없지만 수에 대해서는 올바르게 논한 이가 없다고 보기 때문이다. 여기에는 최초의 시원은 말로는 어려우나 수로는 묘사할 수 있다는 의미도 함께 있다.

그는 또 수와 리의 발생처에 대해 "리가 시작되는 곳이 수가 일어나는 곳이다[理之所始, 數之所起]."라 했다. 리와 수가 동일한 곳에서 나온다는 것은 리와 수가 동질성과 동체성을 가진다는 것이다. 리와 수를 동일한 층위로 파악하는 것은 송대 리수론자들의 공통된 견해이다.[19] 그는 성인과 천하를 개입시켜 좀 더 확실하게 리와 수의 관계를 말한다.

> 성인은 리로 수를 드러내고 천하는 수로 리를 밝힌다. 그러하다면 수란 성인이 천하 후세들에게 가르치는 것이다[20]

성인은 천하의 이치로 수를 나타내고 천하는 수를 가지고 천하의 이치를 드러낸다고 한다. 이 말을 「하도」에 대입하면, 천하가 「하도」를 낼 때 거기에 그려진 흑백의 점을 세면 수로 1-10이다. 천하는 이 수로 천리를 다 보였다는 것이고 성인은 「하도」에 나타난 천리를 보고 태극은 1, 음양 양의는 2, 삼재는 3, 사시와 사상은 4 등등 이치를 수로 드러냈다는 것이다. 그래서 수란 성인이 역수인 1-10을 가지고 후세에 천하의 이치와 수의 기능을 가르친다는 것이다. 계속해서 천리가 함유된 수와 천하 사물과의 관계에 대해 말한다.

---

19 김연재는 채침이 말하는 리와 수에 대해, 數本論의 본체론적 맥락에서 보자면 數는 理의 數가 되는 것이 아니라 理가 數의 理가 된다. 여기에서 송대 상수역학의 이론적 사유의 수준과 성리학적 세계관의 지평을 단적으로 엿볼 수 있다고 한다. 김연재, 앞의 논문, 77쪽 참조.
20 책 1638쪽, "聖人因理以著數, 天下因數以明理, 然則數者, 聖人所以敎天下後世者也."

물건에는 그 법칙이 있으니 수란 천하 물건의 법칙을 포괄하는 것이다. 천하의 일에는 그 이치가 있으니 수란 천하일의 이치를 포괄하는 것이다. 수와 천하 사물은 두 가지 몸체가 아니다. 수를 얻으면 물건의 법칙과 일의 이치가 있지 않은 곳이 없다.[21]

수는 천하에 존재하는 모든 물건[物]과 그 물건으로 발생하는 사건[事]의 이치를 포괄하기에 이들과 동체를 이룬다고 채침은 말한다. 동체란 둘은 불가분의 관계이니 수의 본질을 이해하면 사물의 본질을 알 수 있고 수를 알면 물건의 법칙과 일의 이치를 모두 파악하여 장악할 수 있다는 뜻이다. 따라서 그의 사상은 '모든 것은 수이다'라 요약할 수 있다.[22] 여기서 채침의 수근본사상을 재확인할 수 있다. 그의 수론은 다음의 하락론과 불가분의 관계이다.

3) 진화된 하락론河洛論-역동적인 「낙서」관

「하도낙서」는 북송대 유목劉牧(1011-1064)이 지은 『역수구은도』를 통해 세상에 처음 나왔으나 그것은 진단陳摶(871?~989)에서 비롯하여 종방과 범창악을 거쳐 나온 것이라 한다. 유목은 이 두 그림 모두 복희 때 동시에 나왔고 「하도」는 9수로 「구궁도」이며, 「낙서」는 10수라고 주장했었다. 그러나 주·채가 공저한 『역학계몽』에서 「하도」는 10수로 복희, 「낙서」는 9수로 우임금 때 나왔다고 주장하여 이 설이 다수의 지

---

21 책 1637쪽, "物有其則. 數者, 盡天下之物則也. 事有其理. 數者, 盡天下之事理也. 數與物非二體也. 得乎數, 則物之則, 事之理, 無不在焉."
22 채침의 이런 점은 피타고라스와 유사하다. 김용운은 피타고라스의 사상은 '모든 것은 수이다'로 요약할 수 있다고 한다. 김용운, 『한국수학사 논문집』, 한국학술정보(주), 2001, 97쪽.

지를 획득하였다.

「하도낙서」론은 『역학계몽』 본도서편에 자세한데 이는 『주역』 속 리수론의 실질적 전개에 해당하며 주요 내용은 다음과 같다. 첫째, 하락은 「계사」 상11장의 "황하에서 「하도」가 나오고, 낙수에서 「낙서」가 나왔다[河出圖 洛出書]"에 근거한다고 하고 이를 뒷받침하는 논리로 공안국과 유흠 및 소강절의 주장을 인용했다.[23] 둘째, 「하도」는 온전함을 주로 하여 수의 항상됨을 보이니 수의 체體가 되며 10에서 극이 되고, 「낙서」는 변화가 시작되어 수의 용用이 되며 변화를 주로 하니 9에서 극이 된다고 했다.[24] 셋째, 「하도」는 하늘을 형상하여 모양이 둥글며, 그 수는 3으로 기奇이고, 「낙서」는 땅을 형상하며 그 모양은 네모로서 그 수는 2로 우偶이다. 즉 '하도河圖-원圓-기수奇數, 낙서洛書-방方-우수偶數'를 주장한다. 넷째, 하락의 그림으로 소강절의 「선천8괘도」를 연역한다. 여기서 이른바 '석합보공析合補空'이론[25]이 나오는데 논리가 매끄럽지 못한 부분이다.[26]

---

23 孔安國은 "河圖者 伏羲氏王天下 龍馬出河 遂則其文以畫八卦. 洛書者 禹治水時 神龜負文而列於背 有數至九 禹遂因而第之以成九類."라 했고, 劉歆은 "伏羲氏繼天而王 受河圖而畫之 八卦是也. 禹治洪水 賜洛書法而陳之 九疇是也. 河圖洛書 相爲經緯 八卦九章 相爲表裏."라 했다. 소강절은 "圓者星也, 曆紀之數其肇於此乎. 方者土也, 畫州井地之法其仿於此乎. 蓋圓者河圖之數, 方者洛書之文. 故羲, 文因之而造《易》: 禹, 箕敘之而作《範》也."라 했다. 세 사람의 공통된 견해는 「하도」는 복희 때 나와 易의 기원이 되었고, 「낙서」는 우임금 때 나와 홍범구주의 모태가 되었다는 것이다. 유흠은 두 그림의 관계를 經緯가 되고 8괘와 9주는 表裏가 된다고 했으며, 소강절은 둥근 것은 河圖數이고 네모는 낙서문양이라 하여 주희·채원정의 하10, 낙9 이론의 발판이 되었다.

24 『역학계몽』「원괘획」, "河圖 …… 蓋揭其全以示人而道其常 數之體也. 洛書 …… 肇其變 數之用也. …… 河圖主全 故極於十. …… 洛書主變 故極於九."

25 『역학계몽』「원괘획」, "聖人之則之也, 柰何. 曰. 則河圖者, 虛其中. 則洛書者, 總其實也. 河圖之虛五與十者太極也, 奇數二十 偶數二十者, 兩儀也. 以一二三四爲六七八九者, 四象也. 析四方之合以爲乾坤離坎, 補四偶之空以爲兌震巽艮者, 八卦也."

26 주희는 『역학계몽』에서 「하도」의 生數 1,2,3,4와 成數 6,7,8,9를 四象의 位와 數로

채침은 이런 사부의 견해를 바탕으로 하지만 새로운 하락관을 다음과 같이 펼친다. 첫째, 그의 사부들은 '하원河圓-낙방洛方'과 '하기河奇-낙우洛偶'를 주장한다. 그러나 채침은 '하체원이용방河體圓而用方', '낙체방이용원洛體方而用圓'을 주장한다. 이는 '하도는 체體로 원圓, 낙서는 용用으로 방方'이라는 종래의 시각과는 달리 하락을 각각 체용으로 다시 나누어 보는 것이다. 그래서 순수하게 '용'으로 본다면 '하방 낙원河方-洛圓'이 되어 사부의 주장과 반대가 되며 「낙서」의 활용성이 강조된다. 둘째, 채침은 사부의 주장과 다르게 '하우河耦- 낙기洛奇'를 주장한다. 그래서 그는 "하도는 기奇[홀]가 아님이 없지만 용은 우耦[짝]에 의존한다. 낙서는 우耦 아님이 없지만 용은 기奇에 의존한다."라 했다. 여기서 그는 짝이란 음양대대이고, 홀이란 오행이 갈마드는 것이며, 대대란 혼자 할 수 없고, 갈마드는 것이란 끝이 없다고 한다. 셋째, 그는 「하도」는 괘-상, 「낙서」는 구주-오행수의 근원이라 한다. 여기에 동정과 기우를 배분하여 "수란 움직이지만 고요함으로 나아가고, 상이란 고요하지만 움직임으로 나아간다. 동動이란 용이 나아가는 것이고, 정靜이란 체가 서는 것이다"라 했다. 체용이 서로 의지하여 천지화육이 이루어진다는 것이다. 다시 유행流行과 성성成性 및 음양을 대입하여 "유행이란 아마 양일 것이고 성성이란 음일 것이다. 양이란 수가 생기는 것이고 음이란 상이 이루어지는 것이다. 양은 3에 이르고 음은 2로 올라서서 생생함이 불궁하여 각각 차례대로 올라간다."라고 이론을 진화시

구분하여 太陽 1(位),9(數) 少陰 2,8 少陽 3,7 太陰 4,6으로 나눈다. 「하도」를 선천8괘에 배열할 때 합해진 四象의 位와 數를 나누어[析合] 비어 있는 四隅를 보충하여 [補空] 분포시킨다. 태양數9=乾=南. 태양位1=兌=東南보충. 소음수8=離=東. 少陰位 2=震=東北보충. 소양수7=坎=西. 소양위3=巽=西南보충. 태음수6=坤=北. 태음위4=艮 =西北보충. 이것이 '析合補空'으로 四象을 나누어 네 귀퉁이(震兌巽艮)를 채워 선천 8괘와 일치시킨 것인데, 난해하여 학자들의 비판과 논쟁이 이어졌다.

켜 간다.

이상을 정리해 보면, 「하도」는 『주역』의 연원으로 '상象-음陰-우耦-정靜-성성成性-2', 「낙서」는 홍범구주와 오행수의 연원으로 '수數-양陽-기奇-동動-유행流行-3'으로 나타낼 수 있다. 이처럼 채침은 사부와 차별화된 하락관으로 송대 하락론을 진일보 시켰으며 특히 「낙서」의 역동적인 면을 자신의 수론의 발원처로 삼고 다음의 도서와 점법을 발명했다.

4) 도서圖書[99數圖]와 점법占法

채침은 학문적 성과로 두 가지를 제시하는데 하나는 그림 즉 99수도數圖와 범수지도範數之圖 등이고 또 하나는 새로운 占法이다. 따라서 서두의 4개의 그림과 책 뒤 90여 면을 차지하는 점법을 이해하지 못하면 그의 상수사상의 결과물을 알 수 없다. 먼저 그림에 대해서이다.

책의 앞에 있는 99수도는 「99원수도圓數圖」, 「99방수도方數圖」, 「99행수도行數圖」, 「99적수도積數圖」 넷이다. 채침의 그림은 소강절 그림과 비교하면 이해가 빠르다. 그는 소강절의 「선천도」에 착안했지만 안팎이 다르다. 「선천도」는 『주역』의 괘로 그린 것이고, 99수도는 1-9수를 근간으로 그린 점이 다르다. 이것이 겉으로 드러난 다른 점이고 속으로 다른 점은 다음과 같다. 「선천도」는 수를 깔고 괘효卦爻의 상象으로 그렸다. 「8괘차서도」 즉 「횡도」는 「계사전」 역유태극장에 의거하여 우에서 좌로 건乾1, 태兌2, 리離3, 진震4, 손巽5, 감坎6, 간艮7, 곤坤8로 소성괘 8괘가 생성 순서대로 그려져 있고, 「64괘방위도」는 소성괘 8괘가 남[건]-남동[태]-동[리]-동북[진]-서남[손]-서[감]-서북[간]-북[곤]의 순으로 8무리씩 하체下體 3효를 이루고 상체上體 3효도 이 8괘 순서대로 그 위에 더해져[加培] 대성괘 64괘가 완성된다. 선천역의 묘미는 이처럼 진손을 경계로 상하 엇갈리게 교차하여 곤복지간坤復之間이 태극이 되는 것이다. 이것을 '선천64괘'라 하는데 이 순서는 통행본『주역』과 다르다. 여기서 기본소재는 음양획[--, ─]이고 배열원칙은 1-2-4-8의 가일배법加一倍法이다.

채침은 음양획을 배제하고 수만 사용하고 또 수의 조합 자체[算策]를 상으로 여기는데 이는 채침 도서의 특색이다. 채침의「99원수도」는 북-동-남-서로 1을 9번, 2를 9번, 3을 9번 …… 9를 9번 원圓으로 분포하는데 이 무리를 하체에 둔다. 이 하체 위에다 1-9수를 상체로 차례대로 얹는다. 상하체를 보면 11, 12, 13 …… 21, 22 …… 31, 32 등으로 이어져 99에서 끝나 11-99까지 81개의 수로 구성된 원도를 이룬다. 여기다 2분分, 2지至, 4입立의 8절기를 대입한다. 즉 22는 입춘, 33은 춘분, 44는 입하, 55는 하지, 66은 입추, 77은 추분, 88은 입동이다. 여기서 주의할 것이 있다. 동지는 11인가?[27] 아니다. 동지는 11[首]과 99[尾] 중간에 있다. 81을 8절기에 배당하면 끝수 1이 남아 처리가 곤란하다. 채침도 아마 고심했으리라. 그래서 그는 시작점[首:11] 끝점[尾:99] 중간에 동지를 배정하고는 그 이유로, "1과 9 수미首尾가 하나가 된 것은, 동지에서 1년의 수미가 되기 때문이다[一九首尾爲一者, 一歲首尾於冬至也]."라 했다. 이는 동지 전후인 입춘과 입동에 0.5씩 더해 이 두 절기 만 10.5이고 나머지 여섯 절기는 모두 10으로 하여 81수를 맞춘 것이다. 어색하지만 소강절 64괘방원도의 동지에 해당하는 곤복지간[子·中:태극]으로 이해할 수 있다.

「99방수도」는「99원수도」의 81개 숫자 조합을 11에서 99까지 하나씩 분리하여 방형에다 차례대로 좌에서 우로 분포시키는 것이고,「99

---

27 주백곤과 료명춘은 11을 동지라고 한다. 주백곤, 앞의 책, 451-452쪽. 료명춘, 앞의 책, 433쪽.

행수도」는 11에서 99까지 1열로 분포시킨 것이며, 「99적수도」는 1-9를 먼저 놓고 9를 연속해서 곱하여 81×81=6561에 마치는 곱셈의 적수積數를 표로 만든 것이다. 그의 수론에서 1은 만물의 시작점이고 9는 「낙서」 수이자 홍범수이고 81은 64괘에 필적하는 수이고 6561은 수의 완결 즉 천변만화를 포괄하는 경우의 총수라는 뜻이다. 그는 1-9의 조합이 전후 좌우와 원방圓方에서 일어나는 다양한 변화와 이치를 말보다는 그림으로 핵심을 전달코자 서두에 실은 것이다. 이를 바탕으로 그는 점법占法을 만들었다.

채침 점占의 표시법은 수와 산가지[算木:算策]인데 역의 괘효卦爻에 갈음하는 것이다. 81수를 큰 틀로 놓고 역의 64괘의 명칭에 상당하는 81수명數名[28]을 부여하고 각각에 81개의 길흉이 들어 있다. 즉 81×81로 길흉의 총수는 6561이다. 이 6561 사례를 통하여 만물의 시종始終과 만사의 순환성쇠를 알 수 있다는 것이다. 그래서 천명과 인사는 여기에 견줄 수 있고 길흉화복도 여기에 드러난다고 했다.[29] 점치는 방법은 두

28 「81數名圖」는 橫從順으로 봄. 예) 原1-1, 潛1-2, 交3-4. 책 1663-1667쪽을 도표화.

	1	2	3	4	5	6	7	8	9
1	原	成	見	比	庶	飾	迅	實	養
2	潛	沖	獲	開	決	戾	懼	賓	遇
3	守	振	從	晉	豫	虛	除	危	勝
4	信	祈	交	公	升	昧	弱	堅	囚
5	直	常	育	益	中	損	疾	革	壬
6	蒙	柔	壯	章	伏	用	競	報	固
7	閑	易	興	盈	過	郤	分	止	移
8	須	親	欣	錫	疑	翕	訟	戎	墮
9	厲	華	舒	靡	寡	遠	收	結	終

29 책 1663-1749쪽, 81개 數名에 각각 81개 점례[6561]가 수와 산가지[ㅣ, ‖, ㅜ]로

가지이다. 하나는 시초蓍草[30]이고 또 하나는 목편木片[31]이다. 시초점이든 목편점이든 처음 초설初揲[綱]과 재설再揲[目]을 하여 나온 실수實數로 81수에서 횡수橫數를 선택하고 2번째 초재설로 나온 실수로 종수縱數를 신택하여 81수에서 하나가 정해진다. 같은 방법을 반복하여 도합 4번의 강목綱目 찾기, 즉 8번의 설시로 6561개 중 하나의 점례占例가 정해지고 이 네 번의 강목은 연월일시의 네 기둥이 된다.[32] 채침은 주역점과 다른

표시되어 있다. 81數名 각각에 배정된 81개 占例에 나오는 9가지 길흉[吉.凶.祥.災. 休.咎.吝.悔.平]의 배열원리는 洛書式 구조로 5[平]를 중심에 두고 吉凶이 左右上下 對待로 분포됨. "一吉而九凶, 三祥而七災, 八休而二咎, 四吝而六悔, 八數周流, 推類 而求. 五中則平, 四害[凶.咎.災.吝]不親" 책 1669-1749쪽.

30 책 1658-1659쪽, 시초 50개에서 하나를 빼고, 49개를 둘로 나누고 오른손 뭉치 중에서 하나를 빼어 왼손에 걸고, 왼손 뭉치를 3개씩 세면 나머지는 1, 2, 3이 되고 그것을 다시 왼손에 걸고, 오른손 뭉치를 3개씩 세면 나머지가 역시 1, 2, 3이 된다. 왼손에 남은 시초수는 처음 건 1개를 포함해서 2, 3, 4개 중 하나이고 오른손에 남는 것은 그대로 1, 2, 3 중의 하나이다. 左手와 右手에 남는 시초수가 奇數인 경우(좌3, 우1)에는 1이고, 偶數인 경우(2, 2)에는 2, 奇偶인 경우(4, 3)에는 3으로 본다. 처음 설시를 '初揲-綱'이라 한다. 다시 치면 左右手에 남는 시초수는 3, 3 혹은 4, 2 혹은 2,1이 되며 이를 '再揲-目'이라 한다. 綱1은 目3이고 目은 한번 치면 한번으로 보는데 實은 綱을 따르니(1綱=3目) 兩揲하면 9수(3×3)가 되고 8번 撲蓍하면 6561수가 된다(3의 8乘). 大人이 얻으면 福을 펼치고 小人이 얻으면 禍만 피할 수 있다. 大事는 年月日時 순으로 본다. 이에 대해 아래에 표가 있다. 채침 점법의 기초는 최정준, 「天符經의 易學的 意義」, 『仙道文化』 5, 국학연구원, 2008, 234-246쪽 참조.

31 책 1659쪽, 지름 9分 두께 1分의 12개의 둥근 나무조각을 4개씩 구분하여 음양각을 판다. 陽刻1 陰刻2인 목편 4개, 양각2 음각3인 목편 4개, 양각3 음각1인 목편을 4개 도합 12개의 목편을 섞어서 左右手로 그 중 8만 취해서 상하로(縱) 2개, 左右로(橫) 4개, 도합 8개의 목편을 배열한다. 종으로 세운 것은 9이고(시초점 실수9와 同), 횡으로 배열한 것은 一十百千이다(시초점 年月日時와 同). 시초점과 목편점을 도표화하면 아래와 같다. 이원구(1750?-1820?)는 綱을 '虛', 目을 '實'이라 한다. 길흉의 해석방법은 그의 견해를 참고 할만하다. 이원구, 『心性錄』, 국학자료원, 1983, 358쪽, 427쪽.

綱 (初揲)	1(奇)(左手 3, 右手 1) 陽刻1 (목편은 밑줄)			2(偶)(좌수 2, 우수 2) 양각2			3(奇偶)좌수 4, 우수 3) 양각3		
目 (再揲)	1/奇	2/偶	3/奇偶	1기	2우	기우	1기	2우	3기우
	좌3,우3	좌4,우2	좌2,우1	좌3,우3	좌4,우2	좌2,우1	좌3,우3	좌4,우2	좌2,우1

점법을 발명했지만[33] 점에 의존하거나 집착하지 않고 불의도 용납하지 않는다. 그래서 그는 "의리에 맞지 않으면 점치지 말고 의심나지 않으면 점치지 않는다[非義不占, 非疑不占]."라 했다.

	陰刻1	음각2	음각3	음각1	음각2	음각3	음각1	음각2	음각3
實數	1	2	3	4	5	6	7	8	9

32 책 1682쪽, 81數名. '常' 2-5 와 그 속에 있는 81개 占例 중 6-5 '祥 吉' 예시표.

年/千:大事	月/百:次事	日/十:차차사	時/一:차차차사
綱 - 1	綱 - 2	강 - 2	강 - 2
目 - 2	목 - 2	목 - 3	목 - 2
實數 - 2	실수 - 5	실수 - 6	실수 - 5
2-5 '常' 元亨. 利不息之貞		6-5 占辭 '祥 吉'	
陽刻1,陰刻2	양각2, 음각2	양각2, 음각3	양각2, 음각2

위의 '常' 2-5에서 6-5 '祥 吉'이 나오는 과정을 보면, 첫 설시 초설에 1奇로 좌수3, 우수1이고, 재설에 2偶로 좌수4, 우수2로 실수는 2이다. 2번째 설시 초설에 2우 재설에 2우가 나와 실수가 5이다. 이 둘을 연결하면 2-5로 81수에서 '常'이 된다. 3번째 설시 초설에 2우 재설에 3기우가 나와서 실수는 6이다. 4번째 설시 초설에 2우 재설에 2우가 나와서 실수는 5이다. 위와 합치면 6-5로 '常'의 81개 점례 중 '祥 吉'을 얻는다. 결국 총 8번 설시에 6561 중 하나의 점례가 된다. 그러나 연월일시와 81數名, 6561점례와 연결이나 일의 크기에 대한 자세한 언급은 책에 보이지 않는다.

33 채침의 占은 周易占[시초점]과 설시하는 방법이 다르고, 주역점에 없는 목편도 사용한다. 또 주역점의 점례는 64괘사, 384효사 및 용9, 용6 도합 450개이나 채침의 점은 81수와 다시 세분된 6561 도합 6642개가 되는 점이다. 왜 그는 주역점을 두고 새로운 점을 발명했을까? 易은 四聖을 거처 점법도 완비되었으나 數는 전해진 바가 없었고 수에 기초한 점법도 나오지 않았다. 특히 '수'에 대한 탐구는 선천의 遺命이기도 하여 이런 학문적 부채의식과 사명감이 이 數占을 만들게 했고 이 수점이 周易占과 쌍벽이 되기를 바랐을 것으로 생각된다. 허나 채침의 점법에 대해 후대 논란이 적지 않다.

3. 채침 수數의 인문학적 요소

앞에서 살펴본 채침의 상수사상과 그가 말하는 수에서 인문학적 요소들은 어떤 것이 있는가? 그 답은 자신의 상수사상을 집약적으로 정리한 아래에서 찾을 수 있다.

① 어둡고 아득한 사이에 조짐에 앞서니 수의 근원이다. ② 의儀 [거동]가 있고 상象[형상]이 있어 하나가 갈라져 둘이 되니 수의 나뉨이다. ③ 일월성신이 위에서 드리우고, 산맥과 내와 연못이 아래에서 우러르니 수의 드러남이다. ④ 사계절이 번갈아 운행하여 다함이 없고, 오기五氣가 순서대로 유통하며, 바람과 우레는 헤아릴 수 없고, 비와 이슬이 못에 내려 만물이 형색을 갖추니 수의 화化함이다. ⑤ 성인이 세상을 잇고 하늘을 씨줄로 땅을 날줄로 하여 인극人極을 세우고 사물을 저울질하여 고르게 베푼다. 부자父子는 친함으로 하고, 군신은 의리로, 부부는 분별로, 장유長幼는 순서로, 친구는 믿음으로 하니, 수의 가르침이다. ⑥ 하늘을 나누어 아홉 분야를 만들고, 땅을 분별하여 구주를 만드니, …… 수의 헤아림이다.[34]

채침은 수가 우주자연의 시원에 존재하는데 이 수[1]가 이윽고 둘[2, 음양 양의]로 나뉘고 다시 분화되어 위로는 일월성신이, 아래로는 산택이 자리하니 수가 드러났다고 한다. 이 드러난 수로 사시四時가 운행하고 오행五行의 유행하여 그 속에서 풍뇌우로風雷雨露가 작용하여 천지

---

34 책 1646-1653쪽, "溟漠之間, 兆眹之先, 數之原也. 有儀有象, 判一而兩, 數之分也. 日月星辰垂於上, 山嶽川澤奠于下, 數之著也. 四時迭運而不窮, 五氣以序而流通, 風雷不測, 雨露之澤, 萬物形色, 數之化也. 聖人繼世, 經天緯地, 立玆人極, 稱物平施, 父子以親, 君臣以義, 夫婦以別, 長幼以序, 朋友以信, 數之敎也. 分天爲九野, 別地爲九州, …… 數之度也."

만상이 형상을 갖추니 이를 수의 화함이라 했다. 이를 본 성인이 인극人極을 세우고 만물을 저울질하고 인간사 기강을 수립하여 가르침의 원칙으로 삼고, 9수를 기틀로 천지를 재단하고 제도와 문물을 알맞게 정비한다고 한다. 위 ①-④까지는 수의 자연 우주론이라 할 수 있고 ⑤-⑥은 수의 인문 인간론이라 할 수 있다. 수의 인문학적 요소는 ①-④를 바탕으로 ⑤수의 가르침[數之敎]과 ⑥수의 헤아림[數之度]에서 추출할 수 있다. ⑤는 채침 수의 일반적 기능으로 ⑥은 9수의 기능에 의한 것으로 편의상 구분하여 아래에 논한다.

1) 수의 일반적 기능에 의한 인문학적 요소

첫째, 수를 통해 예禮를 이해 할 수 있다. 수와 예의 관계에 대해 다음과 같이 말한다.

> 도를 알려면 인仁을 몰라서는 안 되고, 인을 알려면 의를 몰라서는 안 되고, 의를 알려면 예를 몰라서는 안 되고, 예를 알려면 수를 몰라서는 안 된다. 수란 예의 차례이다.[35]

그는 도道를 알려면 인仁을 알아야 하고 인을 알려면 의義를 알아야 하고 의를 알려면 예禮를 알아야 하고 예를 알려면 수를 알아야 한다고 한다. 이처럼 '도-인-의-예-수'는 상관적 관계이자 필수적 관계이다. 그 출발은 수의 이해에서 시작한다. 그래서 수는 예의 순서라 말한다. 수가 어떻게 예의 순서인가? 예는 차례대로 순서를 지켜야 되고 먼저 해

---

35 책 1617쪽, "欲知道, 不可以不知仁. 欲知仁, 不可以不知義. 欲知義, 不可以不知禮. 欲知禮, 不可以不知數. 數者, 禮之序也."

야 할 것과 나중에 해야 할 것에 대한 배려와 분별이 필수다. 차례와 배려와 분별은 어떻게 표현할 수 있는가. 바로 수의 배열에 의해서이다. 그래서 수가 예의 순서라 한다. 같은 맥락에서 그는 수와 윤리 및 순서에 대해 "수란 떳떳한 윤리의 순서이다. 순서가 없으면 떳떳한 윤리는 어긋나니 예악 같은 것이 어떻게 되겠는가[數者, 彝倫之敍也. 無敍, 則彝倫斁矣, 其如禮樂何哉]."라 했다. 수가 제대로 그 기능을 발휘할 수 없는 무질서, 무순서인 상태에서는 윤리나 예와 악이 있을 수 없다는 말이다. 그래서 수에 대한 이해는 예악과 윤리의 선결 사항이라는 것이다. 그는 이와 반대적인 맥락에서도 수와 예의 관계를 말하기를 "예에 통달한 뒤에 수를 말할 수 있다[達禮而後可與言數]."라고 한다. 이런 말들로 미루어 보면 그가 보여준 예악과 윤리와 수의 상관성은 일방적이지 않고 상호 의존성과 보완성을 지닌 것으로 이해된다. 이로서 그의 수인 문학은 예학과 윤리학 및 음악까지도 포섭하는 역할을 수행할 수 있음을 확인할 수 있다.

둘째, 수를 통해 성명性命의 이치를 알 수 있다. 그는 "옛날 성인의 근본수로 천하의 의심을 결단하고 천하의 업무를 이루고 성명의 이치에 순응한다[昔者 聖人之原數也, 以決天下之疑, 以成天下之務, 以順性命之理]."라 했다. 근본수[原數]로 천하의 의심을 결단하고 업무를 완수하고 성명의 이치에 순응했다는 말이다. 여기의 근본수는 '1'이고 이 수에서 분화된 음양 기우수로 점쳐 의심을 해소하거나 업무와 성명을 해결했다는 의미이다. 여기서 말하는 '성명'은 하늘에서 부여받은 천성天性이자 본성本性을 의미한다.[36] 채침이 근본수로 성명의 이치에 순응했다는 말은 근본수도 천수天數이고 성명도 천명天命이니 하늘의 수로 천명의

---

36 『중용장구』1장, "天命之謂性, 率性之謂道, 修道之謂敎."

이치에 순응했다는 함의가 있다. 수와 성명에 대해 계속해서 말한다.

> 수는 무형으로 운행하다가 유형으로 드러나니 지혜로운 사람은
> 하나라 하고 어리석은 사람은 둘이라고 한다. 수가 막 생기면 化育
> 이 유행하고 수가 이미 정해지면 사물의 성명이 바르게 된다.[37]

수는 보이지 않는 데서 작용하다가 상황이 결정되면 사물의 형체로
드러난다. 이때 그 형체가 지닌 본래의 성명이 바르게 되었기에 가능하
다. 이를 본 지자智者는 한결같다[1]라 하고 우자愚者는 여러 갈래[2]라
고 한다는 것이다. 예를 들면 태극[1]이 나뉘어 음양 양의[2]로 나뉜다
고 할 때 2로 나뉜 천지와 일월은 각자의 속성 즉 성명이 제자리를 잡
았기에 그 본래의 역할을 하는 것이고 그것은 일관된 천도에 따른 것이
라고 지자는 인지하고, 우자는 복잡하게 나뉘었다고 여겨 그 의미를 모
른다는 것이다. 사물이 성명이 바르게 되면 사물의 구성요소인 오행은
어떤 덕[德:功能]을 가지고 있고 이에 부여된 수가 무엇인지에 대해 다
음과 같이 말한다.

> 수란 성명의 이치에 순응하는 것이다. 1은 물이 되고 신장이니
> 그 덕은 지혜이다. 2는 불이 되고 심장이니 그 덕은 예의이다. 3는
> 목이 되고 간이니 그 덕은 어짊이다. 4는 금이 되고 폐이니 그 덕은
> 의리이다. 5는 흙이 되고 비장이니 그 덕은 믿음이다.[38]

여기서 수가 성명의 이치에 순응한다는 뜻은 오행의 성명에 적절한

---

37 책 1628면, "數運無形而著有形, 智者一之, 愚者二焉. 數之方生, 化育流行. 數之已定,
物正性命."
38 책 1631면, "數者, 所以順性命之理也. 一爲水而腎, 其德智也. 二爲火而心, 其德禮也.
三爲木而肝, 其德仁也. 四爲金而肺, 其德義也. 五爲土而脾, 其德信也."

수가 있다는 뜻이다. 구체적으로 1은 오행 중 물이며 인체로는 신장腎臟이고 지닌 덕德은 지혜이며, 2는 불로서 심장心臟이며 그 덕은 예이고, 3은 나무로 간肝이 되고 덕은 인이며, 4는 쇠로 폐肺가 되며 덕은 의리가 되고, 5는 흙으로 비장이 되며 덕은 믿음이라고 한다. 이는 이른바 음양오행설과 수가 결합한 것이다. 오늘날 여기서 인문적 요소를 찾자면 오행에는 인간사에 필수적인 인의예지신[五常]이 그대로 녹아 있다고 보는 것이며 이 오상이 인간을 인간답게 존재하게 하는 인문적 요소라는 것이다. 오상에 부여된 수가 1-5이며 여기에 오행과 장기臟器와 방위方位, 오감五感, 오색五色, 오미五味, 오음五音, 오덕五德 등 인간과 인간을 둘러싼 필수요소와 자연환경도 함께 배분하고 상호 연결시켜 소통하게 하는 것이 음양오행설의 유기체적 관점이라 할 수 있다. 그 유기체적 관점의 중심은 성명 즉 오상五常을 지닌 인간이며 인간은 이런 수의 기능을 가지고 인간을 둘러싼 자연과 교감하며 인문학적인 영역 - 천문지리, 수학, 음악, 의학, 예술 - 등으로 뻗어갈 수 있는 것이다.

셋째, 수를 통해 천지만물을 이해할 수 있다. 그는 수가 천지자연을 이해하고 만물의 존립근거를 인식할 수 있는 통로라고 생각하여 "수를 알면 만물을 알 수 있고, 시작을 알면 끝을 알 수 있다[知數即知物也, 知始即知終也]."라 했다. 이 말은 수를 알면 만물 자체와 그 시종始終을 알 수 있다는 뜻이다. 어떻게 알 수 있단 말인가? 그 답을 아래에서 말한다.

> 수는 1에서 시작하고 3에서 참여하여 9에서 궁구하고 81에서 이루어지고 6561에서 갖추어진다. 81은 수가 작게 이루어지는 것이고 6561은 수가 크게 이루어지는 것이다. 천지의 변화와 인사의 시작과 끝 및 고금의 변천내력이 여기에 드러나지 않음이 없다.[39]

---

39 책 1633쪽, "數始于一, 參於三, 究於九, 成於八十一, 備於六千五百六十一. 八十一者數

위 글은 거꾸로 읽으면 이해가 빠르다. 6561은 81수를 제곱한 수이다. 81은 9수를 제곱한 수이고 9는 3을 제곱한 수이며 3은 1에서 나왔다. 1은 음양 즉 2를 낳고 또한 3이 된다. 그는 2를 역상의 존립기반인 우수偶數이므로 자신의 수론에서 제외하고 3을 이용한다. 1이 3인 것은 이른바 '삼천양지參天兩地'의 삼천으로 천원지방론에서 나온 것이다.[40] 3은 천지인 삼재三才이며 소강절이 말하는 '진수眞數'이기도 한다. 수는 3의 곱인 9에서 궁구한다고 했다.[41] 81에 수가 작게 이루어진다는 것은 81에 천지변화의 큰 가닥이 있다는 것이고, 6561로 수가 크게 이루어진다는 것은 6561에 모두를 포괄한다는 것이다. 이 말의 참뜻은 만물이 6561에 한정된다는 것이 아니라 이 수로 변화와 시종 등 모든 것을 미루어 헤아릴 수 있다는 것이다. 그는 「설괘전」 3장에서 착안하여 終始에 대해 "지나온 것을 셈하면 만물이 생긴 곳을 알 수 있고, 다가올 것을 셈하면 만물이 끝나는 곳을 알 수 있다[順數則知物之所始, 逆數則知物之所終]."라 했다.[42] 여기서 채침 수론에 내포된 인문학적 범위를 읽을

之小成也, 六千五百六十一者, 數之大成也. 天地之變化, 人事之始終, 古今之因革, 莫不於是著焉."

40 주희, 『주역본의』「설괘전」1장, "天圓地方, 圓者, 一而圍三, 三各一奇. 故參天而爲三. 方者, 一而圍四, 四合二偶. 故兩地而爲二, 數皆倚此而起."

41 3과 9가 수행하는 인문적 영역의 하나인 樂律論을 보자면, 이 수는 黃鍾의 결정적 구성요소이다. 黃鍾管의 길이는 9寸이며 12律의 생성의 기본 공식은 3分損益法이다. 이처럼 3과 9를 매개로 하지 않으면 황종과 律呂는 생겨날 수 없다. '황종은 만사의 근본'이라고 이 책에서도 말하고 있다. 그만큼 3과 9는 만물을 파악하는 핵심적인 수이다.

42 '順'은 과거, 수로 말하면 1로 만물이 생긴 곳이다. '逆'은 미래, 그 끝은 만물의 마지막이다. 만물의 終始를 어떻게 알 수 있나? 두 가지다. 하나는 數를 통해 性命의 이치에 순응하면 알 수 있다. 또 하나는 占數를 통해서이다. 예를 들면, 81번째[九之九]는 '終'이며 그 辭는 '길하다. 닫히는 것이 다하면 열리는 것이 통한다. 군자의 끝마침이 좋다(吉. 玆闔之窮, 斯闢之通. 君子令終).'이다. '終'에서 마지막 81번째[▥▥ ▥▥] 즉 6561번째 辭는 '크게 길하다(元 吉)'이니 끝[終]이 좋다는 것을 알 수 있다.

수 있다. 『주역』은 64괘 384효의 상象에서 생성되는 인문학적 공간이라면 채침의 수는 9를 기반으로 81수 6561에서 나오는 인문학적 영역이므로 공간이 더 넓어졌다고 할 수 있다. 이처럼 '수'가 지닌 기능은 '상'에 비해 인문학직으로 디 넓은 공간과 상상력을 인간에게 제공한다고 채침은 생각한다.

2) 9수의 기능에 의한 인문학적 요소

채침 상수사상의 핵심 중의 하나는 수의 실질적인 끝[究]이자 「낙서」 수인 9수가 인간과 국가사회와 자연환경에 주춧돌처럼 존재한다는 것이다. 따라서 그의 사상을 효과적으로 이해하려면 인간과 그를 둘러싼 외부환경에 9수가 어떤 본질적 요소로 작용하는지 살펴보아야만 한다. 이를 현대적인 관점에서 보면 9수를 통한 일종의 인간학의 탐색이자 인문학의 모색이라 할 수 있다. 고대 중국의 정치 사회제도와 문물 및 삶의 현장에는 9수로 이루어진 것들이 많다. 특히 제도와 문물에 대해서는 『주례』에서 자세히 논하고 있다. 이런 인문적인 분야를 채침은 자신의 상수론으로 꿰뚫어 다음과 같이 다양하게 풀어낸다.

먼저 하늘을 9개 분야로 나누어 28수를 배치한다[分天爲九野]. 이는 천문학의 분야이기도 하다. 다음은 땅을 9주로 구별한다[別地爲九州]. 천지를 9로 구분하는 기준은 「낙서」의 구분법과 같다. 즉 4방과 4우 및 중앙으로 합 9이다. 이는 지리학의 영역이다. 천지를 헤아렸으니 그 다음은 사람이다. 즉 인간학적인 부분으로 삼재사상으로 풀어나간다. 사람이 되려면 9가지 행실을 해야 한다[制人爲九行]. 이른바 『서경』「우서」에 나오는 '행유구덕(行有九德)'으로 앞에서 본 예의 인문학에 대한 다른 표현이다. 벼슬은 9품으로 관직을 임명한다[九品任官]. 관직의 등급에도 9가 개입된다. 토지제도는 정전법을 기준으로 9정으로 균전했다 [九井均田]. 그는 『주례』지관사도地官司徒를 인용하여 "토지를 경영함에 정전법으로 땅을 다스린다."고 하며 9부를 정(井)이라 했다. 친척 간에는 9족으로 풍속을 화목하게 한다고 했다[九族睦俗]. 이는 삼강오륜의 실질적 범위 확대의 의미를 지닌다. 9례로 분변한다고 했으며[九禮辨分], 9변으로 음악을 이룬다고 했다[九變成樂]. 8진으로 제병한다고 했다[八陣制兵]. 여기서 유일하게 9대신 8수를 사용하는데, 이는 부친이 지은 『팔진도八陣圖』의 영향으로 보인다. 9형으로 간음을 금하고[九刑禁姦], 9촌으로 율려를 만들었다[九寸爲律]. 9분으로 역법을 만들고[九分造曆], 의심나는 9가지를 시초점으로 점치고[九筮稽疑], 9장(九章:9가지 계산법)으로 계산한다[九章命算]. 9장은 위진시대 유휘의 『구장산술』에 근거한 것이다. 9가지 직무로 만민에게 임무를 부여하고[九職任萬民], 9가지 법식으로 재용을 조절했다[九式節財用]. 9부에서 화폐를 유통하는 법을 제정하고[九府立圜法], 9가지 복식으로 제후국을 분별하였다[九服辨邦國]. 9가지 명으로 제후국의 위치를 정하고[九命位邦國], 9가지 조빙의 예를 제후국에 명하고[九儀命邦國], 9가지 법으로 제후국을 고르게 했다[九法平邦國]. 9가지 정벌로 제후국을 바르게 하고[九伐正邦國], 9가지 공물로 제후국의 용도를 이루고[九貢致邦國之用], 나라의 백성을 협력적으로 이끌어갈 9가지 계급[九兩繫邦國之民]이 있다. 나라의 도성은 사방 9리로 만들고[營國九里], 왕성의 성루는 높이가 9치(雉:1치는 1장으로 10자)[制城九雉]이며, 9개의 계단과 9개의 방이 있고[九階九室], 동서남북으로 9개의 도로를 둔다[九經九緯].

이를 통해 9수가 지닌 기능은 보면, 9수는 하늘과 땅을 마름질하고 유행변화의 양상을 구분하는 기준수의 역할을 한다는 점이다. 또 인간의 예의, 거동과 형벌, 국가 조직, 재정운용, 행정입법 및 도량형 등을

결정하는 범위수와 율려의 근본수로 9가 작용함 및 9가 占과 수학과
역법의 존립을 가능하게 하는 본체수의 역할을 하는 점이다.

4. 마치는 글—채침, 궁신지화 窮神知化
독립물표자獨立物表者

이상으로 수학적 인문학이란 제목으로 상수역학, 그중에서 역수학易
數學과 인문학이 채침의『홍범황극내편』에서 어떻게 소통하고 융합하
는지를 보았다.『주역』과 수학과의 관계를 연구한 논문이 있기는 했
다.[43] 과학과 인문학 및 수학과 인문학의 연관성에 대한 논의는 꾸준히
제기되어 왔고 수학의 뿌리는 인문학이라는 말까지도 나왔다.[44] 그러나
역수학과 인문학의 관계를 다룬 것은 본 글이 처음인 것으로 생각된다.
다소 생경하게 비칠 수도 있으나 향후 역학계와 인문학계 및 수학계가
함께 연구해야 할 분야라는 점과 미답의 상태인 조선시대 수인문학 연
구의 토대가 될 수 있다는 생각이 이 글을 쓰게 만들었다. 지금까지의
논의를 정리한다.

채침의 상수사상은 송대 도서상수학의 영역 내에 있다. 따라서 소강

---

43 김병환·정환희,「『주역』의 수학적 논리에 대한 철학적 해명」,『中國學報』70, 韓國
中國學會, 2014, 387-406쪽. 이 논문은『주역』의 수학적 논리를 간학적·철학적으로
해명하려 했으나 선후천역 및 易數에 대한 논의는 아쉬움이 있다.『주역』에 나오는
數를 다룬 논문으로는 최영진,「『周易』에 있어서 數의 문제」,『유교사상연구』1,
한국유교학회, 1986, 250-283쪽을 참고 할만하다.

44 과학, 수학과 인문학에 대한 저서나 글은 많다. 심층적인 것도 있으나 교양 수준으
로 보이는 것도 있다. 수학과 인문학에 대한 논문은, 정치봉,「수학과 인문학 : 접촉
과 소통을 위한 소고」,『人文科學論叢』24, 순천향대학교 교수학습개발센터, 2009,
89-117쪽 참조.

절과 채원정 등으로 이어지는 학맥[45]으로 분류되지만, 그들과 다른 점
은 수가 만사의 근본이라는 수근본론의 입장이 더 강하다는 점, 하락론
의 차별화, 99수도 등 도서를 만들었으며, 점법을 발명했다는 데 있다.
점법에 대해서는 비판이 있다. 그에게서 수는 천지자연을 이해하고 만
물의 존립근거를 인식할 수 있는 열쇠이다. 그 열쇠로 열려지는 유행변
화의 사례로 그는 6561을 제시한다. 6561은 수의 궁극인 「낙서」의 9에
서 나왔고, 9수는 그의 수인문학을 존재케 하는 '진수眞數'이다.

그에 대한 평가는 당시 호평을 받았고 조선에도 적잖은 영향을 미쳤
으나 청대에는 비판적이었으며, 현대에 들어서는 양비론이 뚜렷하다.[46]
그러나 최근 요구되는 역학의 간학적인 역할 수행에 들어맞는다고 할
수 있다. 따라서 채침의 상수론은 인문학이나 수학과 연계되어 융합적
영역으로 진입이 가능할 것으로 사료된다. 특히 다음 몇 가지에서 그렇
다. 첫째, 그는 수와 예악과 윤리의 상통을 주장하는데 이는 예악·윤리
와 수가 상관성과 보완성을 지녔다는 것이니, 그의 수인문학은 예학과
윤리학 및 음악까지도 포섭할 수 있음을 알 수 있다. 둘째, 수로 성명의
이치를 알고 이를 바르게 할 수 있다고 한다. 이런 그의 수론을 통해

---

45 이 학맥은 송대 도서상수학이자 리수학파이다. 이들의 이론은 『황극경세서』, 『역학
계몽』, 『율려신서』, 『홍범황극내편』으로 이어지는데, 그 철학적 흐름은 『주역』의
리수론이 '원형적(하락이론)-선도적(소강절)-실질적(『역학계몽』)-음악적(채원정)-수
학적(채침)'인 단계로 전개되었다.

46 이 책에 나오듯 黃瑞節이나 天台謝氏 등은 극찬하나, 황종희(1610-1695)는 채침의
홍범수는 사마광(1019-1089)의 『잠허』를 베긴 것이라고 혹평한다. 황종희, 『역학상
수론』, 북경:구주출판사, 2007, 197쪽. 료명춘은 채침의 논법은 공허하다고 하며 점
법도 주역점을 모방했다고 비판한다. 료명춘, 앞의 책, 431-437쪽. 반면 주백곤과 장
기성은 송대 수학파의 이론과 하락학을 진전시켰다고 호평한다. 주백곤, 앞의 책,
447-448쪽. 장기성, 앞의 책, 129, 229쪽. 김연재는 도서학파의 상수학을 격상시켰다
고 호평 했으나, 사회와 우주의 생성과 변화 및 그 과정을 모두 수의 관념으로 환원
함으로써 일종의 '성급한 일반화의 오류'를 범했다고 비판 쪽에 더 무게를 둔다.
김연재 앞의 논문, 77-78쪽.

파악한 만물의 본성을 기반으로 사회와 자연을 둘러싼 제도문물과 천문지리 등 인문적인 요소로 뻗어갈 수 있다. 셋째, 채침은 9수와 6561의 수를 가지고 만물의 유행변화와 종시終始를 파악할 수 있다고 하니 그의 수론을 통해 인문적 영역 확대가 가능하고 상상력의 지평을 극대화 할 수 있다. 이런 관점에서 보자면 채침은 역학사에 보기 드물게 수로 인문과 역리를 관통한 상수학자이자 궁신지화 독립물표자窮神知化獨立物表者[47]라 할 수 있다.

---

47 책 1598, 1662쪽.

『역학계몽』에 나타난 주희역학의 특징*
-소옹 역학의 수용과 변용을 중심으로-

이선경

이 글은『역학계몽』원전을 분석하여 주희가『역학계몽』을 지은 문제의
식은 무엇이며, 이를 풀어가는 논리와 사유의 특색은 무엇인가를 논의한
것이다. 주희는 당시 한대역학, 도교역학, 의리역학 등을 망라하여 새로
이 계통이 있는 유가역학을 건립하고자 하였다. 그는 하도의 중(中,태극),
소옹 선천학의 태극, 주렴계 태극도설의 태극을 하나로 회통시킴으로써
상·수·리가 일체가 되며, 우주론과 존재론, 수양론을 포괄하는 체계를 세
우고자 한 것이다.

1. 이끄는 말

이 글은 향후 조선조 상수역학의 전개와 그 특징을 탐구하기 위한
토대연구의 성격을 지닌다. 조선조 상수역학의 전개에 가장 큰 영향을
끼친 것으로는 주희朱熹(1130~1200)『역학계몽易學啓蒙』의 상수학과『황
극경세서皇極經世書』를 중심으로 하는 소옹邵雍(1011~1077)의 역학을
들 수 있을 것이다.[1] 주희를 존숭하는 조선유학의 풍토에서 주희가『역

---

* 이선경(성균관대). 이 글은『한국철학논집』28(한국철학사연구회, 2010. 03.)에 실렸
음을 밝혀둔다.

학계몽』을 지었다는 것은, 조선의 학자들이 초기부터 정이程頤 『정전程傳』류의 의리역뿐 아니라 상수학에도 관심을 갖는 중요한 이유가 되었을 것이다. 중국과 달리 조선조에서 소옹 역학이 쉽게 환영을 받았던 것도, 주희가 소옹의 역학을 대거 수용한 것에 힘입었음을 지적할 수 있다. 본고에서는 조선 유학자들이 『역학계몽』을 수용하고 재해석해가는 양상을 고찰하기에 앞서, 『역학계몽』에서 드러나는 주희역학의 특징을 먼저 고찰하고자 한다.

주희는 여러 방면에서 집대성에 능숙한 솜씨를 보여주었으며, 그의 역학 역시 예외가 아니다. 정이가 상수학象數學을 경계하고 소옹과는 계통을 달리함을 언명한 것과 달리, 주희는 소옹의 역학을 대폭 수용하여 『역학계몽』에 반영하고 있으며, 『본의本義』 앞머리에 소옹의 선천도先天圖를 나열함을 볼 수 있다. 뿐만 아니라 도교수련서인 『주역참동계周易參同契』를 고증한 『주역참동계고이周易參同契考異』를 펴내고, 주렴계의 「태극도」를 도교의 것이 아닌 유가철학의 근본적 기점으로 정립해낸 것 등을 통하여, 역학분야에 있어서도 역시 집대성에 대한 그의 열망을 읽을 수 있다. 이 글에서는 『역학계몽』을 주희가 당시까지의 역학에 대해 집대성을 시도한 산물로 보고자 한다. 주희가 『역학계몽』을 지은 문제의식은 무엇인지, 그가 비판 종합하고자 하였던 대상은 무엇이며, 주희는 어떠한 사유와 논리로 그러한 대상들을 종합해 내는가라는 문제를 고찰하기로 한다. 이 글의 부제를 '소옹역학의 수용과 변용을 중심으로'라고 한 것은 주희가 전대의 역학들을 집대성하는 과정에서 소옹의 이론을 근간으로 하여 자신의 체계로 구성해내었다고 보기

---

1 조선학자들의 『역학계몽』 관련 저술은 『경학자료집성』(성균관대, 존경각 소장)을 통해 수집된 것만도 30편이 넘는다. 소옹역학의 경우 퇴계학파에서는 거의 수용되지 않으며, 서화담과 율곡학파계통에서 주로 관심의 대상이 된다.

때문이다. 이 연구결과는 향후 조선유학자들의 『역학계몽』관련 저작 속에서 주희의 사유가 어떻게 수용되고 변용되는가를 추적해 볼 수 있는 기준을 제시해 줄 것이다.

2. 「역학계몽서易學啓蒙序」에 나타난 주희역학의 문제의식

하나의 저술에 있어서 저자의 의도를 간명하게 살필 수 있는 것이 저자가 지은 서문일 것이다. 주희가 지은 「역학계몽서」는 매우 짧지만 그의 문제의식이 명료하게 드러난다. 주희는 역의 작자가 괘효를 그리고, 점을 쳐서 길·흉·회·린을 판별할 수 있도록 한 것이 인위적 사려와 판단에 의해 만들어낸 것이 아니라, 자연의 이치를 드러낸 것이라 본다.

> "그 괘가 이루어짐은 뿌리에서 줄기로, 줄기에서 가지로 나아가 그 형세가 급박하여 멈출 수 없는 듯하고, 그 시초를 헤아림에 있어서 나누고 합함, 나가고 물러남, 종從으로 하고 횡橫으로 함, 거꾸로 하고 순서대로 함 등이 무엇을 어떻게 하든지 꼭 들어 맞으니, 이것이 어찌 성인이 마음과 지혜로 생각하여 만들어 낸 것이겠는가? 다만 기氣와 수數가 저절로 그러하여, 상象을 본뜨는 과정에서 드러나게 되는 것이다. 하도낙서에 드러나 보이는 것은 (하늘이) 성인의 마음을 열어서 그 손을 빌린 것일 뿐이다."[2]

주희는 이 짧은 문장 속에서 괘의 성립이 필연적인 자연의 이치를

---

2 『朱子大全』卷76,「易學啓蒙序」, "其爲卦也, 自本而幹, 自幹而支, 其勢若有所迫而自不能己. 其爲蓍也, 分合進退縱橫順逆亦無往而不相値焉, 是豈聖人心思智慮之所得爲也哉? 特氣數之自然, 形於法象, 見於圖書者, 有以啓於其心而假手焉耳."

따라서 이루어졌다는 것과 시초점이 단지 신비의 영역에만 있는 것이 아니라, 역시 그 안에 이치를 담고 있음을 시사하고 있다. 하도와 낙서는 우주의 기氣와 수數를 드러내는 매체로 인식되고 있는 것이다. 여기에서 주희가 『역학계몽』을 지은 목적가운데 하니기 시초점과 상수를 단순한 술수가 아닌 합리적 근거를 지닌 체계로 재정리해내려는 것이라는 가설을 세워볼 수 있다. 이는 주희의 이어지는 언급으로 좀 더 근거를 확보한다.

> "근래의 학자들은 역을 즐겨 논의하지만 이에 대해서는 살피지 못하여, 그 문의文義만을 따지는 사람은 지루하고 산만하여 뿌리가 없고, 상수를 섭렵한 사람들은 또한 모두 건강부회하며, 혹 역이 성인의 사려에 의해 만들어졌다고 생각하기도 한다. 나는 이러한 것들을 병통으로 생각해 왔다. 이에 동지들과 함께 예전부터 들어온 것을 자못 모아서 4편의 책으로 만들어 처음 공부하는 사람들에게 보임으로써 그러한 설들에 의심을 갖지 않도록 하고자 한다."[3]

위의 인용문을 통하여 주희역학의 문제의식이 당시 역학의 두 갈래로서 의리역학과 상수역학이 지니는 각각의 문제점을 지적하고, 이를 종합 지양하려는 데 있음을 알 수 있다. 즉, 상수를 떠난 의리적 해석이란 공허한 사변에 불과할 위험이 있고,[4] 상수를 전공하는 경우는 천리

---

3 『朱子大全』卷76, 「易學啓蒙序」, "近世學者類, 喜談易而不察乎此, 其專於文義者, 旣支離散漫而無所根著, 其涉於象數者, 又皆牽合傅會而或以爲出於聖人心思智慮之所爲也. 若是者, 子竊病焉. 因與同志, 頗輯舊聞爲書四篇, 以示初學, 使毋疑於其說云."
4 예를 들어 주희는 정이역학에 대하여 "伊川은 큰 도리를 볼 수 있었지만, 이런 저런 것들을 그의 이론에 부합시켰는데, 이것은 역을 해석한 것이 아니다(伊川見得個大道理, 却將往來合他這道理, 不是解易)"라 거나, "이천의 『역전』은 리를 말한 것이 매우 갖추어졌다. 상수는 들어있지 않다"고 한다. 또한 그는 의리역학자들이 역의 괘효사를 『시경』의 比 興과 같은 것으로 보거나, 『맹자』에서 즐겨 쓴 방식인 비유

天理를 드러내기 보다는 견강부회하고, 역을 성인의 인위적 산물로 여긴다는 것이다. 주희는 『역학계몽』을 지은 이유를 이렇게 말하기도 한다.

"내가 『역학계몽』을 지은 바로 사람들이 말하는 것이 자잘하게 복잡다단하기 때문이다. 나는 늘 역에서 말하는 상수는 성인들께서 이미 말씀한 것으로 이를 넘어서지 않는다고 생각하였다. 이제 공부하는 이들이 이 몇 가지만 깨닫는다면 역에 대해서 대체를 대략 이해할 수 있을 것이며, 상수 역시 모두 유용할 것이다. 이외의 분분한 설들은 모두 굳이 알 필요가 없다."[5]

당대의 여러 학설들은 복잡다단하면서도 자잘하기만 할 뿐 역의 대체大體를 통할 수가 없다는 것이다. 주희는 역에서 말하는 상수는 복희, 문왕, 주공, 공자와 같은 성인들이 이미 내놓은 것에서 벗어나는 것이 아니라고 한다. 이렇게 생각한다면, 상수라는 것이 그리 복잡할 것도 없으며, 상수 역시 역을 해석하는 유용한 도구가 될 것이다. 주희의 입장에서 보았을 때, 상象과 점占은 공자의 「계사전」에서 이미 제시한 성인의 네 가지 도 가운데 포함된다.[6] 성인이 이미 말씀한 것에 따라서 상수를 해석하고 활용한다면 역의 대체大體와 종지를 이해할 수 있어서

같은 것으로 보는 경향이 있다고 지적한다. 이러한 태도는 「설괘전」에서 말하는 설명들을 무시하거나 역의 추상을 아무 근거없는 것으로 여기는 태도라는 것이다.(곽신환, 「주자『주역본의』의 본의」, 『주자역학술대회자료집』, 한국주역학회, 2000. 7. 94쪽 참조.)

5 『朱子大全』卷56,「答方賓王」7, "熹向來作啓蒙, 正爲見人說得支離, 因竊以謂易中所說象數聖人所已言者, 不過如此. 今學易者但曉得此數條, 則於易略通大體, 而象數亦皆有用. 此外紛紛, 皆不須理會矣."

6 『周易』「繫辭」上10, "易有聖人之道四焉, 以言者尚其辭, 以動者尚其變, 以制器者尚其象, 以卜筮者尚其占. 是以君子將有爲也, 將有行也, 問焉而以言, 其受命也如嚮, 无有遠近幽深, 遂知來物. 非天下之至精, 其孰能與於此?"

지엽 말단적인데 떨어지지 않게 될 것이다. 주희는 "이외의 분분한 설들을 꼭 알 필요는 없다"라고 하여, 그가 상수를 중시하는 이유가 오히려 당시 횡행하던 상수에 대한 분분한 이론들을 재정리하여 상수에 대한 바른 이해의 방향을 제시하고자 하는 것임을 말하고 있다. 그는 상象의 의미에 대하여 이렇게 말한다.

"『역학계몽』을 보면 비로소 성인들이 지은 책으로서의 역이 모두 가차假借와 허설虛設임을 알게 될 것이다. 천하의 이치를 특정한 일에 드러난 구체적 그 모습대로만 말한다면, 이는 단지 한가지의 쓰임이 될 뿐이다. 오직 상象으로 말해야만 점을 칠 때에 어떤 일이든지 와서 응할 수 있을 것이다"[7]

주희는 '상'의 의미를 '가차'와 '허설'을 위한 것으로 보는 것이다. 상의 의미를 확장해서 생각한다면, 괘사나 효사 역시 특정한 한 가지 사실을 기술한 것이 아니라 그 역시도 '가차'와 '허설'로서의 상象이 될 것이다.

한편 주희는 '수'의 문제와 관련하여 구양수歐陽脩(1007~1072)가 『주역』의 대연지수大衍之數를 학문의 영역에서 배제하고 한낱 점술가들의 술수로 치부하는 태도가 『역학계몽』을 저술하게 된 직접적 계기가 되었다고 한다.[8] 구양수는 철저하게 의리학적 입장에서 군자의 역과 술수를 구별하여, 군자가 되려는 사람은 『주역』에서도 성인의 말을 배워야 하며, 대연지수는 문왕의 일과는 무관한 주역의 말단으로서 점을 치는 술수에 불과한 것이라고 잘라 말한다. 성인의 말씀과 점은 양립할 수

---

7 『朱子語類』권67,「易三, 綱領下」, "今日看啓蒙, 方見得聖人一部易, 皆是假借虛設之辭. 蓋緣天下之理若正說出, 便只作一件用. 唯以象言, 則當卜筮之時, 看是甚事, 都來應得."
8 『주자어류』권67, "啓蒙, 初間只因看歐陽公集內或問易大衍, 遂將來考算得出."

없는 것으로 양자택일이 있을 뿐이라는 것이다.[9] 이는 상수의 본령은 성인이 이미 말씀한 것이며, 역시 유용한 것이라고 보는 주희의 견해와는 정면으로 충돌하는 것이다.

3. 『역학계몽』에서 하도낙서가 지니는 의미

위에서 밝힌 주희역학의 문제의식에 비추어 볼 때,『역학계몽』의 체계가 하도와 낙서에 관한 것, 괘획의 성립에 관한 것, 시초점(변효 포함)에 관한 것의 크게 3부분으로 구성된 것은 매우 자연스럽다. 앞서 주희는 '역의 상수는 성인이 이미 말씀한 것에서 벗어나지 않는다'라는 인식을 지니고 있음을 보았다. 주희가 『역학계몽』에서 인정하는 성인의 상수는 하도낙서의 상수, 복희선천8괘, 문왕8괘와 「계사전」에서 공자가 언급한 대연지수의 상수이다. 8괘의 성립 역시 하도와 낙서에 근거하여 이루어졌다고 보는 주희가 상수의 의미와 체계를 새로이 정립함에 있어서 그 근원이 되는 하락의 유래와 이치를 우선 밝히고, 그 다음 괘의 성립과정을 논하며, 그에 근거한 바른 시초점의 방법을 수립하는 것은 그의 문제의식과 꼭 들어맞는다.

그러면 주희가 『역학계몽』에서 하도낙서를 역의 근원으로 본 이유는 무엇인가? 그것은 성인이 말씀한 상수의 유래를 바로 천지자연의 상수로서 하도와 낙서에서 찾기 때문이다. 하도와 낙서를 역괘 발생의

---

9 歐陽脩,『文忠集』권18, 經旨十一首·易或問三首」, "大衍之數, 易之末也. 何必盡心焉也. 易者 文王之作也, 其書則六經也, 其文則聖人之言也, 其事則天地萬物君臣父子夫婦人倫之大端也. 大衍數占之一法耳, 非文王之事也."'凡欲爲君子者, 學聖人之言, 欲爲占者, 學大衍之數, 惟所擇之焉耳."

근거로 확언한 것은 한대의 역학자들이었다. 예를 들어 공안국孔安國은 '하도는 복희씨 시절에 용마가 황하에서 나와 그 무늬를 본떠 팔괘를 그리고, 우禹임금 때 신령한 거북이 등의 무늬 9개를 보고 홍범洪範을 지었다'고 하였으며, 유흠劉歆 역시 같은 견해를 보이면서 하도와 낙서는 서로 경위(經緯)가 된다고 보았다. 주희는 『역학계몽』「본도서本圖書」의 첫머리에서 "역 대전[大傳, 계사전]에서 황하黃河에서 하도가 나오고 낙수洛水에서 낙서가 나오자, 성인이 이를 본떴다"라 하여, 하도낙서가 역의 근원이라는 첫 근거를 「계사전」으로 내세우고, 연달아 공안국과 유흠의 이러한 언급을 인용함으로써 그 근거를 보충한다. 주희는 공자가 지었다고 인정되는 「계사전」에서 하락에 대한 언급이 있다는 것을 근거로 하여 한대역학들이 전하는 하락의 유래를 그대로 수용하는 것이다. 이는 매우 합리적 사고를 하는 주희가 한편으로는 신화적 사유방식을 수용하고 있음을 보여주는 것이기도 하다. 하도와 낙서는 자연계에 나타난 일종의 신물神物인 셈이다. 그 신물은 부호와 도상으로 천지자연의 이치를 담아내고 있다. 다시 말하여 하도낙서는 천지자연의 마음을 담고 있는 일종의 '획괘 이전의 역'인 셈인데, 복희가 8괘를 그려내고 우임금이 홍범구주를 지은 것은 두 성인의 심법心法이 천지자연의 심법과 일치한 결과라고 말하는 것이다. 실상 주희이전의 상수역에서 하도낙서는 그리 중심적 위치를 차지하지 못하였던 것인데, 주희가 『역학계몽』에서 하도낙서를 역의 본원으로 천명하고, 주역본의 앞쪽에 복희선천도와 함께 하락의 도상을 수록하는 등, 그의 절대적 비호에 힘입어 하락상수는 주희이후 상수역학의 핵심을 차지하게 되었다. '획전畵前의 역'으로서 천지자연의 마음이 드러난 하도낙서는 역의 근원적 이치를 담고 있는 것인 까닭에 이후에 생겨난 모든 역에 대해서 그 올바름을 가름할 수 있는 기준이 되는 것이다. 역의 올바른 연구방향이란 하도와 낙서가 담고 있는 자연의 이치를 얼마나 그에 부합하게 드러내는가에 있다고 하겠다. 그러면 어떠한 역설이 하락의 이치를 잘 드러냈으며, 그것을 어떻게 알 수 있는가? 주희가 의지하는 것은 일차적으로는 유가에서 인정하는 성인의 권위이다. 복희, 우임금, 공자가 그들이며, 그들이 지었다고 인정되는 복희8괘와 '십익'의 내용들이다. 또한 주희의 관점에 있어서 이 일차적인 권위를 지니는 복희8괘와 '십익'의 원문을 합리적으로 해석해냈다고 평가되는 후대학자들의 역학이 올바른 방향이 될 것이다. 또한 당시 소옹의 선천학이 도교의 도사들에게서 전수받았고, 복희선천을 이야기함으로써 오히려 유학자들이 인정하던 문왕의 『주역』경전에 근거하지 않은 이단적 색채가 있다고 비판받았음을 생각할 때, 소옹의 선천학을 전폭 수용하는 주희의 입장에서 소옹의 선천학이 본래 성인의 심법임을 강조하는 것은 필연적인 일이 될 것이다. 주희가 하도낙서를 중심으로 역학의 근본체계를 세운 것은 구체적으로 다음과 같은 맥락이 전제되어 있다고 생각한다.

첫째, 도가에서 유래하였다는 선천학을 유가적 관점에서 재구성함으로써 한대 역학과 도교의 상수역학, 왕필, 공영달 이래의 의리역학을 종합하여 새로운 유가의 체계로 정리할 필요가 있었다는 것이다. 주희 당시에 이르기까지 역의 발생과 근원, 복희, 문왕괘와 64괘에 대한 획괘의 원리 등에 대한 정설이 존재하지 않았으며, 이러한 문제들을 체계적으로 정리한 정론定論의 수립이 요구되었다는 것이다. 하도와 낙서에 대한 언급은 『서경』『계사전』『논어』에 이미 나타나 있으므로, 이를 유가 성인의 가르침으로 해석할 수 있는 근거를 확보한다는 점은 매우 중요하다. 주희는 위백양의 『주역참동계』를 고증하여 『주역참동계고이周易參同契考異』를 펴낼 만큼 도교역학에도 관심이 지대하였다. 주희가 도가와 불가의 이론을 섭렵하고, 이를 뒤집어 유가의 형이상학으로 재탄생시켰음을 상기할 때, 소옹이 유자를 자처하면서도 당시 도가들에게서 전해 내려온 선천도를 수용하여 선천학을 전개한 것은 주희에게 있어서 좋은 참고가 되었을 것임을 추리할 수 있다. 즉, 주희는 소옹 선천학 체계를 충분히 수용하고 또 변용함으로써, 온전하게 유가적 상수역학으로 재정립하고자 하였다는 것이다. "역의 상수는 성인이 이미 말씀 한 것에서 벗어나지 않는다", "이 몇 가지를 이해한다면 주역의 큰 윤곽을 파악할 수 있을 것이기에, 상수 역시 모두 유용할 것이다" "이외의 분분한 설들은 굳이 알 필요가 없다" 등과 같은 주희의 언급에서 하도와 낙서가 '성인이 이미 말씀한 것으로서의 상수'라는 명분에 부합하며, 하락을 역으로 들어가는 입문처로 삼아서 여타의 상수론을 정리하고자 하였던 주희의 의도를 읽을 수 있는 것이다.

둘째, 주희에게 있어 하락은 천지자연의 상수이며, 동시에 성인의 상수이다. 이러한 전제아래 주희는 하도와 낙서를 대련지수와의 관계성 속에서 논의하고, 소옹의 수리론 및 염계 태극도의 리학과 일원적으로 파악함으로써, 상·수·리가 일체가 되는 거대한 체계를 구상하였던 것이 아닐까 하는 점이다. 『역학계몽』의 구성방식을 보면, 먼저 「계사전」을 중심으로 '십익+翼'의 원문을 대문으로 놓고, 이 대문에 대하여 역대 학자들의 견해를 인용하고, 자신의 견해를 덧붙여서 풀이한다. 일반적으로 주역은 '역전[십익]'에 입각하여 경문을 해석하는 방식以傳解經에 의하여 철학화함으로써 의리역이 된다고 본다. 그런데, 주희는 의리역의 근간이 되는 역전의 핵심내용들을 상수에 입각하여 해석해낸다. 상·수·리가 일체를 이루는 역학의 구도를 체계화함으로써, 상수를 겸한 의리학 그리고 의리를 겸한 상수학을 종합적으로 지양하였다는 것이다.[10]

4. 소옹 선천학의 수용과 재구성

1) 소옹의 선천과 주희의 선천이해

주희는 소옹의 역학에서 무엇을 수용하고 무엇을 변용하였으며, 그 이유는 무엇이었는가? 유가역학에 있어서 '선천학'이란 용어는 소옹이 쓰기 시작하였으며, 소옹의 역학은 이 선천학을 핵심적 특징으로 한다. 소옹이 이야기 하는 선천학은 두 가지 의미가 있다. 첫째는 문왕역을 후천으로, 복희역을 선천으로 보는 것이다. 둘째는 선천역은 인력으로 그린 것이 아니라 천지의 마음을 그대로 그려냈다고 보는 것이다. 소옹은 "선천학은 마음이고, 후천학은 자취이다[先天之學, 心也, 後天之學, 跡也.]"라 하여, 선천학은 천지의 마음을 그려낸 것이고, 후천의 학은 우주의 구체적 만사만물을 대상으로 한다는 것이다.[11] 선천역은 인위적 작위와 주관성이 개입되기 이전의 자연의 도로 이해되며, 후천역은 문왕과 주공, 공자의 역으로 후대에 인문적 의식활동을 통해 재편성해 낸 것으로 평가된다. 소옹은 선천에 해당하는 복희의 심법을 추구한다.

선천을 인위성이 개입하기 이전의 자연의 도라고 인식하는 점은 주희에게 그대로 계승되며, 이것이 주희가 자연의 도로서 상수를 중시하

---

10 주희역학이 상수학인가, 의리학인가에 대하여는 논의가 분분하다. 주희이후 유학자들이 주희역학을 비판한 주된 이유는 그것이 상수를 중시하여 술수에 빠졌다는 것이었다. 그러나 주희역학이 상수에 경도된 것이 아니라, 상수와 의리를 병행한 것이라는 견해도 적지 않다. 현대 중국 학자의 경우 朱伯崑, 金景芳, 曾春海 등이 이미 제기하였고, 한국의 곽신환도 주희역학에 있어서 상수학과 의리학이 지양되고 있음을 말한 바 있다. 더나아가 오히려 주희의 역학은 그의 리학에서 나온 것이라는 주장도 있다. 한국의 천병돈, 중국의 余敦康, 史少博 등이 그러한 견해를 보인다. 그러나 이러한 주장들은 주희역학의 전반적 특징에 대하여 말한 것으로 각각의 주장들을 뒷받침할 보다 충분한 연구가 필요하겠다.

11 李秋麗,「朱熹對邵雍先天象數學的繼承和發展」『周易研究』, 2003. 第1期(總第57期), 71쪽.

는 근거가 된다. 그러나 선천역의 대상이 주희에게서는 복희시대의 하
도뿐 아니라, 우임금 시대의 낙서도 포함된다는 점이 다르다. 소옹은
요임금 이전의 역을 선천역에 속한다고 보는 까닭에,[12] 낙서와 문왕역
은 후천역으로 분류된다. 그러나 주희에게 있어 선후천의 구분기준은
이와 다르다. 주희에 있어서는 문자로 기록되기 이전의 역은 모두 선천
역이 된다.[13] 이에 따라 하도는 물론 낙서 역시 선천학의 범주로서 자연
의 도를 드러낸다고 인식하고, 양자를 체용體用의 관계로 파악한다. 하
도는 생수가 성수를 거느려 음양의 수가 같은 방향에 처하고, 완전한
10수를 드러내어 상常의 도리를 말하는 수의 체體이다. 낙서는 양수가
음수를 거느리고 1에서 시작하여 9에서 끝나는 변화를 말하는 것으로
수의 용用이라는 것이다.[14] 주희는 하도와 낙서가 동일한 원리임을 하
락과 8괘의 관계, 하락과 대연지수의 관계를 들어 설명한다.

먼저 하도·낙서와 8괘발생의 경우를 살펴보자. 하도의 경우 중앙의
수 5와 10은 사용하지 않으므로 태극이 되고 음수의 합 20과 양수의
합 20은 양의가 된다. 또한 생수 1, 2, 3, 4에 5를 더하여 이루어진 6,
7, 8, 9의 성수는 곧 노음, 소양, 소음, 노양으로 4상이 된다. 이제 동서
남북 정방위에 짝을 짓고 있는 1·6, 2·7, 3·8, 4·9의 수들을 쪼개어 동
북, 동남, 서남, 서북의 사이 방위에 배열함으로써 8괘가 완성된다.[15] 낙
서의 경우 가운데 5를 사용하지 않으므로 태극이 되고, 양수와 음수의
합이 각기 20으로 양의가 된다. 1, 2, 3, 4는 9, 8, 7, 6을 품어서 각기

---

12 『皇極經世書』「觀物外篇」, "堯之前, 先天也, 堯之後, 後天也."
13 李秋麗, 위의 논문 73쪽.
14 『易學啓蒙』「本圖書」, "河圖以五生數統五成數而 同處其方, 蓋揭其全以示人, 而道其常,
   數之體也. 洛書以五奇數統四耦數而各居其所, 蓋主於陽以統陰, 而肇其變, 數之用也."
15 『易學啓蒙』「本圖書」, "河圖之虛五與十者, 太極也. 奇數二十, 數二十者, 兩儀也. 以
   一二三四爲六七八九者, 四象也. 析四方之合, 以爲乾坤離坎, 補四隅之空, 以爲兌震巽
   艮者, 八卦也."

합이 15가 되는데, 이 15는 7, 8의 합이거나, 6, 9의 합이 되므로, 역시 6, 7, 8, 9의 사상이 되는 것이다. 역시 동서남북 정방위에 건·곤·감·리를 배치하고 사이방위에 태·진·손·간을 배치함으로써 하도와 같이 8괘가 성립된다.[16] 주희에게 있어서 하도와 낙서는 모두 선천인 까닭에 하락에 모두 복희선천8괘를 배치하는 것으로 보인다.

이제 하도낙서와 대연지수의 관계를 보자. 먼저 하도에서 가운데 수 10을 사용하지 않으면 나머지 수의 합은 바로 낙서의 수의 총합인 45가 된다. 또 하도에서 가운데 수 5를 사용하지 않으면 나머지 수의 합은 대연의 수 50이 된다. 이 5와 10을 더하면 낙서의 가로세로를 합한 15의 수와 같다. 또 5×10을 하거나 10×5를 하면 역시 모두 대연의 수가 된다.[17] 낙서의 경우, 가운데 5는 스스로 5를 품어 10이 되므로 그 결과 대연의 수와 통하게 된다. 또 그 5와 10을 누적하면 15가 되고, 이것을 나머지 수의 합40과 더하면 55가 되어 하도의 수 55와 통하게 된다는 것이다.[18]

주희는 이러한 설명을 통하여 하도와 낙서가 출현시기에 차이가 있고 숫자도 많고 적은 차이가 있지만 이리저리 맞추어 보아도 그 원리는 같은 것이라고 한다. 물론 복희씨가 하도를 얻었을 때는 아직 낙서가 나오지 않았으므로, 낙서의 출현을 염두에 두지 않았으며, 우임금 역시 낙서자체에서 그 원리를 찾아낸 것이지, 하도를 고려하지 않았다는 것

---

16 『易學啓蒙』「本圖書」, "洛書而虛其中, 則亦太極也. 奇耦各居二十, 則兩儀也. 一二三四而含九八七六, 縱橫十五而互爲七八九六, 則亦四象也. 四方之正, 以爲乾坤離坎, 四隅之偏, 以爲兌震巽艮, 則亦八卦也."

17 『易學啓蒙』「本圖書」, "以河圖而虛十, 則洛書四十有五之數也, 虛五則大衍五十之數也. 積五與十, 則洛書縱橫十五之數也. 以五乘十, 以十乘五, 則又皆大衍之數也."

18 『易學啓蒙』「本圖書」, "洛書之五, 又自含五而得十, 而通爲大衍之數矣. 積五與十, 則得十五, 而通爲河圖之數矣. 苟明乎此, 則橫斜曲直, 無所不通, 而河圖洛書, 又豈有先後彼此之間哉."

이다.[19] 즉, 하도와 낙서는 인위적으로 그 원리를 합치시킨 것이 아니라 보편타당하고 자연한 이치의 산물이기에 서로 부합할 수 밖에 없다는 것이다. "하도와 낙서는 또한 어찌 먼저와 나중, 저것과 이것의 간격이 있겠는가?"[20]라 하여, 주희는 하도와 낙서가 그 유래와 시대가 같지 않음에도 불구하고, 그 원리에서 동일성을 찾아 양자를 시대를 뛰어 넘는 도의 연속적 흐름으로 정립해 낸다. 그리하여 1. 하도와 낙서가 자연의 역이자 성인의 역이라는 것. 2. 유가의 상수역학은 성인이 그려낸 자연의 도로서 보편타당하며 3. 그러한 내용의 선천역이 공자의 후천역을 통하여 계승되어왔고,[21] 4. 그 후 1000여년이 지난 송대에 이르러 발생한 주돈이의 태극도와 소옹의 선천학으로 계승되어[22] 연면하게 이어지

---

19 『易學啓蒙』「本圖書」, "是其時雖有先後, 數雖有多寡, 然其爲理則一而已. 但易乃伏羲之所先得乎圖, 而初無所待於書, 範則大禹之所獨得乎書, 而未必追考於圖耳."

20 『易學啓蒙』「本圖書」, "河圖洛書, 又豈有先後彼此之間哉?"

21 주희는 문왕역은 후천역으로서 복희선천역과 다르며, 공자의 십익은 문왕의 역을 바탕으로 한 것임을 인정한다. 그러나 주희는 "소옹에 의하면 선천역이란 복희가 그은 역이고, 후천역이란 문왕이 연역한 역이다. 문왕의 역이 오늘날 주역인데, 공자가 傳을 지은 것이 이것이다. 공자는 문왕의 역을 바탕으로 전을 지었으니, 그 말한 것이 당연히 문왕의 역만을 위주로 했다.…십익가운데 '八卦成列, 因而重之'와 '易有太極, 是生兩矣, 兩儀生四象, 四象生八卦' "天地定位, 山澤通氣, 雷風相薄, 水火不相射,'같은 문구들은 모두 복희가 괘를 그린 뜻에 둔다"라 함에서 보이듯이, 『역학계몽』에서 주희는 공자 『십익』의 원문을 다시 소옹 선천학에 입각하여 설명해 냄으로써, 결과적으로 공자의 후천역이 복희 선천역과 단절된 것이 아니며, 오히려 그 핵심적 이치는 같다고 보는 것이다. 소옹 역시 복희 선천역과 문왕 후천역을 단절적으로 보지 않으며, 역의 '用'으로 본다. 그는 문왕괘의 방위를 설명하면서 "易은 쓰는 것이다. …위대하구나, 쓰임이여. 내가 여기서 성인의 마음을 보았다"(『관물외편』6장 2절, "故易者用也... 大哉用乎. 吾於此, 見聖人之心也")라 하고 있다.

22 주희는 선천역학의 전수과정에 대해 이렇게 말한다. "이는 저의 설이 아니라, 강절의 설이고, 강절의 설이 아니라 희이의 설입니다. 희이의 설이 아니라 공자의 설입니다. 다만 오늘날 유학들이 그것을 전수받지 못하고 방외의 인사들이 암암리에 전해 받아 鍊丹하는 술수가 되었는데, 진희이에 이르러 강절이 다시 易으로 되돌이켰으니 그 후에야 그 설이 비로소 세상에 다시 밝혀지게 되었습니다."(『주자대전』권 38, 「답원기중」3)

고 있음을 주장하는 것이다.[23]

2) 태극논의를 통해 본 상수와 리의 관계:
하도낙서·소옹·주렴계의 태극

주희의 소옹 선천학 수용에 있어서 주목할 다른 측면은 존재론, 수양론적 영역을 포괄하는 성리학적 관점에서의 재조정이다. 이는 주희가 『역학계몽』에서 역이 변화작용할 수 있는 근저로서의 궁극개념을 '태극'으로 설정한다는데 그 핵심이 있다. 소옹의 선천도가 도교의 도사로부터 전해졌다는 것은 주지의 일이다.[24] 그런데, 도교 내단수련에 있어서 선천은 내단수련의 궁극적 도달처로 제시된다는 점이다.[25] 소옹

---

23 여기에서 간접적으로 유가역학의 도통에 대한 주희의 견해가 드러난다. 주희가 적극적으로 언급하는 인물은 복희, 공자, 주돈이, 소옹, 정호이다. 주희가 문왕에 대하여 적극적으로 언급하지 않은 점은 의문으로 남는데, 주희가 원기중에게 보낸 편지에서 그 이유를 짐작할 수 있다. "문왕8괘에 대하여 저는 괘획을 가지고 이리저리 연구해 보았지만 끝내 그 배열한 의미를 알 수 없었습니다. 그러기에 두려워서 감히 함부로 말하지 못한 것이지 문왕후천의 학문을 소홀히 여겨 그런 것은 아닙니다. 문왕은 타고나면서 하늘과 합일한 분으로 생이지지의 대성인이시니, 제가 그 후천의 학문을 연구하여 알 수 없는 것은 한스러운 일입니다. 지극히 어리석은 제가 어찌 감히 만홀하게 여기는 마음이 있겠습니까?"(『주자대전』권38, 「答袁機仲」7)『주역본의』에서 '그 뜻을 잘 알 수 없다[未詳其義]'는 주석이 곧잘 나오듯, 주희는 그가 문왕후천역에 대하여 스스로 만족할 만큼 충분히 장악하지 못하였기에 적극적으로 의사를 개진할 수 없다는 학적 태도를 고백하고 있는 것이다.
24 이창일은 선천도가 전수된 유래에 대해 3가지로 설명하고 있다. 첫째는, 북송 초의 도사 진희이가 만들었다는 것이고, 둘째는 진희이 이전, 후한 위백양의 『주역참동계』로부터 전수되었다는 것이며, 셋째는 『송사 도학전』의 견해로서 선천도의 근거는 소옹 이전에 있었지만, 소옹에 의해 창신되었다는 것이다. 그러나 소옹의 저작 속에는 선천도를 설명한 글은 있지만, 정작 선천도의 그림은 존재하지 않는다.(이창일, 『소옹의 철학』, 심산, 2007, 139-142쪽)
25 이봉호, 『서명응의 선천학 체계와 서학 해석에 관한 연구』, 성균관대학교 박사학위 논문, 15쪽.

은 선천학을 '마음'이며, '획전의 역'으로 보았다. 송대의 학자들에게 있어서 '마음'과 '획전의 역[畵前之易]'을 동시에 아우를 수 있는 개념이 '태극'이다. 소옹은 '도위태극道爲太極' '심위태극心爲太極' '태극일야太極一也' '태극은 움직이지 않는 것으로 성(性)이다[太極不動, 性也]'를 말한다. 물론 객관적 관점에서 소옹의 태극과 주희의 태극개념이 같다고 할 수는 없을 것이다. 주희의 경우 태극과 음양을 리理와 기氣의 관계로 이해하는 반면,[26] 소옹은 부동의 태극을 숫자 1로, 변화의 문제를 숫자 2로 설명하는 수학적 태도를 보인다.[27] 태극, 음양, 사상…64괘로 이어지는 '일분위이법[一分爲二法;加一倍法]' 역시 이러한 수적 질서체계가 적용된 것이라 하겠다. 다만 소옹은 태극을 우주의 수적 질서체계로 말할 뿐 아니라, 태극을 부동不動의 성性이라 하고, 또 심위태극心爲太極을 말하며, "사람은 천지의 중심에 거하고, 마음은 사람의 중심에 거한다"[28]라고 한다. 이러한 언설을 통하여 그의 태극이 단순히 객관적 우주질서의 근원에 그치는 것이 아니라 동시에 가치론과 수양론의 근원임을 알 수 있다. 이는 태극을 발생론, 존재론, 수양론의 영역을 포괄하는 궁극적 개념으로 본 것이며, 이러한 특징은 주희가 소옹의 선천학을 수용하는 중요한 이유가 될 것이다.

「원괘획」은 역을 태극과 음양의 관계로 설명하고, 이를 하락 선천도

---

26 그러나 『역학계몽』에서 태극과 음양을 직접 리와 기라는 용어로 설명하지는 않는다.
27 소옹의 태극에 대한 설명으로는 다음과 같은 것들이 있다. "태극은 하나이며 움직이지 않는다. 둘을 낳으니, 둘이 되면 신묘하다" "하나는 수의 시작으로서 수가 아니다" "하나는 변화할 수 없다" "태극은 움직이지 않으니 본성이다. 드러나면 신령스럽고, 신령스러우면 수가 있게 되고, 수가 있게 되면 상이 있게 되고, 상이 있게 되면 구체적 개별자가 있게 되고, 구체적인 개별자가 있게 되면 변화하고, 변화의 과정은 다시 신령스러움에 복귀한다." 『황극경세서』, 관물외편: 太極不動性也, 發則神, 神則數, 數則象, 象則器, 器則變, 復歸於神也.
28 『황극경세서』 「관물외편」, "人居天地之中, 心居人之中."

(주희의 개념에서)의 원리와 일치하는 것으로 조명하려는 주희의 시도가 두드러진 장이다. 「본도서」의 주제가 하도낙서의 상수학이었다면, 「원괘획」의 핵심은 '역유태극易有太極, 시생양의是生兩矣'로 시작되는 「계사전」의 이 문장에 있으며, 주희는 8괘 성립의 근거를 하도 낙서뿐 아니라 태극음양의 관계로도 제시하는 것이다.

> "「계사전」에서 또한 복희씨가 괘를 그리는데 취한 것이 이와 같다고 하였으니, 그렇다면 역은 단지 하도로써만 지어진 것이 아니다. 대체로 천지사이에 가득찬 것이 태극과 음양의 신묘함이 아닌 것이 없다. 성인이 여기에서 우러러 관찰하고, 굽어 살피며 멀리서 구하고 가까이에서 취하였으니, 이는 본래 초연히 말없는 가운데 그 마음에 맞을 수 있었기 때문이다."[29]

앞서 말하였듯이 필자는 주희가 소옹의 선천학을 수용하면서 먼저 하도와 낙서를 통해 유가역의 객관적 보편적 근거를 확보하고, 이를 다시 주희철학의 궁극개념인 태극 속으로 수렴해 들임으로써 상·수·리가 일체가 되는 사유체계를 완성하고자 하였다고 본다.[30] 더 나아가 여기에 숨어있는 내적 논리가 리기의 불리부잡不離不雜이라고 본다. 『역학계몽』「원괘획原卦畫」에서 「계사전」"역에 태극이 있으니, 이것이 양의를 낳고, 양의는 사상을 낳고, 사상은 팔괘를 낳는다[易有太極, 是生兩矣, 兩儀生四象, 四象生八卦]"를 해설하면서, 주희가 소옹의 선천개념과 하락의 태극 및 주렴계의 태극을 하나의 체계로 일원화하고, 하락의 상수와

---

29 『易學啓蒙』「原卦畫」, "大傳又言, 包羲畫卦所取如此, 則易非獨以河圖而作也. 蓋盈天地之間, 莫非太極陰陽之妙. 聖人於此, 仰觀俯察, 遠求近取, 固有以超然而黙契於其心矣."
30 필자는 상·수·리를 일체로 구성하는데 동원된 숨은 논리가 理氣의 不雜不離라고 본다. 아래에서 이와 관련하여 좀 더 상세한 논의를 할 것이다.

소옹의 일분이위법一分爲二法을 주돈이周敦頤「태극도설」의 태극-음양-오행의 발생론과 일치하는 것으로 설명하고자 애를 쓰는 것은 바로 이러한 이유라고 생각된다.

> 선천도는 곧 복희가 본래 그린 그림으로서, 소옹이 지어낸 것이 아니다. 언어가 없으나 해당되는 곳이 매우 광범위하다. 무릇 지금 역 가운데의 한 글자 한 뜻이 그 가운데로부터 흘러나오지 않는 것이 없다.「태극도설」은 오히려 주렴계가 스스로 지어낸 것인데, 역 가운데의 중요한 강령의 뜻을 밝혀 낸 것일 뿐이다. 그러므로 그 규모를 논하자면 태극도설이 선천도의 크고 상세함만 못하고, 그 의리를 논하자면 선천도가 태극도설의 정미하고 요약됨만 못하다. 생각건대 원래 규모가 같지 않으나 태극도설은 결국 선천도의 범위 내에 있다. 또 선천도의 자연스러움이 사려를 통해 안배를 하지 않아서 보다 낫다.[31]

주자학 체계에 있어서 염계「태극도설」이 지니는 위상과 중요성은 더 말할 나위가 없다. 이후 성리학에 있어서「태극도설」은 우주발생론에 그치는 것이 아니라, 존재와 가치의 궁극적 근거를 제시하는 성리학의 존립근거가 된 것이다. 주희는「계사전」'역유태극시생양의'조를 설명하면서, 공자가 천명한 태극의 의미를 올바로 계승한 두 가지가 경우가 주돈이의「태극도설」[32]과 소옹의 선천학이라고 본 것이며, 따라서

---

31 『주자대전』권46,「答黃直卿」3, "先天乃伏羲本圖, 非康節所自作. 雖無言語而所該甚廣. 凡今易中一字一義, 無不自其中流出者. 太極却是濂溪自作, 發明易中大槪綱領意思而已. 故論其格局, 則太極不如先天之大, 而詳論其義理, 則先天不如太極之精而約. 蓋合下規模不同, 而太極終在先天範圍之內. 又不若彼之自然不假思慮安排也."
32 주희는 이렇게 말한다. "비로소 염계선생이 홀로 천년동안 전해지지 않은 비밀을 얻어 전하여, 위로는 선천역을 조술하여「태극도」를 지었다. 이른바 태극이라 한 것은 대체로 '易有太極'에 근본한 것이고, 음양오행과 사람, 만물이 모두 이로부터

양자를 하나의 원리에 입각하여 해석해야할 필요가 있었을 것이다.

이제 주희가 소옹의 선천개념과 하락의 태극, 태극도설의 태극개념을 어떻게 일원화하는지를 살펴보자. 「원괘획」에서 「계사전」의 '역에 태극이 있으니, 이것이 양의를 낳고, 양의는 사상을 낳고, 사상은 팔괘를 낳는다[易有太極, 是生兩矣, 兩儀生四象, 四象生八卦]'를 통해 팔괘의 성립을 이야기 하면서, 이 짧은 문장을 '역유태극' '시생양의' '양의생사상' '사상생팔괘'의 4개의 구절로 나누어서 각각에 대해 상세한 이론을 전개하고 있다. 주희는 「계사전」의 이 문장이 유가역의 핵심이자, 소옹 선천학의 근본이 바로 여기에 있다고 보았다. 즉 태극, 양의, 사상, 팔괘는 역의 근간이 되는 것인데, 이는 복희씨가 그려낸 것을 공자가 밝힌 것이고, 그 후 천 년간 도통을 잃었다가 소옹에 의해 계승되었다고 보는 것이다.[33]

먼저 주희는 '역유태극'을 하도낙서[천지자연의 역으로서 선천]의 가운데 비어있는 상으로 설명하고, 이를 주돈이 태극도설의 '무극이태극無極而太極'[34] 그리고 소옹이 말하는 '도위태극道爲太極' '심위태극心爲太極'과 같은 의미로 설명한다.

> "태극이란 상象과 수數가 아직 드러나지 않았지만 그 이치는 이미 갖추고 있는 것을 말하고, 또 형기形器는 이미 갖추어졌지만 그

생겨난다는 것은 바로 '태극이 양의를 낳고, 양의가 사상을 낳고, 사상이 팔괘를 낳는다'는 말이다."(『성리대전』권1)

33 『주자대전』권45, 「答虞士朋〈太中〉」, "是皆自然流出不假安排. 聖人又已分明說破, 亦不待更著言語別立議論而後明也. 此乃易學綱領, 開卷第一義. 然古今未見有識之者, 至康節先生, 始傳先天之學, 而得其說, 且以此爲伏羲氏之易也."

34 주희는 袁機仲에게 보낸 편지에서 "無 속에 有의 상이 머금어져 있음을 안다면 그대 친히 복희를 만나보았다 하리(『주자대전』권38, 「答袁機仲」3, 若識無中含有象, 許君觀見伏羲來)"라고 하여, 無極而太極의 자리가 복희심법의 자리임을 말하고 있다.

이치가 어떠한 조짐도 없는 것을 지칭한다. 이는 하도와 낙서가 모두 가운데를 비운 상이다. 주돈이가 '무극이태극'이라 하고, 소옹이 '도위태극'·'심위태극'이라 한 것이 모두 이를 말한 것이다."[35]

　　"그러므로 양의가 나뉘기 전 혼연한 태극에는 양의 4상 64괘의 이치가 이미 그 가운데에서 찬란히 빛나는 것이다. 태극에서 양의가 나뉘어지므로 태극은 본래 태극이고, 양의는 본래 양의이다. 양의에서 사상이 나뉘어지므로 양의 또한 태극이고, 사상 또한 양의이다. 이로부터 미루어보면 4에서 8, 8에서 16, 16에서 32, 32에서 64, 백, 천, 만, 억의 무궁함에 이른다. …그 이루어진 모습과 형세는 본래 혼연한 가운데 이미 갖추어 있어서 그 사이에 털끝만한 사려와 작위도 용납하지 않는다."[36]

　　위의 인용문에서 주희는 비록 직접적으로 리기理氣라는 표현을 사용하지는 않았지만, 주희특유의 리기理氣 부잡불리不雜不離의 사유로, 하락의 태극, 소옹의 태극, 주렴계의 태극을 일원화 해 낸 것이라 생각된다. 이와 관련하여 여돈강余敦康은 주희에게 있어 상수는 선천이든 후천이든 결국 음양동정이라는 기氣의 문제이며, 음양의 동정작용에는 반드시 그 이치로서 태극이 있는 것이기에, 주희의 상수론은 궁극적으로 음양과 태극이라는 리기理氣의 문제로 귀결된다고 지적한다.[37]

　　태극과 음양을 리와 기로 가르는 주희체계에서 보았을 때, 드러난

---

35 『역학계몽』「원괘획」, "太極者, 象數未形, 而其理已具之稱. 形器已具, 而其理無朕之目. 在河圖洛書, 皆虛中之象也."

36 『역학계몽』「원괘획」, "故自兩儀之未分也, 渾然太極而 兩儀四象六十四卦之理, 已燦然於其中, 自太極而分兩儀, 則太極固太極也, 兩儀固兩儀也. 自兩儀而分四象, 則兩儀又爲太極, 而四象又爲兩儀矣. 自是而推之, 由四而八, 由八而十六, 由十六而三十二, 由三十二而六十四, 以至於百千萬億之無窮.…然其已定之形, 已成之勢, 則固已具於渾然之中, 而不容毫髮思慮作爲於其間也."

37 余敦康,「朱熹《周易本義》卷首九圖與《易學啓蒙》解讀」,『中國哲學史』2001, 제4기, 14쪽.

상과 수는 모두 기가 되고, 그 상수를 함축하고 있는 태극은 리가 될 것이다. 이 때 상수와 리는 상호 부잡불리의 관계에 놓이게 된다. 위에서 '상과 수가 아직 드러나지 않았지만 그 이치가 이미 갖추어 있다'는 것은 리기의 부잡不雜적 측면을 말하는 것이고, '형기가 이미 갖추어졌지만 그 이치가 어떠한 조짐도 없다'는 것은 리기의 불리不離적 측면에 해당한다고 해석할 수 있다. 상수와 리의 관계를 부잡으로 보든 불리로 보든 이것은 모두 양자의 관계를 강화하는 것이 된다. 상수와 리의 관계를 부잡의 측면에서 볼 지라도 이것은 양자의 격절을 의미하는 것이 아니라, 상수에 대한 리의 주재력의 강화를 뜻하는 것이기 때문이다.[38] 상수가 아니면 리가 드러날 수가 없고, 리가 아니면 상수는 그 근거를 잃는다. 주희는 상·수·리의 일체성에 대하여 다음과 같이 말한다.

"대체로 이러한 리理가 있으면 곧 이러한 상象이 있고, 이러한

---

38 후대의 주자학에서 태극도 제1권의 '無極而太極'은 理氣不雜의 超형기의 차원을 지칭하는 것으로 이해되기에, 이러한 관점에서 보자면 주희가 하락의 태극과 태극도설의 무극이태극, 소옹의 도위태극, 심위태극을 같은 것이라고 할 때에, 이기의 부잡불리의 양면을 뒤섞어 놓은 것이 된다. 또한 '역'자체가 변화를 의미하는 것이기에 '역유태극'을 태극도설의 제1권으로 볼 수 있는가의 문제도 제기된다. 이러한 이론적 부정합성은 특히 조선의 유학자들에게 화두가 되었고, 이를 해결하고자하는 또는 비판적인 논의가 전개됨을 볼 수 있다. 예를 들어 유정원(柳正源:1703~1761)은 주돈이의 제1圈이 태극과 음양오행의 분별에 치중한 것이라면, 『역학계몽』에서 '역유태극'을 태극도 제1권으로 본 것은 태극과 음양의 不離性과 不雜性을 동시에 확보하고자 하였기 때문이라고 한다. 제2圈만으로는 태극의 초월성이 분명히 드러나지 않으므로, 『계몽』에서는 이치가 형기 속에 갖추어 있음을 겸하여 말하면서도 부득이 음양을 초월해 있는 제1권을 제시할 수 밖에 없었다는 것이다. 한주(寒洲) 이진상(李震相:1818-1886)역시 태극음양의 부잡성과 불리성을 동시에 확보한다는 차원에서 논의한다. '역유태극'은 주돈이 태극도의 제2권으로도, 제1권으로도 볼 수 있지만 이를 태극도 제1권이라고 한 것은 理를 중심으로 말한 것으로 이 태극의 이치가 역에서 분리되어 있지 않음을 말한 것이라고 본다.(이선경, 「역유태극시생양의에 대한 조선유학의 해석」『정신문화연구』, 2007, 가을 제30권 제3호, 258-259쪽)

상이 있으면 곧 이러한 수가 있다. 리와 상수는 서로 거절할 수 없는 것이다. 역의 64괘 384효에는 자연한 상이 있는 것으로 인위적으로 안배한 것이 아니다.”[39]

주희가 8괘의 성립되는 과정을 하락의 도상과 염계의 태극도, 소옹의 선천학을 연결지어 설명하는 구조는 ‘시생양의是生兩儀’ 이하로도 일관된다. 주희는 ‘시생양의’를 하도에서 ‘태극이 갈라져 기우奇偶가 생기는 것’, 염계 태극도의 제2권圈과 소옹의 ‘일분위이’에 해당하는 것으로 설명한다.[40] 뿐만 아니라 주희는 소옹의 태극-양의-사상-팔괘로 이어지는 일분위이법과 태극-음양-오행으로 전개되는 태극도설의 발생론을 역시 같은 원리일 뿐이라고 강변한다. 하도에서 사상은 생수1이 태극수 5를 얻어 6이 되고, 2가 5을 얻어 7이 되며, 3이 5를 얻어 8이 되고, 역시 4가 5를 얻어 9가 됨으로써 태양, 소음, 소양, 노음의 9, 8, 7, 6의 수가 얻어진다. 낙서의 경우는 9는 10에서 1이 남은 것이고, 8은 10에서 2가 남은 것이며, 7은 마찬가지 방식으로 3이 남고, 6의 경우는 4가 남은 것이다. 그런데 주희는 염계 태극도에서의 ‘수·화·목·금’이 하락에서의 사상 및 소옹의 ‘둘이 나뉘어 넷이 되는 것’과 같다고 한다.

---

39 『주자어류』 권67:70, “蓋有如是之理, 便有如是之象; 有如是之象, 便有如是之數; 有理與象數, 便不能無辭. 易六十四卦, 三百八十四爻, 有自然之象, 不是安排出來.”
40 『易學啓蒙』: “태극이 갈라질 때 비로소 奇偶가 생성되는데 한 획으로 구성된 것이 둘이니 이것이 兩儀가 되는 것이다. 그 수는 양이 1이고 음이 2이며, 하도 낙서에 있어서는 奇偶가 이것이다. 주렴계가 말한 ‘태극이 動하여 양을 생하고, 動이 다하면 정하여 음을 생한다. 靜이 다하면 다시 動하니, 한 번 動하고 한 번 靜하여, 서로 그 뿌리가 되니, 음과 양으로 나뉘어 양의가 성립된다’라 한 것과 소옹이 ‘하나가 나뉘어 둘이 된다’라는 것이 모두 이를 말한 것이다.” 太極之判, 始生一奇一耦, 而爲一畫者二, 是爲兩儀, 其數則陽一而陰二, 在河圖洛書則奇耦是也. 周子所謂太極動而生陽, 動極而靜, 靜而生陰, 靜極復動, 一動一靜, 互爲其根, 分陰分陽, 兩儀立焉. 邵子所謂一分爲二者, (皆謂此也.)

"수로써 논할 것 같으면 선천도의 수는 1로부터 2로, 2로부터 4로, 4로부터 8로 가서 팔괘가 된다. 태극도의 수 또한 1로부터 2로, 2로부터 4로 되며 그 1인 中을 보태서 오행이 되어 드디어 아래로 만물에 미친다. 대체로 사물의 이치는 본래 같고, 상수 또한 두 가지 이치가 아니며, 단지 크고 작거나 상세하고 간략함의 차이가 있을 뿐이라고 생각할 수 있다."[41]

주희가 「선천도」는 1, 2, 4, 8로 전개되고, 「태극도」는 1, 2, 3, 4로 전개된다고 하여 그 다름을 말하면서도 다시 '만물의 이치가 같기에 상수의 이치 역시 같은 것이고, 단지 크고 작음, 상세함과 간략함의 차이가 있을 뿐'이라고 결론짓는 것은 다소 미진해 보인다. 주희역학에 있어서 상수와 리의 통일적 이해는 이러한 무리를 감행하고라도 구축해야할 중요한 문제였다고 하겠다.

이 지점에서 필자가 주목하는 것은 태극에 대한 주희의 수양론적 관심이다. 기존에 주희의 상수학은 결국 이학적 관심으로 귀결된다고 보는 연구들이 조명하는 '이학적 관심'은 주로 우주본체론적 관점에서의 태극을 겨냥하고 있다. 그러나 필자는 『역학계몽』에서 보여주는 주희의 태극에 대한 관심은 가치론과 수양론의 범주까지를 포괄하는 것이라고 본다. 주희의 리학은 '성품이 곧 이치[性卽理]'라는데 핵심이 있는 성리학인 것이다.

도교의 내단수련에서는 존재와 우주의 최고개념을 태허太虛, 태일太一, 선천일기先天一氣, 원기元氣, 무극無極으로 설정하고 정·기·신精氣神의 수련을 통하여 허虛로 돌아갈 것을 말한다. 반면 송대유학에서는 최

---

41 『주자대전』권46, 「答黃直卿」, 若以數言之則先天之數自一而二自二而四自四而八以爲八卦, 太極之數亦自一而二,〈剛柔〉自二而四,〈剛善剛惡柔善柔惡〉遂加其一〈中〉, 以爲五行而遂下及於萬物. 蓋物理本同而象數亦無二致但推得有大小詳略耳.

고개념을 태극으로 설정, 태극을 기氣가 아닌 리理로 정립하고 이를 다시 마음의 본체-다분히 도덕적인-로 내재화함으로써, 마음이 몸의 주인임을 명확히 하고 마음을 주인으로 하는 심신수양을 말한다. 이러한 의미에서 태극개념을 명확히 한 것이 주희가 해석해낸 염계의 「태극도설」이다. 이러한 맥락에서 주희는 소옹의 선천학을 수용하면서 태극을 우주본체론적 관점[道爲太極]에서 뿐 아니라, '마음'에서 찾는 관점[心爲太極]을 동시에 강조한다. 예를 들어 「원괘획」에서 주희는 선천8괘와 64괘에 대한 소옹의 이론을 먼저 상세히 논의한 다음 후천역인 문왕8괘에 대하여 설명하는데, 여기에서 소옹 선천학의 귀결을 '선천학은 심법'이라는 것으로 맺음하고 있다. 「원획괘」에서 주희가 소옹 선천학의 귀결로 제시한 마지막 문장은 다음과 같다.

> "(소옹은) 또 말하였다. 선천학은 심법이다. 그러므로 선천도는 모두 가운데에서부터 일어나며, 온갖 변화와 온갖 일들이 마음에서 생긴다. 그림이 비록 문자가 없지만 내가 하루종일 말한다고 해도 이것을 벗어나지 않으니, 대체로 천지만물의 이치가 그 가운데 다 있기 때문이다."[42]

호방평胡方平[43]은 주희가 인용한 이 글의 아래 긴 설명을 붙인다. 주희가 여기에서 말하고자 하는 것은 선천도가 있은 뒤로 납갑법納甲法이나, 도가의 수양법, 그보다 못한 화주림火珠林 점법 등이 어느 것 하나 선천도로부터 나오지 않은 것이 없다는 것이다.[44] 그리하여, 주희는 앞

---

42 『易學啓蒙』「原卦畫」, "先天學, 心法也. 故圖皆自中起, 萬化萬事, 生於心也. 又曰, 圖雖無文, 吾終日言而未嘗違乎是. 蓋天地萬物之理, 盡在其中矣."

43 송대의 학자. 호는 玉齋. 주희의 사위 황간 문하에 전해진 역학을 배웠으며 『易學啓蒙通釋』을 지었다.

44 『易學啓蒙』「原卦畫」胡方平의 注, "朱子之意, 蓋謂自有先天圖以後, 如納甲道家修養

에서 소옹의 말들을 죽 인용한 뒤에, 선천도는 마음의 법이며, 천지만물의 이치가 다 그 속에 있다는 말로 끝을 맺는다는 것이다.[45] 앞서 필자가 추정한 바와 같이 주희가 소옹 선천학을 송대이전의 복잡다단한 상수학과 점법들, 신선수련으로서의 도교역학들을 포괄하여 정리할 수 있는 이론체계로 보았다는 것을 호방평은 구체적으로 설명하고 있다. 선천의 심법은 천지만물의 존재론적, 수양론적 공통근거가 되는 것이다. 계속하여 호방평은 "그렇다면 소옹의 학문은 마음에서 터득한 것이고, 마음은 리에 근본한 것이니, 어찌 한갓 상수에 머물겠는가?"라 하여, 주희가 소옹의 선천학을 존중한 이유가 상수와 리를 일체로 정립하려는 주희의 역학관에 부합하였기 때문임을 보여주고 있다.[46]

法, 下至火珠林占筮等書, 莫不自先天圖出."

45 『易學啓蒙』「原卦畫」胡方平의 注, "今歷引其言, 而終之以圖爲心法, 圖皆從中起, 且以爲天地萬物之理盡在其中, 則其學之得於心, 心之根於理者, 又豈徒象數云乎哉."

46 소옹의 심위태극과 관련하여 조선의 실학자 이규경은 다음과 같이 말한다. "아무튼 태극이란 나의 마음에 있는 것이다. 마음의 神明한 것이 萬有를 통괄하는 것이므로, '神을 단련하여 虛로 돌아간다.'는 것과 전혀 다르다. 이것이 소옹이 말한 '마음이 태극이다'라는 것이다. 性과 知覺이 합하여 마음이라는 이름이 있게 되었으니, 그 본체는 지극히 虛하고 지극히 靈하여 湛然한 가운데에 있는데, 만물이 모두 다 갖춰졌다. 그러므로 마음을 떼어 놓고 이치만 말한다면 이치가 분산되어 돌아갈 곳이 없게 되고, 이치를 떼어 놓고 마음만 말한다면 마음이 방탕하여 의거할 곳을 잃게 된다.··· '사람이란 하늘과 땅의 마음이고, 마음이란 하늘과 땅의 極이며, 數와 이치가 갖춰져 만사가 응함에 이르러서는 浩然히 확충되지 않음이 없고 釐然히 관통되지 않음이 없어, 할 일을 다 하게 되지 않겠는가. 배우는 이는 괜히 그 마음을 좁게 만들지 말아야 한다'고 했다. 이는 태극에 대한 正論이다."

5. 맺음말: 후대역학사에서 『역학계몽』의 계승과 비판양상

주희의 『역학계몽』에서 보이는 하락상수와 점법은 후대에 관방학으로서 주자학의 위상에 힘입어 상수학의 보편적 통설이 되었다. 그러나 주희가 제시한 『역학계몽』의 이론은 당시엔 실험적이라 할 만큼 매우 새로운 것이었으며, 오히려 당대 유학자들의 비판대상이 되었다. 『역학계몽』의 근간이 된 소옹의 선천학 자체가 이미 당시 유학자들의 비판대상이었던 것이다. 소옹과 동시대를 지낸 정이천이 그의 선천상수학을 인정하지 않았음은 물론이고, 앞서 살펴 본 구양수 및 주희 당시 육구연陸九淵, 임률林栗, 원추袁樞 등도 소옹의 선천학과 주희의 역학을 비판하였다. 역학에 관한한 주희의 주장은 당시 유학계의 비주류였던 셈이다.

주희의 역학은 원대와 명대를 거치면서 관방학이 되었으나, 청대에 이르러 신랄한 비판에 직면한다. 왕부지王夫之는 주희가 "공자와 주공을 버리고 술사들의 엉터리 방술을 따랐다"고 하였으며, 고염무는 주희를 직접 비판하지는 않았지만 『본의』에 실린 9개의 도식이 도가에서 온 것이라고 지적하였다. 황종희黃宗羲, 모기령毛奇齡, 호위胡渭 등은 주희 상수학을 매우 심하게 비판하였다. 황종희는 "공부자께서 『역』의 끈을 세 번이나 다시 묶으면서 탐구하셨던 도리를 간장이나 팔러 다니는 무리에게서 구하였으니, 역학이 황폐하기가 초공焦贛, 경방京房 때와 같았다."고 한다. 호위의 경우는 도서학 자체를 부인하고, 도서를 역의 근본으로 여겨 역도를 재난에 빠뜨린 책임이 주희에게 있다고 통박하였다.

주희 상수학에 대한 비판의 요지는 대체로 첫째, 선천학은 유래가 도가에서 온 것으로 유가성인의 가르침이 아니라는 것이다. 특히 당시 통용하던 역은 『주역』인데, 주역의 주인공인 문왕이 지은 경문經文에 근거를 두지 않았다는 것이다. 둘째, 주역을 점치는 책으로 보아 술수로 빠졌다는 것이다.

그러나 주희가 역이 본래 점을 치는 책이라고 강조한 것이 결코 의리역을 반대하였거나 부정하였음을 의미하는 것은 아니다. 주희가 점을 긍정한 것은 분명하다. 그러나 현대인들이 미래예측을 단지 신비의 영역으로 돌리지 않고, 과학, 정신분석학 등의 방법으로 합리적으로 이해하는 길을 찾듯이, 오히려 점을 합리적으로 체계화하고 활용할 수 있는 길을 모색하였던 것이라 하겠다. 그리하여 「계사전」에 나타난 설시법을 공자가 승인한 것으로 전제하고, 그것을 상세하게 내용과 과정을 보완하고 체계화하는 한편, 그것을 적용하여 전국시대 문헌에 기록된 점의 사례를 일일이 고증해내는 것이다. 주희에 있어서는 점 역시 올바른 상수에 기초하여 드러나는 자연적 이치의 소산일 뿐이다. 이에 주희는 「명시책明蓍策」에서 계사전의 대련지수 및 설시와 관련한 원문을 뽑아놓고, 누구라도 그에 따라 점을 칠 수 있을 정도로 체계적이고 상세한 설명을 덧붙이고 있다. 또한 「고변점考變占」에서는 6효가 불변인 경우로부터 6효가 모두 변효인 8가지 경우에 대하여 일일이 『춘추좌씨전』과 『국어』등에서 점친 구체적 사례를 들어 고증하고, 또 그의 점법에 대한 신뢰를 높이고 있다.[47] 『주역』은 본래 점치는 책이었다고 단언하는 주희가 이와 같이 심혈을 기울여 점법을 이론적으로 정비한 것은 스스로 그의 주장이 공허한 것이 아니라 실증할 수 있는 것임을 보여준 것이라고 하겠다.[48]

---

47 김상섭 해설, 『역학계몽』, 예문서원, 1994, 284-285쪽 참조.
48 『주자어류』와 『주자행장』에서는 주희가 자신의 점법에 의해 점을 친 사례를 기록

주희이후『역학계몽』의 상수학이 활발히 논의되고 발전한 곳은 오히려 조선의 학계였다. 물론 원대와 명대를 거치면서 주자학은 관방학이 되었고, 주희의 역학 역시 정이천의『역전』과 함께 표준적 지위에 오른 것이 사실이다. 그의 역학은 그의 직계문인들 및 원대의 황서절黃瑞節, 호방평胡方平, 호일계胡一桂 부자에게 전수되고 청대 강희제康熙帝에 이르러『역학계몽』은『주역절중』속에 여러 집설들 및 강희제의 '안案'과 함께 수록되기에 이른다. 그러나 주희 이후 중국학계에서『역학계몽』자체에 대한 연구서는 호방평胡方平의『역학계몽통석易學啓蒙通釋』, 호일계胡一桂의『주역계몽익전周易啓蒙翼傳』, 한방기韓邦奇의『계몽의견啓蒙意見』정도로 몇 편에 불과하여 조선시대『역학계몽』관련 연구저작물이 30편을 상회하는 것과는 대조적이다. 주희의『역학계몽』은 조선의 학자들에 의해 보다 정치하게 논의됨을 볼 수 있는 것이다.

하고 있다. 1195년 주희가 도학을 위호하던 趙汝愚가 유배당하자, 그의 신원을 위한 상소를 올리는 일로 점을 친 결과가 기록되어 있으며, 채원정이 유배당하였을 때 주희의 문인이 점을 친 사례가 기록되어 있다.

〈 3 〉
한국역학의 새로운 지평

『훈민정음』 제자해에 함유된 송대 상수역과 조선역*

- 『황극경세서』, 『태극도설』, 『역학계몽』을 중심으로 -

조희영

『훈민정음』 제자해를 관통하는 핵심의 하나는 '송역사상宋易思想'이고 또 하나는 사람중심인 '인본주의 사상人本主義 思想'이다. 제자해의 역학사상은 강절, 렴계, 주희 등 송역과 불가분의 관계이나 역학적 논리를 적용하는 양상에서 모종의 '새로운 역'을 엿볼 수 있다. 신유학이 채 여물지 않은 선초에 송역의 대표적 논설을 착종하듯 엮고 강절의 성음론을 더해 창제된 정음과 그 속을 '사람중심'으로 채운 제자해에서 개물성무開物成務한 '조선역朝鮮易'의 면모를 발견할 수 있다.

1. 이끄는 글

　『훈민정음』(이하 '정음'이라 함)의 창제배경에 대한 연구는 조선시대 이래 현대까지 셀 수 없이 많다. 창제의 배경논리와 당시 시대사상은 해례편解例編 제자해制字解에 잘 나타나 있다. 그래서 현대 연구는

---

　* 조희영(조선대). 이 글은 「『訓民正音』 制字解에 함유된 宋代 象數易과 朝鮮易-『皇極經世書』, 『太極圖說』, 『易學啓蒙』을 中心으로-」라는 제목으로 『東方學志』 184 (2018. 09)에 게재하였음을 밝혀둔다.

제자해를 통해 정음의 창제배경을 논한다. 국어학계에서는 제자해의 기반으로 음운학音韻學을 들면서 동시에 '역학易學' 혹은 '성리학性理學'이란 이름으로 음양오행론陰陽五行論과 삼재론三才論 등을 말하고 있다.[1] 역학계에서 정음과 제자해에 대한 역학적 연구는 그리 많지 않다.[2]

필자가 본 연구를 하게 된 데에는 다음과 같은 유발 요인이 있었다. 제자해와 역학과의 관계에 대해 권재선은 "제자해에는 역易에 대한 설

---

1 국어학계에서 『훈민정음』을 논할 때 대부분 음운론과 역학을 함께 언급한다. 워낙 많아서 다 인용할 수는 없고 그 중 대표적인 것을 들면 다음과 같다. 이숭녕, 「世宗의 言語政策에 關한 硏究 : 特히 韻書編纂과 訓民正音制定과의 關係를 中心으로 하여」, 『亞細亞硏究』1·2, 高麗大亞細亞問題硏究所, 1958, 29-83쪽; 「『황극경세서』의 이조후기 언어연구에의 영향」, 『진단학보』32, 진단학회, 1972, 105-130쪽; 강신항, 「『訓民正音』 解例理論과 『性理大全』과의 聯關性」, 『국어국문학』 26, 국어국문학회, 1963, 181-184쪽; 「역학과 『훈민정음』 해례이론」, 『泰東古典硏究』 22, 翰林大泰東古典硏究所, 2006, 7-24쪽; 徐炳國, 「訓民正音 解例本의 制字解 硏究-制字原理를 中心으로」, 『慶北大學校論文集』 8-인문사회과학편, 慶北大學校, 1964, 13-32쪽; 김석득, 『『경세훈민정음』의 역리적 구조」, 『동방학지』 13, 연세대 국학연구원, 1972, 135- 169쪽; 김석득, 『우리말 연구사』, 태학사, 2009.;이기문, 「訓民正音 創制의 基盤」, 『東洋學』 10, 檀國大學校附設東洋學硏究所, 1980, 388-396쪽; 이성구, 『訓民正音 硏究』, 서울東文社, 1985; 유창균, 「『황극경세서』가 국어학에 끼친 영향」, 『石堂論叢』 15, 東亞大 石堂傳統文化硏究院, 1989; 박창원, 『國語史 資料와 國語學의 硏究』, 서울 文學과知性社, 1993 그 중 박창원 논문 '훈민정음 제자의 '理'에 대한 고찰' 613-641쪽; 권재선, 「제자해 해석상의 문제점과 그 해명」, 『한글』 235, 한글학회, 1997, 175-203쪽; 박동규, 「샤오 용(邵雍)의 사상이 한글 제정에 끼친 영향」, 『한글』 253, 한글학회, 2001; 심소희, 「『황극경세·성음창화도』 연구-정음관과 음운체계를 중심으로-」, 연세대 박사학위논문, 1996. 이돈주, 「邵雍의 「皇極經世聲音唱和圖」와 宋代漢字音」, 『국어학』 43, 국어학회, 2004; 김슬옹, 「'훈민정음' 문자 만든 원리와 속성의 중층 담론」, 『한민족문화연구』 21, 한민족문화학회, 2007, 95-135쪽.
2 역학계에서는 이정호, 『訓民正音의 構造原理』, 亞細亞文化社, 1972년의 연구가 독보적이다. (『鶴山 李正浩全集 2권: 訓民正音의 構造原理』, 2017년). 그 외 김만태, 「『훈민정음』의 제자원리와 역학사상-음양오행론과 삼재론을 중심으로-」, 『철학사상』 45, 서울대철학사상연구소, 2012, 56-94쪽. 곽신환, 「『훈민정음 해례』에 반영된 성리학의 영향 : 태극·음양·오행·삼재론을 중심으로」, 『儒學硏究』 37, 忠南大 儒學硏究所, 2016, 22-59쪽. 니에 바오메이(섭보매), 「훈민정음 초성의 배열과 음양오행 원리」, 『한글』 312, 한글학회, 2016, 67-95쪽.

명이 엄청나게 많아 그 모양이 칡덩굴처럼 얽혀 제자해를 둘러싸고 있다."고 했고[3], 김석득은 "역학에 대한 이해 없이는 정음에 대한 이해를 이룰 수 없다."고도 했다.[4] 소강절과의 관계에 대해서는 유창균은 "정주학[성리학]은 리기理氣를 제창하면서 이것을 소옹邵雍처럼 성음聲音과의 관계에서 파악하지 않는다."라 했고[5], 박권수는 "정음은 소강절의 이상이 15세기 조선에서 구현된 것"[6]이라 했다. 어떤 이는 정음과 역학과의 관계를 부정적으로 보기도 했다.[7] 이런 주장은 필자로 하여금 정음과 소강절을 위시한 송대 상수역과의 관계에 대해 관심을 갖게끔 했다. 이것이 첫째 동기다.

또 다른 동기로, 필자는 창제 배경에 대해 '역학' 혹은 '성리학'이라는 다소 범범한 관점에서 논하는 기존 연구에서 일말의 문제의식[개념상의 모호함]을 느꼈다.[8] 이런 점을 해결하기 위해 어떤 일관된 체계로

---

3 권재선, 앞의 논문, 1997, 176쪽. 그는 제자해를 음운부분과 역학부분으로 나누어 자세히 분석했다.
4 김석득, 앞의 논문, 1972, 138-139쪽.
5 유창균, 앞의 논문, 1989, 82쪽.
6 박권수, 「조선 후기 상수학의 발전과 변동」, 서울대 박사학위논문, 2006, 99쪽.(과학사학계 논문임)
7 김슬옹, 앞의 논문, 2007, 121쪽 및 김만태, 앞의 글, 2012, 57쪽에서 부정론자인 이상백, 김영환, 리득춘, 김동소의 견해를 소개했다. 국어학자의 입장에서 제자해에 역학이 섞인 것이 불만인 것이다.
8 필자가 기존 연구에서 이런 느낌을 가진 이유는 다음과 같다. 역학이라면 의리역학과 상수역학의 구분이 있고 시대적으로도 漢易, 위진역, 수당역, 宋易 등의 차이가 있는데도, 제자해 나타난 음양오행사상이나 삼재사상 등을 한 묶음으로 '역학'이라 하고, 또 이를 '성리학'이라고 하는 것에 대한 문제의식이다. 성리학은 조선조 주류 학문임은 분명하나 역학을 성리학이라고 혼용하는 것은 의문이다. 엄밀히 말하면, 당시 조선의 유학자나 제자해 저자들은 宋學의 영향을 받은 성리학적 사유로 易에 접근하여 조선역학을 이루어 갔고, 이를 되돌려 역학적 사유로 더 깊은 성리학의 경지를 조망했다고 봄이 타당하다. 역학은 시대사상과 긴밀히 교류하는 한편 당시 지식체계와도 부단히 조응하면서 앞서거나 뒤서거나 변화 발전한다. 이것이 역이 지닌 교역과 변역의 속성이라 생각한다.

분석하여 제자해의 역학적 배경을 명료하게 하고 싶었다. 이것이 두 번째 동기다. 따라서 본 연구는 제자해의 배경 논리를 '송대 도서상수역학'(이하 '송역'이라 함)의 관점에서 관찰한다. 송역 가운데 소강절의 『황극경세서』(이하 '강절'이리고도 함), 주렴계의 『태극도설』(이하 '렴계'라고도 함), 주희의 『역학계몽(이하 '주희'라고도 함)을 택했다. 그 이유는 이 책들은 『성리대전性理大全』에 실린 것으로 제자해 저자들의 핵심 텍스트이자 조선역의 기반 서적이었기 때문이다.

위와 같은 동기 아래 제자해에 깔린 역학사상을 송역이란 그물망으로 건져 올리는 것이 본 글의 1차 목적이고, 그것에서 '조선역'을 찾는 것이 2차 목적이다. 논술 순서는 본론에서 제자해에 담긴 위 세 책의 이론을 차례대로 논하고 결론에서 '조선역'에 대해 언급할 것이다. 정음 창제 시(1443년)와 반포 시(1446년) 사이에는 3년이란 시간적 간격이 있다. 간격 발생의 원인과 그 내막에 대해서는 여러 의견이 있다.[9] 본 글에서는 이런 부분은 무시한다. 위 책들의 저본은 세종원년(1419년)에 들어온 『성리대전』 本으로 한다.[10]

---

9 서병국은 다음과 같은 의견을 제시하고 있다. "제자해는 성리철학의 이론을 빌어다 가 정음자체의 성질에 맞추어 적용하는 작업이 주가 되어 있다. 단순히 해례를 붙 인 것이 아니라 본문(예의)과 해례 사이에 어떤 사정이 개재함을 느끼게 한다."라 하고 또 "정음은 처음부터 韻學과 성리학의 이론 체계를 갖춘 것이 아니고 집현전 학사 일부의 반소(최만리 등의 반소)에 부딪치자 세종의 명에 의해 운학과 성리학 의 체계로 詳加解釋 된 것이라 본다."라 했다. 徐炳國, 「中國韻學이 訓民正音 制定 에 미친 影響에 關한 硏究」, 敎育硏究誌 15, 慶北大學校師範大學, 1973, 25-52쪽.
10 본 글의 저본은 학민문화사에서 1989년 발간한 영인본 『性理大全』이다. 『성리대전』 은 『五經大全』, 『四書大全』, 『朱子大全』 등과 함께 조선 사상서의 핵심이다. 『성리 대전』은 특히 세종이 경연을 통해 활발히 연구하였으며 창제 관련자들의 이론적 기 반서이다.

2. 제자해에 나타난 강절역학(『황극경세서』)

먼저 邵康節소강절(1011-1077)의 『황극경세서』를 택했다. 그 이유는
이 책에 나온 도설圖說이 제자해에 가장 큰 영향을 준 것으로 보기 때
문이다. 이는 국어학계의 입장[11]이기도 하다. 강절의 영향이 나타난 부
분은 제자해 초입 부분과 중성 부분 둘로 크게 나누고, 제자해 초입 부
분은 다시 셋으로 나눈다. 먼저 제자해 초입 부분 셋을 보는데 여기에
정음 창제 배경의 골격이 나와 있다.

① 천지의 도道는 하나의 음양오행으로 이루어져 있다. 곤괘와
　　복괘 사이는 태극이고, 움직임과 고요함 뒤에 음양이 된다.
　　…… 사람의 성음은 모두 음양의 이치가 있으나 돌이켜 사
　　람이 살피지 못할 따름이다.
② 지금 정음을 지음은 처음부터 머리를 쓰거나 억지로 찾은 것
　　이 아니고, 다만 성음으로 그 이치를 궁극했을 뿐이다.
③ 정음 스물여덟 자는 각각 그 모양을 본떠서 만들었다.[12]

위를 요약하면 '천지의 도는 음양오행이다. 곤복지간坤復之間[태극]
의 동정을 거쳐 음양이 되고 사람의 소리[성음]에 음양의 이치가 있다.
정음은 태극음양오행의 이치가 내재된 사람 소리의 이치를 자연스럽게
궁리하고 만물의 모양[형상]을 본떠서 만들었다'는 것이다. 여기서 알
수 있는 것은 정음은 '소리'와 '모양을 본뜸[象其形]'으로 만들었다는 것

---

11 이숭녕, 강신항, 서병국, 유창균, 이기문, 김석득 등 대부분의 국어학자들의 의견이다.
12 制字解, "①天地之道, 一陰陽五行而已, 坤復之間爲太極, 而動靜之後爲陰陽 …… 故
　　人之聲音, 皆有陰陽之理, 顧人不察耳. ②今正音之作, 初非智營而力索, 但因其聲音而
　　極其理而已. ③正音二十八字, 各象其形而制之."

이고 줄이면 '성'과 '상'으로 만들었다는 말이다.[13] '성'은 원래 음운적 요소이다. 모양을 본뜸에서 '상[발음기관象과 천지인象]'은 상수학의 '상'과 일치하는 부분[14]이지만 강절과 직접 관련은 없다. 강절의 역리가 나타난 부분은 1. "곤괘와 복괘 사이는 태극"이란 부분과 2. "지금 정음을 지음은 처음부터 머리를 쓰거나 억지로 찾은 것이 아님", 3. "다만 성음으로 그 이치를 궁극했을 뿐" 이 셋이다. 차례대로 본다.

첫째, "곤괘와 복괘 사이는 태극"에 대해서이다. 제자해에 음양오행의 논리가 많다는 점은 다 아는 사실이나 음양오행의 원두처인 '태극'에 대해서 렴계의 '무극이태극'론이 아닌 강절의 '곤복지간위태극'론을 빌렸다는 점은 좀 의외이다. 64괘 가운데 곤괘와 복괘 사이에 '모종의 의미[태극]'를 부여한 사람은 강절이고 이는 그의 「선천(방원)도」에서만 설명이 가능하고[15] 「경세일원소장지도」에서는 설명이 불가능하다.[16] 「선천도」는 『황극경세서』 서두에 있는 「찬도지요」[17]에 나온다. 이 그

---

13 박창원은 "『훈민정음』 제자의 기본원리는 '因聲'과 '象形' 그리고 '理旣不二' 세 가지다. 먼저 소리를 관찰하고, 관찰된 소리의 이치에 따라 문자를 만들어 그 이치가 일치되도록 하였다. 『훈민정음』에서는 자연의 이치와 '聲'의 이치와 '字'의 이치는 동일한 것으로 인식하였다."라 했다. 박창원, 앞의 글, 1993, 639-640쪽. 어떤 학자들은 제자원리로 六書法 등을 들기도 한다.

14 '상수'에서 '상'은 계사 하 2장의 近身遠物에서 陽劃[一], 陰劃[--]을 추상하고 '수'는 양획에 1, 음획에 2가 주어져 陽9 陰6이 성립된다. '근취저신'과 '원취저물'을 제자해의 "正音二十八字, 各象其形而制之"와 비교하면 범위가 일치함을 알 수 있다. 사람의 발음기관의 모양을 본떠서[象其形] 만든 초성 17자는 '근취저신'에 해당하고, 중성의 기본자 셋은 天地人에서 추상한 것[象其形]으로 '원취저물'이다. 여기서의 '상'은 계사 상 10장의 성인의 四道의 하나인 "以制器者尙其象(기물을 제작하는 자는 그 상을 숭상한다.)", 계사 상 8장, 12장. "夫象, 聖人有以見天下之賾而擬諸其形容, 象其物宜. 是故謂之象(象은 聖人이 天下의 복잡함을 보고 그 形容에 비기어 그 물건에 마땅함을 형상한 것이다. 이 때문에 상이라 한다.), 계사 하 3장. "易者, 象也, 象也者, 像也(역이란 상이고 상이란 형상이다.)"에서의 '상'과 모두 같은 것이라 할 수 있다.

15

림의 하단 정중앙에 순음純陰인 곤괘坤卦와 일양一陽이 시생하는 복괘
復卦의 중간지대가 있다. 그것에는 '사이[子中]'가 있고 이를 '일동일정
지간'이라 하며 '태극'을 의미한다. 흥미로운 것은 '곤복지간'을 바로
'태극'과 연결한 말은『성리대전』에 실린 다른 역학서에는 없는 당시
잘 사용치 않은 말이라는 사실이다.[18] 물론 '무극이태극'이니 무극 대신
에 태극을 넣을 수도 있다. 그러나 필자는 이런 조합을 택한 제자해의
사상에 주목한다. 제자해는 정음 창제(1443년) 후 3년의 시간이 지난

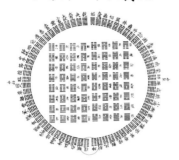

16 간혹 국어학계에서는 강절의 원회운세론을 나타낸「經世一元消長之數圖」(『황극경세
   서』, 561쪽)로 곤복지간을 설명하는데 이는 잘못된 것이다. 왜냐하면「경세일원소
   장지도」에서 곤괘와 복괘는 좌우의 끝에 위치하여 거리가 가장 먼데(위 우측 그림
   에서 ○으로 표시),「64괘원도」에서는 곤괘 다음에 바로 복괘로 연접되어 있다(위
   좌측 그림에서 ○으로 표시). 두 괘는 연접해 있어야 '그 사이(之間)'가 일동일정지
   간[태극]이 되므로 두 괘가 떨어져 있으면 '坤復之間爲太極'을 설명할 수 없다.
17 「纂圖指要」는 주희의 老友이자 강절에 능통한 蔡元定(1135~1198)이 지은 것으로 강
   절의 핵심을 도설(「선천도」,「경세연역도」,「경세천지사상도」,「경세천지사상도」,
   「경세천지시종지수도」,「경세일원소장지수도」,「경세사상체용지수도」등)으로 요
   약한 것이다.『성리대전』편찬자들이 이것을『황극경세서』서두에 배치하여 강절
   역학의 길잡이가 되게 하였다.『황극경세서』, 543-638쪽.
18 『역학계몽』에 "坤復之間乃無極"[주희], "坤復之間無極而太極也."[진제서씨]이 있
   고,『태극도설』에 "無極而太極"이 있을 뿐 "坤復之間爲太極也."이란 말이 없다. 그
   러나 李滉(1501-1570)은『啓蒙傳疑』(1557)에서 "소강절이 坤復之間爲太極也라 했
   다"고 한다. 이후 조선 역학서에 자주 보인다.

뒤에(1446년) 나온 글이다. 한 문장 한 글자에 심혈을 기울여서 당시 사상을 근간으로 창제의 당위성과 음운논리를 집약하여 세종의 지시나 승인을 얻은 글이라고 봐야 한다. 그 용도는 제자원리의 천명뿐 아니라, 대내외 설득용 즉 당시 정음에 반대하는 일단의 지식인[최만리 등]들에 대한 논리적 대응이자 명나라에 대한 외교적 대응도 포함되었을 것이다. 그런 측면에서 보면, 강절의 태극을 제자해 철학적 배경의 근원으로 삼아 보호막을 친 것으로 볼 수도 있다.[19]

그러나 강절의 태극을 제자해 배경의 근본이라고 말할 수 있는지는 의문이다. 이유는 제자해에서 태극이 중심인지, 강절에서 태극이 중심인지[20], 당시 태극이 사상의 중심이었는지 확신할 수 없기 때문이다.[21] 이 문제는 '제자해는 태극을 강절에서 취했다'라는 정도에서 그친다.

둘째, "지금 정음을 지음은 처음부터 머리를 쓰거나 억지로 찾은 것

---

19 주희가 강절역학을 추종하고, 이런 주희의 사상은 명나라와 조선의 주류 사상이어서 강절의 태극을 창제배경의 근본이라 하더라도 이는 주희와 같은 것으로 여겨 반론을 제기하기 힘들었을 것이다.

20 필자는 강절에서 '태극'이 '先天', '心法', '觀物' 등 보다 더 중요한 개념으로 보지 않는다. 그 이유는 태극'이란 말은 강절의 자필인 「관물내편」과 『이천격양집』에는 없고, 제자와 문도들이 지은 「관물외편」에만 나온다(①太極, 一也, 不動 ; 生二, 二則神也. 神生數, 數生象, 象生器. ②心爲太極, 道爲太極. ③太極, 道之極也. ④萬物各有太極. ⑤太極不動, 性也 등) 「관물외편」은 외풍[태극중심론]의 영향을 받았을 것으로 추론한다. 강절 뿐 아니라 北宋(960-1125) 당시에는 '태극'은 역학의 중심이 아니었고 南宋(1126-1279)의 주희에 의해 易理와 性理의 중심이 되었다고 본다. 二程의 어느 저서에서도 '태극'이란 말이 없고, 장재도 '氣', '太虛'가 중심이고, 주렴계 조차 태극보다 誠, 中正仁義란 말을 더 많이 사용한다는 사실이 이를 말해준다. 이로 미루어보면 북송대에서 태극은 중요개념임은 분명하나 유일한 중심개념이 아니라는 생각이 든다.

21 제자해 첫 구절의 태극은 이어지는 음양을 끌어오기 위한 것으로 보인다. 제자해 전체 문맥을 봐서는 태극을 근본에 두고 제자원리를 전개하지 않은 것 같다. 태극에 대한 조선학계에서의 관심을 보여주는 이언적과 조한보의 태극 논쟁은 정음 창제 후 70년 뒤인 1517년의 일이다.

이 아니고"에 대해서이다. 정음이 천지자연의 원리에서 나왔지 인위적인 노력이나 어떤 목적을 가진 기획물이 아니라는 점을 강조하고 있다. "머리를 쓰거나 억지로 찾은 것이 아니다"는 강절의 책[22]에 나오는 말을 인용한 것으로 이 말은 원래 강절역학의 '자연성'을 강조한 말이다. 이런 '자연성'은 강절에만 국한되지는 않는 역의 보편원리이지만 꼬집어 이 문구를 인용한 점에서 정음과 강절과의 관련성을 잘 알 수 있다. 정음의 자연성은 이어지는 "천지귀신동기용야"란 말과 정인지 서문 "정음지작正音之作, 무소조술無所祖述, 이성어자연而成於自然."에서 다시 확인할 수 있다.

셋째, "다만 성음으로 그 이치를 궁극했을 뿐이다"란 부분이다. 이 글은 '성음에 들어 있는 음양의 이치를 극진히 궁리하여 정음을 만들었다'는 뜻이다. '성음에 들어 있는 음양의 이치'란 바로 '성음의 이치'이고 '소리[聲]의 이치'이니 결국 '소리-성聲'으로 정음을 만들었다는 의미이다. 그래서 정음을 소리글자, 소리문자라 부른다. 세종이 창제 시 소리로 글자를 만든 타국의 예를 참조했을 수도 있다. 그러나 '성'에 음양의 이치가 들어 있고 음양의 이치는 천지의 도임을 감안하면 이는 '역학적 사유'의 산물로 봐야 한다. 세종에게 '성'의 중요성을 각인시킨 사람은 누구일까? 바로 강절이다. 이는 『황극경세서』에 나오는 두 명의 주석가의 글로 알 수 있다. 소백온邵伯溫(1057~1134)은 "만물에는 소리, 색깔, 기운, 맛이 있어 연구하여 알 수 있는데, 오직 '성'이 두드러진다"라 하고 또 "성음의 이치를 안후에 만물의 이치를 알 수 있다."[23]라 했다. 상관만리上官萬里는 "오직 『황극경세서』의 성음론이 옛날 성음에

22 『황극경세서』, 548, 598쪽.
23 『황극경세서』, 640쪽, "物有聲色氣味, 可考而見, 唯聲爲甚." …… "知聲音之理而後, 萬物之理得矣."

관한 법칙을 뛰어넘었다. 소리로 수를 일으키고 수로 괘와 합하여 만물의 이치를 얻어 넓혀갔다"[24]라 했다. 전자에게서는 '성'의 중요함을, 후자에게서는 '성음론'의 중요함을 관련자들은 깨달았을 것이다. 여기서 정음의 소재로 '성'이 채택된 배경과 강절의 성음론에 주목한 연유를 알 수 있다. 성음에 대한 논의는 『성리대전』에 실린 다른 책에는 없고 강절에만 있었기에 이를 주목했고 이를 통해 성음론에 대한 역학적 갈증을 해소했다. 그러나 만물이 지닌 '성' 가운데 유독 '사람이 내는 소리'를 택한 것과 '사람의 발음기관의 모양'을 중심으로 제자한 것은 강절과 차별되는 세종의 탁월한 창의적 사유이자 '사람중심' 사상이라 할 수 있다.[25] 이처럼 사람을 중심에 놓고 '성'과 '상'으로 창제한 정음과 제자해에서 변역變易으로서 모종의 '조선역'을 엿볼 수 있다. 이에 대해서는 후술한다.

그 다음 중성 부분에 나타난 강절의 영향이다. 제자해 중성에 다음의 말이 있다.

> 가운뎃소리(중성)는 무릇 열 한자이다. ·는 혀가 축소되나 소리가 깊으니 하늘이 자子에서 열린 것이며, 형태가 둥근(원) 것은 하늘의 상징(형상)이고, ㅡ는 혀가 조금 축소되고 소리도 깊지도 않고 얕지도 않으니 땅이 축丑에서 열림인데, 형태의 평평함은 땅의 상징(형상)이며, ㅣ는 혀가 축소되지도 않고 소리가 옅으니 사람이 인寅에서 생겨남인데, 형태가 세워진 것은 사람의 상징(형상)이다.[26]

---

24 『황극경세서』, 647쪽, "惟皇極用聲音之法, 超越前古. 以聲起數, 以數合卦, 而萬物可得而推矣."

25 '사람중심'사상은 세종이 例義編에서 이미 밝힌 愛民精神과 같은 맥락이다.

26 制字解, "中聲凡十一字, ·舌縮而聲深, 天開於子也, 形之圓象乎天也. ㅡ舌小縮, 而聲不深不淺, 地闢於丑也. 形之平, 象乎地也. ㅣ舌不縮而聲淺, 人生於寅也, 形之立, 象乎人也."

위에서 '하늘이 자에서 열린다', '땅이 축에서 열린다', '사람이 인에서 생겨난다'는 『황극경세서』 원회운세론元會運世論 도표인 「경세일원소장지수도」의 주석에 나오는 삼재론이다. 원회운세는 1원元 12회會 360운運 4320세世 129,600년年을 주기로 인류 역사가 순환한다는 논리다. 12회는 12지지地支로 나타내고 첫 달 자월子月을 하늘이 처음 열리는 시점 '천개어자야天開於子也'라 하고, 땅이 열리는 시점 축월丑月을 '지벽어축야地闢於丑也', 만물이 열리는 시점 인월寅月을 '인생어인야人生於寅也' 혹은 '개물어인開物於寅'이라 했다. 12회 각각에 10,800년과 역괘易卦가 부여된다. 이는 역학적으로 재단한 강절의 역사론이다.

천지인 삼재론은 「계사전」과 「설괘전」에 나온다. 여기다 율력律曆과 12지지를 배정하여 다양한 논리를 전개하는 것은 유래가 깊다. 삼재론은 하은주夏殷周 삼대의 기월법紀月法인 삼정三正과 한대漢代 동중서董仲舒(B.C.179~B.C.104)와 유흠劉歆(?~23)의 삼통론三統論과도 관련이 있고 맹희孟喜의 12벽괘辟卦와도 관련이 있으며 禮書에서도 나온다.[27] 그러나 '천개어자야, 지벽어축야, 인생어인야'이란 용어는 제자백가 문헌에 거의 보이지 않는다. 그래서 주희는 이 말들은 강절이 『황극경세서』에서 (처음)사용한 용어라고 한다.[28] 이런 사정을 파악한 제자해 저

---

27 이를 표로 나타내면 다음과 같다. (12벽괘는 夏나라 율력이 기준임)

삼정\12지지·四時	子 (冬至)	丑	寅	卯 (春分)	辰	巳	午 (夏至)	未	申	酉 (秋分)	戌	亥
天開於子:周正建子 (天正=天統)	1月	2月	3月	4月	5月	6月	7月	8月	9月	10月	11月	12月
地闢於丑:殷正建丑 (地正=地統)	12月	1月	2月	3月	4月	5月	6月	7月	8月	9月	10月	11月
人生於寅:夏正建寅 (人正=人統)	11月	12月	1月	2月	3月	4月	5月	6月	7月	8月	9月	10月
12辟卦	復	臨	泰	大壯	夬	乾	姤	遯	否	觀	剝	坤

자들이 중성의 시발점[‧ ㅡ ㅣ]을 천지인 삼재의 상에 두고 강절의 이 말을 배합하여 중성의 근거를 확보하려 했으며, 그 내면에는 송역을 시소時所에 맞게 변용하려는 역학적 노력을 읽을 수 있다. 중성의 논리에는 '천원지방론'도 내재되었고 정음의 자형字形에는 노형 원리도 들어 있다.

한편 제자해 끝부분에 나오는 '순환' 관련 문구[29]와 강절의 「선천도」에 내포된 64괘 '순환사상'은 서로 상통함을 유추해 볼 수 있다.

제자해에 미친 강절의 영향과 관련하여 주목할 것은 강절과 조선조 음운학과의 관계이다. 강절의 성음론은 조선학자들의 잠자는 음운의식音韻意識을 흔들어 상수학적 음운학 발전의 기틀이 되게 하였다. 강절의 성음론에 대해 서경덕徐敬德(1489-1546)은 『성음해』를 지어 해설하고, 이어서 최석정崔錫鼎(1646~1715), 신경준申景濬(1712~1781) 등도 강절을 바탕으로 정음을 연구하여 조선 음운학을 이어나갔다. 최석정은 창제의 배경이 강절에 있음을 인지하고 최초의 정음 해설서인 『경세훈민정음도설經世訓民正音圖說』을 지었다. 이 책에 대한 홍양호洪良浩(1724~1802)의 서문[30]이 그것을 말해준다. 신경준도 강절의 영향을 인정하여 강절의 '가일배법加一倍法[1-2-4-8-32-64]'이 정음의 자형에 들어 있음을 말했다.[31] 그러나 정음은 강절의 성음론을 속속들이 따르지는 않았다.

---

28 『황극경세서』, 600쪽, 問: "天開於子, 地闢於丑, 人生於寅, 其說是如何." 曰: "此是邵子皇極經世中說."『주자어류』45권 28조, "楊尹叔問: '天開於子, 地闢於丑, 人生於寅', 如何?" 曰: "康節說." 또 주희는 『논어집주』「위령공」편에서 공자가 말한 "行夏之時"에 대한 주석으로 이 말을 인용한다. "夏時, 謂以斗柄初昏建寅之月爲歲首也. 天開於子, 地闢於丑, 人生於寅, 故斗柄建此三辰之月, 皆可以爲歲首, 而三代迭用之, 夏以寅爲人正, 商以丑爲地正, 周以子爲天正也."

29 制字解, "四時之運, 循環無端. 故貞而復元, 冬而復春. 初聲之復爲終, 終聲之復爲初, 亦此義也.".

30 홍양호, 『경세정음도설』序, "文貞公崔錫鼎發揮奧理, 敷衍成書, 聲則分初中終, 韻則分平常去入, 音則分開發收閉, 類以配四象八卦之數, 推移合皇極經世之數, 優優大哉."

즉, 사부법四府法으로 작성된 음운체계를 그대로 따르지 않았고 체용수로 계산된 '성음수聲音數'도 취하지 않았다.[32] 그 이유는 정음 28자에 이런 복잡한 음운체계와 대수大數가 불필요했기 때문으로 추론한다. 강절의 성음론은 당시 음운학과 두 가지가 다르다. 하나는 당시 운도韻圖와 소강절의 운도는 그 내용이 다르다.[33] 또 하나는 음운학을 언어학이 아닌 도서상수학으로 논한 점이다. 당시 성리학이나 『성리대전』에는 음운론이 없었다. 송대 역학자 가운데 상수로 음운을 논하여 둘을 동일 지평에서 융합한 이는 강절이 아마 처음일 것이다.

---

31 신경준은 그의 『訓民正音韻解』에서 "訓民正音, 其象, 用交易, 變易, 加一倍之法"라 했다. 최석정과 신경준은 해례편 제자해를 못보고[당시 해례편 미발견] 예의편만 보고도 강절역학이 정음의 배경임을 말한 것이다. 조희영은 初聲과 中聲에 가일배법이 (광의로) 적용되었다고 한다.

32 ①음운체계: 聲[陽]은 韻圖[韻母:母音]에 天四象[日月星辰]에 의한 10聲-16圖로, 音[陰]은 聲圖[聲母:子音]에 地四象[水火土石]에 의한 12音-16圖로 나타냈다. 정음은 강절의 음운체계 중에서 천지음양으로 구분하는 원론은 수용하되 10성, 12음의 각론적 체계는 수용하지 않았다. ②성음수: 기본 소리[正聲:10,正音:12]에다 日月星辰과 水火土石을 대입하여 성음수를 구하고 이를 천지만물의 총수로 비기었다. 기초논리는 四府法과 加一倍法 및 體4用3론이다. 모음은 韻母=正聲=天=陽=平常去入=日月星辰=翕闢=10으로, 자음은 聲母=正音=地=陰=開發收閉=水火土石=淸濁=12으로 구분된다. 이를 數로 나타내면, 動植之全數:30,720(天地體數唱和數:160×192). 動植之用數: 17,024(天地用數唱和數:112×152). 動植之通數:289,816,576(17,024×17,024:日月星辰水火土石變化通數=天地用數再唱和數)로 강절 수학의 성음창화수[천지사상체용수]가 된다.

33 (等)韻圖란 음운을 그린 音韻表이다. 운도는 唐末로 추정되는 『韻鏡』과 南宋 鄭樵(1103~1162)의 『七音略』이 표준이다. 운도는 보통 43개 그림으로 이루어지고 각 그림의 가로는 聲母[초성]로 牙, 舌, 脣, 齒, 喉와 半舌, 半齒 7음으로 나누고 淸, 次淸, 濁, 次濁으로 다시 구분한다. 세로는 韻母[중성, 종성]로 平常去入 四聲으로 나누고 이에다 介音과 舌位에 따라 4分한다. 소강절의 운도는 이와 다르게 상수학 관점에서 그렸다. 그림은 『황극경세서』, 603-638쪽 참조.

3. 제자해에 나타난 렴계역학(『태극도설』)

제자해에 나오는 역학적 용어는 태극, 음양 및 오행과 천지인 삼재
등이다. 제자해에 낄린 음양오행사상의 효율적인 이해와 논의의 균형
을 위해 음양오행의 일반론을 먼저 짚어본다.

역학의 영역에서 보면 태극에서 음양이 생기고 그 다음 생기는 것으
로 두 개의 경로가 있다. 하나는 사상四象-팔패八卦-64괘卦로 이어지는
1-2-4-8이란 수적 배열인 '역패 생성론[加一倍法, 「계사」上 11장]'이 있
고, 또 하나는 태극-음양-오행[1-2-5]으로 이어지는 '음양오행론'이 있
다. 이 둘은 수칙에서도 '1-2-4-8'과 '1-2-5'의 차이가 있고 내용에도 차
이가 있다. 전자는 역易의 상수[四象, 卦象, 「하도낙서」, 천지지수, 대연
수 등]로 연결되어 천리와 역리 탐구의 기반으로 작용했다. 후자는 천
지만물을 음양오행의 관점으로 고찰하고 그 유기적 관계에 주목하여
만물을 이오二五로 분류하여 의미를 부여했다. 음양오행사상은 정치사
회적 혹은 생활인문적 방면에 광범위하게 적용되어 동아시아 전반에
큰 영향을 끼쳤고 정음도 예외는 아니다.

음양오행을 구분하여 보자면 음양론은 『주역』이 큰 기둥이고, 오행
론은 『서경』 홍범이 큰 터전이다. 기원을 따지면 음양론은 전국시대 이
전이고[34] 오행론은 전국시대에서 시작하여 진한대에 이르러 경방 등 한
대 상수학자들에 의해 발달하고 이 둘이 결합된 음양오행론이 성행하
였다. 이들 이론은 유가의 고유 이론이라 할 수 없고[35] 음양가인 추연騶

---

34 『左傳』, 『國語』, 『管子』, 『墨子』에서 음양이란 말이 나오고, 『莊子』에서는 "易은 음
  양을 말한다."라 했다. "詩以道志, 書以道事, 禮以道行, 樂以道和, 易以道陰陽, 春秋以
  道名分" 『莊子』「天下 제33」.
35 유가의 경전, 대표적으로 四書에는 음양이란 말이 나오지 않는다. 그러나 『荀子』에
  는 나온다.

衍(B.C. 320년 전후)에 의해 발달한 것이지만 역학의 변천과 그 궤를 같이 했다.[36] 후한에 이르러서 이설은 재이설과 참위설로 흘러갔다. 위진수당魏晉隋唐을 거치면서 왕필 등의 노력으로 술수나 참위설에서 벗어났다. 송대에 와서 음양오행론은 상수학에 깊이 들어와 도서상수학과 조응했다. 그 결과 주희는 가일배법 '1-2-4-8'과 음양오행 '1-2-5'가 물리와 상수의 측면에서 같다고 하였다.[37] 제자해에 함유된 음양오행사상은 이런 맥락에서 나온 것이자 시대사상을 반영한 것이었다. 역학과 음양오행설과의 관계에 대한 논의는 명청明淸을 거쳐 현대에도 이어져 이영李零(1948~)은 "역학혁명에서 점복占卜이 철학으로 변한 것은『주역』을 개조해 음양오행설을 융합한 것이라거나 "「역전」은 서점筮占이 복점卜占에서 떨어져 나와 음양오행설과 결합해서 생긴 산물"이라고 역易과 음양오행설에 대해 말했다.[38]

주렴계周濂溪(1017~1073)는 음양오행을 기반으로 천도天道와 지도地道, 인도人道를 궁리하여 대역大易으로 귀결시켰다.[39] 렴계의 태극론은 주희의 해설[40]을 더해 송학의 최고 이념으로 거듭났다. 제자해에 나오

---

36 류웨이화(劉蔚華), 먀오룬티엔(苗潤田) 著, 곽신환 譯,『직하철학』, 철학과 현실사, 1995, 158쪽.
37 주희는 선천의 수는 1-2-4에서 (가일배법으로)8, 8괘가 되고, 태극의 수는 1-2-4에서 1이 보태어져 中으로 五行이 된다고 했다. 결국 역의 가일배법과 태극의 음양오행 원리는 物理와 象數의 측면에서 같고 大小,詳略의 차이만 있다는 것이다.(若以數言之, 則先天之數自一而二, 自二而四, 自四而八, 以爲八卦 : 太極之數亦 自一而二, 剛柔自二而四, 剛善·剛惡·柔善·柔惡. 遂加其一, 中以爲五行, 而遂下及於萬物. 蓋物理本同而象數亦無二致, 但推得有大小詳略耳.)『주자대전』 권46 '答黃直卿(三).
38 李零(리링) 지음, 차영익 옮김,『리링의 주역강의』, 글항아리, 2016, 70-76쪽, 88-89쪽 참조.
39『태극도설』, 157-158쪽, "… 故曰 : 立天之道, 曰陰與陽 ; 立地之道, 曰柔與剛 ; 立人之道, 曰仁與義. 又曰 : 原始反終, 故知死生之說. 大哉易也, 斯其至矣!"
40 「太極圖」에 대한 주희의 해설서로, 주희 著, 곽신환 외2인 譯,『太極解義』, 소명출판사, 2009. 참조

는 음양오행 관련 문구는 대표적으로 "천지지도天地之道, 일음양오행이
이一陰陽五行而已", "범유생류재천지지간자凡有生類在天地之間者, 사음양
이하지捨陰陽而何之", "부인지유성夫人之有聲, 본어오행本於五行, 고합저
사시이불패故合諸四時而不悖, 협지오음이불루叶之五音而不戾.", "자음양오
행방위지수自有陰陽五行方位之數", "이오지정二五之精" 등이 그것이다. 이
중에서 『태극도설』에서 취한 것은 다음과 같다.

① (사람을 상징하는) ㅣ가 홀로 서서 자리와 수가 없는 것은, 대
   개 사람은 무극의 진체와 음양오행의 정기가 묘하게 결합되
   어 엉긴 것이어서 실로 한정된 자리와 만들어진 수로써는 논
   할 수 없기 때문이다.
② 초성, 중성, 종성이 합하여 글자가 된 것을 말하면 또한 움직
   임과 정지함이 서로 뿌리이며 음양이 서로 변하는 뜻이 있
   다. 움직임은 하늘이고 정지함은 땅이고 움직임과 정지함을
   겸한 것은 사람이다.
③ 사람이 만물의 영장이 되어 능히 음양에 참여하기 때문이니
   하늘과 땅과 사람을 본떠서 삼재의 도리를 갖춘 것이다.[41]

①에서 "무극의 진체와 음양오행의 정기가 묘하게 결합하여 엉긴
것"라는 부분은 『태극도설』에서 "오행이 생겨남은 각각 그 성을 하나
씩 가진다. 무극의 진체와 음양오행의 정수가 묘하게 합하고 응취하여
하늘의 도는 남자를 이루고 땅의 도는 여자를 이룬다."라 한 것에서 인
용한 것이다. ②는 초중종성의 결합으로 이루어진 정음은 동정[動靜:천
지음양]이 서로 상대의 뿌리[互爲其根]가 되고 음양동정이 번갈아 변화

---

41 制字解, "① ㅣ獨立無位數者, 蓋以人則無極之眞, 二五之精, 妙合而凝, 固未可以定位成
   數論也. ②以初中終合成之字言之, 亦有動靜互根陰陽交變之義焉. 動者, 天也. 靜者, 地
   也. 兼乎動靜者, 人也. ③以人爲萬物之靈而能參兩儀也, 取象於天地人而三才之道備矣."

하여 생기게 된 것임을 말하고 있다. 즉 움직임과 고요함, 음양의 상호 변화로 나타나는 만물의 생성변동의 구체적인 모습이 바로 초중종성이 결합한 정음이란 말이다. 동動은 천天이고 정靜은 지地이지만 동정[음 양]을 겸비한 존재는 사람이라고 사람을 높이 평한다. 이 문장은『태극 도설』의 "한 번 움직이고 한 번 고요한 것이 서로 그 뿌리가 되고, 음이 나뉘고 양이 나뉘어 양의가 선다[一動一靜互爲其根, 分陰分陽兩儀立焉]."에 천지인을 대입한 것이다. ③에서 '이인위만물지령以人爲萬物之靈'은『태 극도설』에 나오는 "오직 사람만이 빼어남을 얻어서 최고 영통하다[惟人 也, 得其秀而最靈]."란 말을 참조했을 것이다. ①~③에서 제자해는 사람 이 천지만물에서 가장 뛰어난 존재임을 부각시켜 '사람중심'의 人本主 義를 지향함을 알 수 있다. 이외 제자해 첫머리인 "천지의 도는 하나의 음양오행일 뿐이다[天地之道, 一陰陽五行而已]."는『태극도설』에 나오는 "오행은 하나의 음양이고, 음양은 하나의 태극이다[五行, 一陰陽, 陰陽, 一太極.]."를 참고한 것이다.

음양오행과 관련하여 초성初聲에 대해 좀 더 분석할 것이 있다. 제자 해는 초성을 세부분(①~③)으로 설명한다.[42] ①초성 17자의 자형字形이 사람의 5개 발음기관['牙舌脣齒喉'의 순서, ㄱㄴㅁㅅㅇ]을 본뜬 것[象其形] 으로 보고 소리의 강도에 따라 가획加畫[因聲加畫]한다고 했다. ②초성

---

42 制字解, "初聲凡十七字. ①牙音ㄱ, 象舌根閉喉之形. 舌音ㄴ, 象舌附上之形. 脣音ㅁ, 象口形. 齒音ㅅ, 象齒形. 喉音ㅇ, 象喉形. ㅋ比ㄱ, 聲出稍, 故加畫. ②夫人之有聲本於 五行, 故合諸四時而不悖 叶之五音而不戾. 喉邃而潤水也, 聲虛而通, 如水之虛明而流 通也. 於時爲冬, 於音爲羽. 牙錯而長木也, 聲似喉而實, 如木之生於水而有形也. 於時 爲春, 於音爲角. 舌銳而動火也, 聲轉而颺如火之轉展而揚揚也. 於時爲夏, 於音爲徵. 齒 剛而斷金也, 聲屑而滯, 如金之屑, 而鍛成也. 於時爲秋, 於音爲商. 脣方而合土也, 聲含 而廣, 如土之含蓄, 萬物而廣大也. 於時爲季夏, 於音爲宮. …… 是則初聲之中自有陰 陽五行方位之數也. ③又以聲音淸濁而言之, ㄱ,ㄷ,ㅂ,ㅈ,ㅅ爲全淸. ㅋ,ㅌ,ㅍ,ㅊ,ㅎ爲 次淸. ㄲ,ㄸ,ㅃ,ㅉ,ㅆ爲全濁. ㄴ,ㅁ,ㅇ,ㄹ,ㅿ爲不淸不濁. ㄴ,ㅁ,ㅇ其聲最不厲. 故次序 雖在於後, 而象形制字則爲之始."

은 오행과 오음[五音:宮商角徵羽] 및 사시四時와 어긋나지 않는다면서, 초성을 오음五音과 오관[五管:喉牙舌齒脣의 순서], 오시五時와 연결시키고[43] 끝에 "자유음양오행방위지수야自有陰陽五行方位之數也."라 했다. ③ 소리의 가벼움과 무거움[聲音淸濁]을 발음기관과 오행에 연결시켜 말했다. 이 셋을 종합해 보면 결국 초성은 성음聲音과 상수象數 및 음양오행의 원리에 의해 만들어졌고 그래서 오음과 오관과 방위의 수와 부합한다고 했다. 이에 대해 국어학계에서 ②에서 말하는 오음과 오관의 결합 부분에 문제가 있다고 지적했다.[44] 역학계에서는 ①에서는 '아설순치후'의 순서로 말했고, ②에서는 '후아설치순'으로 다르게 말한다고 지적한다.[45] 국어학계의 지적은 음운학의 문제이고 역학계의 지적은 초성과 오행의 순서에 관한 문제이다. 음운학의 문제는 제쳐두고 역학계의 문제를 풀기 위해 『태극도설』에서 주희朱熹(1130~1200)와 황간黃榦(1152~1221)이 말한 오행의 순서를 아래에서 검토한다.

---

43 制字解 초성의 이 부분은 『切韻指掌圖』의 영향이라고 국어학계에서 주장한다. 成元慶, 「訓民正音 解例本에 있어서의 問題點 小考」, 『人文科學論叢』 25, 建國大學校人文科學研究所, 1993, 145-149쪽. 催炳權, 「『切韻指掌圖』가 朝鮮음운사에 미친 영향에 관한 소고」, 『空士論文集』 39, 空軍士官學校, 1997, 230-235쪽. 『切韻指掌圖』는 『東國正韻』 서문에도 언급된다.

44 성원경은 제자해 초성의 오행과 오음과 오관, 오시의 연결인 '1.喉(목구멍)-水-冬-羽. 2.牙(어금니)-木-春-角. 3.舌(혀)-火-夏-徵. 4.齒(이)-金-秋-商. 5.脣(입술)-土-季夏-宮'에서 '脣-宮'과 '喉-羽'가 잘못되었고, '喉-宮', '脣-羽'가 정당하다고 한다. 그 이유는 이 조합은 정음이 『切韻指掌圖』의 「辨字母次第例」를 참고했는데, 이 「辨字母次第例」가 같은 책의 앞부분인 「辨五音例」에서 '喉-宮', '脣-羽'로 한 것과 다르게 기재되었고, 「辨五音例」는 이전 음운서[守溫의 韻學殘卷] 내용에 부합한다는 것이다. 따라서 「辨五音例」에 따라 수정되어야 한다고 한다. 성원경, 앞의 글, 1997, 같은 쪽. 국어학계의 지적은 음운론과 관련이 있으니 더 이상 논하지 않는다.

45 니에 바오메이(섭보매), 앞의 논문, 2016, 69-78쪽. ①의 '아설순치후'는 오행 '목-화-토-금-수'의 순서로 예의편 초성의 순서이기도 하다. ②의 오행과 오음과 오관, 오시의 연결 순서는 '1.喉-水-冬-羽. 2.牙-木-春-角. 3.舌-火-夏-徵. 4.齒-金-秋-商. 5.脣-土-季夏-宮'으로 ①과 다르다.

1. 주희: 음양이 있으면 한 번 변하고 한 번 합하여 오행이 구비된다. 그러나 오행이란 질質은 땅에서 구비되고 기氣는 하늘에서 유행하는 것이다. 질로써 그 생성의 순서를 말하면 '수·화·목·금·토'라 하니, 수와 목은 양이고 화와 금은 음이다. 기로써 그 유행의 순서를 말하면 '목·화·토·금·수'라 하니, 목과 화는 양이고 금과 수는 음이다. 또 통괄하여 말하면 기는 양이고 질은 음이다. 번갈아 말하면 움직임은 양이고 고요함은 음이다.[46]

2. 황간: (오행의 순서는)만약 음과 양, 홀수와 짝수가 한 번 시작하고 한 번 왕성하는 것을 보려면, 수·화·목·금·토라고 해야 하지만 순서가 이와 같음을 말하는 것이 아니다. 그런데 첫째로 수를 낳고 둘째로 화를 낳고 셋째로 목을 낳고 넷째로 금을 낳는다고 생각하여 그것으로 순서를 삼는다면 잘못이다. '수·목·화·금·토'가 오행의 순서이고, 수·화·목·금·토는 그 홀수와 짝수, 시작함과 왕성함을 나누어 말하는 것이다.[47] 오행의 순서를 세 구절로 단언하고자 하니, '얻은 수數의 홀수와 짝수, 많음과 적음으로 논하면 수·화·목·금·토라고 하고, 처음에 생성하는 순서로 논하면 수·목·화·금·토라고 하며, 상생의 순서로 논하면 목·화·토·금·수라고 한다.' 이와 같다면 거의 이치에 가까울 것이다.[48]

46 『태극도설』, 116쪽, "有陰陽, 則一變一合而五行具. 然五行者, 質具於地而氣行於天者也. 以質而語其生之序, 則曰'水火木金土', 而水木陽也, 火金陰也. 以氣而語其行之序, 則曰'木火土金水', 而木火陽也, 金水陰也. 又統而言之, 則氣陽而質陰也. 又錯而言之, 則動陽而靜陰也."

47 『태극도설』, 123쪽, "若要看陰陽奇耦一初一盛, 則當曰, '水火木金土', 非謂次序如此也. 今以爲第一生水, 第二生火, 第三生木, 第四生金, 以爲次序則誤矣. 水木火金土, 五行之序也, 水火木金土, 分其奇耦初盛而爲言也. 以此觀之, 只是一樣, 初無兩樣也."

48 『태극도설』124쪽, "五行之序, 某欲作三句斷之曰, '論得數奇耦多寡, 則曰水火木金土. 論始生之序, 則曰水木火金土. 論相生之序, 則曰木火土金水.' 如此其庶幾乎."(黃榦, 『勉齋集』13卷, 「復甘吉甫」)

주희가 오행을 기氣와 질質 둘로 구분하여 '기氣-천天-운행運行-양동陽動:목화토금수木火土金水', '질質-지地-생성生成-음정陰靜:수화목금토水火木金土'[洪範五行順序]로 순서를 잡았다. 여기서는 '수목화금토水木火金土'의 순시는 등장하시 않는다. 그러나 제자이자 사위인 황간에 와서는 수數[奇耦多寡]와 오행의 생성生成과 상생相生의 셋으로 구분하여, 수로는 '수화목금토', 생성으로는 '수목화금토', 상생으로는 '목화토금수'의 순서라 한다. 주희가 기로 본 것은 황간도 같으나 주희가 질로 본 것을 황간은 수로 보고, 주희에 없던 '수목화금토'의 순서를 새롭게 주장하며 이 순서가 오행의 순서라고까지 한다. 황간의 새로운 주장은 「태극도」속 오행분포도에 대한 의문에서 비롯되었다.[49]

이상의 분석을 토대로 보면 ①은 주희 의견을 택하여 '아설순치후[목화토금수]'순으로 하고, ②는 황간의 의견을 택하여 '후아설치순[수목화금토]' 순으로 오행과 오성과 오관을 연결한 것처럼 보인다. 생각컨대 제자해 저자들은 주희와 황간의 의견을 심사숙고는 하되 얽매이지 않은 것으로 여겨진다.[50] 그래서 ①은 오행을 말하지 않고 자형字形[象]을 발음기관[象]과 연결시켜 '아설순치후[목화토금수]'의 순서로 초

---

49 그 자세한 내용은 본 글의 주제와 관련이 적어 더 이상 깊이 들어가지 않는다. 자세한 내용은 『태극해의』133-140쪽 참조 요망.

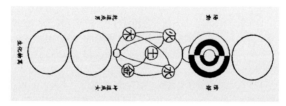

50 제자해 후반부에 初中聲을 비교할 때는 "初聲者. 或虛或實或颺或滯或重若輕. 是則剛柔著 而五行之質成焉. 地之功也."라고 초성을 오행의 질, 땅이라 하고, 初中終聲을 종합할 때에는 "初聲有發動之義, 天之事也."라고 초성을 하늘이라 한다. 이처럼 제자해는 때에 따라 유연하게 대처했다.

성의 배열순서[ㄱㄴㅁㅅㅇ]를 잡았고, ②는 초성의 배열순서는 말하지 않고 다만 '발성[聲]'이 나오는 순서[목에서 입술까지]인 '후아설치순'으로 오행의 '수목화금토'로 순서를 잡은 것이다. 이처럼 초성의 순서를 오행, 오관과 연결함에 '상'과 '성'을 기점으로 이원화했다. 다음 문장을 보자.

그러므로 다섯 소리 가운데 목구멍소리[水]와 혓소리[火]가 주체가 된다.[51] 목구멍[喉,水]이 뒤에 있고 어금니[牙,木]가 다음이니 북쪽과 동쪽의 위치이고, 혀[舌,火]와 이[齒,金]가 또 그 다음이니 남쪽과 서쪽의 위치이고, 입술[脣,土]은 끝에 있으니 흙이 일정한 위치가 없어도 사계절에 붙어 왕성하다는 뜻으로 초성 가운데 본래 음양오행 방위의 수가 있는 것이다.[52]

제자해 저자들이 초성을 오행 등의 순서와 맞추려 할 때 성음, 발성 순서, 『절운지장도』 등 음운서[음운측면] 와 『홍범』, 음양오행, 상수, 가일배법, 앞에서 본 『태극도설』의 오행에 대한 논의 등[역학측면]을 종합적으로 고려했을 것이다. 그 결과 정음은 소리문자이므로 ②에서는 구강에서 소리가 나오는 대로 '후아설치순[수목화금토]'으로 순서를 잡고 그 끝에서는 다시 상수적[自有陰陽五行方位之數]으로 회귀함을 알 수 있다. 즉 ①은 상수적 요소['象'과 加畫-加倍法]에 치중하여 초성 순서를 잡고 ②는 음운적 요소[聲]에다 상수적 요소[陰陽五行方位之數]를 더하여 순서를 잡은 것이다. 여기서 제자해 저자들이 초성의 순서를 정할 때 상수와 음운 모두를 포괄하여 하나도 빠뜨리지 않으려는 노력을 읽

---

51 『태극도설』에서도 水火가 오행에서 우선함에 대한 언급이 자주 나온다. 1.'陽變陰 合', 初生水火. 水火氣也, ……水火初是自生. 2.五行之中, 惟水火能動, 而木金土不能 動者. 3.水火爲五行之先.

52 制字解, "故五音之中, 喉舌爲主也. 喉居後而牙次之, 北東之位也. 舌齒又次之, 南西之 位也. 脣居末, 土無定位而寄旺四季之義也. 是則初聲之中, 自有陰陽五行方位之數也."

을 수 있다.

4. 제자해에 나타난 주희역학(『역학계몽』)

정음에 나타난 『역학계몽』 이론으로는 초중성 말미에 "본래 음양오행방위의 수가 있다"라는 부분을 들 수 있다. 특히 중성 생성 과정을 설명한 끝에 나오는 이 말은 「하도」를 염두에 두고 그 방위와 수적 배열을 설명한 것이고, 중성에서 설명한 천지지수1~10 및 방위는 주희의 『역학계몽』 본도서편本圖書編을 참고했다. 아래에서 비교해 본다.

〈표 1〉 제자해와 『역학계몽』의 비교표

제자해	『역학계몽』 본도서
1. ㅗ初生於天, 天一生水之位也. ㅏ次之, 天三生木之位也. ㅜ初生於地, 地二生火之位也. ㅓ次之, 地四生金之位也. ㅛ再生於天, 天七成火之數也. ㅑ次之, 天九成金之數也. ㅠ再生於地, 地六成水之數也. ㅕ次之, 地八成木之數也.(ㅗ가 처음으로 하늘에서 생기니 天數 1로 生水의 자리이다. ㅏ가 다음이 되니, 天數 3으로 生木의 자리이다. ㅜ가 처음으로 땅에서 생기니, 地數 2로 生火의 자리이다. ㅓ가 다음이 되니, 地數 4로 生金의 자리이다. ㅛ가 다시 하늘에서 생기니, 天數 7은 成火의 數가 된다. ㅑ가 다음이 되니, 天數 9는 成金의 數이다. ㅠ가 다시 하늘에서 생기니, 地數 6은 成水의 數이다. ㅕ가 다음이 되니, 地數 8은 成木의 數이다.)	1. 天一, 地二, 天三, 地四, 天五, 地六, 天七, 地八, 天九, 地十. 天數五, 地數五. 五位相得而各有合. 天數二十有五, 地數三十, 凡天地之數五十有五. 此所以成變化而行鬼神也. 此一節夫子所以發明河圖之數也
2. 水火未離乎氣, 陰陽交合之初, 故闔. 木金陰陽之定質, 故闢.(水와 火는 기가 아직 분리되지 않은 채 음과	2. 天以一生水, 而地以六成之. 地以二生火, 而天以七成之. 天以三生木, 而地以八成之. 地以四生金, 而天以九成之. 天以五生土, 而地以十成之. 此又其所謂各有合焉者也.
	3. 雲莊劉氏曰, 水, 陰也, 生於天

양이 서로 합한 처음이므로 닫히고, 木과 金은 음과 양의 자질이 정해졌으므로 열린다.)

3. ·天五生土之位也, 一地十成土之數也, ㅣ獨無位數者, 蓋以人則無極之眞, 二五之精, 妙合而凝. 固未可以定位成數論也. 是則中聲之中, 亦自有陰陽五行方位之數也.(·는 天數 5로 生土의 자리이고, ㅡ는 地數 10으로 成土의 數이며, ㅣ는 홀로 자리와 수가 없는데, 그 이유는 사람은 無極의 진체와 음양오행의 정수가 묘하게 결합하여 엉긴 것이어서 실로 한정된 자리와 만들어진 수로써는 논할 수 없기 때문이다. 이는 곧 중성 중에 또한 본래 음양오행 방위의 수가 있는 것이다.)

一. 火, 陽也, 生於地二. 是其方生之始, 陰陽互根, 故其運行. 水居子位極陰之方, 而陽己生於子. 火居午位極陽之方, 而陰己生於午. 若水生於天三專屬陽, 故其行於春亦屬陽. 金生於地四專屬陰, 故其行於秋亦屬陰, 不可以陰陽互言矣. 蓋水火未離乎氣, 陰陽交合之初, 其氣自有互根之妙. 木則陽之發達, 金則陰之收斂, 而有定質矣. 此其所以與水火不同也.

〈표 1〉을 설명한다.

첫째, 『역학계몽』 본도서 '1'에서 천1~지10까지 천지지수 합 55로 변화를 이루고 귀신을 행한다는 말까지는 「계사전」상 9장의 첫 소절이다. 『역학계몽』은 더 나아가 "이 일절은 공자가 발명한 「하도」의 수이다"라고 공자와 「하도」를 바로 연결시킨다. 이 부분은 역학사적인 의미가 매우 크다. 이로써 「계사전」의 천지지수와 「하도」의 수는 한 몸이 되었고 그것은 공자의 뜻이 되었다.

둘째, 『역학계몽』 본도서 '2'부분은 천1~지10의 수와 오행의 생성 관계를 말하여 앞 소절의 '각유합各有合'을 말하고 있다. 여기서 '합'이란 「하도」의 수와 오행의 합을 말하며 이 '합'을 생生과 성成으로 나누어 설명한 부분이다. 제자해는 이를 바탕으로 중성8자[ㅗ, ㅏ, ㅜ, ㅓ, ㅛ, ㅑ, ㅠ, ㅕ]에서 수水는 천天1[生,ㅗ]의 위位와 지地6[成,ㅠ] 수數의 합으로, 화火는 지2[생,ㅜ]의 자리와 천7[성,ㅛ] 수의 합으로, 목木은 천3[생, ㅏ]의 자리와 지8[성,ㅕ] 수의 합, 금金은 지4[생,ㅓ]의 자리와 천9[성, ㅑ] 수의 합으로 이루어졌다고 했다. 즉 제자해 '1'은 『역학계몽』 본도서 '1, 2'부분에 착안하여 중성 8자와 오행 중 수화목금의 위位와 수數를 관련짓고 있다.

셋째, 『역학계몽』 본도서 '3' 운장유씨의 언급 가운데, "수화는 아직 기가 분리되지 않고 음양이 서로 합하는 초기여서 그 기는 본래 서로 뿌리가 되는 오묘함이 있다. 목은 양이 발달하였고, 금은 음이 수렴되어 자질의 정해짐이 있는 것이다"라 했다. 여기서 제자해 저자는 수와 화에 대해서는 "수화미리호기水火未離乎氣, 음양교합지초陰陽交合之初"를 그대로 인용하여[53] '합闔[닫힌다]'이라 하고, 목과 금에 대해서 "목금음양지정질木金陰陽之定質"이라고 운장유씨의 말을 간략히 전용하여 '벽闢[열리다]'이라 했다. 수화는 중성 중 'ㅗ, ㅠ, ㅜ, ㅛ'의 글자로 구강이 닫힌다는 점을 강조하고, 목금은 'ㅏ, ㅕ, ㅓ, ㅑ'로 구강이 열린다는 점을 강조하고 있다.

넷째, 제자해 '3'에서 土는 천5[생]와 지10[성]의 합으로 이루어졌다고 했다. 이는 『역학계몽』 본도서 '1'에 나오는 내용 "천이오생토天以五生土, 이지이십성지而地以十成之"를 인용한 것이다. 제자해는 여기서 천지인의 상인 삼재사상을 발휘하여 중성의 기본3자 가운데 'ㆍ'는 천5, 'ㅡ'는 지10으로 토에 해당한다고 한다. 'ㅣ'는 사람으로 만물 가운데 무극과 이오二五의 진수이므로 자리와 수로 논할 수 없다고 특별한 의미를 부여함은 앞에서 보았다. 위에서 보듯 제자해는 『역학계몽』에서 도서학의 핵심인 「하도」와 천지지수를 취하여 중성을 세분하여 설명하면서 다시 이오二五로 연결한다. 이런 논의에서 제자해에 내재된 송역과 둘 사이의 연결 양상을 읽을 수 있다.

이외 『역학계몽』에서 취한 것으로 보이는 것은 제자해 마지막 부분

---

53 운장유씨의 말을 제자해가 인용했다는 점은 서병국이 이미 지적했다. 徐炳國, 앞의 논문, 1973, 19쪽.

에 나온다.

> 종성에 다시 초성을 쓰는 것은 움직여[動] 양인 것도 건乾이고, 정지하여[靜]하여 음陰인 것도 또한 건이니, 건은 진실로 음양이 나뉘지만 다스리지 않는 것이 없는 것이다. 一元의 기운이 두루 흘러 끝나지 아니하고, 사계절의 운행이 순환하여 끝이 없다.[54]

위 인용문 전반부 내용은 『역학계몽』에서 『황극경세서』 「관물외편」의 "건이분지乾以分之"[55]에 대한 옥재호씨와 주희의 해설[56]에서 취한 것이다. 「관물외편」의 원래 말뜻은 이러하다. 가일배법으로 역괘易卦가 생기는데, 이는 만물이 무한히 뻗어가는 것을 상징한 것이다. 합하면 하나고 늘리면 만물이 되는 것을 괘로 비유하면 『주역』의 대표인 건괘乾卦가 나누어져서[乾以分之] 나머지 괘가 되는 것과 같다는 것이다. 이 것을 『역학계몽』에서 옥재호씨가 "건乾이 실로 음양으로 나뉘더라도 (건이) 다스리지 않음이 없다[乾實分陰陽而無不君宰也]"라 했고, 주희는 "모든 괘는 건괘의 통제 하에 있다[諸卦皆乾之所君宰]"라 했다. 제자해에서 이 글을 그대로 인용한 것이다.

이외 후반부에 나오는 "음양 천도야, 강유 지도야"는 「설괘전」의 문

---

54 制字解, "終聲之復用初聲者, 以其動而陽者乾也. 靜而陰者亦乾也. 乾實分陰陽而無不君宰也. 一元之氣 周流不窮. 四時之運. 循環無端."
55 『황극경세서』「관물외편」, 848쪽, "是故一分爲二, 二分爲四, 四分爲八 ⋯ 故曰分陰分陽, 迭用柔剛, 易六位而成章也. 十分爲百, 百分爲千, 千分爲萬, 猶根之有幹, 幹之有枝, 枝之有葉, 愈大則愈小, 愈細則愈繁. 合之斯爲一, 衍之斯爲萬. 是故乾以分之, 坤以翕之."
56 『역학계몽』「원괘획」, 1064쪽, "玉齋胡氏曰 ⋯ 然謂乾以分之, 則動而陽者乾也, 靜而陰者亦乾也, 乾實分陰陽而尤不君宰也. 朱子嘗言, 天地之間, 本一氣之流行而有動靜耳. 以其流行之體統而言, 則但謂之乾而无所不包, 以動靜分之然後, 有陰陽剛柔之別, 正此意也. 夫如是則諸卦皆乾之所君宰."

구이고, "재성보상財成輔相"은 태괘泰卦 「대상전大象傳」의 내용이다. "일원지기一元之氣 주류불궁周流不窮"은 장재張載(1020~1077)의 『정몽』 에 나오는 "일원지기一元之氣, 승강어태공지중升降於太空之中"과 주희의 "본일기지유행이유동정이本一氣之流行而有動靜耳"란 구절 및 「계사」 하8 장[周流六虛]을 두루 참고한 것으로 보인다. 제자해 끝에 나오는 "천개 성심이가수언天啓聖心而假手焉[하늘이 성인의 마음을 열어 솜씨를 빌렸 음]"은 다른 책에도 비슷한 내용이 있지만 『역학계몽』의 첫 장에 나오 는 "유이계어기심이가수언이有以啓於其心而假手焉耳"를 참고한 듯하다.

5. 마치는 글 - 제자해에 담긴 '조선역'

위에서 송역을 대표하는 책들을 중심으로 정음 해례편 제자해를 관 찰했다. 그 결과 제자해를 지배하는 핵심은 다음 두 가지임을 확인했다.

역易에 대한 관점은 시대마다 다르다. 정음 창제 즈음 15세기 조선 에서 바라본 역은 송역宋易임은 두말할 나위가 없다. 따라서 제자해에 담긴 핵심의 첫째는 송역사상이다. 그 가운데 강절의 도서상수적 사상 이 큰 영향을 끼쳤음은 첫 구절인 "곤복지간위태극"에서 알 수 있다. 이는 강절의 「선천도」를 염두에 두고 한 말이다. 강절의 영향은 소리문 자인 정음이 '소리'를 소재로 창제되었다는 점 및 중성에서 "천개어자 야" 등을 인용한 것에서도 알 수 있다. 제자해 곳곳에 나오는 음양오행 론은 렴계의 『태극도설』과 이를 해설한 주희와 그 문도들의 이론에 기 반을 둔 것이다. 후반부에 나오는 오장, 오상, 오시 등과 음양호근론도 동일하다. 초성과 오행의 순서를 '아설순치후[목화토금수]'와 '후아설 치순[수목화금토]'으로 이원화하여 역학적 요소와 음운적 요소 모두 놓치지 않은 부분은 주목할 만하다. 제자해는 주희의『역학계몽』에 나오는「하도」와 그에 대한 논설을 인용했고 이를「계사전」의 천지지수와 결합하여 이론을 전개했다. 삼재사상 등으로 중성의 제자논리를 전개한 것과 제자해 뒷부분에 나오는 음양과 동정, 천지와 강유 등을 연결한 부분은「계사전」,「설괘전」 등에서 취한 것도 있다.

또 하나 제자해의 핵심은 '사람중심' 사상인 '인본주의 사상'이다. 제자해에 나타난 사람중심 사상을 보면, 정음은 '사람의 소리'를 기초로 창제되었고, 초성 17자는 '사람의 발음기관'을 본떠서 만들어졌으며, 천지의 쓰임에서 '사람의 역할'을 강조한 점, '사람은 무극의 진체'와 음양오행의 정수가 응취된 존재라는 점, '중성은 사람의 일'이라는 점,『주역』태괘 대상전을 인용하여 불균형 해소의 적임자로 '사람의 조정능력'을 말하는 것[財成輔相則必賴乎人也] 등에서 제자해에 들어 있는 사람중심 사상을 읽을 수 있다. 이는 세종이 예의편에서 밝힌 애민정신의 각론이라 할 수 있다. '상[초성:발음기관 象, 중성:천지인 象]'을 '성聲'과 더불어 제자 소재로 택한 것에서 창제자의 상수학적 안목을 가늠할 수 있다. 세종이 특히 '인성人聲'으로 터를 잡고 '상'으로 모양을 빚어 정음을 창제하고, 관련자들이 제자해로써 그 이론적 논리를 뒷받침한 것에서 오늘날 강조되고 있는 창의융합적 사고의 모범을 발견할 수 있다.

이상을 통해 필자는 정음과 제자해에서 모종의 '조선역'[57]을 발견한

---

57 본 글에서 말하는 '조선역'은 크게 2개의 범주로 나눌 수 있다. 첫째, 기존 역학과 『주역』에 대한 조선학자들의 주석과 역학이론, 둘째, 조선에서 새로이 연구 개발된 역학이론이다. 첫째에 속하는 것이 조선 역학자들의 일반적 역학 관련 저서로 본 글에서는 논외이다. 정음은 둘째 범주에 속한다. 그 이유는 앞에서 밝혔듯 정음은 계사 하 2장에서 말하는 作卦의 원칙 "근취저신 원취저물"과 동일한 원리로 제작된 것이다. 정음은 사람의 발음기관을 본떠[근취저신] 초성을 만들고, 중성은 천지인 삼재를 본떠[원취저물] 창제되었다는 점과 이런 식의 문자제정은 그 유례가 없다는

다. 더 나아가 이들에게서 조선에 '살아 있는 역[活易]'[58]의 단면을 볼 수 있고, '살아 있음'은 백성이 일용日用함에 생생하게 '한글사용'하는 것에서 확인할 수 있다. 마치 백성이 일용으로 역易을 쓰는 것과 같다[百姓與能]. 신유학이 여물지 않은 선초에 송역을 대표하는 강절, 렴계, 주희의 논설을 종횡으로 엮은 위에 '성'과 '상'으로 문자를 창제하여[開物] 소통을 이루게 하고[成務] 그 속을 '사람중심'으로 채워서 천하의 말길[天下之言道]을 닦은 점은 '조선역'의 면모를 보여주는 것이다. 『주역』의 체제로 비유하자면 정음 본문인 예의편은 『역경易經』이고 해례편(제자해)은 「역전易傳(계사전)」이라 할 수도 있을 것이다. 이런 측면에서 정음을 "일종의 역학서"로 본 이정호李正浩(1913~2004)의 주장은 탁월한 것이고, "부역夫易, 개물성무開物成務, 모천하지도冒天下之道"라는 「계사전」의 문구는 정음과 제자해에 딱 맞는 말이라 할 수 있다.

점에서 정음은 조선에서 새로이 개발된 '조선역'이라 할 수 있다. 李正浩는 김항의 『正易』과 正音을 "한국에서 새로이 창조, 개발된 새로운 역학"이라한다. 또 둘 다 '인간학적 의미'가 있다고 했다. '인간학적 의미'는 필자가 말하는 '인본주의'와 상통한다. 이정호, 『학산 이정호 전집 5권: 訓民正音과 一夫 易學-한국역학의 새 방향』, 아세아문화사, 2017, 25쪽.

58 '活易'이란 정음을 '易'이라고 보는 전제하에 정음[한글]을 백성이 일상생활에서 끊임없이 사용한다는 점을 강조하기 위해 '易'자 앞에 '活'자를 붙인 것이지 별도의 '易'이 있는 것이 아니다.

『주역언해周易諺解』 번역의 새로운 지평*

-『주역전의대전周易傳義大全』에 의거한 언해문諺解文 대응 검토-

이충구

이 글은 『주역』 경문이 한국어로 번역된 실상을 원문과 『언해』의 대조를 통하여 번역 상의 적부適否 등의 몇 가지 문제를 제기한 것이다. 연구 내용은 주요한 한자 1자의 의미가 경문에 작용하는 경우, 원문주해가 번역에 영향을 끼치는 경우, 원문에 자구字句가 보충되어 그 의미가 번역에 반영되는 경우로 이루어졌다. 이 작업을 통해 번역의 적부를 논하고, 오늘날 『언해』 번역의 새로운 지평을 모색하고자 하였다.

1. 이끄는 말

본고는 『주역전의대전周易傳義大全』(이하 '저본底本')¹의 『주역』 경문經文이 언해諺解된 실상 가운데 몇 가지 문제를 검토하여 정확한 독

---

* 이충구(단국대). 諺解와 관련된 기왕의 졸고는 『經書諺解 硏究』(성균관대 박사학위 논문, 1990), 「孟子諺解의 訓釋 考」(전통과 현실, 수송양대연선생팔질기념논총간행 위원회. 1990), 「退溪의 經書釋義에 대한 고찰」(퇴계학연구 제6집, 단국대학교퇴계학 연구소. 1992), 「周易諺解의 過程과 特徵」(동양철학연구 14, 동양철학연구회, 1993) 가 있다.

1 底本은 『周易附諺解』(4冊)(학민문화사, 2008)를 사용한다. 이 책은 『周易傳義大全』 에다 周易 經文 중간본 『諺解』 全文을 分節하여 수록함으로써 經文과 飜譯을 동시 에 대조할 수 있게 되어 있다.

해를 꾀하는 데에 목적이 있다.

『언해』의 표현은 한자음(독음)·구결·번역으로 이루어져 있다. 『언해』의 이 세 가지 국어화된 표현은 한국인이 『주역』의 내용을 이해하는 데에 지침으로 쓰였던 것이다. 그 번역은 원문의 풀이 순서가 국어로 제시되고 한자漢字·구절句節이 풀이되어 경문經文의 국어화를 이룩한 것이다. 『주역』 원문이 국어화된 구체적 자취는 『주역』의 한국적 이해 및 수용, 나아가 한문의 한국적 이해 및 수용을 보이는 것이다. 이 작업은 『주역』 이해의 가장 기본적인 원문原文 독해讀解, 그리고 한국 역학易學 연구, 한문 국역國譯 연구의 중요한 몫을 차지하므로, 반드시 수행되어야 할 과제이다.

본고에서는 이 과제를 달성하기 위해 『주역』 경문이 『언해』로 표현된 내용 가운데 몇 가지를 살펴 그 적부를 검토하고 적절한 번역을 제시하려 한다. 그 구체적 작업은 저본의 『역전易傳』·『본의本義』·『대전大全』의 원문과 『언해』에 나타난 표현을 살피는 것인데, 그 글의 전개를 2~4장으로 편성하여 다룬다. 그리하여 2장에서 '한자주석漢字註釋에 의한 번역', 3장에서 '구절주해句節註解에 의한 번역', 4장에서 '보충자구補充字句에 의한 번역'의 세 부분으로 나누어 살펴보고자 한다.

2장 '한자주석에 의한 번역'은 한자를 주석한 의미가 경문에 작용하는 실상을 살피는데 다시 세분하여, 1)일자주석一字註釋에 의한 번역, 2)이자동의二字同義 주해註解에 의한 번역으로 나누어 살핀다. 1)일자주석에 의한 번역은 경문 한자 1자를 주석한 것에 따른 국역을 살피는데, 예컨대 '자資, 취야取也.(자資는 취함이다)'와 같은 것이다. 2)이자동의 주해에 의한 번역은 경문 1자의 주해에 2자로 나타난 경우 경문 글자에 덧붙여진 1자의 뜻으로 풀이되는 실상을 살피는데, 예컨대 '장長, 장구長久.(장長은 장구長久, 오래다)'와 같은 것이다.

3장 '구절주해에 의한 번역'은 문구의 단락 제시, 또는 같은 경문의 주해가 다른 경우 국역도 달라지는 실상을 살피는데, 1)구두句讀에 의한 번역, 2)동문이해同文異解에 의한 번역, 3)상象과 점占의 '이니' 연결 번역으로 나누어 살핀다. 1)구두에 의한 번역은 주해에 구句·두讀·구절句絶의 표기가 있는 경우 그것에 의해 구두를 끊어 의미를 탐색하고 국역을 살피는 것이다. 2)동문이해에 의한 번역은 동일한 경문에 주해註解, 즉 『역전』·『본의』·『대전』의 견해가 다르고, 따라서 국역도 다른 경우를 살피는 것이다. 3)상과 점의 '이니' 연결 번역은 『본의』에서 상과 점을 엄격히 구분하였는데 그 사이를 『언해』에서 '이니'로 연결시킨 실상을 살피는 것이다.

4장 '보충자구에 의한 번역'은 경문에 대한 주해에서 1자 또는 구절을 보충한 의미가 경문에 작용하는 상황을 살피는데, 1)보충자補充字에 의한 번역, 2)보충구補充句에 의한 번역으로 나누어 살핀다. 보충자에 의한 번역은 주해에서 경문에 1자가 보충되고 국역도 따라서 보충된 경우인데, 예컨대 '이정利貞'이 '이利〈어於〉정貞'으로 보충되어 국역이 '정貞에서 마땅하게 된다.'로 번역됨을 살피는 것이다. 보충구에 의한 번역은 주해에서 경문의 구절이 보충되고 국역도 따라서 보충된 경우인데, 예컨대 '기위내광야其危乃光也'가 '기위其危〈군자지도君子之道〉내광야乃光也'로 보충되어 국역이 '위태로움이 광대하다.'가 아니라 '위태로워 하면 〈군자의 도가〉 광대해진다.'로 번역됨과 같은 것이다.

이상의 예시는 현재 『주역』 번역서에 찾을 수 없는 것들이다. 이런 점에서 본 작업은 『주역』 번역의 새로운 지평의 밑거름이 될 것이며, 이를 기화로 『주역』의 정확한 이해와 바람직한 번역 방향에 일조할 수 있게 될 것이다.

사용되는 주된 자료는 ①『주역부언해周易附諺解』(4책冊)(학민문화사,

2008), ②『주역언해周易諺解』(규장각소장, 1606년 언해)이다. ①은 원문의 저본으로 사용하고, 『언해』의 저본은 ②를 사용한다. 언해는 ①에도 제시되어 있으나 중간본이므로 참조만 할 뿐이고,[2] 언해문 제시에는 초간본이자 조선 선조宣祖 말기에 교정청에서 번역·출산한 국정 언해서인 ②를 사용한다.[3]

2. 한자주석漢字註釋에 의한 번역

한자 1자를 주석한 의미가 경문에 작용하는 실상을 살피는데, 일자주석一字註釋에 의한 번역, 이자동의二字同義 주해註解에 의한 번역으로 나누어 살핀다.

1) 일자주석一字註釋에 의한 번역

경문 한자 1자를 주석한 것에 따른 국역을 살펴보고자 한다.

(1) 자資:취하다[取]

　　大哉乾元! 萬物資始,[4] 乃統天.(乾卦 彖傳)

---

2 중간본의 오류를 들면 井卦 六三 小象傳 本義諺解에 구결과 번역이 초간본은 "行이/行이 恤홈이오"라고 하였으나, 중간본(附諺解)에는 "行이오/行이 恤홈이오"라고 하여 '行이오'의 '-오'가 잘못 추가되어 있다.
3 이 초간본 『언해』는 영인본이 출간되었다.
　『周易諺解』(다운샘, 1996.)
　송준호, 『역주『주역』언해』(1, 2, 3책. 미완간), 세종대왕기념사업회. 2017.

크다 乾의 元이여 万物이 資ᄒ야 始ᄒᄂ니 이에 天을 統ᄒ얏도
다(『諺解』)[5]

萬物資始, 與資之深, 資於事父以事君之資, 皆訓取字.(乾卦 彖傳 本義
大全)[6]

'資'에 대해 본의대전(주자)[7]에는 '취取[취하다]'로 주석하였는데, 그
용례는 "만물이 〈건원을〉 취하여 시작한다[萬物資始]", "취함이 깊다[資
之深]", "아버지를 섬기는 일에서 취하여 임금을 섬긴다[資於事父以事
君]"를 제시하였다. 이외에 "…만물이 취하여 생겨난다[至哉乾元! 萬物資
生.]"(坤卦 彖傳)도 '자資'를 '취取'로 풀이해야 할 것이다. 따라서 이들
용례의 '자資'는 '의뢰하다.'로 풀이할 것이 아니다.

'자資'를 '취取'로 풀이한 것은 정현鄭玄·공영달孔穎達의 저술에 보이
는데,[8] 이를 주자가 채택한 것이다.

『언해』는 '자資ᄒ야'라고 하여 한자를 그대로 노출시켜서 의미 파
악이 어려운데 이것이 『언해』의 한계, 즉 불완전번역인 것이다.

(2) 출出:뛰어나다[過]

首出庶物, 萬國咸寧.(乾卦 彖傳)

---

4 밑줄은 해당 한자 또는 구절 등을 지적하기 위해 필자가 덧붙인 것이다. 이하 같다.
5 『諺解』:『易傳』과 『本義』에 의한 번역이 둘 다 같은 경우이다. 『易傳』에 의한 번역
  은 '易傳諺解'로, 『本義』에 의한 번역은 '本義諺解'로 표시하기로 한다. 이하 같다.
6 本義大全:『本義』에 속한 『大全』(小注)을 말한 것이다. 『易傳』에 속한 『大全』은 '易
  傳大全'이라고 부르기로 한다.
7 『朱子語類』 권57에는 "資字, 如萬物之資始, 資於事父以事君之資, 皆訓取字."라는 같
  은 내용이 실려 있어 資를 '取'라고 주석한 것이 주자의 견해임을 알 수 있다.
8 鄭玄은 『周易鄭康成注』에서 "資, 取也."라고 하고, 孔穎達 疏에는 "以萬象之物, 皆資
  取乾元, 而各得始生, 不失其宜."라고 하였다.

庶物에 읏듬으로 出홈애 萬国이 다 寧ㅎᄂ니라(『諺解』)

聖人在上, 高出於物, 猶乾道之變化也.(『本義』)

朱子曰, …須聰明睿智皆過於天下之人, 方可臨得他.…如孔子出類拔
萃, 便是首出庶物,(本義大全)

天爲萬物之祖, 王爲萬邦之宗. 乾道首出庶物而萬彙亨, 君道尊臨天位
而四海從. 王者體天之道, 則萬國咸寧也.(『易傳』)

元之在乾, 爲元始之義, 爲首出庶物之義. 他卦則不能有此義, 爲善爲
大而已.(『易傳』 大有卦 彖傳)

'출出'에 대해 『언해』에는 '출出홈애'라 하여 '뛰어나다.'인지 '나오
다.'인지 불분명하다. 『본의』의 "〈성인聖人이〉 만물에서 높이 뛰어나다
[高出於物]", 본의대전의 "반드시 총명예지하여 모두 천하의 사람보다
뛰어나야 천하에 군림할 수 있다. … 공자처럼 무리에서 뛰어난 것이
…[須聰明睿智皆過於天下之人, … 如孔子出類拔萃, …]"의 '고출高出'·'과
過'·'출발出拔'은 '뛰어나다.'로 주해된 것이다.

『역전』은 '출出'에 대해 "하늘은 만물의 조상[祖]이고, 임금은 온 나
라의 근본[宗]이다. 건乾의 도道가 만물 중에서 으뜸으로 뛰어나서[首出]
온갖 사물들이 형통하고, 임금의 도가 하늘의 자리에 높이 임하여[尊臨]
온 세상이 따른다. 임금된 자가 하늘의 도를 본받으면 …"이라고 하여,
'조祖'·'종宗'·'수출首出'·'존림尊臨'으로 모두 '높다.'는 의미로 설명하
였다. 이에 의하면 '출出'은 〈乾의 道가〉 뛰어나다.'로 풀이될 것이지
'나오다.'로 풀이될 것이 아니다. 이는 공영달이 설명한 '사물에서 최고
로 높다.[最尊高於物]'[9]를 따른 것이다.

---

9 이 부분의 앞뒤 글은 "… 言聖人爲君在衆物之上, 最尊高於物, 似頭首出於衆物之上,
各置君長以領萬國, 故萬國皆得寧也. 人君位實尊高, 故於此云首出於庶物者也."로 되
어 있다.(孔穎達疏)

그러나 『역전』(大有卦 象傳)에는 "원元이 건괘에서는 시작[元始]의 뜻이 되고, 만물에 처음으로 나오는[首出] 뜻이 된다.[元之在乾, 爲元始之義, 爲首出庶物之義.]"라고 하였다. 그리하여 '수출首出'은 '으뜸으로 뛰어나다.'로, '처음으로 나오다.'[10]로 풀이될 수 있을 것이지만, 『언해』에 '웃듬으로 출出홈애'라고 하여 '수首'가 '으뜸'으로 표현된 것은 '출出'이 '시작[元始]'보다 '뛰어나다[過]'에 보다 잘 호응된다.

(3) 몽蒙(괘명, 어리다), 비比(괘명, 친해 돕는다), 박剝(괘명, 떨어진다), 손巽(괘명, 순하다)

蒙者, 蒙也, 物之穉也.(序卦傳)
比者, 比也.(序卦傳)　　比, 親輔也.(比卦卦象易傳)
剝者, 剝也.(序卦傳)　　剝, 落也.(剝卦卦辭木義)
在鼎則巽巽也, 上離爲目, 而五爲耳. 有內巽順, 而外聰明之象(.鼎卦象傳本義大全 雲峯胡氏曰)

위는 동자위훈同字爲訓(동일한 한자로 풀이함)의 경우로, 피석사被釋詞(표제자)의 특정 의미를 일반적인 해석사解釋詞(설명자)로 풀이한 것이다.[11]

10　'首出'이 '으뜸으로 나오다.'로 풀이될 수도 있겠으나 이 경우 '나오다.'는 '처음'이라는 순서가 아니라 '높은 곳에 출현하다.'라는 '뛰어나다.'로 이해된다.
11　『簡明訓詁學』(馬兆麟, 臺灣學生書局, 民國85년. 100면)의 "同字相訓, 被釋者往往有特定的涵意, 釋者用一般的涵意."에 의거하였는데, 피석사와 해석사의 의미 차이로 설명한 것이다. 그 例를 이 책에서는 『詩經』「大序」의 "風, 風也."를 들고, '國風은 風化이다'로 설명하였다. 그리고 『訓詁學槪論』(齊佩瑢, 漢京文化事業有限公司, 臺北, 民國74년. 97면)에는 "同字爲訓者, 蓋由於聲調之異以及詞性之不同."이라고 하여, 동자위훈의 피석사와 해석사의 차이를 성조와 품사의 다름으로 설명하여 의미(품사) 이외에 성조까지 포함시켰다.

앞의 몽蒙은 괘명이고 뒤의 몽蒙은 '어리다'는 뜻이다. 앞의 비比는 괘명이고 뒤의 비比는 '친해 돕는다'는 뜻이다. 앞의 박剝은 괘명이고 뒤의 박剝은 '떨어진다'는 뜻이다. 그리고 앞의 손巽은 괘명이고 뒤의 손巽은 '순하다'는 뜻이다.

2) 이자동의二字同義 주해註解에 의한 번역

경문經文 1자에 대해 『역전』·『본의』·『대전』에서 동의자同義字 1자를 첨가하여 2자二字로 주해된 경우는 첨가된 1자의 뜻으로 풀이되는 것이다. 이러한 방식은 한문 주해에 일반화되어 널리 쓰이는 것인데, 『주역』의 몇 곳을 살펴보면 다음과 같다.

(1) 려厲(위危:위태롭다)

臀无膚, 其行次且, 厲, 无大咎.(姤卦 九三)
臀에 膚ㅣ 업스며 그 行이 次且홈이니 厲ᄒᆞ나 큰 咎ㅣ 업스리라
(本義諺解)
然旣无所遇, 則无陰邪之傷, 故雖危厲, 而无大咎也.(『本義』)

'려厲'는 『본의』에 '위려危厲'로 나타나서 '危(위태롭다)'의 의미를 나타낸다. 따라서 『언해』의 '려厲ᄒᆞ나'는 '위태로우나'로 풀이된다.

(2) 노勞(래徠:위로하다), 상相(조助:돕다)

木上有水井, 君子以, 勞民勸相.(井卦 大象傳)

木上에 水ㅣ 이시미 井이니 君子ㅣ 以ᄒ야 民을 勞ᄒ야 相으로
勸ᄒᄂ니라(『諺解』)
君子觀井之象, 法井之德, 以勞徠其民而勸勉以相助之道也.(『易傳』)

　‘노로勞’는 『역전』에 ‘노래勞徠’로 나타나서 ‘래徠(위로하다)’의 의미를
나타내고, ‘상相’은 『역전』에 ‘상조相助’로 나타나서 ‘조助[돕다]’의 의
미를 나타낸다. 따라서 『언해』의 ‘노로勞ᄒ야’는 ‘위로하여’로 풀이되고,
‘상相으로’는 ‘도움으로’로 풀이된다.

　또 음주音註에는 ‘노로勞’·‘상相’의 독해를 명확하게 하기 위하여 “노
로勞, 력보반力報反. 상相, 식량반息亮反.”이라고 하였는데, ‘노로勞’는 상성으
로 ‘위로하다.’(『漢語大詞典』에 의함. 아래도 같음)의 뜻이고, ‘상相’은
거성으로 ‘돕다.’의 뜻이다.

(3) 장長(구久:오래다), 구久(장長:오래다)

无號之凶, 終不可長也.(夬卦 上六 象傳)
无號의 凶홈은 ᄆᆞᄎᆞᆷ애 可히 長티 몯홀디니라(『諺解』)
小人之道, 旣已窮極, 自然消亡, 豈復能長久乎.(『易傳』)

天地之道, 恒久而不已也.(恒卦 彖傳)
天地의 道ㅣ 恒久ᄒ야 마디 아니ᄒ니라(『諺解』)
天地之道, 所以長久. 亦以正而已矣.(『易傳』)

濡其首厲, 何可久也.(旣濟卦 上六 小象傳)
濡其首厲ㅣ 엇디 可히 久ᄒ리오(『諺解』)
旣濟之窮, 危至於濡首, 其能長久乎.(『易傳』)

쾌쾌夬卦의 '장長'은 『역전』에 '장구長久'로 나타나서 '구久[오래다]'의 의미를 나타낸다. 따라서 『언해』의 '장長티'는 '오래가지'로 풀이된다. 항쾌의 '항구恒久'는 '장구長久'[12]로 나타나서 '구久(오래다)'의 의미를 나타낸다. 따라서 『언해』의 '항구恒久호야'는 '오래가서'로 풀이된다. 기제쾌旣濟卦의 '구久'는 '장구長久'로 나타나서 '구久[오래다]'의 의미를 나타내므로, 『언해』의 '구久호리오'는 '오래 가겠는가!'로 풀이된다.

결국 '장구長久'는 '장長, 구야久也.' 또는 '구久, 장야長也.'의 주석을 생략하고 곧바로 '장구長久'라고 표현한 것이다.

이외에도 '정貞(정정貞正:바르다, 정고貞固:굳세다)' '함含(함회含晦:감추다, 함장含藏:감추다)' 등도 같은 경우이다.

3. 구절주해句節註解에 의한 번역

주해에 문구의 단락 제시, 또는 같은 경문의 주해가 다른 경우 국역도 달라지는 실상을 살피는데, 구두句讀에 의한 번역, 동문이해同文異解에 의한 번역, 상象과 점占의 '이니' 연결 번역으로 나누어 살핀다.

1) 구두句讀에 의한 번역

저본에는 문구를 분절하기 위하여 분절 지점에 구句·두讀·구절句絶[13] 등의 표현을 한 것이 있다. 이에 의해 경문의 의미를 파악하고, 『언해』

---

12 恒卦의 象傳에는 "恒, 久也."라고 하고, 그 『易傳』에 "恒者, 長久之義也."라고 하여, 恒·長·久가 모두 '오래다.'는 뜻으로 설명되었다.
13 이 세 가지 용어는 구두처를 지적하는 것이지 구별되는 용어로 사용된 것이 아니다.

역시 이에 의해 번역되었던 것이다.

(1) 구句

건괘 용구의 경우이다.

> 用九, 見群龍无首, 吉.(乾卦 用九)
> 九 用홈은 群龍을 見호딕 首홈이 업스면 吉ᄒ리라(易傳諺解)
> 九 用홈은 群龍이 首ㅣ 업슴을 見홈이니(本義諺解)
> 見群龍, 謂觀諸陽之義, 无爲首則吉也.(乾卦 用九 『易傳』)
> 朱子曰, "… 看來當以見群龍无首爲句. 蓋六陽已盛如群龍, 然龍之剛
> 猛在首, 故見其无首則吉."(乾卦 用九 易傳大全)

'견군룡무수見群龍无首'에 대해 『역전』은 '견군룡見群龍'과 '무수无首'로 분절하여 "'견군룡見群龍'은 여러 양을 살피는 뜻을 말하니, 머리가 됨이 없으면 길하다.[見群龍, 謂觀諸陽之義, 无爲首則吉也.]"라고 하고, 역전언해도 이에 따라 '견見'을 '군룡群龍을 견見호딕 수首홈이 업스면'이라고 하여, '군룡群龍'에만 지배시켰다.

그러나 주자는 "… 내가 보기에 '견군룡무수見群龍无首'를 1구句로 해야 한다. 6양陽이 이미 극성한 것이 6룡龍과 같으나 용龍의 군세며 사나운 것은 머리에 있으므로, 그 머리가 없음을 보니 길하다."라고 하여, '견군룡무수見群龍无首'를 1구로 하고 『역전』의 '견군룡見群龍, 무수无首.'로 분절함을 따르지 않았다. 그리하여 본의언해도 '견見'을 "군룡群龍이 수首ㅣ 업슴을 견見홈이니"라고 하여, '군룡무수群龍无首'까지 지배시켰다. 이는 구句의 분절 여하에 따라 경문의 의미 파악에 차이가 나고, 이에 의해 『언해』도 다르게 번역된 사례이다.

다음은 곤괘困卦의 경우이다.

險以說, 困而不失其所亨, 其唯君子乎.(困卦 彖傳)

險호딕 뻐 說ᄒ야 困호딕 그 亨흔 바를 失티 아니ᄒ니 그 오직
君子ㄴ뎌(『諺解』)

時雖困也, 處不失義, 則其道自亨, 困而不失其所亨也. 能如是者, 其唯
君子乎.(『易傳』)

所字合爲句, 亨字爲句. 所, 如艮止其所之所. 雖在困中, 不愧不怍, 泰
然不失其常處, 此之謂亨, 能此者, 其唯君子乎.(易傳大全 廬陵龍氏曰)
彖曰, "險以說, 困而不失其所亨, 其惟君子乎!" 蓋處困而能說也. 困而
寡怨, 是得其處困之道, 故無所怨於天, 無所尤於人, 若不得其道, 則有
所怨尤矣.(『朱子語類』 권76)

　　'소형所亨'에 대해 여릉용씨(元 龍仁夫)는 "'소所' 자에서 마땅히 1구
句가 되어야 하고, '형亨'자에서 1구가 되어야 한다. '소所'는 간괘艮卦
단전의 '제 처소에 그친다[止其所]'라고 할 때의 '소所'와 같다. 비록 곤
궁한 중에 있더라도 부끄러워하지 않고 태연하게 그 정상적 처소를 그
르치지 않는 것을 형亨이라고 하니, …"라고 하여, 구두를 '곤이불실기
소困而不失其所, 형亨,'으로 하라는 것이다. 이에 의하면 '곤궁하여도 그
처소를 그르치지 않아야 형통하니'라고 하여 '불不'이 '소所'까지만 지
배하고 '형亨'까지는 지배하지 않아야 한다. 그러나 『언해』는 '그 형亨
흔 바를 실失티 아니ᄒ니(그 형통한 바를 잃지 아니하니)'라고 하여,
'소所'와 '형亨' 사이에 구두가 없는 것으로 처리하고 '불不'을 '형亨'까
지 지배시켜서 여릉용씨의 설을 따르지 않았다.

　　『역전』은 '시수곤야時雖困也'가 경문의 '곤이困而'를, '처불실의處不
失義'가 경문의 '불실기소不失其所'를, '즉기도자형則其道自亨'이 경문의
'형亨'을 설명한 것으로 보인다. 이에 의하면 경문의 구두는 '곤이불실
기소困而不失其所, 형亨.'으로 해야 할 것인데, 여릉용씨는 이것을 따른

것으로 보인다.

주자(『朱子語類』)는 '곤이과원困而寡怨'이 경문의 '곤이困而'를, '시득기처곤지도是得其處困之道'가 경문의 '불실기소不失其所'를, '고무소원어천故無所怨於天'이 경문의 '형亨'을 설명한 것으로 보여, 역시 경문의 구두는 '곤이불실기소困而不失其所, 형亨.'으로 해야 할 것이다.

경문의 '불실기소不失其所'의 '소所'는 『역전』의 '의義', 주자의 '처곤지도處困之道'에 대응되는 것이다. 이러한 용례는 『예기禮記』「애공문哀公問」의 "사욕私欲에 걸맞음을 얻기를 구함에는 도리를 따지지 않고 한다.[求得當欲, 不以其所.]"의 정현鄭玄 주注의 "소所는 도道와 같다.[所, 猶道也.]"에서 확인할 수 있다.

이어서 곤괘坤卦 육삼의 경우이다.

> 含章可貞, 或從王事, 无成有終.(坤卦 六三)
> 象曰, … 或從王事, 知光大也.(坤卦 六三 小象傳)
> 或從王事ᄂ 知ㅣ 光大홈이라(『諺解』)
> 象只舉上句, 解義則竝及下文. 它卦皆然. 或從王事, 而能无成有終者,
> 是其知之光大也.(『易傳』)

『역전』에는 "상전에서는 앞의 구절만 들었으나 의미를 풀이하는 것은 뒤의 구절까지 모두 언급하였으니 다른 괘에도 모두 그렇다."라고 하고, '혹종왕사或從王事'의 아래에 있는 구절 '무성유종无成有終'의 내용까지 포함해 풀이하여 '지광대야知光大也'라고 하였다. 이를 다시 말하면 '혹종왕사或從王事'는 '혹종왕사或從王事 무성유종无成有終'의 생략이 되는 것이다. 『언해』는 "혹종왕사或從王事ᄂ 지知ㅣ 광대光大홈이라"라고 하여 '무성유종无成有終'의 생략이 드러나지 않았는데, 이는 『언해』가 직역 축자번역을 했기 때문이다.

이외에 사괘師卦의 '사혹여시師或輿尸'는 '사혹여시師或輿尸, 흉凶.'의 생략, 비괘比卦의 '비지자내比之自內'는 '비지자내比之自內 정길貞吉'의 생략, 소축괘小畜卦의 '복자도復自道'는 '복자도復自道, 하기구何其咎? 길吉'의 생략 등에서도 같은 경우를 볼 수 있다.

(2) 讀(두)

감괘坎卦에서 살펴본다.

> 水, 流而不盈, 行險而不失其信.(坎卦 象傳)
> 水ㅣ 流ᄒ야 盈티 아니ᄒ며 險애 行호듸 그 信을 失티 아니ᄒ요미니(坎卦 象傳『諺解』)
> 以卦象釋有孚之義, 言內實而行有常也.(坎卦 象傳『本義』)
> 水字當讀°.[14] 流而不盈行險而不失其信兩句, 皆指水言. 以水之內實行有常者, 釋卦辭有孚之義也.(坎卦 象傳 本義大全 雲峯胡氏曰)

운봉호씨(元, 胡炳文)는 "'수水' 자에 구두를 떼어야 한다. '유이불영流而不盈'·'행험이불실기신行險而不失其信' 2구절은 모두 '水'를 가리켜서 말한 것이다. '수水'의 안이 채워있고 진행함에 일정함이 있는 것으로 괘사의 '유부有孚[진실함이 있음]'의 뜻을 풀이하였다."라고 하여, '수水' 자에 구두를 떼어 '수水, 유이불영流而不盈, (수水,) 행험이불실기신行險而不失其信.'으로 풀이하라는 것이다. 그러므로 '행험行險'은 '물이 험지에 진행하다.'이지, '사람이 험지에 진행하다.'가 아니다. 『언해』는 이를 반영하여 "수水ㅣ 유流ᄒ야 영盈티 아니ᄒ며 험險애 行호듸"라고

---

14 讀:글자의 우측상단에 內賜本에는 '讀ᵇ'로 去聲을 표시하는 圓點이 표시되어 있어, '두'로 읽고 '독'으로 읽지 않아야 한다. '독'은 入聲이다.

하여, 2구절의 사이를 '호며'로 대등하게 연결함으로써 '물이 흘러서 가득하지 아니하며 〈물이〉 험지에 진행하되 그 신의를 그르치지 아니함이니'로 번역한 것이다.

운봉호씨의 견해는 『본의』의 '이괘상以卦象'을 '이수지내실행유상자以水之內實行有常者'로 설명하였는데, 그에 해당되는 경문은 '유이불영流而不盈, 행험行險'이다. 그리고 '석유부지의釋有孚之義'는 경문의 '불실기신不失其信'을 설명한 것이다.

(3) 구절句絶

리괘離卦에서 살펴본다.

> 明兩, 作離, 大人以繼明, 照于四方.(離卦 大象傳 易傳經文)[15]
> 明兩作, 離, 大人以繼明, 照于四方.(離卦 大象傳 本義經文)
> 『易傳』明兩句絶, 『本義』以水洊至例之, 故訓作爲起.(本義大全 雲峯胡氏曰)
> 明兩이 離를 作호니 大人이 以호야 明을 繼호야 四方애 照호ᄂ니라(易傳諺解)
> 明이 두 번 作홈이 離니(本義諺解)
> 若云兩明, 則是二明, 不見繼明之義. 故曰明兩, 明而重兩, 謂相繼也. 作離, 明兩而爲離, 繼明之義也.(『易傳』)
> 作, 起也.(『本義』)
> 明兩作, 猶言水洊至.[16] 今日明, 來日又明, 明字便是指日而言. 若說兩明, 卻是兩箇日. 只是這一箇明, 兩番作, 非明兩, 乃兩作也.(本義大全 朱子曰)

---

15 『易傳』에 의해 經文의 구두 등이 달리 표현된 것을 '易傳經文'으로, 『本義』에 의해 經文의 구두 등이 달리 표현된 것을 '本義經文'으로 부르기로 한다.
16 孔穎達 疏에서 '明兩作'을 '水洊至'로 대입한 것을 주자가 수용한 것이다.

'명량작리明兩作離'에 대해 운봉호씨는 "『역전』에서는 '명량明兩, 작리作離,'로 구두를 끊었으나, 『본의』에서는 '수천지水洊至[물이 거듭 이른다]'[17]로 사례를 삼았기 때문에 〈'명량작明兩作, 리離,'로 하고〉 '작作'을 풀이하여 '일어난다.'고 하였다."라고 하여, 『역전』과 『본의』의 구두가 다름을 지적하였다. 이에 의해 『언해』는 "명량明兩이 리離를 작作ㅎ니"(밝고 〈이를〉 거듭함이 이괘를 이루니)(『역전』), "명明이 두 번 작作홈이 리離니"(밝음이 거듭 일어남이 이괘니)(『본의』)로 다르게 표현되었다.

『역전』은 "'양명兩明'이라고 하면 이는 두 개의 밝음이니, 밝음을 잇는다는 뜻이 나타나지 않는다. 그러므로 '명량明兩'이라고 했는데, 밝고 거듭함이니, 서로 이어짐을 이른다. '작리作離'는 밝고 거듭하여 리괘離卦를 이룸이니[爲], 밝음을 잇는다는 뜻이다."[18]라고 하고, 주자(『本義』 및 本義大全)는 "'작作'은 일어남이다. '명량작明兩作'은 '물이 거듭 이른다.'라고 말하는 것과 같다. 오늘 밝고 내일 또 밝으니 '밝음[明]'은 곧 해를 가리켜 말한 것이다. 만약 '둘이 밝다[兩明]'라고 하면 두 개의 해이다. 단지 이 하나의 해가 두 번 나옴이니 '밝음이 둘'이 아니라 '두 번 일어난다.'는 것이다."라고 하였다.

두 가지 견해에서 '명량明兩'(밝음을 거듭하다, 밝음이 거듭되다)이 '양명兩明'(두 개 밝음)과 다르다고 하고, '양兩'을 '거듭'으로 풀이한 것은 같다. 그러나 『역전』은 '명량明兩'을 간격지어 '명이중량明而重兩, 위

---

17 坎卦 大象傳의 '水洊至, 習坎.'의 사례와 같이 구두를 '明兩作, 離.'로 하고, '明兩, 作離,'로 하지 않는다는 것이다.

18 원문 '故曰明兩, …' 이하 번역은 "因此說 '明兩', 明亮而又重復, 說的是相繼續的意思. 所謂 '作離', 是說明亮兩次而成爲離, 相繼明亮的意思."라고 한 白話文 譯文에 의거하였다.(孫勁松·范雲飛·河瑞麟, 『周易程氏傳譯註』(上册, 下册), 商務印書館, 北京. 2018.)

상계야謂相繼也.(밝고 중복됨은 서로 이음을 말한다)'라고 하여, '명량明兩'의 사이를 연속접속사 '이而(하고)'로 연결시키고 '양兩'에 동의자 '중重'을 합성하여 '중량重兩(중복되다, 거듭되다)'으로 하고 그 뜻을 '상계相繼'라고 하였다. 그리고 '작리作離'는 '위리爲離(이離를 이룬다)'로 나타내어 '작作'이 '위爲(이루다)'로 설명되었다. 『본의』는 '명량明兩' 2자에 구두를 끊지 않고, '명량작明兩作(밝음이 거듭 일어남이)' 3자에 구두를 끊고서 '수천지水洊至(물이 거듭 이르다)'의 구문과 같다고 하였는데 이들은 3자 대구의 동일한 구문이다. 주격 또한 위치가 다르게 되었는데 『역전』은 '명량明兩이'로, 『본의』는 '명량작明兩作이'로 되었다. 역전언해는 앞부분과 뒷부분이 2자씩 나뉜 것에 의해 주어와 술어로 번역하였고, 본의언해는 '수천지水洊至, 습감習坎.(물이 거듭 이르름이 거듭된 감坎이다)'의 구문에 의해 3자와 1자(明兩作, 離,)로 나누어 주어와 술어로 번역하였다.

2) 동문이해同文異解에 의한 번역

동일한 경문에 주해註解, 즉 『역전』·『본의』·『대전』의 견해가 다르고 따라서 국역도 다른 경우를 살펴본다.

(1) 기유성인호其唯聖人乎:오직 성인인가? 오직 성인일 것이다.

> 亢之爲言也, 知進而不知退, 知存而不知亡, 知得而不知喪, 其唯聖人乎! 知進退存亡, 而不失其正者, 其唯聖人乎!(乾卦 文言傳)
> 亢이란 말은 … 得을 알고 喪을 아디 몯홈이니 <u>그 오직 聖人가</u> 進ᄒ며 退ᄒ며 存ᄒ며 亡홈을 알아 그 正을 失티 아니ᄒᄂ 者ㅣ

<u>그 오직 聖人인뎌</u>(『諺解』)

再言其唯聖人乎, 始若設問而卒自應之也.(『本義』)

　『본의』에는 "'기유성인호其唯聖人乎'를 두 번 말한 것은 앞은 질문을 설정한 것이고, 뒤는 스스로 응답한 것이다."라고 하여, 질문과 응답으로 설명하였다. 『언해』는 이를 반영하여 '그 오직 聖人가 … 그 오직 聖人인뎌'라고 하여 질문과 추측으로 번역하였는데, 이를 현대어로 표현하면 '오직 성인뿐인가? 진퇴와 존망할 것을 알아 올바름을 잃지 않는 자는 오직 성인뿐일 것이다.'로 된다. 동일한 문구가 앞과 뒤에 위치함으로써 질문과 응답으로 다른 의미를 갖게 된 것이다.

(2) 무구无咎:허물할 데가 없다. 허물이 없다.

먼저 췌괘萃卦의 경우이다.

　　齎咨涕洟, 无咎.(萃卦 上六)
　　齎咨ᄒ며 涕洟홈이니 咎홀 ᄃᆡ 업스니라(易傳諺解)
　　齎咨ᄒ며 涕洟ᄒ야아 咎ㅣ 업스리라(本義諺解)
　　人之絶之, 由己自取, 又將誰咎.(『易傳』)
　　處萃之終, 陰柔无位, 求萃不得, 故戒占者必如此, 而後可以无咎也.
　　(『本義』)

　'무구'에 대해 『역전』은 "남이 절교를 함은 자기로부터 스스로 취했으니 또 누구를 허물하겠는가."라고 하여 '허물할 데가 없다.'로 설명하였는데, 역전언해의 "구咎홀 ᄃᆡ 업스니라"는 이를 적용한 것이다. 이에 의해 경문을 번역하면 '한탄하며 눈물과 콧물을 흘리니 허물할 데가 없다.'로 된다. 『본의』는 "… 그러므로 점치는 자가 반드시 이와 같이 한

다음에 뉘우침이 없을 수 있다고 경계했다."라고 하여 '허물이 없다.'로 설명하였는데 본의언해의 "구咎ㅣ 업스리라"는 이를 적용한 것이다.

다음은 곤괘困卦의 경우이다.

利用亨祀, 征凶无咎.(困卦 九二)

뼈 享(향)祀홈이 利ᄒ니 征ᄒ면 凶ᄒ니 咎를 듸 업스니라(易傳諺解)

뼈 享(향)祀홈이 利ᄒ고 征ᄒ면 凶커니와 咎ㅣ 업스니라(本義諺解)

利用亨祀, 享祀以至誠通神明也. 在困之時, 利用至誠如享祀然. 征凶无咎, 方困之時, 若不至誠安處以俟命, 往而求之, 則犯難得凶, 乃自取也. 將誰咎乎. ⋯ 自取凶悔, 何所怨咎.(『易傳』)

其占利以享祀. 若征行, 則非其時故凶, 而於義爲无咎也.(『本義』)

其占利於享祀.(本義大全 雲峯胡氏曰)

'무구'에 대해 『역전』은 "'정흉무구征凶无咎'는 한창 곤란한 때에 만일 지극한 정성으로 편안히 처하여 천명을 기다리지 않고 가서 구한다면 곤란을 범하여 흉함을 얻으리니, 스스로 취하는 것이다. 장차 누구를 허물하겠는가. ⋯ 스스로 흉함과 뉘우침을 취하니, 누구를 원망하고 허물할 것인가."라고 하여 위의 '허물할 데가 없다.'와 같다. 이에 의해 경문을 번역하면 '〈정성으로〉 제사하는 듯이 함이 이롭다. 〈편히 거처하지 않고〉 가면 흉하니 허물할 데가 없다.'로 된다.

'이용향사利用亨祀'를 역전언해는 "뼈 향사享祀홈이 利ᄒ니"라고 번역하여 '직접 제사함이'가 되어, 『역전』의 "제사하는 듯이 한다.[如享祀然]"의 직접 제사하지 않는 설명과 다르다. 『본의』는 "그 점占은 향사를 올리는 것에 이利하다. 만일 가면 온당한 때가 아니므로 흉하지만, 의리에 허물이 없게 된다."라고 하여 위의 '허물이 없다.'와 같다. 이에 의해 경문을 번역하면 '제사하는 것에 이利하고 가면 흉하나 〈의리에〉 허물이 없다.'로 되어 직접 제사하는 것이다. 그리고 운봉호씨는 "그 점이 향사함에서 이롭다.[其占利於享祀]"라고 하여, '於(-에)'가 추가되어 '향사에'로 국역된다. 『언해』는 '향사享祀홈이 이利ᄒ고'라고 하여 '어於'가 적용되지 않았다.

(3) 원형리정元亨利貞:시작하고, 성장하고, 수립하고, 완성하다. 크게 형통하고 바름·견고함에 마땅하게 된다.

> 乾, 元亨利貞.(乾卦 卦辭)
> 乾은 元ᄒ고 亨ᄒ고 利ᄒ고 貞ᄒ니라(易傳諺解)
> 乾은 크게 亨ᄒ고 貞홈이 利ᄒ니라(本義諺解)
> 元亨利貞, 謂之四德. 元者, 萬物之始, 亨者, 萬物之長, 利者, 萬物之遂, 貞者, 萬物之成.(『易傳』)
> 元, 大也, 亨, 通也, 利, 宜也, 貞, 正而固也. … 言其占當得大通, 而必利在正固.(『本義』)

'원형리정元亨利貞'을 『역전』은 "원·형·리·정을 4덕이라고 한다. 원은 만물의 시작이고, 형은 만물의 성장이며, 리는 만물의 수립이고, 정은 만물의 완성이다."라고 하여 4가지로 설명하였는데, 역전언해는 이를 적용하여 "원元ᄒ고 형亨ᄒ고 정貞홈이 리利ᄒ니라"라고 4가지로 번역하였다. 그러나 『본의』는 "원은 큼이고, 형은 형통함이며, 이는 마땅함이고, 정은 바르며 견고함이다. … 그 점이 당연히 크게 형통함을 얻고, 반드시 마땅함이 바르며 견고함에 있음을 말하였다."라고 하여 '크게 형통하다.[元亨]'와 '바르며 견고함에[19] 마땅하게 된다.[利貞]'의 2가지로 설명하였는데, 본의언해는 이에 의해 "크게 형亨ᄒ고 정貞홈이

리利ᄒᆞ니라"라고 2가지로 번역하였다.

　'원형리정元亨利貞'은 준괘屯卦 등 5괘[20]에도 쓰였는데, 모두 4가지로 쓰이지 않고 '원형元亨'과 '이정利貞'의 2가지로 쓰였다. '원형이정元亨利貞'은 『주역』에서 모두 6번 쓰였는데, 4덕으로 설명한 것은 건괘의 『역전』뿐이고, 5괘는 2가지로 쓰인 것이다.[21] 건괘의 『본의』와 5괘에서는 모두 2가지로 설명되었고, 따라서 5괘의 번역도 2가지로 해야 하는 것이다.

(4) 정대인貞大人:바르니 큰 사람이다. 바른 큰 사람이다.

困, 亨貞, 大人吉, 无咎.(易傳經文)

困, 亨, 貞大人吉, 无咎.(本義經文)

困은 亨ᄒᆞ고 貞ᄒᆞ니 大人이라 吉ᄒᆞ고 咎ㅣ 업스니(易傳諺解)

… 貞혼 大人이라 …(本義諺解)

如卦之才, 則困而能亨, 且得貞正, 乃大人處困之道也. 故能吉而无咎.
(『易傳』)

二五剛中, 又有大人之象, 占者處困能亨, 則得其正矣. 非大人, 其孰能之. 故曰貞, 又曰大人者, 明不正之小人不能當也.(『本義』)

曰貞又曰大人者, 困而能亨, 是爲貞正之大人, 非不正之小人所能也.
(本義大全 雲峰胡氏曰)

大人兼指二五, 當困之時, 有二五剛健中正之大人以濟之, 吉无咎矣.
(本義大全 雙湖胡氏曰)

　『역전』은 "괘의 재질과 같은 것은 곤란해도 형통할 수 있고 또 바름

---

19 바르며 건고함에:'-에'로 번역하고 '-이'로 번역하지 않은 문제는 후술함.

20 5괘:屯卦·臨卦·隨卦·无妄卦·革卦.

21 呂紹綱 主編, 『周易辭典』, 吉林大學出版社, 長春市. 1992. '元亨利貞' 項目.

을 얻었으니[且得貞正], 바로 대인[乃大人]이 곤란에 처하는 도리이라.”라
고 하여 경문의 ‘정貞, 대인大人’은 ‘바르니 대인이라’로 풀이된다. 역전
언해의 ‘정貞ㅎ니 대인大人이라’가 이를 따른 것인데, ‘차득정정且得貞
正, 내대인乃大人’의 ‘내乃’ 앞에서 ‘-하니’의 번역으로 연결시킨 것이다.

『본의』는 “이효와 오효가 굳센 양으로 가운데에 있고 또한 대인의
상이 있으니, 점치는 자가 곤란에 처하여 형통할 수 있다면 그 바름을
얻을 것이다. 대인이 아니면 그 누가 할 수 있겠는가? 그러므로 ‘곧다.’
고 말하고 또 ‘대인’이라고 말한 것이니, 바르지 않은 소인[不正之小人]
은 감당할 수 없음을 밝힌 것이다.”라고 하여 경문의 ‘정대인貞大人’은
‘바른 큰 사람이라’로 풀이되는데 본의언해의 ‘정貞흔 대인大人이라’가
이를 따른 것이다. ‘부정지소인不正之小人’은 ‘정대인貞大人’과 반대되는
사람이다. ‘정대인貞大人’을 운봉호씨는 ‘정정지대인貞正之大人’과 ‘비부
정지소인非不正之小人(바르지 않은 소인이 아닌 자)’의 둘로 설명하고,
쌍호호씨는 ‘대인大人’은 이효·오효이며 ‘중정지대인中正之大人’으로 설
명하였다. 『대전』에서는 『본의』를 이어 더욱 명백하게 ‘정정지대인貞
正之大人’, ‘중정지대인中正之大人’이라고 표현된 것인데, 이 ‘지之’가 ‘정
貞흔’의 ‘-흔(-한)’으로 번역된 것이다.

‘대인大人이라’의 ‘-이라’는 『역전』의 ‘내대인처곤지도야乃大人處困之
道也. 고故’의 ‘고故’에 의해 번역된 것이어서 ‘-인지라’, ‘-이므로’의 뜻
이지,[22] ‘-이다.’의 뜻이 아니다.

이밖에 쾌쾌夬卦의 ‘쾌쾌夬夬’도 ‘잘라낼 것을 잘라내다. 잘라내고
잘라내다.’로 되는 등 많은 사례가 있다.

---

22 ‘故’에 의한 ‘-이라’에 대한 자세한 논의는 후술함.

2) 象象과 占을 '이니'로 연결 번역

주자의 『본의』에는 효사를 상과 점으로 엄격히 구분하여 설명하였는데 이는 주자역학의 특색이다. 『언해』에는 그 상과 점의 사이를 '이니'로 연결하였다. 건괘의 경문과 『언해』를 보면 다음과 같다.

> 初九, 潛龍勿用./[23] 潛ᄒᆞᆫ 龍이니 쓰디 말올디니라(『諺解』)
> 九二, 見龍在田, 利見大人./ 見ᄒᆞᆫ 龍이 田애 在홈이니 大人을 見홈이 利ᄒᆞ니라(『諺解』)
> 九三, 君子終日乾乾, 夕惕若, 厲无咎./ 君子ㅣ 日이 終토록 乾乾ᄒᆞ야 夕애 惕ᄒᆞ면 厲ᄒᆞ나 咎ㅣ 업스리라(易傳諺解) 夕애 惕홈이니(本義諺解)
> 九四, 或躍在淵, 无咎./ 或 躍거나 淵애 在ᄒᆞ면 咎ㅣ 업스리라(易傳諺解) 或 躍거나 淵애 在홈이니(本義諺解)
> 九五, 飛龍在天, 利見大人./ 飛ᄒᆞᄂᆞᆫ 龍이 天애 在홈이니 大人을 見홈이 利ᄒᆞ니라(『諺解』)
> 上九, 亢龍有悔./ 亢ᄒᆞᆫ 龍이니 悔ㅣ 이시리라(『諺解』)
> 用九, 見群龍无首, 吉./ 九 用홈은 群龍을 見호ᄃᆡ 首홈이 업스면 吉ᄒᆞ리라(易傳諺解) 九用홈은 群龍이 首ㅣ 업슴을 見홈이니(本義諺解)

초구의 '잠룡물용潛龍勿用'에 대해 『본의』에는 "그 상象은 잠룡이 되고 그 점占은 '쓰지 말라'고 한 것이다. 건괘에서 이 초효가 변한 점을 만난 자는 이러한 상을 보고 그 점을 완상하여야 한다. 나머지 효도 이와 같다.[其象爲潛龍, 其占曰勿用. 凡遇乾而此爻變者, 當觀此象而玩其占也. 餘

---

23 /:經文과 『諺解』의 구분을 나타낸 것이다. 『언해』에는 '初九' 등의 爻名은 필요한 경우를 제외하고 생략한다. 이하 같다.

爻放此.]"라고 하여, '잠룡潛龍'은 상이고 '물용勿用'은 점으로 보았는데, 『언해』는 상과 점의 연결을 '용龍이니'의 '-이니'로 하여, 그 번역은 '잠긴 용이니 쓰지 말라'로 된다. '-이니'(-니)는 앞 말이 뒷말의 원인·근거·전제가 됨을 나타내는 연결어미이다. 이 경우는 '『역전』에 의한 번역'(이하 '역전번역')도 똑같이 '-이니'이지만 상과 점의 구분을 명확히 제시한 것은 『본의』이다.

구이의 '현룡재전見龍在田, 이견대인利見大人'에 대해 『본의』에는 "그 상은 나타난 용이 밭에 있음이 되고, 그 점은 대인을 만남에서 마땅함²⁴이 된다.[其象爲見龍在田, 其占爲利見大人.]"라고 하여, '현룡재전見龍在田'은 상이고 '이견대인利見大人'은 점으로 보았는데, 『언해』는 이 사이의 연결을 '재在홈이니'의 '-이니'로 하여, 그 번역은 '나타난 용이 밭에 있음이니, 대인을 만남에서 마땅하게 된다.'로 된다.

구삼의 '군자종일건건君子終日乾乾, 석척약夕惕若, 려무구厲无咎.'에 대해 『본의』에는 "힘쓰고 힘쓰며, 두려워하여 위태롭게 여기는 상이 있기 때문에 그 점이 이와 같다. … 근심하고 두려워하기를 이와 같이 할 수 있으니, 비록 위태로운 곳에 처하더라도 허물이 없음을 말한 것이다.[有能乾乾惕厲之象, 故其占如此. … 言能憂懼如是, 則雖處危地而无咎也.]"²⁵

---

24 대인을 만남에서 마땅함:'利見大人'의 풀이가 『언해』의 '대인을 만남이 마땅하다.'와 다르게 제시되었는데, 이는 후술함.

25 '有能乾乾惕厲之象'은 經文의 '終日乾乾, 夕惕若'을 설명한 것이고 '厲无咎'의 '厲'까지 설명하지는 않은 것이다. 결국 '惕厲'는 경문의 '惕若'만 반영된 것이다. '雖處危地而无咎也'가 '厲无咎'를 설명한 것인데, 이는 『역전』의 '雖處危地而无咎'를 계승한 것으로, '雖處危地'가 경문의 '厲'를 설명한 것이다. '厲'가 윗 구절에 속하지 않는 것은 本義大全의 朱子 말[『朱子語類』卷68에도 실림]에 "厲无咎가 1句이다. … 예컨대 '頻復, 厲无咎.'가 그것이다.(厲无咎, 是一句. … 如'頻復, 厲无咎.'是也.)"에 의해 증명된다. '頻復, 厲无咎.'는 復卦 육삼의 효사인데, 그 『본의』에 "자주 잃고 자주 돌아오는 상이다. 자주 잃기 때문에 위태롭지만, 돌아오면 허물이 없기 때문에 그 점이 또 이와 같다.(屢失屢復之象. 屢失故危, 復則无咎, 故其占, 又如此.)"라고 하

고 하여, '건건乾乾, 석척약夕惕若'은 상象이라 하고, 그 점[厲无咎]이 이와 같다고 하였는데 본의언해는 이 사이의 연결을 '척惕홈이니'26의 '-이니'로 하였다. 이에 대해 역전언해는 "석夕애 척惕ᄒ면 려厲ᄒ나 구咎ㅣ 업스리라"라고 하여 '-ᄒ면'으로 연결되어 '-이니'와 다르게 나타났는데, 이는 『역전』의 "밤낮으로 게을리 하지 않고 두려워하면 비록 위태로운 곳에 처하더라도 허물이 없을 것이다.[日夕不懈而兢惕, 則雖處危地而无咎.]"에 의거한 것이다. '즉수처위지則雖處危地'(『易傳』과 『本義』가 같음)의 '즉則'에 의해 『언해』에 '-이니'와 '-ᄒ면'의 다른 표현을 보이는데, '-이니'는 상과 점의 연결에 쓰인 것이다.

구사의 '혹약재연或躍在淵, 무구无咎.'에 대해 『본의』에는 "개혁의 즈음에 진퇴가 결정되지 못한 때이다. 그러므로 그 상이 이와 같고 그 점은 때에 따라 진퇴할 수 있으니 허물이 없을 것이다.[改革之際, 進退未定之時也. 故其象如此, 其占能隨時進退, 則无咎也.]"라고 하여, '혹약재연或躍在淵'을 진퇴가 결정되지 못한 때로 설명하면서 상으로 규정하고, '무구无咎'를 점이라고 하였는데, 『언해』는 상과 점의 연결을 '재在홈이니'의 '-이니'로 하였다. '즉무구야則无咎也'의 '즉則'이 '-이니'에 대응된다. 이에 대해 역전언해는 '在ᄒ면'의 '-ᄒ면'으로 연결되어 '-이니'와 다르게 나타났다.

구오의 '비룡재천飛龍在天, 이견대인利見大人.'에 대해 『본의』에는 "강건하고 중정함으로 높은 자리에 있으니, 성인의 덕으로 성인의 지위에 있는 것과 같다. 그러므로 그 상이 이와 같고 점법이 구이와 같다.[剛健中正以居尊位, 如以聖人之德, 居聖人之位. 故其象如此, 而占法與九二同.]"라고 하였다. 점법이 구이와 같으면 '이견대인利見大人'이 점이 되고, 그

여, '屢失屢復'(頻復)까지만 상이고 '危(厲)'부터 점으로 설명하였다.

26 惕홈이니:'惕若'의 '若'이 『언해』에 반영되지 않았는데, '若'을 助詞로 이해한 것이다.

윗 구절 '비룡재천飛龍在天'이 상이 되는 것이다. 『언해』는 상과 점의 사이를 '在홈이니'의 '-이니'로 연결시켰다.

상구의 '항룡유해亢龍有悔.'에 대해 『본의』에는 "양이 올라가기에 극단으로 하니 움직임에 반드시 후회가 있을 것이므로 상과 점이 이와 같다.[陽極於上, 動必有悔, 故其象占如此.]"라고 하여, 상과 점으로 설명하였는데, 조선 이진상李震相의 『역학관규易學管窺』[27]에는 "그 상은 '항룡亢龍'이고, 그 점은 '유회有悔'이다.[其象爲亢龍, 其占爲有悔.]"라고 하였다. 『언해』는 상과 점의 사이를 '용龍이니'의 '-이니'로 연결시켰다.

용구의 '견군룡무수見群龍无首, 길吉.'에 대해 『본의』에는 "그러므로 여러 용이 머리가 없는 상이 되고, 그 점이 이와 같으니 길하다.[故爲群龍无首之象, 而其占爲如是, 則吉也.]"라고 하여, '군룡무수群龍无首'는 상이고 '길吉'은 점이라고 하였는데, 『언해』는 상과 점의 연결을 '견見홈이니'의 '-이니'로 하였다. 이에 대해 『역전』은 독해가 상이하여 "'견군룡見群龍'은 여러 양을 살피는 뜻을 말하니, 머리가 됨이 없으면 길하다.[見群龍, 謂觀諸陽之義, 无爲首則吉也.]"라고 하여 '견군룡見群龍'과 '무수无首'를 분절하고, 역전언해도 이에 따라 '군룡群龍을 견見호딕 수首홈이 업스면 吉ㅎ리라'라고 하였다. '見'을 역전언해는 '군룡群龍'만 지배시켰으나, 본의언해는 '군룡무수群龍无首'까지 지배시킨 것이 큰 차이점이다. 주자는 이에 대해 "… '… 내가 보기에 견군룡무수見群龍无首를 1구절로 해야 한다. 6양이 이미 극성한 것이 6용과 같으나 용의 굳세며 사나운 것은 머리에 있으므로, 그 머리가 없음을 보니 길하다.'[朱子曰, '… 看來當以見群龍无首爲句. 蓋六陽已盛如群龍, 然龍之剛猛在首, 故見其无首則吉.']"라고 하여, '견군룡무수'를 1구로 하고 『역전』의 '견군룡'으로

---

27 韓國周易大全 DB의 韓國大全(http://waks.aks.ac.kr)에 의함. 이하 '韓國大全'이라 함.

분절함을 따르지 않았다. 그 차이는 상과 점을 구분하는 데에 직결되고, 이에 따라 본의언해의 '-이니'의 위치도 '건군룡무수'의 뒤에 오게 되는 것이다.

이상으로 건괘의 본의언해가 상과 점을 '이니'로 연결한 표현을 살폈는데, 이러한 표현은 모든 괘의 본의언해에 보편적으로 나타나는 현상이다.

4. 보충자구補充字句에 의한 번역

경문은 주해에 1자, 또는 구절이 보충된 경우가 있다.[28] 이것이 『언해』에 적용된 경우도 있고, 적용되지 않은 경우도 있어 통일되지 않아 혼란을 초래한다. 아래에서 이것을 보충자補充字에 의한 번역, 보충구補充句에 의한 번역으로 나누어 살핀다.

1) 보충자補充字에 의한 번역

주해에서 경문에 1자가 보충되고 국역도 따라서 보충된 경우이다.

(1) 어於 보충

① 이정利貞(이어정利於貞)
　　乾, 元亨利貞(乾卦 卦辭)

---

28 보충은 주해에서 경문에 보충했다는 관점이고, 경문의 관점으로는 보충 부분이 생략된 것이다.

乾은 크게 亨ᄒ고 <u>貞홈이 利ᄒ니라</u>(本義諺解)

元, 大也, 亨, 通也, 利, 宜也, 貞, 正而固也. …言其占當得大通, 而必
利<u>在正固</u>.(『本義』)

如占得乾時, 元亨便是大亨, 利貞便是<u>利在於正</u>.(本義大全朱子曰)

聖人因卦爻以垂戒, 多是<u>利於正</u>, 未有不正而利者.(乾卦 九三 本義大全)

故筮得乾者, 其占爲大通而<u>利於貞者</u>, 亦以是卦有是四德故也.(韓國大
全 權近 『周易淺見錄』)

人能至健則事當大通, 然必宜於正固, 是占辭.(『御纂周易折中』 乾卦)

'원형리정元亨利貞'을 『역전』은 사덕四德으로 각각 설명하였으나, 『본
의』는 '원형元亨'과 '이정利貞'으로 둘로 나누어 "그 점이 마땅히 대통大
通함을 얻고 반드시 마땅함이 정고함에 있다고 말하였다.[…必利在正
固.]"라고 하였다. 『언해』는 "크게 亨ᄒ고 貞홈이 利ᄒ니라"로 표현하
였다. 즉, '원형元亨'이 '대통大通'으로 주해되고, '크게 형亨ᄒ고'로 『언
해』된 것은 『언해』가 『본의』의 의미를 그대로 반영하였다. 그러나 『본
의』에서 '이정利貞'을 '이재정고利在正固'로 주해한 것을 『언해』는 '貞
홈이 利ᄒ니라'라 하여 '於(-에)'를 보충하지 않고 번역하였다.

'리재정고利在正固'는 본의대전에 '리가 정에 있다.[利在於正]',[29] 구
삼효의 본의대전에 '정에 리하다.[利於正]', 권근은 '정에 리하다.[利於
貞]'라고 하여 모두 '어於'가 보충되어 있다. 이는 『주자어류朱子語類』
권66에도 나온다.[30]

---

29 '在於正'은 '在正'과 같은 뜻으로, '於'가 첨가되었을 뿐이다. '在'에는 '於'(-에)가 포
함되어 있는 것이다. 《漢語大詞典》에는 "在, 居於. 處於."라고 주석하고, 제시한
예문 중에 "處歡惜夜促, 在戚怨宵長.(기쁨에 처해서는 밤이 재촉하는 것이 안타깝
고, 슬픔에 있어서는 밤이 길음이 원망스럽다)"이 있어, '在戚'이 '在正'과 유사한
구문으로 되어 있다.

30 『朱子語類』 권66에 "利貞, 便是利在於正.", "利貞, 謂利於正也."라고 하였다.
이전 문헌에서 '貞正'에 '於'가 보충된 것은 无妄卦 '元亨利貞'의 孔穎達 疏의 "所以

이에 의하면 『언해』의 '정貞홈이 리利ᄒ니라'는 '정貞홈에 리利ᄒ니라'(정고함에서 마땅하게 된다)로 표현되어야 할 것이다. 이 '리정利貞'은 여러 곳에 보이는데 『본의』에 의한 『언해』는 모두 이를 적용해야 할 것이다. 또 다른 예로, 『본의』의 '利, 宜也.'를 이어받아 '宜於正固'로 풀이한 것(『御纂周易折中』)에 의하면 '리정利貞'은 '정고에서 마땅하게 된다.'로 번역된다.

『언해』에서 '어於(-에)'를 적용하지 않고, 또 '의宜(마땅하다)'가 드러나지 않은 것은 『언해』 번역상의 큰 문제점이라고 하겠는데, 현재의 여러 번역서들도 모두 『언해』의 '-이 리利롭다'에 의존하고 있다. 『언해』의 '리利'는 '마땅하다'로 표현되지 않아 '이익이다'로 잘못 이해되기도 하는데, '리利'는 한자를 그대로 노출한 불완전 번역이지 틀린 번역은 아니다.

'리정利貞'의 번역이 '정貞함이 리利하다'와 '정貞함에서 리利하게 된다'의 의미 차이를 살펴볼 필요가 있다.

> 元亨便是大亨, 利貞便是利在於正, 知其大亨, 卻守其正以俟之. …蓋
> 元亨是示其所以爲卦之意, 利貞是因以爲戒.(本義大全 朱子曰)
> 梁山來氏曰, 元亨者, 天道之本然, 數也. 利貞者, 人事之當然, 理也.
> (韓國大全 梁山來氏(來知德)曰)

번역을 제시하면 "원형은 곧 '크게 형통한다'는 뜻이고, 리정은 곧 '마땅함이 바름에 있다'는 뜻이니, 크게 형통함을 알아[知] 곧 바름을 지키면서[守] 기다려야 하는 것이다. …'원형'은 건괘가 이룩된 뜻[意]을 제시해 준 것이고 '리정'은 이로 인하여 경계한[戒] 것이다.", 그리고

大得亨通, 利於貞正."이 있다.

"원형은 천도의 본연本然이니 수數이고, 리정은 인사의 당연當然함이니 리理이다."로 된다. 이에 의하면 원형은 건괘의 뜻[意]에 관한 것이고 리정은 건괘의 경계함[戒]에 관한 것이다. 뜻[大亨]은 앎[知] 문제이고, 경계함[正]은 지킴[守] 문제이다. 그리고 원형은 천도의 본연이고, 리정은 인사의 당연함이다.

원형은 건괘(천도)의 뜻이니 인식할 것이고, 리정은 인사니 경계하여 지켜야 한다. '정貞이 리利하다'로 하면 건괘(천도)의 뜻[意]으로도 이해될 수 있으므로, 언해는 '정貞홈이 리利ᄒ니라'라고 '홈'을 더하여 인사의 행위[守]로 풀이하였다. 그러나 '어於'를 적용하지 않아 '정貞홈이'의 '-이'로 번역되었는데, 이 '-이 …하다'는 이론의 '앎[知]' 문제로 이해될 가능성이 크지만, '어於'를 적용한 '-에서 …하게 된다'는 행위의 '지킴[守]' 문제로 이해될 가능성이 보다 크다. '어於'는 '피被'의 뜻에 '피동被動'을 표시하므로,[31] '리어정利於貞'은 '정직(견실)함에 의해 마땅함을 받게 된다'는 인사의 경계하는 의미로 풀이되는 것이다.

그리하여 '건乾 원형리정元亨利貞'은 '건은 〈천도의 본연이〉 크게 형통하고, 〈인사의 행위가〉 정직(견실)함에서 당연하게 된다.'로 번역된다.

② 이견대인利見大人(이어견대인利於見大人)

見龍在田, 利見大人.(乾卦 九二)
見흔 龍이 田애 在홈이니 大人을 見홈이 利ᄒ니라(『諺解』)
蹇難之時, 非聖賢不能濟天下之蹇, 故利於見大人也.(『易傳』 蹇卦)
利見大入, 如今人所謂宜見貴人之類.(易傳大全朱子曰)
如占得此爻, 則利於見大人也.(『朱子語類』 卷73 艮卦)
遇此爻者, 利於見大人也.(韓國大全 宋時烈 乾卦)

---

31 於 : 介詞. 被. 表示被動.(『漢語大詞典』)

飛龍在天, 利見大人.(乾卦 九五)

九五는 飛ᄒᆞᄂᆞᆫ 龍이 天애 在홈이니 大人을 見홈이 利ᄒᆞ니라(『諺解』)

國初講筵講'飛龍在天, 利見大人', … 這大人便是飛龍. 言人若占得此爻, 便利於見那大人. 謂如人臣占得此爻, 則利於見君而爲吉也(『朱子語類』卷66)

聖人作, 便是飛龍在天, 萬物睹, 便是人見之. 如占得此爻, 則利於見大人也.(『朱子語類』卷66)

伊川之病在那二五相見處, 卦畫如何會有相見之理! 只是說人占得這爻, 利於見大人.(『朱子語類』卷69)

  건괘 구이·구오의 '이견대인利見大人'은 주해에 '어於(-에)'가 추가되어 '이어견대인利於見大人'으로 나타났다. 그러므로 그 번역은 '대인大人을 만나는 것에서 마땅하게 된다.'로 되어야 할 것인데『언해』는 모두 '大人을 見홈이'의 '-이'로 표현되어 '어於'가 반영되지 않았다. 그리고 주자는 리견대인利見大人을 "귀인을 만나보는 것에서 마땅하게 된다[宜見貴人]"라고 하여 리利를 의宜로 풀었다.

  구이의 『역전』은 건괘蹇卦, 주자어류는 간괘艮卦의 경우를 들었으나, 송시열이 건괘의 경우를 설명하여 '이어견대인利於見大人'이라고 하였다. 그리고 주자(『朱子語類』 권69)는 이천에 대해 "이천의 병통은 구이와 구오가 서로 만나는 곳에 있으니, 괘획이 어떻게 서로 만날[相見] 수 있는 이치가 있겠는가! 사람이 점쳐서 이 효를 얻으면 대인을 만나는 것에서 마땅하게 된다는 것을 말할 뿐이다."라고 하여, 구이와 구오의 '상견相見'을 괘획의 '상견相見'으로 잘못 이해했다고 하고 '대인을 만나는 것에서 마땅하게 된다.'로 설명하였다.

③ 이빈마지정利牝馬之貞(利於牝馬之貞)

坤, 元亨, <u>利牝馬之貞</u>.(坤卦 卦辭)
크게 亨ᄒᆞ고 <u>牝馬의 貞이 利ᄒᆞ니</u>(本義諺解)
伊川於元亨利絶句, 朱文公則把利字, 連牝馬, <u>謂利於牝馬之貞</u>.(『周易
程朱傳義折衷』 卷2)
朱子曰, "利牝馬之貞, 言利<u>於柔順之正</u>, 而不利於剛健之正."(本義大全)

　건괘乾卦 '원형리정元亨利貞'의 '정貞' 앞에 '빈마지牝馬之'가 첨가된
구절이다. 『주역정주전의절충周易程朱傳義折衷』에서는 "이천은 '원형리
元亨利'에 구두를 떼고, 주문공은 리利자를 빈마牝馬에 이어서 '빈마牝馬
의 정貞에 이利하다.'라고 했다.[伊川於元亨利絶句, 朱文公則把利字, 連牝馬,
謂利於牝馬之貞.]"라고 하여, 주자가 '어於'를 보충했음을 지적했다. 또
주자는 "유순柔順의 정正에 이利하다.[利於柔順之正]"라고 하였는데, 역
전언해는 "곤坤은 원元ᄒᆞ고 형亨ᄒᆞ고 이利ᄒᆞ고 빈마牝馬의 정貞이니"라
하고, 본의언해는 "크게 형亨ᄒᆞ고 빈마牝馬의 정貞이 이利ᄒᆞ니"로 표현
되었다. 즉, '원형리빈마지정元亨利牝馬之貞'을 『역전』은 '원형리元亨利,
빈마지정牝馬之貞.'의 4덕德으로 설명하였으나, 『본의』는 '원형元亨, 이
빈마지정利牝馬之貞'의 2가지로 설명하였다. 여기서 『본의』는 '이빈마
지정利牝馬之貞'을 '이어빈마지정利於牝馬之貞'으로 주해하여, 건괘의
'이정利貞'을 '이어정利於貞'으로 주해한 것과 같이 '어於'가 첨가되었
다. 그러나 『언해』는 '빈마牝馬의 정貞이 이利ᄒᆞ니'라 하여 『본의』에
'어於'가 첨가된 것을 반영하지 않았다. 따라서 '빈마牝馬의 정貞에 이利
ᄒᆞ니'(암말의 곧음에서 마땅하게 된다)로 표현되어야 할 것이다. 이 '어
於'의 첨가는 왕필王弼 주注에 보이는데, 주자가 이를 수용한 것이다.
　이외에 곤괘坤卦의 '주리主利'가 '주어리主於利(이익에 위주하니)',
'안정安貞'이 '안어정安於貞(정직에 편안하면)', '이영정利永貞'이 '이어

영정利於永貞(오래하고 정고함에서 마땅하게 된다)', 준괘屯卦의 '리건후利建侯'가 '리어건후利於建侯(제후를 삼음에서 마땅하게 된다)', 쾌괘夬卦의 '중행中行'이 '어중행於中行(중행에 하면)', 곤괘困卦의 '리용향사利用享祀'가 '리어용향사利於用享祀(향사함에서 이롭다.)'로 '어於'가 보충된 것이 있다.

(2) 이以 보충

① 육효발휘六爻發揮(이육효발휘以六爻發揮)

六爻發揮, 旁通情也.(乾卦 文言傳)
六爻로 發揮홈은 情을 旁으로 通홈이오(『諺解』)
以六爻發揮, 旁通盡其情義.(『易傳』)
兼用六爻以發揮其義者, 欲旁通以盡乎事物之情耳.(本義大全 節齋蔡氏曰)

'육효발휘六爻發揮'를 『역전』은 '여섯 효로 발휘하고[以六爻發揮]'라고 하여 앞에 '이以'를 보충하고, 절재채씨는 '여섯 효를 함께 써서 그것으로 그 뜻을 발휘하는 것은[兼用六爻以發揮其義者]'이라고 하여 중간에 '이以'를 보충하였는데, 『언해』는 '이以'를 적용하여 '육효六爻로'의 '-로'로 표현하고 '육효六爻가'로 하지 않았다. 그리하여 이 부분의 의미는 '〈건괘의 도는〉 육효로 발휘한다.'로 번역된다.

② 원길元吉(이원길以元吉)

元吉在上, 大成也.(井卦 上六小象傳)
元吉로 上애 이숌이 크게 成홈이라(『諺解』)
以大善之吉在卦之上, 井道之大成也.(『易傳』)

'원길元吉'을 『역전』은 '크게 선한 것의 길함으로[以大善之吉]'라고 하여 앞에 '이以'를 보충하였는데, 『언해』는 이를 적용하여 '원길元吉로[크게 길함으로]'로 하고 '원길元吉이'로 하지 않았다. 그리하여 경문은 '크게 길한 것으로 위에 있는 것은 크게 이룬 것이다.'로 번역된다.

(3) 고故 보충

① 직방대直方大 불습不習(직방대直方大 고불습故不習)

直方大, 不習, 无不利.(坤卦 六二)
直方大라 不習이라도 无不利ᄒ니라(『諺解』口訣)
直ᄒ고 方ᄒ고 大혼디라 習디 아니ᄒ야도 利티 아님이 업스니라(『諺解』)
由直方大, 故不習, 而无所不利.(『易傳』)

'직방대直方大, 불습不習.'의 사이에 『역전』에는 '고故'가 보충되었다. 『언해』의 '-ㄴ디라'(-는지라 -은지라)는 이 '고故'를 적용한 번역표현으로, '앞 절이 뒤 절의 이유나 원인이 되는 연결 어미'이다. 구결에는 '직방대直方大라'로 나타나 '-ㄴ디'가 없이 '-라'만 보이는데 이 '-(이)라'는 '-ㄴ디라'의 생략으로, '고故'를 적용한 구결표현이다. 이에 의하면 '고故' 앞에 구결 '-(이)라'가 오게 되는 것이고, 의미는 '-하는지라', '하므로', '-하기 때문에'로 번역된다. 『언해』에 의해 이 경문을 풀이하면 '곧고 반듯하고 큰지라(크므로, 크기 때문에), 익히지 않아도 ….'로 표현된다.
'고故'가 쓰인 경우를 살펴보면 다음과 같다.

與天地相似, 故不違, 知(智)周乎萬物而道濟天下, 故不過, 旁行而不流, 樂天知命, 故不憂, 安土, 敦乎仁, 故能愛.(繫辭上傳)
與天地相似ㅣ라 故不違ᄒᄂ니 知(智)周乎萬物而道濟天下ㅣ라 故

不過ᄒᆞ며 旁行而不流ᄒᆞ야 樂天知命이라 故로 不憂ᄒᆞ며 安土ᄒᆞ야
敦乎仁이라 故로 能愛ᄒᆞᄂᆞ니라(『諺解』口訣)
天地로 더브러 서르 ᄀᆞᆮ디라 故로 違티 아니ᄒᆞᄂᆞ니 知ㅣ 萬物
애 周ᄒᆞ고 道ㅣ 天下를 濟ᄒᆞᄂᆞᆫ디라 故로 過티 아니ᄒᆞ며 旁으로
行ᄒᆞ고 流티 아니ᄒᆞ야 天을 樂ᄒᆞ고 命을 아ᄂᆞᆫ디라 故로 憂티 아
니ᄒᆞ며 土애 安ᄒᆞ야 仁을 敦ᄒᆞᄂᆞᆫ디라 故로 能히 愛ᄒᆞᄂᆞ니라(『諺解』)

‘고故’의 앞에는 구결에 ‘ㅣ라(이라)’, 『언해』에 ‘-ㄴ디라’로 연결되
어 있다. ‘여천지상사與天地相似, 고불위故不違.’에서 ‘고故’가 생략되면
‘여천지상사與天地相似, 불위不違’로 되고, ‘도제천하道濟天下, 고불과故
不過,’, ‘낙천지명樂天知命, 고불우故不憂,’ ‘돈호인敦乎仁, 고능애故能愛.’
도 모두 이렇게 ‘고故’가 생략될 수 있다. 이러한 ‘고故’의 생략된 형식
이 『역전』에서 ‘직방대直方大, 불습不習.’에 적용된 것이다.

② 지지지지知至至之 가여기야可與幾也 지종종지知終終之 가여존의야可
與存義也(知至至之 고가여기야故可與幾也 知終終之 고가여존의야故可與
存義也)

九三曰, … 知至至之, 可與幾也, 知終終之, 可與存義也.(乾卦 文言傳)
三居下之上, … 求知所至而後至之. 知之在先, 故可與幾, 所謂始條理
者知之事也. 知終終之, 力行也, 旣知所至, 則力進而終之. 守之在後,
故可與存義, 所謂終條理者聖之事也.(『易傳』)
九三曰, 知至至之라 可與幾也ㅣ며 知終終之라 可與存義也ㅣ니(『諺
解』口訣)
九三애 ᄀᆞᆯ오ᄃᆡ …至ᄒᆞᆯ ᄃᆡ를 알아 至ᄒᆞᄂᆞᆫ디라 可히 더브러 幾ᄒᆞᆯ
꺼시며 終ᄒᆞᆯ ᄃᆡ를 알아 終ᄒᆞᄂᆞᆫ디라 可히 더브러 義를 存ᄒᆞᆯ 거시
니(『諺解』)

'지지지지知至至之, 가여기야可與幾也, 지종종지知終終之, 가여존의야可與存義也.'에는 『역전』의 보충문 중에 '고故'가 보이는데, 이를 경문에 보충하면 '지지지지知至至之, 고가여기야故可與幾也, 지종종지知終終之, 고가여존의야故可與存義也.'로 된다. 이 '고故'를 적용하여 구결 '-라', 『언해』의 '-ㄴ디라'가 표현된 것이다. 『언해』에 의해 이 경문을 풀이하면 '이를 데를 알아 이르는지라(이르므로, 이르기 때문에) 함께 기미를 알 수 있을 것이며, 끝마칠 데를 알아 끝마치는지라 함께 의리를 보존할 수 있을 것이다.'로 표현된다.

'고故' 앞의 구결 '이라'는 생략되기도 하고, 『언해』 '-ㄴ디라'는 '-디라'가 생략되어 '-ㄴ'으로만 쓰이기도 한다.

豫, 順以動, 故天地如之, 而況建侯行師乎. 天地以順動, 故日月不過而
四時不忒, 聖人以順動, 則刑罰淸而民服.(豫卦 彖傳)
… 聖人以順動, 故經正而民興於善, 刑罰淸簡, 而萬民服也.(『易傳』)
豫順以動故로 天地도 如之온 而況建侯行師乎여 天地ㅣ 以順動이
라 故로 日月이 不過而四時ㅣ 不忒ᄒ고 聖人이 以順動이라 則刑
罰이 淸而民이 服ᄒ나니(『諺解』口訣)
豫ㅣ 順ᄒ고 ᄡᅥ 動ᄒᄂᆫ 故로 天地도 如ᄒ곤 ᄒ믈며 侯를 建ᄒ
며 師를 行홈이ᄯᆞ녀 天地ㅣ 順으로 ᄡᅥ 動ᄒᄂᆫ디라 故로 日月이
過티 아니ᄒ야 四時ㅣ 忒디 아니ᄒ고 聖人이 順으로 ᄡᅥ 動ᄒᄂᆫ
디라 刑罰이 淸ᄒ야 民이 服ᄒᄂ니(『諺解』)

柔來而文剛, 故亨, 分剛上而文柔, 故小利有攸往, 天文也.(賁卦 彖傳)
柔ㅣ 來而文剛故로 亨ᄒ고 分剛ᄒ야 上而文柔故로 小利有攸往ᄒ
니 天文也ㅣ오.(『諺解』口訣)
柔ㅣ 來ᄒ야 剛을 文혼 故로 亨ᄒ고 剛을 分ᄒ야 上ᄒ야 柔를
文혼 故로 往홀 빠를 두미 져기 利ᄒ니 天의 文이오(『諺解』)

예괘에는 '動, 故'가 두 번 제시되었는데 구결과 『언해』가 '動故로/動 ᄒᆞᄂᆞᆫ 故로', '動이라 故로/動ᄒᆞ논다라 故로'로 다르게 나타났다. '動故로' 는 '動이라 故로'의 '-이라'가 생략된 것이고, '動ᄒᆞᄂᆞᆫ 故로'는 '動ᄒᆞ논다 라 故로'의 '-다라'가 생략된 것이다.

'故'는 이유를 나타내는데 여기에 달리는 구결이 '故'의 앞에는 '-(이)라'이고 뒤에는 '-로'이다. '動故로'는 뒤에만 달려서 이유가 한 번만 표현되었고, '動이라 故로'는 앞과 뒤에 모두 달려서 이유가 두 번 표현 되었다. 구두점으로 살펴보면 '順以動, 故天地如之, 而況建侯行師乎. 天地以 順動, 故日月不過而四時不忒.'으로 되어 '故' 앞에 휴지(구두점)가 오고 '故' 뒤에는 휴지가 오지 않는 것이다. 한문 문장의 독해에 부응하려면 휴지에 구결을 다는 것이 이상적이다. 이에 의해 구결을 제시하면 '順以 動이라 故天地如之 … 天地以順動이라 故日月不過而四時不忒'으로 하여 '故' 앞에만 '-이라'를 달고 뒤에는 구결이 없이 뒷 구절에 연결시켜야 할 것이다.[32] '動故로'는 '故'가 앞 구절에 연결되어 '로'로 이루어지는 휴지 는 앞 구절의 뒤에 오게 되어 '天地以順動故, 日月不過'이므로 한문 구두 에 위배된다. 그러나 '動이라 故로'의 '-이라'는 '故'가 앞 구절과 분절되 어 휴지는 뒷 구절의 앞에 오게 되어 한문 구두에 합치되었으나 '故로' 가 구두에 합치되지 않아 '天地以順動, 故, 日月不過'이므로 구두에의 합치 와 불합치를 보인다.[33] 앞 단락에서 '與天地相似ㅣ라 故不違ᄒᆞᄂᆞ니'(「계사

---

32 구두점에 구결을 단 것은 『四書栗谷諺解』에서 잘 지켜졌다. 예컨대 "子ㅣ/0 曰是 故로/0 惡夫佞者ᄒᆞ노라/ᄒᆞ노라"(『論語』 先進 24章), "故로/0 至誠은/은 無息이니라/ 이니라"(『中庸』 26章), "天子ㅣ/ㅣ 使吏로/0 治其國而納其貢税焉ᄒᆞ니/이라 故로/0 謂之放이니/이라ᄒᆞ니 豈得暴彼民哉리오/리오 雖然이나/0 欲常常而見之/0ᄒᆞ샤 故로 /0 源源而來ᄒᆞ니/케ᄒᆞ시니"(『孟子』 萬章 上 3章)를 들 수 있다.('/'의 앞쪽은 교정청 본 언해 구결이고 뒤쪽은 율곡본 언해 구결인데 故로/0'(0은 구결 없음 표시임)로 나타나 교정청본은 '-로'를 달았으나 율곡본은 달지 않았다.

33 이렇게 구결이 구두에 합치되고 합치되지 않는 '故'와 같은 경우는 '而', '則' 등을

상전」)를 제시했는데, '故' 앞에만 휴지가 와서 '與天地相似, 故不違.'로 구두에 합치되어 이상적인 구결이 되는 것이다.

구두에 합치되는 구결은 한문을 한문식으로 이해하게 하는 데에 구두에 합치되는 구결보다 도움이 된다. '動이라 故로'는 한문 구두에 '故'의 앞쪽이 합치되고 뒤쪽이 위배되는 절반의 합치이지만, '豫順以動故로 天地'(아래의 '來而文剛故로 亨흔고'도 같음)는 비구두처에 구결을 달은 완전 위배이다. 이러한 위배는 한문 구두에서 볼 때 안 쉴 곳에서 쉬고, 쉴 곳에서 안 쉬는 것이다. '故로'의 비구두처 구결은 한문을 국어로 이해하는 방편이지, 구두처에 맞춘 한문 이해를 꾀하는 것이 아니다. 이에 의해 '豫順以動故, 天地'로 구두점을 찍으면 오류가 되는 것이다.[34] 그러나 우리나라에서는 오래도록 '故로'가 습관화되어 널리 사용하는데 번역에는 '故로'라고 하더라도 구결은 '故로'라고 달지 말아야 할 것이다. 따라서 '故로'를 비롯한 '而(-하고)'·'則(-면)' 등도 해당 글자 앞의 구두처에 구두를 달고 뒤의 비구두처에는 달지 않도록 하는 것이 절실히 요망된다.

그리고 '動, 則'은 『역전』에 '動, 故'로 주해되었고, 이 '故'에 의해 구결과 번역이 '動이라 則/動ᄒ논디라'로 나타났다.

『언해』에 의해 이 경문을 풀이하면 '예괘가 순함으로 움직이는지라, 그러므로 하늘과 땅도 그처럼 하거늘 하물며 제후를 세우며 군대를 출동함이랴! 하늘과 땅이 순함으로 움직이는지라, 그러므로 해와 달이 〈운행에〉 차이나지 않아 네 계절이 어긋나지 않고, 성인이 순함으로 움직이는지라, 형벌이 간결하여 백성들이 승복한다.'로 표현된다.

더 들 수 있다.

34 현재 한국고전번역원·국사편찬위원회 등에서 표점 작업이 광범하게 진행되고 있다. 표점을 '豫順以動, 故天地'로 '故'의 앞에 찍어야지, '豫順以動故, 天地'로 뒤에 찍으면 구두에 위배되어 오류가 된다.

비괘에는 '文剛故로/剛을 文흔 故로', '文柔故로/柔를 文흔 故로'라고 하여 '故' 앞에 구결 '-(이)라'가 생략되고, 번역에는 '-흔'의 '-ㄴ'만 표기되어 '다라'가 생략되었다.(앞에서는 'ᄒᆞᄂᆞᆫ', 여기서는 '흔'의 예를 보임) 『언해』에 의해 이 경문을 풀이하면 '부드러움(음)이 와서 굳셈(양)을 꾸미는 까닭으로 형통하고, 굳셈(양)을 나누어 올라가서 부드러움(음)을 꾸미는 까닭으로 가는 바가 있음에서 조금 이로우니[35] 하늘의 문식이요.'로 표현된다.

2) 보충구補充句에 의한 번역

주해에서 경문의 구절이 보충되고 국역도 따라서 보충된 경우이다.

(1) 곤괘坤卦 '동북상붕東北喪朋 내종유경乃終有慶'의 중간 보충

西南得朋, 乃與類行, 東北喪朋, 乃終有慶.(坤卦 彖傳)
西과 南은 朋을 得홈은 이예 類로 더브러 行홈이 東과 北은 朋을 喪홈은 ᄆᆞᄎᆞᆷ매 慶이 이시리니(易傳諺解)
… 東과 北은 朋을 喪ᄒᆞ나(本義諺解)
西南, 陰方, 從其類, 得朋也, 東北, 陽方, 離其類, 喪朋也.〈離其類而從陽, 則能成生物之功,〉終有吉慶也.(『易傳』)(〈 〉는 보충된 부분의 표시임. 아래 줄도 같음)
東北, 雖喪朋, 〈然反之西南,〉則終有慶矣.(『本義』)
東北非陰之位, 陰柔至此, 旣喪其朋. 自立脚不得, 必須歸本位, 故終有慶也.(本義大全 朱子曰)

---

35 원문 '小利有攸往'의 '利有攸往'에 대해 주자는 "利有攸往은 길을 가는 데에 이로움이다.[利有攸往, 是利于啓行也.]"(『朱子五經語類』 卷2)라고 하여 '利' 다음에 '于(-에)'를 추가하여 풀이하였다.

'동북상붕東北喪朋, 내종유경乃終有慶.'의 사이에『역전』과『본의』는 경문의 이해를 돕기 위해 모두 구절이 보충되어 있다. 이 보충구에 각자의 역학관이 담겨있고 이것을『언해』에서는 다르게 반영하고 있다. 눈여겨 살펴볼 부분이다. 이를 번역과 함께 제시하면『역전』은 "동북('동과 북'으로도 풀이함)에서는 친구(서남의 음괘)를 이별하게 됨은 동류(서남의 음괘)를 이별하여 〈양(동북)을 따르면 만물을 낳는 공을 이룰 수 있어서〉 마침내 경사가 있게 된다.[동북상붕東北喪朋, 〈이기류이종양離其類而從陽, 즉능성생물지공則能成生物之功,〉 내종유경乃終有慶.]"라고 하고,『본의』는 "동북에서는 비록 벗을 이별하나, 〈그러나 서남으로 돌아오면 마침내 경사가 있을 것이다.[동북東北, 수상붕雖喪朋, 〈연반지서남然反之西南.〉 내유종경乃終有慶.]"라고 하여, 〈 〉 부분의 구절이 보충되어 있다.

경사가 있는 결과는 같으나,『역전』은 곤괘가 양을 따라 양의 자리인 동북에서 만물을 낳는 공을 이루는 것이고,『본의』는 동북에서 떠나서 서남의 제자리로 돌아오는 것이다. 본의대전(주자)에서는 서남으로 돌아오는 이유를 "동북은 음의 자리가 아닌데 음의 유순함이 이곳(동북)에 이르니 이미 그 벗(서남)을 이별하였다. 자립할 수 없어 반드시 본래의 자리(서남)로 돌아가므로 마침내 경사가 있다."라고 하여, 동북은 음의 자립처가 아니라는 것이다. 이는『역전』의 동북이 '능성생물지공能成生物之功'과는 반대의 견해를 보인 것이다.

『언해』는 이를 반영하여 정자의 경우는 "東과 北은 朋을 喪홈은 모춤매 慶이 이시리니"(易傳諺解)라 하고, 주자의 경우는 "東과 北은 朋을 喪하나 …"(本義諺解)로 다르게 나타났는데, 이것에 보충 부분을 넣어 풀이하면 '…붕우를 이별함은 〈양(동북)을 따라 만물을 낳는 공을 이루게 되어〉 마침내 경사가 있게 된다.'(易傳諺解), '…붕우(서남)를 이별하

432 〈3〉 한국역학의 새로운 지평

나 〈제자리(서남)로 돌아와〉 마침내 경사가 있게 된다.'(本義諺解)로 풀이된다. 이들은 모두 보충 부분이 있어야 『역전』과 『본의』에 의해 달리 번역된 『언해』의 의미, 즉 경사가 『역전』은 동북에 있고, 『본의』는 서남에 있다고 하는 의미를 이해하게 된다.

(2) 쾌괘夬卦 '기위내광야其危乃光也'의 중간 보충

孚號有厲, 其危乃光也.(夬卦 象傳)
孚號有厲는 그 危ㅣ 이예 光홈이오(『諺解』)
盡誠信以命其衆, 而知有危懼, 〈則君子之道〉, 乃无虞而光大也.(『易傳』)

『역전』에는 '기위내광야其危乃光也'의 사이에 '즉군자지도則君子之道'가 보충되어 있다. 이를 번역과 함께 제시하면 "정성을 다하여 그 무리들에게 호령하여 위태로움이 있음을 알게 하면 〈군자의 도가〉 근심이 없어 클 것이다."로 된다. 이는 '위구危懼'가 '광대光大'한 의미가 아니라 '군자지도君子之道'가 '광대光大'한 의미이다.

그러나 『언해』는 "그 危ㅣ 이예 光홈이오"라고 하여 '위危가 광光함이다.'라고 하여 『역전』의 '군자의 도가 광대하다.'는 의미를 드러내지 못하였다. 『언해』는 축자 번역을 원칙으로 하였으므로 보충된 문구를 반영하지 못해 원전(대전본)의 의미를 온당히 표현하지 못한 것이다.

왕필은 "강한 바름과 밝은 신의로 그 호령을 펴면 유순과 사악한 것은 위태로우므로 '그 위태로움이 크다.' 하였다.[剛正明信以宣其令, 則柔邪者危, 故曰, '其危乃光也.']"라고 하여, 『언해』는 이를 따라 번역한 것처럼 되었다.

4. 맺음말

본고는 『주역전의대전』의 경문經文이 언해된 것 중에서 번역상의 몇 가시 문제를 검토하여 정확한 독해를 추구한 것이다. 그 구체적 작업으로는 한자주석漢字註釋에 의한 번역, 구절주해句節註解에 의한 번역, 補充字句보충자구에 의한 번역을 다루었다. 이를 요약하면 다음과 같다.

한자주석에 의한 번역에서는 한자를 주석한 의미가 경문에 작용하는 실상을 살폈는데, 일자주석에 의한 번역, 이자동의 주해에 의한 번역을 다루었다. 일자주석에 의한 번역은 경문 한자 1자를 주석한 것에 따른 국역을 살폈는데, '자資:취하다.[取]', '출出:뛰어나다.[過]', 그리고 동자위훈同字爲訓의 '몽蒙:괘명, 어리다', '비比:괘명, 친해 돕다', '박剝: 괘명, 떨어지다', '손巽:괘명 순하다'로 풀이됨을 밝혔다.

이자동의 주해에 의한 번역은 경문 1자의 주해에 2자로 나타난 경우 경문 글자에 덧붙여진 1자의 뜻으로 풀이되는 실상을 살폈는데, '려厲(위危:위태롭다)', '로勞(래徠:위로하다)', '상相(조助:돕다)', '장長(구久: 오래다)', '구久(장長:오래다)', '정貞(정정貞正:바르다, 정고貞固:굳세다), '함舍(함회舍晦:감추다, 함장舍藏:감추다)''로 풀이됨을 밝혔다.

구절주해에 의한 번역에서는 문구의 단락 제시, 또는 같은 경문 구절의 주해가 다른 경우 국역도 달라지는 실상을 살폈는데, 구두句讀에 의한 번역, 동문이해同文異解에 의한 번역, 상象과 점占의 '이니' 연결 번역으로 나누어 살폈다. 구두에 의한 번역은 주해에 구句·두讀·구절句 絕의 표기가 있는 경우 그것에 의해 구두를 끊어 의미를 탐색하고 국역을 살폈다. '견군룡무수見群龍无首'가 『역전』의 '견군룡見群龍'과 '무수无首'의 2구句로 분절된 '여러 양을 보되 머리가 됨이 없으면 길하다.'로, 주자의 1구로 된 '여러 용이 머리가 없음을 보니 길하다.'로 번역됨을 밝혔다. '곤이불실기소困而不失其所, 형亨,'은 이러한 구두의 분절로 '곤궁하여도 그 처소를 그르치지 않아야 형통하니'로 번역되는데 『언해』는 '그 형통한 바를 잃지 아니하니'로 하여 '곤이불실기소형困而不失其所亨,'를 1구로 풀이한 번역으로 하여 대전大全을 따르지 않았음을 밝혔다. '혹종왕사或從王事'가 '혹종왕사或從王事, 무성유종无成有終.'의 생략이 되는 상전象傳의 경향을 들고 『언해』는 생략된 부분만 번역되는 등의 구절 생략의 사례를 밝혔다. '수水, 유이불영流而不盈, 행험行險'이 '수水'에서 구두를 떼어 '물이 흘러 가득하지 아니하며 〈물이〉 험지에 진행하되'로 번역됨을 밝혔다. '명량작리明兩作離'가 『역전』의 '명량明兩, 작리作離,'에 의해 '밝고 〈이를〉 거듭함이 이괘를 이루니'로, 『역전』의 '명량작明兩作, 리離,'로 '밝음이 거듭 일어남이 이괘니'로 다르게 번역됨을 살폈다.

동문이해에 의한 번역에서는 동일한 경문에 주해註解가 다르고 따라서 국역도 다른 경우를 살폈는데, '기유성인호其唯聖人乎'가 '오직 성인인가?', '오직 성인일 것이다.'로, '무구无咎'가 '허물할 데가 없다.', '허물이 없다.'로, '원형리정元亨利貞'이 '시작하고, 성장하고, 수립하고, 완성하다.', '크게 형통하고 바름·견고함에 마땅하게 된다.'로, '정대인貞大人'이 '바르니 큰 사람이다.', '바른 큰 사람이다.'로 다르게 번역됨을 살폈다.

상과 점의 '이니' 연결 번역에서는 『본의』에 의한 『언해』에서 상과 점의 사이를 '이니'로 연결시킨 실상을 살폈는데, 건괘乾卦의 '잠룡물용潛龍勿用'이 '잠긴 용이니 쓰지 말라'로, '현룡재전見龍在田, 이견대인利見大人.'이 '나타난 용이 밭에 있음이니, 대인을 만남에서 마땅하게 된다.'로 번역되는 등 건괘의 6효 전체가 '이니'로 연결되었음을 제시하였다. 그리고 이와 같이 상과 점의 사이를 '이니'로 연결시킨 표현은 64괘의 본의언해에 보편적으로 나타나는 현상임을 밝혔다.

보충자구에 의한 번역에서는 경문에 대해 주해에서 1자 또는 구절을 보충한 의미가 경문에 작용하는 상황을 살폈는데, 보충자補充字에 의한 번역, 보충구補充句에 의한 번역으로 나누어 보았다. 보충자에 의한 번역은 주해에서 경문에 1자가 보충되고 국역도 따라서 보충된 경우이다. '어於' 보충에는 '이정利貞'이 '이어정利於貞'으로 보충되어 '정고함에서 마땅하게 된다.'로, 이견대인利見大人'이 '이어견대인利於見大人'으로 보충되어 '대인을 만나는 것에서 마땅하게 된다.'로, '이빈마지정利牝馬之貞'이 '이어빈마지정利於牝馬之貞'으로 보충되어 '암말의 곧음에서 마땅하게 된다.'로 번역됨을 밝혔다. '이以' 보충에는 '육효발휘六爻發揮'가 '이육효발휘以六爻發揮'로 보충되어 '여섯 효로 발휘하고'로, '원길元吉'이 '이원길以元吉'로 보충되어 '크게 길함으로'로 번역됨을 밝혔다. '고故' 보충에는 '직방대直方大 불습不習'이 '직방대直方大 고불습故不習'으로 보충되어 '곧고 반듯하고 큰지라, 익히지 않아도'로, '지지지지知至至之 가여기야可與幾也 지종종지知終終之 가여존의야可與存義也'가 '지지지지知至至之 고가여기야故可與幾也 지종종지知終終之 고가여존의야故可與存義也'로 보충되어 '이를 데를 알아 이르는지라 함께 기미를 알 수 있을 것이며, 끝마칠 데를 알아 끝마치는지라 함께 의리를 보존할 수 있을 것이다'로 번역됨을 밝혔다.

보충구에 의한 번역에서는 주해에서 경문의 구절이 보충되고 국역도 따라서 보충된 경우이다. 곤괘의 '동북상붕東北喪朋, 내종유경乃終有慶.'에는 『역전』은 중간에 '동북상붕東北喪朋,〈이기류이종양離其類而從陽, 즉능성생물지공則能成生物之功,〉 내종유경乃終有慶.'으로 보충되어 '동북에서는 친구(서남의 음괘)를 이별하게 됨은 동류(음괘)를 이별하여〈양(동북)을 따르면 만물을 낳는 공을 이룰 수 있어서〉 마침내 경사가 있게 된다.'로, 『본의』는 '동북東北, 수상붕雖喪朋, 〈연반지서남然反之西南〉 내유종경乃終有慶.'으로 보충되어 '동북에서는 비록 벗을 이별하나, 〈그러나 서남으로 돌아오면〉 마침내 경사가 있을 것이다.'로 번역됨을 밝혔다. 이들은 경사가 있는 결과는 같으나, 『역전』은 곤괘가 동북(양괘)에서 만물을 낳는 공을 이루고, 『본의』는 동북에서 떠나서 서남의 제자리로 돌아오는 것으로, 이러한 보충 부분이 있어야 『역전』과 『본의』에 의해 달리 번역된 『언해』의 의미, 즉 경사가 『역전』은 동북에 있고, 『본의』는 서남에 있다고 하는 의미를 이해하게 된다. 쾌괘의 '기위내광야其危乃光也'는 중간에 '기위其危〈군자지도君子之道〉 내광야乃光也'로 보충되어 '위태로워하면 〈군자의 도가〉 근심이 없어 클 것이다.'로 되는데, 이는 '위태로움이 광대하다.'가 아니라 '위태로워 하면 〈군자의 도가〉 광대해진다.'로 번역됨을 밝힌 것이다.

이상의 작업은 『주역』이 국역된 실상을 저본인 『주역전의대전』과 대응시켜 몇 가지 문제를 검토하여 학계에 처음으로 제시한 것으로 번역의 새로운 지평이다. 문제점의 일단을 들자면 『주역』의 첫째 구절 '이정利貞'이 '이어정利於貞'으로 보충되어 '정고함에 마땅하게 된다.'로 국역해야 하는데 현재 학계에서는 이를 간과하고 있는 실정이다. 『주역』 이해에 있어서 원문原文 독해讀解의 정오正誤 및 적부適否보다 더 우선적인 과제는 없는 것이다. 그 점에서 이 졸고가 향후 『주역』의 국역 방향에 참고가 되어 역학易學 연구 등에 도움을 주기를 희망한다. 원문 주석이 국역에 반영되는 문제를 졸고에서 일부 해명하였으나 이에 대한 고찰은 산적해 있다. 특히 음주音註와 독역의 문제는 매우 중요한 것인데 다루지 못했다. 후고를 기대한다.

『우암역설尤庵易說』 연구*

김영우

우암 송시열의 저작으로 알려진 『역설易說』은 우암의 유일한 역학 저술이라는 점에서 중요한 의미를 갖는 저술로 알려져 왔다. 그러나 본 연구를 통해 『역설』은 우암 자신의 저술이 아니라 우암의 역학 사상을 계승한 후학이 저술한 것임을 고증하였다.

아울러 『역설』은 조선후기 상수역학 해석의 여러 흐름 가운데 명대 내지덕의 역 해석 방법을 수용하여 『주역』을 주석하였다는 점에서 조선 역해석사에 일정한 의의가 있음을 논의하였다. 상수를 통해 의리를 밝힌다는 송시열의 역학적 입장을 따르면서도 내지덕의 역 해석을 참고하여 상수적 방법에 의해 『주역』 경문을 해석하고 있다는 점에서, 『역설은 조선 상수역 해석의 한 특징을 보여주는 저술로 평가할 수 있을 것이다.

1. 들어가는 말

본 연구는 조선 역학철학사의 역 해석 체계에 대한 이해를 위해 우암 송시열宋時烈(1607~1689)의 저술로 알려진 『역설易說』을 검토한 것이다.[1] 『역설』은 송시열의 저술을 망라한 『송자대전宋子大全』에는 수록

---

* 김영우(인제대). 이 글은 한국동양철학회 『동양철학』 40(2013. 12)에 게재된 논문을 수정한 것이다.

1 『易說』은 이 책의 본래 표지 제목이며, 『尤庵易說』은 서문의 제목이다. 그런데 이

되어 있지 않은 것으로 대동문화연구원에서 발행한《경학자료집성經學資料集成》에 실려있는 저술이다.[2] 《경학자료집성》 간행 당시 『역설』에 대한 해제를 권두에 실었는데, 해제에서는 『역설』의 저자를 송시열로 확증하고 그러한 전제 하에 이 책에 드러난 송시열 역학의 특징을 기술하였다.

『역설』은 단순히 역에 관한 부분적인 견해를 나타낸 저술이 아니라 일정한 해석 방법에 따라 『주역』 경문 전체를 해석한 저술이라는 점에서 조선의 역 해석사를 밝히는 데 있어 중요한 자료라 할 수 있다. 특히 이 책은 의리역학義理易學의 해석 방법이 아닌 상수역학象數易學의 해석 방법으로 역 해석을 일관하고 있다는 점에서 조선 상수역학의 특징을 밝힐 수 있는 자료로 여겨졌다. 더욱이 노론의 대표적 학자인 우암 송시열이 그러한 해석을 했다는 점에서 『역설』은 철학사적으로도 중요한 의의를 갖는다고 평가되어 왔다.

그런데 필자가 『역설』을 검토한 결과 이 책은 우암 송시열의 저술이 아니며 저술 시기도 송시열이 살았던 시기와는 먼 18세기 중반 이후의 저술임을 확인할 수 있었다. 따라서 이 저술을 통해 우암의 역 해석 방법에 대해 연구한다는 것은 처음부터 성립하지 않음을 알 수 있다. 다만 이 책의 서문에 우암 송시열의 역 해석에 대한 견해를 인용하고 있어 이 책이 우암의 역 해석에 대한 정신을 일정 정도 계승한다는 의식을 지니고 있음은 부인할 수 없다.[3] 그러나 송시열의 역 해석 방법이

책의 저자가 우암 송시열로 간주되었기 때문에 『尤庵易說』이라는 이름이 통용된다.
2 『易說은 1996년 성균관대학교 대동문화연구원이 발행한 《經學資料集成》92의 『易經』卷六에 실려 있다.
3 비록 서문이 「우암역설」이라는 제목으로 되어있고, 내용에서도 우암의 역학에 대한 견해를 인용하고 있지만, 실제로 『역설』이 송시열의 역 해석 방법을 어느 정도 반영하고 있는지를 현재로서는 밝히기가 어렵다. 이는 추후의 과제로 미룬다.

무엇이었는지 명확하지 않은 상태에서 이 책이 과연 어떤 점에서 송시열의 역학을 계승하고 있는지를 밝히는 것도 쉬운 문제는 아니다. 더욱이 이 책은 송시열의 다른 저술에서는 전혀 볼 수 없었던 명대의 역학자 내지덕来知德(1525~1604)의 역 해석 방법을 주역 경문 해석에 빈번히 활용하고 있어, 서문의 언급만으로 송시열 역학과의 관계를 속단하기 어려운 문제가 있다. 따라서 본고에서는 송시열 역학과의 관련성에 주목하기보다는 이 저술이 어떤 내용과 특징을 가지고 있는가를 밝히는 것에 주력하고자 하였다.

2. 『역설』의 역학사적 위치

1) 저술 시기 및 저자

『역설』은 필사본으로 남아 있는 저술이다. 그런데 이 필사본 『역설』의 저자가 누구인지에 대해서 책의 내용으로는 파악할 수가 없다. 서문이든 해석 부분이든 어디에도 저자가 누구인지가 기록되어 있지 않다. 그러나 이 책은 《경학자료집성》에 수록되면서 우암 송시열의 저술로 분류되게 되었다. 이 책의 저자를 송시열로 생각하게 된 것은 일차적으로 이 책의 제목인 '우암역설尤庵易說'의 '우암尤庵'이 송시열의 호이고, '우암'이라는 호를 가진 조선시대 학자는 송시열밖에 없기 때문이다. 또 다른 근거는 이 책의 서문에 해당하는 「우암역설」에 있는 다음과 같은 구절이다.

"송자宋子가 말하였다. 건괘 초구를 만약 정이의 『역전』과 같이 본다면 효가 응당 이와 같은지, 사람이 응당 이와 같이 해야 하는 지를 알 수 없을 것입니다. 주자는 이에 대해 여러 차례 말씀하셨습니다. 『역전』의 경우에는 역을 해석한 책으로 보지 말고, 호안국胡安國의 『춘추전』이 『춘추』에 대한 관계처럼 역과는 별개의 의리를 구한 책으로 간주한다면 저절로 역경과 서로 방해되는 바가 없을 것입니다. 주자의 『본의』로 말한다면 다른 책에 비하여 더욱 간명하고 쉽다고 하겠습니다.”[4]

이 내용 가운데 '송자宋子'는 누구일까? 다행히 위 글에서 '송자宋子'가 말한 내용이, 우암 송시열이 제자인 김창협(1651~1708)에게 보낸 편지의 별지에 실려 있는 것을 확인할 수 있다. 우암 송시열이 김창협에게 보낸 별지의 내용은 다음과 같다.

"『주역』을 읽고자 하신다니 매우 좋습니다. 이 책은 정이의 『역전』으로 뜻을 구하고자 한다면 시간이 지날수록 더욱 어려워질 것입니다. 만약 주자의 『본의』로 읽는다면 다른 책에 비해 더욱 간명하고 쉬울 것입니다. 건괘乾卦의 초효初爻는 괘의 가장 아래에 있으므로 그 상이 숨어있는 용이 됩니다. 점을 쳐서 이 효를 얻게 되면 점친 일을 해서는 안 될 것입니다. 만약 『역전』의 경우라면 효가 응당 이와 같은지, 사람이 응당 이와 같이 해야 하는지를 알 수 없을 것입니다. 주자 선생께서는 이에 대하여 여러 차례 학자들과 말씀하셨습니다. 그대도 『주역』을 읽을 때에는 모름지기 『역전』과 『본의』의 차이를 구별하여 서로 혼동되지 않도록 해야 할 것입니다. 『역전』의 경우에는 역을 해석한 책으로 보지 말고, 마치 호안국의 『춘추전』이 『춘추』에 대한 관계처럼 역과는 별개의 의리를

---

4 『易說』, "宋子曰, 乾之初九, 果如程傳看, 則未知爻當若是耶·人當若是耶, 朱子於此屢言之矣. 於傳則勿以易看, 別以一義求之, 如胡傳之於春秋, 則自與經, 兩無所妨. 以本義則視他書尤簡易云."

구한 책으로 간주한다면 저절로 역경과 서로 방해되는 바가 없을 것입니다."[5]

별지의 내용을 서문의 내용과 비교해 보면 서문의 '송자 왈' 다음에 나오는 부분이 별지의 내용과 유사함을 알 수 있다.[6] 따라서 '송자'가 송시열이라는 점은 더 이상 의심할 수 없을 것이다.

그런데 문제는 '송자'가 송시열을 가리킨다고 하더라도 이 서문을 송시열 자신이 쓴 것으로 볼 수 있는가이다. 송시열 자신이 스스로를 송자라고 하지는 않았을 것이기 때문이다. 송시열의 호는 엄연히 '우암'이며 '송자'는 송시열 사후에 붙여진 것이다.[7] 따라서 서문의 내용에 '송자'라는 표현이 나온다 하더라도 이 서문은 송시열이 아닌 송시열을 '송자'라고 부르는 후학의 글로 보아야 할 것이다.

그렇다면 서문이 아닌 『역설』의 본문은 송시열의 것일 수 없는가? 서문은 비록 후학이 썼다고 하더라도, 괘효사를 해석한 본문 자체는 송시열의 저작일 가능성도 있지 않을까? 송시열이 괘효사의 해석에 대해 언급한 몇 가지 사례가 『송자대전』에 실려 있기 때문에 비교는 가능하다. 하지만 『송자대전』에 기록된 괘효사의 해석 사례와 일치하는 예는 『역설』에 보이지 않는다. 오히려 『역설』에서는 이 저술이 우암의 것이라고는 볼 수 없는 반대 증거를 발견할 수 있다.

먼저 본문에 앞서 『역설』의 서문 말미에 나오는 다음의 글부터 살펴보자.

---

5 『宋子大全』卷92 書「答金仲和 丁巳四月六日」, "承欲讀周易, 甚善. 此書, 以程傳求之, 則愈久而愈難. 如以本義, 則視他書尤簡易. 如乾之初爻, 最在一卦之下, 故其象爲潛龍, 而人之筮得此爻者, 不可施用也. 如程傳則未知爻當如是耶 人當如是耶. 朱先生於此屢與學者言之矣. 高明讀時須分別於傳義之間, 毋令相混. 而於傳則不以易看, 別以一義理求之, 如胡傳之於春秋, 則自與經, 兩無所妨矣."
6 이와 비슷한 내용이 『宋子大全』 卷131의 雜著에도 실려 있다.
7 '송자'라는 이름이 공식적으로 불려지게 된 것은 『송자대전』이 간행된 1787년부터다.

"그러므로 매 효마다 모두 변역이 있으니 변역하면 변화가 생겨 난다. 변화는 사시에 짝하니 사시의 도는 원형이정이다. 공자가 원 형이정을 네 가지 덕으로 나누었다는 것은 이천이 주장한 것으로 어떠한지 알지 못하겠다. 그러나 점으로 해석하면 크게 형통하고 정함이 이롭다는 것이니 절중역折中易에 보인다."[8]

위 글에서는 원형이정을 점사로 해석할 경우 '크게 형통하고 정함이 이롭다'고 해석하여야 한다고 하면서 그것이 '절중역折中易'에 보인다 고 했다. 이 서문의 내용은 건괘에서 다시 언급되고 있는데,[9] 여기서 언 급한 절중역은 무엇일까? 절중역이라는 책은 없지만『주역절중周易折中』 이라는 책은 있다. 청대 학자 이광지李光地(1642~1718)는 당시 유행하 던 고거역학考據易學에 대항하여 주희의 역학에 충실한『주역』주석서 를 출판했는데 그것이 바로『주역절중』이다.[10] '절중역'과 '주역절중'이 그 이름은 다르지만 현재로서 절중역에 해당하는 책이『주역절중』말 고는 없다.『절중역』을『주역절중』으로 보면『역설』의 작성 시기는 우 암 송시열이 살았던 17세기가 아닌 18세기가 되게 된다.『주역절중』이 출판된 것은 1715년 경이지만 이 책이 조선에 들어온 것은 1723년 이 후이기 때문이다.[11] 특히 서문만이 아니라 본문에서도『절중역』이 여러 차례 언급되고 있는 것으로 보아『역설』은 우암이 죽고 난 후 상당한

---

8 『易說』4쪽. "故每爻皆變易, 變易生變化, 變化配四時, 四時之道元亨利貞也. 孔子分四 德, 伊川主之, 先儒之泥耶云云. 未知如何, 然以占則以大亨而利貞者, 見折中易."

9 『易說』21쪽 참조. 蓋孔子以四德言, 然占者遇此, 則以大亨而利貞者, 見折中易. 서문과 본문에 모두 절중역이 언급되었고, 그 내용 또한 일치한다고 볼 때 서문의 작자와 본문의 작자는 동일한 인물로 추정된다.

10 『周易折中』에 대해서는, 심경호 옮김,『주역철학사』, 예문서원, 1994廖名春,『周易 研究史』, 湖南出版社, 1991 508~608쪽 참조.

11 한치윤의『해동역사』권42에 따르면 밀창군密昌君 이직李機이 1723년『주역절중』 을 가지고 왔다고 한다. 이덕무의『청장관전서』권55에도 같은 내용이 나와있다.

시간이 지난 후에 작성된 것으로 보아야 할 것이다.[12] 이는 이 책이 송시열의 작품일 수 없는 증거가 된다.

그런데 보다 결정적으로 『역설』의 저자를 송시열로 볼 수 없는 근거는 『역설』의 관괘觀卦 상구上九 효사爻辭의 주석에 나오는 다음의 구절이다.

> "주자朱子는 괘명의 '관觀'을 거성으로 보았는데, 모서하毛西河
> 의 설도 또한 그것을 받아들인 바가 있다."[13]

『역설』은 '관괘觀卦에서 괘명의 '관觀'을 거성으로 읽어야 하지만, 육효六爻에 나오는 '관觀'은 평성으로 읽어야 한다'[14]는 주자의 설을 모서하가 수용하고 있음을 언급하고 있다. 그런데 여기서 언급된 모서하란 청나라의 학자 모기령毛奇齡(1623~1713)을 가리킨다. 서하西河란 모기령이 살던 곳의 지명을 따서 붙인 호이다. 명말 청조의 학자 모기령은 주희 비판을 자신의 임무로 자임하였을 정도로 주희의 경학을 비판적으로 평가하였다. 모기령의 『주역』 연구 또한 주자학 비판에 초점이 맞추어져 그는 『중씨역仲氏易』을 통해 주자와는 다른 경전해석을 제시하였다.[15] 모기령의 경학은 이러한 반주자학적 성격 때문에 조선의 지식인에게 많은 비판을 받게 되고 그로 말미암아 오히려 널리 논의되게 되었다. 모기령의 문집은 1699년 처음 편집되어 1720년에 『서하합집』

---

12 "折中易"은 坤卦 上六, 大過卦 初六, 臨卦 上九 외에 「說卦取象」에도 나오는 등 『역설』의 여러 곳에서 인용되고 있다.

13 『易說』 58쪽. "朱子以卦名之觀爲去聲, 毛西河之說, 亦有所受矣."

14 『周易折中』 觀卦의 이광지의 集說에 『주자어류』의 상기 내용이 인용되어 있다. "朱子語類云, 自上視下曰觀, 自下觀上曰觀, 故卦名之觀去聲 而六爻之觀皆平聲."

15 김영우, 「다산과 모기령의 역학사상 비교연구」, 『동방학지』 제127집, 2004, 287-314쪽.

으로 간행되었는데 모기령의 문집이 조선에 유입된 시기는 18세기 중반 이후로 추정된다.[16] 그러므로『역설』의 저자는 이광지의『주역절중』과 모기령의『중씨역』을 모두 접한 이후에 이 책을 저술한 것으로 볼 수 있고, 이렇게 본다면 이 책이 저술된 시기는 적어도 18세기 후반으로 보아야 할 것이다.

2) 내지덕 역학의 계승

이광지, 모기령 등 청대 역학자의 이름이 언급된 사실을 통해『역설』의 저술 시기를 18세기 중반으로 추측하였지만, 역학사적으로 보면『역설』에는 명대明代의 저명한 역학자 내지덕의 역학이 가장 큰 영향을 준 것으로 보인다. 서문에서『정전』이 아닌 주희『주역본의』의 해석 체계를 따라야 한다는 것을 언급하고는 있지만, 실제『역설』의 주석은 주희보다는 내지덕 역학 이론을 활용하고 있어 주목된다.[17]

내지덕은 괘효사에 대한 해석은 상을 통해 이루어져야 한다는 상수역학의 해석 전통에 있는 학자이다. 그런데 그는 상을 통해 역을 해석해야 한다는 견해를 견지하면서도 한대의 상수역을 답습하는 방식이 아닌 자신의 독자적인 역학 이론에 따라 역을 해석하였다. 내지덕의 상수역 이론은 착종설錯綜說을 핵심으로 하면서 한대의 상수역 역 해석 방법인 중효설中爻說과 효변설爻變說로 구성된다.[18]

---

16 김문식,「조선후기 모기령 경학의 수용 양상」,『史學志』, 135쪽. 영조 33년인 1757년, 영조가 신료들과 명나라 고사를 토론하는 자리에서 명말인 인물인 모기령의 문집이 조선에 들어온 사실을 언급하는 기록이 있다.
17 앞서 밝혔듯이 이광지에 대한 언급도 있으나 역 이론의 측면에서는 내지덕의 영향이 두드러진다.
18 김학권 외 옮김,『역학철학사』6, 소명출판사, 2012.朱伯崑,『易學哲學史』, 華夏出版社, 1995, 22~29쪽, 참조.

먼저 착종설은 본괘와 착錯과 종綜의 관계에 있는 괘를 본괘와 동일한 것으로 보는 이론이다. 즉 착錯은 건괘乾卦, 곤괘坤卦와 같이 음양이 서로 반대 관계에 있는 괘를 말하며, 종綜은 준괘屯卦, 몽괘蒙卦와 같이 괘의 위아래를 뒤집어 놓았을 경우 모양이 서로 반대가 되는 괘를 말한다. 착과 종은 64괘뿐 아니라 8괘에서도 성립한다. 8괘 가운데 건괘乾卦의 착錯이 곤괘坤卦라면 손괘巽卦의 착은 태괘兌卦가 된다. 이러한 착종설은 무엇보다 괘상卦象에서 「설괘說卦」의 상을 취하는 데 있어 보다 많은 상을 취할 수 있다는 점에서 「설괘」의 물상을 풍부하게 활용할 수 있다는 장점이 있다.

주지하듯이, 한대 상수역학자들은 괘효사를 「설괘」 물상을 통해 해석하는 과정에서 괘효사에 나오는 상과 「설괘」의 물상 사이의 불일치 문제를 해명하기 위해 다양한 역 이론을 창안한 바 있었다.[19] 호체설, 괘변론, 납갑설, 비복설 등은 바로 그러한 불일치 문제를 해결하기 위해 고안한 이론이었다. 그런데 착종설은 착종 관계에 있는 괘는 동일한 괘라고 보기 때문에 괘와 괘 사이의 복잡한 이론을 설정하지 않더라도 괘효사와 「설괘」의 물상 사이의 불일치 문제를 쉽게 해결할 수 있게 하였다.

"팔괘가 이미 서로 착錯의 관계이니 물상物象 역시 그 착錯의 관계 속에 놓여 있다. 예를 들어 건괘의 착은 곤괘인데, 건괘는 말이 되기 때문에 곤괘에서 '암말의 올바름이 이롭다'라고 한다. 이괘履卦에서 문왕이 호랑이를 언급한 것은 이괘履卦의 하괘下卦인 태괘兌卦의 착錯이 호랑이의 괘상卦象을 갖는 간괘艮卦이기 때문이다."[20]

19 李世東, 「朱子「周易本義」研究」, 서울대 박사논문, 1996, 81쪽.
20 來知德, 『易經字義』, 김학권 외 옮김, 2012, 24쪽 재인용.

"손괘巽卦와 익괘益卦 역시 서로 종綜의 관계인데, 손괘의 육오 六五는 곧 익괘益卦의 육이六二인데 특별히 거꾸로 뒤집어졌을 뿐 이다. 때문에 두 경우 모두 열 마리의 거북이라는 상이 있는 것이 다. 쾌괘夬卦와 구괘姤卦 또한 서로 종의 관계인데, 쾌괘夬卦의 구 사九四는 곧 구괘姤卦의 구삼九三이다. 그러므로 두 효 모두 볼기짝 에 살이 없다는 상이 있는 것이다."[21]

앞의 인용문은 착을 적용하여 괘효사의 상을 설명한 예이다. 먼저 곤괘 괘사에 암말이 나오는 이유를 곤괘의 착괘가 건괘이므로 건의 물 상인 말이 나올 수 있음을 설명하였다. 또한 리괘의 괘사에도 호랑이가 나오는데 호랑이는 간괘艮卦의 물상이므로 이괘履卦에 나오는 것이 이 상할 수 있으나 이괘履卦의 하괘인 태괘의 착이 간괘라는 데서 호랑이 의 상을 취할 수 있었다는 것이다.

두번째 인용문은 종綜을 적용하여 괘효사의 상을 설명한 예이다. 먼 저 손괘巽卦와 익괘益卦의 경우 열마리의 거북이라는 괘상이 공통으로 나오는데 이는 두 괘가 종의 관계에 있는 괘이기 때문이며, 쾌괘의 구 사와 구괘의 구삼 모두에 볼기짝에 살이 없다는 상이 나온 것도 쾌괘와 구괘가 종의 관계에 있기 때문에 동일한 상이 나오는 것으로 설명하고 있다. 이와 같이 착종설을 활용할 경우 의리 역학에서 문제가 되었던 괘효사의 물상을 추출하는 추와 「설괘」에 나오는 물상의 불일치 문제는 해결될 수 있는 것이다.[22]

내지덕은 착종설 이외에도 설괘의 물상을 취하기 위한 방법으로 중

---

21 來知德, 『易經字義』, 김학권 외 옮김, 2012, 25쪽 재인용.
22 물론 그것은 완전한 해결이라기보다는 또 다른 논란을 안고 있는 것이다. 어떠한 이유에서 착종설이 정당화 될 수 있는가에 대한 물음에 직면할 경우 그 답을 쉽게 제시하기 어려울 것이다.

효설中爻說과 효변설爻變說을 중요시한다. 이 두 역 이론은 착종설과는 달리 이미 한대부터 있어왔던 역 이론이다. 중효설은 한대의 호체설互體說과 동일한 것으로 2효부터 5효까지의 효에서 새로운 괘상을 추출하는 방법이다. 효변설은 괘 안에서 양효는 음효로 음효는 양효로 변한다는 이론이다. 예를 들어 건괘의 초효는 양인데 이것이 음으로 변하여 구괘姤卦가 된다는 것이다. 건괘 초구에서 '잠용물용潛龍勿用'이라 하는데 이때 '잠潛'이라는 효사의 물상은 바로 건괘의 초효初爻가 변하여 아래가 손괘巽卦가 된 것에서 취하였다는 이론이다.

내지덕에 앞서 주희 또한 『주역』의 기원이 점서에 있었다고 보고 괘효사의 물상을 「설괘」의 물상을 통해 해석하고자 하였다. 정이천과 달리 주희는 괘효사의 물상은 우연히 그렇게 붙여진 것이 아니라 일정한 원칙에 따라 만들어졌다고 파악하고 괘효사의 물상을 가급적 괘상과 관련하여 해석하고자 하였다. 그러므로 주희 또한 한대 상수역의 이론을 전혀 무가치한 것으로 보지는 않았다. 하지만 이미 당시의 현실로는 과거의 그 원칙을 완전히 복원할 수는 없다고 보았다.[23] 따라서 괘변설을 비롯한 일부의 이론을 역 해석에 활용하였으나 대부분의 해석에 있어서는 의리역학의 역 해석 방법에 따라 주역을 해석하였다. 하지만 내지덕은 주희가 포기한 그 원칙이 바로 착종설, 중효설, 효변설이라고 확신하고 그러한 역 이론에 따라 『주역』을 새롭게 해석했던 것이다. 내지덕이 이와 같이 괘효사 전체를 상을 통해 해석할 수 있다고 생각한 것에는 착종설이 가장 큰 역할을 하였다고 보인다. 왜냐하면 착종설을 적용할 경우 괘효사의 상은 대부분 추출할 수 있기 때문이다.

그런데 『역설』의 저자는 주희의 역학을 계승한다고 하면서 실제로

---

23 李世東, 1996, 80쪽.

는 내지덕의 역이론을 활용하여『주역』64괘에 대해 주석하고 있다. 물론 모든 괘효사에 대한 해석을 내지덕의 역 이론에 따라 해석하거나 내지덕의 역 해석을 그대로 따라하지는 않았다.[24] 그러나 전체적으로 보면 내지덕의 착종설, 중효설, 효변설을 그 나름대로 소화하여 주역 해석에 십분 활용하였다.[25]

내지덕의 역학은 조선 후기에 들어 조선 학계에 유입된 것으로 보인다. 현재까지 확인한 바에 따르면 내지덕의 역학을 언급한 학자로는 이익李瀷(1681~1763)이 가장 이르며, 그의 제자인 안정복安鼎福(1712~1791)도 내지덕의 역학을 소개하고 있다. 정조의 경사강의에서도 내지덕의 역설이 언급된 바 있으며 다산 정약용은 내지덕 역학을 비판하는 논설도 남겼다.[26] 노론계 학자 가운데에는 이민보李敏輔(1720~1799)의 시에 '제내지덕역서題來知德易書'가 있고,[27] 홍석주 또한 내지덕 역학에 대해 언급하였다. 그러나 이들은 내지덕의 역학에 대해 소개하거나 부분적인 평가를 하고 있을 뿐 내지덕의 역학을『주역』해석에 활용하거나 하지는 않았다. 다만 홍양호洪良浩(1724~1802)의 경우는 예외다. 홍양호는 건괘와 곤괘 해석에서 내지덕의 착종설을 일부 활용하여 역을 해석하였다.[28] 그러나 홍양호의 역 해석은 건괘와 곤괘에 한정되고 있는 반면『역설』에는 내지덕 역학의 영향이 두드러지게 나타나고 있다는 점이 가장 큰 차이다.

---

24 내지덕의 역 이론을 활용하여 해석하였지만 해석의 적용은 자신의 관점에 따라 취사선택하였다.
25 『역설』은 내지덕의 착종설, 효변설, 중효설이 망라되어 해석에 이용되고 있다.
26 丁若鏞,『易學緖言』卷三,「來氏易註駁」참조.
27 李敏輔,『豊墅集』卷5. "卑處兒童所不言, 透來玅或契羲文, 卦中反對分明象, 洛建笆籬拾取勤."
28 洪良浩,『耳溪外集』卷四,「易象翼傳」내지덕 역학의 조선에서의 전개에 대해서는 별도의 연구가 필요하다.

3. 『역설』의 역 이해와 해석 방법

1) 역 해석의 목표와 상수역학적 해석

『역설』의 저자는 서문에서 역의 효사 해석에 정이의 『역전』의 방법이 아닌 주희의 『주역본의』의 해석 방법에 따라야 함을 다음과 같이 밝히고 있다.

> "송시열 선생이 말하였다. 건괘 초구를 만약 정이의 『역전』과 같이 본다면 효가 응당 이와 같은지, 사람이 응당 이와 같이 해야 하는지를 알 수 없을 것이다. 주자는 이에 대해 여러 차례 말씀하셨다. 『역전』의 경우에는 역을 해석한 책으로 보지 말고, 호안국의 『춘추전』이 『춘추』에 대한 관계처럼 역과는 별개의 의리를 구한 책으로 간주한다면 저절로 역경과 서로 방해되는 바가 없을 것입니다. 주자의 『본의』로 말한다면 다른 책에 비하여 더욱 간명하고 쉽다고 하겠습니다."[29]

송시열의 말은 건괘 초구의 효사 '잠용물용'을 해석할 경우, 정이의 『정전』을 따라 해석하려고 하면 '초구'가 무슨 뜻인지, 초구에 왜 '잠용물용'이라는 효사가 나오는지, 그리고 '잠용물용'이라는 효사를 점과 관련하여 어떻게 판단할지 등등에 대해 알 수 없다는 것이다. 그럼 정이가 건괘 초구의 효사 '잠용물용'을 해석한 것을 살펴보자.

---

29 『易說』, "宋子曰, 乾之初九, 果如程傳看, 則未知爻當若是耶·人當若是耶, 朱子於此屢言之矣. 於傳則勿以易看, 別以一義理求之, 如胡傳之於春秋, 則自與經, 兩無所妨. 以本義則視他書尤簡易云."

"초구는 한 괘의 아래에 있으니 물건의 시작하는 단서가 되고,
양기가 이제 막 싹트는 때이다. 성인이 비천하여 용이 숨어 있는
것과 같으니, 아직 스스로 쓸 수 없는 것이고 마땅히 몸을 숨기고
수양하면서 때를 기다려야 한다."[30]

정이는 건괘 초구가 괘의 제일 아래에 있어 그것이 시작의 의미, 양
기가 막 싹트는 때, 성인이 비천하여 숨어있는 때로 파악하고 그러한
때에 맞추어 몸을 숨겨 수양하는 것이 올바른 행위라고 해석하고 있다.
초구 효사의 '잠용'은 성인이 몸을 숨겨 때를 기다리는 상황을 비유적
으로 표현하기 위해 사용된 것임을 알 수 있다. 『역설』의 저자는 이와
같은 정이의 해석을 역과는 관계없는 자신이 생각한 별도의 의리를 말
한 것이라고 평가하였다.
그러면 주희의 『주역본의』의 해석은 어떠한가?

"잠은 숨음이고 용은 양물이다. 초효初爻의 양은 아래에 있어서
베풀어 쓰지를 못하므로 그 상象이 잠용이 되고 그 점占에 물용이
라 하였다. 대개 건괘를 만나 이 효가 변하는 것은 마땅히 이와 같
은 상을 보고 그 점을 살펴보아야 한다. 나머지 효의 경우도 이와
비슷하다."[31]

정이의 해석과 비교하여 주희의 해석에서 가장 차이가 나는 것은
'잠용물룡'을 상象과 점占으로 나누어 해석한다는 것이다. 건괘 초구는
건괘의 첫 번째 효를 가리키며 잠용이란 그 효가 상징하는 것을 나타낸

---

30 『周易傳義大全』,「程傳」乾卦, 初九. "初九在一卦之下, 爲始物之端. 陽氣方萌. 聖人
側微, 若龍之潛隱, 未可自用, 當晦養以俟時."
31 『周易傳義大全』,「本義」乾卦, 初九. "潛 藏也, 龍 陽物也. 初陽, 在下, 未可施用, 故其
象爲潛龍 其占日 物用. 凡遇乾而此爻變者, 當觀此象, 而玩其占也. 餘爻放此."

다. 주희는 '잠'과 '용'은 정이의 말처럼 성인이 놓인 비천한 상황을 표현하기 위해 비유적으로 쓴 것이 아니라, 건괘 초구에 근거하여 취한 물상이라고 본다. 성인이 놓여있는 어떤 상황이 먼저 있고 그러한 상황을 나타내기 위해 '잠용'이라는 표현을 사용한 것이 아니라, 건괘 초구라는 괘상을 살펴보아 거기에서 잠용이라는 상을 취할 수 있다는 것이다. 주희는 의리를 논하기에 앞서 점서적 기원을 갖는 괘효사를 괘효상에 근거하여 해석하는 것이 우선이라고 보았다.[32] 『주역』은 모두 「설괘」의 물상에 근거하여 점을 판단한 것이며,[33] 따라서 『역易』을 읽을 때는 먼저 물상과 괘·효사와의 관계를 살펴 경문의 본래 의미를 파악해야 한다는 것이다.[34]

정이 『역전』과 주희 『주역본의』의 역 해석 방법의 이러한 성격을 고려한다면 『역설』의 저자가 송시열을 인용하여 『역전』보다 『주역본의』를 높이 평가하는 의도를 어느 정도 짐작할 수 있을 것이다. 『역설』의 저자는 역 해석과 관련하여 다음과 같이 말한다.

"역이라는 책은 그러한 일이나 그러한 이치는 없지만 그러한 상은 있다. 그러므로 괘효사는 먼저 상을 말하고 뒤에 점을 말하였다. … 상象이 드러나지 않으면 의義는 기댈 곳이 없다. 상을 보고 그 의를 완미하고 그 의를 완미하여 점을 구하는 것이 옳다."[35]

---

32 이와 같은 주희의 관점을 송시열은 계승하고 있다. 『역설』의 저자 또한 동일한 입장이다.

33 朱熹, 『朱熹集』 卷60, 「答劉君房」 "易本爲卜筮而作, 其言皆依象數, 以斷吉凶."

34 예를 들어 주자는 乾卦 初九爻의 卦辭인 '元亨利貞'을 해석하면서 정이천이 공자 『십익』에 근거하여 네 가지 덕으로 해석한 것을 비판하였다. 공자 『십익』의 하나인 「문언전」에서는 원형이정을 자연의 순환 원리를 설명하는 四德으로 해석하였으나, 주자는 그것은 공자의 철학적 관점에 따른 해석일 뿐이며 경문의 본래 의미는 "크게 형통하지만 올바르게 행해야 이롭다"로 보아야 한다고 설명한다.

35 『易說』 3쪽. "易之爲書, 無此事·無此理而有此象, 故其辭先言象, 後言占. … 象不顯則

역을 통해 의리를 탐구할 수 있으나 역은 어떤 특정한 일이나 의리를 직접 기술하고 있는 책은 아니다. 역은 다만 상이 있을 뿐이다. 괘효사는 상을 말하고 또한 점을 말하고 있는 것이다. 따라서 괘효사의 해석을 위해서는 우선 괘효사에 나타난 상에 대해 밝혀야 한다. 상을 밝히지 않으면 괘효사의 의미를 파악할 수가 없는 것이다. 따라서 『주역』의 해석은 먼저 상에 대해 파악하고 그 상에 대한 이해를 근거로 점을 판단해야 하는 것이다. 이러한 점은 주희의 역 해석 입장과 상통한다.

그러면 『역설』의 건괘 초구 효사 해석을 살펴보자.

> "건괘의 초효가 변하면 손괘가 된다. 손괘의 상은 엎드림이고 들어감이다. 비순卑順하여 아래에 있는 상이므로 그것을 용龍에 비유하여 숨어있다고 하였다. 용은 오로지 양화陽火를 쓴다. 그러므로 용이 지나가는 곳은 흙과 돌이 그을려지고, 초목이 불탄다. 때로는 운기雲氣를 타고 구천九天을 거느리니 이것은 모두 양기가 발한 것이다. 만약 용이 동굴이나 어둠 속에 숨어있으면 그 몸은 지극히 음하고 그 기는 지극히 차가워 사람이 가까이 갈 수 없을 것이다. 이는 음기가 몸에 왕성함을 말한 것이니 단지 변화불측한 것만을 가리켜 용이라 하는 것은 아니다. 옛 시에 '하늘의 운행은 용만 같은 것이 없고 땅의 운행은 말만 같은 것이 없네'라고 하였다. 건곤이 용과 말로 대칭한 것은 그 취지가 뚜렷하다 할 것이니 곤괘 괘사卦辭의 '이빈利牝', 상효上六 효사의 '용전龍戰'이라 한 것에서 알 수 있다. '물용勿用' 두 글자는 점사이다. 점을 쳐서 이 효를 만나는 경우에는 잠潛의 뜻을 보고 도모하는 바를 쓰지 않는 것이 올바르다."[36]

義不屬, 觀其象而玩其義, 玩其義而求其占, 可也."

36 『易說』 21쪽. "變則爲巽, 巽者伏也入也. 卑順在下之象, 以其肯着於龍而謂之潛. 龍之爲物, 其用處專用陽火, 故所適土石焦, 草木焚. 有時乘雲氣, 御九天, 此皆陽氣所發也. 若其潛居於窟宅幽陰之中, 則其體至陰, 其氣至冷, 人莫敢近. 云此陰氣之莊于體也, 不徒以變化不則謂之龍也. 古詩曰, 天行莫如龍, 地用莫如馬. 乾坤之以龍馬對稱者, 其旨

『역설』의 해석을 보면 주희와 마찬가지로 건괘 초구 효사를 점사로 인식하고 '잠용물용'을 상과 점으로 나누어 해석하고 있음을 알 수 있다. 또한 괘상으로부터 '잠용'이 나오게 된 이유를 설명하고자 하는 것도 주희와 같다. 그러나 그 설명의 내용에 있어서는 주희와 차이가 있다. 주희는 '잠潛'이 '숨음'의 뜻이고 '용龍'이 '양의 사물'임을 말하고는 있으나 '잠'과 '용'이 왜 쓰이게 되었는지에 대해서는 자세하게 밝히지 않았다. 반면 『역설』은 내지덕의 효변을 적용하여 '잠'의 상이 나오게 된 이유를 설명하였다. 즉 건괘의 초구가 변하면 하괘는 손巽괘가 되는데 「설괘」에서 손이 '복伏'과 '입入'을 상징하므로 거기서 용이 숨어있다는 '잠'이 쓰였다는 것이다. '용'의 상이 나오게 된 것에 대해서는 「설괘」를 근거로 말하고 있지는 않지만, 고시古詩를 근거로 건괘와 곤괘가 각각 용과 말을 상징하고 있음을 밝히고 있다. 아울러 물상에 대한 상세한 해석을 근거로 점사 '물용'의 이유를 설명하였다.

이러한 『역설』의 건괘 초구 해석을 정자, 주자와 비교하면 『역설』은 주자의 해석 취지를 긍정하면서도 효사의 물상을 단순히 괘상에 의거하지 않고 효변설이나 착종설 등의 상수역 이론을 적용하여 구체적으로 밝히고자 시도하고 있음을 알 수 있다. 주희의 경우 괘효사 해석에서 상에 주의하여야 한다고 하였으나 실제로는 그것을 일관되게 밝히는 것이 불가능하다고 생각하여 「설괘」의 괘상을 적용하기 위한 역이론을 적용하기보다는 사중지상辭中之象에 근거하여 상중지의象中之義를 파악하는 의리역학의 방법을 견지하게 되었다.[37] 이와 비교하면 『역설』의 저자는 「설괘」에 근거하여 괘효사의 상을 일관되게 해석하고자

躍如矣, 觀於坤辭利牝上六龍戰, 可知. 勿用二字占辭. 遇此爻者, 見潛之義, 勿用所謀, 可也."

37 李世東, 1996, 84쪽.

하는 입장을 취하고 있음을 알 수 있다. 이는『역설』이 상수역학적 해석 전통에 있음을 보여주는 것이다.

2)『역설』역 해석의 특징

『역설』의 저자는 역을 점서로 이해하는 주희의 기본 관점을 받아들여 괘효사를 상과 점의 구조로 파악하고 상에 대한 해명을 통해 점을 이해하고자 하였다. 그런데 그는 괘효사의 물상 가운데 해명할 수 없는 것에 대해서는 남겨두는 방식을 취했던 주희와는 달리, 모든 괘효사의 물상을 역 이론에 근거하여 해석하고자 하였다. 이와 같이 괘효사의 물상을 일정한 역 이론을 통해 해석하고자 하는 전통은 한대의 상수역 전통을 계승한 것이라 할 수 있다.『역설』의 저자가「설괘취상」이라는 제목의 글을 통해 각 괘와 그 괘들이 취하는 상에 대해 상세한 기술을 하고 있는 것은 괘효사 해석에 있어「설괘」의 물상에 대해 그가 얼마나 관심이 많았는지를 보여준다.[38]

그런데 괘효사의 물상을 취하는 문제에 있어『역설』은 한대 상수역학의 취상取象이론을 수용하지 않고 내지덕의 취상설을 가장 중시한다.『역설』에는 착종설, 효변설, 중효설 등 내지덕의 역 이론이 상당한 정도로 역 해석에 활용되고 있다.『역설』을 설명하는 데 있어 내지덕 역학을 빼놓고는 말을 할 수 없을 정도이다. 하지만『역설』이 내지덕의 역학 이론을 중심에 두고 있다하더라도 실제 괘효사의 해석에 있어서는 내지덕의 역 해석을 그대로 따른 것이 아니라 자기만의 독자적인

---

[38]『易說』의 전체 구성은「尤庵易說」,「易圖」,「河洛說」,「九六說」,「卦畫說」,「說卦取象」,「易經」,「繫辭傳」,「說卦傳」,「序卦」,「雜卦」,「十翼辨」으로 되어있다.「易經」을 제외하고 나머지는 대부분 짧은 글로 되어있으나「說卦取象」은 내용이나 분량 면에서 중요하게 다루어지고 있다.

해석을 하고 있다. 즉 내지덕 역학 이론을 수용하되 그것을 자기의 해석 방식에 따라 취사선택하여 활용하고 있는 것이다. 그리하여『역설』의 역 해석은 내지덕의 역 해석이 인용되기보다는 그 자신의 해석이 주가 되고 있다.

『역설』의 첫 번째 특징은 건괘와 곤괘의 효사를 해석하는 데 있어 나머지 62괘의 효사 해석과 달리 효변爻變을 활용하여 상을 취하고 해석하는 데 있다. 건괘乾卦 초구初九에서 효변爻變을 적용하여 손괘巽卦로부터 '잠潛'의 상을 이끌어 내거나 구이九二에서 효변을 적용하여 이괘離卦로부터 '견見'의 상을 이끌어 내는 등 건곤괘의 효사를 해석하는 데 곤괘坤卦의 육오六五와 상육上六을 제외하고는 모두 효변을 적용하여 해석하고 있다. 이는 다른 괘의 효사 해석에서는 효변을 대체로 적용하지 않는 것과 대비된다. 내지덕의 경우도 효변을 사용하여 건괘의 효사를 해석하지만 곤괘의 경우 효사 해석에 효변을 적용하지 않거나 건괘 이외의 괘에서 효변을 적용하였으나『역설』의 경우 건곤괘의 효사의 경우는 효변을 적용하여 해석하고 있다. 이는 그가 건괘와 곤괘를 나머지 62괘와 다른 지위로 파악한 것과 관련이 있다.

> "건괘와 곤괘 두 괘는 순양純陽, 순음純陰의 괘이다. 효는 변역하지 않을 수 없다. 변역한 후에 변화가 생겨난다. 그렇지 않다면 다만 양은 순전한 양이고 음은 순전한 음일 뿐이다. 하물며 건곤은 여러 괘의 부모가 된다. 이것이 천지가 변화하여 만물이 비로소 생긴다는 뜻이다."[39]

건괘와 곤괘는 다른 모든 괘의 부모가 되고 천지의 변화가 만물을

---

39 『易說』21쪽. "乾坤兩卦, 是純陽純陰之卦, 遂爻不得不變易, 變易然後變化生矣. 不然只陽純陰純而已. 況爲諸卦之父母, 此天地變化萬物始生之意."

낳는다는 것에 근거하여 『역설』의 저자는 건괘와 곤괘의 효사가 효변에 근거하여 상을 취하였음을 암시하고 있다. 따라서 건괘와 곤괘의 효사의 상을 해석하는 데 있어서 『역설』의 저자는 효변을 적용하여 해석하였던 것이다.

그런데 효변이 비록 내지덕의 이론을 수용한 것이지만 효변을 적용하여 해석할 때에도 차이가 나는 경우가 있다. 예를 들어 건괘 구삼의 효사 '군자종일건건君子終日乾乾, 석척약夕惕若, 려厲, 무구无咎'를 해석하는 것이 그러하다. 내지덕은 다음과 같이 설명한다.

> "구삼九三이 변하면 중효中爻는 이離가 된다. 이의 해가 하괘下卦의 마침에 있으니 해가 저무는 상이다. 아래 건의 마침을 위의 건이 이었으니 건괘乾乾의 상이니 이에 굳세어 쉬지 않는 뜻이 된다. 척惕은 근심함이다. 이離의 착괘錯卦는 감坎이니 감坎은 근심의 상이다."[40]

이에 대하여 『역설』은 다음과 같이 해석하였다.

> "구삼九三이 변하면 태兌가 된다. 태兌는 해가 저무는 방향이다. 해는 양陽이다. 내괘內卦의 삼양三陽이 다한 것은 해가 장차 서쪽으로 저무는 것과 같다. 그러므로 종일終日이라 했다. 내괘內卦의 건이 장차 다하니 외괘外卦의 건乾이 장차 이르게 된다. 그러므로 건을 이어서 써서 건건乾乾이라 하였다. 해가 이미 저무니 그러므로 저녁이라 했다. 이미 저녁이니 이는 노인네가 슬퍼하는 상이므로 척약惕若이라 하였다. 이미 근심하면 위험하고 두려운 길이 있다. 무구无咎 두 글자는 또한 점사이다. 점을 쳐서 이 효를 만나는 자는

40　來知德,『周易集注』, "三變則中爻為離, 離日在下卦之終. 終日之象也, 下乾終而上乾繼, 乾乾之象, 乃健而不息也. 惕憂也. 變離錯坎, 憂之象也."

비록 위험과 두려움이 있겠으나 끝내는 허물이 없을 것이다."[41]

내지덕의 경우 구삼효를 해석하면서 중효설中爻說을 적용하여 2, 3, 4효에서 이離의 상을 취하였다. 그러나 『역설』은 내지덕과 같이 중효에서 리의 상을 취하지 않고 효변을 적용하여 태兌의 상을 취하였다. 태의 상을 취하더라도 그것이 해가 지는 서쪽을 의미하므로 효사 해석에는 문제가 없다고 보았던 것이다. 또한 내지덕은 '척약'에서 '척'의 상을 이離의 착괘인 감坎에서 취하였으나 『역설』의 경우는 해가 지는 저녁에 노인이 탄식하는 상에서 '척약'을 이끌어내고 있다. 『역설』에 내지덕 역학이 큰 영향을 미치고는 있지만 실제 해석에 있어서는 이처럼 큰 차이가 있음을 알 수 있다.

두 번째 『역설』의 해석으로 들 수 있는 것은 『역설』이 원칙에 있어서는 상수역학의 해석 방법을 근간으로 하지만 실제 해석에 있어서는 의리역학의 해석 방법 또한 활용하고 있다는 점이다. 소축괘小畜卦의 효사爻辭를 예로 살펴보자. 『역설』은 소축괘小畜卦의 초구初九, '복자도復自道, 하기구何其咎 길吉'를 다음과 같이 해석하였다.

> "초구의 효와 육사六四가 정응正應의 관계에 있으니 가서 돌아온다는 뜻이다. 내가 육사六四와 함께 갔다가 돌아왔다. 돌아오는 것은 자연의 이치이며 자신의 길이다. 그러므로 길하여 허물이 없을 것이다. 만약 괘변卦變으로 말하면 건乾의 착錯은 곤坤이 되고 손巽의 착錯은 진震이 되니 지뢰복괘地雷復卦의 뜻이 있다. 그러므

---

41 『易說』, 22쪽. "此爻變則爲兌. 兌者日入之方也. 日者陽也. 內卦三陽於盡, 若日將終於西, 故日終日. 內乾將盡, 外乾于將至, 故疊用乾字, 曰乾乾. 日旣終, 故謂之夕. 日旣夕, 則若大老至咨嗟之象, 故曰惕若. 旣惕則有危厲之道. 无咎二字亦占辭. 遇此爻者雖有危懼, 終無尤也."

로 복의 글자로써 말한 것인가?"[42]

초구와 육사가 정응正應이라는 것은 의리 역학에서 주로 사용하는 해석 방법이다. 응應의 뜻은 두 개의 효가 서로 감응한다는 것으로 하괘의 첫번째 효와 상괘의 4효, 하괘의 두번째 효와 상괘의 5효, 하괘의 셋째 효와 상괘의 6효가 서로 응함을 말한다. 이 관계에서 음과 양으로 만나면 이를 정응正應이라 하여 서로 돕고 힘이 되어 주는 관계로 본다. 『역설』의 저자는 초구 효사 '복자도復自道'를 해석하는 데 있어 정응正應이라는 의리 역학의 해석 방법을 적용하여 해석하고 있는 것이다. 아울러 점사인 '하기구何其咎, 吉'에 대한 해석 또한 돌아오는 것이 자연의 이치이고 자신의 길이기 때문이라는 이유를 들어 설명을 덧붙이고 있다. 여기서는 저자가 상을 통해 의미를 해명하겠다는 원칙이 일관되지 못함을 볼 수 있다. 다만 저자는 착종설을 적용하여 지뢰복괘의 상이 나온 이유를 설명하고는 있다. 즉 소축괘의 하괘에 있는 건괘의 착이 곤괘가 되고 상괘에 있는 손괘의 착이 진괘라는 점에서 착종을 적용하면 상괘가 곤괘이고 하괘가 진괘인 지뢰복괘가 되므로 복의 뜻이 나온다는 설명이다. 하지만 왜 그러한 방식으로 지뢰복괘를 이끌어내야 하는지에 대해 질문하면 마땅한 답변을 내놓기 어려울 것이다.

이러한 『역설』의 해석과 관련하여 동일한 효사에 대해 상수적 해석 방법에 따라 해석한 다산 정약용의 해석 사례를 살펴보자.[43] 정약용은

---

42 『易說』, 37쪽. "此爻與六四爲正應者, 往復之意. 我之與四往復, 復是自然之理, 自己之道也. 吉而无咎, 若以卦變言之, 乾錯爲坤, 巽錯爲震, 有地雷復之意, 以復字言之耶."
43 정약용은 추이, 호체, 효변의 역 이론을 통해 괘효사에 나오는 상을 「설괘」의 상에 따라 해석하여야 한다는 원칙을 『주역사전』에서 일관되게 적용한 상수역 해석의 대표적 학자이다. 정약용은 내지덕의 역학에 대해 알고 있었고 또한 내지덕 역학의 오류를 지적한 논설도 지은 바 있다. 『역설』의 저작 연대가 17세기가 아닌 다산이 살았던 18세기 중 후반이었다는 점에서 다산 정약용 역학과의 비교는 의미가 있다.

소축괘의 초구 효사에 대해 다음과 같이 해석한다.

"이것은 소축괘가 손괘巽卦로 변한 것이다. 소축괘는 구괘姤卦
로부터 왔으니【1이 4로 감】추이하여 소축괘가 되면 손괘巽卦의
닭이 밖으로 나오게 된다.【손이 상괘에 있음】초효가 이미 변하여
손괘의 닭이 다시 돌아오니【하괘가 이제는 손이다】갔다가 되돌아
온 것이다. …… 중부괘의 때에는 태괘에 강을 타는 상이 있었는데
【태는 음이 하나다】추이하여 손괘로 되면【3이 1로 감】유柔가 이
에 낮은 곳으로 내려오니【하강하여 손이 됨】이것이 허물이 없는
까닭이다. 닭은 부녀의 형상이니【손은 장녀】부녀가 밖으로 나갔
으니【1이 4로 감】허물이 없다고는 말할 수 없겠지만【여자다운 행
실이 아니다】멀리가지 않고 되돌아오니 또 무슨 허물이 있겠는가
【허물을 잘 보완한 것이다】"[44]

다산은 먼저 소축괘의 초구를 효변을 적용하여 이해한다. 이때 다산
의 효변은 내지덕이나 『역설』의 효변설과 같이 그 획이 있는 소성괘小
成卦의 효가 변하여 새로운 괘를 얻는 방식이 아니라 효의 변화에 의해
새로운 대성괘大成卦를 얻는 방식이다. 즉 내지덕의 경우 소축괘의 첫
번째 획이 변하면 하괘下卦의 소성괘 건乾이 소성괘 손巽으로 변하는
것이지만, 다산의 효변은 소축괘의 첫 번째 획이 변할 경우 대성괘인
소축괘가 대성괘인 손괘巽卦로 변함을 뜻한다. 따라서 위의 인용문에서
다산은 먼저 소축괘의 초구를 '소축괘가 손괘로 변한 것'으로 해석하고

丁若鏞, 『易學緖言』卷三, 「來氏易註駁」참조.
44 丁若鏞, 『周易四箋』卷2, "此小畜之巽也. 卦自姤來【一之四】移之小畜 則巽鷄出外【震
在上】初之旣變 巽鷄又來【下今巽】往而復也. … 中孚之時, 兌以乘剛【兌一陰】, 移之爲
巽【三之一】, 柔乃卑降【降爲巽】是無咎也. 鷄者婦象也【巽長女】婦而出外【一之四】非曰無
過【非女行】不遠而復 又何咎言【善補過】"

있는 것이다. 또한 다산은 소축괘는 벽괘인 구괘에서 추이하여 온 괘로 파악하고 구괘에서 소축괘로 추이하는 과정에서 구괘의 아래에 있던 손괘가 소축괘에서는 상괘에 있음을 들어 구괘姤卦에서는 안에 있던 닭이 소축괘에서는 밖에 있는 상황이라는 해석을 이끌어 낸다. 손괘가 닭이라는 것은 「설괘」에 이미 약정되어 있는 것이다.

소축괘는 벽괘인 구괘에서 추이하여 온 괘라는 점에서 안에 있던 닭이 밖으로 나갔다는 상을 이끌어 낼 수 있다는 설명에 근거하여, 소축괘의 초구를 해석하면서 초구는 소축괘의 첫 번째 획이 음으로 변하여 손괘가 된 것이므로 소축괘에는 밖에 있던 닭이 이제 손괘가 되어 다시 안으로 들어온 모습이라고 다산은 설명한다. 구괘姤卦 → 소축괘小畜卦 → 손괘巽卦로 변화되는 과정에서 닭을 상징하는 손괘巽卦가 안에서 밖으로 다시 밖에서 안으로 돌아오는 모습에서 초구 효사의 '갔던 길에서 돌아옴[복자도復自道]'의 상이 나왔다고 설명하는 것이다. 다산은 초구 효사의 상을 철저히 「설괘」의 물상을 통해 설명하였던 것이다.

구이九二의 효사 '견복牽復, 길吉'의 해석에 있어서도 역시 『역설』의 해석은 다산의 해석과 비교된다. 먼저 『역설』의 해석을 살펴보자.

> "구이九二 효爻는 사효四爻와 서로 짝이 되는 지위가 아니다. 그러므로 사효의 음에 이끌리나 가서 돌아오는 도가 된다. 내가 이미 강중의 덕이 있으나 음효에 끌리어 합한 것은 스스로의 도를 잃어서도 아니고 짝이 되어 강하게 이끌리는 것도 아니다. 그러므로 끌어당긴다고 한 것이다."[45]

여기서도 「설괘」의 상을 통해 효사의 상을 해석하는 것이 아니라

---

45 『易說』 37쪽, "此爻與四, 非相配之位, 故牽連於四爻之陰, 而爲往復之道. 我旣有剛中之德, 而牽合陰爻, 亦非自失其道也. 非其配而强引之, 故曰牽也."

구이九二 효가 놓여있는 위치와 다른 효와의 관계를 통해 효사를 해석하고 있음을 볼 수 있다. 구이九二는 강중剛中의 덕을 지니고 있으므로 일시적으로는 음인 사효四爻에 이끌리지만 사효四爻가 자신의 짝이 아니므로 끝내는 되돌아 올 것이라고 '견복'을 해석하고 있는 것이다. 효의 지위를 통해 효사를 해석하는 의리 역학의 방법이 적용되고 있음을 확인할 수 있다.

반면 다산은 소축괘의 구이九二 효사에 대해서도 시종일관 괘효사의 상을 「설괘」에 근거하여 해석하고자 한다. 정약용은 소축괘의 구이九二 효사를 다음과 같이 보았다.

> "이것은 소축괘가 가인괘家人卦로 변한 것이다. 소축괘는 구괘姤卦로부터 왔으니【1이 4로 감】 추이하여 소축괘로 되면 곧 손의 소가 밖으로 나가니【하괘下卦의 손巽이 지금은 상괘上卦에 있다】 내가 그 소를 잃어버린 것이다. 두번째 획이 변하여 이괘離卦가 되면 이괘離卦도 또한 소이니【하괘下卦가 이제는 이괘離卦이다】 소가 밖으로 나갔다가 되돌아온 것이다. 손巽은 고삐가 되고【상괘上卦의 손巽이 새끼줄이다】, 감은 잡아끄는 것이니【지금 호체互體에 감괘坎卦의 상이 있다】 끌어당겨 되돌아오게 하는 것이다. 어떻게 돌아올 수 있는 것인가? 감괘坎卦가 있기 때문이다.【감坎은 돌아옴의 상이다】[46]"

여기서는 손괘의 물상이 닭이 아닌 소로 해석되고 있다. 초구의 해석과 마찬가지로 소축괘와 구괘의 관계는 밖에 나갔던 소가 안으로 들어오는 것으로 해석되고 있다. 그리고 소축괘 구이는 두 번째 획이 변

---

46 丁若鏞, 『周易四箋』 卷2, "此小畜之家人也. 卦自姤來【一之四】移之小畜 則巽牛出外【下巽今上巽】我喪其牛也. 二之旣變, 離亦爲牛【下今離】往而復也. 巽以爲綫【上巽繩】坎以曳之【今互坎】牽而復也. 曷其能歸, 有互坎也【坎爲歸】"

하여 가인괘家人卦가 된 것이므로 이제 소축괘의 하괘下卦는 이괘離卦로 변한 것이 된다.[47] 다산은 리괘도 또한 소를 상징하는 괘라고 보고, 소축괘가 가인괘로 변한 것에서 나갔던 소가 다시 안으로 되돌아 온 상으로 읽어낸다. 이어서 '고삐를 끌다'에 대해서도 다산은 이를 상을 통해 설명한다. 즉 가인괘의 상괘인 손괘가 새끼줄을 상징한다는 것에서 고삐의 상을 취하고 호체설을 적용하여 가인괘의 2, 3, 4획이 감괘의 상이라는 것에서 잡아끄는 상을 취하여 소가 끌려 돌아오는 상을 이끌어 낸 것이다.

소축괘의 초구와 구이의 해석을 통해 정약용의 괘효사 해석이 철저히 상을 통해 이루어지고 있음을 볼 수 있었다. 『역설』의 저자는 괘효사를 상을 통해 해석해야 한다는 원칙을 정하고 그러한 취지에 따라 착종설과 효변설, 호체설을 활용하여 괘효사를 해석하였지만 위의 예에서 보듯이 그 실제에 있어서는 상수적 해석 방법만이 아니라 의리적역 해석 방법을 활용하여 해석을 보완하고 있는 것이다. 이에 비하여 다산의 역 해석은 상을 통한 해석에 보다 철저함을 알 수 있다.[48]

『역설』의 저자는 상을 통해 괘효사를 해석하고자 하는 목표를 가지고 내지덕의 역 이론을 수용하여 『주역』 전체에 대해 해석하였다. 그의 목표는 역을 상과 점으로 나누고 상에 대한 해명을 통해 점을 판단하는 방식을 보여주고자 했던 것이었다. 그는 내지덕의 역 이론을 활용하기도 하고 또한 의리 역학적 방법을 활용하기도 하면서 괘효사의 상에 대해 해석하였다. 『역설』은 괘효사에 대한 주석이 대체로 소략하고 하나의 일관된 방법론을 보여주지는 못한다는 점에서 일정한 한계가 지

---

47 家人卦의 下卦는 離이다.
48 그러나 어느 쪽의 해석이 더 역의 본의에 가까운가를 판정하는 것은 무의미하다. 어떤 해석이 올바른가를 판단할 기준이 실제로는 없기 때문이다. 다만 그 해석이 어떻게 이루어지고 있는가를 분석할 수 있을 뿐이다.

적될 수 있으나 다산의 상수역학이 확립되기 이전 내지덕의 상수역 해석 이론을 수용하여 전개했던 조선 역학사의 한 흐름을 보여주는 저술로는 그 의의를 평가할 수 있을 것이다.

4. 결론

송시열의 저술로 알려진 『역설』은 사실은 송시열의 저술은 아니고 우암 사후 상당한 시간이 지난 이후의 작품임을 알 수 있었다. 그러나 이 책이 우암과 전혀 관계없는 것은 아니었고 적어도 우암의 역 해석의 정신을 적어 놓았다는 점에서 일정 정도 관련성을 갖는다고는 볼 수 있다. 『역설』의 저자는 정이의 『역전』보다는 주희의 『주역본의』의 역 해석 방법을 계승하고 있음을 송시열의 말을 통해 천명하고 있다. 그러나 이러한 천명의 취지는 『주역』 괘효사를 상을 통해 해석하고자 하는 의지를 표명으로 볼 수 있다. 그는 그러한 그의 역학의 목표를 내지덕의 역 해석의 관점을 수용하여 이루고자 하였다. 이런 점에서 『역설』은 무엇보다 명대 학자 내지덕의 역 이론을 수용하여 만들어진 점에 가장 큰 특징이 있다. 내지덕의 대표적 역학 이론인 착종설은 물론이고 효변론, 중효설 등을 수용하여 이를 통해 『주역』 괘효사 전체에 대한 주석을 붙이고 있는 것이다. 그러나 『역설』의 저자가 내지덕의 설을 수용하였다고 하여 그 해석을 그대로 따른 것은 아니었다. 내지덕의 역 이론을 수용하되 다시 자신의 관점에 따라 역 이론을 적용하여 그 자신의 독자적인 해석을 제시하고 있다.

『역설』의 저자는 상을 통해 의미를 해석하고 그를 통해 점사를 판단한다는 역 해석의 목표를 가지고 있었다. 그러나 모든 괘효사를 상을 통해 해석한다는 것은 쉬운 일이 아니었다. 따라서 내지덕의 경우와 마찬가지로 『역설』의 저자 또한 상수역 이론 이외에 의리역학의 정응론正應論이나 효위설爻位說 등을 활용하여 역을 해석하고 있다. 이러한 역 해석은 비슷한 시기 정약용의 역 해석과 비교하면, 정약용이 상수 역학적 해석으로 일관하고 있는 것에 비해 『역설』에는 의리적 해석 방법이 보다 더 활용되고 있음을 알 수 있다.

　『역설』은 조선후기 상수역 해석의 여러 흐름 가운데 내지덕의 역 해석을 수용하여 독자적인 상수역 해석을 이룬 사례로서 그 의미가 크다. 내지덕 역학의 수용은 비슷한 시기 다른 학자들에서도 나타났으나 이를 가장 깊이 받아들였던 것은 『역설』로 생각된다. 상수를 통해 의리를 밝힌나는 송시열의 역학적 입장을 따르면서도 내지덕의 역 해석을 참고하여 상수적 방법에 의해 『주역』 경문을 해석하고 있다는 점에서, 『역설』은 조선 상수역 해석의 한 특징을 보여주는 중요한 저술이라 할 것이다.

성이심成以心의 『인역人易』과 스피노자의 감정론感情論*

심의용

이 글의 주제는 스피노자의 『에티카』와 성이심의 『인역』에 나타난 감정론의 의미를 비교하고 분석하는 것이다. 현대 사회에서 감정의 문제는 중요한 사회적 문제가 되고 있다. 20세기 감정에 대한 연구는 주로 문화 이론이 지배했다. 감정은 언어와 마찬가지로 문화적으로 전승되고 학습되는 행위라는 것이다. 그렇다면 우리 사회에서 일어나고 있는 일들에 대한 감정적인 측면을 이해하기 위해서는 우리의 언어에 담긴 감정적 표현들의 역사적이고 사회적인 맥락을 이해해야 한다. 서양과는 다른 언어에 담긴 역사적이고 사회적인 맥락 속에서 우리들의 감정을 이해하기 위하여 스피노자와 유사한 시기인 17-18세기 조선조 시대 성이심成以心(1682~1739)이 쓴 『인역人易』이라는 문헌에 주목하는 이유이다.

1. 현대 사회와 감정

〈스타트렉〉이라는 영화가 있다. 거기에는 감정을 결여한 외계인이 인간보다 더 지적이고 진화된 존재라는 생각이 깔려 있다. 서양에서 감정은 인간에게 어떤 장애와 같은 것이라서 이성에 의해서 억제되어야

---

* 심의용(숭실대). 이 글은 『대동철학』 83(2018. 06.)에 게재되었음을 밝혀둔다.

했다. '감정에 대한 부정적 입장'이다.[1] 감정 자체는 철학적 대상이 되지 않았다. 감정은 이해되지 않았던 것이다.

이제는 다른 환경에 살고 있다. 감정은 중요한 철학적 대상이다. 감정도 노동이 된 시대이다. 일명 감정노동Emotional Labor이다. '감정노동'은 미국 사회학자 앨리 러셀 혹실드Arlie Russell Hochschild가 『감정노동The Managed Heart』에서 처음 언급한 개념이다.[2]

고객과 대면하거나 고객을 접대하거나 고용주가 직원의 감정을 통제하는 경우 모두 감정노동을 일으키기 때문에 감정업무Emotion Work이다. 감정노동은 직장인이 사람을 대하는 일을 수행할 때에 조직에서 바람직하다고 여기는 감정을 자신의 감정과는 무관하게 행하는 노동을 의미한다. 주로 판매, 유통, 음식, 관광, 간호 등 대인서비스노동에서 주로 발생한다.

교육의 영역에서도 IQ가 아니라 EQ를 강조하면서 아이를 키우는데에 중요한 교육 방식으로 감정 교육이 권장되고 있다. 『감정코칭』에서는 아이가 성장하는 데 가장 중요한 것은 부모가 아이와 어떤 감정적교류를 나누는가를 강조하면서 '감점코칭형 부모'를 제시하고 있다.[3] 이러한 사회적 분위기 속에서 감정은 핵심 주제로 논의되고 있다. 감정을 이해하고 감정을 설명하며 또 적절하게 표현하는 방식은 이제 학문적 영역이 되었다.

이런 분위기 속에서 주목받고 있는 철학자는 스피노자spinoza(1632~1677)이다. 현대 사회에서 스피노자를 주목하는 이유는 근대의 이성적

---

1 딜런 에번스 지음·임건태 옮김, 『감정』, 이소출판사, 1990, 2장 참조.
2 앨리 러셀 혹실드, 『감정노동』, 이가람 옮김, 이매진, 2009, 6장 참조.
3 존 가트맨·최성애 지음, 『내 아이를 위한 감정코칭』. 조벽, 한국경제신문, 2011년, 들어가는 말 참조.

주체보다는 욕망과 정념 혹은 감정을 중시하는 철학자이기 때문이다. 이제 감정은 부정적으로 바라보아야할 대상이 아니라 긍정적인 시각으로 검토되고 실천되어야 한다.

20세기 감정에 대한 연구는 주로 문화 이론이 지배했다. 감정은 언어와 마찬가지로 문화적으로 전승되고 학습되는 행위라는 것이다. 현대 언어철학적 통찰에 따르면 언어는 경험을 반영하는 것이 아니라 경험을 구성한다. 이 언어철학적 통찰이 옳다면 감정을 이해하고 경험하는 데에도 언어의 역할은 매우 중요하다.

언어는 시공간적 맥락을 가지고 있다. 언어는 역사성을 가지며 사회성을 가진다. 그렇다면 우리 사회에서 일어나고 있는 일들에 대한 감정적인 측면을 이해하기 위해서는 우리의 언어에 담긴 감정적 표현들의 역사적이고 사회적인 맥락을 이해해야 한다. 우리 언어에 담긴 감정적 표현은 우리만의 동아시아적 역사를 가지고 있다. 이 점에서 서양의 연구와는 다른 우리의 언어를 역사적 맥락 속에서 연구할 필요가 있다.

물론 최근에 감정의 상대성을 주장하는 문화 이론과는 달리 보편적 감정을 주장하는 과학적 입장이 대세를 이루고 있다. 폴 에크먼은 문화적으로 다르거나 학습된 감정과는 다른 모든 인간에게 공통적인 '기본 감정basic emotion'[4]을 과학적으로 주장하고 있다.

그럴 때 감정은 기본 감정, 문화적으로 특수한 감정, 고등한 인지적 감정higher cognitive emotions[5]으로 구분할 수 있다. 기본 감정과 특수한 감정은 정도의 차이일 수 있다. 인지적 감정은 기본 감정보다 덜 본유적이지만, 문화적으로 특수한 감정보다는 더 본유적이다.[6]

---

4 딜런 에번스는 '기본 감정'을 기쁨, 고통, 분노, 공포, 놀람, 혐오로 구분한다. 딜런 에번스, 앞의 책, 24쪽 참조.
5 딜런 에번스는 '고등한 인지적 감정'을 사랑, 죄책감, 수치, 당황함, 자부심, 질투, 시기로 구분한다. 딜런 에번스, 앞의 책, 43쪽 참조.

그렇다면 우리들의 감정은 어떠할까? 우리의 언어는 한글이지만 감정과 관련된 언어는 한자와 관련된 언어가 많다. 기쁨[喜], 분노[怒], 슬픔[哀], 즐거움[樂], 사랑[愛], 증오[惡], 욕망[欲]이 그러하고 겸손謙遜, 수치羞恥, 측은惻隱 등이 그러하다.

서양과는 다른 이런 언어에 담긴 역사적이고 사회적인 맥락 속에서 우리들의 감정을 이해할 수는 없을까? 혹은 이런 문화와 역사에 담긴 언어적 맥락으로서 특수한 감정과는 다른 기본 감정이나 인지적 감정을 구분해낼 수 있을까? 본 논문이 스피노자와 유사한 시기인 17-18세기 조선조 시대 성이심이 쓴 『인역』[7]이라는 문헌에 주목하는 이유이다.

2. 스피노자와 『주역』의 감정론

언제부터인지 우리들의 감정은 서양식 개념과 논리의 틀 안에서 이해되고 논의되고 있다. 이러한 분위기의 중심에는 스피노자가 있다. 『주역』과 함께 스피노자를 주목하는 이유는 두 가지이다. 첫째는 스피노자의 철학사적 위상이다.

스피노자는 기존 철학자와는 달리 신체를 대상으로 철학을 전개했고 정념patio, passion의 문제에 주목했던 철학자이다. 스피노자는 감정

---

6 딜런 에번스, 앞의 책, 41-44쪽 참조.
7 금장태교수의 연구에 따르면 『인역』은 1779년에 목판으로 간행된 초간본과 1835년에 간행된 중간본이 있으며, 초간본에는 권5다음에 부록으로 있는 「人天編」과 「人易跋」사이에 필사로 된 「弄文序」, 「原反并序」, 「人天并序」, 「擬議」, 「弄文跋」이 수록되어 있다고 한다. 그러나 중간본에는 이것이 빠져있고 「盤谷成先生墓誌」와 「重刊事實」이 첨가되어 있다. 금장태, 「성이심의 『인역』과 역의 도학적 확장」, 『퇴계학보』 119, 2006 참조.

과 욕망을 부정적으로 보지 않았다. 감정이 단지 비합리적인 반응이 아니라 그 자체로 대상의 옳고 그름, 참과 거짓의 판단에 관계하는 인지적인 것이자 합리성과 관계하기 때문에 정서에 대한 기존의 사유를 전복시키는 입장이기도 하다.[8]

스피노자도 제3부에서 "나는 인간의 정서와 행동을 이해하기보다 오히려 저주하며 조소하는 사람들에게 대항하고자 하기 때문이다."[9]라고 분명하게 밝히고 있다. 스피노자는 신체 뿐 아니라 감정의 위상을 현대적으로 다시 사유하는 데에 유의미한 역할을 할 것이다.

둘째는 스피노자와 중국철학의 관련성이다. 지금까지 많은 학자들은 중국 철학이 서양에 끼친 영향에 주목했다. 특히 계몽사상가들 가운데 볼테르나 몽테뉴는 중국을 기존 질서에 맞서는 투쟁의 필수적인 도구로 파악했다. 볼테르는 가톨릭 교회를 공격하는 무기로 중국을 이용하였다.[10]

일반적으로 라이프니쯔의 철학에 미친 중국 철학, 특히 송대 신유학과 『주역』에 대해서는 많은 논의가 있어왔지만[11] 상대적으로 스피노자에 관해서는 언급이 없었다. 라이프니쯔는 중국인이 이성을 통한 '자연신학'의 체계를 가지고 있다고 생각했다. 또한 주자 신유학의 주요 개념들에 대해 논의하고 있다. 예를 들면 태극 혹은 리理를 제일원리로 보고 이성 혹은 자연의 기초이자 가장 보편적인 이성이며 실체로 소개

---

8 이지영, 「스피노자: 신체와 합리적 정서의 문제」, 『철학』 116, 한국철학회, 2013, 47-48쪽.

9 스피노자, 『에티카』, 강영계 옮김, 서광사, 1990, 13쪽.

10 계몽사상가들에게 미친 중국의 영향에 대해서는 J.J 클라크, 『동양은 어떻게 서양을 계몽했는가』 3장 중국 숭배: 계몽주의시대, 장세룡 옮김, 우물이 있는 집, 2004, 61-85쪽을 참조.

11 대표적으로 니덤은 서양과학에 중국의 사고방식이 끼친 영향의 기원을 17세기로 규정하고 그 시조를 라이프니츠라고 주장한다. 조셉 니덤, 『중국의 과학과 문명: 사상적 배경』, 김영식, 김제란 옮김, 까지, 1998, 220-243쪽 참조.

하고 있다.[12]

태극은 힘이거나 제일원리이다. 리는 사물들의 이데아와 본질을 포함하는 지혜이다. 우리가 정신이라 부르는 최초의 에테르는 의지이거나 욕구이며, 이것에 의해서 비로소 활동이 시작되고 창조가 실행된다.[13]

분명 라이프니쯔는 『주역』의 괘상을 보았고 선천도先天圖를 이진법과 연결해서 이해할 정도로 중국 신유학에 대한 이해가 깊었다. 그러나 스피노자는 좀 다르다. 물론 많은 학자들이 스피노자에게 중국 철학의 영향이 있었다고 주장한다.

프랑스의 철학자 벨Pierre Bayle(1647~1706)은 1697년에 출판된 저서 『역사와 비판 사전』에서 스피노자를 무신론자라 비판하였다. 스피노자의 철학이 중국의 불교와 중국의 유가 철학과 유사하다고까지 주장한다. 뷔리Jean Levesque de Burigny는 스피노자가 중국철학의 영향을 받았다고 주장했다. 그는 1724년에 헤이그에서 출판한 저서 『이교도 철학의 역사』에서 스피노자가 자신의 이론을 중국철학으로부터 빌려왔을 가능성이 있다고 주장하였다. 또한 매버릭L.A. Maverick은 1939년에 발표한 그의 논문에서 스피노자가 중국철학의 영향을 받았을 가능성이 있다고 주장하였다.[14]

하지만 정작 스피노자는 신유학의 개념들을 언급한 적은 없고 『주역』을 보았는지조차 분명하지 않다. 그럼에도 불구하고 『주역』과 관련해서 주목할 부분은 스피노자가 감정을 분류하고 이해하는 방식 때문이다. 스피노자는 『에티카』 제3부 「정서의 기원과 본성에 대하여」에서

---

12 라이프니츠, 『라이프니츠가 만난 중국』, 이동희 옮김, 이학사, 2003, 제2부 중국인의 자연신학론 부분을 참조.
13 라이프니츠, 위의 책, 78쪽.
14 안종수, 「스피노자와 儒學」, 『철학논총』 44, 새한철학회, 2006, 172-176쪽 참조.

감정 혹은 정서를 48가지로 분류하여 체계적으로 설명하고 있다.

스피노자의 자연주의 철학은 실체와 양태로 요약된다. 자연이라는 실체substantia는 다양한 양태modus로 표현된다. 다시 말해서 자연은 실체이며 양태인데, 실체의 속성들이 양태로 표현된다. 이 세상의 모든 것은 실체의 양태일 뿐이다.

유한한 양태가 곧 만물이라고 볼 수 있다. 이 사물은 자기 자신의 존재를 유지하고자 노력한다. 이 노력, 즉 코나투스conatus가 사물의 본질이다. 인간을 포함한 모든 사물은 '자기 보존의 욕구'를 가지고 있다. 자기 보존의 욕구는 자신의 존재를 유지하려고 하는 욕구를 말한다.

이것은 일차적으로 신체적인 것이며, 따라서 욕망 역시 기본적으로 신체의 욕망이다. 이 유한한 양태가 가진 육체의 노력은 곧 마음의 노력이기도 하다. 그래서 이 코나투스는 정신적 측면에서 볼 때 의지will, voluntas를 의미한다. 욕구appetite 혹은 충동이다. 욕구가 의식된 것이 욕망, 즉 큐피디타스cupiditas이다.

이런 논리는 그대로 감정의 문제에도 적용될 수 있다. 신체가 외부 원인에 의해 자극받은 결과 변용되었을 때 신체의 변용의 관념을 '정서affectus'라고 한다. 이 정서도 하나의 양태에 불과하다. 자극 받는다는 점에서 그것은 수동적이다.

스피노자는 정서를 이렇게 정의한다. "나는 정서를 신체의 활동 능력을 증대시키거나 감소시키고, 촉진하거나 저해하는 신체의 변용인 동시에 그러한 변용의 관념으로 이해한다."[15] 여기서 말하는 정서란 스피노자에게서 가장 중요한 개념인 아펙투스affectus[16]이다.

---

15 스피노자, 『에티카』, 강영계 옮김, 서광사, 1990, 131쪽.
16 아펙투스는 영어로 emotion으로 우리말로는 감정, 정서로 번역된다. 감정과 정서를 적절하다고 생각되는 경우 섞어서 사용한다.

코나투스는 자기 보존을 위한 노력이고 아펙투스는 외부 원인에 의해 자극받아 변용된 것이다. 이 아펙투스는 능동적일 수 있고 수동적일 수 있는데 수동적일 때 노예상태가 된다. 아펙투스는 첫째, 충동 또는 욕망이다. 둘째, 기쁨 또는 쾌락이다. 셋째, 슬픔 또는 고통이기도 하다. 이것이 기본 감정이다.

스피노자는 정신과 육체의 일원론 즉 마음과 신체가 평행한다고 보기 때문에, 충동과 욕망은 인간의 아펙투스 중 가장 기본적인 것이다. 그리고 이것이 정서와 관련되는데 신체 활동 능력을 증대시키거나 감소시킨다. 증대시키는 것이 기쁨이고 감소시키는 것이 슬픔이다.

주목할 점은 다양한 정서를 이 욕망, 기쁨, 슬픔의 변양태로 보았다는 점이다. 그리고 이러한 다양한 정서affectus는 근본적으로 신체의 변용affectio이다.[17] 스피노자는 모든 정서가 이 세 가지와 관련된다고 말한다. 즉 세 가지가 기본 감정이고 나머지는 이 기본 감정의 변양태일 뿐이다.

나는 이 세 가지(기쁨, 슬픔, 욕망) 이외의 다른 어떤 기본적인 정서도 인정하지 않는다. 왜냐하면 나머지 정서는 다음에서 밝혀지겠지만 이 세 가지 정서에서 생기기 때문이다.[18]

---

17 변용과 정서는 구별된다. 들뢰즈는 변용과 정서를 구별하고 있다. "변용은 변용되는 신체의 한 상태에 관련이 있고, 따라서 변용시키는 신체의 현존을 함축하고 있는 반면, 감정은 한 상태에서 다른 상태로의 이행, 그에 상응하는 변용시키는 신체의 변이에 대한 고려에 연관이 있다." 질 들뢰즈, 『스피노자의 철학』, 박기순 옮김, 민음사, 1999, 77쪽.

18 위의 책, 142쪽. 박기순은 이러한 문제를 니체의 '힘에의 의지'와 관련시켜서 논의한다. "스피노자는 모든 존재의 본질을 역량potentia으로 이해한다. 그러나 그는 더 나아가 이 역량을 존재보존의 노력과 욕구로 이해함으로써 그것을 감정들의 발생을 설명해주는 기초 '감정'으로 이해한다. 니체에서와 마찬가지로 기쁨과 슬픔이 역량의 증감인 한에서 역량은 감정들로 현상하는 욕구appetitus라고 할 수 있다." 박기순, 「스피노자와 니체의 관계」, 『시대와 철학』 27권 1호, 2016, 85쪽 참조.

모든 정서는 우리가 부여한 정의가 보여주는 것처럼 욕망, 기쁨 또는 슬픔에 관계된다. 그러나 욕망은 각자의 본성이나 본질 자체이다.[19]

예를 들면 사랑은 "외부 원에 대한 관념을 동반하는 기쁨"이고 증오는 "외부 원인에 대한 관념을 동반하는 슬픔"이다. 희망은 "우리들이 그 결과에 관하여 의심하는 미래나 과거의 사물의 표상상에서 생기는 불확실한 기쁨"이고 공포는 "의심되는 사물의 표상상에서 생기는 불확실한 슬픔"이다. 결국 스피노자가 말하는 48가지 정서는 다음과 같이 분류될 수 있다.

코나투스conatus

기쁨	슬픔	욕망
경탄	경멸	동경
사랑	미움	경쟁심
경향	싫음	감사 혹은 사은
헌신	조롱	자비심
희망	공포	분노
신뢰	절망	복수심
환희	가책	잔악함
	연민	두려움
호의	분노	대담함
과대평가	멸시	불안함, 당황
동정	질투	공손함, 온건함
		명예욕
자기만족	겸손	미식욕
	후회	음주욕
오만	소심함	탐욕
명예	치욕	욕정

19 스피노자, 앞의 책, 정리57, 증명, 185쪽.

스피노자는 합리주의 전통에 있으면서도 욕망을 인간의 본질로 본 드문 학자이다. 이런 점에서 스피노자는 현대철학에서 주목한 몸을 강조한 철학자이다. 스피노자에게 욕망[20]의 변용들은 크게 두 개의 축을 통해 설명된다. 그것은 기쁨과 슬픔이다. "자연학에서 물체들이 운동과 정지의 관계 속에서 그 변이들을 설명하는 것이 듯이, 기쁨과 슬픔은 운동의 변이에 상응하는 역량의 변이를 지시한다."[21]

주목해 볼 것은 코나투스conatus - 욕구appetitus - 욕망cupiditas - 기쁨과 슬픔 - 다양한 정서들로 이어지는 양태의 변화이다. 이런 논리는 감정을 기본 감정, 문화적으로 특수한 감정, 고등한 인지적 감정으로 구분하는 것과 유사한 특성을 갖는다.

『주역』에도 이러한 양태의 변화라는 논리가 있다. 간단하게 말하자면 태극極 - 양의兩儀, 즉 음양陰陽 - 만물萬物로 이어지는 논리이다. 스피노자식으로 말하자면 만물은 태극과 음양의 변양태이다. 마찬가지로 감정 또한 태극과 음양의 변양태라 할 수 있다.

신체 활동을 증가시키는 것이 기쁨이고 감소시키는 것이 슬픔이듯이 태극에서 음과 양이 구별된다. 양이란 발산하는 것이고 펼쳐지는 것이며 음이란 수렴하는 것이고 움츠러드는 것이다. 스피노자식으로 말하자면 신체 활동 능력이 증대하는 것이 양이고 감소하는 것이 음이다.

---

20 박기순은 욕망을 인간의 본질로 정의하지만 근원적인 실체로 보지 않는다. "욕망은 인간을 다른 사물들과 구별시켜주는 고유한 본성이라는 추론이 가능해진다. 요컨대, 욕망은 가치를 지닌 것으로 표상되는 어떤 대상과 관련하여 느끼는 어떤 결핍의 상태도, 미결정된 어떤 생산적 힘도 아니며, 특정한 변용에 의해 특정하게 결정된 것으로서만 사유될 수 있는 것이다. 다시 말하면 그것은, 다양한 변용들의 배후에 놓여 있는, 그리고 그것들을 가능케 하는 어떤 실체적 형상이 아니다." 박기순 「스피노자의 인간 본성Natura Humana 개념」, 『근대철학』 7, 서양근대철학회, 2012, 84쪽.

21 박기순, 앞의 논문, 85쪽.

감정이란 기氣의 운동의 변화이다. 그런 점에서 육체의 운동이다.

실제로 스피노자의 철학과 송대 신유학 사이에는 유사점이 많다고 주장하는 학자가 많다. 첫째는 세계가 하나의 실체로 이루어져 있다고 본 점이다. 역학적 사유에서도 태극이 있고 태극으로부터 만물이 나온다. 둘째는 내재적 초월이라고 말하는 점이다. 실체는 세계 밖에 존재하는 것이 아니고 세계 안에 들어와 있다. 태극이나 리는 초월적인 것이 아니라 내재적이다.

셋째, "신의 본성에는 지성도 의지도 속하지 않는다"는 스피노자의 주장과 리理는 "정의情意도 없고, 계탁計度도 없으며, 조작造作도 없다."는 주희의 명제는 일치한다. 넷째, 자연은 단순한 물질 덩어리가 아니라 살아있는 유기체이며 신성한 존재이다.[22]

송대 신유학자에게 『주역』은 그들의 우주관과 형이상학의 틀을 만드는 중요한 문헌이었다. 특히 정이천과 주희로 이어지는 정주학程朱學, 즉 성리학은 『주역』을 기반으로 그들의 이기론理氣論과 심성론心性論을 전개했다고 해도 과언이 아니다.

『주역』에는 64개의 괘가 있는데 이 64개의 괘의 발생 과정을 태극

---

22 이런 유사점은 안종수의 주장에 근거한다. 안종수는 주희와 스피노자를 범신론으로 규정하고 두 범신론의 특성을 설명한다. 안종수는 스피노자의 능산적 자연과 소산적 자연의 구분은 주희의 철학에서 리와 기의 구분과 유사하다고도 주장한다. 안종수「스피노자와 儒學」,『철학논총』 44, 새한철학회, 2006, 185-187쪽 참조. 한형조는 주자학이 많은 계몽사상가가 그러하고 일반적으로 주장하듯이 무신론적인 측면이 있는 것이 아니라 유신론적인 측면이 있다는 점을 강조하고 있다. 이 유신론적이면서 범신론적이고 理神論적인 측면은 스피노자의 철학과 유사하다고 주장한다. 한형조,「주자 神學 논고 시론」,『한국실학연구』 8, 한국실학연구회, 2004, 참조 『주희와 스피노자』로 학위를 한 최해숙은 더욱더 적극적으로 주희와 스피노자의 합리주의와 내재 철학의 유사성을 주장한다. 주로 내재immanence에 초점을 맞추고 있다. 최해숙「주희와 스피노자의 내재관」,『동양철학연구』 제23집, 동양철학연구회, 2000, 참조.

太極 - 양의兩儀[음양陰陽] - 사상四象 - 8괘 - 64괘의 순서로 설명한다. 이것은 단지 64괘의 발생 순서와 우주 만물의 생성 과정을 설명하는 것이 아니다. 모든 것들이 이런 논리에 적용될 수 있다.

감정의 문제를 이런 방식으로 접근할 때 『주역』의 사고방식과 스피노자의 사고방식에는 유사점이 있다. 그리고 유사한 시기를 살았던 조선조 성이심의 『인역』은 이러한 사고방식을 『주역』에 적용한 문헌이다.

3. 『인역』의 역학적 접근과 감정들

조선후기 유학자 반곡盤谷 성이심成以心은 스피노자만큼이나 은둔 생활을 한 사람이다. 명시적으로 드러난 학맥도 없어 잘 알려지지 않은 인물이다. 그가 살았던 시대는 전란 뒤의 혼란기였다.[23] 혼란기에 써진 『인역』은 독특한 체제로 구성된 역학易學 연구서로 주목할 만하다.[24]

---

23 김학권은 성이심이 『인역』을 저술하게 된 동기를 이렇게 설명한다. "그가 활동했던 시기는 유학을 건국이념으로 삼아 창건된 조선왕조가 임진왜란과 병자호란의 거듭된 전란을 겪은 뒤 각종의 사회적 갈등과 적폐로 국가질서가 문란해지고 백성들의 삶이 더욱 피폐하게 됨으로써 사회적 불안이 가중되고 있었고, 換局정치와 당쟁의 격화로 정치적 혼란이 지속되면서 기존의 정치질서와 인륜도덕이 심각하게 훼손되는 정치·사회적 위기 상황에 직면하고 있던 때였다. 유학자로서 반곡은 당시 사회의 이러한 문제를 해결하고, 누구나 안락하게 살 수 있는 화목한 세상을 만들기 위해 어떻게 해야 할 것인가를 진지하게 고민했던 것으로 보인다." 김학권 「성이심의 『인역』에 나타난 실천철학으로서의 역학」, 『공자학』 29, 2014, 43-44쪽 참조.

24 성이심과 『인역』에 대한 자세한 사항은 심의용 역, 『인역』, 지만지, 2013, 해설을 참조. 성이심과 『인역』에 대한 연구는 거의 전무한 형편이다. 최초의 소개라 할 수 있는 유승국의 「한국역학사상의 특질과 그 문화적 형향」(『주역과 한국역학』, 1996)과 금장태의 「성이심의 『인역』과 역의 도학적 확장」(『퇴계학보』 119, 2006)과 장숙필의 「반곡 성이심의 '人易擬義圖說'과 그 사상적 특징」(『민족문화연구』, 54, 2011)과 김학권의 「성이심의 『인역』에 나타난 실천철학으로서의 역학」(『공자학』 29, 2014)가 있다. 번역본으로는 심의용의 『인역』(지만지출판사, 2013)이 유일하다. 기

『주역』은 일반적으로 점치는 책으로 알려져 있다. 역학은 크게 상수역학象數易學과 의리역학義理易學으로 구분된다. 그러나 성이심의 『인역』은 이러한 역학과는 전혀 다른 구성을 가지고 두 영역을 통합하고 있다. 일반적인 체제와는 달리 64괘를 인간의 마음과 행위에서 드러난 다양한 모습들과 비교하고 견주는 방법으로 재구성한 것이다.

성이심은 이를 '의의설擬議說, 즉 '견주어 보고서 논의하는 글'로 설명하고 있다. 견주어 보아 논의한다는 것은 『주역』의 64괘를 마음의 문제로 견주어 논의한다는 의미이다. 이러한 사유 체계는 역학적 방식으로 감정을 이해하려는 시도라고 볼 수 있다. 이렇듯 성이심의 『인역』 연구는 역학사에서 찾아보기 힘든 독특한 체제를 창조적으로 구성하였다.

그것은 『주역』의 괘들에 대한 주석이나 설명이 아니라 『주역』이라는 텍스트에 기반하면서 역학易學을 인간의 마음을 드러내는 상징으로 독해한 것이다. 또한 성리학적인 세계관을 적극적으로 활용하고 융합시키고 있다. 이런 의미에서 『인역』의 사유 체제는 전통적인 역학에서 혁신적인 사유를 창조했다고 볼 수 있다.[25]

역학사에서 볼 때 성이심의 『인역』만큼 독창적인 체제를 만들어 도전적인 사유를 감행한 문헌은 찾아볼 수 없다. 그것도 조선조 유학자의 독자적인 저작이라는 점에서 더욱더 연구할 만한 가치가 있는 문헌이다.

전통적인 유학적 사유에서 감정은 핵심적 주제였다. 흔히 성리학에서 말하는 성정론性情論이나 심성론心性論은 인간의 감정에 대한 이해라고 말해도 과언이 아니다. 감정[情]이란 외부의 자극에 의해 본성[性]이 발현한 것이다. 이것은 스피노자가 말하는 코나투스가 욕망과 기쁨

존의 연구논문이 대체로 『인역』의 구조적 특성과 『인역』의 성리학 및 도학적 성격을 규명하고 있다.

25 『인역』의 혁신성에 대해서는 금장태, 「성이심의 『인역』과 역의 도학적 확장」, 『퇴계학보』 119, 2006, 135-140쪽 참조.

혹은 슬픔 그리고 다양한 정서로 발현하는 것과 동일하다.

성이심은 이러한 성리학적인 감정 이해를 바탕으로 해서 주역의 64괘를 설명하고 있다. 『인역』의 첫머리에 '의의도설擬議圖說'이라는 도식이 있다. 여기에서 태극-음양-사상-8괘-64괘로 이어지는 파노라마를 볼 수 있다. 이를 다음과 같이 도식화할 수 있다.

명命 太極太極								태극
모습[貌] 陰				마음[心] 陽				양의 兩儀
사려[思] 水		봄[視] 木		들음[聽] 金		말함[言] 火		사상 四象
경敬 지地	미움[惡] 산山	욕멍[欲] 수水	슬픔[哀] 풍風	분노[怒] 뇌雷	두려움[懼] 화火	기쁨[喜] 택澤	사랑[愛] 천天	8괘 八卦
망罔 비否괘	잠潛 둔遯괘	간間 송訟괘	특慝 구姤괘	실實 무망無妄괘	편偏 동인同人괘	엄嚴 이履괘	인仁 건乾괘	다양한 양태 64괘
응凝 췌萃괘	성誠 함咸괘	곤固 곤困괘	청淸 대과大過괘	궤詭 수隨괘	작作 혁革괘	녕佞 태兌괘	겸慊 쾌夬괘	
성省 진晉괘	견狷 여旅괘	혹惑 미제未濟괘	기器 정鼎괘	구苟 서합噬嗑괘	명明 이離괘	벽辟 규睽괘	덕德 대유大有괘	
만慢 예豫괘	양諒 소과小過괘	이易 해解괘	일一 항恒괘	조躁 진震괘	광狂 풍豐괘	폐廢 귀매歸妹괘	입立 대장大壯괘	
주周 관觀괘	달達 점漸괘	탕蕩 환渙괘	정精 손巽괘	감敢 익益괘	약約 가인家人괘	신信 중부中孚괘	사私 소축小畜괘	
서恕 비比괘	간艱 건蹇괘	함陷 감坎괘	정貞 정井괘	역役 돈屯괘	정定 기제旣濟괘	화和 절節괘	존存 수需괘	
뇌餒 박剝괘	지止 간艮괘	우愚 몽蒙괘	난亂 고蠱괘	정正 이頤괘	비斐 비賁괘	인忍 손損괘	언彦 대축大畜괘	
의義 곤坤괘	경輕 겸謙괘	지志 사師괘	문聞 승升괘	양良 복復괘	폐蔽 명이明夷괘	홍弘 임臨괘	성聖 태泰괘	

표에서 드러나듯이 『인역』이라는 책의 구성 체계에 주목할 필요가 있다. 이 책의 구성 자체에 『역』을 바라보는 성이심의 이러한 관점이 고스란히 드러나 있기 때문이다. 흔히 64괘의 발생 과정을 태극太極 - 양의兩儀[음양陰陽] - 사상四象 - 8괘 - 64괘의 순서로 설명한다. 이러한 도식은 단지 우주 만물의 생성 과정에만 적용될 수 있는 것이 아니다. 성이심은 온전히 이를 마음의 현상에 견주어 설명하려고 한다는 점에 그의 독특성이 있다.

예를 들면 소성괘인 8괘에서는 경건함[敬]을 곤坤☷괘에 배치하고, 사랑[愛]를 건乾☰괘에 배치시키면서도, 대성괘인 건乾 괘에는 인仁을 배치하고, 곤坤 괘에는 의義를 배치시켰다. 64괘는 모두 이러한 인간의 감정들을 견주어 논의하고 있다.

결국 64괘로 상징되는 마음의 다양한 변양태들은 태극으로부터 비롯되었다고 볼 수 있다. 또한 8괘로 상징되는 사랑[愛], 기쁨[喜], 두려움[懼], 분노[怒], 슬픔[哀], 욕심[欲], 미움[惡], 경건[敬]은 인간의 기본 감정이라고 말할 수 있다. 이 기본 감정이 64괘에서 드러나는 다양한 감정의 양태들을 설명해주는 데에 기초적 시각을 제공할 수 있을 것이다.

『주역』은 기본적으로 음과 양이라는 관계론적 구조 속에서 논의되고 있다. 『인역』은 이 음과 양이 다양한 감정의 양태로 드러나는 모습을 『주역』의 64괘에 배당하여 논의하고 있다. 그런 점에서 『인역』이란 인간의 마음에 대한 연구서이며 감정에 대한 백과사전이라 할 만하다.

또한 인문학의 영역과 자연과학의 영역을 결합시키려 한다. 이는 마치 스피노자가 정신과 감정의 운동을 신체의 운동과 연결시켜 생각하려했던 것과 유사하다. 『주역』은 의리역義理易과 상수역象數易으로 구별된다. 압축적으로 말하자면, 상수역은 우주 운행의 변화에 대한 논의이고, 의리역은 인간과 역사의 변화에 대한 논의다. 그래서 상수역은

점서와 술수를 포함한 자연 현상에 대한 과학적 관찰과 이론이라 할
수 있고, 의리역은 인간과 사회의 도덕적 가치에 대한 논의라 할 수 있
다.[26] 자연 과학과 인문학의 차이다.

그러나 불행하게도 상수역에 집착하는 사람들은 점서와 술수를 가
지고 미래를 점치려고 했다. 자신의 도덕적 결단에 의해 미래를 개척하
고 책임지려 하지 않고, 자신의 미래의 길흉을 점쳐서 이득을 얻으려는
손쉬운 해결법을 취하려고 한다. 이것이 성이심이 비판하는 점이다.

성이심은 "별자리의 역상曆象은 곧 하늘의 변화, 천역天易이고, 산천
山川과 풍수風水는 곧 땅의 변화, 지역地易"이라고 말하고 나서, '인역'
을 '성명사정性命事情'이라고 정의한다. '성性'이란 인간의 본성으로, 특
히 도덕적 본성을 말하며, '명命'이란 인간의 운명에 해당하지만, 천명
天命이라는 도덕적 명령에 가깝다. 그리고 '사事'란 인간이 처한 모든
상황과 사건을 말한다. '정情'이란 인간의 모든 감정 현상을 말한다. 그
렇다면 인간이 처한 상황과 그 속에서 일어나는 감정적 차원과 도덕적
차원과 천명에 관한 문제를 다루고 있다는 점에서 의리학적으로『역』
을 해석하는 것은 분명하다.

그러나 의리학적으로 해석한다고 해서 상수학적인 차원을 거부하지
는 않다는 점이 중요하다. 성이심은 사람들이『역』을 통하여 미래의 일
들을 점치려 하고, 자신의 이해득실을 따져보려는 상수학적 방향에 대
해서 비판하고 있다. 그러나 상수를 배제하지 않고 있다. 상수와 의리
는 서로 연결되어 있음을 다음과 같이 말하고 있다.

"의리는 상수의 실체實體이고 상수는 의리義理의 모양입니다."[27]

---

26 자세한 논의는 정이천,『주역』, 글항아리, 2015, 해제 참조.
27 成以心,『人易』, 文字膾凡例, 서울대 규장각 판본, "義理者, 象數之實體, 象數者, 義

의리가 '실체'이고 상수는 '모양模樣'이다. 그리고 이 둘은 서로 연결되어 있다. 이 점을 어떻게 이해한 수 있을까? 인문적 관심과 과학적 관심은 어떻게 연결되고 있는가? 이러한 점을 기묘하게 드러내 주고 있는 것이 다음과 같은 성이심의 말이다.

> "피와 기를 주된 것으로 삼는 사람들이 연구하는 것에는 오장육부五臟六腑의 논의와 털과 머리털 그리고 호흡의 법칙이 있는데, 그것은 의학醫學이 되거나 소도小道가 됩니다. 또 성정性情을 주된 것으로 삼는 사람들이 연구하는 것에는 공적空寂과 오묘한 것들에 대한 논의와 보시나 윤회의 학설이 있는데, 그것은 불교나 이단에 빠집니다. 대체로 몸을 다스리기만 해서 어긋나는 것은 도교이고, 마음만을 다스려서 어긋나는 것은 불교입니다. 오직 성인만이 몸과 마음을 교류하고 변화시킬 있으므로, 그 도道가 허령虛靈하면서도 진실眞實하고, 진실하면서도 허령합니다."[28]

이 구절에서 의학 혹은 도교로 대변되는 과학적 인식과 불교로 대변되는 종교적 인식이 있다. 과학적 인식은 몸이라는 구체적인 물질을 대상으로 하여 확실한 원리를 추구한다. 종교적 인식은 마음을 대상으로 하고 있지만, 과학적 인식이 결여된 형이상학적인 성정론일 뿐이다.

성이심은 이러한 구체적인 이론과 추상적인 이론의 이원적 대립이 마음의 문제를 근본적으로 해결해 줄 수 없다는 점을 의식했다. 몸과 마음은 이원적으로 구분될 수 있는 것이 아니라 함께 교류하고 변화하

理之模樣也."

28 成以心,『人易』, 卷1,「文字膾一」, 心身, 서울대 규장각 판본, "主乎血氣者, 其究有五臟六腑之論, 毛髮呼吸之數, 其趁爲醫爲小道. 主乎情性者, 其究有空寂杳宜之論, 舍施輪回之說, 其溺爲佛爲異端. 蓋治身而差者爲老, 治心而差者爲佛. 惟聖人爲能交化身心, 故其道爲虛靈而眞實, 眞實而虛靈."

는 것이다. 이것이 그가 『인역』에서 마음의 문제를 바라보는 기본적인 관점이며, 의리로 대별되는 인문적 혹은 도덕적 영역과 상수로 대별되는 과학적 영역을 함께 논의하려는 의도이다.

성이심은 태극으로부터 나온 음과 양을 모양[貌]과 마음[心]으로 구분한다. 음이 모양이고 마음이 양이다. 형체와 정신에 해당한다. 그것은 "의리는 상수의 실체이고 상수는 의리의 모양이라"고 했던 말과 함께 이해할 수 있다. 의리는 실체이고 마음이고 양이며, 상수는 몸이고 모양이고 음이다. 결국 성이심은 마음에서 일어나는 모든 현상을 몸이라는 구체적인 모양과 구별지어 생각하지 않았다.

스피노자가 정서를 신체의 활동 능력을 증대시키거나 감소시키고, 촉진하거나 저해하는 신체의 변용으로 보는 것과 유사하게 몸과 마음을 구분하여 생각하지 않았다. 스피노자는 합리주의 전통에 있으면서도 신체와 욕망을 인간의 본질로 보았다. 성이심도 단지 혈기의 몸만 다스리는 도교나 마음만을 다스리는 불교 모두를 비판하면서 이 둘의 평행관계를 주장하고 있다. 성이심에게서 감정은 이 두 가지 차원에서 함께 논의되고 있다는 점에서 스피노자와 유사한 사고를 하고 있다.

4. 『인역』에 나타난 감정 분석

플라톤 이후 철학자들은 인간의 감정으로부터 해방되고 평온한 이성의 세계를 강조했다. 스피노자가 그의 『에티카』의 부제를 '기하학적 방식으로 증명된 윤리학'으로 삼은 것을 니체는 이런 맥락에서 비난하고 있다. 스피노자의 수학적 형식의 기만성을 폭로한다. 니체는 스피노자도 이성을 강조하는 서양의 전통을 반복하고 있다고 비난하는 것이다.

니체는『선악의 저편』에서 "이 허약한 은둔자의 가장이야말로 얼마나 상처받기 쉽고 소심한 것인가!"[29]라고 스피노자를 비난한다. 그러나 이러한 비난은 스피노자에게서 가장 두드러지고 독창적인 것이 무엇인지를 보지 못하게 한다.

로저 스크러튼은 스피노자는 신체에 대한 정신의 우위성을 옹호하지 않으며 금욕적인 삶의 방식을 옹호하지도 않았다고 본다. 그것이 스피노자의 독창성이다. 스피노자는 정신과 육체가 동일한 것이라고 믿었다. 신체와 욕망을 긍정했던 것이 스피노자의 독창성이다.[30]

그럼에도 불구하고 스피노자에게 중요한 문제는 감정 혹은 정념의 개선이다. 감정은 완전하게 이해할 수 없는 어떤 힘에 휘둘려 몸에 영향을 받은 수동적 상태이다. 수동적인 상태에서 능동적인 상태로 바꾸는 것이 바로 정념의 개선이다.[31]

수동적 감정은 타당한 관념을 동반하지 못한 감정이고 능동적 감정은 타당한 관념을 동반한 감정이다. 그래서 정념의 개선은 달리 말하면 이해할 수 없는 감정에서부터 명석판명하게 이해하는 감정으로 바꾸는 정신적 활동이다. 스피노자는 이렇게 말한다.

> 정리3. 수동적인 정서는 우리가 그것에 대해 명석판명한 관념을
> 형성하는 순간 더 이상 수동적이지 않다.[32]

그러므로 감정을 명석판명하게 분석하고 이해하는 것이 수동적인 상태에서 벗어나 능동적인 상태로 전환되는 것이다. 그것이 감정의 개

29 로저 스크러튼,『스피노자』, 조현진 옮김, 궁리, 2002, 73쪽에서 재인용.
30 로저 스크러튼, 앞의 책, 72-74쪽 참조.
31 로저 스크러톤『스피노자』, 정창호 옮김, 시공사, 2000, 116-117쪽 참조.
32 스피노자,『에티카』, 강영계 옮김, 서광사, 1990, 292쪽.

선이고 자유의 상태이다. 그래서『에티카』3부「정서의 기원과 본성에 대하여」에는 48가지 감정에 대한 분석이 나오고 있다. 마찬가지로 성이심의『인역』에서「문자회文字膾」[33] 부분은 다양한 감정에 대해서 고전과 이전 학자들의 말을 인용하면서 문답식으로 분석되고 있다.

그 가운데『에티카』와『인역』에 나온 '겸손'이라는 감정을 살펴보기로 하자. 먼저 스피노자의 겸손은 라틴어로 Humilitas이고 영어로 Humility이다. 영어로 굴욕을 뜻하는 humiliation도 라틴어 Humilitas로부터 나온 말임을 보면 스피노자가 겸손을 왜 슬픔으로 정의했는지를 이해할 수도 있다.

스피노자는 겸손을 "인간이 자기의 무능이나 약함을 고찰하는 데서 생기는 슬픔"[34]이라고 정의한다. 겸손과 대립되는 것이 자기만족이다. "자기만족은 우리들의 활동 능력을 고찰하는 데서 생기는 기쁨"이기 때문이다. 스피노자에게서 겸손이 슬픔에 분류되는 이유는 "정신은 자기의 무능력을 표상할 때 그것으로 인하여 슬픔을 느끼"[35]기 때문이다. 그리고 겸손은 "자산의 약함이라는 관념을 동반하기"[36] 때문이다.

반대로 자신을 고찰하는 데서 생기는 기쁨은 자기애 또는 자기만족이다. 스피노자는 소심함Self-abasement, Abjectio을 "슬픔 때문에 자기에 대해 정당한 것 이하로 느끼는 것"[37]이라고 정의한다. 스피노자는 이

---

33 「文字膾」는 '문자를 잘게 회친다.'고 해석될 수 있다. 성이심은 이 「文字膾」에서 經傳과 諸子 그리고 이전의 선현들의 말들을 간략하게 인용하고 있다. 여러 문장들을 단순하게 인용하여 모은 것이 아니다. 마치 각 조각들을 맞추어서 하나의 거대한 그림을 직조해 내듯이, 단순한 말들을 이어 모아서 자신의 말처럼 승화하고 있는 것이다. 글자를 잘게 회를 떠서 64괘에 인간의 性情을 대입하여 분류한 부분이다. 여기에서 인간의 다양한 감정들이 논의되고 있다.

34 스피노자, 앞의 책, 195쪽.

35 스피노자, 위의 책, 제3부 정리55, 180쪽.

36 스피노자, 앞의 책, 181쪽.

37 스피노자, 앞의 책, 197쪽.

부분에서 겸손을 흔히 오만과 대립시킨다. 겸손과 대립되는 것이 자기 만족이고 오만과 대립되는 것이 소심함이다.

그런데 겸손과 소심함은 인간 본성 자체에는 매우 드문 감정이라고 한다. 스피노자에 따르면 자기를 비하하는 생각은 인간의 본성에 드물기 때문이다. 그래서 스피노자는 "가장 소심하고 겸손한 것으로 생각되는 사람들은 보통 가장 강한 명예욕과 질투를 갖는다."[38]고 말하고 있다. 결국 스피노자는 겸손을 명예욕과 질투의 감정과 연결시키고 있다. 스피노자에게 겸손은 결코 좋은 미덕이 아니다.

『주역』에도 겸손과 관련된 괘가 있다. 15번째 괘인 겸謙괘이다. 겸손을 상징한다. 지산겸地山謙이라고 읽는 이유는 땅을 상징하는 곤坤☷ 괘와 산을 상징하는 간艮☶괘가 결합되어 겸謙 괘가 되기 때문이다.

겸괘에서 의미하는 겸손은 스피노자처럼 슬픔이거나 부정적인 뜻은 없다. 흔히 벼는 익을수록 고개를 숙인다고 한다. 그러나 지나친 겸손은 오만이라고도 한다. 겸괘에서 말하는 겸손은 자신의 능력이나 공을 과시하지 않는 태도이지만 자신에 대한 자신과 긍정이 있다. 정이천은 이점을 분명하게 설명하고 있다.

> 군자는 뜻이 겸손함에 있으면서 이치에 통달하기 때문에 천명을 즐기면서 다투지 않고, 안이 충만하기 때문에 물러나 사양하면서 자랑하지 않는다. …… 소인에 있어서는 욕심이 있으면 반드시 다투고 덕이 있으면 반드시 자랑하여, 비록 힘써 겸손하고자 하여도 또한 편안히 행하며 굳게 지킬 수 없다.[39]

---

38 스피노자, 앞의 책, 198쪽.
39 程伊川, 『周易程氏傳』, 中華書局, 2011, 謙卦, 卦辭, "君子志存乎謙巽, 達理, 故樂天而不競, 內充, 故退讓而不矜. …… 在小人, 則有欲必競, 有德必伐, 雖使勉慕於謙, 亦不能安行而固守, 不能有終也."

486 〈3〉 한국역학의 새로운 지평

정이천은 '이치에 대한 통달[達理]'와 '내적 충만감[內充]'을 겸손으로 본다. 우주와 인간의 삶에 대한 깨달음에서 겸손이 나온다는 말이다. 여기에는 "자기의 무능이나 약함을 고찰하는 데서 생기는 슬픔"과 같은 감정은 없다. 열등의식에서 나오는 겸손은 비굴함이나 자기혐오이기 쉽다.

그러나 성이심은 『인역』에서 이 겸괘에 '겸손謙遜'을 대입시키고 '경輕'으로 설명하고 있다. 사손이란 사양함이고 말이 공손한 태도이다. 근데 왜 자신을 가볍게 여긴다는 '경輕'에 대비했을까? 그 근거는 『주역』「잡괘전」에 "겸謙괘는 자기를 가벼이 여기는 것이고 예豫괘는 태만한 것이다."[40]라는 말에 있다. 여기서 경輕이란 자신을 가볍게 보는 것이니 자기 경시이다.

성이심은 독특하게 겸손을 자기 경시와 연결시키고 있다. 예괘는 태만[怠]과 연결되는데 오만과 유사하다. 성이심은 여기에 진씨陳氏의 말을 인용한다. "경시는 원래 낮고 작은 뜻이다. 사람이 스스로를 낮추는 것은 반드시 사양하니 사양으로 겸괘에 비교했다."[41]

그러나 성이심이 말하는 자기를 가볍게 보고 자기를 낮추는 일은 자신의 무능을 확인한 소심함이나 자기 비하가 아니다. 자기를 낮추는 일과 상대를 존중하는 일은 연관되어 있다. 성이심은 이런 맥락에서 『예기』「표기表記」에 나온 "자기를 낮추어 타인을 존중하고 마음을 신중하게 하여 의로움을 경외한다."[42]는 말을 인용하고 있는 것이다.

자기를 낮추고 상대를 높이는 것이 겸손의 덕목이다. 이러한 태도는

---

40 『周易』「雜卦傳」, "謙輕而豫怠也."
41 成以心, 『人易』, 卷3,「文字膾三」, 辭孫, 서울대 규장각에 소장된 판본, "輕, 自是卑小之義, 凡人自卑者, 必辭遜, 玆以辭遜擬於謙."
42 『禮記』「表記」, "卑己而尊人, 小心而畏義."

남을 높이기 위한 굴종도 아부도 아니다. 정이천이 '이치에 대한 통달'와 '내적 충만감'과 관련되기 때문이다. 왜냐하면 겸손은 우주와 인간에 대한 경외감이기 때문이다. 성이심이 『논어』에 나온 다음과 같은 구절을 인용한 이유는 거기에 있다.

> "능하면서도 능하지 못한 이에게 묻고 학식이 많으면서 적은 이에게 물으며 있어도 없듯이 하고 가득하면서도 빈 것처럼 한고 자신에게 잘못을 범해도 따지지 않는다."[43]

이러한 태도는 우주와 인간의 삶에 대한 깨달음을 추구하는 것이기도 하다. 『주역』의 겸괘에서 성이심은 스스로를 낮추는 태도를 해석해 내고 있다. 여기서 겸괘에 담긴 인간의 미묘한 감정을 해석하려고 하는 성이심의 의도를 읽어낼 수 있다. 그러나 성이심이 말하는 자기 경시는 스피노자가 말하듯이 자신의 무능력을 고찰하는 데에서 생기는 슬픔은 아니다. 오히려 자신을 낮추어 상대를 존중하려는 의도를 가진 겸손이다. 이렇게 『에티카』와 『인역』에 분류된 감정 분석을 비교하여 읽다 보면 유사한 점도 있지만 차이점도 분명하게 드러난다.

5. 나오는 말

스피노자는 수동성patio과 능동성actio을 구분한다. 흔히 정념으로 번역되는 감정은 수동성이다. 이 수동적인 상태를 스피노자는 노예 상

---

43 成以心, 『人易』, 卷3, 「文字膾三」, 辭孫, 서울대 규장각에 소장된 판본, "以能問於不能, 以多問於寡, 有若無, 實若虛, 犯而不校."

태라고 불렀다. 때문에 수동성으로부터 벗어나는 능동적인 상태가 자유이다. 인간은 바람에 일렁이는 바다의 파도처럼 수동적인 상태에 빠져 자신에게 일어나는 일을 알지 못한다.

> "이로써 나는 세 가지 원시적 정서, 말하자면 욕망과 기쁨과 슬픔의 합성에서 생기는 중요한 정서와 마음의 동요를 설명했으며 이것을 그 제1원인으로 지적했다고 믿는다. 이로부터 다음이 명백하다. 우리는 외부의 원인에 의하여 여러 가지 방식으로 흔들리며 부딪치는 바람에 일렁이는 바다의 파도와 마찬가지로 우리의 사건과 운명을 알지 못하고 동요한다."[44]

스피노자는 인간에게 자유란 한낱 꿈에 불과하고 믿는 듯하다. "정신의 자유로운 결단에 의해 이야기하거나 침묵하거나 어떤 행위를 한다고 믿는 사람은 눈을 뜨고 꿈꾸는 것이다."[45] 스피노자는 돌멩이 예를 든다. 돌멩이가 운동하는 동안 운동하려는 노력을 인식하고 나머지는 알지 못하면서 스스로 자유롭다고 믿고 자신의 희망 때문에 계속 운동하고 있다고 생각한다면 이것이 자유일까? 마찬가지로 인간의 자유란 욕망은 의식하면서도 그 욕망의 원인을 알지 못하는 상태에서 성립한다는 말이다.[46]

그래서 가능성과 우연성의 관념이 많다는 것은 자유롭지 못한 상태이다. 때문에 인과성에 대해 많이 알면 알수록 가능성과 우연성의 관념이 줄어들기 때문에 자유로울 수 있다. 인간은 필연성에 매몰되어 있기

---

44 스피노자, 앞의 책, 3부 「정서의 기원과 본성에 대하여」, 강영계 옮김, 서광사, 1990, 187쪽.
45 스피노자, 앞의 책, 3부 정리2 주석, 138쪽.
46 로저 스크러턴, 앞의 책, 122-123쪽.

때문에 자유롭지 못한 것이 아니라 환상적인 자유 관념이 오히려 우리를 자유롭지 못하게 한다.

때문에 스피노자에게서 "자유는 필연성으로부터의 자유가 아니라 필연성에 대한 의식인 것이다."[47] 수동적인 감정은 명석판명한 관념을 형성하는 순간 더 이상 수동적이지 않다. 스피노자에게 감정의 개선은 명석판명한 관념을 형성하는 것과 관련된다.

스피노자에 따르면 자연의 질서에 따르고 복종하면서 자기원인을 가지고 능동적이고 긍정적으로 사는 것이 곧 자유이며 행복이다. 왜냐하면 기쁨과 쾌락, 슬픔과 고통의 궁극적인 원인은 신의 본성에서 발현된 필연적인 것이기 때문이다.

성이심에게도 이러한 문제의식이 있었다. 성이심은 상수에 집착하여 자신의 이해득실을 계산하고 미래를 점쳐서 행복을 추구하려는 사람을 비판하면서 다음과 같은 구별을 하고 있다.

> "아! 누구인들 길함을 추구하려 하고 흉함을 피하려고 하지 않겠습니까? 길함을 추구하지 못하고 흉함을 피하지 못하는 것은 단지 이로움과 해로움의 길흉만을 알고, 선함과 악함의 길흉을 알지 못하기 때문입니다. 이로움과 해로움의 길흉은 밖에 있는 것이라고 한 것이고, 선함과 악함의 길흉은 자신에게 있는 것이라고 한 것입니다."[48]

성이심은 이해득실의 관계로 길흉吉凶을 보는 것과 선악의 관계로

---

47 로저 스크러턴, 앞의 책, 123쪽.
48 成以心, 『人易』, 卷3, 「文字膾三」, 辭孫, 서울대 규장각에 소장된 판본, "吁! 孰不欲 吉之趨凶之避哉? 莫有能吉之趨凶之避者, 只知利害之吉凶, 而不知善惡之吉凶故也. 利害之吉凶, 所謂在外者, 善惡之吉凶, 所謂在我者."

길흉을 보는 것을 구분하고, 맹자가 말한 '밖에 있는 것'과 '자신에게 있는 것'을 구별하고 있다.[49] 길흉이란 곧 행복과 불행을 뜻한다. 여기서 말하는 '자신에게 있는 것'은 인의예지仁義禮智로서 본성에 고유하게 있는 것이다. 이것은 스피노자가 말하는 본성의 필연성과 함께 생각해 볼 수 있다.

성이심은 점을 쳐서 미래를 알려고 하는 것을 어리석은 일이고, 자신의 마음속에서 선악을 분별하고 선을 수행하고 실천하는 것이 '역학의 올바른 종지宗旨'라고 하고 있다. 성이심도 이해득실의 길흉은 자신의 역량 밖에 있는 것이므로 수동적으로 이루어질 수밖에 없고 선악의 길흉은 자신에게 있으므로 자신에게 있는 본성에 따라 사는 것을 행복이라고 보았다.

그러나 이는 본성을 강조하고 감정을 부정하는 태도가 아니다. 성이심은 명나라의 나정암羅整庵이 도심道心을 본성[性]이라 하고 인심人心을 감정[情]이라는 주장을 부정한다. 이런 논리는 본성이 도심으로 선하고 감정이 인심으로 악하다는 논리가 될 수 있기 때문이다.

> "도심을 본성이라고 여기면 이는 기질지성의 선한 측면만을 부
> 각하고 불선한 측면을 은폐하해 다시 식별하지 못하는 것이고 만약
> 인심을 감정으로만 여긴다면 일곱 가지 정의 불선한 측면만을 부각
> 하고 기질지성의 선한 측면을 은폐해 다시 분별하지 못합니다."[50]

---

49 『孟子』, 「盡心上」, "구하면 얻고 버리면 잃으니, 이 구함은 얻음에 유익함이 있으니, 자신에게 있는 것을 구하기 때문이다. 구함에 道가 있고, 얻음에 命이 있으니, 이 구함은 얻음에 유익함이 없으니, 밖에 있는 것을 구하기 때문이다[求則得之, 舍則失之, 是求, 有益於得也, 求在我者也. 求之有道, 得之有命, 是求, 無益於得也, 求在外者也.]"

50 成以心, 『人易』, 卷3, 「文字膾三」, 辭孫, 서울대 규장각에 소장된 판본, "若以道心爲性, 則是擧氣質之性之善一邊, 以掩其不善一邊, 而不復識也, 若以人心爲情, 則是擧七

성이심은 본성으로 감정을 억제하는 것을 주장하지 않았다. 이런 태도는 앞에서 본 「의의도설擬議圖說」의 구조에 잘 드러나고 있다. 이 「의의도설」은 『주역』에서 음양을 상징하는 건乾괘와 곤坤괘에 인仁과 의義를 비교하여 건괘에 인을 비교하여 시작으로 삼고, 곤괘에 의에 비교하여 마지막으로 삼았다. 이는 인을 근본으로 해서 현실 속에서 의를 실천해야함을 보여주고 있는 것이다.

또한 「문자회」에서는 곤괘의 의를 시작으로 삼고 이履괘의 '엄嚴'을 마지막으로 끝마치고 있다. 리괘는 예禮를 상징한다. 이는 예의 실천을 통해 역의 의리義理를 실천해야함을 강조하고 있는 것이다. 「반곡성선생묘지盤谷成先生墓誌」에는 다음과 같은 구절이 있다.

"인을 대성괘 건괘로 삼았고 의를 대성괘 곤괘로 삼았고 곤괘의 의를 머리로 삼고 리괘의 엄을 끝으로 삼았으니 이는 경하여 안을 곧게 하고 의로 밖을 바르게 하는 도이다."[51]

성이심은 예는 조화를 이루면서도 엄격하고 엄격하면서도 조화를 이루는 것이라고 한다. 이는 바로 예를 통해서 인간의 감정을 조절하는 점을 말하려고 했던 것이다. 예는 천리天理가 조절되는 형식이다.

스피노자나 성이심은 모두 감정을 부정적인 것으로 보지도 않았고 악한 것으로 보지도 않았다. 단지 명석판명하게 이해되어야 하고 본성에 따라서 조절되어야 한다고 보았다. 이러한 시각은 감정이 문제가 되는 이 시대에 중요한 시각을 던져준다고 생각한다.

또한 성이심이 분류하고 분석하는 감정에 대한 부분은 단지 서양식

情之情之不善一邊, 以掩其善一邊, 而不復別也."

51 成以心, 『人易』 「盤谷成先生墓誌」, 서울대 규장각 판본, "仁爲重乾, 義爲重坤, 首之以坤之義, 終之以履之嚴, 是乃敬以直內義以方外之道也."

으로 분류하는 감정에 대한 이해를 넘어서 우리의 언어와 문화 속에 담긴 감정을 분석하는 중요한 전적으로 의미를 가진다고 볼 수 있을 것이다.

『계몽전의』의 철학적 특징 : 리理중심의 역학사상*

서근식

이황의 역학은『계몽전의』에서는 상수역학으로『주역석의』에서는 의리역학으로 나타난다. 그렇다면 이황은 상수역학자인가? 아니면 의리역학자인가? 이황의 여러 편지글들이나 다른 저술들을 참고해 볼 때, 리理를 중심에 두고 있다는 점을 상기해 볼 필요가 있다. 이황의 입장을 하나의 관점으로 요약해 보면 리理를 중심으로 하여 상수역학과 의리역학을 통합했다고 할 수 있다.

1. 이끄는 말

퇴계退溪 이황李滉(1501-1570)[1]은 16세기 조선에 조선성리학을 확립시킨 인물로 매우 존중받고 있는 인물이다. 고려 말 원나라로부터 수입된 성리학은 이황과 율곡栗谷 이이李珥(1536-1584)를 거치면서 조선에 안착할 수 있었으며, 이 두 사람 이후로 지속적으로 발전해 나갔다. 이황은 리理를 매우 존중하였으며 고봉高峯 기대승奇大升(1527~1572)과 벌였던 사단칠정논쟁四端七情論爭에서도 리理의 능동성을 강조하였다.

---

* 서근식(성균관대). 이 글은 「이황의『계몽전의』에 나타난 철학적 특징」이라는 제목으로『정신문화연구』150, 2018.에 게재되었음을 밝혀둔다.

1 본관은 眞寶이고 字는 景浩이다. 號는 退溪·退陶·陶叟이고 시호는 文純이다.

이러한 부분에 대해 좀 더 자세한 내용은 본문에서 서술하도록 하겠다.

이황의 저술들은 현재 『증보增補 퇴계전서退溪全書』(전5책)로 남아 있다. 우리가 살펴볼 『계몽전의啓蒙傳疑』는 『증보 퇴계전서』 3책에 담겨 있고 참고자료로 사용될 『주역석의周易釋義』는 5책에 담겨져 있다.[2] 이외에도 이황의 『주역』에 대한 해설은 「건괘상구강의乾卦上九講義」[3]와 몇몇 편지글들에 담겨져 있다.

본 논문에서 살펴볼 『계몽전의』는 그동안 많은 연구가 있었다. 그 가운데 주요한 연구 성과들을 살펴보면 이황의 역학易學이 상수역학과 관련된다는 논문이 있었고,[4] 의리역학과 관계된다는 논문도 있었고,[5] 상수와 의리를 통합하려는 것이라는 논문도 있었고,[6] 기존까지의 연구를 정리하려는 논문도 있었다.[7] 또, 이황의 역학을 『주역석의』와 연관 속에서 연구한 논문도 있었고,[8] 퇴계학파의 역학에 대한 연구도 있었

---

2 본 논문에서는 사용될 『增補 退溪全書』(全5冊)은 成均館大學校 大東文化研究院에서 1992년에 影印한 것이며, 그 가운데 『啓蒙傳疑』는 3책에 담겨져 있고 『周易釋義』 는 5책에 담겨져 있다. 이 외에도 『韓國經學資料集成』 88(易經 2)에 『周易釋義』와 『啓蒙傳疑』가 함께 들어가 있다. 또, 『啓蒙傳疑』는 阿部吉雄 編으로 退溪學研究院 에서 1975년 影印한 『(日本刻版) 李退溪全集』 下에 들어가 있다. 『啓蒙傳疑』와 『周 易釋義』는 影印된 판본이지만 面數를 기록할 수 있는 부분이 많지 않아 『增補 退溪 全書』에서 임의로 붙인 面數에 따르겠다.

3 「乾卦上九講義」는 『退溪全書』 卷7 「經筵講義」에 「西銘考證講義」와 함께 들어있다.

4 엄연석, 「李滉의 『啓蒙傳疑』와 象數易學」 『韓國思想과 文化』 11, 修德文化社, 2001. 03, 임병학, 「退溪의 河圖洛書論과 그 性理學的 의의」 『退溪學과 儒教文化』 46, 慶 北大學校退溪研究所, 2010.02.

5 정병석, 「周易에 대한 退溪의 義理的 觀點」 『退溪學報』 115, 退溪學研究院, 2004.06.

6 엄연석, 「퇴계의 역학사상에서 象數와 義理의 가역적 전환문제」 『退溪學과 儒教文 化』 49, 慶北大學校退溪研究所, 2011.08, 서근식, 「退溪 李滉의 『啓蒙傳疑』에 대한 體系的 研究」 『溫知論叢』 31, 溫知學會, 2012.04, 엄연석, 「퇴계 역학 문헌의 상수· 의리학적 특성과 미래적 연구방향」 『退溪學論集』 17, 嶺南退溪學研究所, 2015.12.

7 엄연석, 「퇴계 역학사상의 체계와 새로운 연구방향」 『退溪學論集』 第3號, 嶺南退溪 學研究所, 2008.12, 엄연석, 「퇴계 역학 문헌의 상수·의리학적 특성과 미래적 연구 방향」 『退溪學論集』 第17號, 嶺南退溪學研究所, 2015.12.

고,[9] 이황의 역학을 중심으로 한 학위논문도 있었다.[10] 본 논문에서는 이러한 이황의 역학易學에 관한 다양한 논의들을 바탕으로 하여 논의를 전개해 나가도록 하겠다.

『계몽전의』를 이해하기 위해서는 먼저 회암晦庵 주희朱熹(1130~1200)의 『역학계몽易學啓蒙』에 대해 알아야 한다. 왜냐하면 『계몽전의』가 『역학계몽』을 해설한 글이지만 서술방식에 있어서 서로 다르기 때문이다. 이 부분은 2장 저술의도에서 밝히도록 하겠다. 또, 『주역석의』의 의리역학적 부분도 어느 정도 설명할 예정인데 이 부분은 5장 부분에서 다루도록 하겠다. 이제 『계몽전의』의 저술의도부터 살펴보자.

2. 『계몽전의』의 저술의도

이황은 그의 나이 57세가 되던 1557년(명종 12년)에 『계몽전의』를 완성한다. 책의 제목에서도 알 수 있듯이 이 책은 주희의 『역학계몽』을 해설한 글이다. 그렇지만 내용상 보면 주희의 『역학계몽』과 이황의 『계

---

8 엄연석, 「퇴계의 역학사상에서 象數와 義理의 가역적 전환문제」, 『退溪學과 儒敎文化』 第49號, 慶北大學校退溪硏究所, 2011.08, 황병기, 「퇴계 이황의 주역학(周易學)과 『주역석의(周易釋義)』」, 『國學硏究』 第25輯, 한국국학진흥원, 2014.12, 엄연석, 「퇴계 역학 문헌의 상수·의리학적 특성과 미래적 연구방향」, 『退溪學論集』 17, 嶺南退溪學硏究所, 2015.12.

9 엄연석, 「退溪學派의 義理易學的 목표와 象數易學」, 『奎章閣』 26, 서울대학교 규장각 한국학연구원, 2003.12, 이선경, 「퇴계학파의 『역학계몽』 이해」, 『陽明學』 28, 한국양명학회, 2011.04.

10 김익수, 「주자와 퇴계의 역학사상연구」, 건국대학교 박사학위논문, 1987, 최정준, 「退溪의 『啓蒙傳疑』에 관한 硏究 : 『周易質疑』와 관련하여」, 成均館大學校 석사학위논문, 1997, 김영남, 「주자와 이퇴계의 『주역』 해석에 보이는 상수의 의미」, 嶺南大學校 석사학위논문, 2013.

몽전의』는 서술방식에 있어서 다르다는 것을 알 수 있다. 먼저 『계몽전의』「서문」에 실려 있는 글을 통해 저술의도를 살펴보자.[11]

> (내가) 일찍이 완락자苑洛子의 『계몽의견啓蒙意見』을 보니 『역학계몽』에 도움이 된다고 하겠고, 또한 근세에 얻기 어려운 책이라고 하겠다. 다만 그 그림이 너무 세쇄細碎하여 별로 발명한 것이 없고, 또 해설이 너무 깊고 이론異論 세우기를 좋아하였다. 지금 그 주된 의의를 약간의 조목을 골라 밝혔을 뿐이고 그 나머지는 그가 한 바를 따를 수가 없었다.[12]

이 말에 따르면 이황이 『계몽전의』를 저술한 직접적인 이유는 완락자苑洛子 한방기韓邦奇(1479~1556)의 『계몽의견』의 그림이 너무 쇄쇄하여 주된 의의 약간 만을 따르고 나머지는 따를 수 없었기 때문이었다. 주희의 『역학계몽』에 대해서는 한방기 이전에도 면재勉齋 황간黃榦(1152~1221), 옥재玉齋 호방평胡方平(?-?) 등 많은 주석들이 있었다. 그러나 이러한 주석들 가운데 이황이 한방기가 저술한 『계몽의견』을 보니 그가 해설한 부분이 너무 쇄쇄했기 때문에 이황은 이에 만족할 수 없어서 『계몽전의』를 저술하게 된 것이다. 이러한 점은 이황이 『계몽전의』 곳곳에서 인용하고 있으며 『계몽의견』의 견해와 다른 부분에 대해서도 언급하고 있으므로 쉽게 알 수 있는 부분이다.

그렇다면 주희가 어떤 목적으로 『역학계몽』을 저술하게 되었는가를 살펴보자. 주희는 어떤 목적으로 『역학계몽』을 저술하게 되었는가? 주

---

11 자세한 『啓蒙傳疑』의 저술의도에 대해서는 서근식, 「退溪 李滉의 『啓蒙傳疑』에 대한 體系的 研究」, 『溫知論叢』 31, 溫知學會, 2012.04의 Ⅱ장 『啓蒙傳疑』의 體系와 著述意圖를 참고할 것.
12 『啓蒙傳疑』「序」 209쪽上左. "抑嘗觀苑洛子意見書 可謂有功於啓蒙 亦近世難得之書也. 但爲圖太碎而無甚發明 爲說太深而好異議. 今擇其要義若干條著之 餘不敢效其所爲."

희는 『역학계몽』「서문」에서 먼저 『주역』을 해석하는 것에는 상수역학과 의리역학의 방법이 있다고 밝히고 다음과 같은 말로 끝맺고 있다.[13]

> 이로 인하여 뜻을 같이 하는 사람들과 더불어 이전부터 들어온 것들을 모아 4편의 책[14]으로 펴내 학문을 처음 하는 사람들에게 보여줌으로써 그들로 하여금 두 학파[상수학파와 의리학파]의 학설에서 의혹됨이 없고자 한다.[15]

주희가 이렇게 언급한 이유는 그동안 보사輔嗣 왕필王弼(226~249)과 이천伊川 정이程頤(1033~1107)로 대표되던 의리역학에 잘못이 있음을 깨닫고 상수역학과 의리역학을 동시에 주장함으로써 상수역학도 이해해야지만 『주역』을 올바로 이해할 수 있었기 때문이다. 이황은 주희의 이러한 뜻을 이어받아 『계몽전의』를 저술하였다. 그렇지만 주희의 『역학계몽』과 이황의 『계몽전의』는 서술체계가 다르고 정이의 의리역학적 책인 『정씨역전程氏易傳』[16]을 지양했던 부분에 대해서 『주역석의』에서 정이의 견해를 따랐으므로 주희의 견해를 지켰다고 할 수 없다. 또, 주희는 『역학계몽』에서 한나라의 상수역학 이론들 가운데 괘변설卦變說은 받아들이고 그 외의 호체설互體說, 비복설飛伏說 등의 학설은 받아들이지 않았다.[17] 그러나 이황은 『계몽전의』에서 이러한 학설들을 모두

---

13 서근식, 「朱子 『易學啓蒙』의 體系的 理解」 『東洋古典研究』 第43輯, 東洋古典學會, 2011.06, 239-240쪽 참조.

14 『易學啓蒙』에 실린 「本圖書」, 「原卦畫」, 「明蓍策」, 「考變占」의 4편을 말한다. 이 부분은 『啓蒙傳疑』에서도 마찬가지 차례로 이루어졌다.

15 『易學啓蒙』(『朱子全書』1, 上海古籍出版社, 2002.) 「序」 978쪽. "因與同志頗輯舊聞 爲書四篇以示初學 使毋疑於其說云."

16 본래 이름은 『易傳』이지만 『周易』의 『易傳』과 구분하기 위하여 앞으로는 『程氏易傳』이라고 부르기로 한다.

17 여기서 互體說은 『朱子語類』(『朱子全書』16, 上海古籍出版社, 2002)에서 "朱子發用互

받아들이고 있다. 그리고 주희는 상수와 의리를 통합시키기 위해『주역본의周易本義』에서『주역』을『역경易經』부분과『역전易傳』부분으로 나누어『역경』은 점치는 책(상수적)으로 해석하였고『역전』은 의리적으로 해석하고 있다. 그러나 이황은 주희가『역학계몽』「서문」에서 강조했던 상수와 의리의 통합부분을 겉으로 보면 지키지 않고 있다. 이 부분을 어떻게 보아야 하는지는 뒷부분에서 좀 더 자세하게 논하도록 하겠다.

우리가 이황의『계몽전의』를 이해하기 위해서는『역학계몽』을 먼저 이해해야 한다. 그리고 주희가『역학계몽』에서 강절康節 소옹邵雍(1011~1077)의 견해를 받아들이고 새롭게 해석한 부분은 이황도 그대로 받아들이고 있다는 점을 알아야 한다. 그 대표적인 부분이「하도河圖」를 10의 수로 보고「낙서洛書」를 9의 수로 본 점이다. 당시에는 목지牧之 유목劉牧(1011~1064)이『역수구은도易數鉤隱圖』에서「하도」는 9의 수로 보고「낙서」는 10의 수로 보았고 이렇게 보는 것이 지배적인 분위기였다. 그러던 것이 주희가『역학계몽』에서 소옹의「하도」는 10의 수이고「낙서」는 9의 수라고 말했다고 소개하자 이것이『역수구은도』의 견해를 물리치고 오늘날까지도 정설定說처럼 되었다.[18] 이황의『계몽전의』에서도 이러한 부분을 그대로 수용하고 있다. 따라서 이황은

體”(卷67「易三」〈卦體卦變〉 2238쪽)라고 하였고 또 같은 곳에서 “易中互體之說 共父以為 雜物撰德辨是與非則非其中爻不備 此是說互體. 先生曰 今人言互體者 皆以此為說. 但亦有取不得處也, 如頤卦大過之類是也.”라고 한 것을 보면 朱熹도 인정한 것으로 보인다. 그러나『易學啓蒙』에서는 互體의 방법을 사용한 것은 보이지 않는다.

18 『易學啓蒙』을 보면 邵雍이「河圖」의 수가 10이고「洛書」의 수가 9라고 한다는 표현은 나오지 않는다. 다만 朱熹가「河圖」는 10,「洛書」는 9라고 하는 說을 邵雍이 말했다고 한 것이다. 그리고 邵雍의 다른 저작인『皇極經世書』와『伊川擊壤集』에서도「河圖」10,「洛書」9라고 하는 부분을 찾아보기 힘들다. 따라서 이 부분은 朱熹가 邵雍을 빌어 말한 것으로 보인다.

『역학계몽』의 기본적인 부분에 대해서는 주희의 견해를 따르고 있고 서술방식에 있어서 차이점을 보인다. 즉, 주희는 한대 상수역학 가운데 괘변설만을 수용했고 이황은 전반적으로 수용하고 있다는 점에서 차이점이 있다.

3. 『계몽전의』의 납갑법은 어떻게 보아야 하는가?

이황은 『계몽전의』를 주석하면서 한대 상수역학의 이론인 납갑법[19]을 상당 부분 수용하고 있다. 이 부분은 주희가 『역학계몽』에서는 사용하지 않는 해석이었음에도 불구하고 이황은 납갑법을 매우 자주 사용하고 있다. 또, 『계몽전의』 4편의 글 이외에 「필답논납갑筆談論納甲」이라는 부분을 보충해서 넣기까지 하였다. 주희가 납갑법을 수용하지 않은 것은 무슨 이유 때문인가? 주희는 소옹의 「하도」와 「낙서」의 설을 긍정하고 그것으로부터 이론의 끌어 들이고 있지 납갑법과 같은 한대 상수역학은 지양하려고 하였기 때문이다. 그렇기 때문에 우리는 주희가 『역학계몽』과 『주역본의』에서 전개한 이론을 도서상수역학圖書象數易學이라고 부르는 것이다. 그러나 이황은 반드시 주희의 이론을 따라갈 필요가 없었고, 한대 상수역학의 이론이라도 그것이 『역학계몽』의

---

19 納甲은 八宮卦에 十干을 배분하고 각 爻에 또 十二支를 배분하는 것을 말한다. 甲은 十干의 첫째이므로 納甲이라고 일컫는다. 十二地를 배분한 것은 納支라고 일컫는다. 天·地와 乾·坤의 형상을 나누어 甲·乙·壬·癸를 덧붙인다. 震·巽의 형상에 庚·辛을 덧붙이고, 坎·離의 형상에 戊·己를 덧붙이고, 艮·兌의 형상에 丙·丁을 덧붙인다. 八卦는 陰陽으로 나뉘고, 각 卦 6爻의 자리는 五行으로 배분되니, 밝은 빛이 두루 통하고 변화무쌍한 『周易』에 節氣가 서게 된다. 이 설은 乾·坤卦의 卦象을 內卦와 外卦로 나누어 乾卦의 內卦에 甲을 納入하고 外卦에 壬을 納入한다. 坤卦의 內卦에 乙을 納入하고 外卦에 癸를 納入한다.

견해를 설명해 낼 수만 있으면 괜찮다고 생각하였다. 주희가 『역학계
몽』에서 도서상수역학을 주장한 것에는 2가지 이유가 있다고 생각된
다. 첫 번째 이유는 주희가 소옹을 이정자二程子처럼 존중한 것은 아니
지만[20] 소옹의 가일배법加一倍法을 받아들여 『주역』의 획괘畫卦원리를
설명하고 있고, 소옹의 「하도」와 「낙서」의 이론을 수용하고 있기 때문
이다. 두 번째 이유는 왕필의 득의망상론得意忘象論으로 일소一掃 되었
던 한대 상수역학의 이론을 모두 받아들이기에는 부담이 되었을 것이
다. 그러나 이황은 『계몽전의』에서 『주역참동계周易參同契』[21]와 다른 한
대 서적들도 거리낌 없이 인용하고 있다. 주희도 『주역참동계』를 주석
한 『주역참동계고이周易參同契考異』가 있기는 하다. 그리고 『주역참동
계』가 납갑설과 관련된다는 것은 이미 주희가 『주역참동계고이』 「서
문」에서 다음과 같이 밝히고 있다.

> 주자가 이르기를 『주역참동계』는 본래 『주역』을 밝히려는 것이
> 아니라 잠시 납갑법을 빌려 진퇴의 징후를 행하는 것에 비유한 것
> 이다. 다른 때에 매번 배우고자 해도 그 전한 바를 얻지 못해 손댈
> 곳이 없어 감히 가볍게 논할 수 없었다. 그러나 납갑법을 말한 것
> 은 경방京房(B.C.77~B.C.37)의 점법占法을 전한 것이요 『화주림火
> 珠林』[22]에서 보인 것은 남겨진 설이다.[23]

---

20 이 부분은 呂祖謙(1137~1181)과 공동으로 편찬한 『近思錄』에서 周敦頤(1017~1073),
   張載(1020~1077), 程顥(1032~1085), 程頤의 글은 상당히 많이 인용하지만 邵雍의 글
   은 몇 구절만 인용하고 있다는 점을 통해서도 알 수 있다.
21 『周易參同契』는 後漢의 魏伯陽(?~?)이 우주의 원칙에 순응하여 丹을 연마하고 延命
   長壽의 목적을 달성하기 위하여 『周易』의 원리로 풀이한 책이다.
22 『火珠林』은 唐末宋初의 道士 麻衣道者(?~?)가 지은 占術에 관한 기본적 이론서이다.
23 『周易參同契考異』(『朱子全書』13, 上海古籍出版社, 2002.) 「序」 〈附錄〉 530쪽. "朱子
   曰 參同契本不爲明易 姑借此納甲之法以寓其行持進退之候. 異時每欲學之 而不得其傳
   無下手處 不敢輕議. 然其所言納甲之法 則今所傳京房占法 見於火株林者 是其遺說"

주희는 인용문에서 납갑법을 언급하고 있는데, 이것은 『주역참동계』에만 해당되는 것이지 이것을 『역학계몽』이나 『주역본의』에까지 인용하여 해석하지 않았다. 즉, 주희는 『역학계몽』이나 『주역본의』에서 한대 상수역학의 이론 가운데 괘변설만을 받아들이고 나머지는 부분들은 받아들이지 않았다. 그러나 이황은 그렇지 않았다. 그러면 이황이 이렇게 주희와 다른 해설을 한 이유는 무엇일까? 이황은 이미 1559년부터 1566년까지 벌였던 사단칠정논쟁을 통해 주자학에서 리理는 정의情意·계탁計度·조작造作이 없다는 것에 대해 리理의 능동성을 언급하고 있었다. 이러한 생각은 1559년에 기대승의 견해에 반대하기 위해서 생긴 것이 아니다. 이미 오래 전에 리理의 능동성에 대해서 생각하고 있었을 것이다.[24] 이와 같이 성리학에서 주희와는 다른 길을 걸었던 이황이 굳이 『계몽전의』라는 책에서만 주희의 입장을 따를 필요는 없었을 것이다. 그렇다고 해서 이황이 주희의 견해를 완전히 무시한 것은 아니다. 이황은 주희의 도덕형이상학적 측면을 강조하는 입장에서 주희의 견해를 보다 심화·강화하고 있다. 이러한 점에서 『계몽전의』를 겉으로만 볼 것이 아니라 그 속에 담겨있는 의미를 깊이 있게 음미하여 보아야 한다.

「필담논납갑」에서 이황은 기본적인 납갑의 방법부터 소개하고 있다. 「필담논납갑」 첫 부분에서 이황은 다음과 같이 말한다.

> 『주역』에 있는 납갑법이 어느 때에 생긴 것인지는 알 수 없지만 나는 일찍이 그것을 연구하여, 천지가 배태되고 육성된 이치를 미루어 알 수 있었다. 건乾의 갑甲과 임壬을 들이고 곤坤이 을乙과 계

---

24 서근식, 「退溪 李滉의 『啓蒙傳疑』에 대한 體系的 研究」 『溫知論叢』 31, 溫知學會, 2012.04. 208-209쪽.

癸를 들인 것은 위와 아래에서 이를 싸고 있는 것이며, 진진震·손손巽·감감坎·리리離·간간艮·태태兌가 경경庚·신신辛·무무戊·기기己·병병丙·정정丁을 들이는 것은 자子의 괘괘卦가 건건乾·곤곤坤 가운데서 생긴 것이니, 물건의 배태된 것의 껍질[胎甲]에 들어 있는 것과 같은 것이다. 왼쪽의 3개의 강효剛爻는 건乾의 기운이고 오른쪽의 3개의 유효柔爻는 곤坤의 기운이다.[25]

위에 인용된 부분은 납갑법에서 가장 기본이 되는 방법이다. 이황은 『계몽전의』에서 납갑법을 자주 사용하기는 하지만 쉬운 이론이 아닌 줄 알았기 때문에 "나는 일찍이 그것을 연구하였다."라고 한 것이다. 이황은 인용문 다음에 이어서 건괘乾卦와 곤괘坤卦가 서로 어울려 장남長男·중남中男·소남少男과 장녀長女·중녀中女·소녀少女가 각각 십이지지十二地支에 배치되는 것을 설명하고 있다. 또, 이어지는 〈역수서간지납갑도易髓書幹支納甲圖〉에서는 다음과 같이 말한다.

8괘의 10지(지지는 간干으로 써야 한다. - 원주) 받아들이어 60갑자를 64괘에 배치한 것인데, 지금은 괘괘卦 가운데 48갑자만 있고 12갑자는 위치가 빠져 있으니 그 조화됨이 합치되지 않는다. 대개 성인聖人이 그 사실을 완전히 드러내지 않고, 밝은 것으로 하여금 암암리에 들어맞게 하려는 것이다. 내가 이르기를 건乾·곤坤 2괘가 또 임계壬癸의 12지를 받아 들였으니, 건괘乾卦의 초효初爻는 갑자甲子와 임자壬子와 같이 행하며 곤괘坤卦의 초효初爻는 을미乙未와 계미癸未와 같이 행해야만 비로소 완전히 갖추어진다.[26]

---

25 『啓蒙傳疑』「筆談論納甲」, 246쪽下左. "易有納甲之法 未知起於何時. 子嘗考之 可以推見天地胎育之理. 乾納甲壬坤納乙癸者上下包之也. 震巽坎離艮兌納庚辛戊己丙丁者 六子生於乾坤之包中 如物之處胎甲者. 左三剛爻 乾之氣也 右三柔爻 坤之氣也."

26 『啓蒙傳疑』「筆談論納甲」〈易髓書幹支納甲圖〉247쪽下右. "八卦納十支.(支恐當作干) 用六十甲子布於六十四卦. 今卦中只有四十八甲子 而欠十二位 不合其造化. 蓋聖

앞의 인용문은 『주역』의 64괘와 60갑자가 맞아 떨어지지 않는다는 점을 들어 성인이 그것을 해결하는 방법에 대해 알려 주고 있다. 그러나 솔직히 납갑법은 굉장히 복잡한 이론이고 64괘와 60갑자가 잘 맞아 떨어지지 않는다는 측면도 있다. 따라서 왜 이러한 복잡한 방법이 생겨났는지에 대해서 의문이 들기도 한다. 주희도 이와 같이 복잡한 부분 때문에 한대의 이론인 납갑법을 받아들이지 않았을 것이다.

그렇다면 왜 이황은 『계몽전의』에서 한대 상수역학의 이론에 해당되는 납갑법을 받아 들였으며 「필담논납갑」 같은 글까지 쓰게 된 것일까? 위에서도 언급했듯이 이황은 사단칠정논쟁에서 주자학에서 주장하는 정의·계탁·조작이 없는 리理에 대해 리理의 능동성을 주장하였다. 『계몽전의』에서도 마찬가지이다. 이황은 주희의 견해만을 따라가다 보면 『역학계몽』 이상의 주장을 할 수 없었을 것이다. 따라서 『계몽전의』에서는 한대 상수역학의 이론을 적극적으로 가져와서 『역학계몽』을 해설한 것이다. 이는 『주역석의』가 의문가는 부분에 대해 석의釋義했던 것과 같은 것이다. 즉, 주희가 『역학계몽』에서 받아들인 한대 상수역학의 이론과 이황이 『계몽전의』에서 받아들인 한대 상수역학의 이론이 서로 다르게 된 것이다. 따라서 『계몽전의』에 납갑법이나 월령月令과 같은 한대 상수역학의 이론이 사용되었다고 하더라도 이는 이황이 『역학계몽』을 보다 자세하게 해설하기 위해서 한 것이지 결코 주희의 견해에 반대해서가 아니다.

人隱下 不欲全其事 使明者暗合故也. 謂乾坤二卦 又納壬癸十二支 如乾卦初爻 甲子與壬子同行 坤卦初爻 乙未與癸未同行 方得全備也."

4. 『계몽전의』에 나타난 상수론

『계몽전의』를 보면 여러 곳에서 상상象象과 수數에 대해서 설명하고 있다. 이황은 상수론을 고찰하면서도 한대 상수역학의 여러 이론들을 가지고 고찰하고 있다. 이러한 부분은 「명시책明著策 제삼第三」에서 한방기와 호방평의 견해에 자신의 의견을 더하여 시초著草를 세는 방법에 대해 자세하게 고찰하고 있는 부분에서 자세하다. 이 부분은 시초를 세는 방법이므로 생략하고 처음부터 살펴보도록 하겠다. 「본도서本圖書 제일第一」에서는 「하도」와 「낙서」에 대해 언급하고 있는데, 그 가운데 한방기의 설이 비판한 것이 많이 있다. 이황은 다음과 같이 말한다.

> 내가 고찰하건대 한씨韓氏(한방기를 가리킨다. - 필자 주.)의 『계몽의견』은 주자와 다른 점이 많다. 이 그림에서 괘를 나눈 것도 다만 곤坤·간艮·감坎·손巽의 4괘는 주자와 같고 다른 4괘는 그와 반대이다. 이것뿐만 아니라 그가 "55의 수가 이미 15의 가운데에 갖추어 있으니, 이것이 이른바 태극이다."라고 한 말은 만일 이것을 태극의 형상이라고 한다면 오히려 괜찮다고 할 수 있으나, 이것을 바로 태극이라고 한다면 주자가 "50의 시초를 가지고 태극이라고 할 수는 없다."라고 말한 뜻과 맞지 않는다. 하물며 중앙의 5와 10을 비워서 태극을 상징한 것은 그림에서 법칙을 본받아서 『주역』을 받는 신묘한 곳인데, 이제 5와 10까지 합쳐서 양의兩儀가 나누어진 것이라고 한다면 복희伏羲가 만든 『역易』의 근본을 잃는 것이니, 2에서 4가 나뉘고, 4에서 8이 나뉘어졌다는 많은 그릇됨을 어찌 이상하게 여길 것인가! 또, 그림 가운데 성수成數를 안에 두고 생수生數를 밖으로 둔 것도 이해할 수가 없다.[27]

---

[27] 『啓蒙傳疑』「本圖書第一」219쪽下左-220쪽上右. "滉按 韓氏意見多與朱子異同. 此圖分卦 惟坤艮坎巽四卦 同朱子 餘四卦 率與之相反. 非但此也 其曰 五十有五之數 已具

앞의 인용문에서 이황은 한방기의 『계몽의견』에 나온 내용을 상당 부분 비판하고 있음을 알 수 있다. 여기서는 주희의 『역학계몽』의 견해와 맞지 않은 곳에 대해 한방기의 의견을 비판하고 있다. 「하도」는 가운데 부분인 5와 그것을 둘러싸고 10이 있다. 그런데 한방기는 이 부분이 바로 태극이 된다고 하고 있다. 그러나 이황은 주희가 50개의 시초가 바로 태극이 될 수는 없다는 것을 예로 들며 한방기의 견해가 잘못되었음을 말하고 있다. 「하도」에서 가운데의 5는 굉장히 중요한 부분이고 이를 둘러싸고 있는 10도 중요한 부분이다. 그렇다고 해서 이 5와 10이 바로 태극이 되는 것은 아니다. 이 5와 10은 태극이라는 것을 상징할 수는 있지만 그것이 곧바로 태극이라고 말할 수는 없기 때문이다. 또, 이황은 성수를 안에 두고 생수를 밖에 둔 한방기의 견해에 대해서도 이해할 수 없다고 하고 있다. 1, 2, 3, 4, 5로 구성된 생수는 당연히 안에 구성되어 있어야 하고, 이것이 6, 7, 8, 9, 10이라는 성수로서 완성되어 밖에 있는 것이다. 이 부분은 「하도」의 자리 배치를 보면 알 수 있는 부분이다. 이황은 한방기가 이와 같이 말이 안 되는 주장을 한 것은 호방평의 『역학계몽통석易學啓蒙通釋』을 비판하기 위해서 한 것인데 오히려 주희의 견해와 맞지 않는 견해가 되었으므로 자세하게 살펴보아야 한다고 하고 있다.

이황은 「원괘획原卦畫 제이第二」〈소주분사괘부동지도邵朱分四卦不同之圖〉에서 소옹이 설명한 사상四象에서 팔괘八卦로 분화되어 나가는 그림과 주희가 설명한 사상에서 팔괘로 분화되어 나가는 그림이 서로 다른데 이 부분을 주희가 소옹의 견해를 잘못 이해한 것이 아니라는 관점

於十五之中 是所謂太極者 若以是爲太極之象 則猶之可也 直謂之太極 則非朱子不可以五十著爲太極之意矣. 又況虛其中五與十 以象太極 最是則圖作易之妙處 今乃并五與十數 以爲兩儀之分 則已失羲易之本意 奚恠乎二分四 四分八之多舛哉. 又圖中內成數而外生數 亦不可曉."

에서 다음과 같이 설명하고 있다.

> 소자邵子의 설은 '양이 음과 사귀면 양의陽儀의 위에 있는 홀수
> 와 짝수를 낳고, 음이 양과 사귀면 도리어 음의陰儀의 위에 있는
> 홀수와 짝수를 낳는다.'는 것이다. 주자의 설은 바로 '양이 음과 사
> 귀어 음상陰上의 홀수와 짝수를 낳고, 음과 양이 사귀어 양상陽上
> 의 홀수와 짝수를 낳는다.'라는 것이다.[28]

소옹의 학설은 양과 음이 사귀면 양으로 된 것 위에서 양이 하나
나오고 음이 하나 나오며, 음이 양과 사귀면 음으로 된 것 위에서 양이
하나 나오고 음이 하나 나오게 된다. 이러한 소옹의 해설에 대해 주희
는 양이 음과 사귀면 음으로 된 것 위에서 양이 하나 나오고 음이 하나
나오며, 음과 양이 사귀면 양으로 된 것 위에서 양이 하나 나오고 음이
하나 나오게 된다고 하였다. 이렇게 서로 다른 것 같지만 귀결점은 서
로 같다는 것을 그림을 통해 보여주고 있다. 이것은 소옹과 주희의 차
이점을 보여주는 것이지만 귀결점을 같다고 함으로써 결국에는 같은
견해를 다르게 설명하는 방식임을 보여주고 있다. 따라서 주희가 소옹
의 견해를 잘못 이해하고 있는 것이 아니라고 하고 있다. 「원괘획 제이」
의 비복飛伏[29]을 알아내는 비결과 윤달 구하는 법이 나오는데 이미 다
른 논문[30]에서 다루었으므로 여기서는 생략한다.

---

28 『啓蒙傳疑』「原卦畫第二」, 222쪽下右-222쪽下左. "邵設謂 陽交陰 而還生陽儀上之奇
偶 陰交陽 而還生陰儀上之奇偶.　朱說直謂 陽交陰而生陰上之奇偶 陰交陽而生陽上之
奇偶."

29 飛伏說은 본래 京房의 『京氏易傳』에 나오는 말로, 黃宗羲(1610~1695)는 『易學象數
論』「占課」에서 "世爻가 있는 곳에 드러난 것이 飛이고, 드러나지 않은 것이 伏이
다.(世爻所在 見者爲飛 不見者爲伏.)"라고 飛伏說을 정의하고 있다.

30 서근식, 「退溪 李滉의 『啓蒙傳疑』에 대한 體系的 硏究」『溫知論叢』31, 溫知學會,
2012.04. 209-212쪽 참조.

「고변점考變占 제사第四」에서는 주희가 『역학계몽』에서 변효變爻에 관해 잘못 다루고 있는 부분을 지적하여 올바로 해석해 주기를 바라고 있다. 이황은 『계몽전의』에서 "『역학계몽』을 읽을 적마다 '4효와 5효가 변할 때에는 변하지 않는 효로써 점단占斷한다.'[31]는 설에 대하여 그것이 9를 쓰고 6을 쓰는데 맞지 않는다고 의심했는데, 원락자의 『계몽의견』을 보고 그가 말한 것이 내가 전에 의심했던 것과 서로 비슷하기 때문에 여기에 인용하였다."[32]라고 하면서 『역학계몽』의 변효에 대해서 이해가 되지 않는 부분에 대해 고찰하고 있다. 이 부분도 이미 다른 논문[33]에서 다루고 있으므로 생략한다. 다음은 『역학계몽』에는 실려 있지 않는 척전법擲錢法에 대해서 언급하고 있다. 이황은 다음과 같이 말하였다.

> 돈 세 잎을 소반에 던지는데, 만약 처음 던져서 ─이 되면 이것을 단單이라고 하고, 두 번째 던져서 □이 되면 이것을 중重이라고 하고, 세 번째 던져서 ─이 되면 이것은 단單이라 하는데, 이는 내괘內卦의 상象이니 건乾이 리離로 변하여 간 것을 얻게 된다. 네 번째 던져서 --이 되면 이것은 척拆이라 하고, 다섯 번째 던져서 ╳가 되면 이것은 교交라 하고, 여섯 번째 던져서 --이 되면 이것은 척拆이라고 하는데, 이는 외괘外卦의 상象으로 곤坤이 감坎으로 변하여 간 것을 얻게 된다. 합하여 말하면 지천태地天泰가 화수기제水火旣濟로 변한 것이 된다. 이는 1괘가 64괘로 변화하여 벌어져서 4,096

31 『易學啓蒙』(『朱子全書』1, 上海古籍出版社, 2002.) 「考變占第四」 258쪽. "四爻變 則以之卦二不變爻占 仍以下爻爲主. … 五爻變 則以之卦不變爻占."
32 『啓蒙傳疑』「考變占第四」 244쪽上右. "滉每讀啓蒙 至四爻五爻變 以不變爻占之說 竊疑其與用九用六之義不相應 及見苑洛子意見書 其所論論辯 頗與滉前所疑者相類 故引之于此"
33 서근식, 「退溪 李滉의 『啓蒙傳疑』에 대한 體系的 研究」 『溫知論叢』 第31輯, 溫知學會, 2012.04. 212-214쪽 참조.

괘가 됨을 말하는 것이다. 『역학계몽』의 「고변점考變占」에서 여섯 효가 변하는 예例라고 되어있는 부분 아래에 주자가 이어서 말하기를 "이래서 1괘가 64괘로 변화할 수 있는데, 4,096괘가 그 가운데 있다."[34]라고 하였다.[35]

여기에서 이황이 마지막 부분에 주희의 말이라고 하면서 "1괘가 64괘로 변화할 수 있다."라고 하였는데 주희는 이 부분을 〈괘변도〉를 그려서 1괘가 64괘로도 변화할 수 있음을 보여주고 있다. 주희는 한대 상수역학 이론 가운데 유일하게 괘변설만을 인정하고 있으므로 여기서 〈괘변도〉를 그려 설명한 것이다. 그러나 이러한 것을 이황은 척전법의 방법론으로 설명하고 있다. 그리고 인용문 다음에 "이상은 『복서원구卜筮元龜』[36]의 괘가 변하는 법에도 또한 그렇게 되었기 때문에 이를 고증한 것이다."[37]라고 되어 있다. 이러한 것을 보면 이황은 주희가 「서의筮儀」에서 언급했던 점법占法에 대해서는 무시하고 있는 것 같이 보인다. 그러나 이 부분에 대한 이황의 견해는 괘의 변화에 대해 주희의 방법론이나 척전법과 같은 방법론도 사용될 수 있음을 보인 것이다. 즉, 주희와는 다르게 이황은 「서의」와 같은 고급적인 방법이 아니라 척전법과 같은 일반적인 방법에 따른 것이다. 따라서 주희가 『역학계몽』에서 유

---

34 『易學啓蒙』(『朱子全書』1, 上海古籍出版社, 2002.)「考變占第四」259쪽. "於是一卦可變六十四卦 而四千九十六卦在其中矣."

35 『啓蒙傳疑』「考變占第四」245쪽上左-245쪽下右. "以三錢擲于盤 假令初擲爲一 是謂單 第二擲爲囗 是謂重 第三擲爲一 是謂單 此爲內象 得乾之離. 第四擲爲-- 是謂拆 第五擲爲✕ 是謂交 第六擲爲-- 是謂拆 此爲外象 得坤之坎. 合而言之 爲地天泰之水火旣濟. 此謂一卦變六十四卦 支成四千九十六卦也. 啓蒙考變占篇六爻變例下 朱子係之曰 於是一卦可變六十四卦 而四千九十六卦在其中云."

36 『卜筮元龜』는 元나라 蕭吉文(?~?)이 1307년에 완성한 책으로 기본적인 占法을 알수 있는 책이다.

37 『啓蒙傳疑』「考變占第四」245쪽下右. "右元龜變卦法亦然 故證之."

일하게 언급하고 있는 한대 상수역학의 이론인 〈괘변도〉를 이황이 『계몽전의』에서 무시하거나 일부러 소홀하게 다룬 것이 아니라 척전법과 같이 다른 방법으로도 이용될 수 있음을 보인 것이다.

5. 이황은 상수역학자인가, 의리역학자인가?

이황의 『계몽전의』를 보면 상수역학적인 측면이 강하게 드러난다. 이러한 점은 주희의 『역학계몽』에서도 마찬가지이다. 그러나 위의 인용문에서도 살펴보았듯이 주희는 『역학계몽』을 펴냄으로써 상수역학과 의리역학의 학설에 의혹됨이 없고자 하였음을 알 수 있다. 이러한 부분은 이황의 『계몽전의』에서도 마찬가지이다. 정병석은 "음양의 대대라는 말이 의미하는 것은 음양은 비록 상대되지만 서로 이루어 주고 포함하는 성질을 가지고 있다는 말이다. 이런 작용을 통하여 나타나는 상수는 모두 자연적인 상수들이다. 이 자연적인 상수 속에 바로 의리가 숨어 있는 것이다."[38]라고 하여 『계몽전의』의 상수 속에 의리가 숨어 있다고 하고 있다. 그렇지만 이황이 『계몽전의』를 통해 전적으로 주희의 견해만을 따른 것은 아니다. 『역학계몽』에서는 괘변설 이외에 한대 상수역학의 이론을 받아들이지 않는 반면 『계몽전의』에서는 다양한 한대 상수역학의 이론을 받아들이기 때문이다.

이황이 주희의 견해를 따르지 않는 것은 이것뿐만이 아니다. 주희가 『역학계몽』(1186년)을 완성한 다음에 『주역본의』(1190년)를 완성한 것과 같이 이황도 『계몽전의』(1557년)를 완성한 다음에 『주역석의』를

---

38 정병석, 「周易에 대한 退溪의 義理的 觀點」 『退溪學報』 115, 退溪學研究院, 2004.06. 111쪽.

완성하게 된다.[39] 그러나 『주역석의』에 나타난 관점은 정이의 의리역학적 관점이다.[40] 여기서 『주역석의』의 내용을 보면 정이의 해석을 따른 것임을 알 수 있다. 먼저 『주역석의』에서는 「단전彖傳」과 「상전象傳」 등을 괘卦밑에 적고 있는데, 이는 정이가 그렇게 하였다. 반면 주희의 『주역본의』에서는 「단전」과 「상전」 등 『역전』에 해당하는 부분들은 『역경』에서 분리하여 따로 만들고 의리역학적으로 해석하였다. 또, 『주역』에서 중요한 원형이정元亨利貞에 대한 해석도 그러하다.[41] 『주역』에서 총 8개의 괘卦·효사爻辭에서 원형이정이라고 사용되었다. 이황은 원형이정을 건괘乾卦 「단전」에서 다음과 같이 해석하였다.

> 利ㅎ고 貞ㅎ니라 ○貞호미니라 ○利ㅎ야 貞ㅎ니라 ○貞호미
> 利ㅎ니라.[42]

원형이정에 대해 정이는 '원元하고 형亨하고 이利하고 정貞하다.'라고 해석하였고, 주희는 '원형元亨하고 이정利貞하다.'라고 해석하였다. 즉, 주희에 해석에 따르면 '크게 형통하고 바르게 함이 이롭다.'라고 해석되어야 한다. 그러나 이황의 해석을 보면 정이의 해석과 주희의 해석

---

39 황병기는 「퇴계 이황의 주역학(周易學)과 『주역석의(周易釋義)』」(『國學研究』 25, 한국국학진흥원, 2014.12)라는 논문 152에서 "이황의 『사서삼경석의』는 1557년 이후에 저술된 것으로 추정되며, 1609년에 간행되었다."라고 하여 『周易釋義』는 언제 완성되었는지는 알 수 없지만 『啓蒙傳疑』가 완성된 1557년 보다는 뒤에 저술된 것이라고 하고 있다.

40 황병기, 「퇴계 이황의 주역학(周易學)과 『주역석의(周易釋義)』」 『國學研究』 25, 한국국학진흥원, 2014.12. 139쪽.

41 서근식, 「『주역』 원형이정(元亨利貞) 해석의 비교 연구 - 왕필(王弼)·정이(程頤)·주희(朱熹)·정약용(丁若鏞)을 중심으로 -」 『정신문화연구』 146, 한국학중앙연구원, 2017.03을 참조.

42 『周易釋義』 乾卦 「彖傳」 123쪽. "利ㅎ고 貞ㅎ니라 ○貞호미니라 ○利ㅎ야 貞ㅎ니라 ○貞호미 利ㅎ니라."

을 모두 소개해 놓고 있다.[43] 이러한 해석은 『주역전의대전』의 해석을 따르고 있는 것으로 보인다. 『주역전의대전』 「범례凡例」를 보면 정이와 주희의 주석을 모두 소개하고 있지만 정이의 주석을 위주로 하고 있음을 알 수 있다.

> 『주역』은 상경·하경 2편과 공자孔子의 『십익十翼』 10편이 각각 따로 책이 되어 있었는데, 전한前漢의 비직費直(?~?)이 처음으로 「단전」과 「상전」으로 경문을 해석하여 경문의 뒤에 붙였다. 정현鄭玄(127~ 200)과 왕필이 이를 받들고 또 괘사와 괘사爻辭 아래에 나누어 붙였으며, 건乾·곤坤 「문언전文言傳」을 더 넣고서, 비로소 '단왈彖曰'·'상왈象曰'·'문언왈文言曰' 덧붙여 경문과 구별하였으며, 「계사전繫辭傳」 이후는 예전과 똑같다. 역대로 이것을 따르니, 이것이 금역今易이니, 정자가 『정전程傳』을 지은 것이 이것이다. 숭산嵩山의 조열지晁說之(1059~1129)가 비로소 옛 경을 고정考訂하여 바로 잡아 8권으로 만들었는데, 동래東萊의 여조겸呂祖謙(1137~1181)이 마침내 경 2권과 전 10권으로 정하여 만드니, 이것이 고역古易이다. 주자의 『본의本義』가 이것을 따랐다. 그러나 『정전』과 『본의』가 아울러 행하였는데도, 제가諸家가 책을 정해놓음이 또한 각기 다르기 때문에 『정전』을 원본으로 하고 『본의』를 『정전』에 준하여 비슷하게 따랐다.[44]

---

43 황병기는 「퇴계 이황의 주역학(周易學)과 『주역석의(周易釋義)』」(『國學硏究』 25, 한국국학진흥원, 2014.12.)라는 논문 154쪽에서 "정이의 『역전』에 근거하였지만 주희의 『본의』도 필요에 따라 병기하였다."라고 언급하여 程頤와 朱熹의 견해를 소개하고 있음을 밝히고 있다.

44 『周易傳義大全』「凡例」. "周易 上下經二篇 孔子十翼十篇 各自爲卷 漢費直 初以彖象 釋經 附於其後. 鄭玄王弼 宗之 又分附卦爻之下 增入乾坤文言 始加彖曰象曰文言曰 以別於經而繫辭以後 自如其舊. 歷代因之 是爲今易 程子所爲作傳者 是也. 自嵩山晁 說之 始考訂古經 釐爲八卷 東萊呂祖謙 乃定爲經二卷傳十卷 是爲古易 朱子本義從之. 然程傳本義 旣已竝行而諸家定本 又各不同. 今定從程傳元本 而本義仍類從."

위의 인용문에 따르면 『주역전의대전』은 정이의 『정씨역전』이 중심이었고, 주희의 『주역본의』는 보조적인 역할을 하였음을 알 수 있다.[45] 따라서 이황은 여기에 맞추어 『주역석의』를 만든 것이다. 『주역석의』의 체제를 보면 『정씨역전』이 중심이 되고 『주역본의』가 보조적인 역할을 하고 있는 『주역전의대전』의 체제와 비슷하다. 따라서 여기서도 이황은 주희의 의견을 따르지 않은 것이다. 그렇다면 이황은 주희의 견해를 따르지 않은 것으로 보아야 하는가? 겉으로 보면 이황의 『계몽전의』는 상수역학적 입장에 있고 『주역석의』는 의리역학적 성격을 가지고 있다. 즉, 이황은 『계몽전의』에서는 한대 상수역학의 이론을 다양하게 수용하였고 『주역석의』에서는 정이의 의리역학적 입장을 따랐다. 이러한 점은 이황이 주희의 견해를 따르고 있지 않다고 보인다. 그러나 이황은 도덕형이상학적 측면에서 주희의 입장을 따라가고 있다.[46]

이황은 주희의 도덕형이상학을 보다 강조하기 위해 리理의 측면을 강조하고 있다. 이황은 "리理는 지극히 존귀하고 대적할 것이 없는 까닭에 사물에 명령하지 명령받지 않는다."[47]라고 하여 리理를 강조하였다. 이황은 리理의 절대적으로 존귀한 존재임을 강조하고 있는 것이다.

---

45 『周易傳義大全』에서 朱熹의 『周易本義』가 이렇게 홀대를 당하고 있었던 것을 淸나라 때 勅命으로 容村 李光地(1642~1718)에게 『周易本義』를 위주로 하고 『程氏易傳』를 보충으로 하는 『周易折中』를 편찬하게 하여 문제를 어느 정도 해결하려고 하였다.

46 이러한 점은 이미 여러 논문에서 지적되었다. 엄연석, 「李滉의 『啓蒙傳疑』와 象數易學」 『韓國思想과 文化』 11, 修德文化社, 2001.03. 224쪽. 엄연석, 「退溪學派의 義理易學的 목표와 象數易學」 『奎章閣』 26, 서울대학교 규장각 한국학연구원, 2003.12. 118쪽. 엄연석, 「퇴계 역학사상의 체계와 새로운 연구방향」 『退溪學論集』 3, 嶺南退溪學研究所, 2008.12. 33-42쪽. 이선경, 「퇴계학파의 『역학계몽』 이해」 『陽明學』 28, 한국양명학회, 2011.04. 267쪽 주)11. 엄연석, 「퇴계의 역학사상에서 象數와 義理의 가역적 전환문제」 『退溪學과 儒敎文化』 49, 慶北大學校退溪研究所, 2011.08. 220- 229쪽. 엄연석, 「퇴계 역학 문헌의 상수·의리학적 특성과 미래적 연구방향」 『退溪學論集』 17, 嶺南退溪學研究所, 2015.12. 97-104쪽.

47 『退溪全書』 卷13 「書」 〈答李達李天機〉 17쪽右. "此理極尊無對 命物而不命於物故也."

또, 이황은 정유일鄭惟一(1533~1576)에게 보낸 다음의 편지글에는 이황의 이러한 입장이 잘 드러나 있다.

다만 (의義)리理를 위주로 하면 (상象)수數가 그 가운데에 포함되며 혹 그 가운데 포함될 수 없다고 해도 이익과 손해됨을 따지지 않으므로 일이 모두 바르게 될 것이다. (상象)수數를 위주로 하면 그 항상됨이 본래 (의義)리理가 그 가운데 있지만 그 변화하는 것은 (의義)리理에 합하는 경우가 드물게 되어 비록 이익을 추구하고 손해됨을 피하며 인륜과 의리 없애고 해치는 일이라도 꺼리지 않고 행할 것이다. 이것이 이정자二程子가 그와 같은 술수를 귀하게 여기지 않은 까닭이다.[48]

여기서 리理라고 하는 부분은 의리라고 할 수 있고 수數라고 하는 부분은 상수라고 할 수 있다. 여기에서도 이황은 리理의 존귀성을 내세우면서 상수보다는 의리에 치중한다. 이황이 비록 『계몽전의』에서 한대 상수역학의 이론을 많이 끌어와 해석하고 있지만 이는 결코 상수가 중요하다는 것이 아니다. 상수를 바르게 해석해야지만 의리적인 것이 바르게 드러나기 때문에 상수에 대해 해설한 것이다. 위의 인용문에서 "(의義)리理를 위주로 하면 (상象)수數가 그 가운데 있다."라는 표현도 이러한 의미에서 받아들일 수 있다. 또, 이황은 『계몽전의』에서 주희의 『역학계몽』과는 다르게 한대 상수역학의 이론을 많이 끌어 왔다. 이것은 주희의 『역학계몽』을 잘못 해석한 것도 아니고 주희의 견해를 무시해서도 아니다. 이황은 도덕형이상학의 입장에서 주희의 견해를 잘 따

---

48 『退溪全書』卷25 「書」〈答鄭子中別紙〉 27쪽左. "但主於理 則包數在其中 其或有包不得處 不計利害 而事皆得正. 主於數 則其常者 固亦理在其中 其變者 則鮮合於理 而雖趨利避害 賊倫滅義之事 皆不憚爲之. 此二程所以不貴其術也."

르기 위해 이러한 설명방식을 선택한 것이다.[49] 따라서 이황의 『계몽전의』는 어려운 상수는 한대 상수역학적 이론을 가져와 해결하였고 이러한 부분은 상수 속에 담겨 있는 의리를 올바로 드러내기 위해 복잡한 상수를 계산한 것이라고 할 수 있다. 더 나아가 이황의 이러한 측면은 사단칠정론에서 리理의 능동성을 주장한 것과도 관련된다.[50] 이황은 사단칠정논쟁에서 기대승에게 다음과 같이 답변하기도 하였다.

대개 '리理가 발함에 기氣가 따른다.[理發而氣隨之]'라고 함은 리理를 주로 하여 말한 것일 뿐이지 리理가 기氣에서 벗어난다고 하는 것이 아니니 사단四端이 바로 그것입니다. '기氣가 발하여 리理가 탄다[氣發而理乘之]'라고 함은 기氣를 주로 하여 말한 것일 뿐 기氣가 리理에서 벗어난다고 하는 것이 아니니 칠정七情이 바로 그것입니다.[51]

---

49 정병석은 그의 논문에서 "『啓蒙傳疑』는 주자의 『易學啓蒙』을 연구하는 가운데 중요하거나 의심이 가는 문제들을 중점적으로 연구하고 토론한 책이다. 이 책은 퇴계가 심혈을 기울여 연구한 책이기 때문에 퇴계의 『주역』에 대한 관점은 십중팔구 주자가 『역학계몽』에서 말하고 있는 관점을 그대로 옮겨 놓았을 것이라는 예상을 누구나 하기 쉽다. 그러나 이것은 퇴계를 오해한 것에 불과하다. 앞에서 언급한 것처럼 퇴계가 『주역』을 보는 입장은 분명히 주자와 달리 理를 위주로 하는 관점[主於理] 혹은 귀하게 여기는 입장[貴理]을 강조하는 의리적 관점을 분명하게 보여주고 있다."(「周易에 대한 退溪의 義理的 觀點」, 『退溪學報』 115, 退溪學硏究院, 2004.06. 103-104쪽.)라고 李滉의 입장이 理를 중심으로 한 主於理의 관점 혹은 貴理의 관점에 있음을 강조하고 있다. 필자는 정병석의 이러한 입장에서 한 걸음 더 나아가 李滉이 理를 강조하고 있는 측면과 朱熹의 義理와 象數를 통합하여 보려는 입장 모두를 강조하고 있음을 밝히고자 한다.
50 서근식, 「退溪 李滉의 『啓蒙傳疑』에 대한 體系的 硏究」, 『溫知論叢』 31, 溫知學會, 2012. 04. 209쪽.
51 『退溪全書』 卷14 「書」〈答奇明彦論四端七情第二書〉36쪽右~36쪽左. "滉謂當初謬說 … 大抵有理發而氣隨之者 則可主理而言耳 非謂理外於氣 四端是也. 有氣發而理乘之者 則可主氣而言耳 非謂氣外於理 七情是也."

여기서도 기대승이 기발氣發만을 인정하려는 입장에 있었음에도 불구하고 이황은 논쟁의 끝까지 리발理發의 입장을 포기하지 않고 리기호발설理氣互發說을 주장한다. 주희의 입장을 따르려고 했다면 이황은 기대승의 견해를 받아들여 기발氣發만을 인정하여야 한다. 그러나 이황은 사단이 순선純善함에서 발해야 한다는 리발理發도 포기할 수 없었다. 결국 이황의 이러한 입장은 리理의 입장을 존중한 것에서 말미암은 것이다.

이제 이황은 상수역학자인가 의리역학자인가의 문제로 돌아가 보자. 이황은 주희가 『역학계몽』「서문」에서 상수와 의리에 의혹됨이 없도록 책을 서술했다고 했듯이 『계몽전의』나 『주역석의』에 있어서 주희의 견해들 따르기 위해 노력했음을 알 수 있다. 이러한 점은 사단칠정논쟁에서 이황이 주희의 성리학에는 없었던 리理의 능동성을 주장하지만 이것은 리理의 능동성을 강조함으로써 주희의 도덕형이상학을 보다 강조하기 위해서라는 점과도 일맥상통하는 부분이다. 우리는 이황이 상수역학자인가 의리역학자인가를 따지기보다 상수역학과 의리역학을 모두 중시한 것임을 알 수 있다. 즉, 이황은 리理를 중심으로 한 상수역학자이면서 의리역학자였다. 맹자孟子(B.C.371경~B.C.289경)와 순자荀子(B.C.300경~ B.C.230경)가 선善한 사회를 만들고자 한 목표는 같았지만 성선설과 성악설로 방법론상 틀렸던 것처럼 이황도 주희와 도덕적으로 올바른 세상을 원했다는 점에서 공통적이지만 그것을 추구하는 방법론에 있어서 주희는 상수와 의리를 통합하고자 하였지만 이황은 리理를 중심으로 상수와 의리를 통합하려고 하였다.

6. 맺음말

『계몽전의』에 나타난 이황의 견해가 한대 상수역학의 이론을 상당 부분 끌어 온 것으로 언급하였다. 또, 논의과정에서 『주역석의』는 정이 의 의리역학에 치우친 책이라고 언급하였다. 그러나 이황이 『계몽전의』 와 『주역석의』에서 주장한 것은 모두 주희의 도덕형이상학을 보다 강 조하기 위해서이다.

주희는 『역학계몽』 「서문」에서 상수와 의리를 통합하기 위해 상수 부분의 명확한 이해를 위하여 『역학계몽』을 저술한다고 하였다. 그러 나 이황은 주희의 『역학계몽』을 해설한 책인 『계몽전의』에서 한대 상 수역학석 이론들을 상당부분 받아들이고 있으니, 주희는 정이의 의리 역학적 책인 『정씨역전』을 지양하고 있지만 이황은 정이의 의리역학적 부분을 『주역석의』에서 받아들이고 있다.

이황은 『계몽전의』에서 납갑법과 같은 한대 상수역학의 이론을 사 용하고 있다. 이를 어떻게 보아야 하는가? 이황은 사단칠정론에서와 같 이 주자학과는 달리 리理의 능동성을 인정하고 있다. 그리고 주희가 『역 학계몽』에서 한대 상수역학 이론에서 괘변설만을 받아들이고 있는 반 면에 이황은 『계몽전의』에서 다양한 한대 상수역학의 이론을 받아들이 고 있다. 이러한 점들로 볼 때 이황이 『계몽전의』에서 납갑법, 월령과 같은 부분을 사용했다고 해서 이상할 것이 없다. 이 부분은 『계몽전의』 라고 해서 주희의 견해만을 따라 간다면 『역학계몽』 이상의 해설이 나 올 수 없다고 본 것 같다. 이황은 『계몽전의』에서 여러 부분에서 상수 론을 고찰하고 있다. 이황은 상수론을 고찰하면서 한대 상수역학의 여 러 이론들을 가지고 고찰하고 있다. 비복설과 윤달 구하는 방법 등을 고찰하고 있는데, 필자는 척전법을 소개하고 있는 부분에 관심을 가졌다. 이 부분에서 이황은 주희가 말한 1괘가 64괘로 변화할 수 있다는 부분에 대해 『역학계몽』에서처럼 〈괘변도〉를 소개하면 되는데 군이 척전법으로 괘의 변화를 소개하고 있다. 이 부분은 주희가 「서의」에서 언급하고 있는 고급적인 방법론이 아니라 척전법과 같은 일반적인 방법론으로 소개하고 있어 주희의 견해를 무시한 것처럼 보인다. 그러나 이것은 주희의 견해를 무시한 것이 아니라 고급적인 방법과 일반적인 방법 모두에 적용될 수 있음을 보인 것이다.

이황은 상수역학자인가? 아니면 의리역학자인가? 『계몽전의』의 견해를 보면 상수역학자 같고 『주역석의』를 보면 의리역학자 같다. 그리고 이황이 주희의 견해를 존중한 것 같지만 『계몽전의』와 『주역석의』에서 주희의 견해를 따르지 않는 것처럼 보였다. 그러나 이황의 다른 편지글이나 저작들 속에서는 계속해서 리理를 중심에 두고 있는 점을 기억해야 한다. 이황은 겉으로는 상수역학자라고도 할 수 있고, 의리역학자라고도 할 수 있다. 그러나 이황이 진정으로 『계몽전의』와 『주역석의』를 통해서 주장하고 있는 것은 주희의 도덕형이상학을 보다 강조하는 것이었다. 이런 점에서 본다면 이황은 주희의 견해를 따라간 리理를 중심에 둔 상수역학자이자 의리역학자라고 할 수 있다.

이황의 『계몽전의』는 상수역학적 성격이 강하게 드러나 있다. 그러나 주희가 『역학계몽』에서 상수와 의리에 치우치지 않도록 하기 위해 책을 지은 것처럼 이황의 『계몽전의』도 주리主理적 입장에서 상수역학과 의리역학을 통합하고자 하였다. 본 논문에서는 『계몽전의』의 상수와 『주역석의』의 의리, 그리고 심성론으로서의 리理에 대해서 살펴보았다. 이런 점에서 보면 이황은 다양한 관점을 취했다고 할 수 있다. 그러나 이 모든 것을 하나의 관점으로 요약해 본다면 주리主理적 입장에서 상수역학과 의리역학을 통합했다고 할 수 있다.

하빈河濱 신후담愼後聃의 『주역』해석
_『주역상사신편周易象辭新編』의 효변을 중심으로*

김병애

하빈 신후담(1702-1761)의『주역상사신편』을 중심으로 그의『주역』해석에 관하여 연구한 논문이다. 신후담『주역』해석의 특징은 효변爻變을 활용하여, 상象을 근간으로 효爻의 유기적 관계를 밝혔다는 점이다. 신후담은 효변을 '시위A지B야 是爲A之B也'의 일정한 형식으로 공식을 대입하듯 적용하여 효사爻辭를 풀었으며, 괘효사에 호체互體 및 비응比應을 적극적으로 활용했다. 이는 정이程頤와 주희朱熹의 역학해석에서 진일보하여 독창적인 해석체계를 보인 것이다.『주역상사신편』은 우리의 역학易學史에 있어서, 정약용丁若鏞 이전에 이미 효변이 정착되어『주역』상수학象數學의 탄탄한 해석이 존재했음을 입증하는 저술로 평가될 수 있을 것이다.

1. 이끄는 말

하빈 신후담(1702~1761)은 이병휴李秉休(1710~1776)·안정복安鼎福(1712~1791)과 함께 대표적인 1세대 성호문인星湖門人이다. 그동안 신후담에

---

* 김병애(한국전통문화대). 이 글은 「河濱 愼後聃의『주역』해석『周易象辭新編』의 효변을 중심으로」라는 제목으로『유교사상문화연구』73(2018. 09.)에 게재하였음을 밝혀둔다.

대한 학계의 연구동향은 「서학변」과 「사칠동이변」에 치중하였는데, 최근에 최영진·이선경, 황병기, 서근식, 이창일[1] 등에 의해 그가 평생 일군 역학연구의 성과가 수면 위로 떠오르기 시작했다.

　신후담은 15세에 『주역』을 읽기 시작하고, 19세에 주희의 역학연구를 탐구하여 「역학계몽보주易學啓蒙補註」를 지었다. 22세(1723년)에 진사시에 합격했지만 유학에 전념할 것을 결심하고, 이듬해에 처음으로 성호 이익李瀷(1681~1763)을 배알하였는데, 이때 그의 나이 23세(1724년, 이익 44세)이다.

　이익의 문인이 된 신후담은 이익으로부터 서양학문에 관해 듣고 새로운 세계와 접하고는 「서학변西學辨」을 지어 천주교 배척의 뜻을 강하게 피력하였다. 또 이익으로부터 「근사록近思錄」을 추천 받아 더욱 유학에 몰두하는 한편, 27세(1728년)에 『주역상사신편』 찬술에 착수하고, 이를 33세(1734년)에 완성하였다.[2] 이후에도 신후담의 역학연구는 더욱 활발하여 『역도찬요易圖纂要』·『주역통의周易通義』[3]·「주역수록周易隨錄」·

1　하빈 신후담의 『주역』에 대한 연구로, 최영진·이선경의 「河濱 愼後聃의 周易해석 일고찰-乾卦를 중심으로」(2014), 황병기의 「성호학파의 주역 상수학설 연구:이익, 신후담, 정약용의 역상설을 중심으로」(2015), 서근식의 「성호학파에서 다산정약용 역학의 성립과정Ⅱ」(2016), 이창일의 「신후담 주역 해석의 특징_정주역학, 성호역학, 다산역학 등의 해석을 상호비교하며」(2017)가 있다.

2　27세(1728년)에 『周易象辭新編』 찬술에 착수한 신후담은, 30세에 「卦辭解」와 「爻辭解」를, 31세에 「彖傳解」·「象傳解」·「文言傳解」·「上系圖說」·「下系圖說」을 탈고했으며, 32세에 『周易通義』·『繫辭通義』에 착수하는 한편, 『易圖外篇』을 찬술하였고, 33세(1734년)에 비로소 『周易象辭新篇』의 「繫辭上傳」·「繫辭下傳」·「說辭傳」·「序卦傳」·「雜卦傳」을 탈고함으로써, 『주역상사신편』을 완성하였다.

3　신후담의 저작 중 몇 년의 시간을 투자하여 착수하고 완성한 책에 『周易象辭新編』과 『周易通義』가 있는데, 『周易通義』는 『河濱先生全集』이나 『韓國易學大系』에 수록되어 있지 않다. 현존하지 않을 가능성이 많다. 「연보」에 의하면 1733년 『周易通義』 중 「繫辭通義」를 찬술하기 시작하여, 1746년 「說卦通儀」 및 「雜卦通儀」를 탈고하고, 1747년에 『周易通義』를 모두 완성하였다고 하였다. 『하빈선생전집』 9책,「하빈선생연보」 82쪽.

『이성호역경질서찬요』등을 짓는 가운데 57세에『주역상사신편』을 수정하였다.

이에서 알 수 있듯『주역상사신편』은, 처음에 6년에 걸쳐 완성되고 다시 24년이 지난 뒤 수정까지 거친 저술이다. 따라서 학문적으로 성숙·완성기에 30년의 학문이 녹아있는 결실이라고 할 수 있다. 본고에서는 이 저작을 중심으로 신후담이 연구한『주역』해석에 대하여 살펴보되, 특히 그 특징을 '효변'에 두고 이를 위주로 논변하고자 한다. 이는 효변의 원리가 작게는 효사에 국한되지만, 효사에서 효변을 통해 분석된 구체적 해석이 괘사卦辭와 십익十翼의 해석뿐만 아니라, 서책의 체제까지도 의미상 관통하고 있다고 판단해서이다.

『주역상사신편』의 편차는『역경易經』을 먼저 배치하고 십익을 따로 두어, 경經과 전傳을 구분한 고경古經의 방식을 택하였다.[4] 필자는, 신후담이 당시 통행하던『주역전의대전』의 체제를 수용하지 않고 고경의 체제를 따른 것은『역경』에 충실하여『주역』의 본의를 찾으려는 노력의 일환이라고 생각한다. 신후담은 기존의『역전』에 의존하지 않고『주역』자체의 이해를 위해 고심한 것으로 보인다. 특히 '구九'와 '육六'으로 효를 명명하여 효사를 풀어내고 있는 점을 문제시한 결과,『춘추좌씨전』의 서점筮占에 보이는 효변의 원리를 추출하여, 이로써『주역』을 해석하였다. 즉 구九와 육六을 쓴 이유는 변함을 전제로 한 것이라는 답을 찾고, 그 방법을 '효변'으로 구현한 것이다.『주역』의 효사에는 이미 상象과 점占이 갖추어져 있어서 그 상에 따라 그 점이 명시되어 있다. 그러나 그 상을 보고 완미할 수 있는 말[辭]이 어떠한 근거로 제시되었는가는 한 눈에 이해하기 어려우므로 이를 알기위하여 탐구한 결

---

4 엄밀히 말하면, 단전과 상전을 각 괘의 끝에 붙였으므로 古經과 일치하지는 않는다. 다만, 대전본의 乾卦의 편차에 의미를 두고 이를 따랐다는 점을 시사하는 말이다.

과 '효변'이라는 코드를 찾아낸 것이다. 효변의 방법으로 효사를 분석하면, 그런 점占으로 귀결되는 이치를 합리적으로 설명해 낼 수 있는 길이 있다고 보았으며, 역도易道를 찾기 위해서는 반드시 상사象辭로부터 시작해야한다는 생각이 그의 절대적인 믿음이었다.

> 『역易』이 만들어진 소이와 성인이 『역』을 가르치는 소이와 군자가 『역』을 배우는 소이가 모두 상사를 위주로 해야 한다. 상사를 버려두고 역도를 찾는다는 소리를 나는 들어보지 못했다. 고원한 역도를 말하지 않으면 그만이거니와, 역도를 강론하고자 한다면 반드시 상으로부터 시작해야 할 것이다.[5]

이상은 「하빈선생연보」에 아들 신신愼信의 서술을 통해 소개되어 있는 신후담의 평소 신념이다. 신후담이 384효[6] 전체에 효변을 대입하여 풀어낸 역작이 『주역상사신편』인데, 흥미롭게도 이러한 주역 해석의 방법론을 다산 정약용(1762~1836)의 역학에서도 찾을 수 있다.[7] 이에 따라 성호학파 3대 즉, 이익-신후담-정약용의 학맥에 관심을 가지고, 신후담의 주역해석방법이 정약용에게서 꽃피었을 가능성을 아울러 짚어보고자 한다.

---

5 『河濱先生全集』9책, 「河濱先生年譜」 36쪽, "易之所以作, 與聖人之所以敎易, 君子之所以學易, 皆以象辭爲主, 舍象辭而求易道, 愚未之聞也. 以易道之高遠, 而不言乎則已, 無已而欲講易道, 則其必自象始云."

6 384효 : 『周易』의 전체 卦數는 64이고, 한 卦는 여섯 효씩 갖추어져 있으므로 爻數는 384이다. 다만 乾卦와 坤卦에 각각 用九와 用六이 더 있으니 합하면 386효가 된다. 그러나 이 두 효는 卦體에 드러나는 것이 아니므로 일종의 特例로 간주하고 주역 전체 효를 거론할 때는 '384효'라고 칭한다. 즉 384효 안에 이 두 효도 포함되었다고 보는 것이다.

7 이에 관해 최영진·이선경의 위 논문(2014)에서 "효변에 입각한 해석이 다음 세대인 정약용에게서 체계화되어 완전한 방법론으로 구축됨은 매우 흥미로운 일이다."가 언급된 이후, 학계에서는 꾸준히 관심을 보이고 있다.

2. 『주역상사신편』의 특징_효변

『주역상사신편』(이후 『신편』으로 약칭함) 상·하경의 체제는 64괘 전부 일괄적으로 각 괘 안의 순차를 '괘사→효사→단전→대상전→소상전'으로 하였다. 건괘乾卦와 곤괘坤卦는 「소상전」 뒤에 「문언전」을 넣었다. 이는 『역경易經』과 『역전易傳』을 구분한 고경의 방식을 수용한 것이다. 신후담이 『신편』에 착수하여 우선 그 골격을 배근함에 고경을 따른 것은 『주역』의 정문正文에 충실하여 '전傳'의 개입 없이 오롯이 『주역』에 내재된 방법을 찾아 『주역』을 해석하고자했던 노력의 일환이라고 생각한다. 이에 따라 주역을 해석하는 방법이 독특하다.

신후담 『주역』 해석의 특징은 효변의 운용에 있다. 신후담은 효변을 통해 본괘와 지괘의 물상을 활용하고 호체를 적용하며, 효위에 따른 응비, 혹은 중정의 관계 등으로 역사를 풀었다.

'주역상사신편'이라는 서명에서 '신편'에 대해서는 효변론이 오래된 방법이나, 현재는 상용되지 않는 새 방법이므로 '신편'이라고 했을 것이라는 설명[8]이 있으며, '상사'는 「계사상전」 제2장과 관련 있다.[9] 역도를 밝히는데 무엇보다도 상사를 중시했던 신후담은 성인이 '상象을 보고 말[辭]을 달아 길흉을 밝혔으므로[觀象繫辭]' '거할 때에는 상을 보고 역사를 살펴보며, 동할 때에는 변화를 보고 점을 살펴보는 것[居則觀其象

---

8 『주역상사신편』은 象중심으로 易辭를 이해하는 새로운 『주역』 이해라는 의미이다 (이창일, 「신후담 주역 해석의 특징-정주역학, 성호역학, 다산역학 등의 해석을 상호 비교 하며」, 41쪽).

9 『河濱先生全集』 9책, 「河濱先生年譜」 36쪽, "象辭新編, 其題首引孔子繫辭中視象繫辭等八段." ; 『주역』 「계사」 상2, "聖人設卦, 觀象繫辭焉, 而明吉凶. 剛柔相推, 而生變化. 是故吉凶者, 失得之象也. 悔吝者, 憂虞之象也, 變化者, 進退之象也. 剛柔者, 晝夜之象也. 六爻之動, 三極之道也. 是故君子所居而安者, 易之序也. 所樂而玩者, 爻之辭也. 是故君子居則觀其象而玩其辭, 動則觀其變而玩其占. 是以自天祐之, 吉无不利."

而玩其辭, 動則觀其變而玩其占]'이 진정으로 역도에 다가가는 길이라는 의미를 서명에 담은 것이다. 아래는 「계사상전」 제2장에 대한 신후담의 설명이다.

주자가 말하였다. "상象·사辭·변變은 이미 위에 보인다. 〈화化는 말하지 않고〉 변變만을 말한 것은 화化가 그 가운데 들어 있기 때문이다. 점占은 그 만난 바의 길吉·흉凶을 결단함을 말한 것이다." 나는 생각한다. "군자가 역易에서 취한 것이 이와 같은 까닭은 괘卦는 정해진 몸체가 있고 효爻는 변동을 위주로 하기 때문이다. 그러나 변變은 상象과 통하고 점占은 사辭에 갖춰있으니 이 둘은 각각의 물사物事로 갈라지는 것이 아니다.……"[10]

우선, 『본의』의 설명을 인용해서 상象·사辭·변變·점占의 의미를 밝히고, 이에 부연하여 괘는 정체定體이고 효는 변동變動하기 때문에 변變은 상象과 통하고 사辭에 이미 점占의 판단요소가 들어있다고 해설하였다. 이는 상象을 파악하면 역사易辭를 이해할 수 있고, 따라서 점사占辭도 합리적으로 연결할 수 있다는 주장으로서『신편』을 찬술한 기본입장을 알 수 있다. 이로 볼 때 기존의 연구에서 '신후담이 점占을 말하지 않았다'[11]는 지적이나, '효변의 이론을 강조하고는 있지만 점법占法과 연결시키지 못하는 점은 아쉬운 일이다'[12]라는 견해는 잘못된 논의라고 생각한다.

효변은 말 그대로 효의 음양이 바뀌는 것이다. 신후담은 384효 전체

---

10 『하빈선생전집』 6책, 「繫辭上傳」 479쪽, "朱子曰, 象辭變已見上. 凡單言變者, 化在其中. 占謂其所値吉凶之決也.愚按, 君子之取於易如此, 蓋以卦有定體, 爻主於變動. 然變通於象, 占具於辭, 二者非判爲各物也.……"
11 최영진·이선경, 「河濱 愼後聃의『周易』해석 일고찰 -乾卦를 중심으로」, 2014, 127쪽.
12 서근식, 「성호학파에서 다산정약용 역학의 성립과정Ⅱ」, 162쪽.

에 모두 '효변'의 형식을 써서 『주역』을 해석하였다. 『신편』에서 효변을 표현한 일정한 형식이 '시위A지B야 是爲A之B也'이다. 예를 들면 "시위건지대유야是爲乾之大有也"는 건괘乾卦☰의 구오가 변하여 대유괘大有卦☲가 된다는 말이니, 『주역』 건괘 구오의 효사는 본괘인 건괘☰에 속하는 구오와 지괘인 대유괘☲에 속하는 육오六五를 참조하여 해석해야 한다는 뜻이다. 이때 대유괘의 육오六五가 속하는 삼획괘인 리離☲가 건괘 구오효사를 해석하는 키워드가 된다. 즉 건괘 구오의 효사지어爻辭之語인 '비룡飛龍'의 비飛를 지괘의 삼획괘인 리離☲에서 찾는다는 말이다. 리離☲의 성질은 불 타 오름이고 날개의 상象이 있기 때문에 '나는' 것이 된다.[13]

신후담은 상사象辭를 파악할 수 있는 해석방법, 즉 효변을 매 효 첫머리에 '시위A지B야 是爲A之B也'의 형식을 취하여 밝혔다. 다만 건구乾卦 초구와 곤괘坤卦 초육은 다른 효사의 경우와 좀 다르다. 그 이유는 양효가 음효로 변하는 처음이 건괘乾卦 초구이고, 음효가 양효로 변하는 처음이 곤괘坤卦 초육이기 때문에 갑자기 '시위A지B야 是爲A之B也'의 꼴을 취하기보다는 이에 대한 이해가 필요했을 것이다. 건괘 초구의 풀이에서 신후담은 효변을 다음과 같이 설명한다.

> 9는 양수陽數 중에 늙은[老] 것이다. 『주역』에는 사상四象이 있는데 9는 노양老陽이고, 7은 소양少陽이며, 6은 노음老陰이고, 8은 소음少陰이다. 시초의 책을 헤아려 삼변三變한 수에서 얻으니 자세한 것은 「계사전」 대연장大衍章에 보인다. 괘를 긋는 방법은 9·7이 양효가 되고 6·8이 음효가 되는데, 음양의 도는 노老는 변하고 소少는 변하지 않으니, 9라고 칭한 것은 양이 〈음으로〉 변한다는 것

---

13 『주역상사신편』 「乾卦 九五」, "離性炎上, 有羽之象, 亦所以飛也" (離는 「설괘전」 11장에 "爲火"라고 하였고, 「설괘전」 8장에 "離爲雉"라고 하였다. 雉는 날개[羽]가 있다.)

이다. 양이 변하여 음이 되니 건괘의 초구는 중천건重天乾이 변하여 천풍구天風姤가 되는 효이다. 그러므로 『춘추좌씨전』에 건괘 초구의 효사爻辭를 인용하면서 "건지구乾之姤"라고 지칭하였으니 다른 효에서 9를 말한 경우도 이와 마찬가지이다.[14]

여기서 말하는 '대연장大衍章'은 「계사상전」 제9장을 가리키는데 시괘蓍卦에 대하여 구체적으로 언급한 부분이다. 이글이 중요한 이유는 역사를 이해하기 위하여 점법을 알아야 해당효를 추출할 수 있기 때문이다. 이에 의하면 '삼변三變'의 과정을 거쳐야 하나의 '효'가 생성된다. 즉 18변(3변×6효)을 해야 온전한 육획괘를 얻는 것이다. 시괘한 결과 매 효는 9나 7이면 양효가 되고 6이나 8이면 음효가 된다. 이중 9는 노양이고 7은 소양이며, 6은 노음이고 8은 소음이니 9와 6은 변하는 효이다. 효명에 '9(九)'나 '6(六)'이 들어있으면 이미 '변함'이 전제 되어 있다고 보는 것이다. 해당효의 음양이 변하면 괘 전체가 마침내 변하여 그 바뀐 효로 구성된 새로운 구조의 괘가 형성된다. 이를 '지괘之卦'라고 하고, 바뀌기 전의 본래의 괘를 '본괘本卦'라고 한다. 즉 건괘 초구의 양효가 음효로 바뀌면 중천건重天乾☰이 변하여 천풍구天風姤☴가 되니 중천건重天乾☰이 '본괘'이고 천풍구天風姤☴가 '지괘'이다. 『주역』에서는 양효를 '구九'로 표시하고 음효를 '육六'으로 표시한다. 각 효의 명칭은 위位와 구, 혹은 육을 합하여 부른다. 신후담의 역법易法에 의하면, '乾卦 初九'는 점을 친 결과 건괘 초구를 얻은 자가 보는 점사인데, 이는 서법상 건괘 초구효가 변효라서 결정된 결과이므로 양효를 음효로 바

---

14 『河濱先生全集』 5책, 8-9쪽, "九陽數之老者也. 易有四象, 九爲老陽, 七爲少陽, 六爲老陰, 八爲少陰. 因蓍策三變之數而得之, 詳見繫辭大衍章. 畫卦之法, 以九七畫陽爻, 六八畫陰爻, 陰陽之道, 老變而少不變, 則稱九者, 陽之變者也. 陽變爲陰, 則乾之初九, 爲以重天乾變爲天風姤者也. 故春秋傳引此爻之辭, 而曰乾之姤, 餘爻之言九者放此."

꿔 보아야 한다. 따라서 천풍구 초육효사를 보아야 본괘 효사의 본의가
설명된다. 즉, 건괘 초구효사인 "잠룡물용潛龍勿用"에서 '잠룡潛龍'은 상
사象辭이고 '물용勿用'은 점사占辭이니 물용勿用해야 하는 이유가 잠룡
潛龍이기 때문인데, '잠룡'이라는 상사는 지괘인 천풍구괘의 초육이 속
한 삼획괘가 손巽☴이므로 손복巽伏[15]의 상으로 해석하여 잠룡이라고
하였다는 설명이다. 이것이 건괘 초구 효사의 의미를 천풍구 초육에서
찾는다는 실례이다. 육六의 경우에도 육이 노음이므로 양효로 바꿔 보
아야 한다. 이와 같은 것을 '六'이 처음 등장하는 곤괘坤卦 초육에서 설
명하니, 그 예문은 아래와 같다.

> 육六은 음수陰數중에 늙은 것[老陰]이다. 노음老陰이 변하여 양
> 陽이 되니 곤괘坤卦☷☷의 초육初六은 중지곤重地坤☷☷이 변하여 지뢰
> 복地雷復☷☳이 되는 효이다. 다른 효에서 육六을 말한 경우도 이와
> 같은 방식으로 변한다. "밟다[履]"는 반드시 발로서 말하니 변체變
> 體인 진震☳에서 상을 취한 것이다.[16]

다음으로, 신후담이 역사를 해석함에 효변을 운용하는 구체적인 사
례를 들고, 이를 통하여 『정전程傳』이나 『본의本義』와 해석체계가 다른
점을 살펴보겠다. 아래는 『신편』「겸괘謙卦」 육이효사의 해석 부분이다.

> 육이는 겸괘☷☶가 변하여 승괘升卦☷☴가 되는 효이다. 육이는 구삼
> 과 비比인데 구삼은 호괘互卦가 잘 우는 괘체이기 때문에 구삼에

---

15 巽伏은 「설괘전」 8장에 "巽爲鷄"라 하였는데 『대전』의 소주에 닭의 성질이 들어감
   이 되고 엎드림이 된다고 하였다[『대전』의 소주, "括蒼龔氏曰, 鷄羽屬也而能飛, 其
   性則爲入爲伏. 知時而善應, 故巽爲鷄."].
16 『하빈선생전집』 5책, 8-9쪽 ; 54쪽, "六, 陰數之老者也. 老陰變而爲陽, 則坤之初六,
   爲以重地坤變爲地雷復者也. 餘爻之言六者, 放此."

이어 있어 우는 것을 상징하였다. 변하여 손풍巽風☴이 되는데, 〈손巽☴은〉 소리가 있는 물건[風]이니 또한 이 때문에 우는 것이다. 육이는 유순柔順의 자질로 중정中正의 덕이 있고 변하여 비복卑伏의 괘체가 되며 호괘互卦가 아래로 나아가는 성질이 되니 이에 구삼과 비比가 되어 구삼을 따라 그친다. 이는 육오에게 겸손하게 하지 않는 자는 아니지만 오직 거하는 자리가 직접 육오와 당면하니 초육·구삼이 육사를 통하여 육오에 도달하는 것과는 다르다. 이는 이미 겸謙의 도에 미진한 것이다. 또 겸괘가 변하여 승괘가 되니 겸손함에 편안하지 못한 듯한 자이므로 육오에게 〈자신의〉 겸손한 뜻을 스스로 알게 할 수 없어서 장차 육오의 노여움을 초래한다. 그러므로 울어 〈겸손함을〉 알리지 않을 수 없어 그 겸손함을 해친다. "정貞"은 손巽☴을 취한 것이니 머물러 자리에 마땅하게 하므로 정고正固한 상象이 있다. 울어 겸謙를 알리는 것은 육오에게 노여움을 받음을 위태롭게 여겨서이다. 그러나 〈육이가〉 겸손함으로 바르게 하여 우는 것이 거짓이 아님을 믿게 된다면, 육오의 노여움이 풀어질 수 있어서 위아래가 서로 함께 하는 길함이 있을 것이다.[17]

겸괘의 육이는 효변으로 표기할 때 "겸괘☷가 변하여 승괘 가 되는 효"이다. 신후담은 육이효사인 "명겸정길鳴謙貞吉"의 '명鳴'을 육이의 비比인 구삼이 호체로 진震☳이 됨과 육이가 변효로 작용했을 때 얻어지는 손巽☴이 '바람[風]'으로서 소리를 상징함을 가지고 설명하였다. 즉 겸괘 육이의 효사지어爻辭之語인 명겸鳴謙의 명鳴을 지괘의 삼획괘

---

17 『하빈선생전집 5책』, 240쪽, "是爲謙之升也. 二與三比, 而三互善鳴之體, 故蒙三而象乎鳴也. 變爲巽風, 是有聲之物 則亦所以鳴也. 二以柔順之質, 有中正之德, 變爲卑伏之體, 互爲下就之性, 於是而與三爲比, 隨三而止, 則是非不謙於五者, 而惟其所居之位, 直與五當, 非若初三之因四而達五, 則是旣未盡於謙之道矣. 謙變爲升, 又若不安於謙者, 則謙五之意, 不能自諭, 而將以致五之怒. 故不得不鳴號, 而暴其謙也. 貞者, 取其巽, 止而當位, 有正固之象也. 謙之鳴也, 危其見怒於五, 而以謙而貞, 信其鳴之匪僞也, 則五之怒可解, 而有上下相與之吉也."

인 손손巽☴에서 찾은 것이다. 또한 구삼과 비比이고 변하여 손손巽☴이 되었으니 구삼이 그침을 상징하는 간艮☶임을 들어서 손순巽順으로 구삼을 따라 그친다고 하여 겸을 설명하였다. 겸謙과 손巽을 연결하는 것은 『정전』에도 보이는데, 『정전』에서는 그저 겸謙의 훈고에 기준한 어휘로서, 육이 뿐만 아니라 겸괘 전반에 걸쳐 여러 번 언급하고 있다.[18]예 컨대 괘사『정전程傳』에 "겸謙은 형통亨通할 도道가 있다. 그 덕이 있으면서도 자처하지 않음을 겸謙이라 이르니, 사람이 겸손謙巽함으로 자처하면 어디를 간들 형통하지 않겠는가[謙, 有亨之道也. 有其德而不居謂之謙, 人以謙巽自處, 何往而不亨乎]."라고 하였듯이 겸謙을 보충하는 어휘로 손巽이 선택된 것이지 역학적으로 손巽이어야 하는 이유가 제시된 것은 아니다. 『본의』에서도 『정전』을 바탕으로 "유순하고 중정하여 겸으로 알려짐이다[柔順中正, 以謙有聞.]"라고 하여 음이 육이의 자리에 있는 본연의 해석만 제시하였다. 신후담은 육이가 군위君位인 육오에게 겸손謙巽하나, 직접 응應하는 위치에 있으므로 초육·구삼이 육사를 통하여 육오에 도달하는 것과는 달라서 겸손하지 않다는 혐의가 있음을 경계한다. 이는 또 지괘之卦인 승괘升卦☷☴의 '상승'하는 성향을 나타낸 것이기도 하다. 그러므로 "육오에게 자신의 겸손한 뜻을 스스로 알게 할 수 없어서 장차 육오의 노여움을 초래하므로 울어 겸손함을 알리지 않을 수 없어 겸손함을 해친다."고 하였다. 그러나 육이에게 정고正固한 상象이 있으니, 겸손함으로 바르게 한다면 우는 것이 거짓이 아님을 육오가 믿게 될 것이므로, 육오의 노여움이 풀어질 수 있어서 위아래가 서로

---

18 『주역전의대전·謙卦·程傳』에 6차례 보인다. 謙有亨之道也. 有其德而不居謂之謙. 人以謙巽自處. 何往而不亨乎. ; 君子志存乎謙巽, 達理故樂天而不競. ; 人情疾惡於盈滿而好與於謙巽也. ; 謙爲卑巽也, 而其道尊大而光顯, 自處雖卑屈, 而其德實高, 不可加尙, 是不可踰也. ; 當恭畏以奉謙德之君, 卑巽以讓勞謙之臣, 動作施爲, 无所不利於撝謙也. ; 征其文德謙巽所不能服者也.

함께 하는 길함이 있을 것이라고 보았다. 육이가 중정의 자리에 있으니 더할 나위 없는 '겸謙'의 행실이 있을 터인데, 자신의 상황을 드러내어 "명鳴"이라는 과격한 행동을 하는 것은 다른 괘에서 보이는 중정中正한 이미지의 육이가 아니다. 그러나 신후담은 겸괘 육이의 상황을 다각도로 분석하여 울어야만 하는 처지를 찾아내었다.[19] 이런 이치는 매우 참신한 요소가 있다. 전근대적인 사고에서는 '육六'의 처지나 '하下'의 처지에서 자신을 드러내는 것에 대해 매우 부정적이었다. 이러한 신후담의 돌발적 해석은, 정이程頤가 '내면이 겸손하므로 저절로 겸손함이 울린다'고 한 것이나, 주희가 '겸손하기 때문에 알려진다'고 한 것과는 분명히 다른 시각이다. 정이의 설명은 대체로 도덕적 원형 안에서 의리를 말하고, 역易의 원리로서 설명이 필요할 때는 효위론爻位論을 개입시켜 중정中正과 응비應比의 관계로 설명한다. 「겸괘 육이」에 대해서도 정이는 명겸鳴謙의 명鳴을 '울림'의 뜻으로 보아 "육이는 유순함으로 중中에 거하였으니 이는 겸덕謙德이 속에 쌓인 것이다. 겸덕이 속에 쌓였으므로 밖으로 발하여 성음聲音과 안색顔色에 저절로 나타나기 때문에 '겸손함을 울림[鳴謙]'이라 한 것이다."라고 하였다. 한편 『본의』에서는 "유순하고 중정하여 겸謙으로 알려짐이 있다."라고 하였으니 정이가 '울림'으로 본 것과 다르다. 이는 왕필王弼이나 고영달孔穎達과 마찬가지로 '알려짐'으로 본 것이다.[20] '정길貞吉'에 대하여 신후담은 「설괘전」 11장에 손巽☴을 "위승직爲繩直"이라고 한 것에 의거하여 '정고正固'할 수 있음을 증빙하고 '정고할 수 있으면 길하다'고 경계하였다. 이 또한 『정전』이나 『본의』의 설명방식과 확연히 다르다. 정이는 "중中에 거하

---

19 김병애, 『하빈 신후담 주역상사신편-상경 역주』, 2017, 29·30·31·317·318쪽.
20 『周易正義』에 "注: 鳴者, 聲名聞之謂也. 得位居中, 謙而正焉."라고 하였고, 그 疏에, "正義曰, 鳴謙者, 謂聲名也. 處正得中, 行謙廣遠, 故曰鳴謙, 正而得吉也."라고 하였다.

고 정正을 얻어 중정中正의 덕德이 있기 때문에 정길貞吉이라 한 것이
다."라고 하였고, 주희는 "바르고 또 길한 자이다. 그러므로 그 점이 이
와 같은 것이다." 라고 하였다. 이상의 용례로 볼 때, 대체로 정이의 경
우는 효위爻位라는 보편적인 기준이 있으나 주관적인 도덕 윤리관으
로 설명하였고, 주희의 경우는 객관적으로 인과응보의 점사로 연결하
여『주역』의 본질을 파악하였으며, 신후담의 경우는『주역』의 원리를
대입하여 그 이치에 맞는 해석을 제시하고자 하였으므로 구조적으로
볼 때 상수로 접근하여 의리로 보충하는 해석체계가 형성되었다고 말
할 수 있다. 따라서 신후담의 주역해석은 정이와 주희의 주역해석에서
진일보하여 자신의 독창적인 해석체계를 이루었다고 하겠다.

3. 신후담 효변의 연원

신후담『주역』해석의 특징은 효변이며, 효변의 유래는『춘추좌씨
전』과『국어國語』에 수록된 관점官占에서 출발한다. 효변론자[21]들은

---

21 중국역대의 효변론자들은 모두『춘추좌씨전』의 서례를 연구한 공통점이 있다. 京房
(B.C.77~37)이후 오랜 시간이 지난 뒤, 첫번째 효변론자는 南宋의 道絜(생몰미상, 紹
興-南宋高宗, 1131~1162년간에 이부낭중 역임)이다. 도결은 효변에 대한 뚜렷한 인
식을 가지고 효사를 해석하지만 物象과 같은 역리와 연관된 해석은 발견되지 않는
다. 南宋의 또 다른 효변론자는 沈該(생몰미상)로 도결과 같은 시기에 살았다. 효사
해석에 효변을 충분히 활용하고 老莊의 설을 절충적으로 활용하면서 의리 역학적
측면의 해석을 보여주었다. 元代의 陳應潤은 효변의 원리가 易傳에 내재되어 있는
것으로 보고 본괘와 지괘에 연관하여 十翼을 활용하여 역을 해석하였다. 明代의 黃
道周(1585~1646)는 효변을 통해서 효사가 생성되는 형식을 제시하였다. 효사는 본
괘의 단사와 지괘의 단사가 결합해서 성립하는 것으로 보고 이러한 형식을 일관되
게 주역해석에 적용하였다. 淸代의 包儀는 宋代의 '先天圖書象數' 역학을 철학적 전
제로 삼고 그 위에서 효변론을 전개한 것이 특징이다(이창일,「다산 효변설의 역학
사적 검토」, 274-304쪽).

『주역』을 이해하기 위해 고경古經에 잔존한 『주역』을 연구하다가 '효변'을 발견하고 이를 심화하여 각자의 방식대로 『주역』 해석에 적용했다. 신후담은 「계사상전」의 대연장大衍章[22]을 기준으로 시괘蓍卦하고 효변으로 효사를 해석했다. 신후담이 역법의 과정에서 『춘추좌씨전』에 있는 사례를 전부 인용하고 있는 것은 아니지만, 필자는 『춘추좌씨전』의 관점용례가 여느 효변론자의 경우처럼 그의 역법易法에 중요한 근거가 되었다고 생각한다. 『춘추좌씨전』을 보면, 지금의 『주역』과 다른 부분이 있다. 즉 '건지구乾之姤'니 '관지비觀之否'니 하는 형태로 각 괘의 효를 지칭한 것인데, 이것은 신후담이 매 효를 해석함에 '시위A지B야 是爲A之B也'로 말문을 여는 원리와 같은 표현이다. 『주역』 정문에서는 각 효명을 '초구', '상육', '구이', '육이' 등과 같은 형식으로 사용한다. '건지구乾之姤'나 '관지비觀之否' 등과 같은 형식으로 지칭하지 않는다. 『주역』 정문에 집중했던 신후담은 이렇듯 서로 다른 형식의 효명에 의문을 가졌을 것이다. 이익은 「서계몽익전書啓蒙翼傳」에서 "효의 위치를 나타내는 '초初'와 '상上', 음양을 구분하는 '구九'와 '육六', '용구用九'와 '용육用六'이라는 말은 결코 후인이 멋대로 지어낸 말이 아니다[初上九六二用之語, 決非後人之杜撰]."라고 하였다. 신후담은 이런 문제에 골몰하여 '효변'이라는 답을 찾아내었다. 『춘추좌씨전』에서 '건지구乾之姤'나 '관지비觀之否'와 같은 명칭을 사용한 것은 '효변'의 형식을 나타내기 위한 것으로 보았을 것이다. 즉 '건지구乾之姤'는 건괘乾卦 초효初爻가 변하여 구괘姤卦가 됨을 가리키고, '관지비觀之否'는 관괘觀卦의 사효가 변하여 비괘否卦가 됨을 가리킨다. 신후담은 효변으로 『주역』 해석을 하면서 별도로 효변의 소종래所從來를 설명하지 않았다. 필자는 신

---

22 「계사」상9를 이른다. "大衍之數五十, 其用四十有九. 分而爲二, 以象兩, 掛一, 以象三, 揲之以四, 以象四時, 歸奇於扐, 以象閏, 五歲再閏, 故再扐而後掛."

후담이 그 설명을 『신편』의 '본문'을 통해 곧바로 대입하여 설명한 것이라고 본다. 즉 64괘의 시작인 건괘를 해석하면서 무려 3번에 걸쳐 『춘추좌씨전』을 인용한 것이 그 근거이다. 『춘추좌씨전』에 보이는 관점 사례는 모두 17건이다. 이중 신후담은 5건을 인용했다. 5건 중 3건은 건괘乾卦 초구와 용구用九, 그리고 「문언전」을 설명하면서 인용하였다. 『춘추좌씨전』에 관점의 사례가 있다고 해서 해당 괘에 으레 인용한 것은 아니다. 오히려 인용하는 것을 자제한 것으로 보인다. 더러 효변과 무관하게 알맞은 훈고를 찾기 위해 『춘추좌씨전』을 인용하기도 하였으나, 관점에 관한 건괘乾卦 인용 이외엔 '곤지비坤之比'·'사지림師之臨'·'곤지대과困之大過'에서 사례를 찾아볼 수 있을 뿐이다. 이는 바로 『춘추좌씨전』의 관점 사례를 건괘乾卦 설명에 적극 인용함으로써 효변이 오래전에 이미 상용된 방법임을 주지시키고 자신의 역법이 근원이 있고 사리에 맞음을 암묵적으로 대변한 것이라고 생각한다. 그리고 신후담은 이런 해석방법을 매 효에 적용하여 풀어내었다.[23] 다음은 건괘乾卦 초구의 풀이에서 신후담이 효변을 설명한 부분이다.

〈건괘 초구는〉 양陽이 변하여 음陰이 되니 건괘乾卦의 초구初九는 중천건重天乾이 변하여 천풍구天風姤가 되는 효이다. 그러므로 『춘추좌씨전』에 이 효사를 인용하여 "건지구乾之姤"라고 하였으니 다른 효에서 9를 말한 경우도 이와 같은 방식으로 변한다.[24]

이는 『춘추좌씨전』 소공昭公 29년의 채묵蔡墨의 일을 인용한 것이다. 채묵이 용龍을 설명하면서 용이 들어간 문구를 『춘추좌씨전』에서

---

23 김병애, 앞의 논문, 2017, 24-26쪽.
24 『하빈선생전집』 5책, 9쪽, "陽變爲陰, 則乾之初九, 爲以重天乾變爲天風姤者也. 故春秋傳引此爻之辭, 而曰乾之姤, 餘爻之言九者放此"

찾아오는데, 이 때 『주역』의 출처를 밝히며 지칭하는 효명爻名이 효변의 원리를 담고 있는 형태인 것이다. 채묵은 건괘에 용이 들어간 5개의 효(用九포함)를 거론하였는데, 필자의 생각에 '건괘의 각 효를 이렇게 지칭'한 이 부분이 『춘추좌씨전』에 보이는 여러 사례 중에서 특히 신후담이 주목한 부분이 아닌가한다. 이는 이미 효명에 전부 '구'··'육'을 사용한 『주역』 정문을 앞에 놓고서 고민하던 신후담에게는 더욱 각별했을 것이며, 384효 전부에 관통하는 '효변'이라는 원리를 끌어낼 수 있는 단서가 되었을 것으로 생각된다. 신후담은 효변으로 『주역』을 해석함에 있어서 별도로 효변을 설명하지 않고 64괘의 처음인 건괘를 설명하면서 이런 사례가 있다고 거론하였다. 따라서 '각 괘의 여섯 효가 각각 변하는 경우'와 신후담이 『신편』에서 피력하고자 했던 역학체계가 매우 관련이 깊다고 볼 수 있다. 『신편』에 있어서 건괘의 위치는 곧 64괘를 읽기위한 '범례凡例'와 같은 위치에 있다.

『춘추좌씨전』에 보이는 채묵의 사례를 좀 더 자세히 살펴보겠다. 진晉나라 강도絳都의 교외에 용이 출현하니, 위헌자魏獻子가 채묵에게 용이 실제로 있는지에 대해 묻자 채묵이 있다고 하고 그 근거를 들기를 "在乾之姤日潛龍勿用, 其同人日見龍在田, 其大有日飛龍在天, 其夬日亢龍有悔, 其坤日見群龍無首吉, 坤之剝日龍戰于野. 若不朝夕見, 誰能物之"[25]라고 하였다. 여기에서 '건지구乾之姤'는 건괘乾卦䷀ 초구의 음양이 변하여 구괘姤卦

---

25 이 부분은 논문의 서술을 위하여 원전을 본문에 넣었다. 번역문은 아래와 같다. "乾卦 初九[姤]에 '潛龍勿用(잠복해 있는 용이니 쓰지 말라)'이라 하고, 그 九二[同人]에 '見龍在田(出現한 용이 地上(田)에 있음)'이라 하고, 그 九五[大有]에 '飛龍在天(나는 용이 하늘에 있음)'이라 하고, 그 上九[夬]에 '亢龍有悔(끝까지 올라간 용이니 後悔가 있으리라)'라 하고, 그 用九[坤]에 '見群龍 無首 吉(뭇 용을 보되 머리가 없으면 길하다)'이라 하고, 坤卦 上六[剝]에 '龍戰于野(용이 들에서 싸운다)'라고 하였으니, 만약 아침저녁으로 용이 出現하지 않았다면 누가 그 物象을 이렇게 자세히 描寫할 수 있었겠습니까?"라고 하였다.

☰가 됨을 가리키는 말이니, 건괘乾卦 초구初九와 같은 칭호로 쓰인 것이다. 지금은 '건괘 초구乾卦 初九'라고 불리는 칭호가 춘추 당시에는 '건지구乾之姤'와 같은 형식으로 불린 것이다. 마찬가지로 '기동인其同人'은 곧 '건지동인乾之同人'이니 '건괘乾卦 구이九二'와 같은 칭호이고, '기대유其大有'는 곧 '건지대유乾之大有'이니 '건괘乾卦 구오九五'와 같은 칭호이며, '기쾌其夬'는 곧 '건지쾌乾之夬'니 '건괘乾卦 상구上九'와 같은 칭호이고, '그곤其坤'은 곧 '건지곤乾之坤'이니 '용구用九'와 같은 칭호이며, '곤지박坤之剝'은 곤괘坤卦가 변하여 박괘剝卦가 된 것이니 '곤괘坤卦 상육上六'과 같은 칭호이다. 용이 실제로 있는지를 물었으므로 용龍 자가 있는 효사만을 거론한 것이니, 이는 실제로『주역』의 각 효마다 변變을 적용할 수 있음이 전제된다고 볼 수 있다. 또한 위 인용문 끝에 "다른 효에서 9를 말한 것도 이와 같은 방식으로 변한다."라고 하였으니[26] 신후담은 이와 같은 방법을 64괘의 384효에 모두 적용함에 앞서 이에 대한 '범례'를 건괘乾卦에서 명시한 것이다. 역대의 효변론자들의 문헌적 이력은 모두『춘추좌씨전』의 서례에 대한 연구라는 공통점을 가지고 있다.

4. 신후담 이후 효변의 계승

수세대가 지나도록 묻혀있었던 신후담의 역학이 최근에서야 주목받기 시작했다. '하빈河濱'은 신후담이 교하交河에서 살았으므로 자호自號한 것이며, 이후 꿈에 시초점을 쳐서 '동인괘同人卦 가 변하여 돈괘遯

---

26 六의 경우에는『주역상사신편』坤卦 초육에서 "다른 효에서 6을 말한 것도 이와 같은 방식으로 변한다."라고 하였다.

卦가 되는 효[同人卦 初九]'를 얻자 '돈와遯窩'로 호하였고(24세), 또 『주역』의 '양이 회복하는 상'을 완미하고는 '복재復齋'로 호하였다(24세).[27] 이때는 신후담이 성호문하에 들어온 초창기였으며, 『신편』을 착수하기 전이다. 신후담은 이미 15세부터 『주역』을 읽었으며 19세에 「역학계몽보주易學啓蒙補註」를 지었을 정도로 『주역』에 대한 관심과 실력이 있었는데, 이익을 처음 찾아왔을 때 유학儒學에 전념할 것을 결심하고 유학이외에 탐닉했던 많은 저술을 불살랐던 심정과, 호를 돈와遯窩로 쓰기도 하고 복재復齋로 쓰기도 하는 생활로 미루어보면 『신편』저술에 착수하기 전에 이미 『주역』에 경도된 계획과 환경이 충분히 조성되어 있었다고 보인다. 또 식산息山 이만부李萬敷(1664~1732), 외암畏巖 이식李栻(1659~1729) 등, 이익 주변의 여러 학자들은 『신편』을 지을 때 불원천리 찾아가 질정한 은사이기도 하다. 더구나 이 시기 역학에 관해 신후담에게 가장 많은 영향을 끼친 인물은 평생 은자로 살았던 지산芝山 최도명崔道鳴('鳴'을 '明'으로도 씀, 생몰미상)으로 파악되는데,[28] 이익과 최도명이 주고받은 서신의 주된 내용도 『주역』이었다. 이처럼 스승과 문인들이 『주역』에 심취하고 연구하는 것이 자연스런 일상인 상황을 놓고 볼 때, '신후담의 효변론'은 이익이 직접 관여하지 않았다 해도 맹렬한 자기학습과 그 학풍 속에서 이루어진 역작이다. 마침내 신후담은 정주역학을 넘어 독자적인 주역해석을 내놓았다. 그렇다면 신후담 이후에 누가 효변론을 중시했을까? 그것은 단연 다산 정약용이다.

정약용은 『주역사전周易四箋』을 통해 주역해석론에 있어서 추이推移·물상物象·호체互體·효변爻變의 네 가지 해석방법을 구축하였다.[29] 역

---

27 신후담이 타계한 이듬해에 동생 愼後聃이 쓴 『遯窩先生全書』序에서 인용하였다. 이 글은 따로 '序'로 명시되어 있지는 않다. 遯世无悶했던 지조를 받들어 선생의 저서를 『遯窩全書』라고 한다는 말이 있다(『하빈선생전집』 5책, 4쪽).
28 강병수, 「신후담 신후담의 역학연구와 이해」, 『한국사상사학』 16, 2001, 71쪽.

리사법 가운데 '효변'은 정약용 역학의 특징이다. 정약용은 예禮를 연구하고자 경전을 탐독하는 과정에서 『춘추좌씨전』과 『국어』에 수록된 서점의 사례를 연구하게 된다. 이 연구로부터 '효변'을 재정립하였다. 정약용에게 있어 효변은 역리사법의 중심으로서 이것이 없으면 다른 원리로 작동하지 못하는 요소로 자리매김하였다. 정약용은 "주공周公의 효사는 그 변상變象을 가지고 글을 지은 것이다"[30]라고 확신하는데, 이러한 근거는 춘추관점春秋官占에서 비롯한 것이다.[31] "주공周公은 효사를 지을 때 애초에 근본적으로 이미 변한 괘체卦體를 염두에 두고 그 물상物象을 사용하였으니 효변爻變을 모르면 주공의 효사를 읽을 수 없다"[32]고 하였다. 또 『효변표직설爻變表直說』에서 아래와 같이 주장하였다.

한대 이후 효변설은 전승되지 않았다. 이것이 『주역』의 이치가 어두워진 이유이다. 효가 변하지 않으면 추이推移의 방법도 통할 수 없다. 이것이 추이의 방법이 폐기된 이유이다. 효가 변하지 않으면 「설괘전」의 물상도 모두 부합하지 않게 된다. 이것이 「설괘전」의 용도가 폐기된 이유이다. 효가 변하지 않으면 호체의 물상도 모두 부합하지 않게 된다. 이것이 호체가 폐기된 이유이다.[33]

---

29 이를 易理四法이라 한다. '추이'는 虞翻(170~240)에게서 비롯된 것으로 14辟卦와 50 衍卦의 이동으로 주역을 해석하는 방법이고, '물상'은 괘상과 효상이라는 상징으로 주역을 해석하는 것으로 易學史에 있어서 가장 공통적인 주역해석의 지평이자 방법이며, '호체'는 王弼(226-249) 이래 호응을 받지 못했으나 유구한 역사를 가진 『주역』 해석방법으로서 정약용은 이를 적극적으로 수용하여 『주역』을 해석하였다.

30 『與猶堂全書』 2집 44권, 『周易四箋』 권8, 「繫辭上傳」, "周公爻詞, 以其變象而爲之辭者也."

31 春秋官占은 『春秋左氏傳』에 17사례와 『國語』에 3사례가 있다. 이 중 13사례가 一爻 變이다.

32 『與猶堂全書』 2집 37권, 『周易四箋』 권1, 「括例表·爻變表直說」, "周公撰詞之初,體 而用其物象. 不知爻變 則不可以讀周公之詞也."

33 『與猶堂全書』 2집 37권, 『周易四箋』 권1, 「括例表·爻變表直說」, "自漢以來, 爻變之 說, 絕無師?承. 此易之所以晦盲也. 爻不變, 則推移之法, 亦不可通. 此推移之所以廢. 爻 不變, 則說卦物象, 亦皆不合. 此說卦之所以廢. 爻不變, 則互體之物, 亦皆不合. 此互體

이러한 일련의 주장은 효변을 모르면 추이·물상·호체도 따라서 폐기된다는 논리인데, 이는 바로 역 해석에 전통적으로 활용된 추이·물상·호체를 구동하는 원리가 효변이라는 것이다. 조선 역학사상 신후담의 '효변'은 정약용 역학에 마중물이 되었음이 너무도 자연스럽다.[34] 그리고 그들의 위에 이익이 있다.

이익이 탐구한 역학의 특징 중 하나는 서법에 대한 합리적인 대안을 제출했다는 점인데,[35] 이익 서법의 집대성인 「시괘고蓍卦攷」에서 가장 먼저 언급하는 것이 '대연장'이다. 앞에서 신후담 역학해석의 중심이 효변이고, 그 연원이 『춘추좌씨전』이며, 효변의 원리는 '대연장'을 기

之所以廢."

34 학계에서 신후담과 정약용의 연관설이 제기되기 이전에도 물론 정약용 역학의 연원을 고찰하는 연구가 있었는데, 그중 특히 주목되는 논문이 임재규의 「정약용 효변론의 연원에 대한 시론적 고찰」이다. 임재규는 정약용의 효변론의 연원을 설명하기를 "다산이, 송대의 역학자 도결이 효변을 이용해 『주역』을 해석하고 있음을 『문헌통고』의 「경적고」에서 확인했음을 알 수 있다. 그리고 다산이 도결의 『주역변체』라는 책을 구해보지 못했다 하더라도 이 책의 내용이 효변을 이용해 『주역』을 해석하고 있음을 알았다는 점은 분명하다."라고 하여 정약용의 효변론의 연원을 밝혔는데, 정약용과 도결을 연관지우며 정약용의 『주역사전』을 인용하고 해설하는 논술이 본고에서 신후담의 효변론을 설명하는 부분과 너무도 흡사하다. 그 글은 아래와 같다. "〈乾卦 初九의 해석에서〉 특히 중요한 것은 처음에 나오는 '이는 건괘乾卦가 구괘姤卦로 변했음을 나타낸다'이다. 원문은 '此乾之姤也'이다. 이러한 표현은 『주역사전』의 384효에 대한 설명에서 빠지지 않고 나오는 대목이다. 이러한 표현은 다산의 효변론을 가장 핵심적으로 보여주는 것으로 이해할 수 있다(337쪽)." 임재규의 연구에서 밝혔듯이 정약용의 역학에 있어서 도결과의 유사성이 자명하다. 그러나 시선을 돌려보면 여기에 신후담이 있음도 도외시할 수 없다.

35 김인철은 그의 논문 「성호이익의 역학관」에서 이익의 역학관을 세 가지로 정리하였다. 세 가지는 "첫째, 이익은 『周易』을 三易의 통합된 결과물로서 간주하였다. 둘째, 이익은 河圖로부터 先天圖과 後天圖를 성공적으로 연역해 내었다. 선후천도는 본래 邵雍(1011~1077)에 의해 처음 제기된 것이기는 하나 방위설정의 근거가 모호했었는데 이익은 하도에 배열되어있는 數의 성격과 四方의 음양적 구분, 오행의 생성순서 등을 설득력 있게 해명하였다. 셋째, 筮法에 대한 합리적인 대안을 제출하였다"인데, 본고와 관련하여 '셋째' 논점을 인용하였다.

초로 하고 있음을 살펴보았는데, 신후담에게도 시법蓍法을 위한 별도의 저술인 「괘시도설卦蓍圖說」이 있다. 그는 『신편』의 『상경』·『하경』을 탈고하고 시법蓍法이 제대로 전해지지 않음을 염려하여 시법을 알리기 위한 일종의 '설명서'로 「괘시도설」을 부록한듯하나, 아쉽게도 지금은 전하지 않는다. 다만, 『연보』에 「괘시도설」에 대한 설명이 있는데, 이에 의하면 「괘시도卦蓍圖」는 '괘도卦圖'와 '시도蓍圖'로서, 괘도에 속한 것이 모두 28도圖[36]이고 시도에 속한 것이 모두 16도圖[37]임을 소개하고, 이어 「괘시도설卦蓍圖說」을 찬술한 목적이 시법蓍法을 밝히기 위한 것임을 명시하고 있어 신후담도 서법을 중시했음을 추론할 수 있다.[38]

정약용은 「계사상전」의 9장·10장·11장의 일부를 모아 「시괘전蓍卦傳」이라는 하나의 독립된 전傳을 따로 만들었다. 이는 주역을 해석하는데 있어서 서법筮法에 관한 부분을 체계적으로 정리할 필요성을 느꼈기 때문이다. 정약용의 「시괘전蓍卦傳」은 본래 「계사상전」에서 발췌한 것이지만 정약용 역학에 있어서 그 의미는 매우 중요하며 그의 역학사상 전반에 직접적으로 관련된다. 역학사에 있어서 서법이 어느 한쪽의 학파에서만 보이는 양상은 아니나, 서법은 특히 상수象數를 밝히기 위한 필수 과정이니, 이런 의미에서 신후담이 연구한 효변이 위로 이익으로

---

36 『하빈선생전집』 9책, 「河濱先生年譜」 81쪽, "屬於卦圖者, 日二氣三才圖, 日奇耦圖, 日八卦生出序圖, 日八卦分列序圖, 日八卦變圖, 日重卦圖, 日序卦全圖, 日上經序卦分三節圖, 日分三節變圖, 日分六節變圖, 日分七節圖, 日主客分類圖, 日下經序卦分三節圖, 日分三節變圖, 日分六節圖, 日分八節圖, 日主客分類圖, 日父母三素配序卦圖, 日上經全圖, 日下經全圖, 日雜卦圖, 日雜卦上下交易圖, 日伏體圖, 日反體圖, 日互體圖, 日變體圖, 日二體六位圖, 凡二十八圖也."

37 같은 책, 81-82쪽, "屬於蓍圖者, 日太極五數圖, 日太極小衍成十圖, 日太極太衍成五十圖, 日大衍五十除一圖, 日大衍分二掛一圖, 日天數地數四揲圖, 日天地分數不均圖, 日天地揲數不均圖, 日四揲餘數再扐圖, 日歸奇通爲再扐圖, 日再扐而後卦圖, 日三變成爻圖, 日揲數天地成太極圖, 日扐數天地合成太極圖, 日四象觀占圖, 凡十六圖也."

38 김병애, 앞의 논문, 2017, 15-16쪽.

부터 아래로 정약용에 닿는 매개가 된다고 생각한다.[39]

이상에서 이익·신후담·정약용에 대하여 효변의 과정에서 중시되는 서법을 살펴보았다. 이익의 전반적인 역학의 결실은 『역경질서易經疾書』 속에 잘 드러나 있다. 이를 통해보면 이익의 역학은 효변 이외에 괘변·호체 등 다양한 방법으로 주역을 해석하고 있음을 파악할 수 있다. 이익의 비중은 호체에 무게가 실리지만,[40] 신후담은 적극적으로 효변을 역학해석의 중심에 놓고 『신편』을 저작했으며, 정약용은 그의 『주역사전』으로 『주역』을 해석하는 과정에서 효변이 역학해석의 관건임을 역설하였다. 정약용은 성호 이익의 저술에 대하여 "성옹문자 태근백권星翁文字殆近百卷"이라 하여 방대한 저술에 대한 존경과 이것이 제대로 전해지지 못하는 아쉬움을 드러내놓고 걱정하였듯, 그는 성호문인의 학술 저작 활동을 다 파악하고 있었을 것으로 짐작된다. 신후담은 성호문하의 여러 학자들과도 학문적 교유를 맺고 소통했을 뿐 아니라[41] 스승 이익의 가르침을 받는 한편 한당역학사漢唐易學史를 통해서 역학을 정리한 성과를 모두 글로 남기기도 하였다.[42] 정약용은 성호학파의 걸출한

---

39 같은 논문, 2017, 33-41쪽.
40 "성호에게 호체의 방법론이 중요했다면 하빈은 효변의 방법론이 중요하다(서근식, 「성호학파에서 다산정약용 역학의 성립과정」 Ⅱ, 2016, 164쪽)".
41 신후담이 성호문하에서 여러 학자들과 맺은 교유는 그의 학문형성에 있어 중요한 부분이다. 易學에 관련된 인물들 중심으로 살펴보면 28세(1729년)에 息山 李萬敷 (1664~1732)를 찾아 『本義』・『易學啓蒙』과 邵雍의 「加一倍法」에 관한 강론을 들었다. 또 이천에서 학문을 펼치던 畏巖 李栻(1659~1729)을 방문하여 易學과 性理學에 대한 많은 가르침을 받는다. 평생 隱者로 살았던 芝山 崔道鳴('鳴'을 '明'으로도 씀, 생몰미상)은 學脈이나 家系는 잘 알려져 있지 않으나 당시 李瀷과의 교유를 통해 易學을 토론하고 의견을 주장했던 인물로, 신후담은 『周易象辭新編』을 탈고하던 해 (33세, 1734년)에도 李瀷과 崔道鳴에게 질정했다.
42 李瀷이 쓴 「成均進士愼公墓誌銘 幷序」에 『周易』에 관한 부분만 발췌하면 아래와 같다. 『星湖全集』 64권, "其考究皆有所著. 於易有象辭新篇・易通義・繫辭通義・說卦通義・卦蓍圖說."

문인이다. 그렇다면 정약용이 이러한 신후담의 존재를 모르지 않았을 터인데, 정약용의 저서에서 신후담 및 그의 이론에 관한 어떤 정보도 찾을 수 없다는 것은 이해하기 어려운 일이다. 그동안 학계는 정약용역학의 연원에 대해서 중국역학의 영향만을 고려하고 있었으나, 최근의 연구에서는 이익의『주역』해석 방법과 이로부터 영향을 받은 신후담의『주역』해석 방법이 정약용에게 영향을 미치고 있다는 가설을 세우고[43] 있으며,[44] 여기에서 더 나아가 신후담 역학의 사상사적 은폐와 무관심의 이유에 대한 과감한 논의도 제기되고 있다.[45] 서근식은 "신후담은 천주교에 대해 신랄하게 비판하고 있다. 이러한 이유 때문에 신후담을 성호우파로 분류한다. 정약용은 성호좌파에 속하는 인물이다. 따라서 신후담의『신편』이 아무리 중요한 서적이라 해도 이를 언급하지 않았을 것이다. 그렇다고 정약용이『신편』을 보지 않은 것은 아니다. 단지 신후담의 역학에 대해 언급만 하지 않았을 따름이다."[46]라고 하였는데, 서학으로 절체절명의 기로에 놓였던 당시 상황을 고려하면 그 발상과 설명이 설득력이 있어 그간의 의문을 어느 정도 풀어주었다고 생각한다. 그러나『여유당전서』에 안정복安鼎福(1712~1791)이 정약용의「자찬묘지명」을 비롯해 여러 곳에 언급되고 있는 점[47]을 놓고 본다면 이러한 이

---

43 이창일,「신후담 주역 해석의 특징」, 2017, 39-40쪽.
44 이에 관해 최영진·이선경의「河濱 愼後聃의『周易』해석 일고찰 -乾卦를 중심으로」(2014)를 출발로, 황병기의「성호학파의 주역 상수학설 연구: 이익, 신후담, 정약용의 역상설을 중심으로」(2015)가 있다.
45 이창일, 앞의 논문, 2017, 39-40쪽.
46 서근식, 앞의 논문, 2016, 162쪽.
47 『정본 여유당전서』에 안정복을 거론한 글이「자찬묘지명」을 비롯해 총 7편이 있다. 안정복은『天學考』와『天學問答』을 저술해 천주교의 來世觀이 지닌 현실부정에 대해 비판했고, 사후인 1801년에도 천주교 탄압에 앞장선 노론 僻派로부터 천주교 비판의 공을 인정받아, 정2품의 資憲大夫로 廣成君에 추봉되어, 성호학파의 남인 가운데 가장 보수적인 인물로 지목되고 있는 성호우파이다(『한국역대인물종합정보시스템』

유로는 여전히 설명되지 않는 부분이 있다.

5. 맺음말

　『신편』은 처음에 6년에 걸쳐 완성하고 다시 24년이 지난 뒤 수정까지 거친 역작이다. 생애 말년(57세)에『신편』을 수정한 것을 보면 처음 『신편』 탈고 후 그 24년이 본인이 세운 주역연구의 검증과 보완기간이었을 것이다. 또, 59세에는 「천문략곤여도설약론天問略坤輿圖說略論」을 지어 이익을 배알하던 첫해에 변론했던 「서학변西學辨」의 뜻을 다시 한 번 굳혔다. 향년 60세의 신후담의 연보에 보이는 이 두 행적은 일생 그가 무엇을 지향하고 있었는지 짐작할 수 있게 한다.

　본고는, 서론에서 신후담의 인물정보를 독서와 저작 중심으로 일별하면서 신후담에게 있어 특히『주역』관련저작이 많으며 그중에서도『신편』의 중심이 '효변'에 있음을 주목하고, 신후담이『신편』 저술에 생애 절반이나 심혈을 기울인 이유가『주역』의 본의를 찾으려는 노력의 일환으로 보았다. 이에 따라 신후담이『신편』의 체제를『역경』과『역전』으로 분리하였음을 언급하고,『신편』의 특징인 '효변'을 실제 용례대로 분석하여 정주역학程朱易學과의 차이를 연구하였다. 신후담은『주역』의 본의를 이해하기 위하여『역경』에 몰두했다. 그 열쇠는 효사의 진의를 파악해야 하는 것으로 좁혀졌으며, 이를 탐구한 결과 '효변'이라는 코드를 찾아내어 이 방법을 384효에 관통하여 적용했다. 신후담의 '효변'은 정주역학의 틀을 넘어 독자적으로『주역』을 해석해서 그간의 모호

안정복 편).

하고 어려우며 비합리적이라고 느꼈던 효사를 합리적이고 체계적으로 정리한 하나의 혁명이다. 따라서 신후담의 이러한『주역』해석 방법에 대하여 비록 과연 '모호하고 어려우며 비합리적인 효사를 합리적이고 체계적으로 정리하였는가'의 논의가 있을 수도 있겠으나, 혹 그런 점이 있더라도 그것은 '효변 자체의 한계'이지 오래된 새로운 해석방법을 채택하여『주역』을 해석하고자 했던 역학자의 공훈에 흠이 되지는 않을 것이다.

다음으로『주역』해석코드인 '효변'의 출발이『춘추좌씨전』임을 명기하였다. 또, 변효를 추출하기 위해 반드시 거처야하는 것이 서점筮占인 점을 강조하여 이익-신후담-정약용의『주역』연구가 저마다 '대연장'을 기초로 서법론을 마련한 공통점이 있음을 살펴보았다. 즉 그들 간에 '효변'이라는 원리가 자연스럽게 연결되어있음을 추론하고, 끝으로 신후담이 활용한 '효변'이라는 주역해석방법론이 정약용에게서 '사전四箋'으로 꽃피었을 가능성을 짚어보았다.

오래 동안 묻혀있었던 신후담의 역학이 최근에서야 수면 위로 떠오르기 시작했다. 그의『주역』연구의 처음은, 맹렬한 자기학습과 성호문인이라는 환경 속에서 스승과의 질정 및 주변인물과의 교유를 통하는 과정이 있었다. 그리고 그가 이룩한 '효변'의 연장선은 정약용에게 닿아있다. 그러나 문헌에 명시된 정약용과 신후담과의 상호관계는 아직 입증할 만한 근거가 없다. 이것이 관심을 끄는 이유는 상수역학의 집대성인『주역사전周易四箋』의 비중이 효변에 있고, 이 효변과의 유기적 관계 속에 추이·물상·호체까지도 파생되는 연관성을 놓고 볼 때, 그간 정약용 주역의 연원을 중국에서만 찾고자 했던 시선을 우리 역학사로 돌릴 수 있는 명확한 근거가 되기 때문이다. 결론적으로 신후담 주역연구의 중심은 '효변'이며, 효변을 관통하여 주역을 해석한 신후담의 역할은 적지 않을 것임에 틀림없다.

『정전程傳』의 '팔즉양생八則陽生'에 관한
한국역학자들의 견해

최정준

이 글의 주제는 일반적으로 주목하지 않는『程傳』의 수數에 관한 문제이다.『정전程傳』에 들어있는 '팔즉양생八則陽生'이라는 수와 관련한 문제를 연구하는 것은 세 가지 중요한 의미를 지닌다. 연구를 통해 얻은 결론은 다음과 같다. 첫째 '팔즉양생'은 '[하도상에서] 8은 이미 양이 생겨나있는 때[위치]'라는 뜻이다. 둘째 정이천은 일반적으로 통용되었던 사상수四象數의 운용에 부정적이었다. 그리고 하도 낙서와 관련한 수에 대한 견해가[河十洛九論, 河九洛十論] 선명하지 않다. 셋째『주역전의대전』에 들어있는 중국역학자들의 소주에서는 '팔즉양생'과 관련한 논의를 발견할 수 없다. 반면 이에 관한 한국의 역학자들의 치밀하고 비판적인 연구에서 그 차이점을 발견한다. 강석경은『정전』의 '팔즉양생'이 '사상수리四象數理'에 위배된다고 비판했고, 이항로 역시 사상론적 관점에서 이해했다. 유정원은 소식이론에 근거해 '하도의 수리와 부합하지 않는다고 비판하였고, 이진상은 순역順逆이론에 근거해 하도의 수리와 부합한다고 옹호하면서 유정원의 이론을 재비판하였다.

---

* 최정준(동방대학원대). 이 글은『程傳』의 '팔즉양생八則陽生'에 관한 한국역학자들의 견해라는 제목으로『양명학』43(2016.)에 게재하였음을 밝혀둔다.

1. 서론

널리 알려진 것처럼 정이천의 『정전程傳』은 의리적 관점에서 쓴 주역해석서이다. 의리적 관점에서 쓴 해석서에 상수象數의 문제를 거론하는 것은 적절하지 않다는 비판이 있을 수 있다. 그럼에도 불구하고 굳이 수와 관련된 문제를 다루는 것은 몇 가지 의의가 있다고 생각되기 때문이다. 기본적으로는 『정전』과 정이천 연구활동에 관한 정확한 토대구축과 연관된다. 그리고 저서의 정확한 의미는 저자의 의도를 파악해야만 가능한 일이다. 또 하나는 송대의 하도낙서에 관한 인식과도 연관된다. 이것은 정이천이 이 부분과 관련하여 하도河圖를 거론해 설명하였기 때문이다. 다른 중요한 또 하나는 한국역학의 창의적 태도와 연관된다. 중국의 역학자들이 주의를 기울여 거론하지 않았던 '팔즉양생八則陽生'이라는 한 문구에 관한 치밀하고 비판적인 탐구와 그에 대한 재반박과정에서 한국역학의 창의적 발견을 확인할 수 있다.

이 글에서는 『주역』의 건곤괘乾坤卦를 구성하는 구육九六에 대한 『정전』의 주석을 살펴보고 그 의미를 명확히 하고자 하며, 『정전』의 '팔즉양생'에 대해 행해졌던 한국역학자들의 비판을 살펴보겠다. 『본의本義』에서는 건괘乾卦 초구初九와 곤괘坤卦의 초육初六에 대해 다음과 같이 풀이하였다.

> 초구는 괘의 맨 아래에 있는 양효의 명칭이다. 괘를 그릴 때는 아래에서부터 위로 긋기 때문에 맨 아래 효가 '초初'이다. 양수陽數는 9가 노양老陽이고 7이 소양少陽인데 노양老陽은 변하지만 소양少陽은 변하지 못하기 때문에 양효를 9라 하였다.[1]

---

1 『本義』乾卦, "潛, 捷言反. 初九者, 卦下陽爻之名. 凡畫卦者, 自下而上, 故以下爻爲初.

육六은 음효陰爻의 명칭이다. 음수陰數는 6이 노음老陰이고 8이 소음少陰이기 때문에 음효陰爻를 6이라고 하였다.[2]

주희는 9와 6을 노양과 노음으로 7과 8을 소양과 소음으로 보아 설명하였는데 이런 설은 이전부터 통용되었던 정합적 이론에 근거한 것이다.

이에 비해 『정전』에서는 건괘 초구와 곤괘 초육에 대해 다음과 같이 풀이하였다.

맨 아래에 있는 효가 초효이다. 9는 양수의 극성함이기 때문에 그것으로 양효를 명명하였다.[3]
음효를 지칭하여 6이라 한 것은 6이 음의 극성함이기 때문이다.[4]

정이천은 9와 6에 대해 모두 순전하고 극성한 양이나 음의 뜻으로 보았으니 9와 6이란 수는 '순성純盛'이 핵심적 의미이다. 반면에 7과 8에 대해서는 비대칭적 언급을 함으로써 논의의 발단이 되었다. 그 문제의 구절이 바로 곤괘 초육에 대한 언급이다.

음효를 지칭하여 6이라 한 것은 6이 음의 극성함이기 때문이니 8은 양생陽生으로 순전한 음도 아니고 극성하지도 않다.[5]

陽數九爲老,七爲少, 老變而少不變, 故謂陽爻爲九."
2 『本義』坤卦, "六,陰爻之名. 陰數六老而八少, 故謂陰爻爲六也."
3 『程傳』乾卦, "下爻爲初. 九陽數之盛, 故以名陽爻."
4 『程傳』坤卦, "陰爻稱六, 陰之盛也."
5 『程傳』坤卦, "陰爻稱六, 陰之盛也. 八則陽生矣, 非純盛也."

이 부분에서 '팔즉양생八則陽生'이란 구절이 화두로 떠올랐다. 그 정확한 의미를 찾아보고 이에 관한 여러 견해와 비판에 대해 검토해본다.

2. '팔즉양생八則陽生'의 의미와 주희의 비판

일반적으로 통용되었던 사상의 수리에 관한 설명은 『주역정의周易正義』의 소에도 보인다.

> 양효를 9로 부르고 음효를 6으로 부르는 것에는 설이 두 가지가 있다. 하나의 설은 건괘의 몸체는 3획이고 곤괘의 몸체는 6획인데 양은 음을 겸하기 때문에 그 수가 9이고 음은 양을 겸하지 못하기 때문에 그 수가 6이라는 것이다. 또 하나의 설은 노양의 수는 9이고 노음의 수는 6으로 노음과 노양은 모두 변하며 주역은 변하는 것으로 점을 친다. 그러므로 두예가 주를 단 양공 9년 조의 '간지팔艮之八'과 정현의 주석에 역易이라 한 것은 모두 주역을 말하니, 변한 것을 가지고 점을 치기 때문에 9라 하고 6이라 한다. 노양수가 9이고 노음수는 6인 것은 설시의 수에서 9를 얻으면 노양이 되고 6을 얻으면 노음이 되니 소양인 7과 소음인 8의 뜻도 이것에 준한다.[6]

위 인용문에서 볼 수 있듯이 괘의 효를 9와 6으로 부른 것은 주로 괘에 내재해있는 상수나 설시의 상수와 관련이 있으며 일찍부터 통용

---

6 『周易正義』, "陽爻稱九, 陰爻稱六, 其說有二. 一者, 乾體有三畫, 坤體有六畫, 陽得兼陰, 故其數九, 陰不得兼陽, 故其數六. 二者, 老陽數九, 老陰數六, 老陰老陽皆變, 周易以變者爲占. 故杜元凱注襄九年傳, 遇艮之八, 及鄭康成注, 易皆稱周易, 以變者爲占, 故稱九稱六. 所以老陽數九, 老陰數六者, 以揲蓍之數, 九遇揲則得老陽, 六遇揲則得老陰, 其少陽稱七, 少陰稱八, 義亦準此."

되어온 설이다. 그러므로 사상수라는 틀 속에서 9가 노양이고 6이 노음이라는 고정관념을 가지고 관습적 주역읽기를 극복하지 못한 상태에서는『정전』의 '팔즉양생'이라는 한 구절에 관한 문제의식이나 그 정확한 의미에 관한 탐구도 이루어질 수 없다. 그러나 자세히 살펴보면『본의』와 달리 큰 차이가 있었음을 발견한다.

　『본의』와『정전』의 표현 그대로만 보자면 사상수의 이론에 대해 주희는 받아들인 반면 정이천은 받아들이지 않았다. 정이천이 받아들이지 않았다는 정황은『정전』의 곤괘坤卦 초육初六의 해설에 있는 '팔즉양생'에 대한 기록에서 알 수 있다.

　　정자가 말하였다. 선배 학자들이 6은 노음이고, 8은 소음이라 하였는데, 정말 그렇지 않다. 왕안석은 군자를 나아가게 하고 소인을 물러나게 한 것은 성인이 의리를 조금 안배한 것이라고 여겼다. 이는 음양의 수를 정한 것이니 어찌 의리를 말한 것이겠는가? 9와 6은 다만 순전한 음과 순전한 양임을 취하였다. 오직 6만이 순전한 음이니 하도의 수를 놓고 볼 때 6을 지나면 1양이 생기고 8에 이르게 되면 곧 순전한 음이 아니다.[7]

　인용문을 분석해보면 정이천은 6과 8이라는 수와 상호 관계를 노음과 소음이라는 틀에서 생각하지 않았음을 알 수 있다. 그리고 '팔즉양생'에서 8은 8에 이른다는 뜻이고 양생陽生은 이미 하나의 양이 생긴 상태라는 뜻이다. 정이천의 의견을 충실하게 반영하여 해석하면 '팔즉양생'은 그가 하도로 부른 도상에서 '8에 이르면 이미 양이 생겨있다'

---

7 『二程全書』, "程子曰, 先儒以六爲老陰, 八爲少陰, 固不是. 介甫以爲進君子而退小人, 則是聖人旋安排義理也. 此且定陰陽之數, 豈便說得義理. 九六只是取純陰純陽. 惟六爲純陰, 只取河圖數見之, 過六則一陽生, 至八便不是純陰.〈楊遵道錄〉."

는 뜻이다. 6과 8의 차별적 관계를 그가 하도라고 지칭하는 도상을 예로 들어 설명하고 있는 것이다. 여기에서 '6을 지나면 1양이 생기고 8에 이르게 되면 곧 순전한 음이 아니다'라는 부분이 한국역학사에서 『주역전의대전』의 이해와 관련하여 의문이 제기되면서 비판의 대상이 되었다.

앞의 인용문에서 알 수 있듯이 정이천은 사상수리에 대한 기존의 학설을 알고는 있었지만, 9와 6이라는 효를 설명할 때 사상수의 틀을 사용하지 않았다. 이렇게 효와 관련된 수數의 차원에 사상을 도입하는 것에 대해 부정적이었지만 그가 사상 자체를 부인한 것은 아니다.

> 범문포가 물었다: 사상四象은 무슨 뜻입니까? 답하였다: 좌우와 전후입니다.[8]
> 양중립이 물었다: 사상은 무슨 뜻입니까? 답하였다: 사방입니다.[9]

동서남북 전후좌우라는 공간적 위치를 사상으로 볼 수 있다고 한 반면 9·8·7·6의 수를 사상으로 보는 것에 대해서는 긍정하지 않은 셈이다. '사상'이라는 개념을 가지고 있으면서도 수리의 차원에서는 정형화하지 않은 정이천의 태도에 대해 상수학적 관점에서 볼 때 자연 비판의 여지가 있다.

이에 대해 주희가 이천의 견해가 분명하지 않다고 비판하였다.

> 구九와 육六의 설명에서 양준도楊遵道가 기록한 글 중 한 단락

---

8 范文甫, 問四象, 曰左右前後.
9 『二程外書』, 卷11, 「時氏本拾遺」, "楊中立, 問四象, 曰四方."

은 『정전』의 뜻을 발명하였지만 그 말이 분명하지 않다.[10]

이천伊川의 양의兩儀와 사상四象에 대한 설명은 분명하지 않다.[11]

정이천이 사상수의 틀을 가지고 9나 6을 이해하지 않았다는 것은 위 내용을 통해 짐작할 수 있다. 문제는 정이천이 사상수의 체계를 부인하였음에도 불구하고 상수학에서 중시하는 도상인 하도의 수數를 가지고 6과 8의 관계를 설명하면서 후대에 비판과 논쟁의 재료를 제공하였다는 점이다. 즉 정이천이 "9와 6은 다만 순전한 음과 순전한 양임을 취하였다. 오직 6만이 순전한 음이니 하도의 수를 놓고 볼 때 6을 지나면 1양이 생기고 8에 이르게 되면 곧 순전한 음이 아니다."라고 말함으로써 논변의 주제가 된 것이다. 주희는 단순히 불분명하다는 말만 했을 뿐 이에 대한 구체적 논변을 하지는 않았다. 정작 본격적인 문제제기와 심도있는 비판은 한국에서 이루어졌다.

3. 강석경姜碩慶의 문제제기와 이항로李恒老의 견해

『한국경학자료집성·역경』을[12] 토대로 살펴본 결과 『정전』의 '팔즉양생八則陽生'에 대해 주목하면서 비판한 한국역학자는 그리 많지가 않은데 가장 먼저 강석경姜碩慶[13]을 들 수 있다. 그의 저작인 『역의문답易疑問答』에 이 부분에 관한 비판이 들어있다.

---

10 『文公易說』, "朱子曰, 九六之說, 楊遵道錄中一段, 發明傳意, 然亦未曉其說."

11 『朱子語類』 卷71, "伊川說兩儀四象不分明."

12 『韓國經學資料集成·易經』, 성균관대학교 대동문화연구원, 1996.

13 姜碩慶(1666~1731), 호는 喫眠窩로 조선 숙종에서 영조시기의 학자이다. 1693년에 진사시에 합격했으나 과거를 단념하고 廣陵에 은거하여 성리학과 易學에 전념하였다.

『정전』에 곤괘 초육에 음효를 6이라 칭하니, 음의 수가 극성한 것이고, 8은 양이 생긴 것이니 순수한 극성함이 아니라는 것은 무엇을 말한 것입니까?[14]

1, 2, 3, 4는 사상의 자리이고 6, 7, 8, 9는 사상의 수이다. 6은 세 음이고 9는 세 양이니 음양의 순전함으로 노양과 노음이 된다. 양이 극하면 음이 생하고 음이 극하면 양이 생하기 때문에 양은 노음의 6에서 생하여 소양의 7이 되며 순행하여 9에 이르면 양이 나아감이 극에 달아 더 이상 갈 곳이 없다. 그렇기 때문에 다시 변하여 물러나 소음의 8이 되며 역행하여 6에 이르면 음이 물러남에 극에 달아 더 이상 물러갈 곳이 없다. 그렇기 때문에 다시 변해 나아가 돌고 돌아 끝이 없다. 이렇다면 7은 양이 처음 생하는 자리이고 8은 음이 처음 생하는 자리인데 어떻게 양이 8에서 생긴다고 말할 수 있겠는가? 이것이 『정전』의 설명이 분명하지 않은 부분이다.[15]

강석경은 『정전』의 '팔즉양생'에 대해서 '8은 양이 생기는 지점'이라는 의미로 이해했다. 『정전』의 본 뜻이 "8에서는 이미 양이 생겨있다"는 것을 일단 받아들인 것이다. 그렇지만 그런 뜻으로 받아들이기엔 납득이 되질 않는다는 주장이다. 강석경은 하도의 위수와 음양수의 진퇴에 근거해 이해하려고 하였다. 그런 관점에서 볼 때 소음수인 8은 9라는 노양의 수에서 생겨난 음이다. 진퇴의 논리로 보면 양의 나아가는 기운이 극에 이르러 반대로 물러나기 시작하는 과정이다. 그러므로 "7

---

14 姜碩慶, 『易疑問答』 坤卦, "坤初六, 程傳日, 陰爻稱六, 陰數之盛也. 八則陽生矣, 非純盛也. 此何謂也."

15 姜碩慶, 『易疑問答』 坤卦, "日, 一二三四者, 四象之位也, 六七八九者, 四象之數也. 六三陰, 九三陽, 則陰陽之純而爲老也. 陽極則陰生, 陰極則陽生, 故陽生於老陰之六, 而爲少陽之七, 順行而至於九, 則陽極於進, 夏無去處. 故復變而退爲少陰之八, 逆行而至於六, 則陰極於退, 夏無去處, 故復變而進, 循環無窮矣. 然則七者, 陽始生之位也, 八者, 陰始生之位, 豈可謂陽生於八乎. 此亦程傳之說, 有所未瑩也."

은 양이 처음 생기는 자리이고 8은 음이 처음 생기는 자리인데 어떻게 양이 8에서 생긴다고 말할 수 있겠는가?"라고 비판하였던 것이다. 다시 말해 음양의 진퇴과정에서 8의 위치는 양이 극해 음이 생하는 '음생'의 과정인데 어떻게 정전에서는 양이 생긴다는 '양생'이라고 했냐는 것이다. 강석경의 비판은 본질적으로 사상수의 진퇴하는 이치에 입각해서 이천의 설을 비판한 것이다. 그러나 정이천은 9, 8, 7, 6이라는 사상수리 체계를 선명히 사용하지 않았기 때문에 사상수리의 진퇴논리를 전제로 비판한 것은 문제가 있다. 강석경은 정이천의 사상수에 대한 인식을 천착하지는 않은 것 같다.

이항로李恒老[16]도 이 부분에 관해 자신의 견해를 밝혔다. 『주역전의동이석의周易傳義同異釋義』에서

> 『정전』에서 말하였다: 음효를 육이라 칭하니, 음이 성대한 것이다. 8은 양이 낳은 것이니, 순수한 성대함이 아니다. 『본의』에서 말하였다: 6은 음효의 이름이니, 음수에서 6은 노음이고, 8은 소음이기 때문에 음효를 6이라고 말한다. 『정전』에 8이 양을 낳았다고 하였으니, 8은 소음인데 하나의 음과 두 개의 양이 소음이 되는 까닭에 양이 낳은 것이지만 순수한 성대함이 아니라고 하였다.[17]

이항로도 '8은 소음'이라는 사상수리적 관점에서 보고 있다. 이런 점에서는 강석경이 근거한 관점과 동일하다. 그러나 "하나의 음과 두

---

16 李恒老(1792~1868), 조선 말기의 성리학자, 위정척사론의 사상적 기초를 형성했다.
17 李恒老, 『周易傳義同異釋義』 坤卦 「程傳」, "陰爻稱六, 陰之盛也. 八則陽生矣, 非純盛也. 「本義」, 六陰爻之名, 陰數六老而八少, 故謂陰爻爲六也. 按, 傳八則陽生, 謂八是少陰而一陰二陽爲少陰, 故曰陽生而非純盛也. 履在足之物, 霜初寒之候, 故爲初六之象.

개의 양이 소음"이라는 언급은 꽤나 설시의 과정에서 나타나는 소음의 상으로 이미 하나의 음이 있기 때문에 순전한 양은 아니라는 것이다. 사상의 수리를 근거로 삼아 견해를 밝혔지만 소음의 개념을 "하나의 음과 두 개의 양"이라는 개념으로 이해해 말한 것은 강석경과 차이가 있다. 하지만 이런 견해는 정이천이 직접 "선배 학자들이 6은 노음이고, 8은 소음이라 하였는데, 정말 그렇지 않다."는 언급을 고려해 볼 때 상충되는 점에 대해서는 해소할 수 있는 논리가 필요하다.

4. 유정원柳正源의 하도낙서 소식론消息論에 근거한 비판

강석경과 이항로가 사상의 수리에 근거해 문제를 제기하고 자신의 견해를 밝힌 것과 달리 매우 정치하게 다가간 학자가 바로 유정원柳正源이다. 유정원[18]은 『역의문답易疑問答』에서 이 부분에 관해 비판적으로 자신의 의견을 밝혔다. 유정원의 정이천에 대한 비판은 세 차원으로 진행되었다. 하나는 사상의 설을 채용하지 않은 점이고 둘은 하도와의 연관성이 없는 점이고 셋은 낙서를 하도로 여긴 점이다. 유정원은 무엇보다도 정이천이 사상의 설을 이용하지 않고 하도의 수를 가지고 설명하려했지만 도무지 납득할 수 없다고 비판하면서[19] 음양소장陰陽消長의 관점을 밝혔다.

---

18 柳正源(1703 ~ 1761), 자는 淳伯이고 호는 三山으로 安東 출생이다. 1729년(영조 5) 생원이 되어 1761년(영조 37) 판결사를 거쳐 대사간에 이르렀다. 제자백가에 두루 정통하였으며 저서로 『易解參攷』 등이 있다. 생몰은

19 柳正源, 『易解參攷』 坤卦, "案, 此數條, 可見程子不用四象之說, 而第以河圖數推之, 終有矇蔽未透處."

양은 자子에서 생겨나 동東에서 드러나고 남南에서 성대해져 서
북西北에서 다하며, 음陰은 오午에서 생겨나 서西에서 드러나고 북
北에서 성대해져 동남東南에서 다하는 것은 음양陰陽이 소장消長하
는 자연스러운 것이다.[20]

양은 북에서 생하여 동에서 드러나고 남에서 극성해지다가 서북에
서 소진한다는 생生·저著·성盛·진盡의 네 가지 단계로 보아야 한다는
주장이다. 이것은 음양의 기운이 소식하는 자연적 원리를 팔괘의 상으
로 나타낸 것인데 아래의 그림으로[21] 이해해 볼 수 있다.

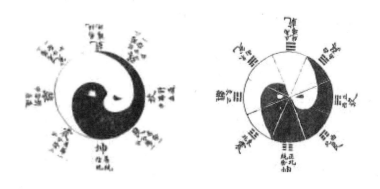

유정원이 비판한 정이천의 언급은 앞서 인용했던 "오직 6만이 순전
한 음이니 하도河圖의 수를 놓고 볼 때 6을 지나면 1양이 생기고 8에
이르게 되면 곧 순전한 음이 아니다"와 "음효를 6이라 한 것은 6이 음의
극성함이니 8은 양생陽生으로 순전한 음도 아니고 극성하지도 않다."는
부분이다.

---

20 柳正源, 『易解參攷』坤卦, "夫陽生於子, 著於東, 盛於南, 而盡於西北, 陰生於午, 著於
西, 盛於北, 而盡於東南者, 陰陽消長之自然也."
21 胡渭, 『易道明辨』「天地自然之圖」.

유정원은 위 부분을 토대로 삼아 세 차원에서 비판하였다.

1) '6을 지나 1양이 생김'과 '8에서는 양이 이미 생김'

양이 비록 자子에서 생기지만 자子의 반半은 양이 아직 생기기 전으로 참으로 순음純陰이라고 할 수 있다. 자子의 반半을 지나면 양은 이미 생기고 또한 동東의 8에 이르면 양은 이미 드러난다. 그리고 북北의 6안에 이미 하나의 양이 있는데 6을 지나서 양이 생긴다는 것은 어째서 인가? 더구나 '지난다'는 것이 여기를 지나서 저기로 간다는 말인가? 아니면 하나의 양은 다만 동지의 일양一陽을 가리키고 굳이 한 점의 양[一點]을 가리킨 것은 아닌 것인가?[22]

정이천이 하도를 끌어들여 설명한 부분에서 '6을 지나면 1양이 생긴다'는 부분에 대해 납득할 수 없다고 한 것인데 구체적으로 살펴보자.

가): 하도를 보면 6이 북에 있고 8이 동에 있어 6을 지나면 8에 이르러 생저성진의 네 가지 단계 중 이미 양이 드러나는 단계인 저著에 진입하는데, '양생陽生'이라 하여 '생生'의 단계로 말한 점

나): 하도에서 1은 6의 내부에 있어 이미 1의 양은 생긴 것인데 '6을 지나서'라는 표현을 한 점

다): 아니면 1은 동지冬至에 일양一陽이 생긴다는 의미의 1양을 말한

22 柳正源, 『易解參攷』 坤卦, "陽雖生於子, 而子半陽未生之前, 則固可謂純陰也. 及其過子半, 則陽已生矣, 又至東之八, 則陽已著矣. 然而北六之內, 已有一陽, 而謂過六陽生, 何也. 況過者, 是過此適彼之謂乎, 抑謂一陽特指冬至之一陽, 而不必擧一點之陽歟."

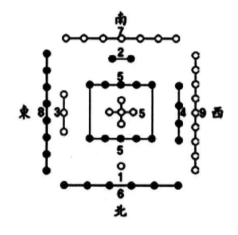

것으로 하도의 수 1의 위치와는 관계가 없는 것인가?

하도의 도식을 놓고 볼 때 '6을 지나 1양이 생김'과 '8에서는 양이 이미 생김'은 모두 들어맞지 않는다는 것이다. 가)와 나)의 주장은 어떻게 하든 하도의 도식으로 설명해보려는 노력이다. 이와 관련해 볼 때 생저성진을 보는 유정원의 관점은 생겨나서 자라고 줄어들어 소멸한다는 사물의 네 가지 변화과정상에서의 개념이다. 정이천이 말한 '양생陽生'의 '생生'은 본래 음양의 소식消息 과정상에 주안점을 둔 개념이 아닌 말 그대로 순음純陰이 아니라 양陽이 섞여있다는 뜻이다. 그러므로 유정원이 소식消息의 개념을 들이대어 비판한 점은 다소 무리가 있어 보인다. 그럼에도 불구하고 정이천이 하도河圖를 거론하여 말하였기 때문에 어떤 식으로든 그것을 해명할 틀은 있어야 하는데 그런 면에서 보면 유정원의 하도 도식에 근거한 비판은 설득력을 얻을 수 있다. 그렇지 않다면 다)처럼 하도河圖를 배제하고 그저 동지冬至에 시생始生하는 1양으로 보아야하는지를 되묻고 있다. 그렇게 되면 하도와의 연관성은 없는데 왜 하도를 거론했느냐는 것이다.

2) 9와 6이 음양의 성대한 수라는 설과 하도河圖와의 연관성

> 9의 7에 대한 관계는 6의 8에 대한 관계와 확실히 같으니, 건괘 초구『정전』에서 '9는 양수의 성대한 것'이라고 하고 유독 7을 언급하지 않은 것은 어째서인가? 9에서 양수의 성대한 것을 취하고 6에서 음의 왕성한 방위를 취한 것이 아니겠는가? 하도의 6은 북쪽에 있으니 음의 성대함이라고 할 수 있지만 9는 서쪽에 있는데 양의 성대함이라고 하는 것은 어째서 인가? 반복해서 추구하더라도 단서를 볼 수 있는 상이 없다.[23]

일반적으로 사상수리에 의하면 9와 7의 관계는 6과 8의 관계와 같은데 건괘의 초구와 곤괘의 조육에 대한 『정전』의 해실에서 정합성이 떨어진다는 비판으로 시작한다. 이어서 하도에서 보면 6은 북에 거해 음이 성한 곳[盛]이라 할 수 있지만 9는 서에 거해서 오히려 음이 드러나는 곳[著]인데 양이 성대한 곳이라는 설과 부합하지 않는다는 것이다. 이 역시 하도가 10수라는 전제에서 볼 때 9는 서방의 음이 성한 곳이기 때문에 '양이 성대함'이라는 표현도 하도에 근거해보면 들어맞지 않다는 주장이다.

3) 낙서를 하도로 여겼을 가능성

유정원은 혹시 정이천이 낙서를 가지고 하도라고 여겼을 가능성이 크다고 생각하였다.

---

23 柳正源,『易解參攷』坤卦, "九之於七, 政如六之於八, 而乾初九, 傳曰, 九爲陽數之盛, 而獨不及七, 何也. 无乃於九則取陽數之盛, 於六則取陰旺之方歟. 河圖之六在北, 則謂之陰盛可也, 而九在西而謂之陽盛, 何也. 反復推究, 未知有端的可見之象."

다만 낙서로 보면 그 수가 분명하여 알기 쉽다. 6은 서북에 있고 8은 동북에 있으니, 6을 지나 8을 지나가면 중간에 한 점의 양이 있으니 여기에서 6을 지나면 1의 양이 생긴다는 것을 알 수 있으며 또한 8이 순수하게 성대한 것이 아니라고 할 수 있다. 이것으로 헤아리면, 9는 양수의 성대함이며, 9를 지나 7에 이를 때 2의 음이 생기니, 7이 순수한 성대함이 아니라는 의미를 자연히 알 수 있다. 그렇다면 정자가 말한 하도가 혹시 낙서를 가리켜 말한 것이 아니겠는가?[24]

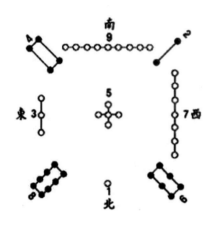

정이천이 주장한 '과육즉일양생過六則一陽生'과 '지팔변부시순음至八便不是純陰'을 둘 다 만족하기 위해서는 하도가 아니라 낙서의 도식과 수리가 필요하다는 것이다. 낙서에서 6을 지나면 1의 양이 생하고 8에 이르면 음이 순전히 성한 곳도 아니다. 뿐만 아니라 문제가 되었던 9와 7의 관계도 정합적으로 해결된다는 주장이다.

이론적 차원에서만 아니라 역사적으로 보아도 정이천이 활동하던 당시에는 하도와 낙서에 대한 견해가 정립되어있지 않을 때였다. 그래서 유정원은 진단을 둘러댄 유목의 주장으로 인해 당시의 많은 학자들

---

24 柳正源, 『易解參攷』 坤卦, "唯以洛書觀之, 則其數分明易知, 六居西北, 八居東北, 過六而至八, 則中間有一點之陽, 此可見過六則一陽生也, 亦可謂八不是純盛也. 以此反隅, 則九爲陽數之盛, 過九至七, 則二陰生, 七不是純盛之意, 自可見矣. 然則程子所謂河圖, 或非指洛書言歟."

이 하도와 낙서를 바꾸어 생각하였다고 보았다.

유정원은 먼저 정이천의 문인인 주진朱震이 『한상역전漢上易傳』에서 "하도구궁河圖九宮과 낙서오행洛書五行을 성인聖人이 본받았다."라고 [25] 한 말에 주목하였다. 주진朱震은 하도와 낙서에 대해 "하도의 수는 45인데 50수를 갖추고 있고, 낙서의 수는 55인데 50수가 내재해있다."[26]라고 하였고, "9는 하도의 수이고 10은 낙서의 수이다."라고[27] 하면서 자신의 견해를 분명히 언급하였다. 유정원은 주진朱震이 이렇게 하도를 9수인 구궁으로 인식하는 것은 정이천과 무관할 수 없다고 보았다.

하도河圖를 구궁의 9수로 생각한 것은 주희도 마찬가지였고, 주희朱熹도 초년에는 하도의 수가 9이고 낙서의 수가 10이라는 유목의 설을 그르다고 하지 않았다는 것이다. 그것을 편지를 근거로 주장하고 있다.

> 주희도 초년에는 구설舊說을 따랐다. 채계통에게 보낸 편지에서 9를 하도로 여기며 "노형이 말한 낙서는"이라고 하였고, 10을 낙서로 여기며 "노형이 말한 하도는"이라고 하였다. 또한 곽충회에게 보낸 편지에 "구주가 함께 나왔고, 하도구주河圖九疇…"이라고 하였고, 또한 "하도는 사정사우四正四隅이고, 낙서는 사실사허四實四虛"라고 하였으니, 주자 당시에도 유목의 학설을 잘못되었다고 여기지 않았다.[28]

---

25 朱震, 『漢上易傳』, 卷7, 39쪽, 『四庫全書』, "天不言, 示之以象, 吉凶見矣, 故聖人象之. 河圖九宮洛書五行, 聖人則之效之者."
26 朱震, 『漢上易傳卦圖』, 卷上, 4쪽, 『四庫全書』, "河圖之數四十有五而五十之數具, 洛書之數五十有五而五十之數在焉."
27 朱震, 『漢上易傳』, 卷7, 24쪽, 『四庫全書』, "九者河圖之數也, 十者洛書之數也."
28 柳正源, 『易解參攷』 坤卦, "朱子初年, 因襲舊說, 其與蔡季通書中, 有以九爲河圖, 而曰老兄所謂洛書, 以十爲洛書而曰老兄所謂河圖. 又與郭沖晦書, 有曰九疇並出,河圖九疇, 又河圖四正四隅, 洛書四實四虛, 朱子當時, 亦不以劉說爲非也."

위 인용문을 근거로 생각해보면 주희도 처음엔 구궁하도九宮河圖론 자였음을 알 수 있다. 그러다가 후에 『역학계몽易學啓蒙』을 지으면서 유목의 학설이 근거가 없음을 힘써 변론하였다는 것이다. 주희가 채원정에게 각조산閣皂山 석벽에 하도河圖·낙서洛書·선천도先天圖를 새기도록 한 것[29]은 주자가 이전을 징계하고 후세를 가르치고자 한 것이라고 하였다.[30]

주희가 채원정과 함께 지은 『역학계몽易學啓蒙』에 정리된 하도낙서에 관한 당시의 설은 크게 하십낙구河十洛九설과 하구낙십河九洛十설에 대해 정리해놓고 하십낙구河十洛九설을 정론으로 주장하였다. 이것을 역학사에서는 도구서십圖九書十설과 서십도구圖十書九설로 부르기도 한다.[31]

> 공안국이 말하였다. "하도는 복희씨가 천하의 왕이 됨에 용마龍馬가 하수河水에서 나오자 마침내 그 무늬를 본받아 팔괘를 그었고, 낙서는 우왕禹王이 홍수를 다스릴 적에 신귀神龜가 무늬를 지고 나왔는데 등에 나열되어 있는 수가 9까지 있으므로 우왕禹王이 마침내 이것을 따라 차례를 정하여 구류九類를 이루었다."[32]

공안국은 대표적인 하십낙구河十洛九론자이다. 공안국뿐 아니라 유흠劉歆과 관랑關朗과 소옹邵雍은 모두 하도河圖를 10으로 여기고 낙서를 9로 여긴 학자들에 속한다.

채원정蔡元定은 하십낙구河十洛九론을 정론으로 삼고 하구낙십河九洛

---

29 『朱文公文集』卷44, 「答蔡季通」, 庆元二年(1196年) 조 참조.
30 柳正源, 『易解參攷』坤卦, "後作易學啓蒙, 於本圖書篇首, 力辨劉說之无據. 又使蔡西山, 於閣皂山磨厓, 刻河洛先天圖, 其所以懲前而詔後也."
31 朱伯崑, 『역학철학사』3, 소명출판, 2012, 53쪽 참조.
32 『易學啓蒙』, "孔氏曰, 河圖者, 伏羲氏王天下, 龍馬出河, 遂則其文, 以畫八卦, 洛書者, 禹治水時, 神龜負文而列於背, 有數至九, 禹遂因而第之, 以成九類."

十설을 강력히 비판하였다.

고금(古今)의 전해오는 기록에 공안국과 유향과 유흠과 반고는
모두 '하도는 복희에게 주었고 낙서는 우왕禹王에게 주었다.' 하였
고, 관랑과 소강절은 모두 '10을 하도라 하고 9를 낙서라 한다' 하
였다. 『大傳』에 이미 천지 55의 수를 나열하였고 「홍범」에 또 '하
늘이 마침내 우왕禹王에게 홍범구주洪範九疇를 주었다.'고 분명히
말하였으니, 구궁九宮의 수는 9를 위에 이고 1을 아래에 밟으며 左
가 3이고 右가 7이며 2와 4가 어깨가 되고 6과 8이 발이 되니, 이는
바로 거북 등의 상이다. 오직 유목劉牧의 의견은 9를 하도河圖라 하
고 10을 낙서洛書라 하면서 희이希夷에게서 나왔다고 칭탁하여 말
하는데 이미 선유先儒들의 구설舊說과 합하지 않으며, 또 『大傳』을
인용하여 하도와 낙서 두 가지가 모두 복희伏羲의 세대에 나왔다'
하니, 하도와 낙서를 바꿔 둔 것은 모두 분명한 증거가 없다.[33]

인용문에서 알 수 있듯이 정이천이 활동하던 시대에는 하도가 10이
고 낙서가 9라는 하십낙구河十洛九설과 하도가 9이고 낙서가 10이라는
하구낙십河九洛十설이 혼재되어있을 때이다. 하구낙십河九洛十설을 주
장한 대표적 학자는 유목이다. 하십낙구河十洛九설을 주장한 대표적 학
자는 관랑과 공안국이었다. 소옹의 경우는 하도와 낙서를 원방圓方설로
주장하였다. 심지어 구양수와 사마광처럼 하도와 낙서를 믿을 만한 것
이 아니라고 부인하는 학자들도 있었다. 『역학계몽』이 하십낙구河十洛
九설을 제출한 이래 이에 관한 논쟁은 청대까지도 이어졌다.[34]

---

33 『易學啓蒙』, "西山蔡氏曰, 古今傳記, 自孔安國劉向父子班固, 皆以爲河圖授羲, 洛書
錫禹, 關子明, 邵康節, 皆以爲十爲河圖, 九爲洛書, 蓋大傳, 旣陳天地五十有五之數, 洪
範, 又明言天乃錫禹洪範九疇, 而九宮之數, 戴九履一, 左三右七, 二四爲肩, 六八爲足,
正龜背之象也. 唯劉牧意見, 以九爲河圖, 十爲洛書, 託言出於希夷, 旣與先儒舊說不合,
又引大傳, 以爲二者, 皆出於伏羲之世, 其易置圖書, 竝无明驗."

유정원은 정이천이 한 마디도 이 문제에 대해서 분명히 언급하지 않은 것만 보더라도 9·6의 논의가 하십낙구河十洛九설과 합치되지 않는 것이 당연하다고 생각하였다. 이런 상황 속에서 정이천이 낙서를 하도로 여겼을 수 있다고 본 것이다. 즉 정이천은 주자의 초기이론처럼 하구낙십河九洛十설에 근거한 구궁하도九宮河圖를 염두하고 있었다고 본 것이다. 이상에서처럼 유정원의 비판은 강석경이나 이항로의 견해와는 달리 하도의 음양소식이론을 근거로 비판하였고 역학사적 견해도 곁들여 정치하게 진행되었다.

5. 이진상의 견해와 하도낙서 순역론에 근거한 재 비판

유정원의 견해에 반박을 하면서 자신의 견해를 제출한 학자가 있으니 바로 이진상이다. 이진상[35]은 '팔즉양생'조에 대해 『역학관규易學管窺』에서 자신의 견해를 밝혔다.

하도에 나아가 달로 숫자를 배열하면 자子는 1, 축丑과 인寅은 8, 묘卯는 3, 진辰과 사巳는 7, 오午는 2, 미未와 신申은 9, 유酉는 4, 술戌과 해亥는 6이다. 해는 10월에 해당하여 순음이고, 해를 지나면 1의 양이 자에 있고, 자를 지나면 3의 양이 인에 있고, 팔즉양생은 "8은 양이 생긴 뒤에 있음"을 말하는 것이다. 정자가 일찍이 말하기를, "(음은) 다만 하도의 수를 취하여 알 수 있으니, 6을 지

---

34 廖名春외, 『주역철학사』, 예문서원, 1995, 427쪽 참조.
35 李震相(1818~1886), 자는 汝雷, 호는 寒洲. 經史에 밝고 星曆·算數·醫藥·卜筮에 이르기까지 통달했다. 특히, 性理學에 조예가 깊었다. 역학관련 저서로는 『易學管窺』 등이 있다.

나면 1의 양이 생기고, 8에 이르면 순음이 아니다"고 하였으니, 대
개 이것을 가리킨 것이다.[36]

이진상은 하도의 수를 12월의 지지에 대응하여 '6을 지나면 하나의
양이 생기고'와 '8에 이르면 순음이 아니다'의 의미를 해석했다. '6을
지나면 하나의 양이 생기고'는 술해戌亥월에 해당하는 하도수 6을 지나
子월에 해당하는 1에 이르는 것으로 이해하였고, '8에 이르면 순음이
아니다'는 축인丑寅월에 해당하는 8에 이르면 이미 순음이 아니라는 의
미로 받아들였다. 이진상은 '팔즉양생'을 하도의 도식에서 '팔생양생지
후八在陽生之後'의 의미로 해석하였다.

하도의 도식에서 아래에 위치한 숫자를 술해戌亥[6]→ 자子[1]→ 축
인丑寅[8]의 흐름으로 보아 '팔즉양생'을 이해한 것이다.

이진상은 정이천이 동일한 사안에 대한 엇갈린 주장을 한 점에 대해
서는 아래와 같이 평가하였다.

> 곤괘에서 6을 씀은 점치는 법이고, 양은 9, 음은 6을 씀은 음과
> 양이 나아가고 물러나는 기틀이다. 6에서 8로 가면 6이 성대하고
> 8은 노쇠하며, 8에서 6으로 물러나면 8이 장성하고 6은 사라지니,
> 이러한 이치가 없다고 할 수 없다. 정자는 6이 노음이고 8이 소음
> 이라는 설을 옳지 않다고 여겼다. 대개 사상의 노소의 설을 취하지
> 않은 것인데, 6이 순음이라고 했으니 태음太陰이 곧 순음이 아니겠
> 는가? 8이 순음이 아니라고 했으니 순음 아닌 것이 과연 소음이 아
> 니겠는가?[37]

---

36 李震相, 『易學管窺』 「坤卦」, "就河圖上, 以月配數, 則子一, 丑寅八, 卯三, 辰巳七, 午
二, 未申九, 酉四, 戌亥六矣. 亥當十月, 便是純陰, 而過亥則一陽在子, 過子則三陽在
寅, 八則陽生, 是謂八在陽生之後也. 程子嘗曰, 只取河圖數見之, 過六則一陽生, 至八
便不是純陰, 盖指此也."

음양이 진퇴하는 기틀은 그 소장消長과 성쇠盛衰에 따라 달리 볼 수 있다고 본 것이다. 성쇠로 보면 6은 성하고 8은 쇠하다. 소장으로 보면 6은 사라지는 때이고 8은 길어지는 때이다. 정이천이 사상의 설이 옳지 않다고 했지만, 6은 순음이고 8은 순음이 아니라고도 하였으니 실질적으로 태음과 소음의 설을 취한 것으로 보아야 한다는 것이다.

이진상은 6과 8의 관계를 단순히 "순전한 양이다"와 '순전한 양이 아니다' 라고만 하고, 또 "9는 순양이다"라고만 했을 때 정이천이 언급한 '하도河圖'상에서 분명하지 못한 관계정립을 위해서는 정이천이 부인했던 사상수의 체계가 필요하다는 딜레마를 나름대로 이런 식으로 해결하려했다.

이진상은 정이천이 낙서洛書를 하도河圖로 여겼다는 비판에 대해 재비판하였다.

> 또한 일찍이 건괘乾卦에서는 9를 양수의 성대한 것으로 여겼으니, 9가 양수의 성대한 것이고, 6이 음수의 성대한 것은 오직 낙서洛書에서만 그렇다. 그러므로 선배가 혹시 유목의 논의와 관계된다고 의심하여 하도에 이러한 뜻이 없다고 하면 아마 또한 그렇지 않을 것이다.[38]

여기에서 선배를 구체적으로 지목하지 않았지만 앞에서 살펴본 바와 같이 이 내용은 유정원을 언급한 것이다. 유정원은 하도河圖로 보면

---

37 李震相, 『易學管窺』 坤卦, "然坤之用六, 乃占法也, 陽九陰六, 乃陰陽進退之機. 自六至八, 六盛而八衰, 自八退六, 八長而六消, 不可謂無此理. 程子以六老陰八少陰, 爲不是. 盖不取四象老少之說, 纔說六是純陰, 則太陰非純陰乎. 纔說八不是純陰, 非純陰者果非少陰乎."

38 李震相, 『易學管窺』 坤卦, "又嘗釋乾以九爲陽數之盛, 九爲陽盛, 六爲陰盛, 惟洛書爲然. 故先輩疑其或涉於劉牧之論, 而若謂河圖無此意, 則恐亦未然."

6이 북쪽에 있어 음이 성하다는 것은 인정하지만 9가 서쪽에 있는데 어떻게 양의 성함이라고 할 수 있겠느냐는 취지의 비판을 한 적이 있기 때문이다. 그런데 낙서로 9와 6의 수는 각각 남과 북에 있어 음양이 성한 곳에 위치해 있으니 만족한다는 것이다. 그러나 이진상이 볼 때 이런 주장은 문제가 있다는 것이다.

> 하도는 1이 북쪽 안에 있고, 6의 음陰이 밖에 있기 때문에 1의 양이 중앙에서 생긴다. 8이 동쪽 밖에 있고 1의 양이 이미 생기면 3의 양이 장차 이를 것이니, 어찌 6의 순음의 시절과 같겠는가? 천지의 기운은 서쪽에서 북쪽으로, 북쪽에서 동쪽으로 나아가니, 6은 순음의 장소이고, 8은 양이 생긴 이후에 있음이 확실하다. 낙서의 수는 오른쪽으로 돌며 서로 이기니, 6은 오히려 1의 다음에 있고, 8은 오히려 1보다 먼저 있게 됨은 어쩔 것인가?[39]

이진상은 천지의 기운이 유행하는 방향을 바꿀 수 없고 이것이 하도河圖의 상생순서라고 보았다. 만약 '6을 지나 1의 양이 생긴다'와 '8에 이르면 양이 생겨서 이미 순전한 음이 아니다'를 낙서로 설명할 때 문제가 생긴다는 것이다. 낙서는 우선상극右旋相克으로 유행하니 8→1→6으로 보아야 하는데 이치에 부합하지 않는다는 것이다. 하도河圖의 흐

---

39 李震相,『易學管窺』坤卦, "河圖一固在北內, 而六陰亢於外, 故一陽生於中也. 八固在東外, 而一陽既生, 三陽將屆, 豈若六之爲純陰時節乎. 天地之氣, 自西而北, 自北而東, 則六是純陰之鄕, 而八在陽生之後, 明矣. 洛書之數, 右旋相克. 六反在一次, 八反在一先, 何哉."

름으로 술해戌亥[6]→ 자자[1]→ 축인丑寅[8]의 순행으로 이해를 해야 한
다는 것이다. 낙서는 상극의 역逆으로 운행하기 때문에 아래 그림에서
보는 것처럼 낙서에서 아래에 위치한 수인 8,1,6은 8에서 1을 거쳐 6에
이르는 역逆으로 진행되기 때문에 하도낙서의 순역順逆[→,←]의 이치상
부합하지 않는다고 본 것이다. 유정원의 주장에 대해 반박한 것이다.

6. 결론

『주역』「계사전」에 역易에는 성인의 도가 사변상점辭變象占의 넷이
있다고 하였는데, 일상에서 말하고 행동하거나 기물을 만들어내고 복서
를 함에 숭상할 역의 도리이다. 이 넷 중에 정이천은 사辭을 가장 중요
시하였다.

> 길흉소장의 이치와 진퇴존망의 도리는 괘효의 말에 구비되어있
> 으니 괘효의 말을 미루어 괘를 살피면 괘효의 변화를 알 수 있고
> 괘효의 상과 시초점은 그 가운데 들어 있다.[40]

정이천은 "내가 전하는 것은 말이니 말을 통해서 의미를 얻음은 각
자에게 달려있다."고 하면서 서문을 맺었다. 결국 말이란 말을 통해 표
현하려는 의미이다. 정이천은 괘효사에 들어있는 의미를 알아내는 것
이 가장 중요한 공부방법이라고 보았다. 이렇듯 정이천은 의리역학적
관점에서 주역을 바라보았기 때문에 그의 수리數理론을 논의의 대상으
로 삼는 것은 일정정도 한계가 있기 마련이다. 그러나 이천도 수 자체를

---

40 『程傳』「易傳序」.

부인하지는 않고 있다는 점은 이른바 '매토설'[41]에서도 읽을 수 있다.'

더구나 수와 관련하여 『정전』의 의리적 경향에도 불구하고 『주역』의 괘효는 모두 9와 6으로 구성되어있기에 이 부분에 대한 최소한의 수에 관한 핵심적 설명을 하지 않을 수는 없었으며 '팔즉양생八則陽生'은 이런 맥락 속에서 튀어나온 것으로 보인다.

요약하자면 이 글에서 규명하고자 했던 '팔즉양생八則陽生'의 정이천의 의도는 '8은 이미 양이 생겨있는 위치[시점]'는 즉 "순음이 아니다"라는 것을 나타내려 했던 문구이다. 즉 학자들이 일반적으로 사상수리에 입각해서 보아왔듯이 '8은 9라는 노양에서 생한 것'이란 의미가 아니다. 『정전』의 본래 뜻은 자신이 하도라고 지칭한 그림에서 볼 때 '8이란 수는 이미 양이 생겨나있는 때[위치]'로 순전한 음이 아니라는 의미이다. 역易에서 사상수의 체계는 아주 오래된 이론이기 때문에 부지불식간에 고정관념으로 받아들이기 쉽다. 그래서 『정전』의 '팔즉양생'은 연구의 필요성이나 주목을 받지 못한 면이 있다. 당연히 9, 8, 7, 6이라는 사상수의 체계 속에서 이해하려는 경향이 있었기 때문이다. 그러나 위에서 살펴본 것처럼 『정전』에서는 기존의 9, 8, 7, 6이라는 사상수의 체계를 활용하여 9나 6의 의미 정립하였다고 보기는 어렵다. 이런 점에서 볼 때 여기에 주목하여 나름대로의 관점에서 비판을 제기한 한국의 학자들은 고정관념에 사로잡히지 않는 창의적 연구태도를 지니고 있었다고 볼 수 있다.

'팔즉양생'에 대한 네 학자의 관점을 요약하면 다음과 같다. 먼저 의문을 제기한 강석경은 기존의 사상수四象數의 이론에 근거해서 비판하였다. 하지만 강석경은 정이천이 사상수를 사용하지 않았다는 점에 대

---

41 『周易傳義大全』「易說綱領」, "因見賣兎者曰, 聖人見河圖洛書而畫八卦. 然何必圖書, 只看此兎亦可作八卦. 數便此中可起. 古聖人只取神物之至著者耳. 只如樹木亦可見數."

해서는 간과한 측면이 있다. 만약 그 점을 인지했다면 그에 대한 비판이 있었을 것이지만 그런 비판은 발견하지 못했다. 이항로 역시 사상의 수리를 근거로 삼아 비판하였지만 소음少陰의 개념에 대해 일음이양一陰二陽의 괘상卦象으로 이해해 말한 것은 강석경과 차이가 있다. 하지만 둘 다 정이천이 직접 6六은 노음老陰이고, 8은 소음少陰이라는 것을 부인하였다는 점에 대해서는 해소할 수 있는 논리를 제시하지는 않았다.

정이천의 사상四象에 대한 생각을 여러 가지 전거를 통해 정치하게 파고든 학자는 유정원이다. 유정원은 '팔즉양생'이 하도로는 해명이 어렵지만 만약 낙서에 근거를 두고 생生·저著·성盛·진盡의 사물의 변화단계를 염두하고 언급했다면 가능성이 있다고 보았다. 당시 하도낙서河圖洛書에 대한 시대적 인식이 전환기에 있었기 때문에 정이천이 구궁하도론九宮河圖論을 품고 있었을 것이라며 역학사적 견해를 곁들여 생生·저著·성盛·진盡의 변화단계이론으로 해명하려 한 것이다. 유정원의 이런 주장은 하도낙서에 관한 역학사적 인식의 변천과정과 도상圖象에 관한 이론에 비추어볼 때 사상수의 이론을 사용하지 않고서 이천의 언급을 해소할만한 가장 적합한 해명이라 여겨진다.

이진상은 정이천의 표현을 액면 그대로 받아들여서는 안 된다고 보아 그가 실제로는 사상수리를 어느 정도 사용하였다고 옹호하였다. 하도낙서와 관련해서는 음양의 소장과 생극순역生克順逆 등의 논리에 근거해 비판하였지만 구체적 관점과 의견이 유정원과 엇갈린다. 이진상은 유정원의 주장에 대해 비판하며 '팔즉양생' 하도河圖를 가지고 설명해도 충분히 개연성이 있다고 보았으며 오히려 낙서의 경우가 생극순역生克順逆상의 이론문제를 야기한다고 보았다.

'팔즉양생'조와 관련한 이상의 견해나 비판은 중국에서 깊이 다루어지지 않았던 문제이다. 그리고 사상수라는 오래된 수리체계 속에서 틀에 박혀 보게 되면 보이지 않는 문제이다. 이런 점에서 위 네 학자의 견해와 비판은 이전에 중요하게 제기하지 않았던 문제를 정치하게 논의해나간 것으로, 한국역학의 창의적 연구태도와 그에 따른 성과라고 할 수 있겠다.

정약용 역학의 본령
- 역도론, 역리론, 역의론*

이난숙

이 글은 정약용 역학의 본령本領이 되는 역도론易道論, 역리론易理論, 역의론易義論을 비교 고찰하여 다산 역학이 지향한『주역』해석의 본의本義와 특징을 해명한 논문이다. 역대 중국역학은 청대 이후『사고전서총목제요』에 제시된 '양파육종兩派六宗'으로 분류되지만, 필자는 상수파, 의리파의 '양파' 구도에서 벗어나『주역』의 성인사도聖人四道[사辭·변變·상象·점占]인 4대 형성요소를 주목해 정약용 역학이론의 특징을 고찰하였다. 결론적으로 정약용의 역학이론은『주역』의 '시변時變[시공간의 변화]'과 '상변象變[상징의 변화]'을 규명하고, 사·변·상·점의 요소 모두를 고르게 해석한 독창적인 '역리학易理學'의 특징이 있음이 파악된다.

1. 시작하는 말

이 글은 다산茶山 정약용丁若鏞(1762~1836) 역학의 본령이 되는 역도론易道論, 역리론易理論, 역의론易義論을 중심으로 해석이론을 비교론적으로 고찰하여 다산 역학이 지향한『주역』해석학의 본의本義와 특

---

* 이난숙(강원대). 이 글은 2017년 7월 1일 중국 南京大學에서 개최된 제40회 한중인문학회 국제학술대회에서 발표한 논문으로 한국율곡학회,『율곡학연구』35(2017. 12.)에 게재하였음을 밝혀둔다.

징을 해명하였다. 정약용의 역도론, 역리론, 역의론은『역학서언易學緖
言』에 담긴 역학평론들과『주역사전周易四箋』에서 자세히 살펴볼 수 있
다. 정약용은 역대 유학자들과 달리 역도, 역리, 역의 개념을 구분하여
자신의 역학이론을 정립하는 데 활용하였다. 필자는 이에 주목한다. 왜
냐하면 다산 역학이 가진 이론체계가 세 개념에 대한 이해가 토대를
이루고 있으며, 이 체계적인 이론들로서『주역』의 핵심적인 형성요소
모두를 온전히 해명하려 한 역학이기 때문이다.

『사고전서총목제요四庫全書總目提要』는 경부經部 역류易類에 수록된
수많은 역대 중국역학을 '양파육종兩派六宗'[1]으로 분류하고 있다. 양파
육종에서 양파는 상수파象數派와 의리파義理派를 말하고, 육종은 여섯
종파로 상수파에는 점복종占卜宗, 기상종禨祥宗, 조화종造化宗이 있으며,
의리파로는 노장종老莊宗, 유리종儒理宗, 사사종史事宗이 있다. 이 육종
은 모두 양파로 귀결된다. 이 양파육종은 중국역학사의 사상적 흐름을
반영한 분류방법이며, 지금까지 기본적이고 정통성을 확보하고 있는
방법론이다.

그러나 역대 수많은 다양한 역학들을 '양파육종'으로 분류하는 것은
무리가 있음도 분명하다. 그것은 의리파나 상수파의 양파로서 구분하
기 모호한 역학이 많으며, 송宋대 이후의 역학은『주역』해석상 중요도
와 그 해석학의 구성 비율은 다를지라도 의리와 상수 모두를 고려해
해석한 역학이 많기 때문이다. 예를 들면 주희 역학도 의리역학이라고
하지만, 분명히 상수를 포괄적으로 종합한 역학에 속한다. 또한 육종

---

1 '兩派六宗'은『四庫全書總目提要』를 작성한 四庫館臣이 중국역학의 유파를 분류한
  방법이다. 양파는 상수파와 의리파를 가리킨다. 육종은 점복종占卜宗, 기상종禨祥
  宗, 조화종造化宗, 노장종老莊宗, 유리종儒理宗, 사사종史事宗이다. 육종은 양파로
  귀결되는데, 상수파에는 점복종, 기상종, 조화종이 속하고, 의리파에는 노장종, 유리
  종, 사사종이 속한다.

가운데 상수파 역학으로 제시된 점복종, 기상종, 조화종과 의리파 역학으로 제시된 노장종, 유리종, 사사종의 여섯 종파의 특징으로 분류가 애매한 역학들도 다수 존재한다.

따라서 필사는 정약용 역학의 핵심이론을 '양파육종'이라는 중국역학의 분류법에서 탈피하여 새로운 해석 관점으로 보고자 한다. 새로운 해석 관점이란 「계사전」의 '성인사도聖人四道'로 보는 해석 관점을 말한다. 주지하듯이 '성인사도'는 성인이 『주역』을 만들 때 구성요소로 삼았다는 사辭·변變·상象·점占을 뜻한다.[2] 사·변·상·점은 의리적 요소와 상수적 요소를 포괄한다. 이 글은 정약용의 역도론, 역리론, 역의론의 이론들이 『주역』의 4대 형성요소 가운데 어떤 요소를 해명한 특징이 있는지를 밝히고자 한다.

특히 정약용의 본령이 되는 역학이론의 해석을 양파육종과 달리 성인사도의 관점으로 해석 고찰하려는 까닭이 있다. 그것은 첫째, 양파육종에서 양파는 상수파와 의리파지만, 정약용은 왕필王弼(226~249) 현학이 추구한 노장종老莊宗과 정주程朱 성리학이 추구한 유리종儒理宗의 역학을 추존할 의사가 전혀 없었기 때문이다. 따라서 양파라는 분류법으로 정약용 역학을 분석하는 것이 큰 의미가 없어 보인다. 오히려 일정 부분 사사종史事宗의 해석을 고려한 측면이 있다. 둘째, 정약용이 위진魏晉 이후 전개된 현학적 의리역학과 유리종의 역학을 강력히 배제했다면 그의 역학을 상수파에 속한다고 볼 수도 있겠지만, 다산 역학을 상

---

2 「繫辭傳」上10장, "易有聖人之道四焉, 以言者尙其辭, 以動者尙其變, 以制器者尙其象, 以卜筮者尙其占. (중략) 子曰易有聖人之道四焉者, 此之謂也." (『역』에는 성인의 도가 네 가지 있고, 역으로 말하려는 자는 그 말을 숭상하고, 역으로 동하려는 자는 그 변화를 숭상한다. 역으로 기물을 만드는 자는 그 형상을 숭상하고 역으로 점을 치려는 자는 그 점을 숭상한다. (중략) 공자가 '『역』에는 성인의 도가 네 가지 있다.'고 한 것은 이를 말한다.)

수파로 제시된 점복종占卜宗, 기상종磯祥宗, 조화종造化宗의 관점으로 볼 때 어느 유파와도 정확히 일치한다고 보기 어렵다. 셋째, 정약용은 한역漢易의 상수학을 고증학 및 훈고학적 방법을 통하여 심혈을 기울여 연구하였다. 그러나 분명하게 자신의 역학이 한역漢易의 상수역학과는 다른 해석학적 특징과 의미가 있다는 점을 『역학서언』의 역학평론들에서 구체적으로 밝혔기 때문이다. 따라서 정약용이 지향한 역학의 특징과 중국역학 평가의 기준을 다양한 관점에서 해명할 때 온전히 그의 뜻이 드러난다고 생각한다.

중국역학의 상수에 대한 정약용의 생각 일부는 「사고역의四庫易議」[3]를 통해서도 파악할 수 있다. 정약용은 「사고역의」에서 "역학의 이치에 대한 논의에서 논소를 양파육종으로 삼은 것은 자못 핵심에 적중한다. 중국 역학자들이 대개 이것에서 벗어나지 않지만, 다만 한유가 상수를 말한 것이 고대의 것으로부터 멀지 않아서 종주로 삼은 것이다. 그러나 경전을 살펴보면 곧 괘를 만들어 '상'을 관찰하고 그로써 계사繫辭(설명을 붙여)를 하고 그로써 미루어 점을 친 것뿐이니, 어찌 이른바 '수'를 보았겠는가?"[4]라고 하였다.

이 글은 정약용이 『사고전서』의 중국역학에 대한 분류와 의미에 대한 평가의 일부분이다. 중국 『사고전서』의 '양파육종'의 분류법을 긍정적으로 보는 듯 하지만, 한유의 상수역학이 『주역』 형성 시기와 가까워 고찰할만한 가치가 있으나 수에 관한 해석에서 있어서는 중국의 상수역학이 제대로 해명한 것은 아니라는 뜻이다. 중국의 상수학 가운데에도 수에 대한 이해가 상에 포함되어 있어서 수를 제대로 보지 못하였다

3 『定本 與猶堂全書』 권37, 「補遺」 권3, 다산학술문화재단, 2007, 257-258쪽.

4 위의 책, 권37, 「四庫易議」 257-258쪽, "議曰 此論疏理《易》學爲兩派六宗, 頗中肯綮. 中國說《易》之家, 槩不出此, 但漢儒言象數, 謂去古未遠, 可以爲宗, 然觀乎經, 則設卦觀象, 以之繫辭, 以之推占而已, 烏覩所謂數哉?"

는 의미로 해석된다. 중국학자들의 『주역』 해석이론 가운데 『주역』에 포함된 상象과 수數를 온전히 해석한 이론으로 평가하지 않는 입장인 정약용은 자신의 수리설을 정립하고자 했고, 또 중국역학자들의 수리설數理說에 대해 구체적으로 논박과 비판하는 역학평론들을 저술하였다. 따라서 정약용 역학은 중국의 『주역』 수리학數理學과 차별성을 지닌 역학임을 파악할 수 있다. 더불어 의리 또한 노장종과 유리종이 아닌 새로운 역리를 토대로 구성하고 있으므로, 그 이해를 해명할 필요성이 있다.

정약용 역학에 대한 선행연구 가운데는 '양파육종'을 기준으로 분류를 시도하고, 이에 대해 규정한 연구논문이 여러 편 있다. 이밖에도 정약용 역학을 양파육종이 아닌 그 특징을 주목해 규정한 연구논문도 있다.[5] 연구논문 각각은 주제에 집중해 정약용 역학의 정체성을 규명한 노력의 일환으로서 충분히 의미가 있다. 그럼에도 불구하고, 연구자들

---

5 정약용 역학의 특징을 상리학, 역상학, 상일원론의 상학象學으로 규명한 논문은 3편이 있다. 그것은 1.김왕연의 '상리학象理學'(「丁茶山의 「邵子先天論」 비판」, 한국철학회, 『철학』 42, 1994.) 2.박주병의 '상일원론象一元論'(「『周易』의 卦에 대한 연구 - 丁若鏞 易學을 中心으로」, 영남대학교 대학원 박사학위논문2001.)이다. 3.황병기의 '역상학易象學'(「다산 정약용의 역상학」, 연세대학교 일반대학원 박사학위논문, 2004.) 다음으로 정약용 역학은 상수역학이라고 규명한 논문은 3편이 있다. 1.서근식(「다산 정약용은 상수역학자인가?」, 한국철학사연구회, 『한국철학논집』 36, 2013.) 2.김광수(김광수, 「다산 정약용의 상수학적 역학 연구」, 한국외국어대 박사학위논문, 2015.) 3.임재규(「다산 정약용의 중국역학사 인식-『역학서언』을 중심으로」, 『종교와문화』 32, 2017.)의 논문이 있다. 그리고 정약용 역학의 특징을 양파의 구도에서 벗어나 새로운 관점으로 규명한 논문은 1.방인의 '종교역학宗敎易學'(「다산역의 청명관-請命, 稟命 그리고 順命」, 다산학술문화재단, 『다산학』 26, 2015.)과 2.이난숙의 '시역학時易學'(「다산 정약용의 중국역학 비판 연구-『역학서언』을 중심으로」, 강원대학교 일반대학원 박사학위논문, 2014.)이 있다. 연구의 시점으로 볼 때 정약용의 역학을 상학으로 본 것은 초기의 연구논문들이고, 상수역학으로 본 연구는 그 이후가 된다. 종교역학과 시역학이라는 규정은 정약용 역학의 특징을 양파의 구조로 보는 것에서 벗어나 그 특징을 규정한 의미가 있다.

의 정약용 역학에 대한 양파적 입장의 분류도 서로 다르기 때문에, 정약용의 핵심적인 세 가지의 역학이론을 중심으로 성인사도의 요소 가운데 어떤 해석에 집중한 해석이론인지를 규명하려 한다. 그 이유는 현재까지의 정약용 역학에 대한 연구가 주로『주역사전』에 집중되었고,『역학서언』에 있는 21편의 역학평론에 관한 번역 및 주석과 역학평론들의 교차적 비교나 종합적인 연구가 아직 미흡하기 때문이다. 따라서 현재까지의 연구에서 더 나아가『역학서언』의 역학비평론들과 다산이 논박, 비판했던 중국학자들의 구체적인 역학이론과 다산 역학의 이론들 및 인식을 심층적, 전문적으로 연구할 필요성이 여전히 남아있다.

따라서 정약용 역학의 본령이 된다고 판단하는 해석이론과 역학개념의 규정을 종합적으로 논구한다. 이에 2장에서는『주역』괘·효 형성의 근원적 원리를 설명한 정약용의 역도론을 살펴본다. 3장에서는『주역』의 이치를 해석하는 원리이며 방법론으로 정립된 정약용의 역리론을 고찰한다. 4장에서는『역』의 본지를 해석한 정약용의 역의론과 그 특징을 살펴본다. 이상으로서 고대『주역』형성의 원형을 연구한 정약용 역학이 성인사도[辭·變·象·占] 가운데 어떤 요소를 적확하게 해명한 이론인지를 고찰한다. 본 연구는 한위漢魏부터 명청明淸대까지의 중국 역학의 상수파와 의리파의 역학을 비판적으로 재해석, 재평가한 정약용 역학의 근본과 본령에 관한 실마리를 제공하는 의미가 있을 것이다.

2. 정약용의 역도론易道論

『주역』의 '사'를 간단히 말하면,『주역』경문經文이다. 괘사卦辭, 효사爻辭, 상사象辭, 단사彖辭, 문언전文言傳, 설괘전說卦傳, 서괘전序卦傳,

잡괘전雜卦傳 등의 문장과 이에 담긴 의미가 포함된다. '변'은 『주역』에 포함된 상징과 기호들의 변화 및 그 변화에 초점을 맞추어 해석한 의미를 뜻한다. '상'은 『주역』에 있는 상징적 이미지와 상을 풀이한 괘덕과 그 해석의 외연 등으로 괘상, 효상, 물상과 이에 내포된 구체적인 상징들을 의미한다. '점'은 득괘得卦(점괘를 얻음) 과정과 그 의미, 또 역사적으로 인간사에서 일어났던 일을 포함해 길흉회린吉凶悔吝으로 표현된 점사占辭까지를 포괄적으로 의미한다. 점사는 사辭에도 포함될 여지가 있으므로, 점占을 득괘 과정에 활용된 수數의 해석원리 및 그 방법론에 중점을 두며 점사로서 점의 의미를 전달하는 것을 한정해 살펴보도록 한다.

역학자들의 역학에 대한 이해와 평가 방법은 여러 가지가 있을 수 있지만, 역도와 역리, 역의 개념 해석을 통해서 역학자의 역학관 인식과 내면을 판단할 수 있다. 구체적으로 역도, 역리, 역의에 대해 설명하면, 역도는 『주역』에 함의된 도이다. 역리는 『주역』의 뜻과 이치를 말하며, 『주역』의 원리를 해명한 이론들을 포괄적으로 분석함으로써 정확히 파악된다. 역의는 『주역』을 관통하고 있는 핵심적 요체로서 학자들이 이를 규정하고 있다. 대부분 학자들은 세 개념을 나름대로 정의하고 이론으로 정립함으로써 『주역』의 미언微言과 요지를 해석하였다.

그러나 중국역학사를 보면, 왕필 현학玄學에서 송宋대 리학理學으로 전환되면서 '도道'와 '리理' 개념이 애매하게 혼용되기도 하였다. 따라서 후대에는 역도와 역리 개념을 구분하지 않은 채 애매하게 사용한 경우도 많았다. 반면 역의 개념에 있어서는 한漢의 정현鄭玄(127~200)이 주장한 역삼의설易三義說이 전통적으로 존숭되었다. 송대의 호원胡瑗과 정이程頤 등을 비롯해 몇몇 학자들이 새롭게 자신만의 역의를 규정했지만, 여전히 다수의 역학자들은 정현의 역의설을 따르는 경향성도 많았다.

정약용은 역도, 역리, 역의의 세 개념을 어떻게 인식했을까? 먼저 정약용의 역도론을 구체적으로 살펴본다. 역도는 간명하게 말하면 『주역』의 도'로서 정약용은 '역도易道', '역지도易之道', '역지위도易之爲道'로 표현하였다. '역易'이 변한다는 뜻이므로 역도는 『주역』에 포함된 변화를 해석한 도일 것이라는 점도 추론할 수 있다. 그의 역도론을 파악하기 위해서 첫째, 『주역』 경문에 표현된 역도가 무엇인지를 파악한다. 둘째, 『역학서언』에서 정약용이 언급한 '역도'의 내용을 분석한다. 셋째, 정약용 자신이 정의한 역도의 상세한 내용을 살펴본다.

첫째, 『주역』 경문에 표현된 역도는 무엇이 있는가? 『주역』에는 다양한 '도'를 표현하고 있는데, 건도乾道, 곤도坤道, 천지도天地道와 천도天道, 지도地道, 인도人道, 신도神道, 중도中道, 가도家道, 변화지도變化之道 등이 있다. 이러한 도道의 표현들은 천문과 지리를 관측한 결과들을 『주역』에서 천지인天地人의 도道와 천인天人의 합일적 사유를 근간으로 인문학적 사유 및 가치 판단을 다채롭게 펼쳤기 때문이다. 이러한 다양한 표현이 모두 역도에 포함되겠지만, 역도를 응축해 표현한 문장을 들라면 단연 「계사전」의 "일음일양지위도(一陰一陽之爲道)"일 것이다. '일음일양'은 천도를 집약적으로 표현하고 있다. 역도는 음양으로 대변된 우주만물의 형성과 변화를 응축하여 말한다. 정약용 또한 「한강백현담고韓康伯玄談考」에서 "일음일양지위도"를 『역』이 『역』이 되는 까닭이라고 강조하였다.[6]

---

6 위의 책 권17, 『易學緖言』 「韓康伯玄談考」, 107쪽, "論曰 一陰一陽之謂道者, 天之所以生育萬物. 其神化妙用, 只是一晝一夜一寒一暑而已. 草木, 禽獸, 含生, 蠢動之倫, 於是乎煦濡蓄發, 而人之所以立經陳紀代天理物, 亦唯順晦明之節, 協冬夏之紀而已. 合而名之, 則一陰一陽. 《易》之所以爲《易》, 法此而已." (이후 『定本 與猶堂全書』제17권 『易學緖言』(다산학술문화재단, 2012)은 『易學緖言』으로 표기한다.)

「설괘전」에는 성인이 『주역』을 만든 작역作易 의도를 언급하고 있다. 「설괘전」은 "옛날에 성인이 『역』을 지은 것은 신명神明을 그윽이 도와 시초를 만들고, 천수 3, 지수 2라는 수數에 의지해서 음양이 변화하는 것을 관찰해서 괘를 세우며, 강유가 발휘됨으로 효를 만들어, 도덕에 화순하고, 의리를 다스려 이치를 깊이 궁구하고, 성을 다하여 천명에 이르려는 것이다."[7]라고 하였다. 「설괘전」의 설명은 득괘로서 신명이 드러나며, 여기에 천수 3, 지수 2라는 삼천양지參天兩地의 수의 해석이 포함되었다고 말한다. 또 괘효의 변화와 도덕적 가치기준 및 성명性命의 이치가 중요하다고 보고 있다. 『주역』은 복서卜筮에서 비롯된 점서서占筮書이다. 그렇다면 득괘得卦하는 서법筮法과 이에 포함된 역수들의 의미를 해석하는 것은 중요할 수밖에 없다.

또 「계사전」에는 『주역』이 은말주초殷末周初가 위태로운 시기에 형성되었고, 역도는 인간의 도덕적 기준과 처세에 대한 윤리적 의미를 포괄한다고 설명하고 있다.[8] 은말殷末 주紂왕의 폭정은 참혹하였다. 『사기史記』·「은본기殷本紀」는 이때에 주지육림酒池肉林의 문란함과 포락지형炮烙之刑 등의 극악한 형벌이 자행되었다고 전한다. 이처럼 역도는 인간의 존엄성이나 도학적 가치를 논하기 어려운 시대에 시대적 한계를 극복하고 자신을 성찰해 허물을 짓지 않는 도리를 담고 있음을 천명한 설명이다.

둘째, 『역학서언』에서 정약용은 역도를 어떻게 표현했을까? 정약용은 우번虞翻, 마융馬融, 초공焦贛, 경방京房 등 중국학자들의 해석이론이 '역도'에 맞지 않는다며 역도를 언급하였다. 정약용은 역도가 바르지

---

7 「說卦傳」 1장, "昔者聖人之作易也, 幽贊於神明而生蓍, 參天兩地而倚數, 觀變於陰陽而立卦, 發揮於剛柔而生爻, 和順於道德而理於義, 窮理盡性, 以至於命."

8 「繫辭傳」 下11장, "易之興也, 其當殷之末世, 周之盛德邪? 當文王與紂之事邪? 是故其辭危. 危者使平, 易者使傾, 其道甚大, 百物不廢. 懼以終始, 其要无咎, 此之謂易之道也."

않게 해석된 이론을 '옳은 것 같지만 실제는 거짓된 학설'이라고 평가한다. 정약용이 중국역학에서 표현된 역도를 언급하고 비판한 구체적인 내용은 다음과 같다.

1) 「이정조집해론李鼎祚集解論」

우번은 "간艮은 문지기, 혼閽은 문을 지키는 사람이다. 감坎은 도둑이 움직이는 문이므로 문지기의 마음을 괴롭힌다. 옛날에는 혼閽 자를 훈熏 자로 썼다. 마음은 이로 인해 '그 마음을 타들어간다.' 고 했다. 아직까지 역도에 감수坎水로써 사람을 훈작熏灼한다는 말을 듣지 못했다. 순상이 훈熏을 동動이라 했으니, 모두 잘못이다." 라고 했다. 이에 대해 정약용은 "우번의 학설 또한 명백하지 않다." 고 하였다.[9]

2) 「당서괘기론唐書卦氣論」

사계절의 괘는 12개이고, 재윤괘는 2개이다. 여기에서 연衍을 받은 것이니 그 지위가 서로 동등하다. 그런데 어찌 공, 후, 경, 대부라는 품급이 있겠는가? 벽괘의 명칭은 고대부터 있었다. 초공과 경방 등이 망령되게 이 학설을 견강부회해 분배하니 뱀을 그린 후 뱀의 발을 덧붙인 화사첨족의 격이다. 역도의 바름을 해쳤으니 분별하지 않을 수 없다.[10]

---

9 『易學緖言』「李鼎祚集解論」, 43쪽, "虞云, "艮爲閽. 閽, 守門人也. 坎盜動門. 故厲閽心也. 古閽作熏字. 馬因言'熏灼其心'. 未聞易道, 以坎水熏灼人也. 荀氏以熏作動, 皆非也." "案 虞說亦不明白."

10 『易學緖言』「唐書卦氣論」120쪽, "四時之卦, 十二也, 再閏之卦, 二也. 於此乎, 受衍者, 其位相等, 又安得有公·侯·卿·大夫之品級乎? 辟卦之名, 自古有之. 焦贛·京房之等, 妄爲此說, 附會分排, 畫蛇添足, 爲《易》道之紫鄭, 不得不辨."

3) 「소자선천론邵子先天論」

이 그림[팔괘차서도]은 진震·감坎괘를 음괘로 보고 손巽·리離괘를 양괘로 삼으니 양이 변하여 음이 되고 여자는 변화하여 남자가 된다는 것이니, 문왕이 「설괘전」에서 말한 것과는 명확히 서로 어그러지고 어긋나 역도가 크게 어지러워져 더 이상 세 성인이 남긴 뜻이 아니다.[11]

4) 「사수고점박沙隨古占駁」

사수 정형程逈이 『주역고점』 12편을 저술하였다. 대개 소옹의 선천의 뜻에 근본을 두었으며, 그가 논한 설은 자못 『춘추』와 『국어』의 여러 점법을 인용하였지만, 어그러지고 그릇되게 서로 이어받아 그 본지를 잃어버렸다. 지금은 역도가 어둠에 빠져 미혹됨을 변별할 수가 없으니, 이에 어긋나고 망령됨을 헤아리지 않은 것을 다스리고, '옳은 것 같지만 실제는 거짓된 학설'을 가려 뽑아서 간략하게 비평하고 바로잡음으로써 역학을 연구하는 사람들의 가림막과 장애를 제거하려 한다.[12]

인용문의 1)은 정약용이 이정조의 『주역집해周易集解』에서 인용한 글로 '려혼심厲閻心'을 해석한 우번의 훈고와 마융, 순상의 설명에서 역도가 사용되었다. 정약용은 우번의 해석이 명백하지 않다고 평가하였다. 2)는 초연수와 경방이 맹희가 분류한 괘기설 즉 공·경·대부·후의 괘로 나눈 이론 및 이를 따른 것은 잘못된 해석이라는 평가이다. 정약용은 오세재윤법과 추이법을 정확히 인식하지 못한 이론은 명백히 그

---

11 『易學緖言』「邵子先天論」154-155쪽, "此圖以震·坎爲陰卦, 巽·離爲陽卦, 則陽變爲陰, 女化爲男, 與文王〈說卦〉之所言, 顯相乖謬, 易道大亂, 無復三聖之遺義也."
12 『易學緖言』「沙隨古占駁」178쪽, "昔沙隨程逈著《周易古占》十二篇, 蓋本邵氏先天之義, 而其所論說, 頗引《春秋》《國語》諸占法. 雖舛謬相承, 失其本旨, 今《易》道淪晦, 無以辨惑. 玆用不揆僭妄, 抄取其似是實非之說, 約略評訂, 以除同好者之蔀障焉."

룻된 역도관 때문이라고 판단하였다. 3)은 소강절의 「팔괘차서도」를 언급하면서 그의 선천역학이 「설괘전」에 기록된 상징들을 잘못 해석한 이론이며, 이 때문에 역도를 바르게 이해하지 못했다는 비판의 글이다. 4)는 정형의 『주역고점법』이 소강절의 선천역학을 답습한 이론이며, 그의 역설 또한 역도를 온전히 해석하지는 못했다는 비판적 인식을 드러낸다.

다음은 정약용이 『주역』 경문에 표현된 '역도'를 강조한 경우를 살펴보자. 정약용의 「당서괘기론唐書卦氣論」을 보면, "무릇 『역』의 도가 되는 것은 천문을 우러러 관찰하고, 지리를 굽어 살펴서 모두 상을 본받는 데 있다."[13]고 하였다. 또 「반고예문지론班固藝文志論」에서는 "공자는 「단전」「상전」「계사전」「문언전」「서괘전」 등 10편을 지었다. 그러므로 『역』의 도가 깊다. 사람은 세 성인을 거치고 시대는 세 시대[三古]를 거쳤다.'"고 강조하고 있다.[14]

앞서 '역도'에 대한 설명에서 천문과 지리를 살핀 결과와 연관성이 있다고 했다. 『주역』은 만물의 상象을 상징으로 본받아 체계화하였고, 천문의 변화는 일음일양 하는 밤낮[일월]의 시간 변화와 춘하추동 사계절의 변화를 그 중심에 둔다. 『주역』은 이 천도 '변화[變]'를 음양의 대대적 상象으로 삼고, 음양과 강유剛柔의 천지 변화로서 자연 변화를 표현한다. 즉 역도가 되는 천도에는 시공간의 변화인 '시변時變'이 중요하다는 뜻이다. 이것은 「계사전」에서 "법상이 천지보다 큰 것이 없고, 변통은 사시보다 큰 것이 없으며 형상을 매달아 밝음을 나타낸 것은 일월보다 큰 것이 없다."[15]고 하여 '시변'을 천지 변통變通의 상징으로 말한

---

13 『易學緒言』 「邵子先天論」 159쪽, "凡《易》之爲道,仰觀天文,俯察地理,皆有所法象者焉。 冬至夏則順行,夏至冬則逆行,其法象安在乎？"
14 『易學緒言』 「班固藝文志論」 74쪽, "孔氏爲之 〈彖〉·〈象〉·〈繫辭〉·〈文言〉·〈序卦〉之屬十篇. 故曰'《易》道深矣, 人更三聖, 世歷三古'."

것과 같다.

정약용은 역학에서 천도나 인도의 어느 한 편에 치우쳐 연구할 수 없다는 견해에 동의한다. 『역학서언』「이정조집해론」을 보면 정약용은 당唐의 이정조李鼎祚(미상)가 '천도와 인도의 어느 한편에 치우칠 수 없다'는 문장을 인용하여 그 의미를 전달하고 있다.

> 「이정조집해론」:
> 『주역집해』 서문에서 "복상[卜商: 子夏의 이름] 이후로 부터 전과 주가 백가이지만, 오직 왕필, 정현만을 서로 쫓아서 번갈아 가며 자못 유행하였다. 정현은 천상을 많이 참구했고 왕필은 『주역』 전체를 인사로써 해석했으니 역도가 어찌 하늘과 인간 한 쪽에 치우쳐 얽매이겠는가?[16]

인용문은 정현 역학이 천상설(효진설)이라는 별자리를 활용해 천상天象에 치우친 역학이고, 위魏의 왕필 역학은 망상망수론妄象忘數論을 펼치고 상수象數를 폐기하였으며 도가적 귀무론貴無論을 수용한 현학에 머물러 인사에 치우친 역학이라는 주장이다. 정약용은 이정조와 마찬가지의 뜻을 「이정조집해론」, 「정강성역주론鄭康成易註論」, 「왕보사역주론王輔嗣易注論」, 「한강백현담고韓康伯玄談考」 등에서 전하며 정현과 왕필 역학에 대해 비판적 관점을 유지한다.

셋째, 정약용은 스스로 역도를 규정하고 있다. 그것은 무엇인가? 그는 역도를 정의한 다음과 같은 글로 다산의 인식을 파악할 수 있다.

---

15 「繫辭傳」 上11장, "是故法象莫大乎天地, 變通莫大乎四時, 縣象著明莫大乎日月."
16 『易學緒言』「李鼎祚集解論」 50-51쪽, "『集解』序云 "自卜商之後, 傳註百家, 唯王·鄭相沿, 頗行於代. 鄭則多參天象, 王乃全釋人事, 易之道豈偏帶於天人哉! 今集諸家, 刊輔嗣之野文, 輔康成之逸象, 以貽同好.""

1) 『주역사전』

『역』의 도가 되는 것은 오직 변變으로 나아가는 것이다.[17]

2) 「당서괘기론」

대저 『역』의 도는 상뿐이다. 그러므로 12벽괘는 사계절을 상징하고, 중부괘, 소과괘는 양윤兩閏(두 윤달)을 상징한다. 여기에 건, 곤의 두 괘는 하늘과 땅을 상징한다. 나머지 62개의 괘는 두 번의 윤달을 포함한 5년인 62개월의 수를 상징한다.[18]

3) 「당서괘기론」

『역』의 도는 12벽괘의 추이뿐이다. 만약 이 방법이 없다면 포희씨가 근원적으로 괘를 그릴 필요도 없었다. 왜냐하면 괘를 그린 것이 사용될 데가 없기 때문이다. 그러므로 벽괘의 명칭은 멀고도 높고 크며, 반드시 삼고 시대부터 이 이름이 이미 있었지 한유가 새로 정립한 것이 아니다.[19]

4) 「사수고점박」

건곤이란 큰 『역』의 문호이다.【역은 일월 자의 다른 문자이다】 준屯괘에서 시작해 미제未濟괘에서 마치니, 그 수가 62괘이고 두 괘가 있어서 재윤을 상징하지 않으면, 『역』의 도에 합치되는가? 【세율歲律에 맞지 않음】 나의 62괘가 마땅히 저 62개월이니, 중부中

---

17 『定本 與猶堂全書』 권16, 『周易四箋』 II, 「括例表」 下, 331쪽, "易之爲道. 唯變所適."
18 『定本 與猶堂全書』 권17, 『易學緖言』 「唐書卦氣論」, 127쪽. "大抵《易》之爲道, 象而已. 故十二辟卦, 以象四時. 中孚, 小過以象兩閏. 於是乾坤二卦, 以象天地. 餘六十二卦, 以象五歲再閏, 六十二月之數."
19 『定本 與猶堂全書』 권17, 『易學緖言』 「唐書卦氣論」, 124쪽, "《易》之爲道, 十二辟推移而已. 若無此法, 包犧氏原不必畫卦, 何者畫卦, 無所用耳. 然則辟卦之名, 遙遙巍巍, 必自三古之時, 已有此名, 非漢儒之所新立也."

孚괘, 소과小過괘를 윤달로 부른 것은 실로 천지자연의 수이지 임의로 인간이 이에 늘어놓고 배치한 것이 아니다.[20]

5) 「주역답객난周易答客難」

『역』이 되는 도는 크게는 천지를 두루 다스릴 수 있으니 두 기에 순응하고 사계절을 따른다. 작게는 벌과 파리가 날고뛰는 것을 살필 수 있다. 그것을 숭상하면 소장消長과 굴신屈信의 이치를 징험하여 나가고 물러나는 출처의 까닭을 알 수 있다.[21]

정약용이 역도를 언급한 『주역사전』과 『역학서언』의 글을 요약하면 다음과 같다. ① 역도는 오직 '변變'으로 나아간다. ② 『역』의 도는 '상' 뿐이다. ③ 『역』의 도는 12벽괘의 추이뿐이다. ④ 12벽괘와 벽괘에서 생긴 50연괘를 포함한 62괘와 양윤괘(중부괘, 소과괘)를 포함한 64괘의 변화가 역도이다. ⑤ 역도는 음양 변화와 사계절의 변화 법칙을 따른다.

정약용의 역도론에서는 추이, 변變, 12벽괘와 50연괘 재윤괘의 변화, 음양과 사계절의 변화 등이 역도로서 강조되고 있다. 특히 오세재윤의 역법원리를 포함하여 추이론, 12벽괘, 재윤괘(중부괘, 소과괘), 50연괘로 64괘가 구성되는 괘효의 변화가 사계절의 천문 변화를 의미한다는 것은 바로 '시변時變'의 의미를 강조해 역도를 표현한 뜻이 있다.[22]

---

20 『易學緖言』「沙隨古占駁」, 182쪽, "乾坤者, 大《易》之門戶也.【易亦文從日月字】起於屯卦, 終於未濟, 其數六十二卦, 不有兩卦以象再閏, 《易》道其合乎?【不合於歲律】以我之六十二卦, 當彼之六十二月, 則中孚小過之名之爲閏, 實亦天地自然之數, 不假人安排布置者也. 四時再閏之名, 皆指《易》卦, 而以揲著而爲四者, 謂之四象, 若是明切, 尙有他議乎?"

21 『易學緖言』「周易答客難」, 295쪽, "《易》之爲道, 大可以彌綸天地, 順二氣而序四時. 小可以察蚤蠅之飛躍. 尙之, 可以驗消長屈信之理而知所以進退出處."

22 『易學緖言』「唐書卦氣論」, "摠之, 《易》也者, 象也. 以一年, 則以十二辟卦, 象十二月

정약용은 또 「주자본의발미」에서 추이와 변變의 해석법을 '『주역』을 지은 가장 큰 의미[大義]'라고 말하였다. 그는 "역사易詞는 상을 취했고 모두 추이를 사용했다. 혹여 그렇지 않은 것은 오직 12벽괘와 재윤괘로 질박하고 변화가 적으며, 이것은 교역交易·변역變易의 상을 사용했고 스스로 나머지는 비록 반합牉合·호체互體의 종류라도 괘변에서 상을 취하지 않은 것은 하나도 없다. 이것이 실제 『역』을 지은 큰 뜻이다."[23]라고 하였다. 이 글은 역상은 모두 추이를 사용했고, 이것은 역도이며, 작괘 원리는 괘·효상의 변화로 드러나고, 이것 모두는 '변'으로 귀결된다는 의미이다.

정약용의 역도관을 정리하면, 우주자연의 운동법칙과 만물의 변화작용을 상징한 『주역』의 기호체계에서 역도는 특히 천도와 그 변화를 상징한 것이라는 이해이다. 그는 『주역』의 괘효 상象에서 우주의 운동과 변화를 상징한 천도에 집중하였다. 이상에서 살펴본 정약용 역도론은 성인사도(사·변·상·점)의 해석 관점으로 보면, 『주역』 형성요소 가운데 '변變'과 '상象(괘효상)'의 천도 변화를 중점적으로 해명한 특징이 있다.

3. 정약용의 역리론易理論

정약용은 『역』에는 네 가지의 법칙이 있다고 하였다. 그것은 추이推

數. 以五年, 則以六十二卦,【除乾·坤】 象六十朔, 兩閏月之數. 其欲直日, 則以乾坤之策, 三百有六十, 象期之日."

23 『易學緒言』 「朱子本義發微」, 129쪽, "《易》 詞取象, 總用推移. 其或不然者, 唯十二辟·兩閏之卦, 質朴少變, 斯用交易·變易之象, 自餘雖牉合·互體之類, 無一不取象於卦變. 此實作《易》之大義."

移, 물상物象, 호체互體, 효변爻變의 해석법을 말한다.[24] 이를 「괄례표」에
서는 '네 가지 법칙[四法]'으로, 「제무진본題戊辰本」 서序에서는 '네 가
지 의리[四義][25]로, 「계사상전」 주해에서 '사대의리四大義理'[26]라고 칭했
다. 이 '사대의리'를 연구자들은 「역리사법易理四法」이라 한다. 그리
고 정약용은 『역학서언』의 여러 역학평론에서 구체적으로 '역리'를 언
급하였다.

정약용이 역리를 파악하는 해석법으로 제시한 것으로 「독역요지讀
易要旨」 18원칙도 있다. 「독역요지」 18원칙은 추상抽象, 해사該事, 존질
存質, 고명顧名, 파성播性, 유동留動, 결본缺本과 용졸用拙, 쌍소雙溯, 첩현
疊現, 비덕比德 및 영물詠物, 건유建維, 변위辨位, 우의寓義, 고점考占, 인
자認字, 찰운察韻 등의 원칙이다. 이 글에서는 지면상 「독역요지」 18원
칙은 제외하고, '사대의리'와 역리를 칭한 역리론을 중심으로 살펴볼
것이다.

정약용 역학에서 '역리'의 해석은 매우 중요한 의미가 있다. 그 까닭
은 첫째, 「역리사법」은 정약용이 독창적으로 정립한 핵심적인 역학이
론이기 때문이다. 둘째, 정약용은 '사대의리'의 해석방법을 온전히 해
명하기 위하여 중국역학사에 기록된 역대 『주역』 주석서와 역사서 등
다양한 문헌들을 고증학, 훈고학적 방법을 활용해 분석했는데, 특히 중
국역학의 해석이론에서 「역리사법」과 관련된 이론을 논거로서 고증하

---

24 『定本 與猶堂全書』 권15, 『周易四箋』 「括例表」, "易有四法, 一日 推移 二日 物象
   三日 互體 四日 爻變."
25 앞의 책, 「題戊辰本」序, "甲子本, 四義雖具, 粗略不完, 遂毀之."
26 앞의 책 권16, 『周易四箋』 「繫辭上傳」, "今不敢全釋, 只就十二辟推移之義, 及六爻變
   動之法, 凡有關於四大義理者, 約略疏理." 정약용은 「계사전」의 전문을 주해하지는
   않고, 추이와 효변을 사용해 부분적으로 주해하였다. 그 까닭은 점사의 경우는 해당
   괘의 아래에 풀이했고, 설시에 관한 것은 따로 傳을 만들어 삽입했기 때문이라고
   하였다.

고, 그 명맥을 잇지 못하거나 도태시킨 역학을 비판했기 때문이다. 또 정약용의 중국역학에 대한 비판철학이 한국역학사에서 지니는 학문적 의미와 위상이 크다고 판단하기 때문이다. 셋째는 정약용이 한漢대부터 청淸대에 이르는 중국역학 2천년사에 기록된 수많은 중국학자들의 『주역』 해석학 및 역학이론에 대한 재평가와 비판의 준거로서 「역리사법」을 활용하고 있기 때문이다. 이처럼 정약용의 역리적 관점을 담고 중국 역학과의 차별적인 이론과 논평을 담은 『역학서언』은 1821년에 최종 완성되었다.[27]

그런데 왜 정약용은 「역리사법」을 '의리義理'자를 붙여 '사대의리四大義理'로 칭했을까? 정약용이 '사대의리'라고 '의리'를 특정해 표현한 것은 특이해 보인다. 그 이유는 첫째, 그가 의리역학으로 전래된 왕필의 현학적 의리역학과 '태극즉리太極卽理'와 '성즉리性卽理'를 주창한 성리학의 의리역학 해석을 추존하지 않았기 때문이다. 둘째, 우주의 근원이 되는 '태극太極' 개념을 정약용은 기氣로 해석하여 의리역학의 '의리'와는 상관성이 없어 보이는 기학적 태극관을 가졌기 때문이다.

그러면 『주역』에는 '역리'를 구체적으로 어떻게 표현하고 있을까? 『주역』을 보면 『역전』에 '리理'자가 몇 회 포함되어 있을 뿐, 역리라는 구체적인 표현이 없다. 리理 자의 사례는 「문언전」(坤卦)의 '통리通理', 「계사전」의 '천하지리天下之理'와 '지리地理', 「설괘전」의 '리어의理於義', '궁리진성窮理盡性', '성명지리性命之理' 등이 보이는데, 주로 '이치'란 뜻으로 쓰였다.

그렇다면 정약용이 말한 '역리'와 '사대의리'의 해석법과 도가나 성

---

27 『易學緖言』은 최종 1821년에 완성되었지만, 1808년에는 미완성본은 『周易緖言』이라고 명하였다. 오랜 기간 수정·보완하여 최종적으로 21편의 역학평론으로 완성되었다.

리학에서 말한 '의리'와 어떤 다른 점이 있는지도 살펴 볼 필요가 있다. 그리고 「역리사법」인 '사대의리'는 『주역』의 어떤 형성요소를 해석하기 위한 이론인지도 살펴보아야 한다. 『주역사전』의 「사전소인四箋小引」과 「괄례표括例表」는 '사대의리'의 정의와 자세한 역례易例를 도표와 해석방법 예시로서 적어 놓고 있다. 더불어 「독역요지」 18원칙도 자세하다.[28] 본고에서는 「역리사법」의 해석법인 추이, 물상, 호체, 효변의 기본적인 방법에 대해서는 이미 알고 있다는 전제 하에 논의를 진행하면서 '사대의리'의 역학이론이 『주역』의 어떤 형성요소를 해석한 상관적 특징이 있는지를 집중적으로 파악하고자 한다.

다음 정약용이 언급한 '역리'를 살펴보자. 그는 『역학서언』의 「한위유의론」, 「소자선천론」, 「이씨절중초」, 「왕채호리평」에서 역리를 언급하였다. 정약용은 「한위유의론」에서 왕필 역학이 역리를 반영하지 못한 역학이라고 했다.[29] 「소자선천론」에서는 "이 경전은 본래 『역』의 이치를 논했는데, 역리가 단지 역수逆數에 있다는 것일 뿐이다. 그 말한 '수왕자순數往者順(지나간 것을 헤아리는 것이 순이다.)'이라는 말은 『역』이 일삼는 내용이 아니다."[30]라면서 역리를 말하였다. 「이씨절중초」에서는 용촌榕村 이광지李光地의 수리설과 「하도」・「낙서」의 인용을 비판하면서 '역리'라고 표현하였다. 「왕채호리평」에서는 이후재李厚齋가 주장한 수리설을 논박하면서 '역리'라는 용어를 사용하였다. 사례 가운데 후자의 인용문은 아래와 같다.

---

28 방인・장정욱, 『譯註 周易四箋』 I 권, 소명출판, 2007. 29-138쪽 참조.
29 『易學緖言』「漢魏遺義論」, 80쪽, "論曰 江南義疏十有餘家者, 王註之義疏也. 褚氏・張氏・何氏・莊氏・周氏之等, 今孔氏《正義》時有提援, 卽所謂江南義疏也. 以余觀之, 王氏之註, 專用老子."
30 『易學緖言』「邵子先天論」, 162쪽, "此經本論《易》理,《易》理只有逆數而已. 其云'數往者順', 非《易》之所有事也."

용촌의 학문은 전적으로 산수算數의 찌꺼기를 가지고 「하도」·
「낙서」의 껍데기로 덮어씌워서 그것을 '역리의 근본'이라고 말했
다. 실제로 세 성인의 고역古易은 산수가와는 전혀 관련이 없고, 산
수학 또한 「하도」·「낙서」와도 전혀 무관하다. 거만하고 오만하며
겉을 꾸미는 사람들이 도서圖書 만들기를 좋아해 어리석음을 속여
숨기며 명성을 탐하였으니 성인이 하늘의 뜻을 이어받은 법에 합
당함이 전혀 없다.[31]

모나거나 둥근 것의 두 수는 반드시 모두 지름을 7로 근본을 삼
고, 반드시 이 괘효의 가운데에는 7이 있어서 수의 이치가 되며,
그런 연후에 바탕을 법상으로 삼을 수 있다. 『역』의 수란 '하나가
둘을 낳고 둘이 넷을 낳고, 넷이 여덟을 낳으며, 8×8=64이니, 7의
수를 사용하지 않는다. '네 번 경영해서 『역』을 만든다.' '18변하여
괘를 만든다.' '나누어 둘이 된다.' '넷으로 그것을 헤아린다.'는 모
두 7의 수가 아니다. 오직 소양은 7이 되고, 그리고 그 뜻이 소음인
8과 상대가 된다는 것은 함께 전일한 역리의 법으로 전해질 수 없
다. 그러한 즉 사각형과 원의 수가 반드시 모두 지름 7이 근본이라
니, 또한 어떤 까닭인가?[32]

정약용은 역리 개념을 왕필, 소강절, 이광지, 이후재 역학의 이론을
비판하면서 사용하고 있다. 그는 왕필과 소강절이 역도, 역리를 잘못
해석했으며, 이광지의 수리설과 「하도」·「낙서」 등은 '역리'를 담지 못

---

31 『易學緖言』 「李氏折中鈔」, 239쪽, "議曰榕村之學, 全把算數之糟粕, 蒙以〈河〉〈洛〉
之面皮, 名之曰《易》理之根本. 其實三聖古《易》, 與算數家, 毫髮無涉. 算數之學, 又
與〈河〉〈洛〉, 毫髮無涉. 倨傲飾外之人, 好作圖書, 以欺愚蒙, 以釣名聞, 于聖人紹天之
法, 無所當矣."

32 『易學緖言』 「王蔡胡李評」, 275쪽, "鏞按, 方員二數, 必皆以徑七爲本, 則必此卦爻之
中, 有以七爲數之理, 然後纔可爲法象.《易》之爲數, 一生兩, 兩生四, 四生八, 八八六
十四, 非用七數也. '四營而成《易》' '十有八變而成卦' '分而爲二' '揲之以四'皆非七數.
惟少陽爲七, 然其義僅與少陰八相對, 不可以專統《易》理. 然則方員之數, 必皆以徑七
爲本, 抑何以哉?"

한 이론이라고 평가하였다. 더불어 노양, 노음, 소양, 소음인 사상四象 수 9, 6, 7, 8을 제대로 해석해내지 못한 것도 역리를 바르게 해석한 이론이라고 볼 수 없다고 하였다.

고대에 '수數'는 우주와 세계를 이해하는 도구로 쓰였는데, 『주역』 형성기에 또한 수가 중요한 요소로 작용하였다. 그러나 역대 의리역학 자들은 사상四象의 수와 역수易數 등 수리 해석과 연구에 공을 들이지 않았다. 이는 왕필의 영향이 컸다. 그러나 정약용은 『주역』에서 수가 중요한 해석요소임을 역학평론들에서 매우 강조하고 있다. 이 때문에 중국학자들이 해석한 '수'에 대한 이해를 문제 삼고 비판하였다. 특히 상과 수 모두를 폐기했던 왕필 역학과 선천·후천 개념을 창안해 우주 에 대한 인식을 수리로써 확장하여 해석한 소강절 역학은 『주역』의 원 형적 요소를 궁구한 역학이라는 점에서는 오류가 많다는 것이 정약용 의 판단이다.

정약용은 왕필, 소강절, 이광지, 이후재 뿐만 아니라 주희의 수 해석 도 문제가 있다고 했다. 정약용은 "『역』의 수가 역수에도 있고, 또한 순수順數에도 있으니, 어찌 '역수일 뿐이다.'라고 말했겠는가?"[33]라고 논박하였다. 따라서 정약용의 역리 해석의 근간에는 '수'의 근본에 대 한 해석 문제와 밀접한 상관성이 있음을 알 수 있다. 정약용은 『주역』 의 수리 해석이 정주程朱 성리학과 의리역학에서는 매우 취약한 연구 분야였다고 보았음이 분명하다.

그렇다면 '사대의리'인 「역리사법」의 각 해석법은 '사·변·상·점'[34]

---

33 『易學緒言』「邵子先天論」, 162쪽, "此經本論《易》理,《易》理只有逆數而已. 其云'數 往者順', 非《易》之所有事也. 故統結二句曰 '《易》逆數'也. 若如朱子之義, 則《易》 有逆數, 亦有順數. 豈可曰逆數已乎?"

34 「繫辭傳」上10장, "易有聖人之道四焉, 以言者尙其辭, 以動者尙其變, 以制器者尙其象, 以卜筮者尙其占."

가운데 어떤 요소를 해명한 이론일까? 「사전소인」과 「괄례표」에 기록된 추이, 물상, 호체, 효변의 순서로 이를 살펴본다.

첫째, 추이론은 우주자연의 시변時變을 헤아려 괘효의 상징으로 응축되었다고 설명한 정약용의 이론이다. 추이론은 12개월이라는 사계절과 그 변화 법칙성이 괘상과 효상에 상징화되어 있다는 이론이다. 정약용은 추이를 역도를 나타내는 표상이자 동시에 역리를 파악할 대표적인 해석법으로 파악하였다. 정약용의 추이론은 주희의 괘변설卦變說과 달리 재윤괘(중부괘와 소과괘)를 추이법에 포함시켰는데, 이 추이론을 성인사도의 해석 관점으로 보면, 『역』의 '변變'과 '상象'을 해명한 특징이 있다.

둘째, 물상론은 『주역』이 물상을 취한 것[取物象]이라고 설명한 정약용의 이론이다. 정약용은 물상의 상징성이 팔괘를 그릴 때 이미 활용되어 포함됐다고 판단하였다.[35] 물론 「설괘전」의 설명과 저술은 후대에 되었지만 말이다. 『주역』의 상은 괘상, 효상, 물상 등이 있다. 추이가 괘·효상의 상징 변화를 말한 것이라면, 물상은 「설괘전」에 제시된 다양한 상징들과 이들이 내포한 괘덕, 인륜, 인품, 동물, 인간의 역할, 색깔, 성질, 방위 등을 포괄한다. 정약용은 「설괘물상표」와 「설괘방위도」, 「설괘표직설」에서 물상의 상징을 설명하였다.[36]

물상의 상징 사례로는 건乾괘의 괘덕이 건建, 인륜은 아버지, 그리고 손님, 말, 머리, 적색, 금옥金玉, 얼음, 서북西北, 오행의 금을 상징한다. 곤坤괘는 괘덕이 순順, 인륜은 어머니, 상징은 소, 검은색을 상징한다. 진震괘는 동動, 장남, 용, 발, 푸른색 등을 상징하며, 손巽괘는 닭, 감坎괘는 돼지, 이離괘는 눈, 간艮괘는 손, 태兌괘는 입을 상징하는 것도 있

---

35 『周易四箋』「說卦表直說」권1, 58쪽, "八卦始畫之初, 說卦竝興."
36 정약용, 방인·장정욱 譯, 『譯註 周易四箋』권Ⅰ, 소명출판, 2007, 56-64쪽.

다. 이처럼『주역』의 상징성은 인류, 동물, 신체가 망라되었다. 이러한
「설괘전」의 상象 해석은 역사易辭와 요사繇詞 해석에 필요하다. 이러한
정약용 물상론을 성인사도의 해석 관점으로 보면,『역』의 '사辭' '상象'
'점占'을 해명한 해석이론이라고 볼 수 있다.

셋째, 호체이다. 호체는 일반적으로 중효中爻로 만들어지는데 2효~4
효는 하괘로, 3효~5효는 상괘로 하여 새로운 호괘를 만든다. 정약용은
「호체표직설互體表直說」[37]에서 전통적인 호괘의 작괘법 이외에도 대호
괘大互卦, 겸호괘兼互卦, 도호괘倒互卦, 위복괘位伏卦, 반합괘牉合卦, 양호
작괘법兩互作卦法 등의 총 7가지 방식이 있다고 하였다. 정약용은 호체
가 역사적으로 해석법에 활용된 사례를 찾기 위해서『춘추좌전』등의
중국문헌들을 연구하였다. 그 결과 호체는 한역의 상수학 보다 먼저 사
용된 해석법이라고 평가했다. 정약용의 호체론을 성인사도의 해석 관
점으로 보면,『역』의 '사辭'와 '상象'을 해명하면서도 괘의 '변變'과 점
占을 해석하는데 응용되는 해석이론이라고 볼 수 있다.

넷째, 효변을 보자. 효변은 '효가 변한다'[爻者 言乎變者也]는 「계사전」
의 뜻을 근거로 한다. 사상四象의 수에서 노양 9와 노음 6은 수 자체로
변한다는 뜻을 내포하고 있다. 즉 9는 양에서 음으로 변하며, 6은 음에
서 양으로 변한 다는 것이 효변이다. 사상의 수를 결정할 때는 '삼천양
지參天兩地'의 수리數理를 적용한다. 즉 효변법은 시괘법蓍卦法과 삼천
양지법, 점사占辭와 밀접한 연관성이 있다. 이러한 효변에 대하여 정약
용은 '지극히 참된 '지진지실至眞至實'한 이치'가 담겼다고 하였다.[38] 또
정약용은 고대부터 전래된 효변법은 일효변만을 인정해 해석했으며,

---

37 정약용, 방인·장정욱 譯,『譯註 周易四箋』권 I, 소명출판, 2007. 64-88쪽.

38 『易學緖言』「朱子本義發微」, 130쪽, "案 經曰'陽卦多陰, 陰卦多陽' 此《易》家之大
義也."/ 147쪽, "案 爻變之義, 千古寂寥, 而以其爲至眞至實之理也. 故諸儒解《易》,
往往有此. 譬如重雲疊霧, 一星孤明, 何其奇也!"

효변이 『주역』이 형성될 시기에 이미 반영된 해석 원리라고 판단하였다. 이러한 논리로서 정약용은 주희를 비롯해 많은 중국학자들의 수리설과 효변설의 세부적인 이론을 논박하였다. 정약용의 효변론을 성인사도의 해석 관점으로 보면, 『역』의 사辭, 변變뿐 아니라 상象, 점占을 해명하는 데 사용되는 해석이론이다.

『주역』이 사·변·상·점을 사용해 구성되었다면, 역의 의미는 이들 요소를 빠짐없이 해석해야 더욱 적확하게 해석될 것이다. 그러한 점에서 보면 정약용이 주장한 역리론은 이를 반영하고 있다. 즉 '사대의리'와 '역리'로서 설명했던 '역리사법의 해석법'은 『주역』 괘·효의 형성과정과 그 상징 및 변화를 총체적으로 이해하고, 사·변·상·점의 성인사도를 모두 해석하는 이론과 논리인 것이다. 정약용은 이렇듯 「역리사법」을 『주역』 해석방법의 근본으로 정하고, 「독역요지」 18원칙은 문장을 상세하게 해석하는 세부적인 원리로서 새롭게 제시하였다.

송宋의 항안세項安世 또한 '역리'를 파악하는 데 성인사도[사·변·상·점]의 유기적 해석이 중요함을 말한 바 있다. 그는 "'상'의 이해가 없으면 '변'을 알 수 없고, '사'를 정확히 모르면 '점'의 뜻을 정확히 파악할 수 없다."[39]고 하였다. 그도 사·변·상·점의 해석이 모두 유기적으로 연관되어 있으며, 이것을 모두 해석하는 것이 중요하다는 점을 말하고 있다.

---

39 宋代 항안세項安世는 『周易玩辭』에서 "易之道四其实則二. 象与辭也. 变則象进退也, 占則辭之凶吉也. 不识其象, 何以知其变? 不通其辭, 何以决其占?"라고 하였다.

4. 정약용의 역의론易義論

'역의易義'란 『주역』이 함의한 철학적 사유 및 요체를 말한다. 역학자는 『주역』의 본지本旨를 깨닫고 『주역』의 핵심적 가치를 '역의'로서 규정한다. 학자들의 역의 규정은 자신의 역학이론과 해석법 이론체계의 정립에 깊이 영향을 미친다. 따라서 학자들이 규정한 '역의'를 파악하는 것은 그들이 지향한 역학의 이론과 사상에 포함된 사유와 요체를 의미론적으로 꿰뚫어 보는 근거로 활용될 수 있다.

중국역철학사를 보면 '역리설'과 '역도설'은 역사적인 변화와 질곡을 겪었다. 역리와 역도에 대한 해석 및 전승 과정에서 이루어진 학맥이 학파와 유파를 형성하기도 하였다. 그러나 '역의설'에 있어서는 정현鄭玄이 주장한 '역삼의설'이 오랫동안 존숭되었다. 정현은 「역찬易贊·역론易論」에서 "『역』의 이름은 하나지만 3가지 의미를 포함한다. '이간易簡'이 하나요, '변역變易'이 둘이요, '불역不易'이 셋이다."[40]라고 하였다. 이 같은 정현의 주장은 당唐의 공영달孔穎達과 송명宋明 학자들, 그리고 청淸대의 유학자들이 보편적인 역의설로 인정함으로써 더욱 정통성 있는 역의설로 고착되었다.

그러나 정현의 역의설을 모두 존숭했던 것은 아니다. 반론을 제기한 학자들도 있었는데, 호원胡瑗과 정이程頤가 대표적이다. 두 학자는 역의

---

40 「易贊·易論」, "易之爲名也, 一言而含三義. 易簡一也, 變易二也, 不易三也."(王應麟著作集成, 『周易鄭康成注, 六经天文编, 通鉴答问』, 中华书局, 2012, 64쪽.) 이간이 쉽게 아는 이易와 쉽게 따르는 간簡의 뜻이고, 변역은 『주역』에 내포된 역동적인 변화를 뜻한다. 변역은 '여러 번 옮긴다[屢遷]와 두루 흐른다[周流]는 경문의 뜻을 설명하는 데 쓰였으며, 때에 순응하여 변화하고 나고 들고 이동하는 법칙성을 포괄해 말한다. 불역은 바뀌지 않는다는 뜻으로 건곤乾坤, 귀천貴賤, 동정動靜, 강유剛柔 등 대대적 관계와 『역』의 이치가 변함이 없다는 뜻으로 해석된다.(朱伯崑, 김학권·김진근·김연재·주광호·윤석민 譯, 『易學哲學史1』, 소명출판, 2012, 361쪽.)

는 '변역'뿐이라고 새로운 역의설을 주장하였다. 그리고 조선에서는 정약용이 정현의 역의설이 잘못이라고 「정강성역주론」과 「한위유의론」에서 문제 삼았다. 그 이유는 정현의 역의설이 위서緯書인 『역위易緯』・「건착도乾鑿度」[41]를 모방했기 때문이라고 했다. 『역위』는 역의를 '이易, 변역, 불역'이라고 했다. 그것을 정현이 '이易'를 '이간'[42]으로 바꾸었다는 주장이다.[43] 정약용은 『역위』를 정통성이 있는 주석서로 여기지 않았다. 그것은 『역위』에서 '무형에서 유형이 생겨난다'는 본체론을 중심으로 『역』의 근원을 태역太易, 태초太初, 태시太始, 태소太素라고 설명했기 때문이다. 정약용은 『역위』의 역학관과 달리 『역』의 근원은 '태극'이며, 태극은 '기'라고 판단하였다.[44] 이처럼 정약용은 역학 개념의 근원적 해석에 논리적 문제 제기를 했던 학자였다.

　　물론 중국역철학사에서도 역삼의설과 다른 역의설을 찾을 수 있다.

---

41 「乾鑿度」는 『역위』 가운데 대표작이며, 그 가운데 『경씨역전』을 많이 해석하고 규명하였기에 양한 시대 관방역학의 통론이라고 한다. 「건착도」에 내포된 광범위한 역학사상은 1.역삼의설 2.태역설 3.팔괘방위설 4.구궁설 5.효진설 등이다. 특히 「건착도」에서 괘기설은 중심이 된 사상을 담고 있다. (廖明春외 2인 著, 심경호 譯, 『周易哲學史』, 예문서원, 198-211쪽.)

42 고회민은 '『後漢書』「鄭玄傳」에서 정현이 『易緯』에 통달했고 「繫辭傳」의 취지에 따라서 '簡'을 삽입한 것은 儒門易의 입장에서 원래의 뜻을 회복하기 위한 것이라고 보았다. (고회민 著, 숭실대학교철학연구실 譯, 『中國古代易學史』, 숭실대학교출판부, 1994, 293-294쪽.)

43 정약용이 정현의 역삼의설에 관한 비판과 평가에 대해서는 이난숙, 「다산의 정현역학 비판」, 다산학술문화재단, 『다산학』 26, 2장 참조 바람.

44 『易學緖言』「漢魏遺義論」, 81쪽, "『易緯』・「乾鑿度」云 "易一名而含三義所謂易也, 變易也, 不易也." 又云 "易者其德也." 【謂簡易. 已下刪】 鄭玄依此義作「易贊」及「易論」云 "易一名而含三義, 易簡一也 變易二也 不易三也.' 故「繫辭」云 "乾坤 其『易』之縕邪" 又云 "『易』之門戶邪" 又云 "夫乾確然示人易矣. 夫坤隤然示人簡矣. 易則易知簡則易從" 此言其易簡之法則也. 又云 "爲道也屢遷變動不居. 周流六虛上下無常. 剛柔相易不可爲典要 唯變所適," 此言順時變易, 出入移動者也. 又云 "天尊地卑乾坤定矣. 卑高以陳貴賤位矣. 動靜有常剛柔斷矣.' 此言其張設布列不易者也. 【孔云簡易, 作難易之音.】"

료명춘, 강학위, 고회민이 정리한 중국역학사를 보면, 경방京房(B.C.77~ B.C.37)은 지역地易, 인역人易, 천역天易, 귀역鬼易을 주장하고, 송의 호 원胡瑗(993~ 1059)[45]은 '변역'을, 정이程頤(1033~1107)도 '변역'을, 주희 朱熹(1130~1200)는 변역과 교역交易을 역의로서 말했다고 하였다. 또 이광지李光地(1642~ 1718)는 불역, 교역, 변역, 이간을 역의로서 말했다 고 하였다.[46] 이들을 역의설에는 역의에 대한 해석과 『주역』 해석방법 론도 포함되어 있다. 그러므로 역의설 설명에 대한 부분은 주의를 기울 일 필요는 있다.

정약용의 역의설은 정현의 역삼의설 가운데 '변역'만을 인정하고 있 다. 정약용도 호원과 정이가 주장한 단일한 '변역'의 역의설을 말했지 만, 그 내용은 서로 다른 측면이 있다.[47] '변역'을 역의로 확신한 학자들 로는 정약용, 호원, 정이 외에도 주희와 이광지 등 여러 학자가 있다. 정약용이 '변역'만을 단일한 역의로 인정하고, 자신의 역학논리로 활용 한 것은 「한위유의론漢魏遺義論」에서 확인된다.

---

45 호원은 『周易口義』에서 정현의 역삼의설을 부정하고 魏·晉·唐대 왕필, 한강백, 공 영달이 주장한 의리역학을 배척하였다. 作易한 의미는 오직 '변역'이라고 주장했다. 이에 관해서는 김영관, 「호원의 『주역구의』가 伊川의 『역전』에 준 영향」, 『한국사 학사학보』 25, 2012.와 이원석, 「호원의 변역사상 연구」, 『유교사상문화연구』 57, 2014, 74쪽 참조 바람.

46 중국학자들의 '역의관'에 대해서는 廖明春 외 2인 著, 심경호 譯, 『주역철학사』, 예문 서원, 1995, 659-666쪽과 고회민, 숭실대학교동양철학연구실 譯, 『중국고대역학사』, 숭실대학교출판부, 1994, 293-309쪽을 참조 바람./ 모기령은 『仲氏易』에서 『주역』 의 대의를 1.變易 2.交易 3.反易 4.對易 5.移易의 5가지라고 보았다.(廖明春외 2인의 앞의 책, 659-666쪽.)

47 『周易』의 역의가 단일한 '변역' 뿐이라고 주장한 학자는 호원, 정이, 정약용이 있다. 그러나 호원과 정이가 말한 '변역'과 정약용이 말한 '변역'의 이론적 내용은 서로 다르다. 호원과 정이는 '太極卽理'의 명제를 중심으로 한 의리역학이며, 易詞를 해 석하는 상수학의 해석방법론은 거의 없다. 반면 정약용은 '太極卽氣'의 명제를 중심 으로 한 역학으로 「역리사법」과 「독역요지」18원칙 등의 해석원리 및 해석방법론이 자세하다.(이난숙, 「다산의 정현 역학 비판」, 『다산학』 26, 2015, 366쪽.)

‘역’은 해와 달이고, 해와 달은 음양이다. 괘변의 방법은 양이 가
면 음이 오고 음이 가면 양이 오는 것이며 이것이 ‘해와 달이 서로
바뀐다는 것’이다. 효변의 방법은 양이 순일하면 음이 되고 음이
순일하면 양이 되는 것이며 이것이 ‘해와 달이 서로 바뀐다는 것’
이다. 교역의 방법은 함괘咸卦가 바뀌어 손괘損卦가 되고, 항괘恒卦
가 바뀌어 익괘益卦가 되는 것이다. 이것이 ‘상괘와 하괘가 서로 바
뀌는 것’이다. 변역의 방법은 건괘乾卦가 변해 곤괘坤卦가 되고, 감
괘坎卦가 변해 리괘離卦가 되는 것이다. 이것이 ‘강과 유가 서로 바
뀌는 것’이다. 경전에서의 ‘누천屢遷’ ‘주유周流’[48]는 이 의미를 자
세히 한 것이다. 이른바 ‘간이’ ‘불역’은 위가의 잘못된 학설이기
때문에 서술하기에 부족하다. 어렵고 쉬운[難易]에서의 ‘이易’가 『역』
과 무슨 상관인가?[49]

정약용은 변역을 역의로 인정하고, 간이와 불역은 위가의 학설로서
잘못이라고 일축했다. 더불어 ‘변역’을 설명하면서 고대의 여러 해석법
을 사례로 들었다. 그것은 ‘일월상역日月相易’, ‘상하상역上下相易’, ‘강
유상역剛柔相易’ 등이다.[50] 또 변화를 터득할 해석법에는 괘변, 효변, 교
역, 변역이 있다고 하였다. 물론 변역의 경우, 역의설에서의 ‘변역’과
해석방법인 ‘변역’은 서로 의미가 다르다. 전자는 『주역』의 요체를 규

48 「繫辭傳」下8장, “易之爲書也, 不可遠. 爲道也屢遷, 變動不居, 周流六虛, 上下无常, 剛
   柔相易, 不可爲曲要, 唯變所適.”
49 『易學緖言』「漢魏遺義論」, 82쪽, “案. 易者, 日月也. 日月者, 陽陰也. 卦變之法, 陽往
   則陰來, 陰往則陽來, 此日月相易也. 爻變之法, 陽純則爲陰, 陰純則爲陽, 此日月相易
   也. 交易之法, 咸交爲損, 恒交爲益, 此上下相易也. 變易之法, 乾變爲坤, 坎變爲離, 此
   剛柔相易也. 經所云‘屢遷’·‘周流’, 委是此義. 若所謂簡易·不易者, 緯家之謬說, 不足
   述也. 難易之易, 於『易』何干?”
50 정약용은 괘변[=추이]과 효변이 바로 ‘일월이 서로 바뀌는 것’이라 했는데, ‘일월상
   역’은 괘효의 음양이 변화하는 것이고 교역은 ‘상하상역’으로 상괘와 하괘의 위치
   가 변하는 것이며, 변역은 육효 강유 모두가 변하는 ‘강유상역’을 뜻한다고 보았다.

정한 개념이고, 후자는 괘의 육효에서 음→양, 양→음으로 변화해 새롭게 괘를 만드는 해석방법으로 다른 의미가 있다.

이로써 「한위유의론」에서 정약용이 제시한 해석법은 총 8종류가 된다. 8종류는 괘변, 효변, 교역, 변역과 호체, 복체, 반대, 반합이 포함된다. 정약용은 이 변역을 의미하는 8종류의 해석법을 '『역』이 『역』이 되는 이유'라고 명시하였다.

> 『역』이 『역』이라고 하는 이유는 첫째, 괘변 둘째, 효변 셋째, 교역 넷째, 변역 때문이다. 그리고 호체, 복체, 반대, 반합도 오직 변화로만 나아간다. 그 후 「설괘전」에 있는 방위와 물상이 함께 틀림없이 꼭 들어맞으니 성인의 뜻이 글에 나타난다. 역의 오묘한 이치가 여기에 자세히 드러난다.[51]

8종류의 해석법에서 괘변, 효변, 호체가 가장 핵심이 된다. 이 3종류에 정약용은 물상을 포함시켜서 「역리사법」의 사대의리로 구체화시켰던 것이다. 해배되고 4년 후인 회갑 때 지은 「자찬묘지명自撰墓誌銘」【集中本】(1822년)에서 정약용은 괘변(추이), 효변, 호체를 '역유삼오易有三奧'라고 강조하였다. 그는 "역에 세 가지 심오한 의미가 있으니 바로 첫째 추이, 둘째 효변, 셋째 호체이다."[52]라고 했다. '삼오의三奧義'는 「자찬묘지명」에서 3차례나 언급되었다. 「역리사법」 가운데 '역삼오'로 지

---

51 『易學緒言』「漢魏遺義論」, 79쪽, "論曰『易』之所以爲『易』者, 一曰卦變, 二曰爻變, 三曰交易, 四曰變易, 而互體·伏體·反對·牉合之等, 唯變所適, 而後「設卦」之方位·物象, 與之契合, 而聖人之情, 見乎辭.『易』之妙理, 委在於此." / 각각의 해석방법에 대해서는 방인·장정욱, 『譯註 周易四箋』 권1, 29-99쪽과 권4, 142-158쪽, 「괄례표」上·下에 그 내용이 자세하다.

52 『定本 與猶堂全書』 권3,『文集』 권16,「自撰墓誌銘」【集中本】, 272쪽, 1. 其爲『易』則曰 "易有三奧. 一曰 推移, 二曰 爻變, 三曰 互體."

목하지 않는 물상에 대해서는 "3가지 심오한 뜻이 갖추어지고 나면 물상이 묘하게 합치된다. 3가지 심오함을 갖추어 승강, 왕래, 소장, 기멸의 만 가지 변화 운동이 의탁하니, 성인의 뜻이 『역』의 문장에 드러난다."[53]고 정리하였다. 정약용이 물상을 제외하고 '삼오의'를 별도로 지정해 규정한 것은 '변화'에 주목했다는 것으로 이해된다. 따라서 정약용은 역리를 해석함에 있어서 또한 '변變'에 집중한 것으로 보아야 한다. 특히 '변'의 파악은 '삼오의'가 핵심적인 역학이론이여, 삼오의가 바로 『주역』 괘효를 해석하는 근간이라는 논지이다.

정약용은 『주역사전』에서도 '『역』의 도가 되는 것은 오직 변變으로 나아가는 것이다.'라고 했다. 정리하면, 정약용이 역리설과 '삼오의'를 강조한 것은 모두 '변變'이 역 해석의 중심이 된다는 뜻을 담고 있다고 하겠다. 정약용은 '역삼오'가 우주자연의 승강·왕래 및 사계절의 소장과 기멸을 의미한다고 보았다. 이것은 '시時'의 변화와 관련성이 매우 깊다. 『주역』에 표현된 '시時'는 시간적 의미만 내포한 것이 아니라, 시공간 및 시공간이 변화된 형세 즉 시세時勢를 포함한다. 『주역』의 '시'는 '때'라고 해석되며, 역사易辭의 정확한 해석에는 '시변'의 법칙성과 '시세'의 변화를 정확히 꿰뚫어 보는 안목이 필요한 것이다.[54]

「역리사법」을 시변時變의 측면에서 다시 보면, '추이'는 거시적 시공간의 변화를 괘효로서 파악하는 것에 속한다. 호체는 정해진 하나의 괘 내부에서 일어나는 시세 변화로 보이며, 미시적인 내적 변화를 파악하는 데 유용한 방법이 된다. 효변은 괘에서도 변효에만 국한되기 때문에 더욱 상세하고 미시적인 『주역』의 시세 변화를 파악하는 이론라고

---

53 「自撰墓誌銘」【集中本】, "三奧具而物象妙合. 三奧具而升降, 往來, 消長, 起滅, 萬動以寓 而聖人之情見乎辭."
54 이난숙, 「다산 정약용의 중국역학 비판 연구-『易學緖言』을 중심으로」, 강원대학교 박사논문, 2014, 335쪽.

할 수 있다. 정약용은 '변화의 해석법'을 통하면 글자마다 부합하고 글 귀마다 계합契合해서 한 터럭 반점도 의심스럽지 않게 통한다고 했으며, 또『주역』이라는 궁전의 천문만호千門萬戶를 열 수 있는 열쇠'하고 비유하기노 하였다.[55]

본고에서 정약용 역학의 본령이 되는 이론들을 상수파와 의리파라는 양파의 구조로 보지 않고, 성인사도의 해석 관점으로 살펴보았다. 그 결과 정약용의 주역해석방법론은 '변역' 개념에 집중되어 있으며,『주역』형성요소의 근원적 의미를 고루 해석하고자 했음을 알 수 있다. 군자는 '기미幾微'라는 '시변'의 변곡점에 대한 안목과 위기대처능력을 필요로 한다. 그렇다면 '변화의 책[The Book of Changes]'인『주역』에서 정약용이 주장한 역도론, 역리론, 역삼오 및 역의론이 모두 '변화'의 해석에 초점을 맞추고 있다는 것은 매우 의미가 깊다고 하겠다.

5. 맺음말

중국역학사에서 한 시대를 풍미하거나 수 세기 동안 역학사를 주도적으로 이끌었던 역학은 단연 창의적으로 역리를 해석한 역학들이다. 자신만의 창의적인 역학을 정립하지 못한 학자들은 역학대가들의 역학을 수용하거나, 일부 이론적인 변화나 융합을 통하여 역학이론의 발전

---

55 『定本 與猶堂全書』권3, 『文集』권19, '與尹畏心', "則字字符合, 句句契比, 無復一毫 半點之疑晦不通者." "譬如建章宮殿千門萬戶, 宗廟之美, 百官之富, 皆在其中, 但其鐵 鑶牢固, 屈戍深嚴, 萬夫當門, 莫之敢窺. 忽有一條鑰匙落在手中, 以之啓外門而外門闢, 以之啓中門而中門闢, 以之啓皐門庫門而皐門庫門闢, 以之啓應門雉門而應門雉門闢. 於是乎千門萬戶, 豁然貫通, 而日月照明, 風雲藹蔚, 凡所謂宗廟之美, 百官之富, 昭森 布列, 歷歷可指, 天下有是快哉."

을 꾀하였다. 이러한 점을 볼 때『주역』의 핵심 개념들을 새롭게 정의하고, 이를 역학이론으로까지 구체적으로 체계화시켜 정립한다는 것은 결코 쉽지 않아 보인다. 그런데 정약용은『주역』의 본지인 역의를 새롭게 정의함은 물론, 역도론, 역리론, 역의론으로『주역』의 해석이론을 창의적으로 정립하였다. 이로써 정약용의 역학은 매우 독창적인 한국 역학이 되었다.

정약용의 역도론, 역리론, 역의론의 해석 및 이론 사유를 살펴본 결과, 그의 역도론은 성인사도 가운데 '상'과 '변'의 두 요소를 규명한 특징이 있다. 정약용의 역도론은 괘상·효상의 상징으로 천도 변화인 '시변時變'의 법칙성을 '추이'라고 판단하고, 그 법칙성이 작역作易 과정에 포함된 것임을 강조한 특징이 있다. 정약용은 역도가 추이, 상, 변이라 했으며, 역도론에 오세재윤의 역법원리를 포함시켰다. 12벽괘, 재윤괘와 50연괘로 구성된 64괘의 변화원리를 '추이'의 법칙성에 근본을 두고 설명하였다. 정약용이 역도라고 규정한 '상'은 괘상과 효상을 말하며, 역도로 규정한 '변'은『주역』에 포함된 천도 변화로 해석된다.

정약용의 역리론은 추이가 변·상을, 물상은 사·상·점을, 호체는 사·상을 중심으로 변과 점의 이해를 위한 것이며, 효변은 사·변·상·점을 원활히 해석할 수 있는 이론이다. 정약용은 추이, 물상, 호체, 효변을 '사대의리'라 했고, 물상을 제외한 추이·호체·효변은 '『역』의 삼오三奧'라고 별도로 규정하였다. '역리사법' 가운데 '역삼오'를 정한 것은 더욱 변역을 강조한 뜻이 있다. 물론 정약용이 말한 '사대의리'에서 '의리'는 위魏의 왕필 현학의 '의리'나 송宋대 정주程朱 성리학의 '의리'와 확연히 구별된다. 정약용의 '사대의리'는 '역리'를 말하는데, 결국 정약용의 역리론은『주역』의 4대 형성요소를 고르게 해석한 특징과 의미가 있다.

정역용의 역의론은 성인사도의 해석 관점으로 보면 모두 '변變'으로 귀결된다. 정약용은 전통적으로 존숭된 '이간'과 '불역'이 역의라는 주장을 비판하였다. '변역變易'만을 역의로서 인정하고, 동시에 변역을 파악할 수 있는 다양한 고대의『주역』해석방법론들을 제시하였다. 그는『주역』에 일관一貫된 역의가 '변역'뿐임을 강조하였다.

종합하면, 정약용의 세 역학이론은『주역』에 내포된 '시변時變(시공간의 변화)'과 '상변象變(상징의 변화)'을 규명한 특징이 있다. 그리고 시변과 상변은 모두 변역으로 귀결된다. 정약용의 역학이론은 송宋대 리학의『주역』해석학 흐름에서 벗어나, 새로운 해석 관점으로 상·수를 집중적으로 분석한 특징이 있다. 이로써『주역』의 원의原義를 해석하였다. 특히 사·변의 해석이 원활해졌다. 정약용 역학은 역의론에 근본을 두고, 역도론에서『주역』의 천도를 해석하고, 천인 관계의 연관성을 설명하는데 근본을 마련하고 있다. 역리론은 '사대의리'로 '역리'를 해석했으며, '상수'에만 국한되지 않는다.『주역』의 이치를 상세히 파악할 수 있는 구체적인 방법론을 선택해 중국역학에서의 '의리'와 다른 해석을 하였다. 따라서 정약용 역학이 사·변·상·점의 네 가지 원형적原形的 요소를 유기적으로 규명하고, 시변時變을 중심으로 독창적인 '역리학易理學'을 정립한 차별성이 있음을 확인할 수 있다.

〈 4 〉

주역 연구의 방법론과
현대적 확장성

주역의 해석학적 연구*

-Husserl 현상학비판現象學批判-

이정복

후설의 현상학은 지금까지의 서구의 형이상학의 종언을 구하고 살아있는 생활세계에로의 귀환이라는 새로운 생의 지평을 새로이 제시하였다. 생활세계의 물음을 동양사유의 단초라 할 수 있는 역의 철학적 사유로 해석해 보려는 것이 본 논문의 요지이다. 살아있는 세계를 직접 경험하며 현상을 살아있는 세계와 직접 하나로 생각하는 것은 메마른 일반화, 진리의 필연성과는 다른 소박한 세계를 지향한다. 주역에서 해, 달, 땅, 사람과 같은 소박한 象들은 서구 형이상학이 문제삼아온 필연성의 문제가 아니라 논리 이전의 세계이며, 오히려 근원경험으로서 현상하는 物物의 현전이다. 이 점을 근거로 독일의 현대철학과 고대 동양사유가 만날 수 있는 가능성을 논증하였다.

1. 들어가는 말

-현상現象에서 역易의 지평으로-[1]

후설Husserl, Edmund(1859~1938)의 철학은 사물화事物化, 대상화對

---

* 이정복(한양대) , 본고는 고 이정복 교수의 글로, 『철학』 33(1990. 06.)에 게재되었다.
1 이정복, 「Husserl의 生活世界와 그 批判」, 『한국철학회』, 1986.

象化, 질량화質量化, 형식화形式化를 배제[2]한다. 이와 같은 일반성을 배제하고 직접 '생활세계生活世界'로 귀환한다. 직접적이며 명증적으로 이미 거기에 있는, 살아있는 세계에로의 귀환이다. 따라서 직접적인만큼 그것은 심증적心證的인 것이오, 이것을 후설은 명증적 생활세계의 소여성所與性이라 했으며 이 생활세계를 근원적 명증Urevidenz이라는 현상지평現象地平[3] 으로 설명하고 있다.

근원적 명증이란 바로 현상지평이기에 모든 이론에 앞서 있는 것이며, 모든 이론의 연속성을 넘어선 새로운 지평을 열어주게 된다. 이것을 '전체적으로 관심을 갖게 된 프락시스die universal intressierte Praxis'[4], 즉 '새로운 종류의 프락시스'라고 부르기로 했다. 이것으로 후설은 '아주 높혀진 Praxis'[5]라는 명증적인 보증을 얻은 셈이다. 이런 점에서 기술적인 근대 세계의 존재 파악이 아닌 이 '높여진 Praxis'는 근대의 형이상학과는 다른 전환점에 서게 되었다. 즉, 추상적 대상성·질량화·형식화가 아닌, 우리의 삶에서 벗어 날 수 없는 생활세계를 문제 삼는 이른바 학문[Wissenschaft]으로의 대상화 이전 세계에의 요구이다.

후설의 생활세계가 살아있는 생활세계인 한, 분명히 동양사유에의 방법론적 접근도 가능하리라 생각된다. 이것은 전혀 이질적인 학문의 전통적 체계의 비교가 아니라, 살아있는 근원경험의 지평이므로 삶의 새로운 '해석'의 가능성이 여기에서 바로 제시될 수 있으리라고 본다.

---

2 Husserl Ideen Chapt. 27 ff.

3 Vgl. Husserliana-Edmund Husserl gesammelte Werke, Bd. Ⅳ Die krisis der europaischen Wissenschaften und die transzendentale Phanomenologie, hrsg. von W. Biemel (1954), S. 131 f. (이하 Hua Ⅳ으로 표기함)

4 Universal을 전체지평으로 번역했다. '보편적'이라 번역해도 가능하나, 보편·특수의 관계와 같은 것으로 오해할 수 있어 '전체적'으로 번역했다. Hegel, Heidegger의 전체성의 의미로 생의 지평을 뜻하는 말이기 때문이다.

5 Vgl. ibid. S. 329

동양의 고대 사유도 서구의 형이상학처럼 일반형식화一般形式化가 아니라 살아있는 세계의 전체지평이므로 명증적이며 직관적인 세계를 지시한다고 볼 수 있다.

후설의 생활세계에로의 귀환은 지금까지의 서구의 형이상학의 종언을 뜻하며 '높여진 Praxis'에로의 철학방법을 제시하였다는 점에서 의미있는 평가를 받는다. 근대처럼 사유의 명증, 직관형식이 아니라 생활세계의 명증이며 현상의 직관이다. 다시 말해 서양의 형이상학의 근거라 할 사유의 논리적 자기운동으로 끝나는 것이 아니라 생의 지평을 새로이 제시한 것이라 할 수 있다. 물론 하이데거Martin Heidegger(1889~1976)의 '존재'에서의 '생활세계'는 보다 구체적인 문제 제기가 이루어지고 있으며 현상에서 존재에로 전환이 있게 된다.

살아있는 세계를 직접 경험하며 현상을 살아있는 세계와 직접 하나로 생각한다는 것은 동서철학의 새로운 만남의 중요한 계기가 되고 있는 것이라 하겠다. 후설의 현상이 그대로 현상의 문제인 한, 그리고 하이데거의 존재가 바로 존재의 문제인 한, 결코 그것은 그들의 문제가 아니며 이 세계의 존재 물음으로서의 현상의 문제, 존재의 문제가 되는 것이다. 이러한 점에서 동양의 사유도 존재의 언어로 밝혀질 수 있어야 한다. 그리고 '동양의 사유에서 현상이 어떤 것이었으며, 존재를 어떻게 보았으며, 그 다른 바가 무엇인가'의 물음도 문제 삼을 수 있다.

여하튼 주관과 객관의 모든 구별, 또는 인식론적 구별이나 형이상학적 구별에 앞서 있는 '현상'을 살아있는 생활세계에로 끌어낸 것은 철학사에 후설의 가장 빛나는 공헌이다. 현상이 순수하게 현상하는erscheinen 바의 무한한 직관의 세계 개시는 많은 것을 시사해 주었다. 어떤 고집스러운 명제를 괄호치고, 그와 같은 성급함에서, '한 발자국 물러서서' 보는 사실성에서의 추구는 매우 중요한 의미를 갖는다. 서양 철학사에서 보물처럼 간직되어 왔던 '초월론적 주관성'을 살아있는 생활세계라는 소박한 현실, 즉 현상으로 끌어 내린 것은 후설 철학의 위대성이라 하겠다. 바로 이 살아있는 세계의 지평이 동양사유와 만날 수 있는 길을 열어주고 있는 것이다.

단지 여기에서 우리는 확실하게 밝혀 둘 문제가 있다. 후설의 '현상' 또는 어쩌면 하이데거의 '존재'까지도 동양사유로 다시 해석해 보자면 결코 서양의 형이상학적 사유의 운명에서 벗어나지 못했다는 점을 지적하지 않을 수 없다. 여기에서는 이 문제가 논외가 되겠으나 결국 본론의 전개에서 동양사유와의 그 차이성은 확실히 밝혀지리라 믿는다.

동양의 근원경험으로서의 사유는 이른바 현상학적 근원경험으로서의 근원증명[Urevidenz]이 문제가 아니라, 초월론적 발생학[Genetik]을 문제 삼는다.

초월론적 발생의 귀결은 어떤 논리적인 강제성, 또는 필연성으로서의 명증성을 갖는 것이 아니다. 그리고 '기술記述' 안에 있는 것이 아니라, 언제나 '진단'하는 자리를 확보한다. 성급한 이성의 마지막 형식을 거부하고, 아주 상대적이고 구체적 지평에서 현재의 있음을 반성하는 것이다. 구체적인, 그리고 역사적인historisch 전체지평을 문제 삼는다. 롬바흐Heinrich Rombach(1923~2004)의 표현대로 '존재론적-구조적 현상학'이라는 설명이 오히려 맞는 표현일 것이다.

동양의 근원경험으로서의 사유는 성급한 진리와 오류의 구별이 아닌, 오히려 풍요와 합치에 있다. 보편화, 일반화의 메마른 평균화, 또는 공식화가 아니며, 한 쪽에 대하여는 절대화, 진리화를 시키면서, 다른 쪽에 대하여는 어설픈 규준으로 오류와 허위로 가름하는 것을 택하지 않는다. 그만큼 살아 있는 생활세계는 높음과 깊이로 드러나며 유현幽玄하다. 이러한 의미에서 동양의 근원경험으로서의 사유의 현상학은 열려 있다. 그러므로 그 현상학은 언제나 운동을 문제 삼는다. 체계와 개념을 쫓는 것이 아니라, 길[道]을 가는 것이다. 과정 자체가 자유인 것이다. 원리 대신에 자유가, 발전 대신에 발생이, 절대 대신에 구조적 질서가 문제되는 것이다. 그렇기 때문에 동양의 근원경험으로서 사유의 현상학은 롬바흐의 말처럼 '자유의 현상학'이라고 불러도 되리라.

도道의 경험은 구조와 같이 일어난다. 도의 경험은 전체로서 포괄되지 않은 채로 마무리되는 개념[Vervollkommungsbegriff]이 아니다. 개별성으로 존재하는 것도 아니다. 개별성과의 상응에서 도道와 더불어 일어난다. 체계의 신神은 정재靜在이며, 체계의 도덕은 고정固定이지만, 구조의 신神은 전개이며, 그 도덕은 풍요하다. 그러므로 단순한 부정은 단순한 긍정처럼 내실이 없는 것에 불과할 뿐이다. 단순한 긍정과 단순한 부정 속에서는 풍요함을 얻을 수 없다. 생을 긍정과 부정의 나뉨으로 보지 않고, 풍요와 합치에서 생각하는 그 '철학적 현재'가 소중하다. 현실의 즉자태卽自態, 즉 정태적靜態的이 아닌 역동적인 것을 강조하는 역사성歷史性은 사물의 현재화 작용이며, 바로 여기에서 우리는 동양의 근원경험으로서의 현상학적 사유라 할 수 있는 주역의 논리를 문제 삼을 수 있다.

주역에서 도道와 덕德은 더불어 있고, 더불어 일어나며, 그 도와 덕은 풍요이며, 긍정과 부정의 나뉨이 아니라 풍요와 합치에서의 '추이推移'이며 '물상物象'이며 '호체互體'이며 그 물상物象의 '효변爻變'이다.

이러한 의미에서 '생활세계'의 물음을 동양사유의 단초端初라 할 수 있는 역의 철학적 사유로 새로이 '해석'해 보려는 것이 본 논문의 요지라 하겠다. 즉 역의 생활세계가 갖는 철학적 논리구조를 밝혀보고자 하는 것이다.

2. 현상理象과 동양존재사東洋存在史

현상이 살아있는 세계와 직접 하나로 있다는 것은 모든 형이상학의 근거-이를테면, 희랍의 제일형상第一形相, 중세의 신神, 근세철학의 자기 내적 필연성으로서의 자의식自意識의 전개-와는 다른 새로운 세계에로의 문제를 제기해주고 있다. 즉 현상이 살아있는 세계와 직접 하나로 있는 이 현상학적 지평은 주역의 방법론적 해석의 문제를 필연적으로 제기하고 있다.

후설은 이 '생활세계'를 철학화하기 위하여 전통적 형이상학을 극복하기 위한 많은 과정이 필요했다. 이른바 현상학적 방법이다. 그러나 다시 돌아온 곳은 바로 소박한 생활세계가 아닌가. 바로 이 소박한 생활세계에서 보자면, 동양고대 사유의 존재구조에 대해 굳이 현상학적 문제를 환기시키지 않더라도 그 자체로서 있는 바의 형形[보여짐]과 견見[봄]의 자기동일성自己同一性의 존재지평이 드러나고 있지 않은가. 소박한 생활세계가 독일 현대철학의 근거가 되고 있다면 바로 이 점에서 고대 동양사유와 독일 현대철학의 만남이 가능할 것이라고 본다.

주역에 있어서 해와 달과 땅과 사람의 소박한 상象과 상象. 그리고 형形과 견見의 합덕合德은 서구 형이상학의 논리 이전의 세계이다. 주역은 연역 또는 귀납의 논리적 전개가 아닌 상象과 상象 그리고 형形과 견見 즉, 물物과 하나가 되는 바의 세계를 지시한다. 논리적 필연성의 물음 이전의 물즉성物卽性의 세계다. 이 상象과 상象, 형形과 견見의 합덕을 후설의 근원지평으로서의 생활세계로, 즉 근원적 필증성 또는 근원적 명증으로 밝힐 수 있을 것인가. 동양 고대사유에 있어서 이 존재의 필증성 또는 명증성이 바로 덕德과 명明에서 밝혀지고 있다는 점에서 후설의 방법론과는 중요한 차이점이 발견된다. 이것은 서구 형이상학이 문제 삼아온 필연성의 문제가 아님은 물론이다. 오히려 근원경험에로의 현상하는 '물物'의 형形과 '변화變化'의 견見에서 합덕하는 자리다. 이것은 바로 근원체험이면서 동시에 물이 현전顯前하는 자리여야 한다.

현상하는 생활세계를 오늘날의 철학은 전체성[Universalität]으로 말하기도 한다. 즉, 있는 바의 전체성을 뜻한다. 이것은 특수화에 대한 일반성도 아니며 그렇다고 일정한 범위와 대상들을 종합하는 총체성도 아닌, 있는 바의 절대성, 또는 개체의 의미화 또는 무한화를 뜻한다. 자기로 있는 절대화라 할까. 이것을 후설은 '자기 나름의 apriori'[6]라 했다. 생활지평은 있는 바의 것으로 있는 절대화이며 전체성이다. 살아있는 생활 지평이며 그런 의미에서 '자기역사'이다. 부분적인 것만을 강조하고 상대성에 대한 부분을 보편으로 이론화하는 체계는 생활세계와는 아무런 관계도 없다.

유럽에는 철학사가 있고, 형이상학의 역사가 있는 것처럼 동양의 사유도 역시 동양철학사로서의 존재사가 있다. 이 존재사는 각기 자아의 생활세계라는 근원체험의 세계성이다. 각자의 생활세계는 이러한 세계를 넘어서 추상적으로 이해될 수 없고, 오로지 자기 초월론적으로 이해될 수 있기에 가장 구체적인 것이다. 한 도시에는 도시의 역사가 있고, 민족에는 민족의 역사가 있듯이, '존재에는 존재사'가 있다.

이러한 점에서 후설의 순수체험으로서 의식의 현재는 생활세계와 같은 체험류에서 밝히는 현상으로서 매우 중요한 의미를 주고 있으나 그 현재가 바로 현존재의 구체적 역사성인가 하는 물음은 그대로 남는다. 생활세계는 각자 자기 나름의 자기 지평을 전역사全歷史[Allgeschichte]안

---

6 Vgl. ibid. S. 381 f

에 가지고 있는 것이다.

후설의 근원체험류에 대하여 부언해보자면 대상과 파악의 방법은 같은 체험류에 속하고 파악된 대상은 실재성의 통일안에서, 즉 파악 자체 안에서 내재성(Imma-nenz)이 된다. 이 내재성은 반성된 것[Reflektiertes]과 반성[Reflex]과의 실재적real 종합존재Zusammen-sein의 의미를 가진다. 그리고 존재자의 다양성[Mannigfaltigkeit eines Seiendes], 즉 체험과 행위Akt의 존재라는 다양성이 있게 된다. '의식과 대상-반성과 반성대상으로서의 행위Akt-'는 하나의 개별적이며, 순수하게 체험에 의하여 형성된 동일성[eine individuelle reindurch Erlebnisse hergestellte Einheit]을 형성한다7. 그러나 이 현상학적 내재성 일반의 영역에서는 존재Sein와 그 타당의 의미Geltungssinn의 구별은 아무런 의미가 없는 것이 되고 만다. 필증적 이념적 근거로서의 되풀이되는 반복[inbestandiger Iteration]은 지속적 의식 기류의 구집構集이 있는 것과 같다. 근원 현상[Ur-phänomenalität], 시간화의 근원[Urgrund der Zeitigung] 또는 근원적 자아[Ur-ich]가 있을 뿐이다. 이와 반대로 오히려 의식은 현존재에 또는 존재역사에 뿌리를 내리고 있는 것이지 그 반대일 수는 없다는 점에서 동양존재사의 사유적 근원 경험의 물음은 시작된다고 본다.

이 동양사유의 존재사의 단초를 묻는 것은 그 존재사의 해명의 가장 가까운 방법론적 지름길이라 생각된다. 이러한 의미에서 중국 고대철학의 존재사유의 구조를 밝혀보자.

서구의 형이상학에 대한 비판에서 후설의 생활세계가 있는 것과 마찬가지로 동양사유의 존재사의 단초에서 후설의 생활세계와 같은 세계를 조명해 보는 것은 매우 중요한 문제이다. 바로 동양사유에 있어서

---

7 Husserl. Ideen, Ⅰ. S. 58

그 생활세계의 근원체험지평이 철학사유의 단초로서 보증을 받고자 하기 때문이다. 그리고 후설의 생활세계의 근원지평을 동양사유의 근원경험으로서 다시 해석하는 일이 중요한 것은 그로 인해 존재이해의 문제에 다가갈 수 있기 때문이다. 생활세계가 근원경험으로서 의식류의 선구조先構造의 근거보다 존재역사에 뿌리를 내리고 있는 것이라면, 근원경험의 현상 기술보다 '해석의 현실화, 개별화 또는 가다머H. Georg Gadamer(1900~2002)의 적용의 문제[Anwendungsfrage)]'가 더 중요한 문제로 대두된다. 여기에서 바로 존재이해 또는 존재해석이 문제되는 것도 너무나 당연하다. 그리고 이때 주역의 사유구조, 즉 동양의 사유 근원경험을 그 방법론적 접근의 시도로서 후설의 현상학을 비판하면서 새로운 이해지평으로 인도해 내려는 것이 본 논문의 방법론적 시도이며 비판의 출발점이라 할 수 있다.

3. 역의 대대성對特性
-현상학理象學의 근원현상 비판-

후설의 생활세계처럼 동양의 사유도 앞에서 언급한 것처럼 서구의 형이상학과 같이 대상화, 사물화, 질량화, 형식화를 하지 않는다. 살아 있는 생활세계의 '자기구현Selbstvollzug'이 문제되었을 뿐이다. 이를테면 동양사유의 자연은 형이상학에서 말하는 것처럼 자기소외도 아니며 이성의 객관화도 아니고 실체實體와 같은 형이상학의 근거처럼 생각되는 어떤 것도 아니다. 또는 대상화의 방법론적 절대성의 요구도 아니고 자연과학과 같이 이념의 중성화의 요구도 아니다. 이를테면 이성 만능의 요구가 아니다. 후설은 근원경험을 강조하기 때문에 자연은 아무래도 괄호쳐질[espoche]수밖에 없었다. 동양의 사유에는 자연의 근원경험이 있다. 이를테면 도道다. 도는 한번 양되고 한번 음되는 도이지, 중성화하는 것이 아니었다. 말하자면 의식의 중성화中性化 또는 형식화 또는 이념의 중성화 따위가 아니다. 동양의 덕德은 '자연화自然化', '중성화中性化'와는 거리가 멀다. '이어지는 바가 곧 선善이며 이루어지는 것이 곧 성性'이 되는 것이다.[8] '이어짐[계繼]'은 헤겔G.W. Friedrich Hegel (1770~1831)이 말하는 '변화變化'가 아니며 '종합통일'도 아니다. '이어짐'의 논리는 이어짐 자체가 인도人道이지만 성지誠之의 현상現象에서 성誠과 하나된 것이며 그것을 철학하는 것이다. 여기에서 이보다 더 필증적必證的이며 보다 더 충전적充全的인 근거를 달리 찾을 길이 없다.

"소리개가 하늘을 날고 물고기가 연못에서 뛰는"[9] 자연은 바로 현상지평이로되 바로 대상자연은 아니다. 천칙天則과 규구契矩가 하나이다. 바로 이것이 동양의 시간이며 역사이다.

동양에 있어서 인식과 학문은 이것과 따로 떨어져 있는 것이 아니다. 인류이 '향向하는'것[행行하는 것]과 자연의 도道는 '이어짐'과 자기동일自己同一의 절대지평으로서 선善이 된다. 이치理로되 이론理論이 아니듯, 선善은 그때그때마다 대상들이 다양하게 있어도 되고 없어도 되는 것들을 종합하는 세계가 아니라 필증적必證的인 구집지평構集地平이라 할 수 있는, 살아있는 생활세계生活世界 바로 그것이다. 이런 의미에서 선善과 성性은 구집적構集的 근거이면서 동양사유의 근원경험으로서의 '물物'이다. 그리고 이것이 '물物'의 필증적 근거이기도 하다. 선과 성이 가지는 바의 물物의 지향성志向性은 동양철학의 존재론적 근거가 되고 있다. 천天과 인人이 가는 곳[천지天之, 인지人之], 즉 도道는 이론

---

8 『周易』「繫辭」上, "一陰一陽之謂道, 繼之者善也, 成之者性也"
9 『中庸』 23, 鳶飛戾天 魚躍于淵

의 근거도 아니며 체계도 아니며 '~에로 이어지며(繼之), 이루어짐(成之)'이라 할 수 있다.[10] 여기에서 '이어짐'과 '이루어짐'의 바탕은 '~에로 향함, 또는 행함'으로 설명될 수 있는 것이며 모든 명제Satz와 이론을 초월하는 영역을 뜻한다.

후설의 현재現在[Vergengenwartigung]에서의 현現은 '~에로 향함'과 '행'함의 절대적 동일지평同一地平을 뜻하는 현재-전체現在-全體[Allgegenwart]이다. 이것을 후설은 지향성志向性[Intentionalität]으로 설명하고 있다. 하버마스Jurgen Habermas(1929~)는 이 지향성을 그의 저서 『이론과 실천』에서 설명하기를, 전통적 형이상학의 근거라 할 '내재근거內在根據' 따위가 아니라고 말한다. 바로 프락시스Praxis는 절대지평을 여는 말이다. 사실 '~로 향함[Worauf-hin]'의 지향성志向性을 갖는 후설의 구조는 철학사에 있어서 큰 공헌이라 할 수 있으나 후설의 지향성은 앞에서 지적한 바와 같이 '의식'의 지향성으로만 끝나고 있을 뿐이다. 비록 그가 살아있는 현재지평을 열고 있기는 하지만 이것이 후설의 지향성이 안고 있는 한계이기도 하다. 동양사유에 있어서 '이어짐'과 '이루어짐' 또는 '~에로 향向하여'와 '행行하며 있음'이 가지는 계지繼之로서의 선善과 성지成之로서의 성性은 후설의 지향성을 넘어서는 절대적 존재지평이라 할 수 있다. 오히려 서양의 형이상학과 길을 달리해온 구약성서의 신의 역사[히브리 사상]가 현대 서구철학의 방향을 이론이 아닌 현실로 돌려놓았다고 할 수 있다면 이때 희랍의 logos는 히브리 사상의 '이루어짐'이 될 수 있는 것과 같이 히브리 사상의 '내가 이루어지고 있는 바의 그 이루어짐[I become what I become]'[11]에서 이해할 수 있으

---

10 向함(繼之)로 行하며(成之)로 볼 수 있는 善과 性의 관계와 '一陰一陽之謂道'의 물음
   은 다른 기회로 미룬다.
11 『구약성서』「출애굽기」, 3:14

리라. 이런 점에서 '~에로 향하며 행하여 있음'을 동양사유의 근원지평에서 '대대성對待性'으로 밝혀보고자 한 것이다.[12] 선善은 대대성 또는 상수相須에서의 이루어짐이다. 성性은 이루어짐의 자기근거로서 바로 대대성이라 할 수 있다. 이런 의미에서 최영진 교수의 '주역의 음양대대적 구조와 중정사상中正思想'에 대한 논술[13]은 매우 시사하는 바가 크다. 이 대대성對待性, 상수相須의 문제를 후설의 현상지평과 연관하여 생각하여 보자.

후설의 생활세계는 다른 '초월론적 자아의 규정구조規整構造[eine Regelstrukrurdes transzendentalen ego]'[14]라 할 수 있다. 이 초월론적 자아는 초월론적 주관성Subjektivitat[15]으로서 전체적(보편적)·구집적構集的 종합[Universale konstitutive Synthesis]이 문제되는 지평이다. 명증적·이상지평과 견주어 본다면 천칙天則과 규구契矩가 하나됨, 또는 이어짐[善]과 이루어짐[性]으로서의 도는 어쩌면 후설의 '무한한 규정적 이념[eine unendliche regulatice Idee]'[16]으로서 명증적인 예기豫期[Antizipation][17]로 설명될 수 있으나 그것으로 완전히 다 설명이 되지는 못한다. 현상으로서의 근원경험은 있어도 경험이 없고, 존재역사도 없다. 후설이 "나는 천재들과 비교한다면 아예 절망하지 않을 수 없으리라."고 하며 '이성비판理性批' 즉, '논리이성비판과 가치일반인 실천이

---

12 이정복, 「주역논리의 해석학적 시도」, 『정신문화연구』 36, 1989. 35쪽
13 참조. 최영진, 『역학사상의 철학적 탐구』, 성균관대학교 박사학위논문, 1989.
14 Husserliana-Edmund Husserl gesammelte Werke, Bd. I. Cartesianische Meditafionen undPariser Vortrage, hrsg. von S. Strasser (1950), S, 89 (이하 Hua. I 로 표기함)
15 Subjektivität는 일반적으로 주관성이라 번역되지만 사실 우리말로 번역되기는 어려울 듯하다. 원뜻은 존재가 밝혀지는 그것이 의식이든 이성이든, 또는 주관이든 그 운동지평을 가리키는 말이다.
16 Hua. I, S. 90
17 나는 이것을 기독교의 소망과 부활로 「열려있는 미래」로 규명한 바 있다. (이정복, 「현상과 역사」)

상비판'을 너머 이것의 근거를 있는 바의 소박한 세계에서 찾지 않을 수 없었던 것은 소욕불유구所欲不踰矩의 지평과 다를 바 없다. 후설이 밝히고 있듯이 그가 추구했던 '일반적 과제'는 무엇인가? 후설의 피나는 노력으로 표현된 '일반적 과제'의 답은 바로 '존재의 의식을 풀어내는 것[dir Suflosung des Seins in Bewußtsein]'을 뜻한다. 그리고 대상을 의식으로 구집構集하는 문제, 또는 의식에로의 귀환[Ruckgang auf das Bewußtsein]을 가능하게 하는 현상학적 환원을 뜻한다. 이것이 후설에게 있어서 선험적 현상학[transzendentale Phanomenologie]으로 나타나고 있다. 이런 의미에서 선험적 현상학은 심리학적 기술적 현상학의 방법으로 쓴 '논리연구[logische Untersuchungen]'와는 구별되며, 존재를 의식으로 풀어 귀환하는 것으로서 근원경험 지평을 요구하고 있다. 자명한 근원경험 지평[18]에의 요구이다.

후설의 살아있는 세계가 이 근원경험이라면 동양사유의 살아있는 생활세계의 근원은 천지天地에 대한 덕德으로, 일월日月에 대한 명明으로, 사계절과 더불어 그 통행通行으로 '어떤 것을 정신의 소통에서 얻음'[19] 이 될 때이다. 그 현상으로서의 근원경험根源經驗은 하늘天에 있어서는 상象을 이루고 땅地에 있어서는 형形을 이루는 그 계화繼化를 견견하는 것이라 할 수 있으리라[20] 후설의 생활세계가 '존재存在를 의식으로 풀어 내는 것'이라면 동양의 사유가 밝히는 생활세계는 천天을 상象으로 풀고 지地를 형形으로 풀며 변화를 보는 것이라 할 수 있다. 이를테면 후설의 '의식'과 달리 동양고대사유의 상象과 형形과 계화繼化는

---

18 Vgl. Herausgegeben und Eingleität vom W. Biemel, Edmund Husserl, Die Idee der Phä nomenologie-Fuenf Vorlesungen, 1973, 2 Aufl, Haag. Martinus Nijhoff, Einleitung des Herans gebers (이하 Ⅰ. d.p.v.로 표기함)
19 『周易』「易序」, "得之於精神之通"
20 『周易』「繫辭」上, "在天成象, 在地成形, 變化見矣"

전체적 구집지평構集地平의 근원경험을 말하는 것이 된다. 앞에서 언급된 것처럼 현상은 지향성이 되고 대대성이 된다. 현상의 전체적 지평이 동양사유에 있어서 대대성對待性으로 표현될 수 있다. '한 번 음되고 한 번 양되는 것을 도道라고 한다'와 '천지의 큰 덕을 생生이라고 한다'[21]는 말에서와 같이 역에서 도道와 생生은 대대성과 상수관계의 극치요, 살아있는 생활세계의 극치라 할 수 있다. 말을 바꾸어 지향성의 극치라 하겠다. 오히려 그 대대성이 어떻게 '즉卽(一卽多)'으로 있는가의 문제가 동양사유의 논리적 근원이라 할 수 있다. 말하자면 '일즉다一卽多'의 즉卽은 대대성의 무한지평으로 풀어야 한다. 반드시 꼭 필증적必證的 만은 아닌 동양윤리-존재론의 초월적 지평이다. 이것은 현상지평이 반드시 돌아가야 할 생활세계이지만 그것을 초월하는 존재역사의 요구가 있는 것이다. 후설이 학[Wissenschaft]의 명증明證에서부터 돌아오는 곳은 근원명증根源明證[Urevidenz][22]으로서의 생활세계이며, 생활세계는 자기 나름의 지평을 전일역사全一歷史[All-Greschichte]안에서 갖는 것이라고 후설은 주장한다. 근원명증, '현상으로 바로 현상하는' 것은 있으나 존재사의 사실성이 없다. 동양 근원경험의 사유로서 보자면 '물物'의 성지평誠地平이 없다고 하겠다.[23]

동양의 사유에 있어서 즉卽 또는 지之, 이를테면 '일즉다一卽多', 또는 '성지誠之'의 뜻은 대대성의 무한지평으로서 우리들에게 요구되고 있는 의미에서의 생활세계이다. 단순히 근원명증根源明證[Urevidenz]으로 끝나는 것이 아니다. 이것을 밝혀보기 위하여 후설의 다음과 같은 구절을 인용해 본다

---

21 『周易』「繫辭」上, "一陰一陽之謂道", 『周易』「繫辭」下, "天地之大德日生"
22 ibid. S. 385
23 이정복, 「주역논리의 해석학적 시도」, 『정신문화연구』 36, 정신문화연구원, 30쪽

"우리는 구체적 삶 안의 세계 '로[als]', 언제나 주어져 있는 그것에로 돌아가야 한다. 그리고 '그것이 있는 바대로 [wie es das ist]'의 것으로 돌아가야 한다. 그리고 어떻게 논리이론이 나왔으며 세계에 대한 학향론學向論이 나왔는가의 문제로 돌아가야 한다. 언제나 이성 이전에 있고 이성 아래에 있는 것을, 즉 '先理論的인 것'으로부터 '나와서 볼 수 있는[herausschauen] 것'에로 돌아가야 한다. 그렇다면 우리는 어떤 역사적인 재조명에로 빠져 버릴 필요는 없지 않은가. 그러나 우리가 역사에로 돌아간다 하더라도, 그리고 그 학문의 제일 시초에까지 돌아가 본다고 하더라도 우리가 사실적으로 갖고 있는 이론적인 확증을 부셔버리는 것 이외에 달리 우리에게 무엇이 있겠는가. 물론 전통으로부터 얻은 것 이외에는 아무것도 없다 하겠으나 비판적으로 선이론적先理論的인 이 세계를 얻을 수 있을 것이다."[24]

이러한 후설 표현 속에는 몇 가지 짚고 넘어가지 않으면 안 될 것이 있다. 그것은 '~에로 돌아감[zurückgehen aut das]'과 후설 자신이 따옴표로 강조하고 있는 '로서, 즉卽[als]'이다. '그것이 있는 바대로[wie es das ist]'라고 다음 문장으로 다시 설명하고 있는 것처럼 바로 그 'als'의 강조이다. 사실 '에로 돌아감'은 생활세계로 '나옴'을 뜻한다. 이는 바로 후설 자신이 강조하면서 쓰고 있는 '나와서 봄[Herausschauen]'을 의미한다. 이것은 동양사유에 있어서 성誠 지평地平으로 설명될 수 있으리라. 그러나 후설의 그것은 존재사지평存在史地平이 아니다. 왜냐하면 성誠으로 있으면서 동시에 '성지誠之'의 지평으로 존재하게 되는데 이는 대대성의 논리 구조가 언제나 동양사유에서 문제가 되기 때문이다. 그러나 필증적 생生의 지평은 있는 바의 그것 이상일 수는 없는 'als'의

24 ibid. S. 498

지평으로서 후설에 있어서는 결국 근원명증으로 끝났다. 그러나 동양 사유의 근원적 경험은 바로 '물物'의 경험이 되는 것이다. 이것이 동양 사유의 즉卽의 지평이다. '어떤 역사적 배경 설명으로 빠져버리는[in eine geschichtlich Rückbetrachtung eintreten)]'것이 아니라 현재에로 나오는 것을 요구하는 것이다. 바로 후설의 이점을 높이 평가할 수 있다. 그에게 있어서 선험성先驗性(Aprioritat)은 '생生의 소박성에로 돌아가는 것[Rükgang zur Naivität des Lebens]'[25]이라던가, '자기 자신으로 높이는 반성'으로 이루어지는 대목이 그렇다. 다만 란트그레베Ludwieg Landgrebe (1902~1991)의 말처럼 이 반성은 '그 근원을 이론적으로 인식할 수 없는 것[theoretische Unerkennbarkeit ihres Grudes]'으로서 이 비대상화, 비이념화는 '아주 깊은 생활세계의 Apriori'가 된다. 그러나 세계지평의 변화 구조의 모습으로 확실하지 않게 열려 있는 것[26]이 되고 있을 뿐 구체적 존재사가 없다. 대대성으로서의 끈적끈적한 '의식내용'이 있어야 하지 않는가. 대대對待, 또는 상수相須적 관계가 시사하는 형상形象 그 자체의 절대화 즉 '물物'의 상象과의 관계는 동양사유의 근거를 이루는 것이라 생각한다. 이러한 각도에서 상과 상, 또는 그 상의 의미전개라 할 상이 가지는 주역의 논리근거는 후설의 '지향성'과 'als'의 관계와는 달리 견주어 볼 여지를 남겨 놓고 있다. 이러한 입장에서 우리는 이 '대대성對待性', 또는 상수相須관계의 논리적 근거를 주역과 연관하여 밝혀 보도록 하자.

---

25 ibid. S. 60.
26 L. Landgrebe, Methodenproblem, S. 165f.

4. 역의 대대적對待的 근원경험

후설에 있어서 현상이라는 현실성 자체, 또는 명증적 현실성은 달리 '생활세계'에서 표현하면 '역사의 통일성'에서 구집되는 것을 뜻하기도 한다.[27] 나에게 하나의 자연eine Natur이 있고 하나의 문화세계eine Kultur-welt가 있고 사회적인 여러 가지 형식과 함께하는 하나의 인간세계eine Mensche welt가 있다는 사실은 나에게 일치하는 가능성이 있다[Moglichkeiten bestehen]는 사실을 뜻한다. 즉 내가 그때그때 모험을 거는 자로 있다[als fur mich jederzeitins Spiel in setzende]는 사실을 뜻한다.[28] 그러므로 우리는 있음직한 세계연관의 주체로서 '전체적 의미를 가진 구집발생構集發生의 원리[Universal bedeutsame Prinzipien der konstitutiven Genesis]'[29]를 문제 삼아야 한다는 것이다.

이른바 '명증적明證的 생활세계의 소여성所與性에서 이론Theorie과 실천Praxis의 고유한 종합'이라고 할 현상지평現象地平을 후설은 문제 삼았다고 말할 수 있다. 그러나 그 지평은 전술한 바와 같이 '아주 높혀진 실천[Uberhohte Praxis]'이었고 바로 이것은 근원사유根源思惟의 존재지평이라 할 수 있으나 그에게서 존재사存在史의 계기는 찾을 수 없었다. 의식은 현존재에 뿌리를 내리고 있는 것이지 그 반대가 아니라는 것을 지적했다. 현상의 필증적인 자기 동일성으로 끝나는 지향성이 아니다. 다시 말하면 주관성의 절대적 근거로 끝나는 지향성이 아니라 선善과 성성性이 필성적必誠的 근거라 할 수 있는 경험으로서의 '물物'의 지

---

27 Vgl., 「Das ego konstituiert sich für sich selber sozusagen in der Einheit einer Geschichte」

28 Vgl. ibid. S. 109.

29 ibid. S. 111.

평을 끌어온다. 바로 여기에서 대대성對待性이라는 동양사유가 가지는 특유의 존재론적 초월의 세계가 열리게 되는 것이다. 이것을 주역의 근원경험을 통해서 밝혀보도록 하자.

주역의 상象과 단象에서 찾아보자. 형形과 견見이 하나[中]가 되는 덕德의 문제와 음과 양의 하나[中]가 되는 도道의 문제는 대대對待, 상형相形의 논리가 아니면 이해할 수 없는 무한지평無限地平이다. 후설의 필증적 근원경험인 자아체험自我體驗으로서의 의식의 흐름만으로는 주역의 근원경험이 밝혀질 수 없다. 따라서 후설은 '초월론적 자아의 규정구조規整構造'로서 '명증적 예기明證的 豫期'는 이끌어냈으나 명증적 예기로 끝났다는 데에 문제가 있다. 바로 그 자리에서부터 그것이 끈적끈적한 대대의 비극 또는 아락雅樂의 기쁨이 중첩되는 삶의 간절한 향함으로서의 진지한 프락시스와의 대결이 없지 않은가. 여기에서 대대성對待性 또는 상수계相須係는 종합을 위한 대립관계對立關係를 의미하지는 않는다. 대대성對待性은 도道의 경험이라 할까, 끝내 개별성個別性의 상응相應이며, 반류反類이며, 통기通氣이며, 견의見義이며, 상박相博이며, 기의起意이며, 기제旣濟 미제未濟이며, 상교상탕相交相盪의 관계이다. 이것이 곧 '한번 음이 되고 한번 양이 되는 도'의 움직임이다. 끝내 현상으로 바로 '현상하는' 경험지평은 곧 동양의 물物의 개념과 다를 바 없다. '현상으로 바로 현상하는' 그것은 살아있는 현재지평 그 이상도 그 이하도 아니기 때문이다. 여기에서 '즉자卽自[als]' 관계도 설명된다. 물즉성物卽誠에서 물物을 성誠의 무한지평으로 열어놓고 있다는 점이 후설의 'als'와 다른 면이라고 생각한다. 그럼에도 불구하고 후설이 '행위의 즉각적 종합의 성취'를 끌어낸 것은 중요한 대목이다.

후설이 이념적 대상을 직관적으로 보듯이 수數, 또는 사상事象을 하나의 새로운 대상으로 보게 될 때 '구집의 익명적 지평'이 자연히 부상한다. 달리 말하면 '행위의 즉각적 종합의 성취'를 끌어낸다. 이것은 바로 동양사유의 행위의 지평을 여는 계기도 된다. 그 이유는 본원에로의 '근원적 소망함[Uranliegen]'이 현상지평現象地平에서의 Praxis의 통일적 계기가 되기 때문이다. 이것이 후설의 이른바 '원리들 중의 원리'인 것이다. 그리고 또한 '진리와 현실로서 우리에게 의미Shinn를 주는 것'이기도 하다. 동양사유와 현상학이 만나는 곳은 오성의 대상들, 이를테면 실제사물, 체험, 수, 사상事象, 법칙, 이론과 같은 것이 아니다. 이것들은 우리에게 아무런 말도 해주지 않으며 기껏 의식의 테두리에서 사유되어진 존재에 그칠 뿐, 현실존재를 확인할 수 없으므로 이 현실존재를 확인할 수 있는 것이 있어야 한다는 그 입장에서 후설의 학설과 동양의 근원경험은 차이가 난다. 말하자면 이성에 대한 권리선언이 있어야 한다는 점에서는 같으나 과연 후설의 현상이 동양의 근원경험으로서의 대대성과 맞아 떨어질 수 있을까? 우리는 이제 세계연관의 주체로서 주역의 근원경험으로서의 '전체적 의미를 가진 구집발생의 원리'를 규명할 단계에 이르렀다. 동양사유, 특히 주역에로 들어가는 그 가능근거를 얻은 셈이다. 이것을 다른 측면에서 다시 문제 삼아보자. 이른바 체體와 용用의 관계다.

동양사유에 있어서는 소이연자所以然者가 불변不變이며 이것이 체體가 될 때 그 변화變化는 용用이 된다. 이 체와 용에서 언제나 자기동일성自己同一性과 대대논리對待論理가 성립된다. 여기에서 언제나 문제가 되는 것은 변화의 변수變數를 아는 것이 어렵다는 점이다. 바로 이 변수의 물음이 주역 논리의 바탕을 이루고 있다. 이를테면 1에서 9까지는 하나의 같은 질서나 10은 전혀 다른 지평에서 이해되어야 한다. 이치를 궁구하는 인성은[窮理之人性]은 1에서 9까지의 차원이다. 또는 이렇게 설명할 수도 있으리라. 5는 2+3도 1×5도 또는 4와 6 사이의 수로도

2.5+2.5로도 그 이외의 수학적 내적 필연성의 논리 전개로도, 즉 고등수학으로도 설명할 수 있으나 5가 갖는 5다움은 아무리 많은 수의 규정으로도 설명할 길이 없는 어떤 5다움의 완전존재 또는 충전성이 요구된다. 즉 이성의 권리요구라 할까, 1에서 9까지의 차원의 벽을 무너뜨리고 10이라는 완전한 자기근거自己根據에로 들어가는 것이 문제다. 이 완전한 자기근거는 다름 아닌 하나가 되는 중中이며 율려律侶, 율동律動, 동성상응同聲相應이며 이것은 다름 아닌 상응상화相應相和하며 합일하는 상호응합相互應合의 논리로서 그 변화의 효爻의 운동이 하나로 모아지는 뜻은 응應·비比·승承·승乘인 것이다. 어쩌면 이것이 앞으로 우리들이 구명해 나가야할 주역논리의 내변內變으로서의 마디가 되어야 할 것이라 생각되고, 더구나 이것이 추이推移·물상物象·호체互體·효변爻變의 외변外變과 마주하는 논리가 역의 논리 전개의 근거가 되리라 생각된다. 그리고 이 문제는 새로운 과제로 남겨두자. 이른바 주역논리周易論理의 규명이다.

각설하면 자기동일성이란 건과 곤의 절대적 대대待對이며, 율려律呂, 율동律動, 동성상응同聲相應이다. 그리하여 '감응하는 바를 보고 천지만물의 실정을 볼 수 있는 것이며'[30], '느껴서 천하의 연고에 통달함으로써'[31] 완전한 자기근거에로 귀의하는 것이다. 그러므로 천지간에는 다만 느껴 응함이 있을 뿐이라 하였다. 건원乾元과 곤원坤元의 대대이면서 그 논리는 하나다. 건에 대해서는 대大[32]로 와 곤에 대해서는 지至[33]로 구별하면서도 대大와 지至가 지시하는 바의 역의 신묘함은 '기도지대其

---

30 『周易』「咸卦」, "彖曰, 觀其所感, 而天地萬物之情可見矣."
31 『周易』「繫辭」上10, "易无思也无爲也, 寂然不動感而遂通天下之故, 非天下之至神, 其孰能與於此."
32 『周易傳義大全』乾卦, "彖曰, 大哉, 乾元. 萬物資始乃統天".
33 『周易傳義大全』坤卦, "彖曰, 至哉, 坤元. 萬物資生乃順承天."

道至大하며 기용지신其用至神'[34]이다. 이는 절대적 자기동일自己同一의 경지이면서 언제나 그 안에 대대對待와 상형相形의 운동이 '느낀 바를 봄[觀其所感]'으로 있다. '도지대道至大'와 '용지신用至神'은 나눌 수 없는 절대적 동일성이면서도 그 안에 이미 자기대대自己對待의 논리가 있지 않은가. 이정호李正浩(1913~2004)교수의 '종시론終始論'은 이러한 의미에서 매우 중요한 의미를 갖는다.[35] '뜻을 말함에 미진한 곳에는 사辭를 매어 말하고', '상을 세워 괘를 설명'함으로써[36] 지극히 넓고 신묘한 역의 세계를 갈파하고 있다. 역의 세계는 어쩌면 '묵묵히 이루며 말없이 믿음[37]'으로써 그치는 세계이다. '시고時固'의 뜻이 시간과 공간이 합쳐서 본래 '진실로'의 의미로 승화되듯, 율려도수律侶度數의 세계는 단象, 상象의 구체적 세계의 현시顯示이다. 형形은 자라서 유형流形이 된다. 하늘의 경륜이 날을 태양으로, 씨를 달로 삼아 미륜彌倫할 수 있는 능能의 지평은 열린다.[38] '천하의 이치를 얻으면 "그 가운데" 지위를 이룰 것'[39]이라는 중中의 지평이기도 하다. 그 때의 자리를 시승時乘하여 밝음이 생겨나고 한해가 이루어지듯이 '명생세성明生歲成'[40]하며 만물이 스스로 생겨나도록 '하늘이 크게 시작함을 주관하고 땅이 만물을 이루는'[41] 역의 신묘神妙는 직관 이전의 태극太極의 자리이며 무극無極의 자

---

34 『周易傳義大全』 易序, "其道至大而无不包, 其用至神而无不存時."
35 李正浩, 「종시론」, 『국제대학논문집』 9, 1981 참조
36 『周易』 「繫辭」上12, "子曰, 書不盡言, 言不盡意, 然則聖人之意, 其不可見乎. 子曰, 聖人立象以盡意, 設卦以盡情僞繫辭焉."
37 『周易』 「繫辭」上12, "默而成之不言而信, 存乎德行."
38 『周易』 「繫辭」上4, "易與天地準, 故能彌綸天地之道."
39 『周易傳義大全』 「繫辭」上1, "易簡而天下之理得矣. 天下之理得而成位乎其中矣."
40 『周易傳義大全』 「繫辭」下5 小註, "臨川吳氏曰, 因日之往, 而有月之來, 因月之往, 而有日之來. 二曜相推以相繼, 則明生而不匱. 因寒之往, 而有暑之來, 因暑之往, 而有寒之來. 二氣相推以相代, 則歲成而不缺. 往者之屈, 感來者之信, 來者之信, 又感往者之屈, 而有明生歲成之利. 此天道往來自然之感也, 若九四之往來, 則豈如是乎."

리이다. 자성自成의 지평에서가 아니라면 달리 어떤 현상지평을 논할 수 있겠는가. 엄밀학[學]의 절대적 명증지평明證地坪이로되 그 학學[엄밀학]을 넘어 그 가운데 있으며[기중의其中矣], 대대對待하는 존재사로서의 구체적 시간의 요구가 있다. 원시반종原始反終은 바로 이 대대對待에서 가능하다 할 수 있다.

주역 서序에서 밝히고 있는 '그러므로 정신의 운용에서 얻고 마음을 움직여서 천지와 더불어 그 덕을 합하고, 일월과 더불어 그 밝음을 합하고, 사시와 더불어 그 질서와 합하고, 귀신과 더불어 그 길흉을 합한 후에 가히 역을 안다고 말할 만 하다'[42]라는 구체적 단상과 상象의 체험이 주어진다. 물론 여기에서 천지天地와 덕德, 일월日月과 명明, 사시四時와 존存, 귀신鬼神과 길흉吉凶의 대대관계對待關係도 중요하겠으나 그보다는 합하는 역易의 변화신묘變化神妙의 경지가 현상現象을 초월하는 역의 세계라 하겠다. 견見의 대립이 아닌 완성의 경지이다. 형形도 견見도 없어 이름 지어 구할 수 없는, 이른바 역을 배우는 이가 마땅히 알아야 하는 바는 '의식'의 지평地坪이 아니라 도道이며, 생생生生을 의미한다. 달리 말하자면 부정否定과 대립對立의 종합이 아니라 합치와 풍요라 할 수 있고, 진덕盡德[乾]과 수업修業[坤]이라 할 역의 '천하의 미래를 지극히 걱정함'[43]라 할 수 있다. 이 합습의 논리는 "흩어서 이치를 두게 하면 곧 만 가지 다름이 있고, 합쳐서 도를 두게 되면 곧 두 개로 이루지 못한다. 이른바 역에 태극이 있어서 이로부터 음양이 생겨났으니"[44] 태

---

41 『周易』「繫辭」上1, "乾知大始, 坤作成物"
42 『周易』「易序」, "故得之於精神之運, 心術之動, 與天地合其德, 與日月合其明, 與四時合其序, 與鬼神合其吉凶, 然後可以謂知易也. 雖然易之有卦, 易之形者也, 卦之有爻卦, 易之已見者也. 已形已見者, 可以言知, 未形未見者, 不可以名求, 則所謂易者, 果何如哉. 此學者所當知也."
43 『周易』「易序」, "聖人之憂天下來世其至矣."
44 『周易』「易序」, "散之在理則有萬殊, 統之在道則无二致, 所以易有太極是生兩儀."

극은 리理이며 도道이며 생生이다. 이것은 다시 '부음포양負陰抱陽', '인온교감絪蘊交感', '형일수기생形一受其生', '신일발기지神一發其智'로도 표현된다. 대립에 대한 단순한 통일이 아니며 지양止揚이 아니다. 논리적 통일의 지양운동으로 다 설명될 수 없는 유현幽玄한 영역이 '음양지도陰陽之道[易]와 음양지물陰陽之物[卦]과 음양지동陰陽之動[爻]'에 있다.

이때 도道와 물物과 동動의 논리의 기초는 역시 '중中'이라 할까. '양이 될지 음이 될지 예측할 수 없는 신神'[45]이라 할까, '이간易簡에서 천하의 모든 이치를 궁구하여 얻을 것이니 천하의 이치를 얻음에 사람의 위位가 그 가운데에 이루는 것이다'[46] 이것은 '음양이 중中을 얻어 도가 되는 경지[陰陽得中者爲道也]를 넘어서는 '이치를 얻는 그 가운데에서 이루는 것[得而成立乎其中矣]'이다. 즉 '도를 나타내고 덕행을 신령스럽게 하여 더불어 신을 도울 수 있는'[47]의 경지를 말하는 것이다. '팔괘八卦가 작게 이룸이 크게 확대되어 천하의 일을 능히 이루게 되는 경지'[48]이다. '천지가 위를 정하여 놓으면 역易이 그 가운데에서 행하니, 이루어진 성품을 보존하고 또 보존하는 것이 도의道義의 문이 됨[49]'을 뜻한다. 이 중中이『정역正易』[50]의 건곤의 후위後位를 지시하는 것은 역시 완성의 극치를 뜻하는 말이 된다. 그리고 이것은 '이끌어 거듭 펴서 [인이신

---

45 『周易』「繫辭」上5 "陰陽不測之謂神."
46 『周易』「繫辭」上1, "易簡而天下之理得矣, 天下之理得而成立乎其中矣."
47 『周易』「繫辭」上9, "顯道神德行, 是故可與酬酢可與祐神矣."
48 『周易』「繫辭」上9, "八卦而小成, 引而伸之觸類而長之, 天下之能事畢矣."
49 『周易』「繫辭」上7, "天地設立, 而易行乎其中矣. 成性存存, 道義之間."
50 한국역학이라 할 정역의 새로운 해석은 한국철학연구에 매우 중요한 계기를 주리라 믿는다. 始와 元 대한 한국사유의 근원에 대한 새로운 물음과 주역에 대한 새로운 해석은 조선 성리학의 맥과 달리하는 한국철학사의 중요한 흐름으로 규명해야할 과제라고 생각한다. 이정호 교수의 정역연구는 이러한 의미에서 매우 의미가 크다 하겠다. (이정호,『正易研究』, 아세아문화사, 1975./ 이정호,『正易과 一夫』, 아시아문화사, 1987.)

지引而伸之]하여 구관九官을 이끌어 펴서 십수十數를 형성形成하여 부류 끼리 접촉하여 자라나가면 천하의 능한 일을 다 할것'[51]이라는 경지이 다. 대대對待, 상형相形의 운동과 그 완성관계의 설명이지 완전근거完全 根據의 제시는 아니다. 십우원도수十于原度數의 개념이 바로 그것을 뜻 한다.

다시 우리는 음양陰陽의 대대對待관계에서 서양의 형이상학의 근거 를 이룩한 수학과는 다른 새로운 지평을 경험하게 된다. 바로 이러한 시선에서 우리는 동양의 수의 논리를 가지고 있는 것이다. 이 수는 서 양의 수의 개념과 다르다. 도수度數, 또는 십우원도수十于原度數의 개념 은 바로 역의 논리와 맞닿고 있기 때문이다. 수의 논리는 과학지평이 아니다. 절후節候의 시간이며 방위方位의 공간이며 역의 기본논리로서 의 상象으로, '형상을 이루는 것을 건乾이라 하고, 법을 본받아서 이루 는 것을 곤坤'[52]이라 할 성상成象과 효법效法의 지평이다. '수를 다하여 미래를 아는 것을 점이라 이르고, 변화에 통달하는 것을 일이라 이르 는[53]'바의 수가 된다. '도度와 수數를 제정하여 덕행을 의논하는 것'[54]이 며 '그 수를 궁극하여 천하 만물의 상을 정하는 것'[55]이다. 수와 상은 서로 떠날 수 없다. 그러나 그 상은 수학에 있어서처럼 대상으로 그치 는 것이 아니다. '그런 까닭에 역은 거슬러 셈하는 것'[56]'이라는 말에서 처럼 역수逆數관계이다. 땅의 논리로되 그 상은 역의 역수逆數관계에서 만 터득할 수 있는 수리이다. '천지의 수 55로써 변화를 이루어 귀신을

---

51 『周易』「繫辭」上9, "引而伸之觸類而長之天下之能事畢矣."
52 『周易』「繫辭」上5, "成象之謂乾, 效法之謂坤."
53 『周易』「繫辭」上5, "極數知來之謂占, 通辯之謂事."
54 『周易傳義大全』 節卦, "象曰, 澤上有水, 節, 君子以制數度議德行."
55 『周易』「繫辭」上10, "極其數, 遂定天下之象."
56 『周易』「說卦傳」3, "是故易逆數也"

부릴 수 있다[57]'고 한다는 것은 45의 낙서洛書와 55의 하도河圖에서 주역의 생명성이 바뀌고 있듯이 그 '이 수로써 변화를 이루며 귀신을 부릴 수 있는[58]' 역이 된다. 수와 변화를 이루어 귀신을 부리는 일은 뗄 수 없는 역의 논리라 할 수 있다. 여하튼 수에서 확실히 말할 수 있는 것은 '신은 방소가 없으며 역은 자취가 없는[신무방역무체神无方易无體]'[59]의 절대적 동일성이 바로 이 수에서 대대對待·상형相形 관계로 전개되고 있다는 사실이다. 이것은 음양의 대대와 또한 같다. 이제 대대·상형의 관계에서 주역의 논리가 다시 어떻게 전개되어 있는가를 밝혀 볼 필요가 있다. 이것은 또한 동양의 상수相須의 논리와 병행하는 것이라고도 말할 수 있을 것이다. 이는 수가 그 어떤 역의 관계성을 밝히는 데 있어서 보다 확실한 자리를 보여주고 있지 않은가하는 방법론적인 시도에서 이다. 역에 있어서 수數. 십우원도수十于原度數(『正易』)와 같은 수, 도수의 문제와 역의 대대관계는 매우 중요한 과제라 생각한다. 그러나 본 논문에서 문제 삼는 대대의 근원지평과는 또 다른 새로운 과제라고 나는 생각한다.

십우원도수十于原度數의 문제처럼 '신무방神无方, 역무체易无體'의 문제는 무한지평의 관시關示이며 완전성完全性이 끝내 상象과 단象의 세계와 응應·비比·승承·승乘으로 설명될 수 있는 대대관계 이상도 이하도 아님을 밝혀주는 것이다. 이것은 다시 응應·비比·승承·승乘의 내변內變에 대해서 다시 외변外變으로서의 추이推移·만상萬象·호체互體·효변爻變의 대대對待도 되리라. 그리고 이것의 대대는 변화를 아는 것과 [知變化(之道者)]와 귀신을 아는 것[其知神(之所爲乎)]의 운동지평이다. 역

---

57 『周易』「繫辭」上9, "五十有五, 此所以成變化, 而行鬼神也."
58 『周易』「繫辭」上9, "凡天地之數, 五十有五, 此所以成變化而行鬼神也."
59 『周易』「繫辭」上4, "故神无方而易无體."

易은 무한지평이므로 무사无思이기도 하다. '변화하는 도를 아는 자는 신神이 하는 바를 알 수 있다'.[60] 신은 방소가 없으며 역은 자취가 없으며 역은 '생각하는 것도 없고 하는 것도 없으며, 고요히 움직이지 않다가 느껴서 드디어 천하의 모든 연고에 통달하니 천하의 지극한 신비로움이 아니면 그 누가 능히 여기에 참여할 수 있겠는가'[61]라고 할 만한 유심唯深, 유기唯幾, 유신唯神의 경지이다. 여기에서 우리는 위에 인용된 글에서 언급하고 있는 신神의 개념을 분명히 할 필요가 있다. 먼저 신神은 방方, 역易은 체體와 더불어 쓰이고 있다. 방方의 세계는 의義로 표현된다. 즉 '직直은 바르다는 것이오, 방方은 마땅하다는 것이니 군자는 경敬으로마음을 바르게 하고 의義로써 밖을 바르게 하는 것'[62]이다. 또는 '마땅하게 부류를 모으는 것[방이유취方以類聚]'이라든가, '시초의 덕은 둥글면서 신령스럽고 괘의 덕은 모나서 지혜스럽다'[63]의 방方이다. 방方의 세계는 현상세계의 지평이다. '원原은앞의 일을 미루어 보는 것이고 반反은 뒤의 것을 살피는 것이라고[64]'하는 원原의 지평이다. 즉 '음의 정精과 양의 기운이 모여 물건을 이룸은 신神이 펴지는 것'[65]이며, 신이 펴지는 곳이 방方이다. 반대로 방方의 완성이 신神이 펴지는 경지이다. 이와 반대로 '혼이 놀고 넋이 내려가서 흩어져 변함은 귀鬼가 돌아가는 것'[66]이 된다. 인이신지引而神之하면서 천지설위天地設位가 된다. 그리고 신伸과 신神을 같이 쓰고 있음에 주의 하여야 한다. 신伸

60 『周易』「繫辭」上9, "子曰, 知變化之道者, 其知神之所爲乎."
61 『周易』「繫辭」上10, "易无思也, 无爲也, 寂然不動感而遂通, 天下之故. 非天下之至神, 其孰能與於此."
62 『周易』「文言傳」, "直, 其正也. 方, 其義也. 君子, 敬以直內, 義以方外."
63 『周易』「繫辭」上11, "是故, 蓍之德圓而神卦之德方以知."
64 『周易本義』「繫辭 上」4, "原者, 推之於前, 反者, 要之於後."
65 『周易本義』「繫辭 上」4, "陰精陽氣聚而成物, 神之伸也."
66 『周易本義』「繫辭 上」4, "魂游魄降散而爲變, 鬼之歸也."

은 독일어로 'gedeihen번영하다', 또는 'walten주재하다'의 뜻으로 볼 수 있겠다. '신이라는 것은 만물을 묘하게 함을 말함이니 만물을 움직이는 것이 우레만큼 빠른 것이 없고 만물을 흔드는 것이 바람만큼 바른 것이 없고 만물을 말리는 것이 불만큼 빠른 것이 없고... 만물을 끝맺음하고 시작하는 것이 간艮 만한 것이 없으니'[67] 팔괘의 뇌雷·풍風·화火·수水·택澤 등이 성盛하는 자리는 간艮의 자리가 되듯이 그 자리는 모든 일을 하는 중中을 뜻한다. 이때 중中은 뇌雷·풍風·화火·수水·택澤 등이 아니라 '팔괘위八卦位'로 설명하고 있는 것에 주의하여야 한다. 이 간艮의 해석은 다음 기회로 미루고, 여하튼 '팔괘가 서로 섞여 있어[팔괘상착八卦相錯][68]' 이제는 제자리에서 서로 상원相元하는 경지가 된다. 말하자면 '물과 불이 서로 미치며 우레와 바람이 서로 거스르지 아니하며 산과 못이 기운을 통한 연후에야 능히 변화하여 만물을 이루는'[69] 능能이 신神의 일이며 바로 그렇기 때문에 그것은 무방无方이다. '날마다 새로운 것을 성대한 덕이라고 이름하는'[70] 신新은 신神과 통한다. 팔괘상착八卦相錯이 완성되는 자리에는 아마 '혼이 놀고 넋이 내려가서 흩어져 변함은 귀鬼가 돌아가는 것'는 없으리라. 여기에서 주목할 일은 '신지신야神之伸也'와 '귀지귀야鬼之歸也'다. 이것이 대대對待의 관계임은 더 말할 나위도 없다. 천지의 뜻을 얻는 것, 펴는[伸]과, 사는 것[生], 천지의 뜻을 잃은 것, 돌아가는 것[歸], 죽는 것은 길吉과 흉凶의 대대對待이다. 바로 대대는 현재의 극치이며 '도지대道至大'이며 '용지신用至神'이

---

67 『周易』「說卦傳」6, "神也者, 妙萬物而爲言者也, 動萬物者, 莫疾乎雷, 橈萬物者, 莫疾乎風, 燥萬物者, 莫熯乎火, 說萬物者, 莫說乎澤, 潤萬物者, 莫潤乎水, 終萬物始萬物者, 莫盛乎艮."
68 『周易』「說卦傳」3, "天地定位, 山澤通氣, 雷風相薄, 水火不相射, 八卦相錯."
69 『周易』「說卦傳」6, "故水火相逮, 雷風不相悖, 山澤通氣, 然後能變化旣成萬物也."
70 『周易』「繫辭」上5, "富有之謂大業, 日新之謂盛德."

지만 역시 대대對待, 또는 상수相須로서의 미래지평이다. 이 시간성으로서의 미래는 진덕수업盡德修業의 현재라는 성誠의 절대화가 된다. 그러므로 물물은 현상의 차원이 아니라 성誠의 지평이다. '바로' 여기에 '천하를 근심[憂天下]'가 있고 '저녁때까지 위태로울까 두려워 하는 것[석척약려夕惕若厲]'[71]이며 '물용勿用'과 '이견利見', '유회有悔', '대화내이정大和乃利貞'하고 '성녕成寧'이 있고 '자강불식自疆不息'한다. 때문에 절대적 현재는 공간이면서 시간이 된다. 절대적 현재를 가견可見의 자리에서 보면 공간이라 할 수 있으나 성誠의 지평에서 보면 흘러간 공간만큼 그만큼 시간이 된다. 즉 방方은 의義가 된다. 그때의 시간을 동양의 성지평誠地平에 놓고 볼 수 있는 것이다. 그리고 그 시간은 또 절후節候인 동시에 방위方位를 가리킨다. 진震은 가을이면서 동방東方을 뜻하는 공간에의 지시이면서 또한 그것은 시간을 지시한다. 우宇는 공간이면서 주宙는 구久를 뜻하는 시간성을 의미한다. '범위範圍'도 본받는(모방하는) 일[범範]과 위圍의 천지가 같이 있을 때이다. 하나의 양陽과 하나의 음陰은 시간과 공간 안에 있으면서 시공간을 초월해 있지 않은가. '일음일양지위도一陰一陽之謂道矣'이다. 이때 도는 일음일양一陰一陽이면서도 '생생지위역生生之謂易'이며 '음이 될지 양이 될지 알 수 없는 신神'이 아닌가. 도道는 생생生生이며 그 불측不測의 지평이다. 음양의 대대, 또는 상측相側은 역易에서, 신神에서 완성되어 있고, 또한 완성하고자 하는 것이다. 절대적 자기동일성自己同一性으로서의 신묘한 자리는 다름 아닌 성誠과 덕德의 도라는 생생지위역生生之謂易에서나 설명할 수 있으리라.

　이러한 의미에서 후설의 현상은 역이 없고 상이 떠나버린 것이다.

---

71 『周易』「乾卦」, "九三, 君子, 終日乾乾, 夕惕若, 厲, 无咎."

그저 서구의 형이상학은 관념론의 자기운동自己運動, 자기의식自己意識, 주관성Subjektivität의 절대화로 끝나버린 것이 아닌가? 체계體系가 아니다. 있는 것은 풍요다. 그리고 논리적 종합이 아니라 합치合致이다. 여러 가지 모습으로 명료화明瞭化된 인간의 고집스런 세계상을 부서버리는 '비판'은 새것을 언제나 잉태한다. 그것이 '생생지위역生生之謂易'의 본바탕이다. 궁리窮理는 끝내 수신修身의 자리이지 이론의 자리는 아니다. 현인顯仁과 장용藏用의 그 깊은 동양의 예지를 서양의 형이상학으로는 풀릴 길이 없다. 아무리 후설 이후 발생적 현상학을 강조하고 창조적 계기를 외쳐 본다고 해도 현상現象은 현상하는 것 이상일 수 없지 않은가. 분명 후설의 선과학적Pre-scientific 역사경험의 개방적 구조와 비조정적非措定的 지평, 미완결적 동성動性이 익명적인 것으로 끝나기는 했으나 '살아있는 생활세계'의 길을 열어 놓았기 때문에 새 힘[Macht]의 탄생과 새 힘의 만남을 기대할 수 있다. 비논리적인 것, 비이성적인 것, 다른 표현으로 말하자면 현재를, 즉 여기 현전하는 것을 문제 삼는 것이다. 살아있는 세계로 하여 동양사유의 물物 또는 상象이 새로 경험될 수 있는 현상지평現象地平을 마련한 것이다. 즉 동양사유의 물物과 만날 수 있는 가능성이 주어진 것이다.

후설의 현상지평現象地平에서 '살아있는 생활세계生活世界'는 우리들에게 많은 것을 시사해주고 있다. 현대가 지향하는 사상思想은 언제나 깨어 살아있음과 기다림과 감사이며 성실한 삶에의 실천Praxis라고 생각한다. 이점이 역의 대대구조를 통해서 필연적으로 문제되어야 할 연유이다. 그리고 후설의 생활세계와의 차이라고 볼 만한 것이 거기에서 비로소 사유의 근원경험과 달리 밝혀질 것이라는 점도 그 가운데 제시되리라 생각한다. 그리고 이 대대구조對待構造는 '성성존존成性存存'과 '대대對待'의 역의 논리로서도 새로운 해석의 여지를 남긴다. 이것은 다

음 기회로 미루자. 그리고 서구와 다른 동양사유의 근원경험으로서의
논리전개의 시도는 반드시 있어야 하리라.

『주역전의대전周易傳義大全』의 음주音註와 독해讀解*

이 글은 『주역』에 표현된 음주音註를 살펴 적합한 국음國音과 그에 따른 국역을 추구한 것이다. 연구 내용은 음주의 다섯 가지, 즉 직음直音·반절反切·사성四聲(사성점四聲點 포함)·여자如字·협운叶韻에 의거한 독해를 전개하였다. 특히 일자다음다의一字多音多義인 경우 적합한 음의音義를 추구한 것이다. 이에 의해 『주역』의 정확한 이해와 바람직한 국역의 방향으로 나아가게 하였다.

1. 이끄는 말

본고는 『주역전의대전周易傳義大全』(이하 '저본底本')[1]에 표현된 음주音註를 살펴 『주역』 경문經文 및 『역전易傳』·『본의本義』·『대전大全』의 피주음자被註音字의 정확한 독해를 꾀하는 데에 목적이 있다.

---

* 이충구(단국대). 漢字 音註와 관련된 기왕의 졸고는 『經書諺解 研究』(성균관대 박사학위논문, 1990), 「爾雅 音義 考」(『한중철학』(제5집), 한중철학회. 1999.12.), 「漢字音 統合 考」(『한국어의 역사』, 보고사, 2004.11.5.), 「漢字의 音讀과 國語 註釋」(『동아시아 고유한자와 사전편찬』, 단국대학교동양학연구원 편, 단국대학교출판부. 2014.2. 25.) 가 있다.
1 底本은 『周易附諺解』(4冊)(학민문화사, 2008)를 사용한다. 이 책은 『周易傳義大全』에다 周易 經文 중간본 『諺解』 全文을 分節하여 수록함으로써 經文과 飜譯을 동시에 대조할 수 있게 되어 있다.

『주역전의대전』에 나타난 자음표기字音表記 즉 음주音註는 국음표기國音表記의 연원淵源이 되는 것이고, 그 음音에 의한 자의字義(의미)가 동시에 수반되는 것이다. 일자다음一字多音일 때 해당 특정 음주는 특정 의미를 나타낸다.[2] 따라서 이들의 국음추구國音推究에는 자의도 동시에 제시하며 논의해야 한다. 이러한 한자의 음주, 그리고 자의는 대부분 일반적 경우에 제시되는 것이 아니라, 특이한 경우이므로 대체로 난해하다. 이 작업은 『주역』 이해의 가장 기본적인 원문原文 독해讀解, 그리고 한국 한자음漢字音 연구, 한문 국역國譯 연구의 중요한 몫을 차지하므로, 반드시 수행되어야 할 과제이다.

본고에서는 이를 달성하기 위해 저본에 표현된 음주인 직음直音·반절反切·사성四聲(사성점四聲點 포함)·여자如字·협운叶韻 5가지에 의거한 국음國音을 살펴보고 그에 따른 의미(국역)를 추구하려 한다. 그 구체적 작업은 '음주音註와 독해讀解 각론各論'을 전개하는 것이다.

첫째 '직음直音에 의한 독해'는 '락樂. 음락音洛.'과 같은 경우의 독해를 살펴본다. 둘째 '반절反切에 의한 독해'는 '현見, 현편반賢遍反.'과 같은 경우의 독해를 살펴본다. 셋째 '사성四聲(사성점四聲點)에 의한 독해'는 '난難, 거성去聲.', 또는 '難'과 같이 우상右上에 거성점去聲點을 찍은 경우의 독해를 살펴본다. 넷째 '여자如字에 의한 독해'는 '지知, 여자如字.'와 같은 경우의 독해를 살펴본다. 다섯째 '협운叶韻에 의한 독해'는 '실實 협운叶韻'과 같은 경우의 독해를 살펴본다.

사용되는 주된 자료는 ① 『주역부언해周易附諺解』(4책)(학민문화사, 2008), (약칭 '저본底本' 과 '『부언해附諺解』'), ② 『주역언해周易諺解』(규장각소장, 1606년 『언해』), (약칭 '『언해諺解』'). ③ 『주역周易』(국립도

---

2 일자다음이 아닌 일자일음一字一音인 경우에도 음주가 제시된 것도 있다. 이는 해당 글자가 난해하거나 사용 빈도수가 낮은 경우 한자음을 이해케 하기 위한 것이다.

서관소장, 崇禎乙巳(1665) 9월 14일 內賜議政府右贊成宋時烈周易一件)(약칭 '내사본內賜本')이다. ①의 저본은 한문 원문原文을 사용하고, 『부언해』는 중간본이므로 대조 및 참조에 사용한다.[1] ②의 『언해』는 초간본으로 조선 선조宣祖 말기에 교정청에서 번역·출간한 국정 언해서인데,[2] 국음國音·국역國譯, 그리고 구결口訣을 사용한다. ③은 『주역전의대전』 전문全文에다 일자다음一字多音의 유의할 한자에 대해 사성점四聲點(성조점聲調點)을 제시하였는데, 예컨대 평성 '치治'에는 '治'로 좌하左下에 권점圈點을 쳐서 평성을 표시하고, 거성去聲 '난難'에는 '難'으로 우상右上에 권점을 쳐서 거성을 표시하고, 그리고 상성上聲은 좌상左上에 권점을 쳐서 표시하고, 입성入聲은 우하右下에 권점을 쳐서 표시하여 성조를 파악할 수 있게 한 것이다.[3]

이상의 작업은 『주역』 및 『역전』·『본의』·『대전』을 음주音註의 5가지 방식에 의해 독해讀解하여 특히 일자다음다의一字多音多義인 경우 적합한 음의音義를 추구하는 것이다. 그리고 이 음의를 원문 문장의 국역에 적용함으로써, 『주역』 및 주해註解의 정확한 이해와 바람직한 국역

---

1 이 '부언해' 중간본이 초간본과 차이를 보이는 것은 구개음화를 보이는 것이다. 초간본의 '貞(뎡), 中(듕)'의 'ㄷ'이 '부언해'에는 '貞(정), 中(중)'의 'ㅈ'으로 바뀌어 표기되었다.
2 이 초간본 『언해』는 영인본이 출간되었다.
  『周易諺解』(다운샘, 1996.)
  송준호, 『역주 『주역언해』(1,2,3책. 미완간), 세종대왕기념사업회. 2017.
3 이 '內賜本'을 조선 학자들이 이용한 자취는 夬卦에서 살펴볼 수 있다.
  夬, 揚于王庭, 孚號有厲.(夬卦 卦辭) 號, 傳去聲, 九二爻同. 本義戶羔反, 爻内竝同.(音註) 經文에 '號'는 平聲點이 찍혔는데 음주에 "號는 『易傳』에서 去聲, 『本義』에서 戶羔反(평성)이다." 하였다. 이에 대해 김장생金長生은 다음과 같이 말하였다.('韓國周易大全 DB의 韓國大全(http://waks.aks.ac.kr)'(이하 '韓國大全'이라 함))
  "號傳去聲, 本義平聲. 此書作圈平聲, 從本義. 下竝同.(號를 『역전』에서는 去聲(호령하다)이라 하고, 『본의』에서는 平聲(호소하다, 부르짖다)이라 하였다. 이 책(內賜本)에서는 평성 위치에 권점을 기재하였으니 『본의』를 따랐다. 아래도 모두 이와 같다.

에 일조할 수 있게 될 것이다.

2. 음주音註와 독해讀解 각론各論

자음字音은 자의字義와 불가분의 관계이다. 그러므로 제시된 음주에 의해 의미도 추구해야 한다. 여러 경서經書, 그리고 한문서漢文書의 주석註釋은 음주를 우선 제시한 다음에 훈고주訓詁註를 제시하고 있다. 이는 성음聲音에 훈고訓詁(의미)가 수반되어 성음이 훈고보다 우선적인 것이기 때문이다.[4] 『주역전의대전』에도 음주가 훈고보다 우선 제시되었는데, 그 표현은 직음·반절·사성(사성점 포함)·여자 4가지를 들 수 있다. 그리고 협운이 『본의』에 제시된 것이 있다. 이를 차례로 살펴본다.

1) 직음直音에 의한 독해

직음直音은 동일한 음音의 다른 한자漢字로 글자의 음을 표기한 것이다.[5] 이 때 피주음자被註音字(표제자)와 주음자註音字(설명자)는 동일음同一音이다.

---

4 언어는 발화하고 청취하는 음성에 의해 의미가 전달되는 것이므로, 漢字도 字音에 의해 字義가 전달되어, 자음이 우선이고 자의가 그 다음이 되는 것이다. 그리고 한자의 분류에서 자음이 큰 분류가 되어 갈래 수가 적고 자의가 자음에 소속되는 작은 분류로 갈래 수가 많은 것도 자음이 우선이 되는 것이다.
5 直音:①同音字로 직접 音을 註釋한 것임.(謂以同音字直接注音.)(『漢語大詞典』) ②글자 아래에 '音○'라고 주석한 것을 直音이라 한다.(字下注音某者, 名直音.)(『經解入門』 「說經必先知音韻」 "魏孫炎因創爲反語之法, 以兩字定一音, 爲直音一字差易, 反切兩音難混也." 注)

(1) 락樂 음락音洛(즐기다), 악岳(음악)

雲上於天, 需, 君子以飮食宴樂.(需卦 大象傳) 樂. 音洛.(大全音註)
… 君子ㅣ 以ᄒᆞ야 飮食ᄒᆞ며 宴樂(락)ᄒᆞᄂᆞ니라(『諺解』)[6]

락樂은 음이 락洛으로 표기되었는데, 주음자음注音字音 '락洛'은 피주음자被注音字의 본음[7]이 아니다. 본음은 '악岳'(의미는 '음악')[8]이다. 직음표기가 없는 경문 한자는 대부분 본음이고, 따라서 『언해』에 '악'으로 나타났다.[9]

『언해』에 자음이 '樂(락)'으로 표기되어 그에 따른 의미는 '즐기다'로 된다. 이러한 직음은 자의의 관점에서 말하면 어느 특정의미를 나타내기 위한 표기라고 할 수 있다. 이에 의해 해당한자의 독음·의미를 추구할 수 있다. 그런데 번역이 '宴樂(락)ᄒᆞᄂᆞ니라'처럼 한자로 나타난 경우, 번역이 한자이기 때문에 그 의미가 '음악'인지 '즐김'인지 잘 드러나지 않는다. 이 경우는 국음 '악'(음악), '락'(즐겁다)에 의해 의미를 추구할 수 있다.

---

6 『諺解』:『易傳』과 『本義』에 의한 번역이 둘 다 같은 경우이다. 『易傳』에 의한 번역은 '易傳諺解'로, 『本義』에 의한 번역은 '本義諺解'로 표시하기로 한다. 이하 같다. 여기서의 『易傳』은 伊川 『易傳』이며 十翼을 의미하는 것이 아니다.

7 본음은 본래의 字音으로, 『說文解字』 등에 나타난 최초의 音을 말한다.

8 『中文大辭典』(10册, 中文大辭典編纂委員會, 中國文化學院華岡出版有限公司, 臺北市, 民國 68年. 4版.)에 의함.

9 예를 들면 豫卦 大象傳의 "雷出地奮, 豫, 先王以作樂崇德."의 '樂'(음악)에는 音註가 없다.

(2) 사숨 음사音捨 상성(버리다), 거성去聲(멈추다)

象曰, 井泥不食, 下也, 舊井无禽, 時舍也.(井卦 初九 小象傳) 舍, 音
捨.(大全音注)
井泥不食은 下홀 시오 舊井无禽은 時의 舍홈이라(『諺解』)
見其不能濟物, 爲時所舍置不用也, 若能及禽鳥, 是亦有所濟也. 舍, 上
聲, 與乾 之時舍音不同.(『易傳』)
言爲時所棄.(『本義』)

見龍在田, 時舍也.(乾卦 文言傳) 舍, 去聲.(大全音注)
見龍在田은 時로 舍홈이오(易傳諺解) 時丨舍홈이오(本義諺解)
隨時而止也.(『易傳』)
言未爲時用也.(『本義』)
舍與出舍于郊之舍同 適止於位 非久安也.(本義大全[10] 厚齋馮氏曰)

사숨의 음音 '사捨'는 상성上聲이므로 이 두 가지 표기의 음의音義는
동일하게 귀결되어 '사치舍置'(폐기되다), '기棄'(버리다)로 주해되었다.
이를 적용하면 "구정무금舊井无禽, 시사야時舍也."는 '오래 폐기된 우물
에 짐승도 안 옴은 그 때에 버려진 것이다.'로 국역된다. 이는 건괘의
'시사時舍'의 '사舍'와 음이 다르다는 것이다.

'時舍'의 '舍'는 거성이고 '지止'(그치다), '출사出舍'의 '사숨'(머물다)
로 주해되었다. 이를 적용하면 "현룡재전見龍在田, 시사야時舍也."는 '見
龍在田은 때에 따라 멈춤이다.'(易傳諺解), '… 때가 〈안 되어〉 멈춤이
다.'(本義諺解)로 국역된다.

---

10 本義大全:『本義』에 속한 『大全』(小注)을 말한 것이다. 『易傳』에 속한 『大全』은 '易
傳大全'이라고 부르기로 한다.

(3) 승勝 음승音升 평성(감당하다·모두), 거성(승리)

子曰, "… 易曰, '鼎折足, 覆公餗, 其形渥, 凶.' 言不勝其任也."(繫辭
下傳) 勝, 音升.(大全音註)
子ㅣ 골ᄋ샤ᄃᆡ … 易에 골오ᄃᆡ 鼎이 足이 折ᄒᆞ이 公餗을 覆ᄒᆞ니
그 形이 渥ᄒᆞᆫ디라 凶타 ᄒᆞ니 그 任을 勝티 몯홈을 닐옴이라(『諺解』)

三與五, 同功而異位, 三多凶, 五多功, 貴賤之等也, 其柔危, 其剛勝
耶.(繫辭下傳)   勝, 音升.(大全音註)
三과 다뭇 五ㅣ 功이 同ᄒᆞᄃᆡ 位ㅣ 異ᄒᆞ야 三은 凶이 多ᄒᆞ고 五ᄂᆞᆫ
功이 多홈은 貴賤의 等일 ᄉᆡ니 그 柔ᄂᆞᆫ 危ᄒᆞ고 그 剛은 勝홈인뎌
(『諺解』)
柔居之則危, 剛居之則能勝其事.(本義大全 潘氏夢旂曰)

執之用黃牛之革, 莫之勝說.(遯卦[11] 六二) 勝, 音升.(大全音註)

승勝은 '시응절試應切 음성音盛'(거성)의 '승리勝利', '시응절試應贋切 음
승音升'(평성)의 '감당하다[任]'의 음의가 있다.(『正中形音義綜合大字典』[12])
계사하전繫辭下傳의 승勝은 모두 "승勝은 음이 승升이다."라고 하였는데
이 경우 의미는 평성의 '감당하다[任]'로 풀이된다. 이에 의해 경문을
풀이하면 "…『주역』에 '솥이 발이 부러져 공公의 음식을 엎으니 그 얼

---

11 遯은 『諺解』에 '돈'으로 표음되었다. 이는 遯卦 陸德明 音義의 '遯 徒異反'에 의거한
것으로 보인다. '돈' 음은 '遯巖書院'에 쓰이고 있다. 그러나 字典을 살펴보면 『全韻
玉篇』·『新字典』·『漢韓大辭典』(단국대)에 '둔'이다. '둔'은 '은둔隱遯', 둔갑술 遯甲
術('遯'은 '遁'과 同字임)에 쓰인다. 이러한 상황에서 卦名, 그리고 일반 용어는 '둔'
으로 독음하고 書院名은 관용으로 오래 쓰였으므로 특별히 '돈'으로 독음하기를 제
안한다. 이러한 예는 '합천陜川'··'배천군白川郡'이 있다.
12 『正中形音義綜合大字典』: 高樹藩, 正中書局, 臺北市, 民國18年, 增訂3版.

굴이 붉어져 땀나는지라, 흉하도다!'[13]라고 하니, 소임을 감당하지 못함을 말한 것이다.", "삼효와 오효는 공효는 같으나 자리가 달라서 삼효에 흉함이 많고 오효에 공적이 많은 것은 귀하고 천한 등급 때문이니, 부드러운 음은 위태롭고 굳센 양은 감당해낼 것이다."로 된다. '… 其剛勝耶'에 대하여는 본의대전에 "부드러운 음이 자리하면 위태하고, 굳센 양이 자리하면 그 일을 감당할 수 있다."라고 하여 감당하는 대상이 '그 일[其事]'로 제시되었다.

둔괘遯卦 '막지승설·莫之勝說.'의 '승勝'은 대전음주에 "승勝은 음이 승升이다."라고 하였으므로, 평성의 '모두[盡]'[14]로 풀이된다. 이에 대한 자세한 논의는 뒤의 '여자如字'에서 다룬다.

(4) 지知 음지音智 거성(지혜) 여자如字 평성(알다)

> 與天地相似, 故不違, 知(智)周乎萬物而道濟天下, 故不過, 旁行而不流, 樂天知命, 故不憂.(繫辭上傳) 知, 音智. 知命之知, 如字. 樂, 音洛.(大全音註)
> 天地로 더브러 서르 ᄀ튼디라 故로 違티 아니ᄒᄂ니 知ㅣ 萬物애 周ᄒ고 道ㅣ 天下를 濟ᄒᆞᄂᆫ디라 故로 過티 아니ᄒᆞ며 旁으로 行ᄒ고 流티 아니ᄒᆞ야 天을 樂ᄒ고 命을 아ᄂᆞ디라 故로 憂티 아니ᄒᆞ며(『諺解』)

> 仁者見之, 謂之仁, 知者見之, 謂之知, 百姓, 日用而不知, 故, 君子之

---

13 『역전』에 의한 번역으로, 鼎卦 九四 『역전』에는 "其形渥, 謂椒汗也."라고 하였다. 『본의』에 의하면 "… 음식을 엎으니 그 형벌이 무거운지라, 흉하도다!'[形渥, … 謂重刑也.]로 된다.
14 『正中形音義綜合大字典』에 의거함.

道鮮矣.(繫辭上傳) 知, 音智. 不知之知, 如字. 鮮, 息淺反.(大全音註)
仁者ㅣ 보매 仁이라 니ᄅᆞ며 知者ㅣ 보매 知라 니ᄅᆞ고 百姓은 日
로 用호ᄃᆡ 아디 몯ᄒᆞᄂᆞᆫ디라 故로 君子의 道ㅣ 鮮ᄒᆞ니라(『諺解』)

'지知는 음이 지智이다'에 의해 '지智(지혜)의 고자古字'[15]인 거성으
로 독해된다.[16] 그리고 '지知 여자如字'가 있는데, 여자는 평성으로 '알
다[識也]'의 뜻이다.[17]

『언해』에는 '知ㅣ 萬物애 周ᄒᆞ고', 그리고 '知者ㅣ 보매 知라 니ᄅᆞ고
百姓은 日로 用호ᄃᆡ 아디 몯ᄒᆞᄂᆞᆫ디라 '라고 하여, '지주호만물知周乎萬
物', '지자견지知者見之, 위지지謂之知'의 번역에 모두 '지知'라고 표현하
여 '지혜'가 드러나지 못하고, '부지不知'의 '지知'에는 '아디'(알지)라고
표현하였다.

위의 풀이에 의하면 '지知'가 '지주호知周乎'·'지자知者'·'위지지謂之
知'의 거성인 경우는 '지혜'로써 명사이고, 여자 평성인 경우는 '알다'
로써 동사이다.

이에 의해 경문을 풀이하면 "… 천지와 더불어 서로 같으므로 어기
지 않으니, 지혜[知][18]가 만물에 두루 미치고 도가 천하를 구제하기 때
문에 지나치지 않으며, 사방으로 행하되 휩쓸리지 아니하여 천리를 즐
거워하고[樂][19] 천명을 알기[知][20] 때문에 근심하지 않으며"로 되고, 또
"인자는 이를 보고 인[仁]이라 이르고, 지혜로운 자[知者]는 이를 보고

---

15 『漢語大詞典』(13冊, 漢語大詞典編輯委員會漢語大詞典編纂處, 漢語大詞典出版社, 上
海, 1993. 1版.)에 의거함.
16 知는 如字(본래 음의)인 경우 '曉得(알 지)'로 평성이다.
17 『中文大辭典』에 의함.
18 '知, 音智.'가 적용된 번역임.
19 '樂, 音洛.'이 적용된 번역임.
20 '知命之知, 如字.'가 적용된 번역임.

지혜[知]²¹라 이르며, 백성들은 날마다 쓰면서도 알지[知]²² 못한다. 그러므로 군자의 도가 드물다.[鮮]"로 된다. '지知'의 자형이 거성(智 지혜)과 평성(知 알다)으로 혼용된 문장에서 음주의 표기는 독해의 결정적 지침이 되는 것이다.

그리고 '鮮鮮, 식천반息淺反.'은 상성으로 '적다[少]'²³의 뜻이므로『언해』의 '鮮ᄒᆞ니라'는 '적으니라'로 풀이해야 한다. '선鮮'이 '생선[魚類]'의 의미일 경우는 평성이다.

(5) 해解 음해音蟹 상성(괘명·해소하다) 가매반佳買反 상성(물리치다·떠나 보내다)

解, 利西南, 无所往.(解卦 卦辭) 解, 音蟹. 彖傳大象並同.(大全音註)
解ᄂᆞᆫ 西南이 利ᄒᆞ니 …(『諺解』)
无所往, 謂天下之難, 已解散, 无所爲也.(『易傳』)
解, 難之散也.(『本義』)

解而拇, 朋至, 斯孚.(解卦 九四) 解, 佳買反. 象同.(大全音註)
네 拇를 解ᄒᆞ면 …(『諺解』)
斥去小人, …四能解去初六之陰柔, …不解去小人, …(『易傳』)
若能解而去之, …(『本義』)

君子維有解, 吉, 有孚于小人.(解卦 六五) 解, 音蟹. 象同.(大全音註)
君子ㅣ 解홈이 이시면 吉ᄒᆞ니 小人애 孚홈이 이시리라(『諺解』)
六五居尊位, 爲解之主, 人君之解也, 以君子通言之. 君子所親比者, 必

---

21 '知, 音智.'가 적용된 번역임.
22 '不知之知, 如字.'가 적용된 번역임.
23 『漢語大詞典』에 의함.

君子也,　所解去者必小人也.　故君子維有解則吉也.　小人去則君子進
矣.(『易傳』)
卦凡四陰而六五當君位,　與三陰同類者,　必解(佳買反)²⁴而去之則吉也.(『本
義』)
至此復明以小人斥之,　斥之以小人者,　所以顯其罪而去之也.　然生天下
之難者,　莫甚於小人,　而人君能解天下之難者,　莫大於君子.　唯六五之
君,　得君子以爲解難之助.(本義大全　建安丘氏曰)

해解는 괘명으로 쓰였는데 음이 '해蟹'는 '갑성모해운모匣聲母蟹韻
母'(상성)(『한어대사전』)이고, 그 의미는 '해산解散'(『易傳』)·'산散'(『本
義』)의 '풀리다'·'해소하다'로 풀이된다. 그리하여 '해解, 리서남利西南.'
은 '해괘는 서남쪽이 이로우니'로 번역된다.

'해解, 가매반佳買反.'은 '견성모해운모見聲母蟹韻母'(상성)(『한어대사
전』)이고, 그 의미는 구사의 '척거斥去'·'해거解去'(『易傳』), '해이거解而
去'(『本義』)로 '물리쳐 보내다'·'떠나보내다'로 풀이된다. 그리하여 '해이
무解而拇'는 '너의 엄지발가락(초륙, 소인)을 떠나보내면'으로 번역된다.

해解의 '갑성모해운모匣聲母蟹韻母'(解散)와 '견성모해운모見聲母蟹韻
母'(解去)는 이성동운異聲同韻의 이음異音으로 의미의 차이를 보이는 것
이다.

'군자유유해君子維有解'에 또 '해解, 음해音蟹.'가 표기되어, 그 의미
가 '군자가 〈곤란을〉 해소함이 있으면'으로 풀이된다. 이 문제는 『역전』
등을 자세히 살펴야 해명된다.

해괘 육오의 『역전』은 "육오는 존귀한 지위에 있어 해괘의 주장이
되니, 임금이 〈곤난을〉 해소하는[解] 것이지만 군자로 통칭하였다. 군자

---

24 解(佳買反) : 『周易本義詳說』(朴文鎬)의 注임.

가 친밀한 자는 반드시 군자이고, 떠나보낼[解去] 자는 반드시 소인이다. 그러므로 군자가 오직 해소함[解]이 있으면 길하다. 소인이 떠나가면[去] 군자가 나아온다."라고 하고, 『본의』는 "해괘에 음이 넷인데 육오가 임금의 지위에 있으면서 세 음과 동류인 것을 반드시 떠나보내면[解(佳買反)而去] 길하다."라고 하고, 본의대전에 "여기에서 다시 밝혀 소인을 물리쳤다[斥]. 소인을 물리치는[斥] 것은 그 죄를 드러내어 떠나보내는[去] 것이다. 그러나 천하의 곤란을 발생시키는 것은 소인보다 심한 것이 없고, 임금이 천하의 곤란을 해소할[解] 수 있는 것은 군자보다 큰 것이 없다. 오직 육오의 임금이 군자를 얻어 곤란을 해소할[解] 조력자로 삼아야 한다."라고 하였다. '해解, 음해音蟹.'에 해당하는 곳은 '해소하는데[解]', '해소함이[解]', '해소할[解]'로 '임금의 곤란을 해소하다'이다. 그리고 '떠나보낼[解去]', 떠나가면[去], '떠나보내면[解(佳買反)而去]', '물리쳤다[斥]', '떠나보내는[去]'은 구사의 '해解, 가매반佳買反.'이 적용되어 '소인을 물리치다·떠나보내다'이다. 특히 『본의』의 '解(佳買反)而去'에는 구사의 반절 '가매반佳買反'이 첨가되어 이 부분을 '척거斥去'·'해거解去'로 풀이하도록 하였다.

2) 반절反切에 의한 독해

반절反切은 2개의 한자로 글자의 음을 표기한 것으로, 앞의 한자는 성聲을 나타내고, 뒤의 한자는 운韻을 나타낸다.[25] 이를 정리하면 '성聲+운韻=음音'이 된다. 그 표기는 반反·절切·번翻·번飜 등으로 나타난다.

---

25 反切 : 上字表聲, 下字表韻.(林尹, 『中國聲韻學通論』, 黎明文化事業公司, 台北, 民國 77年. 5면) 반절을 훈민정음에 의해 설명하면 '현견 현편반賢遍反'인 경우 '현견'에서 'ㅎ'(聲)을, '편遍'에서 'ㅕㄴ'(韻)을 취해 '현'(音)을 얻는 것이다.

(1) 현見 현편반賢遍反 거성점(드러내다), 견見 무거성점無去聲點(보다)

幾者, 動之微, 吉(凶)之先見者也. 君子見幾而作, 不俟終日.(繫辭下傳)
先見之見, 賢遍反.(大全音注)
幾는 動의 微니 吉凶의 몬져 見(현)ᄒᆞᄂᆞᆫ 者ㅣ니 君子ㅣ 幾를 見
(견)ᄒᆞ야 作ᄒᆞ야 日이 終홈을 기ᄃᆞ로디 아니ᄒᆞᄂᆞ니(『諺解』)

견·현見은 '선현先見'과 '견기見幾'에 보이는데, 대전음주에 "'先見'
의 '見'(현)은 현賢과 편遍의 반절이다."라고 하여, '현現(드러나다)의 고
자古字'로 설명하였다. '見幾'에는 음주가 없어 여자如字인 '견(보다)'으
로 독해되는 것이다.

『언해』에는 '見'이 '현'과 '견'으로 제시되었는데, 『언해』를 따라 경
문을 풀이하면 '기幾(기미)는 움직임의 작은 것이니 길함이 먼저 나타
난[見(현)] 것이다. 군자는 기미[幾]를 보고[見(견)] 일어나서 하루가 끝
마칠 때까지 기다리지 아니하니'로 된다.

내사본에는 '見°'(현)으로 우상右上에 거성점을 표시하였으나, '見'
(견)에는 거성점이 없다. '見°'(현)은 '호전절胡甸切, 거성, 갑성모산운모
匣聲母山韻母'이고, '見'(견)은 '고전절古電切, 거성, 견성모산운모見聲母霰
韻母'이어서, 이성동운異聲同韻의 이음異音으로 '산운모霰韻母'가 같은
거성인데, '현現의 고자'에는 이를 구별하기 위하여 거성점을 찍은 것
이다.

'현見 현편반賢遍反'은 아래의 '행行 하맹반下孟反'에서 또 논의된다.

(2) 난難 내단반乃旦反 거성(위난), 평성 (곤란, 쉽지 않다)

象曰, 屯, 剛柔始交而難生.(屯卦 象傳) 難, 乃旦反. 六二象同.(大全音注)

屯은 剛과 柔ㅣ 비로소 交ᄒ야 難이 生ᄒ며(『諺解』)

象曰, 六二之難,[26] 乘剛也.(屯卦 六二小象傳)

六二의 難은 剛을 乘홈이오(『諺解』)

六二居屯之時, 而又乘剛為剛陽所逼, 是其患難也.(『易傳』)

내乃는 니성모泥聲母, 단旦은 한운모翰韻母(거성)인데, 이 음에 의한 의미는 '위난危難', '화환禍患'이다.(『한어대사전』. 이하 같음)『언해』에는 '난難이', '난難은'의 한자漢字로 표현되어 '위난'인지 구별하기 어렵다.[27] 난難에는 니성모泥聲母, 한운모寒韻母(평성)에 의한 '곤난困難'·'불이不易(쉽지 않다)'가 있는데, 위의 경우에는 적용되지 않는 것이다. 따라서 '난생難生'은 '위난이 생긴다', '육이지난六二之難'은 거성의 '육이의 위난은'으로 국역할 것이고, 평성의 '어려움이 …', '…어려움은'으로 국역할 것이 아니다. 준괘屯卦 육이의 『역전』에는 '화난患難'(위난危難, 험난險難)으로 풀이된 것이 보인다.

'난難 내단반乃旦反'은 여러 곳에 표기되었는데,[28] 이들도 모두 '위난'으로 국역해야 한다.

---

26 象傳의 '六二象同'에 의하여 여기도 '難, 乃旦反.'이 적용되는 것이다.

27 '難이' 등의 한자 표현은 정확한 의미를 전달하지 못하는 번역이기 때문에 『諺解』는 불완전번역이라고 하겠다.

28 '難, 乃旦反.'의 용례는 "需于郊, 不犯難行也."(需卦 初九 小象傳), "內文明而外柔順, 以蒙大難, … 內難而能正其志."(明夷卦 象傳), "蹇, 難也, 險在前也."(蹇卦 象傳), "說以犯難, 民忘其死."(兌卦 象傳), "乖必有難, 故受之以蹇, 蹇者難也. 物不可以終難, 故受之以解."(序卦傳) 등에 보인다.

(3) 상上 시장반時掌反 상성(올라가다), 여자如字 거성(위)

雲上於天, 需, 君子以飮食宴樂.(需卦 大象傳) 上, 時掌反.(大全音註)
雲이 天애 上홈이 需ㅣ니 …(『諺解』)
雲氣蒸而上升於天, 必待陰陽和洽, 然後成雨. 雲方上於天, 未成雨
也.(『易傳』)
澤上於地, 萃, 君子以除戎器, 戒不虞.(萃卦 大象傳) 上, 時掌反.(大全音註)
澤이 地에 上홈이 萃니 …(『諺解』)
兌澤之水, 上於坤地之上, 有散而方聚之象.(本義大全 中溪張氏曰)
萃… 爲卦兌上坤下. 澤上於地, 水之聚也, 故爲萃. 不言澤在地上, 而
云澤上於地, 言上於地, 則爲方聚之義也.(萃卦 卦象 『易傳』)

木上有水, 井, 君子以勞民勸相.(井卦 大象傳) 上, 如字, 又時掌反.(大
全音註)
木上에 水ㅣ 이시미 井이니 …(『諺解』)
木承水而上之, 乃器汲水而出井之象.(『易傳』)
木上有水, 津潤上行, 井之象也.(『本義』)

'상上, 시장반時掌反.'은 '선성모양운모禪聲母養韻母'의 상성上聲으로
'올라가다[升起. 由低處到高處.]'라는 동사이다.(『한어대사전』. 이하 같음)
그리고 여자如字는 '선성모양운모禪聲母漾韻母'의 거성으로 '위[位置在高
處]'라는 명사이다.

수괘의 '운상어천雲上於天'에 대해 『역전』은 "구름 기운이 증발해서
하늘로 올라가서, … 구름이 막 하늘로 올라갔으니 …"라고 하여, '上'
을 상성의 '올라가다'로 풀이하였다. 그리고 『언해』는 "上홈이(올라감
이)"라고 하여 역시 상성에 의해 번역하였다.

췌괘의 '택상어지澤上於地'는 수괘와 같은 문형으로 독해가 같다. 그

러나 주해에서는 상성과 거성이 혼재하여 괘상『역전』에는 "췌괘는 … 괘의 모양은 태괘兌卦☱가 상괘(兌上), 곤괘坤卦☷가 하괘이다. 못이 땅보다 올라가 있는 것[上於地]은 물이 모인 것이므로 취괘이다. 못이 땅 위[地上]에 있다고 말하지 않고 못이 땅보다 올라가 있다[上於地]고 말한 것은 땅보다 올라가 있으면[上於地] 막 모이는 뜻이 됨을 말한 것이다." 라고 하고, 중계장씨는 "태괘인 못의 물이 곤괘인 땅의 위에 올라가 있으니[上於坤地之上] …" 라고 하였다. '위'(명사)는 '태상兌上·지상地上·지지상地之上', '올라가다'(동사)는 '상어지上於地·상어곤上於坤'에 쓰였는데, 특히 '상어곤지지상上於坤地之上'에서는 '상上'이 앞에서 동사, 뒤에서 명사로 쓰인 것을 보여주고 있다.

정괘井卦의 상上은 여자如字(거성, 위)로도, 시時와 장掌의 반절(상성, 올라가다)로도 독해된다는 것이다.[29] 경문의 '목상유수木上有水, 정井'은 여자를 적용하면『언해』를 따라 "나무 위에 물이 있는 것이 정井이다." 로, 시時와 장掌의 반절을 적용하면 "나무통에 물을 받쳐 올리는 것이 정이다."[30]로 국역된다.

내사본에는 정괘의 '上之'(『역전』), '上行'(『본의』)에 '°上'으로 좌상左上에 상성점(時掌反 적용함)을 찍어 변별케 하였다. 그러나 '木上'의 '上'(거성)에는 사성점이 없는데 이는 여자를 적용한 것이고 '시장반時掌反'(상성)을 적용하지 않은 것이다.

---

29 두 가지를 제시한 이 견해는 陸德明의 音義를 수용한 것이다.
30 이는 『易傳』의 "木承水而上之"를 국역한 것이다. 그리고 『本義』의 "木上有水, 津潤 上行, 井之象也.(나무 위에 물이 있어 액체가 올라서 가는 것은 우물의 상이다.)"도 '上行(올라서 간다)'으로 설명하고 있다.『역전』의 '木'을 '나무통'으로 설명한 것은 本義大全의 "程子井桶之說"에 따른 것이다.

(4) 상相 식량반息亮反 거성(돕다), 평성(서로)

象曰, 天地交泰, 后以財成天地之道, 輔相天地之宜, 以左右民.(泰卦 大象
傳)　相, 息亮反. 左, 音佐. 右, 音佑.(大全音注)
天地ㅣ 交홈이 泰ㅣ니 后ㅣ 以ᄒᆞ야 天地의 道를 財ᄒᆞ야 成ᄒᆞ며
天地의 宜를 輔相ᄒᆞ야 ᄡᅥ 民을 左右ᄒᆞᄂᆞ니라(『諺解』)

상相은 '식息과 량亮의 반절'(거성)에 의해 '돕다'로 풀이되는데, 경
문의 '輔相'은 이자동의二字同義의 '돕다'라는 뜻이다. 상相은 평성으로
도 독음하는데 '서로[互相]'라는 뜻이다.

그리고 '좌우左右'는, 좌左는 음이 '좌佐', 우右는 음이 '우佑'로 표기
되어, 좌우佐佑의 '돕다'라는 뜻이다. '좌우左右' 역시 이자동의의 '돕다'
라는 뜻이다.

위의 음주를 적용하여 경문을 풀이하면 '천지가 서로 사귀는 것이
태泰이니, 임금이 그것을 본받아 천지의 도를 마름질하여 이루며, 천지
의 마땅함을 도와서 백성을 돕는다.'로 된다.

(5) 석射 식역반食亦反 입성(겨냥해 쏘다), 사 거성(쏘다)

上六, 公用射隼於高墉之上, 獲之, 无不利.(解卦 上六) 射, 食亦反.(大
全音注)
公이 ᄡᅥ 隼을 高흔 墉 우희 射(셕)ᄒᆞ야 獲홈이니 利티 아니미 업
노다(『諺解』)
鷙害之物, 在墉上.(『易傳』)
公者大臣之稱, 卽上六也 隼者鷙害之禽也. 六三其小人之鷙者乎. 三負
且乘, 竊據高位, 乃高墉也. 上與六三旣无應, 乃其敵也. 故公用射六三

之隼于高墉之上, 獲之, 无不利矣.(本義大全　中溪張氏曰)
有二鵲　集營中大樹　度祖欲射之 …遂射之　二鵲俱落(『龍飛御天歌』7
장)　射, 食亦切. 下同. 泛而言射, 則爲去聲, 若射者正己射之者有志
之類是也. 以射其物而言, 則爲入聲, 若射隼射宿之類是也.(音注)

　　사·석射의 음의音義는 『용비어천가』에 자세하여 이를 우선 살펴본
다. 그 음주에 "석射은 식食과 역亦의 반절(입성)이다. 이래 글에도 같
다. '널리 활쏘기를 말함[泛而言射]'에는 거성(사)이 되니, '활 쏘는 사람
은 몸을 똑바로 한다[射者正己]', '활 쏘는 사람은 뜻을 둔다[射之者有志]'
와 같은 경우가 그것이다. '해당 물건을 쏘는 것으로 말함[以射其物而
言]'에는 입성(석)이 되니, '새매를 겨냥해 쏜다[射隼]', '자는 새를 겨냥
해 쏜다[射宿]'와 같은 경우가 그것이다."라고 하여, '목표물[物]을 맞춘
다는 뜻이 없이 쏜다'는 '사射'의 경우는 '사'이고, '목표물을 쏜다'는
'석射'의 경우는 '석'이라는 것이다.[31]

　　해괘 상육에는 '석射'으로 쓰였는데, 이를 『언해』에 따라 국역하면
"공公(상육)이 높은 담 위(육삼)에다 새매(육삼)를 겨냥해 쏘아 잡음이
니, 이롭지 않음이 없다."로 된다. 이 국역에 참조가 되는 『역전』을 국
역하면 "사나우며 해치는 동물이 담장 위[墉上]에 있다."라고 하여 '용
상墉上'에 '준隼'이 있어 '墉上'과 '隼'은 분리되지 않은 결합체이다. 본
의대전을 국역하면 "공公은 대신의 칭호로, 곧 상육이다. 새매[隼]는 사
나우며 해치는 새이다. 육삼은 소인의 사나운 자일 것이다. 육삼은 짐
을 짊어질 주제인데 또한 수레를 탔으니 높은 지위를 훔친 것으로, 바
로 높은 담장이다. 상육과 육삼은 이미 호응함이 없으니 적이다. 그러

---

31 射의 '마칠 석'(『字典釋要』)이라는 음훈은 쏘아 맞춘 결과를 나타내기도 하기 때문
　에 이를 수정하여 '겨냥해 쏠 석'으로 음훈을 제시한다.

므로 공公이 높은 담장 위에 있는 육삼의 새매를 겨냥해 쏘아서 잡으니 이롭지 않음이 없다."라고 하여, 상육이 육삼(담장 위에 있는 새매)을 겨냥해 쏘아서 잡는 것이다.

(6) 준屯 장륜반張倫反 평성 진운眞韻(환난·괘명), 둔 평성원운元韻(수비처·둔전)

屯, 元亨, 利貞.(屯卦 卦辭) 屯, 張倫反.(大全音注)
屯(둔)은 크게 亨ᄒᆞ고 貞호믈 利ᄒᆞ니(『諺解』)
屯, 쥰, 難也. … 卦名.(眞)[32] [33]둔, 勒兵守, 兵耕屯田.(元)
(『全韻玉篇』[34])
屯, 쥰, 難也. … 卦名.(眞) /둔, 勒兵守, 屯田兵耕.(元)(『新字典』[35])
屯, 陟綸切, 平聲, 知聲諄韻,[36] 艱難, 困頓. 卦名. /徒渾切, 平聲, 定聲
魂韻,[37] 戍所, 指屯田.(『漢語大辭典』)
屯, 쥰, 陟綸切, 平聲, 諄韻, 곤란하다, 육십사괘의 하나. /둔, 徒渾
切, 平聲, 魂韻, 주둔하다, 수비하는 곳, 屯田.(『漢韓大辭典』[38])

屯은 2음으로 제시되어 '쥰(준)'(평성 眞韻)[39]은 '난難(환난患難)[40]·괘

---

32 (眞) : 韻目에 ( )를 하여 구별되게 하였다. 이하 같다.
33 / : 필자가 첨가하여 한자 해설의 첫 번째 音義 제시가 끝나고 다음 음의가 제시되는 것을 구분한 것이다. 이하 같다.
34 『全韻玉篇』 : 편자 미상. 1796년 이후 간행 추정.
35 『新字典』 : 柳瑾·崔南善 등 編, 朝鮮光文會, 1915.
36 諄韻 : 206韻의 平聲 韻目인데, 106韻의 통합에서 眞韻에 속하였다.
37 魂韻 : 206韻의 平聲 韻目인데, 106韻의 통합에서 元韻에 속하였다.
38 『漢韓大辭典』 : 16冊, 檀國大學校東洋學研究所, 檀國大學校出版部, 서울, 2008. 初版.
39 쥰(준) : '쥰'의 'ㅠ'는 'ㅜ'로 단모음화하여 '준'이 된 것이다.
40 難(患難) : 屯卦 彖傳의 大全音注에 '難 乃旦反'(去聲)이라 하고, 六二 小象傳 易傳에 서 難을 '患難'으로 설명하였다. 이 경우 難은 '환난'(거성)으로 풀이되고, '어렵다'

명괘名'의 뜻이고, '둔'(평성 元韻)은 '수비처·둔전'의 뜻이다. 준괘에서는 '괘명' 이외에 '환난'의 뜻으로도 사용되었다. 그런데 『언해』에서는 '둔', 『부언해』 역시 '둔'으로 표음되어,[41] '준' 음이 없이 '둔' 음뿐이다.

이 문제는 大全音注의 '준屯, 장륜반張倫反.'을 살펴야 한다. '장張'은 '지성모知聲母'(『한어대사전』)인데, 이들은 '張 베풀 댱', '知 알 디'(『新增類合』)[42]이었다가 국음이 '張 쟝', '知 지'(『全韻玉篇』)로 변화되어 'ㄷ'이 구개음화로 모두 'ㅈ'이 된 것이다. 이를 따르면 '준屯'의 '난難(환난患難)·괘명'의 '둔' 음을 '준'으로 해야 할 것이다. 이와 합치되는 것이 『전운옥편』 등 자전류의 '준(쥰)'으로, '수비처, 둔전'의 '둔' 음과 구별되어 독해 등에 유리하게 된다.

내사본에는 '준屯'이 '난難(환난)·괘명'으로 쓰인 '준'의 경우 모두 평성점을 찍어 '屯'으로 표기하였다. '둔'의 '주둔하다'도 같은 평성인데 '준'에만 평성점을 찍어 구분을 한 것이다. '준'은 평성 순운諄韻(眞)이고, '둔'은 평성 혼운魂韻(元)으로 동평성同平聲의 異韻인데, 내사본에서는 진운眞韻(준)에는 평성점을 찍고 원운元韻(둔, 주둔하다·둔전)에는 찍지 않았다.[43] 평성점을 찍은 경우에는 '준屯'이 '난難(환난)·괘명'으로

(평성)로 풀이되지 않는다.

41 준괘에 쓰인 초간본언해의 屯(둔)·貞(뎡)·中 (듕)·天(텬)이 『부언해』에는 屯(둔)·貞(졍)·中 (즁)·天(텬)으로 나타나 貞(졍)·中 (즁)은 구개음화가 진행되었으나, 屯(둔)·天(텬)은 아직 진행되지 않은 모습을 보이는데 이들의 구개음화는 이 이후에 진행된 것이다.

42 『新增類合』: 柳希春이 『類合』을 증보하고 수정하여 1576년(선조9)에 편찬한 한자 입문서.

43 원운元韻(둔, 주둔하다·둔전)에는 찍지 않았다 : 평성점을 찍지 않은 예를 들면 旅卦 九四 本義大全에 "王莽遺王尋屯洛陽將發(왕망이 왕심을 보내어 낙양에 주둔케 하여 군대를 출동시키려 하였다.)", 그리고 『論語』 「子路」 '曰旣富矣' 大全에 "屯營飛騎(군영에 주둔한 날랜 기병)", 『孟子』 「離婁上」 '爲政不難' 大全에 "韓弘이 친히 주둔하지 않았다.[弘不親屯]", 『性理大全』 「卷61 歷代 趙充國」에 "屯田의 12가지 이익을 진술하였다.[陳屯田十二利]", 『性理大全』 「卷69 論兵」에 "옛 사람이 군영에

쓰인 것을 보자마자 즉시 '둔'(주둔, 둔전) 음과 구별하게 되어 역시 독해 등에 유리하게 된다.

(7) 치治 직리반直吏反(치적, 다스려지다), 평성平聲(다스리다)

飛龍在天上治也.(乾卦 文言傳) 治, 傳直吏反, 本義讀作平聲.(大全音注)
飛龍在天은 上의 治ㅣ오(『諺解』)
乾元用九, 天下治也.(乾卦 文言傳) 治, 直吏反.(大全音注) 乾元의 九
用홈은 天下ㅣ 治홈이라(『諺解』)

치治는 2음으로 제시되어 특히 '상치上治'의 '치治'를 『역전』에는 '직리반直吏反'(거성), 『본의』에는 '평성'으로 읽으라는 것이다. 여러 자전字典에는 治의 音義 제시가 혼란상을 보이고 있다. 『한어대사전』에는 治의 音을 去聲과 平聲으로 구분하였으나 의미 갈래를 음별音別로 구분하지 않고 통합하여 설명하였으므로 본고 서술에 사용할 수 없다. 『중문대사전中文大辭典』에는 여러 음의音義 갈래에 '직지절直之切·중지절澄之切[44] 평성 지운支韻'에 딸린 '리理'(다스리다)', '직리절直利切 거성 치운寘韻'에 딸린 '공적功績'이라는 의미가 있다. 이 문제는 보다 자세한 고찰이 요구되므로 다음 자료를 제시하여 알아보기로 한다.

① 二帝三王之治(平聲, 澄之反. 鄒氏季友曰, 治字本平聲, 借用乃爲
   去聲, 故陸氏於諸經中平聲者, 並無音, 去聲者, 乃音直吏反, 而讀

주둔하다.[古人屯營]"가 보인다.(여기에 사용된 대전본(『論語集註大全』, 『孟子集註大全』, 『性理大全』)은 모두 '孔子文化大全編輯部編輯, 山東省出版對外貿易公司, 中國山東省, 1989.'에 의거한 것임)
44 治의 反切上字 '直·澄'은 모두 동일한 澄聲母이다.

者不察, 乃或皆作去聲讀之. 今二聲並音, 以矯其弊. 平聲者, 修理
其事, 方用其力也. 去聲者, 事有條理, 已見其效也.)天下之大經大
法,…二帝三王之治,(去聲) 本於道,(『五經讀本』[45]「書經集傳序」註)

② 徂在, 存也. 注, 以徂爲存, 猶以亂爲治.(『爾雅』「釋詁」第1) 治,
直吏反.(音義)

③ 乂亂靖神弗淈, 治也.(『爾雅』「釋詁」第1) 治, 直吏反. 謝如字.(音義)

④ 治人不治, 反其智.(『孟子』「離婁」) 治人之治, 平聲, 不治之治,
去聲.(集註)

⑤ 先治其國,(『大學』 經1章) 治, 平聲.(集注) …家齊而後國治.(『大
學』 經1章) 治, 去聲.(集注)

⑥ 治, 치, 理也. 다시릴치.(支)./ 理效, 다사린효험치.(寘).(『字典釋要』)

①에는 '이제삼왕지치二帝三王之治'가 두 번 쓰였는데, 앞의 경우는
'평성平聲 징지반澄之反'으로 지운支韻에 해당하는 것이고, 뒤의 경우는
'거성去聲 직리반直吏反'으로 치운寘韻에 해당하는 것이다. 치治는 본래
평성이고, 이를 차용하여 거성으로 하기 때문에 육씨陸氏(육덕명陸德明)
는 여러 경전經典 중에 평성으로 쓰인 경우 음을 달지 않았고,[46] 거성으
로 쓰인 경우 음을 '直吏反'으로 달았는데, 독자들이 살피지 않고 거성
으로 읽는다는 것이다.

의미는 평성인 경우 '수리기사修理其事' 즉 '리사理事'(일을 다스리
다)이고, 거성인 경우 '이견기효已見其效' 즉 '견효見效'(효과를 보다·
다스려지다. 치적)이다. 이에 의하면 '이제삼왕지치천하지대경대법二帝
三王之治天下之大經大法'은 '2제 3왕二帝三王이 천하를 다스린 큰 경륜 큰
법'으로 풀이되고, '이제삼왕지치二帝三王之治, 본어도本於道.'는 '2제 3

45 『五經讀本』: 中新書局有限公司, 臺北. 65年. 再版.
46 이 지적에 의하면 '治, 平聲.'은 특수한 경우에 달린 것이다.

왕의 치적은 도에 근본하였다.'로 풀이된다.

'치治'의 성조에 의한 뜻 갈래를 명쾌히 분별한 자전은 ⑥의 『자전석요字典釋要』이다. 거성 '직리반直吏反'이 『이아爾雅』에 제시된 경우는 ②③을 들 수 있는데, ②의 경우는 난亂(어지럽다)을 치治(다스려지다)[以亂爲治]의 거성으로 설명하고, ③의 경우는 사교謝嶠의 '여자如字'도 함께 제시하여 치治가 거성(다스려지다)과 평성(다스리다) 양쪽으로 독해될 수 있음을 밝혔다. ④⑤는 치治가 각각 앞뒤로 두 번 제시되었는데, 앞의 경우는 평성이고 뒤의 경우는 거성으로, 이에 의하면 '治人'은 '남을 다스리다'로, '불치不治'는 '다스려지지 않다'로, '치기국治其國'은 '그 나라를 다스리다'로, '국치國治'는 '나라가 다스려지다'로 국역된다.

이상에 의하면 건괘 문언전의 '上治'는 『역전』의 '직리반直吏反'(거성)을 적용하여 '상上(임금)의 치적이다', 『본의』의 '평성'(증지반澄之反)을 적용하여 '上(위)에서 다스림이다'로 번역된다. 그리고 '천하치야天下治也.'는 '직리반直吏反'(거성)을 적용하여 '천하가 다스려짐이다'로 번역된다.

(8) 팽亨 보경반普庚反 평성(삶다), 형 평성(통하다)

以木巽火, 亨飪也, 聖人亨, 以享上帝, 而大亨以養聖賢.(鼎卦 彖傳)
亨, 普庚反.(大全音註)
木으로 써 火를 巽홈이 亨(핑)飪홈이니 聖人이 亨(핑)ᄒ야 써 上帝의 享ᄒ고 大亨(핑)ᄒ야 써 聖賢을 養ᄒ니라(『諺解』)
以木巽火, 以木從火, 所以亨飪也.(『易傳』)
以木巽火, 巽入也. 木入火然, 則可以成烹飪之用.(本義大全 中溪張氏曰)

정괘鼎卦 팽亨의 '보경반普庚反'은 '방성모경운모滂聲母庚韻母'(평성)

의 '팽烹의 고자古字'(『한어대사전』에 의함. 이하 같음)로 '삶다'는 뜻이다. 본의대전에는 '팽烹'으로 쓰였고, 『언해』에는 국음이 '핑'(팽)으로 되어 있어 '형'으로 독해하지 않는다. 형亨은 '효성모경운모曉聲母庚韻母'(평성)의 '통달通達'로도 독해하는데, 팽亨과는 경운모庚韻母가 같은 이성동운異聲同韻이다.

'손巽'은 삼획괘三劃卦 괘명에서 온 것인데, 『역전』에는 '따르다[從]', 중계장씨는 '들어가다[入]'로 설명하였다.

이상에 의해 정괘 「단전」을 『언해』에 맞춰 번역하면 '나무를 불에 넣음이 삶음이니, 성인이 삶아서 상제께 제향하고, 크게 삶아서 성현을 양육한다.'로 된다.

(9) 행行 하맹반下孟反 거성(행위), 경운모庚韻母 평성(행하다)

君子以成德爲行, 日可見(견)之行也. 潛之爲言也, 隱而未見(현), 行而未成, 是以君子弗用也.(乾卦 文言傳) 行, 並下孟反. 未見之見, 賢遍反.(大全音註)

君子ㅣ 德을 成홈으로 뻐 行을 삼ᄂᆞ니 日로 可히 見홀 꺼시 行이라 潛이란 말은 隱ᄒᆞ야 뵛티 몯ᄒᆞ며 行이 成티 몯ᄒᆞ연는 디라 일로 뻐 君子ㅣ 用티 아니ᄒᆞᄂᆞ니라(易傳諺解) 成ᄒᆞᆫ 德으로 뻐(本義諺解)

德之成, 其事可見者, 行也. 德成而後可施於用, 初方潛隱未見, 其行未成, 未成, 未著也, 是以君子弗用也.(『易傳』)

成德, 已成之德也. 初九, 固成德, 但其行未可見爾.(『本義』)

履以和行, 謙以制禮, … 巽以行權.(繫辭下傳) 和行之行, 下孟反.(大全音註)

履로 뻐 行을 和ᄒᆞ고 謙으로 뻐 禮를 制ᄒᆞ고 … 巽으로 뻐 權을 行ᄒᆞᄂᆞ니라(『諺解』)

건괘의 '위행爲行'·'지행之行'·'행이行而'의 3곳의 행行은 모두 '하下와 맹孟의 반절'(거성)이라고 하여, '행위'(명사)[47]로 풀이된다. 이 3곳은 『언해』에 "行을"(행위를)·"行이라"(행위이다)·"行이"(행위가)로 풀이되었다. 그 중에 '행이行而'는'행하여'(평성)로 독해하기 쉬우나, '기행其行'(그 행위)라고 『역전』·『본의』에 모두 명사로 설명되어 있다.

견·현見은 '가견可見'과 '미현未見'에 보이는데, 대전음주에 "'未見'의 '見'(현)은 현賢과 편遍의 반절이다."라고 하여, '현現(드러나다)의 고자古字'로 설명하였다. '可見'에는 음주가 없어 여자如字인 '견(보다)'로 독해되는 것이다.

『언해』에는 '見'이 '현'과 '견'으로 제시되었는데, 『언해』를 따라 경문을 풀이하면 '군자는 덕을 이룸으로(이룬 덕으로(『본의』)) 행위를 삼으니, 날로 볼[見(견)] 만 한 것이 행위이다. 잠潛이란 말은 숨어서 나타나지[見(현)] 않으며 행위가 아직 이루어지지 못하는지라, …'로 된다.

내사본에는 '見°'(현)의 우상右上에 거성점을 표시하였으나, '見'(견)에는 거성점이 없는데, 이 문제는 위의 '반절反切에 의한 독해'에서 설명하였다.

「계사하전」의 '화행和行'의 행行도 '하下와 맹孟의 반절'(거성)이라고 하여, '행위'(명사)로 풀이된다. 그러나 '행권(行權)'의 행行에는 음주가 없어 '호경절戶庚切, 평성 갑성모경운모匣聲母庚韻母'(『한어대사전』)의 '행하다'로 풀이된다. 이에 의해 경문을 번역하면 "이괘履卦로 행위[行(거성)]를 조화시키고, 겸괘謙卦로 예禮를 절제하고, … 손괘巽卦로 권도權道를 행한다[行(평성)]."로 된다.

---

47 行은 평성의 뜻 갈래에 '행하다'·'가다'·'길' 등이 있다.

(10) 원遠 우만반于萬反 거성(멀리하다), 상성(멀다)

설명은 아래 '협운叶韻에 의한 독해'에 하였다.

3) 사성四聲(사성점四聲點)에 의한 독해

사성四聲은 주음(注音) 한자에 평성平聲·상성上聲·거성去聲·입성入聲을 표기한 것이고, 사성점四聲點은 주음 한자의 사방 모서리에 평성점·상성점·거성점·입성점을 권점圈點(ㅇ표)으로 표기한 것이다.

(1) 관觀 거성去聲(보여주다·괘명), 평성平聲(보다)

凡觀, 視於物則爲觀(平聲), 爲觀於下則爲觀(去聲),[48] 如樓觀, 謂之觀者, 爲觀於下也. 人君上觀天道, 下觀民俗則爲觀, 修德行政, 爲民瞻仰則爲觀.(觀卦 卦象 『易傳』) 朱子曰, "自上示下曰觀, 自下觀上曰觀, 故卦名之觀去聲, 而六爻之觀皆平聲."(卦象 大全音註)

觀, 盥而不薦, 有孚顒若.(觀卦 卦辭) 觀, 官喚反. 下大觀以觀之觀, 大象觀字, 並同.(大全音註)

彖曰, 大觀在上, 順而巽, 中正以觀天下,(觀卦 彖傳)
大觀으로 上애 이셔 順코 巽ᄒ고 中正으로 써 天下애 觀ᄒ이니(『諺解』)

觀盥而不薦有孚顒若, 下觀而化也.(觀卦 彖傳) 觀, 如字. 下觀天, 大

---

48 視於物則爲觀(平聲), 爲觀於下則爲觀(去聲) : 觀 글자에 內賜本에는 거성의 경우 거성점을 右上에 모두 찍어 '觀 '으로 나타내고, 평성 如字의 경우 평성점을 모두 찍지 않아 '觀'으로 나타냈다.

象觀民之觀, 六爻觀字, 並同.(大全音註)

觀盥而不薦有孚顒若은 下ㅣ 觀ㅎ야 化홈이라(『諺解』)

觀天之神道, 而四時不忒.(觀卦 彖傳)

天의 神ᄒᆞᆫ 道를 觀호매 四時ㅣ 忒디 아니ᄒᆞ니(『諺解』)

象曰, 風行地上, 觀, 先王以省方觀民, 設敎.(觀卦 大象傳)

象애 ᄀᆞᆯ오ᄃᆡ 風이 地上애 行홈이 觀이니 先王이 以ᄒᆞ야 方을 省
ᄒᆞ야 民을 觀ᄒᆞ야 敎를 設ᄒᆞ니라(『諺解』)

物大, 然後可觀, 故受之以觀.(序卦傳 上篇) 以觀之觀, 去聲. 餘如字.
(大全音註)

物이 大ᄒᆞᆫ 然後애 可히 觀ᄒᆞᆯ띠라 故로 觀으로 뻐 受ᄒᆞ고(『諺解』)

觀 관 視也 볼 (寒) /示也 보일 … 卦名 (翰)(新字典)

　관觀의 음의音義는 평성(여자如字)의 '보다[視也]', 거성의 '보이다
[示也]·괘명'으로 정리된다.(『신자전』) 이에 대해 관괘 괘상卦象 아래
의 『역전』에서는 "'觀'은 물건을 보면 '보다'(觀 평성)가 되고, 아래에
보여줌이 되면 '보여주다'(觀 거성)가 되니, 누관樓觀을 '관觀'이라고 하
는 것은 아래에 보여주는 것이다. 임금이 위로 천도를 보고 아래로 백
성의 풍속을 보는 것은 '보다'(觀 평성)가 되고, 덕을 닦고 정치를 행하
여 백성들이 우러러 보게 되면 '보여주다'(觀 거성)가 된다."라고 하고,
그 대전음주에서는 "위에서 아래에 보임[示]을 '보여주다'(觀 거성)라
하고, 아래에서 위를 봄을 '보다'(觀 평성)라고 하므로, 괘명의 '觀'은
거성(보여주다)[49]이고, 6효爻의 '觀'은 모두 평성이다."라고 하여, 성조

---

49 이에 의하면 괘명의 '觀'은 '보다'로 풀이되지 않는다.

에 의한 의미를 명확히 구분하였다.

그리고 괘사의 대전음주에서는 "'觀'(괘명)은 관官과 환喚의 반절(거성)이니, 아래 글의 대관大觀(크게 보여준다)·이관以觀(그것으로 보여준다)의 '觀', 대상전의 '觀' 글자도 모두 같다."라고 하고, 또 「단전」의 대전음주에는 "'觀'은 여자如字(평성)이다. 아래 글의 관천觀天(하늘을 살펴본다), 대상전의 관민觀民(백성을 살펴본다)의 '觀', 6효의 '觀' 글자도 모두 같다."라고 하여, 음주에 의한 용례를 각각 지적하였다.

'觀'의 거성이 적용된 괘사의 '觀'은 괘명이고, 「단전」의 "大觀在上"은 '크게 보여줌으로 위에 있어'로 풀이되고, '중정이관천하中正以觀天下'는 『언해』에 "中正으로 뻐 天下애 觀ᄒᆞ이니"라고 하여 '보여주니'로 풀이되고, 대상전의 '觀'도 역시 괘명이다. '觀'의 평성이 적용된 '하관이화야下觀而化也'는 『언해』에 "下ㅣ 觀ᄒᆞ야 化홈이라"라고 하여 '아랫사람이 보고서 교화됨이다.'로 풀이되고, '관천지신도觀天之神道'는 '하늘의 신묘한 도를 봄에'로 풀이되고, '성방관민省方觀民'은 '지방을 순시하여 백성을 살펴보아'로 풀이된다. 「서괘전」 상편에는 觀이 거성(괘명)과 여자(평성)가 있는데 이를 국역하면 "물건은 크게 된 다음에 볼 만하기[觀](평성) 때문에 관괘(觀卦)(거성)로 받았다."로 된다.

그리고 6효의 '觀'은 모두 평성이어서 '동관童觀'은 '아이의 봄(시각)이다.', '규관闚觀'은 '훔쳐본다', '관아생觀我生'은 '내 행동을 살펴본다.', '관국지광觀國之光'은 '국가에 광채 낼 자를 살펴본다.', '관기생觀其生'은 '자기 행동을 살펴본다.'로 풀이된다.

(2) 난難 거성去聲(위난), 평성(어렵다)

天地不交, 否, 君子以儉德辟難, 不可榮以祿.(否卦 大象傳) 難, 去聲.

(大全音注) 避免禍難.(『易傳』)

君子ㅣ 以ㅎ야 德을 儉ㅎ야 難을 避ㅎ야(『諺解』)

난難은 '반절에 의한 번역'에서 거성인 경우 '위난危難', 평성인 경우 '어렵다'로 풀이됨을 밝혔다.[50] 따라서 '피난辟難'은 '위난을 피한다'로 국역할 것이고, '어려움을 피하다'로 국역할 것이 아니다. 『역전』에 난難이 '화난禍難'(危難)으로 풀이된 것이 보인다.

(3) 당當 거성去聲(마땅하다), 평성(감당하다)

文明以說, 大亨以正, 革而當, 其悔乃亡.(革卦 彖傳) 當, 去聲.(大全音注)

… 革ㅎ야 當홀 시 그 悔ㅣ 이에 亡ㅎ니라(『諺解』)

당當의 음의는 단성모탕운모端聲母宕韻母(거성)의 '마땅하다[適合]', 단성모당운모端聲母唐韻母(평성)의 '감당하다[擔任]'로 정리된다.(『한어대사전』) 몽괘에는 거성이어서 '마땅하다'가 적용되어, 『언해』에 의해 경문을 풀이하면 '개혁하여 마땅하므로 그 후회가 없어진다.'로 된다. 거성에 의해 '당當'을 '감당하므로'(평성)로 국역하지 않는 것이다.

(4) 처處 상성점上聲點(은거하다 살다), 거성(처소)

君子之道, 或出或處.(內賜本 繫辭上傳)

君子의 道ㅣ 或 出ㅎ며 或 處ㅎ며(『諺解』)

上古穴居而野處.(內賜本 繫辭下傳)

---

50 '難, 乃旦反.' 반절은 去聲이므로, '難, 去聲.'과 동일한 독해로 귀결되는 것이다.

上古앤 穴에 居ᄒ며 野애 處ᄒ더니(『諺解』)

처處의 음의는 창성모어운모昌聲母語韻母(상성)의 '살다[居住], 은거하다[隱居]', 창성모어운모昌聲母御韻母(거성)의 '처소[處所]'로 정리된다.(『한어대사전』) 위의 예문 처處(상성)에는 내사본에 모두 상성점이 찍혀서 '은거하다, 살다'가 적용되어, '혹처或處'는 '혹은 은거하다'로, '야처野處'는 '들에 살다.'로 풀이된다.

(5) 치治 거성去聲(다스려지다), 평성(다스리다)

> 黃帝堯舜垂衣裳而天下治, 蓋取諸乾坤.(繫辭下傳) 治, 去聲.
> (大全音注)
> 堯舜이 衣裳을 垂ᄒ욤애 天下ㅣ 治ᄒ니 乾坤애 取ᄒ고(『諺解』)

치治는 '반절에 의한 번역'에서 거성인 경우 '다스려지다', 평성인 경우 '다스리다'로 풀이됨을 밝혔다.[51] 따라서 '천하치天下治'는 '천하가 다스려지다'로 국역된다.

(6) 칭稱 거성점去聲點 척증반尺證反(걸맞다), 평성(일컫다·칭찬하다)

> 初九, 利用爲大作, 元吉, 无咎.(益卦 初九)
> 在至下而當大任, 小善不足以稱°也. 故必元吉, 然後得无咎.
> (內賜本 『易傳』)
> 在下而受上之益, 非大有作爲以效報稱°, 不可也.(內賜本 本義大全)

---

51 '治, 直吏反.' 반절은 去聲이므로, '治, 去聲.'과 동일한 독해로 귀결되는 것이다.

象曰, 地中有山謙. 君子以裒多益寡, 稱物平施.(謙卦 大象傳) 稱, 尺證
反.(大全音注)

地中에 山이 이시미 謙이니 君子ㅣ 以ᄒᆞ야 多를 裒ᄒᆞ야 寡를 益
ᄒᆞ야 物을 稱ᄒᆞ야 施를 平히 ᄒᆞᄂᆞ니라(『諺解』)

裒多益寡, 所以稱物之宜而平其施.(『本義』)

칭稱은 익괘의 '소선부족이칭야小善不足以稱也', '…효보칭…效報稱'
의 '稱'에는 내사본에 거성점이 찍혔다. 그리고 겸괘의 '칭물稱物'의 대
전음주에는 "칭稱은 척尺과 증證의 반절(거성)이다."라고 하였는데, 이
는 거성점의 경우와 동일하게 독해에 귀결되는 것으로[52] '걸맞게 하다,
저울질하다'라는 뜻이 되고, 평성의 '일컫다, 칭찬하다'라는 뜻이 되지
않는다.

위에 의하여 익괘의 『역전』을 풀이하면 '맨 아래에 있으면서 큰 임
무를 맡으면 작은 선함으로는 걸맞게 하기에 부족하다. …'로 되고, 본
의대전을 풀이하면 '아래에 있으면서 위의 보태줌을 받은 것은 크게 일
을 하여 보답해 바쳐 걸맞게 하지 않는다면 안 되는 것이다.'로 되는데,
이들은 거성점이 없으면 '일컫다' 등으로 오역할 가능성이 크다. 이 점
에서 사성점만 있어도 독해에 크게 효력을 끼침을 확인할 수 있다.

겸괘의 대상전을 풀이하면 '… 군자가 그것을 본받아 많은 것을 덜
어내서 적은 데에 더해 주어, 사물을 걸맞게 하여 베풀어 줌을 고르게
한다.'로 되고, 『본의』를 풀이하면 '많은 것을 덜어내 적은 데에 더해
줌은 사물의 마땅함을 걸맞게 하여 베풀어 줌을 고르게 하는 것이다.'
로 된다.

---

52 거성점만 찍힌 경우는 '稱, 尺證反.'을 생략하여, 그것을 稱의 右上 모서리에 圈點으
로 대신한 것이라고 간주해도 된다.

(7) 호號 거성去聲(호령, 경계하다), 평성平聲(부르짖다, 울부짖다)

夬, 揚于王庭, 孚號有厲.(夬卦 卦辭) 號, 傳去聲, 九二爻同. 本義戶羔
反, 爻內竝同.(大全音註)

夬는 王庭애 揚홈이니 孚로 號ᄒ야 厲호믈 읻쎄 홀디니라
(易傳諺解)

王庭애 揚ᄒ야 孚로 號ᄒ나 厲호미 이시며(本義諺解)

號者, 命衆之辭. 君子之道, 雖長盛, 而不敢忘戒備. 故至誠以命衆, 使
知尙有危道.(『易傳』)

然其決之也, 必正名其罪而盡誠以呼號其衆, 相與合力, 然亦尙有危厲,
不可安肆.(『本義』)

惕號, 莫夜, 有戎, 勿恤.(夬卦 九二)

惕ᄒ야 號홈이니 莫夜애 戎이 이실디라도 恤티 마롤디로다(『諺解』)

內懷兢惕而外嚴誡號, 雖莫夜有兵戎, 亦可勿恤矣.(『易傳』)

故能憂惕號呼, 以自戒備.(『本義』)

无號, 終有凶.(夬卦 上六)

號티 마롤 디니 ᄆᄎᆷ애 凶이 인ᄂ니라(易傳諺解)

號홈이 업스니 ᄆᄎᆷ애 凶이 이시리라(本義諺解)

故云无用號咷畏懼, 終必有凶也.(『易傳』)

无所號呼, 終必有凶也.(『本義』)

호號는 쾌괘夬卦의 대전음주에 "호號는 『역전』에 거성이고, 구이 효
사에도 같다. 『본의』는 호戶와 고羔의 반절(평성)이고, 효사에서도 모두
같다."라고 하였다. 호號는 구이·상륙에도 쓰였는데 『역전』의 거성은
구이까지이고, 상육은 해당되지 않아 평성으로 읽는다.[53]

---

53 夬卦 상육의 解를 평성으로 읽은 것은 상육 『역전』에 "한 괘 안에 거성의 글자 둘과

괘사의 호號는 『역전』에서 거성으로 '대중에게 명하는 말[命衆之辭]', 즉 호령[54]이고, 『본의』에서 평성으로 '부르짖다[呼號]'이다. 그러나 『언해』는 "號ᄒᆞ야"·"號ᄒᆞ나"의 한자로 표현되어 의미가 변별되지 않았다.

구이에는 『역전』에서 거성으로 '경계하다[誡號]'이고, 『본의』는 괘사와 같아 '부르짖다'이다. 상류에는 『역전』에서 평성으로 '울부짖다[號咷]'이고, 『본의』는 괘사와 같아 '부르짖다'이다.

이상에 의하면 호號는 거성인 경우 '호령'·'경계하다', 평성인 경우 '부르짖다'·'울부짖다'로 나타난 것을 확인할 수 있다.

4) 여자如字에 의한 독해

여자如字는 1자에 2개 이상의 독음이 있을 경우 '본음에 의해 읽는 것[依本音讀]'(『한어대사전』)을 말한다.

(1) 설說 여자如字(설, 설명하다), 토활반吐活反(탈, 벗어나다·해 체하다)

執之用黃牛之革, 莫之勝說.(遯卦 六二) 勝, 音升. 說, 傳如字, 本義吐活反.(大全音註)
執홈을 黃牛의 革을 뻐 ᄒᆞᄂᆞᆫ디라 이긔여 說(설)티 몯ᄒᆞ리니라 (易傳諺解)
이긔여 說(탈)티 몯ᄒᆞ리니라(本義諺解)

평성의 글자 하나가 있는 것이 어찌 방해가 되겠는가.(一卦中, 適有兩去聲字, 一平聲字, 何害.)"라고 하였는데, 괘사·구이에는 거성, 상육에는 평성으로 쓰인 것이다. 이것으로 대전음주에 누락된 것을 보충할 수 있다.

54 호령 : 역전대전에는 "蘭氏廷瑞曰, '孚信以布號令, 與衆棄之也.'"라고 하여 '號令'으로 표현되었다.

莫之勝說, 謂其交之固, 不可勝言也.(『易傳』)

以中順自守, 人莫能解, 必遯之志也.(『本義』)

대전음주에 '설·탈說'을 『역전』은 '여자如字'(설), 『본의』는 '토吐와 활活의 반절'(탈)이라 하였다. 여자의 경우는 '실失과 설薛의 반절'(설)로, '설명說明하다'의 뜻이고, '탈'의 경우는 '탈脫(벗어나다)과 통용'이다.(『한어대사전』에 의함) 『언해』에는 각각 '說(설)티 몯ᄒ리니라', '說(탈)티 몯ᄒ리니라'라고 음만 '설'과 '탈'로 다르게 나타났으나 국음으로 의미를 변별할 수 있다. 『역전』의 '이루 다 말할 수 없다.[不可勝言也]'는 '설'에 의해 '말하다[言]'로 되고, 『본의』의 '이루 다 벗어날 수 있는 자가 없다.[人莫能解]'는 '탈'에 의해 '벗어나다[解]'로 된다.

위에 의하면 '說'이 '설'의 여자의 경우는 '말하다'이고, '탈'의 경우는 '벗어나다'로 된다. 이를 적용하여 경문을 국역하면 "황소의 가죽으로 〈구오와〉 잡아매는지라, 〈그 견고함을〉 이루 다 말하지 못한다."(『易傳』),[55] "황소의 가죽으로 〈구오와〉 잡아매는지라, 〈물러날 뜻을 남이〉 이루 다 해체시키지 못한다."(『本義』)[56]로 된다.

그리고 '승勝, 음승音升.'은 평성이고 의미는 '모두[盡]'[57]이므로, 『언

---

55 이는 『역전』의 "육이와 구오는 정응이 되니 비록 서로 피해가는 때에 있지만, 육이는 중정함으로 구오에게 유순하게 호응하고, 구오는 중정함으로 육이에게 친하게 합하여 그 사귐이 본래 견고하다. … '莫之勝說'은 그 사귐의 견고함이 이루 다 말할 수 없음을 말한다.[二與五, 爲正應, 雖有相違遯之時, 二以中正, 順應於五, 五以中正, 親合於二, 其交自固. … 莫之勝說, 謂其交之固, 不可勝言也.]"를 참조 적용하였다.

56 이는 『본의』의 "중도와 유순함으로서 자신을 지켜서 남이 반드시 도피하려는 뜻을 해체시킬 수가 없다.[以中順自守, 人莫能解必遯之志也.]", 본의대전(雲峯胡氏曰)의 "'莫之勝說'은 육이가 구오를 따름이 견고함을 기뻐한 것이다.[莫之勝說, 喜二之從五者固也.]"를 참조 적용하였다.

57 『正中形音義綜合大字典』에 의거함.

勝의 다른 용례에 "不違農時, 穀不可勝(:승)用也, 數罟不入洿池, 魚鼈不可勝(:승)食也.(勝, 音升.)"(『孟子』「梁惠王上」. ( )는 集註音註임)라고 하여 音이 升이고 國音은

해』의 '이긔어'는 오역이다.

(2) 지知 여자如字 평성(알다), 음지音智 거성(지혜)

예문과 해설은 '직음直音에 의한 독해'에서 다루었다. 지知는 여자 평성은 '알다', 음지音智 거성은 '지혜'로 국역됨을 밝혔다.

(3) 하下 여자如字 상성(아래), 하가반遐嫁反 거성(낮추다·겸손하다)

> 益, 損上益下, 民說无疆, 自上下下, 其道大光.(益卦 象傳) 下下, 上遐
> 嫁反, 下如字.(大全音註)
> 益은 上을 損호야 下를 益호니 民이 說호요미 疆이 업고 上으로
> 브터 下애 下호니 道ㅣ 크게 光홈이라(『諺解』)
> 卦之爲益, 以其損上益下也, 損於上而益下, 則民說之. 无疆, 謂无窮極
> 也. 自上而降已以下下, 其道之大光顯也.(『易傳』)

음주에서 '하하下下'를 윗 글자는 '하가반遐嫁反'(거성, 낮추다, 겸손하다), 아래 글자는 '여자'(상성, 아래)라고 하였다.[58] 경문의 '손상익하

'ː승'(校正廳本 『孟子諺解』)으로 방점을 찍었다. 『언해』의 이 부분 번역은 "穀을 可히 이긔여 食디 몯호며 … 魚鼈을 可히 이긔여 食디 몯호며"(校正廳本 『孟子諺解』), "穀을 可히 니루 먹디 몯호며 …魚鼈을 可히 니루 먹디 몯호니"(栗谷本 『孟子諺解』)로 나타나, 勝이 '이긔여'와 '니루'로 本에 따라 다르게 국역되었으나, 升은 平聲이고 이 때 字義는 '盡'이므로, '다', '모두'를 뜻하는 '니루'가 字音에 적응되는 字義이다. 그러나 勝이 去聲으로 '克(이기다)'일 경우도 교정청본에는 'ː승'으로 방점을 찍어, 平聲·去聲의 경우가 모두 같은 국음으로 표기되었는데, 이는 한자의 성조를 따르지 않은 것이다. 교정청본에는 평성에 방점을 찍지 않은 규례에 의하면 勝의 평성을 'ː승', '이긔여'로 표현한 것은 오독·오역한 것이다.

58 『佩文韻府』에는 '下'에 대해 去聲22禡韻에 "湖駕切, 行下."(내리다, 겸손을 행하다)라고 하고, '先下'(먼저 낮추다)·'降下'(내리다)의 용례를 제시했다. 그리고 上聲21 馬韻에 "胡雅切, 底也."(밑, 아래)라고 하고, '天下'(하늘 아래)·'損上益下'(위를 줄여

損上益下'는 『역전』에 '위에서 덜어내어 아래에 보태주면[損於上而益下]', '자상하하自上下下'는 '위에서 자기를 내려서 아래에 낮추니[自上而降己以下下]'로 주해되었다. 그리고 김상악金相岳은 "'自上下下'는 귀함으로 천함에 낮추어 자기를 낮추는 아름다움이 있다.[自上下下者, 以貴下賤, 有降己之美.]"[59]라고 하여 '상上'을 귀함, 아래 '하下'를 천함으로 풀이하였다. 『언해』는 '손상익하損上益下, …자상하하自上下下'를 '상上을 손損ᄒᆞ야 하下를 익益ᄒᆞ니 … 상上으로브터 하下애 하下ᄒᆞ니'라고 하였다.

위의 풀이에 의하면 '하下'가 '익하益下', '하하下下'의 아래 글자 '하下'의 여자(상성)인 경우는 '아랫사람'으로써 명사이고, '하하下下'의 윗 글자 '하下'의 거성인 경우는 '낮추다'·'겸손하게 하다'로써 동사이다.

(4) 형亨 여자如字 평성(형통하다), 향亨 상성(향享, 제향하다)

公用亨于天子, 小人弗克.(大有卦 九三) 亨, 傳如字. 本義讀作享.(大全音註)
公이 뻐 天子끠 亨(형)홈이니 …(易傳諺解)
亨(형) 讀(독)作(작)享(향)(本義諺解)
三當大有之時, 居諸侯之位, 有其富盛, 必用亨通乎天子.(『易傳』)
亨, 春秋傳作享, 謂朝獻也. 古者, 亨通之亨, 享獻之享, 烹飪之烹, 皆作亨字. 九三居下之上, 公侯之象, 剛而得正, 上有六五之君, 虛中下賢, 故爲享于天子之象.(『本義』)

王用亨于西山.(隨卦 上六) 亨, 音見大有卦. 後升卦同.(大全音註)
王이 뻐 西山애 亨(형)홈이로다(易傳諺解)
亨(형) 讀(독)作(작)享(향)(本義諺解)

아래를 늘린다)의 용례를 제시했다.
59 韓國大全, 金相岳. 『山天易說』.

西山, 岐山也.(『易傳』)

亨, 亦當作祭享之享. 自周而言, 岐山在西.(『本義』)

王用亨于岐山.(升卦 六四)

王이 뻐 岐山애 亨(형)틋 ᄒᆞ면(易傳諺解)

王이 뻐 岐山애 亨(형)홈이니(本義諺解)

　대유괘 음주에서 '형·향亨'을 『역전』은 여자 '형亨'(평성, 형통하
다),『본의』는 '향亨'(상성, 바치다)으로 읽는다고 하였다. 주해를『역
전』은 "반드시 천자에게 형통하게 한다.[…必用亨通乎天子]"라고 하고,
『본의』는 "형亨은『춘추전』에 향亨으로 되어 있으니, 입조하여 조공을
드린다는 말이다. 옛날에 형통亨通의 형亨자와 향헌享獻의 향享자와 팽
임烹飪의 팽烹자는 모두 형亨자로 썼다. … 천자에게 바치는 상이 되었
다[…爲享于天子之象.]"라고 하였는데,『언해』는 이를 적용하여 '亨(형)'
과 '享(향)'으로 구분하였으나 본의언해는 번역이 제시되지 않았다.

　수괘에는 "형亨은 음을 대유괘에서 보였다. 뒤에 승괘升卦도 같다."
라고 하고는 음을 대유괘와 똑같이 적용하였다. 역전언해는 "王이 뻐
西山애 亨(형)홈이로다"라고 하여 '… 서산에서 형통함이다'로 풀이되
고, 본의언해는 번역이 없으나 '… 서산(기산)에 제향함이다'로 풀이될
수 있다.

　승괘에는 수괘의 산 명칭만 기산岐山으로 바꾸었으나 서산은 기산이
므로 두 괘의 의미는 같다. 그러나『본의』는 음을 '亨(향)'(제향함이다)
으로 하지 않고, '亨(형)'(형통하다)이라고 오독하였다.

5) 협운叶韻에 의한 독해

협운叶韻은 협음叶音이라고도 한다. 협叶은 '협協과 동자同字'로 화해 和諧를 뜻한다. 이는 어음語音의 발전으로 『시경詩經』의 운각韻脚이 불 화해不和諧에 이르게 되자, 이를 화해시키기 위해 육조六朝에서 발생하 여 송대宋代에 성행한 독법讀法이고,[60] 운각韻脚을 임시臨時로 고쳐 읽는 음운 방법이다.[61] 『주역』에도 협운이 제시되어 있다.

(1) 실實 협운叶韻(양효陽爻)

> 象曰, 困蒙之吝, 獨遠實也.(蒙卦 六四 小象傳) 實, 叶韻, 去聲.
> (『本義』) 遠, 于萬反(大全音註)
> 困蒙의 吝홈은 홀로 實(실)애 遠홈이라(『諺解』)
> 四陰柔而最遠於剛.(『易傳』)
> 震 … (叶) 實, 時刃切.(『奎章全韻』 去聲 震韻目)

실實은 『본의』에 "'實'은 협운이니 거성이다."라고 하였다. 몽괘 소 상전은 순順(六三)·실實(六四)·손巽(六五)·순順(上九)으로 압운押韻이 되 어 있다.[62] '實'은 본음이 "신神과 질質의 반절"(『한어대사전』)인 입성 '실'인데 몽괘의 경우는 앞뒤의 소상전과 음운이 화해되도록 협운을 적 용하여 '實'을 거성 '신'으로 읽는다는 것이다. 『규장전운奎章全韻』 거 성去聲 진震 운목韻目에 '순順'이 배열되었고, 그 배열 끝의 '협叶' 조항에 는 "실實은 시時와 인刃의 반절[實, 時刃切]"[63]이 있어 '순順'과 '실實'(신)

---

60 王力, 『古漢語通論』, 中外出版社, 香港. 1976. 236면.
61 騈宇騫 等編, 『語言文字詞典』, 學苑出版社, 北京. 1999.
62 四庫全書本 『易韻』에 의함.

이 협운이 되어 있다. 그리고 손巽은 거성 원운顯韻인데 원운顯韻의 협운 조항에 '진震'이 배열되어, '巽'과 '震'이 협운이 되어 있다. 그리하여 순順·실實·손巽 3자는 협운으로 거성 압운의 조화를 이루는 것이다.

그러나 『언해』에는 독음을 '實(실)'로 표기하여 본음을 따르고 협운 '신'을 따르지 않았다. 협운은 국음에 적용하지 않았던 것이다. 특히 『시경』에는 협운이 많이 나타나는데, 이 경우 모두 국음은 본음으로 표기하고 협운을 적용하지 않았다.[64] 협운은 음운의 수시 변동 적용의 독음 문제일 뿐이고 의미에는 변동이 없는 것이므로, 의미는 본음 그대로의 의미로 풀이하면 된다.

그리고 대전음주의 "원遠은 于와 만萬의 반절"이라고 하였는데, 만萬이 거성이므로 원遠의 거성 조항의 의미인 '떨어뜨리다[離], 멀리하다'(『中文大辭典』에 의함)로 독해해야 하고, 본음인 상성의 '멀다[遼]'로 독해하지 말아야 한다. 이에 의해 경문을 독해하면 '몽매에 곤궁함의 부끄러움은 홀로 실實(陽)에게 멀리해서이다.'로 된다. 몽괘 구사는 위아래 효(육삼·육오)가 모두 음효이어서 음효의 복판에 있으므로 양효와

---

63 '實'의 본음 "신神과 질質의 반절"은 '신神'에서 'ㅅ'(聲)을 '질質'에서 'ㅣㄹ'(韻)을 취해 결합하여 '실'을 얻는다. 그런데 협운은 '시'에서 'ㅅ'(聲)을 '인刃'에서 'ㅣㄴ'(韻)을 취해 결합하여 '신'을 얻는다. 이리하여 본음과 협운이 '실'과 '신'으로 다르게 되는데, 이 협운 '신'이 '순順'과 거성 운으로 화해를 이루는 것이다.

64 『시경』의 협운의 예를 들면 "誰謂雀無角(각)(叶盧谷反), 何以穿我屋. 誰謂女無家(가)(叶音谷), 何以速我獄. … 誰謂鼠無牙(아)(叶五紅反), 何以穿我墉. 誰謂女無家(가)(叶各空反), …"(괄호 안은 『언해』의 國音임.)(『詩經』「召南 行露」)에서 角·家·牙의 독음은 叶韻과 무관하게 본음으로 표기되었음을 보여주고 있다. 家(집)는 牙·角과의 협운 관계를 성립시키기 위해 叶音이 '叶音谷'(곡), '叶各空反'(공)의 2음으로 제시되었는데도 국음이 모두 본음 '가'로 표기되었다. 그리고 角(뿔)의 '叶盧谷反'(록)도 국음이 '각'으로, 牙(어금니)의 '叶五紅反'(옹)도 국음이 '아'로 표기되어 叶韻을 따르지 않았다. 만약 이 叶音을 모두 인정하여 讀音하게 되면 한자음은 걷잡을 수 없이 늘어나게 되고, 따라서 讀音의 혼란이 일어난다. 그러므로 叶音에 의한 독음을 하지 않고 본음으로 표기한 것으로 보인다.

인접하지 않은 상태인데, 구사의 입장으로 보아 구이와 상구의 양효에게 '멀리한다', '떨어져 있다'로 독해하는 거성 반절을 제시한 것이다. '遠實'은 『諺解』에 "實애 遠홈이라"로 표현되었는데, '-애(에게)'는 『易傳』의 "遠於剛(剛에게 멀리한다)"의 '於(에게)'의 번역이다.

협운은 간괘艮卦[65]에도 보이는데 『본의』에 "운을 맞춘 것으로 알 수 있다.[叶韻可見]"라고 하였다. 이는 소상전의 본음끼리의 압운이 형성됨을 말한 것이고, 운각韻脚을 임시로 고쳐 읽는 음운 방법인 성운聲韻 용어로 쓰인 것이 아니므로 논의를 생략한다.

3. 맺음말

본고는 『주역전의대전』에 표현된 음주音註인 직음直音·반절反切·사성四聲(사성점四聲點 포함)·여자如字·협운叶韻 5가지에 의거한 국음國音을 살펴보고 그에 따른 독해讀解를 살펴본 것이다. 이를 요약하면 다음과 같다.

첫째 '직음直音에 의한 독해'에서는 '락樂 음락音洛'의 '즐기다', '악岳'의 '음악'을, '사捨 음사音捨 상성'의 '버리다', '거성'의 '멈추다'를, '승勝 음승音升 평성'의 '감당하다·모두', '거성'의 '승리'를, '지知 음지音智 거성'의 '지혜', '여자如字 평성'의 '알다'를, '해解 음해音蟹 상성'

---

65 艮卦 六五 小象傳 "艮其輔以中正也."의 『本義』에 "正 글자는 더 들어간 글자이니, 운을 맞춘 것으로 알 수 있다.[正字, 羨文, 叶韻可見.]"라고 하였다. 『易韻』에서는 艮卦 小象傳 初六부터 上六까지 韻을 '正, 聽, 心, 躬, 正, 終'으로 제시하였다. 『本義』는 六五의 '正'을 연문으로 처리하였는데, '中'으로 대치하면 '躬, 中, 終'의 평성(모두 東韻임)으로 운이 맞아서 '正'을 제거해야 한다는 것이다. 그러나 『易韻』은 '正, 聽, 正'의 운을 제시하여 연문으로 보지 않은 것이다.

의 '괘명·해소하다', '가매반佳買反 상성'의 '물리치다·떠나보내다'를 밝혔다.

둘째 '반절反切에 의한 독해'에서는 '현見 현편반賢遍反 거성점'의 '드러내다', '견見'의 '보다'를, '난難 내단반乃旦反 거성'의 '위난', 평성의 '곤난, 쉽지 않다'를, '상上 시장반時掌反 상성'의 '올라가다'. '여자如字 거성'의 '위'를, '상相 식량반息亮反 거성'의 '돕다', '평성'의 '서로', '좌우左右'의 '좌우佐佑 돕다'를, '석射 식역반食亦反 입성'의 '겨냥해 쏘다', '사 거성'의 '쏘다'를, '준屯 장륜반張倫反 평성 진운眞韻'의 '환난·괘명', '둔 평성 원운元韻'의 '수비처, 둔전'을, '치治 직리반直吏反 거성'의 '치적, 다스려지다', '평성'의 '다스리다'를, '팽亨 보경반普庚反 평성'의 '팽烹의 고자古字 삶다', '형 평성'의 '통하다'를, '행行 하맹반下孟反 거성'의 '행위', '경운모庚韻母 평성'의 '행하다'를, '원遠 우만반于萬反 거성'의 '멀리하다', 상성의 '멀다'를 밝혔다.

셋째 '사성四聲(사성점四聲點)에 의한 독해'에서는 '관觀 거성'의 '보여주다, 괘명', '평성'의 '보다'를, '난難 거성去聲'의 '위난', '평성'의 '어렵다'를, '당當 거성'의 '마땅하다', '평성'의 '감당하다'를, '처處 상성점'의 '은거하다, 살다', '거성'의 '처소'를, '치治 거성'의 '다스려지다', '평성'의 '다스리다'를, '칭稱 거성점 척증반尺證反'의 '걸맞다', '평성'의 '일컫다, 칭찬하다'를, '호號 거성'의 '호령, 경계하다', '평성'의 '부르짖다, 울부짖다'를 밝혔다.

넷째 '여자如字에 의한 독해'에서는 '설說 여자'의 '설명하다', '탈說 토활반吐活反'의 '벗어나다, 해체하다'를, '지知 여자 평성'의 '알다', '음지音智 거성'의 '지혜'를, '하下 여자 상성'의 '아래', '하가반遐嫁反 거성'의 '낮추다, 겸손하다'를, '형亨 여자 평성'의 '형통하다', '향亨(향享) 상성'의 '바치다, 제향하다'를 밝혔다.

다섯째 '협운叶韻에 의한 독해'에서는 '실實 협운叶韻'의 입성 '실'이 거성 '신'으로 성운의 수시 변동 적용의 화해를 꾀하였으나, 국음은 본음 '실'로 표기되어 협운이 표기에 적용되지 않고, 본음의 의미대로 풀이됨을 밝혔다.

이상의 작업은 『주역』 및 그 주해註解의 특정 한자漢字에 대한 음주音註의 표기에 의해 국음·국역을 추구한 것이다. 『주역』 및 여러 한문서의 음주는 원문을 독해하는 열쇠라고 할 수 있다. 그러나 학계에서는 성운聲韻 등을 살피는 이 방면에 관심이 적었고, 따라서 오역이 상당히 발견된다. 졸고가 향후 『주역』의 국역 방향에 참고가 되어 『주역』 독해와 역학易學 연구, 나아가 경서經書 독해 등에 도움을 주기를 희망한다. 본 작업은 음주音註에 의한 독해의 고찰의 시도에 불과하여, 남은 과제가 많다. 후고를 기대한다.

체용이론體用理論의 체계體系와 그 운용運用*

윤용남

정이천程伊川은 「역전서易傳序」에서 『주역周易』을 이해하는데 필요한 논리체계로서 체용이론體用理論을 제시하였다. 이에 근거하여 주자朱子는 『주역본의周易本義』에서 『주역』을 해설하면서 괘효卦爻의 상象, 괘체卦體, 괘덕卦德 등의 용어를 사용하였는데, 이는 각각 여기 체용이론에서 말하는 형상形象, 체체體體, 덕덕(骨子) 등과 연관된다. 결국 체용이론은 역리易理로서 자연의 법칙이고, 『易』을 지을 때 사용한 논리이다. 따라서 역易을 이해할 때 우리가 근거해야 할 이론이다. 체용이론은 체용론體用論과 현미론顯微論으로 구성된다. 이는 형식논리학의 연역법과 귀납법에 상응하는데, 체용론과 연역법은 미래를 추리하는데 사용하는 논리이고, 현미론과 귀납법은 현상에서 법칙을 발견하는데 사용하는 논리이다.

1. 시작하는 말

중국의 로사광勞思光은 『중국철학사』의 첫머리[1]에서 중국철학사를 연구·서술함에 있어서 서양의 '논리분석법(邏輯解析)'을 사용하겠다는 뜻을 분명히 하고 있다. 그는 논리분석법을 현미경에 비유한다. 세균은

---

* 윤용남(성신여대). 이 글은 「朱子 體用理論의 體系와 그 運用」이라는 제목으로 『東洋哲學』 15, 韓國東洋哲學會(2001. 9.)에 게재된 것임을 밝혀둔다.

1 勞思光, 『中國哲學史』, 友聯出版社, 1985, 序言, 19-21쪽 참조.

동서고금을 막론하고 언제나 있었으나 현미경이 발명되기 전까지는 세균을 볼 수 없었다. 그런데 서양인이 현미경을 발견함으로써 비로소 동양에서도 그것을 빌려 세균을 관찰할 수가 있게 되었다. 마찬가지로 서양인이 발명한 논리분석법은 철학사상을 관찰할 수 있는 도구인데, 중국에서는 그런 도구가 아직 개발되지 못하였기 때문에 서양의 그것을 빌려쓰는 것은 피할 수 없다고 한다.

그러나 이 주장은 세균의 모양, 크기 등을 관찰하려고 할 때만 타당하다. 그 세균의 숙주宿主, 천적天敵, 인간에게 끼치는 영향 등을 관찰하고자 하면, 현미경만으로는 부족할 것이다. 논리분석법도 마찬가지이다. 서양인이 관심을 가지고 있는 문제를 해결하는 데는 논리분석법이 효과적일 수 있겠지만, 동양인이 관심을 가지고 있는 문제를 해결하는 데는 적절한 수단이 아닐 수 있다.

동양인이 논리분석법을 개발하여 사용하지 않은 것은 그런 도구의 필요성이 없었기 때문일 것이다. 그렇다면 이제 동양철학을 연구함에 있어 서양의 도구를 빌려 쓰는 것이 반드시 좋다고만 할 수는 없다. 지금까지 여러 학자들이 서양의 도구를 빌려서 동양철학을 연구하고자 하였는데, 이러한 많은 시도들은 결국 좋은 결과를 얻지 못하였다. 사유가 철저하지 못하다느니, 모순이 있다느니 하면서 동양철학의 부족한 점만 지적하고, 정작 동양철학의 진수는 드러내지 못하였다. 아니 오히려 동양철학의 진의를 왜곡시키는 경우가 허다하였다.

이는 당연한 결과이다. 예를 들어 서양인이 현미경을 사용하여 세균의 모습을 알아내고자 하는 동안 동양인은 다른 것, 즉 세균이 인체에 미치는 영향 등을 알고 싶어하였다. 그래서 동양인은 그런 부분에 관한 서술은 많이 하였지만, 정작 서양인이 알고 싶어하는 세균의 모습에 대해서는 거의 언급하지 않았다. 그렇다면 이제 현미경을 들고 동양인의 서술을 분석하고 검증하려고 하더라도 성공하기 어려울 것이다. 왜냐하면 동양인은 다른 도구를 가지고 다른 것을 알고 싶어하였기 때문이다.

이는 철학사상에 있어서도 마찬가지이다. 서양인이 개발한 논리분석법은 서양인이 관심을 가지고 있는 문제를 밝혀내는 데는 가장 유용할지 몰라도 동양인이 알고 싶어하는 문제를 밝혀내는 데는 잘 맞지 않는다. 결국 동양의 철학사상을 밝히는데 서양의 도구를 사용한다는 것은 동양인도 서양사람들이 알고싶어 하였던 문제를 똑같이 알고 싶어하였을 것이라는 가정 하에 할 수 있는 주장이다.

그런데 동양 사람이 알고 싶어하였던 것은 서양인의 그것과 같지 않다. 단적인 예로 서양의 철학자들은 어떤 이유에서든 대개 신神의 존재를 인정하지만, 동양의 철학자들은 대개 무신론자無神論者이다. 만일 이 큰 흐름의 차이를 인정한다면, 동서양의 연구 방법도 달라야 한다는 것을 인정해야 하지 않을까. 이제 동양의 철학을 연구하고 이해하기 위해서는 동양인이 사용한 도구를 사용하는 것이 바람직하다. 그렇다면 그것이 무엇인가? 본 논자는 체용이론體用理論이 그것이라고 본다.

2. 체용이론體用理論의 도입導入

중국에서도 선진시대先秦時代에 이미 서양의 논리학과 같은 변학辨學·명학名學의 싹이 있었다.[2] 그러나 그것은 계승·발전되지 못하고 시들고 말았다. 형식논리학의 기본법칙인 편유편무칙遍有遍無則(law of all or

---

2 李雲九, 尹武學 共著, 『墨家哲學研究』, 成均館大 大東文化研究院, 1995, 215-227쪽 참조.

nothing)은 동서고금東西古今의 진리이고, 직관적으로 자명自明한 것이다.

그런데 편유편무칙遍有遍無則에 기초한 논리학을 발전시키기 위해서는 먼저 명석明晳·판명判明한 '개념'이 정립定立되어야 한다. '개념'은 어떤 개체個體나 집합集合들이 가진 불변적不變的인 속성屬性에 기초하여 사고상思考上에 고정시킨 것이다. 그리고 한번 정의定義를 거쳐 '개념'이 형성되면 박제된 동물처럼 나의 사고 속에서 고정된다. 나의 사고 속에서 고정된 '개념'은 다시 그 대상對象도 고정된 것으로 보게 된다. 그러나 그 대상은 항상 변화하고 있으며, 그와 관계를 맺고 있는 타자他者도 변화하고 있다. 이렇게 모두가 변화하는 와중渦中에 있는데, 어느 한 대상을, 아니 그 관계까지도 고정시켜 보는 것이 과연 바람직한 것인가?

동양에서는 정지停止된 천지자연天地自然이 아니라 변화하고 있는 천지자연을 보고자 하였고, 그 속에 있는 사람도 그에 따라 변화하면서 조화調和되기를 추구하였다. 공자孔子가 냇가에 서서, "가는 것이 이와 같구나! 밤낮을 그치지 아니 하도다."[3] 하니, 주자朱子는 다음과 같이 주석註釋한다.

> 천지天地의 조화造化는 가는 것은 지나가고 오는 것은 이어져서 한 순간도 멈춤이 없으니, 바로 도체道體의 본래 모습이다. 그러나 가리켜서 보여주기 쉬운 것은 냇물의 흐름만한 것이 없다. 그러므로 여기서 감탄을 발하여 사람들에게 보여줘서 학자學者가 수시로 성찰省察하여 털끝만큼의 끊어짐도 없게 하고자 하였다.[4]

---

3 『論語』「子罕」, "子在川上曰, 逝者如斯夫, 不舍晝夜."
4 『論語集註』「子罕」, "天地之化, 往者過, 來者續, 無一息之停, 乃道體之本然也. 然其可指而易見者, 莫如川流. 故於此發以示人. 欲學者時時省察, 而無毫髮之間斷也."

공자孔子가 이미 사람들에게 변화 중에 있는 천지자연天地自然을 보여주고자 하였고, 주자朱子는 이를 받아 이것이 천도天道의 본래 모습이라고 하였다. 공자가 보여주고자 한 것은 흐르는 물이 아니며, 그 흐르는 물을 매개로 하여 도道를 보라는 것이다. 즉 우리가 궁극적으로 알아야 할 대상은 도道이지만, 그 도道를 직접 알 수 없으므로 그 도道가 들어 있는 사물을 통해야 한다는 것이다.

주자는 이런 변화 중에 있는 것을 관찰할 때 어떻게 볼 것인가와 관련하여 다음과 같이 말한다.

> 이른바 리理와 기氣는 결단코 두 가지 물건이다. 그러나 사물 상上에서 보면(物上看) 이 두 물건은 혼륜渾淪하여 각각 나누어져 다른 곳에 있을 수 없다. 그러나 두 물건이 각각 하나의 물건이 되는 것을 해치지 않는다. 만일 리理 상上에서 보면(理上看) 비록 아직 사물은 없더라도 사물의 리는 이미 있다. 그러나 단지 그 리가 있을 뿐이지 아직 이 사물이 실제로 있는 것은 아니다.[5]

이 글은 물론 리와 기氣의 관계를 설명한 것이지만, 여기서 제시한 '물상간物上看'과 '리상간理上看'은 사물을 관찰할 때 가지는 두 관점을 제시한 것이다. 위 논어 주석에서도 드러난 것처럼 물[水]을 통해 도리道理를 보는 것이 '물상간'이고, 그 도리를 통해 미래의 상象을 보는 것이 '리상간'이다. 이 '물상간'과 '리상간'의 방법을 체계화體系化하고 일반화一般化한 것이 체용이론인데, 이는 정이천程伊川이 「역전서易傳序」

---

5 『朱子大全』463111, 「答劉叔文」, "所謂理與氣, 此決是二物. 但在物上看, 則二物渾淪, 不可分開各在一處. 然不害二物之各爲一物也. 若在理上看, 則雖未有物, 而已有物之理. 然亦但有其理而已, 未嘗實有是物也."
·書名 다음의 6단위 숫자 332211은 33卷 22板 11行을 의미함.

에서 그 강령을 제시하였고, 주자가 이를 정비하였다. 논자는 '물상간'
에 입각한 체계를 '현미론顯微論'이라 하고, '리상간'에 입각한 체계를
'체용론'이라 하며, 이 양자兩者를 종합한 이론체계를 '체용이론體用理
論'이라 하고자 한다.

3. 체용이론體用理論의 원리原理

체용이론體用理論이 근거하고 있는 원리가 무엇인지를 먼저 밝히고
자 한다. 이천伊川이 「역전서易傳序」에서 밝힌 다음의 글이 체용이론의
원리이다.

> 지극히 은미隱微한 것은 리理이고, 지극히 드러난 것은 상象이
> 다. 체體와 용用은 같은 하나의 근원根源(體用一源)이고, 현顯과 미
> 微사이에는 간격이 없다(顯微無間).[6]

이 글의 의미를 밝히기 위해서는 먼저 체體와 용用, 현顯과 미微, 일
원一源과 무간無間이 무엇인지를 분명히 해야 할 것인데, 주자는 이와
관련하여 다음과 같이 말한다.

> '체용일원體用一源'은 리로부터 보면 리는 체이고 상象은 용인
> 데, 리 중中에 상象이 있으니, 이것이 하나의 근원이라는 것이다.
> '현미무간顯微無間'은 상象으로부터 보면 상象은 현顯이고 리는 미
> 微인데, 상象 중에 리가 있으니, 이것이 간격이 없다는 것이다.

---

6 『周易』 卷首, 「易傳序」, "至微者理也, 至著者象也. 體用一源, 顯微無間."

…… 또 이미 리가 있은 후에 상이 있다고 하였으므로 리와 상은 한 물건이 아니다. 그러므로 이천伊川은 다만 '하나의 근원임(一源)'과 '간격이 없음(無間)'을 말하였을 뿐이다. 그러나 체와 용, 현顯과 미微의 구분은 없을 수 없는 것이다.[7]

리理로부터 보는 '리상간理上看'은 체용론의 체계에 입각하여 보는 것이다. 이때 리는 체이고 상은 용인데, 이 '리 중中에 상이 있는 것'이 바로 '일원一源'의 의미라는 것이다. 리는 도리이니, 어떤 사물이 가는 길, 즉 노선路線이다.[8] 상은 드러난 것이니,[9] 리가 드러나서 그 모습만 보이고 아직 형체形體로 굳어지지 않은 것이다.[10] 그러므로 "리 중中에 상이 있다"는 것은 어떤 사물에 나갈 노선이 있으면 그 사물은 그 노선대로 가게 되므로, 그 노선 속에 이미 그 미래의 '리상理象'[11]이 예비되어 있다고 할 수 있다. 이것이 바로 '일원一源'의 의미라는 것이다.

상象으로부터 보는 '물상간物上看'은 현미론顯微論의 체계에 입각하여 보는 것이다. 이때 상은 현顯이고 리는 미微인데, 이 '상 중中에 리가 있는 것'이 바로 '무간無間'의 의미라는 것이다. 여기서의 상은 어떤 사물이 가진 모양이나 모습을 모사模寫한 것이다.[12] 즉 어떤 사물 자체가 아니라, 우리에게 보여지는, 그 사물과 닮은 모습이다. 그런데 '상 중中

---

7 『朱子大全』 405002, 「答何叔京」, "體用一源者, 自理而觀, 則理爲體, 象爲用, 而理中有象, 是一源也. 顯微無間者, 自象而觀, 則象爲顯, 理爲微, 而象中有理, 是無間也. …… 且旣曰有理而後有象, 則理象便非一物. 故伊川但言其一源與無間耳. 其實體用顯微之分, 則不能無也."
8 尹用男, 「朱子 理說의 體用理論的 分析」, 『東洋哲學』 7, 韓國東洋哲學會, 1996, 326-331쪽 참조.
9 『周易』 「繫辭傳」 上, 11章, "見乃謂之象."
10 『朱子語類』 743509, 「上繫上」 5章, "象是方做未成形之意."
11 이하에서 '象'이 體用論的 의미임을 분명히 할 필요가 있는 경우 '理象'이라 한다. '理象'은 '理로서의 象, 즉 形而上的인 象'임을 의미한다.
12 『周易』 「繫辭上傳」 2章, 本義, "象者物之似也."

에 리가 있는 것'은 어떤 사물이 있으면 그 사물은 '형상形象'[13]을 드러내고 있고, 그 이면裏面에는 그 사물의 리가 있다는 것이다. 이것이 바로 '무간無間'의 의미라는 것이다.

주자는 이를 보다 일반화시켜서 다음과 같이 말하기도 한다.

> 그 '체용일원體用一源'이라고 한 것은, 지극히 은미한 리로써 말하면 충막沖漠하여 조짐이 없으나 만상萬象이 이미 소상昭詳하게 갖춰져 있다는 것이다. 그 '현미무간顯微無間'이라고 한 것은, 지극히 현저顯著한 상으로써 말하면 우리가 접하는 사건과 물건마다 이 리가 없는 곳은 없다는 것이다. 리를 말할 때는 체가 먼저이고 용이 나중인데, 대개 체를 말하면 용의 리는 이미 그 속에 갖춰져 있다. 이것이 일원一源이 되는 까닭이다. 사건을 말할 때는 현顯이 먼저이고 미微가 나중인데, 대개 사건 속에서 리의 모습을 볼 수 있다. 이것이 무간無間이 되는 까닭이다.[14]

리상간理上看의 체용론에서는, 체體인 리는 형이상자로서 텅비고 적막하여 아무런 조짐도 없지만, 용으로서의 리상理象이 그 속에 뚜렷하게 갖춰져 있다는 것이다. 이를 달리 말하면 체 속에 용의 리가 갖춰져 있다는 것이다. 다음으로 물상간物上看의 현미론에서는, 현顯인 형상形象 속에 미微인 리理가 있다는 것이다. 이를 달리 말하면 현顯 속에서

---

13 이하에서 '象'이 顯微論的 의미임을 분명히 할 필요가 있는 경우 '形象'이라 한다. 단 形은 繫辭傳의 "形而上者謂之道, 形而下者謂之器."에서 취한 것이며, 象과 같은 의미이다. 또 形象이 理象과 대비될 때는 '氣象, 즉 氣로서의 象'을 의미한다. 그리고 體用論的 의미와 顯微論的 의미를 겸하는 경우나 번역문에서는 그대로 '象'이라 한다.

14 『性理大全』015401, 「太極圖解」, 論, "其曰體用一源者, 以至微之理言之, 則沖漠無眹, 而萬象昭然已具也. 其曰顯微無間者, 以至著之象言之, 則卽事卽物, 而此理無乎不在也. 言理則先體而後用. 蓋擧體而用之理已具, 是所以爲一源也. 言事則先顯而後微. 蓋卽事而理之體可見, 是所以爲無間也."

리의 모습을 볼 수 있다는 것이다. 여기서 형상形象 대신에 "즉사즉물卽事卽物"이라 하여 사물을 말한 것은, 사물이 존재하면 형상形象은 언제나 그 위에 있지만 사물이 보다 직접적이고 구체적이므로 이렇게 표현한 것이다. 현미론에서는 대개 추상적인 형상形象이라는 말보다는 직접 구체적인 사물을 거론한다. 또 미微 대신에 직접 그 사물의 리를 말한다. 그러므로 현미론에서는 현顯·미微라는 표현을 거의 사용하지 않는다. 그러나 체용론에서는 구체적인 사물이나 그 리로 대치할 수 없는 부분이 있기 때문에 체·용이라는 표현을 그대로 사용한다.

한편 위의 인용문에서 하나 주목할 것이 있다. 즉 체용론은 전후前後 두 설명 모두 존재론적으로 말하고 있는데 비하여, 현미론은 뒤의 설명에서 "가견可見"이라 하여 인식론적으로 말하고 있다. 그러나 이것은 호문互文으로 보아야 할 것이다. 즉 체용론은 존재론적이고, 현미론은 인식론적인 것이 아니라 양자兩者 모두 존재론적인 동시에 인식론적인 것으로 보아야 할 것이다. 결국 체용이론은 존재원리인 동시에 우리가 어떤 존재를 인식하고자 할 때도 따라야 하는 원리이다.

체용이론이 존재원리인 동시에 인식의 원리라는 점을 좀더 밝히고자 한다. 현미론의 원리인 현미무간顯微無間은 내외일치內外一致, 표리일치表裏一致를 의미하는데, 이 세상에 존재하는 어떤 사물이 표면에 나타난 형상形象과 그 이면裏面에 감춰진 리가 서로 일치하지 않는 그런 사물은 존재할 수도 없다. 예를 들면 네모난 상자箱子가 둥글둥글 굴러가는 리를 가진다는 것은 상상할 수조차 없다. 네모난 상자가 갈 수 있는 길은 그 모양이 허용하는 범위 안에 있다. 이것이 바로 "상象 중中에 리가 있다"는 '무간無間'의 의미이다. 이런 전제 하下에 맹자孟子는 "형색形色은 천성天性이다."[15]고 말한 것이다. 그리고 이것을 인식론의 측면에서 보면, 어떤 사물이 현미무간顯微無間, 즉 표리일치表裏一致하지 않는다면 우리는 인식 자체가 불가능하게 된다. 밖으로 드러난 모양 이상을 알 수 없을 것이기 때문이다.

체용론의 원리인 체용일원體用一源은 본말일관本末一貫,[16] 시종일관始終一貫[17]를 의미하는데, 이 세상에 존재하는 어떤 사물이든 나름대로 일관성一貫性을 유지하고 있다. 그 근본根本과 말단末端, 처음과 끝이 모두 동질성同質性을 유지하고 있다. 물론 이때 일관성一貫性이나 동질성同質性의 최초 부여자賦與者는 근본과 처음이다. 예를 들면 나무의 가지는 뿌리가 부여한 생기生氣를 부여받아 가지고 있다. 만일 뿌리에서 줄기, 가지, 잎새, 꽃으로 이어지는 사이에 단절斷絶이 있게 되면 그 나무는 생명을 유지할 수 없게 된다.[18] 이를 인식론의 측면에서 보면, 어떤 사물의 본체本體가 어떠한가를 보면 그 본체가 어떻게 전개될 것인지를 알게 된다. 이는 미래를 예측 가능하게 해주는 원리이다. 즉 콩 심은데 콩나고 팥 심은 데 팥 난다는 것을 알게 해주는 원리이다.

생각건대 체용일원體用一源과 현미무간顯微無間의 두 원리는 본질적으로 자명自明하며, 우리는 이미 부지불식간不知不識間에 이를 활용하고 있다. 다만 이 원리를 명시적明示的으로 자각自覺하여 적절하게 운용하

15 『孟子』 「盡心上」 38章, "孟子曰, 形色天性也. 惟聖人然後, 可以踐形."
16 『朱子語類』 272208, 論語9, "今人卻是因夫子之說, 又因後人說得分曉, 只是望見一貫影像, 便說體說用, 却不去下工夫. 而今只得逐件理會, 所以要格物致知."
　·『朱子語類』 270714, 論語9, "夫子說一貫時, 未有忠恕. 及曾子說忠恕時, 未有體用, 是後人推出來. 忠恕是大本, 所以爲一貫." 참조. '本末'은 뒤에서 말하는 流行的 體用論에 해당한다.
17 『朱子語類』 642319, 中庸3, "蓋誠者物之終始, 却是事物之實理, 始終無有間斷. 自開闢以來, 以至人物消盡, 只是如此. 在人之心, 苟誠實無僞, 則徹頭徹尾, 無非此理. 一有間斷, 則就間斷處, 卽非誠矣. 如聖人至誠, 便是自始生至沒身, 首尾是誠."
18 『朱子語類』 271608, 論語9, "問曾子未聞一貫之前, 已知得忠恕未. 日他只是見得聖人千頭萬緒都好, 不知都是這一心做來. 及聖人告之, 方知得都是從這一箇大本中流出. 如木千枝萬葉都好, 都是這根上生氣流注去貫也."

기 위해서는 좀 더 노력이 필요하다. 또 천지만물天地萬物은 모두 이미 이 원리를 잘 따르고 있으며, 그 중의 사람도 물론 그러하다. 다만 사람의 경우에는 다소 복잡한 문제가 있다. 즉 현미론에서는 겉과 속을 다르게 보이려고 노력하는 경우 어떻게 그것을 간파할 것인가가 문제이며, 체용론에서는 얼마나 바람직한 본체를 가지는가가 문제이다. 우리 선현先賢들은 현미론과 관련해서는 찰언관색察言觀色, 거경궁리居敬窮理 등 좋은 방법을 개발하고자 노력하였고, 체용론과 관련해서는 존양성찰存養省察, 성의정심誠意正心 등을 통한 수양修養에 힘썼다.

4. 체용론體用論의 체계體系

체용이론體用理論은 리상간理上看하는 시간상의 체용론과 물상간物上看하는 공간상의 현미론顯微論이 입체적으로 종합된 체계이다. 우선 각각의 경우를 나누어 고찰한 다음, 다시 합하여 논하고자 한다. 주자朱子는 체용론에도 두 가지 경우가 있다고 한다.

> 만일 체용을 논한다면 역시 두 측면이 있다. 대개 인仁은 심心에 있고 의義가 밖에 드러난 것으로 말하면, 인仁은 사람의 심心이고, 의義는 사람이 가는 길이니, 인의仁義가 서로 체용이 된다. 만일 인仁을 측은惻隱에, 의義를 수오羞惡에 상대시켜 말하면, 일리一理 중에서 다시 미발未發과 이발已發이 서로 체용이 된다.[19]

---

19 『朱子大全』742508, 「玉山講義」, "若論體用, 亦有兩說. 蓋以仁存於心, 而義形於外言之, 則曰仁人心也, 義人路也, 而以仁義相爲體用. 若以仁對惻隱, 義對羞惡而言, 則就其一理之中, 又以未發已發相爲體用."

체용론에 두 측면이 있는데, 하나는 사람의 마음[人心]이 사람의 길 [人路]을 가는 것과 같은 체용이며, 다른 하나는 보다 구체적으로 사람 의 사랑하는 마음[仁心]이 사랑하는 것[愛]과 같은 체용이다. 논자는 전 자前者를 '유행적流行的 체용론體用論'이라 하고, 후자後者를 '발현적發現 的 체용론體用論'이라 하고자 한다.

1) 유행적流行的 체용론體用論

'유행적流行的 체용론體用論'은 체에 있던 어떤 것이 용으로 관류貫流 하는 것을 중심으로 하여 명명한 것이다. 여기서 먼저 체와 용을 분명 히 할 필요가 있다.

> 천지天地 사이에는 본래 일기一氣가 유행流行하니, (그 一氣의) 동動과 정靜이 있을 뿐이다. 그 유행流行하는 것의 통체統體를 가지 고 말하면 단지 건乾이라고만 하더라도 포함하지 않는 것이 없다. 동動·정靜으로 나눈 연후에 음양陰陽과 강유剛柔의 구별이 있다.[20]

천지天地(宇宙)는 하나의 기氣로 되어 있는데, 이 기氣는 항상 유동流 動하고 있다. 그런데 이 유동流動한다는 말은 일동일정一動一靜하는 운 동과 정지를 포괄하여 말하는 것이다. 즉 일기一氣의 유동流動은 정지를 포함한 운동이다. 이런 유동流動하는 일기一氣의 덕德을 건乾이라고 한 다. 그러나 이 일기一氣의 유동과정流動過程을 다시 나누어서 보면 운동 도 있고 정지도 있다. 운동과 정지는 서로 다르다. 이런 말류末流에서

---

20 『周易本義』 015618, 乾,「文言」, "天地之間, 本一氣之流行, 而有動靜爾. 以其流行之 統體而言, 則但謂之乾, 而无所不包矣. 以其動靜分之然後, 有陰陽剛柔之別也."

보면 음양陰陽과 강유剛柔의 다름이 있다. 여기서 원류源流라고 할 수 있는 운동·정지를 모두 포괄한 것은 '통체統體'로서 체이고, 말류末流에 해당하는 운동이나 정지는 '유행流行'으로서 용이다. 통체지리統體之理로서의 건도乾道는 동지리動之理와 정지리靜之理를 포괄하고 있다. 이때 건도乾道는 체이고, 동지리動之理와 정지리靜之理는 각각 그 건도乾道가 유행流行한 것으로서 용이다. 또 다른 측면에서 주자는 다음과 같이 말한다.

> 만일 도의道義를 나누어 말하면, 도道는 체이고 의義는 용이다. 체는 그 통체統體를 들어 말하는 것이고, 의義는 일사一事가 처處한 곳에 나아가서 말하는 것이다. 예를 들어 아버지는 사랑하고 자식은 효도하며, 임금은 어질고 신하는 공경하는, 이것은 의義이며, 사랑하거나 효도하게 하는 것과 어질거나 공경하게 하는 것은 곧 도道이다.[21]

체體는 통체統體이니, 도道는 통체지리統體之理이며, 용用은 구체적인 한 가지 일(一事)에 관한 것이니, 의義는 일사지리一事之理이다. 만나는 사람이 달라짐에 따라 각각 자慈·효孝·인仁·경敬의 의義를 행하게 된다. 여기서 자慈·효孝·인仁·경敬으로 각각 달라지는 과정을 고찰해 보면, 처음부터 아버지를 만났을 때는 어떻게 하고 임금을 만났을 때는 어떻게 해야 한다는 의리義理를 각 경우에 맞춰서 준비하고 있는 것이 아니라, 단지 언제나 도리道理에 맞도록 하겠다는 자세를 가지고 있다가 각기 다른 경우를 만나면 그에 맞춰서 자慈·효孝를 행한다는 것이

---

21 『朱子語類』 523119, 孟子2, "若道義別而言, 則道是體, 義是用. 體是舉他體統而言, 義是就此一事所處而言. 如父當慈子當孝, 君當仁臣當敬, 此義也. 所以慈孝, 所以仁敬則道也."

다. 처음에 가지고 있던 것은 통체지리統體之理로서의 도道뿐이지만 상황이 달라짐에 따라 그 상황에 맞춰서 각각 다른 의義를 행한다. 그러나 그 각기 다른 의義 속에는 처음의 도道가 관류貫流하고 있다. 비유하자면 도道를 뿌리로 하여 자慈·효孝의 가지가 뻗은 것과 같고, 도道란 원류源流로부터 자慈·효孝의 말류末流가 흐르는 것과 같다. 즉 근원지根源地의 이름은 도道이며, 그 지류支流의 이름은 각각 자慈·효孝이다. 그런데 근원지에서부터 그 지류支流의 이름이 정해진 것은 아니고 단지 근원지에 충만해 있던 것이 각기 다른 상황을 만나 거기에 맞게 흐르는 것이다. 또 다른 측면에서 주자는 다음과 같이 체용을 말한다.

> 심心으로부터 말하면, 심心은 체이고 경敬과 화和는 용이다. 경敬을 화和에 대하여 말하면 경敬은 체이고 화和는 용이다. 대저 체용은 끝날 때가 없고, 오로지 이렇게 옮겨가는 것이다. 예를 들어 남쪽에서 북쪽을 보면 북北은 북北이고 남南은 남南이나, 옮겨가서 여기에 서서 보면 북쪽에도 또한 저절로 남북이 있는 것과 같다. 체용은 고정된 것이 아니다. 여기의 체용은 여기에 있고, 거기의 체용은 거기에 있다. 이 도리는 모두 무궁하여 사방팔방四方八方이 그렇지 않은 곳이 없고, 천 곳 만 곳이 서로 관통되어 있다. 손가락으로 원을 그리는 시늉을 하면서 또 말하였다. 분명히 일층이 있으면 또 일층이 있다. 횡횡橫橫으로 말하여도 그렇고 종縱으로 말하여도 그렇다. 엎어서 말하건 뒤집어서 말하건 모두 그렇다. 예를 들어 양의兩儀로 말하면 태극은 태극이고 양의兩儀는 용이며, 사상四象으로 말하면 양의는 태극이고 사상은 용이며, 팔괘八卦로 말하면 사상은 또 태극이고 팔괘는 또 용이다.[22]

---

22 『朱子語類』 221604, 論語4, "自心而言, 則心爲體, 敬和爲用. 以敬對和而言, 則敬爲體, 和爲用. 大抵體用無盡時, 只管恁地移將去. 如自南而視北, 則北爲北, 南爲南. 移向此立, 則北中又自有南北. 體用無定, 這處體用在這裏, 那處體用在那裏. 這道理儘無窮,

지금까지 말한 체용은 고정된 것같이 보인다. 그러나 체용은 본래부터 체인 것과 용인 것이 정해져 있는 것이 아니라 상대적이다. 시냇물에 비유하면 최초 발원지發源地로부터 점차 흘러내려 가면서 분기점分岐點이 생기는데, 이 분기점과 그 아래의 흘러간 지류支流를 가지고 보면 분기점이 체가 되고 그 아래의 지류가 다시 용이 된다는 것이다. 또 도체의용道體義用에서 도를 체로 하였을 때, 자식을 만나면 자애慈愛한다. 거기서 더 구체적으로 들어가, 자식이 병이 났을 때는 간호해 주고, 세상 물정物情을 모르면 교육한다. 여기서 자애는 체가 되고, 간호와 교육은 용이다. 최상위最上位의 통체統體는 도이고, 자애는 용이다. 자애는 다시 통체가 되고 간호는 그 용이다. 이것이 위 인용문에서 주자가 말하고자 하는 것이다.

체용이 이렇게 가변적可變的이라는 것을 말하자, 어떤 제자가 "지난 밤에 체용은 정해진 것이 없다고 하신 말씀은 곳에 따라 이렇게 말하는 것입니다만, 만일 만사萬事를 합하여 하나의 큰 체용을 만들면 어떻게 됩니까?" 하고 물었다. 이에 주자는 다음과 같이 답하였다.

> 체와 용은 정定해지는 것이다. 현재 있는 것은 체이고 나중에 생기는 것은 용이다. 이 몸은 체이고 동작動作하는 것은 용이다. 천天은 체이고 만물이 이에 의지하여 시작하는 것은 용이다. 지地는 체이고 만물이 이에 의지하여 생生하는 것은 용이다. 양陽에서 말하면 양陽은 체이고 음陰이 용이며, 음에서 말하면 음은 체이고 양이 용이다.[23]

四方八面無不是, 千頭萬緒相貫串. 以指旋日, 分明一層了又一層, 橫說也如此, 竪說也如此, 飜來覆去說都如此. 如以兩儀言, 則太極是太極, 兩儀是用. 以四象言, 則兩儀是太極, 四象是用. 以八卦言, 則四象又是太極, 八卦又是用."
23 『朱子語類』 060317, 性理3, "問前夜說體用無定所, 是隨處說如此. 若合萬事爲一大體用, 則如何. 曰體用也定, 見在底便是體, 後來生底便是用. 此身是體, 動作處便是用. 天

질문 요지는 공간을 달리 할 수 있는 곳이 있다면 이 곳 저 곳을 말할 수 있겠지만, 만일 그런 것들을 모두 합해서 하나로 만들면, 그때는 어떻게 체용을 적용할 것이냐는 것이다. 답변 요지는 체용을 시간 상上에서 보면 과거는 체이고 현재는 용이며, 현재는 다시 체가 되고 미래는 용이 된다는 것이다. 어떤 하나의 사물이 있을 때, 그 사물은 시간의 진행에 따라 여러 방향으로 변화·전개되어 간다. 현재가 체이고 미래가 용이라는 것은 어떤 사물이 현재에 가지고 있는 덕德이 그대로 미래로 이어진다는 것이다. 즉 현재 속에 미래의 모습이 담겨 있다는 것이다. 따라서 체용이 절대적으로 고정된 것은 아니지만, 상대적으로도 정해지지 않는 것은 아니라는 것이다.

생각건대 유행적 체용론에서의 체는 통체統體인데, 이는 통일체統一體, 통괄체統括體, 대통체大統體의 의미이며, 용은 일사一事인데, 이는 일지체一肢體, 일부一部, 부위部位의 의미이다. 이는 또 그 관계에서 보면 본원本源과 말류末流, 본체本體와 현상現象의 의미를 함축한다. 통체는 일정한 구조를 가지고 어떤 작용이나 역할을 할 수 있는 어떤 것이다. 예를 들어 어떤 사람을 통체로 보면, 그 몸[體] 속의 사지四肢와 오장육부五臟六腑 등을 통틀어서 말하는 것으로서 그 속에 있는 어떤 기관이나 부위部位를 염두에 둠이 없이 하나의 통일체統一體로서의 몸을 말하는 것이다. 그런 다음 그 속에 있는 어떤 기관을 가지고 보면 그것은 그 몸 속에서 주어진 역할을 하고 있다. 그래서 갑甲과 을乙이 체용관계라는 것은 갑은 통괄체統括體이고 을은 그 속의 일지체一肢體(一事)라는 것이다. 그런데 이 을의 작용범위는 갑이 규정한 범위 안에 있으며, 그를 벗어날 수 없다. 한편 리나 덕德을 통체統體로 할 때도 이와 같다.

是體, 萬物資始處便是用. 地是體, 萬物資生處便是用. 就陽言, 則陽是體 陰是用. 就陰言, 則陰是體, 陽是用."

통체지리統體之理는 통괄자統括者, 혹은 포괄자包括者로서의 리이고, 일사지리一事之理는 그 통체지리統體之理 속의 일부이다. 그런데 통체統體와 일사一事는 본래 리기합理氣合의 사물을 지칭하는 것이지만, 리상간理上看하는 체용론에서는 주로 그것의 리나 덕을 지목한다.

또 유행적 체용론의 통체도 두 가지의 경우가 있다. 하나는 아직 분화分化·발생發生하지 않은 어떤 것을 통체統體로 하는 경우이다. 씨앗이 그 예이다. 이 씨앗은 아직 그 싹이나 뿌리로 분화分化·발생發生하지 않았지만 이미 그 속에 그 가능성이 잠재되어 있다. 다른 하나는 이미 분화分化·발생發生한 것들을 하나의 통일체로 통괄한 어떤 것을 통체로 하는 경우이다. 나무 전체를 통체로 하고, 그 가지나 잎 등을 일사一事로 하는 것이다.

한편 체용관계는 류개념과 종개념의 관계와 유사한 면을 가지고 있다. 그러나 통체는 서로 다른 여러 개의 지체肢體들이 그 안에서 서로 유기적 관계를 형성하지만, 류개념은 단지 동일한 징표를 가진 개념들의 집합일 뿐이다. 예를 들어 사람을 통체로 보면 그 속의 많은 개인들은 서로 다르면서도 밀접하게 유기적인 관계를 맺으면서 통일적인 '사람공동체'를 형성한다. 그러나 사람을 류개념으로 보면 결국 동일한 속성을 가진 각 개인들의 집합일 뿐이다.

2) 발현적發現的 체용론體用論

'발현적發現的 체용론體用論'은 체에 있던 어떤 것이 발현하여 생장生長·변화變化해 가는 것을 중심으로 하여 명명한 것이다. 여기서의 체용은 앞의 유행적 체용론에서의 체용 구분과 다른 면을 가지고 있다.

대개 인仁은 온화溫和하고 자애慈愛하는 도리이며, 의義는 절제節制하고 마름질하는 도리이며, 예禮는 공경恭敬하고 절도節度있게 하는 도리이며, 지智는 시비是非를 분별分別하는 도리이다. 무릇 이 네 가지를 사람의 심心에 갖추고 있는 것은 곧 성性의 본체本體이니, 아직 발현하지 않았을 때는 막연하여 볼 수 있는 상象이 없다. 그가 발현하여 용이 되는데 이르면, 인仁은 측은惻隱이 되고, 의義는 수오羞惡가 되고, 예禮는 공경恭敬이 되고, 지智는 시비是非가 된다. 사건事件에 따라 발현함에 각각 맥락이 있어서 서로 섞이지 않으니 이른바 정情이다.[24]

발현적 체용론에서의 체는 미발未發이고, 용은 이발已發이다. 미발은 어떤 것이 잠재상태潛在狀態로 있는 것이고, 이발은 그 잠재되어 있던 것이 일정한 상황을 만나서 발현하는 것이다. 위 인용문에서 보면 인의예지仁義禮智의 성性은 그것이 아직 잠복상태로 있는 것이며, 측은·수오·공경·시비의 정情은 그것들이 상황에 따라 각각 발현하여 드러난 것이다. 여기서 인仁·의義·예禮·지智는 모두 통체統體인 인仁의 일사一事로서 용이다. 또 이 일사一事로서의 인·의·예·지는 각각 미발이고, 그것이 각각 발현한 측은·수오·공경·시비는 이발이다.

발현적 체용론에는 또 두 가지 경우가 있다. 하나는 위에서와 같이 유행적 체용론의 일사一事를 미발의 체로 하는 경우이고, 다른 하나는 통체統體를 미발로 하는 경우이다. 주자는 이를 종합하여 다음과 같이 말한다.

---

24 『朱子大全』742406,「玉山講義」, "蓋仁則是箇溫和慈愛底道理, 義則是箇斷制裁割底道理, 禮則是箇恭敬撙節底道理, 智則是箇分別是非底道理. 凡此四者, 具於人心, 乃是性之本體, 方其未發, 漠然無形象之可見. 及其發而爲用, 則仁者爲惻隱, 義者爲羞惡, 禮者爲恭敬, 智者爲是非. 隨事發見, 各有苗脈, 不相殽亂, 所謂情也."

'심心의 덕德'을 가지고 전언專言하면, 미발은 체이고 이발은 용이다. '애愛의 리'를 가지고 편언偏言하면 인仁은 곧 체이고 측은은 용이다.[25]

전언專言은 통체統體를 가지고 말하는 것이고, 편언偏言은 일사一事(一肢)를 가지고 말하는 것이다. 전언專言하는 인仁은 인의예지仁義禮智를 포괄한 것이고, 편언偏言하는 인仁은 인의예지 중의 일사一事로서의 인仁이다. 위 인용문에서 전단前段은 통체統體의 미발과 이발을 말한 것이고, 후단後段은 일사一事의 미발·이발을 말한 것이다. 이러한 관계를 주자는 다음과 같이 다각적으로 말하기도 한다.

조치도가 묻기를, "인의仁義의 체용과 동정動靜은 어떻게 됩니까?" 하니, 답하기를, "인仁은 진실로 체이고 의義는 진실로 용이다. 그러나 인의에는 각각 체용이 있고 각각 동정이 있으니, 스스로 상세하게 증험하라." 하였다.[26]

질문 중에서 체용은 유행적 체용론을 지칭하고, 동정은 발현적 체용론을 지칭한다. 답변 중에서 '인체의용仁體義用'은 유행적 체용론의 입장에서 전언專言하는 인仁의 체용을 말한 것이고, '인의 각각에 체용이 있음仁義各有體用'은 편언偏言하는 인仁과 의義에 각각 체용이 있음을 말한 것이다. '인의 각각에 동정이 있음仁義各有動靜'은 발현적 체용론의 입장에서 말한 것이다. 여기서 미발·이발이라는 말 대신에 동정動靜이나 성정性情이란 말을 사용한 것은 특별히 다른 의미는 없고, 발현적

---

25 『朱子語類』 202701, 論語2, "以心之德而專言之, 則未發是體, 已發是用. 以愛之理而偏言之, 則仁便是體, 惻隱是用."
26 『朱子語類』 062805, 性理3, "趙致道問, 仁義體用動靜何如. 曰仁固爲體, 義固爲用. 然仁義各有體用, 各有動靜. 自詳細驗之."

체용론을 함축적으로 표현한 것이다.

생각건대 발현적 체용론은 리상理象과 형상形象이 하나로 합치合致하는 경계이다. 즉 유행적 체용론이 주로 통체의 리나 덕德의 유행을 문제삼지만, 발현적 체용론은 그 리가 기氣 상上에서 발현하는 것을 아울러 문제삼는다. 기氣가 없으면 리의 발현은 불가능하다. 리가 발현하였다는 것은 그 리에 부합符合하는 기氣가 있다는 것을 의미한다.

한편 미발은 통체統體와 통하고, 이발은 일사一事와 통한다. 그러므로 유행적 체용론과 발현적 체용론은 모두 체용론에 포괄된다.

3) 체용론體用論의 원칙原則

체용론體用論은 두 측면이 있으나, 운용할 때는 동일한 원칙이 적용된다. 체용론은 그 원리인 '체용일원體用一源'에서 도출된 체중유용體中有用(體 中에 用이 있음), 체선용후體先用後(體가 먼저이고 用이 나중임), 체일용수體一用殊(體는 하나나 用은 다름)의 세 가지 원칙에 의하여 운용된다.

첫째 체중유용體中有用의 원칙에 대하여 주자는 다음과 같이 말한다.

> 체용일원體用一源은 체에 비록 자취는 없으나 그 속에 이미 용이 있다. …… 천지天地는 아직 있지 아니하나 만물은 이미 갖추었다. 이것이 체 속에 용이 있다(體中有用)는 것이다.[27]

체용론은 리상간理上看이니 현재 존재하고 있는 어떤 구체적인 사물

---

27 『朱子語類』 671212, 易3, "體用一源, 體雖無迹, 中已有用. …… 天地未有, 萬物已具, 此是體中有用."

을 가지고 말하는 것이 아니라 주로 그 속에 있는 리나 덕德 등을 가지고 말하는 것이다. 체중유용體中有用은 크게 두 가지 측면에서 말할 수 있다. 하나는 체가 있으면 그 체로 인해 용이 분파分派·분화分化되어 나간다는 것이고, 다른 하나는 용의 성격이나 방향 등은 모두 체가 규정한 범위 안에 있다는 것이다. 전자는 체가 있으면 용으로 유행·발현하지 않을 수 없다는 것이며, 후자는 체가 용을 주재主宰한다는 것이다.

예를 들면 '후厚한 인정人情을 가진 사람'은 자기 앞에 다가오는 어떤 사람에게 매몰차게 모른 척하지 못하고 언제나 후하게 대한다. 자식에게도 후厚하고, 이웃에게도 후하고, 사기꾼에게도 후하다. 여기서 '후한 인정人情'은 체가 되고, 만나는 사람마다에게 후하게 하는 것은 그 용이다.

요약컨대 체는 상위上位의 개괄자概括者이고, 용은 일사一事로 유행하는 구체화具體化이다. 그런데 체는 용을 유발誘發시킴과 동시에 그 유행·발현의 범위를 규정하고 있다. 이것이 체중유용體中有用의 의미이다.

둘째 체선용후體先用後의 원칙에 대하여 주자는 다음과 같이 말한다.

> 대개 반드시 체가 먼저 확립된 후에 용이 행할 수 있다. 예를 들어 정자程子가 건곤乾坤의 동정動靜을 논하여 말하기를 '전일專一하지 않으면 곧게 뻗어 나갈 수 없고, 합하여 모으지 않으면 발산發散할 수 없다.'는 것도 역시 이런 뜻이다.[28]

체선용후體先用後는 체중유용體中有用에서 파생된 것이다. 체용론은 체가 유행·발현하는 것이므로 체가 먼저 있은 다음에 용이 있게 된다.

---

28 『性理大全』 014020, 「太極圖解」, "蓋必體立而後, 用有以行. 若程子論乾坤動靜, 而曰不專一, 則不能直遂 ,不翕聚則不能發散, 亦此意爾."

근원지로서의 체가 먼저 확립되지 않으면 그 지류支流는 유행할 수 없는 것이다. 또 역逆으로는 가지가 무성茂盛하기를 원한다면 그 근본을 먼저 배양培養해야 한다. 한편 체용은 본래 고정된 것이 아니라 가변적인 것이므로 다음과 같이 말하는 경우도 있다.

> 원형元亨은 발용처發用處이고, 이정利貞은 수렴收斂하여 본체本體로 복귀復歸하는 곳이니, 체는 도리어 아래에 있고 용은 도리어 위에 있다.[29]

여기서는 체보다 오히려 용을 먼저 말하였다. 이것은 씨앗과 가지와 열매의 순서를 가지고 말하는 것이다. 즉 가지와 열매만을 가지고 보면 오히려 가지는 유행·발현한 것으로서 용과 같고, 열매는 그것이 한 곳으로 모인 것이니 체와 같다. 이렇게 되면 용이 체보다 먼저인 것처럼 보인다. 그래서 용을 먼저 말하고 체를 나중에 말하였다. 그러나 가지는 씨앗의 용이지, 열매의 용은 아니다. 한편 여기서 하나 더 생각할 것은 가지를 체로 하고, 그 열매를 용으로 할 수 있다는 것이다. 무성한 가지는 견실堅實한 열매를 많이 열리게 한다. 이것들은 현재를 체로 하고 미래를 용으로 보는 입장을 응용한 것이다. 다만 위와 같이 용을 먼저 말하는 것은 유행적 체용론에서만 가능하고 발현적 체용론에서는 불가하다. 왜냐하면 발현적 체용론에서는 이발 다음에 다시 미발이 올 수 없기 때문이다.

생각건대 이 체선용후體先用後의 원칙은 아직 어떤 사물은 존재하지 않고 단지 그에 관한 리만이 있을 때에도 적용할 수 있는 원칙이다. 예를 들어 초광속비행기超光速飛行機의 리는 지금 여기 있으나, 그런 비행

---

29 『朱子語類』 692504, 易5, "元亨是發用處, 利貞是收斂歸本體處. 體却在下, 用却在上."

기는 아직 존재하지 않는다. 이제 그 리가 유행·발현하면 그런 비행기가 현실세계에 존재하게 된다. 즉, 통체는 변화·발전의 원동력이며, 용은 그의 실현과정이며 실현實現이다.

셋째 체일용수體一用殊의 원칙에 대하여 주자는 다음과 같이 말한다.

> 일자一者는 충忠이고, 이로써 꿰는 것은 서恕이다. 체는 하나이
> 고 용은 다르다.[30]

이 역시 체중유용體中有用의 원칙에서 파생된 것이다. 통체는 이미 서로 다른 다수多數의 용으로 분파되어 나갈 것을 전제한 것이다. 다만 서로 다른 다수多數이면서도 그 속에는 통체지리統體之理가 관류貫流하고 있다는 것이 이 체일용수體一用殊의 원칙이다. 인용문에서 충忠은 자기의 마음을 다하는, 즉 최선을 다하는 것이고, 서恕는 그런 마음으로 타자를 위해 일하는 것이다. 어떤 타자를 위해 하는 일이 서로 다르지만 최선을 다하는 충忠은 동일하다. 이때 꿰는 꿰미(一貫者)가 바로 체이며, 꿰는 행위가 서恕이다. 이는 또 용이 아무리 다양한 방향으로 분화分化·분파分派해 가더라도 이들은 모두 하나의 체가 포괄하는 범위 내에서만 가능하다는 것을 의미한다.

5. 현미론顯微論의 체계體系

체용론體用論이 리理의 유행流行·발현과정發現過程을 시간상에서 보는 체계인 반면, 현미론顯微論은 리와 기氣의 관계를 공간상에서 보는

---

30 『朱子語類』270203, 論語9, "一者忠也, 以貫之者恕也. 體一而用殊."

체계이다. 또 체용론이 아직 어떤 구체적인 사물이 존재하지 않을 때부터 적용되는 체계인 반면, 현미론은 반드시 어떤 구체적인 사물이 존재할 때에만 적용되는 체계이다. 이 두 체계는 시간과 공간, 리와 기氣의 입체적인 구조로 종합된다.

현미론에도 역시 두 측면이 있는데, 주자는 다음과 같이 말한다.

> ① 이 도리道理는 나의 몸 속에도 있고, 만물萬物 속에도 있으며, 천지天地 속에도 있다. 모두 똑 같은 하나의 물건이니, 거치적거림도 없고 막힘도 없다. 나의 심心은 곧 천지天地의 심心이다. ②성인聖人은 시냇물이 흐르는 곳에서도 문득 이 리를 보았으니, (이 理는) 어디든 이르지 않는 곳이 없다.[31]

①은 여러 사물 속에 동일한 하나의 도리가 있다는 것이고, ②는 하나의 사물 속에서 그 도리를 보았다는 것이니, 이는 현미론에 두 가지의 경우가 있음을 밝힌 것이다. 논자는 후자를 '일물상一物上 현미론顯微論'이라 하고, 전자前者를 '만물상萬物上 현미론顯微論'이라 하고자 한다.

1) 일물상一物上 현미론顯微論

'일물상一物上 현미론顯微論'은 현顯의 범위가 하나의 사물, 엄밀히 말하면 하나의 '형상形象'에 한정되어 있다는 측면에서 명명한 것이다.

> 인仁은 곧 측은惻隱한 마음 속에 감춰져 있으니, 속에 있는 인仁

---

31 『朱子語類』 363607, 論語18, "①這箇道理, 吾身也在裏面, 萬物亦在裏面, 天地亦在裏面, 通同只是一箇物事, 無障蔽無遮礙. 吾之心卽天地之心. ②聖人卽川之流, 便見得也是此理, 無往而非極致."

은 바로 그(惻隱之心)의 골자骨子이다.[32]

측은지심惻隱之心을 일물一物로 하여 그 위에서 현顯한 하나의 측은惻隱과 그 이면裏面의 미微인 인仁(偏言之仁임)을 연관시킨 것이다. 즉 심心 속에 있는 하나의 측은惻隱과 하나의 인仁을 연관시켜 고찰한 것이다. 이때 표면表面에 드러난 측은한 정情의 이면에는 그런 형상形象이 드러날 수 있도록 해주는 어떤 것(=骨子)이 있으며, 이는 그 형상形象과 같은 덕德이나 성질 등을 가졌다는 것이다. 여기서는 측은惻隱은 현顯한 형상形象이고 인仁은 미微한 골자骨子라는 것이다.

결국 일물상 현미론은 하나의 사물상事物上에 현顯과 미微가 있고, 이 양자兩者는 형상形象과 골자骨子(理)의 관계를 가지며, 서로 일치한다는 것이다. 또 일물一物을 좀 더 넓게 설정할 수도 있다.

> 성性은 심心의 리이고, 정情은 심心의 용이며, 심心은 성性과 정情의 주인主人이다.[33]

앞의 인용문에서는 측은지심惻隱之心만을 일물一物로 하였으나, 여기 인용문에서는 심心 전체를 일물一物로 하였다. 그런 다음 성性을 골자骨子로, 정情을 형상形象으로 하였다. 이것은 앞의 발현적 체용론에서 일사一事와 통체統體에서 모두 미발·이발을 논하였던 것과 같다. 앞의 인용문은 일사一事에 해당하고, 여기 인용문은 통체統體에 해당한다.

여기서 사물 및 현顯과 미微의 관계를 좀 더 고찰하고자 한다. 현顯은 형상形象으로 드러난 것이고, 미微는 그것의 골자骨子이며, 사물은

---

32 『朱子語類』 743301, 易10, "仁便藏在惻隱之心, 裏面仁便是那骨子."
33 『朱子大全』 670106, 「元亨利貞説」, "性者心之理也, 情者心之用也, 心者性情之主也."

그 골자와 형상形象을 모두 담지擔持하고 있는 그릇(器)과 같은 것이다. 골자가 형이상자라는 것과 물건이 리기합理氣合이란 데에 대해서는 논 난論難의 여지가 없다. 그러나 상象은 순수한 리나 기氣로 말하기 곤란 한 점이 있다.

생각건대 '상象'이 체용론과 현미론에서 그 의미를 달리한다는 점은 이미 Ⅲ장章에서 밝혔다. 리상理象은 체용론에서 보면 이미 유행·발현 하여 그 모습을 드러낸 것이다. 이에 더 이상 갈 곳이 없는 최후의 말단 末端이다. 이 리상理象은 더 이상 용으로 분파하거나 발현하도록 할 힘 이 없다. 따라서 이 리상理象은 리라고 하더라도 더 이상 주재력主宰力 을 가지지 못한다. 한편 이미 존재하고 있는 어떤 사물 상上에서 보면, 눈에 보이는 형상形象은 크기나 무게 등의 물리력物理力을 가진 존재는 아니다. 따라서 형상은 기氣라고 하더라도 더 이상 작용성作用性을 가지 지 못한다. 공자도 "형이상자위지도形而上者謂之道 형이하자위지기形而 下者謂之器"[34]라고 하여, '형形'을 기준으로 상하上下를 나누었는데, 이는 '상象'의 양면성兩面性에 기반한 것이다.

상象은 리의 발현자發現者로서 리적理的인 모습과 기氣의 모양模樣을 반영한 기적氣的인 모습을 겸하고 있다. 즉 상象은 사물 속에 있는 리와 기氣를 모두 드러내 보여주고 있는 것이다. 상象은 주재主宰하지 않는 리이고, 작용作用하지 않는 기氣이다. 나누어서 말하면 형상形象은 기氣 에 속하고, 리상理象은 리에 속하는 것이다.[35] 그러나 리상理象과 형상形 象은 완전히 동일한 하나의 물건이다. 그러므로 많은 철학자들이 '상象' 한 자字로 동일하게 표현한 것이다. 따라서 사물이 리기합理氣合이듯이

---

34 『周易』「繫辭上傳」, 12章.
35 朱子도 形象인 '情'을 性之用으로 보기도 하고, 心之用으로 보기도 한다. 性之用은 理이고, 心之用은 氣이다.(『朱子語類』 1190306, 訓門人7, "性是心之體, 情是心之用. 性是根, 情是那芽子.")

상象도 리기합理氣合이다.

2) 만물상萬物上 현미론顯微論

'만물상萬物上 현미론顯微論'은 현顯의 범위가 하나의 사물상事物上
에만 한정된 것이 아니라 여러 사물과 관련되어 있다는 측면에서 명명
한 것이다. 결국 이는 여러 개의 '형상形象'을 대상으로 하는 것이다.
다만 이는 여러 물건의 여러 형상만이 아니라, 한 개 물건의 여러 형상
일 수도 있다.

> 물이 흘러서 시내(川)가 되고, 멈춰서 못(淵)이 되며, 부딪쳐서
> 파랑波浪이 된다. 비록 있는 곳은 다르지만 모두 물이다. 물이 바
> 로 골자骨子이며, 그 흐르는 곳과 부딪치는 곳은 모두 드러난 것
> (顯)이다.[36]

시내와 못과 파랑은 세 개의 사물이다. 이들 사물 위에 나타난 흐르
고, 멈추고, 부딪치는 형상形象은 서로 다르지만 동일한 하나의 골자가
있다. 만물상 현미론은 이처럼 서로 다른 여러 개의 사물 위에 나타난
형상形象 속에 동일한 하나의 골자가 있으며, 이 골자는 여러 형상의
공통적인 요소란 것이다. 이를 보다 일반화시킨 『중용中庸』12장의 "군
자지도君子之道 비이은費而隱"에 대하여 주자는 다음과 같이 주석한다.

> 비費는 용이 넓은 것이며, 은隱은 체가 은미隱微한 것이다.[37]

---

36 『朱子語類』743107, 易10, "水流而爲川, 止而爲淵, 激而爲波浪. 雖所居不同, 然皆是
水也. 水便是骨子, 其流處激處, 皆顯者也."
37 『中庸章句』35板12, 12章, "費用之廣也, 隱體之微也."

비費는 사물과 그에 나타난 형상形象이 무수히 많은 것을 말한 것이고, 은隱은 그 형상形象 속에 골자骨子인 리가 숨어 있음을 말한 것이다. 또 『중용』의 같은 장章에 "솔개가 날아서 하늘에 닿고, 물고기가 못에서 뛴다." 하였으니, 이는 솔개와 물고기를 물건으로 하고, 그들이 날거나 뛰는 것을 형상形象으로 하였으며, 그들이 그렇게 하게 하는 것을 은미隱微한 골자로 하였다.[38]

여기서 비費는 일물상 현미론의 현顯과 같으나 양적量的으로 많다는 의미이고, 은隱은 일물상 현미론의 미微와 같으나 역시 양적量的으로 보다 많은 형상形象 속에 편재遍在되어 있다는 의미이다. 주자는 이를 다음과 같이 도식적圖式的으로 말한다.

> 384효爻로부터 총괄總括하면 64괘卦가 되고, 64괘로부터 총괄하면 팔괘八卦가 되고, 팔괘로부터 총괄하면 사상四象이 되고, 사상으로부터 총괄하면 양의兩儀가 되고, 양의로부터 총괄하면 태극太極이 된다. 물건을 가지고 논하면, 역易에 태극이 있는 것은 나무에 뿌리가 있고, 우산에 꼭지가 있는 것과 같다.[39]

384효의 형상形象은 비費이고, 그 속의 태극은 은隱으로서 골자이다. 이 과정을 정리하면 384효에는 각각 서로 다른 384개의 리가 있으나, 그 효들을 다시 고찰해 보면 6개씩 분류되며, 이들은 동일한 리가 있다. 이렇게 하여 384효가 64괘로 총괄된다. 마찬가지로 64괘에는 64개의 리가 있으나, 그 괘들을 다시 고찰하면 8개씩 분류되며 거기에는 모두

---

38 『朱子語類』 631713, 中庸2, "鳶飛魚躍費也. 必有一箇什麼物, 使得它如此, 此便是隱."
39 『朱子語類』 752412, 易11, "自三百八十四爻摠爲六十四, 自六十四摠爲八卦, 自八卦摠爲四象, 自四象摠爲兩儀, 自兩儀摠爲太極. 以物論之, 易之有太極, 如木之有根, 浮圖之有頂."

8개의 리가 있다. 궁극적으로는 음양陰陽 양의兩儀에는 각각 음지리陰之 理와 양지리陽之理가 있으나 이들을 다시 고찰하면 하나의 태극을 동일 하게 가지고 있다. 결국은 384효의 384개 형상形象에는 384개의 효지리 爻之理가 있으나, 그들은 64개의 괘지리卦之理(六畫卦), 8개의 괘지리卦之 理(三畫卦), 4개의 상지리象之理, 2개의 의지리儀之理를 거쳐 하나의 태극 으로 총괄된다. 이것이 만물상 현미론에서 일리一理로 개괄槪括되는 순 서이다. 이는 서양의 논리학에서 종개념種概念으로부터 최고류개념最高 類概念까지 개괄되는 것과 유사하다.

3) 현미론顯微論의 원칙原則

현미론顯微論은 두 측면이 있으나, 운용할 때는 동일한 원칙이 적용 된다. 현미론은 그 원리인 '현미무간顯微無間'에서 도출된 현중유미顯中 有微(顯 중에 微가 있음), 현표미리顯表微裏(顯은 表面에 있고 微는 裏面에 있음), 현일미다顯一微多(顯한 것은 하나이나 微는 여럿임)의 세 가지 원 칙에 의하여 운용된다.

첫째 현중유미顯中有微의 원칙에 대하여 주자는 다음과 같이 말한다.

> 천지天地가 이미 확립確立되면, 이 리가 또한 있다. 이것이 현顯 중에 미微가 있는 것이다.[40]

현미론은 물상간物上看하는 것이므로 현미론을 적용하려면 이미 어 떤 사물이 존재해야 한다. 여기서는 천지天地가 바로 그 사물이다. 천지 天地가 존재하게 되면 거기에는 반드시 형상形象이 나타나게 되는데, 이

---

40 『朱子語類』 671213, 易3, "天地旣立, 此理亦存, 此是顯中有微."

드러난 형상은 골자인 미微를 싸고 있다. 그러므로 골자는 형상을 벗어나서 존재할 수 없다. 즉 형상이 드러내고 있는 모습의 범위 안에 골자가 있다.

> 형색形色은 곧 바로 천성天性이니, 형색形色을 떠나서 별도로 천성天性이 있는 것이 아니다.[41]

맹자孟子가 말한 형색形色은 바로 형상形象이니, 이 형상形象과 천성天性은 일치一致한다. 다만 표면에 드러나서 보이는 것은 형상이고, 그 골자인 천성天性은 그 이면裏面에 있는 것이므로 형상을 벗어날 수 없다. 이는 표리일치表裏一致, 내외일치內外一致, 상하일치上下一致를 말하는 현미무간顯微無間의 원리에서 바로 도출되는 것이다. 체용론에서 보면 체가 용을 규정하지만, 현미론에서 보면 역逆으로 현顯이 미微를, 즉 형상形象이 골자를 규정한다. 이것이 현중유미顯中有微의 원칙이다.

둘째 현표미리顯表微裏의 원칙에 대하여 주자는 다음과 같이 말한다.

> 어떤 이가 묻기를, "지성至誠과 지성至聖은 역시 체용으로 말할 수 있는 것 아닙니까?" 하니, 답하기를, "체용과는 같지 않다. 다만 표리로 말할 수 있다."고 하였다.[42]

지성至聖은 성인聖人의 덕德이 발현發現하여 표면表面에 드러난 것이고, 지성至誠은 그의 골자로서 이면裏面에 있는 것이다. 표리表裏 대신에 내외內外·상하上下로 말하기도 하는데, 의미하는 바는 같다. 현표미

---

41 『朱子大全』 300219, 「答汪尙書」, "形色卽是天性, 非離形色別有天性."
42 『朱子語類』 644403, 中庸3, "或曰至誠至聖, 亦可以體用言否. 曰體用也不相似, 只是說得表裏."

리顯표미리顯表微裏의 원칙은 현중유미顯中有微에서 파생된 것으로서 시간성時間性을 배제하고 현顯과 미微, 즉 형상形象과 골자가 표리表裏·내외內外·상하上下의 관계 속에 있다는 것이다. 그러므로 현顯인 형상形象은 감각기관을 통해 직접적으로 감지感知할 수 있으나, 미微인 골자는 형상形象을 통해 간접적으로 추리하여 알 수 있는 것이다.

체용론은 시간상의 체계이지만 하나의 사물에 한정되는 것이 아니라 여러 사물을 포괄할 수 있고, 현미론은 공간상의 체계이지만 어느 한 시점時點에만 한정되는 것이 아니라 시점을 달리한 과거의 여러 형상을 포함할 수 있다.

셋째 현일미다顯一微多의 원칙에 대하여 주자는 다음과 같이 말한다.

> 한 물건 가운데에서 그 당연하여 그만둘 수 없는 것과 그 그런 이유를 바꿀 수 없는 것이 있지 않음이 없으니, 반드시 겉과 속, 정밀한 것과 거친 것에 다하지 않음이 없다.[43]

한 사물에는 소당연지칙所當然之則과 소이연지고所以然之故의 두 리가 있으며, 표表·리裏, 정精·조粗의 리가 있다. 하나의 형상形象은 이런 리들을 그 속에 모두 내함內含하고 있다. 이 리들은 골자로서 여러 층차層次를 이룬다. 즉 평면적으로 나열되어 있는 것이 아니라 하위로부터 상위로 놓여져 있다. 이는 유행적 체용론을 거꾸로 보는 것과 같다. 즉 유행적 체용론은 최상위最上位의 체로부터 아래로 내려오면서 분기分岐되고, 그 분기점이 각각 새로운 체가 되는데, 현미론에서는 최하위最下位의 형상形象으로부터 역으로 최상위最上位의 골자에 이르기까지 다층

---

43 『大學或問』36板03, "自其一物之中, 莫不有以見其所當然而不容已, 與其所以然而不可易者. 必其表裏精粗, 無所不盡."

多層의 골자가 있는 것이다. 만일 이에 시간성을 적용한다면 체용론은 현재에서 미래의 방향으로 전개되는 것이며, 현미론은 현재에서 과거로 소급하는 것이다. 결국 현일미다顯一微多의 원칙은 각 형상形象은 자신만이 유일唯一하게 가지고 있는 골자가 있고, 다른 형상과 공유共有하고 있는 골자도 있다는 것이다.

한편 이 현일미다顯一微多의 원칙은 현이미동顯異微同의 원칙을 함축含蓄한다.

> 예의禮儀는 삼백 가지이고 위의威儀는 삼천 가지이나, 반드시 인仁을 얻어 골자로 삼는다.[44]

예의禮儀와 위의威儀는 현顯한 형상形象이고, 인仁은 미微한 골자이다. 그런데 현顯한 것은 삼백 삼천 가지로 다르지만 거기에는 동일한 하나의 골자가 있다. 하나의 형상에 하나의 골자가 대응하고, 나아가 서로 다른 두 개의 형상에도 동일한 하나의 골자가 대응한다. 밀접하게 연관관계를 맺고 있는 것부터 점차 수를 늘려나가도 여전히 동일한 하나의 골자가 있다. 이것이 현이미동顯異微同의 원칙이다. 이는 여러 개의 형상에 있는 최하위의 골자들을 점차 상위로 상승하면서 개괄해 가는 것이다. 그렇게 하였을 때 최상위最上位의 골자는 그 하위의 여러 형상 속에 동일하게 분포되어 있다.

---

44 『朱子語類』 980605, 張子之書1, "禮儀三百, 威儀三千, 然須得仁以爲骨子."

6. 체용이론體用理論의 운용運用

위에서는 주로 존재론적 측면에서 각각 체용론體用論과 현미론顯微論으로 나누어 고찰하였다. 여기서는 존재론적 측면이외에 인식론적 측면을 추가함과 동시에 체용론과 현미론을 종합하여 고찰하고자 한다. 이는 시간과 공간의 종합이며, 자연법칙과 사유법칙의 종합이다.

주자는『역학계몽易學啓蒙』에서 체용이론體用理論의 운용運用 사례事例를 다음과 같이 제시한다.

옛날에 복희씨가 천하를 다스릴 때, 우러르면 하늘에서 상象을 관찰하고, 구부리면 땅에서 법法을 관찰하였다. 새 및 짐승의 무늬와 천지天地의 마땅함을 관찰하였으며, 가까이는 몸에서 취하고, 멀리는 물건에서 취하였다. 이에 처음으로 팔괘八卦를 지음으로써 신명神明의 덕德을 통通하고 만물의 정情을 분류하였다.[45]

역易에는 태극太極이 있으니. 이것이 양의兩儀를 낳고, 양의가 사상四象을 낳고, 사상이 팔괘八卦를 낳는다.[46]

주자는 위의 내용에 대하여 아래와 같이 해설한다.

① 대개 하늘과 땅 사이에 가득 찬 것은 태극·음양의 묘妙가 아닌 것이 없다. 성인聖人이 이에 우러러 보고 구부려 살피며, 멀리서 구하고 가까이서 취함에 진실로 마음속에 초연히 묵계黙契한 것이 있었다. ② 그러므로 양의兩儀가 아직 나뉘지 않아서 혼연渾然한 태극일 때부터 양의兩儀·사상四象·육십사괘六十四卦의 리가 이미

---

45 『周易』「繫辭下傳」2章, "古者包羲氏之王天下也, 仰則觀象於天, 俯則觀法於地, 觀鳥獸之文, 與地之宜, 近取諸身, 遠取諸物. 於是始作八卦, 以通神明之德, 以類萬物之情."
46 『周易』「繫辭上傳」11章, "易有太極. 是生兩儀, 兩儀生四象, 四象生八卦."

그 가운데에 찬연粲然하였다. ③ 태극이 양의로 나뉘면, 태극은 본디 태극이고 양의는 본디 양의이다. 양의가 사상四象으로 나뉘면, 양의는 다시 태극이 되고 사상은 다시 양의가 된다. ④이로부터 미루어 나가면, 4로부터 8로, 8로부터 16으로, 16으로부터 32로, 32로부터 64로 그리하여 백천만억百千萬億의 무궁한 데까지 이른다. ⑤ 비록 (卦爻의) 획畫을 그린 데에 나타난 것은 선후先後가 있어 인위적인 것에서 나온 것 같으나, 이미 정해진 모양과 이미 이루어진 형세形勢는 진실로 이미 혼연渾然한 가운데 갖춰져 있어서, 그 사이에 털끝만한 사려思慮나 작위作爲도 용납하지 않는다.[47]

복희씨伏羲氏는 고개를 들어 위를 볼 때는 천문天文을 관찰하고, 고개를 숙여 아래를 볼 때는 지리地理를 살피며, 날짐승과 길짐승의 양태樣態를 관찰하고, 기후와 토질을 살폈다. 아울러 가까이는 자신의 몸에서 취하고 멀리는 다른 물건에서 취하였다. 이런 관찰을 바탕으로 하여 처음으로 팔괘八卦를 지음으로써 만물의 덕德을 알 수 있었고 만물을 분류할 수 있었다. 위로는 하늘부터 아래로는 땅까지, 가까이는 사람의 몸으로부터 멀리는 모든 만물에 이르기까지 모든 것을 살펴본 결과, 그들은 모두 음陰과 양陽으로 총괄할 수 있으며, 이는 다시 태극으로 총괄된다는 것을 알았다. "역유태극易有太極"은 이를 한 마디로 요약하여 말한 것이다. 이는 현미론이다. 사물 하나하나를 분석하는 것은 일물상현미론을 적용한 것이고, 여러 사물을 종합적으로 관찰하여 태극·음양

---

47 『性理大全』「易學啓蒙」, 原卦畫第2, "①蓋盈天地之間, 莫非太極陰陽之妙. 聖人於此, 仰觀俯察, 遠求近取, 固有以超然而黙契於其心矣. ②故自兩儀之未分也, 渾然太極, 而兩儀四象六十四卦之理, 已粲然於其中. ③自太極而分兩儀, 則太極固太極也, 兩儀固兩儀也. 自兩儀而分四象, 則兩儀又爲太極, 而四象又爲兩儀矣. ④自是而推之, 由四而八, 由八而十六, 由十六而三十二, 由三十二而六十四, 以至于百千萬億之無窮. ⑤雖其見於摹畫者, 若有先後, 而出於人爲. 然其已定之形, 已成之勢, 則固已具於渾然之中, 而不容毫髮思慮作爲於其間也."

으로 총괄하는 것은 만물상 현미론을 적용한 것이다.

대개 우레(震), 물(坎), 산(艮), 하늘(乾)에서는 각각 양陽의 상象을 보았고, 바람(巽), 불(離), 못(兌), 땅(坤)에서는 각각 음陰의 상象을 보았다. 우레(☳)는 양陽이 아래에 있어 동動하고, 물(☵)은 양陽이 가운데에 빠져있고, 산山(☶)은 양陽이 위에 멈춰있고, 하늘(☰)은 양陽으로만 되어 강건剛健하다. 이들은 겉으로 드러나는 상象은 모두 양陽이며, 양陽이 골자로 있으며, 양陽이 주도主導하는 양괘陽卦들이다. 한편 바람(☴)은 음陰이 양陽 밑으로 파고들며, 불(☲)은 음陰이 양陽 사이에 걸려있고, 못(☱)은 음陰이 두 양陽 위에 있어 즐겁고, 땅(☷)은 음陰으로만 되어 있어 순順하다. 이들은 겉으로 드러나는 상象은 모두 음陰이며, 음陰이 골자로 있으며, 음陰이 주도主導하는 음괘陰卦들이다.[48] 그러나 이들을 다시 고찰해 보면 모두 태극이 골자로 들어 있다. 주자 해설 중 ①은 자연이 본래 그러한 것을 성인聖人이 그 형상形象을 면밀히 관찰하여 그 골자를 깨달았다는 것이다.

이렇게 해 놓고 보니 우주 전체가 하나의 태극으로 총괄되었다. 우주는 하나의 큰 물건으로서 대통체大統體이고, 하나의 유기적有機的 통일체統一體이다. 이제 여기서부터 체용론을 적용하기 시작한다. 이때는 아직 음陰과 양陽 둘로 나뉘지 않은 시기時期로서 혼연渾然한 태극뿐이다. 그러나 이 통체 속에는 이미 미래에 전개될 리상理象이 모두 뚜렷이 갖춰져 있다. 이는 통체의 구조를 분석하면 알 수 있는 것이다. 통체는

---

48 『朱子語類』 760617, 周易12, "以通神明之德, 以類萬物之情, 盡於八卦, 而震巽坎離艮兌又摠於乾坤. 日動日陷日止, 皆健底意思. 日入日麗日說, 皆順底意思. 聖人下此八字, 極狀得八卦性情盡."

·八卦를 陽四宮과 陰四宮으로 나누는 것은 八卦가 이미 生成된 후에 그 統體의 形象을 통일적으로 관찰하여, 그 象과 德을 가지고 나눈 것이다. 이는 物上看의 顯微論을 적용한 것이다.

무구조無構造의 단일체單一體가 아니라 유기적有機的 복합체複合體이므로 분석해낼 수 있다.[49] 주자 해설 중 ②는 유행적 체용론 중의 체중유용體中有用의 원칙을 말한 것이다. 이때 주자 해설 중 ①속에 있는 태극은 현미론에서 말하는 최상위最上位 골자로서의 태극이고 ②속에 있는 태극은 체용론에서 말하는 최상위最上位·최시초最始初의 체로서의 태극이다. 다만 이 양자兩者는 완전히 동일하다. 이를 분명히 하기 위하여 「계사전繫辭傳」에서는 "역유태극易有太極 시생양의是生兩儀"라 하여 태극 대신에 '시是'자字를 사용하였다. 현미론의 골자가 바로 체용론의 체로 전환하는 것이다. 이는 현미론과 체용론이 통합되는 자리로서 공간상의 체계인 현미론이 시간상의 체계인 체용론과 통합되는 것이다. 다만 물상간物上看의 현미론에서는 리와 기氣를 함께 논하지만, 리상간理上看의 체용론은 주로 리와 덕德을 논한다. 체용론에서는 시간의 선후가 있기 때문에 미래는 아직 오지 않았고, 그때에는 어떤 사물도 아직 존재하지 않으며, 단지 리만이 존재한다. 그러므로 주자는 해설 ②중에서 '양의兩儀·사상四象 등이 있다'고 하지 않고, 그 '리가 있다'고 하였다.

이렇게 통체지리統體之理로서의 태극이 확립되면, 이 태극은 양陽과 음陰으로 분열分裂한다. 이 양陽은 다시 소음少陰과 태양太陽으로 분열하고, 음陰은 다시 소양少陽과 태음太陰으로 분열한다. 이때 태극은 양陽과 음陰 속으로 유행하고, 이 양陽(一)은 소음少陰(==)과 태양太陽(==)의 하효下爻로, 음陰(--)은 소양少陽(==)과 태음太陰(==)의 하효下爻로 유행한다. 그리하여 최시초最始初의 태극은 양의兩儀를 거쳐 사상四象으로까지 유행한다.[50] 주자 해설 중 ③은 이를 설명한 것으로서, 최시초最

---

49 形而下者는 무한히 분석해 가더라도 單一者로 되지 않는다. 어떤 것이든 表裏, 上下, 左右 등은 있다. 결국 유기적 복합체란 陰과 陽의 결합구조를 갖는 복합체이다.
50 『朱子語類』 270217, 論語9, "太極便是一. 到得生兩儀時, 這太極便在兩儀中. 生四象時, 這太極便在四象中. 生八卦時, 這太極便在八卦中."

始初의 태극이 양의兩儀, 사상四象, 팔괘八卦에까지 관류貫流하는 것을 밝힌 것이다. 그리고 ④는 체용이 팔괘, 육십사괘에서 끝나는 것이 아니라 끊임없이 무궁토록 이어져 내려가면서 유행함을 말한 것이다. 이는 유행적 체용론이다.

⑤는 이런 설명이 모두 인위적인 것처럼 보이지만 이는 결코 인위人爲가 아니며 자연이 본래 그러한 것임을 다시 확인하는 것이며, 또 용에 나타난 모양과 형세는 모두 이미 체인 태극 속에 있었던 것이 발현한 것뿐이지 사람이 작위적으로 만들어 낸 것이 아니라는 것을 밝힌 것이다. 이는 발현적 체용론이다.

생각건대 현미론의 원칙에 따라 통체의 구조를 분석하여, 통체의 덕德과 리를 알면, 그후 미래의 전개과정은 체용론의 원칙에 따라 최시초最始初의 태극이 그대로 유행·발현하는 것이므로 미래를 예측할 수 있다. 현미론을 통하여 현재를 알고, 체용론을 통하여 미래를 안다. 현재는 현미론의 원칙에 따라 존재하고, 미래는 체용론의 원칙에 따라 전개된다.

7. 결론

체용이론體用理論은 동양의 자연논리학自然論理學이다. 체용론은 연역법과, 현미론은 귀납법과 유사하다. 각각의 운용방법도 그러하고, 양자의 상호관계도 그러하다. 그러나 동서 논리의 가장 큰 차이점은 서양의 것이 정적靜的인데 비하여 동양의 것은 동적動的이고, 서양의 것이

·太極으로부터 兩儀, 四象, 八卦로 生成되어 가는 것은 太極이 流行·發現하는 과정이다. 이때는 理上看의 體用論이 적용된다.

요소要素 중심인데 비하여 동양은 관계 중심이다. 그리고 서양의 '개념'은 시공을 초월하여 고정되는데 비하여 동양의 체나 골자는 고정되지 않는다. 특히 '개념'은 우유적偶有的 속성屬性을 사상捨象한 다음 공통적 속성을 추상抽象하여 만들어지며, 그 '개념'은 외연外延을 원소로 하는 집합적集合的 성질을 갖는다. 따라서 서양의 논리학은 집합集合(外延)의 크기에 따른 종속관계를 기반으로 추리한다.

한편 동양의 자연논리학은 자연의 법칙에 따라 추리한다. 체용론의 체는 Hegel의 '개념'에 더 가깝다. 그는 "개념을 자기전개自己展開하는 〈실체적實體的인 힘〉(Substantielle Macht)'으로 본다"고 한다.[51] 현미론에서 형상을 통하여 찾고자 하는 골자는 그 형상이 그렇게 되도록 해주는 것이 무엇인가를 찾는 것이고, 그런 힘을 가진 골자가 체용론의 체로 전환되었을 때는 자기전개自己展開하는 힘을 가지고 있으므로 그대로 유행·발현할 것이라는 전제 하에 추리하는 것이다.

생각건대 주자의 철학은 철저하게 체용이론에 입각하고 있다. 그러므로 서양의 형식논리학과 같은 논리분석법으로는 도저히 접근할 수 없다. 같은 '용어(글자)'를 사용하면서도 현미론적 관점(物上看)과 체용론적 관점(理上看)에 따라 그 함의含意를 달리한다. 그런데 이것을 분간하지 않고 같은 것으로만 보면서 용어 사용이 정밀하지 못하다고 하는 것은 잘못이다. 결국 동서양의 철학은 관심분야도 다르고, 연구방법도 다르고, 그 표현방법도 다르다.

동양의 철학자들은 이 체용이론을 자유롭게 구사하였다. 다만 서양의 철학자들처럼 정비된 형식으로 서술하지 않은 것뿐이다. 그러나 이것도 그들의 철학 방법이었던 것이다. 최근까지도 서양의 철학자들처

---

51 朴鍾鴻, 『一般論理學』(博英社, 1987), 26쪽 註(2)에서 再引用.

럼 일정한 주제를 가지고 자기 이론을 전개하는 저술이 없이 단지 편지를 수집해 놓는 것으로 저술을 대신하거나, 논술을 하더라도 문답식 방법을 주로 사용하는 이유가 여기에 있는 것이다.

호체론互體論의 발전과 그 역학적易學的 의미*

최인영

호체互體는 드러나지 않는 의미나 감추어진 복잡다단한 관계적 양상을 필요에 따라 끄집어내어 포괄적인 해석을 할 수 있으니 호체互體를 떠나서 역易을 해석하기는 어렵다. 호체는 이렇게 『주역』을 폭넓게 해석할 수 있는 긴요한 방법임에도 불구하고 그동안 체계적 연구가 미비하였다. 『주역』 64괘를 자연의 물상과 사람 등을 관련시켜 해석하는 것은 의리학파나 상수학파나 다를 바가 없다. 본 논문은 역학사易學史에서 호체가 어떻게 논의되어 왔는지 그 양상을 살펴보고, 향후 호체론互體論 연구의 발전방향을 제시해 보고자 한다.

1. 이끄는 말

『주역周易』 해석에는 호체[호괘]가 많이 활용되고 있다. 본괘 괘체와 괘상을 근거로 한 해석이 한계에 부딪혔을 때 호체에 의한 해석이 가장 용이하였던 것이다. 그러므로 호체 해석은 쉽게 발견할 수 있으나 호체에 대한 체계적 연구는 미비하다. 본 논문은 호체를 떠나서 『주역』 해석이 어려운 만큼 호체론互體論에 대한 체계적인 연구 필요성을 제시

---

* 최인영(동방대학원대). 이 글은 『한문고전연구』33, 한국한문고전학회(2016. 12.)에 게재된 것임을 밝혀둔다.

해 보고자 한다. 호체론이 처음부터 역학에서 중시되어 온 이론은 아니다. 특히 의리역학에는 별로 중시되지 않았으며 일부 상수역 속에서 간단히 논의되어 오다가 점점 다양한 해석을 위하여 없어서는 안 될 해석 방법의 하나로 발전된다. 즉 상象과 수數가 의리義理를 드러내고 결정한다는 '상수학적象數學的'인 관점에서 해석하는 학자들 사이에 전편에 걸쳐 가장 많이 사용된 방법이다. 이와 다르게 상과 수는 의리에 근본하여 성립된다고 주장하는 '의리학적'인 입장에서는 호체론을 조금씩 필요에 따라 쓰면서도 가볍게 다루는데 그쳤다.

본고에서는 중국 춘추시대부터 청대까지 내려오는 문헌의 내용을 토대로 호체 활용을 검토해 보고 호체 상에서 비롯된 여러 점괘 해석도 더불어 살펴보고자 한다. 경방京房에 의하여 정립된 호체 설은 한대漢代의 역을 정종으로 삼은 최경崔憬(생몰연대 미상)과 명대明代의 래지덕來知德(1525~1609)을 비롯하여 조선의 조호익曹好益(1545~1609)과 서명응徐命膺(1716~1787) 그리고 정약용丁若鏞의 다양한 호체법 등으로 발전하여 왔으며 특히 정약용丁若鏞은 대호大互, 겸호兼互, 도호倒互, 복호伏互, 반합牉合, 양호兩互 등의 다양한 형태들을 고안하여 호체법에 포함시키기도 하였다.

본 논문은 호체설이 변효가 없거나 애매모호한 괘를 풀어나가는 획기적인 해석법의 하나로 매우 유용하게 쓰였다는데 주목하여 호체의 기원설, 호체론의 역학적 이해, 중국의 발전양상, 한국의 발전 양상을 고찰해 보고 많은 취상의 해석 방법 중에서 호체론이 지니는 의의를 조명해 보고자 한다.

2. 호체互體의 기원설起源說

호체설이 최초로 출현한 문헌[1]은 『춘추좌씨전春秋左氏傳』[2]이다. 송대 宋代 왕응린王應麟[3]이 쓴 『곤학기문困學紀聞』에 의하면 전한시대 경방京 房[4]은 이二·삼三·사위四位의 물상을 가리켜 '호체'라 하였고 삼효三爻에 서 오효五爻에 이르는 것을 약상約象이라 하였으니[5] '호체'라는 용어를 최초로 활용한 사람은 경방이라 하였다. 황종의黃宗羲[6]는 성인이 역경 을 저술한 시기가 『춘추좌씨전』이 나온 시기로부터 얼마 되지 않기에 반드시 근거를 가질 것이라고 추정하였고[7] 장정랑張政烺[8]은 호체설의 근거를 은허의 갑골 복사卜辭에까지 거슬러 올라가 찾고 있다.[9] 발굴된 은허의 복사에서는 다양한 조합의 숫자 괘들이 발견되었다. 즉 세 개의 수가 모인 것. 네 개의 수가 모인 것. 여섯 개의 수가 모인 것 등이다.

이 중에서 세 개 수의 조합과 여섯 개 수의 조합은 소성괘와 대성괘 로 보고 네 개수의 조합을 장정랑은 초효初爻와 상효上爻를 제외한 호

---

1 본 논문 4장 중국의 호체 발전양상, 1) 春秋時代와 漢代의 象數的 互體說 참조.
2 左丘明, 『春秋左氏傳』, 춘추시대 노나라 『春秋』를 해설한 春秋三傳 가운데 하나, 지금 전하는 것은 전한말기 劉歆 일파가 편찬한 것이다.
3 王應麟(1223~1269), 南宋著名學者, 字 伯斎, 號 深宁居士. 저서로 『困學紀聞』, 『玉海』, 『深宁集』 등이 있다.
4 京房(前77~前37), 『京氏易傳』3권. 본래성은 李氏이다. 자는 君明. 焦延壽의 제자이다. 今文學者, 律學家. (『역학철학사』 권1, 소명출판, 284쪽)
5 方仁, 『다산 정약용의 『주역사전』 기호학으로 읽다』, 예문서원, 2014, 412쪽.
6 黃宗羲(1610~1695), 思想家, 史學家, 易學家. 號 南雷, 字 太冲.
7 黃宗羲 撰, 鄭萬耕 點校, 『易學象數論』권2(中華書局, 2010), 94-95쪽, "夫春秋之說經 者. 去聖人未遠, 其相傳必有自."
8 張政烺, 字는 苑峰, 中國社會科學院 歷史研究員 主任 역임.
9 張政烺 「古代筮法與文王演周易」(中國古文字研究會 第一屆年會上發表, 1978), 張政 烺, 「試釋周初青銅器銘文中的易卦」, 『考古學報』 1980年 第四期(『周易研究論文集』 一, 北京: 北京師範大學出版社, 1990)

체에 해당하는 것이라고 추정하였던 것이다. 복골卜骨에서 발견된 네 개의 숫자로 구성된 괘로는 은허의 복사에서 발견된 "六七七六"[10]과 소둔남지[11]의 갑골에서 발견된 "八七六五"가 있다. 그리고 정명鼎名으로 기록된 네 개의 숫자도 발견되었는데 "八八六八"로 된 숫자 괘이다. 여기서 기수奇數는 양陽으로 우수偶數는 음陰으로 치환시켜보면 "六七七六"은 대과大過의 호체인 태兌(677)와 손巽(776)이 되고 "八七六五"는 기제旣濟의 호체인 감坎(876)과 리離(765)가 되며 "八八六八"은 곤괘坤卦의 호체인 곤坤(886)과 곤坤(868)이 된다. 이것을 금본今本 『주역周易』에 꿰어 맞춘 것은 무리한 추정으로 보이지만 호체일 가능성을 제시한데 대해 부정할 수만은 없을 것이라 하였다.[12] 또한 송대의 마의도자[13] 『정역심법正易心法』에 의하면 "한 괘 가운데는 여덟 괘 모두를 갖추고 있으니 정正이 있고 복伏이 있고 호互가 있고 참參이 있다[一卦之中, 凡具八卦, 有正有伏, 有互有參]"고 하는데 이 호互가 있다는 유호有互의 말은 호체互體를 가리키는 것으로 보인다고 하였다.[14]

『주역』의 원형은 점서이며 점서는 미래를 예측하는 것이다. 그러므로 『주역』은 미래를 예측하는 점서적 무사巫史 문화로부터 시작되었다. 이후 역학 철학사[15]에 나타난 바에 따르면 '상수학파'와 '의리학파' 등 여러 학파 학자들 간의 부단한 독창적 해석 속에 내재되어 있는 내함적

---

10 방인, 『다산 정약용의 『주역사전』 기호학으로 읽다』, 예문서원, 2014, 411쪽 재인용. "六七七六"은 『甲骨文合集』 제9책 (29074片)에 수록되어 있음. 張政烺은 이 卜骨의 연대가 기원전 1200년 전후 즉 周 문왕의 祖父인 太王(古公亶父)이 戎狄의 침입으로 邠땅을 떠나 岐山으로 옮겨간 시기보다 이전 시기라고 추정하였음.

11 小屯南地, 지금의 河南省 彰德府 安陽縣 小屯村 남쪽 지역, 商의 옛 도읍지가 있던 곳이며 殷墟라 불리는 곳이기도 함.

12 방인, 『기호학으로 읽다』, 예문서원, 2014, 412쪽.

13 마의도자, 송나라 때 인물, 觀相의 대가, 저서 『正易心法』이 있다.

14 張政烺, 『張政烺論易叢稿』, 72쪽.

15 朱伯崑, 『역학철학사』, 김학권 외 4명 옮김, 소명출판, 2012.

內涵的 의미가 무사巫史 문화로부터 벗어날 수 있게 하였음을 알 수 있다. 따라서 점서적 영역과 철학적 영역을 포함하여 무한한 독창적 해석을 가능하게 했던 것은 여섯 개의 효로 된 괘체와 괘체에 따르는 卦象의 체계에 있다. 즉 '팔괘'와 '육십사괘'의 괘상은 글이 아닌 --(陰), ─(陽)의 부호로 된 점서적 판단을 철학적으로 해석하여 더욱 광범하게 적용할 수 있었던 것이다. 그러므로 『주역』은 철학적 측면과 점서적 측면을 동시에 포함하고 있게 되었다. 이들 부호에다 당면한 문제를 대입시켜 점서적으로 판단할 수 있는 여지는 괘의 변화에 있고 동효가 없는 괘는 괘 자체를 착종錯綜시켜 보던가 아니면 중효(中爻-二爻와 五爻, 二三四五爻)를 봄으로써 다양하게 해석하고 또 판단하였던 것이다.

주진朱震[16]과 래지덕[17]은 경방 호체설의 의미를 「계사전繫辭傳」下 9장, "물건이 잡다하게 뒤섞이면 덕을 가려야 한다. 옳은 것과 옳지 않은 것을 나누는데 가운데 효가 아니면 갖추지 못한다." (⋯ 若夫雜物撰德 辨是與非. 則非其中爻不備 ⋯)의 구절로 해석한다.[18] 이렇듯 한 개의 괘체에 나타나는 괘상 속에서 中爻(二·三·四·五爻)를 추출抽出해 내는 것이 호체이다. 이후 호체는 상수역학象數易學에서 많이 활용된다.

---

16 朱震(1072~1138), 남송학자, 역학가, 역학사가, 漢上先生이라 불림.
17 來知德(1525~1604), 明代의 역학가. 『明史』, 「儒林傳」에 의하면 『省覺錄』, 『省事錄』, 『理學辨疑』, 『心學晦明解』 등, 그 중 『周易集注』가 가장 뛰어남.
18 윤석민, 「조호익 『易象說』 해석들 분석(1)」, 『동양철학』 40, 2013.

3. 호체론의 역학적 이해

1) 착·종과 호체

괘卦는 홀로, 지속적으로 존재하지 않는다. 서로 섞이고 또 뒤집어지고 바뀌고 하여 변하기 마련인 것이 괘卦이므로 한 개의 괘체卦體는 보는 측면에 따라서 다양한 괘가 생겨난다. 특히 동효動爻가 없을 때는 호체를 내어서 착錯으로 보고 또 종綜으로 풀어나간다. 즉 호체만으로 상과 의를 해석하기도 하지만 광범한 해석을 할 때는 호체 자체를 착하기도 하고 종하기도 하여 서로간의 관계를 관련지어 해석해 들어간다. 이에 시대에 따라 달라진 면이 있는 착종錯綜의 의미에 대해 먼저 간단하게 기술한다. 신성수는 『주역통해周易通解』 '대성괘의 변화원리'에서 지괘之卦, 배합괘配合卦, 도전괘倒顚卦, 착종괘錯綜卦, 호괘互卦가 있다고 하였다. 지괘란 본괘에 동효가 있을 때 바뀌는 괘를 말하고 본괘가 수뢰둔괘水雷屯卦라면 배합괘는 화풍정괘火風鼎卦가 되고 도전괘倒顚卦는 산수몽괘山水蒙卦가 되고 착종괘는 뇌수해괘雷水解卦가 된다. 배합괘란 음효는 양효로, 양효는 음효로 바뀌는 괘이고 도전괘倒顚卦란 초효初爻에서부터 상효上爻까지 순서가 바뀌는 괘이다. 그리고 착종괘란 상괘上卦는 하괘下卦가 되고 하괘는 상괘가 되는 괘의 자리이동을 말하고 있다. 여기서 말하는 착종괘는 이후 말하는 착이나 종의 내용과는 다르다. 상괘와 하괘가 자리바꿈하는 착종이란 말과 다음의 내용에 나오는 착종이란 의미는 같은 글자를 쓰지만 쓰임의 내용이 서로 다르다는 것이다.

배합괘配合卦와 도전괘倒顚卦란 말은 한대漢代의 왕필을 이어 청대淸代까지의 착괘錯卦와 종괘綜卦를 말한다. 먼저 착錯에 대하여 살펴보면 착錯이란 글자는 (자전에 의하면) 갈마들며 교대로 뒤따라 문체를 이룬다는 글자로서 여기서는 음양이 서로 짝을 이루는 의미이다. 그래서 양陽은 음陰과 짝하고 음陰은 양陽과 짝하며 반대로 변하는 것을 착의 의미로 보았다. 예를 들어 건乾괘와 곤坤괘가 짝을 이루고 감坎괘와 리離괘가 짝하는 것 등을 말함이니 착은『주역통해周易通解』의 배합괘에 해당한다고 보면 될 것이다. 종綜은 베틀의 날실을 끌어 올리도록 굵은 실을 매어놓고 위 아래로 오르내리며 베를 짜는 것을 의미한다. 괘의 위아래가 뒤집어지는 의미에서 예를 들면 둔괘屯卦가 몽괘蒙卦가 되는 것처럼 초효에서부터 상효까지 효의 자리가 뒤바뀌는 도치倒置의 경우가 종괘[19]에 해당한다. 이는『주역통해』의 도전괘에 해당한다. 즉 착종이란 음과 양을 짝하는 경우의 착괘와 세로로 세워진 자리 순서를 뒤집어 놓은 종괘를 말하는 것이다. 실제로『주역』의 육십사괘는 착종에 의하여 배열되어 있다.

「상경上經」은 건과 곤의 착괘 관계로 시작해서 종綜(도치倒置의 관계)卦의 관계로 배열되어 있으며 스물일곱, 스물여덟 그리고 스물아홉, 서른 번째에 오면 산뢰이山雷頤, 택풍대과澤風大過와 중수감重水坎, 중화리重火離는 착괘의 관계로 나열되어 있다.

「하경下經」에 와서는 서른한 번째와 서른두 번째에 속하는 택산함澤山咸과 뇌풍항雷風恒의 종괘綜卦(도치倒置) 관계로부터 시작하여 계속 도치의 관계로 나열되다가 육십 하나와 육십 두 번째에 속하는 풍택중부風澤中孚와 뇌산소과雷山小過에 와서는 착괘의 관계로 되어있다. 마지막 육십 세 번째와 육십 네 번째는 서로 착괘의 관계도 되고 종괘의

---

19 來知德,『易注』,「繫辭傳」, "錯者, 陰陽相對, 陽錯其陰, 陰錯其陽, 如伏犧圓圖, 乾錯坤, 坎錯離, 八卦相錯是也, 綜卽今織布帛之綜, 一上一下者也, 如屯蒙之類本是一卦, 在下則爲屯, 在上則爲蒙. …"

관계도 되는 수화기제水火旣濟와 화수미제火水未濟로 끝난다. 이는 육십
네 개의 괘중에서 오십 여섯 개의 괘는 종綜의 관계로 도치되어 있고
도치倒置를 해도 같은 여덟 개의 괘는 음양을 반대로 짝지은 착괘로 배
열하여 놓은 것이다. 『주역』의 육십사괘중 착錯의 관계를 이루는 괘는
건乾·곤坤·감坎·리離·이頤·대과大過·중부中孚·소과괘小過卦 등 여덟괘
이다. 종綜의 관계는 오십 여섯괘이다. 착과 종을 겸하는 괘들은 태泰·
비否·수隨·고蠱·점漸·귀매歸妹·기재旣濟·미제未濟등 여덟괘이다.

남송 채연蔡淵[20](대대待對와 유행流行을 맨 먼저 말함)의 영향을 받은
명대明代의 래지덕은 착錯을 대대待對[21]의 이치로 설명하였고 종綜을 유
행流行[22]의 이치로 설명하며 천지조화의 이치를 논하였다. 여기서 알 수
있는 것은 착錯과 종綜, 대대對待와 유행流行은 천지 사이에 일어나는
현상을 가리키고 있다는 것이다.

명대明末 청초淸初 왕부지王夫之[23]는 착과 종을 명明과 유幽로 말하였
는데 즉 종괘는 거꾸로 뒤집어서 보아도 확연하게 드러나는 괘이므로
명明이라 말하였고 뒤집어도 같은 괘는 의미가 드러나지 않으므로 음
양을 반대로 짝지어서 은밀한 의미를 드러나게 하는 착괘는 유幽라고
말한 것이다.[24] 이는 명대의 래지덕 학설을 더욱 발전시킨 왕부지의 독
특한 견해이기도 하다. 래지덕은 착괘의 관계를 서로 대대對待를 이루

---

20 蔡淵, 『周易訓解』, 『易象意言』, 『卦爻詞旨』 등, 남송시기 理學家, 蔡元定의 長子.
21 來知德, 『易經字義』, 「錯」, "天地造化之理, 獨陰獨陽, 不能生成. 故有剛必有柔, 有男
　必有女, 所以八卦相錯, 八卦旣相錯, 所以象卽寓於錯之中."
22 來知德, 『易經字義』, 「錯」, "蓋易以道陰陽, 陰陽之理, 流行不常, 原非死物膠固一定者.
　故顚之倒之, 可上可下者, 以其流行不常耳."
23 王夫之(1619~1692), 중국 호남성 형양출생, 字 三三, 而農. 號 강재, 매강옹 등 多,
　文史哲에 두루 달통.
24 王夫之, 『周易內傳』 권1, "易者 互相推移以摩盪之謂 …『易』之用. 純乾純坤, 未有『易
　』也, 而相峙以立則『易』之道在, 而立乎至.足者爲『易』之資 '屯 蒙'以下, 或錯而幽明易
　其位, 或綜而往復易其幾." 김진근 옮김, 학고방, 2014, 3-4쪽.

는 관계로 해석하여 「설괘전說卦傳」의 3장[25]에서 건乾과 곤坤을 첫머리에 둔 것은 팔괘의 대대를 설명하기 위해서이고 4장[26]에서 끝에 둔 것은 팔괘의 대대가 만물을 생성하는 공적을 논하기 때문이라 하였다. 이 설說은 이후 건乾과 곤坤이 『주역』 육십사괘의 본체가 되어 육십 이괘를 세우는 건곤병건乾坤並建과 이를 논증하기 위해 양의 이면에는 음효가 있고 음효의 이면에는 양효가 자리 잡고 있어 한 괘는 6위가 아니라 12위가 된다는 왕부지의 건곤병건설乾坤並建說로 발전하게 된다.

『주역』 괘들을 순서대로 해석하는데 착종설錯綜說을 맨 처음 사용한 사람은 당대唐代의 공영달孔穎達[27]이다. 그러나 공영달은 착종설로 경經과 전傳의 문구들을 해석하지는 않았지만 래지덕은 상象을 중심에 두고 착종설과 변효와 호체를 점서의 해석 틀로 삼았다. 이는 공영달의 『주역정의주소周易正義注疏』 비복즉변설非覆卽變說[28]에 대한 래지덕의 철학적 해석으로서 역易 철학사에서는 획기적인 진전으로 보고 있기도 하다.[29] 래지덕에 의하면 여섯 개의 효는 변한 후에도 여전히 착종錯綜과 중효中爻의 변화가 있어서 음양 순환의 이치를 체현하고 있다고 하면서 爻에 대한 해석은 주로 착종, 효변, 중효(호체) 등에 의하여 상象과 의의(卦德)를 취한다고 하였다.

예를 들어 건도乾道의 변화는 예측할 수 없는 것이기에 구姤로 상징

---

25 「설괘전」 3장, "天地正位山澤通氣, 雷風相撲, 水火不相射, 八卦相錯."

26 「설괘전」 4장, "雷以動之, 風以散之, 雨以潤之, 日以烜之, 艮以止之, 兌以說之, 乾以君之, 坤以藏之."

27 孔穎達(574~648), 『周易』, 『左傳』, 『尙書』, 『毛詩』, 『禮記』에 주석을 달아 『五經正義』를 편찬, 河北의 冀州사람, 唐代의 유명한 경학가.

28 (魏)王弼 (晉)한강백주, (唐)孔穎達疏, 『周易正義』, 「序卦傳」, "因卦之次, 托以明義, 則變以對之, 乾 坤 坎 離 大過 頤 中孚 小過之類是也. 且聖人本定先後, 若元用孔子序卦之意, 則不應非覆卽變."

29 주백곤, 『역학철학사』 권6, 김학권 외 4명 옮김, 2012, 69쪽.

되고 초구初九가 변하면 손괘巽卦가 되고 손巽의 착괘錯卦가 진진震卦가 되므로 용龍의 상象이 있고 곤괘 역시 건괘의 착괘이므로 건곤 모두 용의 상象으로 해석될 수 있다고 하였다.[30] 그리고 곤괘 상육효上六爻가 변하면 간괘艮卦가 되고 간괘가 종綜이 되면 진震이 되므로 곤괘 상육 역시 용의 상象이 있다고 하였다.[31] 지금까지 동동動하는 효가 드러내는 지괘之卦와 종綜의 의미 그리고 종綜해도 같은 괘는 음양을 반대로 하여 상象과 의의義를 해석해 들어가는 착착錯의 의미를 살펴보았다. 대대對待와 유행流行이 천지 사이에 일어나는 현상이라면 호체互體는 내면의 현상이 된다.

2) 호체互體와 중효中爻의 의미

다음은 호체를 이루는 중효中爻에 대하여 살펴볼 것이다. 호괘 역시 호체를 말한다. 호체를 구하려면 본괘의 중효에 속하는 이·삼·사·오효가 호체를 구성하는데 즉 이·삼·사효는 호체의 하괘下卦[內互體],가 되고 삼·사·오효는 호체의 상괘上卦[外互體]가 된다. 삼효와 사효는 하괘와 상괘에 중복된다. 그러므로 호체는 괘 자체가 변하는 측면에서 보는 것이 아니라 상효와 초효를 제외한 가운데 네 효(이·삼·사·오효)를 교호交互시켜서 관련된 물상을 주로 보기 때문에 호체를 중효中爻라고 부르기도 한다. 지괘之卦와 호체互體(卦)의 의미는 예전이나 지금이나 달라진 바는 없지만 경방으로부터 시작되는 호체를 호괘가 아니라 호체라 부르는 견지에서 살펴보면 경방 역시 '괘체의 중효中爻'로 말하기

---

30 來知德, 『易注』, "「乾」潛, 藏也, 象初. 龍陽物, 變化莫測, 亦猶乾道變化, 故象姤. 且此爻變巽錯震, 亦有龍象."
31 來知德, 『易注』, "「坤」六陽爲龍, 坤之錯也, 故陰陽皆可以言龍, 且變艮綜震, 亦龍之象也, 變艮."

때문에 호괘가 아닌 '호체'라고 말했을 것이라고 본다.[32]

『주역』육십사괘를 해석할 때 자연의 물상을 사람과 관련시켜 해석한 측면에서는 경학파나 상수학파나 같았다고 보지만 호체는 주로 상수역학자 경방이나 우번 소강절 등에게서 많이 연구하고 활용한 흔적을 쉽게 찾아 볼 수 있다. 좀 아이러니 한 것은 의리역학파인 정이程頤[33]의 문인이었던 주진朱震[34]이나 역시 정주程朱학파의 문인이었던 호병문胡炳文[35]등은 상수학적 견해를 적극 수용하였으니 리理학파들의 냉랭한 외면 속에서도 호체는 꾸준히 이어져 왔던 것이다. 『사고전서총목제요四庫全書總目提要』는 청대의 이공李塨[36]이 쓴 『주역전주周易傳注』를 다음과 같이 평가하였다. "이 책은 상象을 자세히 살피는 것을 위주로 하고 역시 호체를 겸하여 사용하고 있다"고 하였다.[37] 이 말은 청대淸代의 이공李塨은 주로 호체를 많이 사용하여 괘사卦辭나 효사爻辭의 물상을 살펴보았다는 말이다.

즉 그들은(경학파나 상수학파) 호체를 쓰지 않고 괘사나 효사를 해석할 수 없었지만 비교해 보면 경학파는 호체를 쓰면서도 드러난 상의 이면에 근원하는 의미가 근본이라 생각하고 있었기에 즐겨 쓰지 않았을 뿐이고 상수학자들은 『주역』속에 존재하는 문사文辭의 모든 구절은 성인이 자의적으로 지어낸 것이 아니라 상象과 수數에 근거해 있음을

---

32 신성수,『주역통해』「호괘」를 바로잡으려는 것이 아니다. 그러나 호체는 본괘 자체에서 初爻와 上爻를 제외한 中爻로 보기 때문에 이후 본 논문 내용에서 호괘가 아닌 호체라는 명칭으로 부르는 이유가 되기도 한다.

33 程頤(1033~1107), 字 叔正, 伊川先生이라 불림.

34 朱震(1072~1138), 남송학자, 역학가, 역학사가, 漢上先生이라 불림.

35 胡炳文(1250~1333), 胡一桂의 子. 字 仲統, 號 雲峰胡氏 술수학, 중의학자.

36 李塨(1659~1733),『周易傳注』,『論語傳注』,『李塨後集』등. 淸初 河北省 蠡縣 출신, 字 剛主, 號 恕穀.

37 『四庫全書總目提要』, "大抵以觀象爲主, 而亦兼用互體."

증명하는데 목적을 두고 호체를 즐겨 활용한 차이점만 있을 뿐이다. 이를 미루어 보았을 때 동효動爻가 있는 괘는 지괘之卦로, 동효가 없는 괘는 착종錯綜과 호체互體를 중심으로 수많은 역학자들은 즐겨 해석하여 왔던 것을 알 수 있다.

또한 살펴보건대, 호체에서 '초효와 상효를 제외하는 이유'를 분명하게 설명해 놓은 것을 필자는 발견하지 못했지만 왕필王弼과 서명응徐命膺의 견해를 참고하면 다음과 같다.

왕필[38]은 의리적 해석을 지향한 사람으로서 호체를 배척한 사람이다. 초효와 상효에 대하여 왕필은 『주역약례周易略例』에서 이렇게 말하였다. 무릇 위位라는 것은 귀천貴賤으로 나열되어 있는 곳으로써 재능이 결정되어 쓰이기를 기다리는 곳이다. 효爻에는 분담된 소임을 지켜야 하는 자리이고 응하는 귀천의 순서라는 것이 있다. 자리에는 높고 낮음이 있다. 효에는 음양이 있다. 높은 것은 결정하고 다스리는 바의 양陽이고 낮다는 것은 다스려지는 바의 음陰이다. 그러므로 존귀尊貴한 것은 양陽자리가 되고 낮은 것은 음陰자리가 된다. 초효와 상효의 자리를 나누어 말해 본 즉 삼효와 오효는 각 한 괘의 높은 곳에 있으니 역시 어찌하여 양陽자리라 이르지 않을 수 있겠는가? 이효와 사효는 각각 한 괘의 아래에 있으니 역시 어찌하여 음陰의 자리라 말하지 않을 수 있겠는가? 초효와 상효는 괘체卦體의 처음과 끝이고 일의 먼저와 나중이다. 그리고 초효와 상효 자리에는 항상된 직분이 없고 일에는 항상된 소임이 없으므로 음양을 정할 수 없다. 높고 낮음에는 항상 된 순서가 있지만 시작과 끝에는 언제나 항상 된 주인이 없으니 그러므로 「계사전繫辭傳」에서도 네 개의 효 자리에만 법식에 통하는 공로를 말하였을

---

38 王弼, 위진 시기 의리역학파의 대표학자.

뿐이다. 그러므로 정해진 자리에 초효와 상효는 해당되지 않는다.[39]고 하였다. 즉 일의 시종과 선후에서는 음 먼저, 양 먼저 또는 음 나중, 양 나중으로 고정되어 있지 않다는 것이다.

「상전象傳」에는 초효와 상효가 자리를 얻음과 얻지 못함에 대한 표현이 없으며「계사전繫辭傳」또한 삼효와 오효, 이효와 사효의 네 효에 대해서만 역할과 자리에 통상적인 규칙을 논했지 초효와 상효에는 정해진 자리를 언급하지 않았다고 주백곤朱伯崑[40]이 쓴『역학철학사』에서 밝혀 놓았다.[41]

그리고『역학계몽해易學啓蒙解』를 지어 정조를 가르친 서명응徐命膺은『참동고參同攷』「호체고互體攷」에서 초효와 상효 두 효는 형질의 표피로서 심心과 의意를 갖추고 있는 것이고 중간의 네 효(二爻에서 五爻까지)는 심心과 의意로서 주고받고 건네며 일하는 것[42] 이라 하였다.[43]

여기서 하괘下卦의 가운데(二爻) 효와 상괘上卦의 가운데(五爻) 효爻를 의미하는 중효中爻와 호체互體(이·삼·사·오효)를 이루는 중효의 의미를「계사전」의 내용을 토대로 여러 학자들 간의 말을 종합해 보고자 한다.「계사전」하 9장 "무릇 물건을 섞는 것과 덕을 가리는 것과 시

---

39 王弼,『周易略例』,「變位」, "夫位者, 列貴賤之地, 待才用之宅也. 爻者 守位分之任, 應貴賤之序者也. 位有尊卑, 爻有陰陽. 尊者, 陽之所處. 卑者, 陰之所履也. 故以尊爲陽位, 卑爲陰位. 去上而論位分, 則三五各在一卦之上, 亦何得不謂之陽位? 二四各在一卦之下, 亦何得不謂之陰位 初上者, 體之終始, 事之先後也, 故位无常分, 事无常所, 非可以陰陽正也. 尊卑有常序, 終始无常主. 故繫辭但論四爻功位之通例, 而不及初上之定位也."

40 朱伯崑(1923~2011),『易學哲學史』전4권, 崑崙出版社, 2005.

41 朱伯崑,『역학철학사』권2, 김학권 외 4명 옮김, 소명출판, 2012, 81쪽.

42 서명응 지음, 이봉호 역주,『參同考』(예문서원, 2009),「互體考」, "推類配象, 則初上兩爻卽形穀, 所以含具心意也, 中間四爻卽心意, 所以酬酢之事爲也."

43 이와 같은 서명응의 통찰은 역사적으로 유래를 찾기 어려운 탁견으로서 높이 평가되어야 할 것이다. 지속적인 연구가 요청된다.

와 비를 분별하는 것은 그 중효가 아니면 갖추지 못한다"[44]의 "그 중효
中爻가 아니면 갖추지 못한다."는 말에서 왕필, 한강백, 공영달은 '중효'
를 이효와 오효로 여겼지만 당대唐代의 최경崔憬[45]은 '중효'를 한 괘 속
의 네 효 즉 '이·삼·사·오효'라 하였다. 예를 들면 「계사전」하의 "존망
과 길흉을 알려고 하면 거居해서 알 수 있을 것이다."[46]라는 구절에서
뒤섞인 효들 낱낱의 상象에는 모두 길함과 흉함의 의미가 담겨있고 만
물의 상이 반영되어 각자의 때(時宜)와 특정 물物들을 드러내고 있으니
이, 오효 만으로도 길함과 존속의 일들을 추구하여 결정할 수가 있지만
멸망과 흉함의 것들은 추구하여 결정할 수가 없다고 하였다. 왜냐하면
이효와 오효 상象 속에는 없기 때문에 즉 이, 오효만으로는 다른 괘들
과의 의미를 겸할 수 없다는 것이다. 라고 하였다.

이렇듯 '중효(호체)'는 육십사괘 해석의 범주를 풍부하게 한다. 하지
만 일반적으로 『주역』 경전 효사의 해석이 잘 안 될 때 억지로 갖다
쓰는 것으로 작게 보아 온 경향이 있다. 그러나 대체적으로 본괘 뿐만
이 아니라 지괘之卦에서도 호체互體를 만들어 해석하였고 착괘錯卦에서
도 호체互體를 만들어 해석하였고 종괘綜卦에서도 호체互體를 만들어
해석하였으니 원만한 해석을 하고자 할 때는 괘마다 가능한 호체를 내
어 해석하기를 마다하지 않았음을 알 수 있다.

---

44 "若夫雜物撰德, 辨是與非, 非其中爻不備."
45 崔憬(생몰미상), 李鼎祚의 『周易集解』에서 많이 보임, 孔穎達의 『周易正義』를 많이
   인용하였음.
46 「繫辭傳」下9, "若夫雜物撰德 辨是與非, 則非其中爻不備, 噫亦要存亡吉凶, 則居可知
   矣, 知者觀其彖辭, 則思過半矣."

3) 호체의 역학적 의미

　　주희朱熹는 『춘추좌씨전』에 호체설을 사용한 용례가 있기 때문에 폐지할 수 없다고 하면서 호체불가폐론互體不可廢論을 주장하였지만 정작 본인은 적극적으로 활용하지 않았다. 주희가 『역학계몽』에서 말한 호체에 관한 내용은 다음과 같다. 건·곤·기제·미제에는 열여섯 개의 호互가 있는 즉 모든 괘는 호互를 이룬다고 하였다. 그러므로 열여섯 괘를 또 호互하면 건·곤·기제·미제 네 개의 괘가 되니 열여섯 괘는 마치 네 개의 상象으로 돌아가는 것과 같다.[47]고 하였다. 이로 미루어 보건대 육십사괘 역시 홀로 어디서 뚝 떨어져 존재하진 않는다는 것이다. 예를 들어 화풍정괘火風鼎卦라면 화풍정괘의 호체는 택천쾌괘澤天夬卦이고 택천쾌괘의 호체는 중천건괘重天乾卦이므로 화풍정괘火風鼎卦는 독립적으로 존재하는 것이 아니라 택천쾌괘澤天夬卦와 중천건괘重天乾卦에 조상과 같은 깊은 근원을 두고 있다고 볼 수 있다. 따라서 주희는 호체를 괘나 효의 해석적 측면 보다는 괘의 연관성에다 더 중점을 두고 있었던 것 같다. 나아가 본괘와 호체 그리고 호체의 호체와의 관계를 분석해 보면 천인지 삼재중 인재에 속하는 본괘의 삼효와 사효가 곧 호체의 호체 즉 호호체互互體[48]를 이루고 있으니 자연계와 사람의 관련성에서 『주역』은 오로지 사람을 위주로 펼쳐져 있다는 것 또한 더불어 알 수 있다.

　　반면 정약용은 주희와 달리 역사易詞 해석론의 하나로 호체를 다음과 같이 말하였다.

---

47 『易學啓蒙』, "互乾坤旣未濟之十六卦, 卽諸卦之所互而成者也, 故十六卦又只成乾坤旣未濟四卦, 猶十六事之歸於四象也."
48 호체의 호체를 말함, 필자가 이해하기 쉽도록 임의대로 명칭함.

"호체란 무엇을 이르는가? 대개 한 개의 괘 가운데 팔괘 중 네 개의 괘를 포함하고 있음을 말한다. 가령 수뢰둔괘水雷屯卦라면 이 둔괘屯卦 가운데 이효에서 사효까지 함께하는 공이 있는 즉 호곤互坤이라 말하고 삼효에서 오효까지 함께하는 공이 있는 즉 호간互艮이라 말한다. 그런즉 이러한 한 개의 괘 안에는 곤괘坤卦와 간괘艮卦가 함께 존재하는데 세상 사람들은 단지 진괘震卦와 감괘坎卦만이 있음을 알고 있을 뿐이다. 주자도 '호체지설互體之說은 폐지廢止할 수 없다.'고 말하였으며 호운봉胡雲峰, 홍용제洪容齋, 오임천吳臨川 등 제공諸公들이 논증한 것들도 있다. 『춘추春秋』에도 관점官占의 법에 관한 경우 모두 '호체互體'를 취하여 묘용을 이루었으니 진실로 마음을 비우고 하나에 익숙하게 집중하면 저절로 맞게 칼로 자르듯 풀어진다."[49]

한 개의 괘를 보는 측면은 참으로 다양하다. 본괘의 음양이 바뀐 괘에서 호체를 내어 보고 상괘와 하괘가 바뀐 괘에서 또 호체를 내어 물상을 찾고 또한 효의 자리를 서로 주고받거나 대대하는 효들이 서로 사귀는 관련성에서 여지없이 호체를 내고 분해하여 괘사나 괘상, 효사나, 효상의 근거를 찾아 들어가고 동효動爻에서 변한 지괘之卦에서 또 호체를 찾아내는 등 그 의미를 풍요롭게 해석하는데 호체를 빼놓을 수 없다.

호체는 어떤 의미가 이미 정해져 있는 부호를 교호하여 상 밖에서 상을 낳는 상외생의象外生象의 상象으로 취한 것이다. 그러면 상외생상象外生象할 수 있는 원류를 찾아 들어가 보고자 한다. 건 곤 두 개의

---

49 김인철,『다산의『周易』해석체계』, 경인문화사, 2003, 67쪽에서 재인용.「與尹畏心-永僖」, "何謂互體. 大凡一卦之中, 包函八卦之四, 假令下震上坎曰 屯, 而此屯卦之中, 二與四而同功則名曰互坤, 三與五而同功則名曰互艮, 則此一卦之中, 坤艮具存, 而世人第知有震坎而已. 朱子曰互體之說不可廢, 胡雲峰洪容齋吳臨川諸公竝有論證. 若春秋官占之法, 皆取互體以成妙用, 苟虛心一玩, 自當迎刃而解矣."

괘가 서로 이효와 오효의 음양을 주고받으면 곤괘坤卦는 감괘坎卦가 되고 건괘乾卦는 리괘離卦가 된다. 감괘坎卦 초효에서 삼효까지는 감괘坎卦가 되고 이효에서 사효까지는 진괘震卦가 되며 삼효에서 오효까지는 간괘艮卦가 된다. 리괘離卦는 초효에서 삼효까지는 리괘離卦가 되고 이효에서 사효까지는 손괘巽卦가 되며 삼효에서 오효까지는 태괘兌卦가 된다. 이렇게 살펴본 결과 감괘坎卦라는 괘 속에는 양괘陽卦가 모여 있고 리괘離卦의 괘 속에는 음괘陰卦가 모여 있음을 호체를 통하여 알 수 있는 것이다. 여기서 건괘乾卦는 리괘離卦가 되므로 건은 체體가 되고 리는 용用이 되니 건은 용用으로 화火를 쓴다고 볼 수 있으며 곤괘坤卦는 감괘坎卦가 되므로 곤은 체體가 되고 감은 용用이 되니 곤은 용用으로 수水를 쓴다고 볼 수 있다. 그러므로 수水와 화火는 건乾 곤坤의 용用이 되기에 육십사괘를 체와 용으로 나누어 보려면 호체互體를 내어 보지 않을 수 없다고 본다.

때로는 호체에서도 내호체나 외호체를 구하여 따로 해석하기도 한다. 의리적義理的 해석을 중시했던 송충宋衷[50]은 그가 지은 『역주』에서 태괘泰卦 육사六四 「상전」의 "나부끼듯 부유하지 않고[翩翩不富]"란 내용도 호체를 취하여 외호체 삼효·사효·오효의 진괘震卦를 나부끼는 상으로 본 것이다.

이는 상象 속에서 상象을 찾고, 찾은 상象 속에서 또다시 상象을 찾는 괘체법으로써 해석이 막힐 때는 서슴없이 찾아보는 것이 '호체'였다. 그러나 실제로 괘변법이 아니면서 범위를 넓혀 확대 해석할 수 있다는 이유 외에 호체를 채택하는 논리적 근거와 정당성을 찾기는 어렵다. 하지만 「계사전」하 8장[51]에 따르면 "역易은 천지 사방에 두루 흘

---

50 宋衷(170~201 전후), 의리 경학파로서 '后定'을 건립, 「周易」과 「태현」 사상에 이해가 깊었음.

러 늘 상 똑같이 정해진 바가 없다" 고 하였듯이 역은 자유자재하며 그 변화에 한계가 없기에 호체의 다양한 체법을 활용하는 것이 역법에 어긋난다고 말할 수는 없을 것이다. 그러므로 역 해석을 위한 취상법도 다양하게 생겨날 수밖에 없다.

이와 같이 호체는 본괘의 상황을 보다 정밀하게 분석하는 방법이다. 변하는 효가 하나도 없어서 상괘와 하괘의 물상만으로 해석이 불가능하더라도 호체를 찾아보면 그 자체로 다른 괘와 관련을 맺게 되어 다양한 해석이 가능하게 된다. 그러므로 육십사괘의 효사를 해석하는데 있어서도 매우 중요한 판단원리가 된다.[52] 따라서 본 논문 중 거론되는 '본괘와 호체'는 서로 간에 관련된 단서를 제공하는데 중점을 두고 있다.

4. 중국의 호체 발전양상

1) 춘추시대와 한대의 상수적 호체설

한대漢代의 해석자들은 먼저 상象이 있고 그 후에 문사文辭가 있으니 문사는 상象에 근본 한다고 보았다. 이런 방법으로 『주역』을 해석하는 사람들을 상수학파象數學派라고 부른다. 상수학파들은 팔괘의 상에 근거하여 꾸준히 팔괘 상의 종류를 증가시켜 왔다. 상으로 상을 만드는 이상생상以象生象을 위하여 끊임없이 취상하여 온 것이다. 이와는 다르게 이미 확정적인 사辭가 있는 부호를 전환하여 상象 밖에서 상象을 낳는 상외생상象外生象의 상象을 취한 것이 호체라고 말한 바 있다. 상외

---

51 「繫辭傳」下 8, "周流六虛, 上下無常."
52 신성수, 『周易通解』, 2005, 81쪽.

생상象外生象으로는 호체법, 괘변법, 납갑법[53] 등을 들 수 있으나 본 논
문에서는 호체법 외에는 논외로 하겠다.

한대의 경방에서부터 시작하여 청나라 말기까지 주로 많이 활용해
온 대표적인 괘卦 해석법은 지괘之卦와 착종錯綜, 호체법互體法이었다.
상수역에서는 호체를 찾아내어 일의 성격과 자질, 일의 중간과정을 알
고자 하는데 많이 쓰인다. 그리고 수시로 이 삼 사 오효를 응용하여 그
상象과 의義(卦德)를 많이 취하여 왔다.

『좌전左傳』 장공 22년에 주나라 태사太史가 『주역』을 가지고 진후晉
侯를 뵙자 진후가 그에게 점을 치도록 하였는데 관괘觀卦와 지괘之卦인
비괘否卦를 얻었다. 관괘觀卦 사효가 노음老陰이 되어 비괘否卦가 된 것
이다. 이는 진경중陳敬仲(진려공의 아들)의 후대가 창성할지 묻는 점괘
이다. 관괘 육사 효사에 "나라의 빛을 봄이니 나라의 손님이 되기 이롭
다[觀國之光, 利用賓于王]."[54] 라는 말은 진경중의 후대가 나라를 잘 다스
리게 될 것을 나타내는 것이다. 이를 주나라 사관은 다음과 같이 해석
하였다. "곤坤은 땅이고 손巽은 바람이며 건乾은 하늘이다. 바람은 하늘
에서 일어나 땅 위에서 운행하는 것인바 산山에서도 운행한다."[55] 여기
에서 산山을 취한 것은 비괘否卦에서 이 삼 사효가 간괘艮卦가 되니 산
山이라는 그 상象을 취하여 해석한 내용이다. 또한 『국어國語』, 「진어사
晉語四」[56] 기록에 의하면 중이重耳가 떠돌아다닐 때 점을 처 둔屯괘와
예豫괘를 얻었다. 사공계자는 이에 진震은 수레이고 감坎은 물이며 곤坤

---

53 정병석, 「방통과 흉합 - 『주역』 해석 공간의 확장과 연속」, 한국 주역협회 춘계 학
   술대회 자료집, 2016.
54 『左傳』, 莊公 22년, 周史有以周易見陳侯者, 陳侯使筮之, 遇觀之否 曰, "是謂觀國之
   光, 利用賓于王. 此其代陳有國乎."
55 『左傳』, 莊公 22年, "坤, 土也, 巽, 風也. 乾, 天也, 風爲天于土上, 山也, 有山之材."
56 『國語』, 「晉語四」 夏왕조 성립 이전의 중국 고대사의 현장실록.

은 땅이라 하였으며 둔屯은 두텁다고 하였다. 예豫는 기쁨이요 수레는
상괘上卦(雷地豫의 上卦)와 하괘下卦(水雷屯의 下卦)에 나누어져 순하게
이끎을 가르치고 있으며 샘의 근원은 물자의 바탕이 되는 것이다. 땅이
두터운 것은 그 결실의 즐거움을 말하니 진국晉國을 소유하지 못한다는
말이 어찌 마땅한 것이라 할 수 있겠는가?[57] 여기에서 이상생상以象生象
즉 상象에서 상象을 취하였다. 둔괘屯卦의 호체互體 2爻에서 4爻까지 곤
괘坤卦의 상象을 유순함이라 하였고 3효에서 5효까지 간괘의 상과 상괘
인 감괘에서 상을 취하여 샘이 마르지 않는 산이라 하였다. 예괘豫卦도
역시 호체를 내어 외호체 감坎과 내호체 간艮을 취하여 산속의 샘이 마
르지 않음을 말하며 예豫는 즐거움을 뜻하니 중이重耳가 응당 진나라를
영위할 것이라 하였다.[58] 이러한 내용을 보면 하괘와 호체 그리고 상괘와
호체를 넘나들며 자연스럽게 서로 관련지어 해석하였음을 알 수 있다.
이렇듯 폭넓은 해석 차원에서 호체는 끊임없이 활용되어 왔던 것이다.

2) 송대 호체 해석의 발전

조씨趙氏 왕조인 송대에 와서도 정이程頤는 여전히 왕필 학문만을
고집하며 『역전』을 지어 모든 괘변설을 배척하였다. 그러나 그의 책을
살펴보면 통하지 않는 부분에서는 결국 괘변을 취하여 잡다하게 보충
설명할 수밖에 없었지만 이로써 한대 역학의 상수학은 십중팔구가 사라
져 버렸다고 모기령毛奇齡[59]은 『추역시말推易始末』에서 밝히고 있다.[60]

---

57 『國語』,「晉語四」, "震, 車也. 坎, 水也. 坤, 土也. 屯, 厚也. 豫, 樂也. 車班外內, 順以
訓之, 泉原以資之, 土厚而樂其實. 不有晉國, 何以當之."
58 주백곤, 『역학철학사』권1, 소명출판, 2012, 86쪽.
59 毛奇齡(1623~1716), 청대 경학가, 역학가. 字 大可. 號 秋晴, 初晴.
60 毛奇齡, 『推易始末』, "延及趙宋, 則反曉王學而不識漢學, 程伊作傳, 斥諸卦變 而考其

특히 송대의 소강절邵康節[61]은 매화역수梅花易數 점법으로 유명하다. 본 괘에서 이·삼·사효를 내호체, 삼·사·오효를 외호체로 호체를 세워서 동효가 없는 괘를 체괘體卦, 동효가 있는 괘를 용괘用卦라 하였다. 또한 호체를 니어 동효가 있는 용괘用卦와 가까이 있는 호체를 용호체用互體, 체괘體卦와 가까운 호체를 체호체體互體라 하면서 호체 자체를 길흉을 가늠하는 그 중심에다 두었다. 예를 들어 수뢰둔괘水雷屯卦에서 초효가 동動하는 괘가 나왔다면 동한 초효가 있는 아래 진괘震卦는 용괘가 되고 동효動爻가 없는 위 감괘坎卦는 체괘가 된다. 이·삼·사효의 곤坤 호체는 동효가 있는 용괘用卦와 가까우므로 용호체用互體가 되고 삼·사·오효 간艮 호체는 체호체體互體가 된다는 것이다. '매화역수'에 있어서 호체가 체괘를 생하느냐 극하느냐에 따라서 점사의 판단이 달라지기 때문에 호체(내호체와 외호체)는 체괘, 용괘, 변괘와 더불어 괘를 판단하는 중요한 지침이 되고 있다.

남송시기 한대역학漢代易學의 취상설을 계승한 주진朱震[62]은 그의 저서 『한상역전漢上易傳』 「서」에 한 괘(대성괘)에 네 개의 괘(소성괘)가 포함되어 있다고 말하였다. 즉 상괘와 하괘, 그리고 내호체 외호체를 말한 것이다. 주진은 이것이 「계사전」의 '팔괘상탕八卦相蕩'[63] '잡물찬덕雜物撰德'[64] 등에 근본이 있다고 여겼다.[65] 또한 주진은 『한상역전』에

爲傳, 周章難明 其萬不通處, 亦終不能不取卦變而雜補之."
61 邵康節, 『觀物篇』, 『漁樵問答』, 『伊川擊壤集』, 『先天圖』, 『皇極經世』 등. 字는 堯夫, 諡號는 康節, 范陽사람, 象需적, 관념론적 철학을 수립함.
62 朱震, 『주역집전(漢上易傳)』. 정이의 대제자인 謝良佐, 즉 上蔡의 문인으로서 宋史에 전기가 나와 있음.
63 「계사전」上 1, "天尊地卑, 乾坤定矣. … 是故剛柔相摩, 八卦相蕩, 鼓之以雷霆潤之以風雨."
64 「계사전」下 9, "易之爲書也, 原始要終以爲質也. … 若夫雜物撰德, 辨是與非, 則非其中爻不備."
65 주백곤, 『역학철학사』 권4, 소명출판, 2012, 18쪽.

서 건괘의 구사와 구오「상전」[66]의 글귀를 다음과 같이 풀이 하였다. 초·이·삼효에는 진괘震卦가 잠복하고 있고 구오에는 감괘坎卦가 잠복하고 있다고 하였다. 진震은 용龍이요 다리며 구사九四가 변하면 외호체는 리괘離卦가 되고 내호체는 태괘兌卦가 되는데 태괘는 택澤이요 연못을 의미한다. 구사는 자리가 마땅치 않으므로 연못에 잠복해 있으면 물러나는 것이 된다. 물러나면 허물이 있으나 '혹약재연무구或躍在淵无咎' 뛰어 나가면 허물이 없을 것이라고 하였다.[67] 역易은 상이므로 그는 본괘의 괘상에만 국한되지 않고 다른 괘들에게 두루 통할 수 있는 호체에서 취한 물상을 통하여 괘와 효사를 풀이하고자 하였으며 그리고 호체설을 한대 역학의 전통이라 여기고 있었다.

이와는 좀 더 다른 특이한 생각을 갖고 주희와 논변했던 임율[68]은 한 괘(대성괘) 자체를 태극으로 보았다. 상괘와 하괘를 양의양의 그리고 호체의 외호체와 내호체에 양의를 포함하여 사상으로 보았던 것이다, 그리고 괘를 종綜(倒置)하여 상괘와 하괘 그리고 호체의 외호체와 내호체를 포함하여 팔괘가 된다고 하였다. 예를 들어 정괘鼎卦가 있다면 여섯 개의 효爻로된 정괘鼎卦는 태극이 되고 상괘인 리괘離卦와 하괘인 손괘巽卦는 양의가 되고 호체(澤天夬)의 내호체인 건괘와 외호체인 태괘兌卦가 양의와 함께 사상이 된다고 하였다. 그리고 정괘鼎卦를 종綜(倒置)하면 혁괘革卦가 되는데 혁괘의 상괘인 태괘兌卦와 하괘인 리괘離卦 그리고 혁괘의 호체(天風姤)중 외호체 건괘와 내호체 손괘巽卦를 합하여 팔괘가 된다는 말을 하였다. 즉 태극에서 팔괘의 의미를 본괘와

---

66 「乾卦 九四 象傳」, "惑躍在淵, 進无咎也." 「九五象傳」, "飛龍在天, 大人造也."
67 朱震, 『漢上易傳』 권1, 乾卦, 「상전」, "初二三, 有伏震, 震爲龍爲足, 五爲坎. 九四變離兌, 兌爲澤, 澤, 淵也. 足進乎五, 或躍. 伏震爲龍, 退而在淵也. 九居四, 履非其位, 宜有咎, 進則无咎."
68 임율, 『周易經傳集解』. 남송 때 복주(복청)사람, 자는 黃中, 상수학파.

호체, 종綜괘(倒置)와 호체를 중심으로 하여 구하였는데 이는 본괘 자체
가 호체와 종괘綜卦를 품고 있기에 가능한 것이라 하였다.

주희는 태극이 양의를 낳고 양의가 사상을 낳고 사상이 팔괘를 낳는
다는 것은 어미가 자식을 가져 낳으면 어미 밖의 자식이 되지만 임율이
말하는 포함하고 있기에 낳을 수 있다는 이 말은 성인聖人이 말하는 낳
는다는 의미와는 다르기에 주희는 받아들이지 않았다.[69] 즉 주희는 임
율이 적극적으로 호체 설을 표방하며 '한 개의 괘는 여덟 개의 괘로 바
꾸어 만들 수 있다'는 이 말에 대하여 웃어버렸다고 『주자어류朱子語類』
에 전해지지만[70] 필자가 생각하기엔 매우 기발한 측면이 있다고 본다.

3) 명·청대이후의 호체연구

명대明代의 진사원陳士元은 자신이 쓴 『역상구해易象鉤解』의 「서문」
에서 "경방의 학문이 내려온 데는 나름의 연원이 있다."고 하였다. 성인
이 복서에 근거하지 않고 『주역』을 지어 오로지 언설을 세워 교훈을
주고자 했다면 산가지로 설시를 하여 괘를 그리는 일은 도대체 무엇을
하기 위한 것인가"?[71] 라며 진사원은 역의 쓰임이 복서卜筮에 있고 복서
는 상을 기반으로 한다고 생각하였다. 그는 한대 역학이 상수象數로 경
전을 해석했던 체례體例를 긍정하였으며 변효·호체 등을 상고시대의
복서법이라고 보아 상수학을 주장하였다. 이것은 정주(程朱: 정이와 주

---

69 『朱熹集』, 「記林黃中辨易西銘」, "兼若如此, 卽是太極包兩儀, 兩儀包四象, 四象包八
卦, 與聖人所謂生者, 意思不同矣." 林曰, "惟其包之, 是以能生之, 包之與生, 實一義
爾." 子曰: "包如人之懷子, 子在母中. 生如人之生子, 子在母外, 恐不同也."
70 朱熹, 『朱子語類』 제67, "近來林黃中又撰出一般翻筋斗互體, 一卦可變作八卦, 也是好笑."
71 陳士元, 『易象鉤解』, "京房之學授受有自, 今之學士大夫擯斥不取, 使聖人不因卜筮而
作易, 惟欲立言訓, 則畫卦揲著何爲哉."

희)의 전통만을 계승하여 취의설 만을 견지하고 취상 설을 경시하는 학풍에 대해 당대의 사람들 중에는 불만을 가진 사람들이 많았음을 보여주고 있다.

래지덕來知德[72]의 『주역집주周易集注』는 송·명 시기에 발전된 상수학적 기초위에서 완성되었다. 특히 착종, 효변, 중효 등으로 육십네 개의 괘, 괘상과 효, 효상을 해설함으로써 취상설을 발전시켰다. 착錯이란 효의 음양이 반대되는 괘를 의미하고 종綜이란 초효부터 상효까지의 위치를 도치시켜 놓은 괘이다. 즉 건괘乾卦와 곤괘坤卦는 착錯의 관계라 하고 둔괘屯卦와 몽괘蒙卦를 종綜의 관계라고 앞에서 말한바 있다. '중효'란 거듭 말하지만 '호체'를 말한다. 특히 래지덕은 점서 체례에 대해 호체 설을 취하고 있으며 상을 떠나서 역을 해석할 수 없다는 입장을 고수하였다.

그리고 래지덕은 『역경자의易經字義』에서 괘상과 착괘, 중효(호체)설, 효변에 대한 설명중 이 삼 사 오효 네 개의 효를 교호해서 만든 괘를 중효(호체)라 하였다.[73] 래지덕은 이것이 바로 「계사전繫辭傳」下 9장에서 공자가 말한 "옳고 그름을 변별함에 있어서 중효가 아니면 갖추지 못한다."라고 말한 '중효'라고 생각했다. 동인괘同人卦[74]에서 또는 미제괘未濟卦,[75] 기제괘旣濟卦[76]에서 말하는 삼년의 '삼'이나 명이괘明夷卦[77]에서 말하는 '삼일三日'등 '삼三'은 본괘에서 리괘離卦가 세 번째로 나왔기 때문이라 말하고 감괘坎卦[78]나 곤괘困卦[79]의 '삼년三年'의 '삼三'

---

72 來知德(1525~1604), 『周易集注』를 저술. 명대 '象數派'의 대표인물.
73 주백곤, 『역학철학사』 권6, 김학권 외 4명 옮김, 소명출판, 2012. 22쪽.
74 『周易』, 「同人卦 九三」, "伏戎于莽, 升其高陵 三歲不興."
75 『周易』, 「未濟卦 九四」, "貞吉, 悔亡, 震用伐鬼方三年, 有賞于大國."
76 『周易』, 「旣濟卦 九三」, "高宗伐鬼方, 三年克之, 小人勿用."
77 『周易』, 「明夷卦 初九」, "明夷于飛, 垂其翼, 君子于行, 三日不食, 有攸往, 主人有言."
78 『周易』, 「坎卦 上六」, "係用徽纆, 寘于叢棘, 三歲不得凶."

도 감괘坎卦나 곤괘困卦의 하괘下卦인 감괘坎卦의 착괘錯卦 리離에서 나왔으며 해괘解卦의 구이효九二爻辭[80] '세 마리 여우'의 '삼三'도 감괘坎卦의 착괘가 리괘離卦이기 때문에 '삼三'이라는 숫자가 나왔다고 생각했다. 점괘漸卦[81]의 '삼년三年'과 손괘巽卦[82]의 '세 물품' 등 '삼三'은 '중효'가 리괘離卦에 부합되었기 때문이고 풍괘豊卦[83]의 '삼년三年' '삼三'은 상육上六이 변하면 리괘離卦가 되기 때문이라 하였다.[84] 역시 점괘漸卦 구삼 효사의 '부인은 잉태하더라도 양육하지 못한다.'는 구절에서 잉태의 상을 가운데가 불룩한 이·삼·사효의 감괘坎卦로 보았고 구오효사九五爻辭의 '삼년이 가도 잉태하지 못한다.'의 잉태하지 못하는 상을 가운데가 비어있는 삼·사·오효·리괘離卦의 괘상이 부합된다고 생각하였다. 나아가 래지덕은 호체의 경우에도 착錯의 관계가 성립된다고 생각하였다. 소축괘小畜卦 삼·사·오효의 호체는 리괘離卦가 되는데 그 착괘錯卦는 감괘坎卦가 된다. 그런 연유로 괘사에서 '구름은 빽빽한지만 아직 비가 내리지 않는다.[密雲不雨]'란 의미가 성립된다고 하였고 육사 효사[85]에서 '피가 제거되고 두려움에서 벗어나[血去惕出]'라고 한 것은 외호체가 리괘離卦가 되기 때문이라는 것이다.

또한 감괘坎卦는 질곡이니 질곡의 상이 있다. 호체 이 삼 사효는 진괘震卦가 되어 발이 되고 삼 사 오효는 간괘艮卦가 되어 손이 된다.[86]

---

79 『周易』, 「困卦 初六」, "臀困于株木, 入于幽谷, 三歲, 不覿."
80 『周易』, 「解卦 九二」, "田獲三狐, 得黃矢, 貞吉."
81 『周易』, 「漸卦 九五」, "鴻漸于陵, 婦三歲不孕, 終莫之勝, 吉."
82 『周易』, 「巽卦 六四」, "悔亡, 田獲三品."
83 『周易』, 「豊卦 上六」, "豊其屋, 蔀其家, 闚其戶, 闃其无人, 三歲, 不覿 凶."
84 來知德, 『易經字義』, "中爻者, 二三四五所合之卦也. 繫辭第九章, 孔子言之詳矣. … 如離卦居三, 同人曰, 三歲, 未濟曰, 三季, 旣濟曰三季, 明夷曰三日, 皆以本卦三言也, 若坎之三歲, 困之三歲, 解之三品, 皆離之錯也. 漸之三歲, 巽之三品, 皆中爻合離也. 豊之三歲, 以上六變 而爲離也."
85 『周易』, 「風天小畜 六四 爻辭」, "有孚, 血去惕出, 无咎."

그러므로 발에 차는 것은 '착고'라 하고 손에 차는 것은 '수갑'이므로 발과 손이 묶여 있음을 말한다고 하였다.

청대淸代의 왕명성王鳴盛(1720~1797)은 호체는 괘효사의 해석에 있어 가능한 최대한의 유연성을 제공한다고 하였다. 만약 호체가 없다면 육십사괘는 다만 육십네 개의 사건에 대해서만 말할 뿐이니 어떻게 천지를 두루 다스리고 칭칭 얽어 매인 가지가지 사건 전말을 모조리 다스려 정리할 수 있겠는가?[87] 하였다.

청초의 유명한 경학 대가 모기령毛奇齡(1623~1716)은 그의 저서『중씨역仲氏易』에서 수뢰둔괘 육이 효사[88] '십년 뒤에 자식을 얻는다.'는 내용에 관하여 호체를 구하여 설명한다. 이·삼·사효의 호체 곤괘坤卦를 아이를 가질 수 있는 부위 배로 보았고 또한 곤괘坤卦 지수가 10이기 때문에 10년이라는 숫자가 나왔다고 하였다. 호체가 되는 2효·5효사이의 효들중 삼효·사효를 중복해서 쓰면서 세 효씩 상 하괘로 나누어 취한 그 상으로 해석한 흔적을 쉽게 찾아볼 수 있다. 이러한 체례가 이후 '호체설'이라 불리어지며 괘 효사의 내용을 해석하여 점치는 일의 복잡한 양상에 부응토록 발전하여 온 것이다.

역시 청대 건가乾嘉시기 장혜언張惠言(1761~1802)은 우번 역학을 한대 역학의 정종으로 여기고 있었다. 그가 쓴『우씨역사虞氏易事』에서 간괘艮卦 괘사[89] '간艮은 등에 멈추었으니 몸이 체득하지 못한다. 뜰에 나가도 사람을 보지 않으니 허물이 없다.'를 우번이 이에 대해 주석한 것에 의거하여 '상구上九는 때에 맞게 멈춰야 하고 구삼九三은 때에 맞

---

86 「說卦傳」9장, "乾爲首, 坤爲腹, 震爲足, 巽爲股, 坎爲耳, 離爲目, 艮爲手, 兌爲口."
87 王鳴盛, 『蛾術編』,「說錄二, 南北學尙不同」, "若無互體, 六十四卦, 只說六十四事, 何以彌綸天地經緯萬端乎." (강소광릉고적각인사, 1992)
88 「屯卦 六二爻辭」, "屯如邅如, 乘馬班如, 匪寇, 婚媾女子貞, 不字十年, 乃字."
89 「艮卦 卦辭」, "艮其背, 不獲其身, 行其庭, 不見其人, 无咎."

게 움직여야 한다.'고 했다. 왜냐하면 '상구'는 양이 상효까지 올라갔으므로 멈추어야 하고 '구삼'은 외호체가 진괘震卦에 처하여 있기 때문에 움직이게 된다. 라고 하였다.[90] 즉 멈추거나 움직여야 하는 근거를 장혜언은 호체互體를 찾아 밝힌 것이다. 장혜언은 특히 "리理는 자취가 없지만 상象은 의거하는 바가 있다. 그러니 상象을 버려두고서 리理를 말하고자 한다면 비록 주공과 공자라 해도 근거를 가지고 변론하거나 글을 쓸 수 없을 진대 한대 유자들은 사실에 맞는 상象을 적합하게 하고 효爻의 변화를 미루어 괘卦까지 이해하려 하였으니 역은 넓고도 크며 상象을 갖추지 않음이 없다. 그 중 한 개의 단서라도 드러나기 마련이라. 지금까지 나는 한대漢代 유가의 말 중에 빠뜨리고 있는 것을 찾지 못했다." 라고 말하면서 그 근거의 정확성을 피력하였다. 그러므로 상象을 떠나서 리理를 밝힐 수 없다.[91] 라고 말을 한 상수학자 장혜언을 비롯하여 이공李塨(1659~1733)과 혜동惠棟(1697~1758)등 한대의 상수학을 되찾아 해석하고자 했던 사람들은 호체를 많이 활용하여 해석한 것은 분명한 사실이다.

　　나아가 초순焦循[92]은 그가 말하는 '방통괘와 호체설'을 활용하여 둔괘屯卦의 괘사 중에 왜 제후를 세움이 이롭다고 말하는지 다음과 같이 설명하였다. 초순焦循은 건가乾嘉시기의 유명한 경학가로서 특이하게도 괘를 수학적으로 해석한 학자로 알려져 있다. 이효와 오효의 움직임을 원元, 다음 초효·사효의 움직임을 형亨, 다음 삼효와 상효의 움직임을

90　虞飜, 『周易注』, "時止謂上, 陽窮上故止. 時行謂三體處震爲行也."
91　張惠言, 『虞氏易事』, 「一」, "夫理者無迹, 而象者有依, 舍象而言理, 雖姬孔靡所据以辯言正辭, 而況多岐之說哉. 設使漢之師儒, 比事合象, 推爻附卦, 明示後之學者有所依逐, 至於今, 曲學之嚮, 千啄一沸, 或不至此. 雖然, 夫易廣矣, 大矣, 象無所不具, 而事著於一端, 則吾未見漢儒之言之略也."
92　焦循(1763~1870), 乾嘉시기의 유명한 경학가, 삼백권의 저서를 남김.

이利, 그리고 두루 움직여 통하는 것을 정貞으로 순서를 놓았다. 그리고 그 순서에 따라 변하는 과정을 해설한 것이 초순의 『역장구易章句』이다. 착錯의 관계를 이루고 있는 괘를 초순은 방통괘라고 말하였다. 즉 화풍정괘火風鼎卦 각 효의 음양이 반대로 바뀌는 수뢰둔水雷屯이 착괘錯卦이며 초순이 말하는 방통괘이다.

수뢰둔의 괘사에 '제후를 세움이 이롭다.'는 의미는 함괘咸卦의 외호체가 강건한 의미를 갖는 건괘乾卦가 되기 때문이라고 초순은 말한다. 살펴보면 처음 원元의 과정에서 수뢰둔水雷屯의 착괘錯卦 화풍정괘의 이효二爻와 오효五爻의 자리가 바뀌면 천산둔天山遯卦가 되는데 이 과정을 원元이라 하였다. 다음 화풍정의 방통괘가 되는 수뢰둔괘水雷屯卦의 삼효가 천산둔괘의 상효와 자리를 바꾸어 원元의 변화에 따르니 형亨이 된다.[93]

수뢰둔괘의 삼효가 천산둔괘의 상효와 자리바꿈하면 천산둔괘天山遯卦는 택산함澤山咸이 되고 수뢰둔괘水雷屯卦는 수화기제괘水火旣濟卦가 된다. 기제旣濟를 이룬 것이 이利가 되고 이 과정의 두루 통함이 정貞이 된다고 하였다. 간단하게 정리하면 수뢰둔괘의 방통괘가 화풍정이고 화풍정의 이효와 오효가 자리바꿈하면 천산둔괘가 된다. 천산둔의 상효와 수뢰둔의 삼효가 자리바꿈하면 천산둔은 택산함이 되고 수뢰둔은 수화기제가 되는데 이때 택산함의 외호체가 건괘가 되므로 건괘는 강건한 제후의 괘상을 가지고 있다. 그러므로 수뢰둔의 괘사에 '제후를 세움이 이롭다'의 내용이 나올 수 있다고 초순은 스스로 개창한 해석틀로서 전통적인 관점과는 다르게 초순의 방식에 맞추어 호체를 찾아 해석하였다.

---

93 焦循, 『易章句』, "鼎二之五爲元, 三往從之爲亨, 變通於鼎而屯成旣濟, 鼎二未之五 則三不可往, 申明君子有攸往之先迷, 建猶健也, 謂鼎二之五."

또한 초순은 건괘의 초효 효사에 나오는 '잠룡'의 의미를 다음과 같이 호체를 내어 설명한다. 건괘의 방통괘가 곤괘인데 건의 이효가 곤의 오효 자리로 가지 않은 상태에서 (초순은 중효인 이효·오효가 먼저 움직이는 것을 원元이라 히머 중요시 하였다.) 건乾의 상효가 곤坤의 삼효로 내려 왔으니 겸괘謙卦(초순은 謙을 잠潛으로 가차설假借說을 따랐다.)가 되어 잠긴 상태가 되고 지산겸地山謙의 외호체가 진괘震卦가 되니 진괘震卦는 용이므로 잠룡이 된다고 하였다. 필자는 초순의 괘 해석법을 설명코자 하기보다는 '호체'의 두루 쓰임을 말하고 싶을 뿐이다.

임의정林義正은 괘 해석의 유형에는 직석直釋과 방통旁通이 있다고 하였다. 직석은 경전 그대로를 풀어 밝히는 해석을 말한다면 방통은 서로 다른 경전 사이가 융합하고 관통하도록 하는 해석을 말한다.[94]고 하였다. 방旁이라는 글자는 광廣의 뜻으로 두루 통하는 범위가 매우 넓음을 의미한다. 그러므로 호체법은 당연히 직석적 해석에 속한다고 볼 수 있으나 안 되는 곳이 없이 두루 넓게 쓰이는 융합성은 방통적인 해석의 출발선이자 도화선이 되어 '직석과 방통'을 동시에 구가할 수 있도록 한다.

지금까지 중국 호체의 발전 양상을 살펴본 결과 경문 또는 점괘의 내용에서 폭넓은 해석을 위해서는 '호체'가 반드시 필요하였다.

5. 한국의 호체 발전양상

우리나라에서는 점서적 해석적 주역 연구보다는 주자학이나 성리학

---

94 林義正,「論中國經典詮釋兩介基, 直釋與旁通-以易經的詮釋爲例」,『周易研究』76, 2006, 29-39쪽 참조.

이 발달하였다. 그러나 광해군 시대를 살았던 조호익曺好益의[95]『역상추설易象推說』과 영 정조때에 역리와 내단학을 연구한 서명응徐命膺의『참동고參同考』그리고 정조때의 목민牧民을 위한 다산茶山 정약용丁若鏞의『주역사전周易四箋』이 전해온다. 이 세 사람에게 공통점이 있다면 모두 '호체'를 중요시하였다는 점이다.

1) 조호익과 서명응의 호체상互體象과 의미

조호익曺好益에 대한 역학계의 평가는 퇴계 학파의 의리경향을 계승한 의리역학가로 논증하고 있다. 예로써 엄연석은 그가 쓴 「조호익 역학의 상수학적 방법과 의리학적 목표」에서 "지산芝山 역학은 의리와 유가적 실천론과 상수 역학적 방법론을 결합하여 자신의 역학이론을 전개하였다."고 평가하였다.[96] 또한 김인철은 "상象을 통해서 의리를 보조하고 있으며『역상추설易象推說』의 해석 방식이 퇴계 학파의 발전선상에 있다."고 평가하였다. 윤석민은 조호익『역상설易象說』의 해석틀 분석(1)에서 팔괘지의八卦之義를 팔괘지상八卦之象으로 포괄하면서 상象을 취해 나갔으며 이를 근거로 하여 상·하체, 호체, 반체反體, 약체略體[97]등 괘체의 변화 중에서 호체설이 가장 많이 사용한 해석의 틀이 되고 있다고 하였다. 그것은 상·하괘체에서 발견할 수 없는 물상들이 호체에서는 쉽게 발견할 수 있기 때문이다.

산천대축괘山天大畜卦 구삼을 간단하게 예를 들면 하괘인 건乾은 양

---

95 曺好益(1545~1609),『周易釋解』,『易象說』,『家禮考證』등, 號 芝山.

96 엄연석,「조호익 역학의 상수학적 방법과 의리학적 목표」,『대동문화연구』38, 2001, 210쪽.

97 上·下體, 互體, 反體, 略體(似體), 한 괘내 여섯효의 형상으로부터 세효, 네효, 다섯효, 여섯효가 각각 만들어내는 형상을 가리킴.

마良馬가 되고 외호체인 진震은 족足이 되는바 좋은 말이 달려 나가는 상象이라 한 것이다. 풍산점괘風山漸卦 내호체는 수水가 되고 외호체外互體는 리離가 된다. 리離는 조鳥가 되므로 물새의 상이 있는 것이라 하였다. 이러한 내용을 정리해보면 조호익은 이황李滉의 의리역학을 배우고 따른 사람이지만 해석적 측면에서는 호체에 의하여 상을 취했음을 알 수 있다. 다음은 영·정조시대 선천 학을 궁구하여 체계화한 도학자 서명응[98]에 대해 알아보겠다.

그가 쓴 『참동고參同攷』 중 「호체고互體攷」에 나오는 내용을 살펴보면 다음과 같다. 건괘는 초효·상효를 부를 때 초구·상구라 말하면서 먼저 그 자리를 말하고 나중에 효를 말한다. 중간의 네 효는 효를 먼저 부르고 나중에 자리(초구·구이·구삼…상구)를 말한다. 류類를 미루어 상象에 배분하면 초효와 상효는 먼저 그 자리를 밝히고 부르지만 두 번째 이효에서 오효까지는 먼저 효를 말한 후에 자리를 말한다. 즉 아래에서부터 순서를 붙여 처음 효는 초初를 붙이고 음陰일 때는 육六, 양陽일 때는 구九를 함께 부른다[初六, 初九]. 맨 위의 효를 말할 때는 상上을 붙이고 음陰일 때는 육六, 양陽일때는 구九를 붙여 부른다[上六, 上九]. 그 외 이효에서 오효까지는 음양을 나타내는 수를 먼저 부르고 다음 자리순서를 부른다는 것이다. 구이·육이·구삼·육삼와 같은 방식이다. 왜 그런가? 이는 성인聖人이 중간의 호체를 이루는 네 효가 괘의 묘용이 됨을 보여 준 것이라. 초, 상 두 효는 형질의 표피로서 심心과 의意를 머금고 있는 것이고 중간의 네 효(이효에서 오효까지)는 심心과 의意로서 주고받고 건네며 일을 하는 것이라 하였다.

그 중 제 이효는 호체의 처음 움직이는 기미로서 호체의 주가 된다

98 徐命膺(1716, 숙종42~정조11 1787), 『易學啓蒙解』. 본관은 달성, 字 君受, 號 保晚齋, 澹翁.

고 하였으며 그는 또 고금의 우주가 지극히 깊숙하고 혼잡스러운 이 모두는 호체의 법상法象이 된다고 보았으며 호체의 심의로써 호체의 법상을 미루어 본다면 혹시라도 얻지 못할 것이 하나도 없다고 보았다. 「계사전」에 말하길 "서두르지 않아도 빠르고 가지 않아도 이른다."[99]는 말처럼 천하의 뜻을 신명하게 하는 것은 '호체'에 대하여 말한 것이라 하였다. 서명응은 도교 학자로써 『주역』을 도교와 융합하여 광의廣義의 방통旁通적 해석을 한 사람으로서 호체의 의미를 매우 중요시하며 해석한 사람이다.[100] 그는 호체를 통하여 물상을 취하기에 앞서 중효(이·삼·사·오효)의 중요성을 여섯 효의 의미에서 찾았다.

2) 다산 정약용의 다양한 호체설

다산茶山 정약용丁若鏞[101]의 목민을 위한 호체 점서법은 하호下互(이·삼·사효)와 상호上互(삼·사·오효)를 취하는 호체 외 다양하게 분류한 호체법을 연구한 흔적이 그가 저술한 「주역사전周易四箋」[102]에 남아 있어 기술해 보겠다. 다산은 일반적인 호체 외에 [대호大互] [겸호兼互] [초호倒互] [복호伏互] [반합半合] [양호兩互] 체법 등 여러 방식으로 구사하였다.

---

99 「繫辭傳」上 10, "… 故不疾而速 不行而至 …"
100 서명응, 『참동고』 권2 「호체고」, "易之乾卦 九初上兩爻則曰初九日 上九, 必先位而後爻焉, 中間四爻則曰九二曰九三曰九四…. 必先爻而後位焉. 蓋不特乾卦而已, 其餘六十三卦, 莫不皆然, 何哉? 此聖人所以示中互四爻爲卦之妙用也… 推類配象, 則初上兩爻卽形殼, 所以含其心意也, 中間四爻卽心意, 所以酬酢之事爲也… 爲古今宇宙之至賾至紛者, 又皆互卦之法象. 以互卦之心意, 推互卦之法象, 其或有不得者乎! 易曰, 不疾而遠, 不行而至. 神明天下之志, 蓋互卦之謂也. 而內體第二爻, 又互卦初動之幾, 爲主於互卦者也…"(예문서원, 2009, 102쪽)
101 茶山 丁若鏞(1762~1836), 「經世遺表」, 「牧民心書」, 「欽欽新書」 등 500여권.
102 방인, 『다산 정약용의 『주역사전』 기호학으로 읽다』, 예문서원, 2014, 416쪽.

[대호] 체법이란[103] 네 개의 효로 되어있다. 즉 일·이·삼·사효四爻를 취하는 것이다. 이는 대리大離와 대감大坎괘의 경우에만 적용된다. 예를 들면 손괘巽卦의 일·이·삼·사위四位를 취하면 대감大坎이 되고 진괘震卦의 일·이·삼·사위四位를 취하면 대리大離가 되는 체법을 말한다.

[겸호] 체법이란 중효重爻 이·삼·사·오효 네 개의 효를 취한다. 즉 림괘臨卦는 대진大震이 되고 둔괘遯卦는 대손大巽이 되고 소과괘小過卦는 대감大坎이 되는 체법이다.

[도호] 체법이란 말 그대로 거꾸로 뒤집은 괘를 취하는 호체법이다. 육십사괘에는 괘 음양을 뒤집어 놓아도 동일한 여덟 괘가 있다. 그 중 건과 곤은 순양 순음괘이므로 호체를 취한다는 것이 무의미하다. 하지만 나머지 여섯 개의 괘는 호체를 취하여 괘 해석을 보충한다.

[복호] 체법이란 기수奇數(일·삼·오)의 효위에 양을 배치하고 우수偶數(이·사·육)의 효위에 음을 배치하면 감괘坎卦가 생기고 리괘離卦가 생긴다. 이럴 때는 어떤 괘이던지 간에 드러난 효 이면에는 수水와 화火가 잠복되어 있게 된다. 이를 복호 또는 복체라고 한다.

[반합] 체법이란 상괘와 하괘중 상괘는 뒤집어 도치倒置된 괘를 취하고 하괘는 정괘正卦 그대로 취하는 괘체법으로써 반씩 합친다는 뜻이 있다. 예를 들어 귀매괘歸妹卦에서 하괘는 태괘兌卦를 그대로 취하고 상괘는 도치시켜 뒤집힌 간괘艮

---

103 방인, 『다산 정약용의 『주역사전』 기호학으로 읽다』, 예문서원, 2014, 416쪽 재인용. 「周易四箋」1, 『定本 與猶堂全書』 15, 45-46쪽, 『역주 주역사전』 권1, 76쪽, "五十衍卦, 其分者也. 故其本體之內. 皆有坎離."

卦를 취하는 것이다. 그러면 귀매괘歸妹卦의 반합체는 산택
손山澤損괘가 된다.

[양호] 체법은 정약용식의 독특한 괘 해석법이다. 일반적인 호체
즉 이·삼·사효는 하호체, 삼·사·오효는 상호체를 구하여
상하 호체를 합한 호체에 본괘에서 동動한 자리[位]를 그대
로 동動한 효爻로 지정하여 지괘之卦를 구하는 것이다.

정약용丁若鏞은 양호체兩互體를 내어 살펴보는 데는 두 가지 목적이
있다고 하였다. 하나는 '전민용前民用' 즉 백성들의 실용적 용도에 활용
할 수 있도록 하기 위해서라고 하였다. 이것은 혼인 점을 치러 왔는데
혼인점괘가 나오지 않았을 때 정약용은 양호체법으로 점사를 구하였
다. 즉 혼인 점을 치러 왔는데 혼인과 관계없는 산풍고괘山風蠱卦 삼효
동動이 나왔다면 혼인에 대해 알 수 없다. 이럴 때 동효動爻와 지괘之卦
는 무시하고 호체법으로 괘를 내면 뇌택귀매괘雷澤歸妹卦가 나온다. 귀
매괘에서 삼효를 효변 시키면 뇌천대장괘雷天大壯卦가 나오는데 이때의
점사를 귀매지歸妹之 대장大壯으로 풀어보는 것이다. 이것을 양호체법
이라 하였다. 이는 괘체 이효에서 오효까지의 중효를 중심으로 물어오
는 점사에 맞는 점괘를 만드는 호체법으로서 호체에 동효를 적용하여
실용적 용도에 맞추어 점사를 보기 위해서이다. 둘째는 '금민사禁民邪'
즉 백성들이 사악한 짓을 저지르지 못하도록 하기 위한 목적이 있다고
하였다.[104] 만일 옳지 못한 일의 점사를 내었는데 길괘吉卦로 나왔다면
호체를 내어 흉한 괘상이 있는지 살펴보고 그 일에 해당하는 점사를
찾아내어 선善을 행하도록 올바르게 인도 하는데 있다고 하였다. 이렇

---

104 방인, 『다산 정약용의 『주역사전』 기호학으로 읽다』, 예문서원, 2014, 419쪽.

듯 정약용은 목민을 위하여 거의 모든 괘에서 호체 해석을 빈번하게 활용하였으니 다산 역학에서는 호체설의 비중이 매우 크다고 하겠다.

정약용은 『주역사전周易四箋』에서 양호兩互라 말을 하였지만 우리가 말하는 일반적인 호체법을 용도에 맞추어 변화시킨 것이다. 정약용과는 좀 다르지만 이전에도 이러한 사례가 있었던 것으로 전해 온다. 회계의 한 선비가 국가적 위기 사태를 맞아 점을 친 사례이다. 송나라 때에 금나라 임금 제 4대 해릉왕 완안량이 침략해 왔을 때의 점서 例이다.[105] 이 선비는 맨 처음 고괘蠱卦의 여섯 효가 모두 변하는 之卦 수괘隨卦를 얻었다. 그런데 이 선비는 지괘之卦 수괘隨卦의 호체를 내어 점괘漸卦를 도출하였다. 그는 이 점漸괘로부터 완안량이 패할 것이라 해석하였던 것이다. 특히 수隨괘는 비괘否卦로부터 괘변卦變한다는 것에 근거하여 완안량의 목이 잘릴 것을 예견하였다.[106] 천지비괘天地否卦의 초육효와 상구효가 자리바꿈하면 택뢰수괘澤雷隨卦가 되는 괘변을 말한다.

정약용의 여러 가지 호체법과 회계의 선비가 점을 친 사례를 살펴보면 괘체의 상괘·하괘를 이루는 각 여덟 개의 괘는 독립된 상징적인 면을 갖고 있고 또한 그 속성이 매우 기능적機能的이고 유동적流動的'임을 알 수 있다. 어쩌면 괘의 해석적 차원에서 정약용은 정약용식 생각으로 현실에 맞추었고 회계의 한 선비도 그 선비식 생각을 발휘하여 당면한 과제를 판단하였다. 경전의 텍스트에 맞는 해석은 아닌 것 같지만 나름대로 매우 창조적인 해석을 하였음은 분명하다.

지금까지 우리나라 학자들의 호체 활용 양상을 살펴보았다. 공통적

---

105 방인, 『다산 정약용의 『주역사전』 기호학으로 읽다』, 예문서원, 2014, 420쪽 재인용. 「周易四箋」1권, 『定本 與猶堂全書』, 15-48쪽, 『역주 주역사전』 권1, 87쪽, "宋時, 金主, 完顔亮入寇, 筮之遇隨卦, 占者曰, 兩互爲, 亦此法也."
106 程迥(南宋代,(생몰 미상), 『周易古占法』, 何楷(明代,(생몰 미상), 『古周易訂詁』, 毛奇齡(1623~1716), 『仲氏易』과 『春秋占筮書』 등 고사가 있음.

으로 상수학자나 술수가가 아니었지만 象을 취하고자 할 때는 한결 같이 호체를 중심에 두었다. 근래의 학자 중 장봉혁[107]은 『학역종술學易綜述』에서 "학역學易하는 자는 여타의 제설들이 많이 있지만 경문의 본문을 이해하고자 할 경우 '호체(괘)설'만은 그 요의를 살펴보는 것이 좋을 것이다."[108] 라고 하였다.

6. 맺음말

은허에서 발굴된 갑골문자로부터 시작된 호체의 발전 양상을 중국과 한국의 경우를 나누어 더듬어 본 결과 다음과 같은 것을 알 수 있었다. 천지는 '대대對待(錯)와 유행流行(綜)'에 의하여 변화하며 현상세계가 일어난다면 리학파理學派든 상수파象數派든 그 근원적 분석은 호체에 의하여 이루어져 왔던 것이다. 서한시대의 경방이 최초로 호체라는 용어를 사용하였고 의리역학자로 호체를 즐겨 활용한 사람은 정현鄭玄(127~200)이다. 주희朱熹는 『역학계몽易學啓蒙』에서 모든 괘는 네 개[乾·坤·旣濟·未濟]의 '호체'로 돌아간다고 하였다. 즉 해석적인 측면보다 괘의 연관성에다 더 중점을 두고 있었다. 실제로 주희는 '호체불가폐론互體不可廢論'을 주장하였지만 적극적으로 활용하지 않았다. 상수학자로써 한대의 역학을 적극적으로 연구발전 시킨 사람은 명대의 진사원陳士元과 래지덕來知德등을 들 수 있었다. 특히 우리나라 광해군 시대의 조호익과 영·정조시대 역리와 내단학을 연구한 서명응 그리고 목민을 위하여 호체를 연구한 정약용의 점사적占事的, 해석적 업적은 앞으로 더욱

---

107 張俸赫(1937~), 號 德田, 『學易綜述』외 다수.
108 張俸赫, 『學易綜述』, 학고방, 1999, 110쪽.

진지하게 연구되어야 할 필요가 있다.

의리역의 선구자인 왕필을 위시하여 한대 역학의 상수 학을 비판한 왕부지까지 괘와 효사의 해석에서는 '중효'의 의義[괘덕]를 취하지 않을 수 없었으며 또한 호체의 활용을 철저히 배척하는데 자유롭지 못했다. 상수파象數派는 의리를 버리고『주역』을 해석 할 수 없었고 의리파義理派 역시 중효를 중시하지 않고『주역』을 해석할 수 없었으니 '호체법'은 의리역을 중시하는 경학파든 상象과 수數를 중시하는 상수학파든 간에 두루두루 쓰이며 폭넓은 해석을 도모하는 데는 꼭 필요하였다. 의리파가 중효를 벗어날 수 없었고 상수파가 의리를 저버릴 수 없었음은 각 여덟 괘의 물상物象과 물상이 중복되게 만나서 이루어지는 여섯 개의 효에 있다. 여섯 개의 효는 한 개의 대성괘를 이루어 끊임없이 일신日新하고 '생생불식生生不息'하는 각 경우의 세계를 상징하고 있다. 그것을 가능하게 하는 것은 글이 아닌 음양'(--, ㅡ)'의 부호로 되어 있기 때문이다. 음양의 부호로 된 여섯 개의 효는 천·인·지 사이에 존재하는 모든 물상(사람포함)속에 내재되어 있는 '정신과 물질·시간과 공간·과거와 미래'등을 동시적[109]으로 함축하고 있기에 상象과 이치의 근거를 언제 어디서든 충분히 찾을 수 있는 것이다.

여섯 개의 효에서 초효·이효는 지地, 삼효·사효는 인人, 오효·상효는 천天으로 삼재를 분류하지만 삼재가 동시적으로 함축하고 있는 양상에 대해 필자는 보이는 부분과 보이지 않는 부분을 나타내고 있다고 생각한다. 초효와 삼효 그리고 상효는 천인지의 보이지 않는 부분, 이효와 사효·오효는 천인지의 보이는 부분을 상징한다고 보았을 때 우리는 살아가면서 눈에 들어와 보이는 부분을 의식하면서 땅이라 하고 하

---

109 신성수,「『周易』의 미래예측과 時空間 인식 중 - 융의 동시성이론과 관련하여」,
『동양학 : 과거를 넘어 미래로』, 동방문화대학원대학교 동양학연구소, 2016.

늘이라 하면서 살아간다. 그 가운데로 알게 모르게 흐르는 '시간과 공간', '정신과 물질' 등에 '과거와 미래'가 존재하고 있으니 각각 다른 세계 속에서 다른 시작과 결과를 초래하고 만나기 마련이다. 그러므로 '호체'는 사람 중심에서 우리 눈에 보이는 공간과 시간을 위주로 하여 땅 위에서, 하늘 아래에서 각자 보이는 삶과 보이지 않는 삶을 과거에서 미래로 영위하면서 살아가고 있는 복잡다단한 관계적 양상을 포괄하고 있다. 따라서 초효와 상효를 제외한 중간에 있는 네 효를 중심으로 교호시켜 세운 '호체'는 전적으로 사람을 중심으로 관계되는 부분을 지칭한다고 보아야 할 것이다. 바로 우주 가운데서 변화무쌍한 인생의 근본원리와 천하의 뜻을 품고 있는 '중효'가 되는 '호체'는 드러나지 않는 의미, 감추어진 의미를 필요에 따라 전체 속 부분을 끄집어 낼 수 있어 앞으로도 계속 쓰이지 않을 수 없다.

반면에 '호체'를 배척하는 사람들은 공통적으로 상응하는 괘상을 얻기 위하여 무분별한 남용과 지나친 작위성을 지적하고 있다. 그러나 또 한편 생각해 보면 「계사전」의 말처럼 '역易은 비어있는 여섯 위位에 두루 행하고 위아래로 일정하지 않게 굳셈과 부드러움이 서로 바뀌니 오로지 변해가는 바에 따를 뿐'[110]으로 '호체'의 활용 범주 역시 어떻게 정할 수도 제한 할 수도 없다. 하지만 편중된다는 것은 바람직하지 못하므로 천도에 편중된 상수학파나 인사에 편중된 의리학파나 함께 의리와 상수를 조화롭게 이루어 나갈 수 있을 때 『주역』이 강조하는 '천인합일天人合一'의 정신에 부합될 것이다.

만약 어느 하나를 소홀히 하거나 배척하고 독점하려 한다면 모두가 모순에 빠지는 사태를 피할 수 없다. 그래서 어느 하나를 지향하기 보

---

110 「繫辭傳」下8, "周流六虛, 上下無常, 剛柔相易, 不可爲典要, 唯變所適."

다는 좀 더 근원적이고 시중時中적인 해석을 새롭게 제시할 수 있도록 융합적인 측면에서의 '호체법' 연구가 더욱 진전될 필요가 있다고 생각한다.

동중서의 과학 음양 동태적 상대론[*]

김주창

이 글은 동중서가 사용한 음양에 4가지 형태가 포함되어 있다고 하는 것을 밝히고자 하였다. 첫째는 음양의 존재 부호, 둘째는 음양의 천문 부호, 셋째는 음양의 과학 부호, 넷째는 음양의 인문 부호이다. 여기에서 파생된 오행은 음양에서 파생된 과학 부호라고 밝혔다. 동중서가 부호로 만든 과학 음양을 주춧돌로 세운 기반 위에 인문 철학의 집을 지었다고 하는 것이 이 글의 주제이다. 이 글에서 부호 문자는 이성적 논리적인 특성이 풍부해서 과학 세계를 열었고 언어 문자는 감정적이어서 상상력이 풍부해 인문학 세계를 열었다고 했다. 본 논문에서 과학 지식과 인문학 지식이 만나면서 철학 세계가 열렸다고 했다.

1. 들어가는 말

동중서(BC179-104)는 과학 부호인 음양을 통하여 거대한 철학 체계를 세운 철학자이다. 이것은 이미 일반화된 인식이다. 이와 같은 종합적인 철학 체계를 세운 사람은 일찍이 없었다. 동중서 철학 체계를 세운 근거는 철저한 과학 음양이며[1], 이 과학 음양 이성[2]을 통하여 천·

---

* 김주창(단국대, 中國 衡水學院 招聘). 이 글은 「대동철학」 제85집(2018. 12)에 게재한 것이다.

1 과학 음양은, 음양(--, ─)의 부호가 우주 존재를 가장 단순화시킨 존재 부호이며

지·인 삼재의 철학 체계를 세웠다.[3] 이것은 철학 사상계에서 하나의 이 정표이자 또한 등불이다. 이것으로 중국의 주류 문화가 이루어졌다. 본 논문은 이 과학 음양과 그 자신이 세운 철학 체계 사이에 어떤 관계가 있는지를 논의하고자 한다.

인류는 고대부터 태양신을 믿어 왔는데 이것은 지구 어느 곳에서도 마찬가지였다. 인류는 태양을 에너지의 근원이며 생명의 근원으로 인 식했는데 이 태양의 음양으로부터 지구가 탄생했고, 또 이 지구는 이 우주의 생명을 머금으며 진화하여 마침내는 인류의 남녀를 만들어 내 었다고 인식했다.[4] 현대 과학은 우주의 전 진화 과정을 138억 년이라고 밝혔다.[5] 현대 과학에서 이 지구의 생명은 자웅 동체에서 시작하여 서

동시에 과학 부호이기 때문에 음양이란 단어 앞에 과학이란 수식어를 필자가 붙였 다. 그렇게 해야 음양이란 의미가 더 명확하게 드러나기 때문이다. 이 음양은 우주 가 진화하면서 생긴 태양의 시스템에서 나온 것이며 또 그 작동 원리가 바로 음양 법칙이다. 이것은 인류가 인위적으로 만든 관념적 음양이 아닌 실재하는 과학적 음 양이기 때문에 필자가 특별히 만든 개념이다.

2 음양이 독립된 하나의 음과 독립된 하나의 양이 조합되어 공존하고 있는 것은 관계 평형을 이루었기 때문이다. 관계 평형을 이루었을 경우에만 이성적 사고가 발생한 다. 그렇지 못할 경우엔 음과 양 가운데 하나만 남게 된다. 두 개가 같이 존재한다 고 하는 것은 우리의 이성적 사고의 산물이다.

3 董仲舒,张世亮 钟肇鹏 周桂钿 译注,『春秋繁露』,北京 中华书局, 2014年, 652쪽, 참조. "天者,其道长万物, 而王者长人. 人主之大, 天地之参也 ; 好恶之分, 阴阳之理也; 喜怒 之发, 寒暑之比也 ; 官职之事,五行之义也."

4 짐 배것(Jim Baggott) 지음, 박병철 옮김, 기원의 탐구, 서울 반니출판사, 2017년, 555 쪽. 참조, "과학적 우주창조이론은 통찰력의 한계를 넘어 더욱 큰 진리로 우리를 인도한다. 아직도 풀리지 않은 문제가 남아있지만, 우리는 과학을 도구 삼아 우주의 기원을 추적하면서 '가장 큰 문제(big questions)'의 답을 찾을 수 있었다."

5 위의 책, 138-9쪽. 참조 "플랑크 위성의 관측데이터와 가장 정확하게 일치하는 우주 모형은 138억 년 전에 탄생하여 암흑에너지가 전체 질량의 68.3%를 차지하고 암흑 물질이 26.8%, 그리고 일상적인 바리온 물질(얼마 전까지만 해도 우리는 이것이 우 주의 전부인 줄 알았다)이 4.9%인 우주이다. 눈에 보이는 물질은 카푸치노 커피 위 에 살짝 얹혀있는 거품에 불과했다. 광자 시대가 끝난 후 우주의 운명을 좌우한 요 인은 시공간의 팽창을 초래한 암흑에너지와 중력의 산실인 암흑 물질이었다. 우주

서히 분화되어 양성이 되었다고 하는데 동양 사람들은 일찍이 이것을 인식하고 있었다.[6] 이것은 자연 현상을 분석하여 근원을 추정해가는 방법으로 인식한 것이다.[7] 동중서의 지식은 실제로 과학에서 얻은 성과를 전면적이며 또한 전방위적으로 인용하였다. 음과 양을 주와 보조 작용의 개념으로 사용한 것은 바로 과학 지식이 누적된 결과를 바탕으로 해서 나온 것이기 때문에 동중서 이후 2천여 년 동안 아무도 이의를 제기하지 않았다. 그러나 근 현대 서양 과학이 유입되면서 동중서의 과학 음양 철학의 권위는 땅에 떨어졌으며 또한 모든 철학 체계와 과학의 지식 및 그 규율은 부정되었다. 특히 5.4 운동 때 유가 철학을 뒤엎어 버리자고 사람들은 외쳤다. 이것은 그 근원이 되는 음양오행설을 밀어내기 위한 것이었다. 그러나 실제로 오행은 혹 밀어낼 수 있지만 음양은 밀어낼 수 있는 것이 아니었다.

현대 물리학에선 이제 우주 전체를 통째로 통찰하는 단계에 와 있다. 그렇기 때문에 과거에 우리가 알았던 우주론적 지식의 진위를 정확히 가려낼 수 있게 되었다. 그래서 우리는 과거의 과학이 밝혀낸 지식을 가설로 만든 철학 체계가 현대의 입장에서 보면 당연히 틀렸다고 말할 수 밖에 없게 되었다. 그러나 아직도 어느 방면의 철학계에선 작금의 물리학에서 발견한 새로운 지식들을 흡수하지 않고 과거의 틀린 가설로 만든 철학 체계를 그대로 진리로 받아들이고 있다. 이것은 논리적으로 말하면 오류의 반복일 뿐만 아니라 또한 그것으로 재생산되고

의 미래가 눈에 보이지 않는 95.1%에 의해 결정된 것이다."

6 주역에서 인류 최고 고도의 '유전자 생명 전수 체제'가 확립된 것을 음양 부호로 표시하고 있다. 주역은 이 兩性에 근거해 만든 사회 철학이며 가까이는 인간 음양에 근거하였고 멀리는 우주 태양 시스템 음양에 근거하고 있다.

7 戴熙宁著, 『中国引领世界－－文明优势、历史演进与未来方略』, 中央编译出版社 2017年, 249~278쪽에서 分析 还原法과 构造 整合法에 관하여 상세히 설명하고 있다.

있는 모든 논리는 오류의 연속일 뿐이다. 그래서 5.4 운동 때 유가 철학을 전복하자는 운동이 일어났던 것이다. 그들에게 표적이 된 사람이 동중서였다. 왜냐하면 그가 과학적 근거로 삼았던 음양 오행설이 서양에 비해 너무 차이가 났기 때문이었다.

근대에 중국에서 일어난 5.4 운동 때 유가를 통째로 부정했던 중국 지식인들은 근거 없이 공자점을 때려 부수자고 했던 것이 아니다.[8] 모든 가설의 대전제가 되는 불가역의 진리가 틀렸기 때문이었다. 가설의 근거가 되는 과학적 근거가 현대 물리학에서 발견한 것과 맞지 않았던 것이다. 기본적으로 물질에 대한 이해가 맞지 않았다. 서양에서 발견한 물질의 원소가 이미 109 개가 되는 데 비하여 동양에서는 음양의 물리적 작용은 잊은 채 줄곧 5개의 원소가 상생 상극의 화학적 작용을 통해서 물질이 생산되는 것으로 생각했던 것이다.[9] 결과론적으로 말하면 서양에선 비행기가 나는데 비해 동양에선 마차를 끌고 다녔다. 그 당시 서양의 아인쉬타인은 일반 상대성 이론을 발표하고 있는데 동양에선 5행 이론에서 벗어나지 못하고 있었던 것이다.[10] 5.4운동은 공상적 사회주의자들이 그들의 정치적 목적으로 일으킨 것이 아니다. 그 때 그들이

---

8 "打倒孔家店"라고 하는 구호는 1916年2月 易白沙이 『新靑年』이란 잡지의 『孔子平議(上)』라는 문장에서 공자는 일찍이 한무제에게 이용당하여 괴뢰가 되었다고 비판하면서부터 "打倒孔家店"의 서막이 시작되었다.

9 아리스토텔레스는 물·불·흙·공기가 어우러져 만물을 형성한다고 생각하였다. 이 4가지 원소가 모든 물질을 구성하는 근원이 된다고 본 것이다. 2,000여 년 동안 사람들은 아리스토텔레스의 4원소설을 믿었다. 그러나 라부아지에가 실험을 통하여 물이 근원 물질이 될 수 없음을 증명하자, 고대부터 이어져 오던 아리스토텔레스의 물질관은 큰 타격을 입게 되었다. 라부아지에는 뜨겁게 달군 주철관에 물을 통과시킴으로써 물이 수소와 산소로 분해된다는 것을 밝혀냈다.
https://terms.naver.com/entry.nhn?docId=1524078&cid=47341&categoryId=47341

10 1915년 알베르트 아인슈타인(Albert Einstein, 1876-1955)은 일반상대성이론을 발표했다. 특수상대성이론을 발표한 지 꼭 10년 만이었다. 특수상대성이론을 발표한 1905년은 과학사에서 흔히 '기적의 해'라고 부른다.

과학(색塞 선생)과 민주(덕德 선생)을 기치로 내세웠던 것은 과거의 오류를 반복해선 안 된다고 하는 자성에서 비롯된 것이지 서양 문화가 부러워서 그렇게 자기 부정을 심하게 한 것이 아니다. 엄밀히 말하면 과거의 유가 철학은 그 전제하는 것들이 상당 부분 틀렸다. 여기에서 틀렸다고 하는 것은 많이 부족했다는 뜻이다. 심하게 표현하면 마차를 끌고 다니던 시대의 과학과 인공 태양을 만드는 시대의 과학 수준이 같을 수 없다. 그렇다고 철학의 근간이 되는 과학적 근거가 틀렸다고 그 철학이 전부 틀렸다고 하는 것은 아니다. 그러나 적어도 현대의 우리들이 과거의 철학을 숭앙하고 해석만 할 것이 아니라 현대 과학적 성과에 맞춰 철학을 새로 써야 한다고 필자는 생각한다. 21세기 아시아 태평양 시대가 도래하고 있는 시점에서 과거의 철학을 뜯어 고쳐 새롭게 단장해야 하는 변곡점에 와 있다고 필자는 생각한다. 그러나 필자의 이 논문이 그것에 부합되는 지는 알지 못하겠다.

2. 과학 음양의 동태적이며 상대적인 존재론
(존재론적 판단)[11]

오랫동안 누적된 과학적 지식과 경험을 통하여 천지는 절대로 분리될 수 없는 것이며 또한 이 두 개는 동시에 작용한다는 사실을 알았다.[12] 천문학의 발전에 따라서 더욱 명확한 확신을 갖게 됐다. 특히 근

---

11 위의 책, 67쪽. 참조 "절대 공간과 절대 시간을 믿지 않았던 아인슈타인은 에테르(ether)의 존재도 믿지 않으면서 1900년에 독일의 물리학자 막스 플랑크(Max Planck)가 제안했던 양자가설(quantum hypothesis)에 입각하여 빛의 성질을 분석했다. 양자가설이란 빛이 에너지를 방출한다는 가설인데, 아인슈타인은 여기서 한 걸음 더 나아가 아예 빛이 양자로 이루어져 있다고 가정했다."

본적인 것, 근원적인 것, 현상적인 것, 현실적인 것에 대하여 더욱 명료해졌는데 이것은 이미 귀납을 통한 종합 판단에 의거한 것들이었다.[13] 곧 존재 개념이 형성되었다.[14]

또한 우주 천지 만물의 변화 과정을 관찰하여 얻은 이 음양(음과 양) 개념은 지극히 크게 부풀릴 수도, 지극히 작게 줄일 수도 있으며 또한 천지 만물을 모두 한 포대기에 쓸어 담아도 아무런 변화가 없는 물질의 순수한 형식 부호이기 때문에 과학 부호라고 부를 수 있다.[15] 곧 여기에는 존재하는 존재 일체를 포괄하는 것이 되기 때문에 다방면적이며 또한 다층적인 함의를 가지고 있다. 예를 들면 종교 철학 예술 또한 개체 과학 및 그 방법론 등은 물론 시공과 초월의 문제까지 심지어는 알 수 없는 영혼까지도 포함한다.

가) 음(--)양(─)은 존재 부호이다(물질의 순수 형식 부호)

동양의 유가 철학 언어 체계에서 가장 큰 존재가 천지이기 때문에

---

12 董仲舒, 张世亮 钟肇鹏 周桂钿 译注, 『春秋繁露』, 北京 中华书局, 2014年, 474쪽. 참조 "阳, 天气也; 阴, 地气也.", 또 487쪽 참조 "天地之气, 合为阴阳, 判为四时, 列为五行."

13 위의 책, 480쪽, 참조 董仲舒认为对其根源、根本是不可知的立场. 比如, "美恶(像似阴阳)皆有从来, 以为命, 莫知其处所."

14 班固, 『汉书』【M】, 北京：中华书局, 1983年, 2490쪽, 참조 "天道之大者在阴阳. 阳为德,阴为刑；刑主杀而德主生. 是故阳常居大夏, 而以生育养长为事；阳常居大冬, 而积于空虚不用之处.

15 再引用,张祥平『经典复杂科学』,2013年,中国社会科学出版社,1쪽 참조 "中国的古文化以科学为基本,观天测地, 没有(人格神) 宗教的土壤."(李政道,《开发耳目启迪心智的学术报告－－记李政道博士的《艺术与科学》演讲》, 载《欧美同学会会刊》, 1997年 第2期, 第30页. 又,『李政道先生这样说, 并非因为他作为若贝尔物理学奖的获得者而偏爱科学, 而是因为发现：红山文化和良渚文化中被发掘出来的玉璇玑, 可以与另外两件传统玉器(玉璧和玉琮) 装配成一台天文仪器, 即璇玑仪. 璇玑仪用来定位天球北极, 与现代天文仪器的观测原理完全一致."

모든 만물은 이 천지 사이에 존재하는 것을 말한다. 그래서 하늘 밖의 하늘과 땅 이외의 땅은 존재하지 않을 뿐만 아니라 또한 천지를 초월한 것은 인정되지도 않는다. 만약 이것을 인정한다고 말하면 이것은 이미 하나의 언어적 유희로 전락하게 된다. 오직 존재로 인정되는 것은 하늘 아래와 땅 위의 것이며 그 이외는 모두 허구로 구성된 것이다. 실제로 존재하는 천지가 곧 부호 언어에서 머금고 있는 것을 건곤이라고 부르고 있는데 이 건곤은 실재하는 우주 물질의 형식이며, 또한 그 스스로 성질을 포괄하고 또한 자기의 규율을 가지고 있다. 그래서 이 음양은 존재 부호가 된다.[16] 구체적으로 그것은 물질의 순수 형식 부호라고 말할 수 있으며 또한 천지의 모든 작용 및 그 규율을 포괄하고 있다. 건곤이 존재하지 않는다면 만물 현상은 있을 수 없다.[17] 그래서 이 건곤에는 일체의 만물에 존재하지 않는 것이 없기 때문에 이것은 존재 그 자체이다. 존재하지 않는다고 하는 것은 곧 물질로 존재하지 않는다는 것을 의미한다. 반대로 물질로 존재하지 않는다고 한다면 이것은 존재하지 않는 것을 말한다. 그래서 이 건곤은 존재라는 또 다른 이름이지만 언어가 포괄하고 있는 함의를 정의하기가 쉽지 않다. 그래서 이 부호로 그 함의를 고정시킬 필요가 있어서 이 (☰)(☷)이라는 상象(상징)으로 존재의 표현을 고정시켰다. 이런 표시는 결코 미개한 원시 부호가

---

16 짐 배것(Jim Baggott) 지음, 박병철 옮김, 『기원의 탐구』, 93쪽. 참조 "지난 수십 년 동안 과학자들은 은하와 은하단의 움직임을 분석한 끝에, '우주에는 눈에 보이지 않고 망원경에 관측되지도 않는 새로운 물질이 존재한다'는 당혹스러운 결론에 도달했다. 게다가 이 물질에 대하여 아는 것이 하나도 없어서 이름조차 '암흑물질 (dark matter)'이다. 계산에 따르면 우주에 존재하는 물질의 80%가 암흑물질이라고 하니, 물리학자와 천문학자, 그리고 우주론학자들은 쥐구멍이라도 찾고 싶은 심정일 것이다."

17 董仲舒, 张世亮 钟肇鹏 周桂钿 译注. 『春秋繁露』, 北京中华书局, 2014年, 477쪽. 참조. "天地之符, 阴阳之副, 常设于身."

아닐 뿐만 아니라 실재로 최첨단의 과학 부호이다.

주역은 이 부호로 담대하게 부풀려서 4상을 만들었으며 다시 8괘로 늘렸고 또 다시 64괘로 늘렸다. 그 가운데 이 62괘 안에는 만물의 일체 현상이 담겨 있으며 또한 이 건곤 두 괘에도 만물의 일체 현상을 압축하여 포괄하고 있다. 이 형식 속에 일체의 현상이 잠재되어 있으며 동시에 그 현상 속에는 또한 건곤의 작용이 잠재되어 있다.[18] 그래서 이 음양은 순수한 존재 부호이기도 하지만 동시에 철두철미한 과학 부호이기도 하다.

나) 음(--)양(—)은 천문(학)의 부호이다.

천지는 분리될 수 없기 때문에 천지에서 일어나고 있는 현상은 곧 그대로 우주 만물의 자연 현상이 된다. 이 세상에 존재하는 생물은 자신의 생존을 위하여 천지에서 일어나고 있는 현상에 대하여 파악하지 않고 생존할 수 없다. 인류가 전력으로 천문을 파악하고 하늘에서 운행되고 있는 별자리를 관찰한 것은 생존을 위한 것이었다. 인류는 하늘의 운행과 땅의 변화를 관찰하며 일식 월식 천원지원天圓地圓 천전지전天轉地轉 등을 알게 되면서 책력을 만들 필요성을 느끼게 된다. 마침내 천지 변화를 관측하는 선기옥형(요순시대)을 발명하게 된다.[19] 서양은 동양에 비해 여기에 대한 연구가 일 이천년 이상이 빠르다. 그 가운데 토목술 건축술 농업기술 등이 발달하게 되었으며 동시에 생존을 위한 공동체적 규칙 이데올로기 등이 발전하며 인류 사회는 과학과 인문의 두 날개가 병행 발전하는 길을 걷게 된다. 그 과정에서 자연 재해와 맞

---

18 위의 책, 557쪽. 참조", "独阳不生,独阴不生, 阴阳与天地参然后生."
19 张祥平, 『经典复杂科学』,中国社会科学出版社, 北京, 2013年, 219쪽 참조

닥뜨리며 천지 자연을 더욱 이해하게 되었다. 예를 들면 지구의 결빙과 해빙 홍수와 가뭄 등과 생존 경쟁을 벌렸다. 특히 물질 생산이 생존의 관건이었기 때문에 농수산업은 급속도로 발전하게 된다. 자연히 천문 지리 인문 등의 중요성을 깨닫게 되면서 이 셋의 공통 분모가 되는 음양 개념을 발견하게 된다. 이것은 이 셋에서 일어나고 있는 공통된 현상이었으며 이 모든 것의 근원이 천문에 있다는 사실을 알게 된다. 동양 사람들은 또한 이런 하늘에 무슨 의지가 있다든지 감정이 개입되었다든지 하는 비논리적 사고를 하지 않았을 뿐더러 하늘은 단지 매우 엄격하고 규칙적으로 움직이고 있다고 생각하였다.[20] 이것은 천문학에서의 하늘(천天)이며 오직 과학 가운데의 하늘(천天)일 뿐이었다.[21] 여기에서 말하는 하늘(천天)은 오직 천문 지리 가운데에서의 하늘(천天)이기 때문에 이 음양은 천문 지리의 부호가 되는 것이다.

---

20 再引用, 张祥平, 『经典复杂科学』, 2013年, 中国社会科学出版社, 1쪽) 참조 "中国的古文化以科学为基本, 观天测地, 没有(人格神) 宗教的土壤."(李政道,《开发耳目启迪心智的学术报告--记李政道博士的《艺术与科学》演讲》, 载《欧美同学会会刊》, 1997年第2期, 第30页. 又, "李政道先生这样说, 并非因为他作为若贝尔物理学奖的获得者而偏爱科学, 而是因为发现：红山文化和良渚文化中被发掘出来的玉璇玑, 可以与另外两件传统玉器(玉璧和玉琮) 装配成一台天文仪器,即璇玑仪. 璇玑仪用来定位天球北极, 与现代天文仪器的观测原理完全一致."
21 董仲舒, 张世亮 钟肇鹏 周桂钿 译注, 春秋繁露, 北京 中华书局, 2014年, 630쪽 참조 "天不可以不刚, 主不可以不坚. 天不刚则列星乱其行, 主不坚则邪臣乱其官. 星乱则亡妻天, 臣乱则亡其君."

다) 음(--)양(—)은 과학 부호이다.[22]

동중서는 과학 부호인 음양(음과 양)으로 철학 체계를 수립하였다. 인류는 부호 문자를 창조하며 과학 체계를 수립하였고 또 언어 문자를 만들면서 인문학 체계를 건립하였다. 동양 사람들은 부호 문자와 언어 문자를 겸용하면서 우주 만물의 현상을 해석하기 시작하며 철학 사상 체계를 건립하였는데 그것이 바로 주역이다. 그렇기 때문에 주역 철학은 인문 과학이라고 말할 수 있다. 그래서 동중서의 철학 체계는 주역에서 음양 개념을 가져온 것이기 때문에 우리는 또한 인문 과학 또는 과학적 인문학 혹은 인문적 과학 철학이라고도 말할 수 있다.

과학 개념은 반드시 부정될 수 없는 것만 되고 또 이 개념을 확대하거나 축소를 해도 변하지 않는 것만 되기 때문에 부호를 사용하게 되는 것이다. 왜냐하면 언어 개념(관념)은 확대나 혹은 축소를 할 때 가변성이 있기 때문에 쓸 수가 없는 것이다. 그러나 이 음(--)양(—)의 부호는 확대를 하거나 축소를 해도 변화하지 않아서 과학 개념으로 적합한 조건을 가지고 있다. 부호라는 것은 어떤 특수 상황에서도 그 어떤 변화를 하지 않으며 이 개념의 범주가 고정되어 있기 때문에 과학적 체계를 정립할 수 있는 것이다. 이 음(--)과 양(—)의 부호는 범주가 고정되어 있고 또 그 변화가 수학적 논리에 따라 전개해 나가기 때문에 그 어떤 다른 인간의 감정이 개입할 수가 없다.

실재로 이 음양 부호 안에는 가장 큰(지대至大) 천지의 기능이 포괄

---

22 짐 배컷(Jim Baggott) 지음, 박병철 옮김, 『기원의 탐구』, 97쪽 참조 "물질과 반물질이 만나서 빛으로 변했다면 결국은 모두 사라지고 빛만 남을 것 같다. 한 차례의 소멸 과정에 관여하여 물질과 반물질의 질량은 항상 같기 때문이다. 현재 우주에 존재하는 모든 천체들은 물질로 이루어져 있으며, 우주 저편에 반물질 은하가 존재할 지도 모른다……"

되어 있으며 또한 가장 작은(지소至小) 물질의 순수한 형식 작용이 포함되어 있어서 음양이 서로 교차할 때 물질을 생산해 내는데 동중서는 이 개념을 쓰지 않을 수 없었을 것이다. 실재로 이 부호 문자와 언어 문자의 기능이 다르며 또 이 언어 문자에는 풍부한 상상력을 포함하고 있어서 매우 탄력적이고 부드러워 문학 및 종교 방면 등에서 적극적으로 사용되고 있다. 그러나 부호 문자는 오직 논리성(형식 논리)만 포용하고 있기 때문에 개념을 정의하기가 용이해서 과학 방면에서 사용하고 있다. 그래서 동중서는 과학적 정의를 이용하여 철학 체계 및 사회 규율의 기초를 세웠다.[23] 이것은 과거의 철학자와 다르다. 후대에 거의 모든 철학자들이 동중서의 방식을 모방하여 우주 원리와 행위의 도리 그리고 사회 윤리 등을 수립하였다.

과학 부호인 음양으로 정립된 주역은 수학적 논리를 근간으로 만들어진 학문 체계이다. 주역은 우주 천체 자연 만물의 현상에서 존재로 드러난 불가역 성질을 추론하여 음양 부호를 만들면서 시작한다. 이것을 다시 부풀려서(혹은 쪼개서) 4상을 만들고 또 부풀려 8괘를 만들고 또 다시 64괘를 만들었다. 이것은 무한히 부풀려도 음양에서 벗어날 수 없으며 또 무한히 쪼개도 음양은 남는다. 이 음양이 어떤 조합인가에 따라 각기 다른 만물이 생산된다. 이 음양은 천지 만물의 근본이며 원천이다. 이 존재하는 양을 부풀리면 '건乾'이 되고 이 존재하는 음을 부풀리면 '곤坤'이 된다. 주역에서 이 건乾과 곤坤이 섞이면 만물이 생산된다고 했다. 이 두 가지 성질이 섞인 62괘를 만물의 대표적인 현상으로 표현했다. 이와 같이 만물의 괘상(62괘)은 모두 수학적 과학 부호이

---

23 동중서는 『춘추번로』에서 제 43장, 제 47장, 제 48장, 제 49장, 제 50장에서 음양론을 주제로 집중적으로 서술했다. 그는 이 음양이 자신의 철학 체계에서 근간이라는 것을 천명하고 있다.

다. 이렇듯 음양은 불변하는 절대 개념인 것이다. 그래서 동중서는 이 가변성이 없는 음양으로 철학 체계를 수립했다. 왜냐하면 이 음양은 부정할 수 없는 절대적 과학 부호이기 때문이다.

동중서가 오행도 과학 부호라고 했다.[24] 하지만 과학 부호라고 하기엔 미흡하고 매우 부족하다. 동중서는 음양이 쪼개지면서(분화) 오행이 나왔다고 했다.[25] 곧 오행의 모체는 음양인 것이다. 이 논리적 관계로 보면 오행은 과학적 음양을 입에 물고 있기 때문에 과학적 오행이 아니라고 말할 수 없다. 실제로 이 오행은 과학적이다. 그러나 이 오행의 범주가 작고 좁아서 우주 만물을 다 담아내지 못하는 태생적 한계성을 가지고 있다. 오행이 비록 거대한 우주 음양에서 나오긴 했지만 그 음양의 화학적 작용에 의해 분화되며 만들어지면서 그것의 작용이 협소하고 부족하며 완벽하지 못하다. 만약 그 크기와 공능으로 비유하자면 음양이 항공모함이라면 오행은 구축함 정도라고 비유할 수 있을 것이다. 항공모함에는 비행기가 뜨고 내리지만 구축함에는 규모가 작고 또날 수 있는 기능이 없고 구조적인 결함이 있는 불완전한 군함인 것과 비슷하다. 심하게 비유하면 서양의 과학에는 우주로 날 수 있는 기능이 탑재되어 있어 로켓을 쏘아 올릴 수 있는데 반하여 동양의 과학 오행에는 그 기능이 없고 오직 순환 기능(상생상극)만 존재하여 날개가 아예 없어서 마차 밖에 탈 수 없는 것과 다를 바 없다. 이와 같이 오행의 과학적 기능이 부족하다. 이 오행은 현대 과학에서 보면 물리적 작용은

---

24 동중서는 『춘추번로』에서 제 38장, 제 42장, 제 58장, 제 59장, 제 60장, 제 61장, 제 62장, 제 63장, 제 64장에서 오행론을 주제로 기술했다. 그는 이 오행이 자신의 철학에서 핵심이라는 것을 천술하고 있다.

25 董仲舒著, 張世亮鍾肇鵬周桂鈿譯註, 『春秋繁露』, 中華書局, 2014年, 487쪽. "天地之气, 合而为一, 分为阴阳, 判为四时, 列为五行. 行者, 行也, 其行不同, 故谓之五行. 五行者, 五官也, 比相生而间相胜也. 故谓治, 逆之则乱, 顺之则治."

없고 오직 화학적 작용만 존재한다. 그래서 이 오행은 과학 발전에 크게 기여하지 못했다.

이 과학 오행이 과학에는 혹 크게 기여를 하지 못했을지 몰라도 정치학과 세계 평화에는 매우 그 작용이 컸다. 이 오행의 상생 상극의 순환은 '광주리 내의 순환 논리'이기 때문에 광주리 밖으로 나갈 수가 없었다. 그래서 광주리 밖으로 나가려는 확장성이 근본적으로 차단되었을 뿐만 아니라 그 길이 폐쇄되어 있다. 그래서 역설적으로 해외 침략과 같은 확장 논리는 근본적으로 배제되어 세계 평화에 크게 기여했다. 오직 내부적으로 순환하면서 발전을 도모하고 화해하면서 사회 행복을 증진시켜 나가는 모델이 되었다. 이 같이 오행에 맞춰 정치 이론을 전개한 동중서 철학은 비록 과학 발전에는 저해를 가져 왔지만 세계 평화에는 절대 공헌을 한 것이 사실이다. 필자는 동중서가 썼던 이 오행 이론은 징치적 목적을 위해 사용한 것이 아닌가 생각한다. 우리 철학자에게는 세계 평화가 과학 발전보다 더 중요한 것이기 때문이다. 본 논문은 오행에 관하여는 깊이 다루지 않겠다.

라) 음(--)양(—)은 언어 부호이다.[26]

본래 부호 문자와 언어 문자의 용도는 다를 뿐만 아니라 그 내원과 발전의 길도 다르다. 나중에 그것들이 혼용된 뒤에 부호 문자의 사용이

---

26 위의 책, 532쪽 참조 "호모 사피엔스의 두뇌는 다른 동물에 비해 전두엽이 유난히 컸다……또한 호모(Homo) 혈통을 이어받은 종족은 일련의 유전적 변이를 통해 해부학적으로 발성에 유리한 구강구조를 갖게 되었으며, 두뇌의 언어 중추도 크게 개선되었다. 이 두 가지 기능이 하나로 합쳐지면서 인간은 언어를 개발했고, 언어를 사용하면서 두뇌의 신경망이 급속도로 발달하여 추상적인 사고를 할 수 있게 되었으며, 이로부터 인간 특유의 의식이 싹트기 시작했다."

적어지며 과학 발전의 속도는 완만해지고 문학의 발전만 풍성해졌다. 나중에 부호 문자의 함의가 풍부해졌지만 그 함의된 것이 모두 논리였지만 언어 부호에서의 풍부해진 것은 그 함의된 것이 오직 감정 방면의 것이었다. 언어 문자에서 발전된 것은 감정의 교류를 위한 것일 뿐 과학의 학술을 정립하기 위한 것이 아니다. 후에 이 부호 문자들은 방향을 틀어 언어 부호로 전환하게 된다. 예를 들면 (--)(—)이 음양으로 불려지게 되었는데 이것이 부호 문자가 언어 문자로 전환된 것이다. 그래서 그 속에 함의된 것은 원래의 그 부호 (--)(—)과는 차이가 있을 수 밖에 없게 된다. 다행히 동중서가 이 부호의 원래 뜻을 파악했으며 그는 이 부호의 함의와 비교적 활력있는 언어 문자를 이용하여 자신의 철학 체계를 건립하였던 것이다.

동중서는 부호 문자로 형성된 주역을 통독했을 것이다. 그렇지 않으면 이 부호의 중요성을 발견하지 못했을 뿐만 아니라 또한 음양 부호의 과학성을 발견하지 못했을 것이다. 그는 부호에 근거한 사고 특히 음양 부호를 근거로 스스로 불가역의 진리 체계에 이르게 되었다. 이 과학 진리 체계를 언어 문자로 해석하게 되었는데 그 논리는 모두 부호에서 온 것들이었다.

부호는 원래 부르는 명칭이 없다가 후대에 이름을 붙이게 된다. 이 부호 (≡)(≡≡)을 '건곤'이라고 부르는 것과 실재로 또 그 함의된 것을 축소해서 '음양'이라고 부르는 것은 원래 부호(개념)에 색깔을 덧칠한 것과 같다. 실제로 주역의 잡괘에서 보면 한 괘에 다양한 함의가 있다고 하는데 이것은 부호가 아니면 불가능하다. 원래 부호 문자를 사용하다가 나중에 언어 문자로 전환하게 되면서 이 부호의 과학적 함의가 진화하며 철학 문학 종교 등 개별 학문으로 발전하게 된다. 시대의 조류에 따라 변화하게 되는 것을 그 누가 막을 수 있겠는가. 동중서는 마침내 과학적 진리와 철학적 구조 그리고 문학적 상상력을 통괄하며 천·지·인 삼재를 통관하는 대일통 사상 체계를 세우게 된다.

존재의 음(--)과 존재의 양(一)은 모두 자기의 존재 양식과 방식을 가지고 있다. 음(--)과 양(一)은 각기 자기 존재의 다양성과 논리성을 구비하고 있어서 이 두 개의 성性이 교차할 때 흡인과 배척이 작용하게 된다. 이 때 자연히 좋고 싫음(호오好惡)의 현상이 발생하게 되는데 이런 현상을 우리는 정情이라고 한다.[27] 이 정情은 또한 감촉 활동을 하는데 우리는 이것을 결합하여 감정感情이라고 부른다.[28] 주로 이 감정 활동은 소통인데 이 도구가 언어이기 때문에 또한 자신의 논리를 가지고 있다. 이 논리는 과학적 수학 논리와 같지 않으며 문학 예술 종교의 체계와 시스템 등을 형성하였다. 비록 이 언어의 논리가 부호 과학의 논리와 같지는 않지만 그 근원은 음양이다. 이 양(一)은 모든 양의 성질을 구비하고 있으며 또 이 음(--)은 모든 음의 성질을 가지고 있어서 이 음양의 두 성性 사이에서 서로 소통 작용을 하며 만물(존재물)을 생산한다.[29] 그 물질 진화의 작용이 이렇고 그 언어 체계와 시스템도 또한 이렇다.

---

27 이 情을 현대 과학의 용어로 말하면 물질 간에 화학적 작용에 의해서 일어나는 현상이다. 이와 같이 우주에는 물리적 작용과 화학적 작용이 동시에 작동하고 있다. 그래서 동중서는 天人 간에도 감응이 일어나고 있다고 말했다. 왜냐하면 天人이 모두 물질이기 때문이며 또 물질 간에는 好惡에 따라 감응이 있어난다고 했다. 여기에 관해 수많은 학자들이 동중서를 유심론자라고 오해를 했는데 이것은 이 현대 과학에서 규명한 물질의 화학 작용을 이해하지 못했기 때문에 생긴 것이다.

28 董仲舒, 张世亮 钟肇鹏 周桂钿 译注,『春秋繁露』, 北京 中华书局, 2014年, 380쪽 참조 (性是阳,情是阴. 5行都是论证.) "是正名号者于天地,天地之所生,谓之性、请. 性、请相与为一瞑. 请亦性也, 谓性已善, 奈其情何？故圣人莫谓性善,累其名也. 身之有性、情也,若天之有阴、阳也. 言人之质而无其情, 犹言天之阳而无其阴也. 穷论者, 无时受也."

29 앞의 책, 652쪽 참조 "以此长天地之间, 荡四海之内, 敫阴阳之气, 与天地相杂." 又, "以此长天地之间, 荡四海之内, 敫阴阳之气, 与天地相杂."

3. 맺는 말

동중서가 만든 철학 체계의 근거는 철저히 이 과학 음양 개념에서 찾았다. 이 과학 관념이 비록 서양에서 흘러 들어왔지만 그것이 동양에 건너 온 후로 그 관념이 더욱 심화 및 발전되면서 음양 도덕 및 음양 철학 체계가 만들어졌다. 동중서는 이 음양이 태양 시스템을 모델로 하여 더욱 발전시켜 불가역의 과학 음양 개념을 형성시켰다. 그래서 이 과학 음양 이성 관념으로 천지 자연과 사회 역사 및 인류의 보편 문제까지 해석하였던 것이다. 따라서 이 불세출의 철학 체계는 이미 동양 철학의 전범이라 칭송되었으며 그 명성이 이천여 년 동안 향유되고 있다. 이것의 과학 음양 체계가 동양의 주류 문화를 만들었을 뿐만 아니라 동양에서 불가역 문화의 주춧돌이 되었다.

동중서가 과학적 근거로 제시한 음양 오행론은 매우 획기적이며 참신했다. 음양론은 존재론적이며 또 과학적 사고에서 비롯된 것이며 또한 오행론은 현대 과학 중에 화학적 작용 부분에서 발휘된 이론이다. 이것만 보더라도 그의 철학적 통찰력이 얼마나 뛰어난지를 알 수 있다. 이 우주의 발생과 또 물질의 발생은 모두 물리 화학적 작용에 의해서 나온다는 것을 천명한 것이다. 따라서 그 물리 화학적 작용에 따라 변화하는 진화론적 사고가 나타나고 있다. 그 중에서도 '천인감응론'은 현대의 우주 발생론의 입장에서 볼 때도 매우 의미가 있으며 또 근거가 있는 것이다.[30] 단지 신비주의에 가까운 그의 추론은 아직 현대 과학에서도 규명하기가 어렵다. 이것은 단지 그 감응의 정도가 어디까지 인가

---

30 董仲舒著, 張世亮鍾肇鵬周桂鈿譯註, 『春秋繁露』·「阴阳义」, 中華書局, 2014年版 445 쪽, 480쪽/ ."天亦有喜怒之气、哀乐之心, 与人相副. 以类合之, 天人一也."

가 문제가 될 수 있을 뿐이다. 그러나 우리는 감응하지 않는다고 부정할 근거도 확실하지 않다. 아직은 우리의 과학이 밝혀낼 수 있는 수준이 여기에 이르지 않았다는 것을 확인할 뿐이다.

현대 학자 김춘봉은 동중서 철학이 유심론이라고 평가했다.[31] 또 풍우란은 동중서의 철학이 과학적 합리주의에서 벗어나 초월적 신비주의로 나아갔다고 했다.[32] 이런 평가가 없을 수는 없겠지만 그러나 동중서가 대전제로 세운 천 지 인 모두가 물질로 형성되었다고 했으며 또 그것의 생성 과정에서 천지인이 서로 감응 작용에 의해서 진화 생성이 일어나고 있다고 한 것은 만물 간에 일종의 물리 화학적 작용이 작동하고 있다는 것을 말한 것이다.[33] 그러나 그 작용이 신비적이었다고 해석되어질 소지가 있는 것은 이것에 대해 과학계가 아직 밝혀내지 못하고 있기 때문이다. 그래도 우리는 그가 매우 합리적인 철학자라고 불릴 수 있는 것은 목적적으로 이루어졌다고 하지 않은 것이다. 다행인 것은 서양의 기독교에서와 같이 절대자가 자신의 목적을 실현하기 위해 만들어졌다고 말하지 않은 점이다. 또한 당시 대륙이 통일되어 거대한 왕조가 탄생하여 절대 권력을 행사할 수 있는 처지에 있었음에도 불구하고 목적적 신비주의에 빠지지 않은 것은 매우 높이 평가할 만하다.

동중서가 목적적 신비주의적 인문학 체계에 빠지는 것을 경계한 것은 오행론을 주창한데서 알 수 있다. 오행은 구체적인 사물 중에서 5가지를 지적하여 그것 상호 관계를 드러내며 변화해 나가는 것을 말한다. 이 5가지 사물 간에는 서로 규합하는 것이 있고 또 서로 배척하는 것이

---

31 金春峰, 『現代思想史』, 中國社會科學出版社, 1987年, 147-157쪽에서 "동중서 사상은 천인감응을 내용과 특징으로 하는 유심주의 목적론"라고 했다.
32 馮友蘭, 『中國哲學史新編』, 第3册, 人民出版社, 2010, 53쪽에서 "동중서는 물질적인 자연을 신비화하여 의지와 의식 및 목적을 가진 초월적 실체로 파악했다."라고 했다.
33 董仲舒著, 張世亮鍾肇鵬周桂鈿譯註, 『春秋繁露』, 中華書局, 2014年版, 650쪽 참조

존재한다. 이것을 우리는 상생 상극이라고 표현한다. 곧 상생하면 화합하며 생산하고 상극하면 서로 배척하다가 소멸하게 된다. 이 논리는 매우 과학적인 사유에서 비롯된 것이다. 비록 이 논리가 틀에 짜여진 범주로 규정된 '광주리 안의 논리'라서 '광주리 밖의 논리'를 생각하지 못하게 하는 한계가 있긴 하지만 매우 과학적 논리임에는 틀림없다.[34] 지금의 눈으로 보면 저급한 과학 단순 논리라고 해야 할 것이다. 이것으로 동중서는 우주 만물 현상의 자연 순환 세계를 설명했다. 그렇기 때문에 목적적 순환 논리에 빠지지 않을 수 있었다. 이처럼 절대 권력이 지배하던 시절에 자칫 목적적 세계관으로 흐르지 않게 한 공로가 동중서에게 없다고 할 수는 없을 것이다.

동중서의 오행론은 지금의 과학적인 눈으로 보면 매우 미흡했고 한정적이었지만 그 당시에 이만한 과학적 논리도 상당한 것이었다. 동중서는 이것으로 인문의 과학적 세계관을 제시했다. 여기에 근거해서 만들어진 인문 보편의 논리 철학 체계는 지금의 눈으로 봐도 과학 철학적 논리이다. 더구나 음양이라고 하는 방대한 우주관과 오행이라고 하는 지구에서 일어나고 있는 과학관이 결합되면서 우리의 인문 논리 시스템으로 걸어 들어와 자체 순환적으로 돌아가는 철학 체계를 수립한 것은 높이 평가할 만하다고 생각한다[35]. 지금의 관점에서 보면 단지 과학적 지식 논리가 단순했고 미흡했지만 당시에는 최고의 과학 지식에 입각하여 만들어진 최고의 인문 철학 논리가 아니라고 할 수 없을 것이

---

34 董仲舒, 张世亮 钟肇鹏 周桂钿 译注, 『春秋繁露』, 487쪽./ "天地之气, 合而为一, 分为阴阳, 判为四时, 列为五行. 行者, 行也, 其行不同, 故谓之五行. 五行者, 五官也, 比相生而间相胜也. 故谓治, 逆之则乱, 顺之则治."

35 董仲舒, 张世亮 钟肇鹏 周桂钿 译注, 『春秋繁露』, 487쪽./ "天地之气, 合而为一, 分为阴阳, 判为四时, 列为五行. 行者, 行也, 其行不同, 故谓之五行. 五行者, 五官也, 比相生而间相胜也. 故谓治, 逆之则乱, 顺之则治."

다. 모든 철학 체계가 시대를 담아내는 사유의 그릇이라고 전제한다면 이것이 당시 최고의 인문 철학이라고 평하지 않을 수 없을 것이다.[36] 단지 그 그릇 자체가 왜소해서 많은 것을 담아내지 못한 아쉬움이 있을 뿐이다. 그렇다고 해서 동중서가 그 당시에 제시한 음양 오행론의 가치가 폄하될 수는 없다. 왜냐하면 그 철학적 이데올로기 생명은 그 시대로 한정될 수 밖에 없기 때문이다. 그럼에도 불구하고 그 철학적 가치는 그 시대적 가치로서 여전히 남는다.

동중서는 당시 최고 정점에 있던 철학자였다. 스스로 공자의 계승자라고 생각하였다. 그래서 그는 공자가 스스로 쓴 춘추를 재 해석하였으며 그 해설서가 바로 춘추번로이다. 여기에 그는 공자가 말년에 주역에 심취하며 위편삼절하였다는 과학 정신으로 무장하여 당시의 사상계를 평정하였다. 공자가 당시 노나라 역사를 기술한 책이 춘추인데 이것은 과거 우리 인문학이 통계하에 근거해 이룩한 역사적 진리 체계에 입각해 쓰여진 것이었다. 동중서는 이 도덕 인문학을 계승하면서 또 한편으로 과학적 근거가 되는 음양 오행을 사상적 근거로 삼아 자신만의 독특한 철학 체계의 입장에서 춘추번로를 썼다. 이것은 당시의 오랜 세월 쌓인 과학적 지식을 적용하여 과거로부터 내려오는 전통 철학을 새로 건국한 한대의 과학 시대에 맞게 또 재해석의 수준을 훨씬 넘어선 새로운 과학 철학 체계였다. 이것은 봉건 제도를 꿈꿨던 선진 시대의 공자 철학 체계를 새로 건국한 한대漢代의 새로운 군현 제도에 맞게 발명된 국가 이데올로기였던 것이다. 우리는 이것을 천하 대일통 사상이라고 부르는데 지금 우리가 지구촌 안에서 한 식구처럼 사는 이 시대에 참고하지 않을 수 없을 것으로 생각한다. 이 작은 지구촌을 화해와 평

---

36 김주창, 장신부(張申府)에서, 「장대년(張岱年)으로: 가치철학 체계의 전환」,『유학연구』제33집, 충남대학교 유학연구소, 출판 2015년 11월, 417쪽 참조

화가 공존하는 우주의 한 촌락으로 만들려면 우리는 과거 시대의 천하를 하나로 통일하려고 했던 동중서 철학의 지혜와 경험을 적극적으로 참조할 필요가 있지 않을까 생각한다.

현재 중원 대륙에서 진행되고 있는 문예 부흥 운동에서 유학의 중시조 격인 동중서의 과학 음양 사상이 큰 의미를 지니고 있음은 틀림없을 것이다. 관건은 이 동중서 철학이 세계 평화 및 발전에 공헌을 할 수 있는가에 있다. 필자는 이것이 적어도 소통의 원칙을 세우고 규율적인 상식 사회를 건립하며, 또 도덕적 사회를 정립하는데 쓰여질 수 있으며, 인류의 보편 가치를 찾는데 공헌할 수 있을 것이라고 생각한다. 또한 필자는 이 동중서의 과학 음양 이성으로 만들어진 철학 이데올로기가 인류 미래 과학 발전 및 지구촌 공동 운명체 철학 이데올로기 가치관을 건립할 때 충분히 참고하고 활용할 수 있다고 본다. 그래서 이것을 세계 철학계에 추천하며 또한 적극적으로 사용하기를 기대한다.

왕수인의 '태극동정'과 공부상의 '동정'문제 해석*

김윤경

왕수인의 태극동정太極動靜과 공부상의 동정動靜문제 해석은 상즉적相卽的 체용관을 바탕으로 전개되었다. 그에게 있어 태극은 우주본체이자 양지본체이며 항상된 체로서 바뀌지 않으면서도 오묘한 작용이 쉬지 않는 두 속성을 지니며 이는 각각 정靜과 동動으로 표현할 수 있다.

1. 머리말

신유학에서 태극동정太極動靜은 우주본체의 유행이나 인간 심성의 선악, 그리고 이로부터 파생되는 공부론을 설명하기 위해 사용된 중요한 개념이다. 태극동정은 우주본체를 설명할 때는 주로 '동극이정, 정극이동動極而靜 靜極而動,' '동중유정, 정중유동動中有靜 靜中有動', '동이무동, 정이무정動而無動 靜而無靜'으로 표현되고, 심본체를 설명할 때도 동일한 맥락으로 사용되었다. 또 본체 회복 등 공부 문제에서는 '동역정, 정역정動亦定 靜亦定', '주정主靜' 등으로 표현되었다. 그런데 동정이라는 것이 언제나 태극의 동정만을 의미하는 것은 아니었다. 공부문제

---

* 김윤경(조선대)이 글은 「王守仁의 動靜 해석에 관한 연구」라는 제목으로 『양명학』 24 (2009.12.)에 게재하고 수정보완한 것임을 밝혀둔다.

에서는 '동어기動於氣' '동어유아動於有我'의 표현도 가능하다. 태극동정을 포함하여 동정과 관계되는 설명 방식은 다양하지만, 각각 어떤 관점에서 논하느냐에 따라 본체와 공부에 대한 견해가 달라진다. 따라서 다양하게 표현되는 동정을 해석하는 문제는 본체와 공부상의 견해를 규명하는 중요한 척도가 된다. 특히 공부론 상에서 정을 위주로 공부하느냐, 아니냐, 혹은 동할 때와 정할 때에 각각 다른 공부 방법이 있는가, 그렇지 않은가는 심성의 이상적 경지인 중화中和를 이루는 문제와도 직결되며, 결과적으로 학문의 실천방향을 가르는 열쇠가 된다.[1] 왕수인王守仁(1472-1529)이 제기한 태극동정문제도 같은 맥락에서 이해할 수 있지만 이에 대한 논의는 주자학에 비해 미흡한 편이다. 따라서 본 논고는 王陽明이 사용한 태극동정 및 기타 동정개념을 관점에 따라 규명함으로써 그 공부론의 특징을 드러내고자 한다.

왕수인의 태극동정 해석은 「전습록傳習錄」에 수록된 「답육원정서答陸原靜書」와 그 밖의 편지글을 통해서 일목요연하게 정리할 수가 있다. 그는 동정문제를 주로 양지良知의 체용體用관계에 입각해서 이해했다. 양명은 우주본체를 설명할 때의 동정은 일리一理의 속성으로 보고 심체心體의 본래성을 설명할 때의 동정은 시時라고 보았다. 그리고 이때 중요한 것은 양명이 사용한 동정에 관한 표현들이 우주본체를 설명하는 것이건 심체를 설명하는 것이건 간에, 모두 체용²의 상즉相卽³관계를 전

---

1 주자학에서의 動靜문제를 다룬 연구물로는 진래, 『朱熹의 哲學』, 이종란 외 옮김, 예문서원, 2002, 64-80쪽/ 오하마아키라 지음, 『범주로 보는 주자학』, 이형성 옮김, 예문서원, 1997, 89-106쪽/ 張立文, 『中國哲學邏輯結構論』, 中國社會科學出版社, 2002, 240-252쪽/ 정도원, 「16世紀 韓·中 儒學史의 地平에서 본 退溪 李滉의 理哲學에 관한 硏究」, 성균관대학교 대학원박사학위논문, 2004, 41-50쪽/ 정연수, 「動靜問題에 관한 朱子의 思想的 特性」, 동양철학연구 55, 동양철학연구회, 2008 등을 참고할 수 있다.

2 王守仁에 있어서 體用은 주로 본체와 작용을 의미한다. 이때 體는 우주본체이면서

제로 한다는 점이다. 본 논고에서는 「답육원정서」제 3서에서 제기된 동정에 관한 물음을 실마리로 하되, 우주본체/ 심체/ 공부(심체의 본래성 구현)라는 세 가지 측면을 구분하여 각각의 경우에 사용된 태극동정 및 기타 동정의 의미를 논하려고 한다. 아울러, '동이무동動而無動, 정이무정靜而無靜'에 관한 왕수인의 해석을 '동하여도 동의 형상이 없고 정하여도 정의 형상이 없다'는 것으로 보는 기존 입장의 문제점을 언급하면서 양명이 동정을 논하는 궁극적인 목적이 공부에 있다는 것을 재조명하고자 한다.

2. 우주본체 상의 태극동정 해석

'태극太極'이라는 용어는 『역』에 근원을 두고[4], 주돈이周敦頤(1017-1173)가 태극을 곧 "무극無極"이라고 표현한 이래 주희에 의해 리理에 대한 가장 완전한 설명으로 규정함으로써 신유학의 핵심개념이 되었다. 주희朱熹(1130-1200)에 있어 무극은 태극이 냄새도 없고 소리도 없으며 형상이나 장소가 없음을 표현한 것이다. 그는 무극을 말하지 않으면 태극은 하나의 사물과 같아져서 온갖 조화의 근원이 되기에 부족하며 태

心의 본체인 良知의 體이고 用은 良知의 작용이자 발현이다. 牟宗三은 이를 '承體起用'이라 표현했다.(牟宗三, 『從陸象山到劉蕺山』, 臺灣學生書局, 2000, 90쪽) 현대 철학자들이 이해하는 體用論에 관해서는 장원목, 「性理學 本體論의 형성에 관한 연구」, 서울대학교 대학원 박사학위논문, 1998, 6-21쪽에 상세하다.

3 相卽이라는 표현은 화엄철학의 법계원리를 차용한 것이다. 相卽은 양자가 동시에 일어나고 상호 의존적으로 존립하며 서로 융합하여 걸림이 없다는 의미이다. 까르마 c.c츠앙 지음, 『華嚴哲學』, 이찬수 옮김, 경서원, 1990, 219-252쪽 참조.

4 『周易』「繫辭」上 11 "易有太極, 是生兩儀, 兩儀生四象, 四象生八卦, 八卦定吉凶, 吉凶生大業".

극을 말하지 않으면 무극은 공허하고 적막함에 빠져 만물의 근원이 될 수 없다고 하였다.[5] 그러나 육구연陸九淵(1139-1193)은 무극이 도가에서 나온 개념으로 주돈이의 사상에 부합하지 않는다고 보았다. 그는 극極은 곧 중中을 의미하기 때문에 무극은 '중中이 없다'는 의미가 되므로 태극 위에 무극을 덧붙일 필요가 없다고 하였다.[6] 그런데 육구연을 이정二程이래 심학心學의 계승자로 여긴 왕수인은 육구연의 견해에 대해 구체적인 언급을 하지 않았다. 그는 오히려 공자와 안자 심학의 종지를 이은 것은 주돈이와 이정형제이며 '무극이면서 태극이다', '동할 때도 안정되고 정할 때도 안정된다' 등의 명제가 심학의 핵심이라고 인정하였다.[7] 왕수인도 육구연의 태극논변이 글의 뜻을 잘 파악하지 못한 상태에서 자기 신념을 억지로 강변한 것이며 이를 통해 발전한 바도 없을 것이라는 비판을 들은 바가 있다. 그러나 왕수인은 육구연의 태극해석에 대해 직접적인 언급은 하지 않고 글 뜻을 잘 파악하지 못한 것은 행위가 밝지 못한 것과 무관하다고 하였다. 또 주희가 선학禪學을 비판

---

5 『性理大全書』卷1, "「太極圖」謂之無極, 正以其無方所無形狀. 以爲在無物之前, 而未嘗不立於有物之後, 以爲在陰陽之外, 而未嘗不行乎陰陽之中. 以爲通貫全體渾乎不在, 則又初無聲臭影響之可言也./ 不言無極, 則太極同於一物, 而不足爲萬化之根, 不言太極, 則無極淪於空寂, 而不能爲萬化之根."

6 『象山集』卷12「書」〈與朱元晦〉, "蓋極者, 中也, 言無極, 則是猶言無中也, 是奚可哉? 若懼學者泥於形器而申釋之, 則宜如詩言'上天之載', 而於下賛之曰'無聲無臭'可也, 豈宜以無極字加於太極之上?"

7 『王陽明全集』卷7「文錄」4〈象山文集序〉, "聖人之學, 心學也. 堯舜禹之相受受, 曰人心惟危, 道心惟微惟精惟一, 允執厥中, 此心學之源也.……世儒之支離外索於形名器數之末, 以求明其所謂物理者, 而不知吾心卽物理, 初無假於外也. 佛老之空虛, 遺棄其人倫事物之常, 以求明其所謂吾心者, 而不知物理卽吾心不可得而遺也. 至宋周程二子始復追尋孔顔之宗, 而有無極而太極, 定之以仁義中正, 而主靜之說, 動亦定, 靜亦定, 無內外無將迎之論, 庶幾精一之旨矣. 自是而後有象山陸氏, 雖其純粹和平若不逮於二子, 而簡易直截, 眞有以接孟子之傳. 其議論開闔時有異者, 乃其氣質意見之殊, 而要其學之必求諸心則一而已".

한 것도 그 의미를 제대로 알았다기 보다 불평을 표현한 것이기 때문에 도달하지 못한 점이 있다고 하였다. 그런 점에서 육구연과 주희가 큰 차이가 없으며 학문이 미진하다는 것 자체는 큰 문제가 되지 않고 고치면 된는 것이라고 변호하였다.[8] 왕수인은 개념의 정의를 명확히 하느냐 못하느냐보다 심학의 종지를 제대로 실현했는가를 중시하기 때문에 육구연에 대한 비평은 피하고 그가 공자와 맹자를 전수한 심학의 계승자라고 보았다. 왕수인 자신도 태극 자체의 개념규정보다는 태극의 운용과 심리상의 전개에 더 많은 관심을 가졌다.

왕수인이 태극과 동정문제에 관심을 갖고 논한 것은 육원정이 동정과 관련된 여러 명제의 모호성에 대해 문제를 제기했기 때문이었다. 육원정의 질문은 다음과 같다.

> 보내온 편지에서 다음과 같이 말했다. : 이 마음의 未發한 체는 已發의 앞에 있습니까? (아니면) 已發가운데 있으면서 그것을 주재합니까? (아니면) 전후 내외가 없는 혼연한 체입니까? 지금 마음의 動靜이라고 하는 것은 有事와 無事를 주로 해서 말하는 것입니까? (아니면) 寂然과 感通을 위주로 말한 것입니까? (아니면)循理와 從欲을 위주로 말한 것입니까? 만약 循理를 靜이라하고 從欲을 動이라 한다면 그것은 이른바 "動中有靜 靜中有動", "動極而靜, 靜極而動"이라는 것과 통할 수 없습니다. 만약 有事하여 感通한 것을 動이라 하고 無事하여 寂然한 것을 靜이라고 하면 이른바 "動而無動 靜而無靜"이라는 것과 통할 수 없습니다. 만약 未發이 已發의 앞에 있

---

8 『王陽明全集』卷21,「外集」3,〈答徐成之(壬午)〉"兄又擧太極之辨以爲象山於文義, 且有所未能通曉, 而其強辨自信, 曾何有於所養. 夫謂其文義之有未詳, 不害其爲有未詳也, 謂其所養之未至, 不害其爲未至也. 學未至於聖人, 寧免太過不及之差乎? 而論者遂欲以是而蓋之, 則吾恐晦庵禪學之譏, 亦未免有激於不平也. 夫一則不審於文義, 一則有激於不平, 是皆所養之未至. 昔孔子大聖也而猶日假我數年以學易, 可以無大過. 仲虺之贊成湯亦惟日改過不吝而已, 所養之未至亦何傷於二先生之爲賢乎?"

고 靜하다가 動이 生한다고 한다면 이것은 至誠에 쉼이 있는 것이며 성인도 회복할 것이 있다는 것이니 또한 옳지 않습니다. 만약 未發이 已發 가운데 있다고 한다면 未發과 已發이 모두 主靜에 해당하는 것인지, 아니면 未發이 靜이되고 已發은 動이 되는 것인지. 아니면 未發과 已發 모두 動도 없고 靜도 없는 것인지, 아니면 모두 動도 있고 靜도 있는 것인지 알지 못하겠습니다. 가르침을 바랍니다."[9]

위의 질문에서 육원정의 주요 관심사는 기본적으로 마음의 동정문제였다. 그는 기존의 문헌에서 언급된 주요한 '동정'관련 명제가 서로 다른 의미로 사용되어 서로 통하지 않는 점을 지적하고 아울러 동정과 미발未發·이발已發의 관계를 물었다. 그러나 그가 지적한 동정표현은 심본체 뿐만 아니라, 우주본체 자체에 관한 설명을 포함하는 것이었다. 그리고 왕수인은 모든 질문에 대해 분명히 답했다. 여기서 우선, 우주본체 자체의 동정문제에 대한 陽明의 관점을 살펴보기로 하자.

주지하다시피 "동극이정動極而靜, 정극이동靜極而動"은 주돈이의 「태극도설太極圖說」에 나오는 표현[10]이다. 여기서 동정은 태극이라고 하는 우주본체 자체, 만물의 본체를 설명하는 말이다. 주희 기본적으로 태극의 동정을 "천명天命의 유행流行"[11]으로 보고 "태극은 본연의 묘함이며

---

9 『王陽明全集』卷2「傳習錄」中〈答陸原靜書〉157條, "來書云, 此心未發之體, 其在已發之前乎? 其在已發之中 而爲之主乎? 其無前後內外, 而渾然之體者乎? 今謂心之動靜者, 其主有事無事而言乎? 其主寂然感通而言乎? 其主循理從欲而言乎? 若以循理爲靜, 從欲爲動, 則於所謂動中有靜, 靜中有動, 動極而靜, 靜極而動者, 不可通矣. 若以有事而感通爲動, 無事而寂然爲靜, 則於所謂動而無動, 靜而無靜者, 不可通矣. 若謂未發在已發之先, 靜而生動, 是至誠有息也. 聖人有復也, 又不可矣. 若謂未發在已發之中, 則不知未發已發, 俱當主靜乎? 抑未發爲靜, 而已發爲動乎? 抑未發已發俱無動無靜乎? 俱有動有靜乎?" 幸敎.

10 『性理大全書』卷1「太極圖」, "太極動而生陽 動極而靜 靜而生陰 靜極復動 一動一靜 互爲其根 分陰分陽 兩儀立焉"

11 『性理大全書』卷1「太極圖」, "太極有動靜, 是天命之流行也, 所謂一陰一陽之謂道"

동정은 태극이 타는 기틀"[12]이라고 하였다.[13] 또 "동이생양動而生陽", "정이생음靜而生陰"은 태극이 점차적으로 음양의 기를 낳는 것이며,[14] 이때 "동이생動而生, 정이생靜而生"은 동하고 정하고 난 뒤에 낳는다는 의미가 아니고 동하고 정하자마자 곧 생기는 것이며 동정은 서로 원인 되고 순환하는 이치[15]라고 보았다. 이에 대해 왕수인은 다음과 같이 말했다.

> 무릇 옛 사람의 언어를 살피는 까닭은 마음 속으로 옛사람이 품 고 있던 뜻을 추적하여 그 요지를 얻으려는 데 있다. 만약 꼭 문자 적인 의미에만 얽매인다면 (『詩經』「大雅」의) "살아남은 사람이 없 다"는 표현은 참으로 주나라에 살아남은 백성이 없다는 말이 된다. 주돈이의 靜極而動 이라는 학설도 잘 살피지 않는다면 또한 병통이 있음을 면하지 못한다. 대개 그 생각은 "太極動而生陽 靜而生陰"의 학설로부터 나왔다. 태극의 낳고 낳는 理는 그 오묘한 작용이 쉬지 않으면서도 그 항상된 本體는 바뀌지 않는다. 태극의 生生은 곧 陰 陽의 生生이다. 그 낳고 낳는 속에서 그 오묘한 작용이 쉬지 않는 것을 가리켜서 動이라 하고 陽을 낳는다고 하는 것이지 動한 뒤에 陽을 낳는다고 말하는 것은 아니다. 그 낳고 낳는 속에서 그 항상 된 本體가 바뀌지 않는 것을 가리켜서 靜이라 하고 陰을 낳는다고

---

12 『性理大全書』卷1「太極圖」, "蓋太極者, 本然之妙也. 動靜者, 所乘之機也. 太極形而 上之道也, 陰陽形以下之器也. 是以自其著者而觀之, 則動靜不同時, 陰陽不同位, 而太 極無不在焉. 自其微者而觀之, 則沖漠無朕, 而動靜陰陽之理 已悉具於其中矣."

13 牟宗三은 動靜을 기틀로 보는 관점은 周敦頤의 본의에 어긋나는 것이라 하였다. 神 體를 말할 때의 動靜은 氣上의 상대적인 動靜이 아니고 太極의 體用을 말한다는 것이다. 『心體與性體』, 319-320쪽

14 『朱子語類』94卷 16條, "動而生陽, 靜而生陰. 動卽太極之動, 靜卽太極之靜. 動而後生 陽, 靜而後生陰, 生此陰陽之氣, 謂之動而生靜而生, 則有漸次也."

15 『朱子語類』94卷 33條, "纔動便生陽, 不是動了而後生. 這箇只得且從動上說起, 其實此 之所以動, 又生於靜, 上面之靜, 又生於動, 此理只循環生去."

하는 것이지 靜한 뒤에 陰을 낳는다고 말하는 것은 아니다. 만약
靜한 뒤에 陰을 낳고 動한 뒤에 陽을 낳는다고 한다면 陰과 陽, 動
과 靜이 자른 듯이 각자 하나의 사물이 되고 만다. 陰陽은 하나의
氣이다. 하나의 氣가 구부렸다 폈다 하여 陰陽이 된다. 動과 靜은
하나의 理이다. 하나의 理가 숨었다 드러났다 하여 動과 靜이 된다.
봄과 여름은 陽이고 動이라 말할 수 있지만 결코 陰과 靜이 없는
것은 아니다. 가을과 겨울은 陰이고 靜이라 말할 수 있지만 결코
陽과 動이 없는 것이 아니다. 봄과 여름도 그렇게 쉬지 않고 가을과
겨울도 그렇게 쉬지 않으니, 모두 陽이고 動이라 말할 수 있다. 봄
과 여름도 그렇게 항상된 本體이고 가을과 겨울도 그렇게 항상된
本體이니 모두 陰이고 動이라 말할 수 있다. 元·會·運·世·歲·月·日·
時로부터 刻·秒·忽·微에 이르기까지 모두 그렇지 않은 것이 없다.
(이천의)이른바 "動靜은 단서가 없고 陰陽은 시작이 없다"는 것은
도를 아는 사람이 말없이 이해하는 것이지, 언어로 궁구할 수 있는
것이 아니다.[16]

왕수인이 동정을 이치의 순환으로 보는 관점을 반대하지는 않았다.
그는 분명히 리理가 숨겨지고 드러나는 것을 동정이라 했고 이를 천리
가 유행하는 두 측면으로 파악했다. 그러나 그는 동정이 순환하는 것보

---

16 『王陽明全集』卷2「傳習錄」中〈答陸原靜書〉157條, "凡觀古人言語, 在以意逆志, 而得
　其大旨. 若必拘滯於文義, 則靡有子遺者, 是周果無遺民也. 周子靜極而動之說, 苟不善
　觀, 亦未免有病. 蓋其意, 從太極動而生陽, 靜而生陰說來. 太極生生之理, 妙用無息, 而
　常體不易. 太極之生生, 卽陰陽之生生. 就其生生之中, 指其妙用無息者, 而謂之動, 謂
　之陽之生. 非謂動而後生陽也. 就其生生之中, 指其常體不易者, 而謂之靜, 謂之陰之生.
　非謂靜而後生陰也. 若果靜而後生陰, 動而後生陽, 則是陰陽動靜, 截然各自爲一物矣.
　陰陽一氣也, 一氣屈伸而爲陰陽. 動靜一理也, 一理隱顯而爲動靜. 春夏可以爲陽爲動,
　而未嘗無陰與靜也. 秋冬可以爲陰爲靜, 而未嘗無陽與動也. 春夏此不息, 秋冬此不息,
　皆可謂之陽, 謂之動也. 春夏此常體, 秋冬此常體, 皆可謂之陰, 謂之靜也. 自元會運世
　歲月日時, 以至刻秒忽微, 莫不皆然. 所謂動靜無端, 陰陽無始. 在知道者默而識之. 非
　可以言語窮也."

다 동정이 동시에 함께 존재하는 측면을 강조했다. 왕수인에 의하면 "태극이정太極而靜", "정극이동靜極而動" "동이생양動而生陽", "정이생음靜而生陰"에서 "극이極而", "이생而生"은 문자 그대로 해석해서는 안 된다. 태극의 낳고 낳는 오묘한 작용이 쉬지 않는 것을 "동"과 "양을 낳음"이라 표현하고, 또 그 가운데 항상된 본체가 바뀌지 않는 것을 "정"과 "음을 낳음"이라 표현한 것이라고 이해해야한다. 여기서 동정과 음양은 같은 내용에 대한 다른 이름일 뿐 어떤 실체가 또 다른 실체를 낳는다는 것이 아니다. 다시 말하면 태극이라는 본체의 오묘한 작용이 쉬지 않고 동하는 것[妙用不息] 자체가 곧 양의 성질이 일어나는 것이고, 본체의 항상됨이 바뀌지 않고 정하는 것[常體不易]자체가 곧 음의 성질이 일어나는 것이다. 동정은 한계 지을 수 있는 어떤 실체가 아니라 본체의 체용을 형용하는 추상적인 언명일 뿐이다. 왕수인은 "동중유정動中有靜,정중유동靜中有動"도 이와 같은 맥락에서 이해한다.

> "動中有靜 靜中有動"을 또한 어떻게 의심하겠는가? 일이 있어서 感通함은 참으로 動이라고 말할 수 있지만, 그러나 寂然한 것에는 일찍이 무엇을 보탠 적이 없으며, 無事하여 寂然한 것은 참으로 靜이라고 말할 수 있지만, 그러나 感通한 것에서 일찍이 무엇을 던 적이 없다."[17]

"동중유정動中有靜 정중유동靜中有動" 이라는 표현은 본체가 사물에 감응하여 통하면서도 본체자체는 고요한 것을 말한다. 감통感通한 가운데 적연寂然한 본체가 있다는 것이다. 이때 사물에 감통했다고 해서 본

---

17 『王陽明全集』卷2「傳習錄」中〈答陸原靜書〉157條, "動中有靜, 靜中有動, 又何疑乎? 有事而感通, 固可以言動. 然而寂然者未嘗有增也. 無事而寂然, 固可以言靜. 然而感通者未嘗有減也.

래"적연한 것에 무엇을 보탠 적이 없고", 본체가 적연하다고 해서 "감통한 것에 무엇을 던 적이 없다"는 것은, 적연한 속성과 감통하는 속성이 서로를 변질시키지 않는다는 것을 의미한다. 양자는 태극 본체의 변하지 않는 속성이다. 여기서 "감통"은 "동"이고 "적연"은 "정"이다. "감통"가운데 "적연"이 있고 "적연"가운데 "감통"이 있으므로 "동 가운데 정이 있고 정 가운에 동이 있다"고 한다. 이 말은 앞의 인용문에서 본체의 "항상된 체가 바뀌지 않는" 것과 "오묘한 작용이 쉬지 않는" 것을 각각 정과 동으로 이해한 것과 같은 맥락이다. "항상된 체가 바뀌지 않는"본체가 적연하고 이러한 본체가 감통하는 것은 "오묘한 작용이 쉬지 않는"다. 그러므로 "동 가운데 정이 있고 정 가운에 동이 있다"는 또 "오묘한 작용이 쉬지 않음"가운데 "항상된 체가 바뀌지 않음"이 있고 "항상된 체가 바뀌지 않음"가운데 "오묘한 작용이 쉬지 않음"이 있다는 것으로 바꿔 말할 수 있다. 양자는 하나인 태극, 즉 양지본체의 양면을 표현한 말이기 때문에 각각 따로 있거나 하나가 다른 하나에 속해있는 것이 아니라 동시에 존재하는 것이다. 이는 사실 본체의 체와 용이 본질적으로 어떠한 관계를 맺는가를 표현한 것에 불과하다.

왕수인은 "체體에 나아가서 말하면 용用이 체體에 있고 용用에 나아가서 말하면 체體가 용用에 있다. 이것을 '체體와 용用은 근원을 같이한다'고 한다."[18]고 하여 체 속에 용이 있고 용 속에 체가 있는 상즉관계를 강조했다. 이것은 체와 용이 서로 상응하고 떠날 수 없는 관계이지만, 체와 용은 이질적이고 다른 층차로서 엄밀히 구분된다고 보는 주희의 체용일원론과는 다르다.[19] 체용을 하나로 보는 이러한 사유방식은

18 『王陽明全集』卷1「傳習錄」上〈薛侃錄〉108條, "卽體而言用在體. 卽用而言體在用. 是謂體用一源."
19 林月惠, 『詮釋與工夫/ 宋明理學的超越蘄嚮與內在辨證』「王陽明的體用觀」, 中央研究院中國文哲研究所, 2009, 151-153쪽.

왕수인의 철학 속에서 일관되게 관철된다. 즉체즉용의 논리가 철학 전체 체계를 구성하는 기준이 되는 것이다. 따라서 체용론에 입각한 동정 해석은 우주론에 국한되지 않고 우주의 본체가 내재된 있는 인간 심성, 심체의 본질에도 그대로 적용된다. 그러나 동정이라는 용어는 심체 자체의 체용관계 설명할 때와 심이 현실에서 작용하는 것을 설명할 때를 구분할 필요가 있다. 다음 장에서 이를 살펴보겠다.

3. 심체 상의 태극동정 해석

태극이 장소와 형체가 없기 때문에 무극이라고 표현한 것처럼, 태극은 심상에서는 곧 심본체이고 왕수인에게는 양지가 된다. 왕수인 이런 맥락에서 양지를 잡는 것이 어렵다는 질문을 받은 적이 있다. 그는 이에 대해 다음과 같이 말했다.

> 良知가 바로 易이다. '그 道는 자주 바뀌고 변동하여 한 군데 머물지 않으며, 육허에 두루 유행하여 오르고 내리는 데 일정함이 없으며, 강함과 부드러움이 서로 바뀌어 변동하여 한 군데 머물지 않으며 강함과 부드러움이 서로 바뀌어 고정된 준칙을 만들 수 없으니, 오직 변화에 따른다'[20]고 하였다. 이 良知를 어떻게 붙잡을 수 있겠는가? 良知를 투철하게 깨달았을 때가 바로 성인이다.[21]

---

20 『周易』「繫辭」下 8
21 『王陽明全集』卷3「傳習錄」下〈黃以方錄〉340條目, "問曰, 此知恐是無方體的, 最難捉摸. 先生曰, 良知即是易. '其爲道也屢遷, 變動不居, 周流六虛, 上下無常, 剛柔相易, 不可爲典要, 惟變所適.' 此知如何捉摸得. 見得透時, 便是聖人."

왕수인에 있어서 태극의 낳고 낳는 이치는 역易이라고 표현할 수 있고 곧 양지본체가 된다. 앞서 왕수인이 말한 태극본체의 "항상된 체가 바뀌지 않고" "오묘한 작용이 쉬지 않는" 속성은 우주론에만 국한되지 않는다. 위 글에서는 양지가 곧 역이며 그 묘용이 쉬지 않는 점을 강조했다. 그러나 그 원리가 곧 변역이라는 것과 천리이자 준칙이 된다는 것은 "항상된 체"에 해당하며, 언제나 묘용과 동시에 존재한다. 따라서 "동 가운데 정이 있고 정 가운데 동이 있다."는 표현은 양지에도 그대로 적용된다. 인간 심성의 주체인 양지본체는 잠시도 쉬지 않고 유행하지만, 양지본체 자체가 곧 천리로서 적연함은 변함이 없다. 이는 우주본체에서와 마찬가지로 양지본체의 두 가지 존재성을 표현한 것이다. 본체 자체의 차원을 설명할 때 동정을 그 속성의 양면을 표현하지만, 심체가 현실에서 작용할 때 동정은 속성의 두 표현이라고 할 수는 없다. 왕수인 다음과 같이 말했다.

> 설간이 물었다. "선유는 마음의 靜을 體로 보고 마음의 動을 用으로 보았는데, 어떻습니까?" 선생께서 "마음의 動 과 靜을 體用으로 보아서는 안 된다. 動靜은 時이다. 體에 나아가서 말하면 用이 體에 있고 用에 나아가서 말하면 體가 用에 있다. 이것을 '體와 用은 근원을 같이 한다'고 한다. 만약 靜은 그 體를 드러낼 수 있고 動은 그 用을 드러낼 수 있다고 말한다면 오히려 무방하다"[22]

윗 글에서 보면, 정이 곧 용이고 동이 곧 체는 아니다. 왕수인은 심체의 현실작용을 설명할 때의 동정은 어떠한 상황, 어떠 어떠한 때(

---

22 『王陽明全集』卷1 「傳習錄」上〈薛侃錄〉108條, "侃問, 先儒以心之靜爲體, 心之動爲用. 如何? 先生日, 心不可以動靜爲體用. 動靜時也, 卽體而言用在體. 卽用而言體在用. 是謂體用一源. 若說靜可以을 見其體, 動可以見其用, 卻不妨."

時)[23]를 말하는 것으로 보기 때문에 동정을 곧 체용이라고 해서는 안
된다고 했다. 이때 동정은 실체나 속성개념이 아니고 때를 나타내는 술
어일 뿐이다. 왕수인은 이와 같은 입장에서 "동이무동動而無動, 정이무
정靜而無靜"도 해석했다. 이 명제의 출처는 『통서』이다.

> 動하면 靜이 없고 靜하면 動이 없는 [動而無靜 靜而無動] 것은 사
> 물이다. 動하되 動이 없고, 靜하되 靜이 없는 [動而無動 靜而無靜]것
> 은 神이다. 動하되 動이 없고, 靜하되 靜이 없는 것은 動하지 않거나
> 靜하지 않은 것이 아니다. 物의 경우는 통하지 못하지만, 神은 만물
> 에 오묘하게 통한다.[24]

위 글에서 주돈이는 시간과 공간의 제약을 받는 물物과 제약을 받지
않는 물神을 대비하기 위해서 "동動하되 동動이 없고, 정靜하되 정靜이
없다"이라는 표현을 썼다. 여기서 물은 시공의 제약 때문에 동이나 정
의 주어진 형상를 갖지만, 신은 동하고 정하면서도 시공의 제약을 받는
동과 정의 구체적인 형상을 갖지 않는다. 따라서 물은 통하지 못하고
본체의 묘용인 신은 통한다. 주희는 이 구절을 "동 가운데 정이 있고
정 가운데 동이 있다[25]"와 같다고 풀이하였다. 그는 동하면서도 정하기
때문에 고정적으로 동이라고 규정할 수도 없고 정이라고 규정할 수도
없다고 보았다. 또 "형체와 기氣가 정해진 모습이 있는"[26] 물物과는 달
리, "형이상의 이치"[27]인 "신은 만물에 오묘하게 통하여 형태와 그릇이

---

23 『王陽明全集』卷1「傳習錄」上〈陸澄錄〉41條, "定者心之本體, 天理也. 動靜所遇之時也."
24 『性理大全書』卷2「通書」16條〈動靜〉"動而無靜, 靜而無動, 物也, 動而無動, 靜而無靜,
   神也. 動而無動, 靜而無靜, 非不動不靜也, 物則不通, 神妙萬物."
25 『性理大全書』卷2「通書」16條〈動靜〉, "動中有靜, 靜中有動."
26 『性理大全書』卷2「通書」16條〈動靜〉. "凡言物者, 指形氣有定體而言."
27 『性理大全書』卷2「通書」16條〈動靜〉"動而無靜, 靜而無靜, 非不動不靜, 此言形而上

라는 외형적 세계를 뛰어넘으며 동과 정을 관통"[28]한다고 하였다. 그러나 왕수인은 "동動하되 동動이 없고, 정靜하되 정靜이 없다"을 심본체와 작용을 표현하는 것으로 보고 주희와는 다른 해석을 했다.

> 未發之中은 곧 良知로서 전후 내외 없이 혼연히 한 몸을 이루고 있다. 有事와 無事는 動靜을 말할 수 있으나 良知는 有事와 無事의 구분이 없다. 寂然과 感通은 動靜을 말할 수 있으나 良知는 寂然과 感通의 구분이 없다 . 動靜이란 (마음이) 만난 때이다. 心體는 본래 動靜의 구분이 없다. 理는 動함이 없는 것이니 動하면 곧 欲이 된다. 理를 따르면 (循理) 비록 만가지 변화에 응하지만 일찍이 動한 적이 없으며 욕망을 좇으면(從欲) 비록 마음작용을 멈추고 생각을 전일하게 하더라도 일찍이 靜한 적이 없다. …… "動而無動 靜而無靜"을 또 어떻게 의심하겠는가? 前後內外가 없고 혼연한 일체이니 至誠에 쉼이 있다는 의심은 해명할 필요가 없다. 未發은 已發 가운데 있으나 已發 가운데 未發이 따로 있지 않다. 已發은 未發 가운데 있으나 未發 가운데 已發이 따로 있지 않다. 이것이 動靜이 없던 적은 없지만 動靜으로 나눌 수 없다는 것이다.[29]

여기서 왕수인이 "동이무동動而無動, 정이무정靜而無靜"을 "동하여도 동의 형상이 없고 정하여도 정의 형상이 없다"는 것으로 해석했다고

之理也."
28 『性理大全書』卷2 「通書」16條 〈動靜〉 "蓋神妙萬物, 自是超然於形氣之表, 貫動靜而言."
29 『王陽明全集』卷2 「傳習錄」中 〈答陸原靜書〉157條, "未發之中, 卽良知也. 無前後內外, 而渾然一體者也. 有事無事, 可以言動靜. 而良知無分於有事無事也. 寂然感通, 可以言動靜. 而良知無分於寂然感通也. 動靜者所遇之時, 心之本體固無分於動靜也. 理無動者也. 動卽爲欲. 循理則雖酬酢爲變, 而未嘗動也. 從欲則雖槁心一念, 而未嘗靜也. …… 動而無動, 靜而無靜, 又何疑乎? 無前後內外而渾然一體, 則至誠有息之疑, 不待解矣. 未發在已發之中, 而已發之中未嘗別有未發者在. 已發在未發之中, 而未發之中未嘗別有已發者存. 是未嘗無動靜, 而不可以動靜分者也."

보는 견해가 있다. "반드시 현상계 내의 구체적인 일에 내려와야만 비로소 동의 형상과 정의 형상이 있는 것이지 리 자체에 고정적인 특별한 형상이 있어 이를 볼 수 있는 것이 아니라"[30]는 것이다. 또 "양지의 유행과 발용은 동하지만 동하는 형상이 없고 정하지만 정하는 형상이 없으므로 '동하여도 안정되고 정하여도 안정'되며, 체는 정이 아니고 용 역시 동이 아니지만 즉동즉정卽動卽靜 즉체즉용卽體卽用이므로 '체용일원體用一源'이다."[31]라고 한다. 아울러 왕수인이 보는 "동중유정動中有靜"은 "리理를 따르면 바깥 사물에 응하더라도 아무런 움직임이 없고 움직이는 것은 구체적인 일이며 리理는 움직인 적이 없는" 것으로 해석하고, "정중유동靜中有動"은 "인욕人欲에 따른다면 심지를 하나로 하더라도 고요한 적이 없으니 움직이지 않는 靜이라는 것은 구체적인 형상이고 인욕은 한시라도 꺼진 때가 없는" 것이라고 해석하였다. 이 논리에 따르면 "동중유정動中有靜"은 원리적인 이치로서의 동속에 구체적인 형상인 동은 없다는 의미로 "유정有靜"라는 표현을 썼다고 본다. 그러나 이때 구체적인 동의 형상이 없는 것을 유정有靜으로 표현할 수 밖에 없는 필연성은 없다. 또 "정중유동靜中有動"은 구체적인 형상인 정속에 인욕의 동이 있다는 말이 된다. 그러면 한 명제에서 "동중유정動中有靜"에서 말하는 동정은 본체상의 표현이 되고 "정중유동靜中有動"에서 말하는 동정은 구체적인 형상이 있는 사물상의 표현이라는 서로 다른 차원을 설명한 것이 된다. 문맥이 자연스럽지 못하다. 이런 해석은 오히려 "동이무동動而無動, 정이무정 靜而無靜"의 경우에 더 적합하다.

"동중유정動中有靜 정중유동靜中有動"은 앞 장에서 설명한 것처럼 양지본체의 적연과 감통이라는 양면이 즉체즉용의 관계 속에 있는 것을

30 蔡仁厚, 『王陽明 哲學』, 황갑연 옮김, 서광사, 1996, 145쪽
31 蔡仁厚, 「王陽明良知學中的工夫指點」, 『陽明學』4, 한국양명학회, 2000, 116쪽.

말한다고 봐야한다. 그리고 "동이무동 動而無動, 정이무정靜而無靜"은 위 인용문에서 설명하는 바와 같이, 각각 양지본체가 현실 속에서 작용한 결과 리에 순하면 "만가지 변화에 응하지만 욕에 동하지 않기때문에 동이 없고", 욕망을 좇아 움직였을 때는 "마음 작용을 멈추고 생각을 전일하게 하더라도 정한 적이 없다"는 것을 설명한 것이다. "동하되 동 이 없다[動而無動]"에서 앞의 동은 본체의 감응을 말하고 뒤의 동은 인 욕을 말하며, "정하되 정이 없다[靜而無靜]"에서 앞의 정은 본체의 정을 말하고 뒤의 정은 욕망을 따라 추구한 거짓 정을 말한다.

그리고 이 명제도 현실상의 본체와 그것이 실상에서 그대로 드러나 는 용의 상즉성을 표현한다. 이것은 미발, 이발로 설명해도 마찬가지다. 왕수인에게 있어 미발은 양지의 체이고 이발은 양지의 용이므로 즉체 즉용의 논리에 따라 미발未發 속에 이발已發이 있고 이발 속에 미발이 있다. 이것은 양지본체의 양면성인 적연과 감통의 상즉관계와 마찬가 지로 현실 상의 미발과 현실 상의 이발이 곧 상즉관계에 놓여있음을 말하는 것이다. 즉 본체의 발용에 사사로운 욕이 개입되었다면 즉체즉용 의 논리에 따라 본체의 체도 온전하지 못한 것이다. 왕수인은 이런 측면 에서 다음과 같이 말했다.

未發의 中을 보통사람들이 모두 지니고 있다고 말할 수는 없다. 생각건대 체와 용은 그 근원이 동일하기 때문에 이러한 체가 있으 면 곧 이러한 용이 있게 된다. 未發의 중이 있으면 곧 발하여 모두 절도에 맞는 조화의 상태가 있게 된다. 오늘날 사람들은 발하여 모 두 절도에 맞는 조화의 상태를 지니지 못하니, (여기서)그들이 未發 의 中의 상태도 온전히 얻지 못했다는 것을 알아야 한다.[32]

---

32 『王陽明全集』卷1「傳習錄」上〈陸澄錄〉45條, "不可謂未發之中, 常人具有. 蓋體用一 源, 有是體即有是用, 有未發之中, 即有發而皆中節之和. 今人未能有發, 而皆中節之和,

위의 "이러한 체가 있으면 이러한 용이 있다"는 것을 가장 잘 드러
내는 동정표현이 바로 "동하되 동이 없고 정하되 정이 없다[動而無動,
靜而無靜]"이다. 현실 상에서 양지의 본래성이 그대로 발현되면 감응인
동은 있지만 욕동이 없고, 현실 상에서 양지가 가려지면 적연하다 하더
라도 진정한 정은 없는 것이다. 그런데 이것을 "동하되 구체적인 동의
형상이 없고 정하되 구체적인 정의 형상이 없다"는 식으로 보면 체용
의 상즉성을 설명하기 어렵다. 이런 설명은 묘용의 한 측면을 설명할
수 있을지는 몰라도, 체용관계를 설명하지는 못한다. 이 점은 다음 글
에서 더욱 분명해진다.

> 보내온 편지에서 다음과 같이 말했다.: "周敦頤는 主靜이라고 하
> 였고 정명도는 動亦定 靜亦定이라고 하였으며, 선생께서는 定이란
> 것은 心體라고 하였습니다. 이 靜定이란 결코 보지도 않고 듣지도
> 않으며 어떤 생각이나 행위가 없다는 의미가 아니라, 반드시 理를
> 항상 알고 항상 보존하고 항상 위주로 하는 것을 의미합니다. 무릇
> 理를 항상 알고 항상 보존하고 항상 위주로 한다는 것은 분명히 動
> 한 것으로 已發인데, 무슨 근거로 靜이라 하고 무슨 근거로 本體라
> 고 합니까? 어찌 이 靜定이 또한 마음의 動靜을 관통할 수 있습니
> 까?" "理는 動이 없는 것이다. 理를 항상 알고 항상 보존하고 항상
> 위주로 한다는 것은 곧 보지도 않고 듣지도 않으며 생각도 없고 행
> 위도 없는 것을 말한다. 보지도 않고 듣지도 않으며 생각도 없고
> 행위도 없는 것은 마른 나무와 죽은 재를 말하는 것이 아니다. 보
> 고 듣고 생각하고 행위하는 것이 理에 한결같으면서도 보고 듣고
> 생각하고 행한 바가 있었던 적이 없었다. 곧 이것이 動而無動 이라
> 는 것이며, 이른바 動亦定 靜亦定이고 體用一源인 것이다."[33]

須知是他未發之中, 亦未能全得."

33 『王陽明全集』卷2 「傳習錄」中〈答陸原靜書〉156條, "來書云, 周子曰, 主靜. 程子曰, 動

위 인용문에서 바로 "동이무동動而無動"이 즉체즉용인 체용일원體用一源을 표현한 것임을 밝혔다. 보고 듣고 생각하고 행위하는 것은 모두 일의 변화로서,[34] 구체적인 형상과 무관하지 않다. 그러니까 여기서 중요한 것은 구체적인 형상인가 아닌가가 아니라, 리에 한결같으면서 사사롭게 보고 듣고 생각하고 행한 바가 없다는 것이다. 마음 상에서 본체의 본래성을 유지하면 그것이 일에 부딪쳤을 때 또한 당연히 사사롭지 않게 된다. 그것이 일이 있을 때나 없을 때나 상관없이 안정되었다는 의미인 "동할 때도 안정되고 정할 때도 안정된다.[動亦定 靜亦定]" 이다. 이때 동은 "일이 있을 때", 혹은 마음 본체가 "감응할 때"를 말하고 정은 "일이 없을 때",혹은 마음 본체가 "적연할 때"를 말한다. 왕수인에 의하면, 주돈이가 공부에 있어서 "정을 위주[主靜]"로 한다고 한 것은 "일이 없을 때"만을 추구한다는 것이 아니고 항상 마음이 천리본체를 기준으로 하여 사욕이 없게 한다는 의미이다. 육원정의 말대로 무언가를 "위주로 한다"는 것은 뜻이 동한 이발에 속하지만, 이발이라는 차원의 동은 중요한 것이 아니다. 왕수인이 보기에 이발자체가 활동성이 있다는 측면에서 동이 되는 것은 당연한 것이고, 문제는 사욕, 자기애에서 비롯되는 동이다. 이때의 동은 철저히 없어야 하며 이렇게 사욕을 없애는 것이 바로 정을 주로 한다는 의미이다. 그리고 여기서 심체의 본래성을 회복하는 공부문제가 대두된다. 왕수인은 공부논리도 동정문제로 해석했다.

亦定, 靜亦定. 先生曰, 定者心之本體. 是靜定也, 決非不覩不聞, 無思無爲之謂. 必常知常存常主於理之謂也. 夫常知常存常主於理, 明是動也. 已發也. 何以謂之靜. 何以謂之本體. 豈是靜定也, 又有以貫乎心之動靜者耶. // 理無動者也. 常知常存常主於理, 卽不覩不聞, 無思無爲之謂也. 不覩不聞, 無思無爲, 非槁木死灰之謂也. 覩聞思爲一於理, 而未嘗有所覩聞思爲. 卽是動而未嘗動也. 所謂動亦定, 靜亦定, 體用一原者也."

34 『王陽明全集』卷1「傳習錄」上 〈陸澄錄〉37條, "自視聽言動, 以至富貴貧賤, 患難死生, 皆事變也."

4. 공부상의 동정문제 해석

즉체즉용의 논리에 따르면 심체의 심성은 그 본체와 마찬가지로 지선至善해야 한다. 하지만, 앞서 지적했듯이 이것이 누구에게나 현실적으로 이루어지는 것은 아니다. 언제나 가능성을 열려있지만, 그것을 현실화하려면 공부가 필요하다. 왕수인이전부터 유학자들은 공부의 착수처와 방법을 설명하는 논법으로 또한 동정표현을 사용하였다. 심체의 회복, 혹은 본래성구현이란 곧 치양지致良知·치중화致中和[35]를 말한다. 구체적인 현실 속에서 양지본체의 지선을 실현하려면 무엇을 어떻게 공부해야 할까, 때에 따른 공부방법이 따로 있는 것일까? 우선 첫 번째 논제에 대해서 왕수인은 천리를 보존하고 인욕을 제거하는 것이 공부의 핵심이라고 한다. 존천리 거인욕存天理 去人欲의 문제는 성리학자라면 누구나 인정하는 공부론이다. 그러나 이를 실현하는 좀더 구체적인 방법론에 있어서는 학자들마다 견해가 다르고, 방법론의 핵심은 공부에 있어서의 동정문제로 표현한다. 주희는 주돈이 「태극도설」의 "성인은 중정인의中正仁義로 안정시키되 정을 주로 하여 인극人極을 정립하였다."[36]는 구절에 대해 "성인이 동과 정의 덕을 완전히 하되 항상 정에

---

35 왕수인의 致中和와 致良知는 의미가 다르다는 견해가 있다. (翟奎鳳,『致良知與致中和』,安徽大學學報,卷32第4기, 2008.)致良知는 致和의 문제이지 致中의 문제는 아니라는 것이다. 그러나 왕수인은 致中과 致和의 공부를 구분하지 않았다. 和上에서 공부를 하되 致和하면 곧 致中한 것으로 이해하기 때문에 致中과 致和의 구분이 무의미한 것이다.『王陽明全集』卷32「傳習錄拾遺」24條, "直問戒愼恐懼, 是致和還是致中. 先生曰是和上用功. 曰中庸言致中和 如何,不致中, 却來和上用功. 先生曰中和一也, 內無所偏倚, 小間發出, 便自無乖戾. 本體上如何用功. 必就他發處纏著得力, 致和便是致中. 萬物育便是天地位, 直未能釋然. 先生曰不肯法文義上泥, 中和是離不得底, 如面前火之本體是中, 火之照物處便是和, 擧著火其光, 便自照物, 火與照如何離得, 故中和一也."

36 『周敦頤集』卷1「太極圖說」, "聖人定之, 以中正仁義, 而主靜立人極焉."

근본을 둔다.”[37]고 해석하였다. 그리고 “경敬자 공부는 동정을 관통하지만 반드시 정을 근본으로 여긴다.”[38], “경을 시행하는데 선후가 있다.[39]”라고 하여 항상 경을 잃지 않으면서도 마음이 정할 때를 우선으로 공부해야 한다고 하였다.

　　그러나 왕수인은 심체는 원래 상대적인 동정이 없는 것이므로 공부상에서 동정을 구분하는 일은 무의미하다고 한다. 그는 진정한 공부는 “동정의 간격이 없다”[40]고 하였다. 이때의 동정은 대부분 구체적인 현실 속에서 마음이 움직이거나 움직이지 않는 기적인 상태이며 고정된 형상을 갖는 상대적인 개념이다. 주희가 공부론에서 말하는 동정도 마음의 미발과 이발상태를 표현하는 상대적 개념이다. 주희는 이발의 고요한 상태, 性의 본래성을 그대로 드러내는 정의 상태를 지향하고 이때 근본을 함양하는 것[41]이 공부의 선결과제라고 생각하였다. 그러나 왕수인은 대본이 되는 미발지중未發之中은 심리상태를 설명하는 것이 아니고 확연태공한 양지본체와 양지본체를 온전히 실현한 지선의 경지를 말한다.[42] 따라서 그는 상대적 의미의 정을 공부의 지향점으로 삼을 수 없다고 한다. 정은 움직이지 않는 고요한 상태를 말할 뿐이다.

　　(육징)이 물었다.“寧靜하게 마음을 보존하는 때를 未發之中이라

---

37 『性理大全書』卷1「太極圖」, “此言聖人全動靜之德, 而常本於之於靜也.”
38 『晦庵集』卷32「答張欽夫」, “然敬字工夫, 通貫動靜, 而必以靜爲本.”
39 『晦庵集』卷32「答張欽夫」, “敬之所施, 有先有後.”
40 『王陽明全集』卷1「傳習錄」上〈陸澄錄〉28條, “靜時念念, 去人欲存天理, 動時念念, 去人欲存天理, 不管寧靜不寧靜.”
41 『朱子語類』卷136, “問武侯寧靜致遠之說, 曰靜便養得根本, 深固自可致遠.”
42 왕수인에 있어서 中和는 양지본체의 체와 용을 설명하고 양지자체의 본래성을 설명하는 것임과 동시에 양지가 가려짐 없이 온전히 실현된 경지이기도 하다. 이 부분에 대한 자세한 설명은 한정길,「王守仁의 中和論」『陽明學』18, 한국양명학회, 2007. 「王陽明의 未發觀과 良知體用論」,『陽明學』23, 한국양명학회, 2009 참조

고 말할 수 있습니까?" 선생께서 대답하셨다. "오늘날 사람들이 마음을 보존하는 것은 단지 기운을 안정시킬 수 있을 뿐이다. 마음이 寧靜하다고 할지라도 다만 기운이 寧靜것일 뿐이니 未發之中이라고 할 수는 없다." (육징)이 물었다. "中은 아닐지라도 역시 中을 구하는 공부가 아니겠습니까?" 선생께서 대답하셨다. "단지 인욕을 제거하고 천리를 보존해야만 비로소 공부이다. 靜할 때도 늘 인욕을 제거하고 천리를 보존할 것을 생각하고 動할 때도 늘 인욕을 제거하고 천리를 보존할 것을 생각해야 하니, 寧靜의 여부와는 전혀 무관하다. 만약 저 寧靜한 것에 의존한다면 점차 靜을 좋아하고 動을 싫어하는 폐단이 생길 것이다. 뿐만 아니라 그 가운데 수 많은 병폐가 잠재되어 있어서 끝내 제거할 수 없으며, 일을 만났을 때 여전히 자라날 것이다. 만약 循理를 위주로 한다면, 어찌 일찍이 寧靜하지 않겠는가? 만약 寧靜을 위주로 한다면 반드시 循理하지는 않는다."[43]

윗 글에 의하면 영정寧靜을 추구하는 것은 기운만 안정시키는 것이지 본질적인 공부가 아니다.[44] 그렇기 때문에 고요할 때는 잘 모르다가도 일을 만났을 때는 여전히 마음 속의 폐가 드러나고 오히려 더 자라난다. 또 정을 좋아하고 동을 싫어하는 폐단은 게으르고 오만한 태도를 불러 일으켜 사욕을 일으키는 것과 다름이 없다. 영정을 구하는데 뜻을

---

43 『王陽明全集』卷1「傳習錄」上〈陸澄錄〉28條, "寧靜存心時, 可爲未發之中否. 先生曰 今人存心, 只定得氣, 當其寧靜時, 亦只是氣寧靜不可以爲未發之中. 夫便是中莫亦, 是 求中工夫. 日只要去人欲存天理, 方是工夫. 靜時念念, 去人欲存天理, 動時念念, 去人 欲存天理, 不管寧靜不寧靜. 若靠那寧靜, 不惟漸有喜靜, 厭動之弊, 中間許多病痛, 只是 潛伏在, 終不能絶去, 遇事依舊滋長. 以循理爲主, 何嘗不寧靜, 以寧靜爲主 ,未必能循 理."
44 程明道도 학자들이 심려가 어지러울 것을 걱정하여 오히려 寧靜하지 못하게 되는 것을 지적한 바 있다. 『二程遺書』卷15「入關語錄」, "學者患心慮紛亂, 不能寧靜, 此 則天下公病."

두기 때문에 더욱 영정하지 않을 뿐이다.[45] 왕수인에 의하면, 영정을 구하고자 하거나 생각을 일으키지 않고자 하는 것이, 바로 스스로 사사롭고 이기적이며 보내고 맞이하고 의도하고 기필하는 병이다. 그래서 생각이 더욱 일어나게 되고 더욱 영정하지 못하게 된다.[46] 그러니까 리를 따르는[循理]하는 본질공부는 마음의 영정과는 무관하고 오히려 리를 따르면 영정은 따라오게 된다. 사람은 반드시 일에서 연마해야만 비로소 확고하게 설 수 있으며 비로소 '정할 때고 안정되고 동할 때도 안정'될 수 있다.[動亦定 靜亦定][47]

왕수인은 또 "배움에 정근靜根이 없으면, 물에 감응해서 동하기 쉽고, 일을 처리할 때도 후회가 많다."는 윤언식倫彦式의 공부론에 대해서 "오직 배움에서 정근靜根을 구하기 때문에 물에 감응해서 쉽게 동할까를 걱정하며, 이런 까닭에 일을 처리할 때도 후회가 많아지게 되는 것"이라고 비판했다. 그리고 "정을 구하는 마음이 곧 동이며 동을 싫어하는 마음은 정이 아니므로", "동도 또한 동이고 정도 또한 동[動亦動 靜亦動]"이라고 표현했다. 그에 의하면 군자의 진정한 학문은 "정할 때도 항상 깨어서 없었던 적이 없으므로 항상 감응하며, 동할 때도 항상 안정되어서 있었던 적이 없으므로 항상 적막한, 동정의 간격이 없는 것"이고 "동하고 정함은 모두 일에 있기 때문에" 일 속에서 "의를 모으면" 곧 "동할 때도 안정되고 정할 때도 안정되며" 자연히 두려움이나 후회

---

45 『王陽明全集』卷2「傳習錄」中〈答陸原靜書〉151條, "來書云, 下手工夫, 覺此心無時寧靜. 妄心固動也, 照心亦動也. 心既恒動, 則無刻暫停也. "是有意於求寧靜. 是以愈不寧靜耳."

46 『王陽明全集』卷2「傳習錄」中〈答陸原靜書〉162條, "欲求寧靜, 欲念無生, 此正是自私自利, 將迎意必之病. 是以念愈生, 而愈不寧靜."

47 『王陽明全集』卷1「傳習錄」上〈陸澄錄〉23條, "問, 靜時亦覺意思好, 才遇事變不同. 如何. 先生曰, 是徒知靜養, 而不用克己工夫也. 如此臨事, 便要傾倒. 人須在事上磨, 方立得住. 方能靜亦定, 動亦定."

가 없다. 반면에 고요한 뿌리를 구하려는 욕심에 동하여 강제로 조장하는 공부는 의를 밖에서 구하는 것[48]으로서 안정을 취할 수 없다.

그러나 그렇다고 해서 정한 상태의 공부란 전혀 하면 안 되는 것이라고 보는 것은 아니다. 왕수인은 정을 추구하는 것은 옳지 않지만, 양지만 명백하다면 일이 없이 정한 상태에서 공부하든 일에 부딪쳐서 공부하든 상관이 없다고도 하였다. 문제는 그것이 본질은 아니라는 것이다. 왕수인은 정좌는 지적인 논쟁만 일삼는 태도를 고치기 위한 임시방편은 될 수 있지만 학문의 핵심은 아니며, 학문의 핵심은 양지본체는 원래 동도 없고 정도 없다는 데 있다는 것을 분명히 하였다.[49] 그렇다면 본질 공부인 순리와 양지본체에 동도 없고 정도 없는 것은 무슨 관계일까?

순리란 동할 때도 존천리 거인욕하고 정할 때도 존천리 거인욕하는 것이다. 이때 동은 마음이 사태에 반응하는 상태를 말하고 정은 아직 사태가 일어나지 않아 특별한 의사가 감정이 일어나지 않은 고요한 상태를 말하는 것으로 유사시와 무사시에 대응한다고 할 수 있다. 양지본

---

48 『王陽明全集』卷5「文錄/書」2〈答倫彦式〉, "論及 '學無靜根 感物易動 處事多悔' 即是三言, 尤見近時用工之實. 僕囿所知識, 何足以辱賢者之問? 大抵三言者, 病亦相因, 惟學而別求靜根, 故感物而懼其易動, 感物而懼其易動, 是故處事而多悔也. 心無動靜者也, 其靜也者, 以言其體也, 其動也者, 以言其用也. 故君子之學, 無間於動靜. 其靜也, 常覺而未嘗無也, 故常應, 其動也, 常定而未嘗有也, 故常寂. 常應常寂, 動靜皆有事焉, 是之謂集義. 集義故能無祇悔, 所謂動亦定靜亦定者也. 心一而已. 靜, 其體也, 而復求靜根焉, 是撓其體也. 動, 其用也, 而懼其易動焉, 是廢其用也. 故求靜之心, 即動也, 惡動之心, 非靜也, 是之謂動亦動, 靜亦動, 將迎起伏, 相尋於無窮矣. 故循理之謂靜, 從欲之謂動. 欲也者, 非必聲色貨利外誘也. 有心之私, 皆欲也, 故循理焉, 雖酬酢萬變, 皆靜也. 濂溪所謂主靜無欲之謂也, 是謂集義者也. 從欲焉, 雖心齋坐忘亦動也. 告子之強制正助之謂也, 是外義者也."

49 『王陽明全集』卷3,「傳習錄」下〈陳九川〉262條, "一友靜坐有見. 馳問先生. 答曰, 吾昔居滁時, 見諸生多務知解, 口耳異同, 無益於得, 姑敎之靜坐. 一時窺見光景, 頗收近效. 久之漸有喜靜厭動, 流入枯槁之病. 或務爲玄解妙覺, 動人聽聞. 故邇來只說致良知. 良知明白, 隨你去靜處體悟也好, 隨你去事上磨鍊也好. 良知本體原是無動無靜的. 此便是學問頭腦."

체에 동도 없고 정도 없다고 할 때의 동과 정도 같은 의미이다. 양지본체에 동정이 없다는 깃은 양지본체는 동정에 구애되지 않는다는 뜻이다. 동정이라는 심리상태, 혹은 외부조건과 상관없이 양지본체는 언제나 지선하고 이를 그대로 발현한다. 왕수인은 양지본체를 비추는 마음[照心]으로 설명하기도 한다.

> 무릇 妄心은 動하지만 照心은 動하지 않는다. 항상 비추기 때문에 항상 動하고 靜하다. 이것이 바로 '천지가 항구하여 그치지 않는' 까닭이다. 照心은 참으로 비추지만 妄心도 역시 비춘다. '그 物됨은 둘로 하지 않으므로 사물을 낳는 것을 측량할 수 없다'. 잠시라도 정지한다면 곧 쉬는 것이니, '至誠無息' 학문이 아니다.[50]

> "照心은 動하는 것이 아니다."라는 것은, 그것이 本體 明覺의 自然함에서 발하여 일찍이 動하는 것이 없기 때문이다. 動하는 것이 있으면 곧 거짓이 된다. "妄心 역시 비춘다"는 것은 本體 明覺의 자연함이 그 속에 있지 않은 적이 없기 때문이다. 다만 거기에 動하는 것이 있을 뿐이다. 動하는 것이 없으면 곧 비춘다. 거짓도 없고 비춤도 없는 것은 거짓을 비춤으로 여기고 비춤을 거짓으로 여긴다는 것이 아니다. 照心을 비춘다고 여기고, 妄心을 거짓되다고 여기는 것은 거짓됨이 있고 비춤이 있는 것과 같다. 거짓됨이 있고 비춤이 있으면 오히려 둘로 하는 것이다. 둘로 하면 쉬게 된다. 거짓됨도 없고 비춤도 없으면 둘이 되지 않는다. 둘이 되지 않으면 쉬지 않는다.[51]

---

50 『王陽明全集』卷2「傳習錄」中〈答陸原靜〉151條, "夫妄心則動也, 照心非動也. 恒照則恒動恒靜. 天地之所以恒久而不已也. 照心固照也. 妄心亦照也. 其爲物不貳, 則其生物不息. 有刻蹔停則息矣, 非至誠無息之學矣."
51 『王陽明全集』卷2「傳習錄」中〈答陸原靜書〉160條, "照心非動者, 以其發於本體明覺之自然, 而未嘗有所動也. 有所動卽妄矣. 妄心亦照者, 以其本體明覺之自然者, 未嘗不

윗 글에서 조심은 양지본체를 말하고 망심은 양지가 가려진 것을 말한다. 조심과 망심이 항상 비추기 때문에 항상 동하고 항상 정한다는 것은 양지본체의 묘용과 그것이 항상된 체를 지니는 것을 의미한다. 또 조심과 망심이 비춘다는 것은 위 인용문에서 말한 것처럼 良知 본체의 저절로 그러한 발현이 구름 속에 햇빛이 비치듯 양지가 가려진 상태에서도 언제나 있는 것을 말한다. 그런데 조심은 동하지 않는다고 할 때의 동은 본체명각本體明覺의 "자연自然"함에 상대되는 의미로 "자연하지 못함", "작위적임"을 뜻한다. 작위적이라는 것은 본래 그런 것이 아니라 자기의사가 보태진 것을 말한다. 자기의사가 보태졌다는 것은 또한 사사로운 욕구가 더해진 것이다. 왕수인은 이점을 매우 경계하였다. "조심을 비춘다고 여기고 망심을 거짓되다고 여기는"것, "조심이 있는 것"과 "망심이 있는 것"은 저절로 자연히 그런 것을 말하는 것이 아니고 사람이 자기 의사를 덧붙여서 스스로 그렇게 규정한다는 의미이다. 이렇게 하면 "둘이 되는"것이다. 둘이 된다는 것은 양지본체에 한결같지 않고 괴리된다는 의미이다. 이런 측면에서 왕수인이 지향하는 바는 사사롭게 조망照妄을 규정하지 않는다는 의미에서 "무조무망無照無妄"이다. 이런 식의 논법은 사구교에서 에 "유선유악有善有惡"대한 설명 중에 "있음이란 단지 네가 스스로 있다고 하는 것일 뿐이지 양지의 본체에는 원래 아무것도 없다. 본체는 태허일 뿐이다."[52] 에서도 볼 수 있다. 왕수인은 자신이 좋아하고 싫어함에 따라 선악을 구분하고 선악을 규정하는 것은 일부러 좋아하고 싫어하는 부자연한 것이며 개인의 사사

在於其中, 但有所動耳. 無所動卽照矣. 無妄無照, 非以妄爲照, 以照爲妄也. 照心爲照, 妄心爲妄, 是猶有妄有照也. 有妄有照, 則猶貳也. 貳則息矣. 無妄無照則不貳, 不貳則不息矣."

52 『王陽明全集』卷34「年譜」3〈六年丁亥, 先生五十六歲在越〉, "先生曰 有只是你自有, 良知本體原來無有, 本體只是太虛."

로움이라 하였다. 그리하여 "선도 없고 악도 없는 것은 리理의 정靜이
고 신도 있고 악도 있는 것은 기氣의 동動이다. 기에 동하지 않으면 선
도 없고 악도 없다. 이것을 곧 지선이라고 한다."고 정리하였다.[53] 여기
서 리의 정은 항상된 본체의 본래성을 의미하며 기의 동은 자아의 개별
적 한계에서 비롯되는 자기애[有我]를 말한다. 이것은 단순히 욕망을 추
구하는 거친 동에 비해서 완전함을 추구하기 위해 세밀한 곳까지 들어
간 미세한 동이다.

그러니까 본질 공부인 순리循理는 동정動靜도 없으며 조망照妄도
없고 선악도 없는 양지본체의 본래성을 그대로 실현하는 데 핵심이 있
다. 다시 말하면 왕수인이 보는 본질적인 공부는 동시와 정시에 상관없
이 기에 동하고 욕에 동하는 것이 없게 하는 것이다. 이때 중요한 것은
기동이나 욕동에는 공부할 때 사사로운 자기 의사를 보태는 것도 포함

---

53 『王陽明全集』卷1「傳習錄」上〈薛侃錄〉101條, "侃去花間草. 因曰, 天地間, 何善難培,
惡難去. 先生曰, 未培未去耳. 少間曰, 此等看善惡, 皆從軀殼起念, 便會錯. 侃未達. 曰,
天地生意, 花草一般. 何曾有善惡之分. 子欲觀花, 則以花爲善, 以草爲惡, 如欲用草時,
復以草爲善矣. 此等善惡, 皆由汝心好惡所生. 故知是錯. 曰, 然則無善無惡乎. 曰, 無善
無惡者理之靜, 有善有惡者氣之動. 不動於氣, 卽無善無惡. 是謂至善. 曰, 佛氏亦無善
無惡, 何以異. 曰, 佛氏着在無善無惡上, 便一切都不管, 不可以治天下. 聖人無善無惡,
只是無有作好, 無有作惡, 不動於氣. 然遵王之道, 會其有極. 便自一循天理, 便有箇裁
成輔相. 曰, 草卽非惡, 卽草不宜去矣. 曰, 如此卻是佛老意見. 草若有碍, 何妨卽去. 曰,
如此又是作好作惡. 曰, 不作好作惡, 非是全無好惡. 卻是無知覺的人. 謂之不作者, 只
是好惡一循於理, 不去又着一分意思. 如此, 卽是不曾好惡一般. 曰, 去草, 如何是一循
於理, 不着意思. 曰, 草有妨碍, 理亦宜去, 去之而已. 偶未卽去, 亦不累心. 若着了一分
意思, 卽心體便有貽累, 便有許多動氣處. 曰, 然則善惡全不在物. 曰, 只在汝心. 循理便
是善, 動氣便是惡. 曰, 畢竟物無善惡. 曰, 在心如此, 在物亦然. 世儒惟不知此. 舍心逐
物, 將格物之學錯看了, 終日馳求於外, 只做得箇義襲而取, 終身行不善, 習不察. 曰, 如
好好色, 如惡惡臭, 則如何. 曰, 此正是一循於理. 是天理合如此, 本無私意作好作惡.
曰, 如好好色, 如惡惡臭, 安得非意. 曰, 卻是誠意, 不是私意. 誠意只是循天理. 雖是循
天理, 亦着不得一分意. 故有所忿懥好樂, 則不得其正. 須是廓然大公, 方是心之本體.
知此卽知未發之中. 伯生曰, 先生云, 草有妨碍, 理亦宜去. 緣何又是軀殼起念. 曰, 此須
汝心自體當. 汝要去草, 是甚麼心. 周茂叔窓前草不除, 是甚麼心."

된다는 것이다. 본체의 생각이 아닌 것은 곧 사사로운 생각[54]이기 때문에 이것을 모두 제거해야만 순수하고 한결같은 공부가 이루어진다. 왕수인은 이것을 다시 다음과 같이 설명하였다.

나는 일찍이 군자가 일을 논할 때 먼저 그 자신의 사사로움을 제거해야 한다고 여겼다. 한번 자기에 動하면 이 마음이 사사롭고 편벽하게 되어, 비록 논하는 바가 이치에 다 합한다 하더라도 이미 그 근본을 잃은 것이다.[55]

자기에게 동하는 요인[有我]이 조금이라도 있다면 그 말과 행동이 아무리 이치에 합한다고 하더라도 그것은 근본을 잃은 것이고 거짓이다. 지극히 진실하고 쉼이 없는 본체의 발현을 조금이라도 가리는 요소가 있다면 그것은 본체를 실현하는 공부를 제대로 하고 있지 않은 것이다. 처음 공부할 때 선을 좋아하고 악을 제거하려고 하는 마음으로 시작하는 것은 어쩔 수 없다 할지라도 여기서 벗어나지 못하고 계속해서 사사로운 생각을 보태면 부의 진전이 없다. 진정한 공부는 사사로운 동정을 없게 하고, 자신의 심체를 체인하여 항상 거울처럼 텅비어있고 저울처럼 공평한 미발지중의 상태를 이루는 것이다.[56]

54 『王陽明全集』 卷3 「傳習錄」 下 〈陳九川錄〉202條 "一息便是死 非本體之念卽是私念"
55 『王陽明全集』 卷21 「答徐成之」2, "僕嘗以爲君子論事, 當先去其有我之私, 一動於有我則 此心已陷於邪僻, 雖所論盡合於理, 既已亡其本矣."
56 『王陽明全集』 卷1 「傳習錄」 上 〈薛侃錄〉119條 "曰, 爲學工夫有淺深. 初時若不着實用意, 去好善惡惡, 如何能爲善去惡. 這着實用意, 便是誠意. 然不知心之本體, 原無一物, 一向着意, 去好善惡惡, 便又多了這分意思. 便不是廓然大公. 書所謂無有作好作惡, 方是本體. 所以說有所忿懥好樂, 則不得其正. 正心只是誠意工夫裏面. 體當自家心體, 常要鑑空衡平, 這便是未發之中." 참조.

4. 맺음말

왕수인의 태극 동정 해석과 공부상의 동정문제는 그의 체용관을 바탕으로 전개되었다. 그에게 있어서 태극은 우주본체이자 양지본체를 말하고 이것의 체와 용은 체에 나아가면 그 속에 용이 있고 용에 나아가면 그 속에 체가 있는 상즉성을 지닌다. 따라서 모든 우주본체와 심체에 관한 태극 동정 해석은 모두 즉체즉용논리로 설명할 수 있다.

왕수인에 의하면, 태극의 "동이 극하여 정하고[動極而靜], 정이 극하여 동하다[靜極而動]", "동 가운데 정이 있고[動中有靜] 정가운데 동이 있다[靜中有動]", "동하여 양을 생하고[動而生陽]", "정하여 음을 생한다[靜而生陰]"는 명제는 우주본체의 감통과 적연, "항상된 체는 바뀌지 않고", "오묘한 작용은 쉬지 않는" 체용관계를 설명한다. 여기서 태극 동정은 곧 體와 用 자체를 말하는 것은 아니지만, 천리의 완전성을 표현하며 우주 본체뿐만 아니라 심본체의 속성을 설명하는 데도 그대로 적용된다.

왕수인에 있어 태극은 곧 양지본체이다. "동 가운데 정이 있고[動中有靜] 정 가운데 동이 있다[靜中有動]"는 것은 심체 자체의 속성을 표현하기도 한다. 그러나 "동하되 동이 없고[動而無動], 정하되 정이 없다[靜而無靜]" 심체의 현실적 작용 결과를 의미한다. 이때 동정은 일정한 상황, 어떤 때를 말한다. "동하되 동이 없고[動而無動], 정하되 정이 없다[靜而無靜]"는 주돈이가 시공간의 제약을 받는 사물에 대비해서 신神을 설명한 개념이다. 왕수인이 이 표현을 "본체는 동하고 정하지만 동정의 구체적인 형상을 갖지 않는 것"으로 해석했다는 견해는 "동이무동動而無動, 정이무정靜而無靜"이 "체용일원體用一源"을 설명하는 것이라는 왕수인의 언급에 위배된다. 왜냐하면 "본체가 동정하지만 동정의 구체적인 형상을 갖지 않는 것"은 묘용을 설명할 수는 있으나 체와 용의 상즉

관계를 설명할 수는 없기 때문이다. 왕수인이 보는 동하되 동이 없고 [動而無動], 정하되 정이 없다[靜而無靜]"명제는 '이런 체가 있으면 이런 용이 있다'는 것을 심체의 발용상에서 설명한 것이다. "동하되 동이 없다[動而無動]"는 심체가 그대로 발현되어 동하였지만, 사사로운 욕에 동한 것은 없는 것을 말하며, "정하되 정이 없다[靜而無靜]"은 심체가 정하지만, 그것이 발현되었을 때 사사로운 의사로 인한 거짓된 정은 없는 것을 말한다. 이 두 구절은 모두 심체가 어떠한 장애 요인없이 온전히 드러난 것을 의미한다. 이때의 동정은 마음이 어떠어떠한 때이며 때로는 마음에 장애를 일으키는 불완전한 요인을 말하기도 한다.

마지막으로 심체를 회복하는 공부문제에서 동정은 역시 어떤 때로 사사로운 자기의사에서 비롯된 잘못된 공부와 심에 대한 인식을 설명한다. 특히 정을 구하려고 하는 공부 방법은 "구하고자 하는" 사사로운 자기 의사 때문에 오히려 더 정할 수 없고 본질과 어긋나는 공부가 된다. 이런 의미에서 왕수인은 "동할 때도 동하고 정할 때도 동하다.[動亦動 靜亦動]"라고 하였다. 이것은 거칠건 미세하건 동한 것은 모두 인욕으로서 근본이 같다는 의미이고 이 표현 속에는 진정으로 참된 경지와 공부를 지향하려는 의도가 깔려있다. 왕수인은 본체의 명각은 본래 자연히 발현하는 것인데, 이때 어떠한 사사로움이나 작위도 없어야 온전해진다고 보았다. 이런 측면에서 본체가 발현할 때 자기애로 인한 동이 없게 하는 것이 공부의 핵심이 되는데 이때도 억지로 의도하는 것은 오히려 방해가 된다. 그러므로 왕수인이 이해한 동정표현은 결국 본체의 즉체즉용이 불완전한 동정이라는 사태에 의해 가려짐없이 본래성을 그대로 드러내는 본체공부론을 제시하기 위한 설명방법이었다고 결론지을 수 있다.

『주역』을 통해 구축한 동서융합 철학의 플랫폼
-최한기 기철학 성립에 있어서 '통'의 역할을 중심으로-

이종란

이 글은 근대전환기 최한기가 조선사회의 문제를 해결하기 위한 학문을 건립코자 서로 기원과 세계관을 달리하는 전통사상과 서학의 장점을 어떻게 융합하느냐 고민하는 과정에서, 전통사상을 발전적으로 계승하고 서학을 변용하여 올릴 플랫폼 구축의 논리를 『주역』의 통通에서 찾았음을 밝힌 것이다. 그 플랫폼이 그의 기철학이며 그 학문이 기학이다. 이같은 철학적 방법론으로서 플랫폼은 현대한국철학에도 필요한 일이다.

1. 이끄는 말

철학이 무엇인지 다양한 정의를 내릴 수 있겠으나, 일단 삶의 현장에 등장하는 문제를 근원적 입장에서 해결 또는 해명해 보려는 사유체계 정도로 규정해 보자. 그렇다면 우리철학으로서 한국철학이란 한국인의 삶의 현장에 등장한 문제를 한국적 전통과 정서에 기반을 두고 해결 또는 해명하려는 사유체계라고 말할 수 있겠다. 이런 의미에서 고대의 불교철학이나 조선성리학은 인도나 중국의 그것과 차별되는 각별한 의미가 있으며, 외래사상을 한국적으로 토착화하는 데 나름의

* 이종란(조선대).

방법이나 논리가 있을 것이다.[1]

그럼에도 불구하고 지금의 전통철학 그 가운데서도 한국철학의 연구 분야는 우리 삶의 문제를 해결하려는 주류 담론에 끼지도 못하고 있다. 다문화사회의 민족 또는 시민의 정체성, 외세간섭과 남북통일, 동성애와 트랜스젠더, 전통적 가족해체, 저출산과 고령화, 1인 가구, 인공지능과 유전자 조작, 소득의 양극화, 종교갈등, 경제성장과 한류 성공의 해명 등 철학적으로 논의해야 할 문제는 태산 같은데, 전통철학을 연구한다는 일은 이제껏 남이 먹다가 버린 썩은 시체나 청소하는 일 정도로 여기는 이른바 '하이에나철학'에 종사한다는 자조적인 말이 그 내부로부터 들려온다.

더구나 우리 현대사는 서구적 근대화를 추진하면서 실용성과 과학적 합리성을 배운 반면 서양문명을 맹목적으로 추종한 대가에 따른 폐단도 적지 않아, 현대한국사회의 일상적 삶의 모습은 그리 바람직하게 보이지 않는다.[2] 물론 이것이 전통문화와 한국현대사의 독특한 경험이 상승작용을 하여 형성된 역사적 산물이어서,[3] 몽땅 서양문화의 수입 탓으로만 돌릴 문제만은 아닌 것 같다. 바람직한 전통만 있는 것이 아니기 때문에 폐습과 외래의 세속적 풍조가 혼합하고 상승작용을 하여 등

---

1 이와 관련해서 졸고, 「『전경』의 사상분석으로 살펴본 '우리철학'의 방법론」, 『대순사상논총』 30, 2018에서 논한 바 있는데, 여기서 우리철학이 될 수 있는 다섯 가지 모델은 〈필수모델〉인 한국인의 삶과 문화에 기초한 시대 인식과 문제의식, 〈모델①〉인 전통사상을 발전적으로 계승하기, 〈모델②〉인 전통사상의 재해석을 통하여 한국적으로 특성화하기, 〈모델③〉인 외래사상을 비판적으로 수용하거나 포용하기, 〈모델④〉인 외래사상에 대한 대응 또는 한국적으로 특성화하기이고, 우리철학이 되려면 적어도 〈필수모델〉과 다른 하나 이상의 모델이 조합을 이루어야 한다.
2 거기에는 금전만능주의와 상품화된 일상, 성역 부재의 극단적 평등주의, 결과우선주의, 속전속결주의, 현장주의·현세주의, 몰개성적 합일주의가 있다(박재환, 일상성·일상생활연구회, 『현대한국사회의 일상문화코드』, 한울, 2010, 48-64쪽. 참조).
3 같은 책, 48쪽.

장한 것처럼 비친다. 우리사회의 온갖 갈등을 비롯하여 시민들의 문화적 정체성과 가치관의 혼란도 여기서 유래하는 바가 적지 않은데도, 지금으로서는 그런 문제를 해결하거나 다양한 시민들을 통합할 사상적 대안도 딱히 내세울 게 없어 보인다.

이렇듯 우리 앞에 놓인 문제를 해결하기 위한 논리를 개발하는 일이 현대한국인으로서 철학을 연구하는 학자들의 몫이라는 점은 분명해 보인다. 문제는 전통사상을 온전히 현대에 재현한다는 것도 불가능할 뿐만 아니라 외래사상을 수입하여 잠시 유행하다가 속절없이 사라지는 것도 공허하다는 점이다. 양자 모두 경제·사회·역사·문화적 토대나 조건이 지금의 우리의 그것과 다르기 때문이다.

이런 맥락에서 과거의 사상이든 외래사상이든 그것으로 현대의 문제를 해결하려면, '지금·여기에' 맞게 적용·토착화하기 위해서 창의적으로 전통사상을 재해석하거나 외래사상을 변용하여 융합할 수 있는 소통 가능한 보편적 공간으로서 플랫폼이 필요하다. 우리는 전통사회와 달리 모든 것이 개방된 세계에서 소통하며 살고 있고 또 그래야 하기 때문이다.

바로 여기서 지금 우리의 고민과 시도의 선구적 모델로서 최한기(1803~1877)의 방식[4]을 제안해본다. 그는 19세기 초·중반 세도정권 사회에서 노출된 각종 폐단과 문제를 해결하기 위하여 새로운 기철학(기학)[5]을 제출하였다. 잘 알다시피 그의 기철학은 전통의 주희성리학과

---

4 이런 방식은 당연히 원효나 이황이나 이이 등에서도 찾을 수 있을 것이고, 특히 20세기의 원불교사상에서도 찾을 수 있다. 특히 후자는 전통의 유불선사상을 발전적으로 계승하고 외래의 자유민권사상과 사회진화론을 변용하고 있는데, 이들 사상을 포용하는 핵심 기반이 '일원의 진리'라고 본다.
5 최한기의 '기학'은 그의 기철학의 세계관에 부합하는 모든 학문의 총칭인 종합학문이므로, 기철학은 기학의 철학적 부분만을 일컫는 말로 사용할 것이다.

다를 뿐만 아니라 앞선 기철학의 주요 논리를 계승하면서도 그것과 다르며,[6] 서양과학이나 철학을 수용하면서도 그것과 차별을 보인다.[7] 이런 모습은 유가철학 범주에 대한 근대적 전환과 관련 있는 것[8]으로서 전통을 온전히 따를 수도 없고 그렇다고 서학[9]을 그대로 신뢰할 수 없었던 고민의 흔적이며, 전통이든 서학이든 발전적으로 재해석하고 변용시켜서라도 문제를 해결하려는 태도의 발로였다.

따라서 본고에서 말하는 변용은 외래사상의 수용방식으로서 원래의 것과 다른 '변형시킨 수용'의 의미로 사용한다. 또 전통사상에 대해서도 그 해석과 강조점이 기존의 것과 다를 수 있는데, 이 경우는 '전통사상의 발전적 계승'으로 규정하겠다. 발전적 계승은 과학적이거나 합리적 성격을 지닌 내용을 긍정적으로 재해석하거나 강조하여 계승한다는 뜻이며, 최한기 철학 내에서는 서학의 변용과 착종되어 있다. 다시 말해 발전적 계승과 변용은 각각 독립해서 진행하는 것이 아니라 서로에게 영향을 주며 상호 침투하여 진행되는 데, 그것은 단순히 1+1=2가 되는 기계적 결합이 아니라 2+α가 되는 융합이다. 융합의 사전적 의미는 '다른 종류의 것이 녹아서 서로 구별이 없게 하나로 합해지는 일'로

---

6 계승한 점은 기의 生氣·活物·不生不滅·聚散·流行, 운동원인의 내재성 등의 개념이고, 차이점은 기존의 음양오행설, 천원지방설 등의 자연관과 성선설 중심의 인성론 등을 따르지 않고 존재론·인식론·가치론을 일관되게 기로써 설명한 것과 서학의 일부를 변용했다는 것 등이다. 더 자세한 것은 졸저, 『기란 무엇인가』, 새문사, 2017의 제3장 '기 개념의 변모'를 참조 바람.

7 서양철학 수용에 대한 더 자세한 것은 졸고, 「기독교철학에 대한 최한기의 비판적 수용」, 『인문학연구』 52, 조선대학교 인문학연구원, 2016을 참조 바람.

8 이명수, 「최한기 기학의 운화와 담사동 인학의 통 개념에 보이는 인식의 공유문제」, 『유교사상문화연구』 34, 한국유교학회, 2008, 308쪽.

9 본고에서 사용하는 서학의 의미는 16세기 후반부터 근대이전까지 예수회선교사와 서양인들에 의하여 동아시아에 전파된 서양의 종교만이 아니라 과학·철학·기술·지리·수학 등을 아우르는 개념이다.

서, 그 결과물이 최한기 자신의 철학으로서 그의 기철학이다. 자연히 외래사상의 수용과 극복은 그 변용 속에 포섭된다.

이처럼 시대의 문제를 철학적으로 해결하기 위하여 최한기가 서학을 맹목적으로 수입하거나 전통을 있는 그대로 묵수하지는 않았다. 신학과 결합된 서학자체에 비합리적 요소가 있었고 또 전통사상에도 과학적 견해와 거리가 먼 것이 섞여 있어서 변용과 발전적 계승이 필요했기 때문이다. 문제는 이런 전통사상과 서학을 같은 장소에 올려 연결·확산할 수 있는 보편적 공간으로서 플랫폼이 필요했고, 무엇을 가지고 어떤 논리로 그것을 건설하느냐 하는 점이었다. 이런 과정에서 고심 끝에 찾은 대안이 그의 전기 철학의 핵심 키워드 가운데 하나인 '통通'이다. 뒤에서 밝히겠지만 통은 최한기 기철학의 모든 영역에 침투되어 있다.

그렇다면 이 통의 논리적 연원은 어디서 비롯했을까? 필자는 그것을 『주역』에서 찾고자 한다. 비록 그의 학문관[10]에 따라 『주역』의 모든 내용을 경학의 입장에서 금과옥조로 취급하지는 않았지만, 최한기 철학의 논리상 자연관과 인식론 및 실천관이 일정하게 『주역』과 관련되어 있을 뿐만 아니라, 거기서 주요 논리를 취했기 때문이다.

따라서 본고는 그가 경학의 입장에서 『주역』을 어떻게 이해하고 풀이했는가 하는 문제나 『주역』을 바라보는 경학적 관점 등은 다루지 않는다. 물론 그의 저작에서도 그런 내용은 거의 찾아보기 힘들다. 대신 우리철학으로서 한국철학을 구축함에 있어서, 전통사상을 발전적으로 계승하고 외래사상을 변용하여 둘을 융합시키는 방법론적 근거가 『주

---

10 그는 이학·심학·도학과 함께 經學도 공허한 측면과 성실한 측면을 함께 가지고 있다고 한다(이현구, 『최한기의 기철학과 서양과학』, 성균관대학교 대동문화연구원, 2000, 112쪽). 그래서 『주역』을 비롯한 전통의 경전 내용도 합리적인 점을 발전적으로 계승할 수 있는 근거가 된다. 더 자세한 그의 학문관은 같은 책, 99-114쪽을 참조 바람.

역』의 어떤 논리에서 왔는지 밝히는 것이 주목적이다. 그럼으로써 전통철학을 연구하는 학자들이 현대한국철학을 모색하는 데 모종의 방법론적 기여가 되기를 희망한다.

그리고 현대의 국가주의 입장에서 보면『주역』의 내용은 중국에서 탄생된 외래사상이라 주장할 수도 있겠지만, 그것은 원래 고대 동아시아 문명의 보편적 텍스트이고, 더구나 조선의 식자층에게는 오래 전부터 이미 보편화되었기 때문에 전통의 범주 안에 넣고 논의를 진행하겠다.

2. 플랫폼 구축의 필요성과 『주역』의 통

1) 플랫폼 구축의 필요성

잘 알다시피 플랫폼은 원래 기차의 정거장을 뜻하는 말이었는데, 컴퓨터 시스템을 운영하는 기본체계로서 각종 응용소프트웨어의 구동을 가능케 해주는 용어로 전용되었고, 이제는 공통생태계의 의미로서 산업이나 문화 등 다양한 분야로 확대되고 있다. 그 정의 또한 다양하나 일반적으로 해당 공간·토대·구조·규칙·네트워크 등에서 다른 것과 연결이 가능한 이를테면 교통 요지의 승강장 같은 역할을 하는 개념이다. 여러 곳에 연결이 가능하므로 다양성을 포용하고 존중하는 다원화 세계에 적합한 토대라고 말할 수 있다.

본고에서 사용하는 철학적 플랫폼의 의미는 문화·경제·역사적 토대가 서로 다른 사상이 한 공간에서 서로 융합 또는 소통할 수 있는 논리적 공간으로서, 해당 철학자의 세계관이자 방법론을 말한다. 자연히 이 철학적 플랫폼도 세계관에 따라 다양할 수밖에 없으나, 어느 것이든 보편성과 합리성을 가지고 있어야 그 역할과 가치가 살아난다.

문제는 물적 토대가 서로 다를 수 있는 사상을 하나로 연결한다는 점에서 관념적이고 철학자의 상상 속에서만 가능하다는 비판이 있을 수 있고, 최한기 또한 이런 혐의에서 자유롭지 못하다. 그러나 경제적 토대가 서로 다른 전통사상을 이론 보완을 통해 현대에 계승하거나 외래사상을 토착화한 사례 속에서 그 성공여부와 방법을 찾을 수 있고, 또 실천의 동력과 연결된다면 관념성에서 벗어날 길이 없는 것은 아니다.[11]

이 철학적 플랫폼 구축은 현대의 우리가 전통사상을 재해석하는 경우에도 합리적으로 현대 과학과 문화에 부합해야 한다는 점에서, 또 외래사상을 수용·변용하려고 할 때도 합리적이며 우리의 문화와 정서에 부합해야 한다는 점에서 반드시 필요한 과정이다.

일찍이 최한기가 이런 철학적 플랫폼을 건설하기 이전에 가졌던 일차적 고민은 전통사상과 서학 모두 19세기 중반 조선의 시대 문제를 해결하는 데 온전히 그 자체만으로 답이 될 수 없다는 점이었다. 바로 여기서 두 가지 문제가 파생하는데 하나는 전통사상을 재해석하여 발전·계승하는 점과 아울러 외래사상을 변용하는 점이 그것이며, 또 다른 하나는 무엇을 근거로 전통사상과 서학을 동일한 공간에서 소통·융합시킬 수 있느냐 하는 점이 그것이다.

첫 번째 문제를 해결하는 기준을 찾기는 어렵지 않는데, 바로 과학성과 합리성이다. 이것은 최한기의 학문세계에서 타 학문을 비판하는 가장 큰 무기로서, 과학적 입장에서 전통사상의 천원지방에 근거한 천

---

11 그 사례를 근대이전 유교의 이론 보완 역사, 불교가 한국고대사회에 또 성리학이 조선사회에 토착화한 것, 그리고 조선말 제국주의 논리였던 사회진화론을 가지고 되레 자강운동을 통해 민족주의를 확립한 것 등에서 찾아 볼 수 있다. 관념성을 탈피하는 주요소는 결국 사회적 실천 동력의 확보인데, 그것은 일차적으로 사회의 문제해결에 연결시키려는 철학자의 문제의식과 관계된다.

동설[12]과 음양설을 따르지 않았고, 특히 오행설에는 매우 비판적이었으며[13] 성리학과 그 입장에서 『주역』을 해석한 세계관을 따르지 않았을 뿐만 아니라, 각종 미신과 방술方術을 비판하였다. 서학에 대해서는 유학의 합리적 요소를 가지고 신의 존재와 화복설禍福說, 신학적 목적론과 결합된 4원소설 등을 비판하였다. 자세히 보면 동서의 장점을 가지고 그 단점을 지적·보완하고 있음을 알 수 있는데, 이런 입장은 그가 분명히 밝히고 있다.[14]

이런 태도로 전통사상을 재해석하여 발전적으로 계승하는데 그것은 『주역』도 예외가 아니며, 서학 또한 원래 배치되었던 신학적 세계관을 제거하고 추출하여, 합리적이고 과학적이라고 생각한 내용만 새로운 플랫폼 위에 재배치하였다. 바로 여기서 두 번째 질문 곧 무엇을 근거로 전통사상과 서학을 동일한 공간에서 소통·융합시킬 수 있느냐 하는 문제가 등장한다.

과학성과 합리성은 당연히 플랫폼 구축의 전제가 되지만, 무엇보다 동서와 고금의 사상을 동일한 공간에 재배치할 수 있는 보편적 논리와 세계관이 필요했다. 그 논리가 바로 『주역』에 등장하는 통의 논리이다. 이 통의 의미는 역이 천지에 준하는[15] 곧 자연과 대등하다는 관점에서 봤을 때나 자연을 인식하는 점에서나 그것을 인사에 적용한다는 점에

---

12 최한기는 선교사들의 공식 견해와 달리 근대과학의 성과로서 지구의 자전과 공전도 받아들였다. 그 때문에 서학의 천동설을 접하고 선교사들이 전파한 서양과학에도 불합리한 점이 있다고 보는 근거가 되었다.

13 최한기 저, 『운화측험』, 이종란 옮김, 한길사, 2014, 339쪽. 오행설 비판은 원래 Mateo Ricci(1552~1610)의 『乾坤體義』에서 비롯해서 후배 선교사들이 그 논리를 답습했고, 홍대용의 『醫山問答』 속에도 보이는데 특히 홍대용은 후인들이 『주역』을 미신적으로 이해하는 것을 극력 반대하였고, 최한기 또한 그런 태도를 고수하였다.

14 『神氣通』卷1, 「天下敎法就天人而質正」, "儒道中取倫綱仁義, 辨鬼神災祥, 西法中取歷算氣說, 祛怪誕禍福."

15 『周易』 「繫辭」上4, "易與天地準."

서 그의 새로운 기철학에 반영하여 확연하게 되살려낸다. 아니 이러한 통의 논리를 새롭게 적용한 방법이자 세계관이 그의 기철학의 논리이다.

사실 서학을 받아들이기 이전의 기철학적 담론은 주로 전통의 천원지방설과 음양오행설을 기반으로 하는 자연철학에 한정되어 있었다. 인식 그 자체에 대한 메커니즘과 비판과 종합적 언급은 거의 찾아보기 어렵고, 가치의 근거를 논할 때도 기론으로 일관되게 설명하지 못하고 맹자의 성선설이나 가치의 형이상학적 전제를 받아들였다. 최한기의 고민은 존재론만이 아니라 인식론과 가치론 또는 실천론의 세계관이 서로 충돌하지 않고 어떻게 일관된 철학을 세우는가 하는 점이었다. 더 나아가 서양의 과학과 인식론적 견해가 전통의 기론과 충돌을 피하면서 어떻게 서로 융합할 수 있는지 그 방법 또는 논리는 찾는 일이었다. 이러한 동서의 사유를 한 공간에 올려놓을 수 있는 플랫폼으로서 새로운 철학이 필요했다. 바로 존재론과 인식론과 실천론을 동일한 세계관에 두고 서양과학이나 철학과 융합할 수 있는 논리, 그것을 『주역』의 통에서 찾았고 그의 기철학이 새로운 플랫폼이었다.

2) 『주역』의 통

『주역』에는 '通'이라는 글자가 모두 36회 등장한다. 그 의미가 다 같은 것이 아니지만 우선 자연철학적 관점에서 눈에 뛰는 것에는 "변하고 통하는 것은 네 계절에 짝한다."[16] 하고 또 "변하고 통하는 것은 네 계절보다 큰 것이 없다."[17]는 것 등인데, 천지의 변화로써 네 계절을 말하며 그 변화고 통하는 이면에는 기가 있다. 이점은 "산과 연못이 기를

---

16 같은 책, 上6, "變通配四時."
17 같은 책, 上10, "變通莫大乎四時."

통한다.”¹⁸는 말에서도 알 수 있듯이 자연계에는 기가 충만해 있고, 그 정기精氣가 모여 물건을 이루고 유혼遊魂이 변화가 되는 것¹⁹은 바로 기의 모임과 흩어짐인 취산이다. 이렇듯 천지에 기가 충만하여 통한다는 것은 기철학의 기본 논리이다.

또 『주역』에서는 인식론적으로 볼 수 있는 통의 의미도 자주 발견되는데, 가령 '변화에 통한다'거나 '천하의 연고에 통한다'거나 '천하의 뜻에 통한다'²⁰는 통은 모두 안다는 인식의 의미로 해석할 수 있다. 서학에서 하느님이 부여했다는 영혼의 능력²¹을 배제해도 최한기는 이 주역의 논리에 따라 인식의 가능성과 역할을 확보할 수 있었다.²² 여기서 통의 대상은 도로서 자연의 원나 신명 등이며 이 또한 자연의 관찰과 추상을 통해 인식된다.

그리고 실천론에서도 통은 여지없이 적용된다. 가령 “변하고 통하게 하여 그 이로움을 다한다.”²³거나 “도를 미루어 행하는 것을 통이라고 말한다.”²⁴와 “변하고 통하는 것은 적절한 시간으로 나아감이다.”²⁵ 등에서 엿볼 수 있다. 이러한 실천론은 자연과 인간이 서로 통하는 점이 있거나 소통해야 한다는 의미에서 「대상전」의 '군자이君子以'로 시작하

---

18 같은 책, 「說卦」3, “山澤通氣.”
19 같은 책, 「繫辭」上4, “精氣爲物, 遊魂爲變.”
20 같은 책, 上10, “通其變, 遂成天下之文. … 易无思也, 无爲也, 寂然不動, 感而遂通天下之故. … 故能通天下之志.”
21 畢方濟,『靈言蠡勻』「論亞尼瑪之靈能」. 참조. 이것은 사물을 감각하는 동물혼[覺魂]이 아니라 인간의 영혼만이 가능하다는 이성적 사유능력을 말한다.
22 『周易』「繫辭」上10, “夫易, 聖人之所以極深而研幾也. 唯深也, 故能通天下之志.” 여기서 성인의 能通함을 일반화 시키면 하느님이 부여하지 않아도 인간의 인식 가능성이 확보된다.
23 같은 책, 上12, “變而通之以盡利.”
24 같은 책, “推而行之謂之通.”
25 같은 책, 「繫辭」下1, “變通者, 趣時者也.”

는 말에서 절정을 이룬다.

이렇듯 변하여 통한다는 변통의 논리는 자연과 사회의 보편적인 현상으로 설명되고 있고,[26] 또 그것을 포함한『주역』의 통은 정신적인 면만이 아니라 물질적인 면에도 적용되어『주역』의 여러 방면에 스며들어 있는 개념이다.[27]

이렇게 봤을 때 통의 현대적 의미는 변화하는 자연계 내부의 만물이 건강하게 존재하는 방식이자 인식론적으로 대상의 정보획득, 사회적으로 문화·정보·재화·언어 등의 소통과 아울러 변화에 대응하는 실천적 방법이다. 특히 통의 상태를 회복하는 길은 불통의 요소를 제거함으로써 가능해진다.

최한기는 이 같은 통의 논리를 가지고 고금과 동서의 사상을 한 공간에 올려놓는 플랫폼을 구축하려고 했다. 다만 그가 비판하는 내용은 그 플랫폼에 부적합한 미신적 요소와 동서의 불통하는 학술이다. 비록 그는 경학 차원에서 경전을 다루지는 않았지만, 자신이 주장하는 논리의 연원을 밝히거나 정당성을 확보하기 위하여『주역』을 비롯한 여러 경전과 전적典籍을 언급하기도 하는데, 특히 그의 기철학의 모든 영역에서 일관되게 통의 논리를 적용하는 가운데『주역』의 내용도 언급하고 있어서 그 관련성을 보이고 있다. 이점은 그의 철학용어에서 통을 접미사처럼 사용하여 갖가지 철학적 복합명사를 생산한 것을 보면 금방 확인 할 수 있다.

이제 우리는 최한기 철학을 처음 대할 때 느끼는 당혹감 가운데 으뜸인 전통철학에서 거의 사용하지 않았던 그 용어의 생소함을 비로소

---

26 李廉,『周易的思維与逻辑』, 安徽人民出版社, 1994, 156쪽.
27 이현구·신성수,「분석심리학의 동시성원리와『주역』의 통 개념」,『철학·사상·문화』 1, 동국대학교 동서사상연구소, 2015, 93쪽. 참조.

이해할 수 있다. 바로 신기통神氣通·형질통形質通·추측통推測通·체통體通·변통變通·주통周通·목통目通·이통耳通 등의 용어만이 아니라 경험經驗·습염習染·추측推測·운화승순運化承順·유행지리流行之理·유형지신有形之神 등이 이 플랫폼을 구성하는 개념들이다.

3. 자연의 변화와 통

1) 자연의 기와 통

최한기의 자연철학에서 『주역』의 통을 발전적으로 계승한 점 가운데 하나는 사시가 변하고 통하거나 산과 못이 기를 통한다는 「설괘전」 3장의 '산택통기山澤通氣'에서 알 수 있듯이, 만물은 기가 통하며 존재한다는 점이다.

『주역』에는 기가 5번 등장한다. 앞의 "산과 못이 기를 통한다."는 것 외에 "같은 소리는 서로 응하고 같은 기는 서로 구하니 물은 축축한 데로 흐르고 불은 마른 데로 옮겨간다."[28]와 "잠룡은 쓰지 말아야 한다는 것은 양기가 감춰져 있기 때문이다."[29]와 "두 기가 감하고 응하여 서로 관계한다."[30]와 "정기가 모여 물건을 이루고 유혼이 변화가 된다."[31]가 그것이다.

이것을 보면 『주역』의 기론은 기본적으로 통을 전제로 하여 모이고

---

28 『周易』「乾卦」〈文言傳〉, "同聲相應, 同氣相求, 水流濕, 火就燥."
29 같은 책, "潛龍勿用, 陽氣潛藏."
30 같은 책, 「咸卦」〈彖傳〉, "二氣感應而相與."
31 같은 책, 「繫辭」上4, "精氣爲物, 遊魂爲變."

흩어지며 서로 구하고 감응하며 음양으로 되어 있다는 점을 알 수 있다.[32] 특히 여기서 서로 감응한다거나 구한다는 것은 산과 연못의 그것처럼 자연 상태의 기가 서로 통한다는 것을 의미한다. 그래서 기가 변하고 통하는 것은 네 계절에 짝하고 그보다 큰 것이 없다고 말했음을 알 수 있다.

이렇게 자연 상태에서 기가 통하고 변화하여 만물을 생성하는 관점에서 『주역』의 「계사전」에서는 "하늘과 땅의 큰 덕을 일러 생이라고 한다."[33]고 했는데, 최한기는 그것을 가리켜 만물을 낳는 것만 말했지 그 까닭은 말하지 않았다고 지적하면서, 기를 가지고 발전적으로 그것을 자세하게 설명한다.[34]

그는 기 운동을 유행流行 또는 운화運化라는 용어로 풀어낸다. 가령 "천기의 유행은 형세를 틈타 주선할 수는 있지만, 그 기가 변하여 통하는 것을 어기거나 초월할 수 없다."[35]와 "운화하는 기는 크게는 우주 안에 충만하고 작게는 물건 속에 침투한다. 비록 잠깐이라도 운화하는 기가 끊어지면 생명의 의지가 멈춘다."[36]는 등에서 찾아 볼 수 있다. 주희도 『주역』을 풀이하면서 기의 운동을 '생기生氣의 유행'[37]으로 보았고, 정이천도 드물게 '천지의 운화'[38]라는 말을 사용한 것을 보면 그 연관성

---

32 최영진, 「정신과 물질에 관한 역학적 이해」, 『철학』 35, 한국철학회, 1991, 6쪽. 참조
33 『周易』 「繫辭」下1, "天地之大德曰生."
34 『推測錄』 卷1, 「入德門」, "周易云, 天地之大德曰生, 是只以生物言, 而未及乎所以生物也. 究其所以, 天地何曾有意於生物也. 物自資賴於氤氳之氣煦濡之澤, 而生滅於其間." 여기서 하늘과 땅의 기운인 氤氳을 전통적인 음양과 결부시킬 수는 있으나 그의 기 개념에는 음양이 없고 대신 이럴 경우 天氣와 地氣 개념으로 대체한다.
35 『神氣通』 卷2, 「人事通塞」, "天氣之流行, 可乘勢而周旋, 不可違越變通."
36 『運化測驗』 卷1, 「運化氣形質氣」, "夫運化氣, 大而充滿宇內, 細而透徹物形. 雖須臾間, 隔絕則生意息, 違逆則事務廢."
37 『本義』 「乾卦」 〈象傳〉, "生氣流行初无間斷." 『本義』는 『周易大全』 속의 내용임.
38 『周易大典』 「繫辭」上4, "範圍俗語謂之模量, 模量天地之運化而不過差, 委曲成就萬物

을 배제할 수 없다.

아무튼 최한기가 말하는 유행이나 운화는 기가 변화하면서 사시와 만물에 통하고 있다는 다른 표현이다. 여기서 통한다는 말은 기가 만물에 침투되어 있을 뿐만 아니라 서로 영향력을 주고받으며, 근본적으로 기의 운동변화에 따라 만물이 생성되고 자라고 쇠퇴하여 소멸되는 취산의 과정 속에 있음을 말한다. 이렇게 만물은 취산의 과정을 통해 변화하므로 서양철학에서 말하는 실체가 있다면 그것은 기뿐이다.[39]

2) 기와 물질 개념의 융합

여기서 우리는 최한기가 『수역』에서 음양 개념을 취하지 않음으로써 그것은 온전히 계승했다고 말할 수 없는데,[40] 거기에는 또 서양과학의 영향이 있다. 이점은 앞 세대의 홍대용도 음양을 개념을 폐기한 바 있고, 최한기 또한 과학[氣說]의 발전을 믿었기 때문에 비록 음양 개념을 버렸어도 기론을 고수한 것 또한 발전적 계승이라 말할 수 있다. 그렇게 한 배경에는 예컨대 서양과학에서 4원소의 성질로 규정한 한열건습寒熱乾濕을 변용한 데 있다. 그는 전통의 성정 개념을 활용하여 이 4원소인 흙·물·공기·불의 성질에 해당하는 한열건습을 기의 정으로 변용하면서[41] 음양 개념을 더 이상 사용하지 않는다. 전통적으로 볼 때

之理而无遺失, 通書夜闔闢屈伸之道而知其所以然." 밑줄은 필자.

39 최한기 철학에서 도 또는 리는 실체가 아니라 기의 법칙이다. 이것은 Mateo Ricci가 아리스토텔레스의 철학을 인용하여 리나 태극은 실체substantia[自立者]가 아닌 속성accidents[依賴者]의 부류에 속한다고 말한 영향 때문이다(졸고, 「기독교철학에 대한 최한기의 비판적 수용」, 앞의 논문, 187쪽).

40 이와 관련해 河圖와 洛書를 가지고 『수역』을 견강부회하게 해석하는 것도 따르지 않는다(『推測錄』 卷6, 「河洛爲方術」. 참조).

41 『運化測驗』 卷1, 「氣之性情」, "氣, 以活動運化之性, 寒熱乾濕之情, 橐鑰升降陶鑄萬物."

한과 습은 음에 속한 성질이고 열과 건을 양에 속한 성질이기도 하지
만, 이보다 그는 열과 습을 대기운동의 주된 요소로 봄으로써 기상현상
이 온도와 습도의 영향에 의해 결정된다는 근대적 자연과학에 근접하
고 있기 때문이다.[42]

바로 여기서 서양과학의 변용이라고 규정할 수 있는 근거는 이 한열
건습이 배치된 공간이 서학의 4원소설이 아니라, 그가 동서사상의 플랫
폼으로서 구축한 기철학 체계이기 때문이다. 비록 그 부분적 개념을 서
양과학에서 가져 왔지만, 배치된 장소가 엄연히 다르기 때문이다.

이를 좀 더 규명하기 위해서 서학의 물질 개념과 최한기의 기 개념
을 비교해 볼 필요가 있다. 공통점은 양자 모두 사물의 물질적 근원이
면서 불멸하며 취산한다는 점이다. 그 차이점은 먼저 4원소는 형상
Form과 결합되어 있는 영혼 없는 죽은 질료에 지나지 않는다. 왜냐하
면 만물의 형상은 하느님의 정신 속에 존재했던 것으로, 만물의 창조란
하느님의 정신 속에 있는 이데아[43]를 가지고 질료에 결합시키는 행위[44]
여서 사실상 질료의 창조에 지나지 않기 때문이다. 이런 맥락에서 하느
님이 운동인運動因이므로 물질운동의 근본적 원인도 물질 그 내부에 있
지 않다.[45]

---

42 같은 책, 「氣之濕熱」. 참조.
43 이것을 範形Exemplar이라 일컫는데, 이는 원래 아우구스티누스가 신플라톤주의 학
　설의 영향을 받은 것이었고, 훗날 토마스 아퀴나스도 이를 부정하지 않았다(F. 코플
　스톤 지음, 『중세철학사』, 박영도 옮김, 서광사, 2011, 106-107쪽. 참조).
44 아리스토텔레스 식으로 표현하면 세계 창조에서는 하느님이 작용인이며, 질료인이
　란 아무 것도 존재하지 않았다는 것을 뜻하고, 형상인이란 하느님의 정신속의 이데
　아이고, 목적인이란 하느님의 섭리 또는 그를 위한 무엇이다. 그러므로 순수한 의미
　에서 볼 때 창조란 물질의 창조인 셈이다.
45 원래 4원소의 운동은 아리스토텔레스가 규정한 대로 상하의 직선운동과 외부의 힘
　에 의한 강제운동뿐이다. 상하운동은 4원소가 강제운동에 의하여 본성적 장소에서
　이탈했을 때 거기로 돌아가면서 이루어진다. 기독교(서학)는 이것을 받아들이고 신

반면 최한기의 기는 전통을 따른 활물活物로서 생기生氣이다. 이것은 생물만이 아니라 지구나 행성의 공전과 자전운동까지도 적용되는 개념이다. 그래서 활동운화活動運化라는 기의 본성을 확립하여 기학을 정립하는 데 결정적인 영향을 끼친 것으로 보인다.[46] 다시 말해 그의 기는 죽어 있는 질료로서 물질이 아니라, 물질을 이루는 바탕으로서 운동하는 그 무엇임과 동시에 에너지와 힘과 정신적 요소까지 포함하고 있을 뿐만 아니라, 그 운동의 원인도 기 자체에 내재하고 있다.

더 나아가 그는 전통의 활물이나 생기 개념을 유지하면서 동시에 과학적으로 측정하고 관찰 가능한 서학의 물질 개념을 기 개념에 포함시켰다. 그 물질의 모델이 공기였고 그 때문에 기에도 형질이 있다고 하여 유형지기有形之氣라 불렀으며, 그 기의 리를 관찰과 실험 및 검증을 통하여 알 수 있기 때문에 유형지리有形之理라 불렀다.[47] 더 나아가 근대서양과학에서 말한 행성 간의 중력 작용도 기로 설명하기도 하였다.

이것을 보면 전통의 기 개념이 서학의 물질 개념에 침투하여 그것을 변용시키고, 서학의 물질 개념이 전통의 기 개념에 들어와 그것을 보다 과학적으로 적용시켜 서로 융합되고 있음을 알 수 있다. 여기서 에너지와 물질은 서로 전환될 수 있고 정신현상 또한 그 작용이며 물질의 운동원인은 물질 그 자체에 있음을 현대과학에서 밝혀냈으므로 기와 물질 사이의 이질성이 해소되었으나, 다만 생기나 활물로서 기 개념이 현대과학에서 받아들일 수 있느냐 하는 점, 역으로 과학의 대상으로서 물질이 과연 죽은 질료에 불과한지 활물로서 진화하는 것인지는 좀 더 논의가 필요하다. 생기나 활물을 굳이 생물의 그것과 동일한 차원에서

학과 결부시켜 그 운동자체를 하느님의 섭리로 본다.

46 『運化測驗』 卷1, 「地氣之運」, "氣學之漸暢, 由於地之球體也運動也生氣也."

47 더 자세한 것은 졸고, 『기란 무엇인가』, 앞의 책, 220-222쪽을 참조 바람.

만 말했다고 할 수도 없거니와 우주의 물질은 계속 진화하여 생명을 탄생시켰기 때문이다. 물질은 운동하고 있을 뿐만 아니라 비록 원자를 거쳐 분자단계의 우연한 결합에서 생명이 탄생하였을지라도 물질에 그런 가능성이 없다면 설명이 어렵기 때문이다.

3) 신의 개념과 서학의 하느님

서학의 변용 근거로 볼 수 있고, 전통의 발전적 계승이 동시에 이루어진 또 하나 사례는 신의 개념이다. 최한기는 그리스도교의 하느님을 신천神天이라 불렀는데, 서학에서는 천주 곧 하느님을 순수한 정신으로서 비물질적 존재로 규정한다.[48] 최한기는 이런 비물질적이고 세계를 초월한 하느님의 존재와 그가 이 세계를 창조했다는 설을 전혀 받아들일 수 없었고, 그 신이라는 것이 원래 운화기의 능력이므로 운화하는 기가 신이라고 한다.[49] 이런 맥락에서 그 하느님도 신기神氣여야 한다고 주장하여[50] 서학의 신 개념을 운화기의 능력 더 나아가 운화기로 변용하고 있다.

여기서 우리는 그가 이 신을 운화기의 능력이라고 보는 맥락에 주목해 보아야 한다. 다른 곳에서는 이 신을 기의 무한한 공로와 작용의 덕

---

48 『靈言蠡勺』「論性相似」, "亞尼瑪, 乃無形無壞自立之體, 與天主甚相似也." 이 순수형 상으로서 비물질적 존재는 플라톤의 이데아 개념에도 부합하지만 무엇보다 아리스토텔레스의 신의 개념과 관련이 있으며, 인간의 영혼도 하느님과 유사하여 하나의 실체이다. 다만 피조물로서 영혼은 하느님과 달리 시작만 있고 끝없이 불멸한다.

49 『氣學』1-9, "西洋學所事之神天, 無形, 居於最上之宗動天, 造天造地造萬物, 此神外更無可事之神. 天地有始終, 神天無始終, 天地有形, 神天無形, 是乃逾越之大端也. 神者, 乃指其運化之能, 故運化之氣卽是神也." 여기서 1은 1권, 9는 9번째 단락이란 뜻. 이하 동일하게 적용함.

50 『人政』卷8,「教人門1」〈諸敎〉, "神天爲神氣, 萬事萬物, 開眞正面目, 萬化萬變, 有誠正湊泊."

을 총괄한 말[51]이라 하고, 특히 활동운화하는 기의 신령스러움을 강제로 이름 붙여 신이라 말했으며 이 신은 자연이든 인간이든 물건이든 활동운화하고 있는 기에서 드러나는 것[52]이라고 한다.

이와 같이 신은 어떤 실체 그것도 서학처럼 이 세계를 초월한 조물주로서 정신적 존재가 아니라 결국 세계 안에 존재하는 기가 표현하고 있는 것으로서 기를 떠나서 말할 수 없고, 실체 개념이 아니다.[53] 그 연원은 다름 아닌 『주역』의 "음양의 헤아릴 수 없는 것을 신이라고 말한다."[54]인데, 여기서 말하는 신은 점칠 때의 변화의 방향이 양인지 음인지 정해지지 않았기 때문에 미리 알 수 없다는 것일 뿐 다른 의미는 없고, 필연성(법칙)이 우연성으로 표현된 것에 불과하며, 『주역』 가운데 변화의 도는 모두 신으로 표현된다.[55]

그것을 계승하여 장재는 그 헤아릴 수 없는 것이나 하늘의 덕을 말하면 신이라 하고, 서경덕은 그 묘한 까닭을 말하면 신이라고 했으며, 이이는 묘한 작용을 가지고 말하면 신이라 하고, 임성주는 그 헤아릴 수 없는 것을 신이라고 했으며,[56] 특히 최한기는 이러한 관점을 더 발전시켜 범사에서 그 자세한 것을 알지 못하나 다만 그 발현되는 단서를

---

51 『神氣通』卷1,「氣之功用」, "氣之爲物, … 其本性則不變. 擧其全體, 無限功用之德, 總括之日神."

52 『氣學』2-92, "活動運化氣之靈, 强名日神. 天有大氣之神, 人有人氣之神, 物有物氣之神, 神之能事, 已著於活動運化之氣."

53 서학에서는 하느님을 실체substantia[自立者] 가운데 하나로 보지만, 최한기는 그것을 기의 신으로 봄으로써 성리학의 理에 이어 서학의 신(하느님)도 실체 개념이 아님을 논증하여, 주희성리학과 서학을 동시에 극복하려는 의도를 엿볼 수 있다. 앞의 각주 39번을 참조.

54 『周易』「繫辭」上5, "陰陽不測之謂神."

55 金景芳·呂紹綱 지음, 『역의 철학』, 한국철학사상연구회 기철학분과 옮김, 예문지, 1992, 109-110쪽.

56 졸고, 「최한기의 인식논리에 관한 연구」, 성균관대학교 유학대학원 석사학위 논문, 1990, 18쪽.

보고 신이라 접두사를 붙여 말한다[57]고 말하고 있다. 다만 최한기가 앞선 선배들과 달리 음양을 말하지 않고 그냥 기라고 말하기 때문에 그것이 근대 과학의 입장에서 볼 때 발전적 계승이라 평가하는 이유이다.

이렇듯 자연철학적 입장에서 볼 때 최한기는 앞선 선배들의 기철학적 관점과 태도를 이었고 그 연원을 따져 볼 때 멀리 『주역』까지 거슬러 올라가지만, 그 전통을 그대로 고수하지 않으면서 동시에 서학을 변용시켜 그것과 융합시킴으로써 발전적으로 계승하고 있음을 알 수 있다.

4. 인식활동으로서 통

1) 인식능력 기원의 이원성 극복

최한기의 초기 저작을 대표하는 두 책을 꼽으라면 『신기통』과 『추측록』이 있다. 이들 책에서는 비록 자연철학을 포함하고 있지만 인간의 인식문제를 주로 다루고 있고, 두 책의 공통된 키워드는 통으로서 『신기통』이 인식의 전반적 문제와 감각경험을 다룬다면 『추측록』은 사유를 통한 논리적 인식의 문제를 다룬다. 자연히 통은 인식 일반에 해당하며 육체의 감각기관을 거친 경험을 형질통形質通, 사유작용을 통한 인식을 추측통推測通이라 불렀다.

사실 최한기 이전의 전통철학에서는 인식의 문제를 대체로 격물치지의 범주 안에서 다루었고, 인식의 대상은 리로서 주로 윤리적인 사리였다. 주희가 격물의 높은 수준으로서 통을 사용한 말에는 활연관통이

---

57 『氣學』 2-91, "凡事不知其曲折, 但見其發現之端, 謂之神通神奇神異神妙."

있지만, 구체적인 인식방법과 과정에는 통이란 용어를 거의 쓰지 않았다. 특히 경험이라는 말도 『오경』·『사서집주』·『주자대전』·『이천역전』·『주역본의』 등의 철학관련 서적에서는 한 번도 확인된 바 없고, 주로 의서에서 효험을 거친 처방의 경험방經驗方이라는 용어로 경험양방經驗良方 또는 경험후방經驗後方 등으로 쓰였다.[58]

이렇게 최한기 철학에서 인식의 문제로서 통이 집중적으로 등장한 데에는 서학의 영향이 크며, 그 가운데서도 선교사 삼비아시Francesco Sambiasi(1582~1649)가 쓴 『영언여작靈言蠡勺』이 압권으로 여기에 직통直通(추상), 합통合通(분리), 추통推通(추리), 추측推測, 통달通達 등이 등장하며[59] 주로 인간 지성intellectus[明悟]의 사고활동을 통한 인식의 문제에 한정되어 있다. 대신 감각적 경험을 표현할 때는 각覺이라는 용어를 쓴다. 왜냐하면 외부 대상을 경험하는 것은 육체와 관련이 되어 있어서 그 기능은 동물혼인 각혼覺魂의 그것이고, 추리나 추상 등의 사유 기능은 육체와 무관한 인간 영혼의 능력으로 보기 때문이다.[60] 이렇듯 감각능력인 각능覺能은 육체의 기능인 반면 영혼의 능력으로서 영능靈能은 물질적 기반을 갖지 않는 순수한 정신적인 능력이다. 이같이 경험과 지성의 사고활동은 질적으로 다른 인식방법이기 때문에 '통'이란 용어를 아울러 쓸 수 없었다.

이와 달리 최한기는 비록 인간의 인식에 감각적 경험과 이성 또는 지성의 작용을 통한 인식으로서 추측을 인정하면서도, 그 둘 사이의 능력이 전혀 다른 기원을 갖는다는 서학의 견해를 도저히 받아들일 수

---

58 졸고, 「기독교 철학에 대한 최한기의 비판적 수용」, 앞의 논문, 178쪽.
59 같은 논문, 191쪽, 참조.
60 서학에서는 이런 기능이 아리스토텔레스에게서 유래한 능동지성intellectus activus [作明悟]이라 부르며 영혼에서 비롯하는 것으로 본다(프란체스코 삼비아시 지음, 『영언여작』, 김철범·신창석 옮김, 일조각, 2008, 70쪽).

없었다. 그는 하느님의 창조를 믿지 않았기 때문에 경험이든 사유 또는 지성이든 모두 육체의 기능에 속하여 이원화할 수 없다는 생각이었다. 그래서 비록 인식의 질적 차이를 인정하더라도 그 용어를 형질통과 추측통이라고 하여 단어 뒤에 '통'을 붙여서 사용하고, 서학에서 절대로 인정할 수 없는 사례로 동물도 추측을 한다고 주장하여 각능과 영능이 모두 육체에서 기원한다고 통합하였다. 그래서 경험을 통해 기억하는 습염지능習染之能이나 추측할 수 있는 능력인 추측지능推測之能은 모두 저절로 있게 되는 신기의 능력으로서 육체와 관련시켰다.[61]

사실 여기에는 좀 더 보충 설명이 필요하다. 서학은 아리스토텔레스의 영혼설인 삼혼설을 받아들여 생물의 생명활동과 관련된 식물혼인 생혼生魂과 운동과 지각능력과 관련된 동물혼인 각혼覺魂과 지성적 사유능력을 지니며 불멸하는 인간의 영혼靈魂으로 나누어 소개했는데, 상위의 혼은 하위 혼의 기능을 아우르고 있으나 하위 혼은 상위 혼의 기능을 가질 수 없다. 가령 영혼은 동물혼과 식물혼의 기능을 가지고 있으나 식물혼은 동물혼과 영혼을, 동물혼은 영혼의 기능을 절대로 가질 수 없다. 영혼과 그 기능은 육체에서 온 것이 아니라 하느님이 부여한 것이기 때문이다.

이 삼혼설을 변용한 최한기는 생물은 물론 모든 만물 속에 신기神氣가 들어있다고 하여 신기로 삼혼 개념을 일원화시켰다. 생물의 차이는 영혼의 차이 때문이라는 서학과 달리 그는 육체를 구성한 질적 차이에 따라 신기의 특성을 이루는 것으로 보아[62] 영혼과 육체의 이분법적인 불연속성이 없으면서 신학적 요소를 탈각시켰다. 서학의 방식으로 말

---

61 『神氣通』卷1,「收入於外發用於外」, "蓋人身神明之氣, 惟有通察習染之能." ; 『推測錄』卷2,「流行理推測理」, "人心自有推測之能, 而測量其已然, 又能測其未然."
62 『神氣通』卷1,「氣質各異」. 참조.

하면 그의 신기란 우주의 영혼이면서 동시에 각 사물의 영혼이며, 인간의 인식 능력도 인간의 육체에서 오는 영혼의 기능일 뿐이다.[63] 이렇게 서학의 영혼설도 철저하게 기일원론적인 입장으로 변용시켰다.

2) 관찰과 추상

서학에서 말한 '통'은 영혼의 기능으로서 인간의 이성(지성)적 사유에 따른 인식방법을 선교사들이 번역한 용어였으나 최한기는 인식일반으로 일원화시켜 사용하였는데, 그 변용의 근거나 연원이 되는 것 또한 『주역』의 통이다. 사실 『주역』에서 사용하는 통의 의미는 다양하며 여러 분야에 적용할 수 있는 다의성을 지니고 있다. 인식론 분야에서 말하는 통도 소통의 의미가 강하며 그 전제로서 앎의 문제가 포함되고 있다.

이렇게 봤을 때 사유를 통한 이론적 인식의 의미로 사용한 용례는 '이치에 통하다'[64]와 '천하의 뜻을 통하다'[65]와 '주야의 도를 통하다'[66] 등이고, 경험을 통하여 안다는 사례에는 '정을 자세하게 통하다'[67]와 '변을 통하다'[68] 등에서 볼 수 있고, 특히 관찰에서 귀납적 추상에 이르는 경험적 인식방법을 앙관부찰仰觀俯察하여 관물취상觀物取象하는 논리에서 보다 명확하게 확인할 수 있다. 곧 『주역』의 작자가 자연과 사물을 관찰한 경험과 그 내용을 사유를 통해 추상하는 과정에서, 관찰하

---

63 졸고, 「기독교 철학에 대한 최한기의 비판적 수용」, 앞의 논문, 185쪽. 참조.
64 『周易』「坤卦」〈文言傳〉, "君子黃中通理."
65 같은 책, 「同人卦」〈彖傳〉, "唯君子爲能通天下之志."
66 같은 책, 「繫辭」上4, "通乎晝夜之道而知."
67 같은 책, 「乾卦」〈文言傳〉, "六爻發揮, 旁通情也."
68 같은 책, 「繫辭」上5, "通變之謂事."

는 대상은 자연계의 구체 사물이고 취하는 '상'은 이들 대상을 본뜨고 흉내 내어 그 상징적 의미를 그린 괘상이다[69]는 점에서 드러난다. 이렇게 관찰과 추상하는 데는 서학의 동물혼의 감각기능과 영혼의 이성적 사유기능처럼 인식능력의 기원을 달리하지 않는다. 동아시아 전통은 성인의 인식능력이 보통사람의 그것보다 탁월하다는 점만 강조할 뿐, 그 추상하는 능력을 초월적 신이나 신명이 부여했다는 말은 없다.

이런 점에서 최한기는 그 경험적 관찰과 추측의 원형을 바로 『주역』 「계사전」 하2장에서 찾았다.[70] 이것은 『주역』의 기본관념 모두가 자연계와 자연사물에서 귀납하여 나온 것임을 표명하고 있는 것[71]과 동일한 맥락이다. 다만 『주역』은 인식 내용을 부호화하였다는 것에서 시작한다. 점을 통해 인식한 내용은 비록 감성적이고 직각적인 표상이었으나 『주역』의 작자는 그것을 해석하는 데 수의 변역을 사용하여 추리하고 개괄하여 추상화하였기[72] 때문이다.

사실 이런 인식의 방법은 "한 번 음이 되고 한번 양이 되는 것을 도라고 말한다."[73]에서 절정을 이룬다. 사물의 성질을 관찰하여 귀납적으로 도라는 원리로 추상화하였기 때문이다. 곧 사물의 음인 성질과 양의 성질 또는 사물이 존재하는 이중성을 관찰하여 이론적 사유로 설명했기 때문이다.[74]

---

69 신정원, 「『周易』의 고대 자연인식론 연구 -부호체계(卦·爻)와 문자체계(卦·爻辭)를 중심으로-」, 『시대와 철학』 29-2, 한국철학사상연구회, 2018(a), 91-92쪽.
70 『推測錄』「序」, "粵自太昊, 仰觀天, 俯察地, 近取身, 遠取物, 卽洞宙達宇, 推測之宗詮也." ; 『神氣通』卷1, 「數學生於氣」, "周易取象, 推有形而明其無形, 諸子譬論, 擧已知而曉其未知, 皆所以推類測博, 俾盡立言之旨."
71 신정원, 「『周易』의 자연관찰과 과학적 방법론에 관한 연구 -『주역』에 나타난 현대 자연과학적 의미를 중심으로-」, 『동양고전연구』, 71, 동양고전학회, 2018(b), 112쪽.
72 같은 논문, 111쪽. 참조.
73 『周易』「繫辭」上5, "一陰一陽之謂道."
74 朱伯崑 著, 『易學哲學史』上册, 北京大學出版社, 1986, 77쪽. 참조.

이렇게 관찰과 추상을 통해 대상을 인식할 수밖에 없는 이유는 인식의 기원을 경험에 의존하기 때문이다. 최한기의 인식이론이 전통과 다른 것 가운데 하나는 마음에 만리萬理 또는 중리衆理를 갖추었다는 학설을 인정하지 않는 점이다. 혹 인정하더라도 그것은 인간 신기의 자연법칙으로서 선천적으로 타고난 것에 한정한다. 이것은 이른바 경험 이전에는 아무것도 알 수 없다는 '심체순담心體純澹'[75]설과 관련된 태도인데, 그것은 서학에서 말하는 영혼의 백지설[76] 영향을 받았다. 서학에서는 하느님이 인간의 영혼을 창조했기 때문에 본유적 앎이 필요 없었기 때문이다. 여기서 최한기는 서학의 신학적 요소를 탈각시켜 변용하고, 주희가 마음에 많은 이치를 갖추었다고 한 것이나 맹자가 만물에 나에게 갖추어져 있다는 말은 문자 그대로의 의미가 아니라 추측의 큰 쓰임을 찬미한 말이라고 해석하면서[77] 그것을 발전적으로 계승하고 있다.

3) 물리법칙과 인식의 오류

앞서 살펴보았듯이 최한기의 인식방법은 『주역』에서 보인 원초적 방법을 원용하여 감각적 경험을 거쳐 그 경험내용을 추상화시키고 검증하여 하나의 이론으로서 법칙, 곧 리를 인식하는 과정으로 오늘날 자연과학의 인식방법과 유사한 귀납적이다. 그 추상화시킨 이론이나 가설을 추측지리推測之理, 검증된 법칙을 유행지리流行之理[運化之理]라고

---

75 『推測錄』卷1, 「萬理推測」, "心者, 推測事物之鏡也, 語其本體, 純澹虛明, 無一物在中, 但見聞閱歷, 積久成習, 推測生焉."
76 원래 아리스토텔레스는 영혼이 아무것도 씌어있지 않은 백지로 비유했고, 마테오 리치는 『天主實義』에서 영혼이 아무 것도 씌어있지 않은 竹簡으로 표현하였다.
77 『推測錄』卷1, 「萬理推測」, "孟子曰, 萬物皆備於我矣, 朱子曰, 具衆理應萬事, 此皆贊美推測之大用也, 決非萬物之理素具於心也."

불렀다.

　물론 여기서 최한기가 서학을 변용하기 위해서『주역』을 이용했다는 비판도 가능하나, 이 또한『주역』을 곧이곧대로 따르지 않고 그 주요 논리만을 이용하여 과학적으로 전개시켰기 때문에 발전적 계승이라고 보자는 것이다. 이점은 서학을 변용하는 문제와 관련해서 볼 때 매우 중요한 사안이다.

　원래 아리스토텔레스의 인식이론을 원용한 서학은 감각적 경험과 지성적 사유를 통해 사물의 형상을 파악하는 것이 목적이었다. 그러나 아리스토텔레스의 형상은 사물의 현실태로서 실체이자 불변하는 이데아이다. 이것은 형이상학적이기 때문에 과학적으로 검증할 수 없어 훗날 근대과학에 이르러 폐기되었다.

　서학이 전한 인식론의 골자가 이러하였기 때문에 최한기 입장에서는 그 형이상학적인 형상을 받아들일 수 없었고, 사물 속에 리가 있다고 해도 그것은 감각적 또는 수리적으로 검증할 수 있어야 했다. 그렇지 않다면 그것은 모두 검증할 수 없는 형이상학적 이론에 불과한 추측지리로 보는데, 그는 주회성리학의 태극이나 리도 그런 것이라고 여겼다.[78]

　이것을 극복하기 위해『주역』에서 그 해법을 찾아온다. 기를 안다는 것은 이론적인 것이기 때문에 그 이론을 담보하는 기의 속성이자 법칙인 리를 통해서 알고, 그 리는 象이라는 경험 가능한 현상을 가지고 알며, 그 현상은 무질서 한 것이 아니라 수리적 질서 속에 있기 때문에 그것을 통해 알 수 있다는 것이 그것인데,『주역』에서 상을 취하는 것은 이렇게 형체가 있는 것을 추론하여 형체가 없는 것을 밝히는 것이라고 규정한다.[79] 그러니까 상과 수는 경험을 통해 알 수 있으며 리로서

---

78 『推測錄』卷2,「推測以流行理爲準」, "理學之理太極之理, 凡載籍之論理者, 是推測之理也"
79 『神氣通』卷1,「數學生於氣」, "氣必有理, 理必有象, 象必有數. 從數而通象, 從象而通

천도는 추론적 사유와 검증을 통해 알 수 있으므로, 경험과 사유의 대상의 근원이 같고 귀납적 방식을 취한다.

원래 『주역』 논리도 자연을 본받는 것이므로 '상象·수數·의宜·리理'는 객관존재인 '도', 즉 자연계와 사회를 반영하며, 이로부터 자연과학·사회과학 및 철학 등의 과학이 제출될 수 있다.[80] 주희의 경우는 최한기와 달리 기 대신에 사辭를 넣어 『주역』을 볼 때 리·상·수·사를 보아야 하며 이것들은 분리되지 않는다고 여겼다.[81] 최한기는 점사占辭에 대한 관심보다는 기에 대한 관심이 더 많았으므로, 그가 근대과학을 지향한다는 점에서 전통의 발전적 계승이다.

그런데 서학에서는 인식의 오류에 따른 문제는 『천주실의』에는 보이지 않고 『영언여작』에서 한 군데 언급하지만, 그것을 어떻게 할 것인지 다루지 않는다. 최한기는 그런 오류의 수정을 변통이라는 용어로 분명히 밝히고 있다.[82] 이 변통 또한 그 연원이 『주역』의 "변하고 통하여 그 이로움을 다한다."[83]와 "변하면 통한다."[84] 등이다. 물론 『주역』의 변통은 주로 자연의 사시와 인사의 실천적인 면에 사용하지만,[85] 인식의 측면에서 앎을 변화시켜 소통하는 곧 앎을 수정하는 의미로도 받아들여질 수 있어서 그렇게 적용하였음을 알 수 있다.

이처럼 인식의 문제에서도 최한기는 전통을 발전적으로 재해석하여

理, 從理而通氣, 有交發互將之益, 徒習算學, 而不知神氣之通, 其類樂工之學譜乎. 周易取象, 推有形而明其無形."

80 신정원, 「『周易』의 자연관찰과 과학적 방법론에 관한 연구 -『주역』에 나타난 현대 자연과학적 의미를 중심으로-」, 앞의 논문(b), 112쪽.

81 『周易大全』 「乾卦」 〈初九〉, "朱子曰, 看爻者, 須識理象數辭. 四者未嘗相離. 蓋有如是之理, 便有如是之象, 有如是之象, 便有如是之數, 有理與象數, 便不能无辭."

82 『神氣通』 卷3, 「人我神氣變通」 참조.

83 『周易』 「繫辭」 上12, "變而通之以盡利."

84 같은 책, 下2, "易窮則變, 變則通, 通則久."

85 변통의 실천적인 문제는 인사와 관련해 뒤에서 더 다루겠다.

계승하고, 서학의 논리를 변용하여 새로운 플랫폼에서 융합하고 있음을 알 수 있다. 그것이 신기의 백지설과 경험과 추측을 가지고 통이라는 논리로 일반화한 기철학의 인식논리이다.

5. 실천적 행위로서 변통

1) 성선설 극복

최한기는 맹자 이래로 다수의 유학자들이 고수하던 성선설을 따르지 않는다. 오히려 『맹자』 속의 고자가 주장한 인간의 본성에는 선도 불선도 없다는 '성무선무불선'의 입장을 취한다.[86] 이런 입장을 계속 밀고 나가면 크게 보아 두 가지 문제를 파생시킨다. 하나는 인간 개개인의 선악판단이 상대적이라는 점이고, 또 하나는 상대적 선악관을 극복하기 위해서는 보편적 선악관을 확립하는 문제이다.

그렇다면 그가 왜 맹자의 성선을 따르지 않고 고자설을 따랐을까? 여기에는 천도로 불리는 자연과 인사로 불리는 당연을 구분해 보고자하는 일종의 과학적 태도와 관련이 있다.[87] 선악은 인간의 문제 곧 인격자가 판단할 문제이지 자연에는 그것이 없어서 다만 인간이 그 자연법칙을 따르든지 거스르는지의 문제가 남기 때문이다. 그러므로 선악은 주어진 자연적 본성의 문제에서 연원하는 것이 아니라, 일차적으로 그

---

86 『人政』卷2,「測好賢妬賢」, "豈是天定性稟分此善惡哉. 決東決西, 趨向不同, 一順一逆, 培養有異."
87 『推測錄』卷2,「自然當然」. 참조. 自然과 當然의 구분은 明의 呂坤(1536~1618)의 영향을 받았다. 더 자세한 것은 졸고, 『기란 무엇인가』, 앞의 책, 182-188쪽을 참조바람.

본성의 순역에 따른 인간의 감정에서 출발하게 된다.[88] 인간 각자의 감정에서 출발하므로 물론 보편성이 없지는 않겠으나 선악판단의 주관성과 상대성도 배제할 수 없어서, 인간성에 대한 절대적 가치를 확보할 수 없다.

그가 이렇게 전통을 따르지 않은 데는 서학의 영향도 작용했다. 곧 자연적 본성에 따르는 행위에는 선악이 없고, 인간의 의지가 개입되어야 선행과 악행이 있으며, 또 선악의 기원은 인간의 호오라는 감정 내지 의지에 기반 한 정에 의하여 그렇게 결정되는 것이라는 점이다.[89] 쉽게 말하면 의지가 개입되지 않으면 죄를 물을 수 없다는 서학의 철학적 입장에서 볼 때 자연적 본성 그 자체는 선악으로 말할 수 없다는 것은 당연하고, 선악판단이 인간의 욕망이나 의지와 관련된 심리에서 발생하고 있다는 점은 최한기의 방향과 거의 동일하기 때문이다.

여기서 선악판단이 인간의 감정에 뿌리를 두고 있다는 점에서만 본다면 서학 역시 상대적 선악관을 면할 수 없다. 그래서 보편적 선악관으로 나아 갈 수밖에 없었는데, 곧 인간의 의지가 개입되지 않으면 죄를 물을 수 없기 때문에 행위 결과에 따라 죄(악)를 판단하게 되고, 그 전제로서 자유의지를 말하지 않을 수 없었다. 결국 최종적 선악을 규정하는 기준은 신의 판단이겠지만 현실적으로는 그리스도교 경전과 종교 지도자의 가르침이 그것이고 절대성을 갖는다. 이러한 선악관은 현대 사회의 모습과 크게 다르지 않다. 각자의 가치관이나 종교나 신념에 따라 판단하기 때문이다. 어떤 대안이 필요할까?

---

88 『推測錄』卷3, 「性順逆情善惡」, "在性曰順逆, 在情善惡. 故情之善者由於順其性, 情之惡者由於逆其性." 여기서 성은 전통의 성선설에서 말하는 본성이 아니라 人氣의 流行之理에 해당하는 자연적 성품이다.
89 졸고, 「기독교 철학에 대한 최한기의 비판적 수용」, 앞의 논문, 196-197쪽 참조.

2) 선악판단의 상대성 극복을 위한 대안

상대적 선악관을 취한 최한기의 고민은 어떻게 하면 보편적 선악관을 확립하느냐의 문제였다. 그는 서학의 종교적 가르침을 따르지 않았기 때문에 서학의 인격적 하느님을 대체할만한 무엇이 필요했다. 그것이 다름 아닌 천도이며 그 논리가 변통과 운화승순이다. 전자는 초기저술에 보이며 후자는 후기저술에 자주 보이는 말이다. 용어는 다르지만 공통적인 전제로서 기가 유행하거나 운화하는 법칙으로서 천도를 따라야 한다는 논리가 깔려있기 때문에, 서학을 그의 기철학의 기반 위에서 변용하고 있음을 알 수 있다. 이처럼 그는 서학의 하느님 대신 기의 법칙으로서 천도로 대체시켰다는 점에서 서학의 변용이고, 반면에 그 천도의 내용이 과학적 기의 법칙이라는 점에서는 전통의 발전적 계승이다.

그는 변통의 실천적 의미를 인사에만 한정시킨다.[90] 자연은 저절로 변화면서 통하지만 인사는 그렇지 못하기 때문에 불통이 생긴다. 그래서 인사의 진퇴進退·손익損益 등으로 불통 상태를 제거한다. 운화의 승순도 자연의 원리를 이어 따르는 일로서 그것을 잘 하면 선이요 못하면 불선이다.[91] 그러니까 선이라는 말은 자연(천도)을 이어가는 데서 등장하는 말로 본다.[92] 이 또한 인사가 자연을 잘 본받아 이어가는 문제로서 이 때의 보편적 선이란 공의公議와 관련이 되고 선한 것이 이롭다.[93]

이러한 실천논리로서 변통과 운화승순의 연원도 『주역』과 관련이

---

90 『神氣通』卷3,「變通條目」, "天地之氣, 運行不息, 周而復始. … 變通乃人之事也. 因天道而順就者, 不必費人之變通."

91 『氣學』1-85, "善者繼天而順之也, 不善者反是也. 經典史策, 以至凡常文辭之善字, 可見承順天氣運化之意也. … 善政善敎善言善行, 皆是承順天人運化也."

92 『明南樓隨錄』44面, "善之名, 出於繼天而成之, 則是乃有源之善."

93 『神氣通』卷3,「善惡利害」, "善惡者, 公議之利害也, 利害者, 事勢之善惡也. 自初至終, 自微至著, 善爲利, 而利爲善矣, 惡爲害, 而害爲惡矣."

있다.[94] 『주역』에서 통 또는 변통이 갖는 의미는 철학의 여러 영역에 걸쳐 있지만, 인간의 실천적 문제에서 가장 크게 드러난다. 물론 이 점은 앞서 소개한 "변하고 통하게 하여 그 이로움을 다한다."[95]라거나 "(도를) 미루어 행하는 것을 통이라고 말한다."[96] 등에 보이며, 그 개념적 접근은 「계사전」 상11장에 보이는데, "이런 까닭에 문을 닫는 것을 곤이라 하고 문을 여는 것을 건이라 하며, 한 번 닫고 한 번 여는 것을 변이라 하고 가고 옴이 다하지 않은 것을 통이라 한다."[97]가 그것으로 문이 그치지 않고 닫히고 열리는 것이 변이며, 가고 옴이 끝이 없어서 계속 변하는 것이 통이다.[98] 그러니까 사회적 실천으로서 변통은 일회성이 아니라 계속되는 일이라는 점에서 그 실천적 성격을 여기서 연역할 수 있다

사실 점을 치는 행위 그 자체는 실천을 위한 일이다. 왜냐하면 때에 따라 모습을 바꾸어 운행하는 자연의 원리나 법칙[99]을 본받아 인간이 실천하면 길하고 이롭기 때문이다. 점치는 일은 당사자에게 놓인 또는 놓일 상황과 그 상황에 따른 대처방법을 묻는 행위이므로, 자연히 각 상황에 따른 자연의 원리나 법칙을 본받거나 이용할 수밖에 없다. 그것은 인사가 천도를 본받는다는 논리로서 대표적으로 각 괘의 「대상전」에 '군자이君子以~'로 풀이하고 있는데, 가령 대유(䷍)괘 「대상전」의 "불이 하늘 위에 있는 것이 대유大有니 군자가 그것을 본받아 악을 막고 선을 밝히고 높여 하늘의 아름다운 명을 따른다."[100]가 그런 사례이

---

94 더 자세한 운화승순과 『주역』의 논리 상관성은 졸고, 『운화와 윤리』, 문사철, 2008, 170-181쪽을 참조 바람.
95 『周易』 「繫辭」 上12, "變而通之以盡利."
96 같은 책, "推而行之謂之通."
97 같은 책, 上11, "是故闔戶謂之坤, 闢戶謂之乾, 一闔一闢謂之變, 往來不窮謂之通."
98 金景芳·呂紹綱, 앞의 책, 127쪽.
99 『程傳』 「恒卦」 〈象傳〉, "唯隨時變易, 乃常道也". 『程傳』은 『周易大全』 속의 내용임.

다. 그러니까 자연의 운행인 천도를 통(인식)해서 그것에 맞게 인사가 통(실천)하는 일로서 최한기가 말한 인시의 변통이다.

특히 「계사전」 상5장의 "한 번 음이 되고 한 번 양이 되는 것을 도라 하고, 그것을 계승하는 것을 선이라 한다."[101]는 말은 그의 변통과 운화승순의 논리에 결정적 영향을 미친 것으로 보인다. 다만 최한기는 이전의 선배들과 다르게 『주역』의 논리를 그의 기철학적 관점에서 발전적으로 받아들였고, 이 운화승순이 인간 행위의 모든 것을 자연적 원리에 종속시켜야 함을 주장한 것도 물론 아니다.

여기에는 좀 더 부가설명이 필요하다. 그는 기가 운하는 영역을 개인에 해당하는 일신운화一身運化라는 하위영역에서 출발하여, 사회나 국가단위에 해당하는 통민운화統民運化의 중위영역, 더 나아가 자연이라는 상위영역에 해당하는 대기운화大氣運化로 나누고, 인간과 자연이 관여하는 영역을 천인운화天人運化라 규정하는데, 하위영역이 보다 높은 상위영역의 원리나 규범을 따르는 것이 운화승순이다. 그러므로 개인이 자연적 본성을 따르는 것도 운화승순이지만 더 나아가 사회·국가의 규범을 따르는 것도 운화승순이다. 문제는 사회나 국가 영역에서 자연의 영역처럼 소통되지 못할 때 자연이 변하고 통하는 그 원리를 본받아 사회·국가의 제도를 개혁하여 재화와 언론 등이 소통되게 만드는 것이 대기운화의 승순이다.

여기서 앞서 인용했듯이 최한기가 생각한 보편적 선이란 공의와 관련이 되고 선한 것이 이로운 것이라면, 이 또한 이利를 자주 거론하는 『주역』의 관점과 멀지 않다. 특히 그것이 특정 개인의 사리만을 가리키지 않고 의리적으로 푸는 해석의 방향과 다르지 않으므로, 그가 말한

---

100 『周易』 「大有」〈大象傳〉, "象曰, 火在天上, 大有, 君子以遏惡揚善, 順天休命."
101 같은 책, 「繫辭」上5, "一陰一陽之謂道, 繼之者善也."

보편적 선 또한 공리公利와 관계 된다.

이점은 대단히 중요하다. 현대의 우리는 문화와 가치와 종교가 다양한 사회에 살고 있는데, 각자가 지향하는 이념과 세계관 또는 문화에 따라 자신이 믿는 상대적 가치를 가지고 선이라 할 수 없고, 절대적 선이란 형식명제의 진술로만 가능하기에, 결국 보편적 선이란 모두가 합의할 수 있는 공리적인 것이 될 수밖에 없기 때문이다. 이런 점에서 그가 주장한 보편적 선악관은 천도를 이어 모두에게 이롭게 해야 한다는 의미로서 역시 『주역』의 발전적 계승이라 할만하다.

6. 나오는 말

근대전환기 조선사회에 쌓인 폐단을 극복하기 위해 최한기가 한 일은 새로운 학문을 세우는 일이었다. 그것을 위해서는 서학을 받아들여야 했지만 거기에 불합리한 점도 있었기 때문에 부득이 변용할 수밖에 없었고, 전통의 학문 또한 상대적으로 비과학적 요소가 있었기 때문에 이 또한 그대로 답습하는 것보다 재해석하여 발전시킬 수밖에 없었다.

바로 여기서 서학을 변용하고 전통을 발전적으로 계승하는 데 있어서, 그의 고민은 서로 다른 세계관과 가치 위에서 성립된 이질적인 동서의 사상을 소통시켜 융합할 수 있는 학문적 플랫폼을 어떤 세계관과 논리로 만드느냐 하는 것이었다. 그 해결책이 『주역』에 등장하는 통의 논리를 가지고 그 플랫폼의 세계관을 이루는 새로운 기철학에 방법을 제공하는 일이었다.

본고는 이러한 최한기 기철학의 통의 논리가 온전히 『주역』의 개념만을 따라 구성되었다고 말하려는 것은 아니다. 그가 그것을 위해서 전통의 많은 전적을 참고했음을 배제할 수 없지만, 다만『주역』의 통의 논리가 어떤 것보다 그의 철학의 전반에 걸쳐 일관성 있게 종합적으로 침투되어 있음을 분석해보았다.

이러한 플랫폼 위에 올려놓을 수 있었던 학문이 그의 기학이다. 다시 말해 그의 기철학적 세계관에 따라 구성한 플랫폼 위에 올려놓을 수 있는 모든 학문들이 기학으로서, 그것은 서로 소통이 가능한 종합학문이다. 기학은 철학으로 중심으로 그 하위 영역에 여러 학문을 두는데, 예컨대 정학政學(정치학)·경학經學(인문학)·역수학曆數學(천문학·지구과학)·기계학器械學(기계학)·기예공장학技藝工匠學(기술학·공학)·격물학格物學(물리학·응용과학)·전례학典禮學(사회과학)·형률학刑律學(법학·사회과학)·물류학物類學(분류학)·기용학器用學(응용과학) 등이 그것이다.[102] 자세히 보면 전통적 학문분류와 다르며 근대의 그것과 유사함을 발견할 수 있어 동서의 사상이 이 기학의 범위 안에서 융합되고 있음을 엿볼 수 있다.

그러나 최한기가 활동했던 19세기 중반의 조선은 그의 이런 학문적 성과를 수용할 만한 정치·사회적 토대가 확립되지 못해 너무 앞서간 선각자의 고독한 주장에 그치고 말아, 관념적이라는 평가가 뒤따르게 되었다. 이 또한『주역』에서 말한 때[時]와 형세[勢]가 무르익지 못한 시대적 한계 때문인지 모르겠다.

그럼에도 불구하고 근대전환기 조선의 지배층은 변화해야 대통한다는 원리[103]를 무시한 대가로 전근대적 폐단을 극복하지 못하고 일제의 식민지가 되었고, 그 후 학문 또한 사회 엘리트층을 중심으로 이른바

---

102 최한기 지음,『기학』, 손병욱 역주, 통나무, 2008, 376-378쪽. 참조 ( ) 안은 현대식 학문 분류.
103 『周易大全』「革卦」〈卦辭〉, "進齋徐氏曰, 元亨利貞悔无者, 變有大通之理也."

서양문명을 모방하기에 몰두한 나머지 전통의 그것은 주류 담론에도 끼지 못했다. 그 결과 외래사상의 무분별한 수입과 전통의 단절에 따른 정체성의 혼란이 줄곧 현대 한국사회를 관통하고 있었는지 모르겠다.

최근에 와서야 서구문명이 답이 아님을 깨닫고 있는 점은 무척 다행한 일이고, 그런 점에서 앞서 서두에서 소개한 현대의 각종 폐단과 문제를 해결하는 데 있어서 서구적 해법만으로는 분명한 한계가 있을 것이다. 바로 여기에 우리철학으로서 현대한국철학이 개입할 여지가 충분하다. 그러기 위해서 외래사상의 변용은 물론 전통의 재해석을 통한 발전적 계승을 할 때에도, 오늘날 한국의 현대문화와 소통하려면 나름의 플랫폼이 필요하다. 어떤 세계관과 방법으로 플랫폼을 건설하는지는 해당 연구자의 역량에 달려 있지만, 『주역』에 등장하는 통의 논리나 최한기 기철학의 발전적 계승도 그 방법 가운데 하나가 되지 않겠는가?

사실 전통의 창의적 한국철학도 면밀히 분석해 본다면 그 시대에 맞는 플랫폼을 구축했을 것이고, 특히 근대전환기 여러 철학자의 사유 속에서나 또 한국신종교 사상 등에서도 찾아볼 수 있다. 그러니 현대 한국철학의 연구자들에게는 대내적 각종 문제해결을 위한 대안은 물론이고, 대외적으로 한국의 경제력 상승과 한류의 성장에 따른 철학적 해명, 더 나아가 남북통일과 미래사회의 철학을 제시하는 데 있어서도 소통하고 융합하는 보편적 플랫폼이 필요하다. 그 또한 해당 연구자의 역량과 철학적 세계관 및 방법론에 달려 있다.

『주역참동계』의 양생관과 생명교육의 심미학

신창호

이 글은『주역참동계』의 생명 정신과 양생의 문제를 교육의 관점에서 논의한 것이다. 『주역참동계』는『주역』과 황로학, 연단 사상이 융·복합된 저작으로 우주 변화의 원리와 연단 수련, 인체의 양생 등을 체계적으로 보여준다. 특히 양생을 위한 수양과 단련은 삶의 예방과 치료적 차원에서 일종의 교육예술이자 교육심미학의 차원에서 이해할 수 있다. 그것은 인생에 활기찬 생명력을 부여하며 지속 가능한 삶과 사회를 모색하려는 학學이자 술術의 노력이다.

1. 여는 말

한국의 동아시아학계에서 『주역참동계周易參同契』[1](이하 "『참동계』")

---

* 신창호(고려대). 이 글은 「『주역참동계(周易參同契)』의 양생관(養生觀)에 드러난 교육적 특성」이라는 제목으로『공자학』35, 한국공자학회, 2018. 6.에 게재한 논문을 수정·보완한 것이다.
1 『周易參同契』는 중국 東漢 때의 仙人인 魏伯陽의 저술이다.『周易』의 卦·爻의 象을 빌어 煉丹을 다루고 있는데, 陰陽의 원리와 괘·효의 상을 이용한 漢代 象數易을 바탕으로 그 이전까지의 內丹/外丹 이론을 종합하여 '參同契'로 정돈했다. 따라서『주역참동계』는 필연적으로『주역』이 모체가 된다. 彭曉에 의하면, "참동계라는 것은 연단 수련과 천지의 변화 과정이 동일한 길을 간다."는 의미이다. 팽효의 견해를 조금 수정한 것으로 알려진 朱熹의 경우, 黃瑞節의『부록』을 보면, "'참'은 섞임이다. '동'은 통함이다. '계'는 합침이다. 그러므로 참동계는『주역』과 더불어 이치가

는 몇몇 전공 연구자를 제외하고 상당히 낯선 영역에 머물러 있다. 『참동계』는 도가道家의 양생養生에서 내단內丹·외단外丹으로 상징되는 연금술鍊金術이나 연단술煉丹術, 단전호흡丹田呼吸 정도로 취급되고, 특별한 양생술사養生術士나 도사道士들만이 다루는 영역으로 오해받기도 한다. 그러나 『참동계』에 녹아있는 상징과 비유를 삶의 영역으로 끌어들이면, 그 자체가 심신心身을 보전하려는 공부이자 건강한 일생을 고민하는 생애 지속의 노력이고 일상생활의 원리이자 인생의 법칙임을 인지할 수 있다. 본고는 『참동계』를 양생과 생명력의 차원에서 성찰하고 그 교육적 차원을 새롭게 조명해 보려는 시도이다.

교육은 흔히 '삶의 원형적 현상'이라고 한다. 그만큼 인간의 삶과 밀접하다는 의미이다. 때문에 인생에서의 수양修養, 수련修練, 학문學問, 공부工夫와 같은 개념이 동아시아의 전통교육을 대변한다.[2] 동아시아

통하고 뜻이 합한다는 말이다."라고 했다. 이는 『주역』을 연단 수련에 연결하여 변화의 이치를 설명하려는 의도가 분명함을 일러준다. 그리고 俞琰은 "參은 역의 태극[○]에 참여함이다. 同은 이 태극과 한 가지가 됨이다. 契는 이 태극과 합치됨이다." 또한 "參은 셋이고, 同은 서로 견주어 봄이며, 契는 부류이다. 따라서 『주역참동계』는 『주역』을 빌려 黃老의 학문과 더불어 爐火의 일을 비교하며 나타내었다. 『주역』과 황로학, 그리고 연단술, 이 세 가지는 陰陽의 조화와 조금도 다를 바가 없다."라고 하였다. 학자에 따라 의미상 뉘앙스 차이가 있지만, 『參同契』는 기본적으로 『주역』을 중심으로 하여 이치가 서로 통하여 합쳐지는 원리로 구성되었다. ; 본고에서 사용한 『주역참동계』 판본은 朝鮮 世宗 때 甲寅字 금속활자로 만든 책으로 현재 〈보물 1900호〉로 지정되어 있다. 본 판본은 1998년 고령신씨 持正公(1519~1582)의 묘소에서 출토되어 세상에 알려진 것을 사용하였다. 이 책은 위백양의 『周易參同契』 본문만이 아니라, 당시 조선에서 유행했던 『주역참동계』인 주희의 〈考異〉, 황서절의 〈附錄〉, 유염의 〈發揮〉〈釋義〉를 통합하여 정돈한 것으로 매우 의미가 있는 판본이다. 이하 『주역참동계』는 『참동계』로, 본 판본 내용의 핵심이 되는 주희의 『周易參同契考異』는 「朱註」, 『周易參同契附錄』은 「附錄」, 『周易參同契發揮』는 「發揮」로 줄여서 표기한다. 『참동계』 편찬 당시에 序를 비롯하여 「考異」 「附錄」 「發揮」 등을 『참동계』의 해당 원문 아래에 배치하고 책 전체를 上·中·下 세 편으로 분류하였기에 그에 따라 표기한다. 예를 들어, 『周易參同契』 上篇의 「發揮」에 나오는 내용인 경우, '『參同契』 上 「發揮」'로 표기한다.

고전의 상당수가 그러하듯이, 『참동계』도 심신을 단련하기 위한 다양한 이론적·실천적 지식을 담고 있다는 의미에서 이미 교육적 요소를 함축하고 있다. 인간의 삶을 건강하게 회복하려는 '수련'의 성격이 강하다는 점에서 그 자체가 하나의 교육 실천 체계이자 교육 활동을 담보한다. 특히, 교육이 예방豫防과 치료治療의 차원에서 깊이 고려된다는 측면에서 『참동계』의 내용은 교육적 특성이 풍부하다.

예방과 치료는 일차적으로 인간의 심신 건강과 질병 문제에 대한 인식을 토대로 인간이 대처하는 방식이다.[3] 『참동계』의 핵심인 양생養生도 그런 사유와 실천을 벗어나지 않는다. 양생을 화두로 하는 인생에서 건강은 생명의 존재 방식이다. 생명력이 충실하고 그 기능이 십분 발휘되기를 소망한다. 그러므로 한 인간이 건강하기 위해서는 섭생攝生이 필수적이다. 삶의 생명력을 미리 끌어당기는 섭생은 교육의 예방의 차원에서 이해할 수 있다. 반면, 질병은 생명 현상이 장해 받은 상태이다. 이는 너무나 다종다양하고, 생명의 단계에 따라 달리 이해된다. 질병은 치료와 치유를 요한다. 치료는 병변을 제거하거나 돌보아 줌으로써 환자를 건강체로 되돌리는 작업이다. 치유는 병이 다스려져 나았다는 의미가 강하다.

삶 자체가 질병의 현장이고, 건강한 삶을 추구하는 인생은 '질병의 예방이냐? 또는 치료냐? 치유냐?'의 차원에서, 필연적으로 교육을 고려한다. 교육은 개인과 사회의 성숙과 지속, 유지 발전을 위해 행해지는 매우 복잡하게 얽혀 있는 인간의 제도적 장치로, 인생의 전 영역에서

---

2 서구의 근대교육은 과학적·객관적·사실적 지식의 등장과 그것의 전수라는 차원에서 이해되고, 그런 영향을 깊게 받은 한국의 현대교육은 지식 전달을 중심으로 하는 도구적·수단적 세계 인식의 방식으로 인식되는 경우가 많다.

3 교육의 예방과 치료적 차원에 관한 논의는 신창호, 『유교의 교육학 체계』, 서울: 고려대출판부, 2012, 144-145쪽 참조.

건강 및 질병과 관계한다. 개인이나 사회, 인간이 관계하는 모든 집단은 건강과 질병의 사이에 가로 놓여 있다. 여기에서 건강과 질병에 대한 예방과 치료적 차원은 본질적으로 심신心身 교육의 한 측면으로 등장한다. 『참동계』는 인생의 질병을 예방하고 치료하려는 의지가 담긴 작품이다.[4] 그러기에 인생의 건강과 건전성을 담보하려는 교육적 지향을 품고 있다. 이런 점에서 『참동계』는 양생이라는 화두를 안고 동아시아인들이 추구한 교육의 원형을 상징과 비유를 통해 제시한 하나의 인생 교본이자 교육 개론이다.

이에 본고는 『참동계』를 양생養生이라는 개념에 바탕에 두는, 동아시아 전통교육의 근원과 실천 원리가 농축되어 있는 저작으로 보고, 그에 담긴 양생 도는 생명의 교육관을 탐색해 보려고 한다. 특히 양생을 교육의 핵심으로 인식하고, 수련과 단련의 교육적 의미를 도출한다.

2. 양생養生과 생명력

1) 양생의 특성

인생에서 인체의 양생養生과정은 『참동계』의 중심 내용이자 과정이며 목표이자 목적이다. 양생은 사물들 상호간에 이루어지는 생명의 교환이자 영원한 생명을 약속하기 위한 활력의 보전이다. 살아 움직이는

---

4 임명진은 『주역참동계』의 본초학적 가치를 '예방 의학'적 측면과 '질병 치유'적 측면에서 약물 연구를 주장하면서, 예방과 치료의 차원에서 의견을 제시한 바 있다. 임명진, 『周易參同契』, 대전: 상생출판, 2013, 51-53쪽 및 임명진, 「『周易參同契』에 나타난 의학사상 연구」, 대한한의학원전학회, 『대한한의학원전학회지』 24, 2011. 9, 4-5쪽 참조.

활력을 무한하게 추구하는 작업으로 생명력을 보존하고 지속한다. 그런 양생의 모습은 『회남자淮南子』에서 다음과 같이 드러난다.

최고의 도에 이르러 양생을 지속하는 사람은 본성과 감정을 자연의 결에 맞추고 심술을 다스리며, 화합하는 기운을 기르고 알맞음을 지니며, 천함을 잊어버리고 덕성에 편안히 있으면서 가난함을 잊는다. 본성이 억지로 하려 하지 않아도 하려고 하면 안 되는 일이 없다. 마음이 즐기려고 하지 않아도 즐기려 하면 즐겁지 않은 것이 없다.[5]

『참동계』에서 양생의 문제도 마찬가지이다. "안으로는 자기의 성명을 수양하여 안정을 이루면서 사사로움이 없는 마음을 비운 경지에 이른다. 그리고 성명의 본원을 찾아 총명함을 감추어 물리치고 안으로 신체를 비우며 자신을 비추어 본다."[6] 이렇게 하여 "마음이 안정되고 텅텅 비운 상태가 되면, 도道는 자연스럽게 자리한다. 텅 비운 마음이 최고조에 이르러 고요함이 돈독해지면 원기왕성한 양陽의 참 기운이 자연스럽게 회복된다.[7] 인간은 자신의 원기를 축적하기 위해, 안으로 자기를 수양하여 몸을 편안하게 지니고 마음을 차분하게 정돈할 필요가 있다. 끊임없이 솟아오르는 욕망을 끊고 사악한 마음이 일어나지 않도록 마음을 비워야 한다. 이 모든 과정에서 인간은 수행자로서의 자기 양생을 꿈꾼다.

---

5 『淮南子』, 「情神訓」, "達至道者則不然, 理情性, 治心術, 養以和, 持以適, 樂道而忘賤, 安德而忘貧. 性有不欲, 無欲而不得. 心有不樂, 無樂而不爲."
6 『參同契』上. "內以養己, 安靜虛無. 原本隱明, 內照形軀." ; 여기에서 養己는 다름 아닌 性命의 배움을 修養하는 작업이고, 이런 양상은 『老子道德經』16章의 "致虛極, 守靜篤, 萬物竝作, 吾以觀其復."에서 비롯된 것으로 보인다.
7 『參同契』上, 「發揮」. "蓋心安而虛, 道自來居. 虛極靜篤, 則元陽真氣自復也."

그런 작업 이후에 새로운 삶에 생명력을 부여하고 그 생명력의 싹을 바탕으로 성명의 본원을 탐색해야 한다. 이 과정에서 지나치게 총명한 부분을 감추고 지혜의 광명을 바깥으로 돌리지 말아야 하며, 자신의 안으로 돌려 자기 마음을 비추어야 한다.[8] 이런 점에서 『참동계』의 양생은 철저하게 인간의 내면을 지향한다. 그것은 '몸[마음]'이라는 인간 존재의 핵심이다.

이 내면을 다스리는 전모가 양생이자 수련이며 단련이다. 수양의 총괄적 양상이자 인간의 삶을 담보하는 교육의 기본 원리이다. 내면의 성숙成熟, 또는 내면의 반조返照를 기초로 하는 양생은, 자기 성숙과 성찰을 기조로 하는 교육 개념으로 환원할 수 있다.

2) 화후火候로 지속하는 생명력

중국 고대의 의학자들에 의하면, 역易은 크게 두 영역으로 분류된다. 우주 천지자연의 거대한 역易을 '외역外易'으로 이해한다면, 인간의 몸[마음]이나 삶과 연관되는 역易은 '내역內易'에 해당한다. 따라서 인체의 차원에서 역易은 내면의 변화를 일러 주는 생리生理이고, 동시에 우주 자연의 차원에서 역易은 세계 전체를 이해하게 만드는 체계의 근본 원리이다.[9] 인생은 인체의 생리 활동에 따라 좌우되고, 인체가 삶의 근거라는 점에서 인생 자체가 거기에 함축되어 있다. 따라서 몸은 인간과 그 삶인 인생을 지속해 나가는 소중한 보배이다. 『참동계』는 그것을 다음과 같이 설명한다.

---

8 鈴木由次郎, 『周易參同契』, 東京: 明德出版社, 1978, 53쪽 ; 崔亨柱 해역, 『주역참동계』, 서울: 자유문고, 1995, 56쪽 참조.
9 박문현, 「周易과 氣功-『周易參同契』를 중심으로」, 한국정신과학학회, 『한국정신과학학회지』4, 2000. 12, 3쪽.

성인은 헛되이 태어나지 않기 때문에, 우주 자연을 올려 보고 그 하늘의 법칙을 드러낸다. 우주 자연의 법칙에는 나가고 들어옴이 있고 굽히고 펴는데 마땅한 시간이 있다. 그러므로 역은 우주 자연이 인간을 비롯한 만물을 생성하는 마음을 거느리고, 11월 동지를 상징하는 복괘[☷]를 통해 시작하는 단계를 일으켜 세웠다. 큰 자식을 상징하는 진괘[☳]는 아버지를 상징하는 건괘[☰]의 몸을 이어받으며 어머니를 상징하는 곤괘[☷]로부터 인간의 조짐이 되는 바탕을 세운다.[11]

유염俞琰의 해석에 의하면,[12] 고대의 지인至人은 우주 자연의 법칙을 보고 자연의 운행을 다스리고, 자연이 교합交合하며 나아가고 물러나는 형상과 음양陰陽이 구부리고 펴는 모습을 빌려 변화하는 다양한 양태를 사람들이 볼 수 있게 펼쳐 놓았다고 한다. 우주 자연은 엄밀하게 짜여 있는 하나의 솥과 같고 해와 달은 하나의 약물과 같다. 나아가 해와 달이 하늘과 땅 사이에 운행하고 오고 가고 뜨고 지는 모든 것이 화후火候와 같다. 인간의 몸은 자연에서 그것과 합일된 형상으로 도출되고, 인간 스스로도 자신의 몸을 이런 원리에서 구한다. 그러므로 인간은 화후의 과정에서 나아가고 들어오는 오묘함을 묵묵히 이해할 수 있다. 그런 사유는 인간의 탄생과 생명력 부여, 인간으로서 온전한 삶을 담보하는 계기가 된다.

---

10 坤(☷)은 처음 乾(☰)의 初爻를 찾아서 震(☳)이 된다. 그래서 震의 象이 長子가 된다.
11 『參同契』上, "聖人不虛生, 上觀顯天符. 天符有進退, 詘信以應時. 故易統天心, 復卦建始初. 長子繼父體, 因母立兆基."
12 『參同契』上, 「發揮」. "古之至人, 觀天之道, 執天之行, 遂借天符之進退, 陰陽之屈伸, 設為火候法象以示人. 蓋天地儼如一鼎器, 日月乃藥物也. 日月行乎天地間, 往來出沒, 即火候也. 人能即此反求諸身, 自可默會火候進退之妙矣."

건괘(☰)인 아버지 아래에서 곤괘(☷)인 어머니의 초효가 사귀면 진괘(☳)가 되므로, 진괘는 큰 자식이 된다. 그러므로 '큰 자식이 아버지의 몸체를 이어 받는다'고 한 것이다. 진괘는 곤괘의 몸체로부터 생기므로 어린 아이가 어머니의 뱃속에서 생기는 것과 같다. 그러므로 '어머니로부터 시작되는 인생의 터전을 세운다'고한 것이다.[13]

『참동계』에서 바라보는 인간의 탄생은 매우 엄중하다. 성인은 아무렇게나 함부로 세상에 태어나는 것이 아니다. 하늘을 우러러보고 명료하게 해와 달이 운행하는 이법理法의 세계, 이른 바 천심天心을 관찰한다. 그 진퇴進退와 굴신屈伸의 세계를 통해 그때그때의 기후氣候에 순응順應한다. 천지의 마음은 눈으로 쉽게 볼 수 없다 그러나 음陰이 최고조로 쌓인 가장 아래 지점에 하나의 양陽이 생기고, 만물이 드디어 싹트기 시작한다. 그것을 괘로 나타낸 것이 복(復:☳)이다. 때문에 복괘는 양기가 비로소 생명력을 얻고 만물을 처음으로 세워나가는 단계이다.

인간도 마찬가지이다. 그 복괘를 형성하는 최초의 상징들, 즉 진괘(☳)의 모습은 큰 자식이다. 하지만 그것은 아버지인 건괘(☰)의 형체를 계승하고 어머니인 곤괘(☷)의 태중胎中에서 인간으로서 조짐兆朕의 기초를 세운다.[14] 이러한 인생의 탄생, 그 최초의 모습인 인체를 우주 자연의 변화 질서와 합치시켜, 자유자재로 발동하며 신선의 경지로 나아가려는 발상이 『참동계』의 목표이고, 그것은 인생을 좌우하는 연단술煉丹術로 대표된다. 때문에 자연스럽게 인생도 연단술로 단련된 인체에 따라 움직여 나갈 것을 권고한다. 그 연금술의 핵심이 노화爐火 사상

---

13 『參同契』上,「發揮」, "乾父下交於坤母之初爻而成震, 震為長男, 故曰長子繼父體. 震自坤體而生, 猶嬰兒生於母腹中, 故曰因母立兆基."
14 鈴木由次郎, 앞의 책, 39쪽 ; 崔亨柱, 앞의 책, 35쪽 참조.

이다.[15]

노화는 원래 금속을 야금冶金하는 기술에서 유래된 용어이다. 화로에 불을 담고 금속을 만들면서 얻은 물질과 불에 대한 지식이 후대로 이어지면서 다양한 개념 전이가 일어났다. 연단술은 야금술에서 비롯되었지만, 인간을 양생하는 술법으로 전환되면서 연단술이라 불리게 되었다. 동아시아의 경우, 연단술은 크게 외단外丹과 내단內丹으로 분류한다. 외단은 광물질을 원료로 단약丹藥이나 귀금속을 만드는 기술이고, 내단은 인체 내의 '정精-기氣-신神'을 이용하여 몸속에 단약을 생성하는 과정이다. 외단은 내단과 상대적인 용어로 흔히 연금술鍊金術, 또는 연단술煉丹術로 불리는데, 연금은 납이나 수은 등으로 금을 만들려는 데서 도출된 개념이고 연단은 단사丹沙, 즉 수은의 붉은 빛에서 유래된 단약을 만들려는 데서 나온 개념이다. 그러므로 연단술은 '자기회복自己回復'이 강한 특성을 지닌 수은이 다양한 형태로 바뀌고 색깔이 붉어지는 과정을 반복하면서 진행된다. 이러한 과정을 인체에 적용시켜 젊음을 되찾고 새로운 생명력을 얻을 수 있으며, 오래토록 변하지 않을 수 있다는 인생의 의미와 동기를 부여해 주는 것이 연단이다. 그 근본 목표가 도교의 방술과 연계되어 불로장수不老長壽의 사유를 낳기도 했다. 이런 외단과 내단의 이론 체계는 『참동계』에서 음양론에 입각하여 그것을 배합하는 양식으로 드러난다. 즉 천지天地[乾坤]를 정기鼎器[솥]로 배속하고, 역易을 일월日月이자 감리坎離라 하여 약물藥物에 배속하였다.[16]

외단, 즉 연금술이 외부 물질에 대한 탐구이자 주조鑄造라면, 내단은

---

15 爐火사상에 관해서는 임명진, 『周易參同契』, 대전: 상생출판, 2013, "제2장 노화 사상의 동서양적 고찰", 참조.
16 임명진, 위의 책, 103-104쪽.

몸속의 '정精-기氣-신神'에 대한 탐구이자 '성性-명命'을 함께 닦는 방법이다. 내단은 기공氣功 또는 단학丹學으로도 불린다. 내단의 원리는 기본적으로 후천後天의 호흡지기呼吸之氣를 선천先天의 원기元氣로 바꾸어 생명 현상의 비밀을 밝히려는 데 있다. 이 때 수련의 대상이 인간의 몸[마음]인 인체이다. 인체는 '정-기-신'의 세 가지 요소로 구성되어 있다. 이들은 각기 독립적 요소이기보다 인체의 기능상 작용에 관한 명칭이다. '정-기-신'은 다시 선천先天의 '정-기-신'과 후천後天의 '정-기-신'으로 구분된다. 선천의 '정-기-신'은 태어나기 이전부터 갖추어진 것으로, 쉽게 인식되지 않는다. 반면, 후천의 '정-기-신'은 탄생 이후에 운용되는 것으로, 인식이 가능하다. 선천-후천의 구분에서, 선천의 기는 '기炁'로 표시하고 후천의 기는 '기氣'로 표기하여 분명하게 나누어 보려는 이유도 여기에 있다.

선천의 기인 '기炁'자를 보면, '无+灬'로 되어 있다. 이때 무无는 무無의 옛 글자로 '없다'라는 뜻이고, 화灬는 불[火]을 뜻한다. 따라서 '기炁'는 '불[뜨거움]이 없다'는 말이 된다. '불[뜨거움]이 없다'는 말은 감각되지 않는 상황, 감각 이전의 개념을 상징한다. 대신 후천의 기氣는 감각적이다. 내단 수련의 핵심은 인생에서 이러한 선천·후천의 관계를 명확히 인식하는 데 있다. 후천의 '정-기-신'을 선천의 '정-기-신'으로 되돌려 놓으려는 반본환원反本還原은 외단에서 말하는 환단還丹과 유사하다.[17] 후천의 '정-기-신'에서 정은 음액陰液[精液]에 의한 물질대사이고, 기는 양기陽氣의 신진대사이며, 신은 식신識神의 의식 작용으로 표현된다.

---

17 精氣神은 내단학에서 上·中·下 단전에 배당되고 더불어 先天과 後天으로 구별되는데 내단학에서는 後天의 정기신을 충족시켜 선천의 정기신으로 전환하여 선천의 정기신을 합일하는 것을 수련체계로 삼고, 정기신 세 가지가 합쳐진 결합물을 內丹, 즉 金丹으로 본다. ; 이대승, 「保晚齋 徐命膺의 『參同攷』研究: 『周易參同契』의 先天學的 解釋」, 한국도교문화학회, 『도교문화연구』33, 2010. 11, 159쪽.

때문에 이러한 인식 가능한 후천의 '정-기-신'을 어떻게 단련하여, 선천의 '원정元精-원기元氣-원신元神'으로 되돌릴 것인가의 문제가 중요하다. '정-기-신'을 변화시키는 과정에서 인간의 몸은 솥과 화로에 비유된다. 구체적으로는 우리 몸에서 상·중·하로 구분되는 단전 시스템과 12경맥 등 기맥氣脈의 흐름으로 파악된다. 이들의 성질과 위치에 대한 이해는 몸의 수련이자 화후火候의 과정이다. 화후의 수양과 단련을 다른 방식으로 이해하면 인생을 추동해 나가는 교육 실천이 된다.

3. 양생 단련鍛鍊의 교육관

1) 외단外丹의 연단술煉丹術 교육

『참동계』에서 외단의 연금술은 주형을 통한 야금술과 직결된다. 야금술은 외부로부터 내부로 투영되는 수련의 방식이다. 주형의 틀에 금속 물을 부어 만들어 내듯이, 목조 재료인 나무를 목수나 공예가나 목공예를 하는 것처럼, 외부에서 힘이 가하여 만들어지는 방식이다. 그것은 주형鑄型에 비유되는 공장적工匠的·목공적木工的 교육관과 상통한다.[18] 그 구체적 모습을 제시한 다음의 비유는 연단을 하는 과정에서 교육의 의미와 방식이 어떠해야 하는지를 확연하게 보여준다.

---

18 공장적·목공적 교육관이나 주형에 비유하는 교육관은 다음과 같다. '물건을 만드는 匠人은 자신이 미리 짜놓은 계획에 따라 적당한 연장을 이용하여 주어진 소재에서 상품을 제작한다. 교육은 이와 같은 방식으로 그에게 맡겨진 인간을 생산해 내는 작용이다!' 즉 교육을 조형 예술처럼 외부로부터 적극적 작용으로 이해한다. 주형에 녹인 쇳물을 부어 응고시켜 원하는 모양을 만들 듯이 인간도 그렇게 교육할 수 있다는 의미이다.

혹연을 태워 만든 백분[胡粉]을 불 속에 던지면 색이 벗거지면서 다시 납이 된다. 얼음과 눈은 뜨거운 물을 만나면 녹아서 물이 된다. 황금은 단사에서 뽑아내는 것인데 단사를 태워서 나온 수은의 힘에 의해 만들어진다. 단사와 수은이 변하여 황금으로 만들어지는 것은 단사와 수은의 본래 성질 때문이고, 단사와 수은이 모여서 같은 부류를 이루기 때문에 그것은 처음부터 끝까지 달라붙어 서로 돕는다. 금단을 복용하여 신선이 되려고 한다면, 마땅히 천지의 기운을 담은 단약과 나의 뼈와 피가 같은 부류여야 한다. 벼를 심으려면 마땅히 같은 부류인 기장으로 하고 닭을 품으려면 그 알을 이용해야 한다. 같은 부류로 돕는 것은 자연스러운 일이므로 사물이 이루어지는 데는 도예나 야금으로 하면 쉽다. 물고기 눈알이 어찌 구슬이 될 수 있겠는가? 쑥은 오동나무가 될 수 없다. 부류가 같으면 서로 따르고, 일이 어긋나면 보물을 이루지 못한다. 때문에 제비와 참새는 봉황을 낳지 못하고, 여우와 토끼는 말의 새끼를 낳아 젖을 먹이지 못한다. 물은 흐르지만 위로 타오르지 못하고, 불은 움직이지만 아래로 적시지는 못한다.[19]

주희朱熹는 이 비유를 "같은 부류로 서로 변화하는 일을 말하고, 다른 종류로는 서로 이루기 어려움을 밝힌 곳"으로 이해했다.[20] 위의 인용문에서 핵심은 연금술의 재료가 단사와 수은이고, 그 특징이 동류同類라는 점이다. 이는 교육적으로 세 가지 차원에서 중요한 의미를 드러낸다.[21]

---

19 『參同契』上, "胡粉投火中, 色壞還為鉛. 冰雪得溫湯, 解釋成太玄. 金以砂為主, 稟和於水銀. 變化由其真, 終始自相因. 欲作服食仙, 宜以同類者. 植禾當以黍, 覆雞用其卵. 以類輔自然, 物成易陶冶. 魚目豈為珠, 蓬蒿不成檟. 類同者相從, 事乖不成寶. 是以燕雀不生鳳, 狐兔不乳馬. 水流不炎上, 火動不潤下."

20 『參同契』上, 「朱註」, "同類相變爲譬也. 異類不能相成."

21 『參同契』上, 「發揮」, "胡粉本黑鉛燒就, 若投之火中, 則復還爲鉛. 冰雪乃陰氣結成, 若沃以溫湯, 則解化為水. 何者? 返本還元, 其理不容不然也. 鍊金之法, 以砂為主, 而和以水銀. 蓋水銀生於砂中, 與砂為同類之物, 所以終始相因而成變化者, 由其真也. 悟真篇云, 竹破須將竹補宜, 覆雞當用卵為之. 萬般非類徒勞力, 爭似真鉛合聖機. 蓋謂真汞

첫째, 인간을 비롯한 모든 사물의 본래 회귀성에 관한 법칙의 제기이다. 연금술은 그 재료가 모두 본원으로 돌아가는 것을 이용한다. 마찬가지로 장인의 솜씨처럼 외부에서 만들어진 교육도 교육받은 존재가 원래의 성정性情으로 돌아갈 수 있음을 시사한다. 백분을 불 속에 넣으면 그 빛깔은 검어지면서 본래의 흑연이 된다. 백분은 본래 흑연을 태워 만든 것이므로 다시 본래의 흑연으로 돌아간 것이다. 그것은 얼음이나 눈은 차가운 기운으로 물이나 비가 응결된 것이다. 때문에 거기에 뜨거운 물을 부으면 녹아서 물이 된다. 이런 원리의 측면을 고려한다면, 공장적 교육관에 의해 진행된 인간의 교육이 어떠한 특징을 지닐 수 있을지 짐작할 수 있다. 인간은 연금술에 의해 금단을 보배로 만들 듯이, 끊임없이 단련을 예비해야 한다.

둘째, 사물과 사물 사이의 상호 관계를 바라보는 시선의 문제이다. 연금술의 재료는 상호 부조하는 관계이다. 연금술은 단사를 주로 하고 거기에 수은을 융합시킨다. 수은은 단사에서 나오는 것이기 때문에 수은과 단사는 같은 부류에 해당한다. 수은과 단사가 변하여 금단金丹[仙 丹]이 되는 것은 같은 부류에 속하고 있으면서 그 본래의 특성이 서로를 만들어 주기 때문이다. 즉 수은과 단사는 처음부터 끝까지 서로에게 필요한 하나의 부류로 밀접한 연관 관계를 지니고 있다. 그것이 동류상종同類相從의 연금술이다.[22] 그렇다면 교육에서 다양한 자료들은 어떤

得其鉛, 則一陰一陽, 氣類相感, 是爲同類. 譬猶植禾當以其黍, 覆雞銓用其卵. 以類相從, 則其道自然, 不勞於力而成變化. 若使舍其同類而別求他物, 則猶魚目之不可爲珠, 蓬蒿之不能成槙. 類既不同, 安有變化, 亦猶燕生燕, 雀生雀, 使之生鳳, 則不能生矣. 狐乳狐, 兔乳兔, 使之乳馬, 則不能乳矣. 火性炎上, 使之潤下可乎? 水性潤下, 使之炎上可乎? 所以欲作服食仙, 宜以同類者. 類同者相從, 事乖不成寶也." 鈴木由次郎, 앞의 책, 80~81쪽 ; 崔亨柱, 앞의 책, 94-95쪽 참조.

22 권극중은 이를 '같은 종류끼리 서로 감응한다'는 '同類相感'으로 표현한다. ; 최일범, 「권극중『참동계주해』의 환단 원리에 관한 고찰」, 한국동양철학회, 『동양철학』 28,

가? 수은과 단사처럼 같은 부류의 응집성과 계열성을 갖추고 있는가? 이는 교육에서 핵심 재료, 즉 교육내용을 다루는 교육과정과 직결된다.[23]

셋째, 연금술 이후의 효과이다. 연금술로 만든 금단을 복용하여 선인仙人이 되려고 하는 결과의 문제이다. 선인이 된다는 것은 교육적으로 볼 때 자기완성이자 인간다움을 발휘하는 작업에 상응한다. 그것은 내 몸에 맞는, 나의 몸과 부류가 같은 천지의 기를 이용해야 한다. 나에게 맞는 교육내용이어야 한다는 말이다. 예를 들면, 곡식을 심으려고 할 때 같은 부류의 곡식 종자를 뿌려야 하고, 알에서 병아리를 깨려고 한다면 계란을 이용해야 한다. 이처럼 같은 부류가 서로 도와 같은 부류를 생산하는 것이, 모든 존재의 기본 이치이자 자연의 원리 자체이다. 그래야 힘들이지 않고 변화할 수 있다. 이러한 교육은 일종의 자연주의적 교육의 모습이다.

연단의 효과는 도공이 그릇을 만들고 야공이 쇠를 부어 만들 때, 만들어 내기 쉬운 것과도 같다. 같은 부류를 버리고 다른 종류의 재료를 이용한다면 결코 쉽게 금단을 만들 수 없다! 물고기의 눈알은 진주를 닮았다. 그러나 물고기의 눈알로 진주를 만들 수 있겠는가? 저 땅바닥에 붙어 자라는 쑥을 아무리 잘 키운다고 한들, 똑바로 높이 뻗어 올라

2007 참조.

23 교육과정은 지식을 체계적으로 구조화·조직화한 것으로 교과서나 교재를 말한다. 교과서나 교재에 담긴 교육내용은 학생들의 성숙을 위해 흥미와 관심을 끌 수 있어야 하고, 수준에 맞게 치밀하게 설계되어야 한다. 또한 그 내용이 효과적으로 전달되기 위해서는 비슷한 내용끼리 선별되어 모아지는 응집성이 있어야 하고, 학습의 난이도에 따라 순차적으로 제시되는 계열성이 있어야 한다. 뿐만 아니라, 서로 다른 내용들 간에 유기적으로 연결되어 설명되어야 하는 총합성이 필요하다. 이런 것들이 煉丹의 재료로 비유하면 같은 부류이자 본래 煉丹을 이룰 수 있는 특성을 지녀야 하는 것과 유사하다. 교육은 그러한 것을 인위적으로 만들어야 하는 반면, 煉丹은 우주 천지자연의 氣의 형태로 근원적이자 저절로 존재한다는 의미에서 차이가 있다.

가는 오동나무를 만들 수 있겠는가? 부류를 같이 하는 것은 그 특성이 본질적으로 서로 따르고 돕기 때문이다. 부류를 달리 하는 것은 본래 서로 따르고 도우려고 하지 않기 때문에, 보물을 달구어 금단을 이루려고 해도 보물을 만들 수 없다. 종류가 다른 제비와 참새에게서 봉황을 낳으리라는 기대를 할 수 없고, 종류가 다른 여우와 토끼에게서 말이나 소를 낳으리라는 기대를 할 수 없다. 물은 아래로 흐르는 성질을 지녔으므로 불처럼 위로 타오를 수 없고, 불은 위로 타오르는 성질을 지녔으므로 물처럼 아래를 적실 수 없다. 때문에 『참동계』는 연단술의 핵심을 교육적 차원에서 단속한다.

세상에는 학자들이 많은 데 뜻이 높고 오묘하며 훌륭한 재주를 지니고 있다. 하지만 기약 없이 연단을 한다는 사람들을 만났을 뿐 제대로 올바르게 하는 사람을 만난 것이 아니어서 불을 소모하고 재물을 탕진하기만 한다. 연단을 한다고 하면서도 생각이나 책으로 전하는 연단의 이론에만 의존하고 망령된 뜻으로만 행동한다. 때문에 연단을 행할 실마리가 될 만한 인연이 없어 자신의 확고한 마음 자세를 잡아서 유지할 수 없다. 팔석에 해당하는 강염, 석담, 운모, 예석, 자석 등은 절구에 넣어 빻는다. 유황은 생산지인 예장에서 태우며, 니홍은 태워서 단련한다. 다섯 가지 광석과 구리를 두들기고 부어서 만들되, 이를 연단을 돕는 가장 중요한 요소로 삼는다. 팔석이나 오석, 구리와 같이 이것저것이 섞인 것은 같은 부류가 되지 않으니, 어찌 내 몸과 합하여 함께 있을 수 있겠는가? 천 번을 일으켜도 만 번을 실패하며, 현명하려다 도리어 바보가 된다. 요행을 바라다 끝내 마칠 때까지 얻지 못하니, 성인만이 홀로 그것을 안다. 연단을 한다고 해 놓고 어려서부터 늙을 때까지 중간에 의심이 생겨 결단을 내리지 못한다. 그러다보니 올바른 연단술로부터 등을 돌리고 아주 좁은 견해에 얽매여 자신만의 좁은 길을 지키며, 바른 곳에서 벗어나 잘못된 길로 들어간다. 대롱으로 하늘을 보듯 견해

가 넓지 못하게 되어, 인생의 장래를 헤아리기 어렵다.[24]

　연단술은 심오하면서도 구체적이다. 그만큼 우주 자연의 섭리를 정확하게 파악하는 올바른 지식과 실천이 요청된다. 그런데 상당수의 사람들은 수행자로서 참된 스승을 찾으려고도 하지 않고 올바른 이론을 담고 있는 책을 구하려고 하지도 않는다. 뿐만 아니라 나름대로의 자기 확신을 세울 근거조차도 탐색하지 않는다. 그러다보니 왜곡된 연단술로 빠져들어 삶을 망칠 수 있다. 이런 자세는 일종의 현실 비판이다. 연단술을 대하는 수련과 단련의 현실이 올바르지 않음을 비판하고 있다. 달리 말하면 현실에서 이루어지고 있는 교육에 대한 경고와도 상통한다. 그렇다면 어떤 연단술 교육이 필요한가?

　　참된 길은 간단하고 번잡하지 않으며, 최고의 말은 담담하고 맛이 없다! 사람들은 대부분 자신의 총명함에 의지하여 옳고 그름을 억지로 판단하고, 중요한 이론을 듣고도 스스로 어긴다. 넓고 큰 길을 가려 하지 않고 좁고 작은 길만 지키고 있으니, 대롱으로 하늘을 보고 넓은 식견을 갖지 못한다. 이런 상황에서 그런 사람들과 어찌 올바른 연단술을 함께 논의할 수 있겠는가? …… 올바른 스승을 찾고 벗을 구하여 단을 달구는 양식을 배우고, 주사를 골라 뽑아 대환단을 만들어야 한다.[25]

---

24 『參同契』上, "世間多學士, 高妙負良才. 邂逅不遭遇, 耗火亡貨財. 據按依文說, 妄以意爲之. 端緒無因緣, 度量失操持. 擣治羌石膽, 雲母及礬磁. 硫黃燒豫章, 泥汞相鍊飛. 鼓鑄五石銅, 以之爲輔樞. 雜性不同類, 安肯合體居. 千擧必萬敗, 欲黠反成癡. 僥倖訖不遇, 聖人獨知之. 稚年至白首, 中道生狐疑. 背道守迷路, 出正入邪蹊. 管窺不廣見, 難以揆方來."
25 『參同契』上, 「發揮」, "嗚呼, 真道簡而不繁, 至言淡而無味, 人誰信之? 人誰行之? 多恃聰明強是非, 縱聞法要自相違之人也. 背大道而守迷路, 管窺天而不廣見. 烏足與論方來無窮之玄奧哉? …… 訪師求友學燒丹, 精選朱砂作大還."

교육에서 '스승'의 중요성, 올바른 '이론', 그것을 함께 '논의할 벗'
들에 대한 요청은 아무리 강렬해도 지나치지 않다. 연단술에서도 마찬
가지이다. 연단술을 펼칠 때, 그것을 담보하는 올바른 내용과 형식, 즉
교육을 실천할 때 내용과 형식을 담보할 다양한 요소들을 심각하게 성
찰하라!『참동계』에서 연단술을 이행하려는 의지와 목표, 수련의 과정
은 교육에서 보이는 의지와 목표, 교육의 과정과 전혀 다르지 않다. 오
히려 연단술을 둘러싼 실제적이고 실천적 특성이 교육의 과정을 보다
알차게 만들 수 있다. 이런 점에서 야금술의 특징을 지닌,『참동계』의
외단은 '연단술의 교육'으로 명명할 수 있다.

2) 내단內丹의 단전술丹田術 교육

외단이 금단金丹의 복식伏食을 통해 선인仙人이 되기를 갈구했다면,
내단은 그 기본이 호흡呼吸을 통해 선인이 되기를 희구한다.[26] 호흡은
오장五臟의 기를 통해 자연스럽게 단전丹田으로 들어간다. 조용히 눈
을 감고 안으로는 오장을 돌아보며 기가 오르내리는 일에 생각을 두
어야 한다.『참동계』는 그 기본을 이렇게 설명한다.

체내에 흡입한 기를 오장에 오르내리게 하는 역장의 법은 안에

---

26 呼吸이 인간 유기체에 활력을 불어넣는다는 점, 그리고 인간 자체의 성장이나 내재
적 교육의 목적 차원에서, 이는 유기체적 교육관이나 재배적 교육관과 매우 닮아
있다. 앞에서 언급했던 공장적·목공적·주형적 교육관에서처럼 '인간은 원래 임의대
로 주물러지는 소재가 결코 아니다. 그가 지니고 있는 고유한 법칙에 따라 안으로
부터 계발되어 자신 속에 깃들여 있는 목표를 지향한다. 교육은 이를 돕는 작용이
다!' 유기체적 교육관은 동물의 사육이나 식물의 재배처럼 안으로부터 자연적 성장
과정을 따른다. 호흡법을 중심으로 하는 내단의 단전술이 인간의 몸 내부에서 단련
한다는 점에서 유기체적 교육관과 유사점을 찾을 수 있다.

서 보고 생각할 수 있는 것이 아니다. 음양의 방중술은 구천일심九淺一深에 만족되지 못하여 불결하고 난잡스럽게 자궁을 희롱한다. 기를 먹는 경우에 장과 위에서 꾸루룩 하는 소리가 울리지만 오히려 정기는 토해내고 바깥의 삿된 기운을 마신다. 그렇게 하여 낮이나 밤이나 자리에 눕지 않고 아침저녁으로 내내 쉬지 못한다. 그러면 몸이 날로 피곤해지고 몽롱하여 바보가 된 듯하다. 온갖 맥이 솥에서 끓어오르듯이 내달리니 맑게 살 수가 없다. 흙을 쌓아 제단을 세우고 아침저녁으로 공경스럽게 제사를 모시다가 귀신 형상의 물체가 나타나니, 꿈속에서 느끼어 감개무량해 한다. 마음이 기쁘고 즐거워 스스로 반드시 수명이 연장될 것으로 여기지만, 갑자기 요절하여 죽고 길거리에서 그 시체가 썩을 뿐이다. 행동이 민첩하나 어긋나 있으니, 어그러지고 뒤집혀 사람으로서 핵심 기틀을 잃게 된 것이다. …… 현명한 사람이 그 뜻을 살피면, 그것이 어디에서 어떻게 시작되었는지 분명하게 알 것이다. 그런 만큼 부지런히 행하여 아침저녁으로 쉬지 않아야 한다.[27]

내단의 호흡법, 이른 바 단전丹田이나 기공氣功을 중심으로 하는 세

---

27 『參同契』上, "是非歷藏法, 內視有所思. 陰道厭九一, 濁亂弄元胞. 食氣鳴腸胃, 吐正吸外邪. 晝夜不臥寐, 晦朔未嘗休. 身體日疲倦, 恍惚狀若癡. 百脈鼎沸馳, 不得清澄居. 累土立壇宇, 朝暮敬祭祠. 鬼物見形象, 夢寐感慨之. 心歡而意悅, 自謂必延期. 遽以夭命死, 腐露其形骸. 舉措輒有違, 悖逆失樞機. …… 明者省厥旨, 曠然知所由. 勤而行之, 夙夜不休." ; 「朱註」와 「發揮」에서는 생명을 기르는 방법에서 곁가지가 너무 많고 수십 학파가 있어 혼란스러워 일일이 거론하기 어렵다고 하였고, 발휘에서는 『참동계』의 내용을 쉽게 풀이하여 제시하였다. ; 「朱註」, "此道與諸旁門小法之不同." 「發揮」, "三千六百法, 養命數十家, 泯泯葬葬, 不可枚舉. 有如闔目內視, 歷五藏以存思. 履斗步呈, 按日辰而祭甲, 是豈金丹之道哉? 至若行陰者, 以九淺一深為火候, 而致元胞之攪亂. 食氣者, 以吐故納新為藥物, 而使腸胃之虛鳴. 坐頑空則苦自晝夜不眠, 打勤勞則不顧身體疲倦. 或搖頭撼腦, 提拳努力, 於是百豚沸馳, 而變出癱疽者有之. 或累土立壇, 朝祠暮祭, 於是夜夢鬼交, 而陷於妖魅者有之. 始焉此心喜悅, 自謂鈴可延期, 一旦中道夭亡, 不免形骸腐壞. 是皆操持悖謬, 明違黃帝之文. 舉措乖訛, 全失老君之旨. 執迷不悟以至於此, 其獲戾也. 又誰之咎歟?"

간의 연단술은 수를 헤아릴 수 없을 만큼 많다.[28] 그러나 대다수가 금단
金丹의 정도正道를 위반한, 근본이 되는 요긴한 점을 잃은 것들이다. 따
라서 총명한 사람은 성명性命의 본원으로 돌아갈 필요가 있다. 그것은
사사로운 욕심을 버리고 명예와 이익을 멀리 하는 데서 시작된다. 마음
을 훤하게 열고 금단의 수련 방법을 통해 도리의 근본을 체득해야 한
다. 이런 점에서 『참동계』가 지향하는 내단의 연금술은 '존천리알인욕
存天理遏人欲[存天理去人欲]'으로 요약되는 유가儒家의 수양과도 멀지 않
고, 내면을 다스리는 '수양修養 교육教育'의 차원으로 환원할 수 있다.
그 교육적 처방은 단전에의 몰입과 지속력이다.

> 아침저녁으로 제대로 앉아 있지 않으면 단전의 효과를 제대로
> 이루지 못한다. …… 반드시 사람 사이의 여러 일을 거절하고, 한
> 결같은 마음으로 단을 실천하려는 의지를 세워, 밤낮으로 계속 부
> 지런히 행해야 성공할 수 있다. 뜻있는 선비는 음악과 여색을 거두
> 고, 탐욕과 명예 그리고 이익을 버리며, 신령스런 산으로 뛰어들어,
> 일상적 사교를 끊으면서 선계의 벗을 맺고, 은밀히 숨어 수련하되
> 밤낮으로 게으르지 않으면, 상당한 효과를 기대할 수 있다. 이렇게
> 하지 않으면 헛된 수고로 그칠 뿐이다. 이런 말도 명심해야 한다.
> 어떤 사람이 이것에 어두워 하루에 2시간 동안만 수련하는 것을 화
> 후라 하면서 밤낮으로 쉬지 않는 설을 들었다고 하니 놀라 웃지 않
> 을 수 없다. 왜곡되게 한쪽으로만 집착하는 사람은 참되지 못한 것

---

28 정우진은 『참동계』의 연단술을 '道家 修養論'의 원형이 들어 있다고 본다. "도가
수양론의 원형은 마음을 虛靜하게 함으로써 정신을 깃들게 하는 것이다. 천지의 모
양을 본뜬 솥은 동시에 마음을 상징한다. 솥 안에서 만들어지는 단은 천지의 교감
을 통해 만들어지는 정신이자 도가 수양론의 목적인 정신이다. 정신을 신체 밖의
마음에서 만들어 낸다는 점에서 연단술은 외화된 물리적 도가 수양론이다.'라고 평
가한다. 정우진, 「수행자로서의 연단술사: 『주역참동계』: 연단술의 도가수양론적 해
석」, 한국철학회, 『철학』 121, 2014. 11 참조.

을 얻게 된다. 아침에 행하다가 저녁에 그치면, 이는 성실하지 못한 것이다. 하루에 2시간만 쓰는 것이 화후라는 설을 함부로 믿어서는 안 된다. 중요한 것은 단도丹道와 천도天道가 하나라는 점이다. …… 스승의 은혜가 깊고 소중하여 끝까지 보답하기 어려우니, 죽기를 맹세할 정도로 담을 두르고 수련하면 참된 경지에 이른다. 담을 두른다는 것은 사람과의 왕래를 끊고 전심으로 수련하는 것을 말한다.[29]

사람과의 교류를 멈추고, 의지를 갖고 열심히 수련에 매진하는 것만이 내단의 정도正道이다. 음악과 여색, 탐욕, 명예, 이익 등 세속적 욕망은 모두가 금기 사항이다. 또한 하루에 몇 시간이라는 제한을 두고 특정한 이론적 권위에 매달리는 것도 위험하다. 오로지 끊임없는 단련하며 내단 수련에 몰입하고 정진하는 일만이 진리이다. 그것도 죽음을 각오할 정도의 정신력과 전심전력을 요청한다. 이런 단전의 원리는 자연 상태가 아니라, 인간의 몸에서 갈마드는 음양의 두 기운이 감화하는 데서 찾아진다.

양수라는 오목거울로 불을 취하려고 할 때 해가 아니면 빛을 만들 수 없다. 방제라는 그릇은 별과 달이 아니면 마실 물을 어디서 얻을 수 있겠는가? 음양 두 기운이 아득하고 멀리에 이르러, 감응

---

29 『參同契』上,「發揮」, "不是斬昏坐, 行功扭捏成. 謝絶人事, 專心致志, 夜以繼日, 勤而行之, 乃能成功. 彭真一不云乎. 志士又須撤聲色, 去嗜欲, 棄名利, 投靈山, 絶常交, 結仙友, 隱密潛修, 晝夜無怠, 方可希望. 或不如是, 則虛勞動爾. 真一此說, 厥亦明甚. 或者昧此, 惟欲日用兩時為火候, 聞五晝夜不休之說, 則莫不驚笑, 以為不勝其勞且煩, 蓋亦弗思甚矣. 翠虛篇云, 執著之人得不真, 朝行暮輟又非誠. 切不可輕信日用兩時為火候之說. 昔者皇甫履道見王三一置籌壺, 問日安用? 日欲知子午二正爾. 日十二時中, 當無令間斷, 何止子午耶? 要之, 丹道與天道一也. 天道有一息不運乎? 天道無一息不運, 則丹道詎可有一息間斷哉? 馬丹陽漸悟集云, 師恩深重終難報, 誓死環墻鍊至真. 環墻者, 所以絶人往來, 而專心修鍊也."

하고 변화하면 오히려 서로 통하는데, 하물며 가까이에서 몸을 보존하고 간절하게 가슴에 들어 있으면 어떠하겠는가? 음과 양이 해와 달에 배속되고 물과 불이 징험으로 드러난다.[30]

인간의 본성은 우주 자연의 이치인 천도의 명을 이어받았다. 우주 천지자연에 존재하는 해와 달은 자연스럽게 양기와 음기를 발산한다. 그것은 땅에서 떨어진 아득히 먼 공중에 걸려 있다. 하지만 양수나 방제와 같은 기구를 통해 해 속에 담겨 있는 양기인 불이나 달 속에 스며 있는 음기인 물을 이 땅에서도 취할 수 있다. 그런 가운데 음양의 두 기운은 자연스럽게 감화를 이루고 상통한다.

인간의 몸은 그러한 우주 자연을 그대로 본받았기에, 당연히 소우주로서 음양의 기를 감화 상통한다. 어떤 차원에서는 양수가 해의 양기에서 불을 취하고 방제가 달의 음기에서 물을 취하는 것보다 한층 감화와 상통이 쉬울 수도 있다. 그 중심에 자리하는 것이 다름 아닌, 귀와 눈과 입, 몸에 있는 세 가지 보배이다.

귀와 눈과 입, 이 세 가지는 내 몸의 보물이니 굳게 닫고 펼치지 말아야 한다. …… 리괘[離☲]는 안으로 영기와 위기를 들이고, 감괘[坎☵]는 이에 귀가 밝도록 사용하지 않으며, 태괘[兌☱]는 입으로 합쳐 말하지 않는다. 대신 말없이 태초의 원기를 따른다. 이 세 가지는 대문의 빗장이나 바퀴의 굴대, 또는 비녀장처럼 몸 가운데 가장 중요한 요소이다. 몸을 느슨히 하고 빈 방으로 들어가 뜻에 맡겨 텅 빈 곳으로 돌아간다. 뜻에 맡겨 텅 빈 곳으로 돌아가며 항상 생각을 없게 한다. 그것을 증험하려고 뜻을 옮기거나 마음을

---

30 『參同契』中, “陽燧以取火, 非日不生光. 方諸非星月, 安能德水漿. 二氣至懸遠, 感化尚相通. 何況近存身, 切在於心胸. 陰陽配日月, 水火爲效徵.”

한결같이 하여 오락가락하지 않는다.[31]

귀와 눈과 입을 펼치지 말아야 하는 이유는 간단하다. 내단 수련 때문이다. 단丹을 만들 때는 다리를 포개 단정하게 앉고, 몸과 마음을 깊숙하게 합치한다. 따라서 '귀-눈-입'이 지닌 기능을 사용하지 않아야 한다. 모두 막고 밖으로 발산하지 않게 돌이켜 거두어 들여야 한다. 이 세 가지를 막으면 안으로 엉뚱한 생각이 생기지 않고, 외부의 사물이 들어가지 않아 몸과 마음이 쉽게 동요하지 않는다. 이때 진기眞氣가 깊은 곳에 가라 앉아 숨어서, 단전丹田 사이를 떠돌아다니며 약실藥室을 떠나지 않는다.[32] 때문에 하나의 참된 기운인 진기眞氣는 내 몸의 단을 닦는 데 가장 중요한 요인이 된다.

'귀-눈-입'은 콧구멍 및 아랫부분의 생식기 구멍과 더불어 '아홉 개의 구멍[九竅]'이다. 그 가운데 귀-눈-입은 청각과 시각, 미각을 담당하며, 듣고 보고 말하는 기관이다. 그 기관의 역할은 삿된 것이다. 동시에 이 세 가지는 요점이 된다.[33] '삿되면서도 요점이 된다!'는 이중성二重性과 중층重層 구조에서 내단의 수렴은 힘을 발휘한다. 이는 인간이 교육이라는 행위를 실천하는 작업과 매우 유사하다. 모든 영역에서 선함을 확보한 순선純善의 존재는 유가에서 말하는 '생이지지生而知之'처럼 모든 것을 알고 있는 존재이다. 때문에 이들은 교육의 대상에서 멀어진다. 교육은 선善과 불선不善이 혼재된, 또는 선악善惡이 혼재된 기질氣質의 성에서 발생한다. 쉽게 말하면, 불선不善이나 악惡한 기질의 소유자

---

31 『參同契』中, "耳目口三寶, 固塞勿發揚. …… 離氣內榮衛, 坎乃不用聰. 兌合不以談, 希言順鴻濛. 三者既關楗, 緩體處空房. 委志歸虛元, 念念以為常. 證驗自推移, 心專不縱橫."
32 鈴木由次郎, 앞의 책, 137-138쪽 ; 崔亨柱, 앞의 책, 182-183쪽 참조.
33 『參同契』中, 「發揮」, "九竅之邪, 在乎三要. 何謂三要? 耳目口是也."

가 있을 때, 그를 선하게 만드는 '교기질矯氣質'이다. 교기질을 통해 성정性情을 교정하는 작업이 다름 아닌 교육이다.

내단 수련에서, '귀-눈-입'은 삿된 동시에 중요한 역할을 한다고 했다. 그러므로 논리 구조상 기질에서 선악이 혼재된 교기질의 교육 형태와 유사하다. 여기에서 선하게 되려는 노력이 몸을 단련하는 요점으로 녹아 있다. 그 이유는 아래와 같이 엄중하게 표현된다.

　　세 가지를 굳게 닫아 드러내지 않는 것이 보배가 되는 이유는 간단하다. 수련하는 사람이 귀와 눈의 총명함을 거둬들이고, 목구멍과 혀의 참 기운을 북돋우며, 모든 것을 거둬들여 안으로 돌아오게 하되 밖으로 나가지 않도록 하기 때문이다. 가마의 시루에서 쌀을 찌는 모습을 생각해 보라. 위로는 빗장을 걸고 덮어서 막고, 아래로는 불을 피워 덥히며, 밖으로는 조금도 빠져나갈 틈이 없게 하고, 안으로는 열기가 굽이굽이 차 있으니, 잠깐 사이에 쌀이 익어 밥이 된다. 지금 방에 들어와 수련을 하는데, 시각을 거둬들이고, 청각을 되돌리며, 입을 닫고, 진액을 머금는다. 조금이라도 참 기운이 누설되지 않게 한 후에 최고의 약이 저절로 생기고, 최고의 단이 성숙하게 된다. 만약 귀로 소리를 끌어 들이고, 눈으로 색깔을 끌어 들이고, 겹겹이 기관으로 말이 나오면, 모든 것이 드러나고 퍼져 나가서 남는 것이 없게 된다. 어찌 환단을 구할 수 있겠는가?[34]

눈과 귀와 입을 통해 보고 듣고 말하는 행위, 즉 시각視覺과 청각聽覺, 그리고 발화發話는 표현을 담보하는 인간의 행위로 교육의 최전선

---

34 『參同契』中,「發揮」, "今魏公以三要為三寶, 而曰固塞勿發揚者, 欲修鍊之士斂耳目之聰明, 緘候舌之真氣, 盡收歸裏, 不放出外, 如寶貝之珍藏也. 豈不見釜飯炊米? 關蓋密於上, 薪火然於下, 外無纖毫之罅隙, 內有熱氣之盤鬱, 俄頃之間米皆需熟為飯. 今夫入室修鍊, 須是收視返聽, 閉口含津, 勿使纖毫真氣漏泄, 然後至藥滋生, 大丹成熟. 若邑使耳為聲引, 目為色牽, 重樓浩浩, 而出三者, 皆發揚而無餘, 何還丹之可求哉?"

에 자리한다. 이를 막고 금지하는 행위는 교육적으로 볼 때, 매우 역설적이다. 세 가지를 닫고 막는 일은 말을 하지 않는 의미의 침묵과는 전혀 다른 양상이다. 몸에서 가장 중요한 기관이라는 점에서 이 세 가지는 보배지만, 그것이 수행하는 역할과 기능에서 파생되는 오류는 사악하고 천박한 비교육의 길로 전락하기도 했다. 그것에 대한 경계가 다름 아닌 내단 수련이다.

다시 강조하지만, 내단은 음양의 기가 감화하고 있는 우주 자연을 전제로, 그것을 체화하고 있는 인간의 마음을 연단의 길로 삼았다. 그 연단의 길에서 몸을 닦는 근본 문제가 '귀-눈-입'을 굳게 닫고 드러내지 않는 방법이었다. 이 내단 수련은 겉으로 드러내며 확산하거나 발산하는 표출의 양식이 아니라, 안으로 닫아 막고 거둬들이며 질적 성숙을 꾀하는 수렴의 양식이다. 그것은 인간의 몸과 마음 자체의 단련을 목적으로 하고 있기에, 교육에서 인간 자체의 성장, 이른 바 인격 성숙을 꾀하는 본질적이고 내재적 교육의 목적과 맞닿아 있다. 이런 점에서 진기眞氣의 호흡을 중시하는, 『참동계』의 내단은 '단전술의 교육'으로 명명할 수 있다.

4. 맺는 말

본고는 『주역참동계』를 생명력 넘치는 인간 세계를 만들려는 하나의 교육서로서 이해하려는 시도에서 출발했다. 『주역참동계』는 『주역』의 지평을 확대하며, '역易과 황로黃老와 노화爐火' 사상을 조합하였다. 역의 64괘를 연단술로 풀어내면서 건乾·곤坤을 솥으로 삼고, 감坎·리離를 약물로 보며, 나머지 60괘를 화후로 하여 금단金丹을 만드는 것이 목표였다. 그것은 연단술이나 단전술의 차원에서 볼 때, 인간의 몸은 약물을 고우는 솥이고, 물과 불로 상징되는 두 기운을 약물로 삼아, 두 기운이 교류하여 금단金丹을 만들어 낸다. 그것은 인간의 몸을 단련한 다는 차원에서, 넓은 의미에서는 인간교육이고 좁은 의미로는 '몸 교육 [마음 교육]'으로 환원된다.

연단술의 과정에서 보여준 '솥-약물-화후'와 단전술의 과정에서 강조한 '눈-귀-입의 보배'는, 둘 다 그 자체가 교육의 근거와 내용, 방법, 목표를 포괄하는 거대한 교육 실천의 체계이다. 어떤 차원에서는 단전의 예술이며 교육의 예술이자 심미학이다. 연단술의 '솥-약물-화후'는 앞의 교육관에서 보여준 '주물'이나 '공장적 교육관'처럼 그 형식이 구체적으로 보인다. 외단의 형식을 빌리고 있으면서, 외부로부터 내부로 스며들어가 몸을 단련하는 치료적 방식이 강하다. 물론 이 단련 자체가 치료적인 것만은 결코 아니다. 예방적일수도 있다. 형식이 주는 느낌이 그렇다는 말이다. 솥은 인간의 몸으로 상징되면서 교육을 가능하게 만드는 근본으로 자리하고, 약물은 교육을 움직이는 힘이자 교육의 내용으로서 비유될 수 있다. 화후는 수많은 교육의 내용을 현실적으로 적용하며 운용하는 교육방식으로 활용될 수도 있다.

단전술의 과정에서 강조한 '눈-귀-입의 보배'는 '성장'이나 '유기체적 교육관'처럼 그 양식이 쉽게 보이지 않는다. 내단의 양식을 빌리고 있으면서, 내부로부터 자가발전하며 몸을 단련하는 예방적 특징이 강하다. 마찬가지로 이 수련 자체가 예방적인 것만은 아니다. 그 속에 이미 치료적 차원이 녹아 있다. 눈과 귀와 입으로 상징되는 세 가지 보배 또한 교육을 가능하게 만드는 세 가지 교육의 장치이다. '보고 듣고 말하기'의 기능이 갖고 있는 장점과 단점을 통해, 『참동계』는 삿된 기관이라는 부정적 요소와 요점을 지니는 동시에 긍정적 기관임을 중층적으로 보여주며 교육으로 유도했다. 그것은 내부로 수렴하는 방식의 단전술이고, 연단술과 단전술 교육의 궁극 목적은 선인이었다.

지금까지 논의한 내용이 참동계와 교육을 적절하게 대비했는지는 의문이다. 하지만 『주역참동계』가 강조하는 외단과 내단의 방식은 교육학과 교육 실천에서 강조하는 교육적 요소가 곳곳에 스며있다. 그리고 '단丹'을 희구하는 근거와 전개 내용, 구현 방법, 지향하는 목표와 목적은 아주 짜임새 있는 하나의 교육 실천 체계를 이루고 있는 것임에 분명하다.

문제는 『주역참동계』에서 강조되는 연단술과 단전술의 이해이다. 연단과 단전에 대해, 단순하게 '술術'의 이미지만을 강조할 경우, 과학 '기술技術'적 의미의 테크놀로지technology로 전락할 우려가 있다. 앞에서 본 것처럼, 『주역참동계』에는 단순한 기술이나 방법만이 아니라, 그것을 넘어서는 예술적 차원의 심미교육으로 승화할 수 있는 근거를 충분히 제공하고 있다. 이 지점에서 논자는 『주역참동계』를 단순한 '술術의 방법론'을 넘어, 그것을 초월한 '연단술'과 '단전술'의 교육 예술로 인식하고, 분과학문으로서의 사이언스science나 종합학문으로서의 필로소피philosophy로서, '학문學問'의 마당으로 재해석되어야 한다고 본다.

『주역』 상징체계에 내포된
문화다원론적 함의와 도덕적 표준*

엄연석

이 글은 음양의 괘효와 물상, 괘효사, 그리고 이에 대한 철학적 해석으로
이루어진 『주역』의 상징체계가 내포하고 있는 의미를 특수하고 다양한
가치의 양립을 인정하는 문화다원론적 관점에서 해명하고자 하였다. 구
체적으로 상수역학이 괘효의 역동적 변화과정을 호체, 효변, 착종 등 다
양한 이론으로 설명하고자 하고, 의리역학은 고유한 상대적 자율성을 존
중하면서 전체적인 조화와 질서, 균형을 추구한다는 점에서 각각의 이론
이 지니는 문화다원론적 함의를 해명하였다.

1. 들어가는 말

이 글은 상수역학과 의리역학의 『주역』 해석 방법을 중심으로 하여
음양의 괘효와 물상, 괘효사, 그리고 이에 대한 철학적 해석으로 이루
어진 『주역』의 상징체계의 의미를 문화다원론적 시각에서 해명하고자
한다. 뿐만 아니라 이 글은 문화다원론에서 제기하는 문화 사이의 특수
하고 다양한 가치를 아우를 수 있는 도덕적 표준[1]이 『주역』 상징체계

---

* 엄연석(한림대). 이 글은 『인문연구』 86, 영남대학교 인문과학연구소(2019.03.)에 게
재하였음을 밝혀둔다.

속에서 어떻게 내포되어 있는가 하는 점을 상수역학과 의리역학 이론의 특성에 초점을 맞추어 규명하고자 한다.

문화다원론은 문화권마다 사람들이 갖는 생활양식, 지식과 사고양식은 저마다의 상황 속에서 문제를 해결하는 과정에서 발전되어 왔기 때문에 그 나름의 고유한 가치가 있다고 본다. 개별 문화는 서로 간의 우열을 가릴 수 없고, 한쪽이 틀린 것이 아니라 다른 것일 뿐이다. 이러한 문화다원론적 관점에서 각 문화에서의 삶의 양식과 지식체계는 평등한 관점에서 수평적으로 다양한 가치를 있는 그대로 긍정하는 세계관으로 이해할 수 있다.

『주역』은 기본적으로 음양이라는 부호를 매개로 이를 결합한 괘효와 괘효사를 핵심요소로 삼는 상싱체계이다. 이들 체계는 64괘로 이루어지는데, 이들 효 사이의 다양한 유기적 연관관계와 그 변화는 문화다원론의 관점에서 이해될 수 있다. 또한『주역』은 괘효사와 이에 대한 철학적 해석으로「역전」을 포함하는데, 이에 대한 문화론적 관점의 해석 또한 가능하다. 『주역』에서는 길흉회린吉凶悔吝이라고 하는 가치평가를 통한 유가적 도덕 실천의 방향과 기준을 설정하려는 취지에서 '태극太極'과 '중정中正'이라는 표준을 설정하고 있다. 이러한 개념들에 함축된 의미를 해명하는 과정에서 문화다원론과 연관하여『주역』의 특징과 도덕적 표준을 제시할 수 있다. 다음으로 한대漢代에 성행하여 역학사에 계승되어 온 효변설爻變說, 호체론互體論, 납갑설納甲說과 같은 상수역학을 문화다원론적 시각에서 검토하고자 한다.

---

1 『주역』에서 도덕적 표준이라는 말은 두 가지 의미에서 해석될 수 있다. 첫째는 주역 괘효사의 위치가 지니는 중中과 정正이 상황에 대한 적절함과 시의성을 충족시키는 개념으로써 행동의 도덕적 표준으로 작용할 수 있다. 둘째는 괘효사 속에 포함되어 있는 '길흉회린吉凶悔吝'이 특정한 괘효의 상황에서 행동의 적절한 기준을 제시해 주는 것이라는 점에서 도덕적 표준의 기초가 된다.

요컨대, 본 논문은『주역』상징체계가 함축하고 있는 의미를 문화다원론적 시가에서 해명하면서, 동시에 현대에 필요한 도덕적 표준을 어떻게 설정할 수 있을까 하는 점에 초점을 맞추고자 한다. 다시 말하면 본 연구는 현대사회의 종교적 정치적 문화적 갈등으로부터 발생하는 여러 문제를『주역』이 내포하고 있는 이념적 차원에서 해결할 수 있는 철학적 도덕적 토대를 세우고자 하는 것에 있다.

다음 장에서는 문화다원론이 내포하고 있는 의미를 여러 관련 이론과의 비교적 시각에서 살펴보고, 닐스 보어가 제시한 상보성 이론과『주역』의 음양의 대대적待對的 원리 사이의 연관성을 살펴볼 예정이다. 제3장에서는『주역』상징체계가 단일성과 다양성을 아우르는 상보적 특성을 가지고 있음을 여러 이론을 통하여 고찰하고자 한다. 제4장과 5장에서는 상수역학과 의리역학의 해석 방법에 문화다원론적 의미가 어떤 식으로 함축되어 있는가를 괘효사와『주역』전반에 대한 이들 학파의 이론을 중심으로 살펴보기로 한다. 맺음말에서는 본문을 요약하고『주역』상징체계의 문화다원론적 의미를 요약할 예정이다.

2. 문화다원론과 상보성 원리

이 장에서는 자연과 인간을 포괄하여 생생生生의 우주론적 원리를 내포하고 있는『주역』의 상징체계2가 지니는 사회문화적 의미를 해명

---

2 『주역』은 '낳고 낳는 것이 역이다[生生之謂易]'라는 명제가 제시하는 대덕大德을 기본 이념으로 삼고 있다. 이것은 모든 생명체가 자기의 타고난 생명을 온전하게 실현할 수 있도록 하는 목표를 지향한다. 이 점에서 모든 생명체는 가치론적인 우열이 없이 평등하게 전체 유기체적 과정의 일부가 된다.『주역』에서는 괘효의 위치를 상하로 설정하여 사회문화적인 계층으로 해석하기도 하지만, 이들은 전체 속에서

하기 위하여 문화다원론과 상보성 원리를 간략하게 개관하고자 한다. 문화다원론과 상보성 원리를 살펴보기 위해서 이들 이론과 의미에 있어서 연관성을 가지는 문화실조론, 문화보편주의, 문화다원주의, 그리고 문화상대주의와 같은 논의의 맥락을 요약하고자 한다.

먼저 문화다원론을 의미 있게 이해하기 위해서는 그 이론의 연원을 거슬러 올라갈 필요가 있다. 문화다원론의 연원은 바로 '문화'에 대한 이해로부터 연역되었다고 할 수 있다. 영국의 인류학자였던 타일러 Tyler는 "지식, 예술, 신앙, 도덕, 법률, 관습, 기타 사회구성원으로서 인간이 얻은 모든 능력이나 습성의 복합적 총체이다"[3]고 정의하였다. 여기에서 그는 문화를 하급에서 고급으로 발전하는 것으로서 그 중요한 표준을 공예의 발전, 풍부한 과학적 지식, 종교 형태, 사회적 및 정치적 조직의 광범함에서 찾으면서 후대의 문화론에 영향을 주었다.

문화보편주의는 타일러의 문화론에 기초를 두고 있다고 할 수 있으며, 이 문화보편주의는 문화와 문화 아닌 것을 구별하는 보편적 원칙이 있다는 전제를 출발점으로 삼는다. 문화에는 고급문화와 저급문화와 같이 우열이 존재하는 것으로 모든 문화발전은 보편적 경로를 따르는 것으로 시간의 차이만 있다고 본다. 이 문화보편주의 속에는 동양문화나 아프리카의 미개한 문화와 비교하여 서양문화를 우월한 것으로 바

조화로운 일부를 이루면서 상호유기적인 관계성 속에서만 의미를 갖는다. 예컨대, 『주역』에서 오효五爻와 이효二爻 등이 중中으로, 그리고 자리에 따라 정正, 부정不正이 언급되지만, 이것은 어디까지나 괘효 사이의 상호 관계에 따라 그 길흉吉凶이 결정되고, 전체적 조화 속에서 부분의 상대적 가치를 말할 수 있는 만큼, 『주역』은 문화다원론적 가치 실현의 체계가 된다. 이 점에서 『주역』의 생생生生과 만물의 전체적 균형과 조화라는 이념으로부터 문화다원론적 차이와 이념이 논리적 비약 없이 도출된다고 할 수 있다.

3 한국철학회 편, 강영안, 「문화개념의 철학적 배경」, 『문화철학』, 철학과 현실사, 1995, 210쪽.

라보는 시각이 내포되어 있다. 또한 이것은 문명과 야만을 구별하며, 서양의 근대적 이성의 발전론적 관점에 따르는 서양 중심주의적 태도가 포함되어 있으며 문화 제국주의에 빠질 수 있다.

순서상 문화다원론은 문화보편주의의 이러한 치우친 태도와 관점에 대한 반작용으로 제기된 이론이라 할 수 있다. 문화다원론은 기본적으로 문화상대주의와 연속된 의미를 갖는다. 문화상대주의는 수많은 인류 종족의 문화적 다양성을 인정하고 각각의 문화는 독특한 역사적 환경의 측면에서 이해해야 한다는 주장이다. 특정한 사회의 역사적 맥락을 헤아려서 그 문화를 평가해야 하며, 어떤 문화 요소도 그 나름의 분명한 존립 근거가 있다는 것이다.

루스 베네딕트Ruth F. Benedict는 『문화의 유형』에서 특정 문화권에서의 인간 행위가 그 사회의 관습에 따라 얼마나 다양한가를 보여주었다. 그에 따르면 각각의 문화는 서로 상대적인 측면들을 가지고 있으며, 문화적 가치는 그 사회적 환경과 조건에 따라 고유한 의미를 내포하고 있어서, 각기 다른 규범체계를 구성한다. 이 또한 문화 사이의 가치론적 비교가 불가능하며, 평등한 시각에서 문화마다 그 요소들은 고유한 상대적 가치를 가지는 것으로 이해하는 입장이다.

베네딕트에 따르면, 문화는 제각기 하나의 독특한 체계를 이루고 있고 고유한 패턴이 있다. 그래서 어떤 한 문화가 다른 문화보다 더 가치가 있다거나 건강하다거나 정상적이라거나 또는 우월하다고 말할 수 없다. 어떤 문화도 인간 문제를 모두 해결할 수 있는 유일한 문화라고 주장할 수 없다. 허스코비츠의 경우는 문화상대주의를 통해서 '자민족 중심주의'를 극복하고자 하였다. 그는 "문화상대주의의 핵심은 바로 차이를 인정하는 것과 상호 존경에서 오는 사회적 훈련에 있다. 수많은 삶의 방식의 가치를 강조하는 것은 곧 각 문화 속에 있는 가치를 긍정하는 것이다. 문화상대주의는 각자의 삶을 영위하기 위하여 각 문화가 설정한 가치를 인정하면서 풍습마다 각각 지니고 있는 존엄한 가치와, 자신이 따르는 규칙과는 비록 다르다고 하더라도 다른 약소 체계에 대해서 관용할 것을 강조하는 철학이기 때문이다."[4]고 하였다. 여기에서 허스코비치는 문화상대주의의 긍정적 가치를 크게 신장하는 방향에서 논리를 제시하고 있다.

하지만 문화상대주의가 문화와 문화 사이의 상호 교류가능성에 대한 논의를 제외하더라도 여러 문제를 드러낼 수 있다. 다시 말하면 문화상대주의가 지나치게 강조될 때는 타인에 대한 존경과 인정 보다는 오히려 제3자적 관점에서 방관과 무관심을 초래할 수 있을 뿐 실제로 다른 문화와 상호 교류가 불가능할 수 있다. 다른 문화를 인정하고 존경하며 다른 삶의 방식을 인정하고 존경하는 것은 그런 문화 그런 삶과 만남을 통해 내 자신이 변화될 준비가 되어 있을 때만이 진정한 의미를 가진다고 할 수 있기 때문이다.[5]

이처럼 문화다원론과 문화상대주의는 문화 사이의 우열을 평가하는 차원을 넘어 개별적인 문화 자체의 고유한 가치를 강조하는 이념 또는 지향성을 가진다. 문화다원론과 문화상대주의적 관점과 연관되는 것을 물리학 이론에서 찾아보면 닐스 보어Niels Bohr(1885~1962)의 상보성 원리를 언급할 수 있다.

그러면 『주역』의 음양론과 연관하여 닐스 보어의 상보성 이론을 요약해 보기로 한다. 닐스 보어가 1927년 '양자이론의 철학적 기초'라는 제목의 강의에서 제시한 상보성 원리complementarity principle는 양자

---

4 M.Herskovits, "*Cultural Relativism*", New York: Vitage, 1973, 76-77쪽. (한국철학회 편, 『문화철학』, 1995, 215쪽.)
5 강영안, 앞의 논문, 1995, 217쪽.

역학의 혁명을 처음 혁명적으로 제창한 그의 두 가지 이론 가운데 하나이다. 이 원리는 원자를 구성하는 양성자나 전자는 파동과 입자와 같이 전혀 다른 두 가지 성질을 가지지만, 원자를 이루는 입자들과 연관된 현상을 모두 설명하기 위해서는 두 가지 성질 모두가 필요하다는 것이다. 빛은 간섭이나 회절실험에서는 '파동'으로 나타나지만, 광전효과 실험에서는 '입자'의 성질로 나타난다. 보어는 빛의 이러한 이중성을 상보성 원리로 정리하였다.

『주역』에서 음양 개념은 음 속에 양이 포함되어 있고, 양 속에 음이 내포되어 있음으로써 상보적인 관계를 가진다. 이처럼 음양이 상보적 관계를 가질 수 있는 것은 음양의 배후에 이들의 상호간 변화를 가능케 하는 근거로서 변화의 총체적 원리로서 '태극太極'이 있기 때문이다. 닐스 보어는 국가로부터 기사 작위를 받으면서 스스로 문장에 상보성 원리를 태극 문양으로 표시하였다. 원자를 구성하는 입자들과 관계된 물리량은 그런 물리량을 측정하는 과정 사이의 상호작용에 의해 결정되기 때문에, 서로 다른 실험을 통해 계측된 물리량들은 하나의 구조 안에서는 해명되지 않기 때문에, 대상을 총체적으로 이해하는 데 반드시 필요한 것이 바로 상보성 원리이다.[6] 따라서 보어의 상보성 원리는 바로 태극太極이 내포하고 있는 총체성과 동일한 의미를 지닌다고 할 수 있다.

---

[6] 닐스 보어는 '대립적인 것은 상보적Contraria Sunt Complementa'이란 문장을 남겼는데 이는 『주역』의 음양이론과 일맥상통한다. 『주역』에는 '우주만물은 태극에서 나와 음양이 되고 음양이 또 음과 양을 낳는다. 음과 양은 서로 상보적으로 존재하며 음에서 양으로 양에서 음으로 변화한다'고 되어 있다.

3. 『주역』 상징체계의 단일성과 다양성의 상보적 특성

『주역』은 본래 자연과 인사의 다양한 사태에 대하여 부호 상징체계를 구성하여 사물의 변화를 설명하고 이를 통하여 미래를 예측하고자 하는 점서로 출발하여 인사의 실천적 기준을 위한 철학적 해석을 포괄하는 체계로 이루어져 있다. 『주역』 상징체계가 내포하고 있는 문화다원론적 의미를 해명하기 위해서는 태극으로부터 음양陰陽, 사상四象, 팔괘八卦, 육십사괘六十四卦, 384효로 전개되는 변화의 양상과 특성을 이해할 필요가 있다. 음양의 부호를 중첩하여 팔괘와 육십사괘를 만들고, 그 구성요소로서 384효에 괘효사를 붙임으로써 자연과 인사의 변화를 설명하는 『주역』의 상징체계는 단일한 원리로부터 전개되는 다양한 현상세계의 법칙과 성질을 드러내 준다. 그러나 이러한 단일한 원리와 다양한 현상은 총체성의 원리로서 태극과 음양을 매개로 유기적인 연관성을 가지고 상호작용하는 것으로 이해된다.

「계사전」에서는 자연의 모든 변화에는 총체성의 원리로서 태극이 있으며, 이로부터 음양이라는 두 가지 생성의 요소가 산출되는 것으로 언급하고 있다. "변화에는 태극이 있어서, 이것이 양의兩儀를 낳고, 양의가 사상을 낳으며, 사상이 팔괘를 낳는다. 팔괘는 길흉을 결정하고, 길흉이 대업大業을 낳는다"[7]고 하였다. 여기에서 사물을 낳는 총체성의 원리로서 태극으로부터 음양이 생겨난 후에, 음양이 다시 사상을 낳을 수 있는 것은 음양 속에 태극이 그대로 있어서, 이 태극이 음양을 분화하고 통합하는 총체적 생멸의 근원이 되기 때문이다. 여기에서 태극은 음양 양의, 사상, 팔괘를 통하여 자신의 창조적 총체성을 발현함으로써

---

7 『周易』「繫辭傳」上11, "是故易有太極, 是生兩儀, 兩儀生四象, 四象生八卦, 八卦定吉凶, 吉凶生大業."

무한히 현상세계를 다양하게 산출하는 근거가 된다.

「태극도설太極圖說」에 대한 해설에서 주희는 천도가 움직이고 고요해지는 것을 성이 두루 통하고 복귀하는 것으로 이해하였다. 이것은 음과 양이 동정하여 현상세계의 만물로 펼쳐졌다가 다시 근원으로 돌아가는 순환 반복하는 양상을 언급한 것이다.

> "이른바 한편으로 음으로 바뀌고 한편으로 양으로 바뀌는 것을 도라고 말한다. '성誠'은 성인의 근본이고, 사물의 처음과 끝이며 하늘이 명한 도리이다. 그 움직임은 성誠이 통한 것으로, 그것을 잇는 것은 선으로 만물이 시작하는 바탕이다. 그 고요함은 성이 복귀하는 것으로, 그것을 이루는 것은 성이고 만물이 각각 그 받은 천명을 바르게 이루는 것이다."[8]

여기에서 '성이 통한다[誠之通]'는 것이 단일한 천도天道로서의 성誠으로부터 양의 역동적인 움직임으로부터 다양한 현상세계가 펼쳐지는 것을 뜻하는 것이라면, '성이 복귀한다[誠之復]'는 것은 펼쳐졌던 현상세계가 다시 음이 고요해짐을 통하여 다시 단일한 근원으로 돌아가는 것을 말한다. 하나의 단일한 특성으로서 씨앗으로부터 움직임을 통하여 싹이 트고, 이후 줄기와 가지가 뻗고, 잎이 달리며, 꽃이 피면서 다양하게 펼쳐졌다가, 다시 하나의 본질로서 열매로 수렴되는 식물의 생성과정 또한 바로 이러한 음양의 변화에 따른 단일성과 다양성이 순환하는 과정이 된다.

『주역』 상징체계가 내포하고 있는 상보적 의미를 이해하기 위해서는 음양 개념을 좀 더 살펴볼 필요가 있다. 만프레드 포커트Manfred

---

8 「太極圖說」朱熹註, "所謂一陰一陽之謂道 誠者聖人之本 物之終始 而命之道也 其動也, 誠之通也, 繼之者善, 萬物之所資以始也, 其靜也, 誠之復也, 成之者性, 萬物各正其性命也."

Porkert는 음양에 대하여 대립적이면서도 상보적인 특성들을 상세하게 분석하였다. 그에 따르면, 음陰은 '완성하는';'완전하게 하는', '반응하는';'상응하는', '정지한';'휴식하는', '유지해주는';'보존하는';'거두는', '응축하는';'집중하는', '조직화하는' 등의 의미를 가진다. 이와 상대적으로 양陽은 '초기의';'시작하는', '풀어내는';'자극하는', '움직이는';'살아있는', '변화하는' ;'변화를 일으키는', '자라나는';'퍼지는', '분해시키는';'흩어지게 하는', '유동적이면서 결정하는' 등의 의미를 가진다.[9] 음과 양은 이처럼 대립적이면서도 상호의존적으로 사물의 특정한 변화과정의 대립적인 두 축이 된다.

음과 양이 상보적 대립적 변화 국면에서 변화를 이루는 과정은 태극과 음양의 상호작용을 통하여 이루어진다. 기본적으로 음양은 태극에 의해서 서로 연결되어 있으면서 상호 대립적인 성질로서의 양극성을 가진다. 이러한 특성으로 인하여 예컨대 양의 움직임이 활성화되는 단계는 상대적으로 음이 줄어드는 상태가 된다. 태극은 이러한 변화과정과 단계에서 음과 양의 상호작용에 의한 변화를 유도하고 결정하는 작용을 한다. 여기에서 음이 자신의 고유한 성질에 따라 다양성으로부터 단일성으로 수렴되고 환원되는 '일본一本'으로의 방향성을 가진다면, 양은 단일성으로부터 다양성으로 펼쳐지고 확산되는 '만수萬殊'로의 방향으로 움직인다.

그러면 『주역』의 상징체계에 내포되어 있는 '상象'과 '의리義理'의 상관적 특성을 살펴봄으로써, 변화의 체계로서 세계의 변화를 반영하는 『주역』의 기능을 해명해 보기로 한다. 「계사」에서는 "역은 상징체계인데, 상이라는 것은 본뜨는 것이다"[10]라고 하였다. 여기에서 '본뜬다

---

9 김영식 편, 『중국전통문화와 과학』, 만프레드 포커트, 「음양 개념의 분석」, 창작사, 1986, 183-193쪽.

[像]'는 것은 두 가지 의미를 지닌다. 첫째는 구체적이고 다양한 현상으로부터 보편적 원리와 의미를 추상하는 경우이다. 이것은 세계의 다양한 현상을 설명하기 위하여 음양의 효를 중첩함으로서 8괘, 64괘, 384효를 구성함으로써 세계의 다양한 현상을 설명하는 보편적 의리 또는 의미 체계를 세우는 것을 뜻한다. 둘째는 보편적 의미 또는 의리를 구체적 상징물로 드러낼 때의 본뜸이 있다. 이 경우는 추상적이고 보편적인 괘효의 의미를 물상이 포함된 문장으로 드러냄으로써 특수하고 구체적인 현상세계를 본뜸을 말한다.[11] 전자가 양으로부터 음으로 바뀌는 변화로 다양성과 특수성에서 단일성과 보편성의 방향으로 변화를 향한다면, 후자는 음으로부터 양으로 변화하는 것으로 단일성과 보편성으로부터 다양성과 특수성의 방향으로 변화하는 것을 의미한다.

『주역』상징체계가 내포하고 있는 음양 변화의 상보적 의미를 구체적으로 이해하기 위해서는 괘효의 구성과정과 체계를 살펴보는 것이 필요하다.『주역』64괘는 팔괘를 먼저 구성하고 나서 이를 중첩하여 만든 것으로 이해된다.「건괘」와「곤괘」는 각각 순양과 순음의 세 효로 이루진 반면,「태괘」,「리괘」,「진괘」는 양괘陽卦로,「손괘」,「감괘」,「간괘」는 음괘陰卦로서 음양이 결합되어 이루어진 괘이다. 하지만 이 팔괘八卦는 구체적 상징물[象]들로 모사되지만, 예컨대 건은 '굳셈[健]', 곤은 '유순함[順]'과 같이 동질적이며 불변하는 하나의 보편적 의미를 가지고 있다. 따라서 이 팔괘만으로는 자연과 인사를 아우르는 무수한 현상의 변화를 모두 반영할 수 없다. 이 때문에『주역』은 팔괘를 위 아래로 다시 중첩함으로서 64괘를 구성함으로써 이를 통하여 현상세계의 모든 변화를 포괄하여 상징하는 체계로 삼았다. 그러나 반대로 각각의 팔괘

---

10 『周易』「繫辭」, "易者, 象也, 象也者, 像也."
11 엄연석,『조선전기역철학사』, 학자원, 2014, 68쪽.

는 예컨대, 건乾은 마馬, 군君, 수首 등으로, 곤坤은 우牛, 신臣, 복腹 등으로 표상됨으로써 다양한 현상 사물로 상징되고 있다.[12]

「계사」에서는 "팔괘八卦가 배열되면 상象이 그 속에 있게 되고, 이 팔괘를 중복시켜 64괘를 만들면 여기에는 효爻가 내재하게 된다. 강유剛柔가 번갈아 추이推移하면 변화가 그 속에 있게 되고, 문장을 붙여서 의미를 부여하면 움직임이 그 속에 있게 된다"[13]고 하였다. 여기에서 말하고자 하는 것은 팔괘의 단계에는 하나의 동질적인 의미를 드러내는 상象이 존재하게 되는 반면에, 팔괘를 한번 중복하여 64괘를 만들면 3획으로 하나의 상象으로 불변의 의미를 드러내는 것과 달리 개별적으로 분리된 효爻가 드러난다는 것이다. 차례로 이 효는 음양강유陰陽剛柔의 성질로 구분되며 이것이 반복하여 옮기고 바뀜으로써 사물의 변화를 상징한다는 것이다. "효라는 것은 천지 사이의 사물이 변화하는 추이를 본떴다. 그래서 길흉이 생겨나고 후회와 부끄러움이 드러난다"[14]는 것은 바로 이런 의미를 표현하는 말이다.

『주역』 64괘 각각의 괘를 구성하는 효는 이처럼 사물이 변동하는 추이를 드러내는 것을 본질로 하면서도 모든 효爻가 똑같은 가치와 성

---

12 張善文, 『象數與義理』, 遼寧敎育出版社, 1995, 164쪽. 왕필은 「주역약례周易略例」에서 괘의 보편적 의미만 취한다면 그것을 표상하는 물상이 어떤 것이 되는 상관이 없다는 취지로 다음과 같이 언급하였다. "일정한 유형을 미루어 상象으로 삼을 수 있다. 뜻에 부합하기만 하면 상징으로 삼을 수 있다. 뜻이 굳셈에 있다면, 하필 말일 필요가 있겠는가? 무리가 실로 유순하기만 하면, 하필 소일 필요가 있겠는가? 뜻이 유순함에 부합하기만 하면 하필 곤坤이 소가 되어야 할 필요가 있겠는가? 뜻이 실로 굳셈에 호응한다면 하필 건乾이 말일 필요가 있겠는가?"(觸類可爲其象, 合義可爲其證. 義苟在健, 何必馬乎. 類苟在順, 何必牛乎! 義苟合順, 何必坤乃爲牛. 義苟應健, 何必乾乃爲馬. :王弼, 「周易略例」, 「明象」)
13 『周易』「繫辭」下1, "八卦成列, 象在其中矣, 因而重之, 爻在其中矣, 剛柔相推, 變在其中矣, 繫辭焉而命之, 動在其中矣."
14 『周易』「繫辭」下1, "爻也者, 效天下之動者也. 是故吉凶生而悔吝著也."

질을 가지는 것이 아니다. 초효에서 상효까지 배열되는 여섯 개의 효는 위치에 따라서 가가 다른 성질과 가치를 갖기 때문에 이들 각각의 효에 대해서는 평가를 달리 한다. 곧 "이효와 사효는 공적은 같으나 자리가 달라서 그 선함이 같지 않다. 이효는 명예가 많으나 사효는 두려움이 많은 것은 임금에 가깝기 때문이다. '부드러움[柔]'의 도리는 멀리 있는 것은 이롭지 않지만, 결국에는 허물이 없는 것은 부드럽게 중을 쓰기 때문이다. 삼효와 오효는 공적이 같으나 자리가 다른데, 삼효가 흉함이 많고, 오효가 공적이 많은 것은 귀천의 등급이 있기 때문이다. 유효柔爻는 위태롭고, 강효剛爻는 이긴다."[15]고 하였다. 『주역』괘의 여섯 효에서 초효와 상효를 제외하고 중심이 되는 이효에서 오효까지의 위치에 따른 길흉 선악을 평가하였다. 곧 이효와 오효는 중도의 자리에 있어서 많은 경우 공적[功]과 명예[譽]가 있는 효인데 비하여, 삼효와 사효는 중中의 자리에 있지 않기 때문에 흉하고 두려운 위치라는 것이다. 하지만 사효는 삼효에 비하여 유중柔中을 쓰기 때문에 상대적으로 조금 낫다고 할 수 있다.

요컨대, 『주역』의 상징체계는 태극과 음양으로부터 분화되어 나온 팔괘와 64괘 384효를 통하여 창조적 총체성을 발현함으로써 현상세계를 다양하게 산출하는 변화의 체계를 설명해준다. 이 때 음양은 동정하여 현상세계의 만물로 펼쳐졌다가 다시 근원으로 돌아가는 순환운동을 반복함으로써 무한한 변화의 추이들 드러낸다. 음양陰陽을 상호관계의 측면에서 바라보면, 서로 대립적이면서도 상호의존적으로 사물의 특정한 변화과정의 양극성으로서 대립적인 두 축이 된다. 『주역』에서 상象

---

15 『周易』「繫辭」下9, "二與四同功而異位, 其善不同, 二多譽, 四多懼, 近也. 柔之爲道, 不利遠者, 其要无咎, 其用柔中也, 三與五同功而異位, 三多凶, 五多功, 貴賤之等也. 其柔危, 其剛勝邪."

과 효爻는 보편적 이치가 구체적 현상으로 드러나는 것과 단일함과 다양함이 만나고 통하는 양태를 살핌으로써 사물 또는 사태의 길흉을 살필 수 있는 매개가 된다. 또한『주역』64괘 각각의 괘를 구성하는 효는 사물이 변동하는 추이를 드러내는 것을 본질로 하면서도 모든 효爻가 똑같은 가치와 성질을 가지는 것이 아니다. 이처럼『주역』은 그 위치에 따라서 상관적 가치가 달리 평가되는 괘효의 체계를 통하여 단일성과 다양성을 아우르면서 효爻들 사이의 대립적 의미와 상보적 의미를 설명하는 체계로 이루어져 있다.

4. 상수역학의 『주역』 해석에 내포된 문화다원론적 함의

앞장에서는『주역』상징체계의 단일성과 다양성의 상보적 특성을 태극과 음양을 바탕으로 이루어지는 팔괘와 64괘, 384효가 상징하는 변화의 체계에 대한 설명을 통하여 해명하였다. 이 장에서는『주역』의 해석 방법론으로서 상수역학에 내포되어 있는 문화다원론적인 함의가 어디에 있는가를 중점적으로 규명하고자 한다. 상수역학의 해석방법에 따른『주역』이해가 어떻게 문화다원론적 의미를 내포하고 있는가를 해명하기 위해서는 문화다원론의 핵심 의미와 상수와 의리를 포괄하는 『주역』의 상징체계 사이의 유비적 동일성을 살펴보아야 한다.

먼저 문화다원론이 제시하는 기본 명제는 모든 문화는 수평적 차원에서 각각 고유한 특성과 독자성을 가질 뿐, 문화 사이에 수직적인 등급이나 가치론적 우열이 없다고 본다. 문화다원론적 관점은 하나의 문화에서 다른 문화로의 문화적 요소의 전파와 수용이 개방성을 가지며, 각각의 문화는 모두 그 자체로 동등한 가치를 가지는 것으로 존중되어야 한다는 의미를 포함한다.

이와 비교하여 싱수역학적 해석 방법에 의해 이해되는『주역』상징 체계는 어떤 의미에서 문화다원론적 의미를 내포하고 있는가? 먼저 상수역학적 해석에 대하여 살펴보면, 기본적으로 한대로부터 청대에 이르는 상수역학에서 제시한 호체互體, 효변爻變, 착종錯綜, 납갑納甲 등의 학설은 상수로『주역』을 이해하는 대표적인 이론이다. 이 중에 호체설 은『주역』괘효사의 의미가 괘효상과 일치하지 않는 부분에 대하여 그 괘효사의 의미를 그 괘의 배후에 숨어 있는 다른 괘효상으로부터 이끌 어냄으로써 괘효사를 정합적으로 이해하기 위하여 제시한 방법이다. 이것은 64괘를 상호간 변화하는 변역變易의 관점에서 보아 하나의 괘의 배후에 숨어 있는 괘를 찾아서 변화의 양상과 추이를 살펴보는 것이다. 효변이나 착종설의 경우에도 괘의 음양의 변동을 통하여 고정되지 않는 괘의 역동적 변화 양상을 살피는 것이며, 납갑설은 육십갑자를 기본 팔괘의 여섯 효에 배치하는 규칙으로서 간지干支로 팔괘의 변화를 설명 하고자 한 것이다.

요컨대,『주역』상징체계에 대한 상수역학적 해석 방법은 한 괘의 전체적이고 보편적인 의미를 고정된 불변의 시각에서 바라보는 의리역 학과 달리 하나의 괘가 다른 괘로 바뀌는 역동적 변화 양상을 개별적인 상과 상 사이의 변화로 포착함으로써 모든 다양한 변화가능성을 제시 하고자 한다. 따라서 상수역학에서는 사물이 다양한 방향으로 변화하는 역동적인 양상에 주목함으로써 그 변화에 대한 길흉으로의 가치판 단보다는 다양한 변화 자체를 수평적인 시각에서 상대적인 고유성과 특수성에 대한 인식을 강조한다. 이점에서 상수역학적 관점에 따른 사물 변화에 대한 이해 속에는 문화다원론적 입장과 부합하는 의미가 함 축되어 있다.

그런데 상수역학적 해석 방법에 따른 『주역』 해석이 지니는 문화다원론적 함의를 해명하기 위해서는 음양의 상호작용에 따른 사물의 변화가 어떤 특성을 가지는가를 좀 더 이해할 필요가 있다. 음양에 의한 사물의 변화는 가치중립적인 일기一氣의 변화와 가치평가적인 음양의 기의 변화 등 두 가지 관점에서 이해할 수 있다. 상수역학은 전자의 의미에 집중하여 그 다양한 변화법칙을 탐색하는 데 초점을 맞춘다.

가치중립적인 관점에서 음양은 동정動靜, 진퇴進退, 소장消長, 흡벽翕闢, 강약强弱, 명암明暗, 남녀男女, 경중輕重 등의 특성을 가지고 자연적 필연성의 관점에서 대립면의 양극을 순환하는 측면이다. 자연세계에서의 변화로 나타나는 음양의 기는 단지 동일한 긴의 양의 측면과 음의 측면을 가리키는 것이다. 주희는 이것을 "두 가지 기가 나뉘는 것은 실제로는 하나의 기가 운행하는 것이다"[16]라고 하였다. 이것을 그는 좀 더 구체적으로 다음과 같이 설명하였다.

> 비록 음과 양이 두 글자이지만, 그것들은 동일한 그들은 하나의 기가 성장하고 소멸하는 것일 뿐이다. 나아가고 물러남, 소멸하고 성장하는 것에서 나아가는 것은 바로 양이고, 물러나는 것은 음이며, 성장하는 것은 양이고 소멸하는 것은 음이니, 이것은 단지 하나의 기가 성장하고 소멸하는 것이다.[17]

음양의 기가 소장과 진퇴를 지속적으로 이루기 위해서는 이러한 변화를 가능케 하는 매개가 있어야 할 것이다. 이것을 가능하게 하는 근거

---

16 『朱子全書』51-6a, "二氣之分, 實一氣之運"(김영식 편, 「주희에서의 氣 개념의 몇 가지 측면」, 『중국전통문화와 과학』, 창작사, 1986, 171쪽.)

17 『朱子全書』49-30a, "陰陽雖是兩箇字, 然却只是一氣之消長, 一進一退, 一消一長, 進處便是陽, 退處便是陰, 長處便是陽, 消處便是陰. 只是這一氣之消長."

가 바로 음양 이기의 대립 모순적인 양극을 관통하는 일기一氣가 있으며, 음양은 이 일기에 근거하여 상호작용하면서 변화를 이루는 두 가지 양태이다.

이처럼 가치중립적인 의미로 해석되면서 음양陰陽으로 나뉘는 기의 변화 단계와 특성을 『주역』에서는 괘효의 위치와 괘효 사이의 변화의 관점에서 설명하였다. 「계사」에는 "역易의 글은 멀리 할 수 없으니, 그 도리는 누차 반복하여 옮기고 변동하여 머무르지 않으며, 두루 여섯 곳 빈자리를 흘러서 위아래가 일정하지 않고, 강유剛柔가 서로 바뀌어 일정한 규칙을 이루지 않고 오직 시의 적절성에 따라 변한다"[18]라고 말하였다. 이는 『주역』의 여섯 효가 음양강유의 변화를 이루는 것이 하나의 고정된 변화법칙에 따라 제한된 방향으로 이루어지는 것이 아니라는 것이다. 반대로 일정불변하는 방향성을 가지지 않고 상황에 따라 시의성에 맞게 다양한 방향으로 변화할 수 있다는 것이다.[19]

이제 상수역학적 해석 방법에 따른 『주역』 상징체계에 대한 이해에 내포되어 있는 문화다원론적 함의를 구체적으로 해명하기 위해서 그 방법론 중에 중요한 내용을 검토하기로 한다. 상수역학적 『주역』 해석 방법론 가운데 중요한 것에는 호체설互體說, 괘변설卦變說, 착종설錯綜說 등이 있다. 이 글에서는 우선 세 학설에 대한 개관을 통하여 상수역학적 해석 방법의 특성과 문화다원론적 의미를 정리하기로 한다.

먼저 호체론의 기본 형태는 초효와 상효를 제외한 이효에서 오효까

---

18 『周易』「繫辭」下8, "易之爲書也, 不可遠. 爲道也屢遷, 變動不居, 周流六虛, 上下无常, 剛柔相易, 不可爲曲要, 唯變所適."
19 이러한 시의성은 리의 관점에서 설명할 수 있다. 정병석은 "길흉의 결과는 대부분 효위 관계가 반영하는 변화나 괘효사에 근거해서 정해지거나, 상징하고 있는 물상의 상태에 근거해서 변천하고 추이한다고 말한다. 각 괘효는 변동에 의해서 형성된 것이기 때문에 변동으로부터 이해를 설명한다"(정병석, 『점에서 철학으로』, 동과서, 2014, 222쪽.)고 하였다.

지의 효를 가지고 2·3·4효를 하괘로 3·4·5효를 삼아 새로운 괘를 구성하는 방법이다.[20] 호체괘는 본 괘가 바로 전단계의 변화와 바로 다음단계의 변화를 자신 안에 내포하고 있다는 의미를 갖는다. 이것은 호체괘가 시간적 선후의 변동 양상을 살필 수 있는 근거가 될 수 있는 것을말해 준다. 그러나 호체는 대체大體, 반체反體, 도체倒體와 같은 방법으로 확장되는데, 이것은 하나의 괘를 여러 방향과 방법으로 조작함으로써 하나의 괘가 여러 방향으로 역동적인 변화를 이루는 관점에서 바라볼 수 있도록 하는 데 목표가 있다.

그러면 착종괘는 어떤 의미를 가지는가? 착종錯綜이라는 말은 「계사」의 "이리저리 뒤섞어서 변하고 그 수를 뒤섞어 합한다. 그 변화에 통하여 마침내 천하의 문식을 이루고 그 수를 극진하게 미루어 끝에 천하의상을 결정하니, 세상에 변화에 지극한 사람이 아니면 누가 여기에 참여할 수 있겠는가?"[21]라는 문장에서 언급되었다. 여기에서 '착종'은 일반적인 어법으로 쓰였다. 왕부지王夫之(1619-1692)는 이 개념에 대하여 상수역학적 의미를 새롭게 규정한 학자이다. 그는 다음과 같이 '착종' 개념에 사물의 역동적인 변화를 상징하는 두 괘사이의 상수역학적 의미를 부여하였다.

---

20 호체괘는 한 괘 안에서의 괘변의 관점이 아니라 초효로부터 상효로 올라가면서 효가 단계적으로 자리 이동을 하는 관점에서의 변화 관점에서 볼 때 의미가 있다고할 수 있다. 다시 말하면 예컨대, 호체괘 상괘는 본 괘의 3·4·5효가 결합된 것이기때문에 효들이 한 자리씩 자리이동을 하여 올라가면 이 괘는 4·5·6의 자리로 옮김으로써 바로 드러난 본괘의 상괘와 같이 된다. 이처럼 호체괘는 2·3·4효의 하괘의경우는 본 괘가 되기 바로 전단계의 1·2·3효가 자리 이동을 하여 호체괘 하괘가된 것으로, 3·4·5효의 상괘의 경우는 본 괘가 변하게 되는 바로 다음 단계의 4·5·6효로 자리 이동을 하게 되는 것으로 볼 수 있다.

21 『周易』「繫辭」上10, "參伍以變, 錯綜其數, 通其變, 遂成天下之文, 極其數, 遂定天下之象. 非天下之至變, 其孰能與於此?"

'착錯'은 쇠를 갈아내는 줄로 밖을 갈아서 그 속을 드러내는 것이다. '종綜'은 날실을 매고서 베틀을 움직이며, 위 아래로 오르내리는 것이다. 괘에는 각각 여섯 음과 여섯 양이 있어서 음이 나타나면, 양은 속으로 숨고, 양이 나타나면 음은 속으로 숨는다. 이에 드러난 음을 줄로 갈아버리면 양이 나타나고, 드러난 양을 갈아버리면 음이 드러난다. 예컨대, 건곤乾·坤, 준정屯·鼎, 몽혁蒙·革 등의 것이 모두 '착'의 관계에 있다. 반면, 드러나 있는 효에 나아가 위아래로 번갈아 오르내릴 때, 마치 실을 잡아매고 번갈아 승강하는 것처럼 위아래를 서로 바꾸면 '준괘屯卦'와 '몽괘蒙卦'의 관계와 같이 된다. 『주역』 56괘는 모두 이 '종綜'의 관계에 있다. 옛날에는 주석이 밝혀지지 않아 이것이 바로 『주역』을 이해하는 요체임을 알지 못했으니, 소홀히 해서는 안 된다.[22]

왕부지는 두 괘의 '착錯'과 '종綜'의 관계를 쇠를 가는 것과 베틀로 실을 잣는 것에 형상적으로 비유하여 묘사하였다. 곧 '착錯'을 줄로 쇠를 갈아서 숨어 있던 쇠 내부가 밖으로 드러나는 것과 같은 것으로, '종綜'을 음양이 서로 숨고 나타나는 것으로 날실을 메고서 베틀을 위아래로 움직이면서 실의 위아래가 뒤바뀌는 것과 같은 것으로 비유하였다. 대성괘大成卦 팔괘八卦를 제외하고 나머지 56괘는 모두 종의 관계를 가지는 것으로 말하면서 왕부지王夫之는 이 착종이 『주역』을 이해하는 핵심이므로 소홀히 해서는 안 된다고 하였다. 이 괘 사이의 착종錯綜 관계는 호체를 연역한 반체反體나 도체倒體와 같은 의미를 갖는다.

상수역학자들은 괘효가 내포하고 있는 사색할 수 있는 모든 방향의

---

22 『周易稗疏』 卷3, 「參伍錯綜」, 788쪽, "錯者, 鑢金之械器, 汰去其外而發見其中者也. 綜者, 繫經之線, 以機動之, 一上而一下也. 卦各有六陰六陽, 陰見則陽隱於中, 陽見則陰隱於中, 錯去其所見之陰則陽見, 錯去其所見之陽則陰見, 如乾之與坤, 屯之與鼎, 蒙之與革之類, 皆錯也. 就所見之爻, 上下交易, 若織之提綜, 迭相升降, 如屯之與蒙, 五十六卦皆綜也. 舊未注明, 不知此乃讀易之要, 不可忽也."

역동적 변화과정을 수많은 이론을 통하여 제시하고자 하였는데, 호체설, 착종설, 괘변설 등은 가장 중심적인 이론들이다. 상수역학자들이 구체적인 상에 얽매이고, 괘효의 상과 괘효사의 의미를 정합적으로 이해하고자 하는 강박 관념으로 상象에 얽매이는 문제점을 가지고 있었다. 하지만 이러한 과정에서 이들은 괘효의 변화와 괘 사이의 여러 방향으로의 변화, 한 괘 안에서의 효 사이의 단계적인 변화, 그리고 효의 자리 이동을 통한 괘의 변화와 같은 형식적 기준들을 제시함으로써 사물의 변화에서 상수象數가 가지는 자연 필연적인 법칙을 드러내는 의미와 변화의 복잡다단한 다양성 자체를 드러냈다는 점에 공적이 있다.[23]

이러한 다양한 변화 법칙은 이제 그 시의성時宜性에 따라 길흉회린을 핵심으로 하는 가치평가에 의해 인간에게 일정한 기준을 제공하는 근거가 될 수 있다. 다시 말하면 이러한 다양한 변화 법칙은 자체로는 길흉의 가치 의존적 의미를 가지지 않은 필연성을 가지는 법칙이라 할 수 있다. 이것은 인간의 실용적 필요라는 시의성에 유용성을 가질 때 좋은 것으로, 그렇지 못할 때 흉한 것으로 평가됨으로써 주관적 도덕성이나 의지와 무관하게 객관적 상황에 따라 그 길흉선악吉凶善惡이 결정되는 것이라 할 수 있다. 그래서 경험적 시의성을 통하여 귀납적인 일반화로 선악을 말할 수 있는 특성을 가지는 것인 만큼, 다양한 변화법칙 자체의 우열을 가리는 것은 합당하지 않은 의미가 있다. 이것을 인

---

23 상수역학의 방법론이 문화다원론적 입장과 연속적 의미를 가진다고 하는 논리적 근거는 다음과 같이 말할 수 있다. 상수역학은 호체, 착종, 효변과 같은 이론을 통하여 자연과 인문 사회 현상의 모든 다양한 변화 양상을 가치평가에 있어서 중립적 수평적으로 설명하고자 한다. 따라서 여러 현상적 다양성은 그 자체 선험적으로 선악이 결정되어 있는 것이 아니며 상황의 적절성에 따라 그 선악이 귀납적으로 결정되는 것이다. 이러한 관점은 수많은 문화권이 각각 고유한 가치를 가지고 상대적 자율성을 가지는 것으로 수평적으로 해석되어 선험적으로 선악으로 결정되지 않는 이념을 가지는 문화다원론과 논리적으로 일치하는 의미를 갖는다.

문적 상황에 적용할 때 상수역학에서의 여러 방법론에 근거한『주역』
상징체계에 대한 이해는 분명히 문화다원론적 이념과 의미를 함축하고
있다고 말할 수 있다.

5. 의리역학의 『주역』 해석에 내포된 문화다원론적 함의

앞장에서는 상수역학적 해서 방법론에 따른『주역』상징체계에 대
한 해석 속에 어떻게 문화다원론적 함의가 내포되어 있는가 하는 점을
고찰하였다. 그러면 이 장에서는 의리역학적 해석 방법에 의해 이해되
는『주역』상징체계는 어떤 의미에서 문화다원론적 의미를 내포하고
있는가?를 고찰해 보기로 한다.

의리역학적 관점에 따른『주역』해석은 상수역학적 해석 방법과 다
르다. 의리역학에서는 불역不易의 측면에 강조점을 두어 하나의 괘가
가지는 전체적이고 보편적인 의미를 중시하기 때문에 특정한 괘에 대
한 의미 있는 해석을 위해서는 한 괘의 전체적 의미를 드러내는 '괘명
卦名'에 대한 이해가 필수적이다. 이 때 소성괘小成卦 팔괘로 이루어지
는 상괘上卦와 하괘下卦 각각의 의미와 그 상관적 의미관계에 대한 이
해 또한 괘를 해석하는 중요한 기준이 된다. 뿐만 아니라 하나의 괘 속
에 그 구성요소가 되는 효들의 초효로부터 상효까지의 자리가 지니는
중정中正 여부와 승승비응乘承比應과 같은 효 사이의 상호 연관관계에
대한 이해가 중시된다.

또한 초효로부터 상효까지의 자리는 사회적인 계층적 지위를 상징
하는 것으로 해석되는데, 특히 계층적 지위와 질서는 중국 고대에는 천
자, 제후(군주), 경대부, 사(신하), 그리고 일반 백성들로 나누어 위로부

터 아래로 차례대로 효에 대응시킨다. 의리역학에서 이들 효에 대하여 수직적 차등적 관점으로 해석하는 경우도 있지만, 기본적으로는 한 괘의 전체적인 조화를 지향하여 효 사이의 상호의존적인 연관성이 중시되면서도 동시에 각각의 자리가 가지는 개별적인 고유성과 특수성 또한 간과되지 않는다. 이처럼 의리역학의『주역』해석에서도 각각의 효가 가지는 특정한 변화 단계에서의 고유한 역할과 의미를 중시한다는 점에서 문화다원론적인 기본 명제가 지향하는 목표를 함축하고 있다고 평가할 수 있다.

그런데 의리역학적 방법에 따른『주역』해석이 지니는 문화다원론적 함의를 해명하기 위해서는 음양의 상호작용에 따른 사물의 변화가 어떤 특성을 가지는가를 좀 더 이해할 필요가 있다. 앞서 말한 것처럼 음양으로 상징되는 사물의 변화는 가치중립적인 일기一氣의 변화와 가치평가적인 음양의 기의 변화 등 두 가지 관점에서 이해할 수 있는데, 의리역학은 후자의 의미에 집중하여 그 다양한 변화법칙을 양을 음보다 선하고 우월한 것으로 보아 음양을 존비선악尊卑善惡의 관점에서 바라보고 있다.

음양의 기가 가치 의존적 맥락에서 해석되는 것은 의리역학의 중요한 특성이다. 주희의 경우를 보면, 정신, 사고, 이해, 용기, 도덕 등과 같은 비물질적인 현상들을 순수, 맑음, 굳음, 균형 등과 같이 물질적인 기의 성질들과 연결시켰다. 예를 들면, 양심은 맑은 기로부터 자라나는 반면, 기가 흐리면 인간은 도덕성을 잃는다. 이기적 욕망은 불순한 기에 의해 생기고, 건강한 기는 용기를 가지게 한다. 기가 도덕적 성질을 부여받기 때문에 인간의 도덕적 수준의 차이는 자연히 그들의 기의 차이에 돌려진다.[24] 이처럼 기에 대한 가치론적 이해는 의리역학의『주역』해석에서 '부양억음론扶陽抑陰論'[25]으로 전개되고 있다.

이제 의리역학적 해석 방법에 따라 『주역』 상징체계를 이해할 때 이 속에 문화다원론적 함의가 어떻게 반영되어 있는가를 구체적으로 해명하기 위해서는 의리역학의 해석 방법론을 검토하는 것이 필요하다. 의리역학적 『주역』 해석 방법론 가운데 중요한 것에는 괘의卦義, 중정中正, 승승비응承乘比應, 효위爻位, 주효主爻 등이 중심적인 방법이다.[26] 이들 방법에 대한 개관을 통하여 의리역학적 해석 방법의 특성과 그 문화다원론적 함의를 해명해 보기로 한다.

의리역학에서 『주역』 상징체계를 해석하는 방법은 상수역학과는 그 방향에서 근본적으로 구별되는 의미를 갖는다. 상수역학의 『주역』에 대한 해석 방법은 괘효의 역동적 변화과정으로서 역易을 변역變易의 관점에서 바라본다고 할 수 있다. 반면, 의리역학은 괘효의 역동적 변화가 아닌 괘의 불변하는 보편적 의미를 중심으로 개별적인 변화단계로서 효들 사이에 내재되어 있는 인사人事의 상관적 관계에 대한 처리문제를 중심으로 한다. 따라서 의리역학은 역을 불변하는 보편적인 의리 또는 진리를 드러내는 것의 관점에서 '불역不易'을 강조한다. 위에서 말한 여러 방법적 개념들은 이러한 목표를 이루는 데 중심이 되는 것들이다.

---

24 김영식, 앞의 책, 창작사, 1986, 175쪽.
25 『주역』은 의리역학에서 中正과 不中不正을 구별하고, 陰陽을 가치론적으로 구별하는 이론체계를 가지는 측면이 있다. 하지만, 이것이 『주역』 전체를 의미하는 것은 아니다. 하지만 중정하다고 하여 모두가 옳은 것도 부중부정하다고 하여 모두가 그른 것만도 아니다. 오히려 『주역』은 卦와 爻 사이를 전체와 부분의 관계로 파악하여 전체적인 의미 속에서 각각의 부분이 균형과 조화를 이루면서 부분으로 올바르게 기능하는 것에 유의한다. 『주역』의 이념은 좋은 상황에서도 경계하고, 나쁜 상황에서도 걱정만 하지 않고 반성적 노력을 행하여 中道를 실현할 것을 목표로 삼는다. 이 점에서 『주역』은 중심을 주로 하여 차별을 정당화하는 논리가 아니라, 생명의 실현을 이념으로 하여 개별적인 특수 관계를 인정하면서도 전체적인 조화를 이루는 것을 목표로 삼는다는 점에 특징이 있다.
26 엄연석, 『주역의 근본원리』, 「주역에서 상과 의미의 우연적 계기와 필연적 계기」, 철학과 현실사, 2004, 76쪽.

먼저 괘의卦義는 괘가 드러내고자 하는 의미라고 할 수 있다. 「건괘乾卦」는 '강건[健]'을 뜻하고, 「간괘艮卦」는 '정지[止]'를 뜻하는 것과 같이 하나의 괘는 전체적이고 보편적인 의미를 갖는다. 정이의 경우 괘의 卦義는 정치사회적 또는 도덕적 실천과 관련한 리理를 뜻하며, 행위의 궁극적 표준이 되는 점에 특색이 있다.[27] 의리역학은 이처럼 하나의 괘가 가지는 불변하는 보편적 의미 범주를 둘러싸고 모든 괘효사卦爻辭와 괘 전체에 대한 해석이 이루어진다. 『주역』 64괘의 경우 괘의 전체적이고 보편적인 뜻은 괘명卦名에서 가장 잘 드러난다. 그래서 괘명은 의리역학에서 괘효사를 해석할 때 가장 근본적 기준이 된다. 다시 말하면 특정한 괘의 괘명은 그 괘에 속한 여섯 효를 규제하는 근본적 의미이며, 모든 효는 괘명의 의미 범위 안에서 그 부분적이고 특수한 의미로 해석된다고 할 수 있다.

의리역학의 괘효사 해석 방법으로서 '중정中正'은 괘효의 자리로서 효위와 긴밀한 연관성을 갖는다. 이중에 '중中'은 각각 상괘上卦와 하괘下卦의 중간에 위치해 있는 이효二爻와 오효五爻를 뜻한다. 반면 '정正'은 양효는 양의 자리에 음효는 음의 자리에 있는 것으로 초효·3효·5효에 양효가, 2효·4효·상효에 음효가 있을 때가 '바름[正]'이 된다. 이 중정 개념은 효가 자리하고 있는 위치의 중정을 말하는 것으로서 바로 도덕적 실천에서 중도中道에 머무르는 것 도는 중용中庸을 실천하는 자질과 지위에 있는 것을 뜻하는 것으로 해석된다. 특히 여기에서 음이 이효에 있고, 양이 오효에 있으면 중정을 모두 얻은 경우어서 대부분이 좋은 것으로 해석된다.

---

27 엄연석, 「정이 역전의 역학이론에 관한 연구」, 서울대 박사학위논문, 1999, 108-109쪽. 정이에서 괘의의 구성은 일정한 시점에서 특수한 변화를 말하는 爻나 효사와 달리 보편적 상항에 대한 인식과 그런 상황에서 행위의 방향에 대한 일반적 지침만 보여준다.

이어서 승승비응承乘比應[28]이라는 것은 두 가지 괘효 사이의 관계를 일컫는 것이다. 승承이 인접한 두 효에서 아래 효가 위의 효를 떠받치고 있다는 의미라면, 승乘은 위에 있는 효가 아래 있는 효를 타고 있다는 의미가 된다. 또 '비比'는 인접한 두 효가 음과 양으로 서로 다른 성질을 가지고 인접해 있을 때를 말한다. 반면 '응應'은 상괘上卦와 하괘下卦의 같은 위치에 있는 효 사이의 조화여부를 말하는 것으로, 주로 서로 다른 성질로서 음양이 서로 호응할 때를 가리킨다. 의리역학에서는 이 가운데 '비比'는 인접함으로 인하여 음양이 서로 영향을 주고받는 것이고, '응應'은 상하괘의 같은 자리에 있음으로써 음양 사이에 정당한 만남을 상징하기 때문에 비比보다 응應이 큰 영향을 가진다고 본다. 이들 방법들은 모두 두 효 사이의 특수한 상호관계에 대하여 말함으로써 자연과 인사를 포괄하는 사물의 불변의 질서를 상징하는 것으로 해석된다.

의리역학자들은 한 괘가 내포하고 있는 불변하는 보편적 의미를 둘러싼 범위 안에서 괘효의 자리의 중정관계, 괘효의 음양의 자질, 소성괘의 성질, 효들 사이의 관계 중심이 되는 효 등을 가지고 많은 변화상황에서 파생하는 다양한 변수에 대하여 적절한 해석을 하고자 시도하였다. 하지만 의리역학자들에게서 괘효卦爻의 자리는 상하上下 질서를 가지는 것으로 정치적 사회문화적 의미로 해석되었다. 이러한 상하의 질서는 정치적 신분의 차등을 규정하고 계층 사이의 조화로운 질서규범으로서 예禮로 표현된다.

---

28 승승비응은 『주역』 효상爻象의 변동과정에서 네 가지 요소이며, 네 방향에서 복잡한 환경 가운데 이로움 또는 폐단이라는 사물의 변화발전의 규칙을 드러내는 것이다. 승승비응承乘比應에 대한 언급은 「십익十翼」 가운데 부분적으로 나온다. 한대 역학자들 가운데도 이런 네 가지 사례를 쓴 사례가 있다.(張善文, 『象數與義理』, 遼寧教育出版社, 1995, 172쪽.)

유가철학에서 예禮는 상하의 정치적 신분질서를 규정하는 여러 규범적 체계로서 외형적으로는 수직적 위계로서의 의미를 갖는다. 하지만 이 예는 통치계층 내부에 적용되는 규범적 질서이자 절차로서 상하 신분에 따라 상호 간에 침해할 수 없는 고유한 권리와 의무를 규정하고 있으면서도, 이들 사이는 전체적인 통일성을 가지고 조화를 이룰 것을 목표로 삼는다. 이점에서 예는 이념적으로 수평적 균형과 조화를 지향하며, 이처럼 통일성을 가지고 균형과 조화를 이루어 주는 수단은 바로 예와 짝이 되는 것으로서 악樂이라 할 수 있다.

의리역학에서 『주역』의 괘효에 대하여 중정, 승승비응, 효위 등과 같은 해석 방법을 가지고 여러 복잡한 상대적 지위와 그 상관적 변화관계를 해명하고자 하는 것에도 이러한 정치적 질서와 이념이 내포되어 있다. 『주역』의 괘효 체계가 한편으로 비록 위아래로 배열되어 정치적 상하의 신분 관계를 상징하는 것으로 해석되지만, 다른 한편으로는 각각의 효가 자신의 자리에서 가지는 고유한 행위방식과 기준이 길흉선악의 가치판단에 의하여 정해져 있다. 이점에서 각각의 효는 수평적 관점에서 고유하면서도 독립적인 상대적 가치를 가진다고 할 수 있다. 예컨대, 건괘 구이효와 구오효에서 함께 '대인을 보는 것이 이롭다[利見大人]'[29]고 하는 말이 있는데, 이 말은 구이효와 구오효 상호간에 상대를 가리키는 말로 두 사람이 서로 의존하여 정치적 이상을 이루고자 할 때 이로움을 낳는다는 것이다. 이처럼 효들 사이의 관계를 도덕적 목표를 기준에 두고서 상대적 자율성과 고유한 책임과 의무를 함께 규정함으로써 수평적으로 다원적 가치를 존중한다는 점에서 『주역』 괘효의 상징체계는 문화다원론적 목표와 의미를 갖는다.

---

29 『周易』「乾卦」, "九二爻, 見龍在田, 利見大人"; "九五爻, 飛龍在天, 利見大人."

『주역』에서는 도덕적 가치에 대한 지향뿐만 아니라, 일반 백성들에게 베풀어야 하는 경제적 실용적 삶의 문제나, 교화의 방법과 수단, 그리고 인간 삶의 단계에서의 자질상의 특성과 같은 문제 또한 균형 있게 다루고 있다. 구체적으로 이상적인 도덕적 완성자로서 성인聖人 수준에서 인간들을 수직적으로 계층화하지 않고, 정치 사회적 또는 세대별 행동양식에 대하여 다양한 기준에 따라 평가하고 있다. 예컨대 『주역』 「관괘觀卦」는 바람이 땅위에서 불어 초목이 흔들리고 사물이 어지럽게 흩어지는 모양을 나타내는 괘이다. 이 괘는 군자가 사람들을 어떻게 교화하느냐 하는 점을 핵심 목표로 삼고 있는 괘이다. 「대상전」에서는 "선왕이 「관괘」의 상징을 본받아 사방四方을 순시하고 백성들을 살펴서 교화를 베푼다"[30]고 하였다. 이 괘에서 「초효」는 음효로 효사에는 '어린아이가 보는 것[童觀]'이니, 소인은 무방하지만, 군자는 부끄럽다고 하였다. 여기에서 소인과 군자를 가치 평가적 시각에서보다는 처해진 입장에 따라 달리 평가한다. 어린이와 같은 유치한 생각과 관점을 소인小人들이 가질 때는 무방하지만, 군자가 이러한 생각을 가진다면 문제라고 평가하는 것이다. 이러한 사고 또한 문화다원론적 의미가 포함되어 있다고 할 수 있다.

그럼에도 불구하고 의리역학에서는 어디까지나 『주역』을 해석하는 목표를 도덕적 수양과 국가의 정치적 이상을 실현하는 데 두고 있으며, 괘효사에 대한 다양한 해석은 모두 유가철학의 도덕적 이념을 제시하는 방향성을 가진다. 정이는 「무망괘无妄卦」 초구효에 대한 주석에서 "성실함은 사물에 대해 감동시키지 못할 것이 없다. 이것으로 수신하면 몸이 바르게 되고, 이것으로 다스리면 일이 이치에 맞는다. 성실함으로

---

30 『周易』「觀卦」, "象曰, 風行地上, 觀, 先王以省方觀民設敎."

사람을 대하면 사람들은 감화된다. 어디를 가더라도 그 뜻을 얻지 못하는 일이 없을 것이다."[31]고 하였다. 이처럼 정이는 『주역』 괘효사를 해석하면서 천리와 인심에 순응하는 성誠을 교화의 중심 덕목으로 보면서, 지극히 바르고 선한 것으로 평가하였다.

여기에서 '변역變易'을 중심으로 하는 상수역학과 '불역不易'을 강조하는 의리역학 사이에 내포되어 있는 연속성과 불연속성을 언급하고 나서 의리역학의 문화다원론적 의미를 정리하고자 한다. 상수역학은 특수하고 개별적인 다양한 변화 양상에 유의하여 행동을 위한 시의성을 중시하는 데 비하여, 의리역학은 불변의 보편적 의미를 강조하여 실천적 기준을 세우고자 한다는 점에서 구별된다. 하지만 상수 속에 의리가 포함되어 있고, 의리는 상수의 요소로부터 구성됨으로써, 특수한 상황 속에 보편적 의리가 내재되어 있으며, 보편적 의리는 특수한 상황으로 실현된다. 이 점에서 상수역학과 의리역학은 상보적 의미를 갖는다.

요컨대, 의리역학에서는 여러 방법적 수단을 통한 괘의 역동적이고 복잡다단한 변화 양상에 주목하는 상수역학과 달리 하나의 괘가 가지는 불변의 보편적 의미를 도덕적 의리로 유비 추리함으로써 도덕 실천적 지향성을 가지고 『주역』을 해석하였다. 이 때 괘의 보편적 의미로서 괘의卦義는 정치사회적 질서와 규범 또는 도덕적 실천을 근거지우는 리理를 뜻하며, 행위의 궁극적 표준이 되는 의미를 제시한다는 점에 의리역학의 특색이 있다. 이것은 정치적 질서이자 규범체계로서 예로 구체화된다. 예는 통치계층 내부에 적용되는 규범적 질서이자 절차로서 상하 신분에 따라 상호간에 침해할 수 없는 고유한 권리와 의무를 규정하면서도, 이들 사이에 전체적인 통일성과 조화를 지향한다.

---

31 『周易傳義大全』卷10-7,「无妄」'初九象', "蓋誠之於物, 無不能動, 以之修身則身正. 以之治事則事得其理, 以之臨人則人感而化, 無所往而不得其志也."

이 점에서 예는 이념적으로 수평적 균형과 조화를 지향하며, 이처럼 통일성을 가지고 균형과 조화를 이루어 주는 수단은 바로 예와 짝이 되는 것으로서 악樂이다. 『주역』에 대한 의리역학적 해석은 한편으로 계층 사이의 고유한 상대적 자율성을 존중하면서 전체적인 조화와 질서, 균형을 추구한 다는 점에서 문화다원론적 이념을 가지면서, 다른 한편 유가적 도덕 이념을 실현하는 도덕적 기준의 제시를 목표로 하는 것이다.

6. 맺음말

본 논문은 64괘와 괘효사, 그리고 이에 대한 철학적 해석으로 이루어진 『주역』의 상징체계가 내포하고 있는 문화다원론적 의미를 해명하고자 하였다. 나아가 이 글은 문화다원론에서 제기하는 문화 사이의 특수하고 상대적으로 고유한 가치를 포괄하는 도덕적 표준이 『주역』 상징체계 속에서 어떻게 담겨 있는가 하는 점 또한 규명하고자 하였다.

이 글은 『주역』 상징체계에 대한 해석 방법론으로서 상수역학과 의리역학이 어떤 의미에서 각기 문화다원론적 함의를 가지는가를 논증하였다. 논문에서 상수역학은 변역變易의 관점에서 그리고 가치중립적 관점에서 다양한 변화 현상을 각각의 고유한 특성을 가지는 것으로 수평적으로 바라본다는 점에서 그리고 의리역학은 불역不易의 관점에서 가치의존적인 측면에서 불변하는 보편적 의미를 가지고 가치 질서로서 예禮의 체계에 제한되면서도, 구성단위 사이의 수평적 고유성과 평등한 조화를 강조한다는 점에서 문화다원론적 의미를 가지는 것으로 이해하였다.

상수역학에서 말하는 다양한 변화 법칙은 자체로는 길흉의 가치 의존적 의미를 가지지 않은 필연성을 가지는 법칙이라 할 수 있다. 이것은 인간의 실용적 필요라는 시의성에 유용성을 가질 때 좋은 것으로, 그렇지 못할 때 흉한 것으로 평가된다. 따라서 상象은 경험적 시의성을 통하여 귀납적인 일반화로 선악을 규정하는 만큼, 다양한 변화법칙 자체의 우열을 가릴 수 없고, 고유한 상대적 특성을 가지는 것으로 이해된다. 이것을 인문적 상항에 적용할 때 상수역학에서의 여러 방법론에 근거한 『주역』 상징체계에 대한 이해는 분명히 문화다원론적 이념과 의미를 함축하고 있다고 말할 수 있다.

반면 의리역학에서는 하나의 괘가 내포하고 있는 보편적 의미를 도덕적 의리로 추론함으로써 도덕 실천적 지향성을 목표로 삼아 『주역』을 해석하였다. 괘의 보편적 의미로서 괘의卦義는 정치적 질서이자 규범체계로서 예禮로 구체화되는데, 예는 통치계층 내부의 규범적 질서이자 절차로서 상하 신분에 따라 상호 간에 침해할 수 없는 고유한 권리와 의무가 되며, 이들 사이의 유대관계를 목표로 하여 전체적인 통일성과 조화를 지향한다. 『주역』에 대한 의리역학적 해석은 한편으로 계층 사이의 고유한 상대적 자율성을 존중하면서 전체적인 조화와 질서, 균형을 추구한다는 점에서 문화다원론적 이념을 가진다고 할 수 있다.

요컨대, 『주역』은 한편으로 상수역학은 변화하는 현상의 다양한 상이 고유한 상대적 가치를 가지는 것으로 언급함으로써 다원적 문화를 포용하는 이념으로 해석될 수 있고, 다른 한편 의리역학은 변치 않는 보편적 질서로서 예악禮樂의 균형과 조화론 및 중도론을 제시하고 문화다원적론적 의미를 가짐으로써 현대 사회에서 다문화적 요소들에 대한 포용적 시각을 제시할 수 있는 근거가 될 것이다. 예컨대, 이주노동자, 동남아 신부, 난민 등 다문화 사이의 갈등이 충돌하는 현재 한국사회에서 『주역』이 내포하고 있는 문화다원론적 의미 요소는 이들을 받아들이는 포용적 시사과 기준을 제시해 줄 것으로 생각한다.

『주역』에서 보는 인간과 자연의 관계
-유교에서 본 21세기 생명문화와 종교:
새로운 생명문화를 위한 타자관의 모색-

최영진

삶은 늘 나와 타자와의 관계맺음의 연속이다. 현대문명의 기초를 이룬 서양근대의 도구적 자연관에서 타자는 나와 단절된 관계이며, 심지어 타자는 '지옥'이기까지 하다. 21세기 생명적 윤리관을 새로이 모색하기 위해서는 나와 타자의 관계에 대한 재정립이 필요하다. 유교에서 타자를 통칭하는 물物은 수단적이 아니라 그 자체로 목적적이다. 유교에서 '나'의 완성은 필연적으로 '타자'의 완성을 동반한다. 유교의 서恕와 성기성물成己成物 사상은 유교의 윤리가 대인윤리對人倫理를 넘어서 대물윤리對物倫理로 확장될 수 있는 가능성을 열어준다. 새로운 생명문화를 열어가기 위해서는 도구적 타자관으로부터 목적적 타자관으로 전환해 나아가야 할 것이다.

1. 서론 : 유교의 타자에 대한 인식과 '물物'

내가 나를 '나'로서 규정지을 때 나 아닌 존재 - '너'라는 타자와 마주 서게 된다. 나/너, 즉 자아/타자는 세계를 구성하는 기본적인 대응항이다. 자아라는 항에, 한자어 '기己'를 넣으면 타자라는 항에는 '인人'이

---

* 최영진(성균관대). 이 글은 『생명연구』 4, 서강대학교 생명문화연구원(2001)에 게재하였음을 밝혀둔다.

들어간다. 자아항에 '인人'을 넣으면 타자항에 '물物'이 들어간다. 같은 논법으로 우리는 남자/여자, 의사/환자, 서구/동양, 그리고 인간/자연이라는 대립항들을 구성할 수 있다. 이 대응적인 항들의 관계는 구조적으로 동일하다. 그러므로 이들의 관계를 어떻게 인식하는가, 라는 문제는 세계관과 이에 토대를 둔 윤리설의 핵심이 된다.

대응항들 사이의 관계 설정에 있어서 결정적인 요인이 되는 것은 '너' 즉 타자에 대한 인식이다. 이른바 황금률이라고 일컬어지는 격률들 -"네가 원하지 않는 것을 남에게 베풀지 말라[己所不欲勿施於人]"(『논어』「위령공」), "네가 대접을 받고자 하는 대로 남을 대접하라"(『성서』) 등은 '남'이 '나'와 근원적으로 동일하다는 인식이 없다면 결코 성립될 수 없다. 『논어』의 이 구절은 '서恕' 의 방법으로 제시된 것이며[1] '서'는 바로 인을 구하는 방법인데 '서'에는 너와 나의 마음이 동일하다는 것, 즉 내가 원하는 것을 너도 원한다는 욕구의 동질성이 전제된다.[2] 『대학』에서 '천하를 평안하게 하는 요긴한 도[平天下之要道]'로서 제시된 '혈구지도(絜矩之道)'가 "위에서 싫은 바로써 아래를 부리지 말며, 아래에서 싫은 바로써 위를 섬기지 말며…"[3]라고 하여 '싫어함[惡]'의 보편성을 토대로 하고 있는 것이 그 하나의 예이다. 그리고 욕구의 동질성은, 송대 주자학에 이르러 마음의 본질인 성性은 하늘에서 부여받은 이치로서 우주적 보편성을 담지하고 있다는 형이상학적 토대를 구축하게 됨에 따라 그 정당성을 확보하게 된다.

이와 같은 관점에 선다면, 페미니즘은 '남자라는 자아가 여자라는

---

1 『論語』「衛靈公」15, "子貢問曰, 有一言而可以終身行之者乎. 子曰, 其恕乎, 己所不欲, 勿施於人."
2 『論語集註』 권15, 細註, "如己欲孝敬弟, 人亦欲孝敬弟."
3 『대학』 傳10, "所惡於上, 毋以使下, 所惡於下, 毋以事上."

타자를 어떻게 인식하고 규정하는가'라는 문제로 귀결된다. 오리엔탈리즘은 서구라는 자아의 동양이라는 타자에 대한 인식의 문제로 요약될 수 있다. 의사가 인간의 신체기관을 교환의 대상으로 보는 기계론적 인간관을 가지고 환자를 대할 때 장기이식이라는 의료행위가 가능하다.[4] 인간을 유기적 통일체로 보는 한방에서는 장기이식이라는 발상이 나오기는 어려울 것이다.

위에서 언급하였듯이 남자의 여자에 대한 인식, 서구의 동양에 대한 인식, 의사의 환자에 대한 인식은 타자에 대한 인식이라는 점에서 구조적으로 동일하다. 이와 같은 관점에서 우리는 21세기 새로운 생명문화의 토대가 될 수 있는 생태학적 윤리를 모색하기 위한 방법으로서 유교의 타자에 대한 인식의 문제를 검토해 보고자 한다. 이미 알려진 바와 같이, 오늘의 환경 위기는 서구문명이 초래한 것이며 서구의 지배적 세계관은 인간중심주의로서 이것은 자연을 욕구충족을 위한 수단으로 보는 '도구적 자연관'과 표리 관계에 있다.[5] 그리고 이같은 인간관과 자연관은 자아중심적 서구철학의 타자관과 깊은 연관성을 갖는다. '타인은 지옥'이라는 사르트르의 선언이 웅변하는 바와 같이, 전통적으로 자기중심적으로 타자를 자기화하는 서구의 철학적 사유는 타자와의 관계에서 적대적이고 폭력적으로 나타나며, 타자를 도구화한다.[6]

그러므로 근대를 지배해온 서구문화에 대한 대안으로서 새로운 생명문화를 유교에서부터 모색하고자 한다면,[7] 그 근본이 되는 유교의 타자관에서부터 출발하지 않을 수 없는 것이다. 이에 본 논문에서는 인간

---

4 김상득, 「장기이식과 뇌사의 문제」, 『과학사상』 28, 1999, 94-95쪽.
5 한면희, 『환경윤리: 자연의 가치와 인간의 의무』, 철학과 현실사, 1997, 58쪽 참조.
6 김연숙, 「레비나스의 타자윤리에 관한 연구」, 서울대 박사논문, 1999, 3-5쪽 참조.
7 안병주, 『유교의 민본사상』, 성균관대 대동문화연구원, 1987, 45-55쪽.

과 자연의 관계를 구조적으로 보여주고 있는 『주역』을 중심으로 논의를 전개하여, 시구 근대의 도구적 타지관을 극복할 수 있는 이론적 토대를 탐구해보고자 한다.

유교는 정치적인 문제의식에서부터 출발한 사상체계이다. 중국 고대문명을 집대성하여 유가를 성립시킨 공자, 그리고 이를 발전시킨 맹자와 순자는 정치가이며 한때는 관료였다. 원초유가 정치사상의 핵심은 '민본民本' '애민愛民'이라는 용어로 압축될 수 있다. 이것은 공자와 맹자가, 당시의 군주들이 민民을 정치적 야욕을 충족시키기 위한 대상으로 보는 '도구적 피지배자관'을 비판하고 민을 정치의 목적으로 규정하는 정치사상, 이른바 '백성을 위한 정치'사상이다. 일찍이 안병주는이 점을 '지극한 정성으로 세상을 구하려는[至誠救世] 위민의식爲民意識, 간절하게 백성을 구하려는[切於救民], 민본사상民本思想'[8]이라고 표현한바 있다. 공자와 맹자가 당대에 등용될 수 없었던 근본 이유는 바로 이같은 피지배자관에 있다.

'경敬'으로써 몸을 수양하고 몸을 수양하여 궁극적으로 백성을 편안하게 한다[修己而安百姓]라고 하여 통치의 대상인 백성을 정치의 목적으로 보는 관점은 유가의 타자에 대한 인식의 원형이 된다. 그런데 "(남이)나를 알아주지 않는 것을 근심하지 말고 남을 알아주지 못할까 근심하라."[9] "내가 서고자 하면 남을 세우고 내가 영달하고자 하면 남을 영달하도록 하라"[10], "내가 원하지 않는 것을 남에게 하지 말라[己所不欲勿施於人]" 등의 명제에서의 '인人'은 "나를 미루어 물物에게 미치는 것이

---

8 『論語』「憲問」, "子路問君子. 子曰, 脩己以敬. 曰, 如斯而已乎. 曰, 脩己以安人. 曰, 如斯而已乎. 曰, 脩己以安百姓. 脩己以安百姓, 堯舜其猶病諸."
9 『論語』「學而」, "不患不己知, 患不知人."
10 『論語』「雍也」, "己欲立而立人, 己欲達而達人."

곧 '네가 원하지 않는 것을 남에게 하지 않는 '서恕'이다'[11]라는 주자의
『논어』의 주석에서 '물物'로 대체된다. 여기에서 '물物'은 '기己'와 대응
된 개념으로서 타자 전체를 함유하는 용어로 사용된 것이다.[12] 이와 같
은 용례는 이미 『중용』의 "성誠이라는 것은 나를 이루는 것만이 아니
라 물을 이루는 근거가 되는 것이다 "성誠이란 자기자신을 이룰 뿐 아
니라 물을 이루는 것이다[誠者 非成己而己也 所以成物也]."(25장)라는 문
장에서 찾아 볼 수 있다. 이 문장을 앞에서 인용한 『논어』의 "자기자신
을 닦아 백성을 편안하게 한다[修己而安百姓]"에 대입시킨다면, '성기成
己'는 '수기修己'에, '성물成物'은 '안백성安百姓'에 대입 된다. 그러므로
물은 목적으로서의 백성(인간)과 동일한 위상을 갖는다. 유교에 있어서
타자는 그 자체가 목적성을 갖는 것이다.

2. '물物'의 복합성

'물'은 본래 인간의 외부에 존재하는 사물을 지칭하는 용어이다.『주
역』「계사전」하 2장의 "가까이는 몸에서 취하고 멀리로는 물에서 취
한다[近取諸身遠取諸物]"라는 귀절이 그 전형적인 에이다. 대상물 가운데
에서도 "순은 여러 사물에 대하여 밝고 인륜에 대하여 잘 아셨다"[13]이
라는 구절에 나타나는 바와 같이 '인륜과 구별되는 자연물을 지칭하는
개념으로 출발한 것이다. 인간 이외의 영역을 가리키는 경우가 많으며

---

11 『論語集註』「衛靈公」慶源輔氏, 細註, "推己及物 卽己所不欲勿施於人之恕也."
12 物의 개념에 대해서는 栗田直躬의「上代 중국의 典籍에 있어서의 '物'의 관념」『중
　국상대사상의 연구』, 岩波書籍, 1976, 245-280쪽 참조.
13 『孟子』「離婁」上, "舜明於庶物, 察於人倫."

추상성보다 구상성이 강한 개념이다. 하지만 '도지위물道之爲物' '심지
위물心之爲物' 등의 용례에서 확인되는 바와 같이 관념적인 존재 내지
인간의 마음도 '물物'에 포섭되고 있다. '물'은 인간과 자연, 정신과 물
질, 생물과 무생물, 구상성과 추상성이라고 하는 이분법적 분류틀을 넘
어서서 인간의 의식에 떠오르는 모든 존재-성질과 형상이 어떠한가를
막론하고-를 지칭하는 개념인 것이다.[14] 이러한 사실은 '정기위물精氣爲
物' 이라는『주역』「계사전」상편 4장의 문장을 분석해 볼 때에 분명히
확인된다. 이 문장에 의한다면 '물'은 정기로서 구성된 것이다. '정精'은
"남녀가 정수를 얽으니 만물이 화생한다."[15]라는 구절에서 알 수 있는
바와 같이 생명력의 원천을 의미한다. 그리고 '기는 본래 생물, 특히 농
작물을 생장시켜주는 바람과의 유비에서 유도된 개념으로, 여기에 농작
물의 생육에 작용하는 '땅의 정령'이 융합하여 성립된 개념으로서 생명
현상과 깊은 관계를 갖고 있는 용어이다.[16]

　『주역』「십익十翼」이 성립되는 시기였다고 추정되는 전국시기의 문
헌인『맹자』『장자』『순자』『관자』『여씨춘추』등에 나타나는 기氣를
분석해 보면,『맹자』『순자』등 유가 문헌에는 '인간의 기'가 주조를 이
루고 있는 반면,『장자』『관자』『여씨춘추』에는 '자연의 기'가 다수 발
견된다. 그리고『맹자』에서는 인간의 '마음과 관계된 기'가 중시되는
데에 비하여『관자』에서는 '신체와 결부된 기'가 우선시된다.[17] 그러나
이와 같은 분석은 대체적인 경향성을 지적한 것이다.『맹자』의『호연

---

14 黑田直躬, 위의 책, 252쪽.
15 『주역』「계사전」下5, "男女構精萬物化生."
16 小野澤精一외,『기의 사상』원광대, 40-44쪽. 이러한 기의 개념은 바람과 호흡의 이
　 미지를 연원으로 하는『구약성서』의 영(ruah)과 대비될 수 있을 것이다.(이은선,『
　 한국교육철학의 새 지평』, 내일을 여는 책, 2000, 132쪽 참조.)
17 같은 책, 95-105 참조.

장』을 검토해 보면, 동일한 문장에서 기가 복합적 의미로 사용되고 있음을 알 수 있다.

1. 무릇 지는 기의 장수이며 기는 몸에 충만한 것이다.[志, 氣之帥也. 氣, 體之充也]

2. 기는 지극히 크고 강하니 직으로 길러 해치지 않는다면 천지간에 가득 차게 된다. 기氣는 의義와 도道에 짝하니 이것이 없으면 굶주린다. 이것은 의를 집적하여 생겨난 것이요 의가 엄습하여 취하는 것이 아니다.[氣也 至大至剛 以'直養而無害則 塞于天地之間 其爲氣也 配義與道 無是 餒也. 是集義所生 非義襲而取之也]

1번 문장 '지는 기의 장수이다[志氣之帥]'라는 구절의 기氣는 마음과 관련된 개념이며, '기는 몸에 충만한 것이다[氣體之充]'의 기는 신체의 기이다. 2번의 "천지간에 가득 찬[塞于天地之間]" 기氣는 천지라는 자연의 기이다. 또한 기氣는 의義와 도道에 짝하니 이것이 없으면 굶주린다 [其爲氣也 配義與道 無是 餒也]"의 기는 도의라는 도덕성과 관련된 기이다. 즉 맹자의 기는 마음과 신체, 인간과 자연, 사실과 가치라는 이분법이 적용될 수 없는 전일全一한 개념인 것이다.

『주역』「십익」에 나타난 기는

"같은 소리는 서로 응하고 같은 기운은 서로 구하니 물은 습한 곳으로 흐르고 불은 건조한 곳으로 타오른다."[18]

---

18 『주역』 건괘 「문언」, "同聲相應, 同氣相求, 水流濕, 火就燥."

"산과 연못은 기가 통한다."[19]

등에서 볼 수 있는 바와 같이 주로 자연의 기이다. 그러나 「십익」과 동 시대에 저작된 문헌에서 쓰인 기가 복합적인 의미를 내함하고 있다면, 「십익」의 기氣도 단순히 자연의 기만으로 한정지을 수는 없을 것이다. 그러므로 지금까지 밝혀낸 기의 내용을 "정기위물精氣爲物"의 기에 대입시킨다면 '물'은 단순히 물질로서 구성된 물체가 아니라, 생명성을 강하게 지닌 존재이며 아울러 정신적 요소가 내함된 존재이다. 그리고 더 나아가 도덕적인 측면까지 고려하지 않으면 이해되기 어려운 개념이 된다.[20] 물은 전존재를 포괄하는 개념인 것이다. 이러한 사실은 무엇보다. "천天·지地·산山·택澤·뢰雷·풍風·수水·화火" 등 자연물을 상징하는 팔괘가 동시에 부모와 자녀를 상징하며, 송대 주자가 『중용』주에서 "건순오상의 덕[健順五常之德]"이라고 표현한 바의 그 "건순" 즉 강건함과 순응함이라는 도덕적 덕목까지 내함하는 『주역』의 문법에서 확인될 수 있다.

---

19 『주역』「설괘전」 3장, "山澤通氣."
20 조선후기 유학의 최대 과제인 '人物性同異論'이 하나의 방증자료가 될 수 있다. 이 논쟁을 단순한 성리학설의 차원이 아니라, 생태학적 시각에서 재조명해 볼 수 있을 것이다.

八坤 ☷	七艮 ☶	六坎 ☵	五巽 ☴	四震 ☳	三離 ☲	二兌 ☱	一乾 ☰	（八卦）
地	山	水	風	雷	火	澤	天	（自然）
順	止	陷	入	動	麗	說	健	（屬性）
母	少男	中男	長女	長男	中女	少女	父	（家族）
腹	手	耳	股	足	目	口	首	（身體）
西南	東北	北	東南	東	南	西	西北	（方位）

　이 도표에 나타나는 바와 같이 팔괘는 자연과 인간사회, 신체와 도덕적 덕목을 동시에 내함하고 있다.

3. 세계 : '물物'의 유기적 관계망

　『주역』의 대표적인 '물'은 「설괘전」에서 제시된 나타난 8개의 자연물이다.

　　"하늘과 땅은 제 위치를 자리 잡고 있으며, 산과 연못은 기를 통하고, 우뢰와 바람은 서로 부딪히고, 물과 불은 서로 쏘지 않으나 팔괘가 서로 착종된다."[21]

하늘·땅·산·연못·우뢰·바람·물·불, 여덟 가지 사물이 자연을 구성하는 기본 존재로서 이들의 상호관계에 의하여 자연계가 구성된다. 위 문장이 그리고 있는 자연계의 모습은 하늘과 땅이 위아래에서 자리를 잡아 그 덕을 합하고,[22] 그 사이에서 연못의 물기운은 산위로 올라가 구름과 비가 되며 산의 천맥泉脈이 연못으로 흘러가서 샘이 되고 물이 되며,[23] 우뢰와 바람이 서로 부딪혀 감응하고 물과 불은 본래 상극 관계이지만 도리어 서로 조화되어 해치지 않는 조화로운 세계이다. 우뢰는 잠들어 있는 만물을 일깨워 생명력을 고동시키고, 바람은 생명에너지를 만물에게 흩어 주며, 비는 시들어 가는 생명에게 물을 주어 윤택하게 하고, 태양은 빛을 주고 산은 만물을 이루어 주고 연못은 기쁘게 하고 하늘은 만물을 주재하고 땅은 만물을 잉태하여 길러주며 갈무리 한다.[24] 이와 같이 천·지·산·택·수·화는 각각 자기의 역할을 하면서도 유기적으로 연결되고 착종되어 상호 작용함으로서 생명을 생성시킨다. 공영달은 다음과 같이 설명한다.

> "만약 천지가 교합하지 않고 물과 불이 다른 곳에 있다면 뭇 부류들이 생성되는 작용이 없을 것이며 갖가지 사물들이 변화하는 이치가 없을 것이다. 그러므로 '천지가 자리를 정하여 덕을 합한다'라고 말한 것이다. 산과 연못은 다른 형체를 지니고 있으나 기를 통하고 우뢰와 바람은 각각 움직이지만 서로 부딪히고 물과 불은

---

21 『주역』「설괘전」3, "天地定位, 山澤通氣, 雷風相薄, 水火不相射, 八卦相錯."
22 『周易折中』권17, 孔穎達, "天地定位而合德."
23 『주역전의대전』주자 소주, "澤氣之升於山, 爲雲爲雨, 是山通澤之氣, 山之泉脈, 流於澤, 爲泉爲水, 是澤通山之氣."
24 『주역』「설괘전」4장, "雷以動之, 風以散之, 雨以潤之, 日以晅之, 艮以止之, 兌以說之, 乾以君之, 坤以藏之." 진고응외, 『周易註譯與研究』, 대만상무인서관, 1999. 692쪽. 참조.

서로 침투하지 않으나 서로 의지한다."[25]

공영달이 강조하는 것은 '물'이 독자적으로는 생명을 생성시킬 수 없다는 것이다. "하늘과 땅의 큰 덕을 생이라 한다[天地之大德曰生]"이라는 「계사전」의 한 구절이 언명하는 바와 같이 『주역』은 천지의 본질적 공덕을 생명의 생성이라고 본다. 그런데 하나의 사물만으로는 이 공덕이 불가능하다는 것이다. 이러한 상황을 상징하는 괘가 건괘乾卦이다. 이 괘는 하늘을 상징하는 건괘乾卦가 위에 있고 땅을 상징하는 곤괘坤卦가 아래에 있는데, 하늘의 기는 가볍고 맑아 위로 올라가고 땅의 기는 무겁고 탁하여 아래로 내려가 두 기운이 교합하지 못하고 막혀 격절되어 서로 교통하지 못하고 있는 상황이다. 비否는 닫히고 막혀있다는 의미이다.[26] 이러한 상황에서는 정이천이 "천지의 기가 교합하지 않으면 만물이 생성되는 이치가 없다[天地之氣不交則 萬物無生成之理]"라고 주석하였듯이 생명이 생성될 수 없다. 이러한 발상은 『주역』의 음양대대적 논리에 근거한 것이다. 대대對待란 '마주하여 기다린다'라는 의미로서 음양대대논리는 무엇보다 상반적인 타자를 자신의 존재성을 확보하기 위한 필수적인 전제조건으로서 요구한다는 관계의 논리이다. 음양이라는 문자의 뜻 그대로, 그림자가 있는 반대편에는 반드시 빛이 있고 빛이 있으면 반드시 그림자가 있듯이 음이라는 개념에는 양이 전제되며 양이라는 개념은 음이 없다면 성립될 수 없다. 위에서 인용한 공영달의 주석은 음양대대논리를 자연계에 적용시킨 전형적인 예가 된다.

「설괘전」3장의 말미에서 "팔괘가 서로 착종된다."라고 하였듯이 여덟 개의 사물은 팔괘로서 상징된다. 그리고 천지만물, 곧 세계의 모습

---

25 『周易折中』 권17.
26 朱子, 『周易本義』, "否閉塞也."

을 반영하고 있는 『주역』[27]은 8개의 단괘들이 착종된 64괘로서 구성된다. 8개의 삼효 단괘들이 각각의 사물을 상징하는 데에 반하여 64개의 육효 중괘는 사물과 사물이 만나서 전개되는 일련의 사태를 상징한다. 또한 「서괘전」에서 설명되고 있는 바와 같이 64개 괘의 배열순서는 생명이 탄생하여 성장해 나가는 과정이다.

> "천지가 있은 뒤에 만물이 생겨난다. 천지간에 가득한 것은 오직 만물이기 때문에 둔괘屯卦로서 받았다. 둔屯이란 가득하다는 뜻이며 둔이라는 것은 물物이 처음 생겨나는 것이다. 물이 생겨나면 반드시 몽매하다. 그러므로 몽괘로서 받았다. 몽蒙이란 몽매함이니 물이 어리다는 뜻이다…물이 지나친 것은 반드시 구제해야 함으로 기제괘旣濟卦로 받았으며, 물은 궁할 수가 없기 때문에 미제괘未濟卦로서 마쳤다."

64괘는 물의 시생始生에서부터 성장하여 마치고 다시 시작하는 일련의 과정을 반영한다. 여기에서 하나의 괘라도 결여된다면 이 과정은 성립될 수 없다. 64괘는 서로 엇물려 있는 '존재의 연쇄'를 상징하는 것이다. 그리고 이 존재가 강한 생명성을 지닌 '물'이라고 할 때에 존재의 연쇄는 바로 기氣라는 생명에너지의 흐름이기도 하다.[28]

---

27 『주역』「계사전」상4, "易, 與天地準, 故, 能彌綸天地之道."

28 장회익은 생명을 '우주내에 형성되는 지속적 자유에너지의 흐름을 바탕으로 기존 질서가 새로운 질서의 모태가 되어 지속적인 성장을 가능케 해나가는 그 어떤 정보의 총체'(「온생명과 현대문명」, 『과학사상』 12호, 1995. 140쪽.)이라고 정의 한 바 있는데, 여기에서 생명을 가능케 하는 원천은 바로 자유에너지이다. 따라서 자유에너지의 흐름이 단절된다면 생명체는 사멸할 수밖에 없다. 한면희도, 기가 인체의 생명을 유지하는 생명 에너지인 것처럼 자연에 흐르는 생태학적 기도 자연에 거주하는 뭇 생명체의 생명을 유지하는 생명 에너지이기 때문에 생태계의 생명에너지의 흐름을 잇는 것이 무엇보다 중요함을 지적하고 있다.(한면희, 위의 책, 286-287쪽)

여기에서 우리가 주목하고자 하는 또 하나의 사항은 64괘 각각이 64괘 모두가 될 수 있다는 점이다. 『주역』의 서법筮法에 의하면, 동효動爻가 있을 경우 다른 괘로 변한다.[29] 예를 든다면 건괘乾卦 초효가 동하면 천풍天風 구괘姤卦가 되며 2효가 동할 경우는 천화天火 동인괘同人卦가 된다. 이와 같이 하나의 괘는 64괘 전체를 함유한다. 즉 64괘 각 괘가 서로를 그 안에 머금고 있는 것이다. 그러므로 하나가 전체이며 전체가 곧 하나이다. 이것은 세계가 바로 물의 유기적 그물망임을 상징적으로 보여주고 있는 것이다.

4. '대인對人' 윤리에서 '대물對物' 윤리로

칸트는 「도덕 형이상학의 기초」에서 이성을 소유한 인격체만이 목적 자체로서 존재하고 목적으로서 대우받을 수 있는 자격을 갖추고 있다고 주장하였다.[30] 그는 "만일 어떤 것이 이성이 없는 존재라면 그것은 수단으로서의 상대적인 가치밖에 지니지 않으며 그러므로 사물이라고 불리운다. 반면에 이성적 존재는 인격이라고 불린다. 왜냐하면 이성적 존재의 성질은 이미 목적 자체임이 밝혀졌기 때문이다."[31]라고 하여 이성이 없는 존재는 수단적인 가치만을 지닌다는 점을 분명히 했다. 그러므로 인간은, 인간 이외의 존재에 대해서 간접적인 의무를 갖지만, 이것은 인간의 목적과 필요에 의하여 임의로 사용할 수 있는 도구에 지

---

29 최영진, 「주역의 서법과 점의 세계」, 『동아시아문화와 사상』 3 참고.
30 김성호, 「동물의 도덕적 지위에 관한 칸트의 견해」, 『한민족과 2000년대의 철학』 2권, 200쪽.
31 『도덕형이상학의 기초』 4, 428. 위의 논문 200쪽에서 재인용.

나지 않는 것이다. 이러한 사고는 서구인들이 일반적으로 지니고 있는 것으로서 인간만이 이성을 소유하고 있다는 인간중심주의, 인간이외의 존재에는 이성이 결여되어 있다는 자연관에 기초한 것이다. 『순자』에서도 이와 유사한 주장이 발견된다.

> "물과 불은 기는 있으나 생은 없으며, 초목은 생은 있으나 지각이 없다. 금수는 지각은 있으나 의가 없으며 인간은 기도 있고 생도 있고 지각도 있고 의도 갖추고 있다. 그러므로 천하에서 가장 귀하다."[32]

순자는 무생물 식물 동물 인간으로 구성되는 존재의 계층구조를 제시하고 인간만이 '의義'라는 도덕성을 지녔기 때문에 가장 귀한 존재가 된다고 주장했다. 순자에게서는 칸트의 '이성'이 도덕성으로 대체되고 있다. 다산도 "하물며 초목금수는 하늘이 화생하는 처음에 생생의 이치를 부여하여, 종으로써 종을 전하여 각각 성명性命을 온전하게 하였을 뿐이다. 그러나 인간은 그렇지 않으니 천하만민은 각각 배태되는 처음에(하늘이)이 영명靈明함을 부여함으로써 만류萬類를 초월하고 만물을 향유하고 이용하게 되었다. 지금 '건순오상의 덕을 인·물이 동일하게 얻었다'라고 한다면 누가 주인이 되고 누가 종이 되겠는가. 모두 등급이 없으니 어찌 상천上天이 만물을 낳는 이치가 본래 이와 같겠는가."[33](「중용강의보」)라고 하여, 인간만이 영명함을 부여받아 건순오상이라는 도덕성을 지녔으며, 초목금수는 도덕성이 결여되어 있기 때문

---

32 『荀子』「王制」, "水火有氣而無生, 草木有生而無知, 禽獸有知而無義, 人有氣有生有知亦具有義, 故最爲天下貴也."

33 "況草木禽獸, 天於化生之初, 賦以生生之理, 以種傳種, 各全性命而已. 人則不然, 天下萬民, 各於胚胎之初, 賦此靈明, 超越萬類, 享用萬物."

에 인간이 향유하고 이용해야 할 대상이라고 주장한다.

그러나『맹자』는 '애물愛物'이라고 하여 물物을 사랑의 대상으로 본다.

> "군자는 물에 대하여 사랑[愛]하지만 인仁하지 않으며, 백성에
> 대하여 인仁하지만 친親하지 않는다. 어버이를 친하며 백성에게 인
> 하며 물을 사랑한다."[34]

이 글에서 '물物'은 금수초목을 의미하며, '민'은 백성(통치의 대상)
을 말하고 '친親'은 혈연적 유대망 즉 넓은 의미의 가족인 종친까지 포
함한다. 맹자는 물物을 애愛, 민民을 인仁, 친親을 친親의 대상으로 규정
하여 차등적 규범을 제시하고 있다. 이른바 '방법적 차별애주의'이다.
그러나 맹자가「이루」하편에서 "어진 이는 사람을 사랑한다[仁者愛人]"
라고 분명히 말하였듯이 '인人'이 바로 '물'과 같이 '애'의 대상이라는
점에서 물物과 민民, 애愛와 인仁이 질적인 차이를 갖는 것은 아니다.
이것은 '인민人民'이라는 것이 '나의 늙으신 부모를 부모로서 삼기는 마
음이 그대로 남의 부모에게 미치며, 나의 어린 자식을 사랑하는 마음이
그대로 남의 자식에게 미치는 것'이 바로 '인민仁民'이라고 할 때에[35]
친親과 인仁 이질적으로 동일한 것과 같다. 주자는 "그 나뉨이 같지 않
기 때문에 시행하는 데에 차등이 없을 수가 없으니 이른바 '이일분수'
이다"라는 양씨楊氏의 말을 인용하여 이일분수라는 형이상학적 논리를
적용시킨다. 이 세 가지 차등적 규범에는 '리일理一'이라는 절대적 평등
성이 내재하고 있는 것이다. 통합해서 말하면 모두 '인仁'이고 나누어
말하면 순서가 있을 뿐이다.[36] 비유하자면 같은 원천에서 나오는 물이

---

34 『맹자집주』「진심」상.
35 『맹자집주』권13, 程子語, "仁推己及人, 如老吾老, 以及人之老, 於民則可, 於物則不可."
36 『맹자집주』권13, "統而言之則皆仁, 分而言之則有序."

흘러서 제일 번져 닿는 곳이 친親이며 두 번째가 민民이고 세 번째 닿는 곳이 물物이다.[37] 그러므로 정자가 말한 것과 같이, 추기급인推己及人에서부터 추기급물推己及物로의 통로가 원천 봉쇄되어 있는 것이 아니다.

이와 같은 관점에서 본다면 주자가 '애물愛物'을 '취하는 데에 때가 있고 이용하는 데에 절제함이 있는 것'[38]이라고 주석한 것은 흡족한 설명이라고 보기 어렵다. '애물'의 실상은 『맹자』「곡속장」에서 찾아볼 수 있다. 이 장에서 제선왕齊宣王이 공포에 떨면서 도살장으로 끌려가는 소를 차마 그대로 볼 수 없어서 안타까워하는 장면이 묘사되고 있다. 그 소는 흔종釁鐘이라는 예를 치르기 위한 희생물인데 소를 살리기 위하여 예를 폐할 수는 없었기 때문에 왕은 소를 양으로 바꾸어 흔종하도록 명한다. 맹자는 왕에게 소 대신 양을 희생물로 택한 이유를 묻는다. 왕 스스로는 그 이유를 알지 못한다. 이 때 맹자는 "이것이 바로 인술仁術입니다. 소는 보았고 양은 보지 않았기 때문입니다. 군자는 금수에 대하여 그 살아 있는 모습을 보고 그 죽는 것을 차마 보지 못하며, 그 소리(죽을 때 슬피 우는 소리)를 듣고 차마 그 고기를 먹지 못합니다. 그래서 군자는 푸주간을 멀리 합니다."라고 말한다.

이 글에서 우리는 '인간에게 대하여 차마 잔인하게 할 수 없는 마음[不忍人之心]'이 '물物'에 까지 미치는 현장을 볼 수 있다. '불인인지심不忍人之心'는 인간이 선험적으로 본유하고 있는 도덕적 심성으로서, 맹자는 모든 도덕적 행위의 시발점인 동시에 성선性善의 논거로 삼고 있다.[39] 주자는 "천지는 물을 낳는 것으로 마음을 삼고 낳아진 바의 물은

---

37 『맹자집소』통지당경해본, 권11, "朱子曰, 仁如水之源, 孝弟是水流底第一次, 仁是第二次, 愛物則第三次."
38 『맹자집주』「盡心」상 주자주, "愛, 謂取之有時, 用之有節."
39 『맹자』권3, 「공손추」상.

각각 천지가 물을 낳는 마음을 얻어 마음으로 삼는 것이니, 그래서 인간은 모두 불인인지심을 갖는다"라고 주석하여 모든 인간은 이 마음을 본유하고 있다고 주장한다.

'불인인지심'이란 인간에 대한 마음이다. 이것은 측은지심惻隱之心으로 대표되는 사단지심四端之心이다. 맹자는 '백성에게 잔인한 짓을 차마 하지 못하는 정치'를 왕도정치로서 제시하고 유자입정孺子入井을 예로 들어 말한 바 있다. 이 마음이 「곡속장」에서는 소라고 하는 물物에까지 적용되고 있으며, 맹자는 이것을 '인을 실천하는 방법'으로 규정하고 있다.

이 장에서 주목되는 것은 제선왕의 행위에 있어서 소는 그 자체가 목적이라는 사실이다. 이것은 '유자입정'의 비유에서 어린아이를 구해주는 것이 어떠한 대가도 바라지 않는 - 일체의 계산의식에서 벗어난 - 그 자체가 목적인 행위와 동일하다. 「곡속장」과 「사단장」을 비교해 보면 소와 어린아이라고 하는 상이한 대상에 대하여 동일한 '불인인지심'이 작동하고 있음을 알 수 있다.

그러나 소대신 양을 희생시키지 않으면 안되었던 것처럼, 동물은 인간에게 있어 도구적 가치를 갖는 존재이다. 인간뿐이 아니라 모든 생명체는 생명을 유지하기 위하여 다른 생명체를 회생시켜야 한다. 그렇지 않다면 그 생명체가 죽게 된다. 그러므로 '살생하지 말라'라는 명령은 엄밀한 의미에서 실천 불가능한 계율이다. 이에 반해서 '살인하지 말라'라는 계명은 인간이외의 존재에 대한 살생을 방임하는 인간중심적 규범으로 전락할 위험을 갖는다.

이러한 관점에서 우리는 다음과 같은 『논어』의 한 구절에 주목하고자 한다.

"공자께서는 낚시는 하시되 그물질은 하지 않으시며, 주살질은 하시되, 자고 있는 새는 쏘아 잡지 않으셨다."[40]

주자는 '공자는 어릴 때 빈천하여 부모를 봉양하고 제사를 지내기 위하여 부득이 낚시와 주살질을 하지 않을 수 없었지만 물길을 막고 물고기를 무차별적으로 잡아 씨를 말리는 행위는 하지 않으셨으니 여기에서 인인仁人의 본심을 볼 수 있다'라고 주석 한다. 유교의 중용적 태도를 엿볼 수 있는 대목이다.

이와 같은 논법이 『주역』 비괘比卦 5효에 나타난다.

"구오는 친비親比하는 방도를 드러냄이니 왕이 (짐승을) 세 방향에서 몰아 사냥함에 앞에서 도망가는 짐승은 놓아준다. 읍사람도 경계하지 않으니 길하다."

'비比'는 두 사람이 서로 좇아서 가는 모습을 그린 문자로서, 여기에서 '친하다'라는 의미가 파생되었다. 비괘는 사괘師卦와 같이 1개의 양효와 5개의 음효로서 구성되었는데, 양효가 천자를 상징하는 5효이므로 이 괘는 5효가 5개의 음효를 친애하는 상으로, 군주가 천하를 다스리는 도리 즉 『대학』에서 말하는 '친민親民'의 방도에 관하여 설명하고 있는 괘가 된다. 괘상은 땅 위에 물이 고여 있는 모습으로, 이때에 땅과 물 사이에는 간격이 있을 수 없기 때문에 더 할 수 없이 친밀한 관계를 상징한다. 「대상전」에서 "땅 위에 물이 있는 것이 비괘이니, 先王이 (비괘의 상을)본받아 써서 민국을 세우고 제후를 친애한다"라고 말한 것은, 치자와 피치자 사이의 관계는 친밀함이 최선이기 때문이다. 이 괘

---

40 『논어』 「술이」.

는 괘사에서 "비比는 길하니 두 번 점을 쳐서 인仁과 영원함과 올바른 덕이 있어야 허물이 없을 것이다. 불안한 자들이 올 것이니, 뒤에 오는 사내는 흉할 것이다"[41]라고 말한 것은 백성을 친애할 수 있는 군주가 갖추어야 할 덕목을 제시한 것이다. 그리고 초효에서 "믿음으로 친애해야 허물이 없을 것이다. 믿음이 질그릇에 가득차면 마침내 별도의 길함이 있을 것이다"라고 한 것은 친밀한 관계가 성립되기 위해서는 상호간의 믿음과 꾸밈없는 질박한 성품이 전제되어야 함을 상징적으로 표현한 것이다. 천하를 다스리는 도리는 진실성에 바탕을 둔 친밀한 인간관계, 즉 사랑임을 비괘는 보여 주고 있다.

우리가 주목하는 것은 군주를 상징하는 5효의 효사에서 '왕이 세 방향에서 짐승을 몰아 사냥함에 앞에서 도망가는 짐승은 놓아준다'라고 하는 부분이다. 왕이 사냥을 할 때에 사방을 막지 않고 한 면을 터놓아 도망가는 짐승은 잡지 않는 것이 관례이다. 이 구절에 대해서는 다양한 해석이 있는데,[42] 정이천은 다음과 같이 주석하고 있다.

> "선왕은 사시의 사냥을 폐할 수 없기 때문에 어진 마음을 미루어 삼구三驅의 예를 만들었으니 예에 이른바 '천자는 완전히 포위하지 않는다'라는 것이요, 성탕成湯이 그물을 치고 축원한 것이 그 뜻이다. 천자의 사냥에 삼면만 포위하고 앞에 한쪽 길은 열어 주어 짐승들이 도망갈 수 있도록 하여 차마 모두 잡지 않으니, 생生을 좋아하는 인仁이다."

군주의 입장에서 사냥은 일종의 군사훈련으로서 폐할 수가 없는 행사이다. 그러나 사방을 막아 짐승들을 모조리 살육하는 것은 잔혹한 짓

---

41 『周易』比卦 卦辭 "比, 吉, 原筮, 元永貞, 无咎 不寧, 方來, 後, 夫, 凶 不寧, 方來, 後夫, 凶
42 장립문, 『백서주역』, 중주고적출판사, 1985, 182-183 참조.

이다. 한 면을 터놓아 도망갈 길을 열어준다는 것은『논어』의 "자고 있는 새는 쏘지 않는다"와 같은 논리로서 이것이 바로 '생명을 사랑하는 인仁'이다. 이것은『맹자』의 말을 빌린다면 애물愛物이 되고,『주역』「문언전」의 말을 빌린다면 이물利物이 된다.[43]

이와 같은 유교의 논법은 자기 변명으로 보일 수도 있다. 깨어 있는 새는 쏘아도 되고 그물 속으로 들어오는 짐승은 잡아도 되고 양은 희생시켜도 된다면 이것은 이미 생명에 대한 사랑일 수 없기 때문이다. 여기에서 우리는『주역』이 전체론적 시각을 기저로 하고 있음을 기억해야 한다.『주역』이 그리는 세계는 64괘로 상징되는 '물'들의 유기적 관계망이다. 그리고 이 관계망에는 기라는 생명에너지가 흐르고 있다. 개체 생명의 삶과 죽음은 이 관계망에서 이루어지는 신진대사의 과정으로 보아야 할 것이다.[44]

칸트는 인간이외 존재는 이성을 소유하고 있지 못하기 때문에 수단적 가치 밖에 지니지 못한다고 보았다. 순자는 인간만이 '의義'를 갖고 있으며 금수초목에는 도덕성이 결여되어 있다고 보았고, 다산은 건순오상이 결여된 금수초목은 인간이 향유하고 이용해야 한다고 주장했다. 즉 인간이 아닌 타자는 도구적 가치만을 지닌다고 본 것이다.

그러나 우리가 앞에서 검토해 온 바와 같이『주역』의 '물'은 생명성과 정신성을 지닌 존재이며, 나아가 도덕적 요소까지 고려해야 할 대상이다. 이 '물'은 기본적으로 인간과 동일한 기[45]로서 구성된 존재이기 때문에 인간과 동기간同氣間이다.[46] 앞에서 밝혔듯이 천·지·산·택·뇌·

---

43 利物足以和義.
44 개체생명과 전체생명(온생명)과의 관계에 대해서는 장회익,『삶과 온생명』참조.
45 이 氣는 성리학에서 말하는 淸濁粹駁의 기를 말하는 것은 아니다.
46 최영진,「주역의 인간관: 생태학적 해석」『철학연구』21, 1998, 117쪽 참조.

풍·수·화라는 '물'은 『주역』에서 부모와 자식이라는 가족으로 유비된다. 정병석은 이것을 "자연과 인간이 서로 같은 혈통을 가지고 있는 우주 대가정"이라고 부른다.[47] 세계는 하나의 가족이며 인간을 포함한 만물들은 동기간 사이이다. 그리고 '동기'는 상구상감相求相感하기 때문에 인간과 물, 물과 물은 서로 요구하고 서로 감응한다. 소의 두려움을 제선왕이 안타까워 하고, 자는 새는 차마 쏘지 못하며 달아나는 짐승은 차마 잡지 못한다. 여기에서 우리는 애인愛人에서부터 애물愛物로, 추기급인推己及人에서부터 추기급물推己及物로, 기소불욕물시어인己所不欲勿施於人에서부터 기소불욕물시어물己所不欲勿施於物로의 전환을 모색할 수 있을 것이다. 그리고 "너는 너 자신의 인격에 있어서나 또는 다른 모든 사람의 인격에 있어서 인간성을 단순히 수단으로서만 사용하지 말고 항상 동시에 목적으로 사용하도록 행위하라"라는 정언명법의 정식을 "너는 너 자신의 인격에 있어서나 또는 다른 모든 물物의 물격에 있어서 물성을 단순히 수단으로서만 사용하지 말고 항상 동시에 목적으로 사용하도록 행위하라"라는 정식으로 전환해야 필요성을 절감한다.

그리고 "오직 인간만이 그 빼어남을 얻어 가장 귀하다"(『태극도설』)이라고 하는 유교의 인간우월주의에 대한 이론 보완이 필요할 것이다.[48]

---

47 정병석, 「우주 대가정의 생태론적 사유와 천인합일의 생명윤리」, 『유교사상연구』 10, 1998, 35쪽.

48 율곡이 『성학집요』에서 『예기』의 "人者天地之德…五行之秀氣"라는 구절과 이에 대한 장횡거와 주자의 주석을 '인간이 만물보다 귀함을 말한 것이다'라고 평한 바와 같이, 유교는 인간의 우월성을 인정하는 경향을 갖는다고 볼 수 있다. 이러한 경향성에 대해 담헌은 '대도를 해치는 긍심'이라고 비판한 바 있다.(최영진, 「인물성동이론의 생태학적 해석」 참조)

5. 결론 : 패러다임의 전환을 위하여

"오늘날의 인류는 의식전체의 혁명적 전환이 없다면 종국에 파멸로 치달을 수밖에 없는 상황에 직면해 있다."[49]

"우주를 바라보는 개념과 우리 생각에 코페르니쿠스적인 혁명 이 절대적으로 필요하다."[50]

이 땅에서 오늘을 사는 지성인의 경고는 한결같이 패러다임의 '혁명적' 전환에 초점을 모으고 있다. 이것은 인류를 포함한 생태계 전체의 생존이 위협받고 있다는 절박한 진단에 토대를 둔 것이다. 그렇다면 혁명적으로 전환해야 할 사고는 무엇인가. 우리는 흔히 이원론적 형이상학에서부터 일원론적 형이상학으로, 과학적·기계론적 인식론에서 미학적·유기체적 인식론으로, 인간중심의 윤리에서 생태중심의 윤리에로의 전환을 주장해 왔다.

본고는 생태계 위기의 근본요인은 인간중심주의이며, 인간중심주의는 도구적 자연관과 동전의 양면과 같이 표리관계에 있다는 문제의식에서, 인간의 자연에 대한 인식에 초점을 맞추어 논의하였다. 그리고 인간의 자연에 대한 인식은 자아의 타자에 대한 인식의 표출이라는 점에서, '물'이라는 개념으로 대표되는 유교의 타자관을 『주역』을 중심으로 검토하였다.

앞에서 인용한 바와 같이 인간만이 이성(또는 도덕성)을 소유하고 있기 때문에 목적으로 대해야 하며 그 이외의 존재는 이성이 결여되어

---

49 장회익, 「과학과 현대문명」 『학협회보』 2-1, 1991, 한국학술협의회, 29-30쪽.
50 박이문, 『문명의 미래와 생태학적 세계관』, 1997, 185-186쪽.

있기 때문에 수단적 가치밖에 지니지 못한다는 주장은 제국주의적 발상으로 전락할 위험을 갖는다. 전통사회에서 여자는 남자의 욕구를 충족시키고 출산과 육아에 필요한 도구적 가치밖에 지니지 못하는 존재로 취급받아 왔다.

　서구인은 비서구인을 '비이성적'이라고 생각하며, 우리 자신도 한국사회가 비합리적 기제들로 작동되는 것이 주모순이기 때문에 합리화하지 않으면 안 된다고 주장한다. 그렇다면 비합리적인 비서구권은 서구인들에게 도구적 존재 이외 일 수 없다. 영혼이 빠져 버린 물질로서 구성되어 기계적인 원리에 의하여 작동되는 자연이 인간의 요구를 만족시키기 위한 도구에 불과하듯이. 여기에서 우리는 타자관이 갖고 있는 정치학적인 함의를 읽을 수가 있다. 그리고 도구적 타자관을 극복해야 할 이유도 바로 여기에 있는 것이다.

『주역』과 인공지능*

방인

빅 히스토리Big History의 관점에서 본다면『주역』과 인공지능은 인공언
어를 사용하는 기호 체계에 의지하며, 추리 과정을 수행하기 위하여 알
고리즘Algorithm에 의지한다는 공통점을 지닌다. 물론 양자 사이에는 공
통점 뿐만 아니라 차이점도 분명히 존재한다. 그러나 전혀 거리가 먼 것
같은 두 지식체계 사이에 존재하는 공통점을 발견함으로써 기호를 기반
으로 삼아 발전해가는 문명의 본질에 관해 중요한 통찰을 얻을 수 있다.
인공지능이 인간의 지능을 능가하는 시점을 특이점이라고 하는데, 현대
문명은 이미 구문명舊文明과 신문명新文明의 임계점臨界點을 지나서 선천
先天에서 후천後天의 세계로 진입하고 있다.

1. 시작하는 말

『주역』의 점술은 인류의 가장 오래된 지식체계 가운데 하나이다. 반
면에 인공지능은 현대 과학문명의 산물로서 이제 막 그 문턱을 넘어서
서 계속 발전해가고 있는 가장 새로운 지식체계의 총아寵兒이다. 이 두
개의 지식체계를 서로 비교하려는 시도는 참으로 무모하고도 황당한

---

 * 방인(경북대). 이 글은 「『주역』과 인공지능」이라는 제목으로『철학연구』145(2018.
   2)에 게재하였음 을 밝혀둔다.

시도로 여겨질 수 있다. 점술은 인류의 지식이 몽매한 상태에서 벗어나지 못했을 때 의지하던 신탁神託의 수단이었던 반면에 인공지능은 과학 발전의 역사에서 최첨단에 위치해 있기 때문이다. 그럼에도 불구하고 『주역』의 점술과 인공지능 사이에는 중요한 공통점이 있는데, 그것은 기호sign를 사용한다는 사실이다. 선사시대에 동굴에서 벽화를 그리던 원시문명에서부터 현대의 인공지능에 이르기까지 인류는 기호의 사용을 통해서 문명을 발전시켜 왔다. 『주역』과 인공지능이 모두 기호를 사용하는 지식체계라는 점에 주목한다면 『주역』과 인공지능의 관계를 기호를 매개로 해서 비교할 수 있는 가능성이 열리게 된다.

이 논문의 목적은 『주역』과 인공지능 사이에 존재하는 유사성과 차이점을 밝히려는데 있다. 필자의 관섬에서 본다면 고대적 지식체계인 『주역』과 최첨단의 과학인 인공지능 사이에는 상당한 공통점이 존재하는데, 그것은 두 체계가 모두 기호를 사용한다는 사실로부터 비롯된다. 제2장, 「세상에서 가장 오래된 지식과 가장 새로운 지식」에서는 『주역』과 인공지능의 공통점과 차이점에 대해서 다루었다. 이러한 탐구는 지능이란 무엇인가라는 근본적 질문을 던지도록 이끈다. 그 다음으로 제3장 「신명과 지능의 주체」에서는 인공지능과 『주역』의 점술에 개입하는 지능의 주체의 성격을 해명하려고 시도하였다. 필자는 특히 『주역』의 점술에서도 일종의 지능이 개입된다는 점에 주목해서 인공지능과 『주역』의 점술에서 지능의 주체intelligent agent는 무엇인가라는 점을 해명하고자 하였다.

그리고 마지막으로 제4장 「후천개벽과 특이점의 도래」에서는 인류의 문명이 임계점을 지나서 새로운 단계로 진입한다는 것에 대한 역학易學의 관점을 제시하였다.

필자는 특히 인공지능의 특이점singularity의 개념을 역학의 선천先

天과 후천後天의 패러다임과 비교하였다. 특이점은 기계의 인공지능이 인간의 지능을 넘어서는 분기점을 가리키는 용어이지만, 필자는 이 용어를 세계질서의 변혁이 이루어지는 전환점이라는 의미로 사용하였다. 인류가 특이점을 지나서 새로운 문명의 단계로 진입한다고 본다면, 그 경계는 선천에서 후천으로 넘어가는 지점에 놓여 있다. 그리고 최근의 인공지능의 탄생은 그 문턱을 넘어서 이미 새로운 문명의 단계로 들어서 있음을 말해주고 있다.

2. 세상에서 가장 오래된 지식과 가장 새로운 지식

2016년에 구글Google의 자회사인 딥 마인드Deep Mind에서 만든 알파고Alpha Go는 바둑의 고수高手 이세돌을 이김으로써 엄청난 문화적 충격을 가져왔다. 이 충격은 일회적一回的 사건이 아니라 앞으로 전개될 미래의 과학기술에 더욱 정교한 방법으로 구체화될 문화적 양식의 예고에 불과하다. 이 사건은 인류가 이때까지 한 번도 가보지 못한 새로운 영역으로 나아가고 있다는 것을 확인시켜주는 계기가 되었다. 반면에 『주역』의 점술은 인류 문명의 여명기黎明期에 출현한 가장 오래된 지식체계 가운데 하나이다. 주周나라 문왕文王이 『주역』을 만든 시기는 대략 기원전 11세기 무렵으로 추정되지만, 바빌로니아의 점술은 그보다 훨씬 더 이전인 기원전 3천년 무렵에 등장하였다. 인류문명의 가장 오래된 지식체계에 속하는 『주역』과 첨단과학의 최전선에서 계속 발전해나가고 있는 인공지능이 현대 지식인들의 세계관에서 차지하고 있는 위상은 그야말로 극極과 극極이다. 인공지능은 과학기술의 진보가 낳은 총아로 평가받고 있는 반면에 『주역』은 미신에 근거한 유사과학

Pseudo Science으로 간주되고 있다. 현대 문명의 최첨단의 과학지식에 속하는 인공지능과 인류의 가장 오래된 지식체계 가운데 하나인『주역』의 점술을 비교한다는 것은 너무나도 황당한 발상처럼 여겨진다. 이러한 시각에서 본다면 인공지능과『주역』을 비교한다는 것은 단지 인류문명이 그 출발점으로부터 얼마나 멀리 떨어져 있는가를 확인시켜 준다는 의미 이상을 가지지 못할 것 같다. 그러나 빅 히스토리Big History의 관점에서 보면 두 가지는 모두 경험적 지식에 바탕을 두고, 그 지식을 확장해서 새로운 지식을 얻기 위한 인류의 끊임없는 도전의 결과로 생겨난 지식체계이다. 자신의 운명을 통제할 수 있는 수단이 극히 부족한 상태에 있었던 고대 인류는 미래에 대한 불안을 극복하기 위하여 점술에 의존하였다. 점술의 체계는 유비類比의 방법을 활용하여 인지능력의 한계 밖에 있는 지식에 도전하였다. 이와 비슷한 현상이 인공지능에서도 일어났다. 인공지능은 인간의 사고능력을 모방해서 기계에 심은 것이지만 그 능력은 인간의 지식이 지금까지 성취한 성과를 뛰어넘을 정도로 발달하였다. 점술에서 인공지능으로의 발전과정을 통해 인류의 지적 모험의 긴 여정을 되돌아 볼 수 있다. 중국의 점술은 거북의 껍질을 찬착鑽鑿하고 지져서 생긴 균열을 해독하던 복점卜占으로부터 팔괘의 부호符號를 사용하는『주역』의 서술筮術로 발전하였다. 이것은 점술이 자연적 상징의 해석으로부터 인위적 기호의 조작 기술로 진화해 나갔음을 보여준다. 인공지능과『주역』은 서로 전혀 다른 계통의 기술이기 때문에 서로 아무런 관계도 없을 것 같지만, 양자 사이에는 몇 가지 의미있는 공통점이 존재한다.

첫째, 인공지능과『주역』은 인공기호를 사용하며 이원적 부호를 처리하는 기술이다. 인공지능과『주역』은 인공언어artificial language를 사용하는 기호 체계semiotic system에 의지한다. 잘 알려진 것처럼『주역』은 음陰과 양陽의 이원적二元的 부호를 조합해서 생성된 8괘와 64괘의 상징체계를 통해서 지연현상과 인간의 사회적 생활에서 발생하는 여러 가지 사태를 예측하기 위해 만들어진 점술 체계이다. 반면에 인공지능이 의존하는 컴퓨터는 0과 1의 이원적 부호를 조합하여 연산演算 처리 과정을 거쳐서 정보를 가공한다. 인공지능에서는 컴퓨터에 지능을 부여하기 위해 인간의 지식 학습과 추론의 방식 등을 컴퓨터에게 알려주어야 하는데, 이를 위해서는 기호처리에 적합한 인공언어를 사용해야 한다. 인공지능에서 정보를 처리하기 위해 사용하는 언어로는 FORTRAN, LISP, PROLOG 등이 있다. 인공지능의 정보처리 과정은 인간의 일상생활에서 사용되는 언어를 기계가 이해할 수 있는 언어로 바꾸어줌으로써 이루어진다. 『주역』에서도 일상언어만으로는 지식의 획득이 이루어지지 않으며, 팔괘라는 인공기호를 일상언어와 연계시킴으로써 정보를 처리한다. 이처럼 팔괘의 인공기호와 일상언어를 묶어서 연계시키는 것을 『주역』에서는 '계사繫辭'라고 한다. '계繫'는 문자 그대로 '매달다', '묶다' 등의 뜻이니, '계사'란 인공기호인 팔괘를 일상언어인 사辭에 묶어서 관계를 맺는 것을 의미한다.

둘째, 점술과 인공지능을 가능하게 하는 원리는 모방과 재현에 있다. 인공지능은 인간의 사고과정을 컴퓨터로 하여금 모방하는 방식을 통해 만들어졌다. 인공지능은 인간이 갖고 있는 학습, 이해, 추론, 문제 해결 등의 사고 능력을 기계로 하여금 재현시키는 기술이다. 인공지능은 매우 복잡한 설계과정을 거쳐서 만들어지지만, 그 핵심은 인간의 사유과정을 흉내내는데 있다. 딥마인드Deep Mind가 개발한 알파고Alpha Go는 딥러닝Deep Learning의 기술을 채택하였다. 딥러닝이란 컴퓨터로 하여금 인간의 사유를 학습하도록 만든 프로그램이다. 그런데 인간의 사유과정에서는 논리적 추리능력 뿐 아니라 직관적 능력이 매우 중요한 역할을 한다. 바둑은 인간이 만들어낸 가장 복잡한 게임으로서 바둑판에 돌을 모두 채우는 경우의 수는 10의 150제곱으로 우주 전체에 있는 원자의 수보다 많으며, 두 사람의 대국자가 번갈아가며 첫 네 개의 돌을 놓는 경우의 수만 167억 271만 9120가지나 된다. 따라서 현존하는 최고의 수퍼 컴퓨터로도 모든 경우의 수를 계산할 수 없다고 한다. 프로 바둑기사들도 이러한 경우의 수를 모두 계산해서 두는 것이 아니라 다음에 둘 곳을 직관으로 몇 가지 경우를 선택한 뒤에 결과를 예상해 본다. 그러나 인간의 사유과정에서 논리적 추리과정은 컴퓨터의 알고리즘Algorithm으로 표현하는 것이 가능하지만, 직관을 완벽하게 모방하는 것은 불가능에 가깝다. 딥마인드는 이러한 문제를 해결하기 위하여 몬테 카를로 트리 탐색Monte Carlo Tree Search: MCTS이라고 불리는 알고리즘과 심층신경망Deep Neural Network: DNN 기술을 결합하였다. 몬테 카를로 트리 탐색MCTS은 인간의 사유과정에서 판단과 추리과정을 흉내낸 것이며, 심층 신경망DNN 기술은 뇌의 신경망의 작동원리를 본떠서 만든 것이다. 몬테 카를로 트리 탐색에서는 정책망policy network과 가치망value network이라는 두 가지 신경망을 활용한다.

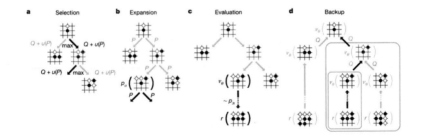

먼저 정책망에서는 각각의 경우의 확률을 계산해서 승률이 높은 몇 가지 경우를 선택한다. 그 다음으로 가치망에서는 선택한 몇 가지 경우

중에서 가장 승률이 높은 경우를 예측한다. 알파고의 이러한 추리과정은 바둑의 프로기사가 다음에 어디에 돌을 놓을지를 생각하여 몇 가지 경우를 선택한 다음에 각 경우의 승률勝率을 계산하는 과정과 매우 비슷하다. 따라서 알파고의 몬테 카를로 트리탐색은 인간의 직관력을 흉내내어 만든 것이라고 볼 수 있다. 인공지능과 마찬가지로『주역』의 점술도 기본적으로 모사模寫를 통해서 만들어졌다. 모사는 기본적으로 흉내냄, 즉 미메시스Mimesis의 행위이다. 다만 인공지능의 경우와는 달리『주역』의 점술에서는 미메시스의 대상이 인간의 사유과정에 있지 않고 자연의 생성원리에 있다는 점이 다를 뿐이다.

셋째, 인공지능은 추리 과정을 수행하기 위하여 알고리즘에 의지하는데,『주역』의 점술에서도 미래의 예측을 위해 사용하는 일종의 알고리즘을 사용한다. 알고리즘은 어떤 문제를 해결하기 위해 명확히 정의된 규칙과 절차를 수數를 사용하여 처리하는 것을 의미한다.『주역』의 점술에서는 점괘를 얻기 위해 행하는 절차를 설시법揲蓍法이라고 한다. 설시법은 수를 처리하는 몇 개의 연속적 규칙으로 구성되어 있고, 계산 Computation의 과정을 포함하기 때문에 알고리즘의 정의定義와 부합한다. 인공지능은 0과 1의 이원적 부호의 연산演算 처리 과정을 거쳐서 정보를 가공한다. 이진법이 인공지능을 성립시키는 필수적 요소는 아니지만, 컴퓨터의 알고리즘에 의존해서 진행되는 처리과정에서 이진법은 기본적 도구가 된다. 마찬가지로『주역』의「계사전」의 "역유태극易有太極" 장에서도 이원적二元的 부호를 기본으로 삼아 우주생성론 Cosmogony의 도식을 제시하였다. 여기에서는 우주의 생성을 [태극太極 →양의兩儀→사상四象→팔괘八卦]의 과정으로 설명하는데, 이것을 수數로 나타내면 '1→2→4→8'의 과정이 된다.[1] 송대宋代의 소옹邵雍은 여기에서 64괘가 연역演繹되어지는 논리적 질서를 발견하였다. 이것은 기본적으로 두 배씩 확장해 가는 산법算法이기 때문에 가일배법加一倍法이라고 부른다. 먼저 최초로 태극이 존재한다. 이것이 두 배로 늘어나면 음과 양이 생기는데 이것을 양의兩儀라고 한다. 그 다음으로 양의가 다시 2배로 늘어나면 태양太陽·소음少陰·소양少陽·태음太陰이 생기는데, 이것을 사상四象이라고 한다. 다시 사상이 두 배로 늘어나게 되면 건乾·태兌·리離·진震·손巽·감坎·간艮·곤坤이 생기는데 이것을 팔괘라고 한다. 소옹은 음과 양의 이원적 부호를 순차적으로 더함으로써 양의로부터 팔괘가 생성되는 순서를 연역해 냈다. 소옹은 이러한 방식으로 「복희팔괘차서伏羲八卦次序」를 만들고, 이것이 복희씨가 팔괘를 만든 순서라고 주장하였다.

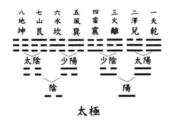

---

1 태극·양의·사상·팔괘는 우주의 기호계를 구성하는 기호들이지만, 그 명칭들은 본래 설시법筮蓍法에서 사용되는 전문용어에서 유래되었다. 설시법이란 蓍策의 조작을 통하여 점을 치는 절차를 가리키는데 太極·兩儀·四象·八卦는 蓍策을 조작해서 점괘의 획득에 이르기까지 네 단계 과정을 가리키는 指稱들이다. 설시법의 과정은 우주가 최초로 생성된 단계에서부터 최초의 分化가 이루어지고, 이어서 자연의 세계가 생성되기까지의 과정을 상징적으로 재현하도록 설계되어 있다. 太極은 우주생성의 시원적 상태를 상징하는 기호이며, 兩儀는 우주가 처음으로 분화되어 하늘과 땅의 두 부분으로 나뉘어진 상태를 상징하는 기호이다. 그리고 四象은 우주의 네 가지 구성요소인 天·地·水·火를 가리킨다. 八卦는 우주생성의 최종단계인 만물의 생성단계를 표현하는데, 乾·坤·坎·離·震·巽·艮·兌로 이루어져 있으며, 각각 天·地·水·火·雷·風·山·澤을 상징한다.

마찬가지 방식으로 16괘, 32괘, 64괘가 순차적으로 얻어진다. 소옹은 이렇게 해서 얻어진 64괘를 순서대로 배열하고, 이것을 「복희육십사괘차서(伏羲六十四卦次序)」라고 불렀다. 소옹의 「복희육십사괘차서(伏羲六十四卦次序)」를 도표로 나타내면 다음과 같다.

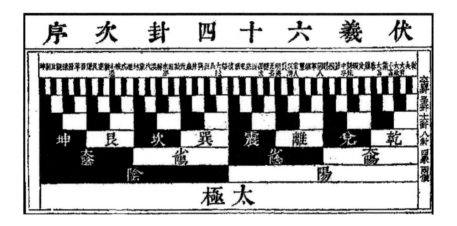

라이프니츠Leibniz는 『주역』의 64괘의 부호가 0과 1의 이원적 부호로 변환될 수 있다는 것을 가장 먼저 간파했던 서양철학자였다. 라이프니츠는 제수이트Jesuit 선교사 조아킴 부베Joachim Bouvet를 통해 소옹의 괘도卦圖를 접하고, 이것을 자신의 이진법의 산술算術과 연결시켰다. 이진법을 『주역』의 부호에 적용하면 음—은 0으로 치환될 수 있고, 양—은 1로 치환될 수 있다. 이러한 방식으로 64괘로 구성된 『주역』의 상징부호의 체계는 곧바로 이진법의 연산식演算式으로 전환될 수 있다. 예를 들면 곤坤은 000000이 되고, 박剝은 000001이 되고, 쾌夬는 111110이 되고, 건乾은 111111이 된다. 라이프니츠의 방식을 소옹의 가일배법加一倍法에 적용한다면, 팔괘의 생성 과정은 다음과 같은 연산식으로 표현될 수 있다.

양의(兩儀)	$(0, 1)^1 = (0, 1)$ $= 陰(--), 陽(—)$
사상(四象)	$(0, 1)^2 = (0, 1)(0, 1)$ $= 00, 01, 10, 11$ $= 太陰(==), 少陽(==), 少陰(==), 太陽(=)$
팔괘(八卦)	$(0, 1)^3 = (0, 1)(0, 1)(0, 1)$ $= (00, 01, 10, 11)(0, 1)$ $= 000, 001, 010, 011, 100, 101, 110, 111$ $= 坤(☷), 艮(☶), 坎(☵), 巽(☴), 震(☳), 離(☲), 兌(☱), 乾(☰)$

넷째, 『주역』과 인공지능은 지식을 획득하기 위한 수단으로 유비類比의 방법에 의존한다. 유비는 유비추리類比推理를 뜻하는 용어로서 두 개의 대상 사이에 유사성이 존재한다는 것을 전제로 해서 이미 잘 알고 있는 대상의 성질을 토대로 해서 잘 알지 못하는 다른 대상의 성질을 추정하는 것을 의미한다. 히포크라테스Hippocrates에 따르면 점술은 일종의 유비의 체계로 이해될 수 있다. 그리스어로 유비를 아날로기 Analogy라고 하는데, 이 단어는 '비율에 따라'라는 뜻의 'ana logon'에서 유래한 단어로서 비례적 관계의 닮음을 의미한다. 히포크라테스는 그의 저서 『On Regimen(攝生)』에서 점술占術을 다음과 같이 정의하였다.

> "점술占術이란 이런 것이다.: 보이는 것에 의해서 보이지 않는 것을 알고, 보이지 않는 것을 통해 보이는 것을 안다. 현재에 의해서 미래를 알고, 죽은 것에 의해서 살아 있는 것들에 대한 지식을 얻는다. 그리고 지각知覺을 갖지 않은 것들로부터 지각을 얻는다. 그것을 아는 사람은 항상 옳지만, 그렇지 못한 사람은 어떤 때는 옳지만, 어떤 때는 옳지 않다. 이러한 방식으로 점술은 인간의 삶과 인간의 본성을 이해한다."[2]

문명의 초기에 자신을 둘러싼 외계外界에 대해 충분한 지식을 갖고 있지 못하던 인류는 유비의 추리방법을 이용하여 알고 있는 대상에 대한 지식을 확장하여 미지未知의 세계에 대한 지식을 얻고자 했다. 일상적으로 유비의 방법은 매우 유용한 방법이지만 항상 이러한 방법이 효과를 발휘하는 것은 아니다. 유비적 추리가 효력을 갖기 위해서는 내가 모르는 대상이 내가 아는 대상과 같은 종류이며, 같은 성질을 갖는다는 전제가 필요하다. 지구에 생명체가 있다고 해서, 태양에도 생명체가 있을 것이라고 추정한다면 잘못된 결론에 이르게 된다. 유비의 방법은 중국의 점술체계인 『주역』에서도 마찬가지로 사용되었다. 『주역』의 「계사전」에서는 전설적 성인 포희씨包犧氏가 팔괘를 만들어낸 과정을 다음과 같이 묘사하였다.

"옛날 포희씨包犧氏가 천하에 왕이 되어 다스릴 때에 우러러 보아서 하늘의 상象을 관찰하고, 굽어보아서 땅의 법法을 관찰하며, 조수鳥獸의 무늬와 땅의 마땅함을 관찰하여, 가까이로는 자기의 신체로부터 취하고, 멀리로는 사물로부터 취하여 이에 비로소 팔괘를 만들어 신명神明의 덕을 통하고, 만물의 정情을 분류하였다.[3]

『역易』은 천지와 더불어 준準한다. 그러므로 천지의 도道를 미륜彌綸한다. 우러러 볼 때에는 천문을 관찰하고, 굽어 볼 때에는 지리를 살핀다. 그러므로 유명幽明의 원인을 알며 처음을 근원으로 하여 끝에 돌이켜 연구한다. 그러므로 사생死生의 설을 알며, 정기

2 The Hippocratic Treatise, *On Regimen* 1.12 (Peter T. Struck, *Divination and Human Nature*, Princeton University Press, 2016. p.1, 再引用)

3 "古者, 包犧氏之王天下也, 仰則觀象於天, 俯則觀法於地, 觀鳥獸之文, 與地之宜, 近取諸身, 遠取諸物, 於是始作八卦, 以通神明之德, 以類萬物之情."(「繫辭下傳」, 王弼 注, 孔穎達 疏, 『周易正義』, 十三經注疏 整理本 (1), 北京大學出版社, 2000, 350-351쪽.

精氣가 물물物이 되고, 유혼遊魂은 변變이 된다. 이 때문에 귀신의 정
상情狀을 안다. 천지와 더불어 서로 비슷하므로 어기지 않으니, 지
혜가 만물에 두루하고, 도가 천하를 구제하기 때문에 지나치지 않으
며, 사방으로 행하되, 흐르지 않으며, 천리를 즐거워하고, 천명을 알
기 때문에 근심하지 않으며, 자리에 편안하여 인을 돈독히 하기 때
문에 사랑할 수 있는 것이다.[4]

　포희씨包犧氏가 곧 복희씨伏羲氏이다. 복희씨가 만든 『주역』의 기호
체계는 자연의 세계에 상응한다[易與天地準]. 『주역』의 점술에서 미래를
예측하기 위해 취한 방법은 가까이 자기의 신체에서 관찰되는 원리를
멀리 보이지 않는 사물에까지 적용하는 방법[近取諸身, 遠取諸物]이었다.
이러한 정의에 따르면 『주역』의 점술도 유비類比의 방법에 의존하는
것이 된다. 유비의 방법은 고대 사유에서 광범위하게 적용되던 방법이
었고, 오늘날까지도 일상생활과 과학적 탐구의 영역에서 활용된다.
　이처럼 『주역』과 인공지능에 대한 비교는 인류가 지식을 어떻게 획
득해왔으며, 지식이란 무엇인가에 대한 근본적 질문에 대해서 본질적
성찰의 기회를 부여한다. 인류가 새로운 지식을 획득하기 위하여 사용
했던 방법은 고대에서나 현대에서나 상당히 유사하다. 인류는 자신이
이미 알고 있는 지식을 바탕으로 그것을 확장해서 새로운 지식에 도전
하였는데, 이것이 바로 유비의 방법이다. 『주역』과 인공지능에서 사유
의 기초를 형성하는 것은 이원적 원리이다. 『주역』의 점술은 미래를 예
측하기 위하여 수數의 알고리즘에 의존함으로써 인공지능과 상당히 유

4　"易與天地準, 故能彌綸天地之道. 仰以觀於天文, 俯以察於地理, 是故知幽明之故. 原始
反終, 故知死生之說. 精氣為物, 遊魂為變, 是故知鬼神之情狀. 與天地相似, 故不違. 知
周乎萬物而道濟天下, 故不過. 旁行而不流, 樂天知命, 故不憂。安土敦乎仁, 故能愛."
「繫辭上傳」, 王弼 注, 孔穎達 疏, 『周易正義』, 十三經注疏 整理本 (1), 北京大學出版
社, 2000, 312-314쪽.

사한 특징을 갖게 되었다. 그러나 『주역』의 점술이 인공지능과 몇 가지 유사한 특징을 공유한다고 해시, 『주역』이 곧바로 인공지능이 되는 것은 절대로 아니다. 오히려 『주역』과 인공지능 사이에는 넘을 수 없는 간격이 존재하며, 양자 사이에 존재하는 현저한 차이점을 인식하는 것이야말로 양자의 고유한 본성을 파악하는데 도움이 된다. 『주역』과 인공지능의 차이점을 열거하면 다음과 같다.

첫째, 인공지능은 과학이지만, 『주역』은 과학이 아니다. 자연과학에서 실험은 현상의 재현 가능성을 전제로 한다. 재현가능성이란 동일한 측정수단과 방법을 사용할 경우 어떤 사람이 실험하더라도 동일한 결과를 얻는 것을 가리키는 용어이다. 반면에 『주역』의 점술에서는 동일한 사안에 대하여 점을 치더라도 점을 칠 때마다 다른 점괘를 얻게 된다. 몽괘蒙卦의 괘사卦辭에 "처음 점치면 알려주거니와 두 번 세 번 점친다면 神을 모독하는 것이니, 모독하면 신이 알려주지 않을 것이다[初筮告, 再三瀆, 瀆則不告]."라고 한 데에서도 동일한 사건에 대해 여러 번 점을 치는 것을 신성모독神聖冒瀆의 행위로 여겼음을 알 수 있다.

둘째, 인공지능에서 알고리즘을 운용하기 위해서는 종교적 전제가 필요하지 않지만, 『주역』의 설시법은 신성神聖의 개입을 전제로 한다. 구글Google의 인공지능 바둑 프로그램 알파고에서는 필요한 정보에 대해 우선적으로 접근하기 위해 몬테 카를로 트리 탐색Monte Carlo Tree Search, MCTS이라는 방법을 사용하였다. 이것은 여러가지 선택지 가운데서 가장 유리한 선택을 할 수 있도록 하는 알고리즘이다. MCTS의 알고리즘은 정책망policy network과 가치망value network의 결합에 의해서 작동된다. 정책망은 바둑돌을 다음 번에 어디에 둘 것인지를 선택하도록 도와주는 알고리즘이고, 가치망은 승률勝率을 계산하고 예측해 내는 알고리즘이다. 요컨대 모든 경우의 수數를 계산하고 따져 보는 것은 시간이 많이 걸리는 비효율적인 일이기 때문에 가능성이 높은 대상을 탐색하는 전략을 쓰는 것이다. 『주역』의 점술에서도 점치는 사람의 운명을 탐색하는 프로그램이 작동되는데 이것을 설시법揲蓍法이라고 한다. 그러나 거기에는 어느 괘가 그 사람의 운명에 가장 적합한 것인지 가려내는 정책망과 가치망이 작동되지 않으며, 점괘의 선택을 그 운용과정에 개입하는 초월적 존재의 보이지 않는 손Invisible hand에 맡겨둔다. 사실 확률적으로 말한다면 점치는 사람이 점술을 통해서 자신의 운명을 나타내주는 점괘와 만나게 될 확률은 그다지 높지 않다. 따라서 점자占者는 마음을 정결히 하고, 초월적 의지가 자신의 운명에 상응하는 점괘를 점지해주도록 기도하고, 그 보이지 않는 존재가 운명을 계시해주도록 맡기게 된다. 이것은 분명 과학의 차원이 아니고, 종교의 차원이다. 다시 말해서 『주역』의 점술에 개입하는 인공지능은 존재하지 않으며, 단지 신성한 존재의 의지가 있을 뿐이다.

셋째, 인공지능에서는 수數의 계량적計量的 분석을 수행할 수 있으며, 그것을 통해 예측의 정확도를 향상시킬 수 있다. 반면에 『주역』의 점술에서는 예측의 정확성을 검증할 수 있는 객관적 기준이 존재하지 않는다. 점술에서는 예측의 정확성이 점술가의 해석Interpretation 능력에 달려 있다. 점사占辭의 의미에 대한 정확한 판단은 해석자의 직관적 통찰력이나 기호해석 능력에 의존하게 된다. 뿐만 아니라 동일한 점괘를 두고 점술가의 해석은 사람에 따라 천양지차天壤之差로 달라질 수 있다. 컴퓨터의 언어기호는 보편적 기호로 쓰일 수 있는 반면에 팔괘의 상징은 다의적多義的 함축Connotation을 갖고 있어서 의미가 애매한 경우가 많다. 따라서 『주역』의 점사占辭가 미래의 결과에 대한 점단占斷을 내어 놓는다고 하더라도 점사의 의미는 불확정적indeterminate 상태에 놓이게 된다.

3. 신명과 지능의 주체

일반인들이 인공지능에 대해서 흔히 갖는 편견은 인공지능이 그것을 설계한 프로그래머의 한계를 결코 넘어설 수 없다는 것이다. 그러나 그것은 사실과 다르다. 알파고는 딥 마인드의 프로그래머가 만든 프로그램으로서, 그것을 설계한 개발자의 바둑 수준은 아마추어 6단 정도의 수준에 불과하였다. 그러나 알파고는 딥마인드의 개입 없이도 머신 러닝을 통해 100만 번 이상의 자체 대국을 거쳐서 기력棋力을 향상시켜 나갔으며, 마침내 프로 9단과 대등한 수준의 능력을 발휘하였다. 알파고가 놓은 바둑의 착점着點에는 패착敗着처럼 보이는 것도 있었으나, 그 또한 묘수妙手라는 것이 드러났다. 최근에는 바둑기사들이 알파고의 바둑을 배워서 흉내낸다는 것이 화제이다. 우리는 바둑의 천재들을 기성棋聖이라고 부르고, 그들의 경지를 입신入神의 경지라고 부른다. 만약 그들이 입신의 경지에 든 것이라면, 알파고의 경지도 최소한 입신 그 이상일 것이다.

『주역』의 점술에서도 이와 비슷한 현상을 발견할 수 있다. 『주역』의 점술은 역시 인간이 만든 것이지만 경우에 따라서는 인간의 지혜를 초월한다. "경우에 따라서"라고 한 것은 『주역』의 점술의 미래를 정확하게 예측한다는 것은 과학적으로 확증된 사실이 아니라는 점을 고려한 것이다. 『주역』의 점술로서 예언한 것이 정확하게 들어맞는 경우가 있다고 하더라도 항상 들어맞을 수는 없으며, 점괘의 해석은 점술가에 따라 달라질 수 있다. 만약에 점술이 놀라운 적중률을 보인다면, 점술은 인간이 만들어낸 예측의 기술인데도 불구하고 인간의 지식의 범위를 초월한 것이 된다. 그것은 마치 인공지능이 인간이 창조해낸 기술인데도 불구하고, 인간의 능력을 능가하는 것과 비슷하다. 그런데 아무리 생각해 보아도 이상하다. 인공지능은 인간의 지능을 흉내낸 것일 뿐인데, 어떻게 인간 이상의 지능을 발휘한다는 말일까? 그리고 『주역』의 점술이 인간의 지능을 뛰어넘는 경우가 있다면 인공지능에 비교될만한 지능이 『주역』의 점술에도 있다는 말인가? 인공지능과 『주역』의 점술에서는 공통적으로 인간의 지성 바깥에 있는 지능의 주체intelligent agent의 존재를 가정한다.

인공지능과 『주역』의 점술에 개입하는 지능의 주체의 성격을 탐구하는 것은 철학적 문제이다. 먼저 인공지능의 경우에 문제를 인식하고 해결하는 지능의 주체는 인간이 아니라 기계이다. 인공지능의 핵심은 인간의 지능을 컴퓨터 프로그램으로 하여금 모방하는 데 있다. 그렇다면 지능(intelligence)이란 무엇인가? 일반적으로 학습, 이해, 추론, 문제해결 등의 사고 능력을 가리켜 지능이라고 한다. 전통 철학에서는 의식있는 존재만이 지능을 가질 수 있다고 생각해 왔다. 심지어 현대 철학자인 비트겐슈타인Wittgenstein조차도 『철학적 탐구Philosophical Investigation』에서 오직 살아있는 존재만이 의식Consciousness을 가질 수 있다고 주장하였다.[5] 그러한 관점에서 본다면 의식을 갖지 않은 기계가 지능을 갖는다는 것은 매우 이상한 주장이 된다.[6] 그러나 컴퓨터에 인간의 사고과정과 유사한 지능이 있다는 관념이 보편적으로 수용되고 있는 상황에서 전통적 견해를 고집하는 것은 지나치게 완고한 견해인 것처럼 보인다. 인공지능을 갖는 기계는 무생물이기는 하지만, 프로그램 내부에서 어느 정도의 자발성을 갖고 작동된다는 점에서 돌 혹은 모래와 같은 무생물과는 다르다. 무생물 중에서 해나 달처럼 자체적

---

5 루트비히 비트겐슈타인 지음, 『철학적 탐구』, 이영철 옮김, 책세상, 2006, §281, §282-7, §359-61. 177쪽.
6 엄정식, 「인공지능의 철학적 인간학」, 『철학과 현실』 112호, 철학문화연구소, 2017, 14쪽.

으로 움직이는 물체도 있지만 그러한 경우에도 자발적 의지나 판단을 갖고 움직이는 것은 아니다. 인공지능은 특정한 입력input에 따라서 출력output의 방식이 연계되도록 프로그래밍되어 있으나, 최근의 고도화된 수준의 인공지능은 자발적으로 상황을 판단하고, 그에 따라서 행위 방식을 결정하는 능력을 갖추고 있다. 2017년 1월에는 미국의 CW6 TV에서 인공지능 스피커인 아마존 에코Amazon Echo를 이용해 아버지의 허락을 받지 않고 과자를 주문한 소녀의 해프닝을 다뤘다. 그런데 뉴스가 끝날 무렵에 앵커가 뉴스를 멋지게 마무리할 생각에 "알렉사, 인형의 집을 주문해줘Alexa order me a dollhouse"라는 멘트를 날렸는데, 미국 전역에서 아마존 에코(알렉사)를 소유하고 있는 가정에서 앵커의 멘트를 실제 명령으로 오인해서 인형의 집을 아마존에 대량으로 주문하는 해프닝이 발생했다. 바둑 프로그램의 인공지능인 알파고의 경우를 생각해보면 이러한 자발성의 성격을 더욱 명확하게 알 수 있다. 알파고는 프로그램화되어 있기는 하지만, 매 순간 명령을 전달받는 것이 아니라 수시로 변하는 상황을 자발적으로 판단하고, 임기응변적으로 전략을 수립한다. 그러나 설령 인공지능에 인간의 지능에 상응할만한 능력이 있다는 것을 인정하더라도 그것이 어떤 종류의 지능인지에 관해서는 많은 철학적 토론이 필요하다. 하버드Harvard 대학교의 심리학과 교수 스티븐 핑커Steven Pinker(1954-)는 인공지능이 자발적으로 진화해나간다는 발상은 진화된 유기체에서 발견할 수 있는 지성과 일반적인 지능을 혼동한 결과라고 주장하였다. 인공지능에 일종 수준의 자발성은 있다고 해서 자발적으로 진화할 수 있는 능력을 가진 것은 아니다. 따라서 스티븐 핑커는 인공지능을 살아 있는 생명체의 표현형phenotype의 확장된 부분으로 볼 것을 제안하였다.[7]

　그렇다면 『주역』의 점술에서 지능의 주체intelligent agent에 해당되는 것은 무엇인가? 『주역』의 점술에서는 점치는 사람의 상황을 인식하고, 그에 대한 적절한 대응방법을 처방해주는 역할을 하는 점술가占術家가 존재한다. 그러나 점괘를 얻는 과정에서 점술가는 산통算筒에서 산책算策을 꺼내서 운용하는 기술을 제공할 뿐이며, 점괘를 얻게 해주는 수단이 되는 것은 점술의 알고리즘 자체이다. 그것은 마치 컴퓨터에 자료를 입력해서 데이타를 처리할 때, 계산을 하는 행위의 주체는 컴퓨터이지 과학자가 아닌 것과 마찬가지이다. 점술가의 사고는 점괘를 선택하기까지의 과정에서 적극적으로 개입하지 않는다. 오히려 점술가의 개인적 의식이 점술의 과정에 영향을 미치지 않도록 마음을 비우려고 노력한다. 만약 점술가의 개인적 의식이 개입된다면 그것은 오히려 영험한 결과를 얻는데 방해가 될 뿐이다. 추리적 사변과 인위적 작위를 멈추면 적연부동寂然不動의 상태에서 우주의 신성神聖에 감응하여 인간에 내재된 신성이 깨어나서 여기에 참여하게 된다[易, 無思也, 無爲也, 寂然不動, 感而遂通, 天下之故, 非天下之至神, 其孰能與於此]. "여기에 참여한다[與於此]"라고 한 것은 인간이 초월적 존재와 더불어 그 신성을 나누어 갖는 것을 가리킨다.

그렇다면 산통算筒의 산책算策에 어떤 의식이나 사고작용이 있는 것도 아닐 텐데, 운명에 대한 판단은 어떤 원리에 의해서 이루어지는 것일까? 어떤 사람들은 『주역』이 점괘를 선택하는 것은 단지 확률의 원리에 의존하는 것이라고 주장한다. 그러나 확률은 단지 무작위적random 방식으로 얻어진 경우들의 산술적算術的 평균치平均値에 불과하기 때문에 이에 의존해서 운명을 맞춘다는 것은 설득력이 부족하다. 만약 어떤 지성적 활동이 없이 점술의 과정이 자동기계처럼 처리된다고

---

7 "인공지능은 지능이 아니다", 스티븐 핑커-최재천의 통섭적 대화,
　http://news.sbs.co.kr/news/endPage.do?news_id=N1003595637

가정한다면, 그것처럼 불합리한 것도 없을 것이다. 따라서 점술의 과정에도 운명을 정해주는 어떤 종류의 지성이 개입하고 있다고 가정할 필요가 있다. 『주역』에서는 점술의 과정에 운명을 점지해 주는 존재 혹은 그러한 존재의 공능功能을 신神이라는 말로 표현한다. 신神은 인간의 길흉화복에 영향을 미치는 신성한 존재 혹은 신성한 존재의 신비로운 작용을 표현하는 용어이다.[8] 『주역』의 「계사전」에서는 '신神'자가 포함된 24개의 용례用例가 발견된다.[9] 신은 자신의 존재를 직접적으로 드러내는 경우가 없고, 오직 변화의 도道에 의존해서 드러낼 뿐이다. 초월적 존재가 지배하는 변화의 법칙은 인간의 가능한 인식의 범위를 넘어서 있기 때문에 예측할 수 없다[陰陽不測之謂神; 「繫辭上」]. 아울러 신은 인간에 내재된 신성神性을 가리키는 용어로도 사용된다. 인간에 내재된 신성은 천하의 모든 이치에 감응하여 통할 수 있는데, 이러한 경지를 "지신至神"이라고 한다. 「계사전」에서는 지신의 경지에 들어가서 신神과 명明을 갖춘 사람을 "기인其人"이라고 표현하였다[神而明之, 存乎其人; 「繫辭上」]. 신神과 명明은 "신이명지神而明之"에서처럼 각각 독립적으로

---

8 정세근은 「易傳」의 '神'개념을 "우주와 자연의 섭리를 베풀어주는 효용 그 자체이거나 그것을 이루어주는 어떤 것을 가리킨다"고 정의하였다. 정세근, 「明論: 『太一生水』, 『易傳』, 『莊子』의 神明을 중심으로」, 『철학연구』 제115집, 철학연구회, 2016. 40쪽.

9 (1)精氣爲物, 游魂爲變, 是故知鬼神之情狀 (2)神無方易無體 (3)陰陽不測之謂神 (4)此所以成變化而行鬼神 (5)顯道神德行, 是故可與酬酢, 可與祐神矣. (6)子曰, 知變化之道者, 其知神之所爲乎？(7)易无思也, 无爲也. 寂然不動, 感而遂通天下之故, 非天下之至神, 其孰能與於此? (8)唯神也, 故不疾而速, 不行而至. (9)著之德, 圓而神. (10)神以知來 (11)古之聰明叡知, 神武而不殺者乎. (12)是興神物, 以前民用. (13)聖人以此齊戒, 以神明其德夫！(14)利用出入, 民咸用之, 謂之神. (繫辭上) (15)天生神物, 聖人則之. (16)鼓之舞之, 以盡神. (17)神而明之, 存乎其人. (繫辭上) (18)始作八卦, 以通神明之德, 以類萬物之情. (19)神農氏作, 神農氏沒 (20)神而化之, 使民宜之. (21)精義入神, 致用也. (繫辭下) (22)窮神知化, 德之盛也. (繫辭下) (23)子曰, 知幾其神乎 (24)子曰, … 以通神明之德

쓰이기도 하지만 일반적으로는 함께 붙여서 한 가지 개념으로 사용된다. 신명이 선진先秦 시대에 하나의 개념어처럼 쓰인 용례는 『주역』의 「계사전」, 『순자荀子』, 『예기禮記』, 『효경孝經』, 『좌전左傳』, 『회남자淮南子』, 『관자管子』, 『장자莊子』, 『초사楚辭』, 『사기史記』 등에서 발견된다. 그리고 출토문헌인 곽점초간郭店楚簡의 『태일생수太一生水』에도 신명이라는 단어가 나온다.[10] 반면에 『사서四書』에서는 발견되지 않는데, 이것은 합리성을 추구하는 유교가 고대종교에 뿌리를 둔 사유형태를 점차로 배제해 나갔기 때문일 것이다. 그러나 선진先秦 시대 이후에도 신명이라는 단어는 민간의 생활세계에서 살아남아 오늘날까지도 쓰여지고 있다. 무속 신앙 혹은 샤머니즘Shamanism의 세계관속에서 신명은 초인간적 정신세계를 지칭하는 의미로 쓰여진다. 이러한 의미는 고대종교의 사유형태로부터 물려받은 정신적 유산임이 틀림없다. 『주역』은 유교의 핵심 경전 가운데 하나이지만, 그 근간이 되는 점술은 유교가 성립되기 훨씬 이전에 성립되어 있었다. 『주역』의 「계사전」 등에서 신명에 통한 자는 신적神的 예지력을 갖는 것으로 묘사된다. 선진先秦 문헌에서 쓰이고 있는 신명의 의미는 대략 세 가지로 요약될 수 있다.

첫째로 신명은 신성한 존재 혹은 신성神聖이 현현顯現하는 장소를 가리킨다. 그리고 때로는 도덕적 제재制裁를 가하는 신 혹은 귀신을 가리키는 경우도 있다. 『주역』의 「설괘전」에서 "옛날 성인이 『역易』을 지을 적에 그윽히 신명을 도와 시초를 내었다[昔者, 聖人之作易也. 幽贊於神明而生蓍]."라고 한 구절에서 신명은 신성한 존재를 가리킨다. 아울러 『좌전』 양공襄公 14년에 "경지여신명敬之如神明"이라고 하였을 때, 신명도 역시 신성한 존재를 가리킨다.

---

10 『太一生水』에 따르면 太一이 水를 낳고, 水가 天地를 낳고, 天地가 神明을 낳는다. 天이 낳는 것은 神이고, 地가 낳는 것은 明이다. 정세근, 앞의 논문, 2016. 37쪽.

둘째로 성스러운 존재 혹은 탁월한 사람이 갖는 지각할 수 없는 신비한 능력을 가리킨다. 『회남자淮南子·병략훈兵略訓』에 따르면, 명明이란 사람들이 보지 못하는 것을 보는 능력이며, 신神이란 사람들이 알지 못하는 것을 아는 능력이다. 그런데 두 능력을 함께 가지고 있는 자가 먼저 승리한다[見人所不見謂之明, 知人所不知謂之神. 神明者, 先勝者也]."고 하였다.

세번째로 신명은 물질과 대립된 정신, 정신작용, 의식 등을 가리킨다. 『황제내경』에서 "마음은 여러 감각기관을 통솔하는 역할을 하니, 신명이 나오는 곳이다[心者, 君主之官, 神明出焉]."이라고 한 경우가 여기에 해당된다. 『초사楚辭·원유遠遊』편에서 "신명의 맑음을 지니니[保神明之淸澄兮]."라고 한 경우도 역시 여기에 해당된다.

신명의 세 가지 의미 가운데 철학적으로 가장 중요한 의미를 갖는 것은 두번째 정의이다. 신명은 보통 사람들의 인식능력을 뛰어넘어 있어서 측량되지 않는 지각능력이며, 신성한 존재로부터 인간의 지성에 부여된 덕성德性 혹은 능력이다. 이러한 의미의 신명은 '신과 같은 지성 godlike intelligence', 혹은 '초인적 지식superhuman knowledge' 등으로 번역될 수 있다.[11] 만약에 신명이 신과 같은 지성, 혹은 초인적 지성을 뜻하는 것이라면, 『주역』의 점술에서 지능의 주체는 신神이 되는 것일까? 신명이 신성한 존재로부터 부여받았다는 점에 강조점을 두면 신이 명지神而明之의 능력은 신으로부터 온 것이 된다. 이러한 종류의 예지력을 평범한 사람들은 갖고 있지 못하며, 오로지 신성한 존재에 가까이 있는 선왕先王과 성인聖人만이 갖추고 있다. 이러한 신명을 갖춘 성인은 특별히 의식적 노력을 하지 않더라도 사물의 미세한 차이를 분간할 수

---

11 Shenming: Gods or Godlike Intelligence, by Edward Machle, *Encyclopedia of Chinese Philosophy*, edited by Antonio S.Cua, Routledge, New York, 2003. p.701

있는 선명한 분별력을 갖는 것으로 간주된다. 유가적 전통에서 도덕적 수양의 목적은 성인이 되는데 있다. 성인의 경지에 도달하면, 다가오지 않은 미래를 예측하고, 지나간 과거를 성찰할 수 있는 선견지명을 갖추게 된다[神以知來,知以藏往; 「繫辭上」]. 신명은 바로 이러한 선견지명의 능력이다. 성인은 정신을 정화淨化함으로써 신명지덕神明之德을 갖추었기 때문에[聖人, 以此齋戒, 以神明其德夫; 「繫辭上」] 우주의 변화법칙을 직관할 수 있는 능력을 지닌다["窮神知化, 德之盛也.";「繫辭下」].

이러한 종류의 직관 능력은 우리의 일상적 의식과는 구별된다. 피터 스트럭Peter T. Struck은 점술을 통해서 얻게 되는 지식은 경험적 지식을 전부 더한 것sum 이외에 추가로 얻어지는 종류의 지식이기 때문에 잉여지剩餘知surplus knowledge라고 부를 수 있다고 제안하였다.[12] 예지의 능력은 인간이 가지고 있으면서도 활용하지 않고 있던 잉여지로부터 나온다. 잉여지는 자의식自意識을 통해 지배하고 있는 사고과정을 통해 얻어지는 종류의 일상적 지각과는 구별된다. 그리스 철학자들은 점술의 통찰력을 자의식적自意識的이고 합목적적合目的的 사유방식의 바깥에서 일어나는 인지작용의 부수적 산물로 이해했다. 엄밀히 말한다면 그러한 예지력은 신의 지혜가 아니라 인간의 본래의 가능성으로부터 오는 것이다. 점술의 지식을 인간 본성의 인식 능력과 연관시키는 피터 스트럭의 관점은 점술을 초월적 존재의 계시에 의존한다고 보는 전통적 관점과는 완전히 다르다. 그는 점술의 지식divinatory knowledge을 현대 철학의 직관intuition의 개념과 유사한 것으로 간주한다. 직관의 능력은 추론적 사유와는 본질적으로 다른 것이다. 직관은 추리 과정의 개입이 전혀 없는 상태에서 어떤 대상을 즉각적으로 파악하는 능력으

---

12 Peter T. Struck, *Divination and Human Nature*, Princeton University Press, 2016.

로 정의된다. 피터 스트럭은 점술을 인간의 인식 능력의 본성에 잠재되어 있는 직관의 능력으로부터 생겨난 것으로 간주할 때 가장 적절하게 이해될 수 있다고 주장한다. 그렇다면 우리의 직관은 어떻게 경험적 의식의 한계를 극복하고 예지豫知의 능력을 갖게 되는 것일까? 피터 스트럭에 따르면, 우리의 앎의 능력은 그 능력을 이해하려는 우리의 역량을 넘어선다[Our ability to know exceeds our capacity to understand that ability]. 우리가 활용하고 있는 지능은 인간의 무한한 잠재성 가운데 극히 일부분에 불과하다.

여기서 필자는 점술지占術知를 인간의 직관으로 귀속시키려는 피터 스트럭의 관점에 전적으로 찬동하는 것은 아니다. 『주역』에서는 신神 혹은 신명神明이라는 용어를 써서 이러한 종류의 지식이 초월적 지식이라는 것을 강조하였다. 그러나 엄밀하게 말한다면 『주역』에서 말하는 신이명지神而明之의 능력은 신神으로부터 부여받은 것이지만, 동시에 인간의 내면적 본성에 잠재되어 있는 것이기도 하다. 신명을 '신과 같은 지성Godlike intelligence'이라고 정의할 때, 그 신성神性을 강조하면 초월적인 것이 되지만, 정신의 잠재된 가능성에 초점을 맞추면 그것은 직관의 능력이 된다. 점술은 인간의 본성에 잠재된 신성을 깨워서 초월적 신성에 참여함으로서 실행된다. 「계사전」에서는 점술로써 "변화를 이루고, 귀신을 운용할 수 있다[成變化而行鬼神]"고 하였다. 그리고 공자의 발언을 인용하여 "변화의 도를 아는 자는 신이 하는 바를 아는 것이다"라고 하였다[子曰, "知變化之道者, 其知神之所爲乎"]. 이것은 점술의 절차는 초월적 의지의 개입을 포함하는 과정이라는 것을 말해준다. 그러나 아무리 점술이 신성을 드러내는 매개가 된다고 하더라도, 그 점술을 운용하는 사람이 없다면 아무런 효력이 없을 것이다. 따라서 "신성神性으로 밝히는 것은 그 사람에게 달려 있다[神而明之, 存乎其人]"라고 한 것이다. 그러므로 점술의 알고리즘은 자동적으로 작동되는 알고리즘이 아니라 초월적 신성과 인간의 내면의 신성이 공동으로 참여함으로써 이루어지는 인터액티브 알고리즘interactive algorithm이라고 보아야 한다. 이것은 「설괘전」에서 "옛날 성인이 『역』을 지을 적에 그윽히 신명을 도와 시초를 내었다[昔者, 聖人之作易也. 幽贊於神明而生蓍]."라고 하였을 때 "신명을 돕는다[幽贊於神明]"라고 한 의미가 된다.

4. 후천개벽과 특이점의 도래

레이 커즈와일Ray Kurzweil은 2005년에 출간한 『특이점이 온다The Singularity Is Near』라는 저서에서 기술적 특이점technological singularity의 도래가 임박하였음을 예언하였다. 특이점이란 기계의 인공지능이 인간의 지능을 넘어서는 분기점을 의미한다. 앞서 알파고가 이세돌을 이겼을 때, 그것은 바둑에서 특이점을 통과한 시점이었다고 볼 수 있다. 인공지능이 특이점을 넘어서게 되면, 기계의 인공지능이 인간의 지능과 대등한 자리에 서게 되고, 기술적 특이점 이후 인류는 포스트휴먼posthuman 시대에 진입하게 된다. 『사피엔스Sapiens』의 저자 유발 하라리Yuval Noah Harari는 인간이 신을 만들어내면서 호모 사피엔스의 역사가 시작됐고 인공지능을 만들어 스스로 신이 되면서 호모 사피엔스의 역사는 종말을 맞을 것이라고 예견했다.[13] 특이점은 인공지능의 발전을 기준으로 정의된 개념이다. 그러나 우리는 특이점을 '빅 히스토리'의 관점에서 인류 역사가 그 시점을 전후로 해서 달라지

---

13 유발 하라리, 『사피엔스』, 김영사, 2015. p.582.

는 변곡점, 즉 임계점critical point으로 정의할 수도 있다. 물을 끓일 때 어느 시점을 지니면 액체가 기체로 변하는 시점이 있는데 그 임계온도를 지나면 기체의 액화가 일어나지 않는다. 인류사에서도 더 이상 돌아오지 않는 다리를 지나는 시점이 도래하는데, 그것이 바로 특이점이 된다. 필자의 견해로는 특이점은 인공지능 뿐 아니라 여러 측면에서 온다고 본다. 최근 생명과학의 분야에서 유전자 가위를 이용하여 유전자를 편집할 수 있는 기술을 확보하였는데, 이것은 이때까지 오직 신의 영역으로 여겨져 오던 생명의 창조라는 영역에 인간이 발을 들여놓기 시작하였음을 알려준다.

역학사에서도 임계점을 기준으로 이전의 세계와 이후의 세계를 구분하는 관점이 있다. 송대宋代의 소옹邵雍은 이전의 세계를 선천先天이라고 하고, 이후의 세계를 후천後天이라고 불렀다. 그런데 선천과 후천은 소옹이 창안한 용어가 아니라, 원래 『주역』의 건괘乾卦 구오九五의 「문언전文言傳」에 나오는 용어이다. 그 원문을 인용하면 다음과 같다.

> "무릇 대인大人은 천지와 더불어 그 덕德을 합하며, 일월日月과 더불어 그 밝음을 합하며, 사시四時와 더불어 그 질서를 합하며, 귀신과 더불어 그 길흉을 합해서, 하늘에 앞서서 해도 하늘이 어기지 아니하며, 하늘을 뒤따라 해도 하늘의 때를 받드니, 하늘도 또한 어기지 아니할진대, 하물며 사람에 있어서며, 하물며 귀신에 있어서랴!¹⁴

건괘乾卦 「문언전」의 맥락에서 선천과 후천은 "하늘[天]에 앞서서"와 "하늘[天]을 뒤따라"를 의미한다. 하늘[天]은 곧 천도天道, 즉 자연의

---

14 "夫大人者, 與天地合其德, 與日月合其明, 與四時合其序, 與鬼神合其吉凶, 先天而天弗違, 後天而奉天時, 天且弗違, 而況於人乎! 況於鬼神乎!" 王弼 注, 孔穎達 疏『周易正義』, 十三經注疏 整理本 (1), 北京大學出版社, 2000, 27쪽.

질서를 가리키니, 천지天地·일월日月·사시四時 등이 바로 여기에 속한다. 대인大人은 윤리적 실천의 목표를 자연의 질서와 완전하게 화합하는 데 두는 존재이다. 대인이 자신의 본성에 따라서 행위하더라도 천도와 어긋나지 않는 것은 이미 자연의 섭리에 따라서 살고 있기 때문이다. 이것이 "하늘에 앞서서 해도 하늘이 어기지 않는다[先天而天弗違]"라는 의미이다. 대인은 내면의 본성에 따를 뿐 아니라 천도의 운행을 관찰하면서 그 질서를 본받으려고 노력하니, 이것이 "하늘을 뒤따라 해도 하늘의 때를 받든다[先天而天弗違, 後天而奉天時]."라고 한 의미이다. 결국 이 문맥에서 선천과 후천은 자연적 질서를 도덕적 실천의 모범으로 설정하고, 자연과 인류 사이의 선후 관계를 논한 것이다.

그러나 소옹은 건괘 「문언전」의 맥락context에 의존하지 않고, 오히려 자신만의 고유한 방식으로 독해讀解하였다. 소옹에 있어서 선천과 후천을 나누는 기준은 더 이상 인간과 자연의 관계에 있지 않으며, 자연적 질서 그 자체에 있다. 소옹에 따르면 선천은 전설적 성인이었던 복희씨의 괘도卦圖에 함축되어 있는 질서를 가리키고, 후천은 「설괘전」에 나타나는 「팔괘방위도八卦方位圖」의 질서를 가리킨다. 그리고 선천에는 시간적 이전以前이라는 의미 뿐 아니라 후천의 현상세계를 가능하게 하는 원형적原形的 질서라는 의미가 부여되었다. 후천은 선천의 원형적 질서로부터 전변轉變되어 나오는 현상적 질서이며, 선천의 원형적 질서에 함축된 논리로부터 연역演繹되는 것이 가능하다. 소옹에 따르면 우주는 원元·회會·운運·세世의 주기를 거치면서 선천이 후천으로 전환된다. 소옹은 수리數理로써 우주의 변화를 설명하였는데, 우주는 원·회·운·세의 시간적 주기에 따라 변천한다. 30년은 1세가 되고, 12세는 1운이 되고, 30운은 1회가 되고, 12회가 1원이 된다. 따라서 12만 9600년이 1원이 된다.(30×12×30×12=129,600) 천지는 1원마다 한 번씩 변천한다. 소옹의 원·회·운·세는 기본적으로 순환론적 시간 개념에 입각해 있으며, 순환의 주기를 거듭할 때마다 우주가 새로운 차원의 질서로 진화해 나가는 것은 아니다. 소옹에 있어서 선천=후천 개념은 오히려 본체-현상의 개념에 더 가까운 것이었다. 소옹에 있어서 선천과 후천이 시간의 선후를 나타내는 상대적 개념이었으나, 선천과 후천을 오래된 과거의 질서와 새롭게 다가올 미래의 질서라는 방식으로 명확히 대비시키지 않았다. 그러나 조선조 후기의 사상가들에 따르면 우주의 자연적 질서가 근본적으로 바뀌는 시점을 기준으로 선천과 후천으로 나누었다. 그들은 선천에서 후천으로 전환되는 우주적 사건을 후천개벽이라고 불렀는데, 이 시점 이후로 세계는 완전히 새로운 질서로 진화해 나아가게 된다. 조선 말기에 태어나 원불교를 창시한 소태산少太山 박중빈朴重彬(1891-1943)은 '물질이 개벽되니 정신을 개벽하자'라고 하였는데, 이것은 물질의 변화가 선행하고 나서 정신세계의 변화가 뒤따르게 된다는 것을 의미한다. 동학東學의 창시자 최제우崔濟愚는 5만년에 걸쳐서 '각자위심各自爲心'의 한계를 벗어나지 못하던 선천의 시대가 가고, '동귀일체同歸一體'의 후천의 시대가 오고 있다고 선언하였다. 그리고 일부一夫 김항金恒은 『정역正易』을 지어서 일월개벽日月開闢과 신명개벽神明開闢의 시대가 도래할 것임을 예언하였다. 일월개벽은 우주의 운행질서 자체가 변화하는 것을 가리키고, 신명개벽은 인류의 정신세계의 개벽을 가리킨다. 김항에 따르면 선천시대에는 천도의 운행에 건乾·곤坤의 위치가 어긋나 패륜悖倫을 면치 못하였으나, 후천시대에는 일월개벽이 이루어짐에 따라서 인간의 정신세계의 개벽도 아울러 이루어지게 된다. 선천에서 후천으로 넘어가는 변환점에 이르게 되면 선천의 질서는 종말을 고하고, 새로운 세계가 도래한다고 보았기 때문에 이들의 세계관에는 종말에 대한 비관과 다가올 신세계에 대한 낙관이라는 상반된 요소가 모두 존재한다. 증산甑山 강일순姜一淳(1871-1909)은 종말의 시점에 다가오는 환란에 대해 예고하였다.

조선 후기 사상가들이 사용한 선천과 후천의 개념은 비록 『주역』 텍스트의 원의原義에서 벗어난 것이기는 하지만, 소옹 이후로 새롭게 형성된 해석학적 문맥context의 연장선延長線 위에 있다. 그렇다면 이들이 말하는 선천과 후천의 경계점이 레이 커즈와일Ray Kurzweil이 언급한 기술적 특이점technological singularity의 도래의 시점과 일치하는 것일까? 선천과 후천의 의미를 낡은 질서와 새로운 질서로 대비시키는 것이 비록 건괘 「문언전」의 맥락에서 크게 벗어난 것이라고 하더라도 소옹의 해석의 맥락에서 멀리 벗어난 것은 아니다. 마찬가지로 『주역』의 전통으로부터 나온 선천·후천의 용어를 특이점singularity과 연계시키는 것이 잘못된 대비라고 볼 수 없다. 그러나 『주역』의 세계관에 근거한 후천개벽과 과학기술혁명에 근거한 특이점 사이에는 세계질서의 변혁이 이루어지는 전환점이라는 의미만 일치할 뿐이며, 그 변화의 내용에 대해서는 관점이 매우 다르다. 커즈 와일이 특이점의 도래를 과학의 발전과 연계해서 예측하고 있는 것에 반해서 일부 김항이 자연의 질서가 대변혁을 일으킨다고 한 것은 신비적 직관으로부터 나온 예언이었다. 반면에 소태산 박중빈이 '물질이 개벽되니 정신을 개벽하자'라고 하였을 때, 물질의 개벽이 의미하는 것은 자연적 세계의 진화를 가리킨다기 보다는 오히려 과학기술문명의 진보를 가리키는 것으로 보인다. 아마도 특이점은 자연적 세계의 진화와 과학기술의 진보가 함께 도래하는 시점이 될 수 있을 것이다. 그 특이점이 어떤 것이든지 간에 인류는 특이점을 통과한 뒤로 다시 그 이전으로 되돌아가는 일은 없을 것이다. 그러나 그 특이점의 도래는 먼 미래에 도래할 사건이 아니라 바로 현재 우리의 눈으로 목격하고 있는 사건이다. 기계의 인공지능이 인간의 지능을 넘어서는 분기점을 특이점이라고 정의할 때, 알파고가 이세돌을 이기는 순간에 인류는 그 특이점을 이미 통과하였다. 유전자 가위 기술 등은 이미 인류가 확보하고 있는 기술이다. 따라서 우리는 이미 특이점을 지나서 계속 전진하고 있다고 볼 수 있다. 그렇다면 우리는 이미 선천과 후천의 경계에 놓인 문턱을 넘어 와서 이미 후천세계에 살고 있는지도 모른다.

주역의 연원과 한중 역학의 지평

초판 인쇄 | 2019년 12월 13일
초판 발행 | 2019년 12월 20일

편　　자　한중철학회
발 행 인　한정희
발 행 처　경인문화사
편　　집　김지선 한명진 유지혜 박지현 한주연
마 케 팅　전병관 하재일 유인순
출판번호　406-1973-000003호
주　　소　파주시 회동길 445-1 경인빌딩 B동 4층
전　　화　031-955-9300 팩　스　031-955-9310
홈페이지　www.kyunginp.co.kr
이 메 일　kyungin@kyunginp.co.kr

ISBN 978-89-499-4851 5 93150
값 48,000원